제5판

M·A·C·R·O·E·C·O·N·O·M·I·C·S

거시경제학

조장옥 · 이철인

弘文社

제 5 판 서문

The highest result of education is tolerance.
- Helen Keller -

이번 개정판의 핵심은 개방거시경제모형10장과 11장에 있다. 기존에 '작은' 개방경제모형에서 '작은'이라는 가정을 제거하였다. 따라서 경제의 규모에 관계없이 적용될 수 있는 모형으로 바뀌었다. 그 핵심은 외국이자율이 아니라 이자율평가를 대외균형조건으로 사용한 것이다. 책 내용의 일관성을 유지하고 내용을 단순화하는 데 크게 도움이 되었다고 생각한다. 다른 부분도 적지 않게 손을 봤지만 내용 자체가 완전히 바뀐 부분은 없다.

이번 개정에도 도움을 주신 분들이 있다. 편집에 도움을 준 김숙영 박사께 감사한다. 홍문사의 임권규 사장님의 한결같은 격려와 애정에 감사한다. 이번 개정에서 고생을 아끼지 않으신 홍문사 편집부의 이경희 선생님께 감사의 말씀을 전한다.

2020년 2월, 저자 씀

제 4 판 서문

본 개정에서는 다음과 같은 측면의 보강에 초점을 두었다. 첫째, 지난 3차 수정에 걸쳐 정립해 놓은 기본 틀을 유지하되, 논의의 중심에서 벗어난 부분을 정리하고, 내용상 보강할 부분을 찾아 추가하는 동시에 좀 더 쉽게 서술하려 시도하였다. 둘째, 본문, 표, 박스 처리한 글 등에서 국내외 거시경제의 정보를 가급적 2017년 1월 또는 최신 자료의 출간 시점 기준으로 소개하도록 업데이트하였다. 셋째, 교과서의 구성상 개별 장내에서 절들의 순서를 이해에 도움이 되도록 좀 더 효과적으로 재배치하였다. 넷째, 동시에 개별 장들 간의 서술에서 상호 연계성을 높임으로써 전체 거시경제학을 보다 유기적으로 이해하는 데 도움을 주고자, 장들 간 상호 참고하도록 출처를 보강·표기하도록 하였다. 다섯째, 미시경제학과의 차별성, 금융위기 이후 경제흐름과 이론 및 정책, 금융정책 기조의 변화 등에 대해 보강하여 현실적합성 또한 높이려 시도하였다. 여섯째, 축약하여 표시된 수식의 유도과정을 주석을 통해 보강하여 교과서를 따라가는 데 도움을 주려 하였다. 일곱째, 본서에서 소개한 내용 모두가 중요하지만, 난이도, 목표로 하는 강의의 수준, 한 학기 동안 소화할 분량 등의 제약 등을 고려하여 기본내용을 넘어서는 부분들은 '심화학습'으로 표시하여 학습목표에 따라 취사·선택할 여지를 넓혔다. 이러한 노력에도 개정작업 와중에 조금이라도 남아 있는 오류는 전적으로 저자들의 몫이다. 본 개정 시 도움을 준 홍문사 사장님, 김경수 대리님, 관계자분 그리고 김규식, 정수환 두 명의 조교에게 감사드린다.

2017년 2월에 저자 씀

제 3 판 서문

Economics are the method. The object is to change the heart and soul.

- Margaret Thatcher[1] -

서둘러 개정판을 낸다는 것은 그만큼 책의 내용과 분량에 불만이 많음을 의미한다. 저자는 당연히 보다 많은 내용을 담고 싶지만 독자와 출판사의 요구는 그와 다르다는 데 문제의 핵심이 있다. 지난번과 마찬가지로 이번 개정에서도 주로 내용을 줄이려고 노력하였다. 적지 않은 내용과 연습문제를 삭제하고 순서를 바꾸었으나 페이지는 결국 증가하고 말았다. 글씨의 크기를 늘리고 책의 체제를 변경하다 보니 그렇게 된 것 같다. 덕분에 책이 보기에 시원해지고 읽기도 편해진 것 같다.

다음 개정에서는 전체적인 서술과 편제를 손봐야 하지 않을까 벌써 궁리해본다. 책, 그것도 교과서를 쓴다는 것이 그만큼 고통이라는 말이다. 이 책의 독자들은 그런 고통 없이 읽을 수 있으면 좋겠다. 이번 개정에 고통을 함께한 서강대학교 박사과정의 김숙영에게 감사한다. 홍문사의 임권규 사장님의 너그러운 우정이 늘 고마울 뿐이다. 이번 개정에서 누구보다도 고생을 많이 한 분은 홍문사 편집부의 선시현 선생님이다. 바쁜 와중에서도 애써주심에 위로와 감사의 말씀을 보낸다.

2014년 2월 4일, 홍콩 과기대에서 저자 씀

1 Sunday Times, 3 May, 1981.

제 2 판 서 문

누군가 나에게 물었다. 시가 뭐냐고
나는 시인이 못됨으로 잘 모른다고 대답하였다.
무교동과 종로와 명동과 남산과
서울역 앞을 걸었다.
저녁녘 남대문 시장안에서
빈대떡을 먹을 때 생각나고 있었다.
그런 사람들이
엄청난 고생 되어도
순하고 명랑하고 맘 좋고 인정이
있으므로 슬기롭게 사는 사람들이
그런 사람들이
이 세상에서 알파이고
고귀한 인류이고
영원한 광명이고
다름 아닌 시인이라고.

- 김종삼 시, 「누군가 나에게 물었다」, 전문[1]

2년 전에 초판을 내었다. 독자들의 초판에 대한 불만은 주로 분량이 너무 많다는 것과 어렵다는 것이었다. 2판을 준비하면서 분량을 줄이는데 역점을 두면서 내용도 재배치하거나 많은 부분을 삭제했다. 특히 총공급곡선을 다루는 3장과 4장의 내용을 크게 단순화하여 쉽게 이해되도록 수정했다. 대신에 실제 데이터와 중요하다고 생각되는 거시경제 사건들을 정리한 BOX들을 추가했다. 연습문제도 중첩되는 것들은 정리했다.

이 책을 이용할 때에는 다음과 같이 사용하면 좋을 것이다.

1 먼저 중급 거시경제학의 강의 교재로 사용하는 경우에는 각 장의 본문을 중심으로 삼으면 충분할 것이다. 그리고 연습문제를 활용하면 좋을 것이라는 생각을 한다. 특히 연습문제 가운데에는 기존의 거시경제학 교재에서는 발견할 수 없는 문제들이 적지 않다. 예를 들어 자본이동이 자유로운 작은 개방경제의 단기균형에서 환율제도가 변동환율제도이면 총수요가 전적으로 화폐시장의 균형 *LM*곡선에 의해 결정되고 고정환율제도이면 역시 전적으로 재화시장의 균형 *IS*곡선에 의해 결정된다. 이와 같은 사실은 연습문제를 풀어봄으로써 확인할 수 있는데, 연습문제를 만들면서 유념한 것은 문제풀이를 통해 본문의 내용을 확인하는 과정에서 소위 "아하 체험 aha experience"을 할 수 있도록 하는 것이었다. 물론 많은 경우에 그것이 쉽지 않았지만 본문과 연습문제를 적절히 결합하여 사용하면 학습효과를 크게 높일 수 있으리라고 생

1 김종삼, **누군가 나에게 물었다**, 민음사, 1982, p.56.

각한다.

2 이 책을 국가고시를 비롯한 시험에 대비할 목적으로 사용한다면 본문과 부록을 모두 공부하여야 할 것이다. 부록으로 재배치한 내용 가운데에서도 많은 문제가 출제되기 때문에 본문만 공부하면 손해 볼 가능성이 있다. 한 가지 주목할 사실은 지난 10여 년 간의 국가고시에는 뚜렷한 추세가 존재한다는 사실이다. "~를 논하라"식의 포괄적인 논술형의 경우 질문의 내용을 구체화하고 주어진 모형을 풀이하는 분석형 문제가 많아지고 있다. 아마도 현대의 거시경제문제를 해결하기 위해서는 보다 외과적인 정교함이 요구된다고 생각하는 듯하며 출제위원들의 나이도 젊어지고 있기 때문인 듯도 하다. 어떤 이유에서이든 좋은 변화라고 생각된다. 그런데 분석형 문제를 해결하기 위해서는 연습이 필요하다. 따라서 각 장마다 분석형 문제를 하나 혹은 둘 정도 풀어보는 것이 유익하리라고 생각된다.

2008년에 미국에서 시작된 세계경제위기는 이제 어느 정도 진정된 듯하다. 그러나 유럽의 재정위기는 아직도 진행형이다. 작금의 경제위기는 거시경제학과 재무경제학에 대한 많은 반성을 불러 일으켰다. 그러나 위기를 해결하면서 아직도 많은 학자들이 지금의 거시경제학 모형들이 문제 해결에 도움이 된다고 생각하는 것 같다. 사실 미국 연방준비제도이사회 의장인 버냉키Ben S. Bernanke의 위기 대처방식은 정확하게 교과서적 이론에 따른 것이었고 크게 유효했다는 평가이다. 그러나 지난 20여 년 간 무수한 혁신이 일어난 금융부문을 어떻게 모형에 반영할 것인가는 아직도 거시경제학의 큰 숙제라고 생각된다.

모두에 뜬금없이 김종삼의 시 한 편을 인용하였다. 위기와 변화의 시대에 경제학이란 무엇인가를 생각하면서 개인적으로 먼 과거의 기억을 더듬어 고른 시이다. 그냥 읽어보면 이 책의 내용에 비추어 볼 때 생뚱맞기 이를 데 없어 보인다. 이 책의 독자들 가운데에는 그런 사람이 없으리라 생각하지만 지금 이 나라에는 경제학을 물신주의fetishism를 가르치는 무엇인가로 잘못 이해하는 사람들이 많은 것 같다. 그러나 경제학을 본능적으로 가장 잘 이해하는 사람들은 배우지 않고도 경제를 실천하는 시장 사람들일 것이다. 위의 시에서 "시"를 경제로, "시인"을 경제인으로 대체하면 경제와 경제학을 가장 잘 정의한 것이 아닌가 생각해 본다. 그리고 이 책 또한 그런 사람들의 선택을 보다 잘 이해하기 위한 노력 가운데 하나라고 이해주면 좋겠다.

개정판을 완성하는 데 역시 여러분들의 도움이 있었다. 홍문사의 임권규 사장님의 격려와 배려에 감사한다. 업무뿐만 아니라 개인적인 우정과 도움에도 감사한 마음이다. 임정우 부장님의 노고에도 감사드린다. 이 책과 관련하여 누구보다 고생하고 노력한 분은 편집을 맡은 오은석 선생님일 것이다. 깊은 감사의 마음을 전하며 혹시 상처를 주는 언행은 없었는지 반성해본다. 개정판을 준비하는 데 두 조교 임홍규, 김숙영의 도움이 컸다. 이 자리를 빌어 감사를 전한다. 동국대학교의 송병호 교수님은 책의 내용 가운데 여러 가지 오류를 지적하여 주었다. 큰 우정을 담아 감사의 마음을 전한다.

이 책을 개정하는 데 누구보다도 큰 도움을 준 이는 서강대학교에서 저자의 강의를 수강한 제자들일 것이다. 때로는 많은 숙제 때문에, 너무 빠른 진도 때문에, 때로는 불같은 성격 때문에 마음고생이 많았으리라 짐작한다. 고마움과 사랑을 전하고 싶다. 독자들도 질문과 제안을 통해 많은 도움을 주었다. 특히 김동명 군은 좋은 제안을 서면으로 보내주었다. 감사하게 생각한다. 마지막으로 아내에게 감사한다. 초판 서문에서 이 책을 위해 아내가 별로 기여한 바가 없다고 생각되어 언급조차 하지 않았지만 아내는 나에게 공기와 같은 존재라는 사실을 깨달았다. 집필의 분위기가 잡히지 않으면 무슨 일이 되겠는가? 아내에게 늘 감사한다.

2012년 2월에 저자 씀

초판 서문

울고 간 새와
울러 올 새의
寂寞 사이에서
-김수영 시 「冬麥」의 마지막 연

거시경제학 교재를 써보리라고 생각한 지가 벌써 10년이 넘었다. 생각만 하고 많은 세월을 떠나보낸 것은 첫째로는 저자의 게으름 때문이다. 게으름은 보통 변명과 핑계로 치장되는데 저자의 경우도 다르지 않다. 그 사이 개인적으로, 국가적으로, 세계적으로 너무나도 잊지 못할 사건과 추억이 많았다. 보수와 진보를 막론하고 우리의 경우에는 1997년 말에 발생한 외환위기와 노무현 전 대통령의 자결이 무엇보다도 가슴 아픈 추억이다. 그나마 1999년 이후 외환위기의 빠른 극복은 우리 경제가 이제 무시하지 못할 자생력을 확보하였음을 보여준 것으로 생각되며 우여곡절은 많지만 남과 북이 대화와 교류를 한다는 것은 무엇보다도 다행이다.

시중에는 현재 영어와 한글로 된 중급 거시경제학 교재가 많이 나와 있다. 글쓴이도 다양하고 심지어는 번역서들까지 널리 사용되고 있다. 따라서 거시경제학 교과서를 쓸 때 가장 먼저 언급하여야 하는 것은 많은 중급 거시경제학 교재가 존재함에도 불구하고 왜 새로이 집필을 하였는지를 조금은 변명조로 밝히는 것이다.

저자가 중급 거시경제학을 집필하게 된 가장 큰 동기는 서강대학교에서 가르치는 제자들을 저자가 생각하기에 가장 적절한 방법으로 가르쳐 보고자 하는 욕심이다. 따라서 저자가 상정하고 있는 1차적인 독자는 서강대학교에서 저자의 거시경제학을 수강하는 학생들이다. 서강대학교에서 거시경제학을 수강하는 학생들은 경제학을 전공 또는 복수전공하는 학생들과 자격시험이나 국가고시를 준비하는 학생들로 구성되어 있다.

이들을 가르치면서 저자가 사용한 교재는 맨큐N.G. Mankiw 또는 블랜차드J.O. Blanchard의 영문판 교재이다. 맨큐는 교재 구성에서 장기균형을 앞부분에 배치함으로써 중급 거시경제학 교재 시장에서 혁신을 일으켰을 뿐만 아니라 설명의 명료함이라는 장점을 얻었다. 블랜차드의 교재는 내용이 좀 더 어렵기는 하지만 현대 거시경제학의 발전을 가장 적절히 반영하고 있는 장점이 있다. 데이터의 적절한 배치나 기대이론의 활용 등 블랜차드의 교재는 시중에 나와 있는 교재 가운데 저자가 개인적으로 가장 좋아하는 교재이다.

사정이 이와 같음에도 불구하고 저자가 이 책을 쓰게 된 이유는 현대 거시경제학의 교육에서 몇 가지 강조하고 싶은 점이 있기 때문이다. 이들을 열거하여 보면 다음과 같다.

1 이 책은 총공급곡선의 도출을 앞제II편에 배치함으로써 총공급 측면을 강조하고 있다. 기존의 중급 거시경제학 교재들은 총수요 측면을 지나치게 강조함으로써 마치 총수요가 거시경제의 모든 변수와 균형을 지배하는 것처럼 묘사하고 있다. 이와 같은 추세는 결코 바람직하지 않으며 현대 경제가 완전고용수준 근처에서 변동하고 있음을 간과한 것이다. 완전고용수준 근처에서 변동하는 현대 거시경제의 경우에는 케인즈의 교차점 모형에서 보는 바와 같은 크기의 승수효과는 존재하지 않으며 총수요 못지않게 총공급의 역할이 중요하다. 거시경제의 수요 측면을 강조하는 것은 1930년대와 같이 거시경제가 완전고용수준에서 크게 벗어나 있을 경우이며, 완전고용수준 근처에서 변동하는 경우에는 총수요와 총공급 모두 중요하다. 따라서 이 책은 총공급을 앞부분에 배치함으로써 거시경제에 대한 기존의 사고에 균형을 이루고자 하였다.

2 이 책은 단기균형과 장기균형의 상호작용을 특별히 강조하고 있다. 단기균형은 장기균형으로 수렴하는 일시적인 균형이며 장기균형은 단기균형이 지향하는 축으로서 다른 충격이 주어지지 않으면 항구적으로 유지되는 정상상태steady state의 균형이다. 따라서 장기균형을 이해하는 것이 무엇보다도 중요하며 단기균형이 장기균형으로부터 벗어난 다음 장기균형으로 복귀하는 과정의 반복이 거시경제학의 중요한 연구과제인 경기변동이다. 이와 같은 인식 아래 이 책은 폐쇄경제의 장기균형과 단기균형을 먼저 모형을 이용한 하나의 편제III편으로 묶고, 개방경제의 경우에는 모형을 이용하여 하나의 편제IV편으로 묶고 있다. 특히 위의 모형들의 이용방법을 매우 상세하게 설명하고 있다. 여기서 강조하고 싶은 것은 모형 자체는 매우 유용한 모형이지만 이를 이용할 때는 여러 가지 점에서 주의하여야 한다는 점이다. 즉 그 유용성에도 불구하고 모형이 가지고 있는 지나친 추상성 때문에 모형을 이용하여 정책과 외생적인 충격의 효과를 분석하는 경우에는 충격이 일시적이냐, 항구적이냐, 그리고 기대된 것이냐, 기대되지 않은 것이냐를 이해하는 것이 중요하며 기대가 어떻게 형성되는지도 매우 중요하다.

3 이 책에서는 개방경제를 다른 교재들보다 훨씬 자세하게 설명하고 있다. 개방경제를 하나의 편제IV편으로 묶고 4개의 장으로 나누어 국제수지, 개방경제의 총수요곡선, 장기와 단기균형을 설명하였다. 우리나라는 작은 개방경제이기 때문에 본문에는 작은 개방경제를 실었고 부록에서 큰 개방경제와 자본이동이 통제되는 경우를 자세히 설명하였다. 특히 개방경제의 장기균형에 관하여 자세히 설명하여 폐쇄경제의 경우와 대칭을 이루도록 하였다.

4 제V편은 경제정책이론을 다루고 있다. 12장은 안정화정책에 관한 논쟁을 주제별로 정리하여 보았다. 안정화정책에 관한 논쟁은 정책의 유효성으로부터 시작하여 정책수단의 선택, 정책의 시행방식과 불안정화의 가능성, 루카스의 비판, 준칙과 재량의 문제, 동태적 비일관성과 그 해소방법 등에 이르기까지 많은 주제에 걸쳐 진행되었다. 이 책은 이들 주제들을 정리하고 주제별로 가능한 한 간단한 모형을 보여줌으로써 정확한 이해를 돕고자 하였다. 그리고

재정정책은 그 자체로서 중요한 주제이기 때문에 13장에서 다루고 있다. 13장은 재정적자와 국가부채의 문제, 리카도의 동등성정리, 리카도의 동등성정리가 성립하지 않는 경제 환경 등에 관하여 설명하고 있다.

5 제VI편의 경제성장이론에서는 솔로의 성장모형을 무엇보다도 자세히 다루었다. 그리고 15장에서는 내생적 성장모형을 다수 수록하였다. 내생적 성장이론은 솔로 모형을 이용하여서도 쉽게 설명할 수 있는데 본서에서는 *AK*모형을 비롯하여 로머P.M. Romer의 외부효과모형, 루카스R.E. Lucas, Jr.의 인적 자본모형과 학습효과모형, *R&D* 모형, 정부지출의 성장효과 등을 설명하고 있다. 여기서도 가능한 한 구체적으로 간단한 모형을 제시함으로써 독자의 이해를 높이고자 시도하였다.

6 제 VII 편은 거시경제학의 미시적 기초 가운데 중요하다고 생각되는 소비함수론, 투자함수론 및 화폐의 수요와 공급에 관한 이론들을 소개하고 있다. 처음 이 교재를 준비할 때에는 기대형성이론과 균형거시경제이론에 관한 2개의 장이 추가되어 있었으나 교재의 부피를 줄여야 한다는 출판사의 요구가 있어 삭제하였다. 삭제한 내용들은 이 책을 이용하여 강의하는 분들을 위한 보조 자료를 준비할 때 포함시킬 예정이다.

7 이 책은 무엇보다도 우리나라와 세계 주요국가의 자료를 충분히 수록하려고 노력하였다. 특히 1장의 부록은 우리나라와 세계 주요국가의 거시경제현황을 데이터를 이용하여 상세히 설명하고 있다. 그리고 7장의 1절에서는 우리나라의 경기변동을 상세하게 분석하고 있다. 세계경제와 우리나라의 경제성장 경험에 관하여는 15장의 부록에서 상세하게 설명하고 있다. 이 밖에도 필요한 경우에는 우리나라와 세계 여러 나라의 기타 자료를 광범위하게 보여주고자 노력하였다.

8 이 책의 가장 큰 장점 가운데 하나는 풍부한 연습문제에 있다. 연습문제의 많은 부분은 분석적인 문제들로 기존의 교재에서는 발견할 수 없는 것들이다. 이와 같은 연습문제들은 본문의 내용과 긴밀하게 연관되어 있으며 독자들은 연습문제를 풀어봄으로써 본문의 내용이 의미하는 바를 한층 더 깊게 이해할 수 있을 것이다. 혹여 연습문제 가운데는 해답이 매끄럽게 떨어지지 않는 경우가 있을 수 있으나 이는 장차 개선해 나가도록 하겠다.

9 이 교재를 사용하는 경우에는 다음과 같은 원칙에 따르면 큰 무리가 없을 것으로 생각된다. 먼저 중급 거시경제학 교재로 사용하는 경우에는 부록은 미래의 읽을거리로 남겨두고 본문을 중심으로 강의를 진행하면 되겠다. 그럼에도 불구하고 저자의 경험에 따르면 18개 장의 모든 내용을 한 학기에 강의하는 것은 무리다. 저자가 맨큐의 교과서를 이용해본 경험에 따르면 한 학기에 15장 정도까지 강의하면 한계인 것으로 생각되었다. 물론 한 학기에 18개 장의 모든 내용을 다룰 수 있다면 금상첨화이겠다. 어떤 이유에서든 거시경제학을 더 깊게 이해하기를 원하는 사람은 부록까지를 모두 학습하면 좋을 것이다. 이 책과 관련된 파워포인트, 강사들을 위한 보조 자료집, 학생들을 위한 학습안내와 연습문제 해답집은 멀지 않은 장래에 제공

할 예정이다.

극지적인 어려움이 없었던 것은 아니지만 지난 30년 가까이 태평성대를 누리던 세계 경제가 경제대국 미국으로부터 발생한 경제위기를 겪고 있다. 그 사이 중국이 경제대국으로 부상하였고 유럽은 하나의 경제단위로 통합되었으며 일본은 기나긴 장기불황을 겪었다. 지금 우리가 겪고 있는 세계적인 경제위기는 1930년대에 발생한 대공황 이후 가장 심각한 거시경제적인 사건이라고 할 수 있다. 따라서 이와 같은 위기가 왜 초래되었는지에 대한 근본적인 의문이 없을 수 없으며 기존의 주류 거시경제학에 대한 반성이 없을 수 없다.

영국의 저명한 경제주간지 이코노미스트The Economist는 현재의 세계적인 경제위기에 비추어 거시경제학과 재무경제학financial economics에 대한 분석기사를 싣고 있다.[1] 분석의 핵심은 거시경제학과 재무경제학에 어떤 오류가 있기에 지금과 같은 위기가 초래되었느냐는 물음이다.

이 기사의 모두에 고전학파 거시경제학에 대한 통렬한 비판이 소개되어 있다. 비판에 따르면 로버트 루카스와 그의 추종자들은 "거시경제학 전반에 걸쳐 근본적이고도 케케묵은 분석적인 오류를 범하였고making ancient and basic analytical errors all over the place" Bradford DeLong, 로버트 베로R.J. Barro는 "참으로 돌대가리 같은 주장을 하고 있으며making truly boneheaded argument" Paul Krugman, 지난 30년간 미국과 영국의 대학들에서 이루어진 거시경제학 교육은 "너무나 비용이 큰 시간 낭비였다costly waste of time" Willem Buiter. 나아가 한 강연에서 폴 크루그먼은 지난 30년 사이의 거시경제학은 "가장 잘된 경우라 해도 전혀 쓸모가 없으며 잘못된 경우에는 틀림없이 해로운 것spectacularly useless at best, and positively harmful at worst"이라고 언급하였다고 한다.

사실 지난 30년은 고전학파 거시경제학이 이론적인 진보를 주도하였다고 하여도 과언이 아니다. 1970년대의 합리적 기대가설rational expectations hypothesis과 효율시장가설efficient-markets hypothesis로부터 출발하여 1980년대의 실물적 경기변동이론real business cycle theory은 현재 거시경제학 연구의 중요한 패러다임으로 자리하고 있다. 그리고 합리적 기대이론과 실물적 경기변동이론이 이용하는 "불확실성 아래에서 동태적 일반균형모형DSGE model, dynamic stochastic general equilibrium model"은 학파에 관계없이 다양하게 이용되고 있다. 따라서 지난 30년의 결과로 나타난 현재의 세계경제 위기가 고전학파 거시경제학 때문이라는 결론에 도달하는 것은 일견 당연해 보인다.

---

1 The Economist, "The other-worldly philosophers," July 18th-24th, 2009, pp. 58-60.
__________, "Efficiency and beyond," July 18th-24th, 2009, pp. 61-62.

그렇다면 현재의 세계경제 위기가 고전학파 거시경제학의 책임일까? 이와 같은 질문에 대한 대답은 그리 간단한 것이 아니다. 먼저 지난 30년 동안 주류 경제학은 역시 케인즈학파 거시경제학이었다고 생각된다. 비록 케인즈학파 거시경제학이 1960년대와 같은 절대적인 주류의 위치에 있지는 못하다고 하여도 대부분의 경우 현실경제를 분석하는 데 이용된 것은 역시 케인즈학파 거시경제학이었다. 따라서 현재의 위기를 논할 때 그 책임을 일방적으로 고전학파 거시경제학에 떠넘기는 것은 타당한 것 같지 않다.

앞에서 언급한 이코노미스트지의 분석기사가 문제 삼는 것은 금융부문이다. 지난 30년 동안 금융시장에 관하여는 고전학파 계열의 효율시장이론과 신자유주의가 득세한 시기이다. 신자유주의에 따른 금융시장의 규제완화와 금융공학을 이용한 정체불명의 금융상품들의 등장은 금융시장의 위험이 도대체 어디에 숨어 있는지 알 수 없게 하였다. 이와 같이 금융시장이 발전하고 확장되고 있음에도 불구하고 한편으로 거시경제학은 금융부문이 전혀 존재하지 않는 실물경기변동이론에 집착하였고 다른 한편으로는 구태의연하게도 화폐시장을 금융시장의 전부인 양 치부하였다. 거시경제의 현실과 거시경제학의 이론적인 전개가 이와 같은 상황에서 금융위기가 도래한 것은 너무나 당연해 보인다.

세계 경제가 지난 30년 동안 평온하였다는 것은 역설적이게도 이론의 발전이라는 측면에서는 불행하였음을 의미한다. 앞에서 언급한 이코노미스트지의 분석기사는 제이콥 마샥Jacob Marschak[2]의 다음과 같은 글을 인용하고 있다.

> 시진학의 발달은 주로 보다 나은 장비와 이론 때문이거나 잦은 지진 때문이라고 들었다. 그러나 우리거시경제학의 경우에는 지진1930년대의 대공황과 1940년대의 호황이 거의 모든 일을 다 했다I hear that the progress of seismology may be due, in the main, either to better instruments and theories or to frequent earthquakes. In our case, the earthquakes did most of the job.[3]

지금 우리는 거시경제학의 발전을 위한 큰 지진을 겪고 있다. 그리고 이 지진은 거시경제학의 내용을 크게 바꾸어 놓을 것이 틀림없다.

모두에 인용한 시구에서 시인 김수영은 무언가를 간절히 기다리고 있다.[4] 무엇을 기다리는지는 인용한 시구의 앞에 매우 상징적으로 묘사되어 있지만 여기서 그것까지 운위할 필요는 없으리라. 다만 그처럼 우리도 과거의 이론과 새 이론 사이의 적막 가운데 있다. 새 이론은 아마도 금융부문을 보다 확장하고 경제주체들의 이질성을 보강한 것이리라

2 Marschak, J.(1945), "A Cross Section of Business Cycle Discussion," *American Economic Review* v.35, pp. 368-381.
3 전게한 이코노미스트의 분석기사는 마샥이 위의 논문에서 처음으로 거시경제학(macroeconomics)이라는 용어를 사용하였다는 사실도 알려주고 있다
4 김수영(1976), **달의 行路를 밟을지라도**, 민음사, pp 66-67.

는 막연한 추측을 해 보지만 두고 볼 일이다. 그리고 이제 이 책을 읽게 될 독자들도 새로운 미래를 준비하는 적막 가운데 있는 것은 아닌지 생각하여 본다. 이 책을 읽은 독자 가운데 이 적막을 이기고 거시경제학을 혁신하는 학자가 나온다면 얼마나 영광이겠는가.

이 책을 펴내는 데에는 많은 분들의 도움이 있었다. 이 자리를 빌어 감사드린다. 홍문사의 임권규 사장님은 10년도 넘게 어긴 약속을 너그러이 참아주셨고 집필과 출판 과정에서 많은 격려를 주셨다. 임정우 부장님은 여러 가지 성가신 일들을 잘 처리하여 주셨다. 편집부의 오은석 선생님은 까다로운 원고를 읽을 만하게 만드느라 밤낮을 아끼지 않았으며 한 성격하는 저자를 잘 참아주셨다. 오 선생님과 홍문사 편집부의 관계자 여러분들께 특히 감사드린다. 부산외국어대학교의 이순철 교수와 보험연구원의 신종협 박사, 그리고 김숙영 양서강대학교 박사과정은 원고의 앞부분을 읽고 좋은 평을 해 주었다. 이 책의 그림은 김진용, 윤승완, 이호민이상 서강대학교 대학원, 경제학과, 김민규서강대학교 학부, 경영학부 군이 맡아주었다.

물론 다른 거시경제학 교재의 저자들과 마찬가지로 현재의 거시경제학을 만들어주신 선배학자들과 서강대학교와 로체스터대학교 University of Rochester 에서 저자를 교육하여 주신 은사님들께 감사드린다. 그리고 케나다의 퀸즈대학교 Queen's University 와 홍콩과기대 HongKong University of Science and Technology, 퀘백대학교 University of Quebec at Montreal, 파리 I 대학 University of Paris I과 미네소타 연방은행 등에서 함께 연구하고 가르치며 저자에게 좋은 영향을 미친 동료 교수들께 감사한다.

마지막으로 저자는 이 책을, 괴로웠던 젊음을 살 수 있도록 사랑을 퍼부어주신 할머니, 낳으시고 기르시고 가르쳐 주신 사랑의 어머니, 한도 끝도 없이 그리운 요절한 누님, 평범하지만 위대한 3세대의 한국 여성들께 바친다. 이분들의 사랑이 없었다면 지금 저자가 이 책을 쓸 수 없었을 것임에 틀림없다. 그리고 이분들의 사랑의 추억은 앞으로도 저자를 지탱하여 줄 것임에 틀림없다. 이분들의 사랑은 저자에게 과거형이고, 현재 진행형이며, 미래형이다.

2009년 세모에 저자 씀

C·O·N·T·E·N·T·S

Part I 거시경제학이란 무엇인가?

BOX 차 례

PART I

History suggests that capitalism is a necessary condition for political freedom. Clearly it is not a sufficient condition.

- M. Friedman, *Capitalism and Freedom*, ch. 1, 1962 -

The decadent international but individualistic capitalism in the hands of which we found ourselves after the war is not a success. It is not intelligent. It is not beautiful. It is not just. It is not virtuous. And it doesn't deliver the goods.

- J.M. Keynes, *"National Self Sufficiency"*, sec. 3, 1933 -

Economic progress, in capitalist society, means turmoil.

- J. Schumpeter, *Capitalism, Socialism and Democracy*, ch.13, 1939 -

Macroeconomics

거시경제학이란 무엇인가?

희랍의 철학자들은 물이나 공기 같은 하나의 원소로 자연을 설명일원론하려고 시도하다가 실패하면 다시 두 개의 원소로 설명이원론하려고 시도했다. 그러한 끊임없는 시도의 결과로 지금 우리는 세계가 100개가 넘는 원소로 되어 있음을 알게 되었다. 이는 세계에 존재하는 모든 물질을 최소의 구성요소로 설명하고자 하는 과학적 노력의 결과이다. 모든 학문을 관통하는 하나의 원리는 이와 같이 가장 간단하고 이해하기 쉬운 모형이나 이론을 이용하여 세계에 존재하는 보다 많은 자연적 또는 사회적인 현상을 설명하는 것이다. 그리고 그런 모형이 발견되면 우리는 실증적으로 그 타당성을 검증한 다음 자연이나 사회현상을 예측하고 다양한 의사결정에 응용한다.

경제학의 연구도 과학의 기본적인 원리에서 벗어날 수 없다. 곧 최소의 경제 원리로 더욱 많은 경제 현상을 설명하고 그 결과를 예측해 의사결정에 응용하는 것이 경제 연구의 가장 기초적인 철학이라고 할 수 있다. 이러한 맥락에서 경제학을 크게 미시경제학과 거시경제학으로 나누고 이들을 다시 특화된 작은 연구 분야로 나누는 것이 과연 경제학 연구의 바른 방법인가 하는 의문을 가질 수 있다. 다시 말해 거시경제학을 배우고자 할 때 처음으로 묻게 되는 질문은 경제학 가운데 거시경제학이 왜 하나의 독립된 연구 분야로서 존재하여야 하느냐이다.

이 의문에 답하려면 경제학을 크게 미시경제학 microeconomics과 거시경제학 macroeconomics으로 나눌 때 거시경제학의 연구대상이 미시경제학과 달리 경제 전체라는 점을 먼저 인식할 필요가 있다. 경제 전체는 한 경제에 존재하는 가계, 기업, 정부 같은 경제주체의 경제행위와 이들이 거래하는 여러 가지 시장으로 구성돼 있다. 따라서 경제주체들의 행위와 시장균형을 집계 aggregation하면 거시경제를 얻을 수 있다. 이는 원론적으로 말해 거시경제학이 개별 경제주체의 행위와 시장을 연구하는 미시경제학과 따로 분리되어 연구되어야 할 이유가 없음을 의미한다.

이러한 원론적인 의견에 전적으로 동의함에도 불구하고 이 책이 대부분의 중급 거시경제학 교과서와 마찬가지로 경제주체 각각의 경제행위와 시장균형을 집계하여 경제 전체를 설명하는 방법을 따를 수 없는 이유가 적어도 두 가지 있다.

첫째, 개별 경제주체나 시장의 미시적인 의사결정을 집계하는 일반 이론이 존재하기는 하나 거시경제학에 응용할 수 있을 정도로 발달하지는 않았다. 다시 말해 개별 경제주체와 시장에는 매우 다양한 이질성heterogeneity이 존재한다. 과장해서 말하면 한 경제에 존재하는 사람이나 시장의 수만큼 많은 이질성이 존재한다고 할 수 있다. 이렇게 이질적인 경제주체들의 최적화optimization를 통한 의사결정과 시장균형을 집계하여 경제 전체에서 성립하는 몇 개의 관계식이나 함수로 요약할 수 있는 이론이 아주 특수한 경우를 제외하고는 아직 개발돼 있지 않다. 이러한 어려움을 이해하기 위해서는 우리 주위의 여러 사람들을 비교해 신체의 모양, 교육의 정도, 생산성과 소득, 집안 환경, 정치적 의견이나 가치관 등이 서로 얼마나 다른지 살펴보는 것으로 족할 것이다.

둘째, 미시적인 의사결정과 시장균형을 집계하는 방법을 따르기에는 이 책에서 상정하고 있는 독자들의 경제이론, 수학, 통계학 등에 대한 이해가 아직 충분하지 않다.

따라서 이 책에서는 기존의 중급 거시경제학 교과서와 같이 경제 전체를 하나의 독립된 연구대상으로 상정한다. 그럼에도 불구하고 경제 전체의 사건들이 가계나 기업 같은 개별 경제주체들의 상호 교류에 의해 일어난다는 사실을 간과하지는 않는다. 다시 말해 우리는 거시경제학이라는 이름으로 경제 전체를 연구대상으로 삼지만 어떤 방식으로든 개별 경제주체들의 의사결정을 명시적 또는 암묵적으로 분석해 여러 이론의 기초로 사용할 것이다.

예를 들어 경제 전체의 투자를 설명하기 위해서는 먼저 공장 건설이나 기계 설비 설치 같은 개별 기업의 투자가 어떻게 결정되는지 고려해야 한다. 그리고 경제 전체의 소비를 결정하기 위해서는 개별 가계의 현재 소비와 미래 소비를 위한 저축이 어떻게 결정되는지 먼저 분석해야 한다. 이 책에서는 (적어도 전반부에서는) 개별 경제주체의 의사결정을 고려해 한 경제의 소비나 투자 같은 경제 전체의 집계된 변수들의 행위방정식behavioral equation을 도출하지만 대부분의 경우에 개별 경제주체들의 최적화 문제optimization problem를 명시적으로 다루지는 않는다.

이 책에서 소개할 거시경제 이론에서 미시적인 경제 원리를 가능한 한 많이 응용하려고 하지만 설명의 명료성과 편의를 위해 독자들이 나중에 더 깊은 연구를 한 다음에는 옳지 않다고 생각할 수도 있는 가정assumption들을 종종 도입하기도 한다. 특히 거시경제학의 연구주제들은 근본적으로 시간의 개념이 포함돼 있으므로 동태적dynamic이다. 그러나 이 책의 수준에서는 기술적인 어려움 때문에 거시경제학이 지니고 있는 동태적인 측면을 정태적인static 모형을 이용해 설명할 수밖에 없는 경우가 대부분이다. 따라서 때로는 그림이나 설명 및 수식을 이해하기 위해 창의적인 상상력이 요구되기도 한다.

이러한 제약에도 불구하고 이제부터 배우게 될 모형들의 유용성을 부인할 수는 없다. 즉 거시경제학 모형들은 지난 수십 년간 실제 경제를 이해하는 데 유용하게 이용되었고, 경제 정책 등 많은 거시경제적인 의사결정이 그러한 이론에 기초하고 있다. 이는 이 책에서 배우게 될 모형들이 내재적으로 가지고 있는 이론적인 모순과 지나친 추상성에도 불구하고 현실적인 검증과정을 통과하였음을 의미한다.

본 편은 거시경제학을 소개하는 장과 절들로 구성되어 있다.

- **1장**에서는 거시경제의 순환과 주요 거시경제 변수들에 관하여 배운다. 거시경제는 근본적으로 개별 경제주체들과 시장들의 상호 거래를 통해 형성되므로 이들 사이의 거래의 흐름과 순환을 이해하는 것이 무엇보다 중요하다. 거시경제학이 연구하는 주제와 연구방법 등을 이해하기 위해서는 먼저 거시경제학에서 관심의 대상이 되는 주요 거시경제 변수를 이해할 필요가 있다.
- **2장**에서는 거시경제의 연구과제와 연구방법에 관하여 알아본다. 거시경제학의 연구과제는 크게 보아 경제성장 문제와 경기변동 문제로 나눌 수 있다. 경제성장은 한 경제의 평균적인 총생산량이 장기적으로 증가하는 현상을, 경기변동은 한 경제가 잠재평균적인 총생산량에서 단기적으로 벗어나는 현상을 말한다. 이 두 가지 장기와 단기의 경제현상과 관련된 많은 문제가 존재하며, 이 문제들이 곧 거시경제학의 연구과제라고 할 수 있다.

01

Chapter

국민경제의 순환과 주요 거시경제 변수

거시경제학은 경제 전체를 하나의 단위로 보고 연구하는 경제학의 한 분야이다. 따라서 국민소득이 왜 빠른 속도로 증가하는가, 한 나라는 높은 1인당 소득을 누리는 반면 왜 다른 나라는 가난에서 벗어나지 못하는가, 한 나라의 물가상승률은 높은 반면 왜 다른 나라의 물가상승률은 낮은가, 1997년 12월에 발생한 "*IMF* International Monetary Fund 외환위기"로 지칭되는 경제위기 이후 왜 우리의 실업률은 그 이전보다 높게 유지되고 있는가와 같이 한 나라의 경제 전체와 관련된 의문은 거시경제학이 다루어야 할 주제들이다. 여기서는 이와 같은 주제들에 관하여 더 구체적으로 알아보기 위한 전 단계로서 국민경제의 순환과 거시경제학의 연구대상이 되는 주요 거시경제 변수에 관하여 알아보기로 한다.

1.1 국민경제의 순환

국민경제순환모형은 다양한 경제주체가 여러 가지 시장에서 거래하는 것을 모형화한 것이다. 그와 같은 모형이 **그림 1-1**에 나타나 있다. 국민경제의 순환에 참여하는 경제주체는 가계, 기업, 정부, 외국 그리고 이들이 활동하는 시장은 생산요소시장, 재화시장 및 금융시장으로 크게 분류할 수 있다.

1.1.1 경제주체

가계: 노동이나 자본과 같은 생산요소수단를 소유한 경제주체이다. 가계는 생산요소시장에서 생산요소를 공급하고 그 대가로 요소소득을 얻는다. 그리고 가계는 요소소득을 소비의 대가로 재화시장에 지출하거나 금융시장에 저축한다.

기업: 생산 활동을 하는 경제주체이다. 기업은 생산요소시장에서 생산요소를 고용해 산출물을 생산한다. 그리고 생산요소를 고용한 대가로 요소비용을 지급한

다. 이윤이 발생하면 기업의 소유주인 가계에 배당으로 지급한다. 한편 기업은 생산한 재화와 서비스를 가계, 다른 기업, 정부 그리고 외국에 판매한다. 그리고 재화를 구매한 가계, 다른 기업, 정부, 외국은 기업에 대가를 지급지출한다.

정부: 가계나 기업과 독립적으로 의사를 결정하기 때문에 외생적exogenous인 경제주체로 취급된다. 조세는 의회를 통과한 법에 따라 결정되며 가계와 기업으로부터 징수된다. 그렇다고 정부가 경제 상황을 완전히 무시하고 독단적으로 의사를 결정하고 집행한다는 의미는 아니다. 정부는 경제 상황이 좋지 않을 때 정부지출구매을 늘리거나 조세를 깎아준다. 반대의 경우에는 물론 정부지출을 줄이거나 조세를 증가시킨다. 거둬들인 조세가 정부지출보다 적을 때는 정부공채를 발행해 금융시장에서 빚을 내 쓰기도 한다. 이와 같이 축적된 빚이 정부부채이다.

외국: 외국은 우리나라와 세 가지 교류를 한다. 첫째, 재화와 서비스를 무역을 통해 거래한다. 때로는 수출보다는 수입을 많이 할 수무역적자 있고 반대로 수입보다는 수출을 많이 할 수도무역흑자 있다. 수출과 수입을 합해 국내총생산의 비율로 나타낸 것을 대외의존도라고 한다. 둘째, 금융자산을 거래한다. 우리 국민이 외국의 주식, 채권, 부동산과 같은 자산을 취득할 수 있고 외국인도 우리나라에서 같은 금융투자를 할 수 있다. 그와 같은 거래에는 외환의 유출입이 따른다. 셋째, 인력을 포함한 생산요소를 교류한다. 우리나라의 노동자들이 외국에 나가 일을 해 소득을 얻을 수도 있고, 외국인이 우리나라에 들어와 소득을 벌 수 있다. 물론 인력의 국가 간 이동은 각국의 이민법 때문에 재화나 자본 거래만큼 자유로울 수는 없다. 따라서 이 책에서는 외국과의 거래로 재화와 자산의 거래만을 다룬다.

1.1.2 시 장

시장에는 크게 재화시장, 생산요소시장, 금융시장 등 세 가지가 존재한다. 재화시장은 기업이 생산한 재화와 서비스가 거래되는 시장이다. 재화시장의 균형에 의해 생산량과 상품 및 서비스의 가격이 결정된다.

생산요소시장은 기업의 생산 활동에 투입되는 노동과 자본 등 생산요소가 거래되는 시장이다. 생산요소시장에서 각각의 생산요소인 노동과 노동의 가격인 임금 및 자본의 임대가격 등이 결정된다.

금융시장은 자금의 공급과 차입이 이루어지는 시장이다. 금융시장에는 국내 화폐가 거래되는 화폐시장, 외국 화폐가 거래되는 외환시장, 주식이나 채권, 부동산 등 여러 형태의 자산이 거래되는 자산시장으로 구성된다. 화폐시장에서는 이자율이 결정되고, 외환시장에서는 자국 화폐와 외국 화폐의 교환비율인 환율이 결정된다.

1.1.3 국민경제의 순환

국민경제의 순환은 경제주체가 각각의 시장을 통해 서로 거래하는 과정으로 모형화한 것이다. **그림 1-1**에는 세 가지 시장이 사각형으로 표시되어 있다. 네 유형의 경제주체들은 원으로 나타나 있다. **그림 1-1**의 바깥 흐름원 윗부분부터 보면 가계는 생산요소시장에 생산요소를 공급하고 기업은 같은 시장에서 생산요소를 고용수요한다. 기업은 생산요소를 고용하는 대가로 요소비용을 지급하고 이는 가계의 요소소득이 된다. 다음으로 **그림 1-1**의 바깥 흐름원 아랫부분에서 볼 수 있는 바와 같이 가계는 조세를 납부하고 난 다음 소비를 위해 재화를 구매하고 그 대가로 소득의 일부를 재화시장에 지출한다. 그리고 세후소득 가운데 소비하고 남는 나머지는 금융시장에 저축한다. 이때 저축에 대해서는 이자소득이 발생한다.

기업은 생산요소를 고용하고 생산기술과 결합해 재화를 생산한 다음 재화시장에 공급하고 그 대가로 판매수입을 얻는다. 기업은 판매수입 가운데 일부를 생산요소에 대한 요소비용과 조세로 지불하고 나머지 이윤은 가계에 요소소득의 하나인 배당으로 지급한다. 한편 기업은 금융시장에서 자금을 빌려 생산 설비 등에 투자한다. 투자는 생산 요소의 하나인 자본생산설비나 공장시설을 증가시키기 위한 기업의 재화 수요이다.■ 기업은 금융시장에서 투자를 위해 차입한 자금에 대하여 이자를 지급한다.

■ 거시경제학에서 투자는 공장이나 생산설비 같은 생산요소로서의 자본을 증대시키는 것을 의미한다. 이는 채권이나 증권을 거래해 이윤을 남기는 금융투자 financial investment 와 다르다. 따라서 이 책에서는 따로 언급하지 않는 한 투자는 생산설비곧 자본나 주택을 증대시키는 고정투자만을 의미한다.

기업 부문에서 각 기업은 생산 활동을 위해 다른 기업으로부터 중간재를 사기도 하고 팔기도 한다. 가계 부문에서 가계들은 다른 가계로부터 채권, 주식, 토지 등과 같은 자산을 사기도 하고 팔기도 한다. 이와 같은 기업 부문과 가계 부문 안에서의 거래는 실제 경제에 있어 중요한 역할을 한다. 그러나 그러한 거래들은 각각의 부문에서 매입과 매각의 대차를 합산하면 0이 되므로, **그림 1-1**에 나타나 있는 시장경제의 순환에는 나타나지 않는다.

금융시장으로 유입되는 저축은 생산요소에 대한 수요도 아니고 재화에 대한 수요도 아니다. 또한 소득은 조세를 납부하거나 소비 또는 저축되는 두 가지의 용도

시장경제의 순환 그림 1-1

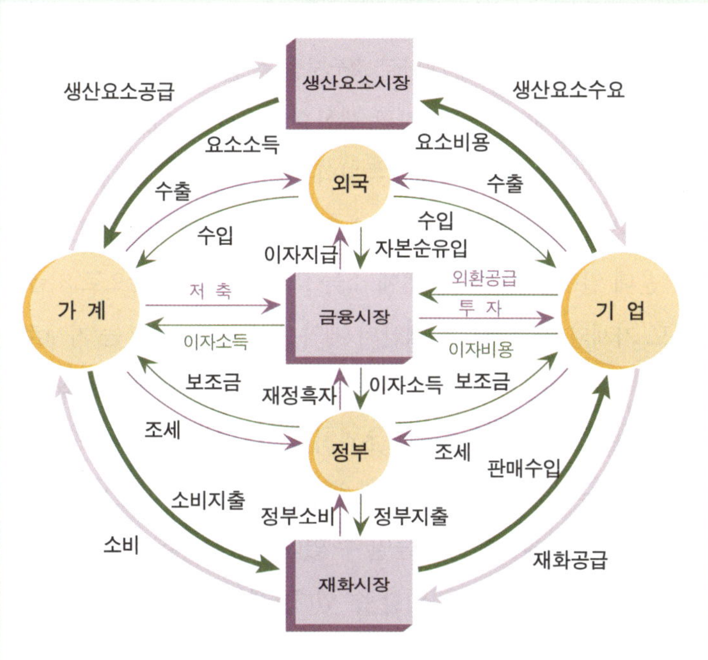

국민경제순환 모형에서 경제주체로는 가계, 기업, 정부, 외국, 시장으로는 생산요소시장, 금융시장 및 재화시장이 존재한다. 가계는 생산요소시장에 자본과 노동을 공급하고 기업은 그 대가로 요소소득을 지급한다. 그리고 기업은 재화와 서비스를 공급하며 가계는 그 대가로 지출을 한다. 가계는 요소소득을 소비하고 나머지는 저축하여 금융시장에 자금을 공급하며 기업은 금융시장으로부터 자금을 조달하여 투자를 한다. 외국은 자국과 재화 및 자본을 거래하며 정부는 독립적으로 의사결정을 한다.

가운데 하나로 사용되므로 조세나 저축이 많아지면 소비를 위한 재화의 수요가 감소한다. 따라서 조세와 저축은 단기적으로 산출량을 감소시키는 효과를 갖는다.■ 이처럼 조세와 저축은 국민소득의 순환과정에서 빠져나가는 누출leakage의 한 형태이다.

■ 다시 말해 저축이 많아지면 그림 1-1에서 생산요소시장과 재화시장의 규모가 작아진다.

그러나 저축이 단기적으로 '누출'이기 때문에 경제적으로 해롭다는 의미는 아니다. 오히려 저축은 투자의 재원이 되므로, 장기적으로 경제의 자본량생산설비을 증가시켜 경제성장의 기초가 된다. 우리 경제의 성장에도 저축이 매우 중요한 역할을 했다. 다만 저축은 투자의 재원으로 사용되기 전까지는 재화에 대한 수요를 감소시키기 때문에, 단기적으로 '누출'이라고 표현하는 것이다.

투자는 금융시장에 있던 자금이 생산 설비와 같은 자본의 축적에 사용됨을 의미한다. 이처럼 생산 설비를 설치하기 위해 기업이 자금을 이용한다는 것은 재화자본재를 그만큼 새로이 구매한다는 사실을 의미한다. 이렇듯 투자는 재화에 대한 수요를 증가시키므로 **그림 1-1**의 가장 바깥쪽 원 곧 재화시장과 생산요소시장의 규모를 증대시킨다. 따라서 투자는 국민소득의 순환과정에 새로이 더해지는 변수로서 유입 injection의 한 형태이다.

정부는 가계와 기업으로부터 조세를 징수하고 재화시장에서 소비를 위해 재화를 구매한다. 그리고 재화 구매의 대가로 정부지출을 한다. 다시 말해 정부지출은 재화에 대한 구매를 증가시켜 재화시장과 생산요소시장 곧 **그림 1-1**의 가장 바깥쪽 원의 규모를 키운다. 이는 정부지출이 투자와 유사한 역할을 한다는 사실을 보여준다. 따라서 정부지출은 국민소득의 순환에 있어 유입의 한 형태이다. 나아가 정부는 조세수입 가운데 일부를 가계나 기업에 소득 또는 투자 보조금으로 지급한다.

물론 정부도 가계와 마찬가지로 예산의 제약을 받는다. 정부는 가계로부터 세금을 거둬들인다. 이때 정부지출이 조세수입을 초과하면 재정적자 budget deficit라고 한다. 반대로 정부의 조세수입이 지출을 초과하면 재정흑자 budget surplus라고 한다. 정부가 구매 곧 지출을 증가시키려면 세 가지 방법으로 그 재원을 마련할 수 있다. 첫째, 정부는 가계로부터 세금을 거둬들일 수 있다. 둘째, 정부공채를 발행하여 금융시장에서 민간으로부터 자금을 차입할 수 있다. 셋째, 조세 증가나 공채 발행이 여의치 못하면 정부는 화폐를 발행해 재원을 마련하기도 한다. 정부재정 적자를 화폐를 발행해 보전하는 것을 「화폐화한다 monetize」고 한다. 재정적자를 화폐화하면 극심한 인플레이션인 超인플레이션 hyperinflation이 나타나기도 한다. 따라서 선진국에서는 중앙은행이 정부지출을 결정하는 재정당국과 독립되어 있다. 또 전쟁과 같은 비상시국이 아닌 한 재정적자를 화폐를 발행해 보전하지는 않는다.

우리나라의 기업은 외국에 재화와 서비스를 수출하고 가계와 기업은 외국으로부터 재화와 서비스를 수입한다. 재화와 서비스의 교역이 일어나는 이유는 각국이 재화를 생산할 때 서로 다른 비용 조건 가지고 있기 때문이다. 즉, 어떤 나라는 넓은 국토와 풍부한 자연자원을 보유한 반면 다른 나라는 많은 인구 즉 풍부한 노동력을 자랑한다. 따라서 각 나라가 더 낮은 비용으로 생산할 수 있는 재화가 다르다. 이처럼 나라마다 생산비용에 있어 유리한 재화 생산에 특화 specialization가 이루어지기 때문에 국제무역이 일어난다.

수출과 수입의 차이를 순수출 net export이라 한다. 순수출이 0보다 크면 외국 화폐인 외환이 자국으로 유입된다. 자국 기업은 외환수입을 금융시장에 내다 팔아 자국 화폐로 교환한다. 따라서 수출에 종사하는 국내기업은 외환시장에서 외환의 공급자 가운데 하나가 된다. 반대로 수입에 종사하는 국내기업은 외환시장에서 외환의 수요자 가운데 하나이다.

한편 우리나라와 외국의 금융투자자들은 자국과 외국의 투자수익률을 비교해 만일 국내 투자수익률이 외국의 투자수익률보다 높으면 국내에 투자하고 반대인 경우에는 외국에 투자한다. 이때 외국에서 자국으로 유입되는 외환을 자본유입capital inflow 이라 하고 반대로 자국에서 외국으로 유출되는 외환을 자본유출capital outflow 이라 한다. 자본유입과 자본유출의 차이가 자본순유입net capital inflow 이다.

지금까지 살펴본 바와 같이 **그림 1-1**에 나타나 있는 세 가지의 시장에서 경제주체인 가계, 기업, 정부, 외국이 유기적으로 연결되어 있다. 다시 말해 세 시장에 주어지는 충격은 각각의 경제주체들의 의사결정에 영향을 미치고, 가계, 기업, 정부, 외국 등 경제주체에 주어지는 충격은 시장균형에 영향을 미친다. 예를 들어 원유가격이 상승하면 기업의 수익성이 악화하고, 생산요소의 고용과 재화 공급에 부정적인 영향을 미친다. 이는 다시 가계 소득을 감소시키고 소비와 저축이 따라서 감소한다. 금융시장 또한 원유가격 상승의 부정적인 효과로부터 자유롭지 못하다. 이와 같이 거시경제의 연구는 필연적으로 모든 시장을 동시에 고려해야 한다. 경제학에서 모든 시장의 동시균형을 연구하는 분야를 일반균형이론general equilibrium theory 이라고 한다.

1.1.4 국민소득의 측정

그림 1-1의 국민경제 순환으로부터 한 나라의 총생산량total production 을 측정하는 방법은 3가지가 있다.

1 기업부문에서 일정 기간 동안에 생산한 재화와 서비스의 시장가치를 이용해 총생산량을 구할 수 있다. 이때 부가가치value added 의 개념을 이용하기도 한다. 한 생산자의 부가가치란 그 생산자가 생산한 산출물output 의 가치에서 다른 생산자에게 구입해 생산과정에 투입한 중간재intermediate goods 의 가치를 뺀 차이를 말한다. 따라서 모든 생산자의 부가가치를 합하면 총생산량을 구할 수 있다. 이와 같이 모든 생산자의 산출량을 직접 측정해 총생산량을 구하는 방법을 생산접근방법이라고 부른다.

2 **그림 1-1**에서 기업의 총수입총생산량은 생산요소시장을 거쳐 가계에 분배된다.■ 따라서 한 경제의 모든 가계가 얻는 소득을 집계하면 한 경제의 총소득total income

생산접근방법
총생산량 = 모든 생산자의 부가가치 합

분배접근방법
총생산량 = 모든 가계가 얻는 소득의 합

지출접근방법
총생산량 = 가계, 기업, 정부의 지출과 순수출의 지출 합

■ 다시 말해 가계는 노동, 자본 및 자연자원 같은 모든 생산요소를 직접 혹은 간접적으로 소유하고 있다. 기업은 가계가 소유한 생산요소들을 사용해 재화와 서비스를 생산하며, 이를 다시 가계에 소득으로 배분한다.

또는 국민소득 national income 이 되는데, 이는 총생산량과 같다. 각 경제주체의 소득을 합쳐 총생산량을 측정하는 방법을 분배곧 소득접근방법이라고 부른다.

3 **그림 1-1**에는 기업이 생산한 재화와 서비스의 네 가지 사용처가 나타나 있다. 즉 재화와 서비스는 가계에 의해 소비될 수도 있고, 기업이 투자 목적으로 사용할 수도 있다. 그리고 정부가 사용할 수도 있고 외국인이 구매하여 이용할 수도 있다. 따라서 네 항목가계의 소비, 기업의 투자, 정부소비, 순수출을 더하면 총생산량과 같아진다. 그런데 이 네 목적에 재화를 사용하려면 해당 경제주체들은 재화와 서비스에 대한 대가를 지불해야 한다. 이를 지출 expenditure 이라고 부른다. 이때 가계의 소비와 기업의 투자 그리고 정부구매와 순수출 같은 지출을 모두 합하면 총생산량과 같아진다. 이와 같이 지출을 합해 총생산량을 구하는 방법을 지출접근방법이라고 한다. 총생산량을 측정하는 방법 가운데 가장 많이 사용되는 방법은 지출접근방법이다.

삼면등가의 법칙
총생산량 = 총소득 = 총지출

그림 1-1을 살펴보면 위에서 알아본 총생산량을 구하는 세 가지 방법이 각각 거시경제에 관한 서로 다른 측면을 보여주지만 이 방법들을 따르면 결국 동일한 총생산량을 얻게 됨을 알 수 있다. 즉 총생산량 total production 은 총소득 total income 및 총지출 total expenditure 과 같다. 총생산, 총소득 및 총지출 사이의 항등관계 identity 를 국민소득회계의 기본 항등식 fundamental identity of national income accounting 이라고 부른다.■ 통계당국이 실제로 총생산량을 측정하기 위해 사용하는 국민소득과 생산계정 national income and product account, *NIPA* 은 지금까지 우리가 배운 국민경제의 순환도와 국민소득순환의 기본 항등식에 기초하고 있다.

■ 국민소득회계의 기본 항등식을 생산, 분배, 지출 사이에 성립하는 삼면등가의 법칙이라고 부르기도 한다.

1.2 국내총생산

경제의 규모와 거시경제 활동의 정도를 측정하는 변수로서 지금까지 가장 많이 이용되는 변수가 국내총생산 gross domestic product, GDP 이다. 한 경제의 총산출량 GDP 은 앞에서 배운 바와 같이 세 가지 방법으로 측정할 수 있다. 이 세 가지 방법은 *GDP*를 서로 다른 각도에서 측정하지만, 결국 같은 크기의 *GDP*를 얻게 해준다. 그러나 이 방법들은 거시경제의 서로 다른 측면을 보여주기 때문에 각각의 방법에

BOX 1-1 유량과 저량

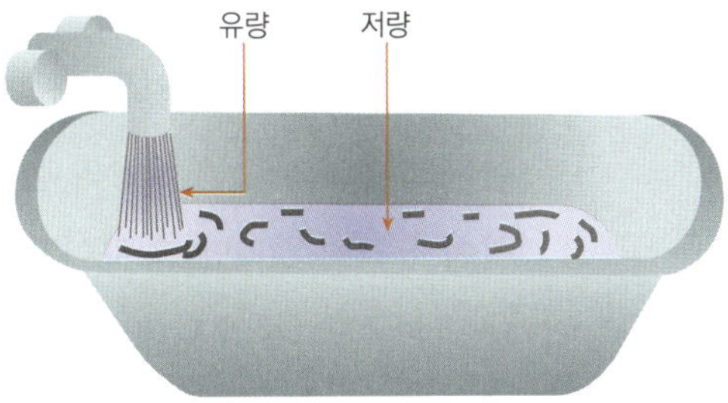

경제변수를 나누는 방법 가운데 유량변수flow variable와 저량변수stock variable로 구분하는 방법이 있다. 유량변수는 주어진 기간 단위 안에서, 저량변수는 주어진 한 시점에서 각각 측정되는 변수들이다. 예를 들어 수돗물을 튼 후 1분 동안 욕조에 새로이 차오른 물의 양은 유량이다. 한편 욕조에 고이는 물의 양은 계속 증가한다. 따라서 욕조에 고여 있는 물의 전체 양을 측정하려면 일정한 시점을 상정해야 한다. 이와 같이 주어진 한 시점에서 측정되는 변수를 저량변수라고 한다.

*GDP*는 경제에서 가장 중요한 유량변수이다. 다른 유량변수로는 소득과 지출, 새로이 실직한 노동자의 수, 소비·투자·순수출, 저축, 정부 재정적자, 경상수지 등이 있다. 저량변수는 가계 자산의 합계인 부wealth, 실업자 수, 자본, 정부부채, 한 나라의 대외부채 등이 있다.

그런데 어떤 유량변수들은 정해진 한 기간 안에 특정한 저량변수에 더해지는 크기를 나타낸다. 그 예로 한 기간 안에 증가하는 자본의 크기인 투자, 한 기간 안에 증가하는 부의 크기인 저축, 한 기간 안에 증가하는 정부부채의 크기인 정부 재정적자 등이 있다. 이와 같이 어떤 유량변수와 저량변수들은 매우 밀접하게 연관되어 있다.

관하여 모두 알아보는 것이 거시경제를 이해하는 데 도움이 된다.

1.2.1 생산접근방법에 의한 GDP

생산 측면에서 *GDP*는 **일정 기간 동안에 한 나라 안에서 새로 생산된 최종재와 서비스의 시장가치의 합**으로 정의된다. 이제 *GDP* 정의에 포함된 개념을 알아보자.

> **국내총생산(GDP)**
> 일정 기간 동안에 한 나라 안에서 새로이 생산된 최종재와 서비스의 시장가치의 합

1 일정 기간 동안에 *GDP*를 측정할 때는 먼저 일정한 기간예: 2010년 1분기 또는 2011년을 상정해야 한다. 이는 *GDP*가 일정한 기간 동안에 일어난 경제활동을 측정하는 개념이기 때문이다. 이렇게 일정한 기간을 상정하여 측정하는 변수를 유량변수flow variable라고 부른다.BOX 1-1 참조

2 한 나라 안에서 *GDP*는 영토를 기준으로 한 총생산의 개념이다. 여기서 **한 나라**를 **한 나라의 국민**으로 대체하면 국민총생산gross national product, *GNP*이 된다. 즉 국민총생산은 **일정 기간 동안 한 나라의 국민이 새로이 생산한 재화와 서비스의 시장가치의 합**이다. 1990년대 이전까지는 총생산 개념으로 *GNP*를 널리 사용했지만

> **국민총생산(GNP)**
> 일정 기간 동안에 한 나라의 국민이 새로이 생산한 재화와 서비스의 시장가치의 합

1990년대부터 대부분의 나라가 *GNP* 대신 *GDP*를 주된 총생산 개념으로 사용하기 시작했다. 1990년대 이후 *GNP*보다 *GDP*를 더 중요하게 생각한 것은 세계경제가 점차 국제화되어 국내에서 노동자를 고용해 생산활동을 하는 외국기업이 외국에서 외국 노동자를 고용해 생산활동을 하는 자국기업보다 자국 경제에 더 큰 공헌을 한다고 봐야 한다는 발상의 전환 때문이었다. 대부분의 나라에서 *GDP*와 *GNP*의 차이가 크지 않지만 그 차이가 상당한 경우도 있다. 예를 들어 아일랜드는 1990년대에 외국기업들의 막대한 직접투자 덕분에 *GDP*가 *GNP*보다 20%가량 높게 나타났다. *GDP*와 *GNP*의 주된 차이점은 한 나라의 영토 밖에서 고용된 자국의 노동과 자본을 어떻게 취급하느냐에 있다. *GNP*는 자국 생산요소가 생산한 산출량은 생산요소가 자국에서 고용되었느냐, 외국에서 고용되었느냐에 관계없이 모두 포함시키지만 *GDP*는 자국 영토 안에서 고용된 생산요소가 생산한 산출량만 포함시킨다. 예를 들어 우리나라 노동자들이 사우디아라비아 도로공사에서 벌어들인 임금소득은 *GNP*에는 포함되지만 *GDP*에는 포함되지 않는다. 반대로 외국인 영어강사가 우리나라에서 취득한 강사료는 *GDP*에는 포함되지만 *GNP*에는 포함되지 않는다. 외국에서 고용된 자국의 생산요소가 벌어들인 소득과 자국에서 고용된 외국의 생산요소에 지급한 소득의 차이를 국외순수취요소소득net factor payments from abroad, *NFP*이라고 정의하면 다음 식이 성립한다.

$$GNP = GDP + NFP \tag{1-1}$$

3 새로 생산된 *GDP*는 한 기간 안에 이루어진 경제활동을 측정하는 변수이므로 앞에서 언급한 바와 같이 한 기간 안에서 새로 생산된 재화와 서비스만 포함한다. 따라서 과거에 생산된 재화와 서비스 거래는 *GDP*에 포함하지 않는다. 예를 들어 이번 기간에 새로 지은 집의 시장가격은 *GDP*에 포함되지만 과거에 지은 집을 매각한 경우에는 자산의 단순한 이전이지 생산이 아니기 때문에 판매가격을 *GDP*에 포함하지 않는다. 그런데 현재 시점에서 과거에 지은 집을 거래하기 위해 부동산중개업자가 제공한 서비스의 가치는 이번 기간에 생산된 것이므로 *GDP*에 포함된다. 같은 원리로 과거에 생산된 냉장고, 세탁기 또는 가구 같은 내구재durable goods의 중고품은 *GDP*에 포함되지 않지만 중고품가게에서 일하는 종업원의 임금은 부동산중개업자의 경우와 마찬가지로 *GDP*에 포함된다.

EXAMPLE

예 1-1 부가가치 계산

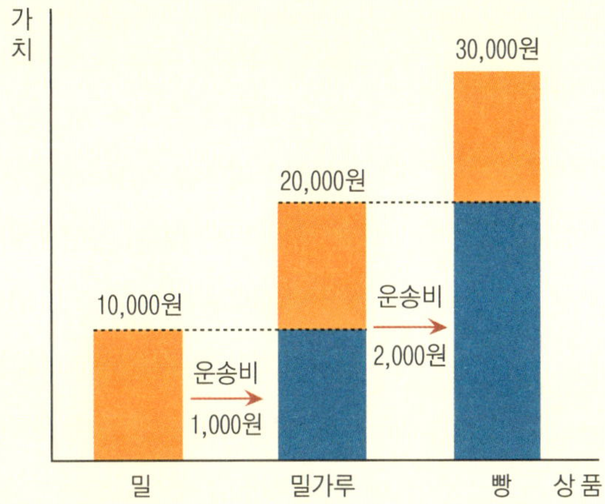

어떤 농부가 자신의 노동만으로 10,000원어치의 밀을 생산했다면, 10,000원은 농부가 생산한 부가가치가 된다.

제분업자가 농부의 밀을 10,000원에 사들여 운송비 1,000원을 지불하고 제분소로 운반한 후 밀가루를 생산해 20,000원을 받고 제과점에 판매했다고 하자. 이때 제분업자의 부가가치는 자신이 생산한 밀가루의 가치 20,000원에서 중간재인 밀의 가치 10,000원과 운송비 1,000원을 뺀 9,000원이 된다. 그리고 트럭으로 밀을 운반한 운송업자의 부가가치는 1,000원이 된다.

다시 제분업자가 생산한 20,000원어치의 밀가루를 제과업자가 구입하여 운송비 2,000원을 지불하고 제과점까지 운반한 다음 빵을 생산해 최종 소비자에게 30,000원에 판매했다고 하자. 이때 제과업자의 부가가치는 자신이 생산한 빵의 가치 30,000원에서 밀가루 가치 20,000원과 운송비 2,000원을 뺀 8,000원이다. 그리고 트럭으로 밀가루를 운반한 운송업자의 부가가치는 2,000원이다.

이때 각 생산단계에서 발생한 부가가치의 합은 10,000원+9,000원+1,000원+8,000원+2,000원=30,000원이 된다. 즉 부가가치의 합은 최종산출물의 가치 30,000원과 정확히 같다.

4 최종재화와 서비스의 한 기간 안에 생산된 재화와 서비스는 중간재 intermediate goods와 최종재화 final goods 및 서비스 services로 구분된다. 중간재는 다른 재화 및 서비스의 생산에 사용되는 재화와 서비스이다. **예 1-1**에서 볼 수 있는 바와 같이 한 기간 동안 생산된 밀이 제분업자에 의해 밀가루로 바뀌고 다시 빵공장에서 빵으로 만들어져 소비되었다면 밀은 밀가루의 중간재가 되고 밀가루는 빵의 중간재가 된다. 그리고 밀을 제분공장으로, 밀가루를 빵공장으로 운반한 트럭회사의 서비스도 각각 밀가루와 빵 생산에 사용된 중간재가 된다. 최종재화와 서비스는 한 기간 동안 생산된 재화와 서비스 가운데 중간재로 사용되지 않고 소비나 투자 같은 최종적인 목적에 이용되는 재화와 서비스를 말한다. 경제활동의 목적이 최종재화 및 서비스의 생산이기 때문으로, 중간재를 *GDP*에 포함시키면 이중계산의 문제가 생긴다.

한편 재고 inventory는 ① 완성됐지만 아직 판매되지 못한 최종재, ② 완성되지 못하고 생산과정에 있는 재화, ③ 생산과정에 투입되지 않은 채 기업이 보유하고 있는 원자재 등을 말한다. 한 기간 동안 증가한 재고의 양을 재고투자재고의 증가라고 하는데 한 기간 동안 생산됐지만 그 기간 안에 다른 재화의 생산에 사용되지 않고 미래의 생산여력을 증가시키므로 최종재로 분류해 *GDP*에 포함시킨다. 즉 재고투자는 생산자가 재고를 축적하기 위해 자신이 생산한 재화를 구매하는 것으로 가정한다. 그러나 축적한 재고를 다음 기간에 판매하면 앞에서 살펴본 중고품의 경우와 같이 취급해 *GDP*에 포함시키지 않는다. 생산자가 재고를 판매하면 기업의 재고 감소와 소비자의 소비 증가가 상쇄돼 *GDP*에 영향을 미치지 못하기 때문이다.

최종재화 및 서비스와 관련해 두 가지 사실에 주의할 필요가 있다. 첫째, 한 생산자가 생산한 산출물의 가치에서 다른 생산자로부터 구입하여 생산과정에 투입한 중간재의 가치를 뺀 값을 부가가치value added라고 한다예 1-1 참조. 최종재화와 서비스의 가치는 각 생산단계에서의 부가가치의 합과 같다. 둘째, 자본재capital goods는 생산과정에 투입되기는 하지만 최종재로 취급한다. 왜냐하면 공장이나 기계 같은 자본재는 생산과정에 투입되지만 한 기간 동안 모두 사용되지 않고 다음 기간에 다시 사용할 수 있기 때문이다. 즉 자본재는 한 기간 동안 생산돼 그 기간 안에 다른 재화의 생산에 모두 사용되는 중간재와 성격이 다르다. 중간재와 달리 한 기간 동안 생산된 자본재는 최종재로 분류해 *GDP*에 포함시킨다.

자본재
생산과정에 투입되기는 하지만 중간재와 달리 한 기간 동안 모두 사용되지 않고 다음기간에 다시 사용할 수 있기 때문에 최종재로 취급한다.

5 시장가치market value의 합 한 경제에서 생산되는 재화와 서비스의 종류는 대단히 다양하다. 예를 들어 우리나라는 쌀, 보리 같은 농산물 외에도 자동차, 선박, 전자제품 같은 다양한 재화를 생산하고 있다. *GDP*는 한 나라에서 생산한 모든 최종재화와 서비스를 합쳐서 구하므로, *GDP*를 구하려면 먼저 다양한 최종재화와 서비스를 서로 집계할 수 있어야 한다. 그러나 자동차 10대와 휴대전화 20대를 물리적으로 합하는 것은 두 재화의 시장가격이 동일한 경우 외에는 무의미하다. 따라서 *GDP*를 구할 때는 재화와 서비스가 시장에서 거래되는 가격을 이용해 시장가치를 구한 다음 합산한다. 예를 들어 우리나라가 한해 동안 자동차 10대와 휴대전화 20대를 생산했다고 하자. 이때 자동차 가격이 2,000만 원, 휴대전화 가격이 30만 원이라면 우리나라 *GDP*는 $10 \times 20{,}000{,}000 + 20 \times 300{,}000 = 206{,}000{,}000$원이 된다. 이렇게 시장가치를 이용하여 *GDP*를 측정하는 방법은 서로 다른 재화와 서비스의 상대적인 경제적 중요도를 반영하므로 의미가 있다.

한편 재화와 서비스는 대부분 시장에서 거래되므로 시장가격을 이용해 *GDP*를 측정할 수 있지만, 시장에서 거래되지 않은 재화와 서비스의 경우에는 시장가격

BOX 1-2 GDP의 한계

주택을 임대할 때 주택 서비스를 구입한 대가로 주택 소유주에게 임대료rent를 지급하는데, 이때 임대료는 주택 소유주의 소득이 되므로 *GDP*에 포함된다. 그런데 주택 소유주가 주택을 임대하지 않고 직접 주택 서비스를 누리는 경우도 있다. 이를 고려하기 위해 *GDP*에는 주택 소유자들이 자신에게 지급해야 한다고 추정되는 임대료를 포함시킨다. 물론 주택 소유자들이 자신에게 집세를 지급하는 일은 없으므로 통계당국은 주택 소유자가 거주하고 있는 주택을 시장에서 임대했을 때 받을 수 있을 것으로 생각되는 귀속 임대료imputed rent를 추정해 *GDP*에 포함시킨다. 이러한 귀속 임대료는 주택 소유자의 소득이자인 동시에 지출이 된다.

귀속가치 문제는 국방, 치안, 공공교육, 도로나 교량의 설치 및 유지 같은 정부 서비스에서도 발생한다. 대부분의 정부 서비스는 시장에서 거래되지 않기 때문에 *GDP*에 반영할 수 있는 시장가치를 구할 수 없다. 이때 통계당국이 사용하는 방법은 정부 서비스 비용으로 시장가치를 대신하는 것이다. 예를 들어 *GDP*에 포함되는 국방 서비스의 가치는 군인들의 급여와 후생 지출, 무기 구매, 군사기지 유지 등과 같은 군사활동에 드는 국방비로 측정한다. 그리고 공공교육 서비스의 가치는 교사 급여, 새로 지출한 학교시설비, 교육기자재 구입비 등의 비용으로 측정한다.

그러나 *GDP* 측정에 포함시켜야 하지만 믿을 만한 측정방법이 존재하지 않아 통계의 편의를 위해 포함시키지 않는 귀속가치도 많다. 예를 들어 주택의 귀속가치를 *GDP*에 포함시킨 것처럼 자동차, 냉장고, 보석, 가구 같은 내구재durable goods의 귀속 임대료도 *GDP*에 포함시켜야 하지만 실제로는 그렇지 않다. 그리고 대가를 받는 가사, 육아노동의 가치는 *GDP*에 포함시키지만 대가를 받지 않는 가사와 육아노동의 가치는 *GDP*에 포함시키지 않는다. 또 깨끗한 공기나 물의 편익은 시장에서 거래되지 않기 때문에 제외되며, 생산과정에서 발생하는 공해pollution의 경우에는 생산량에서 공해를 제거하는 비용을 차감하는 것이 바른 생산량의 척도이지만 *GDP*를 측정할 때 고려하지 않는다.

끝으로 지하경제underground economy에서 거래되는 재화와 서비스는 *GDP*에 포함되지 않는다. 지하경제는 세금을 회피할 목적을 가지고 있거나 마약, 매춘 및 도박 등과 같이 거래 자체가 불법인 경우에 정부의 눈을 피해 거래가 이루어지는 경제의 한 부문을 말한다.

지하경제의 크기는 나라마다 차이가 있다. 한 나라의 공식적인 통계에서 *GDP*는 낮지만 지하경제는 큰 경우도 있고, 반대로 *GDP*는 높지만 지하경제는 작은 경우도 있다. 참고로 우리나라의 지하경제규모는 *GDP*의 19.8%이고 미국(7.0%), 독일(7.8%), 일본(8.2%), 프랑스(11.7%) 등은 우리보다 낮고 대만(29.0%), 러시아(33.7%) 등은 우리보다 높다. 따라서 두 나라의 소득수준을 비교하기 위해 공식적으로 발표되는 *GDP* 통계를 이용하면 잘못된 결론을 내릴 수 있다.

측정의 불완전성이 존재하지만 *GDP*는 현재까지 가장 널리 사용되는 경제활동 척도이다. 이는 *GDP*가 안정적이라는 장점을 가지고 있기 때문이다. 즉 지하경제와 국방, 치안, 주부들의 가사노동 가치 및 내구재의 귀속가치가 갑자기 변하는 경우는 매우 드물고 또한 오랜 시간에 걸쳐 안정적이기 때문에 *GDP*는 불완전하지만 한 나라의 연도별 경제활동을 비교할 때 유용한 지표로 평가된다.[1]

을 이용할 수 없다. 이 경우에는 그 가치를 추정해 *GDP*에 포함시킬 수밖에 없다. 이와 같이 *GDP*에 포함시키기 위해 추정된 가치를 귀속가치imputed value 또는 귀속소득imputed income이라고 부른다. BOX 1-2 참조

1 Medina, C. and F. Scheider(2018), "Shadow Economies Around the World: What Did We Learn Over the Last 20 Years," IMF WP 18/17.

1.2.2 분배(소득)접근방법에 의한 GDP

분배소득접근방법은 이윤과 조세를 포함해 생산에 참여한 경제주체들이 받은 소득을 합쳐 *GDP*를 구하는 방법이다. 따라서 국민소득 national income, *NI*의 개념이 중요하다. 국민소득은 다음과 같은 다섯 가지 소득의 합으로 측정된다.

1. 국민소득은 피고용자에 대한 보상 employee compensation 을 포함한다. 피고용자에 대한 보상은 자영업자를 제외한 노동자의 임금, 고용주가 부담하는 피고용자의 연금 및 사회보장 부담금 같은 피고용자의 편익 employee benefits 을 포함한다. 피고용자에 대한 보상은 국민소득의 가장 큰 구성요소이다.
2. 국민소득은 법인화돼 있지 않은 nonincorporated 자영업자의 소득 proprietors' income 을 포함한다. 보통 자영업자들은 자신들의 노동과 소유하고 있는 자본곧 기계 설비을 결합시켜 생산활동을 한다. 예를 들어 농부들은 트랙터를 사용해 농사를 짓고 치과의사는 엑스레이 촬영기를 이용해 치아를 진찰한다. 따라서 자영업자의 소득은 노동소득과 자본소득을 동시에 포함한다.
3. 국민소득은 임대소득 rental income 을 포함한다. 임대소득은 토지나 건물을 소유한 사람이 토지나 건물을 다른 사람에게 임대하고 받는 소득이다. 저자에게 지급되는 저작권 수입, 음반을 발표한 음악가의 수입 등도 임대소득에 포함된다.
4. 국민소득은 법인 이윤 corporate profits 을 포함한다. 법인 이윤은 법인화된 기업이 벌어들이는 소득으로, 기업의 수입에서 임금, 이자, 임대료 및 기타의 비용을 뺀 나머지를 말한다. 기업의 이윤 가운데 법인소득세 corporate income tax 와 같이 기업에 부과되는 각종 세금을 뺀 나머지는 주주들에게 배당 dividends 으로 지급된다. 세금과 배당을 지급하고 기업에 남는 이윤을 유보이윤 retained profit 이라고 부른다. 기업의 유보이윤이 *GDP*에서 차지하는 비중은 크지 않으나 기간마다 큰 변동을 보이므로 유용한 경기 척도로 평가된다.
5. 국민소득은 순이자 net interest 를 포함한다. 순이자는 개인들이 기업이나 해외투자로부터 얻는 이자소득에서 다른 개인이나 해외에 지급하는 이자를 뺀 나머지를 말한다.

GDP=*NI*+간접세+감가상각−국외순수취요소소득

위에서 살펴본 다섯 가지 소득은 해외에서 취득한 소득도 포함하며, 이들을 합하면 **국민소득** national income, *NI*이 된다. *GDP*를 얻기 위해서는 국민소득에 간접세 indirect business taxes 와 감가상각 depreciation 을 더한 다음 국외순수취요소소득 net factor

BOX 1-3 행복지수welfare index

앞에서 한 국가의 성공과 국민의 행복을 가늠하는 잣대로 이용되는 *GDP*가 가지고 있는 여러 가지 문제에 대해 설명하였다Box 1-2 참조. 학자들이나 정책을 결정하는 담당자들 역시 그 문제들에 대해 일찍부터 인식하고 있었다. 따라서 *GDP*보다 더 정확한 후생 또는 행복지수welfare metric를 고안하기 위해 노력해 왔다.

1990년부터 *UN*은 인간개발지수human development index, *HDI*를 만들어 국가들의 순위를 발표하고 있다. *HDI*는 기대수명, 교육수준교육을 마친 사람들의 평균교육연수와 교육을 아직 마치지 않은 사람들의 기대평균교육연수의 평균, 1인당 *GNI*부록 1.1 참조를 바탕으로 만들어진다. 2018년 발표된 *HDI*에 따르면 노르웨이가 1위를 차지했고, 미국 13위, 일본 19위, 한국 22위, 프랑스 24위, 영국 14위 등으로 나타난다.

2008년 2월 사르코지N. Sarkozy 프랑스 대통령은 노벨 경제학상 수상자인 스티글리츠J.E. Stiglitz로 하여금 위원회를 만들어 한 나라의 경제와 사회에 관한 더 나은 정보를 보여주는 지표에 관해 연구할 것을 요청하였다. 뒤에 "경제적 성과와 사회진보의 측정 위원회The Commission on the Measurement of Economic Performance and Social Progress, *CMEPSP*"라고 이름 붙여진 위원회에서는 2009년 행복well-being은 다차원의 문제이기 때문에 그에 대한 지표를 만드는 경우에는 ① 물질적 생활수준소비, 소득, 부 등, ② 건강, ③ 교육, ④ 여가를 포함한 개인의 활동, ⑤ 개인의 정치적인 영향력과 정치체제, ⑥ 사회적인 인간관계, ⑦ 현재와 미래의 환경, ⑧ 경제와 신체적인 안전성 등을 고려할 것을 권고하는 보고서를 발간하였다.

2016년 미국 스텐포드 대학의 두 경제학자 존즈C.I. Jones와 클레노P.J. Klenow가 행복지수를 만들어 발표했다.[2] 이들은 평균수명, 소비, 여가, 소득불평등을 직접 효용함수에 대입해 비교하는 방식으로 나라별 행복수준의 순서를 결정했다. 이들의 연구에 따르면 *GDP*의 순서와 행복지수의 순서에는 큰 차이가 존재하는 경우가 많았다. 미국의 *GDP* 행복지수를 100100으로 놓았을 때 독일 74.098.0, 프랑스 70.197.3, 일본 72.491.5, 홍콩 82.190.0, 이탈리아 69.589.7, 영국 69.889.0, 싱가폴 82.943.6, 한국 47.129.7, 중국 11.35.3이었다. 대체로 서구 유럽은 미국과 *GDP*는 상당한 차이를 보여도 행복지수는 큰 차이가 없었으나 우리나라를 비롯한 동남아 및 여타 대륙의 국가들의 행복지수는 *GDP* 차이보다 훨씬 컸다.

이와 같은 차이를 이들은 소득불평등 때문이라고 분석하고 있다. 한편 이들은 *GDP*가 자신들이 개발한 행복지수와 상관관계가 매우 높기 때문에 무시하지 못할 행복지수의 하나이지만 특정한 나라를 놓고 보면 *GDP*와 행복지수 사이에 큰 차이가 존재하는 경우가 많았다는 점을 지적하고 있다.

payments from abroad을 빼주면 되는데, 그 이유는 다음과 같다.

1 간접세는 판매세sales tax나 물품세excise tax와 같이 기업이 정부에 납부하는 조세이다. 간접세는 위의 다섯 가지 소득에 포함되지 않지만 정부 소득이기 때문에 한 나라의 전체 소득을 구할 때 국민소득에 더해 주어야 한다. 국민소득에 간접세를 합한 값을 순국민생산net national product, *NNP*이라고 부른다.

순국민생산=국민소득+간접세

2 고정자본 소모량consumption of fixed capital이라고도 부르는 감가상각은 일정 기간 동안 생산활동 과정에서 마모되거나 파괴된 기계와 설비곧 자본의 가치를 의미한다. 국민소득에 포함되는 자영업자의 소득, 기업의 이윤 및 임대소득을 계산할 때 전체

---

2 Jones, C.I. and P.J. Klenow(2016), "Beyond GDP? Welfare across Countries and Time," *American Economic Review* 106 No. 9, 2426-2457.

추후 공부하겠지만, 국민소득은 통상적인 일차동차 생산함수하에서 노동소득과 자본소득으로 구분되며 자본소득은 자본의 한계생산성 MPK 곱하기 자본량 K인 $MPK \times K$이며 $MPK = r + \delta$로서 r은 이자율, δ는 자본의 감가상각율이다. 즉, 자본소득은 $(r+\delta)K$인데 rK는 이미 서베이 등을 통해 포착가능한 수치이나 δK는 빠져있었으므로 이를 인위적으로 포함시켜 주어야 진정한 자본소득을 구할 수 있다.

$GNP = NNP +$ 감가상각

소득에서 감가상각을 빼 주므로, 한 기간 동안 생산된 한 나라의 총소득을 구하려면 순국민생산 *NNP*에 감가상각을 더해야 한다.■ 이때 순국민생산과 감가상각의 합은 앞에서 설명한 국민총생산 *GNP*과 같다.■ 즉 국민총생산은 감가상각을 빼기 이전 한 나라의 국민이 생산한 재화와 서비스의 총량이다.

3 **식** (1-1)에서 보는 바와 같이 국민총생산 *GNP*에서 국외순수취요소소득을 빼면 국내총생산 *GDP*이 된다.

이와 같이 소득을 합해 *GDP*를 구할 수도 있지만 소득이 쓰이는 사용처를 고려해 *GDP*를 측정할 수도 있다. *GDP*를 Y, 가계소비민간소비를 C, 민간저축 private saving을 S^P, 조세를 T라고 하면 다음 식이 성립한다.

$$Y = C + S^P + T \qquad (1\text{-}2)$$

가계 소득 가운데 세금을 내고 남은 몫은 소비나 저축에 이용된다. 따라서 민간소비와 민간저축 및 조세를 합하면 *GDP*가 된다.

식 (1-2)는 다음과 같이 고쳐 쓸 수 있다.

$$S^P = (Y - T) - C \qquad (1\text{-}3)$$

가처분소득
조세 후 소득$(Y-T)$

여기서 $Y-T$는 조세 후 소득 after-tax income으로, 가처분소득 disposable income이라고 부른다. 따라서 민간저축은 가계가 조세를 납부하고 남은 가처분소득에서 소비를 뺀 값이다. 그리고 민간저축률은 저축을 가처분소득으로 나눈 값이다.

한 경제의 총저축 S는 민간저축 S^P와 정부저축—곧 공공저축 public saving— S^G의 합으로 다음과 같이 정의된다.

$$S = S^P + S^G \qquad (1\text{-}4)$$

그런데 정부저축은 정부의 수입과 소비의 차이로 나타낼 수 있다. 즉 정부지출정부소비을 G라고 하면 다음 식이 성립한다.

$$S^G = T - G \qquad (1\text{-}5)$$

식 (1-5)의 정부저축이 양이면 재정흑자 government budget surplus, 음이면 재정적자 government budget deficit이다.

이제 총저축과 국민소득의 관계를 알아보기 위해 **식** (1-3)과 (1-5)를 **식** (1-4)

에 대입하면 다음 식을 구할 수 있다.

$$S = S^P + S^G = (Y - T - C) + (T - G) = Y - C - G \qquad (1\text{-}6)$$

즉 한 나라의 총저축은 총생산에서 가계와 정부의 소비를 뺀 나머지이다. 따라서 저축을 늘리기 위해서는 가계의 소비나 정부의 소비를 감소시켜야 한다.

저축은 한 나라의 투자의 재원이 될 뿐만 아니라 부wealth의 증가율을 결정하므로 중요한 경제변수 가운데 하나이다. 앞에서 언급한 바와 같이 저축은 각 기간의 부저량변수에 더해지는 부의 변화량유량변수이다. 한 개인의 부는 보유하고 있는 자산에서 갚아야 하는 부채를 뺀 나머지이다. 한편 부는 저량변수이므로 한 시점에서 측정해야 하고, 저축은 유량변수이기 때문에 한 기간을 정해 측정해야 한다.

1.2.3 지출접근방법에 의한 GDP

지출접근방법에 의한 *GDP* 측정은 거시경제의 분석에서 가장 많이 사용되는 측정방법이다. 지출곧 구매항목들은 생산된 재화가 어떻게 사용되는지를 보여준다. 따라서 지출항목들을 모두 합하면 지출 접근방법에 의한 *GDP*를 구할 수 있다. 이렇게 구한 *GDP*는 앞에서 알아본 다른 방법으로 구한 *GDP*와 같다.

한 나라에서 생산된 재화와 서비스는 소비, 투자, 정부구매소비, 수출의 4가지 용도 가운데 하나로 사용된다.

$$Y = C^{dd} + I^{dd} + G^{dd} + X \qquad (1\text{-}7)$$

여기서 소비, 투자, 정부구매의 위 첨자 가운데 첫 번째 d는 재화와 서비스의 생산지, 두 번째 d는 소비지를 나타낸다. 생산지와 소비지는 d 또는 f로 나타내는데, d는 자국, f는 외국을 의미한다. 따라서 C^{dd}는 자국에서 생산돼 자국의 민간부문이 소비하는 재화와 서비스, I^{dd}는 자국에서 생산돼 자국에서 투자에 이용되는 재화와 서비스, G^{dd}는 자국에서 생산돼 자국 정부가 사용하는 재화와 서비스를 나타낸다. 그리고 X는 수출이며, $X = C^{df} + I^{df} + G^{df}$와 같이 나타낼 수 있다. 이 경우에 **식** (1-7)은 사후적으로 항등식이다.

외국에서 수입하는 재화와 서비스 가운데 소비, 투자, 정부구매에 쓰이는 부분을 각각 더하고 빼주면 **식** (1-7)을 다음과 같이 다시 쓸 수 있다.

BOX 1-4 **사전적인 변수와 사후적인 변수**

경제학에서는 사전적인ex ante 변수와 사후적인ex post 변수를 구분한다. 사전적인 변수는 어떤 행위를 계획하는 단계의 변수, 사후적인 변수는 계획한 행위가 실제로 일어난 후의 변수를 말한다. 예를 들어 2009년의 시점에서 보면 2008년의 *GDP*, 소비, 투자, 정부지출 및 순수출은 과거에 일어난 경제행위인 사후적인 수량들로서 이미 발생해 국민소득 및 생산계정에 지출의 일부로 기록돼 있다. 이때 총생산과 이 지출항목들의 합은 오차와 누락을 무시하면 반드시 일치해야 한다. 따라서 **식** (1-9)는 사후적으로 볼 때 항등식이 된다. 한편 2009년의 시점에서 2010년의 *GDP*, 소비, 투자, 정부지출 및 순수출은 미래 변수들인 사전적인 수량들이다. 즉 2009년 시점에서 볼 때 2010년 *GDP*는 생산자가 계획한 총생산, 소비는 가계가 계획한 소비, 투자는 기업이 계획한 투자, 정부지출은 정부가 계획한 정부소비, 수출은 외국이 계획한 국내재화에 대한 지출이라고 볼 수 있다. 이때 기업이 계획한 2010년 총생산이 가계가 계획한 소비, 기업이 계획한 투자, 정부가 계획한 정부소비, 외국이 계획한 순수출의 합과 반드시 일치할 이유가 없다. 지출항목들은 서로 다른 경제주체에 의해 계획되고 결정되지만 총생산은 기업에 의해 결정되므로 지출항목들과는 다른 변수의 영향을 받기 때문이다. 따라서 사전적인 계획에서 **식** (1-9)가 반드시 성립할 필요가 없다. 뒤에서 다시 자세히 살펴보겠지만 **식** (1-9)가 사전적으로 성립하면 재화시장의 균형이 달성된다.

$$\begin{aligned} Y &= (C^{dd}+C^{fd})+(I^{dd}+I^{fd})+(G^{dd}+G^{fd})+X-(C^{fd}+I^{fd}+G^{fd}) \\ &= C+I+G+X-IM \end{aligned} \quad (1\text{-}8)$$

여기서 C는 민간부문의 총소비로 자국에서 생산돼 자국에서 소비된 재화와 서비스인 C^{dd}와 외국에서 생산돼 자국에서 소비된 재화와 서비스인 C^{fd}의 합이다. 총투자 I와 정부구매 G도 자국과 외국에서 생산된 재화와 서비스의 합이다. 그리고 외국에서 수입한 재화와 서비스는 반드시 민간소비, 투자, 정부소비 가운데 하나에 사용되므로 수입을 IM이라고 하면, $IM=C^{fd}+I^{fd}+G^{fd}$가 성립한다. 따라서 다음이 성립한다.

GDP
$Y=C+I+G+NX$

$$Y=C+I+G+NX \quad (1\text{-}9)$$

식 (1-9)를 소득-지출 항등식income-expenditure identity이라고 부른다. **식** (1-9)는 한 경제에서 사후적ex post으로 항상 성립하는 관계이다.BOX 1-4 참조 즉 국민소득 및 생산계정은 한 나라에서 생산된 재화와 서비스를 반드시 이 지출항목들 가운데 하나로 사용된 것으로 기록한다. 따라서 **식** (1-9)는 사후적으로 볼 때 하나의 정의definition로서 항상 성립한다.

소비consumption는 가계가 소비를 목적으로 구매하는 재화와 서비스에 대한 지출인데, 외국에서 생산된 재화와 서비스에 대한 지출도 포함된다. 소비지출은 *GDP*

표 1-1

우리나라의 GDP 대비 지출 비중(단위: %)

	1953	1960	1970	1980	1990	2000	2010	2018
민간소비	84.8	84.7	73.5	62.2	49.7	53.7	50.3	48.7
정부소비	7.8	14.2	9.9	12.1	11.3	11.3	14.5	16.1
투 자	15.2	10.5	26.2	34.4	39.7	32.9	32.0	30.2
순수출	-7.8	-9.3	-9.7	-8.7	-0.6	2.1	3.2	5.0

자료: 한국은행

에서 가장 큰 비중을 차지한다표 1-1 참조■.

여기서 앞에서 살펴본 **식** (1-2)와 (1-9)를 결합하면 다음 식을 얻을 수 있다.

$$S^P = I + (G - T) + NX = I - S^G + NX \qquad (1\text{-}10)$$

이는 민간저축이 어떻게 사용되는지 보여주는 식으로, $-S^G = G - T$는 재정적자를 나타낸다. **식** (1-10)은 저축사용처 항등식uses-of-saving identity으로, 민간저축이 3가지 용도로 사용됨을 보여준다.

1 민간저축은 기업이 차입해 자본이나 재고 증가투자에 사용할 수 있다.

2 민간저축은 정부가 차입해 재정적자를 메우는 데 사용할 수 있다.

3 우리나라 순수출이 양일 때 외국은 수출대금만으로 우리나라에서 수입하는 재화와 서비스의 대금을 모두 치를 수 없으므로 우리나라의 민간저축을 차입해 대금을 치르고 그 대가로 (우리나라 저축의 주체인) 가계에 (주식, 채권, 토지 또는 자본 같은) 자산을 제공한다. 다시 말해 순수출이 양이면 그만큼 외국이 우리나라 저축에서 차입한다.

식 (1-10)은 다시 다음과 같이 고쳐 쓸 수 있다.

$$I = S^P + S^G - NX = S - NX \qquad (1\text{-}11)$$

식 (1-11)은 투자의 재원이 어떻게 마련되는지를 보여준다. 첫째, 투자의 재원은 국내 민간저축과 정부저축으로 충당할 수 있다. 국내저축은 민간저축과 정부저축의 합으로 구성된다. 둘째, 해외저축foreign savings을 차입해 국내 투자의 재원을 마련할 수 있다. **식** (1-10)에서 NX가 자국이 외국에 대여하는 저축의 크기이므로, **식** (1-11)의 $-NX$는 외국의 저축에서 자국이 차입하는 자금의 크기가 된다.

■ 2018년 우리나라의 GDP 대비 지출 비율을 살펴보면, 민간 소비지출은 GDP의 48.7%, 투자가 GDP에서 차지하는 비중은 30.2%로 소비지출에 비하면 작은 편이다. 2015년 우리나라의 정부소비는 GDP의 16.1%로 꾸준히 증가하고 있다. 순수출은 1998년 이후 꾸준히 양의 값을 나타냈으나 2008년에는 원유가격 폭등으로 인해 GDP의 1.2%만큼 적자를 기록했다. 그러나 그 후에 다시 흑자를 회복했다.

EXAMPLE

예 1-2 명목 GDP 계산

오른쪽 **표**에는 쌀과 컴퓨터만 생산하는 경제가 2000년, 2001년, 2002년에 생산한 쌀과 컴퓨터의 생산량 및 시장가격이 나타나 있다. 먼저 생산량과 시장가격을 곱해 합하면 명목 *GDP*를 얻을 수 있다. 예를 들어 2000년의 명목 *GDP*는 다음과 같다.

$$5 \times 200 + 4 \times 500 = 3{,}000\text{원}$$

그리고 2001년의 명목 *GDP*는 다음과 같다.

$$6 \times 250 + 5 \times 500 = 4{,}000\text{원}$$

같은 방법으로 2002년의 명목 *GDP* 5,300원을 얻을 수 있다.

		2000년	2001년	2002년
쌀	수량	5	6	8
	가격	200원	250원	250원
컴퓨터	수량	4	5	6
	가격	500원	500원	550원
명목GDP		3,000원	4,000원	5,300원
실질GDP(2000)		3,000원	3,700원	4,600원
실질GDP(2001)		3,250원	4,000원	5,000원

1.2.4 명목 GDP와 실질 GDP

명목 GDP
경제활동이 일어날 당시의 시장가치로 측정된 *GDP*

실질 GDP
기준연도의 시장가치로 측정된 *GDP*

지금까지 알아본 바와 같이 *GDP*, 소비와 저축, 투자, 정부지출, 순수출 등은 실현된 기간의 시장가치로 측정된 변수들이다. 이렇게 실현되는 기간의 시장가치로 측정한 변수를 명목변수 nominal variable라고 부른다. 그러나 경제활동이 일어날 당시의 시장 가격곧 경상가격을 이용해 생산, 소비, 저축 등의 가치를 측정하면 서로 다른 기간에 측정한 하나의 변수의 값들을 비교하고자 할 때 문제가 생긴다. 예를 들어 1990년 명목 nominal *GDP*와 2000년 명목 *GDP*를 비교한다고 가정해 보자. 1990년 명목 *GDP*는 1990년 시장가격으로 평가한 1990년에 생산된 재화와 서비스의 시장가치이고, 2000년 명목 *GDP*는 2000년 시장가격으로 평가한 2000년에 생산된 재화와 서비스의 시장가치이다. 그런데 똑같은 쌀 1가마라도 1990년에는 20만 원이고 2000년에는 40만 원이라면 2000년의 쌀 1가마는 2배의 명목가치를 갖는다. 즉 명목 *GDP*를 이용해 서로 다른 두 기간의 *GDP*를 비교하면, 재화와 서비스 생산량은 변함이 없어도 시장가격이 상승해 생산량이 증가한 것처럼 오해할 수 있다. 따라서 명목 *GDP*는 시간의 경과에 따른 생산량 증가나 경제적 후생 economic welfare의 증가를 측정하는 척도로 사용하기에는 부적합하다.

경제적 후생이나 생계비 변화를 측정하려면 한 경제에서 생산되는 재화와 서비스를 집계하면서 동시에 가격 변화에 영향을 받지 않는 척도가 필요하다. 이를 위해 고안된 것이 실질 real *GDP*이다. 서로 다른 연도에 생산된 재화와 서비스의 가치를

EXAMPLE

예 1-3 실질 GDP 계산

예 1-2의 **표**에서 실질 *GDP*를 구할 때는 먼저 기준연도base year를 정한 후 기준연도의 가격을 이용해 각 연도의 산출량의 가치를 구해야 한다. 예를 들어 기준연도가 2000년이라면 **표** 아래에서 두 번째 열에 나타나 있는 바와 같은 실질 *GDP*를 다음과 같이 구할 수 있다. 먼저 2000년이 기준연도이므로 2000년에는 명목 *GDP*와 실질 *GDP*가 같다. 그리고 2001년과 2002년의 실질 *GDP*는 기준연도인 2000년의 가격을 이용해 구할 수 있다.

$$2001\text{년}: 6 \times 200 + 5 \times 500 = 3{,}700\text{원}$$

$$2002\text{년}: 8 \times 200 + 6 \times 500 = 4{,}600\text{원}$$

따라서 2001년과 2002년의 실질 *GDP* 성장률을 각각 다음과 같이 얻을 수 있다.

$$2001\text{년}: \frac{37-30}{30} \times 100 \doteq 23.3\%$$

$$2002\text{년}: \frac{46-37}{37} \times 100 \doteq 24.3\%$$

이때 기준연도의 가격으로 구한 실질 *GDP*를 이용했기 때문에, 이 성장률은 산출량의 실질가치의 증가율을 나타낸다. 즉 기준연도의 가격을 이용해 구한 실질 *GDP*가 변화하려면 쌀이나 컴퓨터 생산량이 변화해야 한다. 쌀과 컴퓨터의 생산량은 2001년에 2000년보다 23.3%, 2002년에 2001년보다 24.3% 늘어났다.

한 경제의 구성원의 경제적인 만족도는 실제로 생산된 재화와 서비스의 크기에 따라 결정되므로, 실질 *GDP*는 경제적인 후생을 측정할 때 명목 *GDP*보다 더 적절한 척도이다. 그런데 실질 *GDP*는 기준연도가 바뀌면 그에 따라 달라진다. 예를 들어 기준연도가 2001년으로 바뀌면 **예 1-2**의 **표** 마지막 열에서 보는 바와 같은 실질 *GDP*를 얻을 수 있는데, 기준연도가 2000년일 때와 다르게 나타난다. 이 경우의 실질 *GDP* 성장률은 다음과 같이 구할 수 있다.

$$2001\text{년}: \frac{40 \quad 32.5}{32.5} \times 100 \doteq 23.1\%$$

$$2002\text{년}: \frac{50-40}{40} \times 100 = 25.0\%$$

이와 같이 기준연도가 변경되면 실질 *GDP*의 증가율이 변화한다. 그러나 그와 같은 변화의 크기가 크지 않은 것이 보통이다.

구할 때 동일한 가격을 이용하는 실질 *GDP*를 이용하면 가격 변동에 따른 총생산 변동을 염려할 필요 없이 서로 다른 기간의 재화와 서비스 가치를 비교할 수 있다.

예 1-2와 **예 1-3**에서 볼 수 있는 바와 같이 기준연도가 바뀌면 실질 *GDP*의 성장률도 달라지는데, 이는 기준연도를 이용해 실질 *GDP*를 측정하는 방법의 단점이라고 할 수 있다. 시간이 흐르면 한 경제가 생산하는 재화와 서비스의 수와 종류가

EXAMPLE

예 1-4 연쇄가중치를 이용한 실질 GDP 계산

예 1-2의 **표**에서 2000~01년 실질 *GDP* 성장률을 먼저 두 연도의 평균가격을 구한 다음, 이를 이용하여 다음과 같이 구할 수 있다.

$$2000\text{년}: 5 \times 225 + 4 \times 500 = 3{,}125\text{원}$$

$$2001\text{년}: 6 \times 225 + 5 \times 500 = 3{,}850\text{원}$$

따라서 두 연도 사이의 실질 *GDP*의 성장률은 다음과 같다.

$$\frac{3{,}850 - 3{,}125}{3{,}125} \times 100 \doteq 23.2\%$$

한편 2001년과 2002년의 실질 *GDP*도 두 연도의 평균가격을 이용해 다음과 같이 구할 수 있다.

$$2001\text{년}: 6 \times 250 + 5 \times 525 = 4{,}125\text{원}$$

$$2002\text{년}: 8 \times 250 + 6 \times 525 = 5{,}150\text{원}$$

두 연도의 실질 *GDP* 성장률은 다음과 같다.

$$\frac{5{,}150 - 4{,}125}{4{,}125} \times 100 \doteq 24.9\%$$

이렇게 구한 연도별 성장률을 고리로 사용해 서로 다른 두 연도의 재화와 서비스 생산량을 비교할 수 있다. 먼저 2000년을 기준연도라고 하면 2001년의 실질 *GDP*는 2000년의 명목 *GDP* 3,000원과 2001년과 2002년의 실질증가율 23.2%, 24.9%를 이용하여 다음과 같이 구할 수 있다.

$$2001\text{년 실질 GDP}: 3{,}000 \times (1 + 0.232) = 3{,}696$$

$$2002\text{년 실질 GDP } 3{,}000 \times (1 + 0.232) \times (1 + 0.249) = 4{,}616$$

즉, 2000년의 화폐단위로 나타낸 2001년과 2002년의 실질 *GDP*는 각각 3,696원과 4,616원이다. 한편 2001년을 기준연도라고 하면 2000년과 2002년의 실질 *GDP*는 2001년의 명목 *GDP* 4,000원을 이용하여 다음과 같이 구할 수 있다.

$$2000\text{년의 실질 GDP}: 4{,}000/(1 + 0.232) = 3{,}247$$

$$2002\text{년의 실질 GDP}: 4{,}000 \times (1 + 0.249) = 4{,}996$$

즉, 2001년의 화폐단위로 나타낸 2000년과 2002년의 실질 *GDP*는 각각 3,247원과 4,996원이다. 이때 기준연도보다 과거의 실질 *GDP*를 구하기 위해서는 증가율로 할인해 주어야만 한다. 이때 주목할 것은 이와 같이 기준연도를 바꾼다고 해도 2001년과 2002년의 실질 *GDP* 증가율이 23.2%와 24.9%에서 변하지 않는다는 사실이다.

우리나라의 명목 GDP와 실질 GDP 그림 1-2

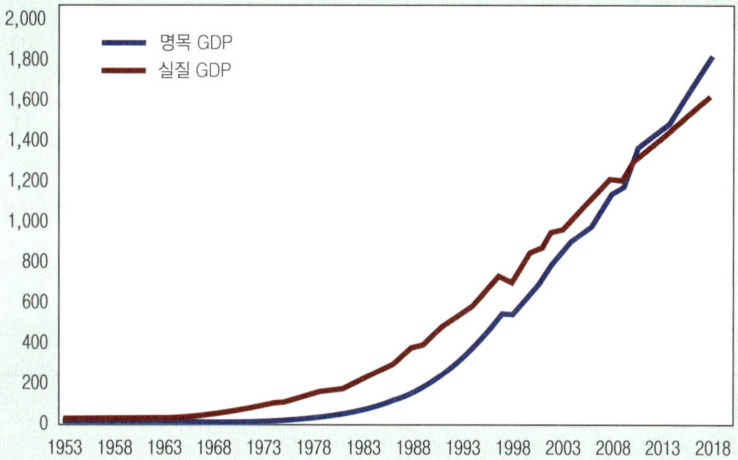

기준연도인 2010년에는 두 *GDP*가 같지만 그림에 나타난 기간 동안 물가가 계속 상승했기 때문에 기준연도인 2010년 이전에는 실질 *GDP*가 크고 그 이후에는 명목 *GDP*가 크다. 1970년 이후 우리나라의 *GDP*는 정치적인 혼란기였던 1980년과 1997년 말에 발생한 외환위기가 진행된 1998년 두 차례에 걸쳐 감소했다. 두 기간을 빼면 우리나라의 실질소득은 꾸준히 증가했다.

자료: 한국은행

변화할 뿐만 아니라 가격특히 상대가격도 크게 변화한다.

예를 들어 최근 컴퓨터 가격은 크게 하락하였으나 교육서비스 가격은 크게 상승했다. 따라서 먼 과거를 기준연도로 사용하면 실질 *GDP*가 잘못된 정보를 전달할 수 있다. 이 문제를 해결하기 위해 통계당국은 일정한 주기로 기준연도를 최근 연도로 바꿔 실질 *GDP*를 측정 · 발표해 오다가 1990년대 중반 이후에는 기준연도를 이용하지 않는 연쇄가중치를 이용한 실질 *GDP*chain-weighted real *GDP*를 고안해 사용하고 있다.

1.2.5 연쇄가중치를 이용한 실질 GDP

기준연도를 정해 실질 *GDP*를 측정하는 방법의 단점을 개선하기 위해 고안된 연쇄가중치를 이용한 실질 *GDP* 측정방법이 **예 1-4**에 설명되어 있다.

연쇄가중치를 이용한 실질 *GDP* 측정방법을 이용하면 기준연도가 변하더라도 실질 *GDP* 증가율이 따라서 변하지 않기 때문에 기준연도를 이용하는 방법보다 진일보한 척도로 평가된다. 그러나 보통 두 측정방법으로 구한 실질 *GDP* 사이에 큰 차이가 없다. 두 방법으로 구한 실질 *GDP*는 매우 높은 상관관계를 갖는데 이는 현실에서 재화와 서비스의 상대가격 변화가 급격하게 일어나지 않기 때문이다. 따라서 두 방법으로 얻은 실질 *GDP* 모두 경제 분석에서 유용한 자료로 평가된다.

앞의 예들에서 살펴본 바와 같이 거시경제학에서 경제성장률은 실질 *GDP* 의 증가율로, 다음과 같이 구할 수 있다.

$$g_t = \left(\frac{Y_t - Y_{t-1}}{Y_{t-1}}\right) \times 100 \tag{1-12}$$

여기서 g_t는 t 기의 경제성장률, Y_t는 같은 기간의 실질 *GDP* 이다.

1.3 물가수준과 인플레이션

인플레이션
물가가 상승하는 현상

명목 *GDP* 와 실질 *GDP* 에서 설명한 바와 같이 물가는 보통 시간이 경과함에 따라 상승하므로 현재 1원으로 살 수 있는 재화와 서비스는 10년 전보다 적다. 거시경제학에서는 물가가 상승하는 현상을 인플레이션 inflation 이라고 부른다. 인플레이션은 생계비 cost of living 를 증가시킬 뿐만 아니라 경제에 여러 가지 왜곡 distortion 을 일으키기 때문에 거시경제학의 주된 관심사 가운데 하나가 되었다.

1.3.1 GDP 디플레이터

이제 물가수준 price level 과 물가수준 상승률인 인플레이션을 어떻게 측정하는지 알아보기로 한다. 물가수준을 나타내는 여러 가지 물가지수 price index 는 서로 다른 정보를 포함하고 있다.

GDP 디플레이터

$$\frac{\text{명목 } GDP}{\text{실질 } GDP} \times 100$$

물가지수를 구하는 첫 번째 방법은 실질 *GDP*와 명목 *GDP*를 이용하는 것이다. 즉 명목 *GDP* 를 실질 *GDP* 로 나눠 백분율로 표시하면 *GDP* 디플레이터 deflator 가 된다. 그리고 소비, 투자, 수입 같은 명목 *GDP* 구성요소를 실질 *GDP* 의 같은 구성요소로 나누어 백분율로 표시하면, 역시 이 항목들에 대한 물가지수를 얻을 수 있다. 이를 소비, 투자, 수입의 디플레이터라고 부른다. *GDP* 디플레이터를 이용해 실질 *GDP*, 명목 *GDP* 및 *GDP* 디플레이터의 관계를 다음과 같이 표시할 수 있다.

$$GDP\text{ 디플레이터} = \frac{\text{명목 } GDP}{\text{실질 } GDP}$$

$$\text{명목 } GDP = \text{실질 } GDP \times GDP\text{ 디플레이터}$$

$$\text{실질 } GDP = \frac{\text{명목 } GDP}{GDP\text{ 디플레이터}}$$

여기서 첫 식은 *GDP* 디플레이터의 정의이다. 물가지수인 *GDP* 디플레이터를 수량인 실질 *GDP* 에 곱해 주면 명목 *GDP*를 얻을 수 있고, 다시 명목 *GDP*를 물가지수인 *GDP* 디플레이터로 나누어 주면 실질 *GDP* 를 얻을 수 있다. 아마도 마지막 세

EXAMPLE

예 1-5 GDP 디플레이터 계산

예 1-2의 **표**를 이용해 다음과 같이 *GDP* 디플레이터를 구할 수 있다. 먼저 기준연도가 2000년이라고 하면, 2000년의 실질 *GDP*와 명목 *GDP*는 같으므로 백분율로 나타낸 *GDP* 디플레이터는 100이 된다. 그리고 2001년과 2002년의 *GDP* 디플레이터는 명목 *GDP*를 실질 *GDP*로 나누어 구할 수 있다.

$$2001\text{년: } \frac{40}{37} \times 100 \doteq 108.1$$

$$2002\text{년: } \frac{53}{46} \times 100 \doteq 115.2$$

이 결과를 통해 2001년 물가수준이 2000년 물가수준에 비해 8.1%, 2002년 물가수준은 2001년 물가수준에 비해 $\{(115.2/108.1)-1\} \times 100 \doteq 6.6\%$ 각각 상승하였음을 알 수 있다.

EXAMPLE

예 1-6 GDP 디플레이터 계산 2

예 1-2의 **표**와 명목 *GDP* 정의를 이용해 *GDP* 디플레이터를 풀어쓰면 다음을 얻는다.

$$2001\text{년: } \frac{6\times 250 + 5\times 500}{3,700} \times 100 = \left\{\left(\frac{6}{3,700}\right)\times 250 + \left(\frac{5}{3,700}\right)\times 500\right\}\times 100 = 108.1$$

$$2002\text{년: } \frac{8\times 250 + 6\times 550}{4,600} \times 100 = \left\{\left(\frac{8}{4,600}\right)\times 250 + \left(\frac{6}{4,600}\right)\times 550\right\}\times 100 = 115.2$$

쌀 가격에 부여된 가중치는 2001년 6/3,700이었으나 2002년에는 8/4,600이었다. 그리고 컴퓨터 가격에 부여된 가중치는 2001년에 5/3,700이었으나 2002년에는 6/4,600이었다. 즉 *GDP* 디플레이터에서는 각각의 재화에 주어지는 가중치가 매년 변한다.

그림 1-3 **우리나라의 GDP 디플레이터**

기준연도가 2010년이기 때문에 2010년의 *GDP* 디플레이터가 100으로 나타나 있다. 기울기가 기간에 따라 다르지만 계속 상승하고 있음을 볼 수 있다. 우리나라의 *GDP* 디플레이터는 1953년 0.25에서 2018년 111.6으로 상승했다. 이는 *GDP* 디플레이터가 65년 동안 약 446배 상승한 것이다. *GDP* 디플레이터의 변화를 통해 이 기간 동안 재화와 서비스의 화폐가격은 약 446배 상승했고, 화폐 가치는 약 446배 하락했음을 알 수 있다.

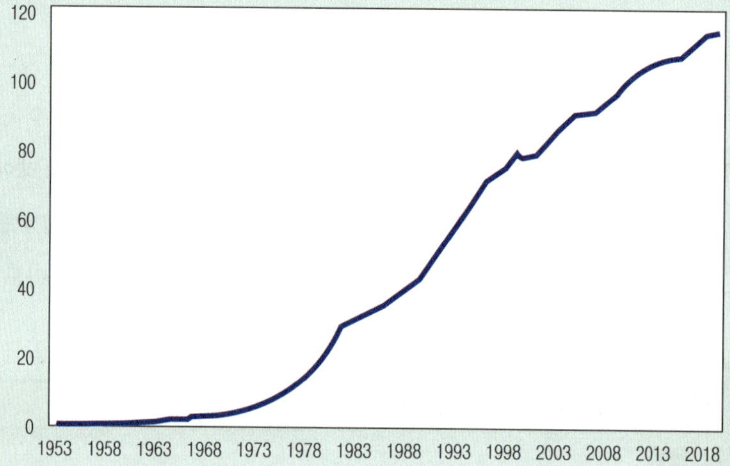

번째 식이 직관적으로나 실제 연구 시 가장 손쉽게 활용하는 *GDP* 디플레이터의 개념으로 이를 기준으로 나머지 식들을 역산해낼 수도 있다.

GDP 디플레이터에 관하여는 다음 세 가지에 주의하여야만 한다.

1 *GDP* 디플레이터는 한 나라 안에서 생산된 재화와 서비스를 대상으로 측정하는 물가지수 가운데 가장 포괄적인 물가지수이다. *GDP* 디플레이터는 한 경제에서 생산되는 모든 재화와 서비스를 포함한다.

2 *GDP* 디플레이터는 국내에서 생산된 재화와 서비스만 포함한다따라서 외국에서 수입한 재화와 서비스는 제외한다. 예를 들어 1974년 유가파동은 수입원자재 가격을 상승시켜 수입 디플레이터를 크게 상승시켰지만 *GDP* 디플레이터에 미친 효과는 적었다. 즉 외국에서 수입한 재화와 서비스를 포함하는 소비, 투자, 정부소비 같은 *GDP* 구성요소의 디플레이터가 *GDP* 디플레이터보다 더 크게 상승했다.

이와 같이 가중치가 매년 변화하는 물가지수를 파쉐지수 Paasche index 라고 부른다.

3 **예 1-6**에서 보는 바와 같이 *GDP* 디플레이터를 측정할 때 가격에 곱해 주는 가중치 weight 가 매년 바뀐다.

1.3.2 소비자물가지수

GDP 디플레이터가 *GDP*에 포함돼 있는 재화와 서비스의 평균적인 물가수준

우리나라 소비자물가지수의 가중치(2018년 12월) **그림 1-4**

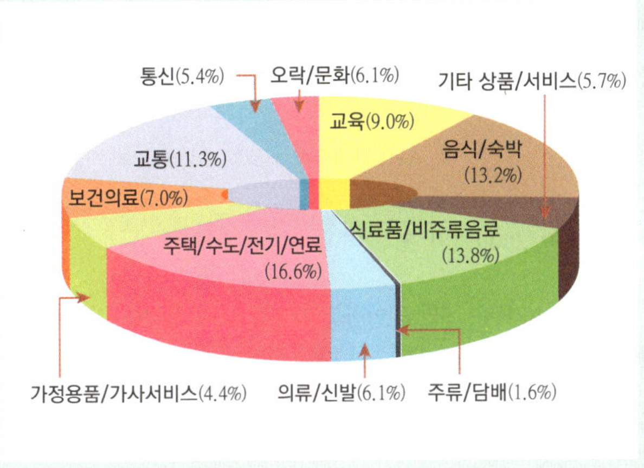

그림에는 현재 우리나라 소비자물가지수에 포함되어 있는 품목의 종류별 가중치가 나타나 있다. 우리나라의 경우, 주택/수도/전기 및 연료, 식료품과 비주류 음료, 음식/숙박, 교통, 교육의 순서로 가중치가 높은 것을 알 수 있다. 가중치는 나라와 시대에 따라 다르게 정해진다.

자료: 통계청

을 나타내는 데 반해 소비자물가지수 consumer price index, *CPI*는 소비재의 평균적인 물가수준을 나타낸다. 소비자물가지수는 가장 많이 쓰이는 물가지수로, 우리나라에서는 통계청이 조사해 매월 발표하고 있다. 소비자물가지수를 구할 때에는 디플레이터를 구할 때와 다른 접근방법을 이용한다. 즉 디플레이터는 *GDP* 또는 *GDP* 구성요소의 명목가치를 실질가치로 나누어 구하지만 소비자물가지수의 경우, ① 한 경제에서 생산한 재화와 서비스 및 외국에서 수입한 재화와 서비스 가운데 소비자도시의 평균적인 가계들이 한 기간 동안 생활하는 데 필요한 품목을 선정해 주어진 기간 동안 각 품목이 소비되는 양을 정한 다음이렇게 정한 재화와 서비스의 품목 및 각 품목의 소비량의 집합을 소비바구니 consumption basket라고 부른다, ② 소비바구니의 가치를 각 기간의 시장가격으로 구하고 이를 기준기간의 시장가격으로 구한 소비바구니의 가치로 나누어 백분율로 나타낸다. 이때 가격에 곱해지는 수량곧 가중치은 일정하게 주어져 있다. **그림 1-4 참조** 이와 같이 재화와 서비스로 구성된 일정한 바구니를 이용해 물가지수를 구하는 방법을 지수방법 index method이라고 부른다.■

소비자물가지수
소비재의 평균적인 물가수준

■ 소비자물가지수처럼 지수를 구할 때 가중치곧 재화와 서비스의 바구니가 일정한 물가지수를 라스파이레스지수 Laspeyres index라고 부른다.

소비자물가지수는 세 가지 점에서 *GDP* 디플레이터와 다르다.

1 *GDP* 디플레이터는 한 경제가 생산하는 모든 재화와 서비스를 포함하는 가장 포괄적인 물가지수이지만 소비자물가지수는 소비자가 소비를 목적으로 구입하는 재화

EXAMPLE

예 1-7 소비자물가지수 계산

모든 가계가 쌀과 옷만 소비하는 어떤 경제에서 한 가계가 1년 동안 소비하는 쌀이 2가마이고 옷이 3벌이라고 하면, 소비바구니는 {쌀 2가마, 옷 3벌}이 된다. 이때 2000년이 기준연도라고 하면 다음과 같이 소비자물가지수*CPI*를 구할 수 있다.

$$CPI = \frac{2\times \text{현재의 쌀 가격} + 3\times \text{현재의 옷 가격}}{2\times \text{2000년의 쌀 가격} + 3\times \text{2000년의 옷 가격}} \times 100$$

이제 2000년에 쌀 한 가마의 가격이 20만 원, 옷 한 벌의 가격이 5만 원이라고 가정해 보자. 2001년에 쌀 1가마의 가격이 25만 원, 옷 1벌의 가격이 6만 원이라면 2001년의 소비자물가지수는 다음과 같다.

$$CPI_{2001} = \frac{2\times 25 + 3\times 6}{2\times 20 + 3\times 5} \times 100 \doteq 123.6$$

즉 2001년 소비자물가는 2000년에 비해 23.6% 상승했다. 이는 2001년에 쌀 2가마와 옷 3벌이라는 소비바구니를 구입하려면 2000년보다 비용을 얼마나 더 지불해야 하는지를 보여준다. 즉 소비자물가지수는 생계비의 변화를 보여주는 척도이다.

와 서비스만 포함한다기업이나 정부만 구입하는 재화와 서비스는 소비자물가지수에 포함되지 않는다.

2 *GDP* 디플레이터는 국내에서 생산된 재화와 서비스만 포함하지만 소비자물가지수는 외국에서 생산된 재화와 서비스라도 소비자들이 소비를 목적으로 구입하는 품목은 포함시킨다. 따라서 외국에서 생산돼 우리나라에서 소비되는 재화와 서비스의 가격이 상승하면 *GDP* 디플레이터에는 영향을 미치지 않지만 소비자물가지수에는 영향을 미친다.

3 *GDP* 디플레이터는 각각의 가격에 부여되는 가중치가 기간에 따라 변동하는 파쉐지수이고, 반면 소비자물가지수는 이러한 가중치가 일정한 라스파이레스지수이다.■ 두 지수는 때로 큰 차이를 보일 수 있다. 예를 들어 태풍 때문에 쌀농사를 망쳐 쌀 생산량이 전무하다고 가정해 보자. 이 경우 쌀 가격이 급등하게 되지만 그 생산량이 0이기 때문에 *GDP* 디플레이터의 경우에는 쌀 가격에 부여되는 가중치가 0이 된다즉 *GDP* 디플레이터에는 급등하는 쌀 가격이 반영되지 않는다. 반면에 주어진 소비바구니의 가치변화를 측정하는 소비자물가지수는 소비바구니에 포함되어 있는 쌀의 수량에 크게 오른 쌀의 가격을 곱하여 값을 측정하므로 크게 상승하게 된다.

■ 소비자물가지수와 *GDP* 디플레이터 간에 내용상으로는 많은 차이가 있으나, 공식으로 살펴볼 때 과거시점(t)의 지출액을 출발점으로 두느냐 아니면 현재시점(t+1)의 지출액을 출발점으로 두느냐의 미세한 차이로 나타난다. 즉, 소비자물가지수는 라스파이레스 지수의 일종으로서 기준연도(통상적으로 과거) 가격벡터와 주어진 바스켓을 곱한 값인 P_tQ_t 대비 현재 연도 가격벡터와 주어진 바스켓을 곱한 값인 $P_{t+1}Q_t$의 비율로서 공식으로 표시하자면 $P_{t+1}Q_t/P_tQ_t$가 된다. 반면 *GDP* 디플레이터는 파쉐지수

우리나라의 소비자물가지수와 GDP 디플레이터 그림 1-5

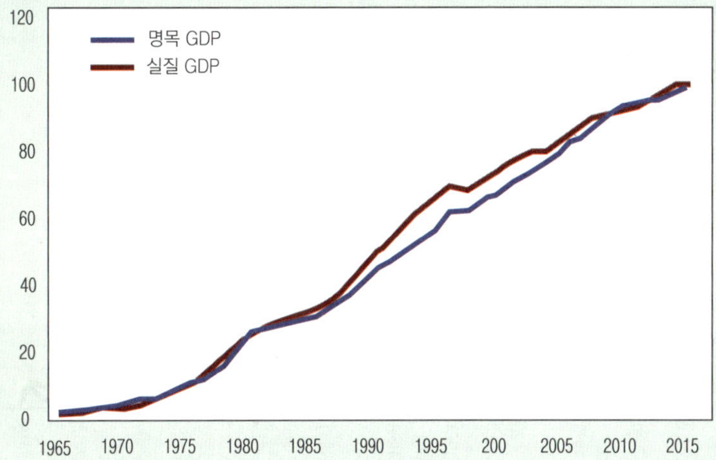

자료: 한국은행

기준연도인 2015년에는 두 지수 모두 100이다. 두 지수는 1990년까지는 비슷한 증가율로 상승했으나 1990년부터 외환위기가 발생한 1997년 이전까지는 *GDP* 디플레이터가 소비자물가지수보다 빠르게 상승했고 외환위기 이후에는 소비자물가지수가 더 빠르게 상승하고 있다.

1.3.3 소비자물가지수와 생계비

고정된 바구니를 이용해 물가지수를 측정하는 라스파이레스지수의 하나인 소비자물가지수와 변동하는 바구니를 이용해 물가지수를 측정하는 파쉐지수의 하나인 *GDP* 디플레이터 가운데 어떤 것이 더 나은 척도인지는 분명하지 않다. 연구에 따르면 라스파이레스지수는 생계비 증가를 과대평가하고, 파쉐지수는 생계비 증가를 과소평가하는 것으로 알려져 있다. 그 이유는 다음과 같다.

1 고정된 바구니곧 고정된 가중치를 이용하는 라스파이레스지수는 상대가격의 변화에 따른 재화 사이의 대체substitution를 무시한다. 위에서 언급한 쌀의 예에서 쌀 가격이 급격히 상승하면 쌀 소비는 감소하고 쌀의 대체재인 밀이나 보리의 소비가 증가한다. 이러한 상대가격 변화에 따른 실제 소비바구니의 변화를 고려하면 고정된 소비바구니의 경우보다 생계비가 적게 증가한다. 따라서 가중치가 고정되어 있는 라스파이레스지수인 소비자물가지수는 생계비 상승을 과대평가하는 경향이 있다.
2 앞의 예에서 볼 수 있듯이 벼농사를 완전히 망친 경우 쌀 가격의 급격한 상승은 파쉐지수인 *GDP* 디플레이터에 영향을 미치지 못한다. 즉 *GDP* 디플레이터는 쌀 가격 상승에 따른 생계비 증가를 전혀 반영하지 못해 생계비의 변화를 과소평가하

의 일종으로서 기준연도 가격과 현재 연도의 바스켓을 곱한 값인 P_tQ_{t+1} 대비 현재 연도 가격과 현재 연도의 바스겟을 곱힌 값인 $P_{t+1}Q_{t+1}$의 비율로서 공식으로는 $P_{t+1}Q_{t+1}/P_tQ_{t+1}$가 된다. 공식에 의거하여 두 지수를 곰곰이 비교해보면 본문에서 서술힌 여리 가지 기술적 이슈들을 정리하여 이해하는 데 도움이 될 것이나. 예를 들어 가격에 부여되는 가중치는 소비자물가지수의 공식을 $P_{t+1}(Q_t/P_tQ_t)$로 조정해서 볼 때 뒷부분인 (Q_t/P_tQ_t)로서 기준 연도(t)가 정해지면 계속 유지될 수밖에 없다. 그러나 *GDP* 디플레이터의 공식을 $P_{t+1}(Q_{t+1}/P_tQ_{t+1})$로 보면 가중치는 뒷부분인 (Q_{t+1}/P_tQ_{t+1})로서 기준 연도가 정해지더라도 계속 시간에 따라 변화할 수밖에 없다. 즉, 2년 후의 *GDP* 디플레이터의 공식은 $P_{t+2}(Q_{t+2}/P_tQ_{t+2})$로서 가중치 부분인 (Q_{t+2}/P_tQ_{t+2})는 계속 시간에 따라 변화함을 알 수 있다. 나머지 설명들도 본 공식을 적절히 변형시켜 이해할 수 있다.

그림 1-6 **우리나라의 인플레이션**

1966년 이후 우리나라의 인플레이션은 다음과 같은 특성을 보여준다. 첫째, 우리나라의 인플레이션은 1970년대에 평균적으로 매우 높고 변동성도 컸다. 그 이유 가운데 하나는 1970년대에 두 차례의 유가파동과 자원민족주의 등으로 원유를 비롯한 수입원자재 가격이 급등하여 생산비용이 크게 상승했기 때문이다. 둘째, 1981년 이후 우리나라의 물가상승률은 대체로 10% 이하 수준에서 안정적으로 유지되었으며 최근의 물가상승률은 5% 이하로 유지되고 있다. 셋째, 그림에 나타난 두 가지 물가상승률은 대체로 같은 패턴을 보이고 있으며, 원유 및 원자재 가격과 우리나라 화폐와 외국화폐의 교환비율인 환율이 안정적인 기간에는 큰 차이를 보이지 않고 있다.

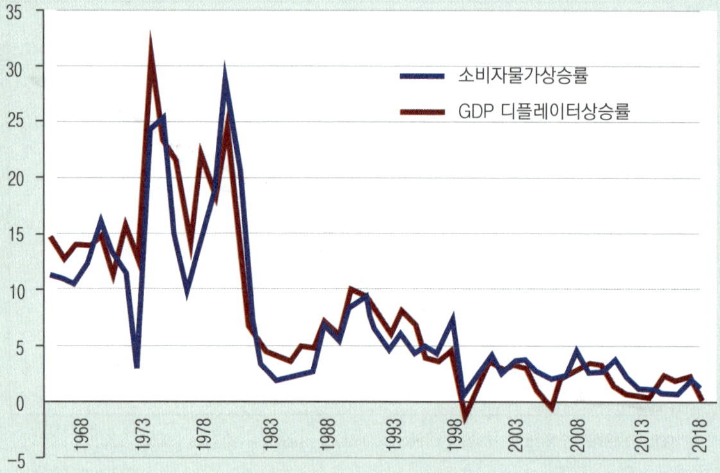

자료: 한국은행

게 된다.

소비자물가지수가 생계비증가를 과대평가할 수 있는 이유가 두 가지 더 있다.

1. 경제가 발전하면 새로운 재화와 서비스가 개발돼 소비자의 선택 폭이 넓어지고 소득의 가치가 증가하지만 이러한 소득의 가치 증가 부분을 소비자물가지수 산출에서는 고려하지 않는다.
2. 시간이 경과하면 기존의 재화와 서비스의 품질이 개선된다. 그런데 품질을 고려한 물가는 품질을 고려하지 않은 물가보다 그 증가폭이 낮다. 예를 들어 현대자동차에서 2009년에 생산한 차종의 가격이 1,500만 원이었는데 2010년에 그 차종의 성능을 개선하여 2,000만 원에 판매한다면 가격이 500만 원 상승한다. 소비자물가지수는 이러한 가격 상승을 그대로 지수 산출에 반영하지만, 2010년 모델은 2009년 모델보다 성능이 개선됐으므로 가격 상승분 500만 원에는 성능 개선이라는 가치가 포함되어 있다. 따라서 성능 개선을 고려하면 2009년 품질을 기준으로 한 가격상승분이 500만 원보다 작다고 할 수 있다. 이와 같이 소비자물가지수는 측정되지 않은 (혹은 측정될 수 없는) 품질개선을 고려하지 않기 때문에 품질개선을 고려하는 경우보다 생계비 증가를 과대평가한다.

1.3.4 인플레이션

인플레이션은 물가지수 증가율을 백분율로 나타낸 것이다. 예를 들어 2008년 소비자물가지수가 100, 2009년 105이면 두 연도 사이의 인플레이션은 연간 (105−100) / 100 = 5.0%이다. 그리고 2010년 소비자물가지수가 110이라고 하면 2009년과 2010년 사이의 연간 인플레이션은 (110−105) / 105 = 4.78%이다.

인플레이션
물가지수 증가율을 백분율로 나타낸 것

일반적으로 t기의 물가수준을 P_t, $t-1$기의 물가수준을 P_{t-1}이라고 하면, 이들 두 기간 사이의 물가상승률 π_t를 다음과 같이 구할 수 있다.

$$\pi_t = \frac{P_t - P_{t-1}}{P_{t-1}} = \frac{\Delta P_t}{P_{t-1}} \tag{1-13}$$

■ 상승률, 증가율, 또는 성장율은 해당 경제변수에 로그를 취한 후 시간에 대해 미분하면 쉽게 구할 수 있다. 즉 $dlnP_t/dt = (dP_t/dt)/P_t$로 표시되는데 시간의 변화단위 dt가 아주 미세한 단위가 아닌 1인 경우 $\Delta P_t/P_t$로 근사되므로 식 (1-13)과 거의 일치함을 알 수 있다.

여기서 $\Delta P_t = P_t - P_{t-1}$은 물가수준의 변화량을 나타낸다.

인플레이션이 중요한 이유는 다음과 같다.

1 인플레이션은 생계비의 변화를 보여준다. 즉 소비자물가지수로 구한 인플레이션이 5%라면, 생계비가 전년도에 비해 5%만큼 증가하였음을 의미한다.

2 인플레이션이 지나치게 높으면 거래질서가 파괴된다. 현대의 모든 경제는 화폐경제이다. 화폐의 사용은 세계 경제가 현재의 번영을 이룬 가장 중요한 이유 가운데 하나로 평가된다. 화폐를 사용하는 거래가 순조롭게 이루어지기 위해서는 화폐의 가치가 안정적이어야 한다. 만약 화폐의 가치가 안정적이지 못하고 급속히 하락한다면 사람들은 재화와 서비스를 판매한 대가로 화폐를 받으려고 하지 않을 것이다. 예를 들어 인플레이션이 매월 100% 이상이라고 가정해 보자. 이러한 경우를 초超인플레이션hyperinflation이라고 부른다. 화폐 가치가 너무 빠르게 하락하면 사람들은 화폐 사용보다는 물물교환을 선호하게 된다. 다시 말해 인플레이션이 지나치게 높으면 화폐를 사용하는 거래질서가 파괴되고 물물교환에 따른 여러 가지 사회적인 비용이 나타나기 때문에 인플레이션을 낮게 유지해 화폐가치의 안정성을 유지하는 것이 매우 중요하다.

그림 1-7 **우리나라의 경제활동인구**(2018년)

2018년 우리나라 전체 인구 5,136만 2천 명 가운데 15세 이상 인구는 4,418만 2천 명, 실업자와 취업자 수를 합한 경제활동인구는 2,789만 5천 명으로 경제활동참가율은 62.6%이었다. 경제활동인구 가운데 취업자 수는 2,682만 2천 명, 실업자 수는 107만 3천 명으로 실업률은 3.8%이었다.

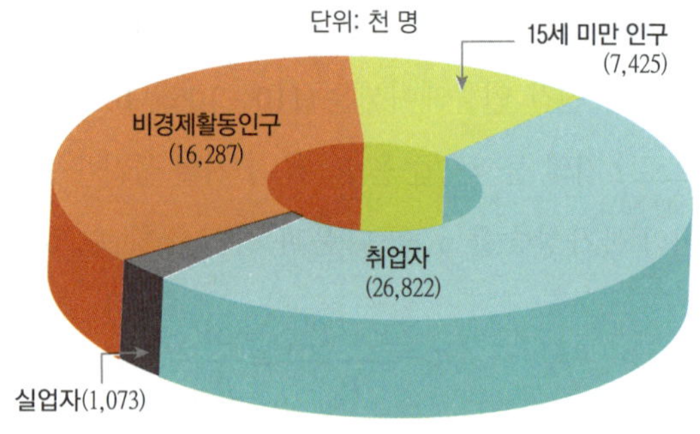

자료: 한국은행

1.4 실 업

한 경제에서 생산활동이 가능한 인구를 15세 이상 인구로 정의할 수 있다. 15세 이상 인구는 다시 경제활동인구labor force와 비경제활동인구out of labor force로 구분된다. 비경제활동인구는 전업 가정주부, 군인, 학생 등과 같이 시장에서 자유롭게 직업을 선택할 수 없는 사람들과 시장에서 노동을 할 수 있는 능력은 있지만 일할 의사가 없는 사람들을 포함한다. 경제활동인구는 다시 취업자employed와 실업자unemployed로 구분된다. 취업자는 현재 일자리를 가지고 있는 사람을, 실업자는 일할 의향이 있을 뿐만 아니라 적극적으로 일자리를 찾고 있으나 아직 자기에게 맞는 일자리를 발견하지 못한 사람을 각각 가리킨다. 그 밖에 경제활동인구를 15세 이상 인구로 나눈 값은 경제활동참가율labor force participation rate, 실업자의 수를 경제활동인구로 나눈 값은 실업률unemployment rate, 취업자 수를 생산가능인구로 나눈 값을 고용률이라고 부른다. 각각의 개념들을 정리하면 다음과 같다.

우리나라의 실업률 그림 1-8

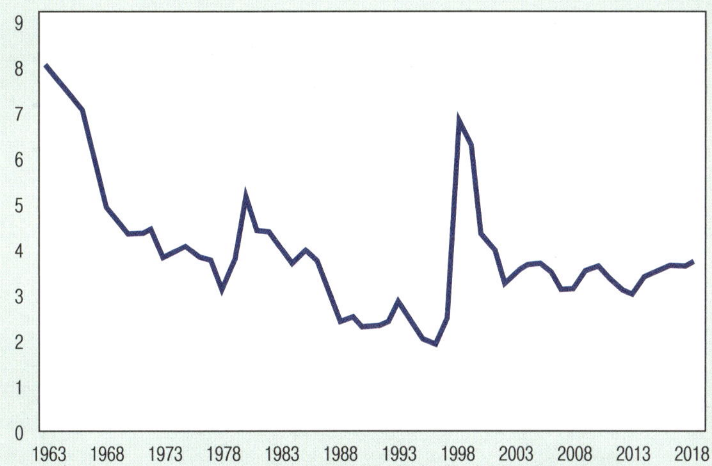

주: 1999년 이전은 구직기간 1주 기준, 2000년 이후는 4주 기준.
자료: 통계청

우리나라의 실업률은 경제개발을 시작한 1963년 8.1%에 달했으나 이후 꾸준히 하락해 1978년에는 3.2%의 낮은 실업률을 달성했다. 1980년 정치·경제적인 혼란으로 다시 5.2%까지 상승했으나, 그 후에 다시 하락하는 추세를 보여 1988년에는 처음으로 3% 아래인 2.5%의 실업률을 기록했다. 이러한 추세는 1997년 12월에 발생한 외환위기로 1998년 실업률이 7.0%까지 급등하면서 꺾이는 듯했으나 그 이후 다시 하락하는 추세로 바뀌어 2001년 4% 이하인 3.8%까지 하락한 후부터는 대체로 4% 이하로 유지되고 있다.

$$15\text{세 이상 인구} = \text{경제활동인구} + \text{비경제활동인구}$$

$$\text{경제활동인구} = \text{취업자} + \text{실업자}$$

$$\text{경제활동참가율} = \frac{\text{경제활동인구}}{15\text{세 이상 인구}}$$

$$\text{실업률} = \frac{\text{실업자}}{\text{경제활동인구}}$$

$$\text{고용률} = \frac{\text{취업자}}{\text{생산가능인구}}$$

한편 일할 의사가 있지만 오랜 구직 실패로 인해 구직을 단념한 사람을 실망실업자discouraged worker 또는 구직단념자라고 부른다. 실망실업자는 비경제활동인구에 포함시킨다. 여기서 주의할 것은 한 실업자가 실업상태에 있는 것은 일자리를 발견하지 못했기 때문일 수도 있지만, 일자리를 발견했더라도 임금이 너무 낮거나 작업환경이 나쁘기 때문에 취업하지 않고 더 나은 일자리를 찾아 계속 탐색search하기 때문일 수도 있다는 사실이다.

우리나라의 대표적인 고용통계는 통계청이 매월 조사해 발표하는《경제활동인구

BOX 1-5 경제활동참가율

빠른 경제성장은 우리나라의 노동시장에서 몇 가지 중요한 변화를 불러 왔는데 첫째로 들 수 있는 것이 경제활동참가율의 증가이다. 오른쪽 그림에서 보는 바와 같이 우리나라의 경제활동참가율은 1963년 56.6%이던 것이 1990년 처음으로 60%를 초과한 다음 2018년 63.1%를 기록했다.

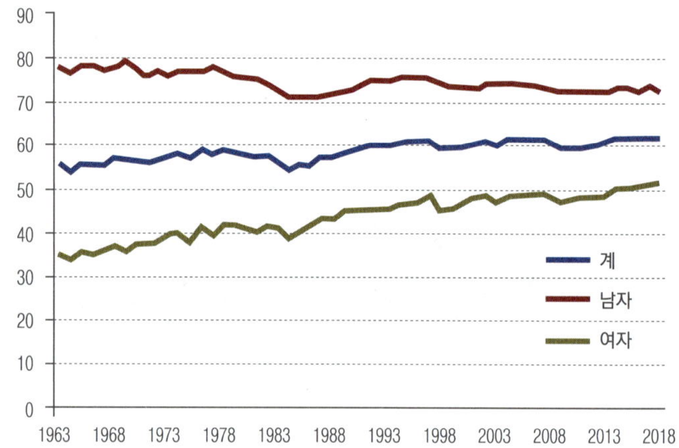

주: 1999년 이전은 구직기간 1주 기준, 2000년 이후는 4주 기준
자료: 통계청

이와 같이 경제활동인구가 증가한 것은 여성의 노동시장 참여가 증가하였기 때문인데 오른쪽 그림에서 보는 바와 같이 1963년 37.0%에 불과하던 여성의 경제활동참가율은 1973년에 41.5%로 처음 40%를 돌파한 이후 꾸준히 증가해 2008년에는 50.1%로 50%를 넘어섰다. 그리고 2018년 여성의 경제활동참가율은 52.9%로 증가하였다. 즉 지난 55년 동안 여성의 경제활동참가율은 15.9%포인트나 증가하였다.

그러나 여성의 경제활동참가율이 증가한 것과는 대조적으로 남성의 경제활동참가율은 같은 기간 동안 감소했다. 1963년 우리나라 남성의 경제활동참가율은 78.4%였지만 계속 하락해 1984년에는 72.1%에 이르렀다. 그후 다시 상승해 2018년에는 73.7%를 나타내고 있다. 즉 지난 55년 동안 우리나라 남성의 경제활동참가율은 4.7% 포인트 감소했다.

여성의 경제활동참가율이 증가한 원인으로는 세 가지를 생각해 볼 수 있다. 첫째, 세탁기와 건조기, 식기세척기, 냉장고 등과 같은 가전제품 기술의 발달로 가사노동의 부담을 덜 수 있었다. 둘째, 산아제한 기술의 진보로 자녀 수가 감소했다. 셋째, 여성의 정치적, 사회적 권리가 개선되고 정치와 사회적인 역할이 증가했다. 한편 남성의 경제활동 참가율이 감소한 원인은 다음과 같이 생각해 볼 수 있다. 첫째, 현재 젊은 세대의 학교교육 기간이 이전 세대보다 길다. 둘째, 직장에서 은퇴하는 나이가 낮아졌고 은퇴 후에는 더 오래 산다. 셋째, 여성의 경제활동참가가 증가하면서 가사에 전업하는 남성이 증가하고 있다. 학생, 퇴직한 사람, 전업주부는 모두 비경제활동인구로 분류된다.

앞으로 인구가 고령화할수록 남성과 여성의 경제활동참가율은 감소할 것으로 예상된다. 오늘날 사람들은 이전 세대보다 오래 살고, 자녀는 적게 낳는다. 따라서 노인세대의 비중이 높아질 것은 자명하다. 그런데 노인들이 노동시장에 참가하는 비중이 낮기 때문에 노인세대의 비중이 증가하면 노동시장참가율도 낮아질 수밖에 없다.

조사》이다.[3] 《경제활동인구조사》의 조사범위는 대한민국의 행정권이 미치는 모든 지역이며, 약 33,000개 표본가구를 대상으로 15세 이상 인구, 경제활동인구, 취업자, 실업자 등을 조사한 후에 전체 경제활동인구 규모를 추정한다.

3 한국은행, 《알기 쉬운 경제지표 해설》, 2004.

취업자는 기본적으로 매월 15일이 속한 1주일 동안 수입을 목적으로 1시간 이상 일한 사람으로 정의된다. 여기에는 수입을 목적으로 하지 않고 농장, 사업체를 위하여 무급으로 주당 18시간 이상 일한 경영자의 가족과 직장이나 사업체를 가지고 있으나 일시적인 질병, 일기불순, 휴가, 노동쟁의 등의 사유로 조사 대상기간 중에 일하지 못한 일시휴직자도 포함된다. 2014년까지 실업자는 매월 15일이 속한 1주일 동안 적극적으로 일자리를 구했으나 수입이 있는 일에 전혀 종사하지 못한 사람으로, 언제라도 취업이 가능한 사람으로 정의되었다. 그러나 국제기준에서 실업자의 구직기간을 4주로 정함에 따라 2015년부터는 구직기간 4주의 실업률을 통계청이 발표하고 있다. 실업자에는 과거에 구직활동을 계속했으나 일시적인 질병, 일기불순, 구직결과 대기, 자영업 준비 등 특별한 사유로 조사기간 중에 구직활동을 하지 못한 사람도 포함된다. 15세 이상 생산가능인구 가운데 비경제활동인구는 취업자도 실업자도 아닌 사람을 말한다. 전업 가정주부, 군인, 학생, 일을 할 수 없는 연로자, 심신장애자, 실망실업자 등이 비경제활동인구의 대부분을 차지한다.

결 론 1.5

거시경제학이 미시경제학과 다른 점은 경제 전체를 하나의 단위로 연구한다는 점이다. 거시경제를 잘 이해하려면 먼저 **그림 1-1**에 나타나 있는 국민경제의 순환을 이해해야 한다. 거시경제 모형이나 현실에 대한 이해가 난관에 봉착하는 경우에 국민경제 순환을 상고함으로써 난관을 뚫고나갈 수 있는 길을 찾는 경우가 많기 때문이다. 거시경제는 결국 순환이며 어떤 이유에서이든 한곳에서 순환이 막히면 경제 전체가 제대로 작동하지 못하게 된다. 우리가 1997년 말에 겪은 외환위기가 대표적인 예이며, 1930년대에 발생한 세계 대공황도 그러한 맥락에서 이해할 수 있다. 이 책에서 궁극적으로 배우게 될 내용도 그와 같은 순환의 원리와 관련돼 있다.

또한 거시경제를 잘 이해하려면 거시경제에 관한 정보를 요약해 담고 있는 거시경제 변수들을 정확히 이해해야 한다. 거시경제 변수들이 담고 있는 정보를 정확히 이해하는 첫 번째 단계는 변수들이 어떻게 측정되는지를 이해하는 것이다. 이 장에서 배운 *GDP* 및 소비자물가지수, 실업률은 거시경제의 상황을 보여주는 중요한 거시경제 변수들이다. 이 변수들의 움직임은 가계와 기업 및 정부 같은 경제주체들이 매일매일 직면하는 의사결정에 영향을 미친다. 특히 정부는 이 변수들의 움직임을 보고 적절한 정책을 착안하며, 경제학자들은 이 변수들의 자료를 이용해 이론을 세우고 그 이론을 통계적으로 검증하게 된다.

요 약

≫ 거시경제에서 고려하는 시장은 재화와 서비스 시장, 생산요소시장, 금융시장이다. 그리고 거시경제에서 고려하는 경제주체는 가계, 기업, 정부 및 외국이다. 경제주체들은 각각의 시장에서 때로는 공급자로서, 때로는 수요자로서 국민경제의 순환에 참여한다.

≫ 명목 *GDP*는 재화와 서비스를 생산이 일어난 연도의 시장가격곧 경상가격으로 평가한 것이고 실질 *GDP*는 기준연도의 가격으로 평가한 것이다. 따라서 명목 *GDP*는 재화와 서비스의 수량뿐만 아니라 경상가격이 변동해도 함께 변동하지만 실질 *GDP*는 재화와 서비스의 수량이 변동할 경우에만 변동한다.

≫ *GDP*는 생산, 분배곧 소득, 지출의 세 가지 측면에서 측정할 수 있다. 생산의 측면에서는 부가가치의 합으로 구할 수 있고 지출의 측면에서는 소비, 투자, 정부소비 및 순수출의 합으로 구할 수 있다.

≫ *GDP* 디플레이터는 명목 *GDP*를 실질 *GDP*로 나누어 구하고 소비자물가지수*CPI*는 각각의 연도에 소비바구니의 가치를 이용해 구한다. 두 물가지수는 경제 전체의 물가를 측정하지만 담고 있는 정보가 서로 다르다.

≫ 노동시장참가율은 경제활동인구를 15세 이상 인구로 나눈 값이고, 실업률은 실업자의 수를 경제활동인구로 나눈 값이다. 실업자는 일할 의사가 있으나 일자리를 구하지 못한 사람으로 정의된다.

핵심용어

- 경제활동인구
- 국민경제의 순환
- 국민소득
- 국민소득 항등식
- 귀속소득
- 노동시장참가율
- 라스파이레스지수
- 명목 *GDP*
- 부가가치
- 비경제활동인구
- 소비
- 소비자물가지수
- 순수출
- 실업률
- 실업자
- 실질 *GDP*
- 유량과 저량
- 인플레이션
- 정부소비
- 취업자
- 투자
- 파쉐지수
- *GDP* 디플레이터
- *GDP*와 *GNP*

연습문제

01 거시경제학에 관한 다음 물음에 답하시오.

(1) 과학의 원리에 비추어 볼 때 거시경제학을 과학이라고 부를 수 있는가? 경제학원론을 배운 경험을 바탕으로 예를 들어 설명하시오.

(2) 미시경제학과 거시경제학의 차이점을 설명하시오. 왜 그러한 차이가 존재하는가?

02 국민경제의 순환에 관한 다음 물음에 답하시오.

(1) 거시경제에 존재하는 시장을 열거하고 각각의 역할을 설명하시오.

(2) 각각의 시장에 참여하는 경제주체들을 열거하고 국민경제의 순환에서 이들의 역할에 관해 설명하시오.

(3) 최근 일주일 동안 언론에 발표된 시장과 경제주체들에 대한 자료를 조사해 가장 중요하게 거론되는 거시경제 문제가 무엇인지를 국민경제 순환과 연관해 설명하시오.

(4) 부동산 시장에서 양도 소득세율을 절반으로 인하했다고 하자. 이러한 조치가 국민소득의 순환에서 어떤 효과를 갖게 될 것인지 설명하시오.

03 국내총생산*GDP*에 관한 다음 물음에 답하시오.

(1) *GDP*를 정의하고 *GNP*와 어떻게 다른지 설명하시오.

(2) 부가가치value added를 정의하고 부가가치를 이용한 *GDP* 측정방법을 설명하시오.

(3) 분배의 측면에서 *GDP*를 측정하는 방법에 관해 설명하고 여러 가지 소득의 개념과 이들이 내포하고 있는 정보에 관해 설명하시오.

(4) 지출곧 경제주체들이 구매하는 재화와 서비스과 *GDP*가 사후적으로 항상 일치하는 이유를 설명해 보시오.

04 다음의 사건들이 *GDP*에 어떤 영향을 미치는지 설명하시오.

(1) 노동 쟁의가 증가해 파업이 증가했다.

(2) 태풍이 제주도에 상륙해 일주일간 배와 비행기 운항이 중단됐다.

(3) 새로운 품종이 개발돼 쌀 생산량이 증가했다.

(4) 국회가 공장의 탄소 배출량을 규제하는 환경법을 통과시켰다.

(5) 수요가 감소해 기업이 많은 직원을 해고했다.

(6) 정부가 30조 원을 들여 4대 강을 정비하는 사업을 시작했다.

(7) 기업이 미래 수요에 대비하기 위해 재고를 더 많이 비축했다.

(8) 생활고로 학교를 그만두고 직업을 찾는 중·고등학생들이 증가했다.

(9) 정부가 연구개발 투자에 대한 보조금을 크게 증가시켰다.

(10) 2008년 포항제철의 철강 생산량 가운데 3,000억 원어치가 판매되지 못하고 재고로 축적됐다.

(11) 철수가 삼성전자의 주식 1억 원어치를 구입했다.

(12) 현정이는 오피스텔 임대료로 주인에게 100만 원을 지불했다.

05 사과와 빵만 생산하고 소비하는 한 경제의 생산량과 가격이 다음과 같이 주어져 있다고 한다.

		2000년	2001년	2002년
사과	가격(P_A)	100원	105원	110원
	수량(Q_A)	10	12	12
빵	가격(P_B)	100원	110원	105원
	수량(Q_B)	10	11	14

(1) 각 연도의 명목 *GDP*를 구하시오.

(2) 2000년을 기준연도로 하여 실질 *GDP*를 구하시오.

(3) 2002년을 기준연도로 하여 실질 *GDP*를 구하시오.

(4) 연쇄 가중치 방법을 이용해 실질 *GDP*를 구하고 위의 (2), (3)의 답과 비교해 보시오.

06 물가지수에 관한 다음의 문제에 답하시오.

(1) 물가지수를 구하는 두 가지 방법에 관해 설명하시오.

(2) **05**의 표를 이용해 *GDP* 디플레이터를 구하고 물가상승률을 구하시오.

(3) **05**의 표를 이용해 2000년의 수량이 소비바구니consumption basket라고 할 때 소비자 물가지수와 물가상승률을 구하시오.

(4) 퇴직자의 실질소득을 보장하여 주기 위해 (물가상승률만큼) 연금지급률을 인상하고자 할 때 사용해야 하는 물가상승률은 위의 (2)와 (3)에서 구한 것 가운데 어떤 것인가? 그 이유를 설명하시오.

07 보리빵과 밀빵만 소비하는 소비자가 존재한다고 한다. 이 두 가지 빵의 가격과 소비자의 소비량이 다음과 같이 주어져 있다고 한다.

		2000년	2001년
보리빵	가 격	1원	2원
	소비량	10	5
밀 빵	가 격	2원	1원
	소비량	5	10

(1) 2000년 소비량을 소비바구니라고 할 때 소비자물가 상승률을 구하시오.

(2) 각 연도에서 소비자의 명목 소비지출을 구하고 그 증가율을 구하시오.

(3) 2000년이 기준연도라고 할 때—곧 2000년의 가격을 이용해— 소비자의 실질 소비지출을 구하시오. 그 증가율은 얼마인가?

(4) 디플레이터를 구하는 방식—명목소비지출/실질소비지출—으로 물가지수를 구한 다음 물가상승률을 구하시오.

(5) 어떤 소비자는 보리빵과 밀빵을 각각 10단위와 5단위 소비하는 경우와 5단위와 10단위 소비하는 경우에 같은 효용을 얻는다고 한다. 위의 표에서 이 소비자의 실제 생계비는 증가했는가, 감소했는가? 이와 같은 계산으로부터 알 수 있는 소비자물가지수와 *GDP* 디플레이터의 장단점은 무엇인가?

08 *GDP*를 행복지수로 사용하는 경우에 나타날 수 있는 문제점에 관해 논하시오.

09 투자의 재원은 어떻게 마련되며, 저축은 어떻게 사용될 수 있는지 설명하시오.

10 소비자물가지수가 생계비를 과대평가하는 이유를 설명하시오.

11 경제활동참가율이 경기가 호황일 때 증가하고 불황일 때 감소하는 이유를 설명하시오.

12 남성과 여성의 경제활동참가율의 장기적인 추세를 설명하고 그와 같은 추세가 나타나는 원인을 논하여 보시오.

▶▶ 국민총소득[심화학습]

1990년대 중반 이후 GNIgross national income가 자주 사용되고 있다. GDP는 생산지표이고 GNI는 소득지표이며 GNP는 생산과 소득지표가 혼합된 지표이다. 총생산 혹은 소득에 관한 이 지표들의 차이점을 살펴보면, GDP와 GNP는 본문에서 설명한 바와 같고 명목 GNI는 명목 GNP와 동일하다. 즉 다음 식이 성립한다.

명목 GNI = 명목 GNP
= 명목 GDP + 명목국외순수취요소소득

여기서 실질 GNI는 명목 GNI를 물가지수로 나눈 것이 아니라는 점에 주의해야 한다. 먼저 실질국내총소득 GDIgross domestic income은 다음과 같이 정의된다.

실질 GDI = 실질 GDP + 교역조건 변화에 따른 실질무역손익

그리고 실질 GNI는 다음과 같이 정의한다.

실질 GNI = 실질 GDI + 실질국외순수취요소소득
= [실질 GDP + 교역조건 변화에 따른 실질무역손익] + 실질국외순수취요소소득
= [(실질 GNP − 실질국외순수취요소소득) + 교역조건 변화에 따른 실질무역손익]
+ 실질국외순수취요소소득
= 실질 GNP + 교역조건 변화에 따른 실질무역손익

여기서 두 번째 행은 위에서 얻은 '실질 GDI = 실질 GDP + 교역조건 변화에 따른 실질무역손익'을 대입한 것이고, 세 번째 행은 본문에서 유도한 '실실 GDP = 실질 GNP − 실질국외순수취요소소득'을 대입한 것이며, 마지막 행은 세 번째 열을 정리한 것이다.

따라서 명목 GNI를 물가지수로 나누어 구한 값실질 GNP과 위에서 정의한 실질 GNI는 서로 다르다. 즉 교역조건 변화에 따른 실질무역손익만큼의 차이가 존재한다.

교역조건 변화에 따른 무역손익은 다음과 같이 계산한다. 예를 들어 2010년에는 자동차 수출가격이 1만 달러로, 자동차 10대를 수출해 10만 달러어치의 기계를 수입하였다고 하자. 그러나 2011년에는 자동차 수출가격이 5천 달

그림 A1-1 $\frac{GNI-GDP}{GDP}\times 100$

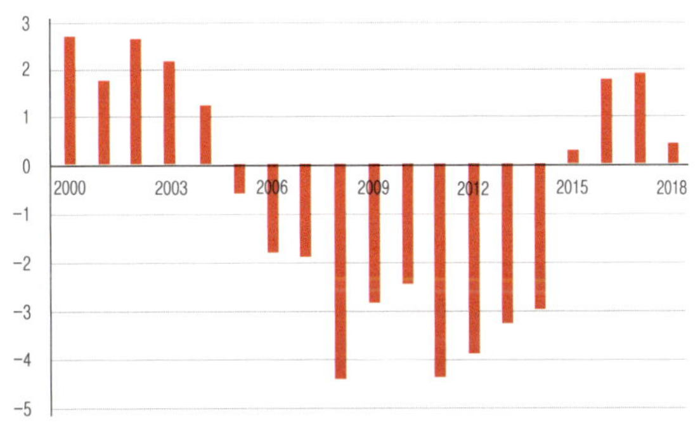

자료: 한국은행

러로 하락하고 수출량이 20대로 증가했다고 가정해 보자. 그리고 수입재인 기계 가격은 10만 달러로 불변이라고 하자.

2010년이 기준연도라고 하면 2011년의 실질 *GNP**GDP*는 20만 달러로 2010년보다 100% 증가했다. 그런데 2010년에는 자동차 10대를 수출해 기계 1대를 수입할 수 있었으나 2011년에는 20대를 수출해야 기계 1대를 수입할 수 있게 됐으므로 교역조건이 50% 악화됐다. 즉 자동차 10대 가격기준연도 2010년 가격인 10만 달러의 무역손실이 발생했다. 따라서 2011년의 실질 *GNI*는 실질 *GNP**GDP* 20만 달러에서 무역손실 10만 달러를 뺀 10만 달러가 된다. 즉 2011년의 실질 *GNI*는 2010년과 같은 10만 달러이다.

*GNI*가 *GDP*와 얼마나 다른지가 **그림 A1-1**에 나타나 있다. 2000년 이후 2004년까지 그리고 2015년부터 2018년까지는 *GNI*가 *GDP*보다 많았고, 2005년부터 2014년까지 10년 동안은 반대로 *GDP*가 *GNI*보다 많았다. 교역조건이 변화함에 따라 이와 같이 *GNI*는 *GDP*와 차이를 갖게 된다. ❖

02

Chapter

거시경제학의 연구과제와 연구방법

이 장에서는 거시경제학의 연구주제들에 관해 배운다. 앞으로 우리는 주요 거시경제 모형들을 배우게 되는데 이 모형들은 거시경제학의 연구주제들을 설명하기 위해 만들어진 것들이다. 다시 말해 거시경제학의 연구주제들은 앞으로 우리가 배울 거시경제 모형이 지금의 형태로 발전하게 된 근본적인 이유이다. 따라서 거시경제의 주요 모형을 배울 때 늘 염두에 둘 것은 모형이 거시경제학의 연구주제 가운데 무엇을 설명하려는 것인가 하는 물음이다. 또한 우리는 거시경제학의 연구방법에 관해 배울 것이다. 앞에서 가장 좋은 거시경제학 연구방법은 개인의 선택과 각각의 시장의 균형을 집계하는 것이라고 했다. 따라서 일반적으로 말한다면 거시경제학의 연구방법이 미시경제학의 연구방법과 다를 이유가 없다. 그러나 미시적 연구를 집계해 거시경제를 완성하는 데에는 앞에서도 언급한 바와 같이 여러 가지 기술적인 제약이 따르기 때문에 이 책의 수준에서는 경제 전체를 하나의 단위로 보고 연구할 수밖에 없으며, 그에 따른 연구방법의 특수성이 존재한다.

2.1 거시경제학의 연구과제

거시경제학의 연구과제는 크게 경제성장과 경기변동이라고 할 수 있다. 두 주제는 아담 스미스 A. Smith 의 《국부론 An Inquiry into the Nature and Causes of the Wealth of Nations》 이후 모든 거시경제 이론이 설명하고자 한 핵심적인 주제이다. 지금까지 두 연구과제는 대부분 서로 분리된 채로 연구됐지만 실제로는 불가분의 관계를 가지고 있으며, 두 주제와 관련해 여러 가지 세부적인 과제가 존재한다.

경제성장 문제는 장기 long run 의 문제이다. 우리는 매년 *GDP* 증가율곧 경제성장률이 얼마인지 계산하고 그 결과를 바탕으로 경제가 한 해 동안 얼마나 잘 운영되었고 사람들의 생활수준이 평균적으로 얼마나 향상되었는지를 판단한다. 그런데 한 해의 성장률 안에는 두 가지 요소가 존재한다. 하나는 장기적인 추세에 따른 *GDP*의 변화이고 다른 하나는 한 해에 대내 · 외적으로 주어지는 단기적 충격에 따른 *GDP*의 변화이다. 두 가지 요소 가운데 전자와 관련된 것들은 경제성장이론 economic growth theory 이 다루어야 할 연구주제이고 후자와 관련된 것들은 경기변동 이론 business cycle theory 이 다루어야 할 연구주제이다.

이 두 가지 큰 주제와 불가분의 관계에 있지만 따로 떼어 생각해 볼 수 있는 거시경제학의 주제가 있다. 바로 거시경제의 목표이다. 거시경제 목표는 크게 완전고용, 물가안정 및 대외균형 external balance 이라고 할 수 있다.

거시경제 목표
완전고용, 물가안정, 대외균형

❶ 일할 의사가 있는 사람들에게 그들이 받아들일 만한 임금을 줄 수 있는 일자리를 제공하는 것이 경제주체들의 후생을 극대화한다는 의미에서 완전고용은 중요한 목표가 된다.
❷ 물가안정은 인플레이션이 가지고 있는 여러 가지 사회적 비용을 피하고 현대경제에서 무엇보다도 중요한 화폐 가치의 안정적 유지에 필수적이다.
❸ 대외균형은 적절한 정도의 국제수지 균형을 유지해 한편으로는 지나친 대외부채의 축적을 피하고 다른 한편으로는 지나친 외환 유입으로 인한 폐해를 피하는 것을 일컫는다.

한 나라의 경제적 성과는 인적 · 물적 자본과 노동, 그리고 자연자원과 기술수준에 의해 결정된다. 그리고 이 요소들과 더불어 한 나라의 구성원들이 개인적으로, 나아가 전체적으로 어떤 선택을 하는지도 매우 중요하다. 한 경제의 구성원들이 전체적으로 성장에 대한 의지를 얼마만큼 갖느냐에 따라 장기적인 경제적 성과가 적지 않은 영향을 받기 때문이다. 이러한 의지는 주로 경제정책을 통해 구현되는데 단기적으로도 경제정책은 위에서 열거한 연구주제에 심대한 영향을 미친다. 따라서 경제정책은 거시경제학의 중요한 연구주제 가운데 하나이다.

2.1.1 경제성장과 경기변동

경제성장 economic growth 은 실질 *GDP*가 오랜 기간에 걸쳐 지속적으로 증가하는 현상을 가리킨다. **그림 1-2**에서 살펴본 바와 같이 우리나라의 실질 *GDP*는 일정한 증가율로 매년 증가한 것이 아니라 때로는 감소했지만 길게 보면 지속적으로 증가

경제성장
실질 *GDP*가 오랜 기간에 걸쳐 지속적으로 증가하는 현상

그림 2-1 **우리나라의 경제성장과 경기변동**

실질 *GDP*의 연간 증가율의 특징은 다음과 같다. ① 대부분의 해에 양(+)으로 나타난다. ② 실질 *GDP*의 평균적인 증가율은 시대에 따라 다르게 나타나며, 그러한 평균적인 증가율을 잠재성장률이라고 부른다. ③ 실질 *GDP* 성장률은 잠재(추세)성장률과 경기변동분의 합으로 나타낼 수 있다.

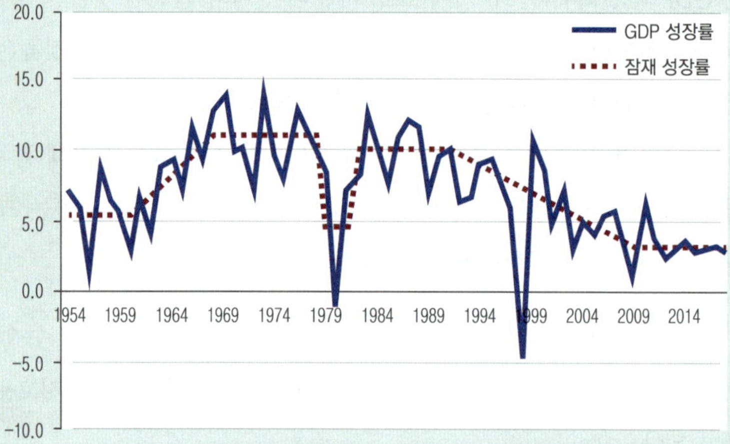

자료: 한국은행

해 왔다. 한국전쟁 이후 우리나라의 실질 *GDP* 증가율은 **그림 2-1**과 같이 그려볼 수 있다. **그림 2-1**에서 우리는 우리나라의 연간 실질 *GDP* 증가율에 대해 다음과 같은 사실을 알 수 있다.

1 우리나라의 실질 *GDP* 증가율은 때로 음(−)으로 나타나기도 했지만 대부분의 기간에 양(+)으로 나타났음을 알 수 있다. 즉 우리나라의 실질 *GDP*는 길게 보면 지속적으로 증가해 왔다.

2 우리나라의 평균적인 실질 *GDP* 증가율은 시대에 따라 다르게 나타났다. 평균적인 실질 *GDP* 증가율을 잠재추세성장률 potential(trend) growth rate이라고 부른다. 잠재성장률이 **그림 2-1**에서 점선으로 나타나 있다. **그림 2-1**에서 보는 바와 같이 한국전쟁이 끝난 1954년부터 경제개발계획을 실천하기 이전인 1962년까지는 평균 3.2%의 잠재성장률을 기록했으나 경제개발을 시작한 1963년 이후 제2차 유가파동과 대통령시해사건이 발생하기 전 해인 1978년까지는 평균 9.0%의 잠재성장률을 기록했고, 정치적 혼란기를 지난 1982년부터 외환위기가 일어나기 전인 1996년까지는 평균 8.5%를 기록했다. 그러나 2003~11년에는 실질 *GDP* 성장률이 평균 4.0%로 떨어졌다. 그리고 최근 2012~2018년에는 평균성장률이 2.9%로 하락하였다. 따라서 1963~78년 및 1982~96년은 우리나라가 매우 높은 경제성장과 함께 생활수준의 향상을 이룩한 시기이지만 1962년 이전과 2003년 이후는 상대적으로 경제성장과 생

잠재 GDP와 GDP의 경기변동분 그림 2-2

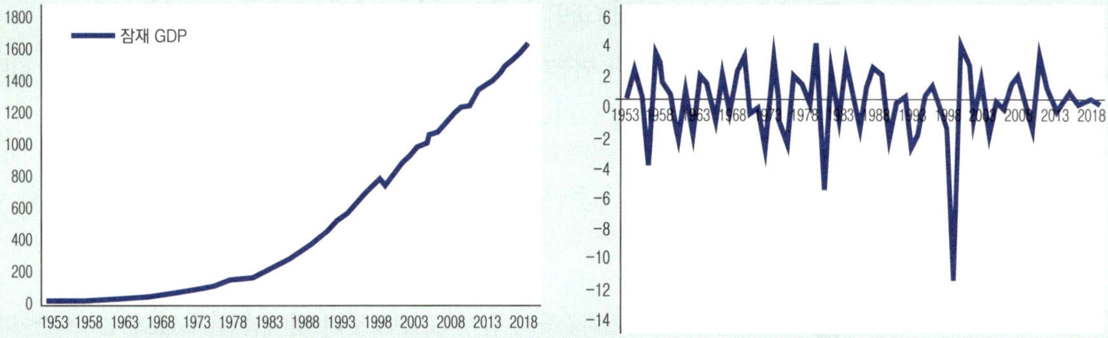

(a) 잠재 GDP (b) GDP의 경기변동분/잠재 GDP(%)

경제가 잠재성장률을 따라간다고 가정하고 구한 *GDP*가 잠재 *GDP*이다. 그리고 실질 *GDP*에서 잠재 *GDP*를 차감하면 경기변동분을 얻는다. 보통은 (b)에서 보는 바와 같이 경기변동분을 그 해의 잠재 *GDP*로 나누어 백분율로 나타낸다. 1970년 이후 실질 *GDP*가 잠재*GDP* 위로 가장 크게 벗어난 것은 1978년으로 6.1%이었으며 아래로 가장 크게 벗어난 것은 외환위기를 겪은 1998년으로 7.8%이었다. 그리고 잠재 *GDP*에서 벗어난 정도의 평균은 2.3%이다.

활수준의 향상이 저조한 시기였다고 말할 수 있다.

3 **그림 2-1**에서 실질 *GDP* 성장률과 점선으로 표시된 잠재성장률의 차이를 구해 표시해 보면 0을 기준으로 등락을 되풀이하는 곡선을 구할 수 있다. 이를 경기변동분 business cycle component 이라고 부른다. 따라서 실질 *GDP* 증가율을 다음과 같이 나타낼 수 있다.

$$\text{실질 } GDP \text{ 증가율} = \text{잠재성장률} + \text{경기변동분}$$

여기서 잠재성장률은 장기적인 실질 *GDP* 증가의 추세곧 경향를, 경기변동분은 단기적으로 실질 *GDP* 성장률이 추세로부터 벗어나는 정도를 각각 보여준다. 그리고 잠재성장률에 관한 연구는 경제성장이론이, 경기변동분에 대한 연구는 경기변동이론이 각각 담당한다.

경제가 **그림 2-1**의 실제 성장률 대신 잠재성장률을 따라간다고 가정하면 **그림 2-2 (a)**에서 볼 수 있는 바와 같이 실질 *GDP*가 매끄러운 곡선을 따라 증가한다. 이와 같이 정의된 실질 *GDP*를 잠재 *GDP*라고 한다. **그림 2-1**에서 실선으로 나타나 있는 실제성장률과 점선으로 나타나 있는 잠재성장률의 차이를 구하여 그려보면 **그림 2-2 (b)** 와 같다.

그림 2-1과 **그림 2-2**로부터 경기변동에 관한 다음과 같은 사실을 알 수 있다.

1. 실제 *GDP*가 잠재 *GDP*와 같은 경우는 자주 나타나지 않는다.
2. 경기변동에서 상하 변동의 크기를 나타내는 진폭amplitude에는 규칙성이 없다.
3. 경기변동의 길이를 나타내는 주기에도 규칙성이 없다.

경기변동의 이와 같은 불규칙성에도 불구하고 경기변동에는 매우 중요한 규칙성이 존재한다.

1. 경기변동은 반복된다. 특히 잠재 *GDP*로부터 벗어난 실제 *GDP*는 (시간이 많이 소요되는 경우도 있지만) 반드시 잠재 *GDP*로 복귀한다.
2. 실제 *GDP*가 한 번 잠재 *GDP*를 벗어나면 벗어난 쪽양 혹은 음에서 상당 기간 머무른다.

이와 같은 경기변동의 반복성과 지속성persistence은 우리가 앞으로 배우게 될 거시경제이론의 타당성을 검증하는 데 중요한 잣대가 된다.

경기변동은 다음과 같은 문제를 야기하기 때문에 중요하다.

1. 실제 *GDP*가 잠재 *GDP*보다 큰 경기과열의 경우에는 인플레이션인플레이션 갭이 발생한다. 그리고 반대의 경우에는 실업불황 갭이 발생한다. 인플레이션과 실업 모두 무시할 수 없는 사회적 비용을 야기한다.
2. 경기변동의 사회적 비용을 경제의 구성원 모두가 공평하게 부담하는 경우는 없다. 즉 경기변동의 경제적·심리적 부담을 어떤 특정 계층이 주로 부담한다.

2.1.2 거시경제의 목표

거시경제의 목표는 앞에서 언급한 바와 같이 완전고용과 물가안정, 그리고 대외균형이다.

완전고용
경제활동인구 중 주어진 임금수준에서 일할 의사가 있는 사람이 대부분 고용되는 것

1. **완전고용** full employment 완전고용은 경제활동인구 가운데 주어진 임금수준에서 일할 의사가 있는 사람이 대부분 고용되는 것이다. 여기서 "대부분"이라는 말은 어떤 경우에도 피할 수 없는 종류의 실업이 (심지어 완전고용 상태에서도) 존재함을 의미한다. 즉 경제가 성장하는 과정에서 새로운 일자리가 끊임없이 창출되고 동시에 기

존의 일자리 가운데 사라지는 것들도 있기 때문에 실업을 피할 수 없다. 그 밖에 새롭게 노동자가 노동시장에 진입하면서 동시에 퇴출되는 노동자가 생기기 때문에 실업이 나타나기도 한다.

완전고용 상태에서도 피할 수 없는 실업이 두 가지 있다. 첫째, 현재의 일자리보다 더 나은 일자리를 탐색search하는 과정에서 나타나는 마찰적 실업frictional unemployment이 있다. 마찰적 실업은 실업자가 실업상태에 있는 기간이 비교적 짧고, 국가와 시대에 관계없이 존재하는데, 더 생산적인 노동자들을 구하기 위한 기업의 탐색 때문에 나타나기도 한다. 둘째, 경제가 불황이 아닌데도 상습적이거나 장기적인 실업이 존재할 수 있다. 이러한 실업을 구조적 실업structural unemployment이라고 부른다. 상습적인 실업은 비숙련 노동자들 사이에 나타나는 실업이다. 비숙련 노동자들은 단기간에 취업과 실업을 반복하지만 새로운 일자리를 구하기 위한 탐색을 소홀히 하는 경향이 있다. 장기적인 실업은 한 산업이 사양화하고 다른 산업이 일어나거나 한 지역이 쇠퇴하고 다른 지역이 번영할 때, 그리고 (최저임금제도, 노동조합, 임금 경직성 같은) 제도적 요인 때문에도 나타난다. 이때 노동자들은 스스로를 재훈련하거나 재배치해 일자리를 찾아야 하지만 그 과정은 보통 장기간을 요한다. 이러한 실업은 마찰적 실업과 마찬가지로 경제가 호황이든 불황이든 상관없이 발생하므로 완전고용을 정의할 때 제외한다.

이상에서 정의한 완전고용 상태에서의 실업률을 완전고용실업률full employment unemployment rate, 자연실업률natural rate of unemployment, 비가속인플레이션최저실업률nonaccelerating inflation rate of unemployment, *NAIRU* 등 다양한 용어로 부른다.■ 완전고용실업률은 단기적으로는 고정되어 있다고 볼 수 있지만 장기적으로 경제 구조나 노동시장의 구성이 바뀌면서 변화한다. 따라서 완전고용과 관련한 거시경제학의 연구과제는 단기적으로 어떻게 하면 완전고용을 이룰 수 있는지와 장기적으로 어떻게 하면 완전고용실업률을 낮출 수 있는지이다. 완전고용과 관련된 두 가지 거시경제의 연구과제는 거시경제 정책과 밀접하게 연관되어 있다.

■ 이 용어들의 의미에 관해서는 뒤에서 자세히 배우겠지만 그 이름에서 의미를 쉽게 유추할 수 있다. 완전고용 상태에서의 실업률은 주어진 경제구조에서 자연적인 것이며 가속적인 인플레이션을 유발하지 않고 달성할 수 있는 최저 실업률이다.

2 물가안정 화폐가 존재하지 않는 물물교환경제barter economy의 비효율성과 불편함은 현대인의 상상을 초월했다. 이는 조개나 금속을 화폐로 사용한 원시시대부터 널리 인식돼 왔다. 그러나 화폐가 교환의 매개수단medium of exchange으로 사용되려면 그 가치가 안정돼 있어야 한다. 예를 들어 화폐 가치가 하루아침에 절반으로 하락한다면 어느 누구도 재화 대신 화폐를 받으려 하지 않을 것이다. (교환을 매개

하는 화폐의 기능을 정지시키는 급격한 인플레이션 같은) 심각한 수준이 아니더라도 인플레이션에는 경제적 비용이 따르게 마련이다. 그리고 인플레이션이 완만해도 그 변동이 심하면 경제적 의사결정에서 불확실성uncertainty으로 작용해 소비나 투자 등을 위축시킬 수 있다. 따라서 어떻게 하면 증가율이나 변동성과 관련하여 화폐의 가치를 안정적으로 유지할 수 있느냐 하는 것이 거시경제의 중요한 연구과제가 된다. 물가안정은 보통 중앙은행이 담당한다. 우리나라의 경우에는 중앙은행인 한국은행의 설립근거인 한국은행법에 물가안정을 달성하도록 명시돼 있다.

3 대외균형 대외균형은 보통 무역수지, 무역수지와 소득수지를 합한 경상수지의 균형을 의미한다. 이 수지는 한 경제의 대외경쟁력을 반영하는데 국제수지가 적자나 흑자 상태를 크게, 그리고 오랫동안 지속하는 것은 바람직하지 않다.

국제수지가 장기간 적자를 기록하는 것은 계속적인 외환의 유출을 의미한다. 이는 우리나라가 1997년 12월에 경험한 바와 같은 경제위기의 원인이 될 수 있다. 미국의 경우 1980년대 초반 이후 큰 폭의 국제수지 적자가 지속되고 있으나 아직 경제위기를 겪지 않고 있다. 이는 첫째, 미국의 달러화가 국제결제에 이용되는 통화이고, 둘째, 미국 밖으로 유출된 달러화의 대부분이 세계에서 가장 안전한 투자처를 제공하는 미국으로 되돌아오기 때문이다. 그러나 자국 통화가 국제통화가 아니고 미국만큼 안정적인 투자처도 되지 못하는 우리나라를 포함한 대부분의 나라들은 장기적인 대외불균형을 견딜 수 없다.

장기적으로 국제수지 흑자가 유지되는 것은 외국에 재화와 서비스를 수출하고 받은 외환이 계속 유입됨을 의미한다. 한 나라의 후생수준은 궁극적으로 재화와 서비스의 소비로 결정되는데 장기적인 국제수지 흑자를 통한 과도한 외환 축적은 궁극적으로 국내 소비자물가를 상승시켜 소비를 제한하므로 효용극대화 목적에 합당하지 않다. 나아가 한 나라의 국제수지 흑자는 다른 나라의 국제수지 적자를 의미한다. 국제수지 흑자가 오래 유지되면 교역상대국이 위기를 맞을 수 있다. 따라서 대외균형은 중요한 거시경제 목표이며 연구주제가 된다.

국제거래는 외환과 국내통화의 교환을 통해 이루어지므로 환율이 중요하다. 현재 세계는 국제화와 개방화가 크게 진전되어 무역 이외의 국제금융거래가 활발해졌다. 그 결과 환율은 무역과 관계없이 상승하거나 하락할 수 있다. 예를 들어 무역은 적자인데 외환 유입이 늘어나 환율이 하락하는 경우에는 명목변수인 환율이 무역 같은 실질변수의 변화를 제대로 반영하지 못하고 있다고 할 수 있다. 현재 대부분의 나라들이 변동환율제도를 채택하고 있기 때문에 정책당국이 외환시장에 개입하는 것이 예전만큼 쉽지 않다. 따라서 환율과 관련된 여러 가지 경제현상들은 거시경제의 중요한 연구과제가 되었다.

2.1.3 거시경제 정책

앞에서 언급한 바와 같이 거시경제 정책은 경제적인 성과를 결정하는 중요한 요소이다. 거시경제 정책은 크게 재정정책 fiscal policy 과 금융정책 monetary policy 으로 나뉜다.

거시경제 정책
재정정책, 금융정책

1 재정정책은 중앙정부나 지방정부의 지출과 조세로 구성된다.
2 금융정책은 중앙은행에 의해 시행되는데 화폐공급이 중요한 정책수단이다. 최근에는 이자율의 사용이 일반화됐지만 목표이자율을 달성하려면 화폐공급을 조정해야 하므로 금융정책을 화폐공급과 동일시해도 무방하다.

이 두 가지 거시경제 정책은 그 효과와 파급경로가 서로 다르지만 단기적으로는 경기변동을 안정화 stabilization 시키기 위해, 장기적으로는 경제성장을 촉진시키기 위해 각각 사용된다. 예를 들어 단기적으로 불황이 닥치면 정부지출을 늘리거나 통화량을 증가시켜 경기를 진작시킬 수 있다. 또한 연구 · 개발 research and development, R&D 에 보조금을 지급하면 기술개발이 촉진돼 장기적으로 경제성장률이 증가한다.

거시경제 정책의 사용은 먼저 경제상황에 대한 정확한 판단을 요구한다. 상황에 따라 옳은 경제정책을 사용하는 것이 쉬운 일은 아니기 때문에 여러 가지 거시경제 정책의 시행방법과 파급경로 및 효과를 이해하는 것이 거시경제의 중요한 연구과제가 되었다.

거시경제학의 연구방법 2.2

경제학의 다른 분야와 마찬가지로 거시경제학도 모형 model 을 설정하고, 설정된 모형을 이용해 우리가 관심을 가지고 있는 거시경제의 변수나 현상을 설명하고 미래를 예측한다. 이러한 모형 설정의 요체는 단순화에 있다. 경제학자들이 단순화된 모형에 집착하는 것은 다음과 같은 두 가지 이유 때문이다.

1 경제학자들 스스로도 이해할 수 없을 정도로 복잡한 모형을 설정하는 것은 무의미하다. 설정한 모형에 따른 예측의 배후에서 작용하는 원리를 이해하지 못한다면 그 모형은 쓸모없는 것이 되고 만다. 따라서 이해할 수 있고 다루기 어렵지 않은 단순한 모형의 설정이 중요하다.

2 간단한 모형에 의한 예측 결과가 복잡한 모형에 의한 예측 결과보다 뒤지지 않는 경우도 많다.

흔히 경제학을 과학 science 이라기보다는 예술 art 에 가깝다고 말한다. 경제학자들이 모형을 만드는 과정에서 가장 필요하고 중요한 부분만 남기고 불필요하거나 복잡한 부분을 제외시키는 원칙이 어디서나 쉽게 발견될 수 있는 것이 아니기 때문이다. 이러한 원칙은 모형을 직접 설정해 보는 실습과 자신이 직접 만들었거나 다른 사람들이 만든 예를 복습함으로써 터득할 수 있다. 물론 성공적인 거시경제 모형을 설정하기 위해 고려하여야 하는 기본적인 개념과 단계도 존재한다. 이제부터 이에 대해 알아보자.

2.2.1 미시경제학과의 차별성

미시경제학과 거시경제학은 주요 관심사에서 많은 차이를 보인다. 몇 가지 사례를 들자면 다음과 같다. 첫째, 거시경제학은 미시경제학과 달리 개별 시장보다는 전체 경제를 하나의 분석 단위로 삼는다는 점에서 다르다. 전체 경제를 하나의 단위로 보고 분석함은 결국 개별 시장을 따로 두고 연구하는 부분균형분석보다는 시장 전체에 관한 일반균형분석이 주를 이루게 된다는 점에서 차별화된다. 아마도 본 이유로 인해 미시경제학을 수강한 다음 거시경제학을 배우는 것이 추천되는 것이다. 둘째, 미시경제학은 주로 시간과 무관한 상황에서 개별 시장에 대해 분석하는 경우가 일반적이다. 그러나 거시경제학은 주로 경기변동과 경제성장에 관해 다루다 보니 학문 속성상 시간의 흐름에 따라 전체 거시경제가 어떻게 변해가는지에 관심을 둘 수밖에 없는 것이다. 즉 학문의 속성상 동태적 분석이 요구된다. 따라서 비록 단순한 그래프를 이용하여 분석하더라도 경제가 변해가는 과정을 화살표 등을 이용하여 변천경로를 그려야하는 경우가 많다. 셋째, 경제주체들 또한 시간을 염두에 두고 여러 기간을 살아가므로, 매기 그때그때 상황에 닥쳐서 의사결정을 하기보다는, 미래에 대한 나름대로의 예상 또는 기대를 갖고 살아가는 것이 보다 윤택한 삶을 영위할 수 있을 것이다. 즉, 현재 시점만이 중요한 것이 아니라 미래에 대해 비록 불확실하더라도 기대를 형성하고 살아가는 것이 나은 것이다. 따라서 거시경제학에서는 미시경제학과 달리 기대의 형성이 무엇보다 중요한 주제로 등장한다. 추후 논의하겠지만, 인간이 기대를 형성하는 방식은 문화권에 따라 다를 수도 있고 언론, 정보창출 및 공유 능력 등에 따라 차별화될 수도 있으며, 앞으로 인공지능의 활용 등이 이용됨에 따라 증진될 수도 있을 것이다. 지금까지 거시경제학에서는 과거의 경험에 의존하여 기대를 형성하는 방식예: 적응적 기대 또는 과거 정보를 보다 적극적으로 분석하고 미래 추세를 예측·추론함으로써 기대를 형성하는 방식예: 합리적 기대을 중심으로 논의를 해왔다. 그러나 최근 2008년 금융위기를 겪으면서 기대형성에서 적지 않은 체계적 오류가 존재함을 겪은 바 있어 본 영역에서 향후 많은 발전이 필요하다. 넷째, 무엇보다 이론의 정교함보다는 현실설명력에 보다 큰 의의를 둔다는 점에서도 미시경제학과 차별화된다. 비록 이론이 내부적으로 다소 단순하고 엉성해 보이더라도 현실을 잘 설명한다면 이를 중요한 기여로 보는 것이 거시경제학의 속성임을 부인할 수 없다. 다섯째, 유사한 맥락에서 시장이 미시경제학의 세계에서처럼 완전하게 작동하지 않을 수 있음을 인정하고 거시경제학의 논의를 시작한다는 점이다. 즉, 적어도 단기적으로는 수요-공급이 항시 일치되도록 가격기능이 완벽하게 작동하지 못하여 가격이 경직적인 상황에서 수량으로 조정되는 상황이 발생할 수 있음을 허용하는 것이다. 이래야만 현실 거시경제의 움직임을 좀더 잘 설명할 수 있기 때문이다.

아마도 이러한 논점들에 대한 사전 이해가 전혀 없는 상태에서 거시모형을 접하는 학생들에게는 많은 어려움이 있었을 것으로 보인다. 적어도 미시경제학의 세계와 다른 세계가 존재하고 여기서 요구되는 개념들이 어떠한 것인지에 관한 감을 가지고 이후 내용에 대비하면 한층 수월하게 공부하리라 확신한다.

2.2.2 경제주체

모형을 설정할 때 명시적이든 암묵적이든 경제주체를 상정해야 한다. 경제주체를 상정할 때 고려할 사항 가운데 가장 기본적인 것은 미시경제학의 경우처럼 효용이나 이윤과 같은 목적함수를 극대화하는 경제주체를 상정할 것인가, 또는 그와 같

BOX 2-1 모형의 범위

거시경제학이 다루는 문제는 매우 다양하다. 예를 들어 우리는 조세 삭감이 저축에 어떤 영향을 미칠지, 실업률이 실업보험에 어떻게 반응하는지 궁금해 한다. 때로는 물가안정을 위해 금융정책이 어떻게 운용되어야 하는지에 대해서도 관심을 가진다. 이렇게 우리가 어떤 거시경제현상에 관심을 가지느냐에 따라 모형이 포괄하는 범위가 달라진다. 하지만 거시경제의 모든 문제들에 대해 해답을 주는 모형은 아직 없으며 거시경제 문제에 따라 많은 모형이 존재한다. 그리고 모형들은 서로 다른 가정에 기초하며 가정이 어떠한지에 따라 문제해결을 위한 모형의 적합도가 결정된다. 한 문제의 해결에는 유용해도 다른 문제를 푸는 데에는 불필요한 가정도 있을 수 있다. 따라서 분석하려는 문제에 비추어 모형에서 사용하고 있는 가정의 유용성과 적합성에 대해 관심을 가질 필요가 있다.

은 극대화 과정을 생략하고 각 경제주체를 행위방정식 behavioral equation 으로 정의할 것인가이다. 물론 행위방정식을 통해 경제주체를 정의할 경우에도 반드시 효용극대화 등 행위방정식의 기초가 되는 이론을 들어 정당화하는 절차를 따라야 한다. 다시 말해 두 방법이 완전히 독립적이지는 않다. 예를 들어 효용극대화를 추구하는 경제주체를 상정한다면 효용함수와 함께 예산제약 budget constraint 을 고려해야 한다. 경제주체를 행위방정식에 의해 정의하는 경우에는 이들의 행위에 영향을 미치는 변수를 알아내는 것이 중요하다. 한 예로 소비자는 소비함수 consumption function 에 의해 규정할 수 있는데, 이 경우에 소비는 소득에 달려 있다고 가정할 수 있다.

경제주체를 상정하는 두 방법은 정교함과 편의성 측면에서 각기 장단점을 가지고 있다. 목적함수를 극대화하는 경제주체의 설정은 정교하지만 분석이 어려운 반면, 행위방정식으로 경제주체를 정의하면 분석은 용이하지만 모형의 정교함이 떨어진다. 한편 두 방법 모두 경제주체의 의사결정을 분석하는 것이 목적이므로 기회비용 opportunity cost 이 중요하다. 기회비용이란 어떤 선택을 했을 때 그 선택 때문에 선택할 수 없었던 대안들 가운데 가장 좋은 대안의 가치를 의미하는데, 모든 경제적 선택에 있어 핵심적인 고려사항이다. 기회비용을 고려하지 않으면 모형의 의미를 정확하게 알 수 없게 된다.

그 밖에 모형을 설정할 때는 각각의 경제주체들이 동질적 homogeneous 이거나 이질적 heterogeneous 이라고 가정할 수 있다. 거시경제학에서는 많은 경우에 모든 경제주체가 동질적이라고 가정하는데, 그러한 모형을 대표적 경제주체모형 representative agent model 이라고 부른다. 보통 기업과 가계의 이질성이 크게 문제되지 않는 경우에 대표적 경제주체모형을 상정하게 된다. 물론 현실에서 경제주체들은 서로 다르며, 이질성이 경제문제의 본질을 이루는 경우도 많기 때문에 대표적 경제주체모형은 단순화를 위한 가정이라고 볼 수 있다. 따라서 경제주체들의 이질성이 문제의 핵심인 경우에는 대표적 경제주체모형으로 경제 문제를 분석할 수 없다.■ 예를 들어 실업 문제는 단순한 대표적 경제주체모형만으로는 분석할 수 없다. 그 밖에 사람들 사이의 소득과 부의 분배 distribution 문제도 대표적 경제주체모형을 이용할 수 없다.

■ 예를 들어 실업문제를 다룰 때 직장이 있는 노동자와 직장이 없는 노동자 사이에는 이질성이 존재하며, 이러한 이질성은 실업문제의 핵심을 이룬다고 볼 수 있다.

2.2.3 내생변수와 외생변수

거시경제 모형에는 경제주체들이 스스로 선택할 수 있는 변수와 경제 환경으로 받아들여야 하는 변수들이 있다. 전자를 내생변수 endogenous variable, 후자를 외생변수 exogenous variable 라고 부른다. 내생변수는 분석의 대상이 되는 변수들로서 모형 내부에서 그 값이 결정되지만, 외생변수들은 모형의 밖에서 그 값이 결정돼 모형에 공급되며 모형 안에서는 주어진 것으로 취급된다.

앞서 논의한 국민소득모형을 이용하여 설명하면 다음과 같이 분류할 수 있다. 먼저, 외생外生변수로서 정부지출 G, 조세수입 T를 들 수 있는데, 이는 선거 및 입법부를 통한 각종 정치적 의사결정예: 재분배 수준의 결정에 따라 국가의 재정운용 목표가 먼저 설정되고, 이에 따라 G와 T가 집행되는 경향이 강하기 때문이다. 반면, 소득 Y는 지출욕구의 측면에서 볼 때 소비 C, 투자 I 및 외부적으로 정해진 G의 수준에 의해 결정되며, 이 또한 이를 분배의 측면에서 볼 때 소비 C, 저축 S 및 외부적으로 정해진 T로 배분되므로 모형 내에서 결정되는 특성을 갖는다. 즉 Y는 내생변수가 되는 것이다. 추후 배워나아가겠지만, 소비 C 또한 소득 Y의 일부가 지출되는 것으로 볼 때 이 또한 모형 내에서 결정되는 내생변수가 되는 것이다.

쉽게 말하자면, 외생변수를 제외한 나머지 변수들은 모형 내에서의 상호작용에 의해 그 값이 궁극적으로 정해지므로 이들을 내생內生변수라 할 수 있다. 특히, 거시경제이론은 국민경제 내에서 가계와 기업이 정부부문에서 결정된 각종 규제 및 자원배분 규칙에 따라 상호작용을 하는 방식을 연구하므로 사실상 가계와 기업부문이 결정하는 변수들은 내생변수가 될 것이다. 그리고 정부부문에서 결정되는 변수들은 경제 이외의 요인이 보다 작용하므로 이들을 외생변수라 칭해도 무방할 것이다. 이러한 구분이 대부분의 경우 타당하지만, 거시경제학 및 재정학의 일부 분야에서는 정부의 정책수단들인 G 와 T를 정치적 요인과 무관하게 사회후생을 증진하기 위해 그 수준을 결정하는 이론을 제시하는데, 이때 G와 T는 내생변수가 되기도 한다. 즉, 내생변수와 외생변수의 구분은 분석하려는 주제 및 대상에 따라 변할 수 있으므로 암기의 대상이 아님에 주목하자.

2.2.4 가격의 유연성과 경직성

거시경제 모형에서 가장 중요한 가정 가운데 하나는 명목임금이나 재화 가격의 조정속도이다. 많은 경제학자들은 시장에서 가격조정이 빠르게 일어나 모든 수요자가 원하는 만큼 재화와 용역을 구입하고 모든 공급자가 원하는 만큼 재화와 용역을 판매할 수 있는 가격이 결정된다고 가정한다. 이러한 가정을 시장청산 market clearing의 가정이라고 한다. 시장청산의 가정은 많은 경제문제를 이해하는 데 유용하다.

시장청산
모든 수요자가 원하는 만큼 재화와 용역을 구입하고, 모든 공급자가 원하는 만큼 재화와 용역을 판매하는 것

그러나 시장청산이 항상 일어난다는 가정이 현실적이지 않을 때가 있다. 시장청산이 항상 일어나려면 수요나 공급이 변화했을 때 명목임금이나 재화 가격이 빠르게 조정돼야 하지만 많은 경우에 명목임금과 가격 조정은 점진적으로 이뤄진다. 예를 들어 노동계약은 길게는 몇 년 뒤의 임금까지도 미리 설정하며, 판매가격을 3~4년씩이나 유지하는 잡지나 신문의 가격에서 볼 수 있듯이 많은 기업들이 제품 가격을 상당 기간 동안 일정하게 유지한다. 이렇게 현실 경제에서 명목임금과 재화 가격이 경직적 rigid인 경우를 어렵지 않게 볼 수 있다.

이러한 경직성에도 불구하고 시장청산모형은 나름대로 가치를 지닌다. 명목임금과 가격이 경직적이라고는 하지만 시장에서 수요와 공급이 끊임없이 변화함에도 불구하고 영원히 일정하게 유지되는 임금이나 가격은 존재하지 않는다. 이는 경직성이 모형이 고려하고 있는 기간의 길이와 밀접하게 관련돼 있음을 의미한다. 즉 경직성은 단기에 관찰되는 현상이며 장기적으로 보면 명목임금과 재화 가격이 유연변동하여 flexible 시장청산이 일어난다. 그리고 임금이나 가격의 경직성 때문에 단기적으로 시장청산에서 벗어나 있다 해도 시간이 흐르면 경제는 경직성이 존재하지 않는 장기로 전환되므로 시장청산균형 market clearing equilibrium으로 수렴한다. 이러한 이유 때문에 시장청산은 특히 수십 년 또는 100년 이상에 걸친 경제성장 같은 장기적인 문제의 연구에서 매우 유용한 것으로 평가된다.

그러나 단기에는 명목임금이나 재화 가격이 고정돼 있는 경우가 많아 경기변동이나 실업 같은 단기적인 거시경제문제를 연구할 때에는 경직성이 매우 중요하게 거

론된다. 현대 거시경제학에서는 단기 문제들을 연구하는 모형들 대부분이 경직성을 고려한다. 경직성이 존재하는 경우와 그렇지 않은 경우에 서로 다른 선택과 균형이 나타나므로 거시경제 모형을 배울 때 주의 깊게 살펴보아야 한다.

2.2.5 불확실성과 기대의 형성

경제적인 선택을 할 때 그 편익이 현재가 아닌 미래에 발생하는 경우도 자주 있다. 예를 들어 소비와 저축을 결정하려는 소비자는 저축으로부터 미래에 얻을 수 있는 이자소득을 고려한다. 현재 직장보다 더 나은 일자리를 찾아 탐색할 것이냐, 현재의 일자리를 지킬 것이냐를 두고 고민하는 노동자의 경우에도 새로운 일자리를 찾을 경우에 받게 될 미래 임금을 생각하지 않을 수 없다.

그러나 미래에 일어날 일을 정확히 알 수 있는 사람은 없다. 단지 미래에 일어날 사건에 관해 이성적 · 합리적 기대 expectations를 형성할 수 있을 뿐이다. 따라서 동태적 dynamic 분석을 핵심으로 하는 거시경제학에서 미래에 대한 기대는 매우 중요하게 취급된다. 좋은 거시경제 모형은 경제주체들이 미래에 대한 기대 형성을 위해 얼마나 많은 시간을 보내고, 얼마나 많은 정보 information를 가지고 있으며, 정보를 이용해 어떤 방법으로 기대를 형성하는가의 문제를 포함하고 있다. 모형에서 기대를 형성하는 방법은 보통 두 가지가 있다.

1 한 변수의 미래 값을 경제주체들이 그 변수의 과거부터 현재까지의 가중평균값으로 기대한다고 가정하는 것이다. 이를 적응적 기대 adaptive expectations라고 부른다. 가중치는 현재에 가까울수록 커지는데, 가중치의 결정 방법은 여러 가지가 있을 수 있다. 가중치에 따라 정태적 기대를 하나의 특수한 경우로 포함하기도 한다.

2 경제주체들이 이용할 수 있는 모든 정보를 활용해 이론적으로 가장 적합한 방법으로 기대를 형성한다고 가정하는 것이다. 이를 합리적 기대 rational expectations라고 부른다.

세 가지 기대형성 방법들에 관해서는 뒤에서 자세히 배우게 될 것이다.

2.2.6 시장과 균형

시장은 거래를 통해 궁극적으로 균형 equilibrium이 일어나는 장소이다. 보통 균형은 관련된 변수들의 값이 일정하게 유지되는 상태를 말한다. 앞으로 우리는 거시경제 모형을 균형을 중심으로 설명하게 될 것이다. 이때 경제가 균형을 이루고 있지 않을 때 어떻게 균형에 수렴하게 되며, 수렴 속도는 얼마나 빠르냐가 매우 중요하다.

한편 균형 개념에서는 제도적인 제약들이 매우 중요하게 취급된다. 만약 아담 스미스가 말한 "보이지 않는 손"이 지배하는 완전경쟁시장이라면 균형은 수요와 공급이 일치하는 점에서 이루어질 것이다. 이를 균형의 전형prototype이라고 부를 수 있다. 그러나 앞에서 설명한 바와 같이 명목임금이나 재화 가격의 경직성처럼 제도적인 이유 때문에 이 변수들이 시장청산 수준에 도달하지 못한 상태에서 관련된 모든 변수들이 일정하게 유지되는 경우가 있을 수도 있다. 이런 경우는 아담 스미스의 경우와 다르며, 엄밀히 말해 불균형disequilibrium이다. 그러나 균형과 불균형을 구분할 때 나타날 수 있는 혼란을 피하기 위해 이 책에서는 일단 변수들이 더 이상 변화하지 않는 상태에 이르면 균형이라고 부르기로 한다.

2.3 이 책으로 공부하기 위한 준비

2.3.1 책의 구성

이 책은 7편으로 구성돼 있다. **제 I 편**서론은 지금까지 살펴본 바와 같고, **제 II 편**총공급 이론은 2개 장으로 구성돼 있다. **3장**은 시장청산이 일어나는 경우의 총공급곡선에 관한 이론이다. 시장청산이 일어나는 경우의 총공급곡선은 완전고용수준에서 수직으로 나타난다. 이를 장기 총공급곡선이라고 한다. **4장**에서는 가격 경직성을 가정한 다음 총공급곡선을 도출한다. 이때 도출되는 총공급곡선은 우상향하는 곡선으로 나타난다. 이를 단기 총공급곡선이라고 부른다.

제 III 편총수요와 거시경제의 균형: 폐쇄경제은 폐쇄경제의 총수요와 거시경제의 장기 및 단기균형에 관한 4개 장으로 구성됐다. 먼저 **5장**에서는 총지출과 화폐시장의 균형에서 *IS*와 *LM*곡선을 도출한 후 이를 이용해 총수요곡선을 구하고 재정정책과 금융정책이 총수요에 미치는 효과를 분석한다. **6장**에서는 **5장**에서 구한 총수요곡선과 **3장**에서 구한 장기 총공급곡선을 이용해 폐쇄경제의 장기균형을 구한다. 이때 장기균형은 항상 완전고용수준에서 일어나므로 산출량에 관한 이론이라기보다는 물가, 인플레이션 및 장기의 실업률인 자연실업률의 결정에 관한 이론이라고 볼 수 있다. **7장**에서는 **4장**에서 구한 단기 총공급곡선과 **5장**에서 구한 총수요곡선을 이용해 폐쇄경제의 단기균형을 구하고 정책의 단기효과와 장기균형으로의 수렴에 관해 배운다. **8장**에서는 거시경제학에서 가장 많이 이용되는 필립스곡선에 관해 배운다.

제 IV 편 총수요와 거시경제의 균형: 개방경제은 개방경제의 총수요와 거시개방경제의 장기와 단기균형에 관한 3개 장으로 구성됐다. 먼저 **9장**에서는 국제수지와 관련된 여러 가지 개념을 배운 다음 대외균형곡선인 *BP* 곡선을 도출한다. **10장**에서는 개방경제의 총수요곡선을 도출한다. 개방경제의 총수요곡선을 도출할 때에는 나라 크기, 자본이동이 자유로운 정도 그리고 환율제도가 중요하다. **11장**에서는 **4장**에서 구한 단기 총공급곡선과 **10장**에서 구한 총수요곡선을 이용해 거시개방경제의 단기균형을 도출하고 이를 이용해 거시개방경제에서 정책 및 외생적인 충격의 효과를 분석한다. 그리고 개방경제의 단기균형이 장기균형으로 수렴하는 과정에 관해 배운다.

제 V 편 거시경제정책론은 거시경제정책에 관한 이론이다. 거시경제학이 경제학의 독립된 영역으로 확립된 후 가장 많은 논쟁이 이루어진 분야가 거시경제정책 분야이다. **12장**에서는 안정화정책에 관한 논쟁들을 정리해 본다. 여기서 논쟁의 핵심은 안정화정책의 필요성과 필요하다면 어떤 방식으로 정책이 실행돼야 하느냐에 대한 이론이다. **13장**은 재정정책에 관한 이론이다. 재정정책에서는 재정적자, 국가채무 문제와 정부공채가 민간부문의 부 wealth가 될 수 있는가에 대한 논쟁곧 리카도의 동등성 정리이 중요하다.

제 VI 편 경제성장이론은 경제성장모형을 다룬다. **14장**에서는 성장모형의 가장 중요한 전범으로 평가되는 솔로 성장모형에 관해 배운다. 솔로 성장모형은 생산기술과 생산요소의 축적에 기초해 경제성장을 설명하는 이론이다. **15장**은 솔로 성장모형에 기술진보를 도입해 모형의 현실 설명력을 높인다. 그 밖에 1980년대 중반 이후 등장한 내생적 성장모형에 관해서도 배운다.

제 VII 편 거시경제학의 미시경제학적 기초은 거시경제학의 미시경제학적 기초를 다룬다. 이 편에서는 지금까지 다룬 거시경제 모형의 요소들을 더 정교한 미시경제학적인 분석을 통해 설명한다. **16장**은 소비함수에 관한 이론이다. 소비는 거시경제의 지출항목 가운데 가장 큰 뿐 아니라 가계 후생수준을 직접 결정하는 변수이기 때문에 매우 중요하다. **17장**은 투자함수에 관한 이론이다. 투자는 장기에 자본축적의 크기를 결정하고 단기에는 거시경제의 지출항목 가운데 가장 변동이 심한 항목이기 때문에 경기변동을 설명할 때 핵심이 되는 변수이다. **18장**에서는 화폐 공급과 수요에 관한 이론들을 설명한다.

2.3.2 최소한의 수학

학부 거시경제학에서 사용하는 수학은 매우 단순한 사칙 연산인 덧셈, 뺄셈, 곱셈 및 나눗셈으로 사실상 족하다. 다만 식을 직관과 부합하게 정리하는 작업은 수학이라기보다는 질서 정연한 논리의 전개라 보는 것이 적절할 것이다. 예를 들어 성장모형에서 가장 기본적 모형으로서 솔로성장모형을 소개할 때, 소득 Y가 소비 C 또는 투자 I를 지출하려는 의지 또는 욕구로부터 발현된다고 보면 $Y=C+I$ 라는 지출 측면에서의 소득이 정의될 수 있다. 동시에 소득 Y가 궁극적으로 소비 C 및 저축 S로 분배됨을 감안하면 $Y=C+S$ 라는 분배 측면에서의 소득이 정의된다. 거시경제의 균형에서는 소득이 결국 지출욕구에 의해 생성되며 또한 창출된 소득이 분배됨을 생각해보면 양 식이 일치해야 하므로 곧 두식을 정리하면 $C+I=C+S$ 가 성립하고 여기서 공통된 소비 C를 소거하면 $I=S$라는 균형조건이 유도된다. 즉 저축과 투자가 같아야 균형이 성립하는 것이다. 이처럼 대부분의 수식은 수학으로서의 의미보다는 개념을 기호화한 다음 이를 사칙 연산으로 정리하고 의미를 부여하는 작업의 일환으로 나타나는 결과물에 지나지 않는다.

아마도 가장 난이도가 높은 수학은 최적화를 위한 일계조건을 구하는 방법 정도에 그치게 될 것이다. 여기서는 무엇보다 특정변수의 함수가 존재하고예: $y=f(x)$, 이 함수의 극대 또는 극소값을 찾는 일이 된다. 이를 손쉽게 하는 방법으로서 일계미분값이 극대이건 극소이건 모두 미분값, 즉 기울기가 영(0)이 되는 조건을 이용하는 것이다. 예를 들어 제14장에서 배우게 될 솔로의 성장모형에서 후생을 극대화하는 황금율 조건을 찾을 때 결국 소비가 극대화되는 점을 찾아야 한다. 따라서 일인당 생산 $f(k)$에서 일인당 저축되는 부분인 저축률 s 곱하기 생산량인 $sf(k)$을 차감한 나머지가 소비가 되는데, 추후 배우게 되겠지만 경제의 장기 정상상태에서는 $sf(k)=(\delta+n)k$이 성립하는 이론적 관계를 이용하면 곧 소비는 $c=f(k)-sf(k)=f(k)-(\delta+n)k$로 표현이 가능하다. 이를 극대화하는 조건은 소비를 정리한 표현인 $f(k)-(\delta+n)k$의 미분값이 영이 되는 $f'(k)-(\delta+n)=0$또는 자본의 한계생산성 $MPK=\delta+n$이라는 식이 황금율조건으로 유도된다.

그 외 로그함수를 이용하면 각종 변수의 상승률, 증가율, 성장률 등을 손쉽게 구할 수 있다. 즉, 물가상승률을 구할 때 물가 P_t에 로그를 취한 후 이를 시간에 대해 미분하면 $dlogP_t/dt$로 표현되고 이는 로그함수의 특성상 $(dp_t/dt)/p_t$로 표현되는데, 시간의 변화 단위가 미세한 정도인 dt가 아니라 1인 경우 이는 $\Delta p_t/p_t$로 근사되는데 물가상승률에 대한 엄밀한 공식인 $\Delta p_t/p_{t-1}$과 거의 유사함을 알 수 있다. 또한 로그함수를 사용하게 되면 곱하기로 표시된 식들이 덧셈형식으로 전환됨을 알 수 있다. 예를 들어, 고전적 화폐이론의 하나인 화폐수량설은 $MV=PY$라는 단순한 식에 의거하여, 통화량 M이 유통속도 V에 따라 경제에 유통될 경우 이는 곧 명목 국민소득인 물가 P 곱하기 실질국민소득 Y만큼의 금액을 거래시키기에 충분하다는 가설이다. 본 식에 로그를 취하면 $\text{In}M+\text{In}V=\text{In}P+\text{In}Y$로 전환시킬 수 있으며, 여기에서 어떠한 요인의 변화가 심했는지 파악하기 위해서 양변을 시간에 대해 미분하면, $(dlogM/dt)+(dlogV/dt)=(dlogP/dt)+(dlogY/dt)$의 관계식을 얻게 된다. 이를 부록 6.2에서는 증가율에 대한 기호 g를 이용하여 $g_M+g_V=g_P+g_Y$ 또는 물가상승률을 π로 칭하는 전통에 따라 $g_M+g_V=\pi+g_Y$로 두게 된다. 통상적으로 화폐의 유통속도의 변화율이란 관측하기 어려운 변수이므로 $g_V=\pi+g_Y-g_M$ 관계를 이용하여 역산해낼 수 있을 것이다. 이처럼 거시경제학에서의 수학은 고도의 수학방법론을 사용하기보다는 주로 논리의 비약을 막고 논의를 정연하게 전개하기 위한 수단으로 활용된다는 점을 명심하고 논리의 흐름에 익숙해지는 데 보다 많은 관심을 두도록 하자.

2.3.3 그래프 읽는 법

2차원 평면에서 가능한 축은 x, y축 두 개에 지나지 않으므로 두 변수 이외의 나머지는 고정되었다고 치부하고 y를 x의 함수형태로 두고 그래프를 그리게 된다. 미시경제학에서의 전통을 받아들여 거시경제학에서도 주로 가격변수에 해당하는 물가, 이자율, 임금 등은 y축에 놓으며 산출, 투자, 고용량 등의 수량변수들은 x축에 놓는 것이 통상적이다. 예를 들어 **제3장**의 그림 **3-6**은 노동에 대한 수요와 공급곡선을 그리되 실질임금 또는 명목임금을 y축에 그리고 고용된 노동량을 x축에 놓고 그리고 있다.

한편, 거시경제학에서는 변수 x와 y 간에 엄밀한 함수관계라기보다는 종종 두 변수 간의 실증적 관계에 기초하여 그래프를 그리기도 한다. 추후 배우게 되겠지만, 물가상승률과 실업률 간의 음의 상관관계에 기초하여 **제8장**의 그림 **8-2**와 같이 음의 기울기를 가진 필립스곡선을 그리게 된다. 여기에는 명확한 이론적 기초보다는 수요충격에 대해서 물가가 더디게 반응하는 현실에서의 거시경제 속성이 작용하기 때문으로 알려져 있다. 본 그래프는 제3의 요인인 물가상승률에 대한 기대가 상향 조정될 때 **그림 8-5**에서처럼 위로 이동하는 모습을 보인다. 이처럼 x, y 변수 이외의 변수가 변할 때 그래프가 이동하는 양상은 미시경제학에서와 동일하다. 다만, 차이점은 거시경제학에서는 과거, 현재, 미래가 고려되는 시간을 포함한 동학dynamics이 기본적으로 고려되므로 그래프 선상 또는 그래프 간에 화살표를 이용하여 거시경제의 움직임을 추가적으로 묘사하는 작업이 필요하다. 또한 지면을 가급적 효율적으로 사용하기 위하여 각종 그림들에서 변수 x가 상승(하락)인 경우 $x\uparrow(\downarrow)$, 오른쪽(왼쪽)으로 이동인 경우 $x\rightarrow(\leftarrow)$와 같이 표시하기도 한다. 또한 개방경제에 대한 논의시 나타나는 표현에서 물가 P가 상승하고 이에 따라 실질환율 ε이 하락하는 상황을 줄여서 $x\uparrow$ & $\varepsilon\downarrow$으로 표현한다.

2.4 결 론

지금까지 우리는 거시경제의 순환과 주요 변수에 관해 배웠다. 그리고 거시경제 연구과제와 거시경제 모형의 구성요소에 관해 알아보았다. 거시경제에서 무엇보다 중요한 것은 한편으로는 지출과 소득의 순환이 존재하며 다른 한편으로는 생산요소와 재화 및 서비스의 순환이 존재한다는 사실을 이해하는 것이다. 그리고 그 순환 가운데 실현되는 여러 변수들의 시계열time series의 특성을 이해해야 한다.

거시경제학의 가장 중요한 과제는 이와 같은 순환과 변수들의 특징을 파악한 다음 이를 설명할 수 있는 모형을 만드는 것이다. 그런데 이러한 과제의 많은 부분은 이미 우리의 선배 경제학자들이 논쟁과 협력을 통해 완성했다. 이제부터 우리는 이미 개발된 거시경제 모형 가운데 가장 보편적으로 널리 사용되는 모형들을 배우게 된다. 즉 우리는 지금부터 거시경제에서 가장 중요하다고 생각되는 국민소득, 물가수준, 이자율, 고용 및 국제수지 등의 결정에 관해 먼저 배우고 거시경제정책이나 외생적인 충격이 그 변수들에 어떤 영향을 미치는지 알아본다. 나아가 우리가 배운 모형이 실제 거시경제를 얼마나 잘 설명할 수 있는지도 알아본다.

요약

≫ 거시경제학의 연구과제는 경제성장, 경기변동, 거시경제의 목표 및 거시경제정책 등이다.

≫ 경제성장은 장기에 평균적으로 실질 *GDP*가 지속적으로 증가하는 현상을, 경기변동은 단기에 대내외적인 충격으로 실질 *GDP*가 평균적인 수준에서 벗어나는 현상을 말한다. 이 두 가지 현상 모두 경제주체들의 후생수준에 영향을 미치기 때문에 중요하다. 실질 *GDP* 증가율로 보면 경제성장이론은 시대별로 평균적인 증가율곧 잠재(추세)성장률이 결정되는 원리에 관한 이론이고, 경기변동이론은 실제 *GDP* 성장률에서 잠재추세성장률을 뺀 차이로 정의되는 경기변동분의 성격을 구명해 경기변동에 대처하는 원리를 연구하는 이론이다.

≫ 거시경제의 목표는 완전고용, 물가안정 및 대외균형 등이다.

≫ 거시경제학은 궁극적으로 경제성장을 촉진하고 경기변동을 관리할 수 있는 거시경제정책을 찾아내는 데 목적이 있으며, 정책은 크게 금융정책과 재정정책으로 나눌 수 있다.

≫ 거시경제의 연구방법은 경제학의 다른 분야와 마찬가지로 모형을 이용한다. 모형을 세울 때는 ① 경제주체의 동질성 또는 이질성 ② 내생변수와 외생변수 ③ 임금이나 재화 가격의 유연성flexibility 또는 경직성 ④ 불확실성과 기대의 형성방법 ⑤ 시장의 형태와 균형에 관한 가정이 필요하다.

≫ 그래프를 이용할 때 축에 나타나 있는 변수들의 변동은 그래프를 따라 이동하는 것으로 나타나고, 축에 나타나 있지 않은 변수의 변동은 그래프를 이동시킨다.

핵심용어

- 가격의 유연성과 경직성
- 경기변동분
- 경기변동의 후생비용
- 경기변동이론
- 경제성장이론
- 교환의 매개수단
- 구조적 실업
- 국제수지
- 금융정책
- 기회비용
- 내생변수
- 대외균형
- 대표적 경제주체모형
- 마찰적 실업
- 물가안정
- 불확실성
- 소비함수
- 시장청산
- 연구와 개발*R&D*
- 완전고용
- 완전고용실업률
- 외생변수
- 자연실업률
- 잠재추세성장률
- 재정정책
- 적응적 기대
- 정태적 기대
- 탐색
- 합리적 기대
- 행위방정식

- *NAIRU*

연습문제

01 1장의 **그림 1-8**에 나타난 우리나라의 연평균실업률은 **그림 2-1**에서 보는 실질 *GDP*의 증가율과 매우 다른 모양이다. 즉 우리나라의 실업률은 1963~78년에 평균적으로 하락하다가 1979~80년에는 증가했으며, 다시 1987년까지는 평균적으로 하락했다. 그리고 1988~1997년에는 3% 이하의 실업률을 유지하다가 1998년 급등한 다음, 2008년까지는 평균적으로 하락했다. 통계청의 통계 웹사이트http://www.kosis.kr에서 1963년 이후 우리나라의 연평균실업률을 구한 다음 아래 물음에 답하시오.

(1) 1980년과 1998년 우리나라의 실업률이 크게 증가한 원인은 무엇인가?

(2) 우리나라의 실업률은 시대에 따라 평균적으로 감소한 기간과 일정하게 유지되는 기간이 뒤섞여 있다. 이러한 경우에 시대별로 평균적인 실업률곧 추세 실업률을 정의할 수 있는 방법을 고안해 보시오.

(3) (2)에서 고안한 방법에 따라 추세 실업률과 실업률의 경기변동분을 구하시오.

02 우리나라의 거시경제정책을 담당하는 부서인 한국은행http://www.bok.or.kr과 기획재정부www.mosf.go.kr의 홈페이지를 활용해 이들이 어떤 경제정책을 담당하고 정책을 어떻게 실행하는지 조사하시오.

03 지난 일주일 동안 우리나라의 거시경제에 대해 보도한 뉴스 가운데 중요한 것을 요약해 보시오.

04 거시경제의 목표에 관해 논하시오.

05 경제 모형에서 경제주체를 묘사하는 방법에는 어떤 것들이 있는가? 그리고 대표적 경제주체모형으로 연구할 수 있으리라고 생각되는 주제에 관해 설명하시오.

06 단골로 이용하는 중국음식점의 짜장면 가격은 얼마이고, 가격은 얼마나 자주 변화하는가? 짜장면 가격의 변화를 설명하는 데 시장청산 가정이 유용하다고 생각하는가? 이때 짜장면의 가격이 자주 변하지 않는다면 그 공급량은 어떻게 결정되는 것을 관찰할 수 있는가?

07 경제성장과 경기변동 가운데 무엇이 더 중요하다고 생각하는가? 자신의 견해를 정당화해 보시오.

08 완전고용과 완전고용실업률을 정의하고 설명해 보시오.

PART II

Capital is only the fruit of labor, and could never have existed if labor had not first existed. Labor is the superior of capital, and deserves much the higher consideration.

- A. Lincoln, State of the Union Address, 1861 -

You cannot buck the market.

- M. Thatcher, *The Margaret Thatcher Book of Quotations*, I. Dale and G. Tucker (eds.), 1989 -

The market came with the dawn of civilization and it is not an invention of capitalism. If it leads to improving the well-being of the people, there is no contradiction with socialism.

- M. Gorbachev, *The Guardian*, 21 June 1990 -

Macroeconomics

총공급 이론

미시경제학과 마찬가지로 거시경제학에서도 시장균형을 도출하기 위해서는 수요와 공급을 고려해야 한다. 거시경제학에서는 미시경제학에서의 그것들과 구분하고 경제 전체에서의 수요와 공급이라는 의미에서 총수요 aggregate demand와 총공급 aggregate supply이라고 부른다. 총수요는 한 기간 안에 각각의 물가수준에서 모든 경제주체들이 구입하고자 하는 재화와 서비스를 집계한 총량, 그리고 총공급은 한 기간 안에 각각의 물가수준에서 모든 생산자들이 생산하여 판매하려고 하는 재화와 서비스를 집계한 총량이라고 정의된다. 여기서 총수요를 미시경제학에서처럼 주어진 가격하에서 시장참여자의 개별수요를 합산한 시장수요로 보지 않음에 주의하자. 또한 총공급은 시장참여기업들의 한계비용곡선을 수평으로 합한 시장공급곡선과 다르다.

여기서 주의해야 할 것은 총수요와 총공급의 크기를 결정하는 데 사용되는 가격변수가 미시경제학에서 수요와 공급을 결정할 때 사용하는 재화 사이의 가격비율 price ratio—곧 상대가격 relative price—이 아니라 **1장** 국민경제의 순환과 주요 거시경제 변수에서 살펴본 여러 재화와 서비스의 화폐가격을 생산 또는 소비되는 재화의 양을 가중치로 평균해 구한 물가수준 price level이라는 점이다. 따라서 물가수준의 변화는 시장에서 재화 사이의 상대가격이 변화하거나, 상대가격은 변화하지 않아도 모든 재화의 화폐가격이 같은 비율로 변화하면 함께 변화할 수 있다. 이 두 경우에 미시경제적인 효과가 다르게 나타날 수 있음에도 불구하고 특별히 언급하지 않는 한 이 두 경우를 서로 다르게 취급하지 않는다.

본 편에서는 총공급이론에 관해 배운다. 총수요보다 총공급에 관해 먼저 배우는 이유는 총수요가 총공급만큼 중요하지 않기 때문이 아니라, 1970년대 이후 현대 거시경제학에서 가장 큰 이견과 논쟁이 있었고, 또 가장 많은 이론적 발전이 있었던 분야가 총공급 이론이기 때문이다. 그리고 총공급에 대한 이해 없이 총수요를 먼저 배우면 독자들에게 거시경제에서 총수요가 모든 것을 결정한다는 오해를 심어줄 수가 있다. 특히 총수요만을 고려하면 경제정책의 효과가 비현실적으로 큰 것처럼 오인되기도 하고 정책당국이 달성할 수 있는 경제적 성과가 지나치게 과장되기도 한다.

단기
가격이 일정하게 유지되는 경직성이 존재하는 기간

장기
가격이 유연하게 변동하여 시장청산이 될 수 있는 기간

총공급곡선은 일반적으로 장기 총공급곡선long run aggregate supply curve과 단기 총공급곡선short run aggregate supply curve으로 구분된다. 장기와 단기의 구분은 거시경제학에서 매우 중요한데, 두 기간을 구분할 때 가장 중요하게 고려해야 할 것은 가격변수들의 움직임이다. 즉 장기에는 기간이 충분히 길기 때문에 수요와 공급이 변화하면 가격이 유연하게flexible 변동해 수요와 공급을 다시 일치시키는 시장청산market clearing이 일어난다. 그러나 단기에는 수요와 공급이 변화하더라도 가격을 조정할 만큼 기간이 충분히 길지 않기 때문에 가격이 변화해 시장청산을 이루는 것이 아니라 사전에 결정된 수준에서 가격이 일정하게 유지된다. 이와 같이 가격이 일정하게 유지되는 경직성rigidities이 존재하는 기간을 우리는 단기라고 부른다. 단기에 수요와 공급이 변화하면 (일정하게 고정되어 있는) 가격 대신 고용이나 산출량 같은 수량이 변동하게 된다.

- **3장**에서는 시장청산이 일어나는 경우■의 총공급곡선을 도출한다. 이 경우의 총공급곡선에는 가격 경직성이 존재하지 않기 때문에 시장청산이 일어나는 경우의 장기 총공급곡선이라고 할 수 있다. 이때 총공급곡선은 산출량곧 소득과 물가수준의 평면에서 수직으로 나타나며 산출량은 항상 시장청산수준곧 완전고용수준에서 결정된다. 고전학파 경제학자들은 가격이 유연하게 움직이기 때문에 수요와 공급이 일치하는 시장청산 수준에서 항상 균형이 이뤄진다고 보았다. 따라서 **3장**에서 도출하는 총공급곡선을 고전학파의 총공급곡선classical aggregate supply curve이라고 부르기도 한다.■
- **4장**에서는 재화 가격의 경직성price rigidity 형태로 시장에 마찰요인frictions이 존재한다고 보는 전형적인 케인즈학파의 총공급곡선Keynesian aggregate supply curve을 도출한다. 케인즈 학파의 총공급곡선은 임금이나 재화 가격이 유연하게 조정될 수 없기 때문에 시장청산이 일어날 수 없는 단기의 총공급곡선이다. 재화 가격또는 임금의 경직성이 존재하면 총공급곡선은 장기 총공급곡선에서 보는 바와 같이 완전고용 산출량 수준에서 수직으로 나타나는 것이 아니라 우상향하는 모양이 된다.

■ 곧 임금이나 재화 가격의 경직성이 존재하지 않고 시장의 수요와 공급에 따라 임금이나 재화의 가격이 신축적으로 변동할 수 있는 경우를 말한다.

■ 여기서 주의할 것은 고전학파 경제학자들은 장기뿐만 아니라 단기에도 시장청산이 일어난다고 보았다는 점이다. 고전학파의 경우 장기와 단기 모두 완전고용 산출량 수준에서 수직인 총공급곡선이 나타나므로, 두 경우의 총공급곡선을 따로 구분하지 않는다.

03

Chapter

시장청산과 총공급곡선

이 장에서는 먼저 다음과 같은 네 가지를 가정한다. 이러한 가정이 상정하는 것은 전형적으로 시장청산 market clearing 이 일어나는 경우이다.

1. 시장참여자들은 시장 지배력을 가지고 있지 않다.
2. 생산요소시장과 산출물시장에 마찰요인 friction 이나 불완전성 imperfection 이 전혀 존재하지 않으며 모든 변수가 아무 제약 없이 신축적으로 변동할 수 있다.
3. 정보 information 흐름이 완벽해 모든 시장참여자들이 완전한 정보를 공유한다.
4. 하나의 시장에 어떤 충격이 주어질 때 그에 따른 조정이 경제의 모든 시장에서 신속하게 이루어진다.

이와 같은 가정이 성립하면 모든 시장에서 수요와 공급이 일치하는 균형이 신속하게 달성된다.

3.1 총생산함수

총공급곡선 aggregate supply curve 을 도출하기 위해서는 생산함수의 거시적 개념인 총생산함수 aggregate production function 와 생산요소시장에 대하여 알아보아야 한다.

먼저 한 경제의 총생산이 하나의 집계된 생산함수에 의해 생산된다고 가정해 보자. 이 경우의 생산함수를 경제의 모든 재화와 용역을 생산하는 기술을 대표한다는 의미에서 총생산함수라고 부른다. 미시경제이론에서 생산함수가 가장 효율적인 방법으로 기술을 사용했을 때 투입된 요소의 양과 생산된 산출량 사이의 기술적 관계를 나타내듯이 거시적 개념인 총생산함수도 한 경제가 일정 기간 동안 사용하는 요소들의 총량과 그 기간 동안 생산한 산출물의 총량—곧 실질총생산 real aggregate production— 사이의 가장 효율적인 기술관계를 나타낸다.

한 경제가 사용하는 생산요소는 여러 가지가 있을 수 있으나 크게 노동 labor 과

총생산함수와 노동의 한계생산 그림 3-1

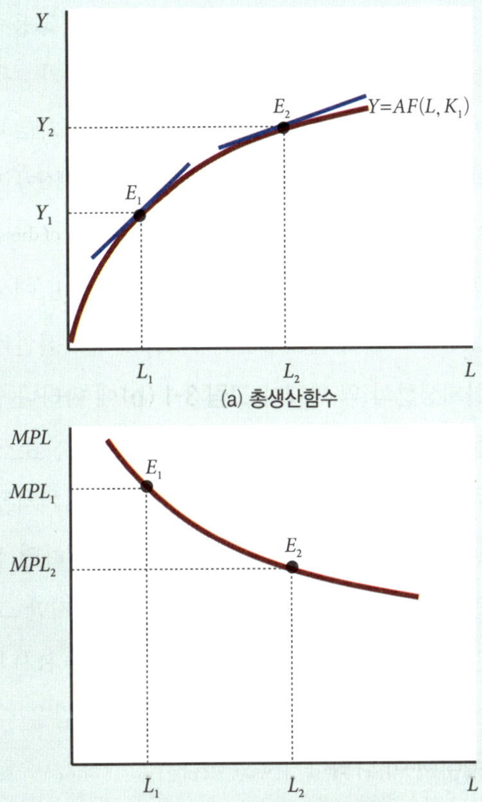

(a) 총생산함수

(b) 노동의 한계생산

생산함수는 주어진 자본량과 기술수준에서 고용하는 노동량에 따라 총생산량이 어떻게 결정되는지 보여준다. 노동의 한계생산은 현재의 고용수준에서 노동량을 한 단위 증가시켰을 때 추가적으로 얻게 되는 산출량의 증가량을 나타내며, 이는 각각의 노동량에서 총생산함수에 대한 접선의 기울기로 나타난다. 노동의 한계생산은 노동량을 증가시킴에 따라 감소한다. 노동의 한계생산이 체감하는 현상은 자본과 같이 고정되어 있는 생산요소가 존재하기 때문에 나타난다.

사본 capital 으로 나눌 수 있다. 고용된 노동과 자본의 총량을 각각 L과 K, 주어진 기술수준에서 L과 K를 투입해 얻을 수 있는 최대의 생산량을 Y라고 하면 총생산함수는 다음과 같은 수학적 함수 형태로 나타낼 수 있다.

$$Y=AF(L,K) \tag{3-1}$$

여기서 $F(\bullet,\bullet)$는 생산기술로서 노동과 자본을 결합해 산출물을 생산하는 정도를 나타낸다. 그리고 A는 총요소생산성 total factor productivity, *TFP* 이라고 하는데, 기술수준을 나타내는 하나의 척도로서 사용된다. 즉 총요소생산성이 높으면 주어진 노동과 자본 및 생산기술 $F(\bullet,\bullet)$에서 생산되는 산출량이 크게 나타나고 총요소생산성이 낮으면 산출량이 작게 나타난다.

만약 자본의 양이 K_1로 일정하게 주어져 있다고 가정하면 생산함수는 **그림 3-1**

(a)와 같이 나타낼 수 있다. (a)의 생산함수는 주어진 자본량과 기술수준에서 고용하는 노동량에 따라 총생산량이 어떻게 결정되는지를 보여준다. 미시경제이론에서 배운 바와 같이 노동의 한계생산 marginal product of labor MPL은 현재 고용수준에서 노동량을 한 단위 증가시켰을 때 추가적으로 얻게 되는 산출량의 증가량을 나타내는데, (a)에서는 각각의 노동량에서 총생산함수에 대한 접선의 기울기로 나타난다. (a)의 생산함수에서 주의할 것은 총생산함수의 기울기곧 노동의 한계생산가 노동량이 증가함에 따라 감소한다는 사실이다. 이를 한계생산체감의 법칙 law of diminishing marginal product 이라고 부른다. 즉 노동량 L_1에서 노동의 한계생산인 점 E_1에서의 접선의 기울기는 증가한 노동량 L_2에서 노동의 한계생산인 점 E_2에서의 접선의 기울기보다 크다. 노동투입량과 그 한계생산의 역 관계가 **그림 3-1** (b)에 나타나 있다.

한계생산체감의 법칙
노동의 한계생산(총생산함수의 기울기)이 노동량이 증가함에 따라 감소한다.

노동의 한계생산이 체감하는 현상은 자본과 같이 고정돼 있는 생산요소가 존재하기 때문에 나타난다.■ 즉 기계가 1대 있는 공장에서 한 사람이 그 기계를 이용해 생산활동을 하고 있을 때 이 공장에 추가적으로 한 사람을 더 투입하면 산출량은 얼마나 더 증가할까? 이 질문에 대한 해답은 노동량은 2배 증가했지만 그 결과로 산출량도 2배 증가하는 것은 아니라는 것이다. 이와 같은 결과가 나타나는 것은 기계 1대를 한 사람이 이용해 생산하고 있을 때 추가적으로 한 사람을 더 투입하면 기계 사용에서 정체현상 congestion 이 나타나기 때문이다.

■ **그림 3-1**에서 자본량이 K_1로 일정하게 주어져 있다고 가정하고 있음을 상기할 필요가 있다.

한계생산이 체감하는 것은 자본의 경우에도 마찬가지이다. 노동의 고용량이 일정하게 주어져 있을 때 자본을 추가적으로 한 단위 더 증가시키면 앞에서 본 노동의 경우와 마찬가지로 자본의 한계생산이 체감한다.

그림 3-1에서 우리는 자본의 양이 일정하게 주어져 있다고 가정했다. 만약 자본의 양이 K_1에서 K_2로 증가하고 자본과 노동이 보완적 complementary 이라면, 자본량이 K_1일 때보다 K_2일 때에 노동의 한계생산이 높게 나타나고 생산함수의 기울기는 점 E_2에서 점 E_1에서보다 크게 나타난다. 한편 기술진보가 일어나 총요소생산성이 증가하면 생산함수는 다시 **그림 3-2**와 유사한 방식으로 위로 이동하게 된다. 다만 이때 주의할 것은 자본량이 K_1로 일정함에도 불구하고 생산함수의 상향 이동이 일어난다는 사실이다. 이와 같은 생산성의 변화는 자본의 경우에도 같은 모양으로 나타난다. 즉 노동투입량이 증가하거나 총요소생산성 A가 증가하면 자본의 한계생산이 증가한다.

지금까지 우리는 하나의 생산요소의 투입량이 일정하게 주어져 있는 생산함수

총생산함수의 이동 그림 3-2

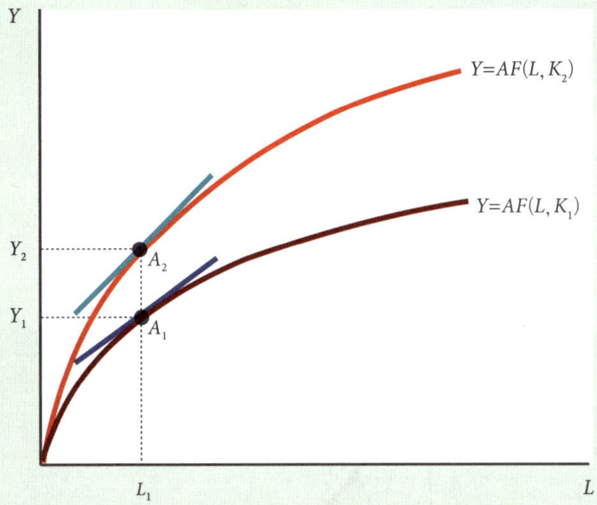

자본의 크기가 K_1에서 K_2로 증가하면 주어진 각각의 노동량에서 생산량이 증가하기 때문에 총생산함수가 위로 이동한다. 그리고 자본과 노동이 보완적이라면 자본량이 K_1일 때보다 K_2일 때 노동의 한계생산이 높게 나타난다. 기술 진보가 일어나 총요소생산성이 증가하면 생산함수 또한 위로 이동한다.

에서 다른 생산요소의 투입량을 변화시켰을 때 나타나는 한계생산의 변화에 대해 알아보았다. 총생산함수에서 자본과 노동의 사용량이 동시에 변화한다면 산출량에 어떤 변화가 나타날까? 이를 알아보기 위해 규모에 대한 수익성 returns to scale 의 개념을 이용할 수 있다. 즉 두 생산요소곧 노동과 자본가 동시에 λ배 증가할 때 산출량이 γ배 증가한다면 다음 식이 성립한다.

$$\gamma Y = AF(\lambda L, \lambda K) \tag{3-2}$$

이때 $\gamma > \lambda$가 성립하면 규모에 대한 수익증가 increasing returns to scale, $\gamma = \lambda$가 성립하면 규모에 대한 수익불변 constant returns to scale, $\gamma < \lambda$가 성립하면 규모에 대한 수익감소 decreasing returns to scale 라고 한다.

$\gamma > \lambda$, 규모에 대한 수익증가
$\gamma = \lambda$, 규모에 대한 수익불변
$\gamma < \lambda$, 규모에 대한 수익감소

거시경제학에서 많이 사용되는 생산함수는 규모에 대한 수익불변 constant returns to scale 인 경우이다. 이 경우에는 모든 생산요소를 동일한 비율로 증가시키면 산출량이 생산요소의 증가율과 같은 비율로 증가한다. 만약 총생산함수가 규모에 대한 수익불변이면, 예를 들어 자본과 노동의 투입량을 각각 10%씩 증가시킬 때 산출량 또한 10% 증가하게 된다. 이러한 특성을 지닌 함수를 일차동차함수 homogeneous of degree one 라고 부른다.

일차동차함수
규모에 대한 수익불변인 생산함수

EXAMPLE

예 3-1 콥-더글러스 생산함수와 노동의 한계생산

규모에 대한 수익불변인 생산함수 가운데 가장 널리 사용되는 것은 다음과 같은 콥-더글러스 생산함수Cobb-Douglas production function이다.

$$Y = AK^{\theta}L^{1-\theta}$$

여기서 A는 앞에서 설명한 바와 같이 총요소생산성으로 기술수준을 나타내는 파라미터이다. θ는 흔히 총생산에서 자본이 차지하는 지분capital share 또는 자본계수라고 한다.

이 경우에 자본량이 $K=1$, $\theta=1/2$이라고 가정하면 총생산함수는 오른쪽 그림의 (a)와 같이 나타낼 수 있다. 만약 K가 1에서 4로 증가하면 (a)와 같이 총생산함수가 위로 이동하고, (b)와 같이 각각의 노동량에서 노동의 한계생산도 증가한다. 생산함수가 위 식과 같이 주어져 있을 때 노동의 한계생산은 생산함수를 노동에 대하여 미분해 구할 수 있다.

$$\frac{\partial Y}{\partial L} = (1-\theta)AK^{\theta}L^{-\theta}$$

이제 주어진 파라미터의 값 $\theta=1/2$, $K=1$, $L=1$을 위 식에 대입하면 (a)의 점 E_1에서의 접선 기울기곧 노동의 한계생산 $(1/2)\cdot A$를 구할 수 있고, 다시 $\theta=1/2$, $K=4$, $L=1$을 위 식에 대입하면 점 E_3에서의 기울기 A를 구할 수 있다. 이때 자본량 증가와 함께 노동의 한계생산도 증가했음을 알 수 있다. 이와 같이 콥-더글러스 생산함수에서 자본량의 증가와 함께 노동의 한계생산이 증가하는 현상은 (b)와 같이 그려 볼 수 있다. 한편 위의 첫 번째 식과 두 번째 식에서 기술진보에 따라 A 값이 증가하면 총산출량과 함께 노동의 한계생산이 자본 증가의 경우와 유사하게 증가함을 알 수 있다. 다시 말해 총요소생산성 A가 증가하면 총생산함수와 노동의 한계생산곡선이 위로 이동한다.

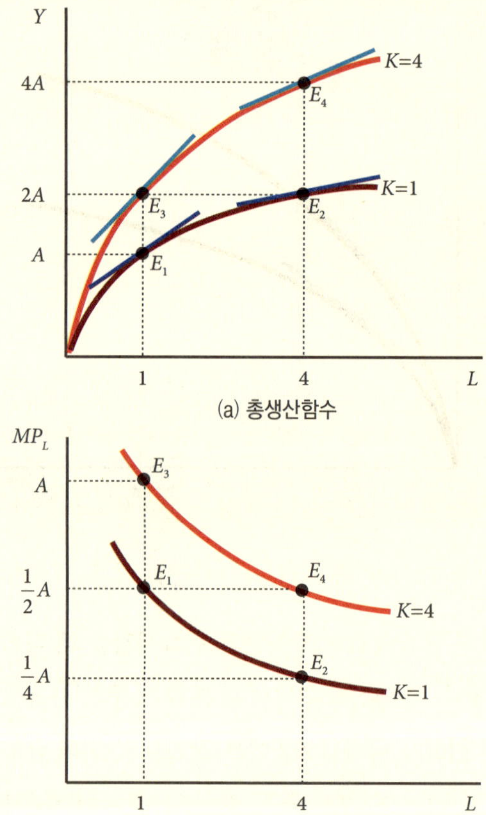

(a) 총생산함수
(b) 노동의 한계생산

3.2 생산자균형과 노동수요

자본량이 일정하다고 가정하고 명목임금을 W, 물가수준을 P, 그리고 노동의 한계생산을 MPL이라고 하면, 기업의 이윤극대화 조건을 다음과 같이 나타낼 수 있다.

노동수요 그림 3-3

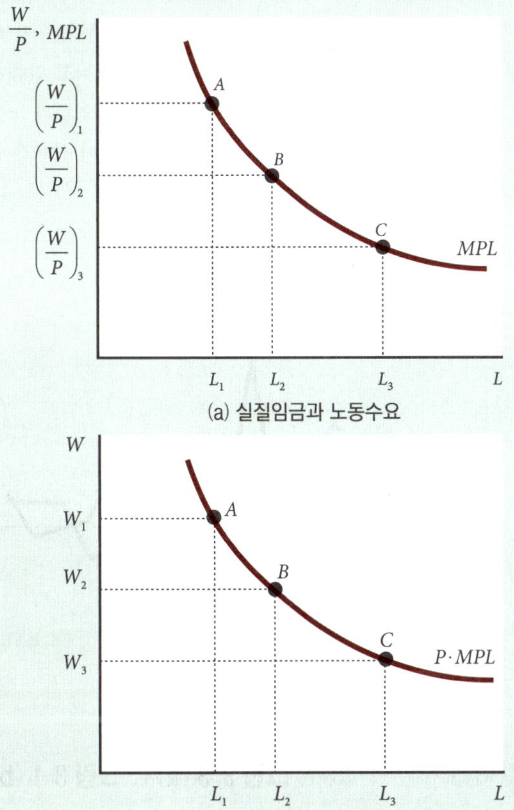

(a) 실질임금과 노동수요

(b) 명목임금과 노동수요

노동수요곡선은 (노동량, 실질임금)의 평면에 그릴 수도 있고 (노동량, 명목임금)의 평면에 그릴 수도 있다. 노동의 한계생산이 체감하기 때문에 두 경우 모두 노동수요곡선은 우하향한다. 명목임금이 변동하면 두 경우 모두 노동수요량은 노동수요곡선을 따라 변동한다. 그러나 물가수준이 변동하면 (a)의 경우에는 노동수요가 노동수요곡선을 따라 변동하고 (b)의 경우에는 노동수요곡선 자체가 이동한다.

$$\frac{W}{P} = MPL \tag{3-3}$$

(자본량이 일정할 때) **기업의 이윤극대화 조건**

$\frac{W}{P} = MPL$

이 경우 노동의 한계생산 MPL은 앞에서와 마찬가지로 총생산함수로부터 구할 수 있는데 **그림 3-1 (b)** 와 같이 노동량이 증가하면 노동의 한계생산은 감소한다.

노동량과 노동의 한계생산 MPL이 갖는 역의 관계를 **식 (3-3)** 에 적용해 노동수요와 실질임금이 부(負)의 관계를 갖는다는 사실을 다음과 같이 도출해 볼 수 있다. 먼저 실질임금이 증가하면 **식 (3-3)** 의 좌변 W/P가 증가하므로 기업이 이윤을 극대화하기 위해서는 **식 (3-3)** 의 우변인 노동의 한계생산 MPL이 증가해야 한다. 노동의 한계생산과 노동량은 역의 관계이므로, 노동의 한계생산 MPL의 증가는 곧 노동량 감소를 의미한다. 따라서 실질임금이 증가하면 기업의 노동수요가 감소한다. 같은 논리로 실질임금이 하락하는 경우에는 노동수요가 증가하게 된다.

BOX 3-1 노동생산성과 실질임금

본문에서 실질임금이 노동생산성과 같다고 배웠지만, 실제 데이터에서 두 변수의 증가율이 반드시 일치하지는 않는다. 1988년 이후 미국, 그리고 2017년 이후 우리나라에서 집계한 제조업에서 이 두 변수의 증가율이 아래 그림에 나타나 있다. 미국의 경우 1988년부터 2017년까지 30년 동안 노동생산성 증가율이 실질임금 증가율보다 높았던 해는 14회이고 반대의 경우는 16회이다. 우리나라의 경우 2001년 이후 실질임금 증가율이 노동생산성 증가율보다 높았던 해는 8개이다. 그리고 그 변동 형태를 보면 두 변수가 매우 유사한 모양으로 나타나고 있음을 알 수 있다. 이는 곧 실질임금과 노동생산성 사이에 매우 밀접한 관계가 있음을 보여준다.

제조업 노동생산성과 실질임금: 미국

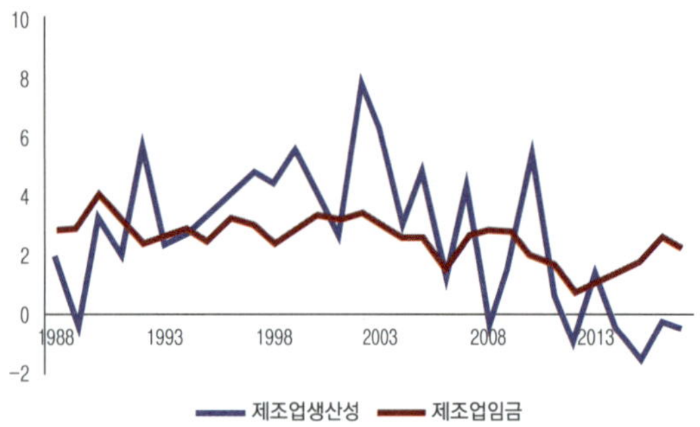

자료: FRED Data: Federal Reserve Bank of St. Louis

제조업 노동생산성과 실질임금: 한국

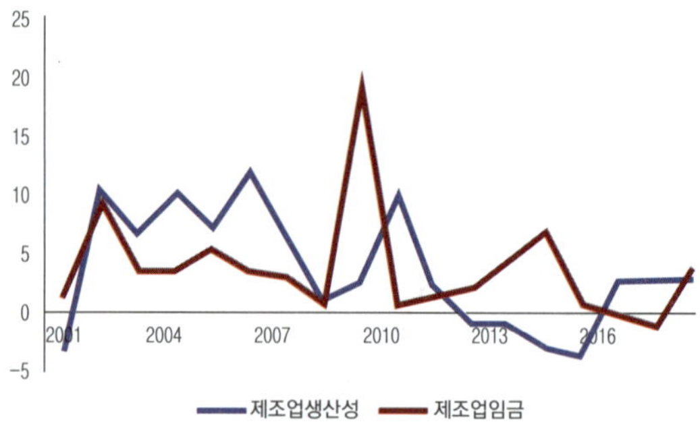

자료: 통계청

노동수요는 **그림 3-3**과 같이 도시할 수 있다. **그림 3-3** (**a**)는 **그림 3-1** (**b**)에서 도출한 노동의 한계생산곡선이다. (**a**)는 노동의 한계생산곡선이 곧 노동수요임을 보여준다. 예를 들어 (**a**)에서 노동에 대한 실질임금이 $(W/P)_2$로 주어져 있을 때 노동수요량이 L_1이면, 노동의 한계생산이 실질임금보다 더 높게 나타난다. 따라서 노동을 추가적으로 한 단위 더 고용함으로써 얻을 수 있는 수익곧 노동의 한계생산이 그 비용곧 실질임금을 초과하므로 노동투입량을 증가시킴으로써 이윤을 증대시킬 수 있다. 반대로 노동투입량이 L_3이라면 실질임금이 노동의 한계생산을 초과하므로 오히려 노동투입량을 줄임으로써 이윤을 증대시킬 수 있다. 따라서 실질임금이 $(W/P)_2$인 경우에는 노동수요를 L_2로 선택해야 기업의 이윤을 극대화할 수 있다. 이와 같이 우리는 노동수요가 노동의 한계생산곡선에 의하여 결정됨을 알 수 있다.

그런데 때로는 노동시장의 균형을 실질임금과 노동량의 평면보다는 명목임금과 노동량의 평면에서 분석하는 것이 더 편리한 경우가 있다. 먼저 **식 (3-3)**을 다음과 같이 고쳐 쓸 수 있다.

$$W = P \cdot MPL \tag{3-4}$$

식 (3-4)의 우변을 노동의 한계생산가치 value of marginal product라고 한다. **식** (3-4)를 이용하면 명목임금과 노동수요의 관계를 **그림 3-3** (b)와 같이 그려볼 수 있다.

위의 두 가지 방법으로 나타낼 수 있는 노동수요곡선을 이용해 우리는 임금, 물가, 자본량, 총요소생산성의 변화가 노동수요에 어떤 영향을 미치는지를 알아볼 수 있다. 이러한 변화가 있을 때 일어나는 조정의 기본 원리는 **2장**에서 설명한 바와 같이 다음과 같다. 그림의 횡축이나 종축에 나타나 있는 변수가 변화하면 그 조정은 주어진 곡선을 따라 일어난다. 만약 횡축이나 종축에 나타나 있지 않은 변수가 변화하면 곡선 자체가 이동하게 된다. 이러한 원리를 환기하고 위의 여러 경우를 살펴보자.

먼저 **그림 3-3**에서 명목임금이 변동하면 노동수요곡선을 따라 노동수요가 변동하게 된다. 명목임금 변화가 노동수요곡선을 따라 노동수요량을 변화시킨다는 사실은 **그림 3-3** (a)와 (b) 모두에서 확인할 수 있다.

그러나 물가수준이 변동한 경우의 효과는 (a)와 (b)에서 각기 다르게 나타난다. 만약 주어진 명목임금에서 물가수준이 상승하면 실질임금이 하락하게 되므로 (a)에서는 주어진 노동수요곡선을 따라 노동수요가 증가한다. 즉 노동수요곡선이 실질임금에 대해 도시되어 있는 (a)에서는 주어진 명목임금에서 물가가 상승하는 경우와 주어진 물가에서 명목임금이 하락하는 경우 모두 실질임금을 변화시켜 주어진 노동수요곡선을 따라 노동수요량이 증가하는 방향으로 조정이 이루어진다. 따라서 노동수요가 주어진 노동수요곡선을 따라 증가했다면, 그 원인이 주어진 물가수준에서 명목임금이 하락했기 때문일 수도 있고 주어진 명목임금에서 물가수준이 상승했기 때문일 수도 있다.

이와 같은 애매모호함은 **그림 3-3** (b)와 같이 명목임금을 이용해 노동수요를 나타냄으로써 제거할 수 있다. 즉 **그림 3-4**에서 보는 바와 같이 주어진 물가수준 P_1에서 명목임금이 W_1에서 W_2로 하락하면, 노동수요는 주어진 노동수요곡선을 따라 A에서 C로 이동하고 그 결과로 노동수요량이 L_1에서 L_2로 증가하게 된다. 한편 주어진 명목임금수준에서 물가수준이 P_1에서 P_2로 상승하면, 노동수요곡선이 위로 이동한다. 이때 ① 만약 명목임금이 W_1로 일정하게 주어져 있다면 노동수요량은 L_1에서 L_3으로 증가하고, ② 만약 명목임금이 W_1이 아니라 W_2로 주어져 있다면 노동수요량은 L_2에서 L_4로 증가한다. 따라서 노동량과 명목임금의 축에 노

그림 3-4 **물가수준과 노동수요**

(노동량, 명목임금)의 평면에서 물가수준이 상승하면 노동수요곡선은 물가수준의 상승 폭만큼 위로 이동한다. 이는 명목임금이 일정할 때 물가수준기업이 생산하는 재화의 가격이 상승하면 생산과 고용이 증가함을 의미한다.

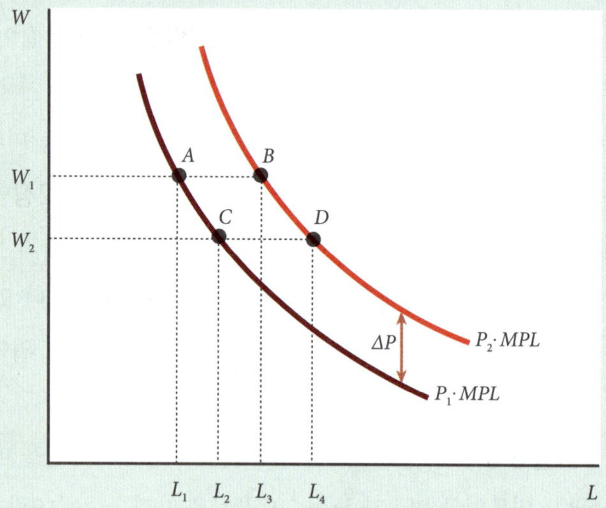

동수요곡선을 도시하면 명목임금의 변동에 따른 노동수요량의 변화와 물가수준의 변화에 따른 노동수요량의 변화를 차별화할 수 있는 장점이 있다.

한편 자본량이나 총요소생산성이 증가하면 노동의 한계생산성도 증가한다. 그런데 자본량과 총요소생산성은 **그림 3-3**과 **그림 3-4**의 축에 나타나 있지 않은 변수들이기 때문에 이 경우의 노동생산성 증가는 노동의 한계생산곡선곧 노동의 수요곡선을 우측으로 이동시킨다.

3.3 소비자균형과 노동공급

노동에 대한 수요가 기업의 이윤극대화로부터 도출되는 반면 노동의 공급은 노동자곧 가계의 효용극대화로부터 도출된다. 지금 경제에 무수히 많은 동질적인homogeneous 노동자가 존재한다고 가정해 보자. 이 경우는 모든 노동자들이 동질적이므로 경제활동인구labor force의 수에 따른 단위 문제는 무시할 수 있으며, 한 노동자가 이 경제의 노동공급을 모두 결정하는 경우라고 볼 수 있다.

이렇게 가정하는 모형을 앞 장에서 배운 바와 같이 대표적 경제주체모형representative agent model이라 부른다.

소비자균형과 노동공급 **그림 3-5**

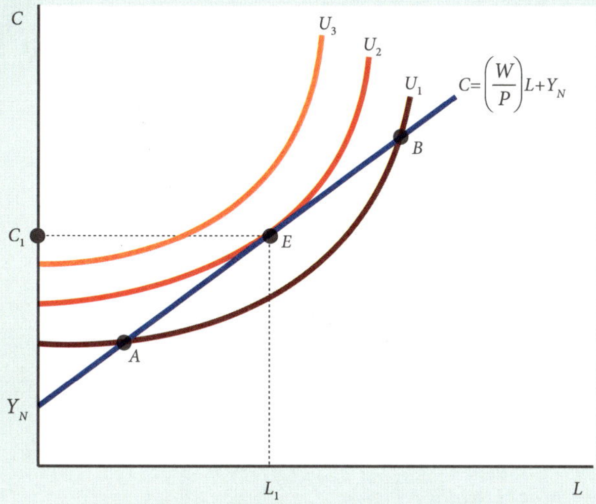

소비자의 예산제약 아래에서 효용이 극대화되는 점이 E로 나타나 있다. 즉 예산제약을 만족하면서 가장 높은 효용이 U_2로 나타나 있다. 예산제약 아래에서 U_3는 달성할 수 없는 수준이고 U_1의 경우에는 예산제약을 만족하는 노동공급과 소비의 배합 가운데 그보다 높은 효용을 주는 점들이 존재하기 때문에 효용을 만족한다고 할 수 없다. 이때 점 E에서는 다음이 성립한다. E점에서는 노동의 한계비용인 여가의 한계효용 MU_X와 노동의 한계편익인 $(W/P)MU_C$이 일치하여야 한다.

미시경제학에서 배운 바와 같이 소비자는 다음과 같은 예산제약 아래에서 소비와 노동공급을 결정한다.

$$C=\left(\frac{W}{P}\right)L+Y_N$$

이때 C, Y_N은 각각 소비와 실질비임금소득 non-labor income 을 나타낸다. 위 식의 좌변은 실질소비지출이며 우변은 실질소득이다. 예산선은 **그림 3-5**에서 보는 바와 같이 노동공급 L과 소비 C의 평면에서 절편이 실질비임금소득 Y_N이고 기울기가 실질임금인 우상향하는 직선으로 나타난다.

다음으로 노동과 소비의 평면에서 무차별곡선은 우상향하며 오른쪽 아래로 볼록한 모양으로 나타난다. 이는 노동량이 많을 때 동일한 효용수준을 유지하면서 노동을 추가적으로 한 단위 더 공급하도록 하기 위해서는 노동량이 적을 때보다 소비를 더 많이 보상해주어야만 함을 의미한다. 즉 소비와 여가의 평면에서 성립하는 한계대체율체감의 법칙을 노동공급과 소비의 평면에 대입하면 **그림 3-5**에서 보는 바와 같은 무차별곡선이 나타난다. 그리고 무차별곡선은 왼쪽 위로 갈수록 높은 효용을 나타낸다.

그림 3-6 **노동공급 곡선의 도출**

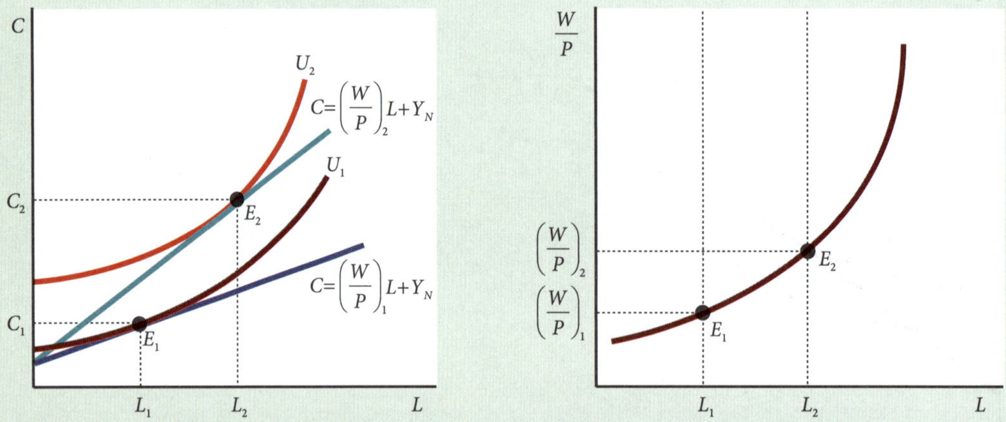

(a) 실질임금과 소비자 균형　　(b) 노동공급 곡선

(a)에서 실질임금이 $(W/P)_1$에서 $(W/P)_2$로 증가하면 기울기가 증가한 것이므로 예산선이 위로 회전 이동한다. 따라서 노동 공급량이 L_1에서 L_2로 증가한다. 이를 실질임금과 노동량의 관계로 도시하면 (b)에서 보는 바와 같이 우상향하는 노동공급곡선을 도출할 수 있다. 물론 이때 실질임금이 상승한 이후의 새로운 균형점 E_2에서도 E_1에서와 마찬가지로 실질임금과 한계대체율이 일치하여야만 한다. 즉 식 (3.6)이 성립하여야만 한다. 따라서 (3.6)이 곧 노동공급곡선이다. 그림에서는 임금상승이 여가노동공급에 미치는 대체효과가 소득효과보다 크다고 가정하고 있다.

그림 3-5에서 소비자의 예산제약 아래에서 효용이 극대화되는 점이 E로 나타나 있다. 즉 예산제약을 만족하면서 가장 높은 효용이 U_2로 나타나 있다. 예산제약 아래에서 U_3는 달성할 수 없는 수준이고 U_1의 경우에는 예산제약을 만족하는 노동공급과 소비의 배합 가운데 그보다 높은 효용을 주는 점들이 존재하기 때문에 효용을 극대화한다고 할 수 없다.

여가를 X로 나타내면 점 E에서는 다음이 성립한다.

그림 3-5는 여가와 소비의 평면에서 다음과 같이 그려볼 수 있다.

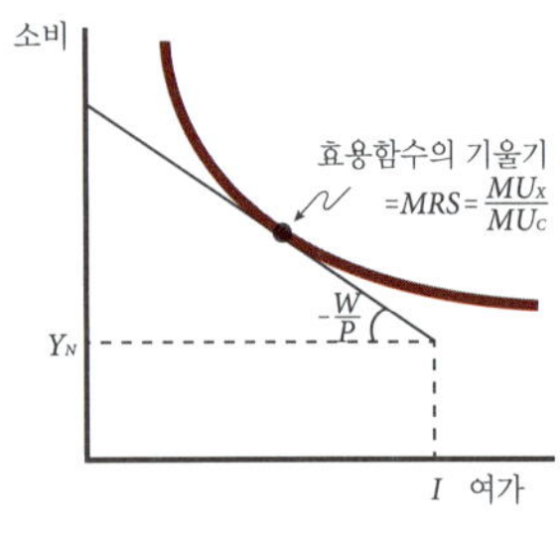

$$\left(\frac{W}{P}\right)MU_C = MU_X \tag{3-5}$$

식 (3-5)의 좌변은 노동의 한계편익이다. 즉 노동을 한 단위 추가적으로 증가시키면 실질임금을 얻는데 이를 소비하면 **식 (3-5)**의 좌변만큼의 효용이 증가한다. 이때 MU_C는 소비의 한계효용이다. **식 (3-5)**의 우변은 노동의 한계비용이다. 노동을 한 단위 증가시키면 여가(X)가 한 단위 감소한다. 따라서 감소한 여가 한 단위의 효용 곧 여가의 한계효용(MU_X)이 노동의 한계비용이다. 따라서 **식 (3-5)**에서 좌

대체효과와 소득효과 그림 3-7

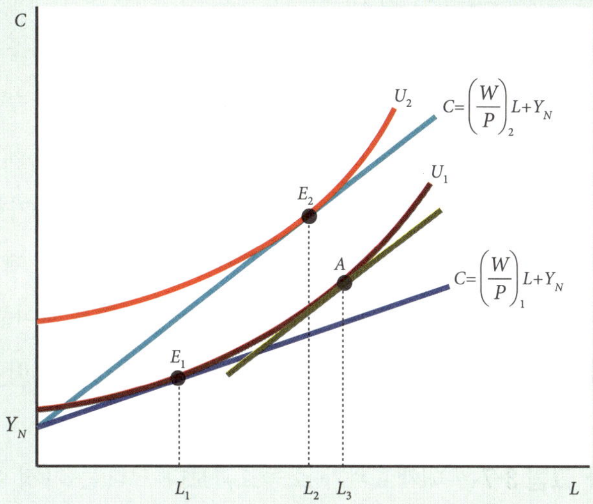

이때 [그림 3-6]은 여기서 보는 바와 같이 대체효과가 소득효과보다 크다는 가정 아래 도시한 것이다. 반대로 실질임금 상승에 따른 소득효과가 대체효과보다 크다면 새로운 균형이 이전의 균형점 E_1보다 왼쪽에 나타나고 노동공급이 오히려 감소할 수도 있다. 그와 같은 노동공급곡선을 후방굴절노동공급곡선backward bending labor supply curve이라고 부른다. 그러나 이와 같은 후방굴절노동공급곡선은 개별노동자의 경우에는 나타날 수 있으나 경제 전체의 노동공급곡선의 경우에는 실증적으로 나타나지 않는다는 연구결과에 따라 여기서는 이와 같은 경우를 고려하지 않기로 한다.

변이 우변보다 크면그림 3-5의 점 A 노동공급을 증가시킴으로써 반대로 우변이 좌변보다 크면그림 3-5의 점 B 노동공급을 감소시킴으로써 효용을 증가시킬 수 있다. 따라서 노동공급은 **식** (3-5)가 성립할 때까지 조정된다. 위 식은 다음과 같이 다시 쓸 수 있다.■

노동공급은 소비자의 효용극대화에서 도출된다.

$$\frac{W}{P}=\frac{MU_X}{MU_C}=MRS$$

$$\frac{W}{P}=\frac{MU_X}{MU_C}=MRS \quad (3\text{-}6)$$

본식에서 MRS를 미시경제학에서처럼 표현하면 $MRS_{X,C}$가 되나 기호의 단순화를 위해 MRS로 표기한다.

이때 MRS은 미시경제학에서 배운 바와 같이 한계대체율marginal rate of substitution 이라고 부르며 소비의 한계효용에 대한 여가의 한계효용의 비율로 정의된다.

실질임금이 증가할 때 노동공급의 변화는 **그림 3-6**을 이용하여 설명할 수 있다. **그림 3-6** (a)에서 실질임금이 $\left(\frac{W}{P}\right)_1$에서 $\left(\frac{W}{P}\right)_2$로 증가하면 기울기가 증가할 것이므로 예산선이 위로 회전이동한다. 따라서 노동 공급량이 L_1에서 L_2로 증가한다. 이를 실질임금과 노동량의 관계로 도시하면 **그림 3-6** (a)에서 보는 바와 같이 우상향하는 노동공급곡선을 도출할 수 있다.

물론 이때 실질임금이 상승한 이후의 새로운 균형점 E_2에서도 E_1에서와 마찬가지로 실질임금과 한계대체율이 일치하여야만 한다. 즉 **식** (3-6)이 성립하여야만 한다. 이와 같이 **그림 3-6 (b)**에 나타나 있는 노동공급곡선 위의 모든 점에서는 **식** (3-6)이 성립한다. 따라서 **식** (3-6)이 곧 노동공급곡선임을 알 수 있다.

그림 3-6의 (a)의 점 E_1으로부터 점 E_2로 이동에는 미시이론에서 배운바와 같이 대체효과 substitution effect와 소득효과 income effect가 포함되어 있다. 이를 도시하면 **그림 3-7**과 같다. **그림 3-7**에서 점 A를 지나는 직선은 실질임금이 상승한 다음의 예산선 $C=\left(\frac{W}{P}\right)_2 L+Y_N$를 아래로 평행 이동하여 원래의 무차별곡선 U_1에 접하도록 그린 것이다. 따라서 점 E_1으로부터 점 A로의 이동은 실질임금이 증가한 다음 효용수준이 전과 동일하게 유지되도록 소득을 보상지급은 차감하여 주었을 때 주어진 처음의 무차별곡선을 따라 노동공급이 얼마만큼 증가하느냐는 것을 보여준다. 즉 대체효과를 나타낸다. 그리고 점 A에서 E_2로의 이동은 실질임금 상승에 따른 소득효과를 나타낸다.

이때 **그림 3-6**과 **그림 3-7**은 대체효과가 소득효과보다 크다는 가정 아래 도시한 것이다. 반대로 실질임금 상승에 따른 소득효과가 대체효과보다 크다면 새로운 균형이 이전의 균형점 E_1보다 왼쪽에 나타나고 노동공급이 오히려 감소할 수도 있다. 그와 같은 노동공급곡선을 후방굴절노동공급곡선 backward bending labor supply curve이라고 부른다. 그러나 이와 같은 후방굴절 노동공급곡선은 개별노동자의 경우에는 나타날 수 있으나 경제 전체의 노동공급곡선의 경우에는 실증적으로 나타나지 않는다는 연구결과에 따라 여기서는 이와 같은 경우를 고려하지 않기로 한다.■

고소득층의 경우 후방굴절노동공급함수가 나타날 가능성이 더욱 높다.

이제 모든 노동자들이 동일하다는 가정 아래 **식** (3-6)을 경제 전체의 노동공급곡선이라고 할 수 있다. 노동공급곡선도 앞에서 살펴본 노동수요의 경우와 마찬가지로 실질임금과 노동량, 그리고 명목임금과 노동량의 평면에 도시해 볼 수 있다. **그림 3-8 (a)**에는 실질임금과 노동량의 평면에 노동공급곡선이 도시돼 있다. 여기서 노동수요의 경우와 마찬가지로 명목임금이나 물가수준의 변동에 따른 실질임금의 변화는 노동공급량을 노동공급곡선을 따라 변동시킨다. 따라서 노동공급이 A에서 B로 이동했을 때 우리는 그것이 명목임금의 상승 때문인지 아니면 물가수준의 하락 때문인지 구분할 수가 없다. 이러한 혼동을 피하기 위해 **그림 3-8 (b)**에는 명목임금과 노동량의 평면에 노동공급곡선이 도시되어 있다. 이 경우의 노동공급곡선은 다음과 같이 나타낼 수 있다.

$$W=P\cdot MRS \quad (3\text{-}7)$$

총노동공급곡선 **그림 3-8**

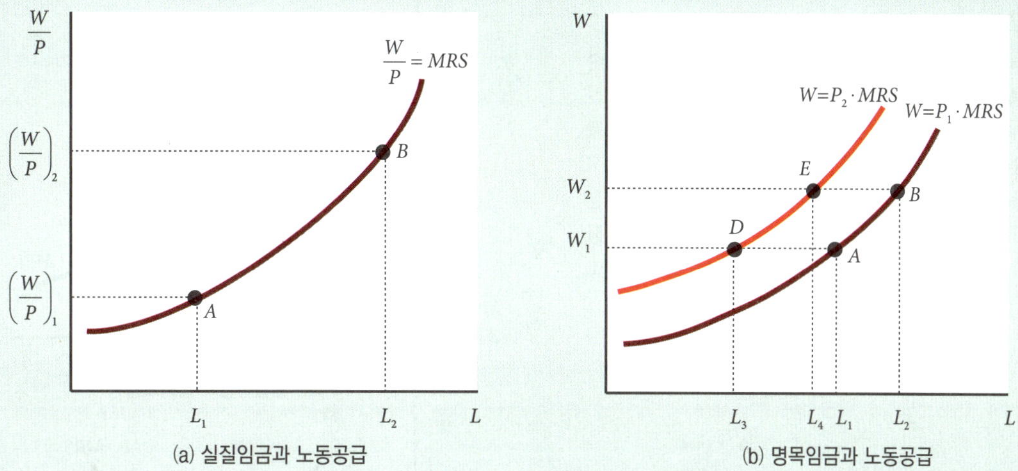

노동공급곡선도 (노동량, 실질임금)의 평면에 그릴 수도 있고 (노동량, 명목임금)의 평면에 그릴 수도 있다. (노동량, 실질임금)의 평면에서는 주어진 명목임금에서 물가수준이 변동하거나 주어진 물가수준에서 명목임금이 변동하는 경우 주어진 노동공급곡선을 따라 노동량이 변동한다. (노동량, 명목임금)의 평면에서는 주어진 명목임금에서 물가수준이 변동하면 노동공급곡선 자체가 이동하고 주어진 물가수준에서 명목임금이 변동하면 주어진 노동공급곡선을 따라 노동량이 변동한다.

앞에서 살펴본 노동수요의 경우와 마찬가지로 명목임금의 변화는 주어진 노동공급곡선을 따라 노동공급을 변화시키고 물가수준의 변화는 노동공급곡선 자체를 이동시킨다. 예를 들어 물가수준이 P_1로 주어졌을 때 명목임금이 W_1에서 W_2로 상승하면, 실질임금이 W_1/P_1에서 W_2/P_1로 상승하기 때문에 노동공급이 L_1에서 L_2로 증가한다. 그러나 주어진 명목임금 수준 W_1에서 물가수준이 P_1에서 P_2로 상승하면 노동공급곡선이 위로 이동한다. 그리고 이때 실질임금이 W_1/P_1에서 W_1/P_2로 하락하기 때문에 노동공급은 L_1에서 L_3으로 감소하게 된다.

노동시장의 균형 3.4

앞에서 도출한 노동의 수요와 공급을 이용해 노동시장의 균형에 대해 알아볼 수 있다. 먼저 노동수요를 나타내는 **식** (3-3)과 (3-4) 및 노동공급을 나타내는 **식**

그림 3-9 **노동시장의 균형**

(노동량, 실질임금)의 평면에서 노동수요곡선은 노동의 한계생산곡선이고 노동공급곡선은 노동의 한계대체율곡선이다. (노동량, 명목임금)의 평면에서 노동수요곡선과 노동공급곡선은 이 곡선들에 물가수준을 곱한 값이다. 노동시장의 균형은 수요와 공급이 만나는 점 E에서 달성된다. 실질임금이나 명목임금이 균형수준에서 벗어나면 노동시장에 초과수요나 초과공급이 나타나 균형수준으로 임금이 조정된다.

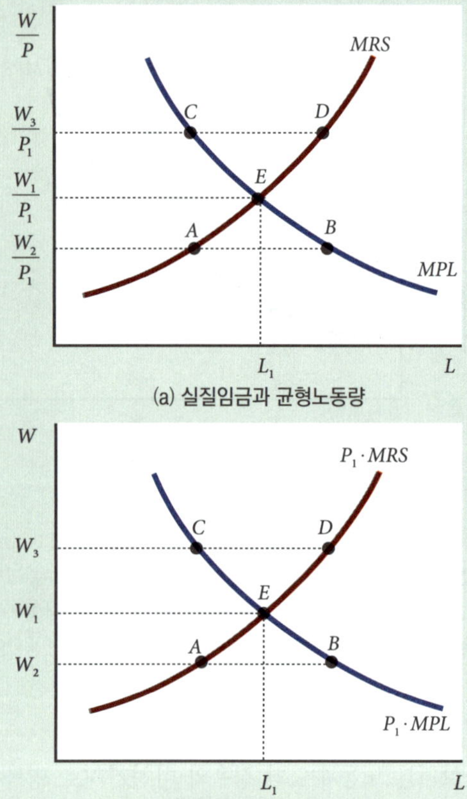

(a) 실질임금과 균형노동량

(b) 명목임금과 균형노동량

(3-6)과 (3-7)에서 물가수준 P는 노동시장에서 결정되는 변수가 아니라 산출물에 대한 총수요와 총공급에 의해 결정되는 변수이다. 물가수준 결정에 대해서는 뒤에서 자세히 설명하기로 하고 여기서는 물가수준이 일정하게 주어져 있는 경우에 거시 노동시장에서 명목임금과 노동량이 어떻게 결정되는지를 살펴보기로 하자.

노동시장의 균형이 **그림 3-9**에 도시되어 있다. 여기서 우리는 물가수준이 P_1로 주어져 있다고 가정하고 있다. 결론적으로 말해 거시 노동시장의 균형은 경제 전체의 노동수요와 경제 전체의 노동공급이 교차하는 점 E에서 결정된다. 만약 주어진 물가수준 P_1에서 명목임금이 W_2와 같다면 AB만큼 노동에 대한 초과수요가 나타나고 명목임금이 상승한다. 반대로 명목임금이 W_3과 같다면 CD만큼의 초과공급이 나타나 명목임금이 하락한다. 따라서 노동에 대한 수요와 공급이 일치하지 않는다면, 명목임금은 초과수요인 경우에는 상승하고 초과공급인 경우에는 하락해 균형수준인 W_1로 수렴하게 된다. 이때 거시 노동시장 분석에서 특별히 주의해야 할 것은 모든 변수들이 자유롭게 조정될 수 있다고 가정하고 있다는 점이다. 다시 말해 우리는 주어진 물가수준에서 거시 노동시장에 초과공급이 나타나면 명목임금이 자유롭게 하락해 균형수준으로 돌아가고 반대로 초과수요가 나타나면 명목임금이 다시 자유롭게 상승해 균형수준으로 돌아간다고 가정하고 있는 것이다. 이와 같이 변수들이 자유롭게 조정될 수 있느냐 그렇지 못하느냐의 문제는 거시경제학에서 커다란 논쟁거리 가운데 하나임을 앞 장에서 이미 설명한 바 있다.

시장청산과 총공급곡선 3.5

지금까지 우리는 노동시장 균형에 대해 알아보았다. 노동시장 균형은 기업의 노동수요와 노동자곧 소비자의 노동공급에 의해 달성된다. 자본량이 일정하게 고정되어 있다고 가정하면 이제 노동시장 균형과 생산함수를 결합하여 총공급곡선을 **그림 3-10**과 같이 구할 수 있다. 먼저 (**a**)에서 물가수준이 P_1로 주어져 있을 때 노동시장 균형은 E_1에서 달성되며 그때의 명목임금은 W_1, 균형노동량은 $\bar{L}$와 같다. 이때 $\bar{L}$의 노동량을 (**b**)의 생산함수 $Y = AF(K, L)$에 대입하면 총생산량을 $\bar{Y}$와 같이 얻을 수 있다. 여기서 수직축에 나타나 있는 총생산량을 수평축으로 옮겨 그리기 위해 (**c**)에 나타나 있는 보조선인 45°선을 이용하면 총생산량과 물가의 평면에서 $(\bar{Y}, P_1)$의 배합점을 (**d**)의 E_1과 같이 얻을 수 있다.

만약 물가수준이 P_1에서 P_2로 상승하면 주어진 명목임금수준에서 실질임금이 하락하므로 노동공급이 (**a**)의 $P_1 \cdot MRS$에서 $P_2 \cdot MRS$로 감소하게 된다. 한편 물가수준 상승은 기업의 산출물 가격을 상승시켜 노동의 한계생산가치value of marginal product가 증가하므로 기업의 노동수요는 (**a**)의 $P_1 \cdot MPL$에서 $P_2 \cdot MPL$로 증가한다. 이때 노동의 수요와 공급 모두 물가수준이 곱해진 형태로 나타나므로 노동의 수요와 공급곡선이 이동하는 폭이 같아진다는 점에 주의해야 한다. 따라서 노동시장의 새로운 균형은 (**a**)의 점 E_2에서 달성되며, 이 경우의 명목임금은 W_1에서 W_2로 정확히 물가수준의 상승폭만큼 상승한다. 이때 균형노동량은 물가수준이 상승하기 이전의 균형점 E_1에서의 크기와 같은 $\bar{L}$이다. 다시 말해 물가수준이 상승하면

그림 3-10 고전학파의 총공급곡선

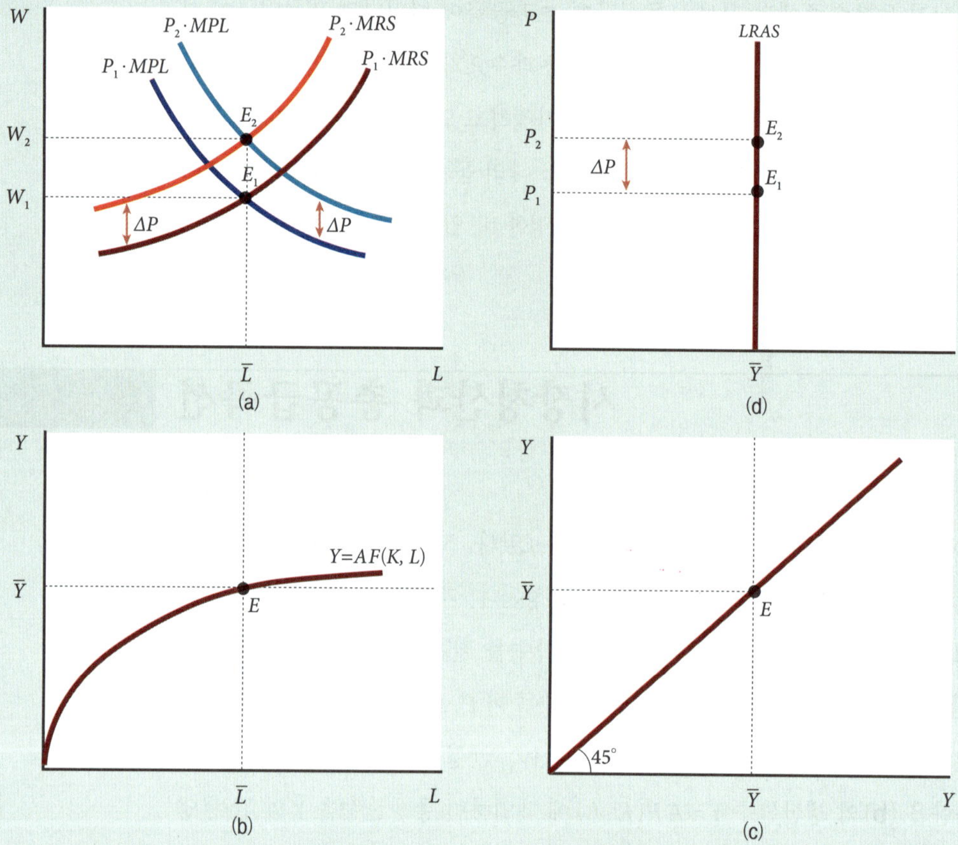

(a)에서 물가수준이 상승하면 노동수요곡선과 공급곡선이 물가 상승폭만큼 위로 이동한다. 따라서 물가수준이 상승하여도 노동고용량은 변함이 없다. 이때 (b)와 (c)를 거쳐 (d)의 총공급곡선 Y^S를 구할 수 있다. 즉 이 경우에는 총공급곡선이 $\bar{Y}$(완전고용수준)에서 수직으로 나타난다.

노동공급은 감소하고 노동수요는 증가하게 되는데 명목임금 상승으로 이 두 가지 요인이 정확하게 상쇄돼 물가수준이 변동하기 이전의 노동량과 같은 수준에서 새로운 노동시장의 균형이 달성된다. 이제 새로운 균형노동량을 생산함수에 대입해 재화의 공급량을 구하고 앞에서와 같은 방법으로 (Y, P) 평면에서 산출량과 물가수준의 배합점을 구하면 (d)의 점 E_2를 얻을 수 있다. 그리고 두 균형점 E_1과 E_2를 연결함으로써 $\bar{Y}$ 에서 수직으로 나타나는 총공곡급곡선 $LRAS$를 얻을 수 있다. 모든 수량과 가격이 신축적으로 신속하게 조정되어 시장청산이 일어나는 경우의 총공급곡선 *LRAS*를 고전학파의 총공급곡선 또는 장기 총공급곡선이라고 부른다는 것은 앞에서 언급한 바와 같다. 고전학파의 총공급곡선과 관련해 다음과 같은 몇 가지 사실에 특별히 주의해야 한다.

1 고전학파의 총공급곡선은 수직으로 나타나므로 물가가 상승해도 총공급량은 증가하지 않고 불변이다.
2 고전학파의 총공급곡선을 따라 물가가 상승하면 물가와 같은 폭으로 명목임금이 상승하므로 실질임금 W/P에는 변화가 없다.
3 고전학파의 경우 노동시장에서 균형노동량이 일정하게 나타나고, 균형노동량과 실질임금 수준에서 일하고 싶은 사람이 모두 고용돼 있기 때문에 $\bar{L}$는 완전고용수준의 노동량이고 이때의 산출량 $\bar{Y}$는 완전고용산출량이다. 여기서 우리는 완전고용 full employment을 명확히 이해해 둘 필요가 있다. 한 경제에서 완전고용은 주어진 시장임금수준 market wage rate에서 고용되기를 원하는 노동량이 모두 고용돼 있는 고용수준을 의미한다. 이때 "시장임금수준"이란 거시 노동시장에서 노동이 실제로 거래되는 가격을 뜻한다. 다음으로 "고용되기를 원하는 노동량"은 일자리를 원하는 사람 모두와 그 사람들이 일하고자 하는 노동시간을 각각 곱해 합한 것이다. **그림 3-7 (a)**의 경우, 노동시장에서의 수요와 공급이 일치하는 시장청산이 일어나고 고용량이 노동공급곡선에서 결정되므로 균형노동량 $\bar{L}$가 완전고용의 정의를 만족시키고 있음을 쉽게 알 수 있다. 이런 의미에서 시장청산이 일어나는 경우에는 노동시장의 균형노동량과 완전고용이 같은 개념으로 사용된다.

총공급곡선의 이동 3.6

앞에서 도출한 시장청산이 일어나는 경우의 총공급곡선은 여러 요인에 따라 이동한다. 다음의 요인들은 고전학파의 총공급곡선뿐만 아니라 앞으로 도출하게 될 다양한 경우의 총공급곡선 또한 이동시키는 요인들이므로 유념해 두어야 한다.

3.6.1 장기적인 성장

앞에서 총공급곡선을 도출하면서 우리는 다음과 같이 장기적인 요인들이 일정하게 주어져 있다고 가정했다.

1. 자본량이 일정하다.
2. 경제활동인구 또한 일정하다.
3. 기술수준이 일정하다.

만약 이 요인들이 변화하면 노동공급곡선이 이동한다. 예를 들어 자본축적을 통해 자본량이 증가하거나 기술진보가 일어나면 노동의 한계생산이 증가하므로 노동수요곡선과 총공급곡선이 우측으로 이동한다. 이때 새로운 균형노동량에서의 실질임금은 기술진보가 일어나기 전의 실질임금보다 높게 나타난다.

3.6.2 자연재해와 인공재해

어느 경제나 끊임없이 가뭄이나 홍수 같은 자연재해를 겪으며 때로는 전쟁으로 생산시설이 파괴되기도 한다. 자연재해 또는 인공재해에 의해 생산능력자본량이 잠식당하면 생산함수가 아래로 이동하며, 그 결과로 노동수요와 총공급곡선이 좌측으로 이동하게 된다. 그러나 이러한 재해는 대부분 일시적인 것이므로, 생산시설이 원상 복구되면 총공급곡선도 원래 수준으로 복귀하게 된다.

3.6.3 일시적인 노동생산성의 변화

앞에서 우리는 노동생산성이 항상 일정하다고 가정했다. 그러나 노동자는 기계가 아니므로 노동자의 생산성은 여러 가지 충격에 따라 (장기뿐만 아니라) 단기에도 변화한다. 이는 인간을 구성원으로 하는 경제 전체에서도 마찬가지이다. 이와 같이 생산요소의 생산성을 변화시키는 충격을 기술충격technology shocks이라고 부른다. 기술충격에 따라 노동생산성이 변화하게 되면 노동수요곡선이 이동하게 되고 이는 다시 총공급곡선을 이동시킨다.

그런데 기술충격은 기술진보의 경우와 유사하다. 예를 들어 노동의 생산성이 일시적으로 증가하면 노동수요와 총공급곡선이 오른쪽으로 이동한다. 그러나 이 경우의 노동 한계생산성의 증가는 일시적인 것이므로 노동의 한계생산이 원래 수준으로 복귀하면 균형노동량과 총공급곡선도 원래 수준으로 복귀하게 된다. 단기적인 기술충격과 그에 따른 노동시장과 재화시장의 균형의 변화로 경기변동을 설명하는 이론을 실물경기변동이론 real business cycle theory 이라고 한다.

실물경기변동이론
단기적인 기술충격과 그에 따른 노동시장과 재화시장의 균형의 변화로 경기변동을 설명하는 이론

3.6.4 일시적인 선호의 변화

여가나 소비의 한계효용도 일시적으로 변동할 수 있다. 여가나 소비의 한계효용에 주어지는 충격을 선호충격 preference shock 이라고 한다. 만약 여가나 소비의 한계효용이 일시적으로 변화하면 소비와 노동의 한계대체율이 변화하고 노동공급곡선이 이동하는데 이는 다시 총공급곡선을 이동시킨다. 예를 들어 여가의 한계효용이 증가하면 노동공급곡선이 위로 좌측으로 이동해 균형노동량이 감소하므로 총공급이 감소하는데, 이는 총공급곡선을 좌측으로 이동시킨다. 그러나 이 경우의 총공급곡선 이동은 일시적인 것으로, 여가의 한계효용이 원래 수준으로 복귀하면 총공급곡선도 원래 수준으로 복귀한다. 실물경기변동이론에서는 일시적인 선호 충격을 실물충격 real shock 으로 보아 경기변동의 중요한 원인으로 취급한다.

3.6.5 원자재가격의 변화

지금까지 우리는 생산요소로서 노동과 자본만 고려했다. 그러나 실제로 생산이 이루어지려면 노동과 자본 외에도 원자재가 투입돼야 한다. 우리나라는 원자재 대부분을 외국으로부터 수입하고 있으며, 특히 원유는 전량 수입하고 있다. 수입원자재 가격이 상승하게 되면 어떤 효과가 나타날까? 원자재가격 상승은 노동과 결합돼 생산에 사용되는 제3의 생산요소 가격의 상승으로 이어지므로 마치 노동의 한계생산이 감소하는 것과 같은 효과가 나타나다. 따라서 총공급곡선이 좌측으로 이동한다. 그리고 원자재 가격이 원래 수준으로 복귀하면 총공급곡선도 원래 수준으로 되돌아온다.

3.6.6 위험의 증가

생산활동에는 언제나 위험 risk 이 따르게 마련이다. 그런데 이러한 위험은 불황 recession 일 때 증가하고 호황 boom 일 때 감소한다. 예를 들어 파산하는 기업의 수는

불황일 때 증가하고 호황일 때 감소하는 것으로 나타난다. 이러한 위험 때문에 경제적인 불확실성uncertainty이 증가하는 불황에는 기업들이 투자와 생산량을 줄이고 재고inventory를 감소시킨다. 즉 위험이 증가하면 주어진 가격에서 기업이 공급하고자 하는 재화의 양이 감소하므로 총공급곡선이 좌측으로 이동한다.

3.7 결 론

지금까지 우리는 변수들이 신축적으로 변동해 시장청산이 일어나는 경우의 총공급곡선을 도출했다. 총공급곡선을 도출하기 위해서는 경제 전체의 기술을 나타내는 생산함수와 생산요소시장의 균형을 고려해야 하지만 이 장에서 도출한 총공급곡선은 자본량이 변화하지 않을 만큼의 기간을 상정하고 있기 때문에 장기이더라도 자본의 축적과 기술의 변화가 일어나지 않을 만큼만 긴 기간의 총공급곡선이라고 할 수 있다. 이 경우에 노동시장의 균형이 분석의 핵심이었다. 앞에서 언급한 바와 같이 시장청산의 가정은 기간이 장기인 경우에는 일반적으로 받아들여지지만 단기인 경우에는 이 가정에 대해 회의적인 거시경제학자들이 많다. 특히 케인즈학파에 속하는 경제학자들은 단기에 시장청산은 지극히 제한적인 경우에만 일어난다고 본다. 따라서 이들은 다음 장에서 보게 되는 임금이나 재화 가격 경직성의 가정 아래 단기 총공급곡선을 도출한다.

시장청산을 가정하면 지금까지 살펴보았듯이 완전고용의 산출량 수준에서 수직인 총공급곡선이 나타난다. 장기에 시장청산이 성립한다는 것에 대해서는 거의 모든 경제학자들이 동의하고 있기 때문에 시장청산 총공급곡선을 장기 총공급곡선이라고 부르기도 한다.

장기 총공급곡선이 중요한 것은 거시경제의 균형이 완전고용수준에서 벗어나 있을 때 (뒤에서 도출하게 되는) 단기 균형이 수렴해 가는 목표가 되기 때문이다. 다시 말해 장기 총공급곡선은 거시경제가 항상 지향하는 목표라고 할 수 있다. 거시경제가 완전고용수준에서 벗어나 있을 때 가장 확실하게 우리가 예측할 수 있는 것은 장기적으로 완전고용수준의 균형으로 수렴할 것이라는 사실이다.

요 약

≫ 총생산함수는 거시경제의 생산요소투입량과 산출량 사이의 기술적 관계를 나타낸다.

≫ 노동에 대한 수요는 기업의 이윤극대화로부터 구할 수 있고 공급은 가계의 효용극대화로부터 구할 수 있다. 노동수요는 노동시장에서 주어진 명목임금실질임금과 노동의 한계생산가치노동의 한계생산가 일치할 때의 노동량이며 노동공급은 실질임금과 노동자곧 소비자의 한계대체율이 일치할 때의 노동량이다.

≫ 시장청산의 경우 총공급곡선은 산출량과 물가수준의 평면에서 수직으로 나타난다.

≫ 총공급곡선은 장기적인 경제성장, 자연재해의 발생, 일시적인 노동생산성의 변화, 일시적인 선호의 변화, 원자재 가격의 변화 및 거시경제적인 위험이 증가하는 경우에 이동한다. 경제성장은 자본축적과 기술진보에 따른 것으로 이 장에서 가정한 기간보다 더 긴 기간에 일어나며, 나머지 요인들은 단기적인 것들로 실물경기변동의 원인이 되는 충격들이다.

핵심용어

■ 가격 경직성
■ 경제성장
■ 경제활동인구
■ 규모에 대한 수익불변
■ 노동의 한계생산
■ 단기 총공급곡선
■ 대체효과
■ 대표적 경제주체 모형
■ 명목임금
■ 불확실성
■ 소득효과
■ 시장청산
■ 실질임금
■ 완전경쟁
■ 완전고용
■ 일차동차함수
■ 임금 경직성
■ 장기 총공급곡선
■ 총생산함수
■ 총요소생산성
■ 콥-더글러스 생산함수
■ 한계대체율
■ 한계생산 체감의 법칙
■ 후방굴절노동공급

연습문제

01 규모에 대한 수익증가, 규모에 대한 수익 불변, 규모에 대한 수익 감소가 일어날 수 있는 경우를 제시해 보시오.

02 생산자의 노동수요곡선을 생산함수와 이윤함수의 그림을 이용하여 도출하여 보시오.

03 노동공급을 노동자의 효용극대화로부터 예산선과 효용함수를 이용하여 도출하여 보시오. 나아가 후방굴절노동공급이 나타나는 경우를 도시하고 가격효과를 소득효과와 대체효과로 분해하여 보시오.

04 생산자균형의 조건과 그림을 이용하여 다음을 분석하여 보시오.

(1) 수요충격 때문에 재화의 가격이 상승하였을 경우 실질임금은 상승하는가 아니면 하락하는가?

(2) 공급충격 때문에 노동생산성이 증가하였을 경우 실질임금은 상승하는가 아니면 하락하는가?

05 다음과 같은 여러 가지 생산함수와 관련된 물음에 답하시오.

① $Y=AK^{\theta}L^{1-\theta},\ 0<\theta<1$

② $Y=A\{aK+(1-a)L\}$

③ $Y=K^{1/2}+L^{1/2}$

④ $Y=A\{aK^{\gamma}+(1-a)L^{\gamma}\}^{1/\gamma},\ 0<a<1,\ \gamma<1$

⑤ $Y=\min(K, L)$

여기서 $\min(A, B)$는 A와 B 중 작은 것을 의미한다. ①은 콥-더글러스 생산함수, ④는 대체탄력도가 일정한 *CES*constant elasticity of substitution 생산함수, ⑤는 레온티에프Leontief 생산함수이다. ①, ②, ⑤의 생산함수는 ④ *CES* 생산함수의 특수한 경우(각각 $\gamma=0,\ \gamma=1,\ \gamma=-\infty$)인데, 거시경제학에서 자주 이용되는 생산함수는 ①, ④, ⑤이다.

(1) 위의 생산함수들이 규모에 대한 수익증가, 수익불변, 수익감소 가운데 어느 것에 해당하는지 설명하시오.

(2) 위의 생산함수들로부터 노동의 한계생산을 구하시오. 노동의 한계생산이 체감하는 생산함수는 어떤 것들인가?

06 노동을 L, 산출량을 Y라고 할 때 한 경제의 생산함수가 아래 표와 같이 주어져 있다고 한다. 다음 물음에 답하시오.

L	0	1	2	3	4	5	6	7	8	9	10
Y	0	10	19	27	34	40	45	49	52	54	55

(1) 각각의 노동량에 대응하는 한계생산을 구하시오.

(2) 생산함수를 도시하시오.

(3) 노동의 한계생산곡선을 도시하시오.

(4) 노동수요곡선을 노동량과 실질임금의 평면에 도시하시오.

(5) 노동수요곡선을 노동량과 명목임금의 평면에 도시하시오.

07 대표적 소비자노동공급자의 효용함수가 다음과 같이 주어져 있다.

$$U(C,L) = C - \frac{a}{2}L^2,\ a > 0$$

여기서 C와 L은 소비와 노동이며 명목임금과 물가수준은 W와 P, 실질 비임금소득은 Y_N으로 주어져 있다고 한다.

(1) 효용수준이 0일 때 무차별곡선을 수식으로 구하고 도시하시오.

(2) 예산선을 구하고 도시하시오.

(3) 소비자노동공급자 균형을 도시하고 노동공급을 실질임금, 실질 비임금소득 및 선호 파라미터인 a의 함수로 구하시오. 노동공급이 항상 실질임금의 증가함수인가?

(4) 총생산산함수가 $Y = AL - \frac{B}{2}L^2 (A, B > 0)$과 같이 주어져 있다고 한다. (3)에서 구한 노동공급함수를 이용해 노동시장 균형을 구하시오. 그리고 총공급함수를 구하여 보시오. 총공급함수가 실질임금에 영향을 받는가?

04

Chapter

가격 경직성과 총공급곡선

3장시장청산과 총공급곡선에서 우리는 시장청산의 가정 아래 총공급곡선을 도출하였다. 그러나 많은 경제학자들은 시장청산의 가정이 단기에는 현실적으로 맞지 않는다고 주장한다. 노동에 대한 임금 또는 재화의 가격이 자유롭게 조정될 수 있는 것이 아니라 경직적이라는 것이다. 실제로 임금이나 재화의 가격이 단기적으로 조정될 수 없는 경우를 쉽게 관찰할 수 있다. 이러한 주장을 하는 경제학자들을 케인즈학파 Keynesian School라고 부른다. 케인즈학파 안에서도 어떤 부류의 학자들은 임금 경직성 wage rigidity에 더 중점을 두고, 또 다른 부류의 학자들은 산출물 가격의 경직성 price rigidity에 더 중점을 둔다.

케인즈 J.M. Keynes가 임금 경직성의 중요성을 강조한 이후 케인즈를 따르는 일군의 거시경제학자들이 나타났는데, 임금 경직성에 중점을 두는 학자들을 "옛케인즈학파 Old Keynesians"라고 부른다. 1980년대 이후에는 임금 경직성을 가정하는 경우에 나타날 수 있는 몇 가지 문제들 때문에 재화 가격의 경직성을 강조하는 일군의 경제학자들이 등장했다. 재화 가격의 경직성을 강조하는 학자들을 "새케인즈학파 New Keynesians"라고 부른다.[1] 새케인즈학파가 명목임금 경직성보다 재화 가격의 경직성을 강조하는 이유는 다음과 같다.

1 명목임금 경직성이 있는 경우에 실질임금은 경기역행적 countercyclical이다. 이는 실제 데이터에서 경기순행적 procyclical인 실질임금의 특성과 맞지 않는다.■

> 경기역행적이라는 것은 경기변동에서 어떤 변수가 실질소득과 반대 방향으로 변동하는 것을 말하고, 경기순행적이라는 것은 같은 방향으로 변동하는 것을 말한다.

2 실제에서 임금을 노동시장에서 시장청산을 이루는 가격이라고 보기 어려운 점이 있다. 예를 들어 기업에서 임금이 연공서열에 의해 결정되는 경우를 자주 볼 수 있는데, 이 경우에 회사에 입사한 시점에는 임금이 낮지만 연공서열이 높아지면서 임금이 상승한다. 그러나 한 노동자의 기술이나 숙련도가 반드시 연공서열에 따라 결정되는 것은 아니기 때문에 이 경우의 임금은 한 기간 안에 노동자의 공헌도에 따라 결정되는 노동의 대가라기보다 하나의 사회적 규범 social norm에 의하여 결정

1 Rotemberg, J.J.(1987), "The New Keynesian Microfoundations," *NBER Macroeconomics Annual* v.2, pp. 69-104.

BOX 4-1 실질임금의 경기변동적 특성

경기변동에서 실질임금은 대체로 산출량의 변동과 같은 방향으로 변동한다. 1994년부터 2018년까지 우리나라의 1인당 실질 *GDP* 증가율과 월평균 실질임금 증가율을 그려보면 오른쪽 그림과 같다. 그림에서 볼 수 있듯이 우리나라의 경우 두 변수는 강한 양의 상관관계를 갖는다. 일찍이 케인즈는 《일반이론》에서 임금 경직성을 이용해 고용과 산출량의 변동을 설명하면서 실질임금이 경기역행적countercyclical일 것이라고 예측했지만 그 예측은 현실적이지 못하다는 비판을 받았다. 1936년 케인즈가 《일반이론》을 발표한 직후 영국의 경제학자 던롭J.T. Dunlop과 타쉬스L. Tarshis를 비롯한 많은 경제학자들은 실제 데이터로부터 실질임금과 노동량산출량은 양의 상관관계를 갖는다는 사실을 발견했다.[2] 즉 실질임금은 실질소득과 같이 움직이는 경기순행적procyclical인 특성을 갖는다.

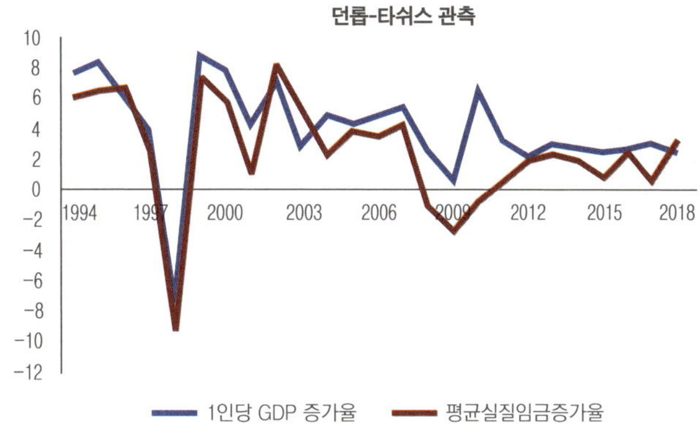

자료: 한국은행, 고용노동부

임금 경직성의 경우와 같이 총공급곡선을 구할 때 명목임금노동공급곡선이 일정하게수평으로 주어지는 모형에서는 항상 실질임금이 경기역행적으로 나타난다. 따라서 현대 거시경제학에서는 총공급곡선을 구할 때 노동공급곡선이 우상향이고 노동수요가 변동하는 모형을 이용한다. 본문에서 배우게 될 가격 경직성의 경우가 그 가운데 하나이며, 실물경기변동이론과 같이 기업의 노동수요에 실물충격이 주어진다고 가정하는 것이 또 다른 예이다.

되는 변수라 할 수 있다. 즉 이 경우의 임금은 한 노동자가 평생에 걸쳐 받을 것으로 기대되는 평생임금을 일정한 규칙에 따라 분할하여 지급하는 분할지급installment payment으로 볼 수 있다. 따라서 임금이 경직적이어도 생애 후반기에 더 많은 임금을 보상받게 되므로 진정한 의미에서 경직적이라고 말할 수 없다.■

> 나아가 임금이 상승하거나 하락해도 임금 조정 가능성을 보여주는 것이라기보다 평생임금의 경로를 따라 조정되는 것이므로 임금의 유연성flexibility과의 관련 또한 약하다고 할 수 있다.

3 가격 경직성의 경우 가격을 설정하는 주체가 분명하지만, 임금 경직성의 경우 임금을 설정하는 주체가 불분명하며, 임금협상 과정 또한 모형화하기가 어렵다.

위의 이유 때문에 1980년대 이후에 가격 경직성이 새케인즈학파의 집중적인 연구 대상이 되었다. 새케인즈학파의 공헌은 이것만이 아니다. 그들은 임금 및 가격 경직성과 시장의 불완전성market imperfection 등 전통적으로 케인즈학파가 중요시한 거시경제 요인들의 미시경제적 기초microeconomic foundation를 제시하고 그러한 현상

2 Dunlop, J.T.(1938), "The Movement of Real and Money Wage Rates," *Economic Journal* 48, pp. 413-434.
Tarshis, L.(1939), "Changes in Real and Money Wage Rates," *Economic Journal* 49, pp. 150-154.

들의 거시경제적 효과를 정교한 이론을 통해 구명했다.

4.1 가격 경직성의 요인

가격 경직성을 모형에 도입하기 위해서는 완전경쟁의 가정을 버려야 한다. 완전경쟁의 경우에는 개별 기업들이 가격결정자 price maker가 아니라 가격수취자 price taker로서 행동한다. 그러나 기업이 가격을 결정한 다음 일정 기간 동안 가격을 경직적으로 유지하기 위해서는 기업이 가격결정자인 경우곧 완전경쟁이 아닌 시장구조를 가정해야 한다. 다시 말해 가격이 경직적인 산업에서는 기업들이 시장에서 어느 정도의 독점력 monopoly power 을 갖는다고 가정한다. 그리고 기업이 한 번 제품의 가격을 설정하고 나면 적어도 단기적으로는 가격을 변화시키지 않는다고 가정한다. 이러한 가격 경직성이 존재하는 이유는 다음과 같다.

4.1.1 독점적 경쟁과 메뉴비용

한 경제 안에는 주식이나 외환, 쌀 같은 매우 경쟁적이고 잘 조직된 재화와 자산시장이 존재한다. 이 시장들에서는 가격이 시장에서 수요와 공급이 변화하면 즉시 변화해 시장청산을 이루므로 완전경쟁 perfect competition 시장으로 볼 수 있다. 완전경쟁시장은 재화의 표준화 standardization가 잘 이루어져 있고 실제 또는 잠재적인 시장참여자가 다수 존재하는 경우에 나타난다. 이와 같은 시장에서는 재화 가격이 수요와 공급의 변화에 신속하게 반응하며, 시장참여자 사이에 경쟁을 유발해 개별 시장참여자가 가격에 영향을 미칠 수 없도록 한다. 또한 각각의 시장참여자들은 자신들이 시장 가격에 영향을 미칠 수 없음을 인식하여 가격수취자로서 행동하게 된다.

반면에 시장참여자의 수가 적거나 재화의 표준화가 미흡한 경우에 시장참여자들은 자신들이 공급하는 재화에 대한 시장 지배력을 갖게 되어 가격결정자로서 행동한다. 재화의 표준화가 미흡한 경우에 우리는 제품의 차별화 product differentiation가 이루어지고 있다고 한다. 예를 들어 여성용 손가방을 공급하는 루이 뷔통이나 구찌 등을 제조하는 업체들의 제품은 다른 손가방 제조업체들이 제조하는 제품과 확연히 구분되는 디자인이나 모양을 하고 있다. 그리고 여성들은 저마다 자신들이 좋아하는 브랜드가 있다. 따라서 각각의 여성용 손가방 공급자들은 자신들의 고객에 대하여 일종의 시장 지배력을 가지게 된다. 이러한 시장 구조를 독점적 경쟁monopolistic competition[3]이라고 한다. 실제 경제에서는 재화와 시장참여자의 수에 따라 완전경쟁적인 시장과 독점적 경쟁 시장이 혼합되어 있다. 그런데 완전경쟁적인 시장은 소수이며, 대부분의 시장은 독점적 경쟁이라는 것이 새케인즈학파의 주장이다. 독점적 경쟁 시장은 다음과 같은 특성을 갖는다.

독점적 경쟁
제품차별화가 존재할 때 나타난다.

1. 재화 가격이 시장에서의 수요와 공급이 아닌 재화 생산자에 의해 결정된다.
2. 재화 생산자는 수요가 크게 변화하지 않는 한 일단 결정된 가격에서 수요의 변화에 따라 공급량을 변화시켜 수요를 충족시킨다.
3. 수요가 크게 변화하면 생산자는 재화 가격을 변화시켜 대응하게 된다.

위 세 가지 특성 중에서 2와 3의 특성은 아래에 소개될 메뉴비용과 결합될 때 잘 설명될 수 있다.

가격이 경직적으로 되는 요인 가운데 하나로 베로R.J. Barro[4]에 의해 주장되었으며, 맨큐N.G. Mankiw[5]에 의해 새로운 형태로 제기된 것으로 가격을 변경시키는 데 드는 비용cost of changing price을 의미한다. 기업은 제품 가격을 변경할 때 고객들에게 가격 변화를 알리기 위해 카탈로그 발행 같은 방법으로 광고하는 비용을 부담해야 한다. 예를 들어 음식점의 경우, 가격을 변화시키면 메뉴를 새로 인쇄하는 비용을 부담해야 한다. 이와 같이 가격을 변화시킬 때 부담해야 하는 비용을 메뉴비용menu cost이라고 부른다. 만약 가격을 변화시킬 때 비용이 소요된다면 기업은 가격을 변화시키는 데 따르는 편익과 비용을 비교해 편익이 클 때만 가격을 변화시키게 되므로 가격을 변화시키는 횟수가 줄어든다. 따라서 메뉴비용이 존재하면 가격 경직성이 나타나게 된다.

메뉴비용
기업이 가격을 변화시킬 때 소요되는 비용

메뉴비용의 존재는 이미 베로에 의해 간파됐지만, 실제 경제에서 그다지 크지 않은 메뉴비용이 거시경제적으로 의미 있는 가격 경직성을 유발할 수 있는냐는 의

---

3 거시경제학에서 응용하는 독점적 경쟁에 대한 연구는 Chamberlin, E., *The Theory of Monopolistic Competition*, 1933, Cambridge, Mass.: Harvard University Press에서 처음 이뤄졌으며 Blanchard, O. and N. Kiyotaki, "Monopolistic Competition and the Effect of Aggregate Demand," *American Economic Review* 77, September 1987, pp. 647-666에서 최초로 거시경제학에 응용되었다.

4 Barro, R.J., "A Theory of Monopolistic Price Adjustment," *Review of Economic Studies* 34, January 1972, pp. 17-26.

5 Mankiw, N.G., "Small Menu Costs and Large Business Cycles: A Macroeconomic Model of Monopoly," *Quarterly Journal of Economics* 100, May 1985, pp. 529-539.

문이 있었다. 이 의문에 대해 맨큐는 메뉴비용이 비록 작다고 해도 심한 가격 경직성이 유발될 수 있다는 점을 발견했다. 여기서 중요한 것이 독점적 경쟁이다. 만약 시장이 완전경쟁적이라면 기업이 가격을 조금만 잘못 정해도 심각한 결과를 초래한다. 즉 완전경쟁의 경우에는 기업이 정한 가격이 시장가격보다 조금이라도 높으면 자신이 생산한 재화를 한 단위도 팔 수 없게 되며 반대의 경우에는 시장의 모든 수요가 한 생산자에게 몰리기 때문에 가격이 균형가격으로 복귀할 수밖에 없다. 따라서 완전경쟁적 시장구조에서는 메뉴비용이 존재해도 시장에서의 수요변화에 대응하기 위해서는 가격을 신속히 조정하지 않으면 안 된다. 다시 말해 완전경쟁적 시장구조와 결합한 메뉴비용은 심각한 가격 경직성을 유발할 수 없다.

그러나 만약 시장이 독점적 경쟁이라면 사정이 다르다. 독점적 경쟁 시장에서 균형산출량은 완전경쟁 시장보다 재화의 가격 변화에 훨씬 덜 민감하게 반응한다. 왜냐하면 재화 가격이 이윤을 극대화하는 가격을 포함하는 특정한 구간에 있는 한 이윤을 극대화하는 가격과 다르게 설정한 가격일지라도 이윤 감소가 크지 않기 때문이다. 그리고 이윤 감소가 제품 가격을 변화시키는 메뉴비용보다 적다면 기업은 제품 가격을 변화시키지 않게 된다. 그러나 이 경우에도 시간이 경과하면 생산함수나 수요함수에 여러 가지 충격이 주어지게 되고 끝내는 이윤을 극대화하는 가격과 실제 가격의 차이가 커져서 이윤의 감소폭이 가격을 변화시키는 비용인 메뉴비용보다 커지게 된다. 이 경우에 기업은 제품의 가격을 조정하게 된다.

4.1.2 정보의 불완전성과 위험

정보의 불완전성 imperfect information과 그에 따른 위험 risk이 존재할 때 가격 경직성이 나타날 수 있다. 만약 경기가 침체돼 어떤 기업이 직면하는 수요곡선이 좌측으로 이동한다면, 이 기업은 가격을 낮추거나 산출량을 감소시켜야 한다. 이때 경기변동의 원인에 대한 정보가 완전하다면 기업은 가격을 얼마만큼 낮추고 산출량을 얼마만큼 감소시킬 것인지를 정확히 결정할 수 있다. 그러나 실제에서는 완전한 정보를 얻기가 불가능해 불완전한 정보에 기초하고 있기 때문에 가격 인하나 산출량 감소 같은 생산자의 결정이 적절하지 못할 가능성이 높다.

그런데 이 경우에 기업은 산출량을 변화시키는 데 따르는 불확실성보다 가격을 변화시키는 데 따르는 불확실성이 훨씬 크다는 점을 잘 인식하고 있다. 즉 경기가 침체돼 있을 때 기업이 산출량 감소를 위해 부담해야 하는 위험은 산출량을 너무 많이 감소시킴으로써 발생하는 재고 감소이다. 재고가 너무 많이 감소하면 산출량을 늘려 재고를 보충할 수 있는데, 생산비용에 변화가 없다면 산출량을 변화시키는 전략에 따르는 위험이 크지 않다. 반면에 가격을 낮출 때 판매량의 증감 여부는 다른 기업이나 고객들이 어떻게 반응하느냐에 달려 있다. 예를 들어 한 기업이 산출물 가격을 인하했을 때 가격이 더 하락할 것이라고 생각하면 고객들은 이번 기에 제품을 구매하지 않고 가격이 더 하락할 때까지 기다리거나 다른 기업들이 어떻게 할 것인지 단순히 지켜볼 수도 있다. 따라서 가격 변화의 위험은 산출량 변화의 위험보다 크다. 이는 수요 변화가 나타났을 때 기업이 산출물 가격보다 공급량 변화로써 대응하려는 경향을 갖게 됨을 의미한다. 다시 말해 가격 경직성이 나타난다.

4.1.3 고객시장

한 경제 안에는 다양한 형태의 시장이 존재한다. 미국의 경제학자 오쿤A.M. Okun[6]은 시장을 두 가지로 분류했다.

1 시장에 참가하고 있는 수요자와 공급자 모두 시장 지배력market power 없이 가격 수취자price taker로서 행동하는 경우가 있다. 이러한 시장을 경매시장auction market이라고 부른다. 경매시장에서는 수요와 공급에 조금이라도 변화가 생기면 가격과 수량이 변화한다. 즉 오쿤의 경매시장이란 완전경쟁 시장의 다른 이름이라고 할 수 있다. 이 시장에는 주식이나 채권 같은 금융자산financial asset 시장, 음식료품을 포함한 원면, 목재, 고무 같은 일차산업제품 시장, 금속류 시장 등이 포함된다. 실제로 이 시장들에서는 경매가 가격결정의 수단으로 사용된다.

2 현실에서 우리는 판매자와 구매자 사이에 장기적인 단골관계가 성립해 반복적인 상거래가 이루어지는 경우를 자주 관찰할 수 있다. 오쿤은 이러한 시장을 고객시장customer market이라고 불렀다. 오쿤에 따르면, 반복적인 상거래가 일어날 때 기업의 제품에 대한 수요는 이 기업의 과거 매출량과 양의 상관관계가 있으며, 고객들이 과거 구매에서 얻은 만족도와 깊이 연관돼 있다. 이 기업이 제품 가격과 서비스 등에서 연속성을 유지하면 기존 고객들이 이 기업의 제품을 다시 구입함으로써 장

6 Okun, A.M., *Prices and Quantities: A Macroeconomic Analysis*, 1981, Washington D.C.: Brookings Institution Press.

그림 4-1 굴절수요곡선

기업이 직면하는 수요곡선이 굴절되는 이유는 두 가지이다. 첫째, 가격을 인상하거나 인하하는 경우 고객들의 반응이 서로 다르게 나타날 수 있다. 둘째, 가격을 인상하거나 인하하는 경우 경쟁관계에 있는 기업의 반응이 서로 다르게 나타날 수 있다.

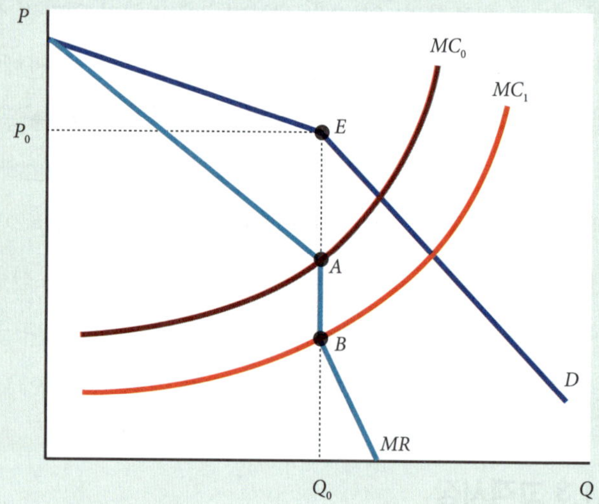

기적인 단골관계가 맺어질 가능성이 커진다. 즉 한 기업의 제품 가격이 수시로 변하게 되면 기존의 고객들은 더 싼 가격의 제품을 탐색search하게 되는데, 탐색에는 시간 및 금전적인 비용이 따른다. 따라서 기업이 제품 가격을 일정하게 (또는 안정적으로) 유지하면 고객들은 탐색비용을 절약할 수 있다. 그리고 이러한 가격정책은 고객을 이 기업의 장기적인 단골로 남게 만드는 유인이 될 수 있다. 이를 다르게 해석하면, 기업과 단골손님 사이에는 암묵적인 계약implicit contract이 존재하며 그 내용은 다음과 같다. 기업은 가격을 일정하게 유지함으로써 고객의 탐색비용search cost을 절약해 주고 그 대가로 고객은 장기적인 단골 구매자가 된다.

4.1.4 굴절수요곡선

굴절수요곡선kinked demand curve의 경우에도 가격 경직성이 나타날 수 있다. 한 기업의 수요곡선은 완전경쟁인 경우에 수평으로 나타나지만 불완전경쟁인 경우에는 우하향하는 곡선으로 나타난다. 그리고 우하향하는 수요곡선은 **그림 4-1**과 같이 굴절돼 있을 수 있다.

한 기업이 직면하는 수요곡선이 굴절되는 이유는 두 가지가 있다.

1 가격을 인상하거나 인하할 때 고객들의 반응이 각기 다르게 나타나기 때문이다. **그림 4-1**에서 처음 가격이 P_0으로 주어져 있을 때, i) 이 기업이 가격을 올리면 이 기업의 고객들은 즉시 가격이 더 낮은 제품을 탐색search하게 된다. 반대로 이 기업이 ii) 가격을 인하하면 그 사실을 광고를 통해 다른 기업의 제품을 구매하는 고객들에게 알려야 하는데 이 과정에서 상당한 비용이 따르고 만약 비용 때문에 광고를 하지 않으면 가격을 인하해도 많은 고객을 유인할 수 없다. 즉 한 기업이 가격을 인상하는 경우에는 고객을 다수 잃게 되고, 반대로 가격을 인하하는 경우에는 고객을 다수 유인할 수 없게 된다.

2 가격을 인상하거나 인하하는 경우에 경쟁관계에 있는 기업의 행위가 다르게 나타날 수 있다. 즉 한 기업이 가격을 인상할 때 경쟁관계에 있는 기업들이 가격을 인상하지 않으면 가격경쟁력이 떨어져 오히려 고객을 잃을 수 있다. 반대로 가격을 인하했을 때 경쟁기업들이 함께 가격을 인하하면 가격 인하에도 불구하고 다수의 고객을 유인할 수 없다. 즉 경쟁관계에 있는 기업의 대응 때문에 가격을 인상하면 고객을 많이 잃고 가격을 인하해도 고객을 많이 유인할 수 없게 된다.

수요곡선이 굴절돼 있으면, 한계비용이 어느 정도 변화해도 그 폭이 크지 않은 한 기업이 책정하는 가격에는 변화가 없다. **그림 4-1**에서 한계비용이 MC_0에서 MC_1로 하락해도 가격은 P_0으로 변화가 없으며, MC_1에서 MC_0으로 상승해도 마찬가지이다. 이와 같이 기업들이 직면하는 수요곡선이 굴절돼 있으면 가격이 경직적이게 된다. 예를 들어 임금이 작은 폭으로 변화상승 또는 하락해 한계비용이 변화해도 산출량이나 기업의 가격 결정에는 변화가 없게 된다.

완전한 가격 경직성과 총공급곡선 4.2

완전한 가격 경직성이 존재하는 경우의 총공급곡선이 **그림 4-2**에 나타나 있다. **그림 4-2**에서는 다음을 가정하고 있다.

1 이 경제의 가격곧 물가수준은 $\bar{P}$로 일정하게 주어져 있다.

2 일정하게 주어진 물가수준 $\bar{P}$에서 기업은 시장에서 수요되는 만큼의 재화를 생

그림 4-2 가격 경직성과 총공급곡선

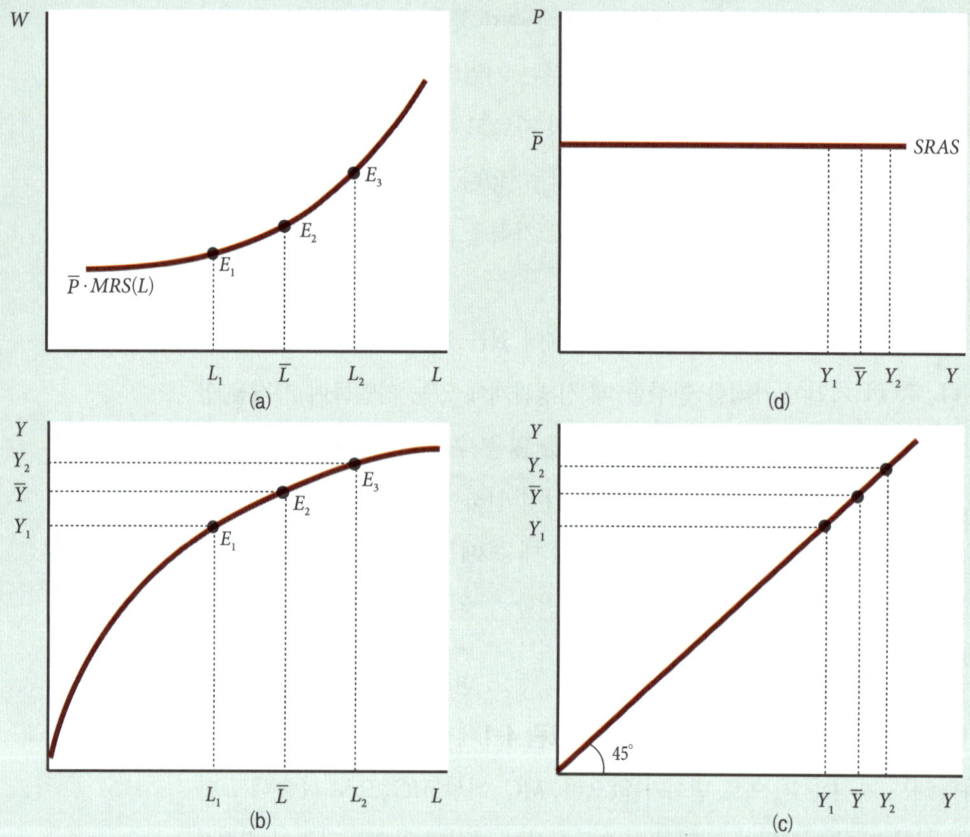

완전한 가격 경직성의 경우 기업은 주어진 가격에 시장에서 수요되는 만큼의 재화를 생산하여 공급한다. 즉 기업의 총공급량은 이윤극대화에 의해 결정되는 것이 아니라 시장 수요량에 의해 결정되며 이는 주어진 물가수준 $\bar{P}$에서 총공급곡선이 (d)에서 보는 바와 같이 수평으로 나타남을 의미한다. 따라서 이윤극대화에 의해 유도되는 노동수요곡선이 위 그림 (a)에서 나타나지 않게 된다. 산출량에 맞는 노동공급량이 선택되고 이것이 경제의 고용량이 되는 것이다. 또한 명목임금은 고용량이 증가할수록 또는 산출량이 증가할수록 증가하므로, 여기서 명목임금의 경직성은 나타나지 않는다. 이러한 특성이 가격 P의 경직성하에서 나타나므로 실질임금 W/P는 산출증가 시 상승하고 산출하락 시 감소한다.

완전한 가격 경직성이 존재하면 기업의 총공급량은 시장 수요량에 의해 결정된다.

산해 공급한다. 다시 말해 기업의 총공급량은 이윤극대화에 의해 결정되는 것이 아니라 시장 수요량에 의해 결정된다. 이는 곧 주어진 물가수준 $\bar{P}$에서 총공급곡선이 (d)와 같이 수평으로 나타나며, 기업은 단기적인 시장수요의 변화에 대해 가격보다는 공급량을 조정해 대응함을 의미한다.

3 임금은 가변적이며 경직적이지 않다.

두 번째 가정에서 가격 경직성이 존재하는 기간, 곧 단기의 총공급곡선 *SRAS*

는 (d)와 같이 수평으로 나타난다. 이때 주의할 것은 총공급곡선이 **3장**시장청산과 총공급곡선에서처럼 노동시장 균형에서 구해진 것이 아니라는 점이다. 시장청산의 경우와 (**부록 4.1**에 나타나 있는) 임금 경직성이 존재하는 경우에는 노동시장 균형으로부터 고용량을 구하고 고용량을 생산함수에 대입해 공급량을 구한다. 그러나 가격이 완전히 경직적인 경우의 공급량은 기업에 의해 결정되는 것이 아니라 시장에서 사람들이 재화를 얼마나 구매하고자 하느냐에 달려 있다.

이 경우의 노동시장에서 주의할 것은 산출량이 기업 이윤을 극대화하는 수준이 아니라 재화시장의 수요에 의해 결정되므로 기업의 이윤극대화에 의해 도출되는 노동수요곡선이 임금 결정에 더 이상 사용될 수 없다는 점이다. 즉, 노동수요곡선이 **그림 4-2**의 (a)에 나타나지 않는다. 이때 노동고용량은 시장 수요에 의해 결정되는 기업의 재화 공급량과 노동공급곡선으로 결정된다. 즉 **그림 4-2** (b)에서 노동고용량은 기업이 공급해야 하는 재화 양이 $\bar{Y}$이면 생산함수에 의해 $\bar{L}$, Y_1이면 생산함수에 의해 L_1로 각각 결정된다.

따라서 가격 경직성이 존재하는 경우의 실질적인 노동수요곡선effective labor demand curve은 총생산함수라고 할 수 있다. 그리고 주어진 가격에서 특정한 산출량을 생산하기 위해 필요한 노동량을 얻으려면 필요한 노동량 수준에 따라 노동공급곡선 위에서 임금이 결정돼야 한다. 즉 시장에서 총수요가 (d)의 Y_2로 주어졌다면 (다시 위의 두 번째 가정에 따라) 기업은 그만큼을 반드시 공급해야 하고 그때의 노동고용량은 이 경우의 실질적인 노동수요곡선인 (b)의 총생산함수에서 L_2이며 그때의 임금수준은 (a)의 점 E_3에서 결정된다.

지금까지의 설명에서 우리는 재화의 가격이 완전히 경직적인 경우에는 다음과 같은 사실이 성립한다는 것을 알 수 있다.

1. 총공급곡선은 수평이다.
2. 총공급량은 총수요의 크기에 의해 결정된다.
3. 노동고용량은 총수요를 충족시키는 수준에서 결정되고 생산함수로부터 구할 수 있다.
4. 임금은 노동고용량이 결정되면 노동공급곡선 위에서 결정된다. 따라서 주어진 임금 수준에서 노동하기를 원하는 사람은 모두 고용된다. 즉 고용과 실업의 변동이 나타나지만 이는 자발적인 선택에 의한 것이므로 엄밀히 말하면 비자발적 실업은

다시 말해 완전고용수준보다 높거나 낮은 고용수준이 실현되지만 이 경우의 실업은 모두 자발적 실업이다.

존재하지 않는다.■

이 경우에 특별히 강조해야 할 것은 가격이 경직적이면 산출물 가격과 명목임금이 자원배분 allocation 에 어떤 역할도 하지 못한다는 사실이다. 즉 산출물의 가격은 일정하게 주어져 스스로 변동하지 않기 때문에 수요와 공급을 일치시키는 역할을 하지 못한다. 이때 총수요와 총공급에 불균형이 생기면 가격 변동이 아니라 수량 조정에 의해 총수요와 총공급이 일치된다. 즉 총수요가 총공급보다 크면 기업은 가격을 변동시키는 대신 공급량을 증가시켜 총공급과 총수요를 일치시키고 반대의 경우에도 역시 가격을 변동시키는 대신 공급량을 감소시켜 총수요와 총공급을 일치시킨다. 그리고 임금은 총수요에 따라 산출량과 노동고용량이 결정된 다음 그와 같이 결정된 노동고용량을 보장하는 수준으로 노동공급곡선 위에서 결정된다.

케인즈의 교차점 모형
가격이 완전 경직적일 때 국민소득이 총수요에 의해 결정되는 원리를 보여준다.

가격이 완전히 경직적인 경우의 대표적인 모형이 **5장**총수요곡선: 폐쇄경제에서 보게 될 케인즈의 교차점모형이다. 케인즈의 교차점모형은 가격이 완전히 경직적일 때 국민소득이 총수요에 의해 결정되는 원리를 설명하고 있다.

4.3 부분적인 가격 경직성과 총공급곡선

앞에서 단순한 가격경직성의 경우에 우리는 한 경제의 가격 곧 물가수준이 완전히 경직적이라고 가정하였다. 그러나 한 경제에 있어 가격이 완전히 경직적인 경우는 상상하기 어려우며 실제로 매월 발표되는 물가지수는 매월, 매분기 그리고 매년 변화하고 있음을 알 수 있다.

이제 물가가 부분적으로 경직적인 경우에 총공급곡선을 도출하여 보기로 한다. 먼저 이를 위해 다음과 같이 가정하기로 하자. 첫째, 한 경제 안에 서로 다른 재화를 생산하는 두 산업이 존재하며 *A*재를 생산하는 산업에는 가격의 경직성이 존재하지 않고 *B*재를 생산하는 산업에서는 가격이 경직적이라고 가정한다. 둘째, *B*산업에서 현재의 가격은 한 기간 전에 미리 결정되고 이번 기에는 미리 정해진 가격을 일정하게 유지한다. 셋째, *A*산업과 *B*산업에서 생산하는 재화는 소비나 투자와 같은 경제활동에 있어 완전대체재perfect substitute가 아니며 두 재화 모두 필수재이다. 즉 두 재화가 함께 사용된다. 민일 두 재화가 완전 대체재라면 *A*재화의 가격이 *B*재

	A산업	B산업
가 격	가격(P^A) 상승	가격(P^B) 상승
상대가격	상 승	하 락
공 급	증 가	수요증가 ⇒ 공급증가

표 4-1
물가(P)가 상승하였을 때 두 산업의 공급

화의 가격보다 높으면 A재화는 사용되지 않고 반대로 B재화의 가격이 A재화의 가격보다 높으면 B재화가 사용되지 않는다. 지금은 경제 전체를 대상으로 함으로 이와 같은 가능성을 배제한다. 넷째, 완전고용에서 $P^A = P^B$가 성립하도록 두 재화의 단위가 정의되었다고 가정한다. 예를 들어 A재가 쌀이고 B재가 밀이라고 가정하여 보자. 완전고용에서 쌀 10kg이 20만 원, 밀 10kg이 10만 원이라면 쌀의 단위를 5kg으로 또는 밀의 단위를 20kg으로 조정하면 두 재화의 가격이 같아진다. 따라서 이 가정은 단위의 문제라고 할 수 있다.

두 산업의 가격을 각각 P^A와 P^B로 나타내면 물가수준은 다음과 같이 구할 수 있다.

$$P = sP^A + (1-s)P^B \tag{4-1}$$

여기서 $0 < s < 1$는 가격경직성이 존재하지 않는 산업 A의 상대적인 크기 relative share를 나타낸다. 물론 가격경직성이 존재하지 않는 A산업의 가격은 수요와 공급에 의하여 결정된다. 그러나 가격이 경직적인 B산업의 가격이 과거지금의 경우 한 기간 전에 결정되는 방식에는 여러 가지 가능성이 있다. 이에 관하여는 뒤에서 다시 설명하기로 한다.

이와 같은 경우 현재의 물가수준 P가 상승하였을 때 두 산업의 반응을 살펴보면 다음과 같다. 먼저 현재의 물가가 상승하였다는 것은 물가의 변동이 자유로운 A산업의 가격이 과거의 결정되어 이미 고정되어 있는 B산업에 비하여 상대적으로 상승하였음을 의미한다. 따라서 A산업의 공급이 증가한다. 한편 B산업은 가격이 고정되어 있기 때문에 (앞 절에서 본 바와 같이) 공급이 수요에 의하여 결정된다. 그런데 A산업의 가격이 상대적으로 상승하였으므로 가격이 고정되어 있는 B산업의 수요가 증가하는데 이는 다음과 같은 두 가지 효과 때문이다. 먼저 현재 B재화의 상대가격이 하락하였음으로 A산업의 수요가 감소하고 B산업의 수요가 증가한다. 이를 기간 내 대체효과 intra-temporal substitution effect라고 한다. 그리고 B산업의 수요가 증가하면 현재의 가격은 고정되어 있으나 미래의 가격은 상승할 것이라고 예측기대한다. 따라서 B재화에 대한 미래의 수요를 현재의 수요로 끌어당기는 효과가 존재한다. 이를 기간 간 대체효과 inter-temporal substitution effect 라고 한다. 따라서 B산업의 수요가 증가하고 따라서 B산업의 공급 또한 증가한다.■

이와 같이 한 기간 안에 이뤄지는 상대가격 변화에 따른 수요량 변화를 기간 내 대체효과 intratemporal substitution effect 라고 부른다.

물가가 상승하였을 때 두 산업에서 이와 같은 반응을 정리하면 **표 4-1**과 같다. 이제 총공급함수를 다음과 같이 쓸 수 있다.

$$Y=F(P^A/P^B) \tag{4-2}$$

이때 P^A(또는 P)가 상승할 때 **표 4-1**에 정리되어 있는 바와 같이 두 산업의 공급이 모두 증가함으로 함수 $F(\bullet)$는 증가함수이다. 여기서 **식** (4-2)의 총공급함수를 완전고용수준의 산출량 $\bar{Y}$ 근처에서 1차식으로 근사시키면 다음 식을 얻을 수 있다.

$$Y=\bar{Y}+\gamma(P^A-P^B),\ \gamma>0 \tag{4-3}$$

그리고 $P^A=P^B$ 이면 **식** (4-1)로부터 $P^A=P^B=P$ 이고 **식** (4-3)으로부터 $Y=\bar{Y}$가 성립한다.

다음으로 **식** (4-1)을 P^A에 관하여 풀면 다음을 얻는다.

$$P^A=\frac{P-(1-s)P^B}{s}$$

그리고 이를 **식** (4-3)에 대입하면 다음을 얻을 수 있다.

$$Y=\bar{Y}+\alpha(P-P^B),\ \alpha=\frac{\gamma}{s}>0 \tag{4-4}$$

이때 주의할 것은 P^B가 이미 지난 기에 결정되어 있는 가격으로 현재에는 일정하다는 점이다. 따라서 총공급은 물가수준(P)과 산출량(Y)의 평면에서 우상향하는 기울기를 갖는다.

그렇다면 P^B는 어떻게 결정되는 것일까? 실제 경제에서 가격이 결정되는 방식은 무수히 많다. 기업에 따라 때로는 주먹구구로 조악하게 결정하기도 하고 다른 때에는 시장조사를 통하여 정밀하게 결정하기도 한다. 문제를 단순화하기 위해서 여기서는 (지난 기에 예측하기를 이번 기에) 시장청산완전고용이 이루어질 것으로 예측기대되는 물가수준으로 P^B가 결정된다고 가정한다. 그런데 **식** (4-1)에서 보았듯이

선형 공급곡선 그림 4-3

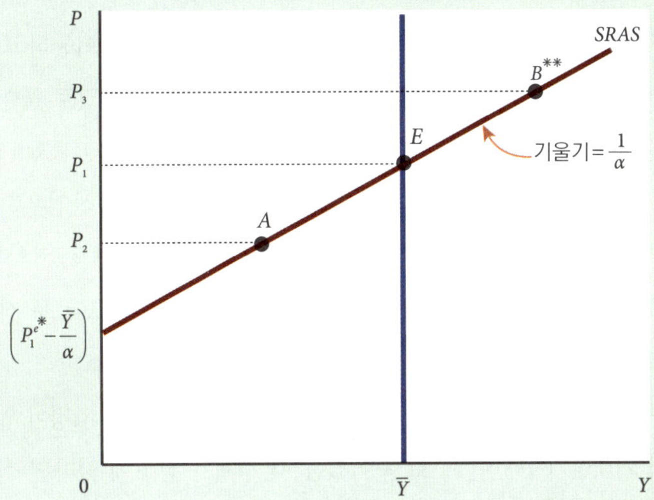

기대물가수준이 P_1^e 즉 $P^e=P_1$으로 주어져 있을 때 경제가 점 E에 있다면 완전고용수준이 달성되고 있으며, 기대물가수준 P_1^e과 실제 물가수준 P_1이 같다. 그러나 경제가 점 A에 있다면 실제 물가수준은 P_2이지만 기대물가수준은 점 E에서의 물가수준과 같으므로 $P_1^e=P_1>P_2$가 성립한다. 그리고 경제가 점 B에 있다면 같은 논리에 의해 $P_1^e=P_1<P_3$이 성립한다.

*P^e가 P_1일 때 $Y=\bar{Y}$에 정확히 일치하게 됨

**B점에서는 P^e가 P_3에 미치지 못해 다음 절에서 보듯이 P^e를 상향조정하는 과정을 거치게 됨

$P^B=P$이면 $P^A=P^B=P$가 성립하고 **식** (4-4)에서 보는 바와 같이 완전고용이 달성된다. 따라서 P^B는 P의 기댓값(P^e)으로 다음과 같이 결정된다고 가정한다.

$$P^B=P^e \tag{4-5}$$

이제 **식** (4-5)를 **식** (4-4)에 대입하면 총공급곡선을 다음과 같이 얻을 수 있다.

$$Y=\bar{Y}+\alpha(P-P^e) \tag{4-6}$$

그리고 **식** (4-6)의 총공급곡선을 물가수준에 관하여 풀면 다음 식을 얻을 수 있다.

$$\begin{aligned} P &= P^e+\frac{1}{\alpha}(Y-\bar{Y}) \\ &= \left(P^e-\frac{1}{\alpha}\bar{Y}\right)+\frac{1}{\alpha}Y \end{aligned} \tag{4-7}$$

따라서 가격이 부분적으로 경직적인 총공급곡선은 절편이 $P^e-(1/\alpha)\cdot\bar{Y}$이고 기울기 $1/\alpha$인 직선으로 나타난다. 이를 그림으로 그리면 **그림 4-3**에서 *SRAS*와 같이 나타난다.

4.4 총공급곡선의 이동

선형 총공급곡선 *SRAS*는 기대물가수준 P^e가 상승하면 위왼쪽로 이동하고 완전고용수준의 산출량 $\bar{Y}$가 증가하면 아래오른쪽로 이동한다. 이를 좀더 말로 풀어서 설명하자면 기대물가수준이 상승하면, *A*산업은미래 높은 가격으로 팔 수 있으므로 현재 기의 상대가격이 하락한 셈이므로 공급이 감소하고, 반면 가격이 경직적인 *B*산업은상대적으로 A재화에 비해 가격이 높은 셈이므로 위에서 설명한 기간 내 대체효과와미래에 궁극적으로 가격을 인상해야 하므로 기간 간 대체효과에 의한 수요 감소로 공급이 감소하므로 두 산업의 공급을 집계한 총공급곡선이 위왼쪽로 이동하게 된다.

한편 기대물가수준과 실제 물가수준이 다르면 다음과 같은 기대의 조정이 일어난다. **그림 4-3**에서 기대물가수준이 P_1^e로 주어졌을 때 경제가 점 *E*에 있다면 실제 산출량 *Y*와 완전고용수준의 산출량 $\bar{Y}$가 일치하므로 **식 (4-7)**에 의해 기대물가수준 P_1^e과 실제 물가수준 P_1이 같다. 그러나 경제가 점 *A*에 있다면 실제 물가수준은 P_2이지만 기대물가수준은 점 *E*에서의 물가수준 P_1과 같으므로 $P_1^e = P_1 > P_2$가 성립한다. 같은 논리로 경제가 점 *B*에 있다면 $P_1^e = P_1 < P_3$가 성립한다. 따라서 경제가 완전고용수준을 벗어나면 실제 물가수준과 기대물가수준이 일치하지 않게 된다. 이때 서로 다른 방향으로 기대의 조정이 일어난다. 경제가 점 *A*에 있으면 시간이 흐르면서 생산자들은 물가에 대한 자신들의 기대가 지나치게 높다는 것을 깨닫고 기대물가수준을 낮춘다. 반대로 경제가 점 *B*에 있으면 생산자들은 기대물가수준을 높인다. 이때 기대물가수준이 조정되면 *B*산업의 경직적인 가격도 조정된다.

그리고 기대가 조정되면 총공급곡선이 이동한다. 기대의 조정에 따른 총공급곡선의 이동이 **그림 4-4**에 나타나 있다. 먼저 경제가 점 *A*에 있다면 기대물가수준 P_1^e이 실제 물가수준 P_2보다 높기 때문에 생산자들은 기대물가수준을 하향 조정하는데, 조정은 새로운 기대물가수준 P_2^e가 실제 물가수준 P_2와 같아질 때까지 지속된다. 이때 기대물가수준이 하향 조정되면 총공급곡선의 절편이 감소해 총공급곡선이 아래로 이동하는데 궁극적으로 총공급곡선의 이동은 점 E_2에서 기대물가수준 P_2^e가 실제 물가수준 P_2와 같아질 때까지 지속된다. 그리고 점 E_2에서의 산출량은 완전고용수준에서의 산출량과 같다.

만약 경제가 점 *B*에 있다면 생산자들은 실제 물가수준이 기대물가수준보다 높

기대의 조정과 총공급곡선의 이동 그림 4-4

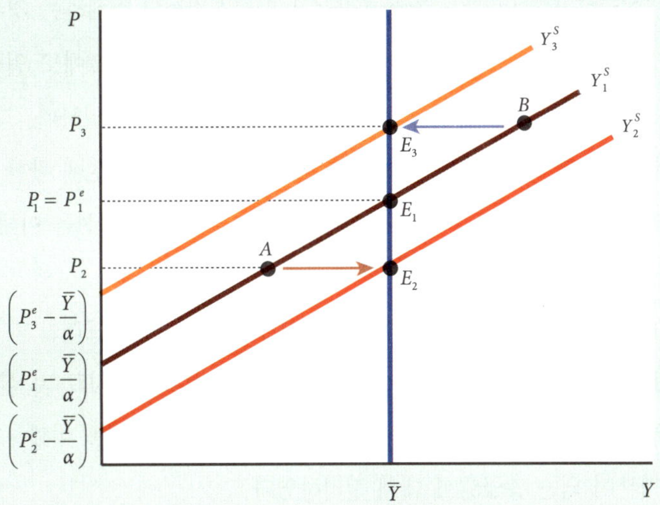

경제가 점 A에 있다면 기대물가수준 P_1^e이 실제 물가수준 P_2보다 높기 때문에 시간이 경과함에 따라 생산자들이 기대물가수준을 하향 조정한다. 따라서 총공급곡선이 오른쪽으로(또는 아래쪽으로) 이동하는데 이러한 조정은 새로이 조정된 기대물가수준(P_2^e)이 실제 물가수준(P_2)과 같아질 때까지 지속된다($A \rightarrow E_2$). 경제가 점 B에 있으면 E_3으로 조정이 일어난다.

다는 것을 인식하게 되므로 기대물가수준을 상향 조정한다. 따라서 총공급곡선의 절편이 증가해 총공급곡선이 $SRAS_1$에서 $SRAS_3$으로 이동하며, 총공급곡선의 이동은 완전고용수준의 산출량이 달성되는 점 E_3에 다다를 때—곧 실제 물가수준과 기대물가수준이 $P_3^e = P_3$과 같이 서로 일치할 때—까지 지속된다. 이와 같이 부분적인 가격 경직성이 존재할 때 경제가 완전고용수준의 산출량에서 벗어나 있으면 기대물가수준의 조정이 일어나 총공급곡선을 이동시킨다.

결 론 4.5

케인즈학파는 시장의 불완전성특히 임금과 가격 경직성을 주장한다. 임금 경직성의 중요성을 강조한 케인즈를 비롯해 임금 경직성을 강조한 학자들을 옛케인즈학파Old Keynesian, 1980년대 이후 새롭게 가격 경직성을 강조한 사람들을 새케인즈학파New Keynesian라고 부른다. 새케인즈학파가 가격 경직성을 강조하는 가장 중요한 이유는 임금 경직성이 존재하면 실질임금노동생산성이 경기역행적이기 때문이다.

완전한 가격경직성이 존재하면 수평부분이 포함된 단기 총공급곡선을 얻게 된다. 보다 현실적으로, 부분적 가격경직성이 존재하면 우상향하는 단기 총공급곡선을 얻을 수 있다. 이러한 모양의 단기 총공급곡선은 임금경직성이 존재하는 경우(부록 4.1 참조)와 시장에서 정보의 흐름이 불완전한 경우(부록 4.2 참조)에도 얻을 수 있는데, 모두 공통적으로 시장의 불완전성이 도입된다는 측면에서 동일하다. 그러나 실질임금이 경기순행적으로 움직인다는 관측과 부합하며 가격경직성에 관한 실제 현상과도 밀접하다는 측면에서 가격경직성에 의거하여 단기 총공급곡선을 이해하는 것이 일반적이다.

제5, 6, 7장에서 배우게 되겠지만, 가격경직성하에서 수요충격이 도래할 때 산출량, 고용 및 실질임금의 변동을 얻게 되며, 이러한 변동양상이 실제자료 및 실증분석 결과와도 상당히 부합함을 알게 될 것이다. 이러한 단기 조정과정을 이해하기 위해 본 장에서는 기본이 되는 총공급에 대해 정리하였다.

요 약

≫ 임금이 연공서열에 의해 결정되는 경우와 같이 임금이 시장을 청산하는 가격기능을 갖고 있지 않은 경우가 많다. 이러한 경우의 임금은 시장을 청산하는 수준에서 결정되는 것이 아니라 평생임금을 연공서열의 각 단계에 나누어 지급하는 사회적인 규범에 따라 결정된다.

≫ 독점적 경쟁은 생산자들의 제품이 차별화돼 있기 때문에 부분적으로 고객들에게 독점력을 가지는 경우를 말한다. 이때 독점력은 제품의 차별화 정도에 따라 다르게 나타난다.

≫ 메뉴비용은 재화의 가격을 변화시키는 데 드는 비용을 말한다. 메뉴비용의 존재는 생산자로 하여금 재화의 가격을 수시로 바꿀 수 없도록 하기 때문에 가격 경직성의 원인이 된다. 작은 메뉴비용이 큰 가격 경직성을 유발할 수 있다.

≫ 시장의 정보가 불확실한 경우에는 가격보다는 수량을 조정하려는 경향이 존재한다.

≫ 시장은 고객시장과 경매시장으로 나눌 수 있다. 고객시장에서는 단골 고객과 생산자 사이에 재화의 가격을 자주 변동시키지 않는다는 암묵적인 계약이 존재한다. 그러한 계약을 통해 고객은 탐색비용을 절약하고 생산자는 안정적으로 고객을 확보할 수 있다.

≫ 생산자가 가격을 인상하는 경우와 인하하는 경우에 수요자와 경쟁관계에 있는 생산자가 선택하는 행위가 다르기 때문에 굴절수요곡선이 나타난다. 굴절수요곡선이 존재하는 경우에 생산비용이 크게 변동하지 않으면 가격 또한 변화하지 않는 경향이 있다.

≫ 완전한 가격 경직성이 존재하면 총공급곡선이 경직적인 가격에서 수평으로 나타나고 노동 수요는 생산함수 자체가 되지만 노동공급은 노동자의 효용극대화로부터 도출된다.

≫ 부분적인 가격 경직성이 존재하면 우상향하는 총공급곡선을 얻을 수 있다.

≫ 기대물가수준의 변동은 총공급곡선을 이동시킨다.

≫ 가격 경직성이 존재하는 경우 실질임금은 경기순행적이나 실업은 모두 자발적 실업이다.

핵심용어

- 가격결정자
- 가격수취자
- 경매시장
- 고객시장
- 굴절수요곡선
- 기간 간 대체효과
- 기간 내 대체효과
- 독점력
- 독점적 경쟁
- 메뉴비용
- 상대가격의 변화
- 실질적인 노동 수요곡선
- 완전대체재
- 제품 차별화
- 탐색비용

연습문제

01 가격이 완전히 경직적인 경우에 노동수요곡선이 생산함수의 역함수가 되는 이유를 논하고 비자발적 실업이 존재할 수 없는 이유를 설명하시오.

02 가격이 부분적으로 경직적일 때 물가수준이 상승하면 가격 경직성이 존재하지 않는 산업이나 가격 경직성이 존재하는 산업 모두 공급이 증가하는 이유를 설명하시오.

03 일시적인 공급충격예: 원유가격의 상승이 모든 산업에 동일하게 주어졌을 때 가격이 완전히 경직적인 경우와 부분적으로 경직적인 경우에 총공급곡선에 미치는 효과를 분석하시오.

04 가격이 부분적으로 경직적일 때 ① $P>P^e$인 경우와 ② $P<P^e$인 경우에 각각 기대물가수준이 조정되는 방향과 총공급곡선이 이동하는 방향에 대해 설명하시오.

05 가격 경직성이 존재할 때 실질임금이 경기순행적으로 나타나는 이유를 그림을 이용하여 설명하시오.

06 가격 경직성의 원인에 관하여 논하여 보시오. 그리고 고려하는 기간의 길이가 길어질 때 그와 같은 요인들이 어떻게 변화할 것으로 기대되는지 논하고 총공급곡선에 미치는 효과를 설명하여 보시오.

07 총공급곡선을 이동시키는 요인에 관하여 설명하고 어떤 요인이 장기적인 것인지 구분하여 보시오.

08 총공급곡선의 기울기를 결정하는 요인에 관하여 논하여 보시오.

09 독점 기업이 생산하는 재화에 대한 수요함수가 다음과 같이 주어졌다고 한다.

$$Y^D=10-2P+Z$$

여기서 Y^D, P, Z는 각각 수요량, 가격 및 수요에 주어지는 충격을 나타내며, 이 기업이 재화 한 단위를 생산하는 데 드는 비용은 1로 일정하다고 한다.

(1) $Z=0$일 때 가격, 생산량 및 이윤을 구하시오. 독점의 사회적 비용social cost은 얼마인가?

(2) 수요에 주어지는 충격이 $Z=0$에서 $Z=4$로 증가할 때 가격, 생산량 및 이윤을 구하시오. 독점의 사회적 비용은 (1)과 비교하여 증가하는가, 감소하는가?

(3) 수요에 주어지는 충격이 (2)와 같이 4라고 할 때 (1)의 가격을 그대로 유지한다면 생산량과 이윤은 얼마인가? 이때 독점의 사회적 비용은 증가하는가, 감소하는가?

(4) 메뉴비용이 1.5이고, 수요에 (2)와 같은 충격이 주어진다면 이 기업은 (1)의 가격을 유지할 것인가, (2)와 같이 가격을 변화시킬 것인가?

(5) 메뉴비용이 2.5라고 한다. 수요에 주어지는 충격이 (2)와 같이 주어진다면 이 기업은 (1)의 가격을 유지할 것인가, (2)와 같이 가격을 변화시킬 것인가?

(6) 수요에 주어지는 충격이 (1)과 같이 $Z=0$에서 $Z=-4$로 감소했다고 한다. (2)~(5)의 질문에 답하시오.

(7) 메뉴비용이 2라고 한다. 수요에 충격이 주어져도 (1)에서 결정한 가격을 변화시키지 않을 충격의 범위를 구하시오.

(8) 메뉴비용이 1일 때 (7)의 질문에 답하시오.

(9) (7), (8)의 답에서 작은 메뉴비용이 큰 가격 경직성을 유발한다고 말할 수 있는가?

10 독점기업의 (역)수요함수가 다음과 같이 주어져 있다고 한다.

$$P=\begin{cases} 100-5Y^D, & Y^D \le 5 \\ 125-10Y^D, & Y^D > 5 \end{cases}$$

즉 산출량이 5일 때 수요곡선의 굴절이 일어나고 있다.

(1) 수요곡선을 (수요량, 가격) 평면에 도시하시오.

(2) 한계수입marginal revenue곡선을 구하고 (수요량, 가격) 평면에 도시하시오.

(3) 이 기업의 총비용함수가 다음과 같이 주어졌다고 한다.

$$TC(Y)=3Y^2+P_oY$$

여기서 P_o는 원유가격을 나타낸다. $P_o=2$라고 할 때 한계비용곡선을 구하고 (수요량, 가격) 평면에 도시하시오. 이 경우에 가격은 어떻게 결정되는가?

(4) (3)에서 결정된 가격이 그대로 유지되는 원유가격의 범위를 구하시오.

(5) 굴절수요곡선이 가격 경직성을 초래할 수 있는가?

11 완전한 가격 경직성이 존재하는 거시경제의 생산함수가 다음과 같이 주어졌다고 한다.

$$Y=AL^{1-\theta},\ 0<\theta<1$$

여기서 A는 노동생산성, L은 노동량이다. 그리고 소비자곧 노동자의 효용함수는 다음과 같다고 한다.

$$U(C,L)=C-\frac{B}{1+\gamma}L^{1+\gamma},\ B,\gamma>0$$

여기서 C는 소비, 소비자의 비임금소득은 Y_N이라고 한다.

(1) 노동의 수요를 산출량과 노동생산성의 함수로 구하고 (산출량, 노동량)의 평면에 도시하시오.

(2) 노동수요가 임금과 경직적으로 설정된 재화의 가격에 전혀 영향을 받지 않는 이유는 무엇인가?

(3) 노동생산성이 증가할 때 (1)에서 구한 노동 수요곡선이 어느 방향으로 이동하는지 설명하시오. 노동수요의 그와 같은 반응이 현실적이라고 생각하는가?

(4) 소비자 곧 노동자의 효용극대화로부터 노동공급함수를 구하고 (노동량, 실질임금)과 (노동량, 명목임금)의 평면에 도시하시오.

▶▶ 임금 경직성과 총공급곡선

임금 경직성이 존재할 때 물가수준이 상승하면 경직적인 임금을 물가수준으로 나눈 실질임금이 하락한다. 따라서 기업은 더 많은 노동을 고용하게 되고 그에 따라 생산량과 총공급이 증가한다. 이렇게 물가수준이 상승할 때 산출량이 증가한다는 것은 임금 경직성이 존재할 때 산출량과 물가수준의 평면에서 총공급곡선이 우상향함을 의미한다.

1 임금 경직성의 원인

임금 경직성이 나타나는 원인은 지금까지 많은 경제학자들의 연구대상이었고, 아직도 중요한 문제 가운데 하나이다. 임금을 경직적이게 만드는 요인은 크게 두 가지로 구분해 생각해 볼 수 있다.

1. 기업이 임금을 마음대로 조정할 수 없게 만드는 요인예: 노동조합이나 제도들이 존재한다.
2. 임금을 높게 유지하는 것이 오히려 기업의 이윤을 증가시킬 수 있다.

이제 이 요인들에 대해 살펴보자.

노동계약

노동자와 사용자 사이에는 흔히 계약contract이 존재한다. 계약은 두 가지 유형이 있다.

1. 오늘날 흔히 볼 수 있는 노동조합labor union과 사용자 사이의 노동조합계약union contract이 있다. 이 계약은 서류와 협정에 의한 계약이라는 의미에서 명시적 계약explicit contract이라고 할 수 있다.
2. 노동자와 사용자 사이에 노동조합 계약과 같은 명시적 계약이 존재하지 않아도 쌍방 사이에 암묵적으로 관행과 양해사항이 존재할 수 있다. 명시적이지는 않지만 암묵적으로 존재하는 계약을 암묵적 계약implicit contract이라고 부른다.[1]

노동조합계약은 노동자 대표인 노동조합과 사용자의 협상bargaining에 의해 결정된다. 협상의 주된 내용은 명목임금의 결정이다. 노동조합은 더 높은 임금을 원하고 사용자들은 긴 협상이나 파업에 따른 손실을 피하기 위해 시장균형임금보다 높은 수준에서 협상을 타결하게 된다. 그런데 일단 결정된 계약임금은 시장이 변화해도 계약 기간 동안 변함없이 지속되는 특징이 있다. 즉 (임금수준은 장기적으로 시장균형임금에 접근하겠지만) 노동조합의 존재는 명목임금이 경제환경 변화에 따라 유연하게 조정되지 못하게 만드는 경향이 있다.

노동조합에 속해 있는 노동자 비율이 **표 A4-1**에 나타나 있다. **표 A4-1**에서 미국은 전체 고용노동자의 약 10.7%가 노동조합에 가입하고 있다. 유럽 국가들은 그보다 훨씬 높아 독일 18.1%, 이탈리아 37.3%, 영국 25.1%, 스웨덴 67.3%에 달한다. 따

---

1 Azariadis, C.(1975), "Implicit Contracts and Underemployment Equilibria," *Journal of Political Economy* 83 v. 3, pp.353-374.
Baily, M.(1974), "Wages and Employment under Uncertain Demand," *Review of Economic Studies* 41 no. 1, pp.37-50.
Gordon, D.F.(1976), "A Neo-Classical Theory of Keynesian Unemployment," in K. Brunner and A.H. Meltzer, eds, *The Phillips Curve and Labor Market*, Amsterdam, pp.65-97.

라서 유럽의 노동조합 조직률이 미국보다 높고 임금 경직성에서도 더 큰 역할을 한다고 말할 수 있다. 우리나라의 경우 노동조합에 속해 있는 노동자 수가 전체 노동자의 10% 정도이다.[2]

표 A4-1 주요 국가의 노동조합 참가율(2014년)

단위: %

한국	10.1	영국	25.1	캐나다	26.4	노르웨이	52.1
미국	10.7	프랑스	7.7	이탈리아	37.3	덴마크	66.8
일본	17.6	독일	18.1	스웨덴	67.3	호주	15.5

* 한국은 2012년, 독일, 덴마크, 이탈리아, 프랑스, 노르웨이는 2013년 자료임.

자료 : OECD. Stat.

암묵적 계약이란 장기간에 걸쳐 노동자와 사용자 사이에서 발전된 여러 가지 관행과 양해사항을 일컫는다. 따라서 노동조합계약과 같은 공식적인 문서에 의한 계약과 다르다. 암묵적 계약이론은 다음과 같은 위험의 공동부담이론theory of risk sharing에 기초를 두고 있다. 노동자들은 일반적으로 위험기피적risk averse이다. 즉 노동자들은 매월 지급해야 하는 집세, 자동차 할부금 등과 같은 고정 지출이 있기 때문에 시장에서 노동에 대한 수요와 공급이 변화할 때마다 임금이 변화하는 것이 바람직하지 않다고 여긴다. 실제로 시장에서의 여러 가지 변동에 대해 노동자들보다는 기업이 더 쉽게 적응할 수 있다. 그 이유는 첫째, 기업의 소유주들은 부유층에 속하는 사람들로 소득의 변동에 더 잘 적응할 수 있는 완충장치를 가지고 있고, 둘째, 자금이 필요한 경우에 노동자들보다는 기업들이 더 쉽게 자금을 빌릴 수 있기 때문이다.

노동자들보다 경제적인 충격에 잘 적응할 수 있기 때문에 기업은 노동자들에게 간접적인 보험insurance을 제공하게 된다. 예를 들어, 평균적으로는 높지만 변동이 심한 임금을 지급하는 기업과 평균적으로는 낮지만 일정한 (또는 변동이 심하지 않은) 임금을 지급하는 기업이 있을 때 위험기피자인 노동자들은 임금의 격차가 지나치게 크지 않다면 후자의 기업에서 일하고자 한다는 것이다. 명시적인 계약이 있는 것은 아니지만 후자의 기업은 마치 노동자들에게 일정한 임금을 지급한다는 계약에 따르는 것처럼 행동한다.

인사이더-아웃사이더 이론

불황에도 기업이 새로 고용되는 노동자들에게 낮은 임금을 지급할 수 없는 문제를 설명하기 위해 인사이더-아웃사이더 이론insider-outsider theory이 등장했다. 이 이론의 주창자들은 스노우어D.J. Snower와 린드벡A. Lindbeck 등이다.[3] 인사이더란 어떤 기업에 고용돼 이미 직업을 가지고 있는 노동자들을, 아웃사이더란 이 기업에 취직하기를 원하는 노동자들을 말한다. 인사이더-아웃사이더 이론은 고용자와 노동자의 관계에 대해 다음과 같은 두 가지를 가정한다.

1. 기업과 노동자 사이에는 명시적이거나 또는 암묵적인 계약이 존재한다.
2. 기업이 새로 고용한 노동자는 일정한 비용이 수반되는 훈련을 거친 다음 생산활동에 투입되는데 이때 훈련을 통해 습득하는 기술은 이 기업의 고유한firm specific 기술이다. 어떤 기술이 한 기업에 고유하다는 것은 그 기술을 다른 기업에서는 이용할 수 없다는 의미이다. 이는 노동자를 한 기업에 오래 머무르게 하는 유인이 된다.

이러한 가정 아래 새로 고용된 노동자를 훈련시키는 주체는 이 기업에 고용돼 고유의 기술을 익힌 노동자곧 인사이더들이다. 그런데 인사이더들은 새로운 노동자곧 아웃사이더들을 훈련시키면 장차 자신들의 협상력bargaining power이 약화된다는 사실을 알고 있다. 즉 기업이 인사이더들에게 새로 고용되는 아웃사이더들보다 더 높은 임금을 계속 지급하겠다고 약

2 프랑스의 경우 노동조합 가입률이 매우 낮지만 노동자의 92%가 집단협약collective bargaining에 의해 임금 등 노동조건을 결정하고 있다. 일반적으로 집단협약에 참가한 노동자들의 비율은 노동조합참여율보다 높다. 우리나라, 미국, 일본, 캐나다, 영국 등은 집단협약에 참가하는 노동자 비율이 노동조합참여율보다 높지만 유럽 국가들에는 미치지 못한다. 유럽의 경우 많은 나라들에서 집단협약에 참가하는 노동자 비율이 90%를 초과한다.

3 Lindbeck, A. and D.J. Snower(1987), "Wage Setting, Unemployment, and Insider Outsider Relations," *American Economic Review* 76, pp.235-239.

속해도 아웃사이더들이 훈련을 통해 인사이더들과 같은 수준의 기술을 획득한다면 이 약속이 더 이상 지켜질 수 없으며, 나아가 새로 고용된 아웃사이더들이 인사이더들을 대체할 수도 있다는 사실을 잘 알고 있다는 것이다. 심지어 장래 임금 협상에서 낮은 임금으로 고용 가능한 노동자들을 이용해 기업이 인사이더들에게 임금삭감 압력을 가할 수도 있다.

따라서 인사이더들은 새로 고용되는 아웃사이더들의 이해가 자신들의 이해와 일치하지 않는 한 그들을 훈련시키기를 거부한다. 그리고 협상력을 계속 유지하기 위해 사용자곧 기업에게 새로 고용하는 아웃사이더에 대해 (아웃사이더의 생산성이 떨어짐에도 불구하고) 자신들과 같은 대우곧 같은 임금를 해줄 것을 요구한다. 그 결과, 새로 고용되는 아웃사이더의 임금이 시장임금수준보다 높아지고 임금계약에 의해 경직적이게 된다. 이때 새로 고용된 아웃사이더들의 임금이 시장임금수준보다 높은 수준으로 유지되므로 고용되지 못한 아웃사이더들의 실업은 오래 지속되는 경향이 있다.

최저임금제

최저임금minimum wage제도는 정부가 법으로 임금의 하방경직성을 도입하는 경우이다. 즉 최저임금이란 일정한 임금수준 이하로는 어떤 노동자도 고용할 수 없도록 법으로 정해진 임금수준이다. 대부분의 노동자들은 최저임금보다 높은 수준의 임금을 받고 있으나 어떤 부류의 노동자들은 시장임금수준이 최저임금보다 낮다. 특히 미숙련 노동자와 노동시장에서 경험이 부족한 노동자들의 경우에는 정부가 법으로 정한 최저임금이 시장에서 결정되는 균형임금보다 높기 때문에 최저임금제도가 실시되면 실업이 발생할 수 있다.

노동시장에서 균형임금이 최저임금보다 낮은 부류에 속하는 노동자들은 미숙련노동자와 청소년 그리고 여성 노동자 등이다. 특히 청소년 노동자들은 첫째, 노동시장에서 가장 미숙련된 노동자일 뿐만 아니라 노동경험 또한 적고 둘째, 많은 경우에 직접적인 임금에 의해 보상받기보다는 직업훈련on the job training의 형태로 보상을 받기 때문에예: 견습생으로 취업하는 경우 균형임금이 최저임금보다 낮다. 따라서 보통 청소년들은 최저임금을 받게 되는데 최저임금이 인상되면 청소년의 실업률은 증가하게 된다.

우리나라는 1986년 12월 31일 "최저임금법"을 제정해 1988년부터 최저임금제도를 시행해 오고 있다. 1988년 우리나라의 최저임금은 평균 시간당 475원이었다. 이를 2012년 화폐가치로 환산하면 1,232원이다. 그리고 2013년 최저임금은 시간당 4,860원이다.

최저임금제에 대해서는 찬반이 뷰명히 나뉜다. 최저임금제 찬성론자들은 빈곤층의 생활수준을 높이는 유용한 수단이므로, 비록 생산성이 낮은 노동자들의 실업률이 높아질 수 있지만 그 정도의 희생은 가치가 있다고 본다. 반면에 최저임금제 반대론자들은 최저임금제가 가난한 노동자들을 돕는 최선의 방법이 아니라고 주장한다. 즉 최저임금제는 노동비용을 증가시킬 뿐만 아니라 근본적으로 정책이 목표로 하는 계층이 잘못 설정돼 있다는 것이다. 실제로 최저임금제 적용을 받는 청소년 대부분은 중산층 자녀로 여행을 위한 지출 같은 특별한 지출을 목적으로 노동을 하며 가장으로서 가족의 생계를 책임지기 위해 노동하는 경우는 많지 않다.

효율임금이론(심화학습)

앞에서 살펴본 임금 경직성의 세 가지 원인이 기업이 임금을 마음대로 조정할 수 없도록 만드는 요인들인 반면, 지금부터 살펴볼 효율임금이론the theory of efficiency wage은 기업이 자발적으로 시장임금보다 높은 임금을 지급하는 것이 기업의 이윤을 극대화하는 방법이라는 것이 핵심적인 주장이다.

왜 기업은 시장임금보다 높은 임금을 지급할까? 이에 대한 해답을 얻기 위해 다음과 같은 생산함수를 갖는 기업을 생

각해 보자.[4]

$$Y=F\left[E\left(\frac{W}{P}\right)L,K\right] \tag{A4-1}$$

여기서 L과 K는 노동과 자본, $E(W/P)$는 실질임금의 영향을 받는 노동의 효율성이다.

만약 생산함수가 **식** (A4-1)과 같다면 기업은 다음과 같은 실질이윤함수를 극대화한다.

$$\Pi=F\left[E\left(\frac{W}{P}\right)L,K\right]-\left(\frac{W}{P}\right)L-C_F \tag{A4-2}$$

여기서 C_F는 실질고정비용이다. 이때 노동 효율성이 실질임금의 함수이므로 **식** (A4-2)에서 결정해야 하는 변수는 실질임금과 노동량이다. **식** (A4-2)를 노동과 실질임금에 관해 미분하면 이윤극대화를 위한 다음의 두 조건을 얻는다.

$$F_1\left[E\left(\frac{W}{P}\right)L,K\right]E\left(\frac{W}{P}\right)=\frac{W}{P} \tag{A4-3}$$

$$F_1\left[E\left(\frac{W}{P}\right)L,K\right]E'\left(\frac{W}{P}\right)=1 \tag{A4-4}$$

여기서 F_1은 함수 $F(\cdot,\cdot)$의 첫 번째 변수에 대한 편미분을 나타낸다. 이제 **식** (A4-3)을 (A4-4)에 이용하면 다음 식을 얻을 수 있다.

$$\frac{E'\left(\frac{W}{P}\right)\cdot\frac{W}{P}}{E\left(\frac{W}{P}\right)}=1 \Leftrightarrow E'\left(\frac{W}{P}\right)=\frac{E\left(\frac{W}{P}\right)}{\frac{W}{P}} \tag{A4-5}$$

즉 기업이 지급하는 실질임금은 노동효율성의 실질임금에 대한 탄력도가 1이 되도록 결정되며 노동효율성함수 $E(W/P)$의 영향만 받는다.[5] 다시 말해 실질임금은 노동효율성함수에만 의존할 뿐 노동시장의 수요 및 공급의 변화에는 영향을 받지 않는다. 따라서 실질임금은 경직적이며 나아가 물가수준이 주어져 있다고 하면 명목임금도 경직적이다.

이러한 임금 결정을 **그림 A4-1**의 $E(W/P)$ 함수를 이용해 설명할 수 있다. 이에 따르면 실질임금이 증가하면 뒤에서 살펴볼 여러 가지 이유로 효율성이 증가한다. 즉 실질임금과 노동효율성은 양의 관계를 갖는다. 여기서 우리는 노동효율성곡선이 S자 모양을 갖는다고 가정하는데, 그 이유는 다음과 같다. 낮은 실질임금수준에서 노동자들은 작업에 열성을 쏟지 않지만 실질임금이 일정 수준 이상으로 높아지면 노동자들이 작업에 열성을 쏟기 시작해 임금이 높아질수록 열성이 빠르게 증가한다. 그러나 노동자들의 노력에도 한계가 있어 실질임금이 아주 높아지면 노동효율성곡선은 평편해진다.

이와 같은 노동효율성곡선이 주어져 있을 때, 기업은 효율성을 극대화하는 실질임금을 선택하게 된다. 즉 기업은 노동자에게 지급되는 실질임금 단위당 노동효율성이 가장 큰 수준의 실질임금을 선택하게 된다. 이때 실질임금 단위당 노동효율성 $E(W/P)/(W/P)$를 **그림 A4-1**에 나타난 효율성곡선 위의 한 점과 원점을 잇는 직선의 기울기로 나타낼 수 있는데 그 기울기는 원점에서 출발한 직선이 효율성곡선에 접하는 점 B에서 극대화된다. 점 A나 점 C의 경우 원점과 이 점들을 잇는 직

4 지금부터 설명하는 모형은 다음의 논문에 따른 것이다.
Solow, R.M.(1979), "Another Possible Source of Wage Stickiness," *Journal of Macroeconomics* 1, pp.79-82.

5 식 (A4-5)의 첫 번째 식의 좌변은 실질임금에 대한 노동효율성의 탄력도이다.

선의 기울기가 점 B에서의 기울기보다 작기 때문에 기업은 점 B에서 실질임금 $(\overline{W/P})$를 선택한다. 점 B에서는 효율성곡선의 기울기와 원점과 점 B를 잇는 직선의 기울기가 같으므로 위의 **식** (A4-5)를 만족시킨다.

그렇다면 왜 노동효율성이 실질임금에 영향을 받을까? 이 의문에 대한 해답은 다음과 같은 이유에서 찾아볼 수 있다.

그림 A4-1 효율임금이론

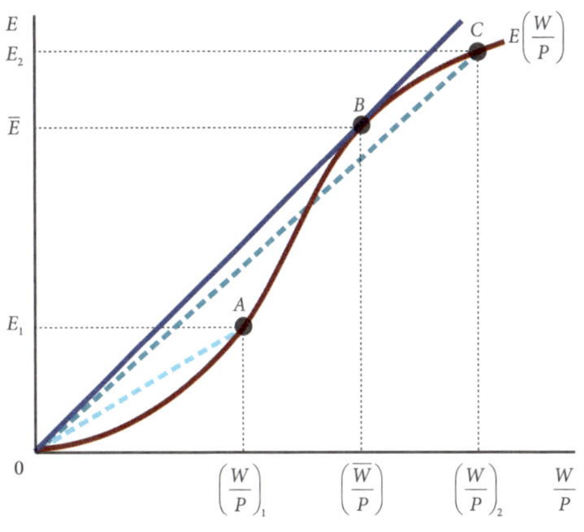

1 한 기업이 임금을 삭감하면 가장 먼저 퇴사하는 노동자들은 이 기업에서 생산성이 가장 높은 노동자들일 것이다. 따라서 거시경제에 불황이 찾아오더라도 우수한 노동자들을 잃지 않기 위해 기업이 임금을 삭감하지 않을 유인이 존재한다. 이와 같이 한 기업이 고용하고 있는 노동자들의 평균적인 생산성은 그 기업이 지급하는 임금수준과 양의 상관관계를 갖고 있다. 이러한 효과를 역선택adverse selection이라고 부른다. 역선택은 시장에서 정보를 더 많이 보유하고 있는 사람이 정보가 부족한 사람에게 불리한 선택을 하는 경향을 가리킨다. 이 경우에 노동자들은 시장 정보를 고용주보다 잘 알고 있기 때문에 기업이 실질임금을 내리면 기업에게 불리한 행동예: 더 높은 임금을 주는 기업으로 전직을 한다. 따라서 기업은 실질임금을 시장균형임금보다 높게 설정함으로써 노동자들의 역선택을 피하고 자신이 고용하고 있는 노동자들의 평균적인 질을 높여 그 결과로 생산성을 증대시킬 수 있다.

2 한 기업이 시장임금보다 높은 수준의 임금을 지급하면 노동자들은 다른 기업의 노동자보다 더 높은 임금을 받기 때문에 사기morale가 올라 일의 능률이 증대된다. 실질임금을 높게 보장할 때 노동자들이 일에 열성을 보이는 동기를 노벨경제학상 수상자인 에커로프G. Akerlof 교수[6]는 선물교환동기gift exchange motive라고 불렀다.

3 높은 임금은 노동자들의 규율discipline을 세워주고 그들이 근무에 태만할 가능성을 줄여준다. 즉 노동자가 근무태만shirking으로 해고당하면 이 기업에서 받고 있는 (다른 기업보다 높은) 임금을 포기해야 한다. 이때 높은 임금은 근무태만에 의한 해고의 기회비용이므로 근무태만의 가능성을 줄여준다. 이 이론을 근무태만모형shirking model이라고 부른다. 이 역시 노벨경제학상을 수상한 스티글리츠J. Stiglitz와 샤피로C. Shapiro가 주창한 모형이다.[7]

4 임금을 낮추면 노동자들의 이직률labor turnover rate이 높아진다. 기업은 노동자들이 기업을 떠나면 새로운 노동자를 고용해야 하는데 새로운 노동자를 고용하려면 여러 가지 비용을 부담해야 한다. 이 비용에는 노동자들의 재능과 관심을 알아내고 새로 고용한 노동자들을 훈련시키는 채용비용hiring cost과 훈련비용training cost이 포함된다. 이러한 비용은 노동자들의 이직률이 높을수록 커진다. 결국 기업은 노동자들의 이직률을 낮게 유지하기 위해 시장임금보다 더 높은 임금수준을 유지한다.

5 빈곤국으로 분류되는 개발도상국에 적용될 수 있는 이론으로, 높은 임금이 노동자들의 영양상태를 개선해 노동생산성을 증대시킬 수 있다. 즉 더 높은 임금을 받는 노동자는 좋은 음식을 섭취하므로 건강상태를 양호하게 유지해 노동생산성을 높인다. 따라서 기업이 노동자들에게 높은 임금곧 시장의 균형임금보다 높은 수준의 임금을 지급해 노동자들의 생산성을 높

6 Akerlof, G., "Labor Contracts as Partial Gift Exchange," *Quarterly Journal of Economics*, November 1982, pp. 543-569.
7 Shapiro C. and J.E. Stiglitz, "Equilibrium Unemployment as a Worker Discipline Device," *American Economic Review*, June 1984, pp. 433-444.

이려는 유인이 발생한다. 물론 이러한 주장은 선진국의 경우에는 성립하지 않는다.

2 임금 경직성과 총공급곡선

지금까지 살펴본 바와 같이 임금이 경직적이게 되는 데에는 여러 가지 이유가 있고 그에 따라 모형이 각기 다르게 나타난다. 여기서는 위에서 설명한 임금계약모형을 이용해 총공급곡선을 도출해 보기로 한다. 먼저 노동자들혹은 노동조합과 고용주가 다음과 같은 계약을 맺는다고 가정한다.

1 명목임금은 노동자들이 정하며, 명목임금이 적용되기 한 기간 전에 다음과 같은 방법으로 결정된다고 가정한다. 즉 노동계약을 체결할 때 결정하는 임금은 미래 임금으로, 계약시점에서 보면 계약임금이 실제로 적용되는 미래 노동시장이 불확실uncertain하므로 노동자들은 다음의 두 가지를 고려해 계약임금을 설정한다. 첫째, 목표로 하는 실질임금target real wage rate을 w로 설정한다. 목표실질임금은 미래 노동시장에서 시장청산을 이룰 것으로 기대되는 실질임금이거나 효율임금에 따라 시장청산실질임금보다 높은 수준일 수도 있다. 여기서는 설명을 단순화하기 위해 목표실질임금이 미래에 기대되는 시장청산실질임금이라고 가정한다. 둘째, 미래 물가수준을 정확히 알 수 없기 때문에 명목임금을 설정하기 위해 (계약임금이 실제로 사용되는) 미래 물가수준에 대한 기대물가수준expected price level을 이용한다. 따라서 미래의 기대물가수준을 P^e라고 하면 계약임금을 다음과 같이 나타낼 수 있다.

$$W = wP^e \tag{A4-6}$$

2 임금이 계약으로 미리 일정하게 정해지고 나서 계약임금을 실제로 적용할 기간이 됐을 때 과거에 결정된 계약임금에서 노동시장 청산이 일어날 수도 있고 그렇지 않을 수도 있다. 실제로 미리 정해진 계약임금에서 시장청산이 일어나는 경우는 매우 특별한 경우라고 할 수 있을 것이다. 이 경우에 계약임금에서 노동시장 청산이 이루어지지 않을 때 노동량을 누가 어떻게 정하느냐가 중요하다. 여기서는 계약임금을 노동자들이 정했으므로 노동량은 고용주곧 기업가 정한다고 가정한다. 이는 곧 정해진 계약임금에서 노동량이 기업의 의사결정을 반영하는 노동수요곡선을 따라 결정됨을 의미한다. 따라서 임금계약모형에서는 노동공급곡선이 그 역할을 상실하고 계약임금에서 수평인 직선으로 대체됨을 알 수 있다. 이와 같이 노동자들이 계약임금을 설정하고 기업이 노동량을 설정하는 모형을 독점노동조합모형monopoly union model이라고 부른다.

노동계약에 의해 명목임금이 **식** (A4-6)과 같이 결정되면 기업이 고용량을 결정하는 기준이 되는 실질임금은 다음과 같다.

$$\frac{W}{P} = w\left(\frac{P^e}{P}\right) \tag{A4-7}$$

따라서 주어진 목표실질임금과 기대물가수준에서 물가수준이 상승하면 실질임금이 감소하고 그에 따라 고용이 증가한다. 그리고 고용 증가는 산출물 공급을 증가시킨다. 이러한 조정과정이 **그림 A4-2**에 도시되어 있다. **그림 A4-2** (a)에서 노동공급곡선 L^S은 명목임금이 계약에 의해 일정하게 고정돼 있기 때문에 공급 가능한 노동량 L_F까지는 수평으로 나타나고, L_F 이상의 노동을 공급하는 것은 불가능하므로 L_F에서 수직으로 나타난다. 이때 노동수요는 **3장**시장청산과 총공급곡선에서와 마찬가지로 기업의 이윤극대화로부터 도출되므로 **3장**의 노동수요곡선과 다르지 않다.

그림 A4-2 임금 경직성과 총공급곡선

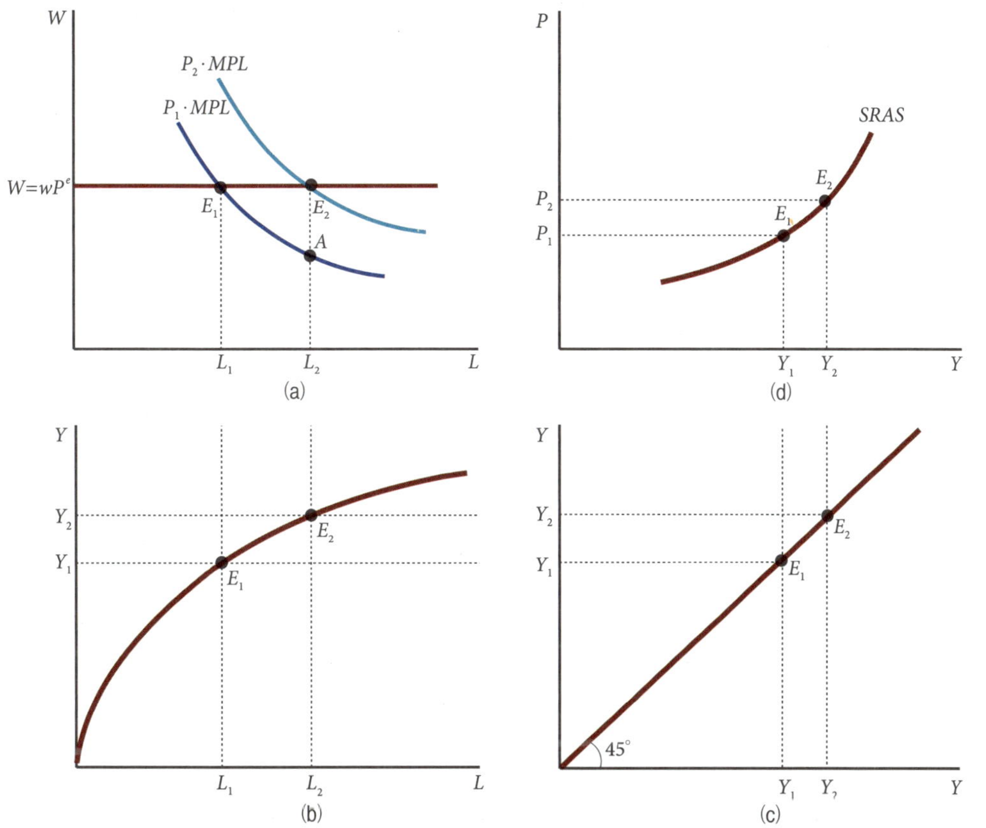

만약 산출물가격이 P_1이면 노동수요는 **그림 A4-2** (**a**)의 $P_1 \cdot MPL$과 같다. 이때 노동자들은 주어진 임금수준에서 기업이 원하는 만큼의 노동을 공급하므로 L_1이 곧 노동시장의 노동고용량이 되는데, L_1을 (**b**)의 생산함수에 대입하면 산출량 Y_1을 얻을 수 있다. 이를 물가수준곧 산출물의 가격과 산출량 평면에 옮겨 그리면 (**d**)의 점 E_1을 얻을 수 있다.

다음으로 산출물 가격이 P_1에서 P_2로 상승하면 노동수요가 $P_1 \cdot MPL$에서 $P_2 \cdot MPL$로 증가해 노동시장에서 노동고용량이 L_2로 증가한다. 노동고용량 L_2를 **그림 A4-2** (**b**)의 생산함수에 대입하면 산출량 Y_2를 얻을 수 있다. 이를 산출량과 물가의 평면에 옮겨 그리면 (**d**)의 E_2를 얻을 수 있다. 따라서 두 점 E_1, E_2를 연결해 총공급곡선 *SRAS*를 얻을 수 있다.

임금 경직성이 존재하는 경우에 총공급곡선은 **그림 A4-2** (**d**)에서 보는 바와 같이 우상향하는 기울기를 갖는다. 한편 임금 경직성이 존재하는 경우에는 다음과 같은 사실에 주목해야 한다.

1 임금 경직성이 존재하는 경우 노동고용량은 노동수요에 의해 결정된다.

2 임금이 경직적인 경우 노동시장에 불완전성이 존재하지만 산출물시장은 완전경쟁적이다. 따라서 산출물곧 재화 수요에 의해 파생되는 노동수요는 앞에서 살펴본 고전학파의 경우와 같은 방법으로 얻어진다. 즉 노동수요곡선은 노동계약에 직접적인 영향을 받지 않는다.

3 임금계약이 존재하면 총공급량은 완전고용수준보다 낮을 수도 있고 완전고용수준보다 높을 수도 있다. ❖

PART III

In the long run we are all dead. Economists set themselves too easy, too useless a task if in tempestuous seasons they can only tell us that when the storm is past the ocean is flat again.

- J.M. Keynes, *A Tract on Monetary Reform*, ch. 3, 1923 -

I would like to say to Milton (Friedman) and Anna (Schwartz): Regarding the Great Depression. You're right, we did it. We're very sorry. But thanks to you, we won't do it again.

- B.S. Bernanke, Milton Friedman을 위한 컨퍼런스, 2002 -

But how do we know when irrational exuberance has unduly escalated asset values, which then become subject to unexpected and prolonged contractions as they have in Japan over the past decade?

- Alan Greenspan, "Lecture of The American Enterprise", 1996 -

(In one sense,) we are all Keynesians now. (In another sense, nobody is any longer a Keynesian.)

- M. Friedman, *The Time*, 31 December 1965(괄호 안의 문장은 1966년 2월 4일 프리드먼이 편집인에게 보낸 항의 서한에서 원래 자기가 한 말이라고 첨가한 것이다) -

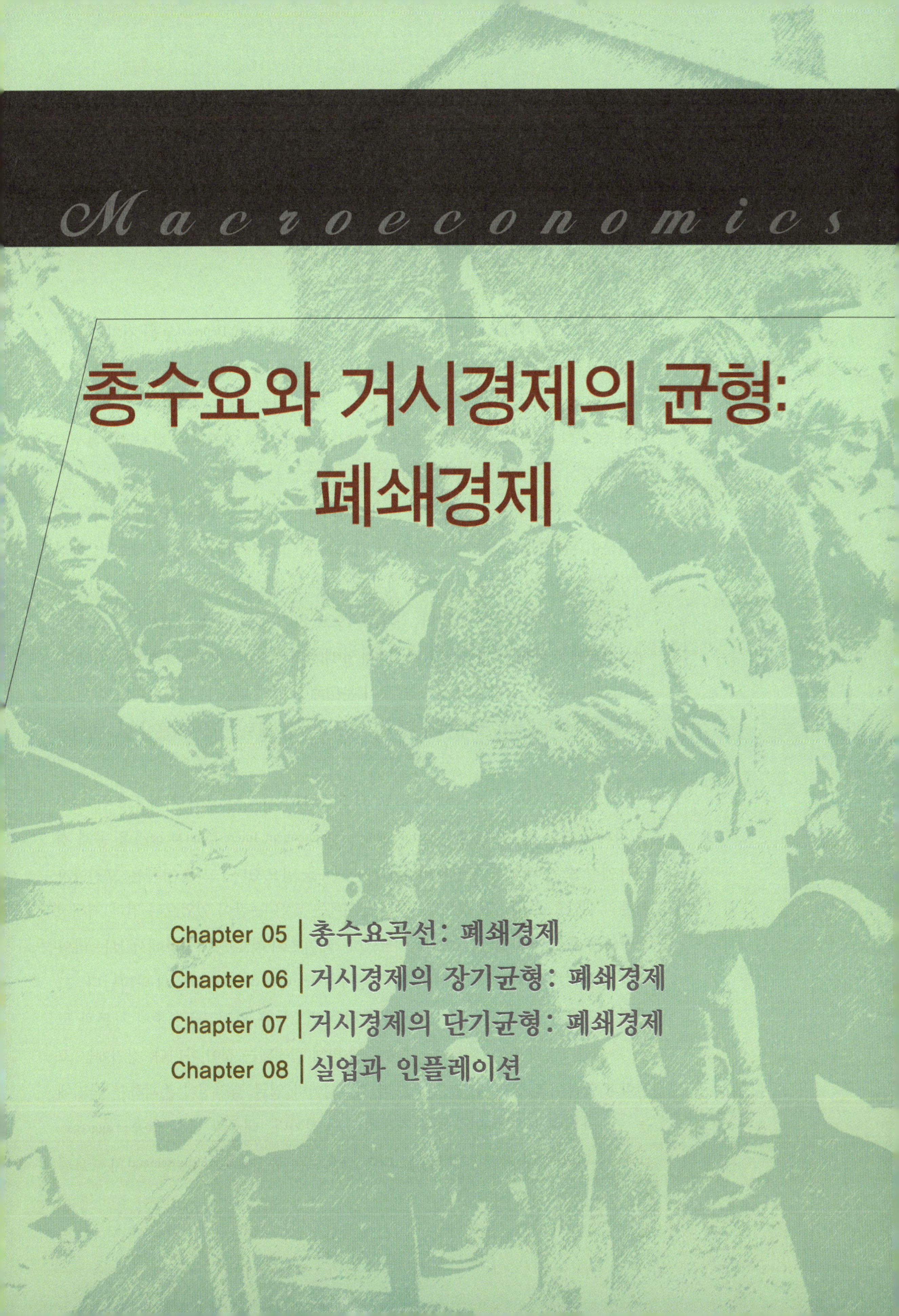

Macroeconomics

총수요와 거시경제의 균형: 폐쇄경제

현대 거시경제학은 1930년대에 발생한 대공황 the Great Depression을 거치면서 형성됐다고 볼 수 있다. 1930년대 미국과 유럽을 휩쓴 대공황은 그 규모가 현대 거시경제의 입장에서 보면 상상을 초월한다. 대공황이 절정에 다다른 1933년 미국의 경제활동인구 labor force 가운데 약 25%가 실업상태에 놓여 있었으며 실질국내총생산은 대공황이 시작되기 직전인 1929년보다 약 27%나 낮았다.

이러한 충격적인 경제 현상은 당시까지 주류경제학으로 행세하던 고전학파 경제이론이 과연 옳으냐는 의문을 불러 일으켰다. 고전학파의 이론에 따르면, 항상 시장청산이 일어나기 때문에 한 경제의 국민소득은 완전고용수준의 요소 공급량과 생산기술에 의해 결정돼야 한다. 그런데 1929~30년에는 요소 공급이나 기업들의 생산기술에 심대한 변화가 없었다. 따라서 대공황이라는 미증유의 상황을 고전학파 경제이론이 잘 설명하지 못하는 것이 분명해 보였기 때문에 대공황이 시작된 이후 많은 경제학자들은 고전학파 경제이론을 대체할 새로운 경제이론이 필요하다고 생각하게 됐다.

이와 같은 기대에 부응해 1936년 케인즈 J. M. Keynes는 그의 저서 《고용, 이자 및 화폐에 관한 일반이론 The General Theory of Employment, Interest, and Money》을 통해 경제학에서 소위 케인즈 혁명 Keynesian Revolution을 일으켰다. 그의 이론은 고전학파 이론의 대안으로 제시된 것으로, 발표 당시에는 많은 논란이 있었으나 점차 거시경제학의 주류로서 자리매김하기에 이르렀다. 케인즈에 따르면 대공황에서 보는 바와 같은 높은 실업률과 낮은 소득은 낮은 총수요 aggregate demand 때문에 나타난다. 그리고 고전학파 이론이 주장하는 바와 달리 국민소득은 완전고용수준의 자본과 노동 및 생산기술에 따라 정해지는 총공급에 의해 결정되는 것이 아니다. 장기에는 고전학파 이론이 타당할 수 있으나 가격 경직성이나 임금 경직성이 존재하는 단기에는 오히려 총수요가 국민소득을 결정한다는 것이다. 대공황 이후 총공급 aggregate supply과 함께 현대 거시경제학의 또 다른 축으로서 총수요 aggregate demand의 중요성이 새로이 인식되기 시작했다.

이 편에서는 폐쇄경제의 총수요곡선을 구하고 총공급곡선과 결합해 거시경제의 균형을 구한다. 그리고 거시경제의 균형을 이용해 거시경제 정책과 외생적인 충격의 효과를 분석한다.

- **5장**에서는 폐쇄경제의 총수요곡선을 구한다. 폐쇄경제의 총수요곡선을 구하기 위해서는 재화시장과 화폐시장의 균형을 먼저 분석해야 한다.
- **6장**에서는 거시경제의 장기균형에 관해 알아본다. 장기에는 실물부문이 화폐부문과 완전히 분리되기 때문에 실물부문의 균형을 통해 실질이자율과 소비, 투자, 정부소비의 배분에 관해 먼저 알아보고 다음으로 화폐시장 균형을 통해 인플레이션에 관해 알아본다. 그리고 장기실업률인 자연실업률완전고용실업률, *NAIRU*의 결정요인에 대해서도 알아본다.
- **7장**에서는 거시경제의 단기균형에 관해 알아본다. 그리고 거시경제의 단기균형을 이용해 총수요관리정책의 단기효과와 단기균형이 어떻게 장기균형으로 수렴하는지도 알아본다.
- **8장**에서는 인플레이션과 실업에 대해 알아본다. 인플레이션과 실업 사이에는 필립스곡선Phillips curve이라는 상충관계를 보여주는 관계식이 존재하는데, 이와 관련된 여러 주제에 관해서도 배운다.

05

Chapter

총수요곡선: 폐쇄경제

총수요곡선을 구하는 올바른 방법은 각각의 지출을 결정하는 경제주체들의 의사결정 과정을 추적하는 것이다. 예를 들어 소비를 결정하는 경제주체인 가계는 효용을 극대화하는 방식으로 소비와 여가를 결정한다. 곧 소비지출이다. 그리고 투자지출을 결정하는 경제주체인 기업은 이윤을 극대화하는 방법으로 투자를 한다. 따라서 각각의 지출의 주체가 되는 집단의 목적함수를 극대화하는 최적화 문제optimization problem로부터 총수요의 구성요소가 되는 지출함수들을 구하고 집계해 총수요곡선을 얻는 것이 이론적으로 합당한 방법이라 할 수 있다. 그러나 한 경제 안에는 무수히 많은 경제주체와 재화 및 시장이 존재한다. 이러한 이질적인 경제주체와 재화 및 시장을 고려하면서 최적화 문제를 풀어 지출함수들을 구하는 것은 매우 어려운 문제이다. 따라서 우리는 전통적인 거시경제학의 방법에 따라 각각의 지출함수를 (지출을 실행하는) 경제주체의 행위를 고려한 행위방정식behavioral equation으로 정의한다. 그리고 행위방정식으로 정의된 지출함수를 이용해 총수요곡선을 도출하기로 한다.

이 장에서 소개하는 모형은 케인즈의 이론에 관한 해석 가운데 정설로 인정돼 있는 *IS-LM*모형이다.[1] *IS-LM*모형은 *IS*곡선과 *LM*곡선으로 구성돼 있다.

1 *IS*곡선은 투자investment와 저축saving의 영문 첫 글자에서 유래한 이름으로, 재화시장의 균형을 나타낸다.

2 *LM*곡선은 유동성liquidity과 화폐money의 영문 첫 글자에서 유래한 이름으로, 금융시장특히 화폐시장의 균형을 나타낸다.

이제 이 장에서는 총수요의 구성요소와 그 결정요인에 대해 배운다. 그리고 총수요의 구성요소에 관해 매우 제한적인 가정을 사용해 *IS*곡선의 전단계로서 케인즈의 교차점모형Keynesian cross에 관해 배운 다음, *IS*와 *LM*곡선을 차례로 도출하고

1 케인즈의 이론을 처음으로 모형을 이용해 해석한 사람은 노벨경제학상 수상자인 영국의 힉스이다. Hicks, J.R., “Mr. Keynes and the Classics: A Suggested Interpretation,” *Econometrica* 5, 1937, pp.147-159.

마지막으로 폐쇄경제의 총수요곡선을 도출한다.

총지출의 구성요소 5.1

앞에서 배운 바와 같이 폐쇄경제에서 산출물은 민간소비와 투자 및 정부소비 가운데 하나에 사용되며, 사용된 재화와 용역은 국민계정National Income and Product Account, *NIPA* 의 처리 원칙에 따라 해당 항목들 가운데 하나로 반드시 기록된다. 따라서 재화와 용역에 대한 총지출을 E라 하면 소비 C, 투자 I 및 정부지출소비 G의 합계로 다음과 같이 나타낼 수 있다.

$$E=C+I+G \tag{5-1}$$

여기서 소비는 가계, 투자는 기업, 그리고 정부지출곧 정부구매은 정부가 결정한다.

5.1.1 소 비

소비consumption는 재화 소비와 서비스 소비로 구성된다. 재화 소비는 음식, 의류 같은 비내구재nondurable goods 소비와 가구나 전자제품, 자동차 같은 내구재durable goods 소비로 나뉜다. 서비스 소비는 의료, 법률, 교육, 영화감상 등 여러 가지 서비스를 포함하며 소비에서 차지하는 비중이 커지고 있다.

2018년 우리나라의 지출항목별 경상지출과 *GDP*에서 차지하는 구성비가 **표 5-1**에 나타나 있다. 민간소비personal consumption는 국내총생산의 약 48.0% 정도로, 국내총생산의 구성요소 가운데 가장 큰 항목이다. 그리고 소비 가운데 서비스, 비내구재, 내구재의 소비가 각각 *GDP*의 29.4%소비의 61.2%, 9.6%소비의 20.0%, 9.0%소비의 18.7%를 차지했다.■ 이와 같이 소비는 *GDP*에서 차지하는 비중이 높을 뿐만 아니라 후생수준을 결정하는 가장 직접적인 변수이기 때문에 전통적으로 많은 경제학자들이 소비의 결정요인에 관해 연구한 바 있다.

■ 우리나라의 경우 소비가 *GDP*에서 차지하는 비중은 여러 선진국에 비하면 낮은 편이다. 참고로 2018년 미국의 민간소비는 *GDP*의 68.0%로, 민간소비의 구성비가 선진국 가운데 가장 높았고 일본(2017년), 영국, 프랑스, 독일 및 캐나다의 *GDP* 대비 민간소비지출의 비중은 각각 55.5%, 66.1%, 53.9%, 52.1%, 58.2%였다.

그런데 때로는 소비consumption와 소비지출consumption expenditure을 구별하기도 한다. 소비지출은 말 그대로 소비를 목적으로 재화를 구입하는 지출을, 그리고 소비는 구입한 재화와 서비스를 사용해 실제로 효용을 얻는 행위를 각각 의미한다.

표 5-1

우리나라의 지출과 구성비 (2018년)

지출항목	세부항목	금액(10억원)	GDP대비비중(%)
국내 총생산		1,893,497.0	100.0
민간소비	비내구재	181,880.2	9.6
	내구재	170,100.1	9.0
	서비스	556,293.4	29.4
	합 계	908,273.7	48.0
투 자	기업고정 투자	285,533.6	15.1
	주택 투자	289,452.8	15.3
	재고 투자	17,872.0	0.9
	합 계	592,858.4	31.3
정부소비		305,513.0	16.1
수 출		788,279.0	41.6
수 입		701,150.7	37.0
통계상불일치		-276.4	0.0

비내구재의 경우에는 소비지출이 일어난 기간에 구입한 재화를 모두 소비하므로 보통 소비지출과 소비가 서로 같지만 내구재의 경우에는 소비지출과 소비의 구별이 중요하다. 내구재의 경우, 그 소비가 여러 기간을 두고 일어나 내구재를 구입한 기간에만 소비가 국한되지 않기 때문에 소비지출과 소비가 서로 다르다. 즉 소비지출이 이미 일어나 더 이상 소비지출이 없어도 소비가 이루어진다. 따라서 내구재의 경우는 소비지출과 소비의 구분이 매우 중요한 경우라고 할 수 있다. 그러나 여기서는 당분간 소비지출과 소비를 구별하지 않기로 한다.

가계는 노동과 소유한 자본으로부터 얻은 소득으로 정부에 조세를 납부하며, 나머지 소득 가운데 얼마만큼을 소비하고 얼마만큼을 저축할지를 결정한다. 기업의 이윤은 어떤 형태로든 가계에 분배되므로 한 경제에서 발생하는 여러 가지 형태의 소득을 합치면 그 경제의 총소득이 된다. 한편 정부는 가계가 받는 모든 소득에 대해 조세를 부과한다. 조세는 개인소득세 personal income tax, 기업에 부과되는 법인소득세 corporate income tax, 판매세 sales tax 등으로 구성돼 있으나 여기서는 모두 합해 T로 나타내기로 한다. 이제 총소득을 Y라 하면 가처분소득 disposable income을 $Y-T$로 나타낼 수 있다. 가계는 가처분소득을 소비와 저축으로 나누어 처분한다. 따라서 소비를 다음과 같이 가처분소득의 함수로 나타낼 수 있다.

BOX 5-1 소비에 영향을 미치는 변수

소비에 영향을 미치는 변수는 가처분소득 외에도 다음과 같은 것들이 있다.

첫째, 현재소비는 현재소득뿐만 아니라 기대되는 미래소득expected future income에도 영향을 받는다. 즉 현재소득이 주어졌을 때 기대되는 미래소득이 클수록 현재소비가 크게 나타난다.

둘째, 현재소비는 소비자가 가지고 있는 재산, 곧 부wealth에 영향을 받는다. 주어진 현재소득에 대해 부가 클수록 현재소비가 크게 나타난다.

셋째, 실질이자율도 소비에 영향을 미친다. 실질이자율은 현재소비의 기회비용으로, 그 변화는 현재소비와 미래소비의 선택에서 소득효과와 대체효과를 일으키는데, 현재소비와 저축이 두 효과의 크기에 영향을 받는다.

넷째, 이자소득에 대해 조세를 부과하는 것이 보통인데, 이자소득세율이 높으면 조세후이자소득after tax interest income이 감소하므로 현재소비와 저축이 변화한다.

셋째와 넷째의 경우, 실질세후이자율 변화가 소득효과와 대체효과를 통해 소비와 저축에 미치는 효과가 복잡하다. 이에 대하여는 **16장**소비함수론에서 자세히 배우기로 한다.

$$C = C(Y-T) \tag{5-2}$$

여기서 조세 T는 정액lump sum으로 주어져 있다고 가정한다. **식 (5-2)** 의 소비함수consumption function는 가처분소득의 증가함수이다. 즉 주어진 조세에서 소득이 증가하면 가처분소득이 증가하고 소비도 그와 함께 증가한다.BOX 5-1 참조

여기서 소비함수와 관련하여 두 가지 중요한 개념을 정의하기로 한다.

1 한계소비성향marginal propensity to consume, MPC 가처분소득이 한 단위 추가적으로 증가했을 때 추가적으로 증가하는 소비의 크기를 한계소비성향 MPC로 정의한다. 보통 MPC가 0과 1 사이의 값을 갖는다고 가정한다. 즉 가처분소득이 추가적으로 1원 증가하면 소비는 1보다 적은 MPC만큼 증가하고, 나머지 $1-MPC$는 저축된다. 예를 들어 한계소비성향이 0.8인 경우에 가처분소득이 1만 원 증가하면 8,000원은 소비하고 나머지 2,000원은 저축한다.

2 평균소비성향average propensity to consume, APC 소비를 가처분소득으로 나눈 값 $C/(Y-T)$를 평균소비성향 APC로 정의한다. 때로는 소비를 세전 소득before-tax income으로 나눈 C/Y를 평균소비성향이라고 부르기도 하는데, 대부분의 경우에 이 두 개념은 문맥에 따라 분명히 구분된다.

식 (5-2) 의 소비함수를 다음과 같이 선형함수로 근사시켜 볼 수 있다.

$$C = C_0 + b(Y-T) = (C_0 - bT) + bY,\ 0 < b < 1 \tag{5-3}$$

이는 **그림 5-1**과 같이 그려볼 수 있다. 여기서 C_0은 가처분소득이 존재하지 않아도

그림 5-1 **소비함수**

소비함수의 절편은 독립소비 C_0과 조세 T의 함수이고 기울기는 한계소비성향이다. 독립소비가 증가하거나 조세가 감소하면 소비함수는 위로, 반대의 경우에는 아래로 각각 이동한다. 그리고 한계소비성향이 크면 클수록 소비함수는 급한 기울기를 갖는다.

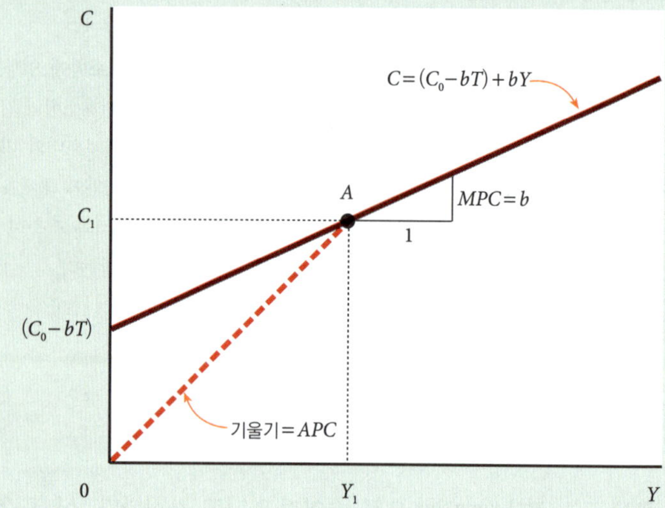

생존을 위해 영위해야 하는 최소한의 소비인 독립소비를 나타낸다. 때로는 이를 기초소비라 부르기도 한다. 한편 C_0에는 현재의 가처분소득 이외에 소비에 영향을 미치는 변수들의 효과가 포함되어 있다. 예를 들어 (기대되는) 미래소득이 크거나 소비자의 부wealth가 크면 소비가 크게 나타나고, (이자율은 소비의 기회비용이기 때문에) 이자율이 높으면 소비가 작게 나타난다. 또한 소비심리가 호전되거나 경기가 되살아날 것이라는 기대감이 고조될 경우에도 C_0가 상승할 수 있다. 이렇게 현재의 가처분소득 이외에 (기대되는) 미래소득, 부, 이자율과 함께 소비심리와 같은 소비에 영향을 미치는 변수들의 효과가 소비함수의 절편 C_0에 포함돼 있다.

소비함수의 기울기 b는 가처분소득이 1원 증가했을 때 소비가 얼마나 증가하는지를 보여준다. 따라서 소비함수의 기울기 b는 한계소비성향 MPC이다. 소비함수 위의 한 점과 원점을 잇는 직선의 기울기는 평균소비성향 APC이다. 이때 소비함수의 절편은 (C_0-bT)로 나타나는데 조세 T가 증가하면 소비함수의 절편이 작아지므로 소비함수가 아래로 이동한다. 이는 조세가 증가하면 가처분소득이 감소하고, 그에 따라 소비가 감소하기 때문에 나타나는 현상이다.

민간저축private saving S^P는 가계의 가처분소득 가운데 소비하고 남은 소득을 일컫는다. 따라서 **식 (5-3)**의 선형 소비함수를 이용하면 다음과 같이 민간저축함

민간저축함수 **그림 5-2**

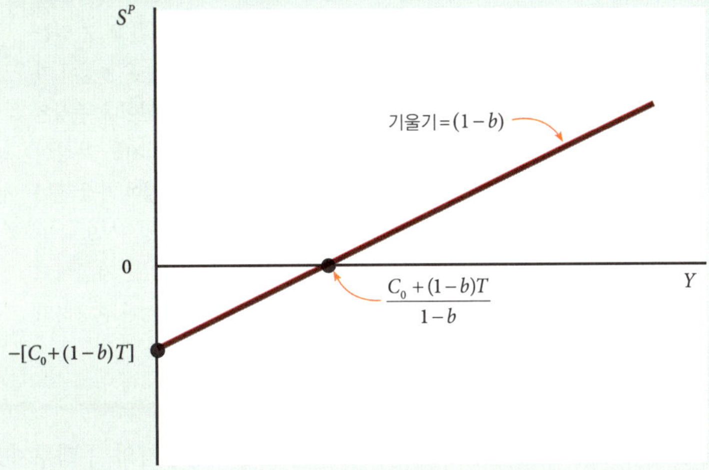

민간저축의 절편은 독립소비와 조세의 감소함수이다. 즉 독립소비나 조세가 증가하면 민간저축함수는 아래로 이동한다. 그리고 민간저축의 기울기인 한계저축성향은 한계소비성향이 증가하면 감소한다.

수를 얻을 수 있다.

$$S^P=(Y-T)-C=-\{C_0+(1-b)T\}+(1-b)Y \quad (5\text{-}4)$$

민간저축함수의 기울기는 $(1-b)$, 절편은 $-\{C_0+(1-b)T\}$이다. 민간저축함수의 기울기 $s=1-b$는 소득이 추가적으로 1원 증가했을 때 저축이 얼마나 증가하는지를 보여준다. 이를 한계저축성향 marginal propensity to save, *MPS* 이라고 부른다.

식 (5-4)의 저축함수는 **그림 5-2**와 같이 그릴 수 있다. **그림 5-2**에서 민간저축함수는 T가 증가하면 아래로, T가 감소하면 위로 각각 이동한다.

한편 정부저축 government saving S^G는 $S^G=T-G$와 같이 조세수입과 정부지출의 차이로, 총저축은 $S=S^P+S^G$와 같이 민간저축과 정부저축의 합으로 구할 수 있다.

5.1.2 투 자

투자 investment 의 주체는 기업과 가계이다. 기업은 기계 같은 생산설비와 공장 시설 등 자본을 증대시키고 기존의 자본 가운데 마모되거나 파손된 것들을 대체하기 위해 투자재 investment goods 와 서비스를 구매한다. 이러한 투자를 기업고정투자 business fixed investment 라고 부른다. 가계가 구매하는 주택을 새로 건설하는 데 사용

BOX 5-2 여러 가지 이자율

시장에는 여러 가지 이자율이 존재한다. 예를 들어 다양한 은행예금에 주어지는 예금이자율이 있고, 위험이 적은 우량기업의 채권에 적용되는 우대금리 prime rate도 있다. 위험이 높은 차입자가 발행한 채권에는 높은 이자율이 적용되는데, 이는 차입한 자금을 갚지 못할 위험risk의 정도에 따라 위험 프리미엄 risk premium이 붙기 때문이다. 한편 대여기간term이 길어지는 경우, 대여한 자금의 대가로 받은 채권의 유동성이 떨어진다. 따라서 이 경우에는 기간 프리미엄term premium 또는 유동성 프리미엄 liquidity premium이 붙는다. 항상 그런 것은 아니지만 대여기간이 길어지면 이자율이 높아지는 경우가 많다. 이 경우에 채권 만기의 길고 짧음에 따라 이자율에 차이가 나타나는데, 만기구조와 이자율의 관계를 이자율의 기간구조term structure of interest rate라고 부른다. 어떤 자산의 유동성은 그 자산을 손해를 보지 않고 즉시 화폐와 교환할 수 있는 정도를 가리킨다. 화폐는 유동성이 가장 큰완벽한 자산이고 채권이나 주식은 화폐보다 유동성이 떨어지는 자산이다. 특히 부동산은 유동성이 가장 떨어지는 자산이다. 화폐는 정의상으로 완전한 유동성을 가지고 있는 자산이므로, 때로는 화폐를 유동성과 혼용하기도 한다.

하는 재화와 용역은 주택투자 residential investment 이다. 기업고정투자와 주택투자를 합쳐서 고정투자 fixed investment 라고 부른다. 그 밖에 기업의 생산량과 판매량이 일치하지 않으면 재고가 증가하거나 감소하게 된다. 이러한 재고의 증감도 재고투자 inventory investment 라는 이름으로 투자에 포함시킨다.

표 5-1에서 2018년 우리나라의 총투자는 *GDP*의 약 31.3%로 나타나 있다. 이 가운데 기업고정투자가 *GDP*의 15.1%투자의 48.2%, 주택투자와 재고투자가 각각 15.3%투자의 48.8%, 0.9%투자의 3.0%를 차지했다.■

우리나라의 투자율은 여러 선진국에 비하면 높은 편이다. 참고로 2018년 미국, 일본(2017년), 영국, 프랑스, 독일 및 캐나다의 *GDP* 대비 투자율은 각각 20.7%, 23.9%, 17.2%, 23.5%, 21.8%, 23.0%였다.

투자의 결정요인 가운데 가장 중요한 이자율BOX 5-2 참조은 투자 재원을 마련하는 데 소요되는 비용이다. 다시 말해 어떤 투자계획 investment project 이 이윤을 내기 위해서는 투자 수익이 (투자를 위해 차입한 자금에 지급하는) 비용보다 커야 한다. 만약 이자율이 높으면 투자의 비용을 고려해 이윤을 낼 수 있는 투자기회가 감소하므로 투자가 감소한다. 예를 들어 한 기업이 10억 원을 들여 공장을 짓는 경우에 생산할 수 있는 산출량의 가치가 매년 1억 원이라고 하면 투자의 수익률은 10%이다. 이 경우에 금융시장에서 이자율이 10%보다 낮으면 이 기업은 시장에서 자금을 차입해 투자를 한다. 그러나 시장이자율이 10%보다 높으면 기업은 투자로부터 손해를 보기 때문에 공장 건설에 투자하지 않을 것이다.

기업이 투자를 위해 시장에서 자금을 차입하지 않고 자신이 보유하고 있는 자금을 사용하는 경우에도 투자의 의사결정 원리는 동일하다. 이 경우에 기업은 보유하고 있는 자금 10억 원으로 공장을 지어 1억 원의 투자수익을 얻을 것이냐 아니면 금융시장에서 대여해 이자수입을 얻을 것이냐의 두 가지 대안 가운데 하나를 선택해야 한다. 만약 시장에서의 이자소득보다 투자수익이 높으면 공장을 지어 투자수익을 얻을 것이고 반대의 경우라면 공장을 짓는 투자 대신에 시장에서 자금을 대여해 이자수입을 얻을 것이다.

가계가 주택투자를 하는 경우에도 기업의 경우와 대동소이한 의사결정에 직면한다. 이자율이 오르면 주택담보대출 mortgage 등 주택을 구입하는 자금에 대한 비용이 증가한다. 즉 주택을 보유하는 비용이 증가하기 때문에 주택에 대한 수요가 감소한다. 반대로 이자율이 하락하면 주택수요가 증가한다.

이와 같이 이자율은 투자의 기회비용 opportunity cost 역할을 한다. 어떤 경제적인 선택의 기회비용은 그 선택 때문에 포기해야 하는 여러 대안 가운데 가장 큰 수익을 주는 선택에서 얻을 수 있는 수익이라고 정의된다. 앞의 예에서 공장 건설에 대한 투자고정투자와 금융시장에서 대여를 통해 이자수익을 얻는 두 가지 선택이 있을 때 고정투자의 기회비용은 고정투자 때문에 포기해야 하는 시장이자율이다. 금융시장에서 대여하는 경우의 기회비용은 고정투자로부터의 수익률이다.

이자율은 명목이자율nominal interest rate과 실질이자율real interest rate로 구분된다. 이 구분은 물가상승률이 변화할 때 유용하다. 명목이자율은 투자자들이 투자자금을 차입할 때 지급하는 이자율로, 시장에서 일어나는 거래에서 사용된다. 실질이자율은 명목이자율에서 물가상승률을 뺀 나머지로 정의된다. 명목이자율을 i, 물가상승률을 π라고 하면 실질이자율 r을 다음과 같이 구할 수 있다.

실질이자율
명목이자율에서 물가상승률을 뺀 나머지

$$r = i - \pi \tag{5-5}$$

예를 들어 명목이자율이 10%이고 물가상승률이 6%이면 실질이자율은 4%이다.

식 (5-5)에 나타나 있는 이자율을 명목이자율에 관하여 다음과 같이 풀어 쓸 수 있다.

$$i = r + \pi \tag{5-6}$$

여기서 π는 실제로 실현된 물가상승률실제 물가상승률로 사후적인 물가상승률 ex post inflation rate이다.■ 예를 들어 2010년의 연말에 관찰한 2010년의 실제 물가상승률은 사후적인 물가상승률이다.

■ 식 (5-6)을 피셔 등식 Fisher equation이라고 부른다. 피셔 등식에 따르면 명목이자율은 실질이자율이나 물가상승률이 변하면 함께 변화한다.

모든 경제적인 계약을 체결하는 데 사용되는 이자율은 사전적인 ex ante 이자율이어야 한다. 예를 들어 2010년 1월 1일에 1년 만기로 1억 원을 빌려준다면 이자가

BOX 5-3 **피셔 등식:** 인플레이션과 명목이자율

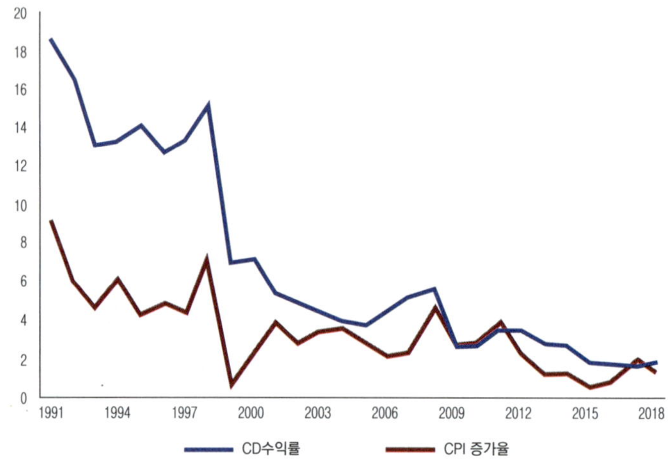

자료: 한국은행

피셔 등식에 따르면 인플레이션과 명목이자율이 밀접한 관계를 가지고 있음을 알 수 있다. 우리나라의 이자율과 인플레이션의 관계가 오른쪽 그림에 나타나 있다. 그림에서 명목이자율CD수익률과 인플레이션CPI 증가율 사이에 매우 밀접한 관계가 있음을 알 수 있다. 즉 인플레이션이 높은 해에는 명목이자율도 높고, 인플레이션이 낮은 해에는 명목이자율도 낮다. 따라서 피셔 등식이 실제에서 잘 성립함을 알 수 있다. 이때 인플레이션이 명목이자율에 미치는 효과를 피셔 효과Fisher effect라고 부른다. 그런데 우리나라 자료에서 발견할 수 있는 특이한 현상은 1991년부터 2012년까지 실질이자율이 감소하는 추세를 보였다는 것이다. 이는 경기변동이나 경제성장에 주요한 함의를 갖는다. 한편 여러 나라의 횡단면 자료cross-section data에서도 위 그림과 유사한 관계를 얻을 수 있다. 즉 인플레이션이 높은 나라에서는 명목이자율도 높고, 인플레이션이 낮은 나라에서는 명목이자율도 낮게 나타났다.

발생하는 기간은 계약이 이루어진 2010년 1월 1일부터 계약이 만료되는 2010년 12월 31일까지이다. 이는 계약을 체결하는 시점곧 2010년 1월 1일에서 보면 불확실성이 존재하는 미래에 속한다. 따라서 이 기간 동안의 물가상승률을 정확하게 알 수가 없으므로 명목이자율을 구하기 위해서 다음과 같이 2010년 1월 1일에 기대되는 2010년의 기대물가상승률expected inflation rate π^e를 실질이자율에 더해준다.

$$i = r + \pi^e \tag{5-7}$$

다시 말해 모든 경제적인 계약이란 미래의 사건에 대한 것으로, 수익이나 비용이 미래에 발생하기 때문에 사후적인 이자율보다는 사전적인 이자율을 사용해 계약을 체결하게 된다.

한편 경제적인 의사결정에서는 대상에 따라 실질이자율을 사용하기도 하고 때로는 명목이자율을 사용하기도 한다. 만약 화폐를 보유하는 기회비용이 무엇이냐고 묻는다면 명목이자율이라고 대답해야 옳은 대답이다. 즉 화폐를 예금하지 않

투자함수 **그림 5-3**

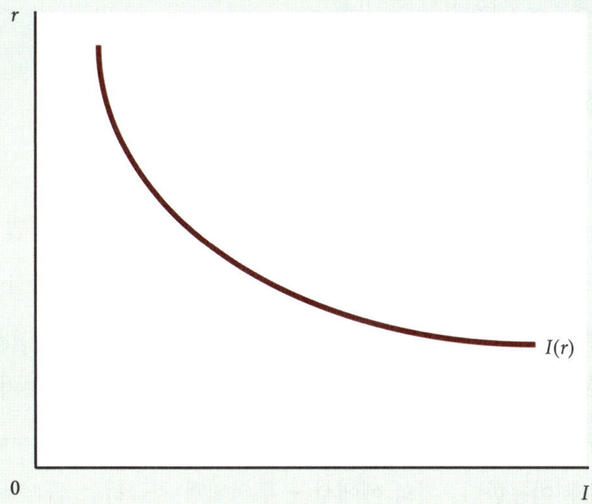

투자는 실질이자율의 감소함수이다. 즉 실질이자율이 투자의 기회비용이기 때문에 실질이자율이 높으면 그만큼 수익률이 높은 투자기회만 이용되지만 실질이자율이 낮으면 수익률이 낮은 투자기회에도 투자가 이루어진다.

고 보유하고 있으면 예금으로 얻을 수 있는 이자수익을 모두 포기해야 하기 때문에 화폐보유의 기회비용은 예금의 명목이자율이 된다. 그러나 투자의 경우에는 사정이 다르다. 투자란 공장이나 기계 같은 실물을 설치해 생산활동을 하는 것이다. 그런데 인플레이션이 일어나면 (평균적으로 말해) 실물인 공장이나 기계의 명목가치도 인플레이션과 같은 비율로 상승하므로 인플레이션은 투자의 기회비용이라고 할 수 없다. 따라서 투자의 기회비용은 시장에서 지급해야 하는 명목이자율에서 물가상승률을 뺀 실질이자율이 된다.

이제 우리는 투자함수를 다음과 같이 실질이자율의 함수로 가정할 수 있다.

$$I = I(r) \tag{5-8}$$

여기서 투자는 이자율이 상승하면 감소하므로 투자함수는 이자율의 감소함수이다. 이를 그려보면 **그림 5-3**과 같다. **그림 5-3**의 투자함수를 투자의 한계효율 marginal efficiency of investment, *MEI* 곡선이라고 부르기도 한다.

투자행위에도 이러한 순수 경제적 요인뿐만 아니라 심리적 요인이 작용함을 케인즈학파에서는 '동물적 영감' animal spirit이라는 용어를 도입하여 설명하고 있다. 즉, 엄밀한 분석과 무관하게 투자심리가 호전되거나 경기가 현재 불황이더라도 곧 경기의 바닥을 치고 상승할 것이라는 기대감이 작동되면 투자는 상승할 수 있다. 이처럼 심리적 요인은 이자율과 무관한 제3의 변수이므로 이것이 호전되면 **그림 5-3**의 투자함수를 오른쪽위쪽으로 이동시킬 것이다.

5.1.3 정부지출

정부는 여러 가지 활동을 위해 재화와 서비스를 구매한다. 예를 들어 정부는 행정활동 수행을 위해 많은 공무원을 고용하고 국방을 위해 미사일과 탱크 및 비행기 같은 무기를 구매한다. 각종 도서관을 지어 운영하고 교육을 위해 교사들을 고용하며 도로와 항만, 공항 등 사회간접자본 social overhead capital을 건설한다. 이러한 모든 지출은 정부지출에 포함된다. 그러나 거시경제 분석에서는 정부지출을 투자지출과 소비지출로 구분해 투자지출은 투자에 포함시키고 나머지는 정부소비 government consumption로 따로 정리해 이용한다. 위의 예에서 공무원에게 지급하는 급여공무원의 서비스를 구매하는 것이므로와 국방비 지출은 정부소비에 포함시키지만 도로, 항만, 공항 같은 사회간접자본을 건설하는 비용은 투자에 포함시킨다. 2018년 우리나라 총투자는 *GDP*의 31.3%인데 이 가운데 25.9%총투자의 85.2%는 민간투자, 나머지 4.5%총투자의 14.8%는 정부투자였다.

정부투자가 이미 총투자에 포함돼 있기 때문에 지금부터 우리가 정부지출이라고 부르는 것은 정부소비를 일컫는다. 다시 말해 정부지출곧 정부소비은 중앙정부와 지방정부를 모두 포함해 그 활동에 필요한 재화와 용역을 구매하는 것이며 사회간접자본 등에 대한 투자는 포함하지 않는다. **표 5-1**에서 2018년 우리나라의 정부지출은 국내총생산의 16.1%였다.■

2018년 미국, 일본(2017), 영국, 프랑스, 독일, 캐나다의 *GDP* 대비 정부지출의 비율은 각각 14.1%, 19.7%, 18.2%, 23.4%, 19.9%, 20.8%였다.

그런데 여기서 한 가지 주의할 것은 정부가 저소득층에 지급하는 생활보조금이나 사회보장제도를 통해 퇴직자들에게 지급하는 연금 등과 같은 이전지출 transfer payment은 정부지출에 포함되지 않는다는 점이다. 이전지출은 재화와 용역을 구매한 대가로 지급하는 것이 아니기 때문이다. 다시 말해 이전지출은 민간으로부터 조세를 징수해 다시 민간에게 되돌려 주는 것이므로 재화와 용역에 대한 수요의 한 형태라고 말할 수 없다. 그리고 조세를 증가시켜 이전지출을 같은 크기만큼 증가시켜도 거시경제에서 민간부문의 가처분소득은 변화하지 않는다.

한편 정부지출 G와 조세 T가 반드시 일치하지는 않는다. 만약 조세수입과 정부지출이 같으면—곧 $G=T$가 성립하면— 균형예산 balanced budget이라고 부른다. 조

총저축함수 **그림 5-4**

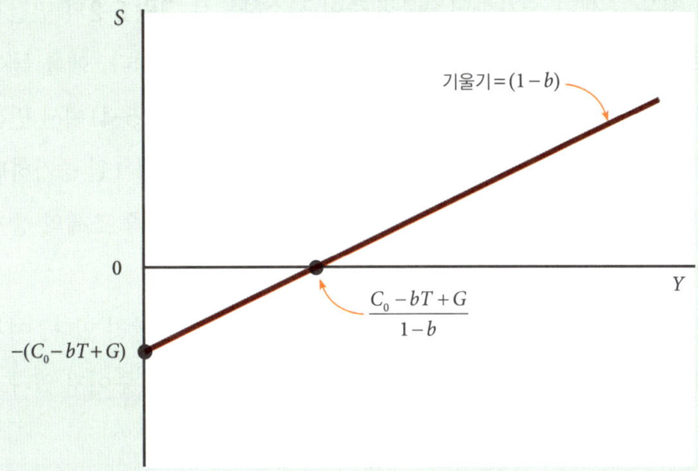

절편에서 볼 수 있듯이 총저축함수는 민간독립소비와 정부소비(지출)의 감소함수이다. 따라서 이 변수들이 증가하면 총저축함수는 아래로 이동한다. 한편 총저축함수는 조세의 증가함수이다. 따라서 조세가 증가하면 총저축함수는 위로 이동한다.

세수입이 정부지출보다 크면—곧 $G<T$가 성립하면— 재정흑자budget surplus, 조세수입이 정부지출보다 적으면—곧 $G>T$가 성립하면— 재정적자budget deficit라고 부른다. 재정적자일 때 정부는 정부지출과 조세수입 차이만큼을 금융시장에서 정부공채government bonds를 발행해 차입하고, 재정흑자일 때에는 조세수입과 정부지출 차이만큼 정부부채를 갚거나 중앙은행에 예치한다.

여기서 우리는 공공또는 정부저축public saving S^G를 다음과 같이 정부의 재정흑자로 정의할 수 있다.

$$S^G=T-G \quad (5\text{-}9)$$

식 (5-3)과 (5-4) 같은 선형 소비함수와 저축함수를 가정하면 이 경제의 총저축total saving은 민간저축과 공공저축의 합으로 다음과 같이 나타낼 수 있다.

총저축=민간저축+공공저축
$S=S^P+S^G$

$$\begin{aligned} S &= S^P+S^G \quad (5\text{-}10)\\ &=\{(Y-T)-C\}+(T-G)\\ &=Y-C-G\\ &=-(C_0-bT+G)+(1-b)Y \end{aligned}$$

따라서 **그림 5-4**에서 보는 바와 같이 총저축함수의 기울기는 $(1-b)$와 같고,

절편은 $-(C_0-bT+G)$이다. 즉 정부지출이 증가하면 총저축함수의 절편이 감소하므로 총저축함수가 아래로 이동하고 조세가 증가하면 총저축함수가 위로 이동한다. 이때 주의할 것은 조세가 증가하면 민간저축이 감소하므로 **그림 5-2**의 민간저축함수가 아래로 이동하지만 반대로 공공저축은 증가한다는 사실이다. 예를 들어 조세가 1원 증가하면 **식** (5-10)에서 공공저축도 1원 증가하지만 **식** (5-4)에서 민간저축은 한계저축성향에 따라 $(1-b)$원만큼 감소한다. 따라서 조세가 1원 증가하면 정부저축과 민간저축의 합인 총저축은 $1-(1-b)=b$원 증가한다. 즉 조세의 증가는 총저축곡선을 위로 이동시킨다.

정부지출이 어떻게 결정되는지는 한 경제의 제도와 정치구조에 달려 있다. 여기서는 정부지출과 조세가 외생적으로 exogenous 다음과 같이 일정하게 주어져 있다고 가정한다.

$$G=\bar{G} \tag{5-11}$$
$$T=\bar{T} \tag{5-12}$$

이와 같이 내생변수에 영향을 받지 않고 외부로부터 주어지는 변수를 **2장** 거시경제학의 연구과제와 연구방법에서 배운 바와 같이 외생변수 exogenous variable 라고 부르며, 때로는 독립변수 autonomous variable ▪라고 부르기도 한다. 뒤에서 우리는 외생적으로 결정되는 정부지출과 조세가 변화할 때 내생변수들 endogenous variables 이 어떻게 반응하는지를 배우게 될 것이다.

▪ 예를 들어 독립소비, 독립투자, 독립정부지출 등이 있다.

5.2 케인즈의 교차점모형

현대 거시경제학에서 가장 간단한 국민소득결정모형은 케인즈의 교차점모형 Keynesian cross 이다. 케인즈의 교차점모형에서 가장 중요한 가정은 재화의 가격이 일정하게 고정되어 있다는 것이다. 즉 일정하게 고정되어 있는 물가수준에서 공급자는 시장에 산출물을 얼마든지 공급할 수 있다고 가정한다. 이는 **4장** 가격 경직성과 총공급곡선에서 배운 가격이 완전히 경직적인 경우 **그림** 4-2 에 해당한다. **그림 4-2** 가격 경직성과 총공급곡선에서 국민소득은 재화와 서비스에 대한 수요가 얼마인가에 따라 결정되며 생산요소의 고용량은 수요에 의해 결정된 국민소득을 생산할 수 있는 수준에서

총지출함수 그림 5-5

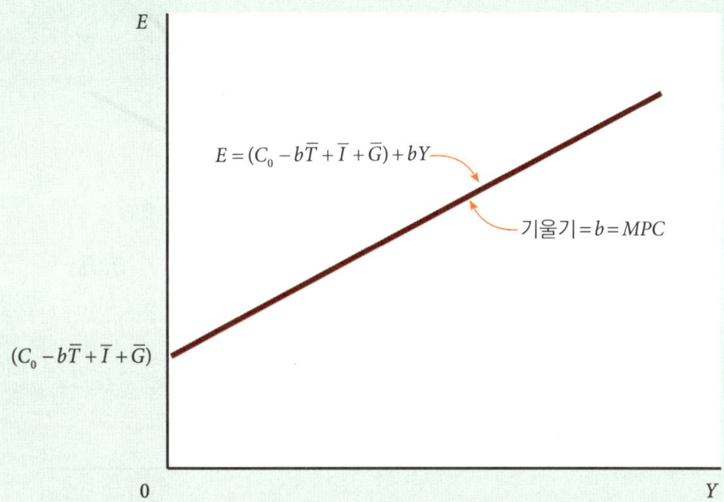

총지출함수의 절편은 독립지출의 증가함수이고 조세의 감소함수이다. 따라서 총지출함수는 독립지출이 증가하면 위로 이동하고 조세가 증가하면 아래로 이동한다. 총지출함수의 기울기는 소비함수의 기울기인 한계소비성향과 같다.

결정된다. 물가수준이 완전히 경직적인 경우는 기간이 짧은 단기 또는 경기가 극심한 불황일 때 나타난다. 실제로 케인즈의 교차점모형이 1930년대 대공황의 와중에 탄생하였음을 상기할 필요가 있다.

완전한 가격 경직성이 존재하는 경우에는 국민소득의 결정이 전적으로 총수요의 크기에 달려 있다. 따라서 《일반이론》에서 케인즈J.M. Keynes는 단기에 한 나라의 소득은 가계, 기업 및 정부가 재화와 서비스를 구매하고자 하는 욕구곧 재화와 서비스에 대한 지출 욕구에 의해 결정된다고 보았다. 즉 각각의 경제주체들이 더 많이 구매하고자 하면 주어진 가격수준에서 기업은 더 많은 재화와 서비스를 판매할 수 있고, 더 많은 재화와 서비스를 판매할 수 있는 기회가 생기면 기업은 더 많은 재화와 서비스를 생산하게 된다. 이때 기업은 고정된 물가수준에서 더 많은 재화와 서비스를 생산하기 위해 노동을 비롯한 생산요소를 더 많이 고용해야 한다. 이와 같은 이론을 바탕으로 케인즈는 경제주체들이 재화와 서비스를 구매하고자 하는 욕구곧 총수요가 부족했기 때문에 1930년대에 대공황이 나타났다고 주장했다.

케인즈의 교차점모형에서 중요한 것은 실제 지출actual expenditure과 계획한 지출planned expenditure을 구분해 생각하는 것이다. 실제 지출은 과거의 일정한 기간 동안에 가계, 기업 및 정부가 재화와 서비스에 실제로 지출한곧 구매한 금액으로, 이

그림 5-6 **케인즈의 교차점모형**

케인즈의 교차점모형은 거시경제학에서 가장 간단한 소득결정모형이다. 케인즈의 교차점모형에서 균형소득은 총지출과 소득(산출량)이 일치할 때 달성된다. 점 A에서 총지출과 소득이 일치하는데, 이 점이 45°선 위에 있기 때문에 $E=Y$가 성립한다.

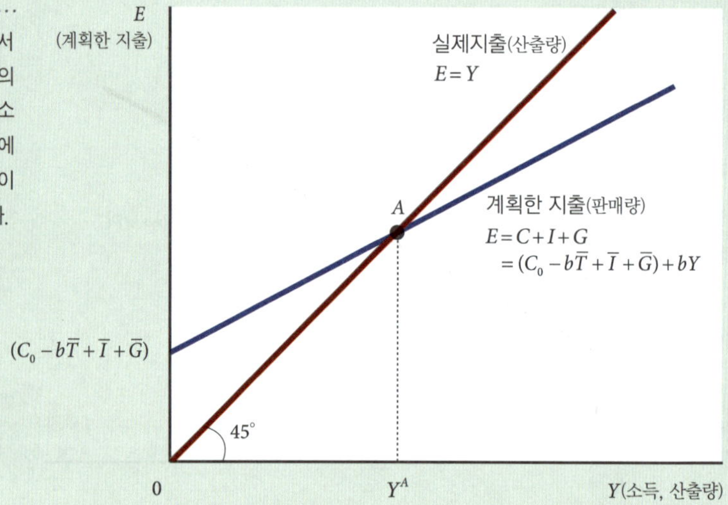

들의 합은 앞에서 배웠듯이 국내총생산real gross domestic product과 항상 같다. 그리고 계획된 지출은 미래의 일정한 기간 동안에 재화와 서비스에 가계, 기업 및 정부가 지출하고자곧 구매하고자 계획한 금액이다. 따라서 실제 지출은 기업이 과거에 실제로 판매한 수량, 그리고 계획한 지출은 미래에 기업이 시장에서 판매할 수 있는 수량이라고 할 수 있다.

케인즈의 교차점모형을 더 자세히 알아보기 위해 다음과 같이 투자가 외생적으로 일정하게 주어져 있다고 가정해 보자.

$$I=\bar{I} \tag{5-13}$$

즉 기업이 투자를 위해 구매하고자 계획한 재화와 서비스는 일정하게 주어져 있다고 가정한다. 이 가정은 단순화를 위한 것이다. 다음 절에서는 일반적인 투자함수를 고려할 것이다.

식 (5-2)의 소비함수, **식** (5-11)과 (5-12)의 정부지출과 조세, **식** (5-13)의 투자를 **식** (5-1)의 총지출에 대입하면 다음 식을 얻을 수 있다.

$$E=C(Y-\bar{T})+\bar{I}+\bar{G} \tag{5-14}$$

케인즈의 교차점모형에서 균형으로의 수렴 그림 5-7

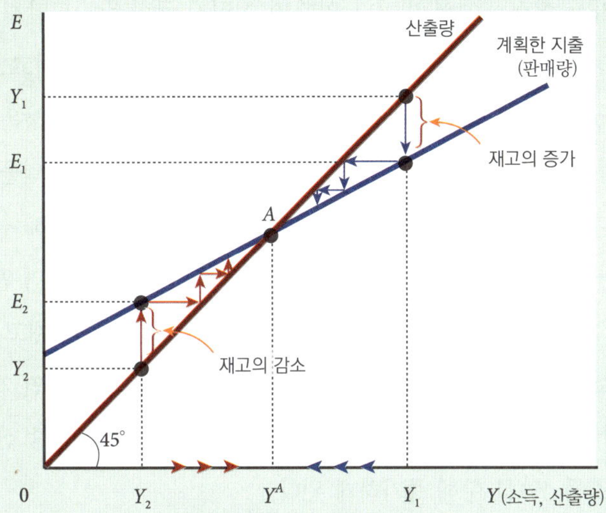

케인즈의 교차점모형에서 경제가 균형에서 벗어나 있으면 재고의 변동을 통해서 균형이 회복된다. 그림에서 소득이 Y_1이면 소득(산출량)이 지출(판매량)보다 많기 때문에 재고가 축적된다. 따라서 기업은 생산량을 감소시키게 되므로 균형이 점 A로 수렴한다. 그리고 소득이 Y_2이면 반대의 조정이 일어난다.

이는 계획한 지출곧 기업이 판매할 수 있는 재화와 서비스의 크기이 가처분소득의 함수인 소비와 외생적으로 주어져 있는 투자 및 정부지출의 합임을 보여준다. **식 (5-3)**의 선형 소비함수linear consumption function를 가정하면 **식 (5-14)**의 계획한 총지출을 다음과 같이 쓸 수 있다.

$$E = (C_0 - b\bar{T} + \bar{I} + \bar{G}) + bY \qquad \textbf{(5-15)}$$

따라서 지출함수의 기울기는 한계소비성향 MPC로 주어진다. 그리고 투자, 정부지출, 조세 등은 지출함수의 절편으로 이들이 변화하면 지출함수가 이동한다.

식 (5-15)로 나타나는 계획한 총지출곧 기업이 판매할 수 있는 재화와 서비스의 크기은 **그림 5-5**와 같이 그려볼 수 있다. **그림 5-5**에서 독립소비지출 C_0나 정부지출 $\bar{G}$ 또는 투자 $\bar{I}$가 증가하면 절편이 증가하므로 총지출곡선이 위로 이동하지만, 조세가 증가하면 총지출곡선의 절편이 감소하므로 총지출곡선이 아래로 이동한다.

거시경제의 균형은 총생산량 Y와 계획한 총지출 E가 같을 때 달성된다.

거시경제의 균형
$Y=E$
$=C+I+G$

$$Y = E \qquad \textbf{(5-16)}$$

이는 **그림 5-6**에서 보는 바와 같이 원점에서 출발하는 선으로 나타낼 수 있다. **그**

림 5-6에 계획한 총지출함수 (5-15)를 겹쳐 그리면 케인즈의 교차점모형이 완성된다. 이때 균형은 계획한 총지출함수가 45° 선과 만나는 점 A에서 달성된다.

만약 어떤 경제가 균형점 A에서 벗어나 있다면 어떻게 균형점에 도달하게 될까? **그림 5-7**에서 경제가 Y_1의 산출량을 생산하고 있다면 판매량은 E_1이고, 생산량 가운데 판매하지 못한 Y_1-E_1만큼이 재고로 쌓인다. 이렇게 의도하지 않은 재고증가가 발생하면 기업은 판매량보다 많은 산출량을 생산하고 있다는 시그널을 받고 산출량을 줄이게 된다. 즉 국민소득곧 산출량은 Y_1에서 균형소득 Y^A를 향해 감소하게 된다. 한편 산출량이 Y_2 수준이면 계획한 지출곧 기업의 판매량은 E_2가 되며 판매량은 산출량보다 E_2-Y_2만큼 더 많다. 이때 산출량을 초과하는 판매량은 재고로 충당되므로 재고가 감소한다. 이와 같이 의도하지 않은 재고 감소가 발생하면 기업은 생산량보다 판매량이 많다는 시그널을 받고 산출량을 증가시키게 된다. 즉 산출량은 Y_2 수준에서 균형소득 Y^A를 향해 증가하게 된다.

케인즈의 교차점모형에서 소비함수가 **식** (5-3)과 같이 일차식으로 나타난다면 **그림 5-7**의 점 A에서의 균형국민소득은 **식** (5-15)를 **식** (5-16)에 대입해 다음과 같이 구할 수 있다.

$$Y^A = \frac{C_0 - b\bar{T} + \bar{I} + \bar{G}}{1-b} \tag{5-17}$$

따라서 균형소득은 $C_0, \bar{I}, \bar{G}$가 클수록 크고 조세 $\bar{T}$가 클수록 작다.

이와 같이 케인즈의 교차점모형은 계획한 소비, 투자, 정부지출 및 조세가 주어져 있을 때 균형국민소득이 어떻게 달성되는지를 보여준다. 그런데 여기서 다시 한 번 강조하는 것은 **그림 5-7**의 조정과정에서는 순전히 수량조정만 일어나고 있다는 것이다. 즉 가격조정에 관하여는 아무런 언급이 없다. 이는 앞에서 설명했듯이 **그림 5-7**의 균형에서 암묵적으로 물가가 일정하게 경직적으로 고정돼 있다고 가정하고 있음을 의미한다.

5.3 승수효과

케인즈의 교차점모형을 이용해 투자나 정부지출 및 조세 같은 외생적인 변수

정부지출승수 그림 5-8

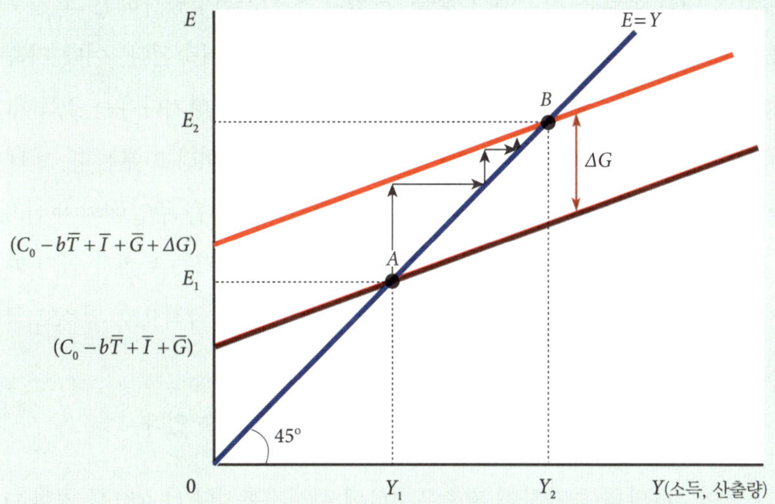

정부지출승수는 한계소비성향이 클수록 크다. 이때 정부지출 한 단위가 산출량을 한 단위 이상 증가시키는 것은 국민소득의 순환 때문이다. 한계소비성향이 b일 때 정부지출승수는 $1/(1-b)$과 같다.
화살표를 따라 갈 때 처음 변화는 정부지출 증가에 의한 총지출 E의 변화임에 주목하자.

들이 변화할 때 국민소득이 어떻게 변화하는지를 분석할 수 있다. 정부구매곧 소비는 지출의 하나이므로, 정부구매가 많다는것은 주어진 산출량에서 계획한 지출기업의 입장에서 보면 판매량이 많음을 의미한다. 정부지출이 ΔG만큼 증가하면 **그림 5-8**에서 계획한 총지출함수의 절편이 같은 크기만큼 증가하므로 총지출함수가 ΔG만큼 위로 이동한다. 따라서 국민소득의 균형은 점 A의 소득수준 Y_1에서 점 B의 소득수준 Y_2로 증가하며 소득의 증가량은 $\Delta Y = Y_2 - Y_1 = E_2 - E_1$과 같다. 이때 소득의 증가량을 정부지출의 증가량으로 나눈 $\Delta Y/\Delta G$를 정부지출승수government expenditure multiplier라고 부른다. 정부지출승수는 정부지출이 한 단위 증가했을 때 국민소득이 얼마나 증가하는지를 보여준다.

케인즈의 교차점모형에서 정부지출승수는 1보다 크다. 정부지출의 외생적인 증가가 소득을 그보다 크게 증가시키는 이유는 국민소득 순환에서 찾을 수 있다. 정부지출이 ΔG만큼 증가하면 기업의 생산이 같은 크기만큼 증가하고, 총지출과 소득도 같은 크기만큼 증가한다. 이때 소득의 증가는 소비지출을 한계소비성향 b와 소득의 증가량 ΔG의 곱인 $b \cdot \Delta G$만큼 증가시킨다. 소비지출의 증가는 다시 생산과 소득을 같은 크기인 $b \cdot \Delta G$만큼 증가시키고, 이는 다시 증가한 소득 $b \cdot \Delta G$에 한계소비성향 b를 곱한 $b^2 \cdot \Delta G$만큼 소비지출을 증가시킨다. 생산과 소득의 증가와 소비지출의 증

한계소비성향이 b일 때, 정부지출승수는 $\frac{1}{(1-b)}$

가라는 국민소득의 순환은 추가적인 지출이 소멸될 때까지 무한히 계속된다.

그렇다면 국민소득의 순환에서 지출이 더 이상 증가하지 않는 상황은 왜 일어날까? 이 의문에 대한 해답은 저축에서 찾을 수 있다. 즉 소득이 증가하면 그 일부는 소비지출로서 재화와 용역의 구매를 증가시키고, 나머지는 저축된다. 이때 저축은 재화와 용역을 구매하는 것이 아니므로 국민소득의 순환에서 빠져나가는 소득이다. 이렇게 국민소득의 순환에서 빠져나가는 소득을 누출leakage이라고 부른다. 반대로 정부지출 증가와 같이 국민소득의 흐름에 새로 더해지는 지출을 주입injection이라고 부른다. 저축은 국민소득 흐름의 크기를 매 단계마다 위축시키는 효과가 있기 때문에 정부지출이라는 주입이 일어났을 때 국민소득의 순환은 궁극적으로 멈추고 국민소득이 새로운 균형에 도달하게 된다.

소득과 함께 증가한 저축의 크기는 다음과 같이 추적할 수 있다.

1 처음 소득이 ΔG만큼 증가하면 저축은 ΔG에 한계저축성향 $(1-b)$를 곱한 $(1-b)\cdot\Delta G$만큼 증가한다.

2 다음 단계의 국민소득 순환에서 증가한 소득은 (소비지출과 같은) $b\cdot\Delta G$이므로 저축은 $b\cdot\Delta G$에 한계저축성향 $(1-b)$를 곱한 $(1-b)b\cdot\Delta G$만큼 증가한다.

3 다음 단계에서는 증가한 소득이 $b^2\cdot\Delta G$이므로 또다시 저축은 $b^2\cdot\Delta G$에 한계저축성향 $(1-b)$를 곱한 $(1-b)b^2\cdot\Delta G$만큼 증가한다. 소득 증가와 저축 증가라는 순환은 소비지출 및 소득의 순환과 함께 무한히 계속된다.

4 국민경제 순환에서 누출되는 저축의 누적된 크기가 처음에 증가한 정부지출의 크기 ΔG와 같아질 때 정부지출 증가로 시작된 국민소득의 순환은 궁극적으로 멈추게 된다.

정부지출이 ΔG만큼 증가했을 때 증가한 소득과 소비 및 저축의 크기는 다음과 같이 구할 수 있다.[2]

---

2 무한급수(infinite series)가 아래와 같이 주어져 있을 때 그 합은 다음과 같이 구할 수 있다.

$$Q=1+x+x^2+x^3+\cdots,\ |x|<1$$

이 급수의 양변에 x를 곱하면 다음 식을 얻는다.

$$xQ=x+x^2+x^3+\cdots$$

그리고 처음의 급수에서 이를 빼면 다음과 같다.

$$(1-x)Q=1$$

조세승수 **그림 5-9**

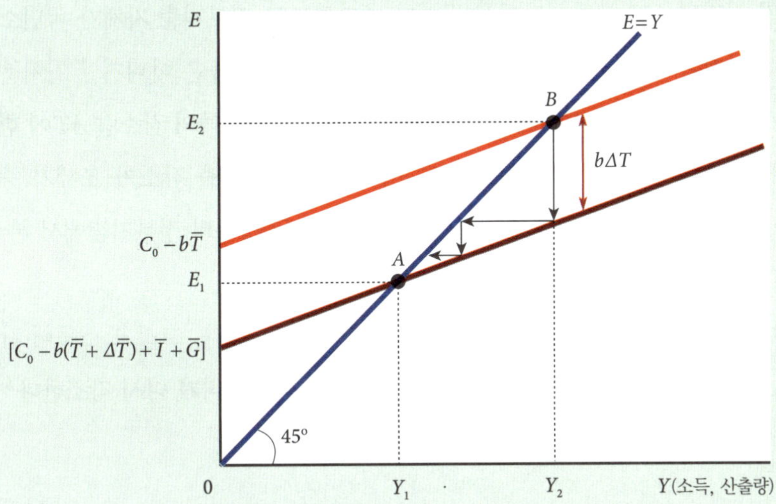

조세승수는 한계소비성향이 클수록(그 절댓값이) 크다. 조세승수가 정부지출승수와 다른 점은 조세를 한 단위 감소시키면 가처분소득이 한 단위 증가하고 소비지출이 한계소비성향만큼 감소한다는 것이다. 즉 조세가 증가하는 경우 최초의 지출변화는 소비지출이며, 그 규모는 ΔT가 아니라 $b\,\Delta T$임에 주목하자. 이러한 지출의 변화로부터 승수효과가 나타난다. 한계소비성향이 b이면 조세승수는 $-b/(1-b)$이다.

$$\Delta Y = (1+b+b^2+b^3+\cdots)\Delta G = \frac{1}{1-b}\Delta G \tag{5-18}$$

$$\Delta C = (b+b^2+b^3+\cdots)\Delta G = \frac{b}{1-b}\Delta G \tag{5-19}$$

$$\Delta S = (1-b)(1+b+b^2+b^3+\cdots)\Delta G = \Delta G \tag{5-20}$$

따라서 다음 식이 성립한다.[■]

$$\frac{\Delta Y}{\Delta G} = \frac{1}{1-b} \tag{5-21}$$

$$\Delta Y = \Delta C + \Delta S \tag{5-22}$$

■ 독립투자지출 autonomous investment spending의 경우에도 식 (5-21)과 동일한 승수를 얻을 수 있다.

예를 들어 한계소비성향이 $b=0.75$라면 **식** (5-21)의 정부지출승수는 4가 된다. 즉 정부지출을 한 단위 증가시키면 국민소득은 그 4배인 네 단위가 증가한다. 그리고 증가한 소득은 **식** (5-22)에서 보는 바와 같이 소비와 저축으로 배분된다. 위의 예에서 $b=0.75$인 경우에 소비는 세 단위, 저축은 한 단위가 각각 증가한다. 독립소비와 독립투자가 증가한 경우에도 정부지출의 경우와 같은 승수가 나타난다.

다음으로 일정하게 주어져 있다고 가정한 조세가 변화해도 **그림 5-9**에서 보는 바와 같이 승수효과가 나타난다. 정부가 조세를 ΔT만큼 증가시켰다고 가정해 보

따라서 $Q=1/(1-x)$가 성립한다.

자. 이와 같이 외생적인 변화가 일어났을 때 중요한 것은 국민소득의 흐름에서 최초로 지출의 변화가 일어나는 곳이 어디인지 알아내는 것이다. 앞에서는 정부지출이 증가하면 직접적으로 재화시장에서 구매가 증가하므로 정부지출 자체가 국민소득 순환의 시발점이 되었다. 그러나 조세증가는 그 자체가 지출은 아니지만 가처분소득 $Y-T$를 ΔT만큼 감소시킨다. 이때 소비지출은 가처분소득의 감소량 ΔT에 한계소비성향 b를 곱한 $b\cdot\Delta T$만큼 감소한다. 이와 같은 소비지출 감소가 조세가 증가하고 나서 처음 일어나는 지출의 변화이다. 그리고 여기서부터 정부지출에서 본 바와 같은 국민소득 순환이 일어난다.

소비지출이 $b\cdot\Delta T$만큼 감소하면 소득도 그만큼 감소한다. 그리고 소득이 감소하면 감소한 소득에 한계소비성향 b를 곱한 $b^2\cdot\Delta T$만큼 소비가 다시 감소한다. 따라서 국민경제의 순환을 통해 소득은 다음과 같이 감소한다.

$$\Delta Y=(b+b^2+b^3+\cdots)(-\Delta T)=-\frac{b}{1-b}\Delta T \tag{5-23}$$

식 (5-23)의 소득증가분은 조세증가에 따른 최초의 소비지출 변화 $-b\cdot\Delta T$에 지출변화에 따른 승수인 **식** (5-21)을 곱해 얻을 수 있다. 즉 조세승수tax multiplier는 다음과 같다.

한계소비성향이 b이면 조세승수는 $-\frac{b}{(1-b)}$

$$\frac{\Delta Y}{\Delta T}=-\frac{b}{1-b} \tag{5-24}$$

앞의 예에서와 같이 한계소비성향이 $b=0.75$이면 조세승수는 -3이다. 즉 정부가 조세를 한 단위 증가시키면 국민소득은 세 단위 감소한다.

때로는 정부지출과 조세가 동시에 증가하는 경우가 있다. 이 경우에 소득의 변화는 **식** (5-21)과 **식** (5-24)의 합으로 다음과 같이 구할 수 있다.

$$\Delta Y=\frac{1}{1-b}\Delta G-\frac{b}{1-b}\Delta T \tag{5-25}$$

$\Delta G=\Delta T$이면곧 정부지출과 조세가 같은 크기로 증가하면, **식** (5-25)에서 다음 식을 얻을 수 있다.

$$\frac{\Delta Y}{\Delta G}=1 \tag{5-26}$$

즉 정부지출과 조세가 같은 크기만큼 증가하면 소득은 정부지출곧 조세의 증가량과 같은 크기만큼 증가한다. **식** (5-26)을 균형예산승수balanced budget multiplier라 한다.

정부지출과 조세를 동시에 같은 크기만큼 증가시킬 때 정부의 예산흑자나 적자에는 변화가 없는데도 **식** (5-26)과 같이 팽창적인 정책효과가 발생하는 이유는 무엇일까? 이는 정부지출이 증가하거나 조세가 증가했을 때 최초로 지출의 변화가 나타나는 곳이 서로 다르기 때문이다. 즉 정부지출이 증가하면 재화시장에서 지출이 직접적으로 ΔG만큼 증가한다. 그러나 조세가 증가하면 가처분소득의 변화를 통해 소비지출이 최초로 $-b \cdot \Delta T$만큼 감소한다. 따라서 정부지출과 조세를 같은 크기로 증가시키면 최초 지출의 변화는 $\Delta G - b \cdot \Delta T = (1-b) \cdot \Delta G$가 된다. 그리고 여기에 최초 지출의 변화에 따라 국민소득의 확대순환이 시작된 시점으로부터의 승수 $1/(1-b)$를 곱하면 **식** (5-26)의 균형예산승수를 얻는다. 즉 정부지출과 조세가 같은 크기만큼 증가했을 때 지출 변화가 처음 일어나는 부문이 다르기 때문에 정부지출의 팽창적인 효과가 조세의 긴축적인 효과보다 크며 그 결과로 균형예산승수가 나타난다.

5.4 재화시장의 균형과 IS곡선

케인즈의 교차점모형에서 우리는 투자가 외생적으로 일정하게 주어져 있다고 가정했지만 일반적으로 **식** (5-8)과 **그림 5-3**에서 보는 바와 같이 투자는 이자율의 감소함수이므로, 이자율이 증가하면 투자 비용이 증가해 이윤을 낼 만한 투자기회investment projects가 줄어들고 투자가 감소한다.

식 (5-3)의 선형 소비함수를 가정하면 다음과 같은 재화시장 균형조건을 얻을 수 있다.

$$Y = E = (C_0 - b\overline{T} + \overline{G}) + bY + I(r) \tag{5-27}$$

그리고 투자함수가 다음과 같이 일차함수선형로 나타난다고 가정해 보자.

$$I(r) = I_0 - \alpha r, \ \ \alpha > 0 \tag{5-28}$$

여기서 I_0은 이자율에 영향을 받지 않는 투자로서 독립투자■autonomous investment이

■ 필요불가결한 투자, 동물적 영감에 의존하는 투자 등이 여기에 포함된다.

그림 5-10 **IS곡선**

*IS*곡선은 재화시장의 균형을 이루는 소득과 이자율의 배합점들의 모임이다. *IS*곡선의 절편은 독립지출과 정부지출의 증가함수이고 조세의 감소함수이다. 따라서 *IS*곡선은 독립지출과 정부지출이 증가하면 위로, 조세가 증가하면 아래로 각각 이동한다.

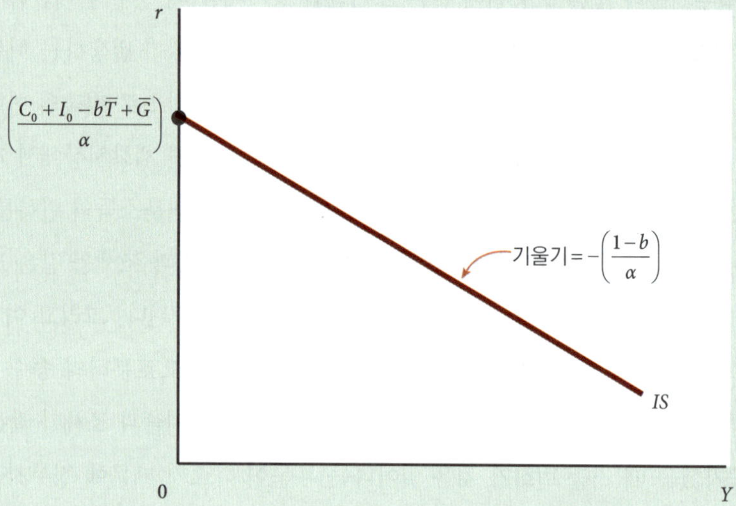

고 α는 투자의 이자율 변화에 대한 민감도sensitivity를 나타낸다. 즉 α가 크면 이자율이 변화할 때 투자의 변화가 더 크고, α가 작으면 이자율이 변화할 때 투자의 변화가 작다.

이제 **식** (5-28)을 **식** (5-27)에 대입해 이자율에 관해 정리하면 다음 식을 얻을 수 있다.

$$r = \left(\frac{C_0 + I_0 - b\bar{T} + \bar{G}}{\alpha}\right) - \left(\frac{1-b}{\alpha}\right)Y \tag{5-29}$$

본 식에 많은 변수들이 등장하여 복잡해 보이나 이를 이용하면 재화시장에 관해 많은 구체적 논의가 가능하다.

*IS*곡선
재화시장의 균형을 이루는 소득과 이자율의 배합점들의 집합

먼저, **식** (5-29)는 재화시장의 균형에서 도출된 소득과 이자율의 관계식이다. 이와 같이 **재화시장의 균형을 이루는 소득과 이자율의 배합점들의 집합을 *IS*곡선**이라고 부른다. *IS*곡선은 **그림 5-10**과 같이 그릴 수 있다.

식 (5-29)와 같이 도출된 *IS*곡선은 다음과 같은 특성을 갖는다.

1 한계소비성향 b가 0과 1 사이의 값을 갖고 $\alpha > 0$이기 때문에 *IS*곡선은 **그림 5-10**과 같이 우하향하는 기울기를 갖는다. *IS*곡선이 우하향하는 이유는 **그림 5-11**

케인즈의 교차점모형과 IS곡선 **그림 5-11**

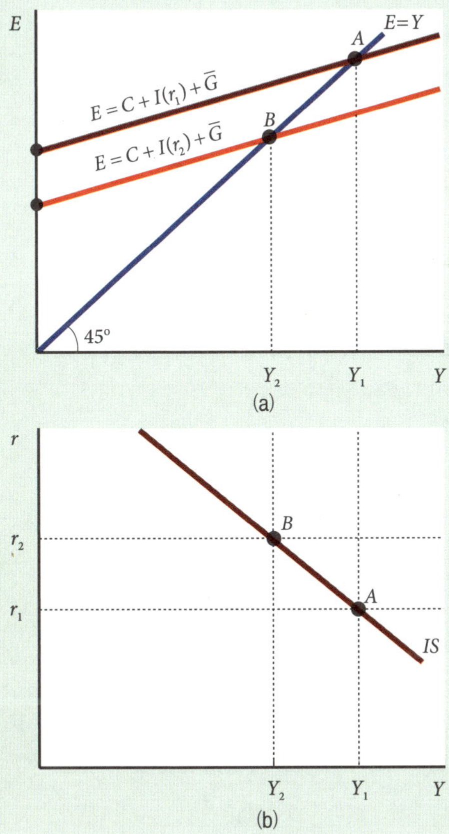

*IS*곡선은 케인즈의 교차점모형에서 이자율을 변동시켜 가면서 구할 수 있다. 즉 이자율이 상승하면 투자가 감소하고 승수효과에 의해 소득이 감소한다. 따라서 (소득, 이자율)의 역관계가 나타난다.

에 나타나 있는 케인즈의 교차점모형을 이용해 설명할 수 있다. 먼저 이자율이 r_1에서 r_2로 상승하면 투자가 $I(r_1)$에서 $I(r_2)$로 감소한다. 그리고 투자 감소는 (a)에서 총지출함수 E의 절편을 $\{C_0 - b\bar{T} + \bar{G} + I(r_1)\}$에서 $\{C_0 - b\bar{T} + \bar{G} + I(r_2)\}$로 감소시킨다. 따라서 (a)에 나타나 있는 총지출함수는 아래로 이동하고 소득은 승수효과를 통해 Y_1에서 Y_2로 감소한다. 이자율 상승에서 시작해 소득 감소로 이어진 결과를 소득과 이자율의 평면에 도시하면 (b)와 같은 우하향하는 *IS*곡선을 얻을 수 있다.

2 식 (5-29)에서 볼 수 있듯이 *IS*곡선의 기울기는 한계소비성향 b나 투자의 이자율에 대한 민감도 α가 크면 클수록 그 절댓값이 작아져 소득과 이자율의 평면에서 완만하게 나타난다. 즉 주어진 이자율 변화에 대해 *IS*곡선을 따라 소득 변화가 더 크게 나타난다. 즉 주어진 이자율곧 투자의 변화에 대해 한계소비성향이 클수록 투자승수도 크게 나타나기 때문에 소득 변화도 크게 나타나는 것이다. 그리고 투자

그림 5-12 **정부지출의 증가와 IS곡선의 이동**

주어진 이자율에서 정부지출이 증가하면 소득이 증가한다. 따라서 *IS*곡선이 위(오른쪽)로 이동한다. 이는 식 (5-19)에서 $\bar{G}$가 증가할 때 *IS*곡선의 절편이 상승함으로도 확인된다.

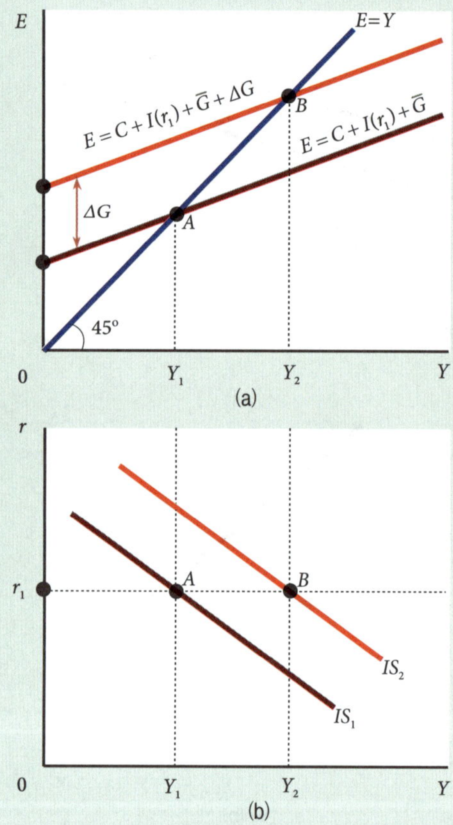

의 이자율에 대한 민감도가 크면 클수록 주어진 이자율의 변화에 대해 투자 변화가 크게 나타나고 주어진 투자승수를 통해 소득 변화도 크게 나타난다. 즉 이자율에 변화가 있을 때 한계소비성향은 투자승수를 통해, 그리고 투자의 이자율에 대한 민감도는 투자 크기의 변화를 통해 최종적으로 소득 변화의 크기에 각각 영향을 미친다.

팽창적인 재정정책은 *IS*곡선을 오른쪽으로 이동시킨다.

3 **식** (5-29)에서 볼 수 있듯이 독립지출 C_0, I_0, $\bar{G}$의 증가는 *IS*곡선의 절편을 증가시키므로 *IS*곡선을 위로 이동시키고 조세 $\bar{T}$의 증가는 *IS*곡선을 반대아래로 이동시킨다. 이는 **그림 5-12**를 이용해 설명할 수 있다. 처음 *IS*곡선이 (**b**)의 점 *A*를 지나는 IS_1로 주어져 있다고 가정해 보자. 이때 (**b**)의 점 *A*에 상응하는 케인즈의 교차점은 (**a**)에 나타나 있는 점 *A*이다. 이 경우에 정부지출이 ΔG만큼 증가하면 (**a**)

에서 총지출이 같은 크기만큼 위로 이동하므로 새로운 국민소득의 균형이 (**a**)의 점 B로 나타나고 그때의 균형소득은 Y_2이다. 여기서 주목할 것은 이자율이 r_1에서 변화하지 않았다는 사실이다. 따라서 정부지출이 변한 뒤의 새로운 IS곡선은 (**b**)에서 소득 Y_2와 이자율 r_1의 배합점 B를 지나는 IS_2가 된다. 즉 정부지출 증가는 주어진 이자율에서 승수효과를 통해 국민소득을 증가시키므로 IS곡선을 위곧 우측로 이동시킨다. C_0, I_0, $\bar{T}$ 가운데 어느 하나가 증가했을 때에도 같은 방법으로 IS곡선의 이동을 추적할 수 있다.

IS곡선의 엄밀한 이해는 추후 분석을 위해 매우 중요하다. 응용사례로서 각종 경제위기 시예: 대공황, 97년 IMF 위기, 최근 금융위기 등가계의 소비심리 위축, 기업의 투자심리 위축 등에 대해 우려하는데, 이는 곧 IS곡선의 절편의 일부인 C_0, I_0를 낮추어 IS곡선이 좌측으로 이동하게 하여 주어진 이자율하에서 낮은 소득에 머물게 한다.

화폐의 기능 및 종류와 실증적 정의 5.5

화폐란 거래에 직접 사용할 수 있는 자산asset이라고 말할 수 있다. 한 경제의 경제주체들은 주식, 채권, 부동산 등 많은 종류의 자산을 보유하고 있으나 그 가운데 재화와 용역의 거래나 부채 상환에 일반적으로 쓰이는 자산generally accepted means of payment이 바로 화폐이다.

5.5.1 화폐의 기능

어떤 자산이 화폐가 되기 위해 반드시 만족시켜야 하는 기능들이 존재한다. 이 가운데 교환의 매개수단으로서의 기능은 화폐를 주식이나 채권 및 부동산과 구분하는 핵심적인 기능이라 할 수 있다.

화폐의 기능
교환의 매개수단
회계의 단위
가치의 저장수단

1 교환의 매개수단 화폐는 교환의 매개수단medium of exchange 기능을 한다. 즉 화폐는 재화와 용역을 구매하는 데 사용될 수 있어야 한다. 우리는 재화를 구입한 대가로 화폐를 지급하면 된다는 사실을 당연한 것으로 여긴다. 거래 상대방이 화폐를 받지 않을 수 있다는 생각을 해본 적은 거의 없을 것이다. 이는 우리가 화폐가 교환의 매개수단으로서 거래에서 일반적으로 받아들여지는 지급수단임을 무의식적으

로 받아들이고 있기 때문이다.

화폐의 기능 가운데 교환의 매개수단이 얼마나 중요한지 알아보려면 물물교환경제barter economy를 상상해 보면 된다. 물물교환경제에서 거래가 일어나기 위해서는 욕구의 이중적 일치double coincidence of wants가 있어야 한다. 예를 들어 구두를 생산하는 사람이 자신이 생산한 구두를 귀걸이와 교환하고 싶다면 귀걸이를 가지고 있으면서 구두와 교환하고 싶은 사람과 만나야 한다. 이와 같이 욕구의 이중적 일치가 정확하게 두 사람이 원하는 시간과 장소에서 일어나는 것은 쉬운 일이 아니다. 따라서 물물교환경제에서는 교환의 이전 단계로서 욕구의 이중적 일치를 위해 많은 시간과 노력은 물론 때로는 교통비용 같은 다른 종류의 비용을 부담해야 한다. 이를 거래비용transaction cost이라고 부른다. 물물교환경제에서는 욕구의 이중적 일치가 일어날 때 성립하는 직접거래simple transactions만 가능하지만 화폐경제에서는 화폐를 통한 간접거래indirect transactions가 이루어진다. 예를 들어 농부는 생산한 쌀을 판 대가로 받은 화폐로 옷을 산다. 옷가게에서는 옷을 팔고 받은 화폐로 원단을 사고, 원단을 생산하는 공장은 원단을 판매해 받은 화폐로 노동자들의 월급을 지급한다. 그리고 원단공장 노동자들은 월급으로 받은 화폐로 쌀을 구입한다. 이렇게 생산이 특화specialization돼 있는 현대 경제에서는 간접거래가 주종을 이루기 때문에 화폐를 사용해야만 거래에 수반되는 여러 가지 비용을 절약할 수 있다.

2 회계의 단위 회계의 단위로서 화폐는 일상적인 거래에서 호가quote의 기준이 되고 부채의 크기를 재는 척도가 된다. 백화점 상품에 달린 가격표에는 옷 한 벌에 10만 원, 컴퓨터 1대에 100만 원 등 화폐의 단위로 가격이 표시되어 있다. 옷 한 벌에 쌀 두 가마, 컴퓨터 한 대에 옷 열 벌과 같은 가격표는 발견할 수 없다. 그리고 대부분의 부채계약에서도 미래의 특정 시점에 특정한 양의 화폐를 상환하도록 명시하고 있으며, 어떤 재화의 특정한 양을 상환하도록 하는 경우는 매우 드물다. 나아가 가계, 기업, 정부의 모든 공식적인 회계는 화폐 단위로 이루진다. 이와 같이 화폐는 모든 거래의 크기를 재는 척도로서 사용된다.

3 가치의 저장수단 화폐는 현재의 구매력purchasing power을 미래로 이연시키는 수단 가운데 하나가 된다. 현재 우리에게 10만 원이 있다면 우리는 내일이나 일주일 후 또는 1년 뒤에 이를 사용할 수 있다. 그런데 화폐에 가치를 저장하는 데에는 비용이 따를 수 있다. 만약 물가수준이 상승하면 현재 10만 원으로 살 수 있는 재화와 서비스의 양보다 미래에 살 수 있는 재화와 서비스의 양이 더 적다. 따라서 물

BOX 5-4 세계의 상품화폐[3]

상품화폐의 역사는 유구하다. 중국과 서방의 교역은 실크로드비단길를 통해 이루어졌는데, 비단은 당시 중국뿐만 아니라 타지키스탄, 몽골 등 실크로드 주변에 위치한 나라에서 중요한 교환의 매개수단으로 쓰였다. 슬로바키아에서는 강철도끼가 화폐로 사용됐으며 니카라과에서는 코코아 열매가 화폐로 사용됐다. 몽골에서는 마시는 차를 벽돌 모양으로 만들어 화폐로 사용했고 사막지방인 수난에서는 양파를 갈아 반죽을 만든 다음 공 모양으로 말려 화폐로 사용했다. 이디오피아에서는 아몰리amoli라고 불리는 정제하지 않은 소금을 일정한 규격으로 잘라 화폐로 사용했다. 크로아티아에서는 담비 모피를 화폐로 사용했는데 현재의 화폐단위 쿠나kuna가 담비를 뜻한다고 한다. 당연히 귀금속도 화폐로 사용됐다. 동남아시아의 은괴, 온두라스의 구리방울, 탄사니아의 밀레피오리millefiori 구슬, 아프가니스탄의 청금석, 마다가스카르의 청옥수, 말레이반도의 주석괴도 상품화폐이다. 상품화폐에는 오만의 총탄, 얍Yap 섬의 가운데에 구멍을 뚫은 돌원반, 솔로몬군도의 새 깃털 등 상상하기 힘든 화폐도 존재한다. 우리나라 또한 토기와 볍씨부터 손도끼, 화살촉, 포목, 은병 등에 이르기까지 여러 종류의 상품화폐를 사용했다.

가상승률은 어떤 목적에서든 화폐를 보유하는 데 따르는 비용이라고 볼 수 있다. 화폐를 가치의 저장수단으로 보유하는 경우에도 예외일 수 없다. 반대로 물가수준이 하락하는 경우에는 화폐보유가 좋은 투자가 될 수도 있다.

5.5.2 화폐의 종류

화폐에는 여러 가지 종류가 있다. 우리나라의 거래에서는 5만 원짜리, 1만 원짜리, 5천 원짜리, 1천 원짜리 지폐paper money와 5백 원짜리, 1백 원짜리 동전 등을 사용한다. 그런데 이 화폐들이 교환의 매개수단으로서 일반적으로 받아들여지는 지급수단이 되지 못한다면 그 자체만으로는 별다른 가치를 갖지 못할 것이다. 즉 화폐는 그 자체로서 내재적인 가치intrinsic value가 없음에도 불구하고 정부가 법령으로 정하여 화폐로 사용하도록 설정했기 때문에 일반적으로 거래에 사용된다. 이렇게 그 자체로는 내재적인 가치가 없지만 정부의 법령에 의해 화폐로 설정된 화폐를 법화fiat money라고 부른다.

어떤 재화가 화폐로 사용되기 위해서는 다음의 조건들을 갖추어야 한다.

1. 가치를 간단히 알 수 있도록 쉽게 표준화standardization될 수 있어야 한다.
2. 거래에서 폭넓게 받아들여져야 한다.
3. 작은 단위로 쉽게 쪼갤 수 있어야 한다.
4. 쉽게 운반할 수 있어야 한다.

---

3 한국은행, 《재미있는 세계의 물품화폐》, 2005.

5 쉽게 부패되어서는 안 된다.

현대의 거의 모든 경제에서는 법화를 사용하지만 과거에는 그 자체로서 가치를 갖는 재화를 화폐로 사용한 경우가 흔히 있었다. 이와 같이 그 자체로서 내재적인 가치를 가지고 있는 화폐를 상품화폐 commodity money라고 부른다. BOX 5-4 참조 인간의 역사에서 가장 널리 사용된 상품화폐는 금이다. 금 또는 금과 즉각적으로 교환태환될 수 있는 redeemable for gold 지폐를 화폐로 사용하는 제도를 금본위제도 gold standard라고 부른다. 이 경우에 금은 교환의 매개수단으로서뿐만 아니라 금 자체가 보석이나 공업 또는 의학 등 여러 분야에 사용될 수 있는 내재적 가치를 가지고 있기 때문에 상품화폐가 된다. 금 이외에도 원시사회에서는 조개껍질을 화폐로 사용하기도 하였으며 2차 세계대전 중에 독일 나치의 포로수용소에서는 포로가 된 미군들이 담배를 교환의 매개수단으로 사용하기도 했다.[4]

5.5.3 화폐의 실증적 정의와 통화량(화폐공급)의 측정

앞에서 정의한 바와 같이 화폐는 거래에서 일반적으로 사용되는 자산이므로 한 경제에 존재하는 화폐의 수량은 그 역할을 하는 자산의 크기로 측정할 수 있다. 거래에서 사용되는 자산은 여러 가지현금이나 수표 등가 있지만 실제로 사용할 때의 편리함이나 유동성에 차이가 있다. 따라서 어떤 자산을 화폐로 보느냐에 따라 각기 다른 화폐량곧 통화량을 얻을 수 있다. 이때 기준이 되는 것이 유동성이다. 유동성은 BOX 5-2에서 정의한 바와 같이 어떤 자산을 즉각적으로, 또 손해 보지 않고 현금과 교환할 수 있는 용이함의 정도이다. 따라서 현금과 대체관계가 큰 자산이 곧 유동성이 큰 자산이다. 일반적으로 유동성이 큰 자산부터 화폐의 정의에 포함시켜 화폐량곧 통화량을 측정한다.

1 가장 간단한 화폐의 정의는 중앙은행이 발행한 지폐와 동전으로 구성된 화폐 발행액—곧 현금 currency—만 포함하는 것이다.■ 현금은 우리가 일상생활의 거래에서 주로 사용하므로 화폐로서 의미가 크다. 화폐발행액 가운데 예금금융기관이 아닌 민간이 보유한 현금을 현금통화, 그리고 은행을 포함한 예금금융기관이 보유한 현금을 예금금융기관 시재금 vault money이라고 부른다.

■ 다시 말해 화폐발행액은 중앙은행 밖에 존재하는 중앙은행이 발행한 화폐의 총량이라고 할 수 있다.

4 Radford, R.A., "The Economic Organizations of a P.O.W. Camp," *Economica*, November 1945, pp. 189-201.

표 5-2

통화지표별 구성
(2019년 8월 말)

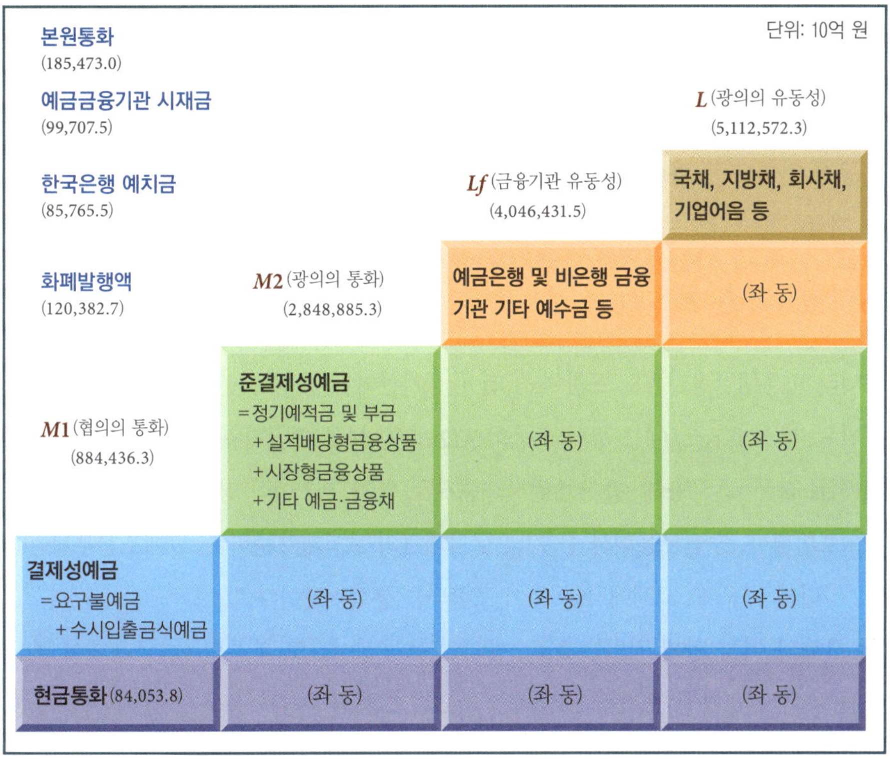

자료: 한국은행

2 화폐의 두 번째 정의는 중앙은행이 실제로 통제할 수 있는 자산만 화폐에 포함하는 것으로, 본원통화 monetary base, high-powered money 라고 부른다. 본원통화는 화폐 발행액 민간이 보유한 현금통화와 예금금융기관 시재금의 합과 예금금융기관들이 중앙은행에 예치한 지급준비예치금을 합쳐서 구한다.

3 화폐의 세 번째 정의인 *M*1은 협의의 통화로, 현금통화와 (현금과 가장 가까운 유동성을 가지는) 결제성예금의 합으로 구할 수 있다. 결제성예금은 요구불예금 demand deposit 과 수시입출금식예금 money market deposit account, *MMDA* 등의 합으로 구할 수 있다. 결제성예금은 비록 현금은 아니지만 수표발행 등을 통해 지급결제수단으로 사용되거나 즉시 현금과 교환될 수 있기 때문에 *M*1에 포함된다. ■

4 화폐의 네 번째 정의인 *M*2는 광의의 통화로, 협의의 통화인 *M*1보다 넓은 의미의 통화지표이다. *M*2에는 *M*1 현금과 결제성예금 뿐만 아니라 예금취급기관의 정기예금, 적금 및 부금, 거주자 외화예금, 시장형 금융상품, 실적배당형 금융상품, 금융채, 발행어음, 신탁형 증권저축 등이 포함된다.■ 다만 유동성이 낮은 만기 2년 이상의 장기 금융상품은 제외한다. *M*2에 단기 저축성 정기예금 예금과 적금 및 부금 등 은 물론

■ 저축예금 등 수시입출금식예금이 포함된 것은 수시입출식예금도 각종 자동이체 서비스 Automatic Transfer Service, *ATS* 및 결제기능 등을 갖추고 있어 요구불예금과 마찬가지로 입출금이 자유로운 금융상품이기 때문이다. 이와 같이 협의의 통화 *M*1은 유동성이 매우 높은 결제성 단기금융상품으로 구성되어 있기 때문에 단기금융시장의 유동성 수준을 파악하는 데 적합한 지표이다.

■ 시장형 금융상품은 양도성 예금증서, 환매조건부채권, 표지어음 등을 포함하며 실적배당형 금융상품은 금전신탁, 수익증권 등을 포함한다.

시장형 금융상품, 실적 배당형 금융상품 등을 포함하는 것은 이들이 비록 거래 수단보다는 자산을 증식하거나 (미래 지출에 대비해) 일정 기간 동안 저축하기 위한 수단으로 보유되지만 약간의 이자만 포기하면 언제든지 인출이 가능해 결제성예금과 유동성 면에서 큰 차이가 없다고 보기 때문이다. 또한 거주자 외화예금도 국내에서는 지급결제수단으로서 약간의 제약이 있지만 언제든지 원화로 바뀌어 유통될 수 있기 때문에 광의의 통화인 *M*2에 포함된다.[5]

5 화폐의 다섯 번째 정의는 *Lf*로, 금융기관 유동성이라고 부른다. *Lf*는 은행뿐만 아니라 비은행금융기관도 포함하는 전 금융기관의 유동성 수준을 파악할 목적으로 개발된 지표이다. *Lf*에는 광의의 통화 *M*2에 ① 예금 취급기관의 만기 2년 이상 정기예금, 적금 및 금융채, 유가증권청약증거금, 만기 2년 이상 장기 금전신탁 등과 ② 생명보험회사, 증권금융회사 등 기타 금융기관의 보험계약준비금, 환매조건부채권매도, 장단기 금융채, 고객예탁금 등이 포함되는 통화지표이다.

*Lf*는 과거에 *M*3라고 부르기도 하였다.

6 화폐의 여섯 번째 정의는 *L*로, 광의의 유동성이라고 부른다. 한국은행이 발표하는 통화지표 가운데 가장 포괄적인 지표인 *L*은 금융기관 유동성 *Lf*에 기업이 발행하는 기업어음과 회사채 및 정부가 발행하는 국공채 등이 포함된다.

한국은행이 작성하여 발표하는 통화지표는 여러 가지가 있으며 각각의 지표들이 서로 다른 정보를 담고 있다. 이 가운데 경제 분석에서는 *M*1과 *M*2가 가장 많이 사용되지만 가장 유용한 화폐의 정의가 무엇이냐에 대한 명쾌한 해답은 없다. 따라서 연구하고자 하는 주제에 따라 적절한 화폐의 정의를 사용하는 것이 중요하며 때로는 여러 가지로 정의된 화폐가 서로 다른 방향으로 움직이기 때문에 통화정책 monetary policy 의 방향을 판단하기가 어려운 경우도 존재한다.

표 5-2에는 2016년 10월 말 현재 우리나라의 통화지표가 나타나 있는데 최근 통화량 급증을 반영하고 있다. **표 5-2**에서 한국은행이 발행한 화폐 94조 8,987억 원 가운데 민간이 보유한 현금이 84조 54억 원, 예금금융기관 시재금이 11조 3억 원이다. 그리고 예금금융기관 시재금과 한국은행 예치금을 합한 지급준비금은 54조 8억 원, 지급준비금과 현금통화의 합으로 정의되는 본원통화는 138조 62억 원이다. *M*1, *M*2, *Lf*, *L*로 화폐의 정의를 넓혀 갈수록 통화량이 증가한다. 여러 가지 통화량을 본원통화로 나눈 값을 통화승수라고 하는데, *M*1 통화승수는 약 5.5, *M*2 통

$$\text{통화승수} = \frac{\text{통화량}}{\text{본원통화}}$$

5 한국은행, 《알기 쉬운 경제지표해설》, 2006. 8.

화승수는 약 17.3이다.

화폐공급과 금융정책의 수단 5.6

한 경제 안에서 이용 가능한 화폐의 총량이 화폐공급money supply 이다. 여기서는 현대 경제에서 관찰할 수 있는 법화 fiat money 를 가정하기로 한다. 그런데 법화의 경우, 중앙은행이 전적으로 현금통화의 발행을 독점하므로 중앙은행의 정책수단policy instrument 가운데 하나가 된다. 이 장에서는 화폐공급이 전적으로 중앙은행에 의해 외생적으로 결정된다고 가정한다.■

중앙은행이 화폐공급을 조절하는 정책을 금융정책monetary policy 이라고 부른다. 금융정책은 재할인정책rediscount policy, 지급준비율정책reserve ratio policy, 공개시장조작정책 open market operations policy 등으로 구성돼 있다.

재할인정책은 중앙은행 대출정책이라고도 부른다. 이 정책은 중앙은행제도 초기에 상업은행이 기업에게 할인해 준 어음을 중앙은행이 다시 할인 매입하는 방식으로 자금을 지원하는 제도에서 유래됐다. 한편 예금은행은 고객의 예금 인출에 대비해 즉각적인 현금화가 가능한 자산을 보유하고 있어야 한다. 이 목적으로 보유하는 자산을 지급준비금reserve 이라고 한다. 예금에 대한 지급준비금 비율을 지급준비율 reserve ratio 이라 하는데 지급준비율이 높으면 은행의 대출이 제한되므로 은행이 창출할 수 있는 신용이 줄어든다. 공개시장조작이란 중앙은행이 단기금융시장이나 채권시장 같은 누구나 참여할 수 있는 공개시장에서 금융기관을 상대로 국공채를 사고팔아 자금사정을 변화시키고 이를 통해 화폐공급이나 이자율을 조절하는 정책수단이다. 즉 중앙은행이 화폐공급을 증가시키고자 하면 공개시장에서 정부가 발행한 국채를 매입하고 그 대가로 화폐를 공급한다. 반대로 화폐공급을 감소시키고자 하면 공개시장에서 정부의 국채를 매각하여 화폐를 받아들이면 된다.

■ 화폐에는 중앙은행이 발행하는 현금뿐만 아니라 민간과 예금금융기관에 의해 창출되는 요구불예금이나 저축성예금 같은 신용 credit 이 포함되기 때문에 더 일반적인 모형에서 화폐공급은 중앙은행뿐만 아니라 민간과 예금금융기관의 행위를 고려해야 한다. 이에 대해서는 18장에서 자세히 배울 것이다.

금융정책
재할인정책, 지급준비율정책, 공개시장조작정책

5.7 화폐수요 : 유동성선호설

1936년에 발간된 《고용, 이자 및 화폐에 관한 일반이론》에서 케인즈가 주장한 화폐수요이론이 유동성선호설 liquidity preference theory 이다.■ 유동성선호설은 화폐수요에서 이자율의 역할을 강조한다. 특히 케인즈는 화폐수요를 도출하면서 개인의 선택 문제를 강조하고 경제주체들의 화폐보유 동기를 거래적 동기 transactions motive, 예비적 동기 precautionary motive, 투기적 동기 speculative motive 로 나누어 설명했다.

■ 앞에서 설명했듯이 이 경우의 유동성이란 곧 화폐라고 생각할 수 있다.

유동성선호설
화폐수요에서 이자율의 역할을 강조한 것으로 케인즈가 주장하였다.

5.7.1 거래적 동기

부록 5.2에 설명되어 있는 피셔의 화폐수량설이나 케임브리지 방정식에서 경제주체들은 일상생활에서 거래를 할 때 교환의 매개수단이 되기 때문에 화폐를 보유한다. 이와 같은 고전학파의 전통에 따라 케인즈는 거래적 동기에 의한 화폐수요는 사람들 사이의 거래량에 의해 결정된다고 보았으며, 고전학파 경제학자들과 마찬가지로 거래량은 소득에 비례하기 때문에 거래적 동기에 의한 화폐수요는 소득의 함수라고 보았다.

5.7.2 예비적 동기

거래를 뒷받침하기 위해 화폐를 보유한다는 고전적인 동기에 더해 케인즈는 화폐를 보유하는 또 다른 동기로 예비적 동기를 들었다. 이는 미래의 불확실성 uncertainty 에 대비하기 위해 화폐를 보유하는 것으로, 미래의 갑작스러운 상황에 대비하기 위한 동기에 주목한 것이다. 예를 들어 갑자기 병이 나서 병원에 간다든가 교통사고 때문에 자동차를 고쳐야 하는 등의 상황이 일어나면 예상하지 못한 지출이 일어난다. 그리고 특정한 브랜드의 스마트폰을 사려고 하는데, 어느 가게에서 같은 스마트폰을 50% 할인해 판매하는 것을 발견했을 때 수중에 화폐가 있다면 원하는 스마트폰을 값싸게 구입할 수 있지만 예비적인 화폐잔고가 없다면 기회를 놓칠 수밖에 없다. 케인즈는 예비적 동기에 의한 화폐수요가 미래에 발생할 것으로 기대되는 거래량에 의해 결정되며, 미래의 거래량은 소득에 비례한다고 보았다. 따라서 케인즈는 예비적 동기에 의한 화폐수요도 거래적 동기에 의한 화폐수요와 마찬가지로 소득의 함수라고 보았다.

5.7.3 투기적 동기

투기란 자본이득capital gain을 노리고 자산을 매매하는 경제 행위■ 이다. 이때 자본이득이란 자산의 가격이 변화하여 발생하는 이득을 말한다. 다시 말해 투기는 자산의 가격이 쌀 때 사서 비쌀 때 팔아 이들을 얻고자 하는 매매를 일컫는다. 자산 가격의 변동으로 항상 이득만이 발생하는 것은 아니며 때로는 손실이 발생하기도 하는데 이를 자본손실capital loss이라고 한다. 그런데 자본이득을 얻을 수 있는 투기의 기회는 항상 존재하는 것이 아니기 때문에 기회가 찾아 왔을 때 그 기회를 포착하기 위해서는 화폐를 보유하고 있어야 한다. 이와 같이 투기의 기회를 포착하기 위해서 보유하는 화폐를 투기적 동기에 의한 화폐수요라고 한다.

■ 우리나라에서 사회적으로 문제가 되는 부동산 투기는 부동산 가격 상승에서 이득을 취하기 위해 부동산을 매매하는 행위이다. 경제적으로 투기란 어느 시대, 어느 경제에서나 있는 현상으로 그 자체가 부도덕한 것이라고 말할 수는 없다. 그러나 때로는 경제 행위를 윤리적인 판단과 구별할 수 없는 경우가 있고, 재화에 따라서는 재화의 가치에 더해 감정적인 내용을 포함하는 경우가 있다. 우리나라의 경우에 주택은 감정적으로 매우 민감한 재화이다. 따라서 우리나라에서 부동산 투기는 부도덕한 것으로 여겨지는데, 이는 소득분배의 문제와 더불어 집 없는 사람들에게 주는 상실감 때문인 것으로 생각된다.

케인즈가 가정한 바와 같이 한 경제에 화폐와 채권 두 가지 자산만 존재한다고 가정하여 보자.■ 따라서 가치의 저장수단이 이들 두 가지 자산뿐이다. 이제 부富를 이들 두 자산에 어떻게 분산 저장할 것인가를 결정하여야 하며 왜 이자를 지급하는 채권 대신에 수익이 존재하지 않는 화폐를 보유하는가 하는 것이 문제의 핵심이다.■

■ 제12장에서 자세히 살펴보겠지만, 프리트먼이 주장한 신화폐수량설에서는 자산구분을 보다 현실화하여 화폐, 주식, 부동산, 채권, 펀드 및 인적 자본까지 포함하는 일반화한 자산선택이론하에서 화폐수요를 분석한다.

■ 현대 경제에서는 화폐의 일부분인 요구불예금에 대해 이자를 지급한다. 따라서 화폐의 기대수익이 0이라는 가정은 오늘날의 대다수 경제에서는 옳지 않은 가정일 수 있다.

이에 관하여 알아보기 위하여 다음과 같은 채권을 고려하여 보자. 먼저 채권에는 액면가face value가 표시되어 있고 이자율과 만기가 명기되어 있다. 예를 들어 한 기업이 발행한 액면가 100만 원, 이자율 10%, 만기 2년인 채권을 2010년 1월 1일에 액면가에 매입하였다고 가정하여 보자.[6] 그리고 1년이 경과하여 2010년 12월 31일에 10%의 이자 10만 원을 지급받았다고 하면 그 다음 투자자는 두 가지 가운데 하나를 선택할 수 있다. ① 구입한 채권을 2011년 12월 31일까지 보유한 다음 10만 원의 이자와 원금 100만 원을 합하여 110만 원을 지급받을 수 있다. ② 채권을 시장에서 P^b에 매각한 다음 시장이자율 i로 재투자 할 수 있다.[7] 이 경우 투자자는 2011년 12월 31일에 원리금으로 $P^b(1+i)$를 지급받는다. 이때 만일 ①의 수익이 ②의 수익보다 높으면 채권을 그대로 보유한다. 그러나 ②의 수익이 ①의 수익보다

6 이때 채권에 명기되어 있는 이자율은 만기까지 일정하게 고정되어 있다. 채권에 대한 지급불능(default)은 일어나지 않는다고 가정한다.

7 채권의 시장가격이 액면가와 같을 이유가 없으며 시장이자율 또한 당연히 채권의 이자율 10%와 다를 수 있다.

그림 5-13 **유동성선호설과 화폐수요함수**

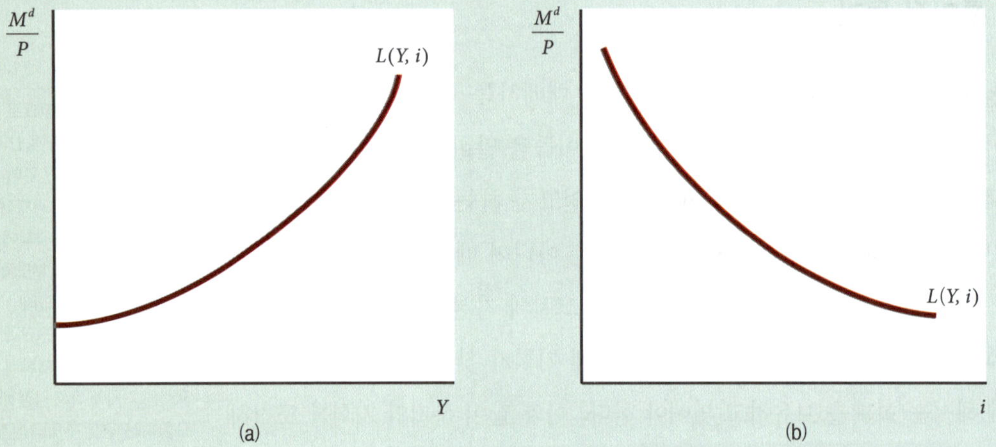

화폐수요는 소득의 증가함수이고 이자율의 감소함수이다. 이때 소득은 거래량의 지표이고 이자율은 화폐보유의 기회비용이다.

높으면 채권을 매각하여 재투자한다. 만일 시장에 많은 참가자가 존재한다면 시장 균형은 다음과 같이 ①과 ②로부터 얻는 수익이 같을 때 달성된다.

$$1{,}100{,}000 = P^b(1+i) \Leftrightarrow P^b = \frac{1{,}100{,}000}{1+i} \tag{5-30}$$

즉 채권의 시장가격 P^b 와 시장이자율 i 에는 역의 관계가 성립한다.

식 (5-30) 에 나타난 이자율과 채권가격의 역 관계를 이용해 채권을 보유했을 때의 자본이득을 분석할 수 있다. 따라서 이자율이 높으면 채권가격이 낮으므로 채권가격이 상승해 자본이득을 얻을 것으로 기대할 수 있다. 따라서 이 경우에는 채권을 매입하는 것이 유리하므로 채권수요는 크게, 화폐수요는 작게 나타난다. 반대로 이자율이 낮으면 채권가격이 높으므로 채권을 매각한다. 즉 채권을 매각해 자본이득을 취하고 그 대가로 받는 화폐를 보유하는 것이 유리하다. 따라서 이자율이 낮으면 채권수요가 적고 화폐수요곧 보유는 크다.■ 이와 같이 이자율과 투기적 동기에 의한 화폐수요는 역의 관계를 갖는다.

다시 말해 이자율이 높은 경우와 낮은 경우에 사람들이 달성하고자 하는 부 wealth 의 구성비가 변화한다. 이자율이 낮으면 자본손실을 기대하기 때문에 화폐를 더 많이 보유하고, 이자율이 높으면 자본이득을 기대하기 때문에 채권을 더 많이 보유하고자 한다.

5.7.4 유동성선호설과 화폐수요함수

지금까지 살펴보았듯이 유동성선호설은 화폐보유의 동기를 세 가지로 구분하는데, 거래적 동기와 예비적 동기에 의한 화폐수요는 소득의 증가함수, 투기적 동기에 의한 화폐수요는 이자율의 감소함수이다. 유동성선호설에 따른 화폐수요함수를 다음과 같이 쓸 수 있다.

$$\frac{M^d}{P}=L(Y, i) \tag{5-31}$$

식 (5-31)의 화폐수요함수는 **그림 5-13**과 같이 그려볼 수 있다. 여기서 좌변은 실질화폐수요이고 우변의 $L(\cdot)$은 유동성 선호함수, Y는 실질소득, i는 명목이자율이다. (**a**)에는 실질화폐수요가 소득에 대해 증가함수로 나타나 있다. (**a**)에 나타나 있는 화폐수요함수는 (축으로 사용되지 않은 변수인) 이자율이 상승하면 주어진 소득수준에서 화폐수요가 감소하므로 아래로 이동하고 반대의 경우에는 위로 이동한다. (**b**)에는 화폐수요곡선이 이자율에 대하여 감소함수로 나타나 있다.▪ 이 경우에도 (축으로 사용되지 않은 변수인) 소득수준이 변화하면 화폐수요가 이동한다. 즉 소득이 증가하면 주어진 이자율에서 화폐수요가 증가하므로 화폐수요함수가 위로 이동하고 반대의 경우에는 아래로 이동한다. 기술적으로 **식** (5-31)은 실질화폐수요라는 실질변수가 이자율이라는 명목변수에 반응하는 경로를 열어둔 것으로서 단기에서 실질변수가 명목변수에 의해서도 영향을 받게 된다. 즉, 비록 실질화폐수요일지라도 명목이자율 i가 높으면 실질화폐 보유의 기회비용—즉, 이자포기분—이 상승함에 주목하자.

▪ 유동성선호설에서 이자율과 화폐수요 사이의 역관계는 투기적 화폐수요라는 약간 난해한 개념에 기초하고 있다. 이자율과 화폐수요의 관계는 이자율이 화폐보유의 기회비용이라는 점을 유념하면 더 쉽게 이해할 수 있다.

5.8 화폐시장의 균형과 LM곡선

앞에서 우리는 화폐공급이 중앙은행에 의해 다음과 같이 외생적으로 주어져 있다고 가정했다.

$$M^s=M \tag{5-32}$$

따라서 유동성선호설에 따른 화폐수요함수인 **식** (5-31)을 가정하면 화폐시장 균형

그림 5-14 LM곡선의 도출

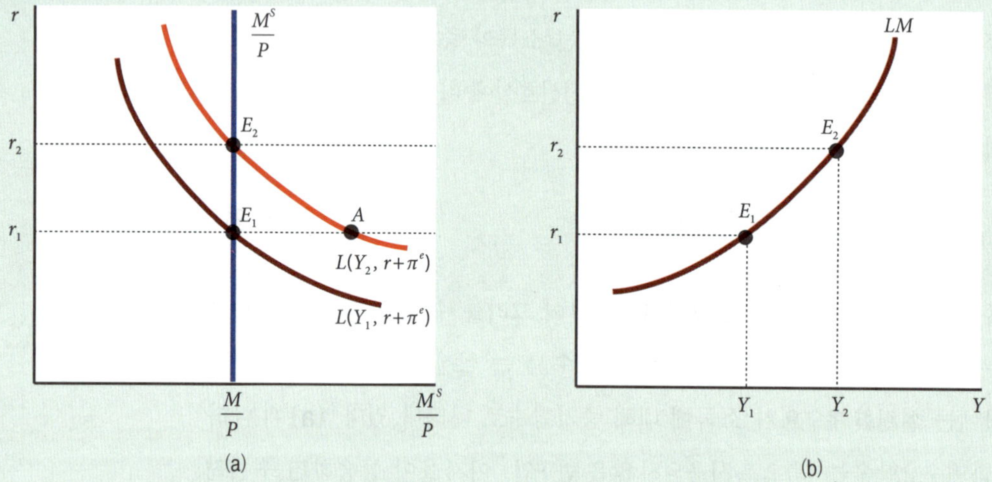

실질화폐의 공급이 일정하게 주어져 있을 때 소득이 증가하면 화폐수요가 증가한다. 따라서 이자율이 상승한다. 즉 소득과 이자율은 양의 관계를 갖는다. *LM*곡선은 이와 같이 화폐시장의 균형을 이루는 소득과 이자율의 배합의 모임이다. 즉, 거래적 동기에 의해 소득 *Y*의 증가 시 화폐수요가 증가하나 이자율 *r*이 상승함에 따라 투기적 수요가 감소하여 주어진 실질통화공급량에 화폐수요가 맞춰지고 있다.

조건을 다음과 같이 구할 수 있다.

$$M^s = M^d \Leftrightarrow \frac{M}{P} = L(Y, i) = L(Y, r+\pi^e) \qquad (5\text{-}33)$$

여기서 우리는 실질이자율과 기대물가상승률의 합으로 나타나는 사전적 명목이자율을 사용했다. 이때 기대물가수준이 일정하게 주어져 있다고 가정하면 실질이자율 상승은 화폐 수요를 감소시키고 실질이자율 하락은 화폐 수요를 증가시킨다.

식 (5-33)에서 통화량 M, 물가수준 P 및 기대물가상승률 π^e가 일정하게 주어져 있다고 가정하면 화폐시장의 균형조건은 실질소득과 실질이자율의 함수가 된다. 그런데 하나의 식—**식** (5-33)—에 실질소득과 실질이자율이라는 두 변수가 포함돼 있기 때문에 화폐시장의 균형조건을 만족시키는 소득과 이자율의 배합은 무수히 많다. **이러한 배합점들의 모임을 *LM* 곡선이라고 한다.**

다시 말해 화폐시장의 균형을 이루어 주는 실질소득과 실질이자율의 배합점들의 모임이 *LM*곡선이다.

여기서 **식** (5-33)의 우변에 나타나 있는 화폐수요함수를 다음과 같이 일차식으로 근사시킬 수 있다.

화폐공급의 증가와 LM곡선의 이동 그림 5-15

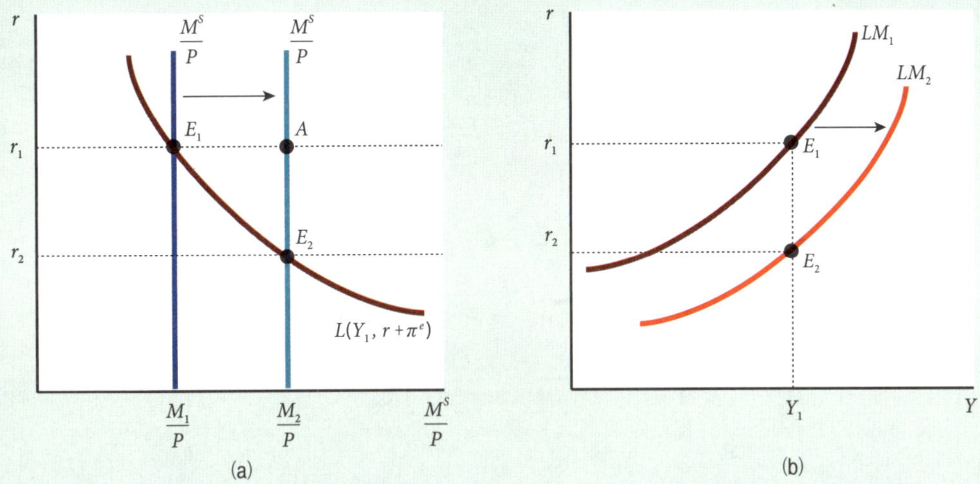

주어진 소득수준에서 화폐공급이 증가하면 이자율이 하락한다. 이때 이자율의 하락은 소득이 일정한 가운데 일어난 것이므로 *LM*곡선이 오른쪽으로 이동하는 것으로 나타난다.

기대물가상승률의 증가와 LM곡선의 이동 그림 5-16

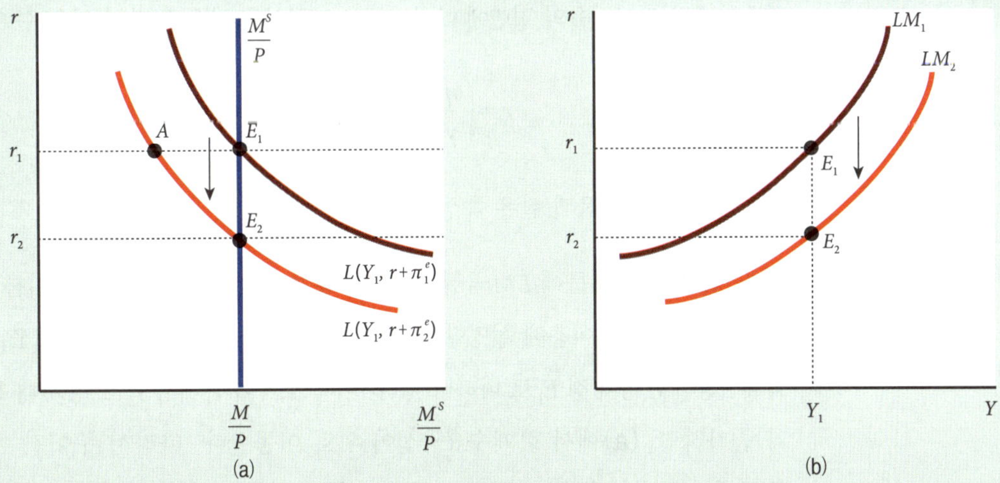

기대물가상승률이 증가하면 명목이자율이 상승하므로 (a)에서 화폐수요곡선이 아래로 이동하고 실질이자율이 하락한다. 이때 실질이자율 하락은 소득이 일정하게 주어진 가운데 일어나므로 (b)에서 *LM*곡선이 아래로 이동한다.

그림 5-17 **물가 상승과 LM곡선의 이동**

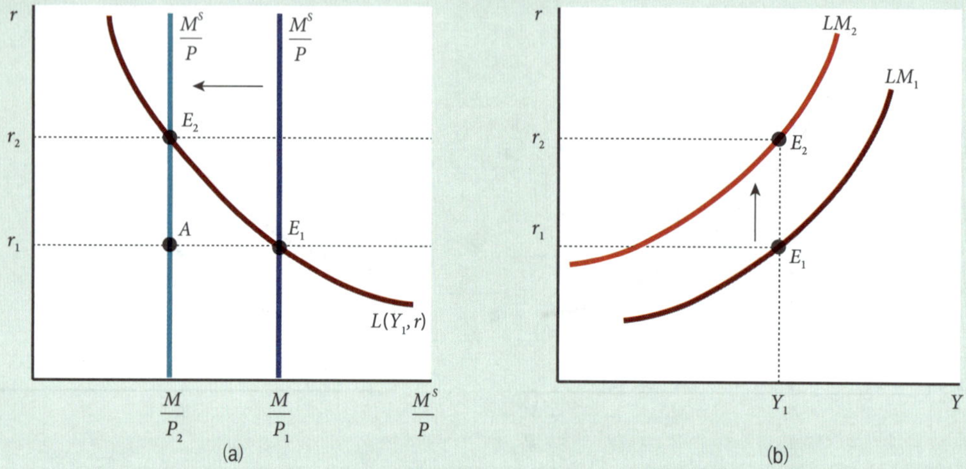

물가가 상승하면 (a)에서 실질화폐공급이 감소하고 이자율이 상승한다. 이때 이자율의 상승은 소득이 일정한 가운데 일어난 것이므로 (b)에서 LM곡선이 위(왼쪽)로 이동한다. LM_2는 물가 P_2하에서 정의된 LM곡선을 의미한다.

$$L(Y, r+\pi^e) = \eta Y - \gamma(r+\pi^e) \tag{5-34}$$

여기서 $\eta, \gamma > 0$이다. **식 (5-34)**을 **식 (5-33)**에 대입한 다음 이자율에 대해 풀면 실질소득과 실질이자율의 평면에 나타나는 LM곡선을 다음과 같이 얻을 수 있다.

$$r = \left(\frac{\eta}{\gamma}\right)Y - \left(\pi^e + \frac{M}{\gamma P}\right) \tag{5-35}$$

LM곡선은 다음과 같은 특성을 갖는다.

1 $\eta, \gamma > 0$이기 때문에 LM곡선은 (Y, r) 평면에서 우상향하는 기울기를 갖는다. 이는 **그림 5-14**를 이용해 설명할 수 있다. 먼저 소득과 이자율 배합이 (Y_1, r_1)일 때 화폐시장의 균형이 점 E_1로 나타나 있다. 이때 소득이 Y_1에서 Y_2로 증가해 화폐수요가 증가하면, **(a)**에서 화폐수요곡선이 위로 이동한다. 따라서 주어진 이자율수준 r_1에서 화폐시장에 E_1A만큼 초과수요가 나타난다. 초과수요를 해소시키려면 이자율이 r_2로 상승해 화폐수요를 원래 수준으로 복귀시켜야 한다. 따라서 새로운 화폐시장 균형이 (Y_2, r_2)에서 달성된다. 이상에서 살펴본 소득과 이자율의 변화를 추적해 그리면 **(b)**와 같이 우상향하는 LM곡선을 얻을 수 있다.

유동성함정 그림 5-18

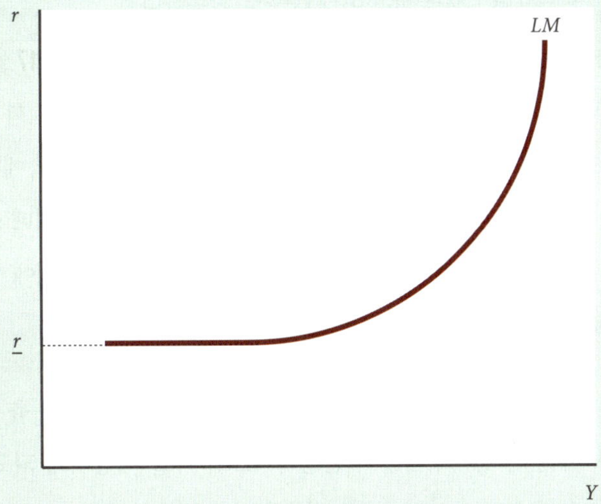

유동성함정은 화폐수요의 이자율탄력성이 무한대가 되는 영역을 가리킨다. 유동성함정은 이자율(자산 가격)이 매우 낮(높)아 더 이상 하락(상승)할 가능성이 없을 때 나타난다. 이러한 경우에는 수중에 화폐가 들어오면 자산을 매입하지 않고 그대로 보유하는 것이 최적이다. 즉, 이자율 $\underline{r}$에서 화폐수요의 이자율 탄력성은 무한대이다.

2 화폐공급 M이 증가하면 **식** (5-35)의 절편이 감소하므로 LM곡선이 아래로 이동한다. 이는 **그림 5-15**를 이용해 설명할 수 있다. (a)에서 처음 화폐시장이 균형점 E_1에 있다. 이 점은 (b)의 LM_1 위에 있는 점 E_1에 대응하는 점이다. 이때 화폐공급이 M_2로 증가하면 (a)에서 화폐시장에 E_1A만큼 초과공급이 발생한다. 화폐시장이 다시 균형을 이루기 위해서는 같은 크기만큼 화폐수요가 증가해야 하므로, 주어진 소득수준에서 이자율이 r_1에서 r_2로 하락해야 한다. 이자율의 하락은 화폐시장의 균형이 (a)의 점 E_1에서 점 E_2로 이동하는 것으로 나타난다. 그런데 이 경우의 이자율 하락은 주어진 소득수준 Y_1에서 일어나는 것이므로, 이를 (b)의 소득과 이자율의 평면에 옮겨 그리면 점 E_2와 이 점을 지나는 LM_2곡선을 얻을 수 있다. 따라서 LM곡선은 아래오른쪽로 이동한다.

팽창적인 통화정책은 LM곡선을 오른쪽으로 이동시킨다.

3 기대물가상승률이 상승하면 **식** (5-35)의 절편이 감소하므로 LM곡선이 아래오른쪽로 이동한다. 이 경우는 **그림 5-16**을 이용해 설명할 수 있다. 먼저 처음의 균형이 (a)에서 E_1, 그에 상응하는 LM곡선이 (b)에서 LM_1로 나타나 있을 때 기대물가상승률이 π_1^e에서 π_2^e로 상승하면 주어진 실질이자율에서 명목이자율이 상승하므로 화폐수요가 감소한다. 이는 (a)에서 화폐수요곡선이 아래로 이동하는 것으로 나타난다. 이때 실질이자율이 r_1로 유지된다면 화폐시장에 AE_1만큼의 초과공급이 발생하

기대물가상승률이 증가하면 LM곡선은 오른쪽으로 이동한다.

므로 이를 해소하기 위해 이자율이 r_1에서 r_2로 하락해야 한다. 이자율 하락은 주어진 소득수준 Y_1에서 나타나므로, **그림 5-16** (**b**)에서 균형점이 E_1에서 E_2로 이동한다. 따라서 기대물가수준이 상승하면 LM곡선이 아래오른쪽로 이동한다.

물가수준이 상승하면 LM곡선은 왼쪽으로 이동한다.

4 물가수준 P가 상승하면 LM곡선이 좌측으로 이동한다. 이는 **그림 5-17**을 이용해 설명할 수 있다. 먼저 물가수준이 P_1에서 P_2로 상승하면 (**a**)에서 실질화폐공급이 M/P_1에서 M/P_2으로 감소해 물가수준이 상승하기 전의 이자율수준 r_1에서는 AE_1만큼의 초과수요가 발생한다. 따라서 이자율이 r_1에서 r_2로 상승한다. 이때 이자율 상승은 주어진 소득수준 Y_1에서 일어난 것이므로 앞의 경우와 같은 원리에 의해 (**b**)에서 LM곡선이 위로 이동한다.

LM곡선의 엄밀한 이해는 추후 검토하게 될 각종 경제위기 분석에 매우 유용하다. 즉 심각한 불황이라 여길 때 경제주체들이 만성적 수요부족을 예상하게 되고 이는 기대 인플레이션율 π^e을 낮추게 됨으로써 LM곡선의 절편을 끌어 올리게 된다. 즉 LM곡선의 좌측 이동을 가져온다. 이는 주어진 이자율하에서 낮은 소득이 귀결됨을 암시하는 것이다. 또한 각종 경제위기시 흔히 '돈이 잘 돌지 않는다'라는 표현을 쓰는데 이는 곧 동일한 본원통화량의 공급에도 실제 경제활동에 사용되는 통화량예:M_2은 줄어듦을 의미한다. 이는 LM곡선의 왼쪽이동에 해당한다. **그림 5-15** 참조.

한편 케인즈는 이자율이 아주 낮은 수준 $\underline{r}$ 에서는 **그림 5-18**에서 보는 바와 같이 LM곡선이 수평으로 나타난다고 주장했다. 즉 $\underline{r}$ 와 같이 낮은 이자율 수준에서는 사람들이 더 이상 이자율이 하락할 수 없다고 기대한다는 것이다. 앞에서 설명한 바와 같이 채권 가격과 이자율은 역의 관계를 갖는데, 이자율이 더 이상 하락할 수 없다는 것은 채권 가격이 매우 높아 더 이상 상승할 가능성은 없고 하락할 가능성만 있음을 의미한다. 이때 채권을 매입하면 자본손실을 입게 된다. 따라서 사람들은 아주 낮은 이자율 수준에서는 화폐가 늘어나도 채권을 매입하지 않고 화폐보유를 그만큼 증가시키게 된다. 즉 화폐수요가 낮은 이자율 수준—$\underline{r}$—에서는 무한탄력적infinite elastic으로 나타난다. 이와 같이 화폐수요가 무한탄력적이 되어 LM곡선이 수평으로 나타나는 경우를 가리켜 유동성함정liquidity trap이라고 부른다.

유동성함정은 이자율이 더 이상 하락할 수 없다고 기대될 때 나타난다.

재화시장과 화폐시장의 동시균형 그림 5-19

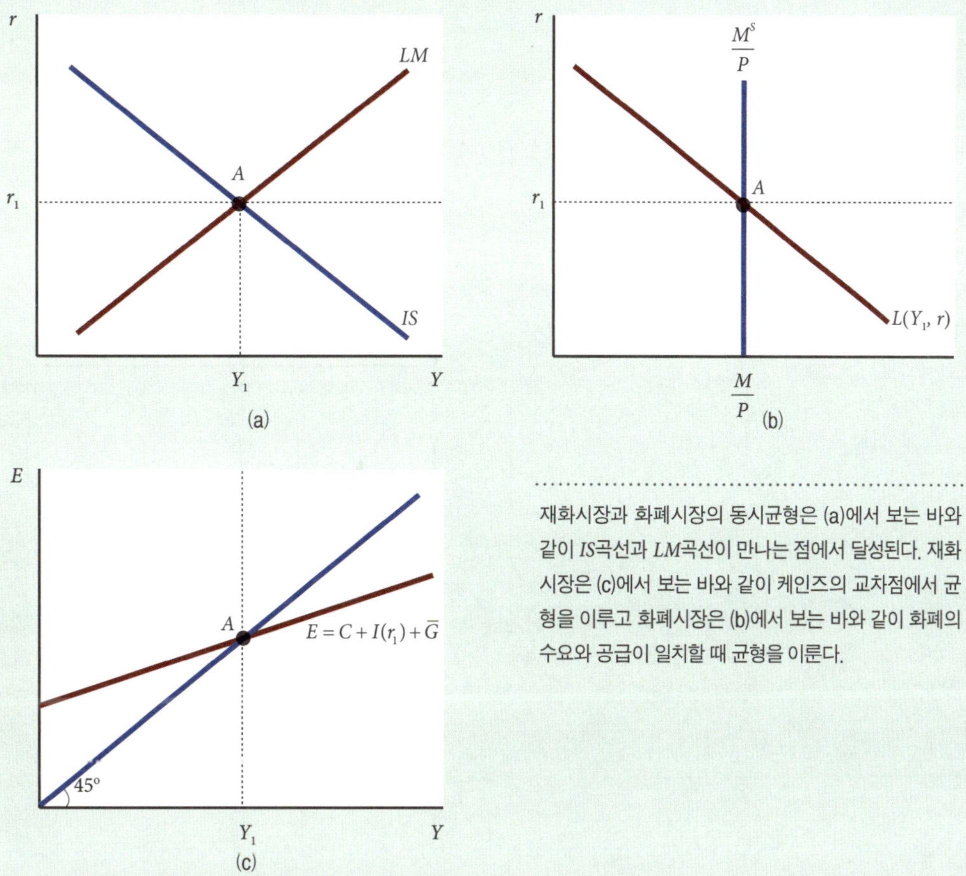

재화시장과 화폐시장의 동시균형은 (a)에서 보는 바와 같이 *IS*곡선과 *LM*곡선이 만나는 점에서 달성된다. 재화시장은 (c)에서 보는 바와 같이 케인즈의 교차점에서 균형을 이루고 화폐시장은 (b)에서 보는 바와 같이 화폐의 수요와 공급이 일치할 때 균형을 이룬다.

재화시장 및 화폐시장의 동시균형과 총수요곡선 5.9

지금까지 구한 *IS*곡선과 *LM*곡선을 이용하면 총수요곡선을 도출할 수 있다. 앞에서 이 두 곡선을 도출하면서 우리는 투자가 이자율의 함수이며, 이자율은 금융시장에서 결정되는 변수이기 때문에 재화시장의 균형을 금융시장과 독립적으로 구할 수 없음을 알았다. 그리고 화폐수요가 소득의 함수이고 소득이 재화시장에서 결정되는 변수이기 때문에 화폐시장의 균형을 재화시장과 독립적으로 구할 수 없음도

그림 5-20 **총수요곡선의 도출**

총수요곡선은 물가수준이 변화할 때 재화시장과 화폐시장의 동시균형을 추적해 구할 수 있다. 물가수준이 P_1에서 P_2로 상승하면 실질화폐공급이 감소하기 때문에 (a)의 $LM(P_1)$이 $LM(P_2)$로 이동한다. 따라서 재화시장과 화폐시장의 동시균형을 이루는 소득과 이자율의 배합은 (Y_1, r_1)에서 (Y_2, r_2)로 이동한다. 그리고 소득과 물가수준의 배합은 (b)의 (Y_1, P_1)에서 (Y_2, P_2)로 이동하는데 이 두 점을 연결해 총수요곡선 AD를 얻을 수 있다.

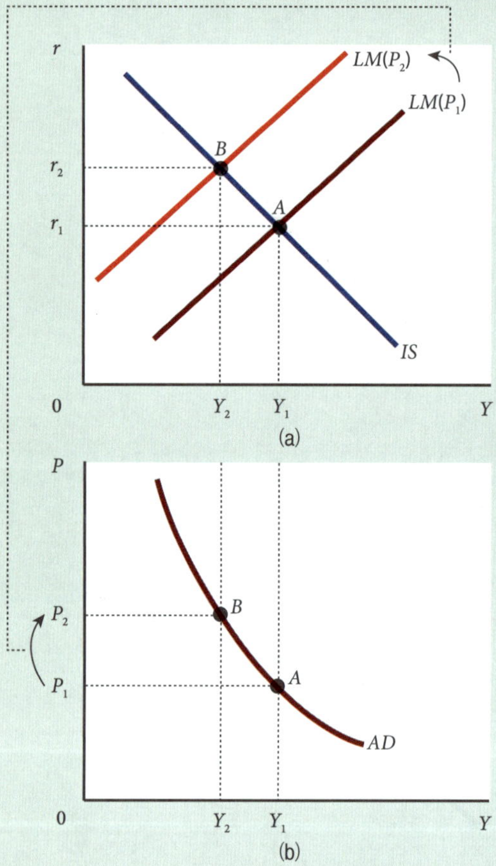

알게 되었다. 이와 같이 서로 의존적인 재화시장의 균형을 나타내는 *IS*곡선과 화폐시장의 균형을 나타내는 *LM*곡선을 결합하면, 우리는 이 장에서 최종적으로 도출하고자 하는 총수요함수를 얻을 수 있다.

먼저 *IS*곡선과 *LM*곡선을 실질소득과 이자율의 평면에 겹쳐 그리면 **그림 5-19 (a)**를 얻는다. **(a)**에서 재화시장과 화폐시장의 동시균형이 점 *A*에서 달성되고 그때의 균형소득과 균형이자율은 (Y_1, r_1)과 같이 결정된다.

그런데 앞에서도 언급했듯이 화폐시장은 이자율을 통해 재화시장에 영향을 미친다. 즉 **그림 5-19 (b)**에 나타난 화폐시장에서 이자율이 r_1로 결정되면 이자율의 함수인 투자가 $I(r_1)$로 결정된다. 이 투자는 **(c)**에서 지출함수의 절편을 결정하고,

정부지출의 증가와 총수요곡선의 이동 그림 5-21

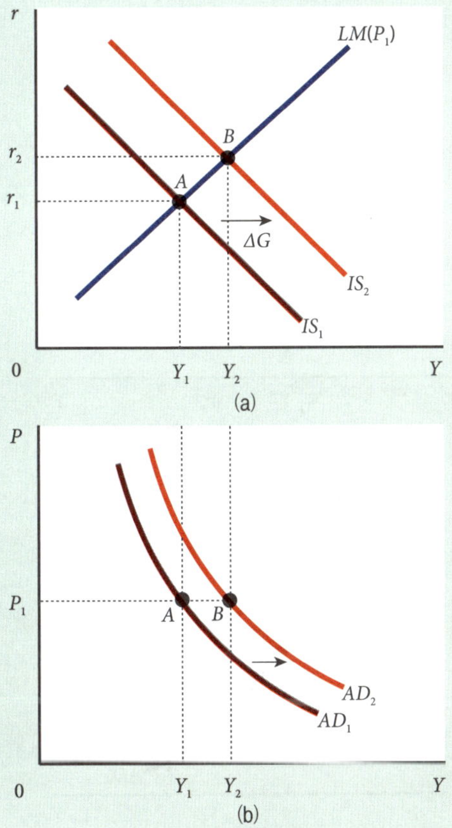

총수요곡선은 정부지출이 변화하면 이동한다. 정부지출이 G_1에서 G_2로 증가하면 총지출이 증가하므로 (a)에서 IS_1이 IS_2로 이동한다. 따라서 재화시장과 화폐시장의 동시균형을 이루는 소득과 이자율의 배합은 (Y_1, r_1)에서 (Y_2, r_2)로 이동한다. 이와 같은 변화는 물가수준이 P_1로 일정한 가운데 일어난 것이므로 (b)에서 보는 바와 같이 소득과 물가수준의 배합은 (Y_1, P_1)에서 (Y_2, P_1)로 이동한다. 따라서 총수요곡선이 오른쪽으로 이동한다.

케인즈의 교차점모형에서 균형소득 Y_1을 결정한다. 즉 이자율은 화폐시장과 재화시장을 연결시켜 준다. 한편 재화시장에서 결정되는 소득은 화폐수요를 통해 화폐시장 균형에 영향을 미친다.

이제 *IS*곡선과 *LM*곡선을 이용해 총수요곡선을 도출할 수 있다. **그림 5-20** (a)에서 물가수준이 P_1에서 P_2로 상승하면 주어진 통화량에서 실질화폐공급량이 M/P_1에서 M/P_2로 감소한다. 따라서 **그림 5-17**에서 보는 바와 같이 화폐시장에서 실질화폐공급이 좌측으로 이동해 이자율이 상승하므로 *LM*곡선이 좌측으로 이동한다. 이때 *LM*곡선이 좌측으로 이동하면 **그림 5-20**과 같이 이자율이 상승하고 이자율이 상승하면 투자가 감소하므로 승수효과를 통해 소득이 Y_1에서 Y_2로 감소한다.

여기서 물가수준이 P_1에서 P_2로 상승할 때 실질소득이 Y_1에서 Y_2로 감소하는

그림 5-22 **통화량의 증가와 총수요곡선의 이동**

주어진 물가수준 P_1에서 통화량이 증가하면 실질통화량이 증가하므로 LM_1이 LM_2로 이동하고 재화시장과 화폐시장의 동시균형을 이루는 소득과 이자율의 배합이 (Y_1, r_1)에서 (Y_2, r_2)로 이동한다. 이때 동시균형의 이동은 물가수준이 P_1로 일정한 가운데 일어난 것이다. 따라서 소득과 물가수준의 배합은 (b)의 (Y_1, P_1)에서 (Y_2, P_1)로 이동하고 총수요곡선은 오른쪽으로 이동한다.

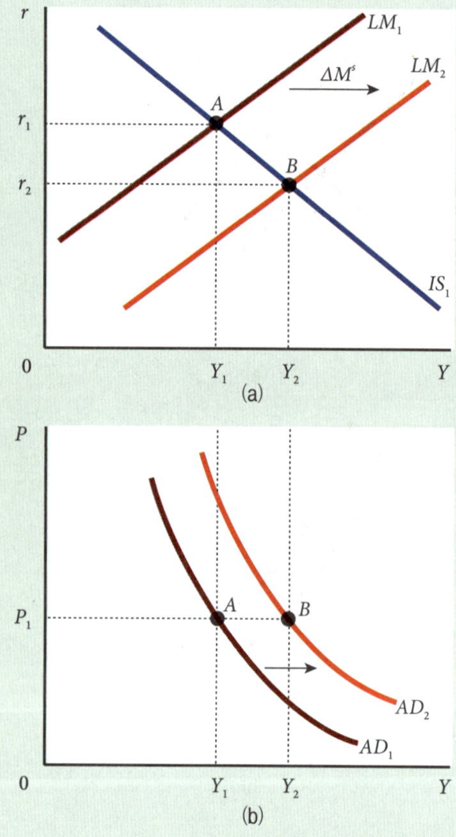

관계를 소득과 물가수준의 평면에 나타내면 **그림 5-20 (b)**와 같이 우하향하는 곡선을 얻을 수 있다. 이것이 총수요곡선aggregate demand curve이다. 총수요곡선은 *IS*, *LM* 곡선을 도출할 때 외생적으로 주어져 있다고 가정한 변수들이 변화하면 두 곡선과 함께 이동한다. 이 변수들은 *IS*곡선의 경우 독립지출 C_0과 I_0 및 재정정책 변수 T와 G가 있고, *LM*곡선의 경우 통화량 M과 기대물가수준 π^e가 있다.

5.9.1 정책효과와 총수요곡선의 이동

정부지출이 증가하는 경우의 효과가 **그림 5-21**에 나타나 있다. 처음 재화시장과 화폐시장의 균형이 (a)의 점 A에서 달성되고 있으며, 그에 대응하는 총수요곡선이 (b)의 점 A를 지나는 AD_1로 나타나 있을 때 정부지출이 증가하면 (a)의 IS_1이 IS_2로 오른쪽으로 이동해 소득과 이자율이 동시에 증가한다. 이때 소득의 증가는 주어진 물가수준 P_1에서 일어나는 것이므로 (b)의 총수요곡선 AD_1이 AD_2로 이동한다. 즉 정부지출이 증가하면 총수요가 증가하는데 이는 주어진 총수요곡선을 따라 변화하는 것이 아니라 총수요곡선의 이동으로 나타난다.

팽창적인 재정정책은 총수요곡선을 오른쪽으로 이동시킨다.

같은 방법으로 독립지출과 조세가 증가할 때 총수요곡선이 어떻게 이동하는지 알아볼 수 있다. 독립지출 C_0과 I_0이 증가해도 주어진 물가수준에서 총수요가 증가하므로, 정부지출이 증가한 경우와 마찬가지로 총수요곡선이 오른쪽으로 이동한다. 그리고 조세가 증가하면 가처분소득이 감소하고 소비가 감소하므로 주어진 물가수준에서 총수요가 감소해 총수요곡선이 왼쪽으로 이동한다.

한편 화폐공급곧 통화량이 증가하는 경우에도 총수요곡선이 이동한다. 이 경우가 **그림 5-22**에 나타나 있다. 먼저 통화량이 M_1, 물가수준이 P_1일 때 재화시장과 화폐시장 균형이 (a)의 점 A에서 동시에 달성되고 이에 대응하는 총수요곡선이 (b)의 AD_1로 나타나 있다. 이때 통화량이 증가하면 앞에서 살펴본 바와 같이 (a)의 LM_1이 LM_2로 이동하므로 이자율이 하락하고 투자가 증가해 소득이 증가한다. 그런데 이 경우에 물가수준이 P_1에서 고정돼 있기 때문에, 소득의 증가는 (b)의 점 A에서 점 B로의 이동으로 나타나고 총수요곡선은 AD_1에서 AD_2로 이동한다. 다시 말해 주어진 물가수준에서 통화량이 증가하면 이자율이 하락하고 이자율 하락은 투자를 증가시킨다. 이때 투자가 증가하면 소득이 증가하므로 총수요곡선이 오른쪽으로 이동한다.

팽창적인 통화정책은 총수요곡선을 오른쪽으로 이동시킨다.

기대물가상승률이 증가할 때도 같은 방법으로 분석할 수 있다. 주어진 실질이자율에서 기대물가상승률이 증가하면 화폐보유의 기회비용인 명목이자율이 상승해 실질화폐수요가 감소한다. 그런데 실질화폐공급이 일정하게 주어져 있으므로 화폐시장 균형을 회복하려면 소득이 증가해 실질화폐수요가 원래 수준으로 복귀해야 한다. 이때 실질이자율은 변함이 없으므로 주어진 실질이자율 수준에서 소득이 증가해 LM 곡선이 오른쪽으로 이동하고 총수요곡선도 오른쪽으로 이동한다.

기대물가상승률이 증가하면 총수요곡선은 오른쪽으로 이동한다.

5.10 결 론

이 장에서 우리는 폐쇄경제하에서 거시경제학의 가장 중요한 개념 가운데 하나인 총수요곡선을 도출했다. 총수요는 거시경제의 단기균형에서 매우 중요한 역할을 한다. 총수요가 부족하면 1930년대에 경험한 바와 같은 공황이 나타나기도 하므로 거시경제의 단기적 운영에서 총수요를 적절히 관리하는 것이 매우 중요하다. 우리는 총수요곡선을 재화시장곧 총지출과 화폐시장의 동시균형에서 구했다. 즉 재화시장 균형에서 *IS*곡선을, 화폐시장 균형에서 *LM*곡선을 각각 도출해 총수요곡선을 구했다. 이렇게 구한 총수요는 물가수준과 역관계를 가지며, 팽창적인 재정정책 또는 금융정책을 시행하거나 기대물가상승률이 상승하는 경우에 증가한다.

앞의 **제Ⅱ편**총공급 이론에서 우리는 소득과 물가수준의 평면에서 총공급곡선을 구했다. 그리고 이 장에서는 같은 평면에서 우하향하는 총수요곡선을 도출했다. 이

그림 5-23 IS-LM/AS-AD 모형

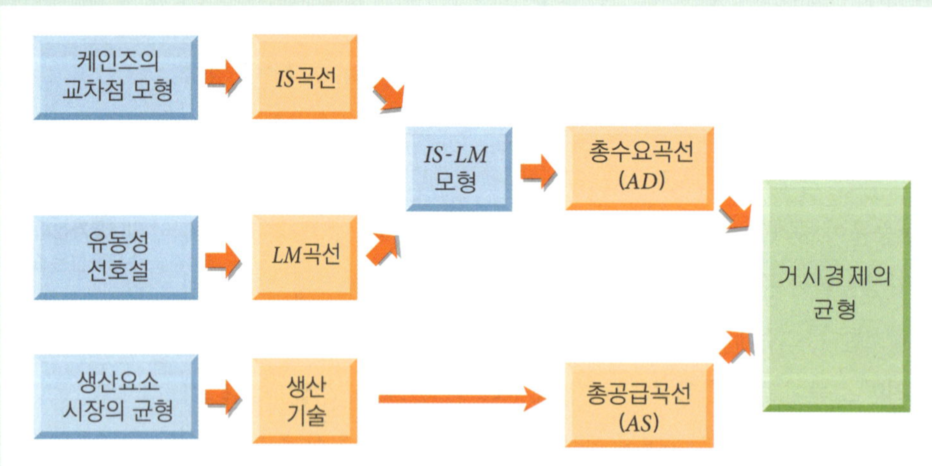

재화시장의 균형을 나타내는 *IS*곡선은 케인즈의 교차점모형을 이용해, 화폐시장의 균형을 나타내는 *LM*곡선은 화폐수요이론인 유동성선호설과 외생적으로 주어진 화폐공급을 이용해 각각 구할 수 있다. 그리고 *IS-LM*을 이용하면 총수요곡선을 도출할 수 있다. 총공급은 생산요소시장의 균형과 생산기술(생산함수)을 이용해 구한다. 이제 총수요와 총공급을 이용하여 거시경제의 장기와 단기균형을 설명할 수 있다.

두 곡선을 이용하면 거시경제의 장기균형과 단기균형에 대해 알아볼 수 있다.

지금까지 살펴본 거시경제 모형은 **그림 5-23**과 같이 요약할 수 있다. 먼저 총수요곡선은 이 장에서 본 바와 같이 *IS-LM* 모형으로부터, 총공급곡선은 생산요소시장의 균형과 생산기술곧 생산함수로부터 구할 수 있다. 이때 중요한 것은 생산요소시장에서 시장청산이 일어나느냐, 시장의 마찰요인 때문에 시장청산이 일어날 수 없느냐이다. 만약 시장청산이 일어나면 완전고용수준의 산출량에서 수직인 장기 총공급곡선을 얻을 수 있고, 임금이나 가격 경직성 또는 정보의 불완전성이 존재하면 우상향하는 단기 총공급곡선을 얻을 수 있다.

이제 **6장**거시경제의 장기균형: 폐쇄경제에서는 완전고용수준의 산출량에서 수직인 장기 총공급곡선을 이용해 장기균형에 관해서, 그리고 **7장**거시경제의 단기균형: 폐쇄경제에서는 시장에 마찰요인이 존재할 때의 단기 총공급곡선을 이용해 거시경제의 단기균형에 관해서 각각 알아볼 것이다. 이때 반드시 기억해 두어야 할 것은 장기와 단기균형의 구분은 총공급부문에서 시장청산이 일어나느냐, 시장의 마찰요인 때문에 시장청산이 일어날 수 없느냐에 달려 있다는 점이다.

요 약

≫ 폐쇄경제의 총지출은 소비, 투자 및 정부지출의 합으로 이루어진다. 소비는 가처분소득의 증가함수이고 투자는 이자율의 감소함수이다. 정부지출은 외생적으로 주어져 있다.

≫ 소비는 지출 가운데 가장 큰 항목으로 비내구재소비, 내구재소비 및 서비스소비를 포함한다. 가처분소득이 추가적으로 한 단위 증가할 때 소비의 증가량을 한계소비성향marginal propensity to consume, 총소비를 총소득으로 나눈 값을 평균소비성향average propensity to consume이라고 한다. 케인즈의 소비함수는 절편이 존재하기 때문에 평균소비성향이 한계소비성향보다 크다.

≫ 투자는 기업고정투자, 주택투자 및 재고투자를 포함한다. 이자율은 투자의 기회비용이기 때문에 투자와 역관계를 갖는다.

≫ 케인즈의 교차점모형은 물가수준과 이자율이 일정하고 투자가 외생적으로 주어져 있다고 가정하는 국민소득결정모형이다. 이 경우의 균형국민소득은 투자와 소비의 독립지출 및 정부지출과 조세의 함수이다. 독립지출이나 정부지출이 증가하면 승수효과multiplier effect가 나타나는데, 승수는 한계소비성향이 클수록 크게 나타난다. 케인즈의 교차점모형은 총수요가 변화해도 물가수준과 이자율이 변화하지 않는 경우곧 매우 짧은 단기에만 성립하며 물가수준이나 이자율이 수요와 공급에 따라 변동하는 경우에는 사용할 수 없다.

≫ *IS*곡선은 재화시장의 균형을 이루어주는 소득과 이자율의 배합점들의 모임이다. *IS*곡선의 기울기는 음이며 그 크기는 한계소비성향과 투자의 이자율 탄력도에 따라 결정된다. *IS*곡선의 절편은 소비와 투자의 독립지출과 정부지출이나 조세 같은 재정정책의 함수이다. 따라서 소비와 투자의 독립지출과 재정정책이 변화하면 *IS*곡선이 이동한다.

≫ 화폐의 기능은 교환의 매개수단, 가치의 저장수단, 회계의 단위 등이다. 화폐는 실증적으로 화폐발행액, 본원통화, *M*1, *M*2, *Lf*, *L* 등 다양한 형태로 정의할 수 있다. 화폐의 공급은 중앙은행이 결정하며, 중앙은행이 화폐공급을 조절하는 수단에는 공개시장조작, 재할인정책, 지급준비율정책 등이 있다.

≫ 케인즈의 화폐수요이론을 유동성선호설이라고 부른다. 케인즈는 화폐보유의 동기를 거래적 동기, 예비적 동기, 투기적 동기로 나누어, 거래적 동기와 예비적 동기에 의한 화폐수요는 소득의 증가함수, 투기적 동기에 의한 화폐수요는 이자율의 감소함수로 보았다.

≫ *LM*곡선은 화폐시장의 균형을 이루어주는 소득과 이자율의 배합점들의 집합이다. *LM*곡선의 기울기는 양으로, 화폐수요의 소득 탄력도와 이자율 탄력도의 상대적인 크기에 의해 결정된다. *LM*곡선의 절편은 통화량, 물가수준 및 기대물가상승률에 따라 결정된다. 즉 통

화량이나 기대물가상승률이 증가하면 *LM*곡선이 오른쪽으로 이동하고, 물가수준이 상승하면 *LM*곡선이 왼쪽으로 이동한다.

≫ *IS*곡선과 *LM*곡선을 이용하여 재화시장과 화폐시장의 동시균형을 구하고 균형소득과 균형이자율을 얻는다. 그리고 재정정책이나 통화정책의 효과를 분석할 수 있다. 이 경우에 주의할 것은 물가수준이 일정하게 주어져 있다는 사실이다. 따라서 *IS-LM*곡선을 이용해 정책효과를 분석할 때에는 물가수준이 변화하지 않는 매우 짧은 단기의 분석에 국한됨을 유념해야 한다.

≫ 총수요곡선은 물가수준이 변동할 때 재화시장과 화폐시장의 동시균형이 어떻게 변화하는지 추적해 구한다. 총수요곡선은 팽창적인 정책에 따라 우측으로 이동하고 반대의 경우에는 좌측으로 이동한다. 그리고 기대물가상승률이 증가하면 우측으로 이동한다.

핵심용어

- 거래적 동기
- 계획된 지출
- 공개시장조작
- 균형예산
- 균형예산승수
- 기업고정투자
- 독립지출
- 민간저축
- 본원통화
- 사전적 이자율
- 사후적 이자율
- 승수효과
- 예비적 동기
- 위험프리미엄
- 유동성선호설
- 유동성 프리미엄
- 유동성함정
- 재고투자
- 재정적자와 흑자
- 재할인 정책
- 정부저축
- 정부지출승수
- 정상이자율
- 조세승수
- 주택담보대출
- 주택투자
- 지급준비율 정책
- 총수요함수
- 케인즈의 교차점모형
- 투기적 동기
- 투자의 한계효율
- 평균소비성향
- 한계소비성향
- *IS*곡선
- *L*
- *Lf*
- *LM*곡선
- *M1*
- *M2*

연습문제

01 케인즈의 교차점모형에서 균형소득이 순전히 총수요에 의하여 결정되는 이유는 무엇인가?

02 승수의 원리를 설명하고 정부지출승수와 조세승수가 (절대값으로 비교할 때) 서로 다른 이유는 무엇인가?

03 투자가 소득의 증가함수라고 하면 정부지출승수는 증가하는가 아니면 감소하는가?

04 *IS*곡선재화시장과 *LM*곡선화폐시장의 연결고리는 무엇인가?

05 소비함수가 다음과 같이 주어졌다고 한다.

$$C = 5{,}000 + 0.75Y_d$$

여기서 C와 Y_d는 소비와 가처분소득이다. 계획한 투자와 정부지출 및 조세가 각각 1,000으로 주어졌다고 한다.

(1) 계획한 총지출을 구하고 소득과 지출의 평면에 도시하시오.

(2) 균형소득과 정부지출승수 및 조세승수를 구하시오.

(3) 정부지출이 1,250으로 증가했다고 한다. 새로운 균형소득은 얼마인가?

(4) 균형소득이 30,000이 되기 위해서는 정부지출이 얼마가 돼야 하는가?

(5) 정부지출은 1,000으로 변함이 없는 가운데 조세가 1,100으로 증가했다고 한다. 균형국민소득은 얼마인가?

(6) 정부지출과 조세가 각각 1,000에서 변함이 없다고 할 때 총저축을 소득의 함수로 구하고, 대부자금시장의 균형으로부터 균형소득을 구하시오.

(7) 소비함수의 절편이 5,000에서 4,900으로 감소했다고 한다. 총저축을 소득의 함수로 구한 다음 (6)에서 구한 저축함수와 비교하시오. 그리고 균형소득을 구한 다음 저축과 균형소득과의 관계에 관해 설명하시오.

06 교환방정식은 다음과 같다.

$$MV = PY$$

위의 식은 사후적으로 항등식이다. 그러나 변수들에 대한 가정을 도입하면 거시경제 현상을 설명하는 이론이 된다.

(1) 교환방정식을 이용해 장기의 물가수준과 인플레이션을 설명하기 위해서는 어떤 가정들이 필요한가?

(2) 교환방정식을 총수요함수로 변환하기 위해 필요한 가정은 무엇인가? 통화량이나 화폐의 유통속도가 증가하면 총수요곡선은 어떻게 이동하는가?

(3) 교환방정식을 화폐수요함수로 변환하기 위해 필요한 가정은 무엇인가?

(4) 통화론자monetarist들은 명목소득이 통화량에 의해 결정된다고 본다. 이들의 주장이 타당하기 위해서는 어떤 가정이 성립해야 하는가?

(5) 소득이 케인즈의 교차점모형에 의해 결정된다고 한다. 이를 위의 교환방정식과 결합시켜 화폐의 유통속도의 결정에 관해 설명하시오. 팽창적인 재정정책은 화폐의 유통속도에 어떤 영향을 미치는가?

07 화폐수요함수가 다음과 같이 주어졌다고 한다.

$$\frac{M^d}{P} = 10,000 - 10,000i$$

여기서 i는 명목이자율, 기대물가상승률은 $\pi^e = 0.10$이며, 처음 화폐공급은 17,000, 물가수준은 2.0이라고 한다.

(1) 화폐 수요와 공급을 실질통화량과 실질이자율의 평면에 도시하시오.

(2) 균형실질이자율을 구하시오.

(3) 기대물가상승률이 $\pi^e = 0.05$로 감소하면 균형실질이자율은 어떻게 변하는가?

(4) 물가수준이 일정하다고 할 때 통화량을 17,500으로 증가시키면 균형실질이자율은 어떻게 변화하는가?

(5) 균형실질이자율을 0.10으로 하기 위해서는 통화량을 얼마로 정해야 하는가?

08 소비함수, 투자함수 및 화폐수요함수가 다음과 같이 주어졌다고 한다.

$$C = 1,000 + 0.75(Y - T)$$
$$I = 3,000 - 250r$$
$$\frac{M^d}{P} = Y - 1,000i$$

여기서 기대물가상승률은 $\pi^e = 0$, 실질이자율은 백분율로 나타낸 값이며, 정부지출과 조세는 각각 1,000, 통화량은 10,000, 물가수준은 2라고 한다.

(1) *IS*곡선을 구하고 도시하시오.

(2) *LM*곡선을 구하고 도시하시오.

(3) 균형실질이자율과 균형소득을 구하시오.

(4) 정부가 지출을 1,000에서 1,500으로 증가시켰다고 한다. 이러한 변화가 *IS*곡선에 미치는 효과를 구체적으로 구하고, 균형실질이자율과 균형소득을 구하시오. 균형에서 소비와 투자를 구하고 이를 (3)의 경우와 비교하시오.

(5) 정부가 지출과 조세를 함께 1,000에서 1,500으로 증가시켰다고 한다. 이러한 변화

가 *IS*곡선에 미치는 효과를 구체적으로 구하고, 균형실질이자율과 균형소득을 구하시오. 균형에서 소비와 투자를 구하고 이를 (3)의 경우와 비교하시오

(6) 정부지출 대신 중앙은행이 통화량을 10,000에서 12,000으로 증가시켰다고 한다. 이 변화가 *LM*곡선에 미치는 효과를 구체적으로 구하고, 균형실질이자율과 실질소득을 구하시오. 그리고 균형에서 소비와 투자를 구해 (3)의 경우와 비교하시오.

(7) 정부가 (4)와 같이 지출을 증가시키면서 실질이자율은 일정하게 유지하려고 한다면 통화량은 얼마가 돼야 하는가? 이 경우에 균형소득은 어떻게 되는가?

(8) 정부가 (4)와 같이 지출을 증가시키면서 균형소득은 일정하게 유지하고자 한다면 통화량이 얼마가 돼야 하는가? 이 경우에 균형실질이자율은 어떻게 되는가?

(9) 중앙은행이 (6)과 같이 통화량을 증가시키면서 이자율은 일정하게 유지하고자 한다면 정부지출이 얼마가 돼야 하는가? 이 경우에 균형소득은 어떻게 되는가?

(10) 재정정책과 통화정책에 변화가 없을 때 물가수준이 2에서 4로 상승했다고 한다. 이 변화가 *IS*와 *LM*곡선에 미치는 효과를 분석하시오. 새로운 균형실질이자율과 균형소득은 얼마인가?

(11) 총수요곡선을 구하시오. (4)와 (6)에서의 재정정책과 통화정책이 총수요곡선에 미치는 효과를 분석해 보시오.

09 *IS-LM* 모형에서 기대인플레이션의 역할에 관한 다음 물음에 답하시오.

(1) 소득과 실질이자율의 평면에 *IS-LM*곡선을 도시하고 기대인플레이션이 하락했을 때의 효과를 분석하시오.

(2) 소득과 명목이자율의 평면에 *IS-LM*곡선을 도시하고 (1)의 물음에 답하시오.

(3) (1)과 (2)의 분석으로부터 기대인플레이션이 하락할 때 실질이자율과 명목이자율이 반대로 움직이는 결과를 얻을 수 있는가?

(4) (1)~(3)의 분석은 1930년대에 일어난 대공황BOX 7-2 참조을 얼마나 잘 설명할 수 있는가?

10 유동성함정에 관한 다음 물음에 답하시오.

(1) 유동성함정이 나타나는 이유는 무엇인가?

(2) 유동성함정이 존재하는 경우에도 팽창적인 통화정책이 기대인플레이션에 영향을 미쳐 산출량이 증가하는 효과를 갖는다는 주장이 있다. 이에 관해 논하시오.

(3) (2)의 결과는 1990년대 일본이 겪은 장기불황BOX 7-4 참조에 대해 어떠한 함의를 갖는가?

▶▶ 화폐수량설

본문에서 우리는 화폐가 어떻게 정의되고, 어떤 기능을 하며, 나아가 어떻게 조절되는지를 배웠다. 여기서는 고전적인 화폐수량설에 관하여 알아보기로 한다.

거래교환방정식[1]

경제주체들은 재화와 서비스를 거래하기 위해 화폐를 보유하므로 한 경제에 존재하는 화폐의 총량과 거래의 총량 사이에는 밀접한 관계가 있다. 그리고 그 관계는 다음과 같이 화폐유통속도velocity of money를 정의해 더 명료하게 이해할 수 있다.

$$V \equiv \frac{PT}{M} \qquad \text{(A5-1)}$$

여기서 V는 화폐유통속도, P는 물가수준, T는 실질거래량, M은 통화량을 나타낸다. **식** (A5-1) 우변의 분자는 명목가치로 나타낸 총거래량이다. 따라서 **식** (A5-1)의 우변은 화폐 한 단위가 거래에 사용된 횟수를 나타낸다. 이렇게 정의된 화폐유통속도를 거래유통속도transaction velocity of money라고 부른다. 화폐유통속도는 화폐 한 단위가 얼마나 자주 주인을 바꾸었는지를 보여준다.

식 (A5-1)은 다음과 같이 다시 쓸 수 있는데 이를 교환방정식quantity equation이라고 한다.

$$MV \equiv PT \qquad \text{(A5-2)}$$

물론 **식** (A5-2)는 정의상 성립하는 항등식이다. 즉 **식** (A5-2)의 교환방정식에서 화폐유통속도는 **식** (A5-2)가 항상 성립하도록 정의돼 있다.[2] 이 교환방정식은 항등식임에도 불구하고 거시경제의 여러 변수들의 긴밀한 관계를 보여준다는 점에서 유용하다. 그리고 **식** (A5-2)는 항등식이지만 식에 포함된 변수들에 관한 특별한 가정을 도입해 여러 가지 이론으로 전환할 수 있다.

소득교환방정식

식 (A5-2)의 교환방정식에서 거래량 T는 현실적으로 측정하기가 어려운 변수이며 통계당국이 거래량에 관한 자료를 따로 발표하지도 않는다. 따라서 거래량 T를 산출량곧 소득 Y로 대체해 사용하는 것이 보통이다. 사실 이 두 수량은 서로 정확하게 일치하지는 않는다. 예를 들어 중고차를 거래하는 경우에도 화폐가 사용되지만 중고차는 한 기간의 산출량에 포함되지 않는다. 이러한 차이가 존재하지만 화폐가치로 나타낸 거래량은 화폐가치로 나타낸 소득과 대략적으로 비례한다. 즉 생산이 더 많이 이루어지면 재화와 서비스 판매 및 구매가 증가하므로 거래량과 산출량곧 소득은 서로 관련돼 있다. Y를 실질 GDP, P를 물가수준이라고 하면 PY는 화폐가치로 나타낸 소득곧 명목 GDP이 된다. 따라서 소득을 이용한 교환방정식은

1 Fisher, I., *Purchasing Power of Money*, New York: Macmillan Co., 1911.

2 예를 들어 한 경제에서 농부가 쌀을 100가마를 생산해 가마당 10만 원에 판매했다고 하자. 이 경우의 총거래량은 $PT = 10 \times 100 = 1{,}000$만 원이다. 이때 통화량이 $M = 200$만 원이라면 화폐유통속도는 $V = PT/M = 5$이다. 유통속도가 이와 같이 정의되기 때문에 교환방정식은 항등식이다.

그림 A5-1 우리나라의 화폐유통속도

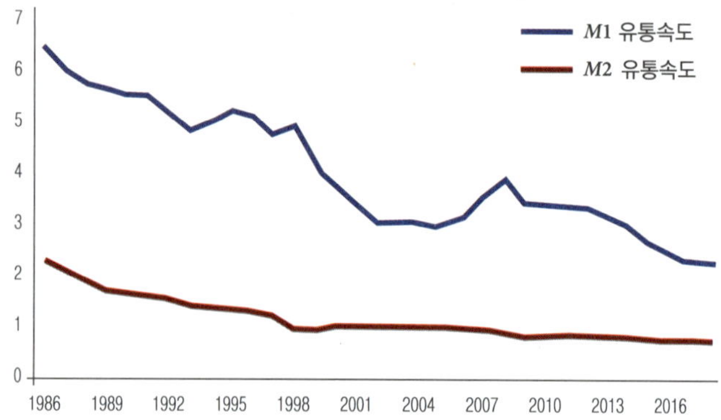

자료: 한국은행

다음과 같이 쓸 수 있다.

$$MV \equiv PY \qquad \text{(A5-3)}$$

여기서 Y가 소득을 나타내므로 V를 화폐의 소득유통속도income velocity of money라고 부른다. 화폐의 소득유통속도는 주어진 기간에 화폐 한 단위가 명목소득 단위당 몇 번 사용되었는지를 나타낸다. **식** (A5-3)에는 실제로 관측 가능한 변수들만 포함되어 있기 때문에 거시경제 연구에서는 **식** (A5-2)보다 **식** (A5-3)의 소득교환방정식을 사용하는 것이 보통이다.

식 (A5-3)의 소득교환방정식은 **식** (A5-2)의 거래교환방정식과 마찬가지로 항등식이다. 다시 말해 **식** (A5-3)에서 화폐유통속도 V는 **식** (A5-3)에 의해 정의되기 때문에 사후적으로 어느 기간에나 **식** (A5-3)이 성립한다. **식** (A5-3)의 정의—곧 $V \equiv PY/M$—에 의해 구한 화폐유통속도가 **그림 A5-1**에 나타나 있다. **그림 A5-1**에서 보는 바와 같이 우리나라의 $M1$, $M2$ 유통속도는 2000년대 초까지는 계속 감소하다가 그 이후에는 각각 평균 2.7과 0.7 정도에서 안정돼 있다.

그림 A5-1에서 화폐유통속도는 교환방정식이 항상 성립하도록 정의된 변수이므로, 통화량이나 명목소득이 변동하면 화폐유통속도도 변동한다. 그러나 **식** (A5-3)의 교환방정식에서 하나 또는 두 변수가 일정하다고 가정하면 **식** (A5-3)은 더 이상 항등식이 아니다. 즉 하나 또는 두 변수가 일정하다고 가정하면 **식** (A5-3)은 사전적 의미에서 나머지 변동하는 변수들 사이의 관계를 나타낸다. 이러한 가정들을 도입함으로써 **식** (A5-3)은 비로소 하나의 거시경제 이론으로 변형된다.

식 (A5-3)의 항등식에서 화폐유통속도가 일정하다고 가정해 화폐수요를 도출하는 이론을 화폐수량설quantity theory of money이라고 부른다. 그런데 화폐수량설이 이론으로서 타당성을 가지려면 화폐유통속도가 적어도 크게 변동하지 않아야 한다. 우리나라의 경우, **그림 A5-1**에서 보는 바와 같이 1970년 이후 화폐유통속도가 크게 감소했으므로 화폐수량설에 따른 화폐수요함수가 장기적으로 성립할 수 없음을 알 수 있다. 이는 이 기간 동안 금융시장에서 혁신이 일어났기 때문이다. 즉 이 시기에 신용카드 사용과 현금자동인출기 이용이 일반화되었다. 그러나 2000년 이후만 고려한다면 $M1$과 $M2$ 유통속도 모두 2.7과 0.7 정도에서 안정적으로 유지되고 있으므로 화폐수량설에 따른 화폐수요함수는 적어도 단기적으로는 타당한 이론이라고 할 수 있다.

화폐수량설을 처음 이론화한 어빙 피셔I. Fisher에 따르면 화폐유통속도는 경제주체들의 거래 행위에 영향을 미치는 거래제도에 의해 결정된다. 예를 들어 거래에서 신용카드를 광범위하게 사용한다면 주어진 명목소득에서 그만큼 화폐의 사용량이 줄어들고 유통속도가 낮게 나타난다. 반대로 어떤 이유에서이든 사람들이 재화와 서비스를 거래할 때 화폐를 사용하는 것이 편리하다고 생각한다면 주어진 소득에서 화폐 사용량이 증가하고 화폐유통속도가 높게 나타난다. 그런데 피셔에 따르면, 화폐유통속도에 영향을 미치는 경제제도와 경제적 거래의 기술적인 측면은 자주 바뀌는 것이 아니기 때문에 적어도 단기적으로는 화폐유통속도가 일정하다고 볼 수 있다.

이제 화폐유통속도를 $\bar{V}$로 일정하게 고정하면 **식** (A5-3)이 화폐수요이론으로 탈바꿈하게 되고 실질화폐수요함수를 다음과 같이 다시 쓸 수 있다.

$$\frac{M^d}{P}=kY \qquad \text{(A5-4)}$$

여기서 $k=1/\bar{V}$로 정의되는데, 이를 마샬의 kMarshallian k라고 부른다. **식** (A5-4)의 화폐수요함수는 다음과 같은 특징을 갖는다.

1 경제주체들의 화폐보유는 거래를 하기 위함이며, 거래량의 지표는 명목소득이므로 명목화폐수요는 명목소득에, 실질화폐수요는 실질소득에 각각 비례한다.
2 화폐수요를 결정하는 또 하나의 요인은 거래제도와 기술이다. 거래제도와 기술에 의해 화폐유통속도가 고정된다. 만약 화폐유통속도가 장기적으로 변화하면 **식** (A5-4)의 화폐수요함수 또한 변형되어야 한다.
3 화폐수요는 이자율을 포함한 다른 변수들에 영향을 받지 않는다.

이제 화폐공급을 $M^s=M$이라고 하면 화폐시장의 균형조건은 다음과 같다.

$$M=kPY \qquad \text{(A5-5)}$$

이에 따르면 화폐유통속도곧 마샬의 k가 일정할 때 통화량 M이 증가하면 명목소득 PY도 함께 증가한다. 그리고 통화량 이외에 명목소득에 영향을 미치는 변수는 아무것도 없다. 따라서 명목소득은 전적으로 통화량에 의해 결정된다는 것이 화폐수량설의 핵심적인 결과 가운데 하나이다. 그런데 여기서 주의할 것은 **식** (A5-5)에서 통화량이 증가할 때 명목소득이 증가하지만 명목소득 증가 가운데 얼마만큼이 물가상승이고, 얼마만큼이 실질소득 증가인지는 알 수 없다는 것이다. 통화량이 증가할 때 물가와 소득에 얼마만큼씩 영향을 미치는지는 가장 중요한 거시경제학의 논쟁거리 가운데 하나로 남아 있다.[3]

케임브리지 방정식

식 (A5-4)의 화폐수요함수는 어빙 피셔와 독립적으로 고전학파 경제학자들인 케임브리지대학Cambridge University의 알프레드 마샬A. Marshall과 아서 세실 피구A.C. Pigou에 의해 연구됐다. **식** (A5-4)에서 k를 마샬의 k라고 부른다는 사실을 언급한 바 있지만 **식** (A5-4)의 화폐수요함수를 케임브리지 방정식Cambridge equation, 때로는 현금잔고방정식cash balance equation이라고 부르기도 한다.

케임브리지 경제학자들이 설명하는 **식** (A5-4)의 배경이 되는 논리는 다른 재화 및 서비스의 경우와 다르지 않다. 즉 사람들이 화폐를 보유하는 것은 생활을 더 편리하게 하기 위함이다. 예를 들어 사람들이 세탁기를 사는 것은 세탁하는 데 들어가는 시간과 노력을 절약하기 위함이며 자동차를 보유하는 이유 또한 다르지 않다. 마찬가지로 화폐보유도 편리함 때문이므로, 소득이 증가하면 가전제품이나 자동차 등의 수요처럼 화폐 수요 또한 늘어난다. 케임브리지 경제학자들은 피셔가

---

3 피셔를 비롯한 고전학파 경제학자들이 주장하는 대로 시장청산에 의해 항상 완전고용이 달성된다는 이론이 옳다면 **식** (A5-5)에서 k와 Y가 일정하기 때문에 통화량 증가는 같은 비율로 물가수준을 상승시킨다. 즉 물가수준의 변화는 순전히 통화량 변화 때문에 초래된다.

거래량과 거래제도 및 기술을 고려해 화폐수요를 도출한 것과는 달리 주어진 제약조건 아래에서 경제주체들이 얼마만큼의 화폐를 보유하고자 하는가에 대한 경제주체들의 의사결정 문제를 고려해 현금잔고방정식—**식** (A5-4)—을 도출했다.

케임브리지 경제학자들은 **식** (A5-4)의 화폐수요함수를 도출하면서 화폐의 교환 매개수단으로서의 기능은 물론 부wealth의 저장수단으로서의 기능도 중요하게 고려했다. 즉 경제주체들이 교환의 매개수단으로서 화폐를 보유하므로 화폐수요는 거래량을 결정하는 명목소득에 비례하며 부wealth의 크기 또한 화폐수요에 영향을 미친다고 보았다. 즉 부의 크기가 증가하면 여러 자산에 분산시켜 보유하는데, 그러한 자산 가운데 하나가 화폐라는 것이다. 이는 현대 자산선택이론portfolio theory의 고전적인 형태 가운데 하나이다. 자산선택이론에서는 두 가지를 중요하게 고려한다.

1 부wealth의 크기가 증가하면 모든 형태의 자산보유가 동시에 증가하며, 부는 명목소득에 비례한다고 볼 수 있으므로 화폐보유를 포함한 모든 형태의 자산보유는 명목소득에 비례한다.

2 부를 여러 형태의 자산으로 분산하여 보유하는 선택에서 중요한 것은 각각의 자산으로부터 얻을 수 있는 수익률이며 이때 수익률의 대표적인 척도는 명목이자율이다. 따라서 부의 저장수단으로서 화폐수요는 이자율에 영향을 받는다. 이는 **식** (A5-4)에서 마샬의 k가 이자율의 함수가 된다는 것을 의미한다. 물론 대부분의 분석에서 케임브리지 경제학자들도 단기적으로 k가 일정하다고 본다. 다만 거래제도나 기술에 따라 적어도 단기적으로는 화폐유통속도가 일정하다고 보는 어빙 피셔와 달리 케임브리지 학파는 부를 구성하는 여러 자산의 상대적인 수익률이 변화하면 단기적으로라도 마샬의 k가 변화할 수 있다고 본 것이다.

응 용

참고로 교환방정식을 이용하는 이론은 보통 세 가지가 있다. 첫째, 화폐의 유통속도와 실질소득이 각각 $\bar{V}$와 $\bar{Y}$로 외생적으로 일정하게 주어져 있다면 **식** (A5-3)은 다음과 같이 물가수준과 통화량의 관계를 나타낸다.

$$P=\left(\frac{\bar{V}}{\bar{\bar{Y}}}\right)M=\gamma_1,\ \gamma_1=\frac{\bar{V}}{\bar{\bar{Y}}} \qquad \textbf{(A5-6)}$$

즉 **식** (A5-3)은 물가수준이 통화량에 비례한다는 통화량과 물가수준 사이의 관계를 설명하는 이론으로 바뀌었다. 예를 들어 물가수준과 통화량이 비례하고 물가상승률이 통화증가율에 의하여 결정된다는 이론은 장기에 시장청산균형이 이루어지는 경제에서 성립한다. 이는 종종 고전학파의 물가이론으로 불리기도 하는데, 장기에서 산출량, 유통속도와 같은 실물요인들이 고정되었다고 보기 때문이다.

둘째, **식** (A5-3)에서 화폐 유통속도와 통화량이 $\bar{V}$와 $\bar{M}$로 외생적으로 일정하게 주어졌다면 다음과 같이 물가와 실질소득의 역관계를 얻을 수 있다.

$$P=(\bar{M}\bar{V})\left(\frac{1}{Y}\right)=\gamma_2\frac{1}{Y},\gamma_2=\bar{M}\bar{V} \qquad \textbf{(A5-7)}$$

위 식은 실질소득과 물가수준의 평면에서 우하향하는 곡선으로 나타난다. 물가수준과 실질소득 사이의 이러한 역관계를 총수요곡선aggregate demand curve이라고 부른다. 즉 (이론이 있을 수 있으나) 총수요곡선을 구하는 가장 간단한 방법은 교환방정식에서 화폐의 유통속도와 통화량이 외생적으로 일정하게 주어져 있다고 가정하는 것이다. 그러나 이렇게 구한 총수요곡선의 위치는 순전히 화폐의 유통속도와 통화량에 의하여 결정되기 때문에 재정정책과 같은 금융변수 이외의 총수요 구성요소의 역할을 분석할 수 없다는 한계가 있다.

셋째, 교환방정식을 가장 많이 이용하는 분야는 앞에서 본 화폐수요이론이다. ❖

06

Chapter

거시경제의 장기균형: 폐쇄경제

지금까지 우리는 거시경제의 총공급과 총수요가 어떻게 결정되는지에 관해 배웠다. 총공급을 구할 때는 생산함수로 나타나는 생산기술, 자본 및 노동 같은 생산요소시장이 중요했다. 그리고 총수요를 구할 때는 소비, 투자, 정부지출 같은 재화에 대한 지출이 중요한 역할을 했으며, 다른 한편으로는 화폐시장의 균형이 중요했다. 이렇게 구한 총공급 부문과 총수요 부문을 결합시키면 거시경제의 균형을 구할 수 있다.

거시경제 균형에서는 기간이 중요하다. 보통 경제학에서는 기간을 장기long run와 단기short run로 구분한다. 장기는 다음과 같은 몇 가지 특징을 갖는다.

1 장기는 사람들의 기대가 실현될 정도로 긴 기간이다. 예를 들어 예상치 못한 충격에 따라 기대예상한 바와 다르게 물가가 상승했다면 단기에는 기대물가수준과 실제 물가수준이 다르게 나타나지만 시간이 경과함에 따라 사람들이 실제 물가수준을 관찰해 기대물가수준을 조정하므로, 궁극적으로는 기대물가수준과 실제 물가수준이 일치하게 됨으로써 시장청산을 위한 전제조건이 달성된다. 이렇게 한 변수에 충격이 주어진 뒤에 기대의 조정을 통해 사람들의 기대가 실현될 정도로 긴 기간이 바로 장기이다.

앞의 **제Ⅱ편**총공급 이론에서 우리는 선형 총공급곡선linear aggregate supply curve이 다음과 같이 나타난다고 배웠다.

$$Y=\bar{Y}+\alpha(P-P^e),\ \alpha>0 \tag{6-1}$$

장기총공급곡선
완전고용수준에서 수직으로 나타난다.

그런데 장기에는 기대가 실현되므로 $P^e=P$가 성립한다. 따라서 다음과 같은 장기 총공급곡선을 구할 수 있다.

$$Y=\bar{Y} \tag{6-2}$$

다시 말해 장기에는 완전고용산출량 $\bar{Y}$가 실현되므로 생산요소의 완전고용이 달성된다.

2 장기에는 임금이나 물가에 경직성이 존재하지 않는다. 예를 들어 한 재화의 가격이 10년이나 20년 동안 고정돼 있는 경우는 거의 없다. 경제학에서 장기란 생산요소와 산출물의 가격이 변화할 정도로 긴 기간을 말한다. 그리고 생산요소와 산출물 가격이 가변적인 경우에 **3장**시장청산과 총공급곡선에서 살펴본 바와 같이 시장청산이 일어난다. 시장청산이 일어나면 생산요소의 완전고용이 달성되므로, 산출량은 **식** (6-2)와 같이 완전고용수준에서 결정된다. 이렇게 임금이나 물가의 신축성을 가정하는 것은 고전학파의 입장이기 때문에 때로는 장기균형을 고전학파의 균형이라고 부르기도 한다. 그런데 **제Ⅱ편**에서 언급한 바와 같이 고전학파는 장기는 물론 단기에도 모든 수량과 가격변수들이 신축적으로 움직여 지금부터 배우게 될 균형이 단기에도 성립한다고 주장한다. 다시 말해 고전학파의 경우에 단기균형과 장기균형이 다르지 않다.

3 단기에는 기대물가수준이 실제 물가수준과 일치하지 않아 실제 산출량이 완전고용수준의 산출량과 다를 수 있다. 예를 들어 $P^e > P$ 이면 **식** (6-2)에서 $Y < \bar{Y}$가 되어 실제 산출량이 완전고용산출량보다 작고 $P^e < P$ 이면 $Y > \bar{Y}$가 되어 실제 산출량이 완전고용산출량보다 크다. 그러나 장기에는 기대물가수준이 실제 물가수준으로 수렴하므로 단기에 존재할 수 있는 실제 산출량과 완전고용산출량의 차이가 소멸한다. 즉 단기균형은 장기균형으로 수렴한다. 거시경제의 단기균형이 수렴하는 목적지인 장기균형은 다른 충격이 주어지지 않는 한 항구적으로 유지된다. 따라서 장기균형을 정상상태 steady state 의 균형이라고 부르기도 한다.

단기총공급곡선 우상향한다.

폐쇄경제의 장기균형: 고전학파의 이분법 6.1

장기는 한 기간 안에 기대가 실현될 만큼 긴 기간이므로 $P^e = P$가 성립한다. 나아가 장기에는 모든 가격과 수량을 자유로이 조정할 수 있다. 따라서 생산요소시장에서 시장청산과 완전고용이 달성되고 산출물 공급이 완전고용수준에서 이뤄진다. 거시경제의 장기균형을 **그림 6-1**과 같이 도시할 수 있다. **그림 6-1**에서 장기균형이 장기 총공급곡선 $LRAS$와 총수요곡선 AD 및 단기 총공급곡선 $SRAS$가 동시에 만나는 점 E로 나타나 있다.

그림 6-1 거시경제의 장기균형

거시경제의 장기균형은 장기 총공급곡선과 단기 총공급곡선 및 총수요곡선이 만날 때 달성된다.

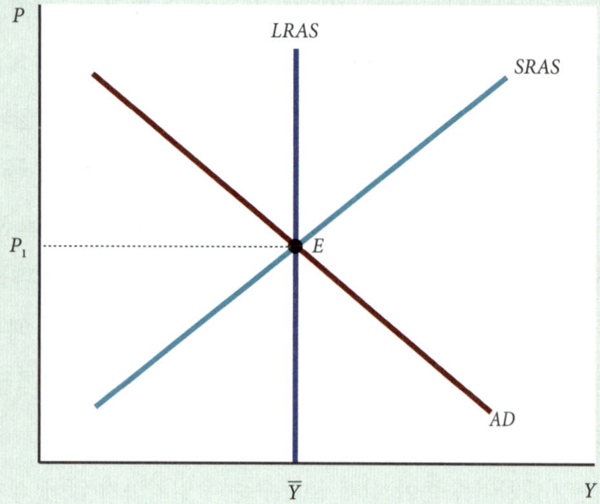

6.1.1 고전학파의 이분법

거시경제의 장기균형은 항상 완전고용수준의 산출량에서 결정되므로 산출량과 고용량이 매우 단순하게 결정된다. 따라서 거시경제의 장기균형은 산출량이나 고용량 같은 수량변수를 결정하는 요인보다는 물가수준, 인플레이션 및 실질이자율 같은 가격변수의 장기적인 결정요인과 소득분배의 결정요인을 분석하는 데 사용된다고 할 수 있다.

재화시장과 화폐시장의 균형조건에 (폐쇄경제의 장기균형산출량인) 완전고용수준의 산출량을 대입하면 다음 식을 얻을 수 있다.

$$\bar{Y} = C(\bar{Y} - T) + I(r) + G \tag{6-3}$$

$$\frac{M}{P} = L(\bar{Y}, r + \pi^e) \tag{6-4}$$

따라서 실질이자율은 **식 (6-3)** 곧 재화시장의 균형조건에 의해 결정된다. 그리고 장기균형에서의 물가수준을 다음과 같이 화폐공급을 화폐수요로 나눈 비율로 구할 수 있다.

$$P = \frac{M}{L(\bar{Y}, r + \pi^e)} \tag{6-5}$$

식 (6-5)에서 실질이자율은 화폐시장과 독립적으로 재화시장에서 결정되므로 장기에는 물가상승률이 화폐증가율과 같으며 기대인플레이션율 π^e와도 같다. 동시에 장기란 기대가 충족될 정도로 긴 시간이므로 π^e에서의 변화 또한 없다. 그리고 **식** (6-3)의 재화시장균형식에 의해 결정되는 실질이자율을 비롯해 생산요소의 실질가격 등 모든 실질변수가완전고용수준에서 결정되고 화폐시장균형에 영향을 받지 않는 고전학파의 이분법 classical dichotomy ■이 성립한다. 이때 산출량이나 고용량이 고정돼 있어도 소비, 저축 및 투자 같은 국민소득 구성요소는 항상 고정돼 있지는 않다는 점에 주의해야 한다. 즉 정책이 변화하거나 거시경제적 충격이 주어지면 장기에도 국민소득 지출의 구성이 변화할 수는 있다.

■ 고전학파의 이분법은 장기에 실물부문의 균형이 화폐부문에 영향을 받지 않는 현상을 말한다.

장기의 총수요관리정책 6.2

재정정책 fiscal policy 과 금융정책 monetary policy 은 (단기적으로) 총수요를 변화시켜 산출량, 고용, 이자율 및 물가수준 같은 거시경제 변수들에 영향을 미친다. 그러한 의미에서 때로는 이 정책들을 총수요관리정책 aggregate demand management policy 이라고 부른다. 총수요관리정책의 장기효과를 **그림 6-2**를 이용해 설명할 수 있다.

총수요관리정책
재정정책, 금융정책

6.2.1 재정정책

그림 6-2에는 팽창적인 재정정책의 장기효과가 도시돼 있다. 처음 장기균형이 점 E_1에서 이루어지고 있을 때 팽창적인 재정정책을 시행하면, (**b**)에서 IS_1곡선이 IS_2곡선우측으로 이동하고 (**a**)에서 총수요곡선이 위로 이동해 물가수준이 P_1에서 P_2로 상승한다. 물가상승은 실질화폐공급을 감소시키므로 (**b**)에서 LM_1곡선을 LM_2곡선으로 이동시킨다. 즉 재정정책은 물가수준과 실질이자율을 상승시키지만 장기적으로 산출량과 고용에 영향을 미치지 못한다.

재정정책의 장기효과와 관련해 다음과 같은 몇 가지 사실에 유의해야 한다.

1 **그림 6-2**에 나타나 있는 재정정책의 변화는 항구적인 정책 변화이다. 정책의 효과를 분석할 때는 정책이 항구적 permanent 이냐, 일시적 transitory 이냐가 중요하다.

그림 6-2 **재정정책의 장기 효과**

재정정책은 (b)에서 *IS*곡선을 오른쪽으로 이동시키고 (a)에서 총수요곡선을 역시 오른쪽으로 이동시킨다. 총수요곡선이 오른쪽으로 이동하면 장기에 물가수준이 (a)에서 보는 바와 같이 P_1에서 P_2로 상승한다. 따라서 실질통화량이 감소하고 (b)에서 LM_1이 LM_2로 이동한다. 이에 따라 실질이자율이 r_1에서 r_2로 상승하고 투자가 감소한다. 즉 재정정책은 장기에 물가수준과 실질이자율을 상승시킬 뿐 산출량, 고용, 소비에는 아무런 효과가 없다. 이때 증가한 정부지출은 같은 크기만큼 투자를 감소시키므로 완전한 밀어내기효과 또는 구축효과(crowding-out effect)가 나타난다.

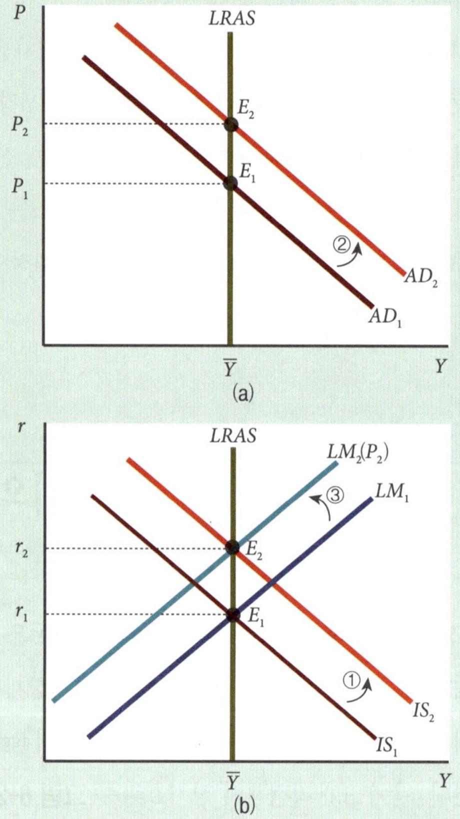

만약 팽창적인 재정정책을 단기예: 한 기간적으로 시행하고 원래 위치로 복귀한다면 **그림 6-2**에서 보는 바와 같은 장기효과는 나타나지 않는다. 그러나 항구적인 재정정책은 **그림 6-2**에서 장기균형점을 이동시킨다. 물론 여기서 항구적이라는 의미는 팽창적인 재정정책을 실시하고 나서 그 정책을 항구적으로 같은 수준으로 유지하는 것을 의미한다.

장기에서의 팽창적인 재정정책
투자에 대한 완전한 밀어내기효과가 나타난다.

2 항구적인 재정정책은 장기에 실질이자율을 상승시키고, 이자율 상승은 투자를 감소시킨다. 즉 재정정책의 경우 투자에 대한 밀어내기효과crowding out effect가 나타나는데, 특히 장기에는 완전한 밀어내기효과가 나타난다. 다시 말해 장기에 팽창적인 정부지출의 증가는 민간투자를 단순히 정부지출로 대체하는 효과만 갖는다. 그리고 조세감면으로 증가한 소비지출은 이자율 상승에 따른 투자 감소에 의해 정확히 상쇄된다. 즉 장기에서의 팽창적인 재정정책은 그것이 정부지출을 증가시키는 형

금융정책의 장기 효과 **그림 6-3**

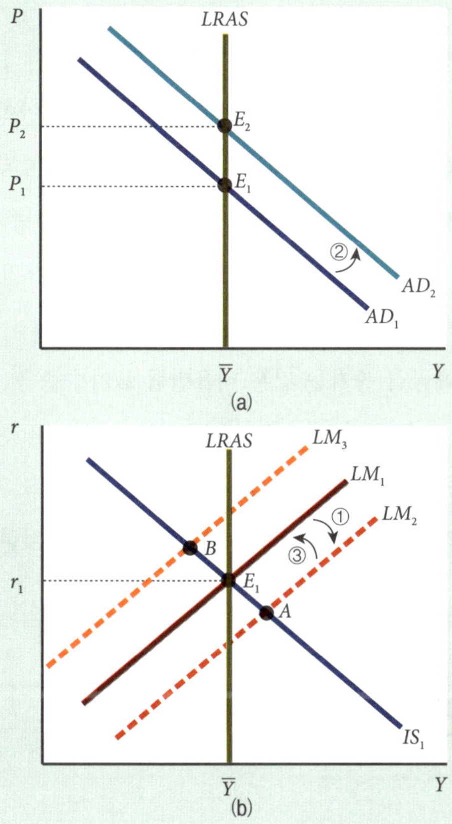

처음 균형이 E_1에 있을 때 팽창적인 금융정책을 시행하면 실질통화량이 증가하기 때문에 (b)에서 LM_1이 LM_2로 이동한다. 그리고 총수요곡선은 AD_1에서 AD_2로 이동한다. 따라서 물가수준이 상승하고 이는 다시 실질통화량을 감소시키므로 LM_2를 LM_1로 이동시킨다. 즉 팽창적인 금융정책은 장기에 물가수준만 상승시킨다. 반대로 긴축적인 금융정책은 팽창적인 경우와 반대의 조정을 거쳐 장기에 물가수준만 하락시킨다.

태든 조세를 감면하는 형태든 상관없이 투자에 대해 완전한 밀어내기 효과가 있다.

6.2.2 금융정책

장기에 팽창적인 금융정책의 효과가 **그림 6-3**에 나타나 있다. 중앙은행이 통화량을 증가시키면 **(b)**의 LM_1이 LM_2로 이동하고 이때 **(a)**의 총수요곡선이 AD_1에서 AD_2로 이동한다. 따라서 물가수준이 P_1에서 P_2로 상승하는데 물가수준 상승은 다시 LM_2를 왼쪽으로 이동시켜 원래의 LM_1로 복귀시킨다. 따라서 장기에 팽창적인 금융정책은 물가수준을 상승시키지만 실질이자율에는 영향을 미치지 못한다. 즉 팽창적인 금융정책은 장기에 실물부문에 아무런 영향을 미치지 못한다. 금융정책이 실물부문에 아무런 효과를 미치지 못할 때 우리는 통화의 중립성neutrality

장기에서의 팽창적인 금융정책
통화의 중립성 성립(즉, 실물, 금융부분이 완전히 분리되는 고전학파의 이분법 성립)

of money이 성립한다고 말하며, 이 경우처럼 장기균형에서 실물부문이 금융부문과 완전히 분리돼 있는 현상을 앞에서 언급한 바와 같이 고전학파의 이분법 classical dichotomy이라고 부른다.

이 경우의 통화정책은 항구적인 것이다. 다시 말해 **그림 6-3**에 나타나 있는 통화정책은 통화량을 증가시킨 후 증가한 통화량을 일정하게 유지한다. 만약 통화정책이 일시적인 것이라면 통화정책이 물가에 미치는 효과마저도 장기적으로 소멸한다. 즉 팽창적인 통화정책이 일시적이라는 것은 통화량이 일시적으로 증가했다가 원래 수준으로 복귀한다는 것을 의미하는데, 장기적으로 통화량 변화가 없는 경우에는 총수요곡선이 위로 이동하지 않으므로 물가수준 또한 상승할 이유가 없다.

그림 6-3 (b)에서 장기에 화폐공급 증가는 같은 비율만큼 물가수준을 상승시키므로 실질이자율과 여타의 실질 변수에 미치는 효과가 존재하지 않는다. 한편 화폐공급이 일정한 증가율로 계속 증가하면 **그림 6-3 (a)**에서 총수요가 계속 위로 이동하므로 물가수준이 계속 상승한다. 이제 이에 관하여 자세히 알아보기로 한다.

6.3 화폐시장의 장기균형과 인플레이션

앞에서 살펴본 바와 같이 장기균형에서 화폐시장은 실물부문에 전혀 영향을 미칠 수 없다. 즉 장기에는 화폐의 중립성 neutrality of money과 고전학파의 이분법 classical dichotomy이 성립한다. 다시 말해 소득은 총공급 부문에서 완전고용수준으로 결정되고 실질이자율은 **식 (6-3)**에서 구할 수 있는 재화시장또는 대부자금시장의 균형으로부터 결정된다. 화폐시장 밖에서 결정되는 소득과 실질이자율을 **식 (6-4)**에 대입하면 다음 식을 얻을 수 있다.

$$\frac{M}{P}=L(\bar{Y}, r+\pi^{e}) \tag{6-6}$$

장기에 **식 (6-6)**의 우변이 일정하므로■ **식 (6-6)**의 좌변 또한 일정하여야 한다. 그런데 **식 (6-6)**의 좌변은 실질통화량 또는 실질화폐잔고 real money balance이다. 따라서 통화증가율이 일정하게 주어져 있는 경우에는 장기적으로 실질화폐잔고도 일정하여야 하므로 물가 또한 통화증가율과 같은 증가율로 상승한다. 장기에 통화

■ 즉 소득, 실질이자율, 기대인플레이션율 모두가 일정하므로 L값도 고정된다.

통화증가율과 물가상승률 그림 6-4

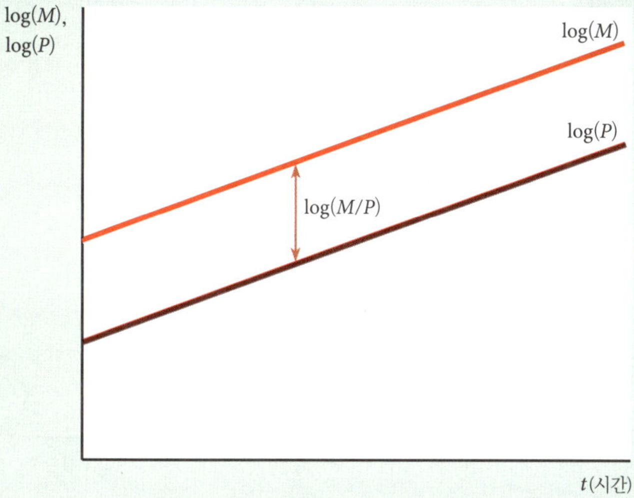

수평축에 시간을, 수직축에 로그를 취한 변수를 놓으면 변수의 시간경로의 기울기가 그 변수의 증가율이 된다. 그림에서 log(M)의 기울기는 통화증가율이고 log(P)의 기울기는 물가상승률이다. 그리고 이 두 직선의 차이는 로그로 나타낸 실질통화량이다. 통화증가율이 일정하면 장기에 실질통화량은 일정하다.

증가율과 물가상승률 사이의 이러한 관계가 **그림 6-4**에 나타나 있다. **그림 6-4**에서 수평축은 시간, 수직축은 통화량과 물가수준의 로그 값이다. 시간의 함수인 변수 X가 있을 때 X에 로그를 취하여 시간에 관해 미분하면 그 증가율을 얻을 수 있다.

$$\frac{d\log(X)}{dt} = \frac{\frac{dX}{dt}}{X} \tag{6-7}$$

그림 6-4에서 보는 바와 같이 시간을 수평축, 로그를 취한 변수를 수직축에 놓으면 그 기울기를 **식** (6-7)과 같이 나타낼 수 있는데 이것이 곧 증가율이 된다. 다시 말해 **그림 6-4**에서 $\log(M)$과 $\log(P)$의 기울기는 각각 통화증가율 g_M과 물가상승률 π를 나타낸다. 그리고 이 두 직선의 차이인 $\log(M) - \log(P) = \log(M/P)$는통화증가율이 일정하게 나타나는 경우 로그로 나타낸 실질통화량이다.

통화증가율이 기대하지 못한 가운데 10%에서 20%로 상승하면 장기에 인플레이션은 어떻게 될까? 이 경우에 물가상승률은 **식** (6-6)에 따라장기적으로 증가한 통화증가율과 같은 20%로 증가한다. 즉 장기적으로 통화증가율의 증가는 같은 크기만큼 물가상승률을 증가시키기 때문에 장기에 물가상승률이 통화증가율과 같다는 사실에는 변함이 없다.

그림 6-5 **기대하지 못한 통화 증가율의 증가와 물가상승률:** 실질화폐수요의 감소

통화증가율이 기대하지 못한 가운데 증가하면 통화량의 시간 경로는 통화증가율이 증가한 시점에서 기울기가 더 급한 직선으로 꺾인다. 그리고 사람들이 통화증가율 증가를 인식하는 순간 (물가상승을 기대하여) 화폐로 재화를 사들이므로 물가는 통화증가율이 증가한 시점에서 위로 뛴 다음 증가한 통화증가율과 같은 기울기로 상승한다. 그림에서 보듯이 두 직선 사이의 갭인 (로그)실질화폐수요 L이 통화증가율 인상 후 $\log L_1$에서 $\log L_2$로 줄어듦을 확인할 수 있다.

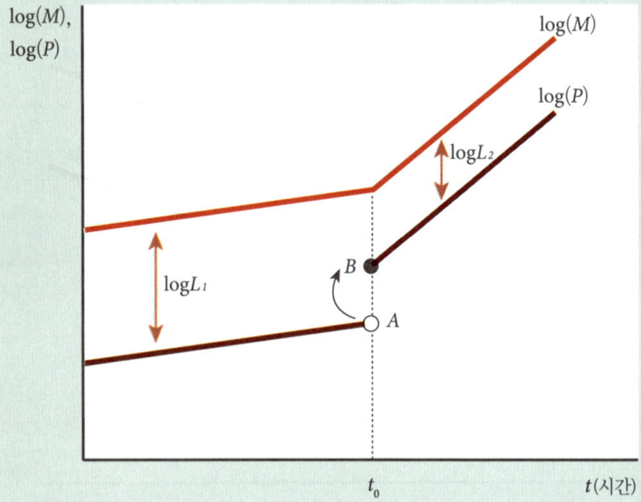

그러나 통화증가율이 증가해 물가상승률이 같은 비율로 증가한 경우, 장기에는 기대가 즉각적으로 물가상승률 상승으로 조정되므로 **식** (6-6)의 우변에 나타나 있는 화폐수요가 감소한다. 즉 통화증가율이 증가하여 기대물가상승률이 π_1^e에서 π_2^e로 상승하면 $L(\bar{Y}, r+\pi_2^e)<L(\bar{Y}, r+\pi_1^e)$이 성립한다.■ 따라서 통화증가율이 증가하면 물가상승률이 증가하고 동시에 화폐수요와 실질화폐잔고가 감소한다. 그리고 이 조정은 장기에 한 기간 안에 일어나므로 즉각적인 조정이 이루어진다고 말할 수 있다.

■ 물가수준의 상승이 기대되면 사람들은 화폐를 물가가 상승해도 가치가 변화하지 않는 재화로 교환하고자 한다. 이는 곧 화폐를 적게 보유하고 재화를 더 많이 보유하려는 것이므로 화폐수요 감소를 의미한다.

통화증가율이 증가한 후의 통화증가율과 물가수준의 경로가 **그림 6-5**에 나타나 있다. **그림 6-5**에서 통화증가율은 시점 t_0까지 g_M^1로 일정하게 주어져 있고 t_0에서 $g_M^2(>g_M^1)$로 증가했다. 통화증가율이 증가하면 **그림 6-5**에서 보는 바와 같이 통화량 시간경로의 기울기가 변화한다. 그리고 물가수준이 같은 시점에서 점 A에서 점 B로 뛴 후 통화증가율과 같은 증가율로 상승하고, 위에서 설명한 바와 같이 $\log(M)$과 $\log(P)$의 차이로 나타나는로그로 나타낸 실질화폐잔고가 감소한다.

이와 같이 물가수준이 위로 뛰는 것은 사람들의 기대가 통화증가율의 증가와 함께 변화하기 때문이다. 즉 시점 t_0에서 통화증가율이 증가한 것을 사람들이 인식하게 되면 앞으로 물가상승률이 증가할 것이라고 기대하게 된다. 일단 물가상승률이 증가할 것이라고 기대하면 자신들이 가지고 있는 화폐잔고의 가치가 하락할 것을 인식하므로 화폐를 재화로 교환해 화폐잔고의 가치를 보전하고자 한다. 그러나

BOX 6-1 통화증가율과 인플레이션

본문에서 설명한 바와 같이 통화증가율과 물가상승률인플레이션은 서로 밀접한 관계가 있다. 우리나라의 통화증가율과 인플레이션이 오른쪽 그림에 나타나 있다. 그림에 따르면 1970년대 후반 이후 우리나라의 인플레이션은 통화증가율과 매우 유사한 경로를 따르고 있다. 이러한 현상에 대해 밀턴 프리드먼 M. Friedman은 "인플레이션은 언제나, 어디서나 화폐적 현상이다Inflation is always and everywhere a monetary phenomenon."라고 말했다.

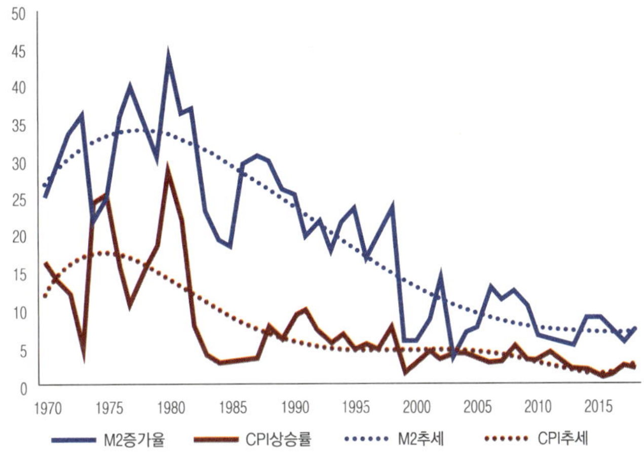

그러나 1975년 이전에는 통화증가율과 인플레이션의 시간경로 사이에 상당한 차이가 있었다. 이 기간은 경제발전에 속도가 붙기 시작한 때로 실물부문에 급격한 변동이 일어난 시기이다. 실제로 **부록 5.2**에 설명돼 있는 교환방정식에 따르면 통화증가율과 인플레이션의 차이는 경제성장률과 화폐 유통속도 변화율의 합이다. 따라서 경제성장률과 화폐 유통속도 변화율에 급격한 변동이 일어나면 단기적으로 통화증가율과 인플레이션의 시간경로가 현저하게 다르게 나타날 수 있다.

여러 나라를 대상으로 집계한 횡단면 자료에서도 통화증가율과 인플레이션의 밀접한 관계를 확인할 수 있다. 즉 통화증가율이 높은 나라에서는 인플레이션도 높게 나타난다.

장기에 재화의 공급은 일정하게 주어져 있기 때문에 모든 사람들이 갑작스럽게 화폐수요를 감소시키고 재화수요를 증대시키면 물가수준이 상승하는데 이와 같은 물가수준의 갑작스러운 상승은 **그림 6-5**에서 보는 바와 같이 점 A에서 점 B로 뛰는 현상으로 나타난다.

그런데 이상의 통화증가율 변화는 사람들이 기대하지 못한 unexpected 경우이다. 만약 사람들이 **그림 6-5**에서 t_0의 시점에 통화증가율의 변화가 일어날 것임을 미리 기대한다면, 그 기대가 바뀌는 시점부터 물가수준의 경로가 바뀌게 된다. 즉 **식 (6-6)**의 우변에 나타나 있는 화폐수요는 기대물가수준의 함수이므로, 현재 시점에서 다른 어떤 변수가 변화하지 않아도 사람들이 미래에 물가상승률이 증가할 것으로 기대하면 화폐수요가 감소한다. 기대물가상승률이 증가하면 사람들은 보유하고 있는 화폐잔고를 재화로 전환하고자 하기 때문에 화폐수요가 감소하고 이는 다시 물가수준을 상승시킨다. 다시 말해 현재 시점에서 다른 어떤 변수도 변화하지 않은 경우에도 기대가 변화하면 물가수준도 함께 변화한다.

기대물가상승률의 증가 물가의 시간경로에 점프를 일으킨다.

그림 6-6 **기대한 통화증가율의 증가와 물가상승률**

미래에 통화증가율이 증가하는 경우의 예로는 중앙은행이 미래의 통화증가율을 증가시킨다고 선언하는 경우가 있다. 미래에 통화증가율의 증가가 기대되면 (아직 통화증가율이 실제로 증가하기 전인) 기대된 시점에서 물가의 시간 경로가 위로 뛴다. 이때 물가가 뛰는 정도는 일반대중이 중앙은행의 선언을 얼마나 신뢰하는가에 달려 있다. 신뢰가 클수록 뛰는 폭도 커진다. 참고로 두 선 간의 격차가 실질통화량인데, 통화증가율 기대치가 상승하면 명목이자율이 상향조정되고 실질화폐수요는 감소한다.

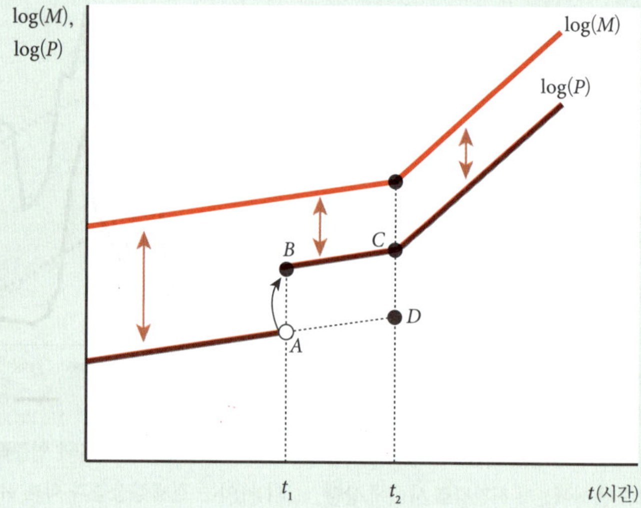

기대된 통화증가율 증가의 효과가 **그림 6-6**에 나타나 있다. **그림 6-6**에서 사람들이 통화증가율이 증가하리라고 기대한 시점은 t_1, 실제로 통화증가율이 증가한 시점은 t_2로 나타나 있다. 따라서 t_1의 시점에서는 실제로 통화증가율이 변화한 것이 아니라 단지 미래의 통화증가율에 대한 기대가 바뀐 것뿐이다. 실제로 통화증가율이 증가한 시점은 t_2이기 때문에 **그림 6-6**에서 $\log(M)$의 기울기가 t_2에서 변하는 것으로 나타나 있다. 이때 t_1 시점에서 미래에 통화증가율이 증가해 물가상승률이 증가하리라고 기대하면, 위에서 설명한 바와 같이 화폐에 대한 수요의 감소와 함께 물가수준이 상승하는데, 이는 **그림 6-6**에서 물가수준이 점 A에서 점 B로 뛰는 것으로 나타나 있다. 그리고 두 시점 t_1과 t_2 사이에서는 두 점 B와 C 사이의 기울기가 두 점 A와 D 사이의 기울기보다 크다. 이는 실제로 통화증가율이 변화하지 않았음에도 불구하고 물가상승률은 증가하였음을 의미한다.

사람들이 미래에 통화증가율이 증가하리라고 기대하는 대표적인 경우는 중앙은행이 미래의 통화증가율을 공표하는 경우이다. 중앙은행이 미래의 정책을 공표하는 이유는 여러 가지가 있다. 이 경우에 **그림 6-6**의 t_1 시점에 물가수준이 뛰는 크기인 AB는 중앙은행의 공표가 얼마나 믿을 만한가에 의해 결정된다. 만약 신뢰성 credibility이 전혀 없어 사람들이 중앙은행의 공표를 전혀 믿지 않는다면 사람들의 기대가 조정되지 않고 **그림 6-6**에서 보는 바와 같이 실제로 통화증가율이 변화하기 전에 물가수준이 뛰는 현상이 나타나지 않는다. 다시 말해 **그림 6-6**에서 AB의 길이는 사람들이 중앙은행을 얼마나 신뢰하느냐에 달려 있다.

6.3.1 인플레이션세(稅)와 초(超)인플레이션

지금까지 장기에 주로 화폐공급이 인플레이션을 초래한다는 사실을 배웠다. 그런데 어느 나라의 중앙은행도 아무런 이유 없이 화폐공급을 증가시키지는 않는다. 장기적으로 높은 인플레이션이 지속되는 경우는 보통 정부지출과 관계가 있다. 정부가 소비를 위해, 혹은 도로, 항만, 공항 같은 사회간접자본에 대한 투자를 위해, 그 밖에 사회적인 약자에 대한 이전지출을 위해서 지출을 할 때 그 재원을 세 가지 방법으로 마련할 수 있다.

1. 개인이나 기업에 대해 소득세를 부과할 수 있다.
2. 정부공채 government bond 를 발행해 민간에서 자금을 차입할 수 있다.
3. 화폐를 발행해 사용할 수 있다.

시뇨리지(인플레이션세)
화폐를 발행해 얻은 정부수입

화폐를 발행해 얻은 정부수입을 시뇨리지 seigniorage 라고 부른다. 만약 정부지출을 보전하기 위해 화폐를 발행하면 화폐공급이 증가하고 화폐공급의 증가는 인플레이션을 초래한다. 따라서 화폐를 발행해 얻은 정부수입을 인플레이션세 inflation tax 라고 부르기도 한다. 즉 화폐를 발행해 인플레이션이 발생하면 일반 대중이 보유하고 있는 화폐의 가치가 하락하는데 이는 마치 정부가 일반 대중이 보유하고 있는 화폐에 인플레이션이라는 조세를 부과해 수입을 마련하는 것과 같다. 한편 정부지출을 화폐발행에 의해 보전하는 것을 "정부지출을 화폐화한다 monetize"라고 말하기도 한다.

인플레이션세의 크기는 나라마다 다른데, 개인이나 법인소득세 및 부가가치세 같은 전통적인 형태의 세금을 징수하기 어려울 때 사용한다. 특히 한 경제에 전쟁이나 반란 등 사회적인 위기가 발생하여 정상적인 방법으로 세금을 징수할 수 없고 정부공채를 발행해 민간부문으로부터 차입할 수도 없는 경우에는 화폐발행이 정부지출을 보전하는 유일한 방법이다. 정부지출을 화폐화하면 화폐공급이 빠르게 증가해 높은 인플레이션이 발생한다.

超인플레이션 hyperinflation 은 물가가 매우 빠르게 상승하는 현상을 일컫는다. 가장 널리 사용되는 超인플레이션의 정의로는 케이건이 제시한 것이 많이 쓰인다.

그에 따르면 超인플레이션은 인플레이션이 월 50%를 넘기는 달에 시작되어, 인플레이션이 적어도 1년 이상 50% 아래로 유지되기 시작하는 전월前月에 끝난다.[1] 인플레이션이 월 50%로 진행되면 1년에 물가가 12,974.6% 상승하고 2년에는 1,683,411.0% 상승한다. 일단 超인플레이션이 진행되기 시작하면 조세의 징수와 납부 사이의 시차 때문에 전통적인 조세징수방법에 따른 실질조세수입이 감소한다. 따라서 정부는 화폐발행에 더욱 의존하게 되고 인플레이션은 더 빠르게 진행된다.

BOX 6-2 超인플레이션

超인플레이션은 자주 일어나는 현상이라고 말하기는 어렵지만 최근에도 세계 이곳저곳에서 종종 일어나고 있다. 역사적으로 널리 알려져 있는 超인플레이션이 표에 나타나 있다. 인류 역사에서 가장 빠른 超인플레이션은 2차 대전 이후 1945년 8월부터 1946년 7월 사이 헝가리에서 일어났다. 1946년 7월 超인플레이션의 최고점에서 헝가리의 인플레이션은 물경 41,900,000,000,000,000%였다. 이는 물가가 하루 평균 207.0% 상승하였으며 2배로 상승하는데 불과 0.63일(15시간)이 소요되었음을 의미한다. 이와 유사한 超인플레이션이 1차 대전 이후 독일(1922년 4월~1923년 12월)에서도 발생하였다. 최근 2007년 3월에서 2008년 11월 중순 사이에는 짐바브에(Zimbabwe)에서 超인플레이션이 발생하였다. 2008년 11월 중순 인플레이션의 최고점에서 짐바브에의 물가상승률은 무려 79,600,000,000%였다. 이는 물가가 매일 98%씩 상승하고 2배가 되는데 1.03일(25시간) 밖에 소요되지 않음을 의미한다. 가장 최근의 超인플레이션은 베네쥬엘라(Venezuela)에서 지금도 진행되고 있다. 최근 베네쥬엘라의 소비자물가지수가 발표되고 있지 않기 때문에 [BOX 6-2 표 2]에 나타나 있는, 베네쥬엘라의 화폐인 볼리바(Bolivar)와 미국 달러의 교환비율을 통해 超인플레이션을 미루어 짐작해볼 수 있다. 2018년 1월까지 미국 달러에 대한 볼리바의 교환비율이 꾸준히 상승하기는 하였으나 10볼리바 아래에서 비교적 안정적으로 유지되고 있었다. 그러나 같은 해 2월에는 한 달 사이 달러당 21,089.3볼리바로 급등한 다음 8월에는 2,495,016.2볼리바로 증가하였다. 그만

표 1

국가	시작	끝	최고점(월)	최고점(월) 인플레이션(%)	일평균 인플레이션(%)	물가가 2배 되는데 걸린 시간(일)
헝가리	1945.08	1946.07	1946.07	4.19×10^{16}	207.0	0.63
짐바브웨	2007.03	2008.11 중순	2008.11 중순	7.96×10^{10}	98.0	1.03
유고슬라비아	1992.04	1994.01	1994.01	3.13×10^{8}	64.6	1.41
독일	1922.04	1923.12	1923.10	2.95×10^{4}	20.9	3.70
그리스	1941.05	1945.12	1944.10	1.38×10^{4}	17.9	4.27
중국	1947.10	1949.05 중순	1949.04	5.07×10^{3}	14.1	5.34
니카라과	1986.06	1991.03	1991.05	2.61×10^{2}	4.4	16.40
베네쥬엘라	2016.11	2017년 진행중	2016.11	2.19×10^{2}	3.9	17.90
아르헨티나	1989.05	1990.05	1989.07	1.97×10^{2}	3.7	19.40

자료: Hanke, Steve H. and Erik Bostrom (2017), Zimbabwe Hyperinflates, Again: The 58th Episode of Hyperinflation in History, SAE No.90, Johns Hopkins Institute for Applied Economics, Global Health, and Study of Business Enterprise.

1 Cagan, Phillip (1956), "The Monetary Dynamics of Hyperinflation," in *Studies in the Quantity Theory of Money*, Milton Friedman(ed.), Chicago: University of Chicago Press, pp. 25-117.

큼 인플레이션이 높아진 것이다. 2018년 8월부터 11월까지 비교적 안정적이던 교환비율은 2019년 1월부터 다시 급등하여 9월에는 21,018.5로 높아져 있다. 이와 같은 베네쥬엘라의 超인플레이션이 언제 끝날지 현재로서는 예측이 불가능하다.

독일의 초인플레이션

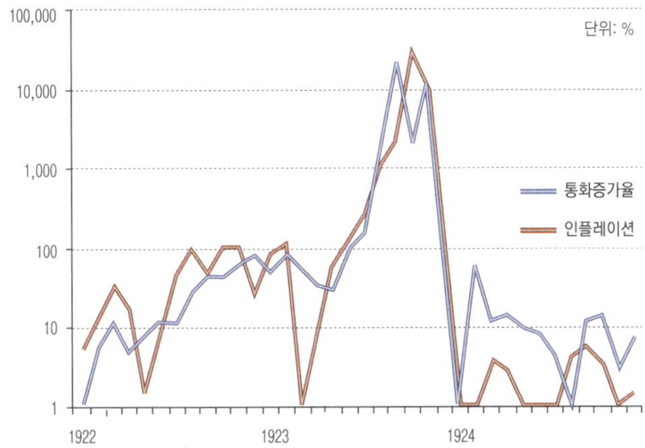

표 2

월	볼리바/달러
2018.01	10.0
2018.02	21,089.8
2018.08	2,495,016.2
2018.09	61.5
2019.01	1,358.2
2019.06	6,172.4
2019.09	21,018.5

초인플레이션은 정부의 재정적인 문제와 관련이 있기 때문에 보통 재정개혁이 이루어져야 초인플레이션이 끝난다. 정부는 초인플레이션의 발생 이유가 스스로 인플레이션세에 의존하기 때문임을 인식하거나 정부 정책에 대한 대중의 비난이 증가하면 소득세나 부가가치세 같은 조세를 증대시키고 통화증가율을 감소시키는 개혁을 실시한다. 그 결과로 통화증가율이 감소해 인플레이션이 낮아지게 된다.

인플레이션의 사회적 비용 6.4

지금까지 우리는 화폐시장의 균형과 인플레이션에 관해 알아보았다. 그리고 장기에 실물부문과 화폐부문이 분리돼 화폐부문이 실물부문에 영향을 미칠 수 없음을 알았다. 다시 말해 생산요소의 실질가격은 각각 완전고용수준에서의 한계생산에 의해 결정되므로 인플레이션에 영향을 받지 않는다. 산출량도 완전고용수준에서 결정되므로 통화량이나 인플레이션에 영향을 받지 않는다. 이와 같이 장기균형에서는 한 경제의 통화량 변화에 따른 물가수준 변화곧 인플레이션가 실물부문의 균형에 영향을 미칠 수 없다. 이러한 논리에 따라 인플레이션의 실질비용 또는 사회적 비용은 없다고 주장할 수도 있다.

인플레이션은 한 경제의 물가수준이 상승함을 의미한다. 이 정의에 따르면 물가수준 상승은 한 경제의 모든 재화 가격이 같은 비율로 상승하는 것이고, 이는 마치 거리나 면적, 시간 같은 물리적인 측정에서 단위를 변경하는 것과 다르지 않다. 예를 들어 서울에서 부산까지의 거리를 잴 때 미터 단위를 마일 단위로 바꿨다면, 숫자의 차이는 있어도 서울과 부산 사이의 거리가 바뀌지는 않으며 서울과 부산, 서울과 대전, 서울과 광주 같은 도시들 사이의 상대적인 거리도 변화하지 않는다. 인플레이션은 측정단위 변경 같은 단순한 역할을 한다. 미시경제학에서 배운 바와 같이 경제적인 후생수준에 영향을 미치는 경우는 모든 가격이 같은 비율로 상승하는 인플레이션의 경우가 아니라 재화의 상대가격relative price이 변화하는 경우이다.

사정이 이러함에도 불구하고 화폐가 가지고 있는 특별한 기능 때문에 인플레이션은 여러 가지 사회적인 비용을 수반한다. 그 비용은 인플레이션이 초인플레이션과 같이 매우 높은 수준이냐, 선진국에서 관찰할 수 있는 완만한 인플레이션moderate inflation이냐에 따라 다르게 나타난다. 그리고 일반 대중이 기대한 인플레이션expected inflation이냐, 기대하지 못한 인플레이션unexpected inflation이냐에 따라 다르게 나타나기도 한다.

6.4.1 완만한 인플레이션의 사회적 비용: 기대된 경우

완만하면서 기대된 인플레이션expected moderate inflation이란 물가상승이 초인플레이션처럼 과도하지는 않지만 꾸준히 일어나는 경우를 말한다. 예를 들어 물가가 매월 0.5%씩 변함없이 상승한다면 연간 약 6%가 상승하는 셈이다. 이 경우에는 상승률이 일정하므로 사람들이 예측할 수 있고 그 수준도 대단히 높은 것은 아니다. 그렇다면 물가상승률이 기대됐고 상승률이 완만한 인플레이션의 사회적인 비용은 무엇일까?

인플레이션이 기대된 경우에는 물가가 그만큼 상승할 것이라고 이미 알려져 있기 때문에 명목이자율이 상승한다. 그리고 물가상승률이 기대되었으므로 노동자와 사용자 사이의 노동계약에서도 그만큼 명목임금이 상승한다. 다시 말해 기대된 인플레이션은 한 경제의 모든 거래와 계약에 반영돼 실질이자율이나 실질임금 등을 변화시키지 않으므로 완전고용수준의 균형에 영향을 미치지 못한다. 그러나 화폐가 가지는 특수한 역할과 사회제도 때문에 명목이자율이나 명목임금 상승은 다른 면에서 사회적인 비용을 수반한다. 완만하면서 기대된 인플레이션의 사회적인 비용은 다음과 같이 다섯 가지로 요약할 수 있다.

1 명목이자율 상승은 화폐보유의 기회비용 증가를 의미하므로 사람들은 화폐보유량을 줄이고자 한다. 그런데 화폐보유량을 줄였으나 현금을 사용하는 횟수와 거래량에 변함이 없다면 더 자주 은행에 방문해 현금을 인출해야 한다. 즉 화폐보유량을 줄이면 비용이 생긴다. 은행에 더 자주 방문하려면 그만큼 시간을 할애해야 하기 때문에 여가가 줄어들고 은행이 멀리 떨어져 있다면 그만큼 교통비를 더 지출해야 한다. 인플레이션에 따라 명목이자율이 상승하고 그 결과로 사람들이 화폐보유량을 줄이기 때문에 나타나는 비용을 은유적으로 표현해 구두가죽비용 shoeleather cost 이라고 부른다. 은행에 자주 방문하면 구두가 그만큼 빨리 해진다는 의미이다.

구두가죽비용
인플레이션으로 인해 화폐보유량이 감소하기 때문에 나타나는 비용

2 인플레이션이 일어나는 경우에 기업은 수시로 자신들이 공급하는 재화의 가격을 변화시켜야 한다. 그런데 기업이 가격을 변화시키는 데에는 비용이 따른다. 예를 들어 인플레이션이 진행되면 음식점은 수시로 음식 가격을 조정해야 하는데, 가격 조정을 한 다음에는 반드시 메뉴판을 바꾸어야 한다. 작은 음식점이 메뉴판을 바꾸는 비용은 사소하다고 할 수 있지만, 대형 백화점이 매번 카탈로그를 다시 찍어야 한다면 그 비용은 무시할 수 없을 정도로 커진다. 이와 같이 기업이 가격을 조정하는 데 드는 비용을 **4장** 가격 경직성과 총공급곡선에서 설명한 바와 같이 메뉴비용 menu cost 이라고 부른다. 물가상승률이 높을수록 가격을 자주 변화시켜야 하기 때문에 메뉴비용이 증가한다.

3 메뉴비용은 기업이 가격을 변화시킬 때 나타나는 비용이므로 가격조정을 자주 할 수 없도록 하는 요인이다. 그런데 메뉴비용이 모든 기업에서 동일하지 않기 때문에 가격을 조정하는 빈도가 기업과 산업에 따라 다르게 나타난다. 예를 들어 물가상승률이 연간 6%일 때 어떤 기업은 메뉴비용이 낮아 3개월마다 재화 가격을 인상하지만 어떤 기업은 메뉴비용이 높아 6개월마다 재화 가격을 인상한다면 두 기업이 같은 주기로 가격을 인상할 때와 달리 상대가격 변화가 나타난다. 그리고 인플레이션이 진행되고 있을 때 메뉴비용 때문에 한 기업이 연초에 정한 가격을 1년 동안 똑같이 적용한다면 연초 실질가격이 연말 실질가격보다 높으므로 연초 판매량은 적

게, 그리고 연말 판매량은 많게 나타난다. 즉 인플레이션은 한 기업 안에서도 판매량의 변동폭을 증대시키며, 자원배분에서 비효율성을 초래할 수 있다. 이러한 사정은 노동계약의 경우에도 마찬가지이다. 한 기업에 노동조합이 존재하느냐, 존재하지 않느냐에 따라, 그리고 기업이 생산하는 재화와 고용하는 노동의 성격에 따라 노동계약 주기가 6개월일 수도 있고 1년일 수도 있다. 노동계약의 주기가 다를 경우에는 노동자들의 상대적인 임금이 인플레이션에 따라 변화하게 된다. 그리고 상대적인 임금의 변화는 자원배분의 왜곡을 초래한다.

4 인플레이션의 비용은 세법 tax law 때문에 나타나기도 한다. 대부분의 세법은 인플레이션 효과를 고려하지 않고 있다. 예를 들어 한 노동자의 임금상승률이 연간 12%, 물가상승률 또한 12%라면 이 노동자의 실질임금은 변화가 없다. 따라서 이 노동자가 부담해야 하는 실질 세금의 크기도 변함이 없어야 한다. 그러나 세법에서는 명목소득에 따라 세율이 다르게 정의돼 있다. 즉 임금이 상승하면 실질임금의 상승이나 하락에 관계없이 더 높은 세율을 적용받는다. 예를 들어 우리나라 소득세법에서는 소득수준별로 낮은 세율에서 높은 세율까지 점차적으로 소득세율이 증가하도록 누진적으로 설계되어 있다. 인플레이션으로 인해 명목임금이 상승하는 경우 보다 높은세율에 직면하게 되어 세후 실질임금은 하락할 우려가 있다. 이와 같이 인플레이션이 발생했을 때 세법은 자원배분을 왜곡시킨다.

이처럼 인플레이션에 따른 세부담 상승을 막기 위해 물가연동제를 실시하는 나라도 있다. 물가연동계약에 관한 장단점 논의를 위해 부록 6.3을 참고하자.

5 인플레이션은 생활을 영위하고 미래 설계를 하는 데 불편을 야기한다. 예를 들어 인플레이션이 존재한다면 1980년의 1인당 소득과 2000년의 1인당 소득을 비교할 때 인플레이션에 따른 화폐가치 하락에 의한 가치척도의 변화를 고려해야 한다. 즉 앞에서 배운 바와 같이 인플레이션이 존재하면 비교하고자 하는 연도의 소득을 기준연도 가격으로 재평가하는 수고를 감수해야 한다. 오늘 저축하는 화폐 한 단위가 먼 미래에 얼마만큼의 실질가치를 가지게 되는지 예측하는 일 또한 쉽지 않게 된다. 이와 같이 인플레이션은 실질가치 변화와 명목가치 변화를 혼동하도록 만드는데, 이러한 혼동을 화폐환상 money illusion 이라고 부른다.

인플레이션의 사회적 비용
- 화폐보유량 감소로 비용이 발생한다.
- 메뉴비용이 증가한다.
- 상대가격을 변동시켜 자원배분을 왜곡시킨다.
- 조세는 명목소득에 부과되기 때문에 인플레이션에 따른 명목소득의 변화는 자원배분을 왜곡시킨다.
- 인플레이션은 화폐환상을 야기하기도 한다.

6.4.2 완만한 인플레이션의 사회적 비용: 기대하지 못한 경우

기대하지 못한 인플레이션
대차거래에서 뜻하지 않은 소득의 이전을 일으켜 일종의 경제적 불확실성으로 작용하여 거래 위축 등의 부작용을 초래한다.

인플레이션의 사회적 비용은 인플레이션을 기대한 경우보다 기대하지 못한 경우에 더 분명하게 나타난다. 기대하지 못한 인플레이션은 부 wealth 를 재분배하게 되는데 그 원리는 다음과 같다. 예를 들어 자금을 빌려주고 빌리는 대차거래에서 차입자는 대여자에게 이자를 지급하게 되는데, 이때 적용되는 이자율은 장차 기대되는 인플레이션에 따라 결정된다. 따라서 대차거래가 이루어지고 나서 실제로 일어난 인플레이션이 대차거래가 성립한 시점에서 기대한 인플레이션과 다르게 나타나면 자금의 대차계약이 완료된 시점에서 차입자가 대여자에게 지급하는 사후적 실질수익 ex post real return이 대차계약을 체결한 시점에서 기대한 바와 다르게 된다. 만약 실제 인플레이션이 계약을 체결한 시점에서 기대한 인플레이션보다 높게 나타났다면 대여자는 손해를 보고 차입자는 이득을 얻으며, 반대의 경우에는 대여자가 이득을 얻고 차입자가 손해를 보게 된다.

예를 들어 2010년 1월 1일에 갑이 을에게 같은 해 12월 31일에 갚는 조건으로 100만 원을 빌리고 확정 이자율을 7%로 정하였다고 하자. 이때 2010년 1월 1일에 기대된 2010년 인플레이션이 3%였다고 가정해 보자. 만약 2010년에 실제로 발생한 인플레이션이 3%였다면 갑이 실제로 부담한 실질이자율은 7%에서 3%를 차감한 4%가 된다. 즉 위의 거래에서 을의 실질수익률은 4%이다. 그러나 2010년에 실현된 인플레이션이 10%라면, 갑이 부담한 실질이자율은 7%에서 10%를 차감한 −3%가 된다. 이와 같이 실질이자율이 마이너스가 되면 대여자가 차입자에게 이자를 지급하는 것 같은 효과가 생긴다. 즉 2010년 1월 1일 대여자인 을은 위의 계약을 통해 4%의 실질수익을 기대했으나 실제로 나타난 수익은 −3%이므로, 계약을 맺을 당시의 기대를 기준으로 하면 7%의 실질이자를 오히려 차입자인 갑에게 지급한 셈이 되는 것이다. 이와 같이 계약을 맺은 이후부터 계약 완료 시점까지 사후적으로 발생한 실제 인플레이션이 계약을 맺은 시점에서의 기대인플레이션보다 높으면 대여자에게서 차입자에게로 뜻하지 않게 소득을 이전하는 효과가 나타난다.

반대로 실제 인플레이션이 기대인플레이션보다 낮은 경우에는 차입자에게서 대여자에게로 소득의 이전이 나타나게 된다. 위의 예에서 실제 인플레이션이 0%라면, 위의 계약에서 실질이자율은 7%에서 0%를 차감한 7%가 된다. 이는 계약체결 시점에서 기대된 실질이자율 4%보다 3%가 높은 것으로, 그만큼 뜻하지 않게 차입자의 소득을 대여자에게 이전하는 셈이 된다. 이와 같은 기대하지 못한 인플레이션의 효과는 한 경제의 모든 거래에서 나타나게 된다. 이는 기대하지 못한 인플레이션에 따른 불확실성uncertainty 때문에 계약이 왜곡됨을 의미한다. 좀 더 구체적으로 보자면 인플레이션에 수반된 불확실성에 따라 거래 자체가 미뤄지거나 위축될 가능성이 높아지므로, 궁극적으로 사회후생이 감소한다. 이는 곧 금융정책이 예측되고 안정적 방식으로 집행됨이 필요함을 암시한다. 이러한 금융당국의 노력을 흔히 앵커링 anchoring이라 칭하기도 한다.

6.4.3 超인플레이션의 사회적 비용

완만한 인플레이션의 사회적 비용에 관해서는 여러 가지 견해가 있을 수 있으나 초인플레이션의 경우 사회적 비용이 크다는 주장에는 대부분 동의한다. 초인플레이션의 경우에도 완만한 인플레이션의 경우와 비슷한 유형의 사회적 비용이 나타나지만, 그 크기는 비교할 수 없을 정도로 크다. 예를 들어, 구두가죽비용은 초인플레이션의 경우에 매우 심각한 수준으로 나타난다. 즉 현금 가치가 너무 빠르게 하락하기 때문에 기업의 경영자는 더 효율적인 투자와 생산활동을 위해 시간과 정력을 쏟는 대신 현금을 관리하는 데 집중하게 된다. 따라서 초인플레이션은 경제를 비효율적이게 만든다. 그리고 화폐 가치가 빠르게 하락하면 급여의 지급기간을 월 또는 연 단위로 길게 할 수 없다. 심한 초인플레이션의 경우에는 하루하루 또는 오전과 오후로 나누어 급여를 지급해야 한다. 그리고 급여를 지급받은 노동자들은 현금 가치가 떨어지기 전에 시장으로 달려가 현금을 재화로 교환해야 한다. 이는 곧 노동자의 경우에도 생산활동보다는 현금관리에 집중할 수밖에 없음을 의미한다.

초인플레이션의 경우에는 메뉴비용도 클 수밖에 없다. 물가가 너무 빠르게 상승하므로 기업들이 가격 정보를 담은 카탈로그를 만드는 것조차 쉽지 않게 된다. 심지어 물가가 너무 빠르게 상승하면 더 싼 가격을 탐색하기 위한 쇼핑 자체가 무의미해진다. 한 가게에서 가격을 살펴보고 다른 가게로 이동하는 동안 가격이 상승해 앞 가게에서 얻은 가격 정보가 무의미해지기 때문이다. 따라서 초인플레이션의 경우에 상대가격을 파악하는 것이 더욱 어렵게 된다. 그리고 완만한 인플레이션과 마찬가지로 초인플레이션의 경우에도 조세제도의 왜곡이 일어난다. 그러나 초인플레이션에서 일어나는 왜곡은 과도하지 않은 인플레이션의 경우와 다르게 나타난다. 즉 대부분의 나라에서 정부는 조세를 부과하는 시점과 조세를 납부하는 시점이 다르다. 우리나라의 경우에도 지난해에 부과된 조세를 실제로 납부하는 것은 소득세의 경우에 5월 말까지이고, 부가가치세의 경우에는 7월 말까지이다. 즉 부과된 조세를 실제로 납부하는 것은 상당한 기간이 지난 이후이다. 이 경우에 인플레이션이 완만하다면 실질가치로 나타낸 조세수입은 큰 차이가 없으나, 초인플레이션이 일어나고 있다면 짧은 기간이라도 조세수입의 실질가치가 크게 줄어든다.

초인플레이션의 가장 큰 사회적 비용은 거래의 위축을 넘어서 한 경제의 거래질서가 파괴되는 것이라고 할 수 있다. 예를 들어 음식이나 생활용품을 구입하기 위해 그보다 부피가 더 큰 화폐를 들고 다녀야 한다면 거래를 간편하게 하고 촉진하는 화폐의 기능을 다하고 있다고 말할 수 없다. 이 문제를 해결하기 위해 중앙은행이 높은 단위의 화폐를 발행할 수 있으나 초인플레이션의 경우에는 궁극적으로 폭발적인 물가상승을 당해낼 수 없다. 결국 초인플레이션의 사회적 비용을 감당할 수 없게 되며, 가치의 저장수단이나 교환의 매개수단 및 회계의 단위 같은 화폐의 기능이 소멸된다. 따라서 결국 화폐가 더 이상 사용되지 못하고 물물교환으로 회귀해 담배 같은 재화나 가치가 안정적인 외환 같은 비공식적인 화폐가 공식적인 화폐를 대체하게 된다. 물물교환의 불편함이나 외국화폐를 이용하는 경우의 혼란을 생각한다면 초인플레이션의 사회적 해악이 매우 크다는 사실을 쉽게 짐작해 볼 수 있다.

노동시장의 장기균형과 자연실업률 6.5

실업은 거시경제의 가장 중요한 문제 가운데 하나이다. 먼저 실업은 산출량과 소득을 감소시키고 불평등을 증가시킨다. 실제 경제에서 사람들이 일자리를 가지고 있느냐, 실업 상태에 있느냐에 따라 경제적인 형편과 후생수준이 크게 영향받는다. 일자리를 잃으면 사람들은 생활수준의 하락과 경제적인 후생의 감소를 감수해야 한다. 또한 오랫동안 일하지 않는 사람들은 일하는 방법을 잊게 되므로, 실업은 인적 자본을 잠식한다. 그뿐만이 아니다. 실업은 심리적 비용psychic costs을 동반한다. 사람들은 누군가 자신을 필요로 한다는 것을 인식함으로써 만족감을 느낀다. 그런데 실업으로 증가된 여가는 누군가 자신을 필요로 하지 않는다는 상실감 때문에 그 가치가 반감된다. 이와 같은 이유 때문에 실업은 항상 정치적인 논의의 중심에 있으며, 언론매체에서도 실업에 관한 보도가 끊이지 않는다.

1장국민경제의 순환과 주요 거시경제 변수에서 우리는 실업률을 정의하면서 실업률이 시간이 경과함에 따라 변동함을 알았다. 우리나라의 실업률은 **그림 6-7**과 같이 그려볼 수 있다. **그림 6-7**에서 실제 실업률이 실선, 평균적인 실업률곧 자연실업률이 점선

BOX 6-3 헨리 포드의 효율임금[2]

1903년 설립된 포드자동차회사는 처음 5년 동안은 작은 기업이었다. 1908년부터 1914년 사이에 이 회사에서는 기술혁신이 일어났다. 1908년 이전까지 포드 공장의 생산방법은 한 사람의 숙련공이 처음부터 끝까지 자동차를 조립하는 방식이었다. 그 방법을 사용할 수밖에 없었던 것은 부품이 일관되고 정확한 설계에 따라 제조되지 않아 부품을 조립하는 데 경험과 기술이 필요하였기 때문이다. 1908년에서 1914년 사이에 헨리 포드는 기존의 생산 공정을 획기적으로 개선한다. 즉 자동차 부품을 표준화해 누구라도 부품을 조립할 수 있게 한 다음 생산과정을 여러 단계로 나누어 숙련공이 아니라도 쉽게 조립할 수 있도록 한 것이다. 새로운 생산공정을 통해 생산된 것이 유명한 T 모델Model T이다.

새로운 생산라인 설계로 이 회사는 노동자들의 불필요한 이동을 줄이고 작업을 단순화해 노동을 효율적으로 이용할 수 있었다. 그 결과 1913년까지 포드자동차회사의 생산량은 25배나 증가했다. 그러나 생산라인에서 단순노동의 반복과 빠른 작업속도 때문에 노동자들의 사기는 크게 저하되고 전업 turnover과 무단결근absenteeism이 크게 증가했다. 1913년 이 회사의 전업률은 약 370%로 매월 31%의 노동자들이 다른 직장으로 떠났고 매일 노동자들 가운데 10%가량이 무단결근을 했다.

1914년 1월 헨리 포드는 (포드에서 6개월 이상 근무 같은) 특정한 조건을 만족하는 노동자에게는 하루 8시간 노동에 5달러의 임금을 지급한다고 선언하였다. 당시 5달러의 임금은 생산직 근로자 평균임금의 두 배에 해당하는 액수였다. 포드의 발표에 따른 효과는 놀라운 것이었다. 수천 명의 노동자들이 포드자동차회사에서 일자리를 얻기 위해 줄을 서고 공장에서는 전업률과 무단결석이 각각 87%, 75%나 감소하였다. 그리고 노동 생산성은 30% 이상 증가했다. 그 사이 T 모델의 가격이 하락하고 총임금지급액이 증가했지만 생산성의 증가에 따라 포드자동차회사의 이윤은 오히려 증가했다.

이 결과는 헨리 포드가 **부록 4-1**에서 배운 효율임금이론을 따랐음을 말해준다. 즉 임금을 시장청산수준보다 높게 지급해 생산성과 이윤이 오히려 증가한 것이다. 이후 다른 자동차 회사들도 포드의 뒤를 따라 효율임금을 지급했다. 1928년 미국 자동차산업의 평균임금은 여타 제조업의 평균임금보다 40% 정도 높았다.

으로 각각 나타나 있다. 평균적으로 볼 때 우리나라의 실업률은 1987년까지 지속적으로 하락한 다음 1988~97년 3% 아래로 유지되었다. 그리고 1997년 말에 일어난 경제위기로 경제와 노동시장이 근본적으로 변화하는 단계를 거쳐 3~4% 수준에서 안정돼 있다.

그림 6-7에서 다음과 같은 사실들을 알 수 있다.

1 실제 실업률은 **그림 6-7**에서 보는 바와 같이 항상 0보다 크다. 이는 경제활동인구에 포함된 모든 사람들이 항상 일자리를 갖고 있지는 않음을 말해준다. 이러한 현상은 모든 현대 자본주의 경제에서 발견된다.

2 실제 실업률은 점선으로 나타난 평균적인 실업률곧 자연실업률을 중심으로 변동하며, 1998년 외환위기에서 경험한 바와 같이 때로는 매우 크게 변동한다. 그리고 자

---

2 Raff, D.M.G. and L.H. Summers(1987), "Did Henry Ford Pay Efficiency Wage?" *Journal of Labor Economics* v.5 no.4, pp.S57-S86.

우리나라의 자연실업률 그림 6-7

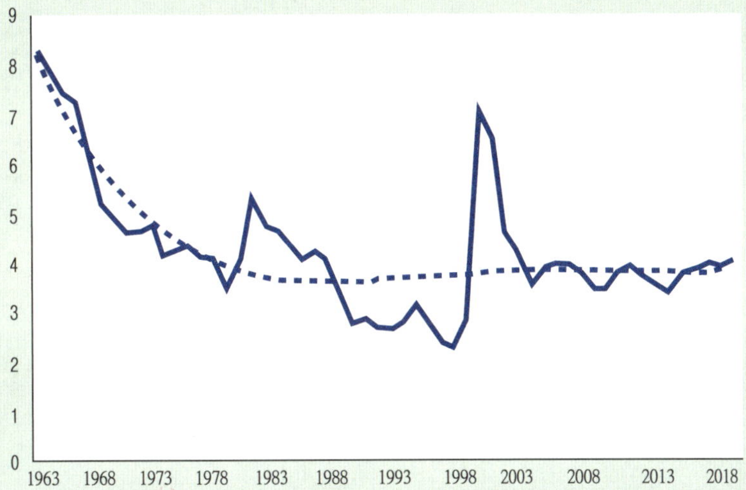

경제개발계획을 시행하기 시작한 1963년 이후 우리나라의 실업률은 1987년까지 계속하여 하락하는 추세를 보였다. 1987년부터 1997년까지는 실업률이 3% 아래로 유지됐다. 1998년 외환위기 때는 실업률이 7%까지 증가하였으나 그 이후 3% 중반에서 안정되어 있다.

주: (1) 자료: 통계청

(2) 1999년 이전은 구직기간 1주 기준, 2000년 이후는 4주 기준

(3) 점선은 추세선

연실업률에서 벗어난 실제 실업률은 항상 자연실업률로 복귀하는 경향이 있다.

3 앞에서 자연실업률 natural rate of unemployment 을 완전고용실업률 또는 가속적으로 증가하는 인플레이션을 유발하지 않고 달성할 수 있는 최저실업률 nonaccelerating inflation rate of unemployment, *NAIRU* 이라고 이론적으로 정의했다. **그림 6-7**에서 자연실업률은 점선으로 나타나 있는 평균적인 실업률로 정의되는데, 실제 실업률보다 훨씬 작게 변동하면서 실제 실업률보다 긴 주기로곧 장기적으로 변동하고 있다. 즉 완전고용수준의 실업률곧 자연실업률은 장기적으로 변동하며 자연실업률에서 벗어나는 단기적인 실업률의 변동요인과 다른 요인에 의해 결정된다.

6.5.1 자연실업률의 결정

앞에서 살펴보았듯이 자연실업률은 장기의 실업률로서 한 경제의 구조적인 조건이 일정하다면 안정적으로 유지된다. 그러나 노동시장을 비롯한 경제구조가 끊임없이 변화하므로 **그림 6-7**에서 보는 바와 같이 자연실업률도 긴 주기를 가지고 변동한다. 또한 경제의 구조적인 조건이 일정하고 자연실업률이 일정하더라도 취업자

그림 6-8 **노동시장의 순환**

경제활동인구는 취업자와 실업자의 합으로 구성되며, 취업자와 실업자 사이의 순환이 일어난다. 장기(정상상태)의 실업률은 $s/(s+f)$와 같이 구할 수 있는데, 실직률이 높을수록 그리고 구직률이 낮을수록 높게 나타난다.

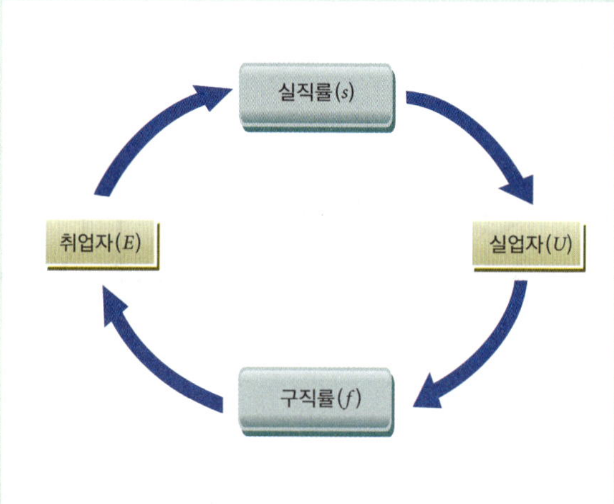

였다가 실업자가 되거나 실업자였다가 새로 취업하는 사람들이 끊임없이 나타나는 과정은 사라지지 않는다.

경제 구조가 일정한 정상상태에 있기 때문에 자연실업률이 일정하게 유지된다고 하면, 노동시장의 순환을 **그림 6-8**과 같이 그려 볼 수 있다. 여기서 취업자의 수는 E, 취업상태에서 실업상태로 전환하는 실직률 rate of job separation 은 s, 그리고 실업자 수가 U, 실업상태에서 일자리를 구하는 구직률 rate of job finding 이 f로 각각 나타나 있다. 이렇게 변수를 정의하면 경제활동인구 L을 다음과 같이 실업자와 취업자의 합으로 쓸 수 있다.

$$L = E + U \tag{6-8}$$

노동시장의 정상상태
실업률이 일정하게 유지되는 경우를 말하며 이 경우의 실업률이 곧 자연실업률이다.

한편 실직하는 사람의 수는 sE, 새로 취업하는 사람의 수는 fU이므로 취업자와 실업자의 수가 일정하게 유지되는 정상상태의 균형은 이 두 부류의 사람들의 수가 일정할 때, 곧 다음과 같은 조건이 달성될 때 이루어진다.

$$sE = fU \tag{6-9}$$

그리고 **식** (6-8)을 이용하면 **식** (6-9)를 다음과 같이 다시 쓸 수 있다.

$$s(L-U)=fU \tag{6-10}$$

이제 식 (6-10)의 양변을 L로 나누어 정리하면 다음과 같이 실업률에 관한 식을 얻는다.

$$\frac{U}{L}=\frac{s}{s+f}=\frac{1}{1+(f/s)} \tag{6-11}$$

따라서 경제구조가 불변일 때 정상상태의 실업률곧 자연실업률은 실직률과 구직률의 비율에 의해 결정되며, 자연실업률은 구직률이 높으면 낮고 실직률이 높으면 높다. 식 (6-11)과 같이 결정되는 자연실업률에서는 다음과 같은 사실에 주의해야 한다.

1 식 (6-11)의 두 파라미터 s와 f는 경제 구조를 대변하는 변수들이다. 예를 들어 노동시장이 새로운 일자리에 대한 정보가 잘 전파되는 구조를 가지고 있기 때문에 실업자들이 일자리에 대한 탐색을 보다 쉽게 할 수 있다면 f값이 높게 나타나고 자연실업률은 낮게 나타난다. 한편 기술진보가 빠르게 일어난다면 쇠퇴하는 산업과 새로 부흥하는 산업이 나타나게 되는데 쇠퇴하는 산업에서는 일자리 파괴job destruction가 발생하고 부흥하는 산업에서는 일자리 창조job creation가 일어난다. 이때 일자리 파괴는 실직률 s를 결정하는 요인 가운데 하나이고 일자리 창조는 구직률 f를 결정하는 요인 가운데 하나이다. 따라서 기술진보는 f/s를 변화시키고 자연실업률에 영향을 미치게 된다.

2 식 (6-11)에서 자연실업률을 결정하는 두 파라미터 s와 f는 경제정책에 영향을 받는다. 정부가 정책을 통해 자연실업률을 낮추고자 한다면 그 정책이 실직률을 낮추거나 구직률을 높일 수 있어야 한다.

6.5.2 자연실업률의 구성

자연실업률은 완전고용수준을 결정하는 경제의 구조적인 요인에 영향을 받는다. 예를 들어 노동자가 일자리를 잃었다고 할 때 얼마나 빨리 새로운 일자리를 얻느냐는 일자리를 탐색search하는 과정이 얼마나 잘 조직화되어 있고 일자리에 대한 정보가 얼마나 빠르고 정확하게 전달되느냐에 달려 있다. 다시 말해 자연실업률의 결정에서는 노동시장의 구조적인 요인이 중요하다. 그리고 노동계약의 경직성, 최저임금이나 실업보험과 수당 같은 정책적인 요인도 자연실업률을 결정하는 데 중요하다.

1 마찰적 실업 한 경제가 빠르게 성장하고 새로운 직업이 계속 창출되고 있는 경우에도 어떤 사람들은 실업상태에 있다. 한 경제에 실업이 항상 존재하는 이유는 무엇일까? 그 대답은 여러 가지 측면에서 찾을 수 있다. 먼저 실업이 존재하는 것은 실업상태에 있는 노동자와 빈 일자리 사이의 짝짓기 match 에 시간이 걸리기 때문이다. 노동자들이나 일자리들이 이질성 heterogeneities 을 가지고 있기 때문에 짝짓기에 시간이 필요하다. 다시 말해 모든 노동자, 그리고 모든 일자리가 동일하다면 실업상태에 있는 노동자는 빈 일자리를 찾으면 곧바로 고용될 수 있지만 노동자들은 타고난 소양, 경험과 인적 자본, 취향과 인생 목표, 살고 있는 지역의 특성, 일에 대한 태도와 투입 가능한 시간 등이 서로 다르다. 일자리가 필요로 하는 기술과 경험, 작업환경, 위치와 작업시간 및 급여 등도 서로 다르다. 나아가 직장을 찾는 사람들과 이용 가능한 일자리에 대한 정보의 흐름 또한 불완전하다. 이와 같이 노동자와 일자리에 이질성이 존재하고 시장 또한 불완전하므로 실업상태에 있는 노동자는 상당 기간 동안 자신에게 맞는 일자리를 찾아 탐색 search 하게 된다. 기업 또한 비어 있는 일자리에 맞는 노동자를 찾기 위해 탐색한다. 실업상태에 있는 노동자들이 알맞은 일자리를 탐색하고 기업도 빈 자리에 맞는 노동자를 탐색하는 동안 나타나는 실업이 마찰적 실업이다. 거시경제는 동태적이기 때문에 마찰적 실업이 항상 존재한다. 즉 앞에서 언급한 바와 같이 새로운 일자리가 계속 창출되는 반면에 기존 일자리 가운데 사라지는 것들도 있다. 또한 새로운 노동자가 노동시장에 계속 진입함과 동시에 시장으로부터 퇴출되는 노동자도 있게 마련이다. 따라서 마찰적 실업은 경기의 좋고 나쁨에 관계없이 항상 존재하게 된다.

마찰적 실업
노동자들이 보다 나은 일자리를 찾아 탐색하는 과정에서 나타난다.

2 구조적 실업 구조적 실업은 대체로 세 가지 이유 때문에 나타난다. 첫째, 미숙련 unskilled 노동자나 저숙련 low-skilled 노동자들은 원하는 일자리를 장기간 유지할 수 없는 경우가 많다. 이들이 차지한 일자리는 상대적으로 임금이 낮고 직업훈련이나 승진 같은 기회도 충분하지 못한 경우가 대부분이다. 더 큰 문제는 이 일자리들이 장기간 고용을 지속할 수 없기 때문에 노동자들이 몇 개월 고용되고 나서 다시 일자리를 잃고 긴 실업상태에 놓이는 만성적인 실업을 반복한다는 것이다. 물론 이 가운데에는 훈련이나 경험을 통해 더 안정적인 일자리를 찾는 경우도 있다. 그러나 숙련도가 낮은 노동자들 대부분은 낮은 교육수준이나 차별 discrimination 같은 장벽 때문에 만성적으로 실업상태에 머물게 된다.

구조적 실업
산업구조의 변화나 제도 때문에 발생하며 장기적인 특성이 있다.

둘째, 구조적 실업은 노동자들을 재배치 예: 사양산업에서 새로 부흥하는 산업으로, 또는 불황인 지역에서 호황을 누리는 지역으로 재배치하는 과정에서 나타난다. 예를 들어 타자기 공장에서 일하던 노동자들은 개인용컴퓨터의 보급으로 타자기에 대한 수요가 줄면서 직업을 잃게 되었다. 우리나라의 경우를 보면 지난 40여 년의 경제발전 과정에서 공업부문이 차지하는 비중이 줄고 서비스업이 차지하는 비중이 증가했다. 그리고 공업에서도 경공업이 차지하는 비중이 크게 줄고 중공업이 차지하는 비중이 크게 증가했다. 그 밖에 수도권 지역은 경제규모가 커졌지만 지방은 상대적으로 작아졌다. 한편 여러 산업이나 여러 지역이 생산하는 재화에 대한 수요가 변화하거나 산업의 상대적인 생산규모가 변화하는 것을 부문 간 이동sectoral shift이라고 부른다. 부문 간 이동이 일어날 때 실업을 줄이려면 사양산업에서 일자리를 잃는 노동자들을 새로 성장하는 산업에서 고용해야 하지만, 노동자의 재배치가 가능하려면 노동자들이 새로운 산업에 맞는 기술을 습득해야 하고, 새로운 산업이 일어난 지역과 노동자들의 거주지가 다를 경우에는 지역 간 재배치를 해 주어야 한다. 이와 같이 새로운 기술의 습득이나 지역 간 재배치가 이뤄지는 과정에서도 실업이 발생할 수밖에 없다.

셋째, 구조적 실업은 최저임금, 임금 경직성, 노동조합과 같은 경제제도에 영향을 받는다. 즉 노동시장에서 초과공급이 존재하면 임금이 하락해야 하지만 이 제도들은 임금의 하향 조정을 불가능하게 만들어 실업을 유발한다.

6.5.3 노동정책과 자연실업률

정부는 다양한 정책을 시행해 자연실업률을 낮추고자 한다. 예를 들어 정부는 노동자들이 더 나은 일자리를 쉽게 찾고 기업들 또한 효율적으로 빈자리를 채울 수 있도록 공공직업소개소 같은 정부기관을 만들어 노동시장의 고용정보를 더 쉽게 전파시키려고 노력한다. 그리고 정부는 미숙련 노동자들에게 숙련기술을 습득시키기 위해 직업훈련기관을 운영한다. 직업훈련기관은 노동자들이 사양산업에서 성장산업으로 더 쉽게 이동할 수 있도록 직업훈련을 실시한다. 이러한 직업훈련도 구조적 실업을 줄여 자연실업률을 낮추고자 하는 정부의 노력 가운데 하나이다.

그런데 정부정책 가운데 실업보험unemployment insurance처럼 의도와 다르게 자연실업률을 높이는 것들이 있다. 실업보험은 노동자가 실업에 처하게 됐을 때 급여의 일부를 일정 기간 지급하는 제도로, 각 나라와 시대마다 형태가 조금씩 다르다. 일반적으로 미국이나 일본보다는 유럽의 실업보험이 더 관대한 편이다. 우리나라에

그림 6-9 **생산요소시장의 장기균형과 소득분배**

신고전학파의 소득분배이론은 기능적 분배이론이다. 즉 장기에 노동소득의 크기는 노동의 한계생산과 완전고용수준 노동량의 곱, 즉 오렌지색 면적으로 구한다. 그리고 자본소득의 크기는 역시 자본의 한계생산과 완전고용수준 자본량의 곱으로 구한다. 만약 생산기술이 규모에 대한 수익불변이면 산출량이 노동소득과 자본소득으로 모두 분배된다.

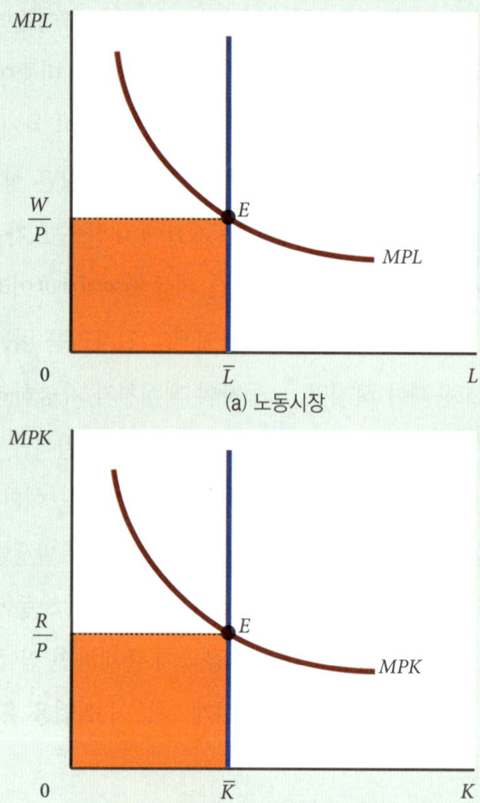

(a) 노동시장

(b) 자본시장

서도 역사는 짧지만 실업보험제도가 도입돼 시행되고 있다. 실업보험은 실업에 따른 경제적 어려움을 완화시키지만 마찰적 실업을 증가시켜 자연실업률을 높인다. 즉 실업보험을 지급받는 실업자는 새 일자리를 찾아야 한다는 심리적 압박이 적어 마음에 들지 않은 일자리를 거부하고 탐색을 계속할 가능성이 크다. 따라서 실업보험은 구직률을 낮추는 역할을 한다. 나아가 노동자들은 노동소득이 부분적으로나마 실업보험에 의해 보호받고 있음을 알기 때문에 안정적인 일자리에 대한 선호가 낮아져 고용주와 협상과정에서 일자리의 안정성을 강하게 요구할 가능성이 낮아진다. 이러한 태도 변화는 실직률 the rate of job separation 을 높인다. 구직률이 낮아지고 실직률이 높아지면 앞에서 본 바와 같이 자연실업률이 상승하게 된다.

실업보험
자연실업률을 높이지만 노동자의 생산성을 증가시키기도 한다.

그러나 실업보험이 항상 부정적인 효과만을 갖는 것은 아니다. 실업보험은 적어도 다음과 같은 두 가지 긍정적인 효과를 가진다. 첫째, 실업보험은 노동자들의 소득에 대한 불확실성을 완화시켜 이들의 소비를 평탄화smoothing 시킴으로써 노동자들의 후생수준을 증대시키고, 둘째, 실업보험이 존재하는 경우에 노동자들은 일자리에 대해 더 선택적이 된다. 즉 노동자들이 직업을 탐색하는 과정에서 자신에게 더 적합한 일자리를 선택할 수 있게 된다. 이러한 선택적인 태도는 여유 없이 급하게 일자리를 선택하는 경우보다 노동자와 일자리의 짝짓기를 더 효율적으로 만들어 생산성을 높인다. 이와 같이 실업보험은 비용과 편익을 가지고 있기 때문에 최적 수준의 실업보험을 선택하기 위해서는 이 비용과 편익들을 비교해 볼 필요가 있다.

소득분배 6.6

장기균형을 이용해 분석할 수 있는 주제 가운데 하나가 분배이론이다. 주어진 산출량이 자본과 노동에 어떻게 분배되느냐에 대한 연구는 경제학과 역사를 같이 한다. 그런데 리카도D. Ricardo 이후 기능적 분배이론functional distribution theory 이 경제학의 주된 분배이론이 되었다. 이 이론에 따르면, 시장이 완전경쟁적인 경제에서 생산요소 가격은 그 생산요소의 한계생산과 같다. 따라서 자본의 실질임대가격은 자본의 한계생산과 같고 실질임금은 노동의 한계생산과 같다. 이러한 생산요소시장의 장기균형과 요소소득이 **그림 6-9**에 나타나 있다.

생산요소시장의 장기균형

$$\frac{R}{P} = MPK$$

$$\frac{W}{P} = MPL$$

먼저 생산요소시장의 장기균형은 완전고용수준에서 일정하게 주어져 있는 요소의 공급과 요소의 한계생산으로 주어져 있는 요소의 수요가 만나는 점에서 결정된다. 이 경우의 요소소득은 **그림 6-9**에서 노란색 부분으로 표시할 수 있다. 즉 노동소득은 $MPL \cdot \bar{L}$, 자본소득은 $MPK \cdot \bar{K}$ 이다.

이와 같이 자본소득과 노동소득으로 분배되고 남는 산출량은 기업의 소유주들에게 분배되는 이윤economic profit 이다. 즉 다음이 성립한다.

$$\bar{Y} = MPL \cdot \bar{L} + MPK \cdot \bar{K} + \Pi \qquad (6\text{-}12)$$

즉 한 거시경제의 총산출량은 노동소득, 자본소득 및 이윤으로 분배된다.

한 경제에서 생산하는 산출량 가운데 이윤으로 분배되는 소득은 생산기술에 달

EXAMPLE

예 6-1 콥-더글러스 생산함수와 소득분배

규모에 대한 수익불변인 생산함수 가운데 대표적인 함수가 **3장**의 **예 3-1**에서 배운 콥-더글러스 생산함수이다. 콥-더글러스 생산함수를 자본과 노동에 대해 미분해 이 생산요소들의 한계생산을 구한 다음 노동소득과 자본소득을 구하면 다음과 같다.

$$\text{노동소득} = (1-\theta)AK^{\theta}L^{1-\theta}$$

$$\text{자본소득} = \theta AK^{\theta-1}L^{1-\theta}$$

이때 노동소득과 자본소득을 합하면 $Y=AK^{\theta}L^{1-\theta}$—곧 총산출량—과 같음을 알 수 있다. 나아가 콥-더글러스 생산함수에서는 다음 식이 성립한다.

$$\frac{\text{노동소득}}{\text{총산출량}} = 1-\theta, \quad \frac{\text{자본소득}}{\text{총산출량}} = \theta$$

즉 총산출량에 대한 노동소득분배율labor share in production과 자본소득분배율은 각각 $1-\theta$와 θ로 일정하다. 이때 θ를 자본계수라고 부르기도 한다. 다시 말해 콥-더글러스 생산함수의 노동과 자본에 대한 지수는 총산출량에서 노동소득과 자본소득이 차지하는 비율을 나타낸다. 이 경우의 콥-더글러스 생산함수에서 요소소득 분배율factor shares은 전적으로 생산함수의 파라미터 θ에 의해 결정되며, 노동이나 자본의 사용량 및 기술수준을 나타내는 총요소생산성 A에 영향을 받지 않는다.

노동소득과 자본소득의 총산출량에 대한 비율은 미국의 경우 노동소득분배율 70%, 자본소득분배율 30% 정도로 오랫동안 거의 일정하게 유지되었다. 따라서 콥-더글러스 생산함수는 미국 경제의 기술을 나타내는 데 좋은 함수 형태이다. 한편 우리나라의 노동소득분배율은 지난 40여 년 동안 큰 변화를 보였다. 즉 우리나라의 노동소득분배율은 1971년 약 40%에서 2001년 약 60%로 증가했다. 이러한 급격한 변화 때문에 우리나라 경제를 노동소득분배율이 일정한 콥-더글러스 생산함수로 대표하는 데에는 무리가 있음을 알 수 있다. 그러나 2000년 이후에 우리나라의 노동소득분배율은 60% 정도에서 안정되어 있기 때문에 최근의 우리나라 경제는 콥-더글러스 생산함수를 이용해 나타낼 수 있다.

려 있다. 결론적으로 말해 생산기술이 규모에 대한 수익불변constant returns to scale이면 경제이윤economic profit은 0이다. 그리고 규모에 대한 수익감소decreasing returns to scale이면 양의 경제이윤이 발생하고, 규모에 대한 수익증가increasing returns to scale이면 완전경쟁시장이 유지될 수 없다. 규모에 대한 수익증가의 경우에는 생산규모가 증가할수록 평균생산비가 감소하므로 규모가 큰 기업이 생산비와 효율성 측면에서 우위를 차지해 결국 규모가 가장 큰 기업을 중심으로 통합이 이루어진다. 다시 말해 규모에 대한 수익증가의 경우에는 독점이 형성된다. 생산비 우위 때문에 발생하는 독점을 자연독점natural monopoly이라고 부른다.

우리나라의 소득분배율 그림 6-10

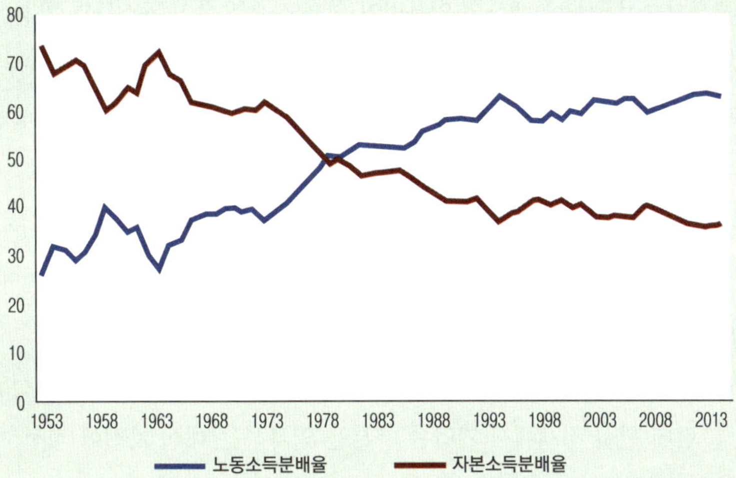

자료: 통계청

우리나라의 노동(자본)소득분배율은 1953년 25.8(74.2)%이었다. 그 이후 노동(자본)소득분배율은 꾸준히 증가(감소)하여 1990년대 후반에는 60(40)%에 이르렀다. 그리고 1999년 이후에는 60(40)% 근처에서 머물고 있다가 2011년 이후 더욱 증가하여 2017년 63.0%에 이르렀다. 참고로 미국의 노동소득분배율은 오랜 기간 67% 정도로 유지되고 있다.

규모에 대한 수익체감은 적어도 장기에는 배제된다. 장기에는 규모에 대한 수익체감이 나타날 때 생산시설을 여러 개의 작은 시설로 분할하면 규모에 대한 수익체감의 정의에 따라 총산출량을 늘릴 수 있다. 즉 한 경제의 최적 생산규모가 충분히 작을 때에는 최적규모의 생산설비를 여럿 건설하여 산출량을 같은 배율로 늘릴 수 있다곧 규모에 대한 수익불변을 달성할 수 있다. 이러한 이유 때문에 장기의 생산함수는 규모에 대한 수익불변이라고 가정하는 것이 보통이다.

3장시장청산과 총공급곡선에서 배운 바와 같이 규모에 대한 수익불변은 다음과 같이 정의된다.

$$\lambda Y = F(\lambda L, \lambda K) \tag{6-13}$$

식 (6-13)의 양변을 λ에 대해 미분하면 다음 식을 얻을 수 있다.

$$Y = \frac{\partial F(\lambda L, \lambda K)}{\partial(\lambda L)} \cdot L + \frac{\partial F(\lambda L, \lambda K)}{\partial(\lambda K)} \cdot K \tag{6-14}$$

그리고 식 (6-14)에 $\lambda = 1$을 대입하면 다음 식을 얻을 수 있다.

$$Y = MPL \cdot L + MPK \cdot K \tag{6-15}$$

여기서 우리는 $MPL=\partial F/\partial L$이고 $MPK=\partial F/\partial K$라는 사실을 이용했다. 그런데 **식** (6-15)에서 우변의 첫 번째 항은 노동소득, 두 번째 항은 자본소득이다. 따라서 **식** (6-15)는 생산기술이 규모에 대한 수익불변인 경우 산출량이 노동소득과 자본소득으로 모두 배분됨을 의미한다. 즉 규모에 대한 수익불변인 생산함수인 경우에는 이윤이 존재하지 않는다. 규모에 대한 수익불변인 경우에 성립하는 **식** (6-15)와 같은 관계를 오일러의 정리 Euler's theorem라고 부른다.

오일러 정리
생산함수가 규모에 대한 수익불변일 때 산출량이 생산요소에 모두 분배되고 남는 것이 없음을 말해준다.

규모에 대한 수익불변인 생산함수를 가진 경제에서 경제적 이윤이 존재하지 않음에도 불구하고 이윤이 존재하는 것으로 생각하는 것은 이윤이라는 용어에 대한 혼동 때문이다. 지금까지 우리는 한 경제에 노동자, 자본 소유자 및 기업 소유자가 존재하며, 한 경제의 총산출량은 임금, 자본에 대한 수익 및 이윤으로 구성된다고 보았다. 그런데 현실 경제에서 기업은 자본을 임차하는 대신 자신이 직접 자본을 소유한다. 이때 기업 소유자와 자본 소유자가 동일인이므로 이윤과 자본에 대한 수익을 통틀어 이윤으로 계산하는 것이다. 이와 같이 정의되는 이윤을 회계이윤 accounting profit이라고 부른다. 이는 다음과 같이 정의할 수 있다.

$$\text{회계이윤} = \text{이윤} + \text{자본소득}\,(MPK \cdot K) \qquad (6\text{-}16)$$

국민소득계정에서는 **식** (6-16)과 같이 정의되는 회계이윤을 이윤이라고 부른다. 따라서 국민소득계정에서의 이윤곧 자본소득은 콥-더글러스 생산함수에서 경제이윤이 0이라고 할 때의 이윤과 다르다.

6.7 결 론

이 장에서 우리는 **3장**시장청산과 총공급곡선에서 구한 (시장청산이 일어나는 경우의) 총공급곡선과 **5장**총수요곡선: 폐쇄경제에서 구한 총수요곡선을 결합해 거시경제의 장기균형을 구했다. 거시경제의 장기균형은 다음과 같은 점에서 중요하다.

1 장기균형은 단기균형이 지향하는 목표이다. 대부분의 거시경제는 단기적으로 장기균형에서 벗어나 있기 때문에 장기균형에 머무는 경우를 발견하기 어렵다. 단

기균형이 장기균형으로부터 벗어나 있는 경우, 단기균형은 장기균형으로 복귀하려는 성향이 있다.

2 장기균형에서 총수요관리정책의 효과와 단기효과가 서로 다르다. 예를 들어 총수요관리정책은 단기에는 산출량 관리에 효과가 있을 수 있지만 장기에는 효과가 없다. 그러나 산출량 관리에 효과가 없다는 것이 (재정정책의 경우) 지출 구성요소나 (통화정책의 경우) 물가수준 및 그 상승률에도 효과가 없음을 의미하는 것은 아니다.

3 산출량과 마찬가지로 실업률도 장기균형의 실업률인 완전고용실업률자연실업률, *NAIRU*을 중심으로 변동한다. 따라서 장기균형실업률을 이해하는 것은 실업과 고용의 진행방향을 예측하는 데 도움을 준다. 이때 주의할 것은 산출량 증가율뿐만 아니라 완전고용실업률 또한 장기적인 변동을 한다는 사실이다. 다시 말해 완전고용수준의 산출량과 고용은 경제 구조나 제도의 장기적인 진화로부터 자유로울 수 없으며 이 요인들이 변화하면 함께 변동한다.

다음 장에서는 거시경제의 단기균형에 관해 배우게 된다. 이 책에서 거시경제의 장기균형과 단기균형을 이어서 배치한 것은 두 유형의 균형이 매우 밀접하게 연관돼 있으며, 서로 다른 모형으로부터 나온 것이 아니라는 점을 강조하기 위해서이다. 거시경제의 장기균형과 단기균형은 고려하는 기간의 차이 때문에 나타나는 변수들의 유연성과 기대의 실현가능성이 서로 다르지만 사실은 같은 모형에서 유래했다. 따라서 이 두 가지 균형을 통합해 이해하는 것이 거시경제정책이나 충격의 효과를 바르게 이해하고 예측하는 데 중요하다.

요 약

≫ 장기는 여러 가지로 정의할 수 있다. 먼저 장기는 모든 가격변수가 유연하게 변화해 시장청산이 일어날 수 있을 정도로 긴 기간이다. 그리고 장기는 사람들의 기대가 실현될 수 있을 정도로 긴 기간이며, 거시경제적인 충격이 주어질 때 새로이 시장청산균형이 달성될 수 있는 기간이기도 하다.

≫ 장기에는 고전학파의 이분법이 성립한다. 즉 실물부문의 균형이 화폐부문의 균형에서 완전히 분리되고 화폐의 중립성이 성립한다.

≫ 장기에 재정정책은 소비와 투자 및 정부소비 같은 지출의 구성을 변화시킨다. 그러나 완전고용수준의 산출량과 고용을 변화시키지는 못한다. 장기에는 통화정책 또한 산출량과 고용을 변화시키지 못한다.

≫ 장기에 물가상승률은 통화증가율에 의해 결정된다. 통화증가율이 일정하게 유지되면 물가상승률도 같은 비율로 유지된다. 그리고 기대하지 못한 통화증가율의 증가가 있는 경우에는 그 시점에서 물가수준이 뛴다. 미래에 통화증가율의 증가가 기대되는 경우에도 기대가 바뀌는 순간에 물가수준이 뛰는 현상이 나타난다. 이 경우에 물가수준이 뛰는 폭은 중앙은행에 대한 신뢰도에 달려 있다.

≫ 인플레이션의 사회적 비용은 기대한 인플레이션과 기대하지 못한 인플레이션의 경우에 각기 다르게 나타난다. 기대한 인플레이션의 비용은 구두가죽비용, 메뉴비용, 상대가격 변화에 따른 비용, 세법에 의한 비용, 화폐환상에 따른 비용 등이 있다. 기대하지 못한 인플레이션의 비용 가운데 가장 큰 것은 부wealth의 재분배에 따른 왜곡이다.

≫ 장기균형에서의 실업률—곧 자연실업률완전고용 실업률, *NAIRU*—은 마찰적 실업과 구조적 실업의 합으로 나타난다. 장기실업률은 경제구조가 변하면 함께 변동하며, 실업보험이나 최저임금 같은 정책에 영향을 받는다.

≫ 장기의 소득분배이론은 생산요소의 생산성으로 설명하는 기능적 분배이론이다.

핵심용어

- 고전학파의 이분법
- 구직률
- 구두가죽비용
- 기능적 분배이론
- 구조적 실업
- 마찰적 실업

- 메뉴비용
- 명목계약
- 밀어내기효과
- 실업보험
- 실직률
- 연동계약
- 자연실업률
- 정상상태의 균형
- 중앙은행의 신뢰성
- 超인플레이션
- 합리적 기대
- 화폐의 중립성
- 화폐환상

연습문제

01 다음 물음에 답하시오.

(1) 고전학파의 이분법에 관해 논하시오.

(2) 장기의 인플레이션에 관해 논하시오.

(3) 인플레이션의 사회적 비용에 관해 논하시오.

(4) 총수요관리정책의 장기효과에 관해 논하시오.

(5) 불황호황일 때 실업률이 오히려 감소증가할 가능성에 대해 논하시오.

(6) 오일러 정리란 무엇인가?

02 장기의 명목이자율 결정요인을 실물부문과 명목부문으로 나누어 설명하고 ① 전혀 예상기대하지 못한 통화증가율의 증가, ② 미리 예상한 통화증가율의 증가의 경우 명목이자율의 시간경로에 관하여 논하여 보시오.

03 자연실업률의 결정요인에 관하여 논하고 각각의 요인이 경제적 후생에 미치는 효과에 관하여 논하여 보시오.

04 **그림 6-10**에서 볼 수 있는 바와 같이 1990년 이후 우리나라의 노동소득분배율은 *GDP*의 60% 정도이다. 콥-더글러스 생산함수를 가정할 때 이와 같이 일정한 노동소득분배율을 잘 설명할 수 있는가? 노동소득분배율이 꾸준히 증가하는 1990년 이전의 현상에 관하여는 어떠한가?

05 소비와 투자가 각각 다음과 같이 주어졌다고 한다.

$$C=3{,}000-5{,}000r+0.2(Y-T)$$
$$I=4{,}400-5{,}000r$$

그리고 정부지출과 조세는 $G=T=2{,}000$이라고 한다. 완전고용산출량은 $\bar{Y}=10{,}000$으로 주어졌다고 한다.

(1) 저축함수를 구하고, *IS*곡선을 구해 보시오.

(2) 장기 실질이자율과 소비 및 투자를 구하시오.

(3) 정부지출이 2,200으로 증가했다고 한다. 장기 실질이자율을 구하고 소비 및 투자를 구하시오. 그리고 소비와 투자에 대한 밀어내기효과의 크기를 구하시오.

(4) 정부가 원래의 지출수준에서 정부지출과 조세를 동시에 2,200으로 증가시켰다고 한다. 장기 실질이자율을 구하고 소비 및 투자를 구하시오. 그리고 소비와 투자에 대한 밀어내기효과의 크기를 구하시오.

06 실질화폐수요가 다음과 같이 주어졌다고 한다.

$$\frac{M}{P} = 10{,}000 - 0.1Y - 10{,}000i$$

통화량은 $M = 20{,}000$으로 주어졌으며 완전고용산출량은 $\bar{Y} = 10{,}000$, 실질이자율은 0.1(10%)이라고 한다.

(1) 장기균형에서 기대물가상승률과 물가수준은 얼마인가?

(2) 통화량이 $M = 30{,}000$으로 증가했다고 한다. 새로운 장기균형에서 기대물가상승률과 물가수준은 얼마인가?

(3) 재정정책 실시 이후에 실질이자율이 0.2(20%)로 상승했다고 한다. 새로운 장기균형에서 기대물가상승률과 물가수준은 얼마인가?

07 화폐에 대한 실질수요함수가 다음과 같이 주어졌다고 한다.

$$\frac{M^d}{P} = \alpha Y - \beta i$$

여기서 P, Y, i는 각각 물가수준, 실질소득 및 명목이자율이다. 실질소득은 완전고용수준에서 $\bar{Y}$로 주어져 있고 실질이자율과 통화증가율은 각각 4%, 6%라고 한다.

(1) 기대물가상승률과 명목이자율은 얼마인가?

(2) 소비자잉여consumer's surplus는 얼마인가?

(3) 중앙은행이 사전예고 없이 통화증가율을 10%로 항구적으로 증가시켰다고 한다. 새로운 기대물가수준과 명목이자율은 얼마인가?

(4) (3)과 같이 통화증가율을 증가시키면 소비자잉여는 얼마나 감소하는가?

(5) 소비자잉여를 극대화하는 명목이자율은 얼마인가?

(6) (5)에서 구한 극대의 소비자잉여와 (2)와 (4)에서 구한 소비자잉여의 차이를 극대의 소비자잉여로 나누어 인플레이션의 후생비용을 구하시오.

▶▶ 인플레이션과 연동계약

기대하지 못한 인플레이션이 갖고 있는 부정적인 효과에도 불구하고 오늘날 실제 경제에서 명목가치에 근거한 명목계약nominal contracts이 주류를 이루고 있다. 이 경우에 만약 기대하지 못한 인플레이션이 갖는 부정적인 효과를 제거하고자 한다면 계약을 체결할 때 실질수익률을 기준으로 계약을 맺으면 된다. 이는 정해진 명목이자율로 계약을 체결한 다음 사후적으로 기대 인플레이션보다 실제 인플레이션이 높으면 이자율을 높이고, 반대로 낮으면 이자율을 낮추는 것이다. 이와 같이 계약을 맺는 것을 물가에 연동한다index고 말한다. 이때 이자율은 다음과 같이 결정된다.

$$i = i^c + \alpha(\pi - \pi^e),\ \alpha \geq 0 \qquad \text{(A6-1)}$$

여기서 i^c는 계약 당시의 명목계약에 적용되는 명목이자율, π는 실제 인플레이션, π^e는 계약시점에서 기대된 인플레이션이다. **식** (A6-1)과 같은 연동계약indexed contracts에서 결정하는 것은 i^c, π^e 및 연동의 정도인 α이다.

식 (A6-1) 같은 연동계약에서는 실제 인플레이션이 기대인플레이션보다 높으면 그 차이에 α를 곱한 것만큼 이자율을 높이고 반대의 경우라면 그만큼 이자율을 낮추게 된다. 그리고 $\alpha=1$인 경우를 완전연동full indexation이라고 부르는데, 이 경우에는 다음 식이 성립한다.

$$i = (i^c - \pi^e) + \pi \qquad \text{(A6-2)}$$

여기서 $r = i^c - \pi^e$는 계약을 맺는 당사자들이 생각하고 있는 실질이자율이므로, **식** (A6-2)는 계약체결 시점의 이자율이 계약이 완료된 시점의 사후적인 시장이자율과 일치하며, 계약을 맺는 시점에서 확정하는 것은 실질이자율이다.

이와 같이 물가에 연동시켜 실질이자율에 기초한 계약을 체결할 수 있음에도 불구하고 과도하지 않은 인플레이션의 경우에는 연동계약을 이용하는 경우가 드물다. 그 이유는 다음과 같이 두 가지로 생각해 볼 수 있다.

1 지금 우리가 논의하고 있는 경제는 인플레이션이 완만한 경제이다. 실증분석에 따르면, 인플레이션이 완만한 경제에서는 인플레이션의 변동성도 크지 않은 경우가 대부분이다. 다시 말해 인플레이션이 평균적으로 높지 않은 경우에는 인플레이션의 변동성에 따른 불확실성도 크지 않아 불확실성 때문에 나타나는 후생비용welfare cost 또한 작다. 그런데 연동계약을 맺는 경우에는 그에 따른 여러 가지 비용이 수반된다.

예를 들어 **식** (A6-2)의 물가에 연동된 자금의 대차계약에서는 i^c, π^e, α를 결정해야 한다. 이 과정에서 지루한 협상과 그에 따른 시간 낭비가 있을 수 있다. 먼저 얼마만큼 연동할 것이냐—곧 α의 값—를 정해야 하는데 경제주체들의 입장에 따라 이견이 있을 수 있다. 그리고 여러 경제주체들이 기대인플레이션 π^e에 대한 의견일치를 이루기도 쉽지 않다. 더욱이 계약이 만료된 시점에서 계약기간 동안 실현된 실제 인플레이션 π를 알아야 한다. 이때 시간이 걸릴 뿐만 아니라 앞에서 배운 바와 같이 인플레이션을 정의하는 물가수준에 따라 그 값이 다르게 나타난다. 이와 같이 연동계약을 타결하기 위해 여러 가지 사안을 협상하고 타협하는 과정에서 적지 않은 비용이 발생한다. 따라서 연동계약을 체결하는 데 따르는 비용이 인플레이션의 변동성에 따른 후생비용보다 큰 경우에는 연동계약을 체결할 이유가 없다.

2 연동계약은 근본적으로 명목충격nominal shocks에 따른 부정적인 효과를 제거하기 위한 것이다. 이 경우의 명목충격은

화폐공급 변동에 따른 충격을 의미한다. 그러나 인플레이션은 화폐공급 변화 같은 총수요 변화에 따라 변동하기도 하지만 원유나 원자재 가격의 변동 같은 실물충격real shocks—곧 총공급 변화—에도 영향을 받는다. 그런데 인플레이션이 원유가격 변동과 같은 실물충격에 따라 발생한 경우에 **식 (A6-2)**에서 보는 바와 같이 완전연동계약을 하면, 실질이자율이 인플레이션에 영향을 받지 않기 때문에 원유가격 상승의 부정적인 효과를 차입자가 모두 부담하게 된다. 즉 완전연동계약에 전적으로 의존하게 되면 부정적인 실물충격의 효과를 한 집단의 경제주체들에게 모두 전가시키는 소득분배의 왜곡이 나타난다. 다시 말해 원유가격이 상승하는 경우에는 자본의 한계생산이 하락하므로 실질이자율도 하락해야 한다. 이는 대여자의 실질수익률도 하락해야 함을 의미한다. 따라서 실물충격의 경우에 효율적인 자원배분을 위해서는 명목이자율뿐만 아니라 실질이자율도 조정되어야 한다.

한편 연동계약이 흔하지 않은 현상이 곧 완만한 인플레이션의 후생비용이 크지 않기 때문이라는 주장이 있지만, 다른 현상을 고려하면 그렇지 않을 수도 있다는 의견이 있다. 즉 유가파동oil shocks 때문에 1970년대에 과도하다고 할 수는 없었지만 그 이전보다 높은 수준의 인플레이션이 나타났다. 이 시기에 선진국에서는 잦은 정권교체가 일어났는데, 여론조사에 따르면 정치적 변동의 원인이 이전보다 높은 인플레이션에 대한 혐오여론 때문이었다. 이 시기의 정치적 변동을 고려한다면 완만한 인플레이션일지라도 그 후생비용이 적지 않을 수 있음을 알 수 있다. ❖

▶▶ 비경제활동인구와 자연실업률[심화학습]

식 (6-11)의 자연실업률은 단순히 취업자 집단과 실업자 집단 사이에서 사람들의 이동으로 결정되는 것으로 나타나 있다. 그러나 취업자나 실업자 집단으로의 이동 혹은 이 집단들에서의 이탈은 **그림 6-8**에 나타나 있는 바와 같이 이 두 집단 사이에서만 일어나는 것이 아니라 비경제활동인구와 이 두 집단곧 경제활동인구 사이에서도 일어난다. 다시 말해 **식** (6-11)은 경제활동인구와 비경제활동인구 사이의 이동을 무시하고 있다. 실제로 경제활동인구는 노동시장 상황에 영향을 받는다. 즉 시장에서 고용 가능성이 증가하면 더 많은 사람들이 노동시장에 참여하게 되고 반대의 경우에는 노동시장으로부터 빠져나간다.[1]

실망노동자 비율도 노동시장에 영향을 받는다. 즉 취업 기회가 확대되면 실망노동자 수가 감소하고 반대의 경우에는 증가한다. 실제로 우리나라 경제활동인구와 취업자 수는 매우 밀접한 동조성을 가지고 있다. 곧 두 변수의 상관계수는 0.9 이상으로 1에 가까워 취업자 수가 증가하면 경제활동인구도 증가하지만 취업자 수가 감소하면 경제활동인구도 감소한다. 이는 경제가 불황일 때에는 일자리를 찾지 않다가 경제가 회복되면 다시 일자리를 찾는 노동자들이 존재함을 의미한다.

그림 B6-1 노동시장의 순환

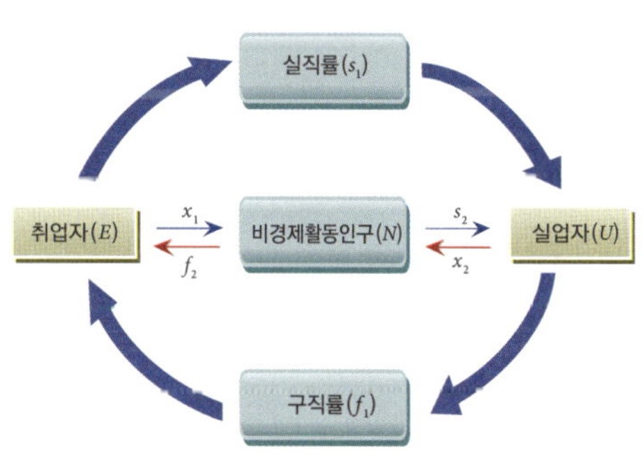

경제활동인구와 비경제활동인구 사이의 이동을 고려하면 노동시장의 순환을 **그림 B6-1**과 같이 그릴 수 있다. **그림 B6-1**이 **그림 6-8**과 다른 것은 경제활동인구와 비경제활동인구 N 사이의 이동이다. 여기서 취업자로의 이동률곧 구직률은 f_1과 f_2, 실업자로의 이동률곧 실직률은 s_1과 s_2, 비경제활동인구로의 이동률은 x_1과 x_2로 나타나 있다. 이때 15세 이상 인구 P_{po}는 다음과 같이 쓸 수 있다.

$$P_{po}=L+N \tag{B6-1}$$

그리고 새로이 실업자에 속하는 노동자 수는 $s_1E+s_2N-x_2U$이고, 새로이 취업자에 속하는 노동자 수는 $f_1U+f_2N-x_1E$이다. 따라서 정상상태에서는 다음 식이 성립해야 한다.

$$s_1E+s_2N-x_2U=f_1U+f_2N-x_1E \tag{B6-2}$$

여기서 **식** (6-8)을 E에 관해 푼 다음 **식** (B6-2)에 대입해 실업률에 관해 정리하면 다음 식을 얻을 수 있다.

---

1 앞에서 언급했듯이 노동시장에서 고용 탐색을 하다가 고용 기회가 없다고 판단해 시장에서 일할 의사가 있지만 노동시장으로부터 이탈하는 실업자를 실망노동자또는 구직단념자, discouraged worker라고 부른다.

$$\frac{U}{L} = \frac{s_1 + x_1}{s_1 + x_1 + f_1 + x_2} + \left(\frac{s_2 - f_2}{s_1 + x_1 + f_1 + x_2}\right)\left(\frac{1-p}{p}\right) \tag{B6-3}$$

여기서 $p = L/P_{po}$로 경제활동참가율participation rate이다.

일반적으로 자연실업률은 취업자와 실업자의 이동뿐만 아니라 비경제활동인구로부터 이탈하는 비율인 f_2와 s_2, 비경제활동인구로 유입되는 비율인 x_1과 x_2에 영향을 받는다.

먼저 비경제활동인구로부터 경제활동인구로의 이동이 실업률에 미치는 효과가 **식** (B6-3)의 우변 두 번째 항에 나타나 있다. 즉 $s_2 > f_2$이면 경제활동인구가 증가할 때 실업률이 증가하고 , $s_2 < f_2$이면 경제활동인구가 증가할 때 실업률이 감소한다. 그런데 경제활동인구로부터 비경제활동인구로의 이동이 실업률에 미치는 효과는 일반적으로 불확실하다. 만약 취업자와 비경제활동인구 사이의 이동이 적어 $x_1 = f_2 = 0$이라고 하면 x_2의 증가곧 실망실업자의 증가는 실업률을 낮춘다. ❖

07

Chapter

거시경제의 단기균형: 폐쇄경제

거시경제의 단기균형은 앞에서 배운 장기균형을 중심으로 움직인다. 경제가 장기균형에서 벗어나는 현상을 경기변동 business cycle 이라고 한다. 경기변동은 경제에 충격이 주어졌을 때 경제가 장기균형에서 멀어지다가 다시 장기균형을 향해 이동하는 과정에서 나타나는 단기균형의 연속이라고 정의할 수 있다. 경제가 과열돼 장기균형에서 위로 벗어나면 인플레이션이, 아래로 벗어나면 실업이 발생한다. 따라서 경제가 장기균형에서 어느 쪽으로 벗어나든 경기변동은 사회적 비용을 수반한다. 단기균형의 가장 두드러진 특징은 시장에 불완전성이 존재하여 시장청산이 신속하게 일어날 수 없다는 것이다.

7.1 경기변동

경기변동은 호황 boom 과 불황 recession 을 반복하지만 그 진폭과 주기가 매우 불규칙하다. 작은 불황과 호황을 반복하기도 하고 때로는 긴 주기와 큰 진폭을 가지고 나타나기 때문에 예측하기가 매우 어렵다. 그러나 거시경제학을 공부하는 사람이나 정책당국자가 예측하고 그 해결책을 궁구해야 하는 어렵고도 중요한 경제현상이기도 하다.

7.1.1 경기변동을 파악하는 실증적 방법

우리나라의 경기변동은 2장에서 **그림 2.2 (b)**를 이용하여 설명할 수 있다. **그림 2.2 (b)**에는 6.25 전쟁이 끝난 해인 1953년부터 2018년까지 실제GDP 증가율성장률에서 잠재GDP 증가율을 뺀 경기변동분이 도시 되어 있는데 이에 관하여는 다음과 같은 점에 유의할 필요가 있다. 먼저 경기변동은 매우 불규칙하지만 보통 2~5년의 주기를 가지고 0을 중심으로 위 또는 아래로 변동한다. 1978년이나 1987년과 같이 경기변동이 양의 방향으로 정점에 이르렀을 때 우리는 경기가 정점peak에 있다고 말한다. 이는 곧 경기가 하강하기 시작할 것이라는 것을 의미하기도 한다. 그리고 1980년이나 1998년과 같이 경기가 아래 방향으로 바닥을 쳤을 때를 경기 저점trough에 있다고 말하고 이는 곧 경기가 상승할 것을 의미한다. 따라서 이들 경기변동의 정점과 저점을 경기변동의 전환점turning point이라고 한다.

장기균형으로부터 정점에 이르는 기간을 호황기boom 또는 확장기expansion라 하고 반대로 장기균형잠재산출량 또는 잠재성장률으로부터 저점에 이르는 기간을 불황기recession 또는 수축기contraction라고 한다. **그림 2.2 (b)**에서 보는 바와 같이 GDP의 시계열은 연속적인 여러 경기순환으로 구성되어 있으며 하나의 경기순환이 이루어지는 동안 변동의 크기를 나타내는 진폭amplitude과 주기는 경기순환마다 다르다.

경기변동의 양태를 파악할 때는 변수들의 몇 가지 특성에 유의하여야만 한다. 먼저 각각의 변수들의 변동성volatility이 중요하다. 예를 들어 소비 경기변동분의 변동성은 소득보다 작다. 그러나 투자 경기변동분의 변동성은 소득보다 훨씬 크다. 이와 같은 변동성의 차이는 경제이론이 예측하는 바와 대체로 일치하는 것으로 알려져 있다.

다음으로 경기변동에서 변수의 경기변동분이 실질GDP의 경기변동분과 같은 방향으로 움직이는 정도를 동조성comovement이라고 한다. 동조성에는 다음과 같이 세 경우가 존재한다. 먼저 한 변수의 경기변동분이 실질GDP의 경기변동분과 같은 방향으로 변동하면 경기순응적procyclical이라고 하고 반대방향으로 변동하면 경기역행적countercyclical이라고 한다. 그리고 만일 경기변동분이 실질GDP의 경기변동분과 아무런 관계가 없으면 비경기변동적acyclical이라고 말한다.

나아가 실질GDP의 변동시점과 비교하여 어떤 변수의 경기변동분이 실질GDP의 경기변동분보다 먼저 변동하면 선행적leading이라고 하고 뒤에 변동하면 후행적lagging이라고 한다. 그리고 동시에 변동하면 동행적concurrent이라고 한다. 어떤 변수가 경기선행적이라고 하면 미래의 실질GDP의 변동에 대한 좋은 예고지표로 사용될 수가 있다. 따라서 각국은 경기선행적인 변수들을 이용하여 경기선행지표leading economic indicator, BOX 7-1 참조를 발표하고 있으며 우리나라에서도 통계청이 이를 작성하여 발표하고 있다.

7.1.2 경기변동의 정형화된 사실들

위에서 설명한 경기변동의 특성에 기초하여 여러 변수들의 경기변동 특성을 정리한 것이 경기변동에 관한 정형화된 사실stylized facts이다. 선진국 경기변동의 정형화된 사실을 정리하면 다음과 같다.[1]

1. 산출량소득과 노동량의 변동의 크기는 대체로 비슷하다. 이는 경기변동이 노동시장에서 가장 분명하게 나타난다는 기존의 연구를 뒷받침하는 사실이다.
2. 비내구재nondurables와 서비스의 소비는 산출량보다 훨씬 작게 변동한다.
3. 투자와 내구재의 소비는 산출량보다 훨씬 크게 변동한다.
4. 자본량의 변동은 산출량의 변동보다 훨씬 작으며 산출량과의 상관관계도 거의 없다.
5. 노동생산성은 경기순응적이며 산출량보다 작게 변동한다.
6. 노동임금은 노동생산성보다 작게 변동한다.
7. 노동에 대한 시간당 평균보상average hourly compensation과 산출량과의 상관관계는 영에 가깝다.
8. 정부지출은 산출량과 상관관계가 거의 없다.
9. 수입은 수출보다 경기순응성이 크다.

이와 같은 정형화된 사실이 중요한 것은 다음과 같은 이유 때문이다. 먼저 위의 첫 번째와 네 번째 정형화된 사실은 산출량의 단기적인 변동이 주로 노동량의 변동 때문에 나타난다는 사실을 말해준다. 다시 말해 산출량은 노동과 자본이라는 두 가지의 생산요소를 사용하여 생산된다. 그런데 위의 네 번째 사실에서 보는 바와 같이 자본량은 산출량과의 상관관계가 거의 없기 때문에 산출량의 변동을 효과적으로 설명할 수 없으며 노동시장의 변동이 보다 중요하다. 그리고 노동량의 변동은 산출량의 변동과 비슷하다는 것은 노동량의 변동으로 산출량의 변동성을 그만큼 잘 설명할 수 있음을 의미한다. 따라서 경기변동을 잘 설명할 수 있기 위해서는 무엇보다도 먼저 노동시장을 잘 설명할 수 있어야 한다.

---

1 Cooley, Thomas F., *Frontiers of Business Cycle Research*, Princeton: Princeton University Press, 1995.

BOX 7-1 **경기선행지수**

기업이나 정부의 정책담당자들은 경제의 단기변동을 예측해야 하는 상황에 자주 직면한다. 회사나 국가가 미래의 경제환경 변화에 잘 대처하려면 먼저 정확한 예측이 필요하기 때문이다. 정부의 경우 경제환경 변화가 조세징수 같은 정부활동에 직접 영향을 미칠 뿐만 아니라 재정정책이나 금융정책을 통해 스스로 경제에 영향을 미치기 때문에 올바른 정책을 세우기 위해 먼저 경제 상황을 정확히 이해해야 한다.

이때 이용되는 경기선행지수leading economic indicators는 경기변동의 단기예측에 주로 사용되는데 전반적인 경기변동에 앞서 변동하는 하나 또는 그 이상의 변수들을 조합해 만든다. 어떤 경기선행지수가 좋은지에 관해서는 학자마다 의견이 다르다. 우리나라에서는 통계청이 여러 개의 변수를 이용해 매달 경기선행지수를 작성해 발표하고 있는데 매달 발표되는 경기선행지수의 전년동월대비 증가율이 위의 그림에 나타나 있다. 경기선행지수는 앞으로 6~9개월 사이에 일어날 수 있는 경제적인 변화를 예측할 때 자주 사용되는 7개의 변수재고순환지표, 경제심리지수, 기계류내수출하지수, 건설수주액, 수출입물가비율, 코스피지수, 장단기금리차로 구성된다. 이 변수들은 고용, 생산, 소비, 투자, 금융 및 무역과 관련돼 있다.

우리나라 경기선행지수의 변동(1990.01~2019.08)

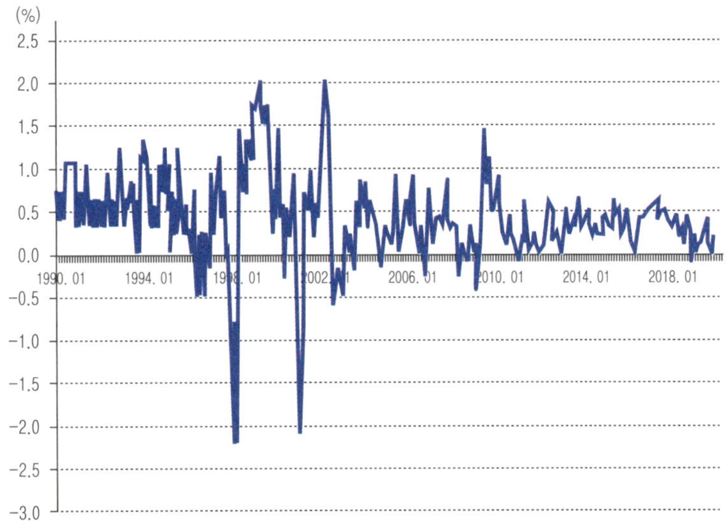

자료: 통계청

위의 경기변동에 대한 두 번째와 세 번째 정형화된 사실은 산출량 곧 소득의 구성요소인 소비와 투자의 경기변동적 특성에 관한 사실이다. 특히 비내구재와 서비스의 소비는 산출량에 비해 훨씬 작은 변동을 보이는데 이는 소비자들이 시간에 걸쳐 소비를 평탄하게 유지하는 경향consumption smoothing이 있음을 말해준다. 이와 같이 소비가 여러 기간에 걸쳐 평탄화 되는 것은 그와 같은 소비의 패턴이 소비자들의 효용을 극대화하기 때문이다. 그리고 기업의 자본재에 대한 투자와 가계의 내구재에 대한 지출은 그 성격이 매우 유사한데 이 두 변수의 변동성은 산출량보다 매우 크다. 이는 단기적으로 산출량의 변동이 있을 때 경제주체들이 소비를 변화시켜 조정하기보다 투자저축를 변화시켜 대응함을 의미한다.

경기변동에 관한 다섯 번째부터 일곱 번째까지의 정형화된 사실은 노동시장에 관한 것이다. 먼저 다섯 번째 정형화된 사실에서 보는 바와 같이 노동생산성은 산출량과 같은 방향으로 변동하는 경향을 갖는데 이는 경기변동을 설명하는데 어떤 충격shocks을 고려하여야 하는가를 판단하는데 중요하다. 그리고 노동생산성은 산출량보다 작은 변동을 보이는데 이는 노동생산성의 작은 변화가 있을 때 고용과 산출량은 그보다 크게 변화한다는 사실을 의미한다. 다시 말해 고용과 산출량의 노동생산성에 대한 탄력성은 1보다 크다.

한편, 임금은 여섯 번째 정형화된 사실에서 보는 바와 같이 노동생산성보다 변동성이 작다. 이는 노동생산성이 증가하거나 감소하더라도 임금은 같은 정도로 증가하거나 감소하지 않음을 의미한다. 따라서 임금이 순전히 노동생산성에 의하여 결정되지는 않는다는 사실을 알 수 있다. 그리고 위의 일곱 번째 정형화된 사실은 노동자에게 지급되는 임금과 여러 가지 관련 편익fringe benefits을 합한 평균 보상은 산출량과 상관관계가 없음을 말하고 있는데 이는 노동자들이 노동의 대가로 받는 보상이 매우 평탄화되어 있음을 의미한다. 이와 같은 사실은 통상적인 이론으로 설명하기가 쉽지 않기 때문에 그만큼 많은 연구의 주제이다.

위의 여덟 번째 정형화된 사실은 정부지출이 단기적으로 산출량과 상관관계를 갖지 않음을 의미하는데 이는 통상적으로 정부지출을 경기변동에 대응하는 정책수단의 하나로 알고 있는 우리의 상식과는 어긋난다. 다시 말해 불황기에 정부지출을 늘이고 반대로 호황기에는 정부지출을 줄인다면 정부지출은 산출량과 음陰의 상관관계를 가져야만 한다.

마지막으로 아홉 번째 정형화된 사실은 수입의 경기순응성이 수출의 경우보다 큼을 말하고 있다. 이와 같은 현상은 수출은 외국의 우리 재화에 대한 수요이고 수입은 우리의 외국 재화에 대한 수요라는 사실을 고려하면 쉽게 이해할 수 있다. 다시 말해 우리의 소득이 높으면 외국의 재화도 많이 수입하여 사용하게 되므로 수입과 우리의 산출량의 상관관계는 높을 수밖에 없다. 그러나 수출은 외국의 수요에 달려 있으므로 수출은 우리의 산출량보다는 외국의 산출량과의 상관관계가 높을 수밖에 없다.

지금까지 살펴본 경기변동에 관한 정형화된 사실은 생산량, 노동량, 소비, 투자, 자본, 노동생산성, 수출 및 수입과 같은 실질변수real variables에 관한 것들이었다. 그러나 경기변동에서 실질변수 뿐만 아니라 명목변수의 변동 또한 중요하다. 다시 말해 가격의 변동이 없는 경기변동은 생각할 수가 없으며 가격의 변동은 화폐경제

BOX 7-2 대공황

1930년대에 전 세계에서 유래를 찾아볼 수 없는 대공황Great Depression이 발생했다. 1920년대 대체로 호황을 누리던 미국 경기는 1929년 8월 정점을 찍고 2개월 후 주가폭락에 이어 1930년부터 대공황의 늪에 빠져들었다. 공황이 저점에 따른 1933년 미국의 실질 *GDP*는 1929년 대비 26.7% 감소했고 실업률은 25.2%로 1929년 대비 22%포인트나 증가했다.오른쪽 그림 참조 대공황에 특히 크게 영향을 받은 분야는 금융, 농업 분야와 기업고정투자, 주택투자 및 국제무역 등이었다. 이 시기에 예금인출사태bank run가 일어나 많은 은행이 파산했고 곡물가격 하락과 미국 중서부에 닥친 장기간의 가뭄으로 수많은 농부들이 다른 지방으로 이주했다.[2] 기업고정투자와 주택투자가 대폭 하락했으며 국가들 사이의 무역전쟁으로 국제무역은 정지상태였다. 1933년 저점을 찍은 미국 경제는 1937년에야 1929년과 대등한 실질 *GDP*를 회복했으나 실업률은 여전히 14.3%를 유지하고 있었다. 1937년의 생산량 회복은 경기회복보다는 노동인구 증가와 생산성 향상 때문이었다고 볼 수 있다. 대공황은 제2차 세계대전과 함께 종결됐다. 세계대전 발발로 유럽에서 군수물자 수요가 증가했고 1941년 12월 일본이 진주만을 공격해 전면전에 돌입한 후 그 수요가 더욱 증가했다. 이에 따라 실질 *GDP*는 1939년과 1944년 사이에 거의 2배 증가하고 실업률은 1944년 1.2%로 하락했다.

대공황기 미국의 실질 GDP와 실업률

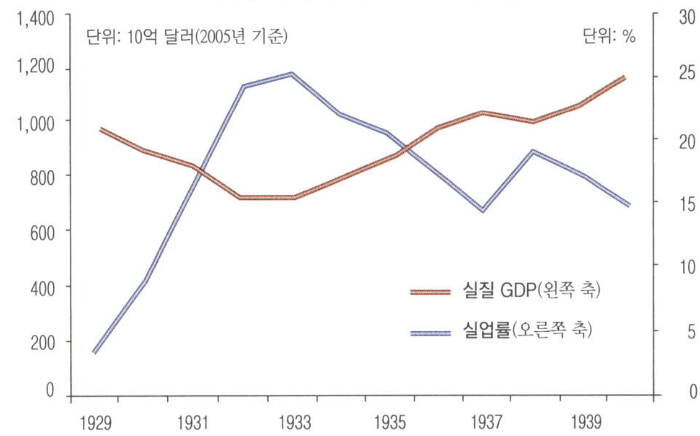

자료: Bureau of Economic Analysis

대공황의 원인에 관해 아직도 명확히 밝혀지지 않았지만 크게 두 가지 견해가 있다. 첫째, 지출가설spending hypothesis은 1930년대 초반 소득과 이자율 감소가 동시에 일어난 사실에서 알 수 있듯이 *IS*곡선재화시장, 총지출에 큰 충격이 주어진 것이 원인이라고 본다. 지출감소 원인으로는 ① 주가폭락과 그에 따른 부wealth 감소 및 불확실성 증가에 따른 소비 감소, ② 1920년대에 발생한 주택시장 거품소멸과 이민인구 감소에 따른 주택투자 감소 ③ 은행의 파산으로 인한 기업고정투자의 감소, ④ 재정적자를 우려한 정치인들이 1932년 균형예산 달성을 위해 각종 세금을 증가시킨 정책 실패 등이 지적된다.

둘째, 프리드먼M. Friedman과 슈와르츠A.J. Schwartz 등이 지지한[3] 화폐가설money hypothesis은 1929년과 1933년 사이에 화폐공급이 25%나 감소한 점을 지적한다. 즉 대부분의 불황은 화폐공급 감소에 따라 나타나는데 화폐공급이 감소하자 *LM*곡선이 왼쪽으로 이동해 대공황이 일어났다는 것이다. 화폐가설에 관해서는 찬반이 갈린다.

비판자들은 첫째, *LM*곡선이 왼쪽으로 이동하려면 실질화폐 공급이 감소해야 하는데 1930년대 초반 물가가 화폐공급보다 빠르게 하락해 실질화폐 공급이 오히려 증가했고, 둘째, *LM*곡선이 왼쪽으로 이동하면 명목이자율이 상승해야 하는데 1930년대 초반 명목이자율이 오히려 하락한 점을 지적한다. 지지자들은 당시에 발생한 디플레이션곧 물가하락에 주목한다. 물가하락은 한편으로는 실질화폐 공급을 증가시켜 *LM*곡선을 오른쪽으로 이동시키고 다른 한편으로 실질화폐잔고real money balance를 증가시켜 소비를 증가시키므로[4] *IS*곡선이 오른쪽으로 이동해 팽창적인 효과가 나타난다.

그러나 디플레이션은 두 가지 이유 때문에 지출을 감소시킨다. 첫째, 기대하지 못한 디플레이션은 차입자에게서 대여자에게로 부를 재분배한다.6장 참조 이때 대여자의 한계소비성향이 차입자의 한계소비성향보다 작아 차입자의 소비감소가 대여자의 소비증가보다 크므로 총지출이 감소하고 *IS*곡선이 왼쪽으로 이동한다. 이를 부채-디플레이션이론debt-deflation theory이라고 한다. 둘째, 기대인플레이션이 하락하면 (실질화폐, 실질이자율) 평면에서 **5장 그림 5-16**과 반대로 명목이자율이 하락하므로 화폐수요가 증가함으로써 *LM*곡선이 위로 이동하고 실질명목이자율이 상승하락해 균형소득이 감소한다.**5장 그림 5-16** 참조 실제로 1930년대 초반 미국의 경우 실질이자율은 상승하고 명목이자율은 하락했다.

를 고려하지 않고는 이해할 수 없다. 이제 화폐경제에 관한 경기변동의 정형화된 사실은 다음과 같이 요약할 수 있다.

1. 통화량과 화폐의 유통속도 velocity 는 경기순응적이다.
2. 통화량은 경기선행적이다.
3. 물가수준과 산출량은 음의 상관관계를 갖는다.
4. 인플레이션과 산출량은 양의 상관관계를 가지며 경기후행적 lag 이다.
5. 명목이자율과 산출량은 양의 상관관계를 갖는다.
6. 통화 M1의 증가율은 산출량 및 고용량과 음의 상관관계를 갖는다.
7. 통화 증가율과 명목이자율은 음의 상관관계를 갖는다.

위의 첫 번째 정형화된 사실은 여러 가지로 정의되는 통화량과 통화량을 명목소득으로 나눈 값으로 정의되는 화폐의 유통속도가 실질산출량과 양의 상관관계가 있음을 말하고 있다. 이는 우리가 앞으로 외생적인 것으로 취급할 통화량이 부분적으로는 경기변동에 반응하는 내생적인 측면이 있음을 의미한다.[2] 그리고 두 번째 사실은 통화량이 실질산출량에 선행함 lead 을 말하고 있는데 이는 통화량이 먼저 증가하거나 감소한 다음 실질산출량이 따라서 증가하거나 감소함을 의미한다. 이와 같은 관계는 거시경제학이 설명하여야 하는 중요한 사실로 인식되고 있다.

세 번째부터 다섯 번째까지의 정형화된 사실은 실질산출량과 물가 및 물가상승률과의 상관관계에 관한 것이다. 먼저 세 번째 상관관계는 물가수준의 경기변동분과 산출량의 경기변동분이 음의 상관관계를 갖는다는 것인데 이에 관하여는 그동안 많은 연구가 이루어졌다.[3] 특히 많은 교과서들은 마치 물가가 경기순응적인 것처럼 설명하고 있는 경우가 많은데 이는 맞지 않는 설명이다.

네 번째 사실은 물가의 상승률인 인플레이션의 경기변동분과 실질산출량이 양의 상관관계를 가짐을 말하고 있다. 그리고 인플레이션은 산출량이 증가한 다음 따라서 상승하고 반대로 산출량이 감소한 다음 따라서 하락하는 경기후행적인 특성을 갖는다. 그런데 명목이자율은 실질이자율과 인플레이션의 합으로 나타낼 수 있

2 화폐공급의 내생성에 관하여는 18장에 자세히 설명되어 있다.

3 Cooley, Thomas F. and Lee Ohanian, "The Cyclical Behavior of Prices," *Journal of Monetary Economics* 28, 25-60, 1991.

기 때문에 위의 다섯 번째 사실은 네 번째 사실의 연장선상에서 나타난 것이라고 말할 수 있다. 그리고 이자율 가운데에서도 단기이자율이 장기이자율보다 산출량과의 상관관계가 높다. 그리고 단기이자율의 변동성이 장기이자율의 변동성보다 크다.

여섯 번째 정형화된 사실인 통화 M1와 산출량 및 노동량의 경기변동분은 음의 상관관계를 갖는다는 것인데 이 또한 보통의 상식과는 어긋나는 현상이다. 마지막으로 통화 증가율과 명목이자율 사이의 음의 상관관계는 유동성효과 liquidity effect 라고 불리는 현상이다. 즉 통화량이 증가하면 시장에 화폐공급이 증가하기 때문에 단기적으로 이자율이 하락한다는 것으로 통화정책을 분석하는데 있어 중요하게 취급되는 현상이다.

지금까지 우리는 선진국의 자료에 나타나는 경기변동의 특성을 알아보았다. 이와 같은 현상은 대부분의 선진국 경제에서 비슷하게 나타난다. 우리나라의 경우에도 적어도 최근의 데이터에서는 위와 같은 사실들을 대부분 발견할 수 있으나 경제가 빠르게 성장하였기 때문에 과거에는 위에서의 사실들과 다른 현상이 관찰되기도 한다.

7.2 거시경제의 변동과 단기균형

식 (4-7)에 나타나 있는 총공급곡선에는 기대가 포함되어 있다. 따라서 기대의 형성방법이 중요하다. 여기서는 기대가 다음과 같이 적응적 기대 adaptive expectations 에 따라 형성된다고 가정한다.

$$P_t^e = P_{t-1} \qquad (7\text{-}1)$$

여기서 P_t^e는 $t-1$기에 기대예측한 t기의 물가수준이고 P_{t-1}은 $t-1$기의 실제 물가수준이다. 따라서 식 (7-1)은 지난 기에 기대한 이번 기의 기대물가수준이 지난 기 기대를 형성하는 기간의 실제 물가수준과 같고, 이번 기에 기대한 다음 기의 물가수준이 이번 기역시 기대를 형성하는 기간의 실제 물가수준과 같음을 의미한다. 이와 같이 기대를 형성하는 것은 이용 가능한 많은 정보 가운데 기대를 형성하는 기간에 실현된

그림 7-1 **단기균형과 장기균형**

점 A에서 장기균형과 단기균형이 동시에 달성되고 있다. 장기균형과 단기균형이 일치하는 경우에는 앞에서 4.3절에서 본 바와 같이 기대물가수준과 실제 물가수준이 일치하고 외생적인 충격이 주어지지 않으면 동시균형이 항구적으로 유지된다. (a)의 점 B에서는 단기균형이 장기균형의 왼쪽에 위치하므로 기대물가수준($P^e=P_1$)보다 실제 물가수준(P_2)이 낮다. 이 경우에는 기대가 하향 조정되기 때문에 총공급곡선이 아래로 이동한다. (a)의 점 C에서는 단기균형이 장기균형의 오른쪽에 위치하므로 기대물가수준($P^e=P_1$)보다 실제 물가수준(P_3)이 더 높다. 이 경우에는 기대가 상향 조정되기 때문에 총공급곡선이 위로 이동한다.

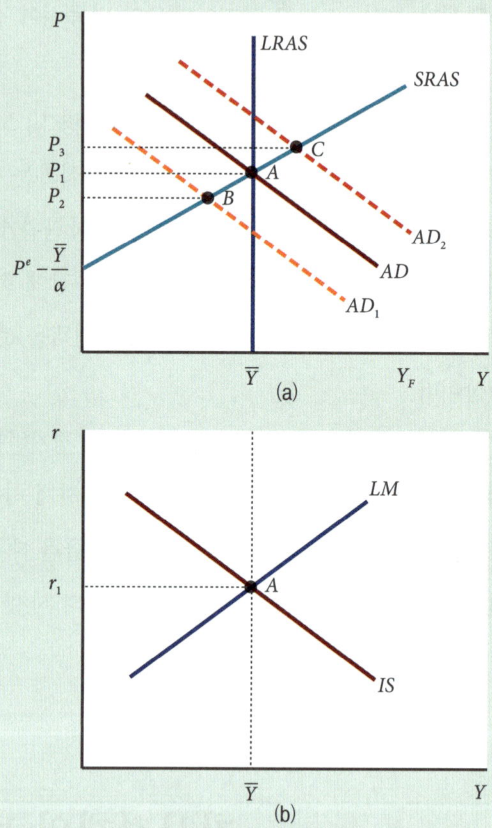

물가 한 가지만 이용한다는 의미에서 적응적 기대이다.

7.2.1 단기균형과 장기균형

식 (7-1)은 가장 간단한 형태의 적응적 기대이며, 다른 형태의 적응적 기대도 많이 존재한다.

식 (7-1)과 같은 적응적 기대를 가정할 때 거시경제의 단기 및 장기의 동시균형이 **그림 7-1**에서 점 A로 나타나 있다. 단기 및 장기의 동시균형은 장기 총공급곡선, 단기 총공급곡선 및 총수요곡선이 같은 점에서 교차할 때 달성되는데 이 경우에 기대가 실현됐을 때—곧 $P^e=P$가 성립할 때— 달성된다. 따라서 **그림 7-1** (**a**)의 단기 총공급곡선 $SRAS$에서의 물가에 대한 기댓값은 P_1과 같다. 다시 말해 장기 총공급곡선 $LRAS$ 위에서는 $Y=\bar{Y}$가 성립하므로, 이를 단기 총공급곡선에 대입하면 $P^e=P$를 얻을 수 있다. 이는 $LRAS$ 위에서는 항상 실제 물가수준과 기대물가수준

기대와 단기균형의 이동: 경기침체 그림 7-2

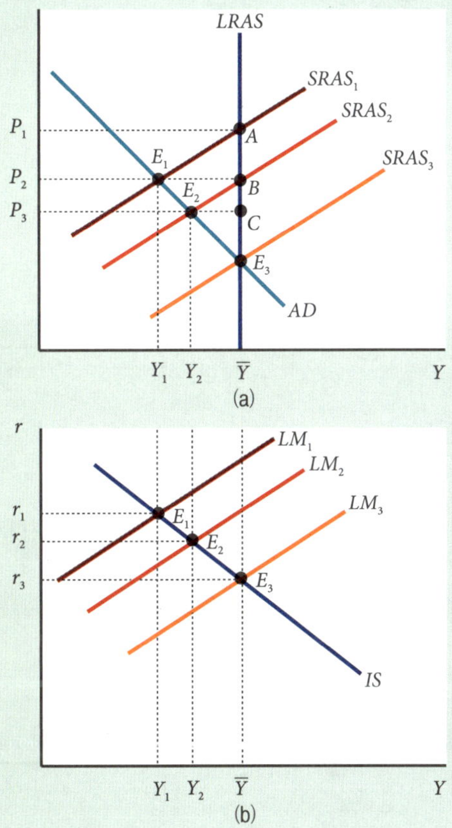

처음 단기균형이 (a)에서 점 E_1에서 이루어지고 있다. E_1은 장기균형(완전고용산출량)의 왼쪽에 위치하므로 불황 갭이 존재하고, 실제 물가수준 P_2가 기대물가수준 P_1보다 낮아 기대의 하향 조정이 일어난다. 기대가 하향 조정되면 단기 총공급곡선 $SRAS_1$이 $SRAS_2$로 이동한다. 이때 새로운 단기균형점 E_2에서도 실제 물가수준 P_3이 기대물가수준 P_2보다 낮으므로 기대의 하향 조정이 일어나고 이는 다시 단기 총공급곡선을 아래로 이동시킨다. 이와 같은 조정은 단기균형이 장기 총공급곡선($SRAS_3$)에 다다를 때까지 지속된다. 물가수준이 하향 조정되면 실질화폐공급이 증가하므로 (b)에서 LM곡선이 아래로 이동한다. 여기서 LM_1은 물가수준 P_2에 상응하는 화폐시장 균형곡선이다. 결국 LM곡선은 LM_3까지 이동하고 장기균형은 E_3에서 달성된다.

이 일치함을 의미한다. 그리고 하나의 단기 총공급곡선 위에서는 어느 점에서나 기대물가수준이 일정하므로 **그림 7-1** (a)의 세 점 A, B, C에서의 기대물가수준은 점 A에서의 실제 물가수준 P_1과 같다. 따라서 점 B에서는 실제 물가수준 P_2가 기대물가수준 $P^e=P_1$보다 낮고, 점 C에서는 실제 물가수준 P_3이 기대물가수준 $P^e=P_1$보다 높다. 그런데 점 B는 완전고용수준 산출량보다 아래에 있으므로 불황곧 경기침체의 영역에 있다. 반대로 점 C는 완전고용수준 산출량보다 위에 있으므로 호황곧 경기과열의 영역에 있다. 따라서 불황 갭이 존재하는 경기침체 영역에서는 실제 물가수준이 기대물가수준보다 낮고, 인플레이션 갭이 존재하는 경기과열 영역에서는 실제 물가수준이 기대물가수준보다 높음을 알 수 있다.

그림 7-3 **기대와 단기균형의 이동:** 경기과열

처음 단기균형이 (a)의 점 E_1에서 이루어지고 있다. E_1은 장기균형(완전고용산출량)의 오른쪽에 위치하므로 인플레이션 갭이 존재하고, 실제 물가수준 P_2가 기대물가수준 P_1보다 높아 기대의 상향 조정이 일어난다. 기대가 상향 조정되면 단기 총공급곡선 $SRAS_1$이 $SRAS_2$로(위로) 이동한다. 새로운 단기균형점 E_2에서도 실제 물가수준 P_3이 기대물가수준 P_2보다 높기 때문에 기대의 상향 조정이 일어나고 이는 다시 단기 총공급곡선을 위로 이동시킨다. 이와 같은 조정은 단기균형이 장기 총공급곡선(E_3)에 다다를 때까지 지속된다. 이때 물가수준이 상향 조정되면 실질화폐공급이 감소하므로 (b)에서 LM곡선이 왼쪽으로 이동한다.

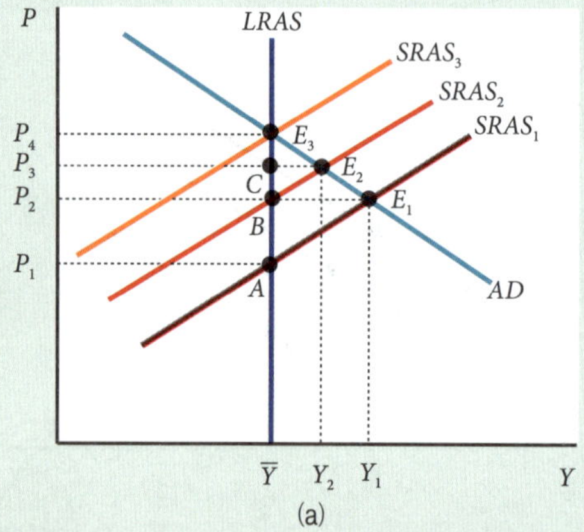

(a)

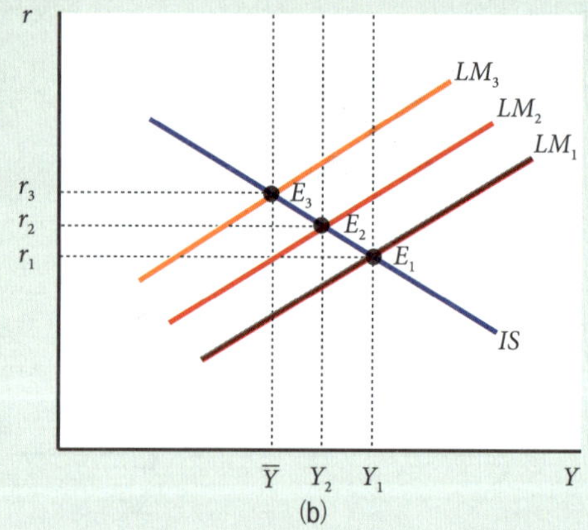

(b)

7.2.2 기대의 변동과 단기균형의 이동

만약 단기균형이 완전고용수준곧 장기균형에서 벗어나 있으면 장기균형을 향해 이동한다. 단기균형의 조정과정 7-1 우리나라의 경기변동 참조을 IS-LM곡선과 함께 그려보면 **그림 7-2** 및 **그림 7-3**과 같다.

먼저 처음 단기균형이 **그림 7-2**의 점 E_1에서 이루어지고 있다면 불황 갭이 존재하고 실제 물가수준 P_2가 기대물가수준 $P^e=P_1$보다 낮다. 그런데 적응적 기대의 경우 기대물가수준이 실제 물가수준과 다르면 사람들은 실제 물가수준 쪽으로 기대물가수준을 조정한다. 그런데 기대물가수준이 P_1에서 P_2로 조정되는데 기대물가수준이 단기 총공급곡선의 절편에 포함돼 있기 때문에 단기 총공급곡선이 $SRAS_1$

에서 $SRAS_2$로아래로 이동하고 이에 따라 단기균형이 E_1에서 E_2로 이동한다. 이때 단기균형이 이동하고 물가수준이 하락하면 실질통화량이 증가하므로 (b)의 LM_1이 LM_2로 이동하고 이자율이 하락한다. 이자율이 하락하면 투자가 증가하고 소득이 따라서 증가한다. 이와 같이 단기균형이 불황의 영역에 있으면 기대의 하향 조정이 계속 일어나며 단기균형이 (a)의 총수요곡선 AD를 따라 장기균형 E_3에 다다를 때까지 그 조정이 지속된다.

단기균형이 **그림 7-3**에서 보는 바와 같이 호황곧 경기과열 영역에 있으면 **그림 7-2**와 반대로 인플레이션 갭이 존재하므로 기대물가수준의 상향조정이 일어나 단기 총공급곡선이 위로 이동한다. 즉 총공급곡선이 $SRAS_1$에서 $SRAS_2$로위로 이동하고 새로운 단기균형이 점 E_2에서 이루어진다. 이 조정은 단기균형이 장기균형인 점 E_3에 다다를 때까지 지속된다.

7.2.3 안정화정책의 효과

지금까지 경제가 장기균형에서 벗어나 있을 때 자동조정기능을 통해 어떻게 장기균형으로 복귀하는지 알아보았다. 그런데 경제가 스스로 장기균형으로 수렴하기까지 시간이 너무 오래 걸리는 경우에는 정부가 적극적으로 총수요관리정책을 써서 경제를 안정화시켜야 한다. 경기가 침체되어 있는 경우와 경기가 과열되어 있는 경우의 안정화정책의 효과가 **그림 7-4**와 **그림 7-5**에 나타나 있다.

그림 7-4에는 불황으로 경기가 침체됐을 때 안정화정책의 효과가 나타나 있다. 먼저 단기균형이 점 A에서 이루어지고 있을 때 정부가 개입하지 않고 시장의 자동조정기능에 맡기면 앞에서 살펴본 바와 같이 (a)에서는 AC의 경로를 따라, (b)에서는 AB_2의 경로를 따라 각각 장기균형으로 복귀한다. 이때 정부가 개입해 팽창적인 금융정책을 실시하면 (b)의 LM_1이 LM_2로 이동하므로 이자율이 하락하고 투자가 증가한다. 그리고 투자 증가는 (a)의 총수요곡선을 AD_1에서 AD_2로위로 이동시키므로 산출량과 물가수준의 단기균형은 (a)에서 AB의 경로를 따라, 산출량과 이자율의 단기균형은 (b)에서 AB_2의 경로를 따라 각각 장기균형으로 복귀한다. 즉 금융정책을 통한 안정화정책은 자동조정의 경우와 반대로 물가수준을 상승시킨다.

이제 정부가 금융정책 대신 팽창적인 재정정책으로 정부지출을 증가시키면 **그림 7-4** (b)의 IS_1이 IS_2로 이동하고 재화 수요가 직접적으로 증가해 (a)의 총수요곡선

그림 7-4 **안정화정책의 효과:** 경기침체

단기균형이 점 A에 위치하면 불황 갭이 존재한다. 불황 갭이 존재할 때 정책당국이 개입하지 않으면 (a)에서 총공급곡선이 아래로 이동하여 $A \rightarrow C$의 경로를 따라 장기균형으로 복귀한다. 정책당국이 팽창적인 총수요관리정책을 사용하면 (a)에서 총수요곡선이 AD_1에서 AD_2로 이동하고 단기균형은 $A \rightarrow B$의 경로를 따라 장기균형으로 복귀한다. 이때 총수요관리정책이 팽창적인 재정정책이면 (b)에서 $A \rightarrow B_1$, 팽창적인 통화정책이면 $A \rightarrow B_2$의 경로를 따라 장기균형으로 복귀한다. 팽창적인 재정정책의 경우 LM_1을 따라 장기균형으로 복귀하지 않고 $A \rightarrow B_1$의 경로를 따르는 것은 물가수준이 상승하기 때문에 LM곡선이 위로 이동함에 기인한다.

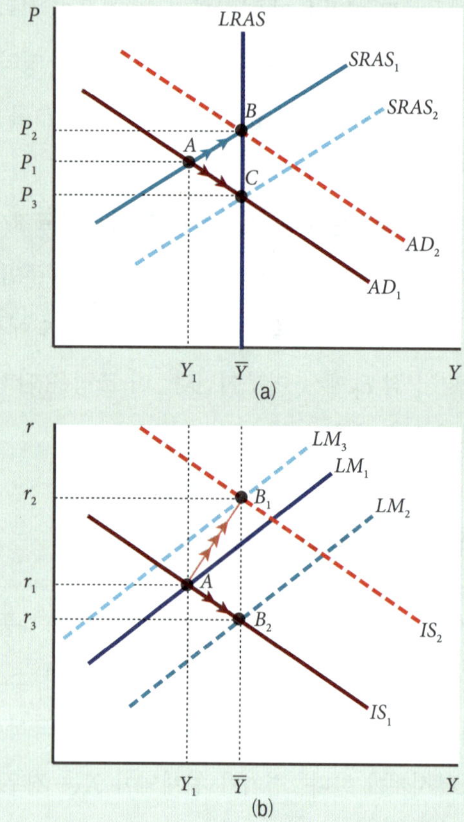

이 AD_1에서 AD_2로 이동한다. 따라서 산출량과 물가수준은 팽창적인 금융정책처럼 (a)에서 AB 경로를 따라 장기균형으로 복귀한다. 그런데 (b)에 나타나 있는 산출량과 이자율의 경로는 좀 더 복잡하다. 즉 정부지출이 증가하면 IS곡선이 위로 이동할 뿐만 아니라 (a)에서 물가수준이 상승하므로 실질통화량이 감소해 LM곡선을 왼쪽으로 이동시킨다. 따라서 팽창적인 재정정책은 IS곡선을 오른쪽으로 이동시킴과 동시에 LM곡선을 왼쪽으로 이동시키고, 이때 산출량과 이자율은 (b)에서 AB_1의 경로를 따라 장기균형으로 복귀한다. 이와 같이 팽창적인 재정정책은 이자율을 상승시키는데, 이자율 상승은 물가수준이 고정돼 있는 경우보다 변동하는 경우에 더 크게 나타난다. 따라서 이자율 상승에 따른 투자의 감소곧 팽창적인 재정정책의 밀어내기 효과는 물가가 내생적으로 결정되는 모형에서 더 크다.

안정화정책의 효과: 경기과열 그림 7-5

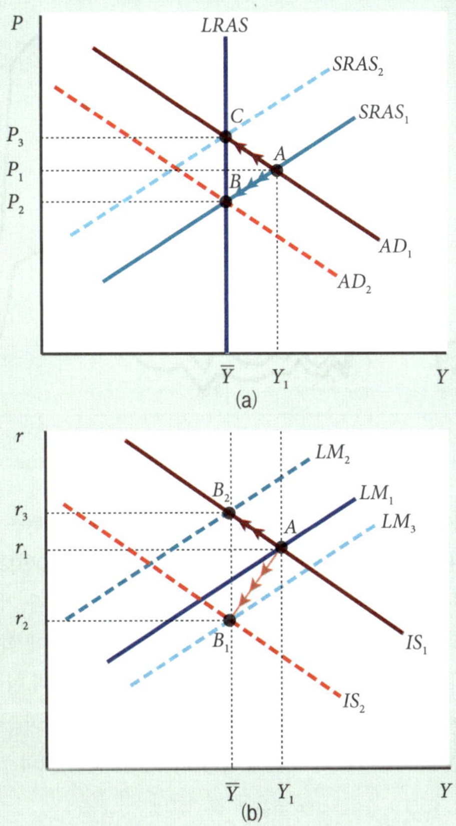

단기균형이 점 A에 위치하면 인플레이션 갭이 존재한다. 인플레이션 갭이 존재할 때 정책당국이 개입하지 않으면 (a)에서 총공급곡선이 위로 이동하여 $A \rightarrow C$의 경로를 따라 장기균형으로 복귀한다. 정책당국이 긴축적인 총수요관리정책을 사용하면 (a)에서 총수요곡선이 AD_1에서 AD_2로 이동하고 단기균형은 $A \rightarrow B$의 경로를 따라 장기균형으로 복귀한다. 이때 총수요관리정책이 긴축적인 재정정책이면 (b)에서 $A \rightarrow B_1$, 긴축적인 통화정책이면 $A \rightarrow B_2$의 경로를 따라 장기균형으로 복귀한다. 긴축적인 재정정책의 경우 LM_1을 따라 장기균형으로 복귀하지 않고 $A \rightarrow B_1$의 경로를 따르는 것은 물가수준이 하락하기 때문이다.

호황으로 경기가 과열돼 있을 때 안정화정책의 효과가 **그림 7-5**에 나타나 있다. **그림 7-5**에서 단기균형이 점 A, 안정화정책을 사용하지 않았을 때 자동조정기능에 따른 장기균형으로의 조정 경로가 **(a)**와 **(b)**에서 각각 AC와 AB_2로 나타나 있다. 이때 긴축적인 금융정책 또는 재정정책을 실시하면 **(a)**의 총수요곡선이 AD_1에서 AD_2로 이동하고 단기균형은 경로 AB를 따라 장기균형으로 복귀해 (자동조정의 경우와 달리) 물가수준이 하락한다.

한편 경기가 과열돼 있을 때 긴축적인 금융정책과 재정정책에 따른 산출량과 이자율의 조정 경로는 전혀 다르게 나타난다. 먼저 통화량을 감소시키는 긴축적인 금융정책을 실시하면 **그림 7-5 (b)**에서 산출량과 이자율이 AB_2의 경로를 따라 장기균형으로 복귀하므로 이자율이 상승하고 투자가 감소한다. 그러나 긴축적인 재정정책을 실시하면 **(a)**에서 물가수준이 하락하고 실질통화량이 증가하므로, IS곡

BOX 7-3 유가충격

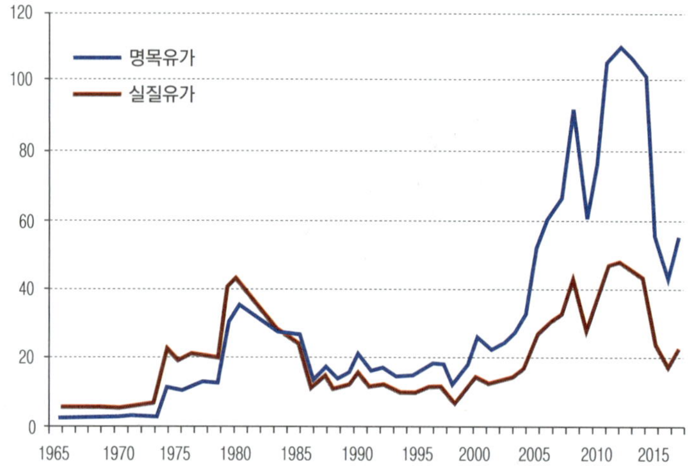

자료: 에너지경제연구원, St. Louis 연방은행 FRED 데이터베이스

20세기 후반에 일어난 대표적인 공급충격으로 1970년대에 일어난 유가충격oil price shocks이 꼽힌다. 1974년 두바이유 평균가격은 10.975달러로 1973년 평균가격 2.857달러에 비해 3.8배 이상 상승했다1차 유가충격. 그리고 1980년 두바이유 평균가격은 35.846달러로 1978년 12.917달러에 비해 약 2.8배 상승했다2차 유가충격. 1차 유가충격은 석유수출국기구orgnaization of petroleum exporting countries, *OPEC*에 의해 초래됐다. 이 시기에 원유 수출국의 카르텔이 강화돼 *OPEC*는 1973~74년 원유 생산량을 급격히 감소시키고 가격을 인상했다. 원유가격 상승은 부정적인 공급충격으로 원유를 수입하는 모든 나라에서 높은 인플레이션과 실업률 및 성장률 하락으로 이어졌다. 이란에서 일어난 종교혁명에 의해 원유시장에 발생한 교란으로 초래된 2차 유가충격은 일시적인 현상으로 그쳤다.

1980년대 중반 아랍 여러 나라에서 일어난 정치적 소요 때문에 *OPEC*의 통제 기능이 약화되면서 원유가격이 하락했다. 1980년대 중반 원유의 실질가격은 유가충격 이전 수준까지 하락했다. 원유가격 하락으로 1980년대 중반 미국을 비롯한 많은 나라에서 인플레이션과 실업률이 동시에 하락하는 현상이 나타났다.

현재 *OPEC*의 영향력은 1970년대에 비해 상당히 약화됐기 때문에 원유 실질가격은 대부분의 해에서 1980년보다 낮은 수준이다. 이는 유가충격을 거치면서 에너지 절약 노력이 강화돼 석유 의존도가 줄었기 때문이다. 특히 이 시기에 우리나라를 포함한 선진국의 산업구조가 에너지 사용이 적은 서비스업 중심으로 재편됐다.

선이 왼쪽으로 이동함과 동시에 LM곡선이 오른쪽으로 이동한다. 따라서 산출량과 이자율의 조정이 (**b**)에서 보는 바와 같이 처음 단기균형에서의 LM_1곡선을 따라 일어나는 것이 아니라 새로운 경로 AB_1을 따라 일어난다.

7.2.4 공급충격과 단기균형

그림 7-6에서 처음 단기균형과 장기균형이 점 A에서 이루어지고 있을 때 원유가격 상승 같은 음negative의 공급충격이 주어지면 단기 총공급곡선이 $SRAS_1$에서 $SRAS_2$로위로 이동해 산출량이 감소하고 물가수준이 상승한다. 물가수준이 상승하면 실질통화량이 감소하므로 (**b**)의 LM_1이 LM_2로왼쪽으로 이동한다. 새로운 단기균

공급충격과 안정화정책 **그림 7-6**

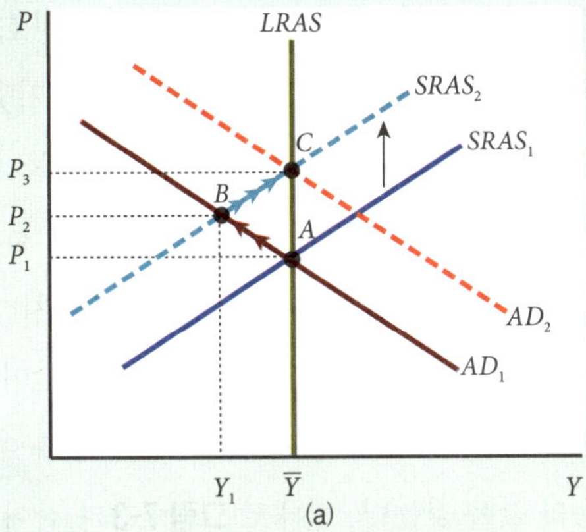

(a)

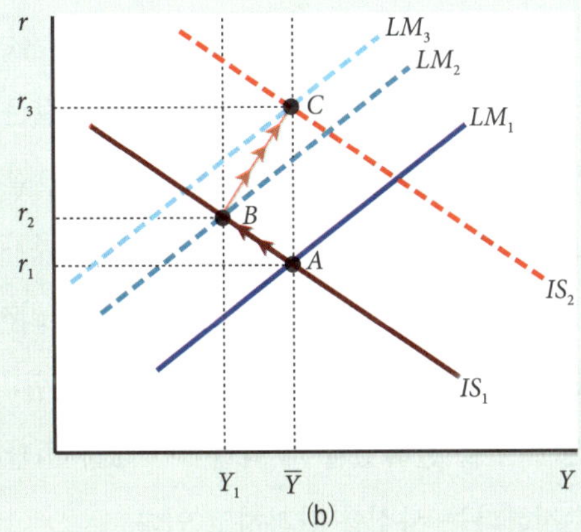

(b)

장기와 단기의 동시균형이 점 A에서 이루어지고 있을 때 원유 가격 상승과 같은 공급충격이 주어지면 (a)에서 단기 총공급 곡선이 $SRAS_1$에서 $SRAS_2$로(위로) 이동한다. 따라서 단기균형이 A에서 B로 이동한다. 즉 산출량은 완전고용수준 아래로 감소하고 물가수준은 상승한다. 물가수준이 상승하면 실질화폐공급이 감소하므로 (b)에서 LM_1이 LM_2로(왼쪽으로) 이동하고 이자율이 상승한다. 점 B의 단기균형에서 장기균형으로의 이동은 그림 7-4의 경우와 같다.

형점 B에서는 자동조정기능에 맡길 것인지, 팽창적인 안정화정책을 실시할 것인지를 결정해야 한다. 두 가지 선택에 따른 단기균형의 장기균형으로의 조정 경로는 앞에서 자세히 설명했다.

7.2.5 합리적 기대와 단기균형

지금까지 우리는 적응적 기대 아래에서 단기균형 및 단기균형의 장기균형으로의 복귀경로에 관해서 알아보았다. 여기서 가장 중요한 것 가운데 하나가 물가에 대한 기대였다. 그리고 지난 기에 기대한 이번 기 물가수준에 대한 기댓값은 바로 지난 기의 물가수준이라고 가정했다. 이러한 기대형성방법은 설명의 편의를 도모하기 위해 가정한 것이다. 이 경우의 기대형성방법은 우리가 이용할 수 있는 여러 정보 가운데 과거의 특정한 시점의 정보만 이용하기 때문에 이용 가능한 정보를 모두 이용하고 있지 않다. 따라서 단기균형이 장기균형에서 벗어나 있으면 항상 기대오차가 존재하며, 그러한 기대오차는 장기균형으로 복귀하는 경로에서 항상 같은 부호를 갖는다. 예를 들어 **그림 7-2 (a)**에서 처음 단기균형인 점 E_1에서 물가수준의 기댓값은 장기 총공급곡선 $LRAS$와 단기 총공급곡선 $SRAS_1$이 만나는 점 A에서의 물가수준 P_1이고 실제 물가수준은 P_2이다. 이때 기대오차는 $P_2-P^e=P_2-P_1<0$으로 음의 값을 갖는다. 그리고 한 기간이 지나 단기균형이 E_2로 이동한 다음의 기대오차는 $P_3-P^e=P_3-P_2<0$으로 다시 음의 값을 갖는다. 같은 추론에 따라 **그림 7-2**과 같이 경제가 불황일 때 E_1에서의 단기균형이 E_3에서의 단기 및 장기 동시균형을 향해 이동해 가는 경로에서의 기대오차는 항상 음의 값을 갖는다. 반대로 **그림 7-3**과 같이 경제가 호황일 때 장기균형으로 조정돼 가는 경로에서는 항상 기대오차가 양의 값을 갖는다. 단기균형에서 장기균형으로 조정돼 가는 과정에서 기대오차가 항상 같은 부호를 갖는다는 것은 사람들이 같은 유형의 오류를 반복하고 있음을 의미한다. 같은 유형의 오류를 반복할 때 이를 체계적 오류 systematic error라고 한다. 체계적 오류가 존재한다는 것은 경제주체가 같은 유형의 오류를 반복해서 범한다는 것으로 합리적이지 않다는 것을 의미한다. 적응적 기대는 경제학에서 전제하는 경제주체들의 합리성에 맞지 않을 뿐만 아니라 사람들이 같은 실수를 반복했을 때 학습 learning하여 같은 실수를 되풀이하지 않기 위해 기대를 수정한다는 사실을 간과하고 있다.

사람들이 합리적 기대 rational expectations를 형성한다면 어떤 조정과정을 거치게 될까? 이 질문에 답하기 전에 경제학에서 말하는 합리적 기대를 먼저 이해할 필요가 있다. 합리적 기대는 정보를 가장 효율적으로 이용하여 기대를 형성하는 것이다. 정보를 가장 효율적으로 이용한다는 말은 두 가지 의미를 내포하고 있다.

1 같은 실수를 되풀이하지 않아야 한다. 불확실성이 존재하는 경우 기대형성과정에서는 항상 기대오차가 발생하며 아무리 합리적으로 기대를 형성해도 기대오차를 피할 수는 없다. 그러나 기대오차가 항상 양이거나 음이면 (같은 실수를 되풀이하는 것이므로) 합리적이라고 할 수 없다. **그림 7-2**과 **7-3**의 조정과정에서 기대오차가 항상 한 가지 부호로 나타나는 것은 같은 실수를 되풀이하기 때문이므로 합리적이지 못하다.

2 정보를 모두 이용해 기대를 형성해야 한다. 정보를 모두 이용한다는 것은 주어진

합리적 기대와 단기균형 그림 7-7

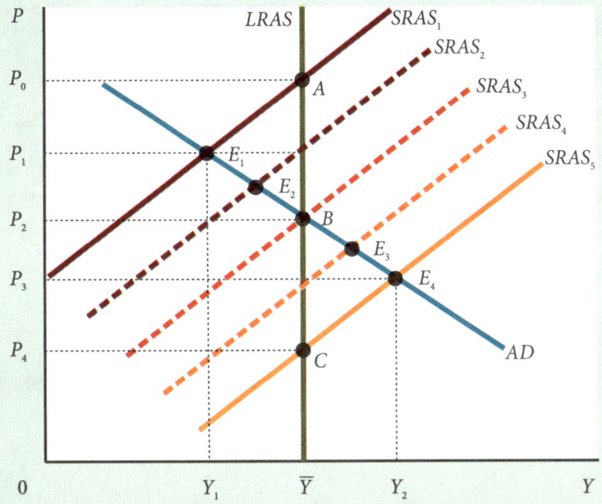

적응적 기대에서 자동조정기능에 맡기면 단기균형은 기대의 점차적인 조정을 통해 서서히 장기균형으로 복귀하지만 합리적 기대의 경우 한 기간 안에 장기균형으로 복귀한다. 즉 처음 단기균형이 점 E_1에서 이루어지고 있을 때 경제주체들이 합리적이라면 경제가 궁극적으로 장기균형으로 수렴한다는 것을 알기 때문에 기대물가수준을 장기균형에서의 수준인 P_2로 조정해 단기균형이 장기균형점 B로 한 기간 안에 복귀한다. 단기균형이 E_4에 위치한 경우도 마찬가지이다.

정보를 이용해 더 이상 줄일 수 없을 때까지 기대오차를 극소화함을 의미한다.

합리적 기대에서 단기균형의 조정과정은 **그림 7-7**을 이용해 설명할 수 있다. 먼저 단기균형이 E_1에서 달성되고 있다면, 적응적 기대에서는 E_1B의 경로를 따라 (점차적으로) 장기균형으로 복귀하지만 합리적 기대에서는 한 기간 안에 E_1의 단기균형에서 B의 단기 및 장기의 동시균형으로 복귀한다.

합리적 기대에서의 정보는 현재까지의 모든 데이터가 담고 있는 정보뿐만 아니라 알려져 있는 미래에 일어날 경제적 사건 및 경제구조에 관한 정보도 포함한다. 이는 경제주체들이 E_1의 단기균형에 있을 때 단기균형이 궁극적으로 점 B로 수렴할 것임을 이해하고 있다는 것을 알고 있음을 의미한다. 따라서 경제주체들은 적응적 기대의 경우에서 보는 바와 같이 물가수준의 기댓값을 P_0에서 P_1로 조정하는 대신 P_0에서 장기 물가수준 P_2로 빠르게 조정하게 된다.

기대의 조정이 일어나면 단기 총공급곡선은 $SRAS_1$에서 적응적 기대의 $SRAS_2$가 아닌 $SRAS_3$으로 이동한다. 다시 말해 단기균형이 E_1에 있을 때 합리적 기대에 따르면 단기 및 장기의 동시균형을 나타내는 점 B로 한 기간 안에 이동한다. 한편 경기가 호황일 때 단기균형인 점 E_4에서도 같은 논리에 의하여 장기균형으로 복귀가 한 기간 안에 일어난다.

BOX 7-4 일본의 장기불황과 아베노믹스

1. 장기불황

오른쪽 그림에서 볼 수 있듯이 2차 세계 대전 이후 1990년까지 일본은 눈부신 경제성장을 이뤘다. 1960~1990년 6%의 연평균 *GDP* 증가율을 기록해 1인당 *GDP*는 미국 수준에 근접했다. 그리고 1970~1990년 일본의 연평균 실업률은 2.1%로 매우 낮은 수준이었다. 세계 시장에서 일본이 만든 자동차, 선박, 전자제품 등이 우수한 품질과 다양한 기능으로 호평받았고 일본의 은행과 금융회사들은 앞다퉈 외국의 금융자산과 부동산을 다량 매입했다.

일본의 GDP 증가율과 실업률

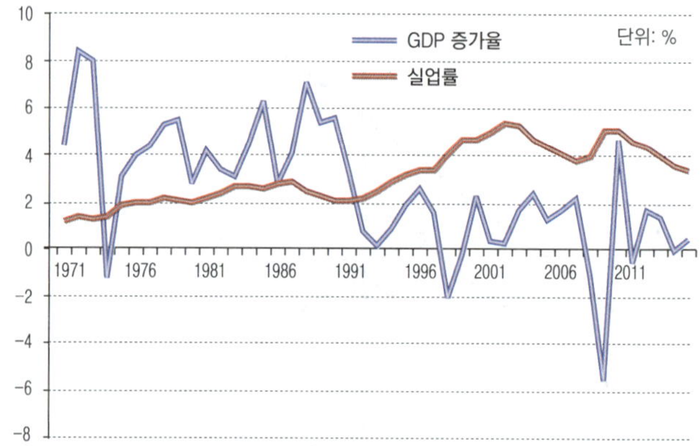

자료: International Financial Statistics, IMF, 한국은행

일본의 주가지수와 부동산가격지수

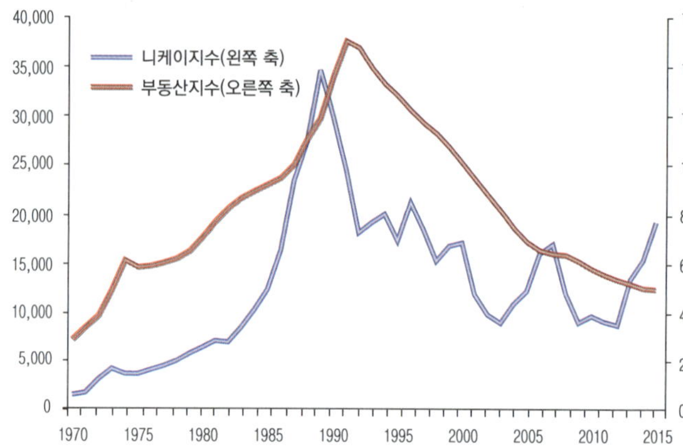

자료: Japan Real Estate Institute, 한국은행

그러나 일본은 1990년 초반부터 장기불황의 늪에 빠져든다. 1992~2003년 연평균 *GDP* 증가율은 1.2%, 실업률은 3.9%에 달했다. 심지어 음negative의 경제성장률을 기록한 해도 있었다. 일본은 2003년에야 불황에서 빠져나오기 시작했으나 2008년 시작된 세계적인 금융위기 때문에 다시 불황에 빠져들고 있다. 1990년대 이후 일본이 겪은 장기불황을 일본의 잃어버린 10년Japan's lost decade이라고 부르기도 한다.

일본의 장기불황에 관한 해설로는 크게 금융가설과 실물가설이 있다. 학계와 일반인들에게 널리 통용되고 있는 금융가설은 1980년대 일본에서 형성된 자산가격의 거품이 붕괴되면서 그 후유증으로 장기불황이 도래했다고 설명한다. 오른쪽 그림에서 보듯이 1985년 연평균 니케이주가지수는 13,170이었으나 이후 계속 상승해 4년 뒤인 1989년에는 39,510을 기록했다. 그리고 6대 도시의 토지가격지수도 1985년을 100으로 했을 때 1990년에는 300을 기록했다. 그러나 1990년 이후 주가지수와 토지가격지수가 계속 하락해 1995년에는 거의 절반으로 떨어졌고 이후에도 자산가격 하락이 지속됐다. 자산가치가 갑자기 하락하면 가계는 부wealth가 감소하므로 소비를 줄일 수밖에 없고 대출담보로 제공되는 부동산 가치가 하락하면 은행을 포함한 금융기관은 부실화될 수밖에 없다. 따라서 금융기관들이 대출을 줄이자 투자가 감소했고 그 결과로 불황이 도래했다는 것이다.

실물적인 설명은 2004년 노벨 경제학상을 수상한 미국 애리조나 주립대학의 프레스콧E.C. Prescott 교수와 일본 게이오대학 하야시林 文夫 교수에 의한 소위 하야시/프레스콧 가설이 있다. 이들은 1990년대 일본 금융기관의 부실이 있었지만 기업이 투자자금을 차입하는 데 어려움이 없었다며 금융제도 붕괴로 인한 투자부진보다는 일본에서 자본과 노동 같은 생산요소의 생산성이 1990년대에 현저히 낮아졌기 때문에 장기불황이 도래했다고 주장했다. 이들은 일본이 1988년부터 1993년까지 토요휴무제 도입을 완료해 노동시간이 감소했다는 사실에 주목했다. 노동시간이 감소하면 노동과 함께 생산활동에 투입되는 자본의 생산성이 감소하게 된다. 실제로 1990년대 일본의 자본 생산성은 1990년 이전보다 현저히 낮아졌다. 또한 1990년대는 일본 인구의 고령화가 급속히 진행돼 노동생산성이 하락한 시기였다. 즉 일본의 장기불황이 금융부문보다는 노동시간 감소와 고령화에 따른 자본과 노동의 생산성 하락 때문이라는 것이다.

두 가지 가설에 더해 일본 정부의 정책 대응이 바르지 않았다는 주장도 있다. 1990년대 일본 정부는 소극적인 정책 대응으로 일관했다. 즉 과감한 재정정책이 필요한 상황이었으나 일본 정부는 재정적자와 국가부채를 염려해 소극적인 재정정책을 실시했다. 특히 일본 정부가 염려한 것은 급속한 고령화에 따른 재정부담이었다. 그러나 결과적으로 불황은 지속되고 재정적자와 국가부채만 쌓이게 됐다. 그 밖에 일본 정부는 금융정책을 적극적으로 시행할 수 없었다. 당시 일본 이자율은 0%에 가까웠기 때문에 팽창적인 금융정책으로 이자율을 하락시킬 여지가 거의 없었다. 따라서 일본 정부는 소극적인 금융정책으로 일관해야 했다. 한편 일부 경제학자들은 당시에 일본이 유동성함정에 빠져 있었던 것은 사실이지만 팽창적인 금융정책을 통해 기대인플레이션 상승을 유도할 필요가 있었다고 주장한다. 기대인플레이션이 상승하면 5장총수요곡선: 폐쇄경제에서 배운 바와 같이 LM곡선이 오른쪽으로 이동해 실질명목이자율이 하락상승하므로 산출량이 증가한다.

2. 아베노믹스

최근 아베노믹스는 막대한 재정투입과 팽창적 통화정책을 통해 엔화의 평가절하를 유도하여 가계의 과감한 소비행태를 도모하는 동시에 기업의 수출을 통한 생산능력 확충으로 불황을 탈출하고자 하였다. 이러한 움직임은 과거와 같이 왕성한 성장잠재력을 되찾아 옛 일본으로 돌아가겠다는 의지의 표현으로 요약할 수 있다. 그럼에도 불구하고 아베노믹스가 계획대로 성과를 거두는 데 미흡한 이유는 경제주체들이 가슴 깊은 곳에 품고 있는(교과서의 표현에 따르면 "기대"하는) 성장잠재력이 여전히 낮기때문으로 보인다. 2013~2014년 동안 일본은행의 통화팽창으로 엔화를 약세시키고 물가상승 압력을 높인 것은 사실이지만 명목임금 상승률이 매우 낮아 물가상승률을 따라가지 못했다. 이를 교과서의 맥락에서 해석해 보자면, 일본경제의 성장잠재력에 대한 기업들의 확신이 부족했기 때문에 임금상승이 이루어지지 못했고 결과적으로 가구의 실질소득이 상승보다는 하락에 가까워 결국 물가하락 압력으로 작용했다고 볼 수 있다. 즉, 통화팽창과 금융시장에는 유동성이 넘침에도 불구하고 소비증가와 투자진작으로 이어지지 못하고 물가상승률은 목표치보다 낮은 상태에 머무르고 있는 것이다. 아무리 일본정신으로 경제를 재무장하려고 해도 과거와 같은 왕성한 경제의지 및 경제활동을 불러일으키기에는 역부족인 물리적 여건예: 고령화, 저출산, 높은 공공부채 등이 발목을 잡고 있다고 볼 수 있다.

합리적 기대에 따라 기대가 형성될 경우에 단기균형이 장기균형에서 벗어나 있더라도 짧은 시일 안에 장기균형으로 복귀한다는 것은 (합리적 기대를 처음 주장한) 새고전학파New Classical의 입장이다. 새고전학파는 단기균형의 장기균형으로의 복귀가 자동조정기능을 통해 빠르게 일어나기 때문에 안정화정책이 불필요하다고 본다. 그러나 실제 경제에서는 단기균형이 장기균형으로 빠르게 수렴할 수 없게 만드는 다음과 같은 요인들이 있다.

1 합리적 기대 형성을 위해서는 완전한 정보와 정보를 분석할 수 있는 능력이 필요하지만 완전한 정보의 수집에는 적잖은 시간이 소요된다. 즉 합리적 기대가 형성되어도 그 기초가 되는 정보수집에 시간이 소요되고 정보 자체가 불완전하다면 단기균형이 장기균형으로 복귀하기까지 적지 않은 시간이 소요될 수 있다.

2 단기균형의 변동은 투자를 변화시키고, 투자변화는 자본량을 변화시킨다. 그런데 투자를 통해 일단 공장이나 생산설비 같은 자본을 한 번 설치하면 오랫동안 사용할 수 있다. 따라서 단기균형의 효과가 지속적으로 나타날 수 있다.

3 총공급을 변화시킬 때 조정비용 adjustment cost이 소요될 수 있다. 즉 산출량을 증가시키기 위해서는 노동자들을 고용해야 하는데, 노동자들을 선발해서 훈련시키는데 적잖은 비용이 소요된다. 반대로 산출량을 감소시키기 위해서는 노동자들을 해고해야 하는데, 노동자들을 해고하는 데에도 법적 또는 제도적인 비용이 소요된다. 이와 같이 조정비용이 존재하면 기대가 합리적으로 형성된다고 해도 단기균형이 장기균형으로 복귀할 때까지 적잖은 시간이 걸릴 수 있다.

7.2.6 합리적 기대와 총수요관리정책

합리적 기대의 경우 총수요관리정책의 효과는 경제주체들이 이미 기대한 정책이냐, 기대하지 못한 정책이냐에 따라 다르게 나타난다. 새고전학파는 기대된 총수요관리정책은 효과가 없고 기대하지 못한 총수요관리정책만 효과가 있다고 주장한다. 이는 **그림 7-8**로 설명할 수 있다.

먼저 단기균형과 장기균형이 점 A에서 동시에 달성돼 있다고 가정해 보자. 이때 정부가 팽창적인 총수요관리정책을 실시한다면 단기균형이 어떤 경로를 따라 새로운 장기균형으로 이동할까? 예를 들어 중앙은행이 통화량을 증가시키는 팽창적인 금융정책을 실시한다고 공표하고 그 공표를 사람들이 신뢰한다고 가정해 보자.

이 경우에 사람들은 정책이 공표되자마자 물가에 대한 기댓값을 상향 조정하므로, 중앙은행이 통화량을 증가시켜 **그림 7-8**에서 총수요곡선을 AD_1에서 AD_2로 이동시킴과 동시에 (사람들의 물가수준에 대한 기댓값이 증가하므로) 총공급곡선이 $SRAS_1$에서 $SRAS_2$로 이동해 두 곡선의 교차점인 단기균형은 (수직으로 나타나는) AB 경로를 따라 새로운 장기균형인 점 B로 이동한다. 다시 말해 알려지거나 기대된 정책은 산출량에 영향을 미치지 못한다.

그렇다면 기대하지 못한 정책의 효과는 어떻게 나타날까? **그림 7-8**에서 처음 단기균형과 장기균형의 동시균형이 점 A에서 이뤄지고 있을 때 사람들이 기대하지 못한 가운데 팽창적인 금융정책이 시행되면 (사람들의 물가에 대한 기댓값이 변화하지 않았기 때문에) 단기공급곡선 $SRAS_1$이 이동하지 않지만 팽창적인 금융정책은 총수요곡선을 AD_1에서 AD_2로 이동시키므로 단기균형이 AC의 경로를 따라 이동하고 산

합리적 기대와 총수요관리정책 그림 7-8

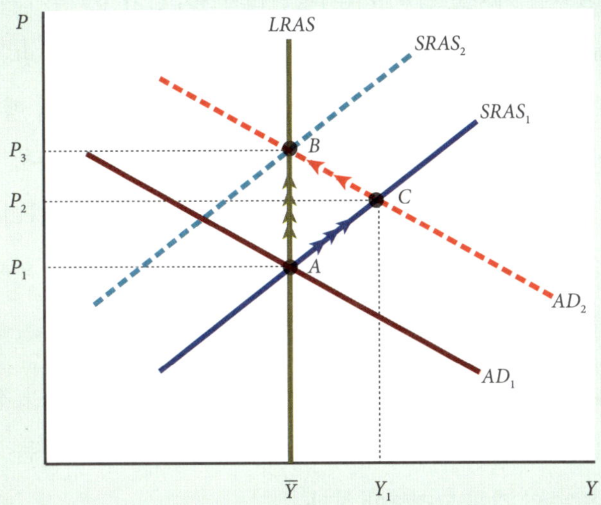

합리적 기대 아래에서 기대된 총수요관리정책은 효과가 없다. 장기와 단기균형이 A에 있을 때 팽창적인 총수요관리정책이 시행되고 그 정책이 알려져 있다면, 정책 시행과 동시에 사람들의 기대물가수준이 상향 조정되어 팽창적인 총수요관리정책에 따라 총수요곡선이 위로 이동하고 동시에 총공급곡선도 위로 이동한다. 따라서 단기균형은 $A \rightarrow B$의 경로를 따르고 총수요관리정책의 단기효과는 나타나지 않는다. 기대하지 못한 정책은 단기적으로 효과가 있으나($A \rightarrow C$) 점 C에서의 단기균형은 점 B의 장기균형으로 빠르게 수렴한다.

출량이 $\bar{Y}$ 에서 Y_1로 증가한다즉 금융정책이 실물부문에 영향을 미친다. 그러나 새로운 단기균형인 점 C에서 사람들이 정책 변화를 인식하면 물가수준에 대한 기대를 조정하므로 위에서 살펴본 바와 같이 단기균형이 장기균형인 점 B로 빠르게 수렴한다.■

기대된 재정정책의 효과에 대해서는 6장의 재정정책의 장기효과를 고려해 분석해 볼 수 있다.

이와 같이 합리적 기대에서 총수요관리정책의 효과는 사람들이 그 정책을 기대했느냐, 기대하지 못했느냐에 따라 다르게 나타난다. 따라서 총수요관리정책이 효과를 가지려면 사람들을 놀라게 하는 방식으로곧 사람들이 기대하지 못하게 하는 방식으로 정책을 시행해야 한다. 그러나 이러한 정책 시행은 불확실성을 더해 사람들의 의사결정을 교란하므로 바람직하지 않다고 본다. 따라서 새고전학파는 총수요관리정책이 효과가 없거나 바람직하지 않은 정책이라고 본다.

한편 합리적 기대 그 자체가 총수요관리정책의 무력성이나 불필요함을 함의하는 것은 아니다. 경제환경에 따라서는 합리적 기대에서도 총수요관리정책이 강력한 효과를 가질 수가 있다. 예를 들어 다음과 같은 두 경우에는 합리적 기대 아래에서도 총수요관리정책이 효과가 있다.

1 정책당국이 일반대중보다 더 많은 정보를 가진 경우가 있을 수 있다. 실제로 경제를 관찰해 자료를 모으고 분석하는 정책 당국이 일반대중보다 정확한 정보를 더

많이 가지고 있는 경우가 적지 않다. 이 경우에는 정책당국이 굳이 일반대중을 속이지 않아도 사람들이 정책당국이 수립하는 정책을 정확히 예측할 수 없다. 따라서 정책당국이 더 우월한 정보를 가지고 있으면 총수요관리정책이 단기 효과를 갖는다.

2 장기계약 long term contract 이 존재하면 기대된 정책도 효과를 가질 수 있다. 예를 들어 3년 임금계약으로 명목임금이 3년간 고정돼 있을 때 두 번째 해에 팽창적인 총수요관리정책이 실시된다면, 시행 시점에 공표돼 이미 기대된 정책이라고 할지라도 효과가 나타난다. 즉 두 번째 해에 정책을 공표하고 팽창적인 총수요관리정책을 실시하면 물가가 상승해 기업의 수입이 증가하나 명목임금은 장기계약에 의해 고정돼 있기 때문에 기업의 이윤과 총공급도 증가하는 정책효과가 나타난다.

이와 같이 총수요관리정책의 효과는 기대형성방법에도 영향을 받지만 경제 환경과 제도에도 영향을 받는다. 따라서 실제 경제에서 정책효과를 분석하는 경우에는 이러한 여러 요인을 주의 깊게 고려해야 한다.

7.3 결 론

거시경제의 단기모형은 경기변동을 설명하기 위한 것이다. 경기변동은 장기균형을 중심으로 단기균형이 끊임없이 이동하는 현상이라고 할 수 있다. 단기균형이 장기균형에서 벗어나는 이유는 근본적으로 총수요와 총공급에 주어지는 충격 때문이다. 다시 말해 소비나 투자의 독립지출, 화폐수요, 해외수요, 재정정책 및 금융정책 같은 총수요관리정책과 소비자선호의 변동 같은 충격이 총수요에 끊임없이 주어진다. 마찬가지로 총공급에 대해서도 생산요소 생산성의 단기적 변동 및 원유가격 변동 같은 충격이 끊임없이 주어진다.

이러한 충격이 주어지면 경제는 단기적으로 장기균형에서 벗어난다. 실제에서 단기균형이 장기균형과 일치하는 경우는 드물다. 대부분의 경우에 경제는 장기균형에서 벗어나거나 장기균형으로 수렴해 가는 과정에 있다고 볼 수 있다. 경제가 장기균형에서 아래로 벗어나면 자연실업률보다 높은 실업이 발생하고, 반대로 위로 벗어나면 인플레이션이 발생한다. 실업과 인플레이션은 거시경제의 두 가지 해악으로 사회적 후생비용을 야기한다. 따라서 경제적으로 가장 바람직한 상태는 장기균형을 유지하는 것이다. 이를 위해서는 경기변동에 대한 이해와 함께 경기변동을 제거할 수 있는 정책을 이해하는 것이 중요하다.

요 약

≫ 우리나라의 경기변동은 몇 가지 특성이 있다. 즉 *GDP*와 소비 및 투자 가운데 투자의 변동이 가장 크고, 다음으로 *GDP*와 소비 변동의 순으로 변동이 크다.

≫ 경기선행지수는 미래의 경기에 관한 정보를 담고 있는 변수들을 이용하여 만들어진다. 경기선행지수는 6~9개월 이후의 경기에 대한 예고지표이다.

≫ 거시경제의 단기균형은 총수요의 과소에 따라 완전고용의 장기균형에서 벗어날 수 있다. 단기균형이 장기균형에서 벗어나면 장기균형으로 조정되어 가는 자동조정기능이 있다. 그러나 자동조정기능에 따라 단기균형이 장기균형으로 이동하기까지 많은 시간이 소요될 수 있다. 그러한 경우에는 총수요관리정책을 이용해 빠른 시간 안에 단기균형을 장기균형으로 이동시킬 수 있다.

≫ 거시경제의 자동조정기능에 의존하면 단기균형의 장기균형으로의 이동이 기대형성방법에 따라 다르게 나타난다. 적응적 기대에 따라 기대가 형성되는 경우에는 단기균형이 장기균형으로 수렴하기까지 많은 시간이 소요될 수 있으며 같은 종류의 실수를 되풀이하는 체계적 오류가 나타난다. 합리적 기대에 따라 기대가 형성되는 경우에는 단기균형이 장기균형으로 수렴하기까지 짧은 시간이 소요될 뿐만 아니라 체계적인 오류도 나타나지 않는다.

≫ 총수요관리정책의 효과도 기대형성방법에 따라 다르게 나타난다. 적응적 기대의 경우에는 총수요관리정책이 항상 단기적인 효과를 갖는다. 반면에 합리적 기대의 경우에는 경제주체들이 기대하지 못한 총수요관리정책은 *GDP*와 고용 같은 실물부문에서 단기효과가 나타나지만 이미 기대된 총수요관리정책은 실질효과가 없다.

핵심용어

- 경기선행지수
- 내부시차
- 변동성
- 수축기
- 자동조정기능
- 정점
- 진폭
- 경기순행적
- 동조성
- 비경기변동적
- 안정화정책
- 저점
- 정책전달경로
- 확장기
- 경기역행적
- 동행적
- 선행적
- 외부시차
- 전환점
- 주기
- 후행적

연습문제

01 경기변동에 관한 다음 물음에 답하시오.

(1) 동조성comovement이란 무엇인가?

(2) 경기변동의 변동성이 미국의 경우에는 1980년대 초반 이후, 그리고 우리나라의 경우에는 2000년 이후 크게 감소하고 있다. 이와 같이 경기변동의 크기가 감소하는 현상이 거시경제에서 특히 중요한 이유는 무엇인가?

(3) 경기변동이론의 구성요소는 무엇인가?

(4) 경기변동에 관하여 케인즈학파 학자들과 고전학파 학자들은 단기균형이 장기균형으로 복귀하는 데 소요되는 시간, 안정화정책의 효율성, 경기변동의 원인 등에 관하여 다른 견해를 보이고 있다. 이에 대해 비교 설명하시오.

(5) 경기침체기에 비내구소비재나 서비스에 대한 지출보다 주택, 가구, 전자제품 같은 내구소비재에 대한 지출이 훨씬 크게 감소한다고 한다. 그러한 차이가 나타나는 이유를 설명하시오.

(6) 1973~75년 우리나라를 포함해 전 세계적으로 나타난 경기침체의 특징은 경기침체와 함께 높은 인플레이션이 발생한 것이다. 이러한 현상은 수요충격에 의해 나타나는가, 공급충격에 의해 나타나는가? 총공급/총수요 모형을 이용해 설명하시오.

02 산출량과 총노동시간 및 산출량을 총노동량으로 나눈 평균 노동생산성은 모두 경기순행적procyclical이다. 이 변수들과 경기변동에 관한 다음 물음에 답하시오.

(1) 산출량과 총노동시간 중 어떤 변수가 더 큰 변동을 보인다고 생각하는가?

(2) 노동의 평균생산성이 경기순행적이라는 점을 이용해 오쿤의 법칙Okun's law을 설명할 수 있는가?(오쿤의 법칙은 8장 참조)

(3) 평균 노동생산성이 경기순행적임을 총수요에 주어지는 충격을 이용해 설명할 수 있는가? 설명할 수 없다면 총수요 충격 외에 어떤 추가적인 요소가 필요한가?

(4) 평균 노동생산성은 경기순행적이지만 그 정도가 약하다고 알려져 있다. 이와 같은 사실을 총공급에 주어지는 충격을 이용해 설명할 수 있는가? 설명할 수 없다면 총공급 충격에 더하여 어떤 추가적인 요소가 필요한가?

(5) 총노동시간은 고용자 수와 고용자들의 1인당 평균노동시간의 곱으로 구할 수 있다. 미국의 경우 총노동시간 변동의 75% 정도는 고용자 수의 변동, 25% 정도는 1인당 평균노동시간의 변동으로 설명할 수 있고 우리나라의 경우 총노동시간의 60% 정도는 1인당 평균노동시간, 40% 정도는 고용자수의 변동으로 설명할 수 있다. 미국과 우리나라 노동시장의 경기변동이 다른 특성을 갖는 이유를 설명하시오.

03 통계청 통계사이트http://www.kosis.kr에서 다음의 변수들을 찾아 경기변동에 어떻게 반응하는지 그림을 그려 설명하시오.

(1) 정부의 조세수입

(2) 건설수주

(3) 소비자 기대 및 평가지수

(4) 기업경기조사

(5) 경기종합지수

(6) 제조업 가동률지수capacity utilization rate

(7) 제조업 1인당 평균노동시간

04 물가수준의 경기변동은 경기역행적인 것으로 알려져 있다. 이와 같은 물가의 경기변동을 설명하기 위해서 *IS*곡재화시장 또는 *LM*곡선금융시장에 주어지는 충격 그리고 공급충격을 고려한다고 할 때 어떤 충격이 보다 설명력이 있는지 논하여 보시오.

05 경기변동에서 실질임금은 비경기변동적인 것으로 알려져 있다. 이와 같은 실질임금의 경기변동적 특성을 설명하기 위해서 경제에 주어지는 충격에 관하여 필요한 가정은 무엇인가?

06 총공급이 기대물가수준의 함수이면 단기균형이 장기균형으로 조정되는 기제가 존재한다. 이를 적응적 기대와 합리적 기대의 경우로 나누어 논하시오.

07 대공황the Great Depression과 일본의 장기불황을 비교해 설명하시오.

08 다음과 같은 거시경제 모형을 생각해 보자.

소비함수: $C=200+0.25Y_d$, 투자함수: $I=150-1{,}600r$

정부지출: $G=250$, 비례소득세: $T=-1{,}120+0.2Y$

화폐수요: $\dfrac{M^d}{P}=2Y-8{,}000r$, 화폐공급: $M=1{,}600$

$$Y=1{,}000+\left(\frac{500}{3}\right)(P-P^e)$$

다음 물음에 답하시오.

(1) *IS*와 *LM*곡선을 정의하고 총수요곡선을 도출하시오.

(2) $P^e=1$일 때 균형산출량, 물가수준, 이자율, 소비, 투자를 구하고 그때의 정부 예산흑자government budget surplus를 구하시오. 이 경우의 균형은 장기 총공급곡선 위에 있

는가?

(3) $P^e=1$일 때 화폐공급이 1,600에서 1,120으로 감소했다고 한다. 단기균형에서 산출량, 물가수준, 이자율, 소비, 투자 및 정부예산흑자를 구하시오.

(4) $P_t^e=P_{t-1}$곧 지난 기의 물가수준이라고 한다. (3)과 같은 단기균형이 어떻게 장기균형으로 이동하는지 설명하시오.

(5) (2)와 (3)의 조세수입을 비교하고, 소득세가 자동안정화장치automatic stabilizer인 이유를 설명하시오.

09 소비함수, 투자함수 및 화폐수요함수가 다음과 같이 주어졌다고 한다.

$$C=750+0.75(Y-T)$$

$$I=2{,}000-10{,}000r$$

$$\frac{M^d}{P}=Y-10{,}000i$$

정부지출과 조세는 각각 $G=T=1{,}000$이고 통화량은 $M=9{,}500$, 물가수준은 $P=1$로 주어졌다고 한다. 그리고 완전고용수준의 산출량은 $\bar{Y}=10{,}000$이다.

(1) IS곡선과 LM곡선을 구하고 도시하시오.

(2) $P=1$인 경우 장기균형과 단기균형이 동시에 이루어지고 있음을 보이시오. 그리고 그때의 이자율, 소비, 투자를 구하시오.

(3) 정부기 지출을 1,000에서 1,250으로 증가시켰다고 한다. 새로운 단기균형에서 소득과 이자율, 소비와 투자를 구하시오. 이와 같은 정책의 변화가 투자에 미치는 밀어내기효과는 얼마인가?

(4) 정부지출은 원래의 수준에서 변함이 없는 가운데 중앙은행이 통화량을 9,500에서 10,000으로 증가시켰다고 한다. 새로운 단기균형에서 실질이자율과 물가수준, 소비와 투자를 구하시오.

(5) 정부지출과 통화량은 원래의 수준에서 변함이 없는 가운데 원유가격의 상승에 따라 물가수준이 1.25로 상승했다고 한다. 새로운 단기균형에서 실질이자율과 물가수준, 소비와 투자를 구하시오.

(6) (3), (4), (5)의 경우, 이 모형에서 단기균형이 장기균형으로 복귀하는 기제mechanism가 존재하는가?

▶▶ 경기변동의 후생비용

경기변동은 사회적 비용을 수반한다. 경기가 불황일 때는 실업자가 증가해 사회적 비용이 뒤따르고 경기가 과열돼 있을 때는 인플레이션이 발생해 그에 따른 사회적 비용이 발생한다. 그 밖에 경기변동은 소비 변동을 초래하는데, 소비 변동은 경제적인 후생비용welfare cost을 수반한다.

그림 A7-1에는 효용함수 $U(C)$가 나타나 있다. 한 기간의 소비를 C_1, 다른 기간의 소비를 C_3이라고 하면 각각의 소비에서 얻는 효용의 평균은 $\{U(C_1)+U(C_3)\}/2$이다. 소비자가 두 기간에 C_1과 C_3을 소비하는 대신 두 소비의 평균 $C_2=(C_1+C_3)/2$를 소비한다면 평균적으로 $U\{(C_1+C_3)/2\}$의 효용을 얻을 수 있다. 그런데 소비의 한계효용은 체감하므로 효용함수는 위로 볼록하다. 따라서 **그림 A7-1**에서 보는 바와 같이 다음 식이 성립한다.

그림 A7-1 경기변동의 후생비용

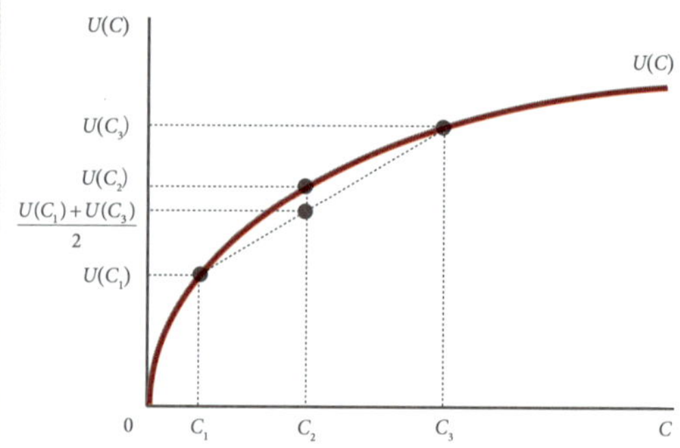

$$\frac{U(C_1)+U(C_3)}{2} < U\left(\frac{C_1+C_3}{2}\right)$$

즉 두 기간 동안 각각 C_1과 C_3을 소비하는 것보다 두 기간에 평균적으로 일정한 $(C_1+C_3)/2$를 소비하는 것이 더 높은 효용을 준다. 이는 경기변동에 따라 소비가 변동하면 그만큼 효용이 감소하므로 후생비용이 발생하는 것을 의미한다. ❖

▶▶ 실물경기변동이론

실물경기변동이론은 공급 측면에 주어지는 생산성 충격에 대해 소비자노동자와 기업이 최적적으로 반응할 때 나타나는 산출량, 소비, 투자, 고용량, 노동생산성 등의 변동을 이용해 경기변동을 설명하는 이론이다. (가장 간단한 형태의) 전형적인 실물경기변동모형은 다음과 같은 다섯 가지 특징을 가지고 있다.[1]

1 한 경제에 무수히 많은 동일한 경제주체들이 존재한다고 가정하는 대표적 경제주체모형representative agent model이다. 초기의 기본적인 실물경기변동모형에서는 경제주체들 사이의 이질성heterogeneity이 무시됐지만 이 한계는 가계와 기업의 다양한 이질성을 도입함으로써 극복됐다.

2 기본적인 모형에서는 시장 왜곡distortion을 일으키는 요인들이 존재하지 않는다. 따라서 시장은 완전경쟁이고 경쟁균형competitive equilibrium은 후생경제학의 제1정리와 제2정리에 따라 자원제약식에 대해 평생효용을 극대화하는 계획문제programming problem를 풀어서 구했지만, 최근의 실물경기변동이론에는 왜곡적인 조세를 비롯한 다양한 왜곡요인들이 도입됐다.[2]

3 경기변동을 일으키는 시발점으로서 최초충격impulse은 생산함수에 가해지는 생산성충격productivity shock이다.[3] 이는 케인즈 이후 전통적인 경기변동이론이 수요충격특히 화폐적 충격을 중시했던 것과 대비된다. 물론 실물충격에는 생산성 충격만 있는 것이 아니라 선호충격preference shock, 정부지출충격, 해외충격 등 여러 가지가 존재한다. 그리고 현재는 다양한 형태로 화폐를 도입함으로써 실물경기변동의 틀 안에서 화폐적 경기변동이 연구되고 있다.[4] 더구나 케인즈학파가 주장하는 임금과 산출물 가격의 경직성까지 도입함으로써 실물경기변동이론의 경계가 모호해지고 있다.[5]

4 최초 충격이 시간을 두고 부정기적인 주기의 변동을 일으키면서 미래로 전파되는 경기변동의 전파경로propagation mechanism는 충격에 따른 기간 간 대체효과intertemporal substitution effect와 자본축적capital accumulation에 의존한다. 예를 들어 t기에 양의 생산성 충격이 주어지면 노동공급자들이 상대적으로 생산성이 높은 t기의 노동공급을 증가시키고 $t+1$기의 노동공급을 감소시키는 기간 간 대체효과가 나타난다. 따라서 고용과 산출량이 증가하고 소비와 저축자본축적 또한 증가한다. 그리고 $t+1$기의 자본량이 증가하면 노동의 생산성이 증가하므로 높은 수준의 노동의 고용이 지속된다.

5 실물경기변동이론의 선구적 연구는 1972년에 발표된 브락W.A. Brock과 머먼L.J. Mirman의 불확실성 아래에서의 최적 성장에 관한 논문이다.[6] 따라서 엄밀히 말한다면 실물경기변동이론의 공헌은 이론적인 면에 있다기보다 불확실성 아래에서의 최적 성장모형의 이용가능성을 넓혔다는 데 있다고 할 수 있다. 특히 거의 모든 최적성장모형은 분석적인 해analytical soulution가 존재하지 않는다. 이 경우에는 수치해석적인 방법numerical method으로 해를 구해야 하는데 실물경기변동이론

---

1 Prescott, E.C.(1986), "Theory Ahead of Business-cycle Measurememt," *Federal Reserve Bank of Minneapolis Quarterly Review* v.10, pp.9-22.

2 Christiano, L.J. and M. Eichenbaum(1992), "Current Business Cycle Theory and Aggregate Labor Market Fluctuations," *American Economic Review* v.82, pp.430-450.

3 Kydland, F.E. and E.C. Prescott(1982), "Time to Build and Aggregate Fluctuations," *Econometrica* v.50, pp.1345-1370.

4 Cooley, T.F. and G.D. Hansen(1989), "The Inflation Tax in a Real Business Cycle Model," *American Economic Review* v.79, pp.733-748.

5 Cho, J.-O. and T.F. Cooley(1995), "The Business Cycle with Nominal Contracts," *Economic Theory* v.6, pp.13-33.
Yun, T.(1996), "Nominal Price Rigidity, Money Supply Endogeneity and Business Cycle," *Journal of Monetary Economics* v.37, pp.345-370.

6 Brock, W.A. and L.J. Mirman(1972), "Optimal Economic Growth and Uncertainty: The Discounted Case," *Journal of Economic Theory* v.4, pp.497-513.

은 이 점에서 획기적인 발전을 이루었다.[7]

다시 말해 실물경기변동이론이 나타난 후부터 모형의 질적인 특성qualitative properties뿐만 아니라 모형의 수량적인 특성quantitative properties에 대한 분석도 요구하게 되었다. 예를 들어 실물경기변동이론에서는 흔히 모형에서의 소득, 소비, 투자의 상대적 변동성volatility과 상관계수correlation coefficient가 실제 데이터와 얼마나 비슷한지를 분석한다. 그리고 모형에서의 노동과 노동생산성의 수량적인 특성이 실제 데이터와 얼마나 다른지를 분석하기도 한다. 이러한 수량적인 분석quantitative analysis은 실물경기변동이론의 핵심적인 공헌 가운데 하나이다. ❖

7 Judd, K.L.(1998), *Numerical Method in Economics*, MIT Press: Cambridge, MA.

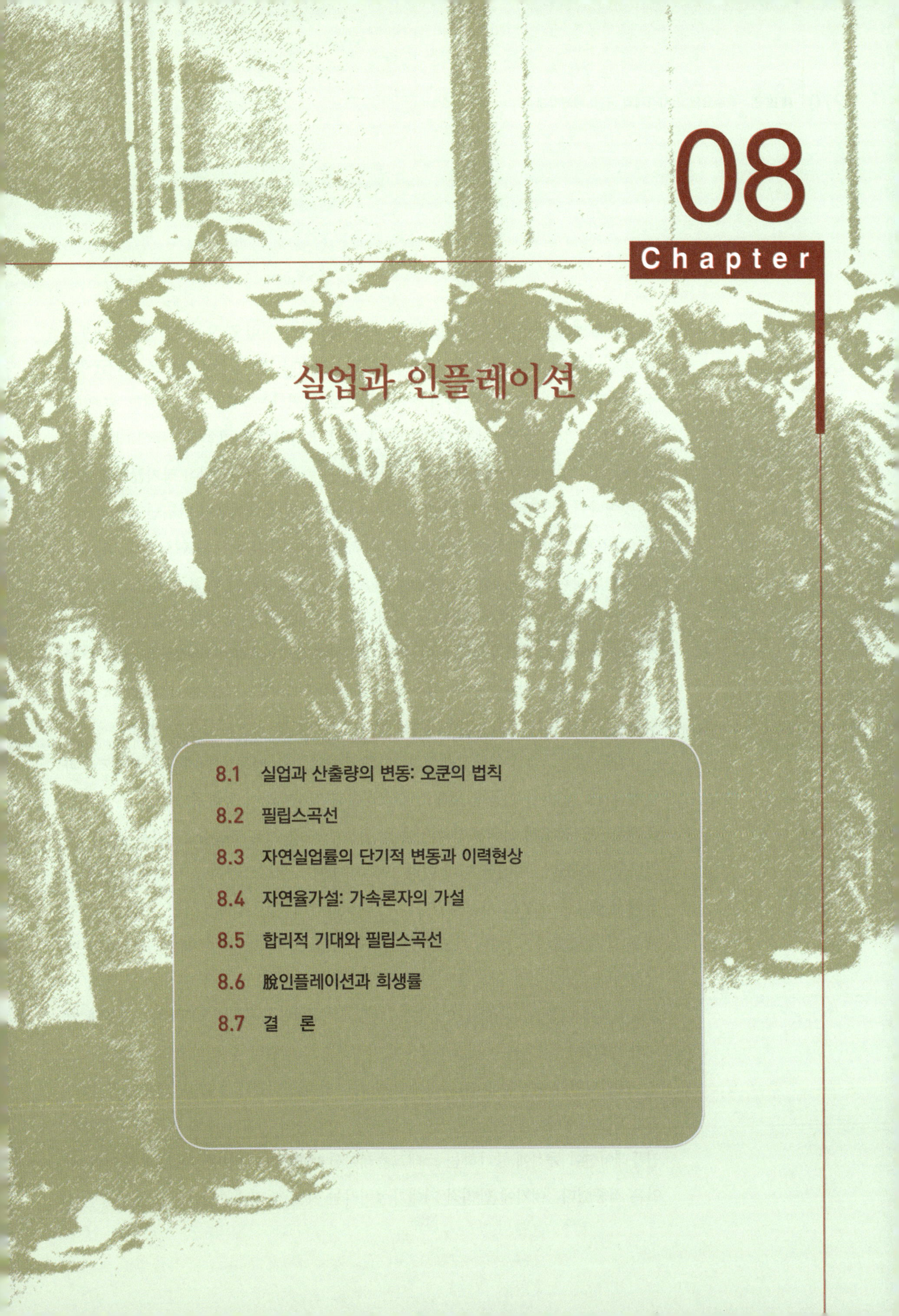

08

Chapter

실업과 인플레이션

앞 장에서 배운 바와 같이 거시경제에 주어지는 여러 가지 충격 때문에 대부분의 기간 동안 단기균형이 장기균형으로부터 벗어나 있다. 경기변동은 단기균형이 장기균형에서 벗어난 다음 다시 장기균형으로 회귀하는 과정으로 이해할 수 있다. 단기균형이 장기균형에서 아래로 벗어나 불황이 나타나면 자연실업률에 더하여 경기변동적 실업 cyclical unemployment 이 나타난다. 반대로 단기균형이 장기균형에서 위로 벗어나면 실업률은 자연실업률보다 낮아지지만 인플레이션이 나타난다.

실업과 인플레이션은 거시경제가 직면하는 두 가지 해로운 현상이다. 따라서 실업과 인플레이션은 1930년대 대공황 이후 거시경제학이 해결하고자 노력한 주된 연구대상이었다. 특히 1958년 필립스 A.W. Phillips 의 논문에서 유래한 필립스곡선 Phillips curve 은 실업과 인플레이션 사이에 상충관계 tradeoff 가 존재함을 보였다. 즉 필립스는 영국의 실제 자료를 이용해 실업률이 높을 때는 인플레이션명목임금증가율이 낮고 실업률이 낮을 때는 인플레이션명목임금증가율이 높다는 사실을 보였다.

처음 필립스곡선이 등장했을 때 이를 집중적으로 이용한 학자들은 케인즈학파 경제학자들이었다. 이들은 필립스곡선에 대해 정책당국이 통화증가율을 조절해 인플레이션을 적절히 선택하면 실업률을 원하는 수준으로 조절할 수 있음을 보여주었다고 이해했다. 이러한 인식 아래 1960년대에는 필립스곡선이 거시경제 정책 연구에서 중요한 도구로 사용되었다. 사실 1960년대 미국 경제에서는 필립스곡선이 매우 잘 성립했다. 그러나 대표적인 통화론자인 프리드먼 M. Friedman 은 1968년 미국경제학회 회장취임 연설에서 필립스곡선이 안정적이지 않음을 지적했다. 특히 인플레이션에 대한 경제주체들의 기대가 변화하면 필립스곡선이 이동하기 때문에 기대가 변화하는 장기에는 필립스곡선이 안정적으로 성립할 수 없다고 주장했다.

프리드먼의 주장은 1970년대에 대한 하나의 예언이었다. 1970년대에는 두 번의 유가파동 oil shocks 때문에 인플레이션에 대한 사람들의 기대가 크게 변동했고 실업과 인플레이션이 동시에 증가하는 스태그플레이션 stagflation 이 나타났다. 프리드먼의 예언은 적중했다. 여기에 합리적 기대가설이라는 새로운 기대형성이론이 등장하면서 처음 필립스가 발견한 필립스곡선은 어느 상황에서나 성립하는 안정적인 관계가 아니라는 것이 이론적으로 밝혀졌고 마침내 필립스곡선은 수정되기에 이른다.

이 장에서는 거시경제학에서 항상 문제가 되는 두 변수인 실업과 인플레이션에 관해 알아본다. 먼저 실업률과 경제성장률의 관계를 보여주는 오쿤의 법칙 Okun's law과 필립스곡선에 관해 알아보고 필립스곡선과 관련해 중요하다고 생각되는 (장기간 지속되고 있는) 유럽의 높은 실업률, 자연율가설, 희생률 등도 알아볼 것이다.

실업과 산출량의 변동: 오쿤의 법칙 8.1

거시경제에서 생산은 노동을 고용해 이루어지므로 실업자 수가 많아지면 산출량이 감소할 것임을 쉽게 이해할 수 있다. 실업률이 증가하면 *GDP* 증가율이 감소하는 역의 관계를 처음 주장한 사람은 미국의 경제학자 오쿤 A.M. Okun■이다. 그의 이름을 따서 이 두 변수의 역의 관계를 오쿤의 법칙 Okun's Law이라고 부른다.[1]

■ 오쿤은 미국의 존슨 행정부에서 경제자문회의 의장 Chairman of the Council of Economic Advisors을 지냈다.

오쿤의 법칙
실업률이 증가하면 *GDP* 증가율이 감소하는 역의 관계가 성립한다.

그림 8-1은 2001년부터 2018년까지 우리나라의 *GDP* 증가율과 실업률 변화량 사이의 관계를 보여주고 있다. **그림 8-1**에 나타나 있는 산포도 scatterplot의 가운데를 지나는 선을 최소자승법 ordinary least squares이라는 통계기법을 이용해 구해보면 다음 식을 얻을 수 있다.

$$g_t = 3.7 - 3.5(u_t - u_{t-1}) \tag{8-1}$$

여기서 g_t는 t기의 *GDP* 증가율, u_t는 t기의 실업률이다. 따라서 실업률이 변하지 않고 자연실업률 수준을 유지했다면, 우리나라 경제는 2011~2018년에 평균적으로 약 3.7%씩 성장했다고 할 수 있다. 그런데 한 경제의 실업률이 자연실업률에서 일정하게 유지되는 경우는 경제가 장기균형에 있을 때뿐으로, 정상상태의 균형 steady state equilibrium이라고 부른다.

경제가 장기균형에 있을 때 *GDP* 잠재성장률 potential rate of growth은 경제활동인

1 Okun, A.M., "Potential GNP: Its Measurement and Significance," *Proceedings of the Business and Economics Statistics*, American Statistics Association, Washington, DC: American Statistical Association, 1962; reprinted in A.M. Okun, *Economics of Policymaking*, Cambridge, MA:MIT Press, 1983, pp.145-158.

그림 8-1 **오쿤의 법칙**

오쿤의 법칙은 실업률과 *GDP* 증가율 사이의 실증적 관계이다. 오쿤의 법칙은 나라에 따라, 그리고 한 나라 안에서도 시대에 따라 다르게 나타난다. 우리나라에서도 실업률이 1% 증가하면 *GDP* 증가율이 3.5% 감소하는 음(−)의 상관관계가 나타난다.

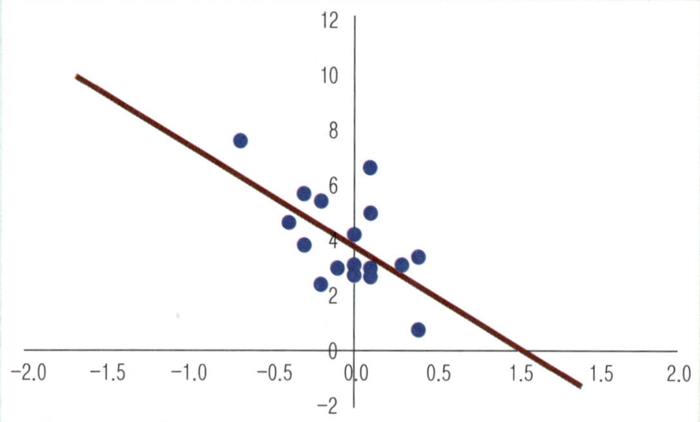

자료: 통계청

구의 증가, 자본축적 및 기술진보에 의해 유지된다. 그리고 **식 (8-1)**에 따르면 경제가 장기균형에서 벗어나 실업률이 1% 증가하면 *GDP* 성장률은 3.5% 감소한다.

8.2 필립스곡선

필립스곡선
실업률과 임금상승률(물가상승률) 사이에 역의 상관관계를 보여주는 곡선

뉴질랜드의 경제학자 필립스A. W. Phillips는 1958년《Economica》라는 경제학술지에 발표한 논문에서 1861~1957년 영국에서 발생한 실업률과 명목임금상승률의 상관도를 그려 두 변수가 역의 관계를 가지고 있음을 보였다.[2] 즉 실업률이 낮을 때 명목임금상승률이 높고, 실업률이 높을 때 명목임금상승률이 낮다는 사실을 밝혀낸 것이다. 필립스의 논문이 발표된 이래 경제학자들은 명목임금상승률 대신 물가상승률을 대입해 현재까지 사용해 오고 있다. 명목임금상승률과 물가상승률은 긴밀하게 같은 방향으로 움직이므로 두 변수를 교체하여 사용해도 무방하다.[3]

2 Phillips, A.W.(1958), "The Relationship Between Unemployment Rate and the Rate of Change of Money Wages in the United Kingdom, 1861-1957," *Economica* 25, pp. 283-299.

3 Samuelson, P.A. and R.M. Solow(1960), "Analytical Aspects of Anti-inflation Policy," *American Economic Review* v.50 No.2, pp.177-194.

우리나라의 필립스곡선 **그림 8-2**

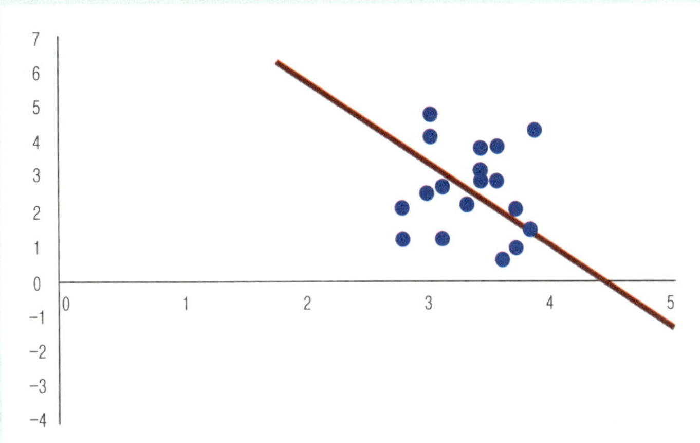

2001~2018년 우리나라의 실업률과 소비자물가상승률 사이의 관계이다.

자료: 통계청

필립스의 공헌 이후 필립스곡선은 현대 거시경제학에서 (특히 정책을 분석할 때) 핵심적인 개념으로 사용되고 있다. 보통 정책당국자들은 낮은 실업률과 낮은 인플레이션이라는 두 가지 목표를 동시에 달성하려고 하지만, 필립스곡선은 그것이 매우 어려운 일임을 보여준다. 필립스곡선에 따르면, 실업률과 물가상승률 사이에 상충관계 tradeoff가 존재하기 때문에 이 두 변수 가운데 어느 하나의 목표치를 달성하기 위해서는 다른 변수의 목표치를 희생해야 한다.

이처럼 물가상승률이라는 명목변수와 실업률이라는 실질변수 간에 체계적 관계가 존재한다는 사실은 매우 흥미로운 발견이다. 곧 배우게 되겠지만, 이는 수요충격에 대해서 물가수준이 더디게 반응하는 (부분적)가격경직성에 기인한다. 만약에 수요충격에 물가가 즉각적으로 반응할 경우 실업률 변동이 생기지 않기 때문이다.

8.2.1 우리나라의 필립스곡선

우리나라의 필립스곡선이 **그림 8-2**에 나타나 있다. 그림은 2001~2018년 우리나라의 실업률과 소비자물가상승률 사이의 관계를 보여준다.■ 이 기간 동안 우리나라 경제에는 분명한 필립스곡선곧 실업률과 소비자물가 상승률 사이의 역관계이 나타남을 알 수 있는데, 그림에서 점선으로 나타나 있는 필립스곡선의 추정식은 다음과 같다.■

■ 외환위기가 진행된 1998년은 예외적인 해이므로 제외하였다.

■ log의 밑수는 e이다.

$$\pi_t = 10.5 - 2.4u_t \quad \textbf{(8-2)}$$

따라서 이 기간에 속하는 어느 연도의 실업률이 2%라면 이를 **식 (8-2)**에 대입해 소비자물가상승률 5.7%를 얻을 수 있다. 마찬가지 방법으로 실업률이 3%이면 소비자물가상승률 3.3%, 실업률이 4%이면 소비자물가상승률 0.9%를 각각 얻을 수 있다.

7장에서 설명했듯이 경제에 공급충격이 주어지는 경우도 있다. 가장 대표적인 것이 1974년과 1979년에 일어난 유가파동oil shocks이다1974년과 1979년 당시 유가가 3배 정도씩 폭등하였다. 유가 폭등은 기업의 채산성을 악화시켜 물가상승률뿐만 아니라 실업률도 증가시킨다. 이와 같은 부정적인 공급충격이 주어지면 **그림 8-3**에서 보는 바와 같이 실업률과 물가상승률이 동시에 증가하는 스태그플레이션이 나타난다.

8.2.2 총공급곡선과 필립스곡선

필립스가 실업률과 물가상승률 사이의 역관계tradeoff를 보여주는 필립스곡선을 발견한 이래 1960년대 후반까지 필립스곡선은 실업과 인플레이션을 분석하는 도구로, 그리고 정책을 입안하는 이론으로 매우 유용하게 사용됐다. 그러나 필립스곡선의 유용성에 대한 반론과 경고가 프리드먼M. Friedman과 펠프스E. Phelps에 의해 제기됐다.[4] 이들은 기대가 안정적이고 물가와 명목임금이 변화해도 안정적인 기대에 변함이 없으면 필립스곡선이 성립하지만, 인플레이션이 매우 높아 사람들의 인플레이션에 대한 기대가 수시로 조정되는 경우에는 필립스곡선이 성립하지 않는다고 주장했다. 이들의 주장은 1970년대에 마치 하나의 예언처럼 적중했다. 1970년대 미국 경제는 인플레이션이 매우 높고 동시에 실업률도 높게 유지곧 스태그플레이션되고 있었다. 당시에 스태그플레이션이 나타난 이유는 높은 인플레이션 때문에 사람들이 물가상승률에 대한 기댓값을 높게 조정한 데다 이 기간 동안 유가파동oil shock이 있었기 때문이다.

그렇다면 (원유가격 상승 같이 수요와 무관한) 공급충격이 나타날 때 왜 필립스곡선곧 실업률과 인플레이션의 역의 관계이 나타나지 않을까? 이 질문에 대한 해답은 궁극적으

4 Friedman, M.(1968), "The Role of Monetary Policy," *American Economic Review* 58.1, pp. 1-17, Phelps, E.(1968), "Money-Wage Dynamics and Labor-Market Equilibrium," *Journal of Political Economy*, pp. 678-711.

스테그플레이션과 필립스곡선: 1972~81년 그림 8-3

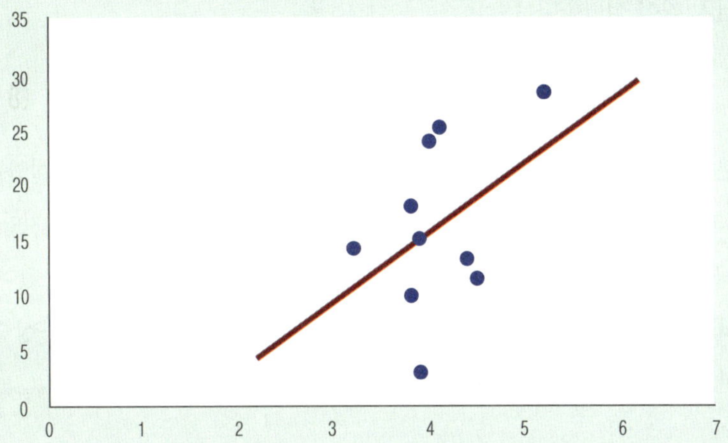

우하향하는 필립스곡선은 총수요에 충격이 주어질 때 잘 정의된다. 그러나 총공급에 충격이 주어지면 우상향하는 필립스곡선이 나타난다. 1970년대 중후반은 원유가격의 상승이라는 공급충격이 주어진 기간으로, 이 기간의 필립스곡선은 우상향으로 나타난다. 즉 실업과 인플레이션이 동시에 증가하는 현상이 나타났는데, 이와 같은 현상을 스태그플레이션(stagflation)이라고 부른다.

로 필립스곡선이 근본적으로 총공급곡선의 다른 표현이라는 것이다. 즉 필립스곡선은 총공급이 안정적으로 유지되는 가운데 총수요가 변동할 때 물가가 더디게 반응할 경우 나타나며, 총공급곡선이 이동하면 우하향하는 필립스곡선의 관계가 더 이상 유효하지 않게 된다. 앞에서 배운 바와 같이 총공급곡선의 이동은 물가에 대한 기대의 변화와 총공급에 주어지는 여러 가지 충격들이 원인이다. 이러한 요인들을 프리드먼과 펠프스가 지적한 것이다.

필립스곡선은 (단기 총공급곡선의 다른 표현이기 때문에) 다음과 같이 단기 총공급곡선으로부터 유도해낼 수 있다. 먼저 P_{-1}과 Y_{-1}을 각각 지난 기의 물가수준과 GDP라고 하면 **식** (4-7)에 나타나 있는 총공급곡선을 다음과 같이 다시 쓸 수 있다.

$$P - P_{-1} = P^e - P_{-1} + \frac{1}{\alpha}(Y - \bar{Y}) \qquad \textbf{(8-3)}$$

여기서 **식** (8-3)에 포함되어 있는 모든 변수가 로그로 나타낸 변수■라고 하면 **식** (8-3)으로부터 다음 식을 얻는다.■

$$\pi = \pi^e + \frac{1}{\alpha}(Y - \bar{Y}) \qquad \textbf{(8-4)}$$

여기서 $\pi = P - P_{-1}$, $\pi^e = P^e - P_{-1}$은 물가상승률과 기대물가상승률을 나타낸다. 그리

■ 이는 총공급곡선을 로그 선형log linear으로 근사시켰음을 의미한다. 즉, $\ln P - \ln P_{-1} = \Delta \ln P \cong \frac{\Delta P}{P} \equiv \pi$임

■ 한 변수가 로그로 나타낸 변수이면 인접한 두 기간의 값의 차이는 증가율을 나타낸다.

고 $Y-\bar{Y}$ 는 실제 산출량과 완전고용수준곧 자연실업률 수준 산출량의 차이이다. 따라서 실제 산출량이 자연실업률 수준의 산출량에서 크게 벗어나 있지 않다면 다음과 같이 오쿤의 법칙이 성립한다.■

식 (8-5)에서는 식 (8-1)과 달리 완전고용산출량과 자연실업률을 이용했다. 오쿤의 법칙은 필요에 따라 두 가지 가운데 하나를 사용한다.

$$Y-\bar{Y}=-\beta(u-u^N) \tag{8-5}$$

여기서 u^N은 자연실업률로 완전고용수준—곧 $\bar{Y}$ 에 상응하는 수준—에서의 실업률이다. 즉 오쿤의 법칙은 실업률의 변동과 산출량의 증가량 사이의 관계로 정의되지만, 이는 곧 고용량과 산출량의 관계를 나타내는 생산함수의 다른 표현이라고 할 수 있다.

이제 **식** (8-5)의 $Y-\bar{Y}$ 를 **식** (8-4)의 $Y-\bar{Y}$ 에 대입하면 실업률과 물가상승률 사이의 역관계를 나타내는 다음과 같은 필립스곡선을 얻을 수 있다.

$$\pi=\pi^e-\gamma(u-u^N) \tag{8-6}$$

여기서 $\gamma=\beta/\alpha$ 이다. 그런데 원래의 필립스곡선은 실업률과 물가상승률 간의 역관계를 나타낼 뿐 자연실업률이나 기대물가상승률 등은 포함하지 않았다. 따라서 원래의 필립스곡선과 구별하기 위해 **식** (8-6)과 같이 물가상승률에 대한 기댓값을 포함한 필립스곡선을 기대부가필립스곡선expectations-augmented Phillips curve이라고 부른다.

여기서 **식** (8-6)의 필립스곡선을 다시 정리하면 다음 식을 얻는다.

$$\pi=(\pi^e+\gamma u^N)-\gamma u \tag{8-7}$$

따라서 필립스곡선의 절편은 기대물가상승률과 자연실업률의 함수이므로 이 변수들이 변화하면 필립스곡선이 이동한다. 즉 필립스곡선곧 실업률 u와 물가상승률 π의 관계이 안정적으로 잘 정의되기 위해서는 이 변수들이 안정적이어야 한다. 만약 이 변수들이 크게 변동하면 실업률과 물가상승률 사이의 역관계는 나타나지 않는다.

이와 같이 필립스곡선은 총공급곡선을 달리 표현한 것이라고 할 수 있다. 이 두 곡선은 단기에 실질변수와 명목변수의 관계를 보여주며, 장기균형을 중심으로 *GDP*, 물가수준, 실업률 및 물가상승률이 어떻게 변동하는지를 보여준다. 즉 총공급곡선에 따르면 산출량이 장기균형에서 벗어나는 것은 기대하지 못한 물가 변동이 나타나기 때문곧 물가수준이 기대된 물가수준에서 벗어나기 때문이며, 필립스곡선에 따르면 실업률이 장기실업률곧 자연실업률에서 벗어나는 것은 기대하지 못한 인플레이션 변동이 있기 때문이다. 총공급곡선은 *GDP*와 물가수준을 분석하는 데 유용하고, 필립스곡선은

BOX 8-1 필립스곡선의 기울기[심화학습]

필립스곡선의 기울기는 식 (8-6)에서 $\gamma=\beta/\alpha$와 같이 나타난다. 여기서 α는 식 (4-7)에 나타나 있는 총공급곡선 기울기의 역수로, α의 값이 클수록 (산출량, 물가수준) 평면에서 총공급곡선의 기울기가 더욱 완만하게 나타나고 (실업률, 인플레이션) 평면에서 필립스곡선 또한 더욱 완만하게 나타난다. 그런데 총공급곡선의 기울기를 결정하는 파라미터인 α의 값은 평균통화증가율과 통화증가율의 변동성에 영향을 받는다.

먼저 α와 평균통화증가율 및 통화증가율 변동성의 관계는 부분적인 가격 경직성을 이용해 설명할 수 있다. 평균 통화증가율이 높으면 6장거시경제의 장기균형: 폐쇄경제에서 배운 바와 같이 인플레이션이 평균적으로 높다. 이 경우 오랫동안 가격을 일정하게 유지하면 공급자는 더 많은 손실을 감수하게 되므로 더욱 빈번하게 가격을 변화시킬 수 밖에 없다.

그런데 시장청산은 시장에 충격이 주어질 때 가격을 수시로 변화시키는 경우이다. 따라서 가격을 더 자주 변화시키는 것은 시장청산에 더 가까워짐을 의미한다. 즉 통화증가율인플레이션이 평균적으로 높은 경우에는 산출량이 완전고용시장청산수준에 접근하게 되고 α의 값이 작아진다. 이는 통화증가율이 평균적으로 높을 때 총공급필립스곡선의 기울기가 더 급하게 나타남을 의미하기도 한다. 평균적인 통화증가율인플레이션이 무한대인 극단적인 경우에는 시장청산으로 수렴하기 때문에 α의 값이 0이 되고 총공급필립스곡선은 완전고용산출량자연실업률에서 수직으로 나타난다.

다음으로 부분적인 가격 경직성이 존재할 때 통화증가율인플레이션의 변동성이 크면 역시 α의 값이 작아진다.[5] 인플레이션의 변동성이 크면 가격을 일정하게 유지하는 데 더 많은 비용이 소요되므로 가격을 일정하게 유지하려는 기업의 수가 감소한다. 즉 4장가격경직성과 총수요곡선에서 배운 시장청산이 일어나는 산업의 크기 s가 증가한다. 따라서 α의 값은 작아지고 총공급필립스곡선의 기울기가 더 급해진다.

통화증가율인플레이션의 변동성이 클 때 α의 값이 작아지고 총공급필립스곡선의 기울기가 급해지는 현상은 생산자 오인모형루카스의 섬모형을 이용해 설명할 수도 있다.[6] 이를 위해 먼저 생산자 오인을 이해할 필요가 있다. 생산자 오인이 일어나는 것은 한 경제에 여러 가지 충격이 동시에 주어질 때 각각의 충격을 구별해낼 수 없기 때문이다. 예를 들어 한 경제에 통화인플레이션충격과 실물충격이 동시에 가해졌다고 가정해 보자.

이 경우에 경제 전체의 물가수준의 변동은 통화충격 때문일 수도 있고 실물충격 때문일 수도 있다. 만약 통화충격 때문으로 밝혀졌다면 (시장청산이 일어나기 때문에) 산출량과 고용은 완전고용수준에서 변함이 없다. 그러나 물가수준 변동이 실물충격 때문으로 밝혀졌다면 산출량과 고용이 변화한다. 마지막으로 두 충격을 구분할 수 없다면 소위 시그널추출이론signal extraction theory을 이용해 충격의 상대적인 크기를 추론해야 한다. 이때 추론은 다음과 같이 이뤄진다. 먼저 통화증가율의 변동성이 무한대이고 실물충격의 변동성이 작다면 경제에 주어지는 모든 충격은 통화증가율 변동 때문이라고 추론할 수 있다. 따라서 완전고용수준의 산출량과 고용을 변화시킬 이유가 없고 α의 값은 0이 된다.

반대로 통화증가율의 변동성이 작고 실물충격의 변동성이 무한대라고 하면 경제에 주어지는 모든 충격은 실물충격 때문이라고 추론할 수 있다. 따라서 완전고용수준의 산출량과 고용이 변화하고 α의 값은 양의 값이 된다.

이 이론을 다음과 같이 일반화할 수 있다. 즉 통화증가율의 변동성이 실물충격의 변동성보다 상대적으로 크면 경제에 주어지는 충격이 통화증가율 변동 때문일 가능성에 너 큰 가중지를 주고 반대의 경우에는 실물충격의 변동 때문일 가능성에 더 큰 가중치를 준다. 그리고 통화증가율인플레이션 변동성 때문일 가능성이 클수록 완전고용산출량자연실업률에서 벗어날 가능성은 줄어들어 α의 값이 작아진다. 다시 말해 통화증가율인플레이션 변동성이 클수록 총공급필립스곡선의 기울기는 더 급하게 나타난다.

---

5 Lucas, R.E., Jr.(1973), "Some International Evidence on Output-Inflation Tradeoffs," *American Economic Review* v.63 no.2, pp.326-334.

6 Ball, L., N.G. Mankiw and D. Romer(1988), "The New Keynesian Economics and the Output-Infla-

실업률과 물가상승률을 분석하는 데 유용하다는 점이 다를 뿐 그 본질적인 내용은 서로 다르지 않다.

8.2.3 인플레이션의 단기적 원인

식 (8-6)의 필립스곡선에서 인플레이션 π가 상승하는 것은 세 가지 요인 때문이다.

1 인플레이션에 대한 기대 π^e가 상승하면 실제 인플레이션이 상승한다. 이 경우의 인플레이션은 사람들이 미래에 물가상승률이 증가할 것으로 기대하면 (인플레이션이 증가해 화폐를 포함한 명목자산의 가치가 하락할 것이므로 그 가치를 보호하기 위해) 명목자산을 처분하고 실물자산을 구입하기 때문에 나타난다. 이러한 기대는 아무런 근거 없이 형성된다고 해도 일단 사람들이 그렇게 믿으면 실현되는 경향이 있다. 이를 자기실현적 self-fulfilling 인 기대라고 말한다. 이와 같이 자기실현적인 기대에 의해 발생한 인플레이션의 경우에는 인플레이션이 증가해도 실업률이 감소하지 않을 수 있다.

2 식 (8-6)에서 실업률 u가 감소하면 인플레이션 π가 증가한다. 실업률과 인플레이션의 이러한 역관계는 실업률이 감소할 때 필립스곡선을 따라 인플레이션이 증가함을 의미한다. 그런데 필립스곡선은 총공급곡선의 다른 표현이므로 이는 다시 실업률고용과 산출량이 하락증가하면 총공급곡선을 따라 물가상승률이 증가함을 의미하기도 한다. 이렇게 총공급곡선을 따라 실업률고용과 산출량이 감소증가하고 물가상승률이 증가하는 것은 총수요가 총공급을 따라 오른쪽으로 이동할 때 나타나는 현상이다. 따라서 이를 수요견인인플레이션 demand-pull inflation 이라고 부른다. 수요견인인플레이션은 필립스곡선을 따라 움직이므로 실업률이 감소하면 인플레이션이 증가하는 현상이 특징이다.

수요견인인플레이션
수요의 증가가 원인이 되어 물가가 상승하는 현상. 즉 총수요곡선이 오른쪽으로 이동할 때 나타나는 현상으로 총공급곡선을 따라 실업률이 감소하고 물가상승률이 증가한다.

3 공급충격이 발생하면 시장청산 수준의 고용량이 변화하기 때문에 자연실업률 u^N이 변동한다. 즉 부정적인 공급충격예: 원유 가격이 일시적으로 상승, 생산요소의 생산성의 일시적인 하락 등이 발생하면 총공급이 감소하므로 물가가 상승하고 물가상승률이 증가한다. 이렇게 총공급에 애로가 생겨 인플레이션이 발생하는 것을 비용증가인플레이션 cost-push inflation 이라고 부른다. 이때 생산비 증가는 인플레이션과 실업률고용과 산

tion Tradeoff," *Brookings Papers on Economic Activity* 1, pp.1-65.

출량을 증가감소시킨다. 따라서 이 경우에는 실업률과 인플레이션의 역관계곧 필립스곡선가 더 이상 성립하지 않는다. 즉 공급충격이 도래하면 인플레이션과 실업률이 동시에 증가하는 현상인 스태그플레이션stagflation이 나타나고 실업률과 인플레이션의 역관계는 사라진다.

비용증가인플레이션 공급충격 때문에 발생한다.

자연실업률의 단기적 변동과 이력현상 8.3

앞의 **6장**거시경제의 장기균형: 폐쇄경제에서 우리는 자연실업률의 결정요인에 관해 배웠다. **6장**에서 살펴본 바와 같이 자연실업률곧 완전고용수준 실업률은 고정돼 있는 것이 아니라 항상 변화한다. 즉 기간이 짧은 경우에 자연실업률이 일정하게 나타나기도 하지만 고려하는 기간이 길어지는 경우에는 **그림 6-7**우리나라의 자연실업률에서 살펴본 바와 같은 큰 주기를 갖는 곡선으로 정의할 수 있다. 다시 말해 자연실업률을 정의하는 방법은 고려하는 기간에 따라 여러 가지가 있을 수 있으며 그 방법에 따라 다른 결과가 나올 수도 있다. 어떤 방법을 사용하더라도 긴 시간이 경과하고 경제구조가 변화하면 자연실업률도 변화하며, 노동시장에 대한 정부정책에도 영향을 받는다. 그런데 앞에서 살펴본 바와 같이 자연실업률이 증가하면 필립스곡선이 위로 이동한다. 이는 실업률의 하락 없이 물가가 상승함을 의미한다.

자연실업률이 크게 변동하는 경우는 흔하지 않다. 그러나 1970년대와 1980년대 유럽에서 일어난 실업률 변동은 자연실업률을 중심으로 단기적인 경기변동을 설명하는 방법에 대해 의문을 제기하기에 충분했다. 즉 유럽 여러 나라의 실업률은 1974년 1차 유가파동이 일어나기 전까지 4% 이하 수준을 유지했으나 1차 유가파동이 발생한 후 1970년대 내내 실업률이 꾸준히 상승해 1980년대에는 10% 이상의 수준에 다다르게 되었다. 그리고 **그림 8-4**에서 보는 바와 같이 실업률이 10% 이상이 된 다음에는 평균적으로 증가한 수준에서 실업률이 유지되고 있다.■

■ 영국의 경우에는 낮은 실업률 수준으로 복귀하고 있으나 복귀 속도가 매우 느리다.

이 현상에서 문제가 되는 것은 다음과 같다. 1970년대에 실업률을 증가시킨 것은 원유 가격의 급속한 상승이었으나 1980년대에 원유 가격이 하향 안정화됐으며 1980년대 후반에 이르러서는 실질가격으로 나타낸 원유 가격이 1970년대 유가파동 이전 수준으로 복귀했음에도 불구하고곧 실업률을 증가시킨 원인이 1980년대 후반에는 이미 사라졌음에도 불구하고 증가한 실업률이 원래 수준으로 복귀하지 않고 높은 수준으로 유지되고 있다는 것이다. 이와 같이 어떤 현상을 일으킨 원인이 사라진 후에도 이미 초래된 현상이 그대로 유지되는 것을 이력현상 hysteresis 이라고 부르는데 특히 유럽 국가들에서 나타난 이력현상을 유럽의 이력현상 European hysteresis 이라고 한다.

2010년 현재 프랑스나 독일의 실업률은 평균적으로 10% 가까운 수준에서 20년 이상 유지돼 이제는 그것을 자연실업률이라고 말할 정도가 되었다. 유럽 국가들의 실업률에서 볼 수 있는 (과거의 경제적인 사건이 자연실업률에 항구적인 영향을 미치는) 이력현상은 고전학파의 시장청산이론과 자연실업률 가설에 큰 도전이 되었다. 즉 유럽의 경우 단기적인 경기변동을 일으키는 유가 상승이 실업률을 일시적으로 변동시킨 것이 아니라 자연실업률 자체를 변동시킨 것이다. 이는 지금까지 우리가 배운 이론—곧 경기변동곧 단기균형이 장기균형을 중심으로 일어나며, 장기균형은 경기변동의 영향을 받지 않는다는 이론—이 옳지 않을 수도 있음을 의미한다.

그렇다면 왜 유럽에서는 이러한 현상이 나타난 것일까? 이 질문에 대해 가능한 답을 네 가지로 정리해 볼 수 있다.

1 실업에 따른 인적자본 human capital 의 상실이다. 즉 불황이 시작되면서 실업상태에 있는 사람들이 (더 이상 일을 하지 않아) 일자리에서 터득한 기술을 잊어버리는 경우가 생긴다. 이 경우에는 불황이 끝나고 호황으로 접어들어도 실직상태에 있던 노동자가 새 직업을 구하는 데 어려움을 겪을 수밖에 없다. 그리고 오랫동안 실업상태에 있게 되면 사기저하와 함께 일에 대한 태도가 변하게 되어 직장을 찾는 데 덜 적극적인 태도를 보일 수도 있다. 따라서 불황은 마찰적 실업을 증가시키고 자연실업률 또한 증가시키는 장기 효과를 가지게 된다.

2 불황은 투자를 감소시켜 노동자 한 사람이 사용할 수 있는 물적자본 physical capital 의 양도 감소한다. 물적자본의 양이 감소하면 노동자들의 생산성도 감소한다. 따라서 일단 불황이 찾아오면 물적자본이 감소해 노동자들의 생산성이 하락하기 때문에 실직자들이 새 일자리를 찾는 것이 더 어렵게 된다.

3 이력현상은 앞에서 살펴본 인사이더-아웃사이더 이론 insider-outsider theory 으로 설명할 수도 있다. 즉 실업자가 된다는 것은 사용자와 협상할 수 있는 인사이더의 지위를 상실하고 아웃사이더가 됨을 의미한다. 이 경우에 사용자와 협상을 하는 소수의 인사이더들이 실업률을 낮추는 데에 관심이 없다면, **부록 4.1** 임금 경직성과 총공급곡선에서 설명한 바와 같이 구조적 실업을 증가시킨다.

유럽 국가들의 이력현상 그림 8-4

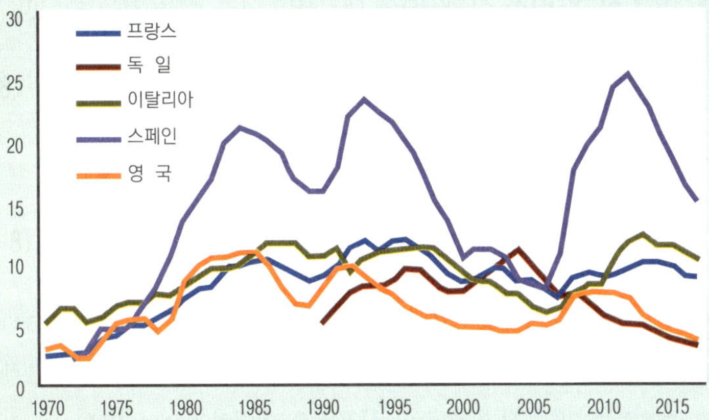

자료: OECD.StatExtracts

1970년대 초반 원유가격의 상승과 함께 증가한 유럽의 실업률은 1980년대 중반 실질 원유가격이 유가파동 이전 수준으로 하락한 이후에도 높게 유지되고 있다. 이와 같이 어떤 현상을 일으킨 원인이 소멸한 후에도 계속 유지되는 현상을 이력현상이라고 부른다.

4 6장거시경제의 장기균형: 폐쇄경제에서 설명한 바와 같이 정부 정책 가운데에는 자연실업률을 높이는 것들이 있다. 그 가운데 하나가 실업보험unemployment insurance이다. 일반적으로 말해 미국이나 일본보다는 유럽의 실업보험이 더 관대한 편인데, 이것이 유럽의 이력현상의 한 원인일 수 있다. 노벨경제학상 수상자인 프레스콧■은 이처럼 높은 실업률 및 낮은 노동공급 현상이 마치 유럽 고유의 특성으로 비춰지나, 보다 본질적 이유로서 높은 세율과 사회보장 비용에 기인함을 보였다.

■ Prescott, E., "Why Do Americans Work So Much More Than Europeans," Federal Reserve Bank of Minneapolis Quarterly Review 28(1), 2014, 2-13.

자연율가설: 가속론자의 가설 8.4

식 (8-6)의 필립스곡선에서 가장 중요한 것 가운데 하나는 기대가 형성되는 방법이다. 기대가 다음과 같이 적응적으로 형성된다고 가정해 보자.

$$\pi_t^e = \pi_{t-1} \tag{8-8}$$

식 (8-8)에서 아래 첨자 t는 시간을 나타낸다. 따라서 이 식의 의미는 $t-1$기에 형성한 t기의 인플레이션에 대한 기댓값이 $t-1$ 기의 실제 (경험한 바 있는) 인플레이션과 같다는 것이다. 이러한 적응적 기대 adaptive expectations 의 경우 (앞에서 설명한 바와 같이) 과거 정보 가운데 일부만 이용해 기대를 형성하기 때문에 체계적인 기대오차가 존재한다. 이제 **식 (8-8)**을 **식 (8-6)**에 대입하면 다음 식을 얻을 수 있다.

$$\pi_t = \pi_{t-1} - \gamma(u_t - u^N) \qquad \textbf{(8-9)}$$

식 (8-9)에서 다음과 같은 관계가 성립함에 주목해야 한다.

$$\pi_t = \pi_{t-1} \Leftrightarrow u_t = u^{\mathrm{N}} \qquad \textbf{(8-10)}$$

즉 자연실업률 수준에서 물가상승률이 일정하게 유지되며, 반대로 물가상승률이 일정하게 유지되면 자연실업률이 달성된다. 이러한 의미에서 자연실업률을 인플레이션이 가속적으로 증가하지 않는 최저 수준의 실업률을 의미하는 *NAIRU* nonaccelerating inflation rate of unemployment 라고 부른다. 이때 자연실업률이 달성되기 위한 조건은 물가상승률이 일정한 것일 뿐 (일정한) 물가상승률이 높거나 낮은 것은 상관이 없다.

앞에서도 언급한 바와 같이 1960년대 거시경제학을 연구하는 대부분의 학자들이나 정책당국자들은 실업률과 물가상승률의 역관계를 보인 필립스곡선에 따라 물가상승률을 높이면 정책당국이 원하는 수준만큼 실업률을 낮출 수 있고, 실업률 증가를 감수하면 물가상승률을 정책당국이 원하는 수준으로 낮출 수 있다고 생각했다. 그러나 프리드먼 M. Friedman 과 펠프스 E. Phelps 는 필립스곡선의 관계는 사람들의 기대가 변화하지 않는 단기에만 성립한다고 주장했다. 그리고 자연실업률보다 낮은 실업률을 정책목표로 정했다면, 이를 달성하기 위해서는 사람들의 기대를 뛰어넘는 가속적인 인플레이션 accelerating inflation 을 일으켜야 한다고 주장했다. 이들의 주장을 가속론자의 가설 accelerationists' hypothesis, 또는 자연율가설 natural rate hypothesis 이라고 부른다.

가속론자의 가설은 **그림 8-5**를 이용해 설명할 수 있다. **그림 8-5**에서 처음의 필립스곡선이 PC_1과 같이 주어져 있다고 가정해 보자. 이때 경제가 점 *A*에 있다면, 실제 실업률이 자연실업률과 같기 때문에 기대물가상승률이 실제 물가상승률과 같다. 따라서 점 *A*에서의 실제 물가상승률이 0이므로 $\pi_1 = \pi_0^e = 0$이 성립하고 **식 (8-9)**에 따라 PC_1을 다음과 같이 얻을 수 있다.

$$\pi_t = \gamma u^N - \gamma u_t$$

그림 8-5 **가속론자의 가설과 합리적 기대**

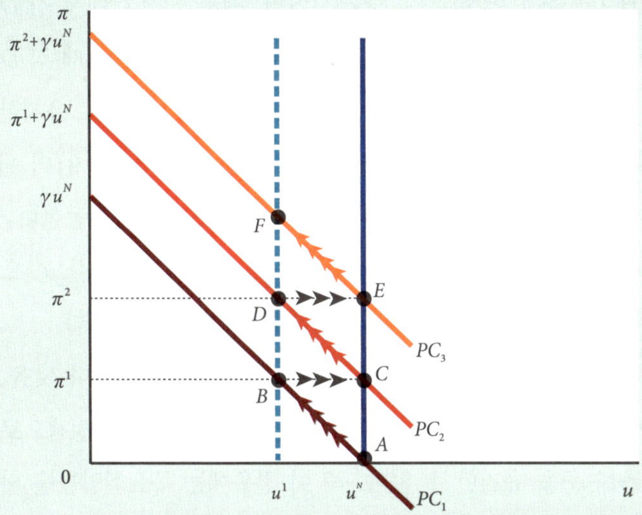

가속론자의 가설은 정책당국의 목표실업률이 자연실업률보다 낮을 때 나타난다. 가속론자의 가설은 적응적 기대를 가정하고 있다. 즉 정책 당국이 목표실업률을 달성하기 위하여 증가시키는 실제 인플레이션과 기대인플레이션의 상호작용에 따라 단기균형이 $A \rightarrow B \rightarrow C \rightarrow D \rightarrow E \rightarrow F$의 경로를 따라 이동한다. 그러나 정책당국의 목표실업률이 알려져 있다면 합리적 기대의 경우에 단기균형은 $A \rightarrow C \rightarrow E$의 경로를 따른다.

즉 절편이 γu^N, 기울기가 $-\gamma$인 직선이다.

여기서 정부가 자연실업률 u^N이 지나치게 높기 때문에 실업률을 낮추고자 한다고 가정해 보자. 즉 **그림 8-5**에서 정부가 목표실업률을 $u^1 < u^N$, 곧 자연실업률보다 낮게 정해 달성한 다음 유지하려고 한다면 정부는 팽창적인 금융정책에 따라 통화량을 증가시켜 물가상승률을 증가시킨다. 물가상승률이 증가하면 경제는 처음 필립스곡선 PC_1을 따라 점 A에서 점 B로 이동하고 실업률은 u^N에서 u^1로 감소한다. 따라서 목표실업률 u^1이 달성된다. 이때 점 B에서 제1기의 물가상승률은 π^1이고 기대물가상승률은 **식 (8-8)**의 적응적 기대에 따라 $\pi_1^e = 0$이 되므로 점 B에서는 $\pi_1^e = 0 < \pi^1$이 성립한다. 여기서 정부가 π^1의 물가상승률을 그대로 유지한다면 시간이 경과함에 따라 사람들이 이를 알아차리고 기대를 조정하므로 제2기의 물가상승률에 대한 기댓값은 $\pi_2^e = \pi^1$이 된다. 즉 **식 (8-9)**의 필립스곡선의 절편이 π^1로 증가하므로, PC_1은 PC_2로 위로 이동하고 경제는 점 B에서 점 C로 이동한다. 그리고 실업률은 u^1에서 자연실업률 u^N으로 증가한다. 이때 점 C에서는 실제 인플레이션과 기대인플레이션이 일치한다. 이와 같이 점 B에서의 실업률 u^1은 기대물가수준이 0으로 유지돼 PC_1이 이동하지 않고 유지되는 기간에만 달성 가능하며 시간이 지나 기대가 상향 조정되면 필립스곡선이 PC_1에서 PC_2로 이동하기 때문에 실업률

이 다시 자연실업률 수준으로 복귀한다.

한편 점 C에서의 실업률자연실업률이 목표실업률보다 높으므로 정부가 다시 통화량을 증가시켜 인플레이션을 π^1에서 π^2로 증가시키면, 경제는 점 C에서 점 D로 이동해 실업률이 다시 u^1로 감소하고 물가상승률은 π^2로 증가한다. 이때 점 D에서는 $\pi_2^e = \pi^1 < \pi^2$가 성립한다. 여기서 정부가 π^2의 물가상승률을 그대로 유지한다면 다시 시간이 경과함에 따라 기대의 상향조정이 일어나고 이는 **식** (**8-9**)의 필립스곡선의 절편을 증가시켜 **그림 8-5**의 필립스곡선이 PC_2에서 PC_3로 이동한다. 따라서 경제는 점 D에서 점 E로 이동해 실업률은 다시 u^1에서 자연실업률 u^N으로 증가한다. 점 E에서는 역시 기대인플레이션과 실제 인플레이션이 일치한다.

이와 같이 정부가 정책목표로 삼는 실업률 u^1이 자연실업률 u^N보다 낮을 때 물가상승률을 증가시킨 다음 증가한 물가상승률을 일정하게 유지하는 정책으로는 목표로 설정한 실업률 수준을 유지할 수 없다. 즉 이 경우에는 목표실업률을 달성하기 위해 **그림 8-5**에서 보는 바와 같이 $A \to B \to C \to D \to E \to F$의 시간경로를 따라 경제가 이동하게 된다. 그렇다면 목표실업률 u^1을 계속 유지하려면 어떻게 해야 할까? 먼저 정부는 점 B에서 사람들의 기대물가상승률이 π^1로 조정되기 전에 통화량을 증가시켜 물가상승률을 π^2로 증가시키고, 점 D에서 사람들이 다시 기대물가상승률을 π^2로 조정하기 전에 통화량을 증가시켜 물가상승률을 π^3으로 증가시켜야 한다. 다시 말해 사람들이 기대를 조정하는 것보다 빠르게 실제 물가상승률을 증가시킴으로써 경제를 $A \to B \to D \to F$와 같이 수직으로 이동하게 해야 목표실업률 u^1을 유지할 수 있다. 즉 가속적으로 물가상승률을 증가시켜야 자연실업률보다 낮은 목표실업률을 유지할 수 있다.

8.5 합리적 기대와 필립스곡선

위에서 배운 가속론자의 가설은 적응적 기대를 그 바탕으로 하고 있다. 그런데 적응적 기대는 체계적인 기대오차를 수반한다. **그림 8-5**의 점 B에서 기대오차는 $\pi^1 - 0 > 0$, 점 D에서의 기대오차는 $\pi^2 - \pi^1 > 0$과 같다. 마찬가지로 점 F에서의 기대오차를 $\pi^3 - \pi^2 > 0$으로 구할 수 있다. 이와 같이 **그림 8-5**에서 자연실업률 u^N보다 왼쪽에 있는 필립스곡선 위에서는 기대오차가 항상 0보다 크다. 반대로 자연실업률보다 오른쪽에 있는 필립스곡선 위에서는 기대오차가 항상 0보다 작다.

기대오차가 존재한다는 것 자체는 문제될 것이 없다. 어떤 형태의 기대형성방법도 기대오차를 피할 수 없기 때문이다. 그러나 항상 같은 부호를 갖는다는 것곧 알아차릴 수 있는 패턴이 존재하는 것은 사람들이 같은 실수를 반복해서 범함을 의미하기 때문에 문제가 된다.■ **그림 8-5**에서 정부가 가속적인 물가상승률 증가를 통해 경제를 $A \rightarrow B \rightarrow D \rightarrow F$로 이동시켜 자연실업률보다 낮은 목표실업률을 달성할 수 있는 것도 경제주체들이 같은 실수를 반복해 나타나는 체계적 오차 때문이다. 그러나 만물의 영장인 인간이 같은 실수를 되풀이하면서도 잘못을 시정하는 능력이 없다고 보는 것은 인간이 지닌 합리성을 부인하는 결과가 된다.

■ 반복해서 범하는 같은 유형의 실수 때문에 나타나는 오차를 체계적 오차 systematic error 라고 한다.

그렇다면 합리적 기대의 경우에 사람들은 어떻게 기대를 형성할까? 다시 **그림 8-5**로 돌아가 합리적 기대에서 나타나는 실업률과 물가상승률의 시간 경로를 다음과 같이 설명할 수 있다. 먼저 **그림 8-5**에서 경제가 처음 점 A에 있을 때 정부가 자연실업률보다 낮은 u^1을 정책의 목표실업률로 설정했다고 공표한 상황을 가정해 보자. 정부의 목표실업률이 u^1이라고 알려지면 사람들은 정부가 팽창적인 금융정책을 통해 물가상승률을 π^1로 증가시킬 것임을 안다. 따라서 목표실업률에 관한 정보가 알려지고 정부가 물가상승률을 증가시키자마자 사람들의 기대물가상승률 또한 증가하고 필립스곡선이 위로 이동하기 시작한다. 즉 정부의 팽창적인 금융정책과 동시에 사람들이 기대물가상승률을 상향조정하기 때문에 실업률과 물가수준의 경로는 **그림 8-5**에서 $A \rightarrow B$를 따르는 것이 아니라 $A \rightarrow C$를 따라 수직으로 이동한다. 그리고 점 C에서도 경제가 $C \rightarrow D$의 경로를 따라 이동하는 것이 아니라 $C \rightarrow E$의 경로를 따라 이동한다. 따라서 이 경우에는 자연실업률보다 낮은 목표실업률을 달성할 수 없다. 그리고 **그림 8-5**에서 보는 바와 같이 자연실업률 수준에서 기대물가수준과 실제 물가수준이 항상 일치하므로 기대오차가 0이 된다.

이 관계를 수식을 이용해 설명하면 다음과 같다. 먼저 실업률은 **식** (8-6)으로부터 다음과 같이 구할 수 있다.

$$u_t = u^N - \left(\frac{1}{\gamma}\right)\varepsilon_t \qquad \textbf{(8-11)}$$■

■ 식 (8-11)은 식 (8-6) $\pi_t = \pi_t^e - \gamma(u_t - u^N)$을 u_t에 대해서 정리한 후 $\pi_t - \pi_t^e$를 ε_t로 두면 유도된다.

여기서 실제 실업률은 **식** (8-11)의 우변에 나타나 있는 바와 같이 자연실업률 u^N

과 기대오차 $\varepsilon_t = \pi_t - \pi_t^e$에 의해 결정된다.

그런데 기대오차는 기대형성방법에 따라 다르게 나타난다. 앞에서 살펴본 바와 같이 **그림 8-5**의 점 B, D, F에서는 기대오차가 항상 양이기 때문에 **식** (8-12)에서 보는 바와 같이 실업률이 자연실업률보다 낮았다. 그러나 합리적 기대의 경우에는 목표실업률이 u^1이라고 공표되자마자 기대물가수준을 상향조정하기 때문에 기대오차가 0이 되고, 그 결과로 실업률이 자연실업률보다 낮아지지 않는다.

한편 합리적 기대의 경우에도 정책이 효과를 가질 수 있다. **그림 8-5**에서 합리적 기대의 경우에 정책이 효과를 갖지 못하는 것은 정부가 목표실업률을 이미 공표했고 그것을 달성하기 위해 팽창적인 금융정책을 시행할 것임이 알려졌기 때문이다. 다시 말해 기대된 정책은 적응적 기대와 달리 합리적 기대에서는 효과를 갖지 못한다. 그러나 정부가 정책을 일반대중에게 알리지 않고 실시하면 사람들이 기대 조정에 필요한 정보를 가질 수가 없기 때문에 정책 실시와 동시에 기대를 조정할 수가 없다. 즉 기대하지 못한 정책 unanticipated policy이 실시되면 **그림 8-5**에서 경제가 점 A에서 점 B로 이동한다. 그러나 경제가 점 B에 다다르면 사람들은 정부의 목표실업률이 u^1임을 알게 되고 즉각적으로 기대를 조정한다. 따라서 경제는 점 B에서 점 C로 즉각적으로 이동한다. 즉 정책목표가 알려지면 정책의 실질효과가 존재하지 않기 때문에 경제는 자연실업률에서 수직인 $C \rightarrow E$ 경로를 따라 이동하게 된다.

여기서 합리적 기대가 형성되면 마치 기대오차가 존재하지 않는 것처럼 설명했으나 실제 경제에서는 물가상승률에 영향을 미치는 충격이 많기 때문에 항상 기대오차가 존재한다. 다만 합리적 기대에서의 기대오차는 어느 한 방향으로 나타나는 (적응적 기대에서의) 체계적 오차와 다르다. 즉 양과 음의 방향으로 확률적 random 으로 나타난다. 즉 **식** (8-11)에서 ε_t는 평균값이 0인 확률변수로, 합리적 기대의 기초가 되는 정보에 포함되지 않은 변수들의 총합으로 이해할 수 있다. **식** (8-11)은 합리적 기대에서의 필립스곡선으로, ε_t의 평균값이 0이므로 평균적으로 자연실업률 수준에서 수직으로 나타난다. 그리고 기대오차의 원인이 되는 충격 ε_t에 따라 실업률은 자연실업률을 중심으로 (일시적으로) 위아래로 변동한다.

脫인플레이션과 희생률 8.6

필립스곡선에 근거하여 인플레이션을 진정시키는 脫인플레이션정책disinflation policy을 시행할 수 있다. 그러나 우하향하는 필립스곡선에서 인플레이션을 낮추고자 한다면 실업률 증가를 받아들여야 한다. 여기서 실업률의 증가는 곧 *GDP*가 감소함을 의미한다. 따라서 脫인플레이션 정책을 시행하면 높은 인플레이션에서 낮은 인플레이션으로 이행하는 과정에서 *GDP* 감소가 불가피하다. 이때 인플레이션을 1% 포인트 낮추기 위해 감수해야 하는 *GDP* 감소를 백분율로 나타낸 것을 희생률sacrifice ratio이라고 부른다.

희생률을 때로는 실업률로 나타내기도 하며, 이 경우에는 오쿤의 법칙에 따라 실업률로 나타낸 희생률을 *GDP*로 변환할 수 있다. 脫인플레이션 정책에서 희생률이 중요한 것은 희생률을 알아내 이를 脫인플레이션에 따른 편익과 비교해 보아야 정책을 실행할 것인지를 판단할 수 있기 때문이다. 희생률은 사람들이 기대를 어떤 방식으로 형성하느냐에 따라 전혀 다르게 나타난다. 적응적 기대에 의해 기대가 형성되는 경우부터 살펴보자. 필립스곡선이 우하향하기 때문에 통화증가율을 급격하게 낮추어 물가상승률을 기대물가상승률보다 낮추면 실업률이 증가하고 산출량이 감소한다. 따라서 상당히 큰 희생률이 나타날 수 있다.

그러나 합리적 기대에 의해 기대가 형성된다면 희생률이 크지 않을 수도 있다. 즉 脫인플레이션 정책을 시행하기 전에 그 정책을 시행한다는 사실을 먼저 공표해 경제주체들이 기대를 조정할 수 있게 해주면, 긴축적인 금융정책과 함께 사람들의 기대물가상승률이 실제 물가상승률과 함께 하락하기 때문에 실업률의 증가 없이 물가상승률을 낮출 수 있다.[7] 한편 합리적 기대에서 정책이 효과를 가지려면 정부가 탈인플레이션 정책을 공표하였을 때 경제주체들이 정부 공표를 신뢰해야 한다. 즉 합리적 기대 아래에서 작은 희생률로 인플레이션을 낮추기 위해서는 정부정책의 신뢰성credibility이 매우 높아야 한다.

---

7 Sargent, T. J.(1982), "The Ends of Four Big Inflations," in R. E. Hall, ed., *Inflation: Causes and Effects*, Chicago: Chicago University Press.

8.7 결 론

이 장에서는 거시경제의 두 가지 해악으로, 가능하다면 피해야 하는 두 가지 현상인 실업과 인플레이션에 관해 알아보았다. 먼저 실업률의 변화와 경제성장률 사이의 관계인 오쿤의 법칙을 살펴보았고 거시경제학에서 가장 중요한 관계식 가운데 하나인 필립스곡선에 관해서도 알아보았다. 필립스곡선은 실업과 인플레이션의 상충관계를 보여주는 실증적인 관계식이다. 그러나 필립스곡선이 보여주는 실업과 인플레이션의 상충관계는 수요충격이 주어질 때 두드러지게 나타나며 공급충격이 주어지거나 인플레이션에 대한 기대가 변화하면 나타나지 않는다.

필립스곡선은 자연율가설가속론자의 가설과 합리적 기대가설에 의해 비판되었다. 자연율가설은 정부가 자연실업률보다 낮은 실업률을 유지하기 위해서는 가속적으로 인플레이션을 일으켜야 한다고 주장했다. 그리고 합리적 기대가설은 한 발 더 나아가 필립스곡선의 관계에 대해 회의적이며 정부는 일반 대중을 속이지 않는 한 자연실업률보다 낮은 실업률을 달성할 수 없다고 본다.

인플레이션을 낮추기 위해서는 실업의 증가와 산출량의 감소를 받아들여야 하는데 인플레이션을 1% 낮추기 위해서 희생해야 하는 산출량의 크기%로 나타냄를 희생률이라고 한다. 희생률은 경제주체들의 기대에 따라 다르게 나타난다. 적응적 기대의 경우에는 크게 나타나고 합리적 기대의 경우에는 작게 나타난다.

요 약

≫ 오쿤의 법칙은 실업률의 변화와 *GDP* 증가율의 실증적인empirical 역관계를 말한다.

≫ 실업률과 물가상승률의 역관계를 보여주는 필립스곡선은 단기적인 관계이며, 총수요에 충격이 주어질 때 성립하지만 총공급에 충격이 주어지거나 기대가 변화하면 성립하지 않는다. 특히 정책당국이 자연실업률보다 낮은 실업률을 정책목표로 정하면 가속적인 인플레이션이 나타난다. 합리적 기대에서는 그러한 정책목표를 단기적으로도 달성할 수 없다.

≫ 희생률은 인플레이션을 1% 낮추기 위해서 희생해야 하는 산출량의 크기를 말한다. 희생률은 경제주체들의 기대에 따라 다르게 나타난다. 적응적 기대의 경우에는 크게 나타나고, 합리적 기대의 경우에는 작게 나타난다.

핵심용어

- 가속론자의 가설
- 기대부가필립스곡선
- 오쿤의 법칙
- 이력현상
- 희생률

연습문제

01 한국은행 통계사이트http://ecos.bok.or.kr에서 소비자물가상승률과 근원 인플레이션core inflation을 구해 비교하시오. 여기서 근원 인플레이션은 소비자물가지수에서 식료품과 석유관련 제품을 뺀 나머지로 물가상승률을 구한 것이다. 두 물가지수의 차이는 곧 총공급에 주어지는 충격을 나타낸다고 볼 수 있는데, 이에 관하여 논하시오.

02 필립스곡선Phillips curve이 다음과 같이 주어졌다고 한다.

$$\pi = \pi^e - 2(u - 0.035)$$

여기서 π^e는 기대물가상승률로 $\pi_t^e = \pi_{t-1}$곧 지난 기의 인플레이션이라고 한다.

(1) 이 경제의 자연실업률은 얼마인가?

(2) 단기와 장기 필립스곡선을 구하여 도시하시오.

(3) 인플레이션을 5% 포인트 감소시키기 위해 실업률 증가를 얼마나 감수해야 하는가? 오쿤의 법칙을 나타내는 **식 (8-1)**을 이용해 희생률을 구하시오.

(4) 중앙은행의 목표실업률이 2%라고 한다. 처음 인플레이션이 $\pi_0=0$, $u=0.035$라면, 목표실업률을 유지하기 위해서 중앙은행은 인플레이션의 시간경로를 어떻게 유지해야 하는가?

(5) 합리적 기대의 경우에 (4)와 같은 목표실업률을 유지할 수 있는가?

(6) 합리적 기대의 경우에 중앙은행은 희생률이 0인 가운데 인플레이션을 진정시킬 수 있는가? 이때 중앙은행의 신뢰도credibility는 어떤 역할을 하는가?

03 인플레이션의 단기적 원인과 장기적 원인을 설명하시오.

04 Box 8-1에 설명되어 있는 필립스곡선의 기울기 결정요인을 참조하여 총공급곡선의 기울기 결정요인을 가격 경직성과 생산자오인의 관점에서 논하여 보시오.

05 유럽의 실업률이 장기적으로 높게 유지되고 있는 이유에는 어떤 것들이 있는지 설명하시오.

06 기대형성의 방법에 따라 필립스곡선의 기울기와 희생률이 어떻게 다른지 설명하고 그와 같은 결과가 안정화정책에 대하여 갖는 함의에 관하여 논하여 보시오.

07 필립스곡선이 다음과 같이 주어져 있다고 한다.

$$\pi_t=\pi_t^e-2(u_t-u^N)$$

이때 자연실업률 u^N은 4%라고 한다. 다음 물음에 답하시오.

(1) 기대가 다음과 같이 적응적 기대에 따라 형성된다고 한다.

$$\pi_t^e=\pi_{t-1}$$

그리고 처음 실업률 u_0은 자연실업률과 같고 인플레이션 π_0은 0%라고 한다. 제1기부터 정부가 목표실업률 u^T를 2%로 정하고 통화정책을 통해 이를 실현하고자 한다고 한다. 인플레이션의 시간경로를 구해 도시하시오.

(2) (1)에서 기대오차는 무엇인가? 기대오차가 체계적인systematic 것인가?

(3) 이제 기대가 합리적으로 형성된다고 한다. 다른 모든 것은 (1)에서와 같다고 한다. 그리고 처음 정부의 목표실업률이 알려져 있지 않다고 한다. 인플레이션과 실업률의 시간경로를 구해 도시하시오. 기대오차가 체계적인가?

(4) (3)에서 정부 정책이 시행되기 전부터 목표실업률이 알려져 있다고 한다. 인플레이션과 실업률의 시간경로를 구하시오.

08 현재까지 오랫동안 인플레이션이 10%로 유지되고 있다고 한다. 이 경제의 필립스곡선은 다음과 같다.

$$\pi_t = \pi_t^e - 2.5(u_t - u^N)$$

이때 자연실업률은 4%라고 한다. 그리고 오쿤의 법칙은 다음과 같다.

$$g_t = 7 - 3(u_t - u^N)$$

다음 물음에 답하시오.

(1) 적응적 기대 $\pi_t^e = \pi_{t-1}$을 가정하고 인플레이션을 한 기간에 5%로 낮춘다고 할 때 희생률을 구하시오.

(2) 적응적 기대 $\pi_t^e = \pi_{t-1}$을 가정하고 인플레이션을 네 기간에 걸쳐 5%로 낮춘다고 할 때 각 기간의 희생률을 구하시오.

(3) 합리적 기대를 가정하고 인플레이션을 한 기간에 5%로 낮춘다고 할 때 희생률을 구하시오. 이때 脫인플레이션 정책disinflation policy을 미리 공표한다고 가정해 보자. 정부 신뢰도credibility의 역할은 무엇인가?

PART IV

The selfish spirit of commerce knows no country, and feels no passion or principle but that of gain.

- T. Jefferson, Larkin Smith 에게 보낸 편지, 1809 -

It is true that the economic arguments favor a European money.

- R. Mundell, "A Plan for European Currency," 미발표 원고, 1969 -

The most likely scenario is that EMU will occur but will neither end Europe's currency troubles nor solve its prosperity problems.

- R. Dornbusch, "Euro fantasies", Foreign Affairs, 1996 -

A rising tide lifts all the boats and as Arkansas becomes more prosperous so does the United States and as this section declines so does the United States.

- J.F. Kennedy, Heber Springs(Arkansas) 에서의 연설, 1963 -

Macroeconomics

총수요와 거시경제의 균형: 개방경제

Chapter 09 | 국제수지의 균형

Chapter 10 | 총수요곡선: 개방경제

Chapter 11 | 거시경제의 장 · 단기균형: 개방경제

현대의 거의 모든 나라는 개방경제 open economy 이다. 개방경제 아래에서 각국은 다른 나라와 무역을 통해 재화와 서비스를 거래하고 국제금융시장에서 자금을 차입하거나 대여하는 자본거래를 한다. 개방경제인 우리나라도 미국, 일본, 중국 등 세계 여러 나라에서 재화와 서비스를 수입하고, 우리나라의 재화와 서비스를 세계 여러 나라에 수출한다. 우리나라 투자자들은 우리나라의 채권이나 주식 같은 국내자산 domestic asset 을 보유할 뿐만 아니라 국제금융시장에서 미국 재무성 증권이나 일본 도요다자동차 주식 같은 외국자산 foreign asset 도 보유한다. 그리고 우리나라 기업은 투자를 위해 뉴욕이나 런던 또는 동경의 자본시장에서 자금을 조달하기도 한다.

한 경제를 개방하면 생산과 소비의 다양성이 증가하지만, 매 기간 총지출과 총생산이 반드시 일치하지는 않는다. 앞에서 우리는 국가 간 무역이나 자본거래가 존재하지 않는 폐쇄경제에서는 매 기간 균형을 이루기 위해 총지출과 총생산이 일치해야 한다는 것을 배웠다. 그러나 개방경제에서는 (수입이 수출을 초과하면 그 차이를 국제금융시장에서 차입하여 지급할 수 있기 때문에) 국민들이 일시적이나마 자신들이 생산한 양보다 더 많이 지출할 수 있다.

한 나라의 개방성 openness 은 세 가지 면에서 생각해 볼 수 있다. 첫째, 위에서 언급한 바와 같이 세계 여러 나라는 재화와 서비스의 교역을 통해 상호 연관되어 있으며, 재화와 서비스의 교역은 2차 세계대전 이후 꾸준하게 증가하는 추세이다. 이런 측면에서 우리나라도 예외가 아니다. 우리나라의 기업들은 국내시장을 겨냥해 생산하면서 동시에 외국시장도 공략하고 있다. 한편 우리나라 수입을 살펴보면 소비재뿐만 아니라 기계류를 비롯한 생산설비를 다량 수입하고 있음을 알 수 있다. 그리고 자연자원이 부족하기 때문에 원유를 비롯한 원자재 대부분을 수입에 의존하고 있다. 아직도 각 나라에는 수입품에 대한 관세 tariff 와 무역할당 quota 을 포함한 여러 가지 형태의 비관세장벽 nontariff barrier 이 존재하지만 자유무역을 통한 교역이득 gains from trade 을 누리기 위해 무역장벽을 철폐하는 추세이다.

둘째, 세계적으로 자본시장이 급속하게 통합되고 있다. 최근까지 후진국은 물론 선진국에도 외국인이 소유할 수 있는 국내자산과 내국인이 소유할 수 있는 해외자산에 제약을 가하는 자본통제 capital control 가 존재하였으나 이러한 자본통제가 빠르게 폐지되는 추세이므로 금융투자자들이 해외자산을 선택할 수 있는 기회가 확대되고 있다. 자본시장 통합은 재화와 서비스 교역을 증가시킬 뿐만 아니라 세계적으로 생산성을 증대시킨다. 다시 말해 각 나라의 저축이 국제자본시장을 통해 국경에 구애받지 않고 수익성이 가장 높은 투자기회에 사용될 수 있기 때문에 세계의 생산성이 증가한다. 그러나 재화와 서비스 교역에서 개방성이 확대되는 경우와 마찬가지로 자본시장 통합은 한 나라의 경제정책이 그 나라뿐만 아니라 다른 나라에도 더 직접적으로 영향을 미치게 됨을 의미한다.

셋째, 생산요소의 국제적인 이동도 증가하는 추세이다. 낮은 노동비용을 찾아 노동과 결합하여야 하는 생산설비를 세계에 분산시키는 다국적기업의 수가 늘고 있으며 중간재의 국가 간 교역도 급증하고 있다. 노동자들도 더 높은 임금을 찾아 이동한다. 물론 이러한 생산요소의 이동은 재화와 서비스 및 금융자본의 이동보다 훨씬 어렵다. 각 나라는 자국의 정체성을 지키기 위해 이민법 immigration laws 을 시행하고 있으며, 저임금 국가로부터 고임금 국가로의 이민은 정치적으로 뜨거운 논쟁거리이다. 따라서 생산요소의 이동은 재화, 서비스 및 금융자본의 이동에 비하면 국제교역에서 아직 그 비중이 현저히 낮은 편이기 때문에 대부분의 거시개방경제 모형은 재화와 서비스의 무역 및 자본이동을 중심으로 구성되어 있다.

이와 같이 현대 거시경제는 재화, 서비스, 자본 및 생산요소의 국제거래를 반드시 고려해야 한다. **그림 IV-1**에는 2018년 1월 현재 세계 여러 나라의 *GDP* 대비 수출과 수입의 비중이 각각 나타나 있다. **그림 IV-1**에 따르면 미국과 일본은 상대적으로 수출과 수입의 비중이 낮고, 우리나라와 중국 및 독일은 높은 편이다. 한편 수입과 수출의 비중을 합쳐 대외의존도라고 부른다. 2018년에 우리나라와 중국 및 독일의 대외의존도는 각각 66.3%, 34.0%, 71.2%, 미국과 일본의 대외의존도는 각각 20.9%와 28.2%로 나타났다.

그림 IV-1 **GDP 대비 수출 및 수입 비중**(2018, %)

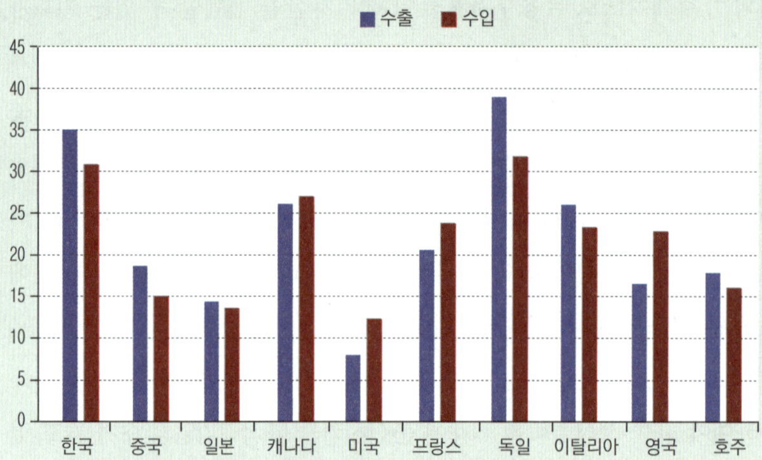

주 (1) 자료: 통계청

(2) 중국, 일본, 프랑스, 이탈리아는 2017년

그림 IV-2에는 2017년 말 현재 해외직접투자의 저량stock이 나타나 있다. 이에 따르면 우리나라 국민의 해외직접투자는 *GDP*의 22.0%이고 외국인의 국내직접투자는 14.0%이었다. 즉 우리나라는 재화와 서비스의 무역곧 실물거래에 비해 자본거래에서는 아직 초보단계를 넘지 못하고 있다. 해외직접투자의 경우 유럽 여러 나라들은 높게 나타나지만 아시아 나라들은 낮게 나타나고 있다. 또한 중국, 미국, 영국, 호주는 자본 수입국이고 다른 선진국은 자본 수출국으로 나타나 있다.

이 편에서는 앞에서 배운 모형에 외국을 도입해 총수요곡선을 구한다. 그리고 이를 다시 앞에서 구한 총공급곡선과 결합해 개방경제의 장기균형과 단기균형에 관해 차례로 알아본다.

- **9장**에서는 국제수지의 균형에 관해 알아본다. 경제가 개방되면 대내균형은 물론 대외균형도 중요해진다.

해외직접투자(2018, 억$) 그림 IV-2

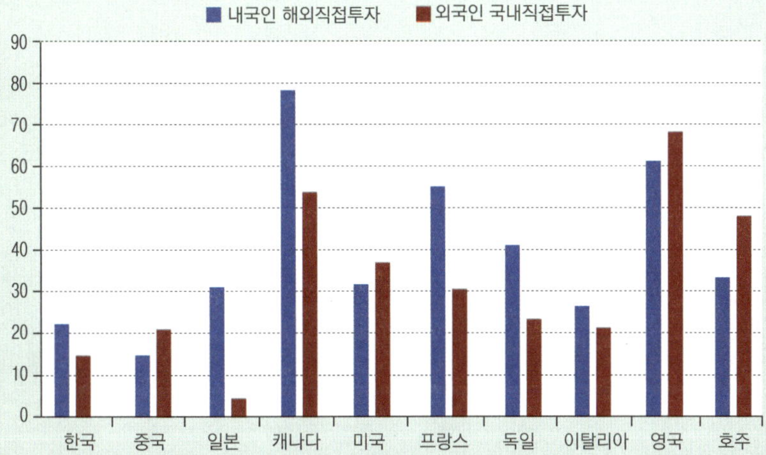

주 (1) 자료: OECD. Stat

- **10장**에서는 개방경제의 총수요곡선을 도출한다.
- **11장**에서는 개방경제의 장기균형과 단기균형에 관해 살펴본다.

09

Chapter

국제수지의 균형

경제가 개방되면 반드시 재화와 서비스, 자본 및 생산요소의 교역이 일어나는데 이는 필연적으로 나라 사이의 대차거래를 수반한다. 나라 사이의 거래를 정리하여 요약한 것이 국제수지표이다. 우리는 국제수지표를 보고 거시경제의 대외관계를 파악하고 여러 가지 의사결정에 활용한다. 여기서는 국제수지와 관련된 여러 가지 개념을 소개하고 국제수지의 균형으로 정의할 수 있는 대외균형에 관하여 알아보기로 한다.

9.1 명목환율과 실질환율

명목환율
두 나라 화폐의 교환비율

실질환율(교역조건)
두 나라에서 생산한 재화와 서비스 사이의 교환비율

환율에는 명목환율 nominal exchange rate 과 실질환율 real exchange rate 이 있다. 명목환율은 우리가 통상 말하는 환율로, 두 나라 화폐의 교환비율이다. 예를 들어 미국 달러 1단위를 매입하기 위해 1,000원을 지급해야 한다면, 이는 명목환율이다. 한편 재화와 서비스를 고려하면 미국에서 생산한 재화 한 단위를 매입하기 위해 우리나라에서 생산한 재화를 몇 단위 지급해야 하느냐는 의문을 가질 수 있다. 이와 같이 두 나라에서 생산한 재화와 서비스 사이의 교환비율을 실질환율 real exchange rate 이라고 부른다. 한편 실질환율을 교역조건이라고 부르기도 한다.

명목환율이 결정되는 방식에 따라 크게 두 가지의 환율제도로 나눌 수 있다. 먼저 고정환율제도 fixed exchange rate system 는 정부가 공식적으로 일정한 명목환율을 정해 두고 계속적인 시장개입을 통해 정해진 일정한 환율을 유지하는 제도이다. 고정환율제도 아래에서도 외환시장에서 만성적인 초과수요나 초과공급이 나타나면 환율을 상향 또는 하향 조정하게 되는 경우가 있다. 이 경우에 환율을 내리는 것을 평가절상 revaluation, 환율을 올리는 것을 평가절하 devaluation 라고 부른다.■

■ 환율상승은 외국 화폐에 비해 자국 화폐 가치가 하락함을, 환율하락은 외국 화폐에 비해 자국 화폐 가치가 상승함을 각각 의미한다.

오늘날 대부분의 나라는 환율의 변동을 허용하는 변동환율제도 flexible exchange

rate system를 채택하고 있다. 이 제도는 외환시장에서의 수요와 공급에 따라 명목환율이 자유롭게 변동해 균형을 이루도록 하기 때문에 환율이 매일 또는 매시간 변동하게 된다. 이때 환율이 오르는 것을 환율상승depreciation, 환율이 내리는 것을 환율하락appreciation이라고 부른다. 환율제도에 대해서는 다음 절에서 자세히 다루기로 한다.

명목환율과 실질환율은 서로 밀접하게 연관되어 있다. 다음과 같은 예를 생각해 보자. 우리나라에서 생산된 자동차 한 대 값이 1,200만 원, 미국에서 생산된 같은 종류의 자동차 한 대 값이 16,000달러라고 하자. 이 경우에 두 자동차 가격을 비교하기 위해서는 같은 화폐 단위로 변환해야 한다. 이때 환율이 미화 1달러당 1,000원이라고 하면, 미국 자동차의 가격은 원화로 1,600만 원으로 표시할 수 있다. 따라서 우리나라 자동차의 가격은 미국 자동차 가격의 75%임을 알 수 있게 된다.

이러한 예로부터 실질환율을 다음과 같이 구할 수 있다.

$$\text{실질환율} = \frac{(1{,}000\text{원}/\text{달러}) \times 16{,}000\text{달러}}{12{,}000{,}000\text{원}} = \frac{4}{3}$$

즉 미국 자동차 한 대당 우리나라 자동차 4 / 3 대우리나라 자동차 한 대당 미국 자동차 0.75 대라는 실질환율을 얻을 수 있다.

위의 예에서는 마치 한 나라가 하나의 재화만 생산하는 것처럼 암묵적으로 가정하여 실질환율을 구했다. 그러나 실제에서 각 나라는 무수히 많은 재화와 서비스를 생산하기 때문에 실질환율은 광범위한 재화와 서비스로 이루어진 바구니basket를 대상으로 정의돼야 한다. 다시 말해 실질환율을 구할 때 사용하는 물가는 한 재화의 가격이 아니라 광범위한 재화와 서비스에 기초해 구한 (소비자물가지수나 *GDP* 디플레이터 같은) 물가지수이다. 따라서 실질환율을 일반적으로 다음과 같이 정의할 수 있다.

$$\varepsilon = \frac{eP^f}{P} \tag{9-1}$$

여기서 P는 국내 물가수준, P^f는 외국 물가수준, e는 명목환율, ε은 실질환율을 각각 나타낸다.■ 즉 실질환율은 어떤 두 재화의 교환비율이라기보다는 여러 재화와 서비스로 이루어진 한 나라의 바구니와 역시 여러 재화와 서비스로 이루어진 다른 나라의 바구니를 교환하는 비율이라고 할 수 있다. 한편 실질환율은 시간이 경과함

■ 식 (9-1)의 분자는 자국 화폐곧 원화로 나타낸 외국 재화와 서비스 바구니의 가격이다.

에 따라 변화한다. 실질환율이 상승하면 자국의 재화와 서비스는 상대국의 재화와 서비스보다 평균적으로 더 싸진다. 반대로 실질환율이 하락하면 외국의 재화와 서비스에 비해 자국의 재화와 서비스가 상대적으로 비싸진다.

지금까지 살펴본 실질환율에서는 다음과 같은 문제가 존재한다. 예를 들어 우리나라의 경우 세계의 수많은 나라들과 교역하기 때문에 2국 간 실질환율 bilateral real exchange rate인 **식** (9-1)이 우리나라와 세계 각국의 재화와 서비스에 대한 상대가격을 모두 나타낸다고 할 수 없다. 즉 **식** (9-1)을 이용해 얻은 2국 간 실질환율을 다국 간 실질환율 multilateral real exchange rate로 전환할 필요가 있다. 이는 여러 교역 상대국을 대상으로 얻은 2국 간 실질환율을 (우리나라와 교역 상대국 사이의 교역량의 비중을 고려해) 가중평균 weighted average함으로써 구할 수 있다.

이와 같이 실질환율곧 교역조건을 구할 때 다양한 문제가 존재하지만 여기서는 설명을 단순화하기 위해 두 나라곧 자국과 자국이 아닌 나라들을 하나로 묶은 외국만 존재하는 세계를 가정하기로 한다. 이 경우에는 실질환율을 **식** (9-1)과 같이 쓸 수 있다.

9.2 환율제도의 장단점

현재 대다수 국가의 환율제도는 변동환율제도이다. 변동환율제도는 1970년대 초반 당시까지 고정환율제도에 바탕을 두고 국제금융질서의 근간을 이루던 브레튼우즈체제 Bretton Woods System ■가 무너진 후부터 전 세계적으로 사용되기 시작했다. 따라서 20세기 대부분 시기에 고정환율제도가 사용됐다고 해도 과언이 아니다.

■ 브레튼 우즈는 미국 뉴햄프셔 New Hampshire 주의 산간 휴양지로 1944년 여기에서 열린 국제금융회의에서 국제통화질서로 고정환율제도를 채택했다.

일부 경제학자들은 브레튼우즈체제가 붕괴되고 변동환율제도로 이행한 것이 잘된 일이라고 생각하지만 그렇지 않다고 보는 학자들도 있다. 이는 학자들이 서로 다른 철학적 배경을 가지고 있기 때문이다. 예를 들어 노벨경제학상 수상자인 밀턴 프리드먼 M. Friedman은 환율도 하나의 가격이기 때문에 정부가 법령에 의해 환율을 결정하는 대신 경제적인 자유와 효율성을 위해 시장에서의 수요와 공급에 의해 결정되어야 한다고 보았다. 따라서 고정환율제도가 변동환율제도로 이행한 것은 긍정적인 변화라고 본다.

그러나 또 다른 노벨경제학상 수상자인 로버트 먼델 R. Mundell은 환율이란 정부가 자신이 발행한 화폐에 대해 약속한 가치이기 때문에 환율을 안정적으로 유지하는 것은 해외에서 투자한 투자자들과 맺은 계약을 정부가 이행하는 것이라고 보았다. 이러한 취지에서 먼델은 고정환율제도가 붕괴되고 변동환율제도로 이행한 것은 시장이 적절히 유지되기 위해 지켜져야 할 계약을 정부가 깨트린 것이기 때문에 매우 부정적인 변화라고 생각한다.

그렇다면 환율제도에 관한 의견 가운데 어떤 견해가 옳은 것일까? 이 질문에 대한 정답은 없다. 고정환율제도와 변동환율제도 모두 장단점이 있기 때문에 상황에 따라 더 적절한 환율제도를 선택하는 것이 중요하다. 이를 위해서는 먼저 두 환율제도의 장단점을 알아보아야 한다. 이때 한 제도의 장점은 다른 제도의 단점이 되므로, 여기서는 고정환율제도의 장점과 단점에 초점을 맞추어 보기로 한다.

고정환율제도의 가장 큰 장점은 환율변동에 따른 위험이 존재하지 않아 국제거래가 더 쉬워진다는 점이다. 환율변동이 일어나지 않으면 환율변동에 대처하는 비용을 피할 수 있다. 이는 1999년부터 유럽 국가들이 공통화폐를 사용하는 통화동맹 monetary union 을 형성한 주된 이유이기도 하다. 즉 환율을 고정시켜 다시는 재조정할 수 없게 하고, 궁극적으로는 각 나라의 화폐를 폐지해 하나의 통화로 통일하고자 한 것이다.■

변동환율제도 아래에서는 환율변동에 따른 불확실성 때문에 외국기업과 경쟁해야 하는 기업이나 수출업자들이 외국 경쟁기업의 생산비용을 예측하는 데 어려움을 겪을 수 있다. 즉 환율변동이 위험요인이 되어 국제무역을 위축시키기 때문에 국제분업 international division of labor 이 환율위험이 없는 경우보다 약화될 수 있다.

한편 고정환율제도는 정책당국이 반드시 지켜야 할 규율 역할을 하기 때문에 팽창적인 금융정책을 시행했을 때 야기될 수 있는 초인플레이션 hyperinflation 을 예방할 수 있다. 즉 한 나라의 금융정책이 외국에 비해 지나치게 팽창적이면 상대적으로 높은 인플레이션이 야기되어 자국 통화의 가치가 외국 통화에 비해 하락하기 때문에 평가절하 압력이 생긴다. 따라서 팽창적인 금융정책을 계속 시행하면서 환율을 일정하게 유지할 수 없게 된다. 이는 고정환율제도가 지나치게 방만한 금융정책을 예방하는 장치 역할을 함을 의미한다.

고정환율제도의 장점은 그 자체가 단점이 되기도 한다. 고정환율제도 아래에서 금융정책은 환율을 고정된 값으로 일정하게 유지하는 데 사용된다. 예를 들어 외국에 비해 이자율이 너무 오래 낮게 유지되면 외환이 유출돼 외환보유고가 바닥날

■ 유럽연합 *EU* 은 1995년 12월 15일 스페인 마드리드에서 열린 *EU* 정상회의에서 15개 회원국들의 의견을 모아 1999년 1월 유럽경제통화동맹 European Economic and Monetary Union, *EMU* 을 출범시키고 단일통화의 명칭을 유로 Euro 로 결정했다. 또 1999년 1월 1일~2001년 12월 31일의 과도기를 거쳐 2002년 1월 1일~2002년 6월 1일의 완결기간을 확정했다. 이렇게 출범한 *EMU* 에 의해 유럽중앙은행 European Central Bank, *ECB* 이 통화정책을 독점하고 있으며, 2014년 1월 현재 18개국에서 유로가 단일통화로 사용되고 있다.

수 있다. 따라서 이 경우에는 긴축적인 금융정책을 펴서 이자율을 올리거나 고정환율제도를 포기해야 한다. 이와 같이 고정환율제도 아래에서는 이자율의 역할이 고정환율을 일정하게 유지하는 대외균형external balance에 중점을 두기 때문에 완전고용 같은 대내적인 목표를 추구하는 금융정책의 독립성이 상실된다. 나아가 고정환율제도 아래에서는 한 나라의 화폐시장에서 생긴 충격이 다른 나라로 빠르게 전파된다. 예를 들어 화폐시장의 충격으로 한 나라의 이자율이 상승하면 고정환율을 일정하게 유지하기 위해 교역 상대국도 이자율을 인상해야 한다.

그러나 변동환율제도 아래에서는 환율이 외환시장에서의 수요와 공급에 의해 결정되므로 정책당국은 환율변동에 얽매이지 않고 대내균형internal balance 유지완전고용 유지나 인플레이션의 안정적인 유지 등에 주력할 수 있다. 즉 변동환율제도 아래에서는 금융정책이 환율에 제약을 받지 않기 때문에 정책의 독립성을 유지할 수 있다.

고정환율제도의 가장 큰 약점 가운데 하나는 정부가 결정한 고정환율이 외환시장의 수요와 공급을 일치시키지 못하는 수준이면 큰 위기crisis가 발생할 수 있다는 점이다. 고정환율이 유지되기 위해서는 고정환율이 현재는 물론 미래에도 계속 유지될 것이라는 확신을 외환시장 참여자들에게 심어줄 수 있어야 하는데 이는 고정환율이 시장에서의 수요와 공급을 일치시키는 수준이어야 가능하다. 따라서 시장에서 수요와 공급이 변동한다면 고정환율을 평균적으로 수요와 공급을 일치시키는 수준으로 다시 설정해야 한다. 만약 고정환율이 시장에서 수요와 공급을 일치시키는 시장청산 수준보다 지나치게 높거나 낮게 설정되면 위기가 초래될 수 있다.

예를 들어 우리나라 원화의 환율이 시장청산 수준보다 낮게 설정됐다면 이는 원화의 통화가치가 과대평가overvalued currency돼 있음을 의미한다. 원화가 과대평가되면 상대적으로 과소평가된 달러화를 매입하고자 하는 초과수요가 외환시장에 나타난다. 이 경우에 우리나라 정부가 대처할 수 있는 방법은 세 가지가 있다.

1 정부는 원화의 가치를 시장청산 수준으로 평가절하devaluation할 수 있다. 그러나 화폐의 평가절하는 고정환율제도 아래에서 수시로 취할 수 있는 조치가 아니다. 평가절하가 수시로 일어난다면 결국 변동환율제도를 채택하는 것과 다름없게 되기 때문이다.

2 정부는 수입이나 외화유출을 제한하기 위해 국제거래에 조세를 부과할 수 있다. 이러한 조치가 취해지면 외환 수요가 감소해 환율을 정부가 정한 고정환율 수준으로 낮출 수 있다. 때로는 외환거래에 대해 허가제를 시행할 수도 있다. 한편 외화와

자유롭게 교환될 수 없는 화폐를 불태환 화폐inconvertible currency라고 부른다.

3 정부는 외환시장에 개입해 주어진 고정환율에서 외환을 매각할 수 있다. 즉 이 경우에는 원화 가치가 과대평가돼 달러화에 대한 초과수요가 존재하므로 시장의 초과수요를 충족시키기 위해 외환보유고 일부를 매각해야 한다. 그러나 외환보유고를 매각해 환율을 유지한다고 해도 결국 외환보유고가 감소하므로 환율을 유지할 수 있는 기간은 외환보유고가 고갈될 때까지이다. 외환보유고가 고갈되면 결국 원화를 평가절하할 수밖에 없다.

과대평가된 환율을 지키려는 정부의 노력은 소위 투기적 공격speculative attack에 의해 극적으로 끝나기도 한다. 고정환율제도 아래에서 환율이 과대평가되면 금융투자자들은 통화가 곧 평가절하될 것이라고 기대하기 때문에 과대평가된 화폐로 표시된 자산을 팔아 외환으로 바꿈으로써 자산의 가치를 보존하려고 한다. 모든 금융투자자들이 이러한 시도에 동참하면 한 나라의 외환보유고는 일시에 고갈되고 이때 과대평가된 통화가 빠르게 평가절하되므로 결국 투자자들의 평가절하 기대가 실현된다. 변동환율제하에서도 정부가 고정환율제의 잇점을 누리고자 환율안정을 위해 개입하기도 한다. 이는 오히려 투기적 공격에 취약한 상황을 만들어 환율의 과잉변동을 야기하기도 한다. 이러한 위기가 1997년 말에 우리나라를 포함한 아시아 지역에서 일어났으며 1992년 북유럽, 1995년 멕시코에서도 비슷한 위기가 있었다.

그리고 이러한 위기는 통화가 과소평가undervalued currency, undervalued exchange rate된 경우에도 일어날 수 있다. 통화가 과소평가돼 있는 경우 외환시장에서는 저렴한 자국 통화에 대한 초과수요곧 외환의 초과공급가 나타난다. 이때 고정환율을 유지하기 위해 정부가 계속 외환을 사들이기 때문에 외환보유고가 증가한다. 고정환율이 저평가된 상태가 계속 유지된다면 외환보유고는 끝없이 증가할 것이다. 그런데 한 나라의 통화가 지나치게 저평가돼 있다는 것은 교역 상대국의 통화가 지나치게 고평가돼 있음을 의미한다. 다시 말해 통화가 지나치게 저평가돼 있는 자국에서는 외환위기가 일어나지 않지만 통화가 지나치게 고평가돼 있는 교역 상대국에서는 앞에서 살펴본 바와 같은 투기적 공격에 따른 외환위기currency crisis가 발생하게 된다.

그림 9-1 **외환시장의 균형**

외환시장에서 외환의 공급자는 수출업자, 외국인 투자자, 외국인 여행자 등이고 수요자는 수입업자, 해외에 투자하는 내국인, 외국에 여행하는 내국인 등이다. 변동환율제도 아래에서 환율은 하나의 가격으로 공급과 수요가 일치할 때 달성된다.

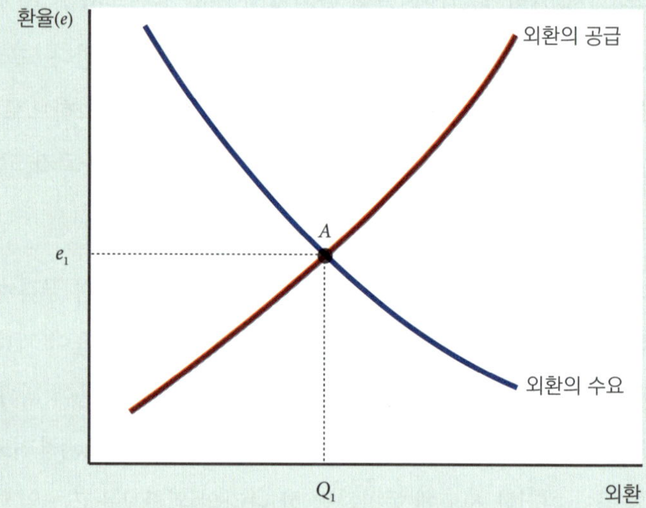

9.3 구매력평가와 이자율평가

현재와 같은 변동환율제도 아래에서 환율은 외환시장에서 수요와 공급으로 결정된다. 외환시장에서 외환의 공급자는 외국에 재화와 서비스를 수출한 대가로 받은 외환을 원화로 교환하려는 수출업자, 우리나라 자산을 매입하기 위해 외환을 원화로 교환하려는 외국인 투자자, 우리나라를 여행하기 위해 외환을 원화로 교환하려는 외국인 여행자 등이다. 외환의 수요자는 외국의 재화와 서비스를 수입하는 수입업자, 외국의 자산을 매입하려는 내국인, 외국을 여행하기 위해 외환을 필요로 하는 내국인 해외여행자 등이다. **그림 9-1**에서 보는 바와 같이 외환 공급자들이 시장에 매각하려는 외환 공급량과 외환 수요자들이 시장에서 매입하고자 하는 외환 수요량이 일치하는 점 A에서 균형환율과 균형량이 각각 e_1과 Q_1로 결정된다. 외환시장이 균형을 이루기 위해서는 외환시장의 참여자들인 무역업체와 국제 자본시장에서 투자에 참여하려는 기업 및 개인의 외환에 대한 수요와 공급이 고려되어야 한다. 재화시장과 자본시장 균형을 고려할 때 이 시장들에서 환율과 관련해 성립할 것으로 생각되는 선험적인 관계식들이 있다.

이 관계식들 가운데 재화시장의 구매력평가 purchasing power parity와 자본시장의 이자율평가 interest rate parity가 중요하다. 두 관계식은 근본적으로 한 재화 또는 자산을 가격이 싼 곳에서 매입해 가격이 비싼 곳에서 매각함으로써 이윤을 얻는 거래에 바탕을 두고 있다. 이와 같은 거래를 차익거래 arbitrage라고 부른다. 구매력평가설은 재화와 서비스의 차익거래 때문에, 이자율평가설은 자산의 차익거래 때문에 각각 성립하는 관계식이다.

9.3.1 구매력평가설

경제학에서 가장 중요한 가설 가운데 하나는 동일한 재화가 동일한 기간에 서로 다른 장소에서 서로 다른 가격에 거래될 수 없다는 일물일가의 법칙 law of one price이다. 예를 들어 운송비가 소요되지 않을 때 동일한 컴퓨터가 부산에서 서울보다 더 낮은 가격에 팔리는 경우를 생각해 보자. 이때 부산에서 산 컴퓨터를 서울에서 팔면 이윤을 얻을 수 있기 때문에 시장에서의 기회를 잘 알고 있는 차익거래자 arbitrageur들은 부산에서 컴퓨터 수요를 증가시킴과 동시에 서울에서 컴퓨터 공급을 증가시킨다. 따라서 컴퓨터 가격은 부산에서 상승하고 서울에서 하락해 결국 두 도시에서 동일한 수준으로 조정된다.

일물일가의 법칙
동일한 재화는 동일한 기간, 여러 장소에서 하나의 가격만 성립한다는 원칙

일물일가의 법칙을 국제거래에 적용한 것이 구매력평가 purchasing power parity, *PPP*이다. 만약 국제적으로 차익거래가 가능하다면 하나의 외환예: 미국의 달러은 우리나라는 물론 다른 나라에서도 똑같은 구매력을 가지게 된다. 예를 들어 미국 쌀과 우리나라 쌀의 품질이 동일하고 차익거래가 가능한 경우를 가정해 보자. 이때 미화 1달러로 미국에서 살 수 있는 쌀의 양이 우리나라에서 사는 양보다 많다면 차익거래자들은 미국에서 산 쌀을 우리나라에서 판매해 이윤을 얻으려 한다. 따라서 차익거래자들에 의해 미국에서는 쌀 수요가 증가해 쌀 가격이 상승하고 우리나라에서는 쌀 공급이 증가해 쌀 가격이 하락한다. 즉 차익거래자들에 의해 똑같은 품질의 쌀 가격이 모든 나라에서 동일하게 조정된다.■

■ 동일한 재화에 대해서 해외구매 시 국내가격보다 훨씬 저렴한 경우 운송료, 관세 등의 수수료를 지불하고서라도 해외에서 직접 구매하거나 해외구매대행 서비스를 받는 경우가 최근 급증하고 있다. 이러한 행위는 차익거래의 한 예로서 구매력평가설이 성립하도록 작용한다.

구매력평가에 따르면 동일한 화폐단위로 표시했을 때 국내 가격과 외국 가격이 일치해야 하므로 다음 식이 성립해야 한다.

$$P = eP^f \Leftrightarrow e = \frac{P}{P^f} \tag{9-2}$$

이를 **식** (9-1)과 같이 정의되는 실질환율에 대입하면 다음 식이 성립한다.

$$\varepsilon = \frac{eP^f}{P} = 1 \tag{9-3}$$

즉 구매력평가에 따르면 실질환율은 1과 같다. 이와 같은 구매력평가를 절대구매력평가 absolute purchasing power parity라고 부른다. 이때 구매력평가가 물가의 상대적 비율이 명목환율을 결정한다거나 환율이 물가를 결정한다는 식의 인과관계를 의미하는 것은 아니라는 점을 유의해야 한다. 한편 구매력평가는 아주 긴 장기 very long run에는 성립한다는 실증적 분석이 있지만 환율의 단기 변동을 잘 설명하지는 못한다. 구매력평가가 단기에 잘 성립하지 못하는 이유는 다음과 같다.

1. 구매력평가설에서는 각국이 동일한 재화의 바구니를 생산한다고 가정하지만 실제에서는 각국이 (매우) 다른 재화의 배합을 생산한다. 특히 서비스의 경우에는 국제적으로 거래되지 않는 비교역재 nontraded goods도 존재한다.
2. 구매력평가설이 가정하고 있는 바와 다르게 현실에는 갖가지 형태의 무역장벽 운송비용과 관세, 쿼터 등이 존재하므로 교역재 traded goods의 가격이 동일할 수 없다.
3. 각국의 물가수준을 구하기 위해서는 재화바구니를 정해야 하는데, 각 나라마다 물가수준을 구할 때 포함시키는 재화의 종류가 다르고 바구니에 포함된 각 재화의 가중치도 다르다.
4. 각 나라는 서로 다른 시장구조를 가질 수 있다. 예를 들어 한 나라는 완전경쟁시장인데 교역 상대국은 독점시장인 경우도 있을 수 있다. 이 경우에는 가격차별 price discrimination이 일어날 수 있기 때문에 구매력평가가 성립하지 않는다.

식 (9-2)의 구매력평가를 다음과 같이 변화율의 형태로 나타낼 수 있다.[1]

---

1 두 변수 X와 Y가 있을 때 새로운 변수 Z가 이 두 변수의 곱으로 나타나면—곧 $Z=XY$이면—Z의 변화율은 다음과 같이 X와 Y의 변화율의 합으로 나타낼 수 있다.

$$\frac{\Delta Z}{Z} = \frac{\Delta X}{X} + \frac{\Delta Y}{Y}$$

그리고 $Z=X/Y$이면 Z의 변화율은 다음과 같이 X의 변화율에서 Y의 변화율을 뺀 것과 같다.

$$\frac{\Delta Z}{Z} = \frac{\Delta X}{X} - \frac{\Delta Y}{Y}$$

BOX 9-1 빅맥지수

구매력평가설에 따르면 동일한 재화의 가격은 어느 나라에서나 동일해야 한다. 바꾸어 말해 명목환율은 동일한 화폐로 표시했을 때 동일한 재화에 대한 두 나라에서의 가격이 서로 같아지도록 결정되어야 하며, 환율이 주어져 있는 경우에는 두 나라에서의 가격이 서로 같아지도록 조정되어야 한다.

구매력평가가 성립하는지 알아보기 위해 영국의 경제전문지 《이코노미스트The Economist》는 정기적으로 맥도날드의 대표적 햄버거인 빅맥Big Mac의 가격을 여러 나라에서 수집해 비교하고 있다. 비록 여러 나라에서 판매되는 빅맥이 동일하다고 할 수는 없지만 다른 재화보다 비교적 표준화된 재화이므로 구매력평가설이 옳다면 각국의 빅맥 가격이 비슷해야 한다. 그러나 표에서 보는 바와 같이 빅맥 가격은 남아프리카의 2.21달러에서 스위스의 6.5달러까지 편차가 매우 크다. 우리나라의 경우 3.8달러이다.

국가	화폐[1]	빅맥 가격	달러환율	빅맥 달러가격	PPP환율[2]	저평가의 정도
호주	호주 달러	6.2	1.4	4.3	1.1	-25.8
브라질	레알	17.5	3.8	4.6	3.0	-19.9
캐나다	캐나다 달러	6.8	1.3	5.2	1.2	-10.2
스위스	스위스 프랑	6.5	1.0	6.5	1.1	14.0
칠레	페소	2640.0	689.8	3.8	459.9	-33.3
중국	유안	21.0	6.9	3.1	3.7	-46.9
덴마크	크로네	30.0	6.7	4.5	5.2	-21.5
유로지역	유로	4.1	0.9	4.6	0.7	-20.3
영국	파운드	3.3	0.8	4.1	0.6	-28.5
홍콩	홍콩 달러	20.5	7.8	2.6	3.6	-54.3
인도	루피	183.0	68.6	2.7	31.9	-53.5
이스라엘	셰켈	17.0	3.6	4.8	3.0	-17.0
일본	엔	390.0	108.8	3.6	67.9	-37.5
한국	원	4500.0	1180.6	3.8	784.0	-33.6
멕시코	페소	50.0	18.9	2.6	8.7	-53.9
노르웨이	크로네	42.0	8.7	4.9	7.3	-15.4
뉴질랜드	뉴질랜드 달러	6.4	1.5	4.2	1.1	-26.3
러시아	루블	130.0	63.8	2.0	22.6	-64.5
싱가폴	싱가폴 달러	5.8	1.4	4.3	1.0	-25.8
수웨덴	크로나	51.0	9.5	5.4	8.9	-6.2
미국	달러	5.7	1.0	5.7	1.0	0.0
베트남	동	65000.0	23231.0	2.8	11324.0	-51.3
남아프리카	랜드	31.0	14.2	2.2	5.4	-61.9

1) 화폐는 IMF의 Representative Exchange Rates for Selected Currencies for July 2019 단위화폐 (https://www.imf.org/oxtornal/np/fin/data/rmo_mth.aspx?SclectDate=2019 07 31&reportType=REP).
2) 환율은 IMF의 Representative Exchange Rates for Selected Currencies for July 2016의 평균값 (https://www.imf.org/external/np/fin/data/rms_mth.aspx?SelectDate=2019-07-31&reportType=REP)
3) 빅맥가격과 빅맥지수는 economist.com에서 발표하는 July 2019의 빅맥지수 (http://www.economist.com/content/big-mac-index) 4) PPP 환율은 Economist와 IMF의 자료를 이용하여 저자 재계산

한편 빅맥 가격을 이용한 *PPP*환율은 $e^{PPP}=P/P^f$로 구할 수 있다. 빅맥을 이용한 각국의 *PPP*환율을 실제 환율 *e*와 비교하면 러시아의 루블은 64.5% 저평가돼 있고 스위스 프랑은 14% 이상 고평가돼 있으며, 우리나라 원화는 33.6% 정도 저평가돼 있음을 알 수 있다. 빅맥지수에 따르면 인도, 중국 및 우리나라 환율은 하락을, 스위스의 환율은 상승을 각각 기대할 수 있다. 표에 따르면 2019년 7월 세계 대부분의 나라에서 미국달러에 대해 저평가되어 있다.

$$\frac{\Delta e}{e}=\frac{\Delta P}{P}-\frac{\Delta P^f}{P^f} \qquad (9-4)$$

식 (9-4)의 우변 첫 항은 국내 물가상승률, 두 번째 항은 외국 물가상승률이다. 즉 명목환율상승률곧 자국 화폐의 가치하락률은 국내 물가상승률과 외국 물가상승률의 차이

로 나타난다. 이와 같이 구매력평가를 나타내는 것을 상대구매력평가 relative purchasing power parity라고 부른다. 상대구매력평가는 물가상승률이 매우 높은 나라에서 잘 맞는데 그 이유는 물가상승률이 매우 높으면 환율변동이 실물부문 변동보다 높은 물가상승률에 의해 결정되기 때문이다.

더 일반적으로는 명목환율과 실질환율의 관계식인 **식 (9-1)**로부터 다음 식을 얻을 수 있다.

$$\frac{\Delta e}{e} = \frac{\Delta P}{P} - \frac{\Delta P^f}{P^f} + \frac{\Delta \varepsilon}{\varepsilon} \qquad \textbf{(9-5)}$$

식 (9-5)는 정의에 의해 도출된 것이기 때문에 항등적으로 성립해야 한다. 이에 따르면 명목환율 상승은 다음과 같은 요인에 의해 일어날 수 있다.

1 자국 재화에 대한 외국 재화의 상대가격곧 실질환율이 상승하면 자국 화폐의 구매력이 감소한다. 이는 자국 재화에 대한 외국인의 수요가 감소하거나 내국인의 외국 재화에 대한 수요가 증가할 때 나타난다.

2 상대구매력평가의 경우와 마찬가지로 국내 물가상승률이 외국 물가상승률보다 낮으면 자국 화폐의 구매력이 증가한다.

교역조건

구매력평가설에 따라 **식 (9-2)**가 의미하는 등식 $P/eP^f = 1$이 현실에서는 그대로 성립하지 않는 것이 더 일반적이다. 실제로 자국의 상품 한 단위를 팔아서 외국의 상품 몇 단위를 구입할 수 있는가의 척도로서 교역조건 terms of trade을 구하기도 하는데 공식으로는 국내물가 P를 외국물가 P^f에 환율 e를 곱하여 나누어줌으로써 계산한다. 즉, 교역조건 = P/eP^f. 예를 들어, $P/eP^f = 1/2$이라면, 이는 우리나라에서 생산된 재화의 가격이 1이고 동일한 재화를 외국에서 생산한 경우 그 가치는 2로서 우리가 파는 재화의 가치보다 수입하는 재화의 가치가 높다는 의미이다. 만약에 P/eP^f가 상승한다면 이는 교역조건이 개선됨을 의미하는데, 1/2에서 1에 가까운 값으로 변화함을 지칭한다.

교역조건이 개선됨은 자국의 재화가치가 외국에 비해 상승하므로 통상적으로 좋은 소식이지만 반드시 그러하지는 않다. 즉, 국내 재화에 대한 해외 수요가 증가한 경우 우리 상품이 비싼 가격에 팔린다는 의미에서 좋은 소식이 되지만, 반면 국내 재화의 생산비용 증가로 P가 상승한 경우 교역조건 수치는 상승했지만 결국 국

국내투자 수익과 외국투자 수익 그림 9-2

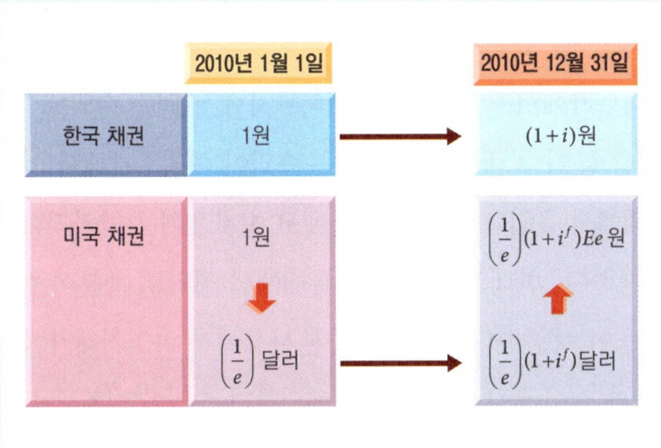

1원을 국내에 투자하였을 경우 1년 후의 수익은 $1+i$이고 외국에 투자한 경우 1년 후의 수익은 $(1/e)\cdot(1+i^f)Ee$이다. 따라서 이자율평가는 $1+i$와 $(1/e)\cdot(1+i^f)Ee$가 일치할 때 달성된다.

내 재화가 외국에 팔리지 않을 가능성이 높아 오히려 악재가 될 수 있다.

구매력평가설은 비록 장기에서만 성립하는 가설이나 이를 단기적 관점에서 다음과 같이 교역조건과 연관지어 볼 수 있을 것이다. 즉, 본 가설은 국내 및 해외물가의 변동 시 현실 경제에서 형성된 일정한 수준의 교역조건즉, 반드시 1의 값이 아닐 수도 있음을 만족하기 위해 환율이 단기적으로 어떻게 움직이는지를 예측하는 데 유용하다.

9.3.2 이자율평가설

국가 사이에 자본이동이 자유로우면 재화 및 서비스 거래와 마찬가지로 국내 자산과 외국 자산 사이에도 차익거래가 발생한다. 이러한 차익거래가 **그림 9-2**에 나타나 있다. 이 경우에 2010년 1월 1일에 1원을 한국 채권에 투자하면 2010년 12월 31일에 $(1+i)$원만큼의 원금과 이자를 받는다. 여기서 i는 한국의 명목이자율이다.

만약 1원을 한국 채권에 투자하지 않고 미국 채권에 투자하면 얼마를 얻을까? 먼저 해외에 투자하려면 **그림 9-2**의 아랫부분에 나타나 있듯이 1원을 달러로 바꾸어야 한다. 이때 환율이 e이면 1원은 $1/e$달러가 된다. $1/e$달러를 미국 채권에 투자하면 2010년 12월 31일에 $(1/e)\cdot(1+i^f)$달러만큼을 얻는다. 여기서 i^f는 미국의 명목이자율이다. 그리고 2010년 12월 31일에 원리금을 국내로 들여오려면 (1/

$e)\cdot(1+i^f)$달러를 외환시장에서 원화로 바꾸어야 하는데, 투자를 결정하는 시점인 2010년 1월 1일에는 2010년 12월 31일의 환율을 알 수 없기 때문에 환율에 대한 기대치곧 기대현물환율 Ee를 사용한다. 따라서 해외투자에서 얻는 기대수익을 원화로 표시하면 **그림 9-2**에 나타나 있는 바와 같이 $(1/e)\cdot(1+i^f)\cdot Ee$ 원이 된다.

이 경우에 국내투자에서 얻는 수익과 해외투자에서 얻는 수익이 다르면 차익거래가 일어난다. 예를 들어 국내투자에서 얻는 수익이 해외투자에서 얻는 수익을 초과하면 자본이 해외에서 유입돼 주어진 환율에서 이자율이 하락하거나 주어진 이자율에서 환율이 하락한다. 반대의 경우에는 국내에서 해외로 자본이 이동해 이자율이 상승하거나 환율이 상승한다. 따라서 자본시장에서 차익거래가 멈추고 균형이 이루어지려면 다음과 같이 국내투자 수익과 해외투자 수익이 일치해야 한다.

$$1+i=\left(\frac{1}{e}\right)(1+i^f)Ee \qquad (9\text{-}6)$$

식 (9-6)을 이자율평가조건interest parity condition이라고 부른다.

식 (9-6)과 같은 이자율평가를 다음과 같이 고쳐 쓸 수 있다.

$$1+i=(1+i^f)\left(1+\frac{Ee-e}{e}\right) \qquad (9\text{-}7)$$

이 식을 환율의 변동이 크지 않다는 가정 아래 다음과 같이 근사시킬 수 있다.[2]

$$i-i^f=\frac{Ee-e}{e} \qquad (9\text{-}8)$$

따라서 이자율평가에 따르면 국내 이자율과 외국 이자율의 차이는 환율의 기대상승률로 나타난다. 그러나 실제로 **식** (9-8)의 이자율평가가 성립할 수 없는 몇 가지 이유가 있다. 그 가운데 중요한 것들은 다음과 같다.

---

2 이를 보이기 위해서는 먼저 **식** (9-7)의 우변을 다음과 같이 펼쳐야 한다.

$$(1+i^f)\left(1+\frac{Ee-e}{e}\right)=1+i^f+\frac{Ee-e}{e}+i^f\left(\frac{Ee-e}{e}\right)$$

이 식의 우변 마지막 항은 다른 변수에 비하여 무시할 수 있을 정도로 작기 때문에 **식** (9-8)처럼 쓸 수 있다. 예를 들어 $i^f=0.05$, $(Ee-e)/e=0.02$이면, $i^f\cdot\{(Ee-e)/e\}=0.001$로 0.05나 0.02와 비교하면 매우 작다.

1 **식 (9-8)**을 도출할 때 채권거래**그림 9-2**에서는 해외에 투자하는 세 번의 거래에서 발생하는 브로커비용 brokerage fee을 포함한 거래비용 transaction cost을 무시했다.

2 미래 환율에는 불확실성이 존재한다. 즉 기대환율이 미래에 정확하게 실현되리라는 보장이 없음에도 불구하고 **식 (9-8)**의 이자율평가에서는 외국채권 보유에 따르는 환율위험 exchange risk을 고려하지 않았다. 따라서 **식 (9-8)**을 "환율위험이 존재하는 이자율평가조건 uncovered interest parity condition"이라고 부르기도 한다.

환율위험은 외환선물시장 forward exchange market에서 다음과 같은 거래를 통해 제거할 수 있다. 즉 **그림 9-2**에서 2010년 1월 1일에 미국 채권을 구입함과 동시에 2010년 12월 31일의 달러 소득 $(1/e)\cdot(1+i^f)$를 외환선물시장에서 매각한다. 이 경우의 선물계약은 이미 정해진 선물환율 forward exchange rate e_F로 2010년 12월 31일의 달러 소득 $(1/e)\cdot(1+i^f)$만큼의 달러를 매각한다는 것이며, 2010년 12월 31에 계약이 실제로 완료되면 투자자는 $\{(1/e)\cdot(1+i^f)\}\cdot e_F$만큼의 원리금을 원화로 회수하게 된다. 따라서 이 경우의 이자율평가조건은 다음과 같다.

$$1+i=\left(\frac{1}{e}\right)(1+i^f)e_F \qquad \textbf{(9-9)}$$

이와 같이 해외투자와 동시에 외환선물시장에서 주어진 선물환율에 의해 외환으로 표시된 미래의 원리금을 매각하면 해외투자에 따른 외환위험이 제거된다. 따라서 **식 (9-9)**를 "환율위험이 존재하지 않는 이자율평가조건 covered interest parity condition"이라고 부른다.

이제 **식 (9-9)**를 **식 (9-8)**의 경우처럼 다음과 같이 다시 쓸 수 있다.

$$i-i^f=\frac{e_F-e}{e} \qquad \textbf{(9-10)}$$

여기서 **식 (9-10)**의 우변 $(e_F-e)/e$는 선물환율 e_F가 현물환율 spot exchange rate e와 얼마나 다른지를 나타낸다. 이를 선물프리미엄 forward premium이라고 부른다.

환율위험이 존재하지 않는 이자율평가는 과거 유럽 통화시장에서는 잘 맞는 것으로 나타났다.[3] 그러나 미국의 재무성증권, 상업어음 및 장기채권을 비롯한 대부분

3 Aliber, R.Z., "The Interest Rate Parity Theorem," *Journal of Political Economy* 81, 1973, pp.1451-1459. J.A. Frenkel and M.R. Levich, "Covered Interest Arbitrage: Unexpected Profit?" *Journal of Political Economy* 83, 1975, pp.325-383.

의 경우에는 잘 성립하지 않는 것으로 알려졌는데, 그 이유는 다음과 같다.

1 나라 사이의 거래에서는 각국의 정치적 위험 political risk 을 고려해야 한다. 정치적 위험에는 정치적인 이유로 다른 나라 자산에 대해 몰수, 동결, 자본이동 통제 등 자유로운 국제 투자를 제약하는 조치들이 취해지는 것 등이 포함된다. 이러한 조치가 예상되면 이자율평가가 성립하지 않는다.

2 세계 각국이 고유한 조세제도를 통해 해외 투자수익에 대해 서로 다른 세율을 적용하므로 투자수익에 대해 서로 다른 세율을 고려하지 않은 **식** (9-10)의 이자율 평가는 실제로 성립하지 않을 가능성이 높다.

3 이자율평가는 모든 면에서 동일한 특성을 갖는 채권 사이에 성립한다. 그런데 모든 채권의 이자율에는 여러 가지 형태의 프리미엄이 포함되어 있다. 즉 채권마다 만기의 길고 짧음에 따라 기간 프리미엄 term premium, 위험의 차이에 따라 위험 프리미엄 risk premium, 채권의 유동성의 크기에 따라 유동성 프리미엄 liquidity premium 등이 각각 존재한다. 이와 같이 두 교역국 사이에서 동일한 특성을 갖는 채권을 찾기 어렵기 때문에 실증적으로 이자율을 바르게 평가하는 것은 쉬운 일이 아니다.

외환위험이 존재하는 이자율평가인 **식** (9-8)과 외환위험이 제거된 이자율평가인 **식** (9-10)을 동시에 만족시키기 위해서는 다음 식이 성립해야 한다.

$$Ee = e_F \qquad (9\text{-}11)$$

이는 통계적으로 말해 선물환율 e_F가 기대현물환율 Ee에 대한 불편추정량 unbiased estimator 임을 나타낸다. **식** (9-11)이 성립하면 외환시장이 효율적 efficient 이라고 말한다. 외환시장이 효율적이라는 것은 외환시장에 유입되는 모든 정보가 환율에 즉시 반영되어 외환시장 참가자들이 추가적인 이윤을 얻을 수 없음을 의미한다. 만약 **식** (9-11)이 성립하지 않으면 어떻게 될까? 이에 대해 알아보기 위해 먼저 다음 식이 성립한다고 가정해 보자.

$$e_F > Ee \qquad (9\text{-}12)$$

식 (9-12)는 선물환율 e_F와 기대현물환율 Ee의 차이를 나타내는데 **식** (9-12)와 같이 0보다 큰 경우를 외환위험 프리미엄 exchange risk premium 이라고 부른다. 반대로 0보다 작은 경우를 외환위험 할인 exchange risk discount 이라고 부른다.

외환위험 프리미엄이나 할인이 나타나면 투자자들은 미래의 현물환율이 선물환율에 비해 낮거나 높아질 것이라고 예상하므로 외환시장에서 투기거래가 일어난다. 예를 들어 **식 (9-12)**에 나타난 바와 같은 외환위험 프리미엄이 존재하면 투자자들은 미래의 현물환율이 선물환율보다 낮아지리라고 예상하므로, 주어진 선물환율로 외환을 매각하는 선물거래를 한 후 미래 시점에 도달하면 선물환율보다 낮은 현물환율로 외환을 구입해 이미 계약한 선물환율로 선물거래를 결제함으로써 선물환율과 (그보다 낮을 것으로 기대되는) 미래 현물환율의 차이만큼 이윤을 얻는다. 반대로 외환위험 할인이 존재하면 주어진 선물환율로 외환을 매입하는 선물거래를 한 후 미래 시점에 도달하면 선물거래를 완료하여 획득한 외환을 (선물환율보다 비싼) 현물환율로 매각함으로써 이윤을 얻는다. 이와 같이 외환시장의 투기거래는 외환위험 프리미엄이 존재할 때 선물외환에 대한 공급을 증대시키고 외환위험 할인이 존재할 때 선물외환에 대한 수요를 증대시켜 **식 (9-11)**이 성립하는 방향으로 선물환율을 조정한다.

국제수지 9.4

국제수지balance of payments, *BOP*란 일정 기간 동안에 자국과 외국 사이에 일어난 모든 경제적인 거래를 체계적이고 종합적으로 정리한 통계를 말한다. 우리나라의 국제수지 구성이 **표 9-1**에 나타나 있다. **표 9-1**에서 보는 바와 같이 국제수지는 외국과의 경제적 거래를 정리한 것으로 상품과 서비스를 사고파는 거래를 정리한 경상수지, 자금을 빌리거나 빌려주는 자본거래를 정리한 자본 · 금융계정, 준비자산 증감, 오차와 누락의 합으로 나타난다.

경상수지는 상품의 수출입 차이를 나타내는 상품수지, 외국과 이루어진 서비스 거래 결과를 기록한 서비스수지, 근로자가 외국에 나가 일해서 벌어들인 외화와 해외투자 결과로 발생한 배당 및 이자를 기록하는 본원소득수지, 아무런 대가 없이 이루어지는 무상거래인 경상이전소득수지 등으로 나뉜다. 여기서 상품수지는 재화의 수출과 수입을 포함하고 서비스수지는 순수 서비스 거래만 포함하며, 본원소득수지는 투자수익과 급료 및 임금소득을 포함한다. 경상이전수지는 재화와 서비스로 구

표 9-1

국제수지표(2018년)
(단위: 100만 달러)

대분류	중분류	세부 항목
경상수지 (76,408.5)	상품수지 (11,866.6)	일반상품수지
		중계무역순수출
		비화용금수지
	서비스수지 (−29,731.1)	가공서비스수지
		운송수지
		여행수지
		건설수지
		보험서비스수지
		금융서비스수지
		통신, 컴퓨터, 정보서비스수지
		지식재산권사용료수지
		유지보수서비스수지
		기타사업서비스수지
		개인, 문화, 여가서비스수지
		정부서비스수지
	본원소득수지 (2,777.7)	급료 및 임금 수지
		투자소득수지
	이전소득수지 (−8,498.7)	일반정부이전소득수지
		기타부문이전소득수지
자본수지 (188.9)		자본이전
		비생산 비금융 자산
금융계정 (70,489.3)		직접투자
		증권투자
		파생금융투자
		기타투자
		준비자산
오차및누락 (−6,108.1)		

1) 출처: 한국은행
2) 경상수지+자본수지−금융계정+오차 및 누락=0. 즉 BOP=0이 왼쪽과 같이 성립됨.
3) BPM6방식으로 이행하면서 자본금융계정은 자본수지와 금융계정으로 각각 분리

성된 경상이전거래만 포함하고 나머지 자본이전거래는 자본계정에 포함된다.

경상수지가 상품 및 서비스와 소득거래를 대상으로 하는 데 비해 자본 · 금융계정은 민간기업, 금융기관, 정부 등이 외국으로부터 차입 등의 방식으로 자금을 빌리거나 반대로 외국에 신용공여 등의 방식으로 자금을 빌려줌으로써 발생하는 외화의 유출입 차이를 나타낸다. 자본 · 금융계정은 크게 금융계정과 기타자본수지의 두 가지로 구분된다. 금융계정은 다시 직접투자, 증권투자, 파생금융투자 및 기타투자의 4부문으로 나뉜다. 금융계정을 이렇게 분류하는 것은 국제자본의 유동성

이 증가하면서 국제거래의 장단기 구분이 애매해짐에 따라 옛 편제에서처럼 장기자본수지와 단기자본수지를 구분해야 할 필요성이 약해졌기 때문이다.

금융계정 가운데 직접투자는 외국에 있는 기업에 대한 경영참여 등과 같이 영속적인 이익을 취득하기 위해 행하는 대외투자를 말한다. 증권투자는 외국과의 주식, 채권, 파생금융상품 거래를 나타낸다. 이때 동일한 주식투자라 하더라도 기업의 경영참여를 통한 영속적인 이익추구를 목적으로 했을 때는 직접투자로 계상하며, 이와 달리 단지 투자자본의 가치증가 또는 이윤획득만 목적으로 했을 때는 증권투자로 기록한다. 기타투자는 직접투자와 증권투자에 포함되지 않는 외국과의 모든 금융거래를 기록한다. 여기에는 대출 및 차입, 상품을 외상으로 수출하거나 수입할 때 발생하는 무역관련 신용, 현금 및 예금 등의 금융거래가 기록된다. 기타자본수지는 특허권, 상표권 등을 사고파는 거래와 해외이주자가 외국에 이주할 때 가지고 가는 해외이주비 등 자본이전을 기록한다. 그리고 예금은행의 자본거래와 중앙은행의 대외부채 증감이 자본수지에 포함된다.

자본 · 금융계정이 양(+)이라는 것은 자본거래 결과로 발생한 자금의 유입이 유출보다 많았음을 의미한다. 따라서 차관 등으로 들여온 외국 빚이 이미 갚은 빚보다 많거나 우리나라가 가지고 있었던 대외채권의 회수금액이 공여금액을 상회하여 유입된 외화가 유출된 외화보다 많게 되면, 자본수지는 유입초과가 된다. 반대의 경우에는 유출초과가 된다.

한편 외국에 상품이나 서비스를 팔아서 벌어들인 외화가 외국으로부터 상품이나 서비스를 사는 데 사용한 외화보다 많게 되면곧 경상수지가 흑자이면 여유자금을 다른 나라에 빌려주거나 외채를 갚는 데 사용한다곧 자본수지가 유출초과가 된다. 반대로 외국과의 경상거래 결과로 벌어들인 자금보다 지급한 자금이 많게 되면곧 경상수지가 적자이면 부족한 자금을 외국으로부터 빌려오게 된다곧 자본수지 유입 초과가 된다. 바로 이러한 이유로 인해 경상수지와 자본금융계정수지의 합인 국제수지가 영(0)이 되는 것이다. 곧 새로이 도입되는 *BP* 곡선은 국제수지BOP가 영이 되는 국제수지균형 조건을 반영한다.

일정 기간 동안 기업이나 정부가 상품과 서비스를 수출하고 수입하는 과정에서 적자가 생겼을 때 이 적자를 외국으로부터 자본을 도입하여 충당하지 못했다면 부족한 외화는 통화당국이 보유하고 있는 외환보유액으로 충당하게 된다. 반대로 경상수지 흑자와 자본수지 유입 초과로 대규모의 외화가 일시에 유입되어 환율이 급

BOX 9-2 우리나라의 국제수지

1980년대부터 현재까지 길지 않은 기간 동안에 우리나라 무역수지는 크게 다섯 차례의 변동을 겪었다. 시기별로는 다음과 같다.

첫 번째 시기는 1981-5년으로, 이 시기에는 1970년대의 유가파동과 1980년대 초반 미국의 脫인플레이션disinflation 정책에 따른 불황이 끝나고 세계경제가 회복되면서 수출이 크게 증가해 무역수지 적자가 축소됐다. 이 기간 동안 수출은 연평균 11.6%의 증가율을 기록해 수입의 연평균 증가율 6.9%를 훨씬 크게 웃돌았다. 그 결과로 무역수지 적자는 1981년 49억 달러에서 1985년 9억 달러로 크게 축소됐다.

두 번째 시기는 무역수지가 흑자로 전환된 1986-9년이다. 국제금리, 원유가격 및 달러화의 가치가 동시에 낮아진 소위 3저효과에 힘입어 1986년 우리나라는 처음으로 상품수지와 경상수지의 의미 있는 흑자를 기록했다. 1986~88년 우리나라 수출은 연평균 26.1%라는 사상 최고의 신장세를 나타냈다. 특히 1988년에는 경상수지 흑자가 국민총생산의 8% 가량인 145억 달러를 상회했다. 상품수지 및 경상수지의 흑자는 1989년까지 지속됐다.

세 번째 시기는 무역수지가 다시 적자로 전환된 1990-3년이다. 이 기간 동안 원화절상에 따른 수출경쟁력 약화와 세계경기 둔화로 수출증가율이 한 자리수로 떨어지고 내수확장에 따른 수입 급증으로 무역수지가 적자로 전환됐다. 무역수지 적자 규모는 1990년부터 국내경기가 호황을 나타낸 1991년까지 수입급증 때문에 큰 폭으로 계속 늘다가 국내경기가 침체로 접어든 1992-3년에 다시 축소됐다. 참고로 1991년 경상수지 적자는 국민총생산의 3%가량인 84억 달러를 초과했다.

네 번째 시기는 1994년부터 외환위기가 발생한 1997년까지이다. 이 기간 동안 무역수지 적자는 계속 확대되는 추세를 보였다. 1994년 이후 엔화강세가 지속되고 세계교역 신장세도 회복되면서 수출도 크게 늘어났으나, 기업들의 설비투자 확장 등으로 수입이 더욱 큰 폭으로 증가했다. 특히 1996년에는 반도체 등 주요 교역상품의 국제가격 하락으로 수출이 부진한 반면에 수입은 국내경기 둔화에도 불구하고 여전히 높은 신장세를 나타내 무역적자 규모가 사상 처음으로 200억 달러를 넘어 231억 달러를 상회하기에 이르렀다. 1997년에는 대기업의 연쇄부도가 나타났으며, 그 여파로 자본유입이 급격히 줄어들면서 대외준비자산이 119억 달러 이상 감소했다. 그리고 같은 해 연말에는 외환위기를 맞이했다.

마지막 시기는 1998년부터 현재까지로, 외환위기 이후 환율이 급등해 우리나라의 원화가치가 35% 이상 하락했다. 그 결과 우리나라 상품은 가격경쟁력을 회복하기 시작했다. 금융부문을 포함한 산업 전반의 혹독한 구조조정으로 인한 실업과 불황 때문에 1998년에 소득이 부negative의 성장을 하였으며, 동시에 수입이 급격히 감소하여 1998년에는 상품수지 흑자 416억 달러 이상, 경상수지 흑자 400억 달러 이상을 기록하게 됐다. 2008년을 제외하면 1998년 이후부터 현재까지 우리나라는 크기의 기복은 있으나 꾸준히 상품수지 및 경상수지의 흑자를 기록하고 있다.

격히 변동할 가능성이 있다면 통화당국은 환율안정을 위해 넘치는 외화를 사들이기도 하는데 이 경우에는 외환보유액이 증가하게 된다. 이와 같이 매일매일 일어나는 대외거래는 경상계정과 자본·금융계정에 모두 반영되기 때문에 종종 외환보유액의 변동을 가져오기도 한다. 국제수지표에서는 이러한 거래에 의해 발생한 외환보유액의 변동을 준비자산증감이라는 항목에 별도로 표시하고 있다. 준비자산증감과 외환보유액은 모두 통화당국이 보유하고 있는 대외자산을 대상으로 하지만, 외환보유액이 일정시점에서의 잔액을 나타내는 저량stock 통계인 반면 준비자산증감은 일정한 기간 중의 외환보유액의 변동을 나타내는 유량flow 통계이다. ■

준비자산이나 외환보유액은 유동성이 높은 중앙은행의 대외자산이다.

국제수지표는 복식부기에 의해 작성된다. 따라서 경상수지와 자본 · 금융계정의 합은 준비자산의 증가나 감소로 나타난다. 다시 말해 경상수지와 자본 · 금융계정의 합이 양이면 준비자산이 그만큼 증가하여 국제수지표에서 준비자산증감이 음negative으로 나타난다. 반대로 경상수지와 자본 · 금융계정의 합이 음이면 준비자산이 그만큼 감소하여 국제수지표에서 준비자산증감이 양positive으로 나타난다. 한편 국제수지표에 사용되는 통계는 어느 한 기관에서 작성되는 것이 아니라 여러 기관이 수집한 통계를 취합해 작성되기 때문에 기초통계의 차이, 통계 누락, 평가에서의 불일치 등이 존재한다. 따라서 수출입통계로부터 얻는 경상수지와 외환수급통계로부터 얻는 자본 · 금융계정의 합이 중앙은행의 통계인 준비자산증감과 정확하게 일치하지는 않는 경우가 있다. 이러한 차이는 오차와 누락으로 기록한다.

환율과 무역수지 9.5

지금부터 배우게 될 거시 개방경제 모형에서는 다음과 같은 세 가지 점에 유의하여야 한다.

1 먼저 나라의 규모size가 중요하다. 경제는 규모를 기준으로 작은 개방경제small open economy, 큰 개방경제large open economy, 폐쇄경제closed economy로 나눌 수 있다. 작은 개방경제의 경우 규모가 작아 내부의 경제적 변화가 세계 경제에 영향을 미치지 못하지만 세계 경제의 변화는 이 경제에 큰 영향을 미친다. 예를 들어 작은 개방경제의 이자율은 세계이자율에 영향을 미치지 못하지만 세계 이자율은 이 경제에 절대적인 영향을 미친다.■ 반면에 큰 개방경제의 경우 세계경제에 영향을 미칠 만큼 규모가 커 작은 개방경제와 같이 세계 경제의 변화에 전적으로 의존하지는 않는다. 특히 개방경제의 규모가 아주 커 다른 경제를 전적으로 압도하는 경우에는 마치 다른 경제가 없는 것처럼 취급할 수 있기 때문에 폐쇄경제에 접근한다. 즉 폐쇄경제는 다른 경제를 무시할 수 있을 정도로 대단히 큰 개방경제라고 할 수 있다.

■ 즉 작은 개방경제의 이자율은 세계이자율에 의해 결정된다.

2 자본이동이 자유로우냐, 그렇지 못하냐도 중요하다. 자본이동이 자유로우면 수출이 수입을 초과하는 경우에는 국제자본시장에서 자본을 대여할 수 있고 수입이 수출을 초과하는 경우에는 국제자본시장에서 자금을 빌려 수출을 초과하는 수입

대금을 지급할 수 있다. 이때 실물교역곧 재화와 서비스 교역과 자본교역은 마치 동전의 양면처럼 하나가 변화하면 다른 하나가 반대 방향으로 같은 양만큼 변화한다. 따라서 자본시장에 제약을 가하면 이는 다시 실물교역에 대한 제약으로 나타난다. 예를 들어 자본이동을 완전히 차단해 수출한 대가로 받은 외환을 외국 재화와 서비스의 수입에만 사용하는 경우를 가정해 보자. 이 경우의 대외균형external equilibrium은 재화와 서비스의 수출과 수입이 일치해야만 달성된다. 이와 같이 자본통제의 존재 여부에 따라 한 경제의 대외균형조건이 다르게 나타난다.

3 환율제도가 중요하다. 환율제도에 따라 여러 정책과 충격의 효과가 폐쇄경제의 경우와 전혀 다르게 나타난다.

9.5.1 순수출

수입은 국내 거주자의 외국 재화와 서비스에 대한 수요이므로 국내 거주자의 소득에 영향을 받는다. 그리고 수출은 외국인들의 국내 재화와 서비스에 대한 수요이므로 외국 소득에 영향을 받는다. 나아가 수출과 수입은 국내 재화와 외국 재화의 상대가격인 실질환율에도 영향을 받는다. 다시 말해 순수출은 자국의 국민소득 Y, 외국의 국민소득 Y^f 및 실질환율 $\varepsilon = eP^f/P$ 의 함수로 다음과 같이 쓸 수 있다.

$$NX = NX(Y, Y^f, \varepsilon) \tag{9-13}$$

여기서 순수출은 국내 소득이 증가하면 수입이 증가하므로 국내 소득의 감소함수이고 외국 소득이 증가하면 증가하므로 외국 소득의 증가함수이다.

9.5.2 마샬-러너 조건

환율 변화가 무역수지에 미치는 효과는 불분명하다. 명목환율이 상승해 실질환율이 상승하면 외국 재화가 국내 재화보다 비싸진다. 따라서 수출 물량이 증가하고 수입 물량은 감소하므로 물량으로 볼 때 순수출이 증가한다. 그러나 실질환율이 상승하면 수출하는 재화의 가격이 상대적으로 하락하므로 수출 물량이 일정하게 주어져 있다고 하면 수출 물량에 수출 가격예: 달러표시을 곱한 수출액은 오히려 감소한다. 따라서 실질환율 상승이 순수출 물량에 미치는 양의 효과와 수출 가격에 미치는 음의 효과 가운데 전자가 크면 무역수지가 개선되고 반대로 후자가 크면 무

*J*곡선 효과 그림 9-3

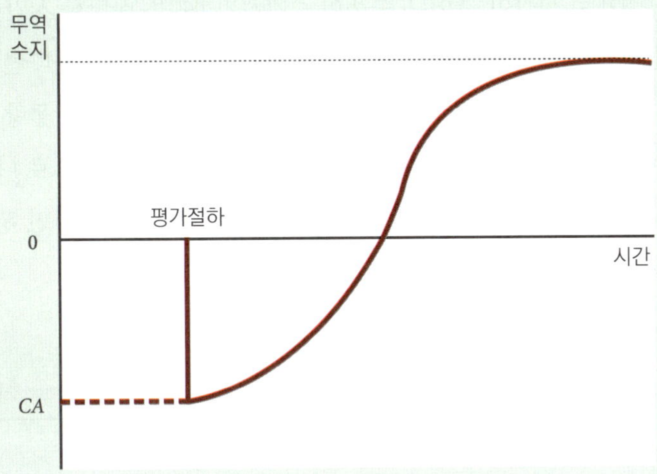

평가절하는 자국 재화의 상대가격을 하락시켜 수출이 증가하고 무역수지를 개선시키는 것으로 알려져 있지만 실증적인 분석에 따르면 평가절하가 이루어졌을 때 처음에는 오히려 무역수지가 악화된 후 시간을 두고 천천히 개선되는 것으로 나타난다. 이는 평가절하가 이루어지면 자국 재화의 가격은 곧 하락하지만 수출물량은 천천히 증가하기 때문이다. 이때 나타나는 무역수지의 시간경로를 곡선의 모양을 따라 *J*곡선이라고 한다.

역수지가 악화된다.

명목환율 변동이 무역수지에 미치는 효과에 관하여는 마셜-러너 조건Marshall-Lerner condition이 있다. 즉 명목환율이 상승할 때곧 실질환율이 상승할 때 다음 조건이 성립하면 무역수지가 개선된다는 이론적 결과가 존재한다.■

■ 마샬-러너 조건은 평가절하가 이루어지기 전의 무역수지가 0이라는 가정 아래 도출되었다.

$$\chi^f + \chi > 1 \tag{9-14}$$

여기서 χ^f는 수출수요탄력성, χ는 수입수요탄력성을 나타낸다. 지금부터 이 책에서는 이 조건이 항상 충족된다고 가정한다. 다시 말해 실질환율의 상승명목환율의 상승은 순수출을 증가시킨다고 가정한다.

9.5.3 *J*곡선 효과

평가절하에 따른 무역수지 개선효과에 관한 실증분석에 따르면, 평가절하를 했을 때 처음에는 무역수지가 오히려 악화되지만 6개월~1년이 지나면서 서서히 개선되는 것으로 나타난다. 이러한 현상이 **그림 9-3**에 나타나 있는데, 선의 모양을 따라 *J*곡선 효과*J* curve effect라고 부른다. 평가절하를 했을 때 이러한 효과가 나타나는 것은 다음과 같이 가격효과와 물량효과의 두 가지 효과가 반대 방향으로 나타나기 때문이다. 즉 평가절하가 일어나면 외환으로 표시한 자국 재화의 가격이 빠르게 하락해 자국 재화에 대한 외국의 수요가 증가한다. 그러나 자국 재화에 대한 수요가 증가한 후 실제로 생산이 늘어나 수출이 증가하기까지는 상당한 시간이 소요된다. 만약 외국에 있는 생산시설을 국내로 이전해 생산을 늘려야 한다면 시간이 더 걸릴 수도 있다. 따라서 명목환율이 상승한 직후에는 수출과 수입 물량은 변화하지 않고 외국 화폐로 나타낸 국내 재화의 가격만 하락하므로 금액으로 나타낸 순수출은 오히려 감소하는 것으로 나타난다. 그러나 생산의 조정이 끝나면 평가절하 효과로 순수출이 본격적으로 증가한다. 곧 *J* 곡선 효과가 나타난다.

9.6 결 론

이 장에서는 국제수지에 관련된 여러 가지 개념들에 관하여 알아보았다. 먼저 명목환율과 실질환율을 정의하였다. 명목환율은 국가 간 화폐의 교환비율이고 실질환율은 재화의 교환비율이다. 환율은 환율제도에 영향을 받는다. 환율제도에는 고정환율제도와 변동환율제도가 존재하며 그 중간으로 관리변동환율제도managing float가 있다. 고정환율제도는 환율이 외국 화폐와 자국 화폐의 교환비율이 통화당국에 의해 일정하게 고정되어 있는 경우이고 변동환율제도는 외환시장에서 수요와 공급에 따라 환율이 결정되는 제도이다. 관리변동환율제도는 변동환율제도이기는 하지만 정부와 중앙은행이 적극적으로 외환시장에 개입하여 환율이 일정 범위를 과다하게 벗어나지 않도록 관리한다. 고정환율제도와 변동환율제도는 서로 반대되는 장점과 단점을 가지고 있다.

환율의 결정에 관하여는 구매력평가설과 이자율평가설이 존재한다. 두 거래 모두 차익거래arbitrage에 기초한 이론이다. 먼저 구매력평가설은 재화시장에서 성립해야 할 것으로 생각되는 일물일가의 법칙 곧 재화가격이 여러 시장지금의 경우에는 국가에서 같아야 한다는 원리에 기초하고 있다. 즉 두 나라에서 동일한 재화의 가격이 같아지도록 환율이 조정된다는 이론이다. 다음으로 이자율평가설은 두 나라에서 자산수익률이 같아지도록 환율이 조정된다는 이론이다. 그러나 적어도 단기에 구매력평가설은 잘 성립하지 않는다는 것이 알려져 있다. 그 이유로는 본문에서 배운 바와 같이 여러 가지가 있다.

이 장에서 배운 이론은 다음 두 장에서 개방거시경제 open macroeconomy 를 분석하는 데 유용하게 사용된다. 특히 국제수지의 균형조건으로 이자율평가를 이용한다. 이자율평가에 따르면 자국이자율이 외국의 이자율과 환율 그리고 미래의 기대환율에 의하여 결정된다. 따라서 다양한 대외거래의 변동이 이 변수들에 미치는 영향을 고려하여 거시경제에 미치는 효과를 분석할 수 있는 장점이 있다.

요 약

- ≫ 명목환율은 나라 사이의 화폐의 교환비율이고 실질환율은 재화의 교환비율이다.
- ≫ 환율제도는 변동환율제도와 고정환율제도가 있다. 변동환율제도는 환율도 하나의 가격이므로 시장에서 수요와 공급에 따라 균형환율이 결정되도록 하는 장점이 있다. 고정환율제도는 환율변동에 따른 위험을 제거해 국제거래를 활성화하는 장점이 있다. 고정환율제도 아래에서는 환율이 일정하지만 금융정책의 독립성이 상실되는 반면에 변동환율제도 아래에서는 거시경제의 필요에 따라 금융정책을 독립적으로 사용할 수 있다.
- ≫ 구매력평가설은 일물일가설을 국제거래에 적용한 것이다. 구매력평가설은 장기에는 성립하는 경우가 있으나 단기에는 ① 비교역재 ② 운송비용과 여러 가지 무역장벽 ③ 재화 바구니의 차이 ④ 시장구조의 차이 등 때문에 잘 성립하지 않는다.
- ≫ 이자율평가설은 나라 사이에 자유로운 투자가 가능할 때 성립하며, 환율위험이 존재하는 이자율평가와 환율위험이 존재하지 않는 이자율평가로 나뉜다. 이자율평가도 브로커 비용 등 거래비용의 존재 때문에 잘 성립하지 않는다.
- ≫ 국제수지balance of payments, *BOP*란 일정 기간 동안에 자기 나라와 다른 나라 사이에 일어난 모든 경제적인 거래를 체계적이고 종합적으로 정리한 통계를 말한다. 이를 정리한 표를 국제수지표라고 부른다. 국제수지는 크게 경상수지, 자본수지 및 준비자산증감으로 분류된다. 우리나라의 국제수지는 근래에 경상수지 흑자를 보이고 있다.
- ≫ 국제수지균형선인 *BP*곡선은 나라 규모, 환율제도 및 자본이동이 자유로운 정도에 따라 다르게 나타난다. 자본이동이 완전하면 작은 개방경제에서 *BP*곡선은 세계 이자율에서 수평으로 나타난다.

핵심용어

▪ 경상수지	▪ 관세	▪ 교역이득
▪ 구매력평가	▪ 국제수지	▪ 마샬-러너 조건
▪ 무역할당	▪ 상대구매력평가	▪ 외환위험 프리미엄
▪ 외환위험 할인	▪ 이자율평가	▪ 자본수지
▪ 절대구매력평가	▪ 준비자산증감	▪ 특화
▪ 해외직접투자	▪ *J*곡선효과	

연습문제

01 다음의 물음에 답하시오.

(1) 고정환율제도와 변동환율제도의 장점과 단점을 비교해 설명하시오.

(2) 구매력평가설이 적어도 단기에는 성립하지 않는 이유를 자세히 설명하시오.

(3) 유로 지역Euro zone에서 볼 수 있는 통화동맹monetary union의 장단점을 분석하시오.

(4) 파나마 같은 중남미의 나라들에서 종종 볼 수 있는 바와 같이 자국화폐를 포기하고 미국의 달러화를 화폐로 사용하는 것을 "달러화한다dollarize"고 말한다. 달러화의 장점과 단점을 분석하시오.

(5) *J*곡선이란 무엇인가? 순수출이 *J*곡선 모양으로 나타나는 이유를 설명하시오.

02 우리나라와 미국만 존재하는 세계에서 우리나라는 컴퓨터만 생산하고 미국은 쌀만 생산한다고 가정해 보자. 우리나라에서 생산한 컴퓨터의 가격은 1,000,000원이고 미국이 생산한 쌀 한 가마의 가격은 500달러라고 한다. 실질환율은 컴퓨터 한 대당 쌀 두 가마라고 한다. 다음의 물음에 답하시오.

(1) 우리나라와 미국의 명목환율은 얼마인가?

(2) 우리나라의 인플레이션은 20%, 미국의 인플레이션은 10%라고 한다. 다음 해의 명목환율은 얼마인가?

(3) 우리나라 인플레이션은 20%, 미국 인플레이션은 10%라고 한다. 이때 실질환율이 컴퓨터 한 대당 쌀 2.5가마로 상승했다고 한다. 다음 해의 명목환율은 얼마인가?

03 명목환율과 실질환율의 증가율 및 자국과 외국의 인플레이션 사이에는 **식** (9-5)에서 보는 바와 같은 관계가 성립한다. **식** (9-5)에 기초해 다음 물음에 답하시오.

(1) 고정환율제도 아래에서 자국의 인플레이션이 외국의 인플레이션보다 높다고 한다. 실질환율의 변동방향에 대해 설명하시오. 마샬-러너 조건이 성립한다면 무역수지는 어떻게 변화하는가?

(2) 무역수지가 0 수준에서 실질환율이 일정하게 고정돼 있다고 한다. 이때 자국의 인플레이션이 외국의 인플레이션보다 높다면 명목환율은 어떻게 변동하는가?

04 자국과 외국의 교환방정식이 각각 다음과 같이 주어져 있다고 한다.

$$MV=PY,\ M^f V^f=P^f Y^f$$

여기서 위 첨자 f는 외국을 나타낸다.

(1) 구매력평가가 성립한다고 할 때 명목환율을 두 나라의 통화량, 화폐의 유통속도 및

소득의 비율로 나타내시오.

(2) (1)과 같이 구매력평가가 성립한다고 할 때 명목환율이 일정하게 유지되기 위한 조건은 무엇인가? 이 결과가 고정환율제도에 대해 함의하는 바는 무엇인가?

(3) (1)과 같이 구매력평가가 성립한다고 할 때 변동환율제도 아래에서 명목환율의 결정요인에 대해 설명하시오.

05 자국과 외국 사이에 다음과 같은 거래가 일어났다고 한다. 국제수지표를 작성하시오.

(1) 자국이 외국으로부터 원유 100억 달러어치를 수입했다.

(2) 외국인 여행자들이 자국에서 25억 달러를 소비했다.

(3) 자국의 기업이 외국인 주주들에게 배당으로 15억 달러를 지급했다.

(4) 자국의 국민들이 자녀의 외국 유학 비용으로 15억 달러를 지출했다.

(5) 자국의 국민들이 외국의 구호를 위해 10억 달러를 지출했다.

(6) 자국의 기업이 외국의 은행으로부터 65억 달러를 차입했다.

(7) 외국의 투자자들이 자국의 정부공채 15억 달러어치를 매입했다.

(8) 자국의 투자자들이 보유하고 있던 외국의 정부공채 50억 달러어치를 매각했다.

06 액면금액face value이 10,000달러인 미국의 1년 만기 정부공채의 시가가 9,523.8달러라고 한다. 그리고 액면금액이 10,000,000원인 우리나라의 1년 만기 정부공채의 가격이 9,090,909원이고, 현재의 환율은 달러당 1,100원이라고 한다.

(1) 우리나라와 미국의 이자율을 구하시오.

(2) 환위험을 커버하지 않은 이자율평가에서 기대환율은 얼마인가?

(3) 우리나라 투자자들이 미국에 투자한 지 1년이 지나 환율이 1,070원으로 하락했다고 한다. 이 경우에 미국에 투자함으로써 얻는 수익률은 얼마인가? 우리나라에 투자한 것보다 더 높은 수익을 얻었는가?

(4) 우리나라 투자자들이 미국에 투자한 지 1년이 지나 환율이 1,030원으로 하락했다고 한다. 이 경우에 미국에 투자함으로써 얻는 수익률은 얼마인가? 우리나라에 투자한 것보다 더 높은 수익을 얻었는가?

(5) (3)과 (4)에서 환위험을 커버하지 않은 이자율평가가 성립했다고 말할 수 있는가?

07 자국과 외국의 물가수준이 P와 P^f로 일정하게 주어져 있다고 한다. 이 경우에 환율이 상승하였다고 할 때 다음 물음에 답하시오.

(1) 환율상승이 자국 재화의 상대가격곧 실질환율에 미치는 효과를 설명하시오.

(2) 환율상승이 자국 실업과 자국 재화에 대한 외국의 수요에 미치는 효과를 분석하시오.

(3) 자국의 화폐단위로 나타낸 외국 재화의 가격은 무엇인가? 환율 상승이 소비자물가

지수에 미치는 효과를 분석하시오.

(4) 명목임금이 일정할 때 환율 상승이 실질임금에 미치는 효과를 분석하시오.

08 국제수지의 구성에 대하여 논하고 직접투자와 증권투자가 어떻게 구분되는지 설명하여 보시오.

09 빅맥지수에 따르면 구매력평가설이 성립하지 않는다. 빅맥지수만을 보고 구매력평가설의 성립여부를 판단할 때의 문제점에는 어떤 것들이 있다고 생각하는가?

10 우리나라의 경상수지 추이에 관하여 논하고 과도한 경상수지 흑자가 거시경제에 미칠 수 있는 나쁜 효과에 관하여 본인의 생각을 기술하여 보시오.

10

Chapter

총수요곡선: 개방경제

재화시장과 화폐시장의 균형을 나타내는 *IS*와 *LM*곡선에 국제수지균형을 더하여 개방경제의 장·단기균형을 분석할 수 있다. 개방경제의 총수요부문으로 *IS-LM*에 국제수지균형을 더한 모형을 먼델-플레밍모형 Mundell-Fleming model이라고 한다.

국가 간 자본외환의 이동이 자유로운 먼델-플레밍모형에서는 나라의 규모가 중요하다. 경제의 규모가 큰 경우에는 이자율을 스스로 결정할 수 있다. 예를 들어 극단적인 경우에 세계 총생산의 99%를 생산하는 경제가 존재한다고 하면 개방경제이기는 하지만 폐쇄경제라고 보아도 무방하다. 다시 말해 큰 개방경제는 폐쇄경제에 가깝기 때문에 앞에서 살펴본 폐쇄경제의 이론을 큰 수정 없이 사용할 수 있다. 그러나 세계 총생산의 0.1%를 생산하는 작은 개방경제의 경우에는 작은 자본이동일지라도 외환 및 금융시장에 심대한 충격을 준다. 그리고 자국의 이자율이 세계 총생산의 99.9%를 생산하는 외국세계과 같지 않으면 이자율평가에 따라 자본외환이 유입되거나 유출되는데 그 양이 크지 않아도 금융시장이 크게 영향을 받고 자국 이자율이 외국의 이자율과 같아진다. 따라서 자국의 이자율이 외국의 이자율과 항상 같다고 가정하여도 무리가 없다. 보통은 '작은' 개방경제의 경우 이와 같이 자국의 이자율이 외국세계의 이자율에 의해 결정된다는 가정 아래 이론을 전개한다. 그리고 폐쇄경제와 작은 개방경제의 이론적 분석결과를 적절한 비율로 결합하여 그 사이 규모의 개방경제를 분석한다.

이 장에서는 국제수지균형을 나라의 규모에 따르기보다 앞의 9장에서 배운 이자율평가 **식 (9-7)**(또는 식 (9-8))을 이용하기로 한다. 이자율평가를 이용하면 이자율이 외국과 항상 일치하여야 할 필요가 없으며 경제의 규모에 대한 가정도 불필요하다. 다만 이자율평가에서 자본이동에 따른 자국 이자율의 탄력도가 작은 개방경제에서 환율변동이 크고 큰 개방경제에서 작다는 사실에 유념하여야만 한다. 위의 예에서와 같이 세계경제 총생산의 0.1를 생산하는 경제의 자본이동에 따른 환율 변동의 이자율 탄력도는 (거의) 무한대라고 볼 수 있다. 따라서 자국이자율이 외국이자율과 다르면 외환의 유입과 유출이 일어나고 결국 자국이자율이 외국이자율과

개방경제의 IS곡선: (Y, r) 평면 그림 10-1

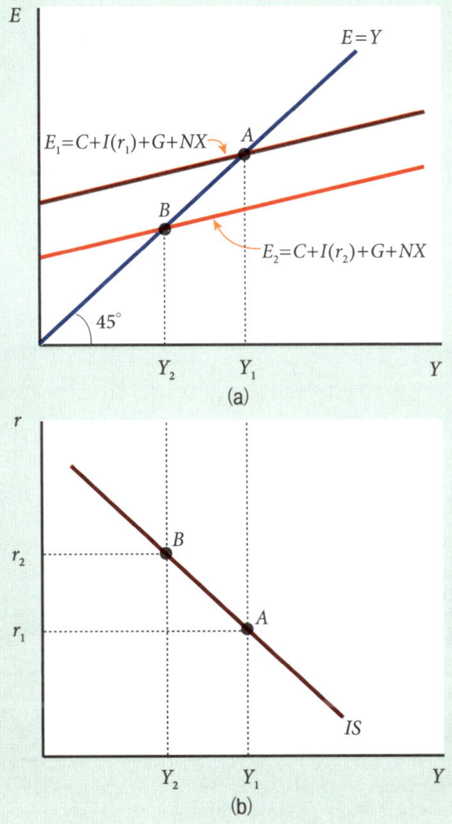

개방경제의 IS곡선도 그림 5-11과 마찬가지로 케인즈의 교차점모형을 이용해 도출할 수 있다. 개방경제의 경우 폐쇄경제와 다른 것은 순수출이 총지출에 포함된다는 점이다. (a)에서 처음 이자율이 r_1이라고 하면 투자는 $I(r_1)$이 되고 재화시장의 균형은 점 A로 나타난다. 이때 소득과 이자율의 배합은 (Y_1, r_1)이다. 이자율이 r_2로 상승하면 투자가 $I(r_2)$로 감소하고 균형소득은 점 B로 이동한다. 따라서 새로운 소득과 이자율의 배합은 (Y_2, r_2)이다. 이제 점 A와 점 B에서 소득과 이자율의 배합을 (b)와 같이 얻을 수 있고 두 점을 연결하면 IS곡선을 얻을 수 있다.

같아진다그림 10-3 참조. 그러나 세계총생산의 99.9%를 생산하는 큰 개방경제에서 환율 변동의 이자율 탄력도는 0에 가깝다고 할 수 있다.

경제의 규모에 따른 이와 같은 차이점을 유념하면서 이 장에서는 IS와 LM 그리고 이자율평가에 따른 국제수지외환시장의 균형을 이용하여 개방경제의 총수요곡선을 도출하여 보기로 한다.

그림 10-2 **실질환율의 상승과 IS곡선의 이동:** (Y, r) 평면

처음 균형이 (a)와 (b)에서 점 A, 그때의 IS곡선이 IS_1로 나타나 있다. 여기서 이자율이 r_1로 주어져 있을 때 실질환율이 상승하면 순수출이 증가하므로 (a)에서 총지출이 E_1에서 E_2로 증가하고 재화시장의 균형은 점 B로 이동한다. 점 B에서의 소득은 Y_2로 이자율이 r_1로 일정한 가운데 달성된 것이므로 (소득, 이자율)의 평면에서 IS곡선이 오른쪽으로 이동한다. 실질환율은 명목환율 또는 외국의 물가가 상승하거나 자국의 물가가 하락할 때 상승한다.

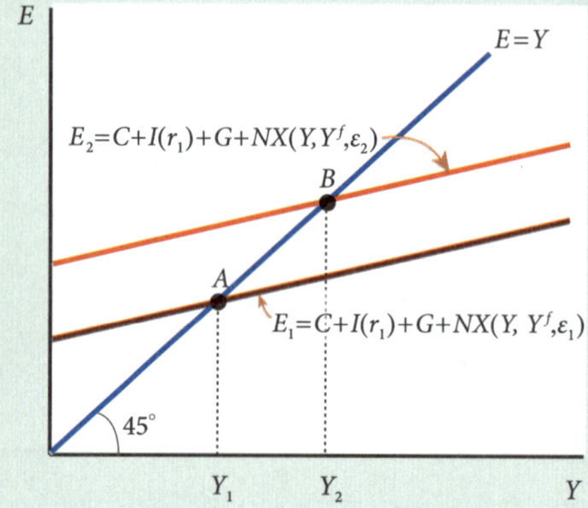

(a)

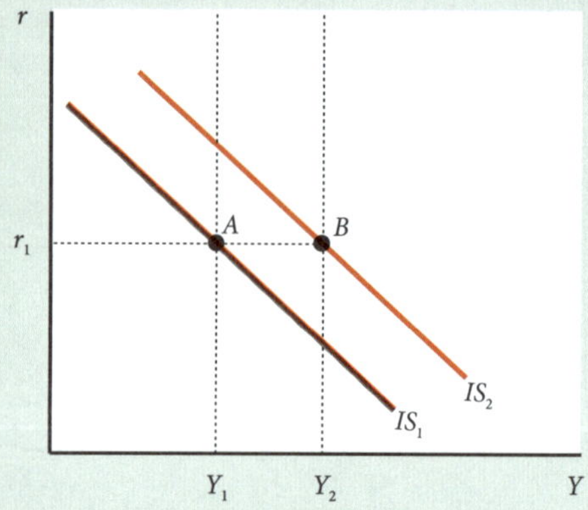

(b)

10.1 개방경제의 재화시장, 화폐시장과 국제수지(외환시장)

개방경제가 폐쇄경제와 다른 점은 외국과의 거래가 일어난다는 점이다. 외국과의 거래가 이루어지는 것은 재화, 자본 그리고 생산요소가 있다. 그런데 생산요소 특히 노동의 국가 간 이동은 이민법 등에 따라 엄격히 제한되기 때문에 여기서는 재화와 자본의 이동만을 고려한다. 재화와 자본의 국가 간 이동을 도입할 때 총수요부문에서 가장 먼저 영향을 받는 부문은 재화시장이다. 즉 IS곡선에 국가 간 재화의 이동 곧 순수출이 포함되어야만 한다. 그러나 화폐시장은 자국화폐의 수요와

공급에 의해 균형을 이루기 때문에 개방경제에서도 균형조건 자체에 변함이 없다. 마지막으로 개방경제에서는 자본외환의 이동이 고려되어야만 한다. 앞에서 언급한 바와 같이 여기서는 자본의 이동이 9장에서 배운 이자율평가가 성립하도록 이루어진다고 가정한다.

10.1.1 재화시장의 균형: IS곡선

개방경제의 재화시장 균형조건은 다음과 같다.

$$Y = C(Y-T) + I(r) + G + NX(Y, Y^f, \varepsilon) \qquad \textbf{(10-1)}$$

식 (10-1)은 우변의 순수출 $NX(Y, Y^f, \varepsilon)$을 제외하면 폐쇄경제와 같다. 따라서 소득과 이자율의 평면에서 IS 곡선을 폐쇄경제와 같은 방법으로 구할 수 있다.

먼저 처음 재화시장의 균형이 **그림 10-1** (**a**)의 점 A에서 이루어지고 있을 때 이자율이 r_1에서 r_2로 상승하면 투자가 $I(r_1)$에서 $I(r_2)$로 감소하므로, 총지출이 E_1에서 E_2로 감소하여 재화시장의 균형은 점 B로 이동한다. 따라서 소득은 Y_1에서 Y_2로 감소하는데 (**a**)의 두 점 A와 B에서의 소득과 이자율의 배합을 소득과 이자율의 평면에 옮겨 그린 후 연결하면 (**b**)의 IS 곡선을 얻을 수 있다. 이때 IS 곡선은 폐쇄경제와 마찬가지로 정부지출이 증가하거나 조세가 감소하면 위오른쪽로, 반대의 경우에는 아래왼쪽로 이동한다. 한편 개방경제에서 순수출은 외국 소득과 실질환율에 영향을 받는데, 외국 소득과 실질환율 변화는 순수출을 변화시켜 IS 곡선을 이동시킨다.

그림 10-2 (**a**)에서 처음 재화시장 균형이 점 A에서 이루어지고 있을 때 IS 곡선이 (**b**)에서 점 A를 지나는 IS_1로 나타나 있다. 이때 실질환율이 ε_1에서 ε_2로 상승하면 외국 재화에 비해 자국 재화 가격이 하락하므로, 순수출이 $NX(Y, Y^f, \varepsilon_1)$에서 $NX(Y, Y^f, \varepsilon_2)$로 증가한다. 따라서 총지출이 E_1에서 E_2로, 재화시장 균형을 이루는 소득이 Y_1에서 Y_2로 각각 증가한다. 여기서 소득 증가는 이자율이 r_1로 일정한 가운데 실질환율이 상승해 나타난 것이므로, (**a**)의 점 B에 대응하는 소득과 이자율의 배합을 (**b**)의 점 B로 나타낼 수 있다. 그리고 점 B를 지나는 새로운 IS_2 곡선을 얻을 수 있다.

한편 외국 소득이 증가하면 자국 재화에 대한 수요가 증가해 순수출이 증가하므로 IS 곡선이 오른쪽으로 이동하고, 반대의 경우에는 왼쪽으로 이동한다.

10.1.2 화폐시장의 균형: LM곡선

개방경제에서의 화폐시장 균형은 폐쇄경제의 경우와 다름이 없다. 폐쇄경제와 개방경제 모두 화폐시장의 균형조건은 **5장**총수요곡선: 폐쇄경제의 **식** (5-33)과 같다.

$$\frac{M}{P}=L(Y, i)=L(Y, r+\pi^e) \qquad (5\text{-}33)$$

여기서 $i=r+\pi^e$는 명목이자율이다.

10.1.3 국제수지(외환시장)의 균형

이 장과 다음 장에서 국제수지(외환시장)의 균형은 **식** (9-9)에서 보는 바와 같은 이자율평가에 의해 결정된다고 가정한다. **식** (9-9)는 환율제도에 따라 다르게 나타난다.

변동환율제도

변동환율제도의 경우에는 **식** (9-9)에 따라 자국과 외국의 이자율의 차이가 다음과 같이 환율에 반영된다.

$$i-i^f=\frac{Ee}{e}-1 \qquad (10\text{-}1)$$

이 식을 실질이자율에 관하여 정리하면 다음 식을 얻는다.

$$r=(r^f+\Delta\pi^e-1)+\frac{Ee}{e} \qquad (10\text{-}2)$$

이때 $\Delta\pi^e=\pi^{fe}-\pi^e$은 외국의 기대인플레이션($\pi^{fe}$)과 자국의 기대인플레이션($\pi^e$)의 차이이다. **식** (10-2)에서 외국의 실질이자율 r^f와 미래의 기대환율 Ee은 외생적으로 주어져 있다고 가정한다. 그리고 설명의 편의를 위해 외국과 자국의 기대물가상승률의 차이 $\Delta\pi^e$는 0이라고 (즉 자국과 외국의 물가상승률이 같다고) 가정한다. 따라서 자국의 실질이자율 r은 명목환율 e와 **그림 10-3**에 나타나 있는 BP_1과 같이 역의 관계를 갖는다. 즉 이자율이 하락상승하면 외환유출유입이 일어나기 때문에 환율이 상승하락한다.

그림 10-3에서 BP곡선은 외국의 이자율 r^f, 기대인플레이션의 차이 $\Delta\pi^e$, 기대

국제수지(외환시장) 그림 10-3

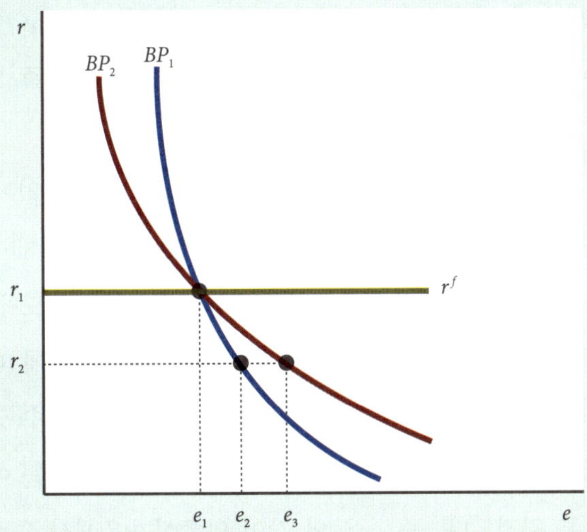

변동환율제도 아래에서는 이자율평가에 따라 이자율이 하락(상승)하면 외환유출(유입)이 일어나기 때문에 환율이 상승(하락)한다. 따라서 그림에서 보는 바와 같이 국제수지균형을 나타내는 *BP*곡선은 환율과 이자율의 평면에서 우·하향한다. 즉 그리고 *BP*곡선은 외국의 이자율 r^f, 기대인플레이션의 차이 , 기대환율 *Ee*가 상승하면 오른쪽으로 이동한다. *BP*곡선은 나라의 규모가 작으면 보다 완만하게 나타난다. 흔히 '작은' 개방경제라고 하면 규모가 아주 작아 국제수지의 균형이 수평으로 나타나는 경우를 일컫는다. 고정환율제도에서는 경제의 규모에 관계없이 *BP*곡선이 외국이자율에서 수평으로 나타난다.

환율 *Ee*가 상승하면 오른쪽으로 이동한다. 따라서 주어진 실질이자율에서 명목환율 *e*가 상승한다. 그리고 *BP*곡선은 나라의 규모가 작으면 보다 완만하게 나타난다. 즉 주어진 이자율외환의 변동이동에 대하여 외환시장의 규모가 작기 때문에 환율이 더 크게 변동한다. 다시 말해 이자율 변화에 대하여 환율 변동의 탄력도가 경제규모가 작을수록 크게 나타난다.

흔히 '작은' 개방경제라고 하면 국제수지의 균형이 수평으로 나타나는 경우를 일컫는다. 예를 들어 **그림 10-3**에서 처음 자국의 이자율 r_1이 외국의 이자율 r^f와 같다고 가정하여 보자. 이때 자국의 이자율 r_1이 조금이라도 외국의 이자율 r^f보다 상승하면 (작은 외환시장 규모에 비하여) 상대적으로 큰 자본외환이 유입되기 때문에 이자율이 r^f로 하락한다. 반대로 자국의 이자율 r_1이 조금이라도 외국의 이자율 r^f보다 하락하면 (작은 외환시장 규모에 비하여) 역시 상대적으로 큰 자본외환이 유출되기 때문에 이자율이 r^f로 상승한다. 따라서 '작은 개방경제'의 경우 외국이자율에서 수평 곧 $r=r^f$와 같은 *BP*곡선이 나타나는데 이는 환율이 이자율 변동에 무한탄력적 infinitely elastic 임을 의미한다.

고정환율제도

고정환율제도에서는 경제의 규모에 관계없이 환율이 고정되어 있다. 따라서 만일 시장참가자들이 고정된 환율이 일정하게 유지된다고 믿는다면 항상 $Ee=e$가 성립한다. 그리고 이 조건을 이자율평가조건에 대입하면 $r=r^f$가 성립한다. 즉 고정환율제도의 경우에 BP곡선은 외국이자율에서 수평으로 나타난다.

고정환율제도 아래에서 이와 같은 국제수지 균형조건은 경제규모에 관계없이 성립한다. 그런데 '작은' 개방경제의 경우에는 변동환율제도에서도 $r=r^f$가 국제수지 균형조건이다. 따라서 작은 개방경제의 경우에는 BP곡선의 형태가 환율제도에 영향을 받지 않는다. 그러나 큰('작지' 않은) 개방경제의 경우에는 환율제도에 따라 BP곡선이 다르게 나타난다. 먼저 변동환율제도에서는 **그림 10-3**에서 볼 수 있는 바와 같이 이자율과 환율이 역의 관계를 가진다. 그러나 고정환율제도에서는 이자율이 외국의 이자율과 같도록 결정된다. 즉 $r=r^f$와 같이 외국이자율에서 수평으로 나타난다.

10.2 개방경제의 총수요곡선: 변동환율제도

먼델-플레밍 모형에서 자본이동이 자유로운 개방경제의 총수요부문은 재화시장IS곡선, 화폐시장LM곡선과 국제수지외환시장, BP곡선로 구성된다. 이 세 시장의 균형이 **그림 10-4**에 나타나 있다. 그림에서 재화시장과 화폐시장의 동시균형이 점 A로 나타나 있다. 균형에서 소득과 이자율의 배합은 (Y_1, r_1)이고 균형환율은 e_1이다.

10.2.1 총수요곡선: 변동환율제도

그림 10-5를 이용하여 자본이동이 자유롭고 변동환율제도를 따르는 개방경제의 총수요곡선을 도출할 수 있다. 처음 재화시장과 화폐시장의 균형이 (**a**)에서 점 A로 나타나 있으며 그때의 균형소득과 이자율의 배합은 (Y_1, r_1)이다. 그리고 국제수지의 균형은 이자율평가에 따라 (**b**)의 점 A에서 이루어지고 있으며 그때 환율과 이자율의 배합이 (e_1, r_1)이다. 이때 물가수준은 P_1이므로 실질소득과 물가수준의

개방경제의 총수요부문 그림 10-4

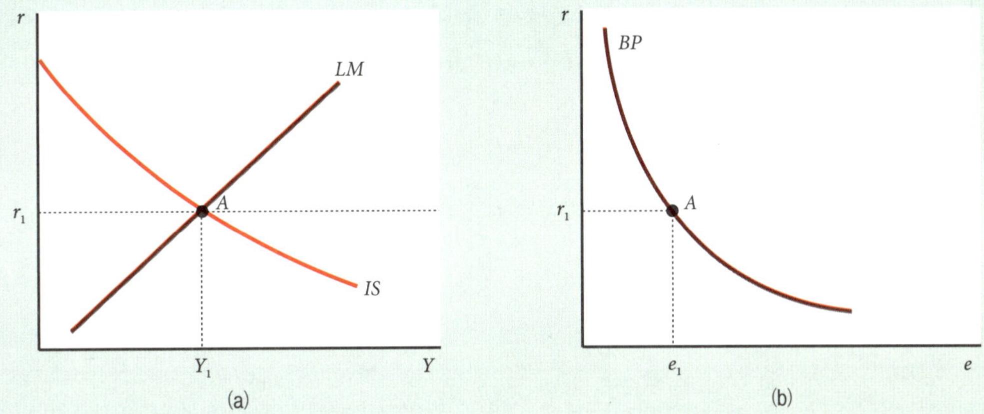

먼델-플레밍 모형에서 자본이동이 자유로운 개방경제의 총수요부문은 재화시장(*IS*곡선), 화폐시장(*LM*곡선)과 국제수지(외환시장, *BP*곡선)로 구성된다. 그림에서 재화시장과 화폐시장의 동시균형이 점 A로 나타나 있다. 균형에서 소득과 이자율의 배합은 (Y_1, r_1)이고 균형환율은 e_1이다.

배합 (Y_1, P_1)으로 (c)에서 점 A와 같이 얻을 수 있다.

만일 물가가 P_1에서 P_2로 상승하면 실질화폐공급이 감소하기 때문에 **그림 10-5** (a)에서 LM곡선이 $LM(P_1)$에서 $LM(P_2)$로 위쪽으로 이동한다. 따라서 이자율이 상승한다. 이자율이 상승하면 자본이 유입되기 때문에 (b)에서 보는 바와 같이 환율이 하락한다. 물가가 상승하고 환율이 하락하면 실질환율이 하락한다. 즉 외국 재화의 가격이 상대적으로 자국 재화의 가격보다 하락하고 순수출이 감소한다. 따라서 IS곡선이 $IS(e_1)$에서 $IS(e_2)$로 왼쪽으로 이동하고 새로운 균형은 (a)의 점 B에서 달성된다. 새 균형에서 소득과 이자율의 배합은 (Y_2, r_2)로 나타나며 균형환율은 e_2이다. 그리고 (c)의 새로운 균형점 B에서 실질소득과 물가수준의 배합은 (Y_2, P_2)이다. (c)에서 이제 물가가 상승하기 전의 소득과 물가수준의 배합 A점과 물가가상승한 이후의 배합 B점을 연결하면 AD_1과 같이 우하향하는 총수요곡선을 얻을 수 있다.

변동환율제도 아래에서 이와 같이 도출되는 개방경제의 총수요곡선에서는 다음에 주의하여야 한다. **그림 10-5**에서 물가상승에 따라 이자율이 상승하면 외환

그림 10-5 **개방경제의 총수요곡선:** 변동환율제도

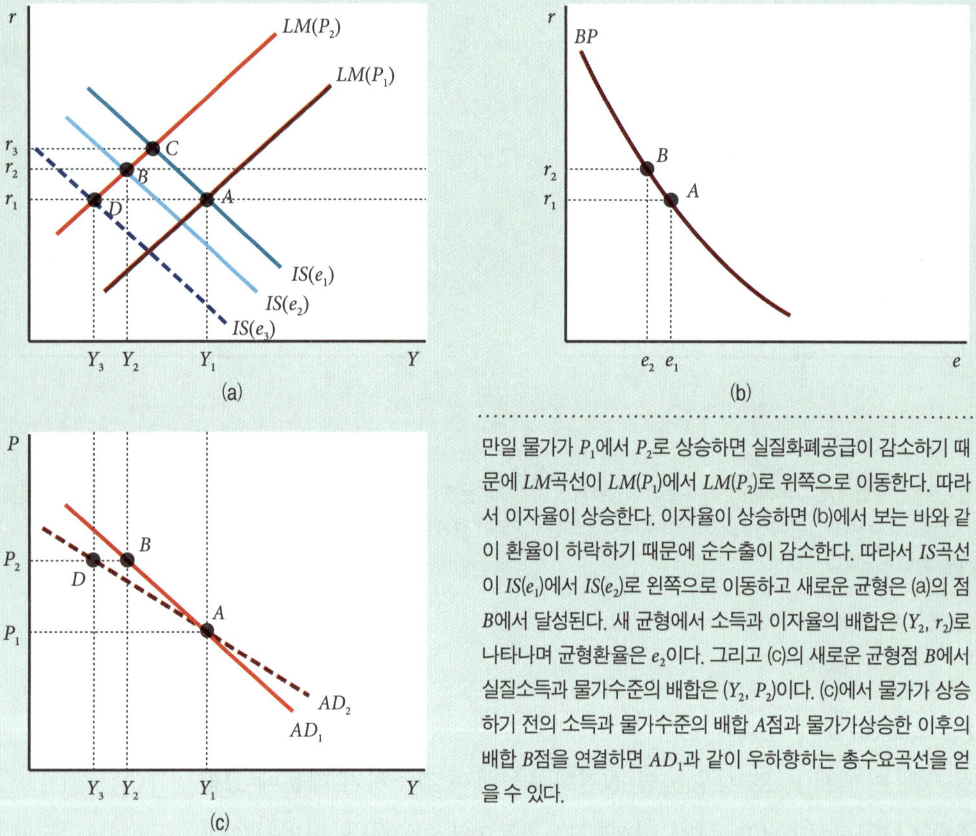

만일 물가가 P_1에서 P_2로 상승하면 실질화폐공급이 감소하기 때문에 *LM*곡선이 $LM(P_1)$에서 $LM(P_2)$로 위쪽으로 이동한다. 따라서 이자율이 상승한다. 이자율이 상승하면 (b)에서 보는 바와 같이 환율이 하락하기 때문에 순수출이 감소한다. 따라서 *IS*곡선이 $IS(e_1)$에서 $IS(e_2)$로 왼쪽으로 이동하고 새로운 균형은 (a)의 점 *B*에서 달성된다. 새 균형에서 소득과 이자율의 배합은 (Y_2, r_2)로 나타나며 균형환율은 e_2이다. 그리고 (c)의 새로운 균형점 *B*에서 실질소득과 물가수준의 배합은 (Y_2, P_2)이다. (c)에서 물가가 상승하기 전의 소득과 물가수준의 배합 *A*점과 물가가상승한 이후의 배합 *B*점을 연결하면 AD_1과 같이 우하향하는 총수요곡선을 얻을 수 있다.

이 유입되기 때문에 환율이 하락한다. 환율이 하락하면 순수출이 감소하고 *IS*곡선이 $IS(e_1)$에서 $IS(e_2)$로 왼쪽으로 이동한다. 그런데 환율하락에 따른 재화시장의 이와 같은 추가적인 반응은 폐쇄경제에서는 존재하지 않는다. 물가가 상승한 다음 (폐쇄경제에서와 같이) 환율이 하락하지 않으면 균형은 **그림 10-5 (a)**의 점 *C*에서 달성된다. 따라서 변동환율제도 아래에서는 물가상승에 따른 실질소득의 감소가 폐쇄경제에서보다 크다. 즉 **그림 10-4 (c)**에 나타나 있는 (변동환율제도 아래에서) 총수요곡선은 폐쇄경제에서보다 더 탄력적이다. 주어진 물가수준의 변화에 대하여 실질소득이 더 크게 반응한다.

환율 변동에 따른 이와 같은 소득 감소의 크기는 경제규모에 달려 있다. 따라

서 **그림 10-5**에서 구한 총수요곡선 AD_1의 물가탄력도는 경제의 규모에 달려 있다. 즉 경제의 규모가 작을수록 (**b**)에서 국제수지균형곡선 *BP*의 기울기가 완만하게 나타난다(**그림 10-3** 참조). 따라서 주어진 이자율 상승에 대하여 환율의 하락폭이 크고 그만큼 순수출도 크게 감소하기 때문에 $IS(e_1)$이 $IS(e_2)$로 왼쪽으로 이동하는 폭이 크다. 그리고 (**c**)에서 총수요곡선의 기울기가 완만하게 나타난다.

극단적인 경우가 '작은' 개방경제이다. '작은' 개방경제의 경우에는 **그림 10-3**에서 설명한 바와 같이 이자율의 변화에 대하여 환율의 탄력도가 무한대로 나타나고 자국의 이자율이 외국의 이자율에 의하여 결정된다. 예를 들어 **그림 10-4**의 처음 균형점 *A*에서 $r_1=r^f$라고 가정하면 **그림 10-3**에서 설명한 바와 같이 '작은' 개방경제의 *BP*곡선이 $r_1=r^f$에서 수평으로 나타난다. 즉 자국의 이자율이 외국이자율보다 조금만 위로 상승하여도 많은 자본외환 유입이 일어나 자국의 이자율을 하락시켜 외국이자율과 같도록 하고 반대의 경우에는 자본이 유출되기 때문에 자국의 이자율이 외국이자율과 같아진다.

그림 10-4 (**a**)의 처음 균형점 A에서 물가수준이 상승하면 $LM(P_1)$이 $LM(P_2)$로 이동하고 자국의 이자율이 $r_3(>r^f)$로 상승한다'작은' 개방경제의 겨우 *BP*곡선은 (b)에서도 $r=r^f$에서 수평이다. 따라서 외환이 유입되고 (**b**)에서 ($r_1=r^f$에서) 수평인 *BP*곡선을 따라 환율이 하락한다. 환율이 하락하면 순수출이 감소하기 때문에 (**a**)에서 $IS(e_1)$이 왼쪽으로 이동한다. 이때 환율의 하락과 *IS*곡선의 왼쪽으로의 이동은 새로운 대내균형이 $r_1=r^f$ 위의 점 *D*에서 이루어질 때까지 계속된다. 그때의 환율이 (**a**)에서 e_3로 나타나 있으며 새로운 소득과 물가의 배합은 (**c**)의 점 *D*에서 (Y_3, P_2)이다. 따라서 점 *A*와 *D*를 이으면 총수요곡선 AD_2를 얻을 수 있다. 그리고 새로운 총수요곡선 AD_2는 AD_1보다 더 완만하게 나타난다. 즉 '작은' 개방경제의 경우 총수요곡선이 큰 개방경제에서보다 더 탄력적이다.

10.2.2 재정정책, 무역정책 및 외국 물가수준상승의 효과

변동환율제도 아래에서 팽창적인 재정정책정부지출의 증가 또는 조세의 감면이 시행되면 **그림 10-6** (**a**)에서 보는 바와 같이 *IS*곡선이 $IS(e_1)_1$에서 $IS(e_1)_2$로 이동한다. 따라서 이자율이 상승하고 (이자율평가에 따라) 외환유입이 일어나기 때문에 (**b**)에서 *BP*곡선을 따라 환율이 하락한다. 환율이 하락하면 순수출이 감소하기 때문에

그림 10-6 **재정정책과 무역정책의 재정정책, 무역정책, 외국물가상승률의 증가의 효과:** 변동환율제도

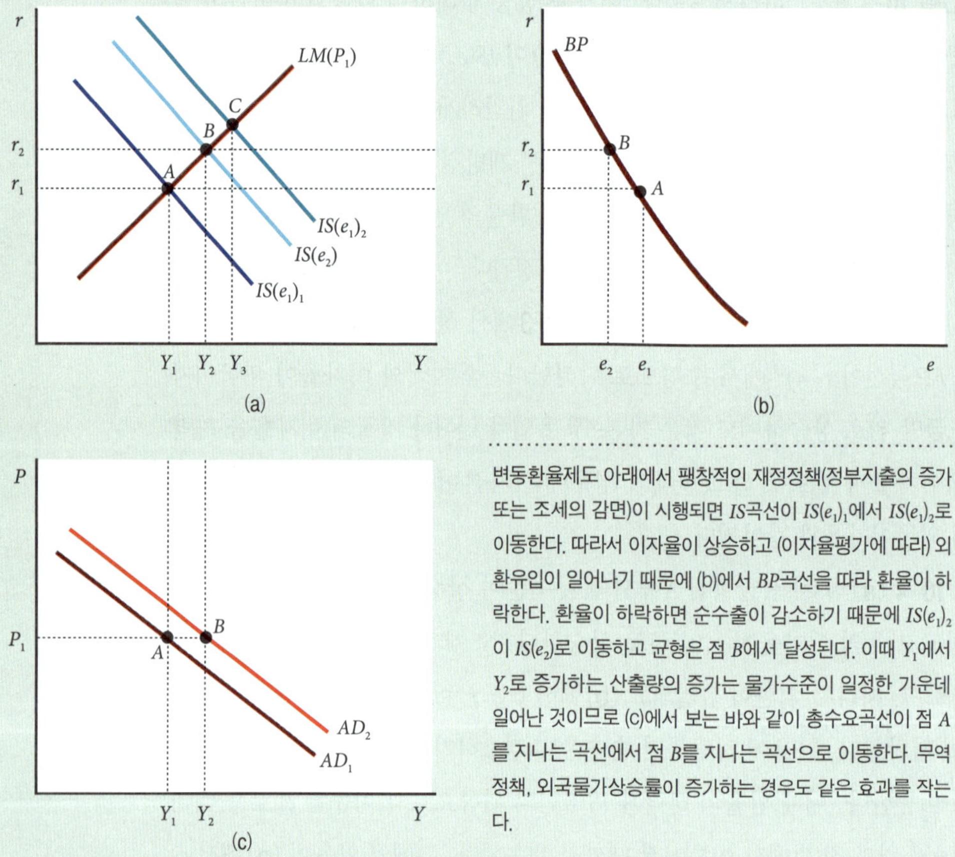

변동환율제도 아래에서 팽창적인 재정정책(정부지출의 증가 또는 조세의 감면)이 시행되면 IS곡선이 $IS(e_1)_1$에서 $IS(e_1)_2$로 이동한다. 따라서 이자율이 상승하고 (이자율평가에 따라) 외환유입이 일어나기 때문에 (b)에서 BP곡선을 따라 환율이 하락한다. 환율이 하락하면 순수출이 감소하기 때문에 $IS(e_1)_2$이 $IS(e_2)$로 이동하고 균형은 점 B에서 달성된다. 이때 Y_1에서 Y_2로 증가하는 산출량의 증가는 물가수준이 일정한 가운데 일어난 것이므로 (c)에서 보는 바와 같이 총수요곡선이 점 A를 지나는 곡선에서 점 B를 지나는 곡선으로 이동한다. 무역정책, 외국물가상승률이 증가하는 경우도 같은 효과를 작는다.

$IS(e_1)_2$이 $IS(e_2)$로 이동하고 균형은 점 B에서 달성된다. 이때 Y_1에서 Y_2로 증가하는 산출량의 증가는 물가수준이 일정한 가운데 일어난 것이므로 (c)에서 보는 바와 같이 총수요곡선이 점 A를 지나는 곡선에서 점 B를 지나는 곡선으로 이동한다.

변동환율제도 아래에서 재정정책의 효과에 관하여는 다음에 주의하여야 한다. 먼저 폐쇄경제라고 하면 **그림 10-6** (a)에서 재정정책에 따라 균형이 점 A에서 점 C로 이동하고 균형소득은 Y_3이다. 그러나 변동환율제도를 따르는 개방경제에서는 환율 하락 때문에 최종 균형이 점 B에서 달성되고 균형소득은 Y_2가 된다. 따라서 재정정책의 효과는 폐쇄경제에서보다 작다. 즉 변동환율제도를 따르는 개방경제에서 재정정책에는 두 가지의 밀어내기효과 crowding out effect가 나타난다. 첫째, 이자율이 상승하기 때문에 투자가 감소한다. 둘째, 환율이 하락하기 때문에 순수출

이 감소한다. 그런데 환율 하락에 따른 밀어내기효과는 폐쇄경제에는 존재하지 않기 때문에 변동환율제도를 따르는 개방경제의 경우 재정정책의 효과는 **그림 10-6**에서 Y_3-Y_2만큼 폐쇄경제에서보다 작다.

이자율이 상승할 때 환율 하락의 크기는 경제의 규모가 작을수록 크고 (**그림 10-3** 참조) 순수출 감소에 따른 밀어내기효과 또한 그만큼 더 크다. 그리고 자국의 이자율이 외국이자율에 의하여 결정되는 '작은' 개방경제의 경우에는 환율하락에 따른 밀어내기효과가 완전하다. 즉 재정정책의 효과가 나타나지 않는다.

예를 들어 '작은' 개방경제의 경우 **그림 10-6** (a)의 처음 균형점 A라고 가정하여 보자. 앞에서 여러 번 설명한 바와 같이 이때 (b)에서의 BP곡선은 $r_1=r^f$ 에서 수평으로 나타난다. 팽창적인 재정정책은 위에서와 마찬가지로 (a)에서 $IS(e_1)_1$ 을 $IS(e_1)_2$ 로 이동시키고 자국의 이자율을 상승시킨다. 자국이자율의 상승은 환율을 하락시키기 때문에 순수출이 감소하고 IS곡선이 왼쪽으로 이동한다. 이와 같은 환율의 하락과 IS곡선의 왼쪽으로 이동은 새로운 대내균형이 BP곡선 $r_1=r^f$ 위의 점 A에서 이루어질 때까지 계속된다. 이때의 환율을 $e_3(<e_2)$라고 하면 $IS(e_1)_1=IS(e_3)$가 성립한다. 따라서 '작은' 개방경제에서 재정정책은 (c)에서 총수요곡선 AD_1을 이동시키지 못한다. 즉 '작은' 개방경제의 경우 재정정책의 효과가 나타나지 않으며 이는 환율 변동에 따른 완전한 밀어내기효과 때문이다.

무역정책은 수입물량을 제한하는 쿼터quota나 관세 등을 부과하여 수출을 증가시키고 수입을 감소시키는 정책이다. 이와 같은 무역정책도 재정정책과 같은 효과를 갖는다. 다만 팽창적인 정책효과가 처음 나타나는 부문이 대외부문순수출이라는 사실만 다르다. 마찬가지로 외국의 물가수준이 상승한 경우에도 재정정책과 같은 효과를 갖는다. 이 경우에도 역시 외국 물가수준 상승의 효과가 대외부문순수출에 처음 나타난다는 점만 재정정책의 경우와 다르다. 일반적으로 말해 재화부문IS곡선에 주어지는 충격은 질적으로 재정정책과 같은 효과를 갖는다. 그리고 '작은' 개방경제의 경우에는 효과가 나타나지 않는다.

10.2.3 금융정책의 효과

변동환율제도 아래에서 팽창적인 금융정책화폐공급이 M_1에서 M_2로 증가이 시행되면 **그림 10-7** (a)에서 보는 바와 같이 LM곡선이 $LM(M_1)$에서 $LM(M_2)$로 이동한다.

그림 10-7 **금융정책:** 변동환율제도

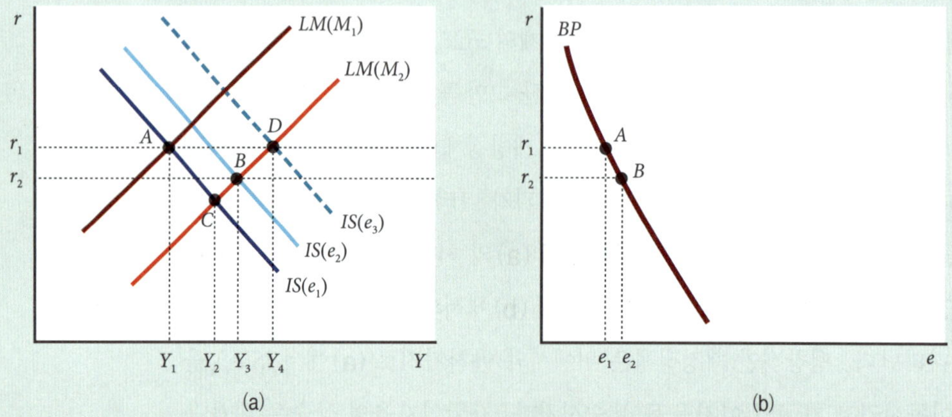

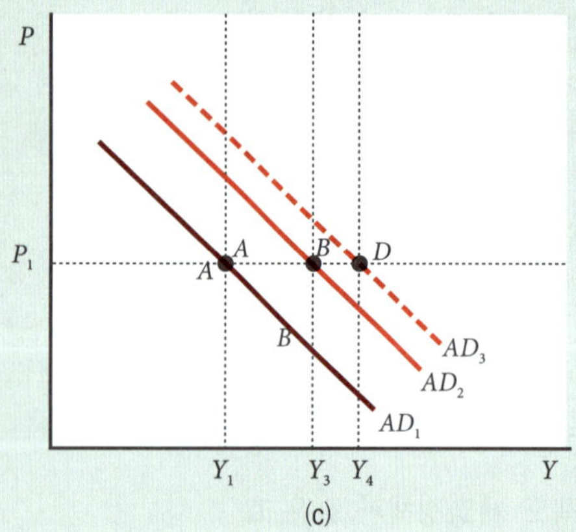

변동환율제도 아래에서 팽창적인 금융정책(화폐공급이 M_1에서 M_2로 증가)이 시행되면 LM곡선이 $LM(M_1)$에서 $LM(M_2)$로 이동한다. 따라서 이자율이 하락하고 투자가 증가한다. 그리고 이자율이 하락하면 (이자율평가에 따라) 외환유출이 일어나기 때문에 환율이 상승하고 순수출이 증가한다. 즉 $IS(e_1)$이 $IS(e_2)$로 이동하고 새로운 균형은 점 B에서 일어난다. 따라서 소득은 Y_1에서 Y_3로 증가한다. 그리고 이와 같은 소득의 증가는 물가가 일정한 가운데 일어난 것이므로 (c)에서 보는 바와 같이 총수요곡선이 점 A를 지나는 곡선에서 점 B를 지나는 곡선으로 이동한다.

따라서 이자율이 하락하고 투자가 증가한다. 그리고 이자율이 하락하면 (이자율평가에 따라) 외환유출이 일어나기 때문에 환율이 상승하고 순수출이 증가한다. 즉 $IS(e_1)$이 $IS(e_2)$로 이동하고 새로운 균형은 점 B에서 일어난다. 따라서 소득은 Y_1에서 Y_3로 증가한다. 그리고 이와 같은 소득의 증가는 물가가 일정한 가운데 일어난 것이므로 (c)에서 보는 바와 같이 총수요곡선이 점 A를 지나는 곡선에서 점 B를 지나는 곡선으로 이동한다.

변동환율제도 아래에서 금융정책의 효과에 관하여는 다음에 주의하여야 한다. 먼저 폐쇄경제라고 하면 **그림 10-7 (a)**에서 금융정책에 따라 균형이 점 A에서 점 C로 이동하고 균형소득은 Y_2로 증가한다. 그러나 환율 상승 때문에 순수출이 증

BOX 10-1 금융시장과 정보의 비대칭성

현대 경제의 가장 두드러진 특징 가운데 하나인 불확실성에는 한쪽 거래당사자가 상대방보다 더 많은 정보를 보유하고 있는 경우가 포함된다. 이 경우를 가리켜 "정보의 비대칭성asymmetric information이 존재한다"라고 말한다. 정보의 비대칭성의 예로는 ① 고용시장에서 노동자의 능력을 기업보다 노동자 자신이 더 잘 아는 경우 ② 자동차보험에서 피보험자가 자신의 운전습관사고의 위험을 보험회사보다 더 잘 아는 경우 ③ 중고차 매매시장에서 중고차 품질을 판매자가 구매자보다 더 잘 아는 경우, ④ 차입금을 되갚을 가능성을 은행보다 차입자가 더 잘 아는 경우 등이 있다. 정보의 비대칭성이 존재하면 정보를 더 많이 보유한 쪽이 정보의 우월성을 적극적으로 이용하기 때문에 역선택adverse selection과 도덕적 해이moral hazard 문제가 생긴다.

금융시장은 역선택과 도적적 해이 문제가 가장 두드러지는 시장 가운데 하나이다. 먼저 역선택은 대여자가 차입자의 신용위험credit risk 정보를 모두 가지고 있지 못해 나타나는데 자금 거래가 이루어지기 전에 직면하게 된다. 이때 신용위험이 높은 차입자가 더 적극적으로 자금 차입을 추구할 가능성이 높아 신용위험자에게 자금대여가 이루어지고 신용위험이 낮은 차입자에게 자금 대여가 이루어지지 않을 가능성이 증가한다. 신용위험이 높은 차입자가 많아지면 위험 프리미엄 때문에 이자율을 인상해야 하지만 이자율을 인상하면 신용위험이 낮은 차입자가 시장에서 떠나기 때문에 대여자는 때로 신용위험이 낮은 차입자가 시장에 남아 있도록 이자율 인상 대신 신용할당credit rationing을 하게 된다.

역선택이 존재할 때 정보 비대칭성 문제를 완화하는 방법은 신호보내기signalling와 걸러내기screening가 있다. 신호보내기는 정보를 더 많이 가진 쪽이 상대방에게 자신의 정보를 전하는 행위이고 걸러내기는 정보를 덜 보유한 거래당사자가 상대방을 구분해내는 행위이다. 예를 들어 중고차 시장에서 공급자가 일정 기간 고장에 대해 수리비를 보장해주는 것과 금융시장에서 대출을 받을 때 양질의 담보를 제공하는 것은 신호보내기에 속한다. 그리고 자동차보험에서 피보험자에게 보험료는 낮지만 특정 규모의 피해까지는 보험을 적용하지 않는 공제한도자기책임한도, deductible를 설정한 계약과 보험료는 높지만 모든 피해에 대해 보험을 적용하는 계약을 제시해 위험이 낮은 피보험자는 전자를, 위험이 높은 피보험자는 후자를 선택하게 하는 것은 걸러내기에 속한다. 이와 같이 피보험자가 자발적으로 자신의 특성을 드러내도록 하는 장치를 자기선택적 장치self-selection device라고 한다. 금융시장에서 신용분석으로 차입자의 대출적격성을 판단하는 것도 걸러내기의 예이다.

도덕적 해이는 계약이 이루어지고 나서 나타나는 문제이다. 예를 들어 주주의 이익을 대변해야 하는 전문경영인이 주주의 이익보다 자신의 이익을 극대화하는 경우가 종종 있다. 차입자가 차입금을 적절한 투자에 사용하는지를 확인할 수 없기 때문에 생기는 문제도 도덕적 해이로 볼 수 있다. 즉 차입자가 차입금으로 수익성은 높지만 위험또한 큰 투자를 하면 자금을 상환할 가능성이 감소한다. 이와 같이 자금을 대출받아 실제 투자에 이용하는 차입자대리인의 투자행위가 대여자주인의 이해와 반드시 일치하지는 않는 경우에 발생하는 문제를 주인-대리인 문제principal-agent problem 또는 간단히 대리인 문제agency problem라고 한다.

도덕적 해이를 완화 또는 해결하는 방법은 ① 대리인을 감시 또는 감독monitoring하기, ② 장기적인 관계인 경우 대리인의 평판에 의해 대리인 문제를 완화시키기, ③ 복수의 대리인을 선정해 서로 경쟁시키기 등이 있다. 대리인 문제를 해결하는 가장 좋은 방법은 유인설계incentive design 또는 mechanism design를 통해 대리인의 이해를 주인의 이해와 같게 하는 것이다. 유인설계는 성과급이나 주식옵션stock option 등과 같이 업무성과가 증가하면 주인은 물론 대리인의 보상도 증가하도록 해 대리인 문제를 완화시킨다.

정보의 비대칭성이 존재할 때 문제를 해결하거나 완화하는 방법은 존재하지만 그 효과가 항상 나타나는 것은 아니며 비용이 뒤따른다. 따라서 정보의 비대칭성이 존재하면 금융기관의 대출 규모가 감소*LM*곡선이 왼쪽으로 이동: 18장 참조하고 소비와 투자가 감소*IS*곡선이 왼쪽으로 이동한다. 금융시장에서 정보의 비대칭성은 호황일 때보다 불황일 때 더 크다는 점이 문제가 된다18장 참조. 실제로 1930년대의 대공황, 미국에서 시작된 2007~9년의 세계금융위기와 1997~8년에 발생한 우리나라의 금융위기 등과 같은 모든 금융위기는 정보의 비대칭성 때문에 더욱 악화됐다.

그림 10-8 **외국이자율의 상승:** 변동환율제도

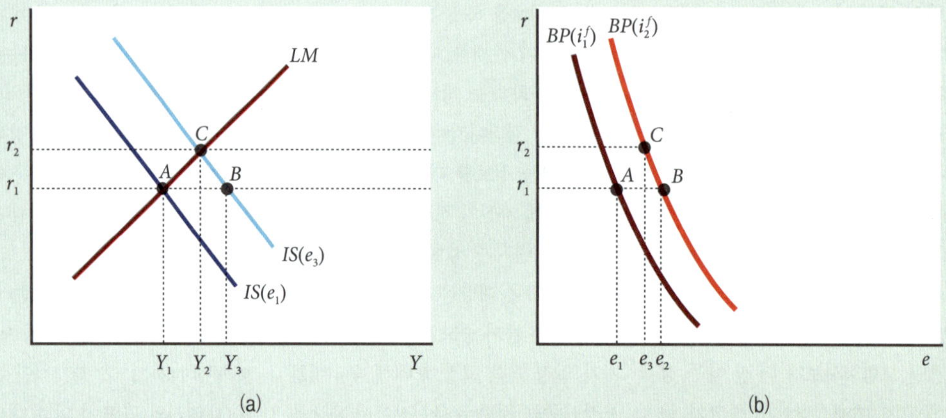

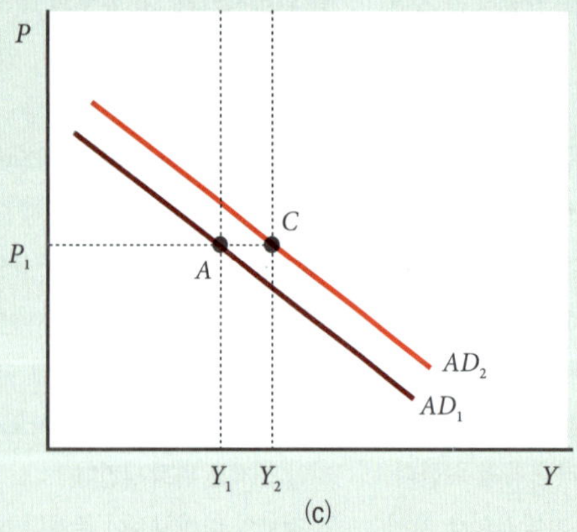

외국이자율(r^f 또는 r^{fe})이 상승하면 외환유출이 일어나기 때문에 외환시장의 균형선인 $BP(i_1^f)$이 $BP(i_2^f)$로 이동한다. 따라서 환율이 상승하고 순수출이 증가한다. 순수출이 증가하면 (a)에서 $IS(e_1)$이 $IS(e_3)$와 같이 오른쪽으로 이동하고 새로운 균형은 점 C에서 달성된다. 즉 소득과 이자율 및 환율이 모두 상승한다. 그리고 이때 소득은 물가가 일정한 가운데 증가한 것이므로 (c)에서 보는 바와 같이 총수요곡선이 AD_1에서 AD_2로 이동한다.

가하고 최종 균형이 점 B에서 달성되므로 균형소득은 Y_3이 된다. 따라서 금융정책의 효과는 폐쇄경제에서보다 크다. 즉 변동환율제도를 따르는 개방경제에서 금융정책은 두 가지 경로를 통해 실물부문소득과 고용에 영향을 미친다. 먼저 이자율 하락에 따라 투자가 증가하고 다음으로는 (이자율 하락에 따른) 외환유출 때문에 환율이 상승하고 순수출이 증가한다. 따라서 변동환율제도를 따르는 개방경제에서 금융정책의 효과는 **그림 10-7 (a)**에서 Y_3-Y_2만큼 폐쇄경제에서보다 크다.

그런데 경제의 규모가 작을수록 BP곡선의 기울기가 완만하고 주어진 이자율 하락에 대하여 환율 상승의 폭이 더 크기 때문에 순수출 증가의 효과 (Y_3-Y_2의 크기) 또한 그만큼 더 크다. 그와 같은 효과가 극대화되는 경우가 '작은' 개방경제이다. 앞에서 여러 번 언급한 바와 같이 '작은' 개방경제의 경우 BP곡선은 $r_1=r^f$이다. 따

라서 이자율 하락과 환율 상승에 따른 순수출 증가의 효과는 (a)에서 새로운 대내 균형이 BP곡선 $r_1=r^f$ 위의 점 D에서 이루어질 때까지 계속된다. 다시 말해 그때의 환율을 $e_3(<e_3)$라고 하면 $LM(M_2)$와 $IS(e_3)$은 $r_1=r^f$ 위의 점 D에서 서로 만난다. 그리고 환율 하락과 순수출 증가의 효과는 극대화된다. 이 경우 BP곡선은 (b)에서 $r=r^f$ 에서 수평임에 유의하여야만 한다.

10.2.4 외국이자율 또는 기대환율의 상승

외국이자율 r^f 또는 π^{fe} 이 상승하면 외환유출이 일어나기 때문에 **그림 10-8** (b)에서 보는 바와 같이 외환시장의 균형선인 $BP(i_1^f)$이 $BP(i_2^f)$로 이동한다. 따라서 환율이 상승하고 순수출이 증가한다. 순수출이 증가하면 (a)에서 $IS(e_1)$이 $IS(e_3)$와 같이 오른쪽으로 이동하고 새로운 균형은 점 C에서 달성된다. 즉 소득과 이자율 및 환율이 모두 상승한다. 그리고 이때 소득은 물가가 일정한 가운데 증가한 것이므로 (c)에서 보는 바와 같이 총수요곡선이 AD_1에서 AD_2로 이동한다.

기대환율이 Ee_1에서 Ee_2로 상승하는 경우도 **그림 10-8**를 이용하여 분석할 수 있다. 기대환율이 상승하면 외환유출이 일어나기 때문에 외국의 이자율이 상승한 경우와 마찬가지로 (b)에서 BP곡선이 오른쪽으로 이동한다. 따라서 $BP(i_1^f)$과 $BP(i_2^f)$를 각각 $BP(Ee_1)$과 $BP(Ee_2)$로 내체하면 나머지는 외국의 이자율 상승을 분석한 것과 같은 방법으로 분석할 수 있다.

개방경제의 총수요곡선: 고정환율제도 10.3

고정환율제도를 따르는 개방경제의 경우에는 환율이 고정되어 있기 때문에 고정되어 있는 환율이 유지될 것으로 믿는다면 시장참가자들의 기대환율은 실제환율과 같다. 즉 다음이 성립한다.

$$Ee=e \tag{10-3}$$

따라서 **식** (10-2)로부터 다음이 성립한다.

그림 10-9 **총수요곡선:** 고정환율제도

물가수준이 P_1일 때 국제수지, 재화시장 및 화폐시장의 동시균형이 (a)의 점 A로 나타나 있다. 이 경우 균형소득이 Y_1이므로 (b)의 점 A에서 소득과 물가수준의 배합 (Y_1, P_1)을 얻는다. 이때 물가수준이 P_2로 상승하면 실질통화량이 감소하여 (a)의 $LM(P_1)$이 $LM(P_2)$로, 그리고 실질환율이 하락하고 순수출이 감소하여 IS_1이 IS_2로 각각 이동한다. 즉 물가수준이 P_2로 상승하면 소득이 Y_2로 감소하고 (b)에서 소득과 물가수준의 새로운 배합을 점 B의 (Y_2, P_2)와 같이 얻을 수 있다. 그리고 두 점 A와 B를 연결하면 우하향하는 총수요곡선을 얻는다.

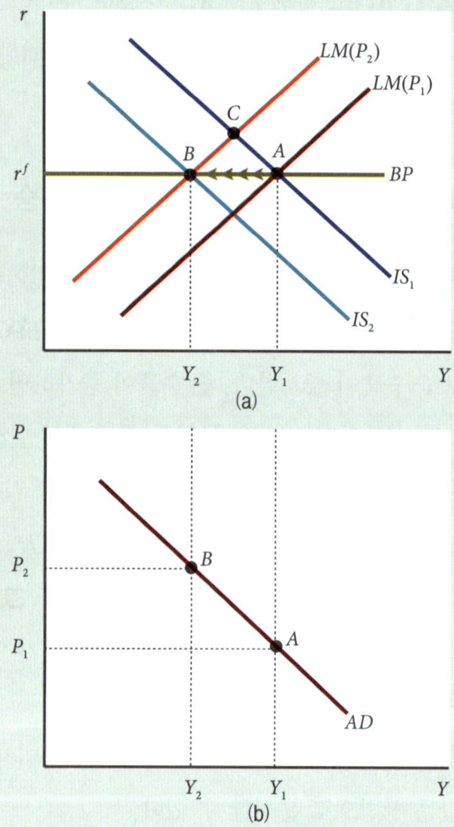

$$r = r^f + \Delta\pi^e \quad \textbf{(10-4)}$$

여기서 설명의 편의를 위해 $\Delta\pi^e = 0$이라고 가정하기로 한다. 따라서 국제수지외환시장의 균형은 다음과 같이 나타난다.

$$r = r^f \quad \textbf{(10-5)}$$

이때 만일 $r > r^f$이면 외환의 유입이 일어나기 때문에 환율이 하락한다. 그러나 고정환율제도에서는 환율의 하락을 허용하지 않기 때문에 중앙은행이 유입된 외환을 매입한다. 따라서 화폐공급이 증가하고 자국이자율 r이 r^f로 낮아지고 환율은 고정된 환율에서 유지된다. 반대로 만일 $r < r^f$이면 외환의 유출이 일어나기 때문에 환율이 상승한다. 그러나 고정환율제도에서는 환율의 상승 또한 허용하지 않기 때

문에 중앙은행이 증가한 외환의 수요만큼 매각한다. 따라서 화폐공급이 감소하고 자국이자율 r이 r^f로 상승하며 고정된 환율이 유지된다. 다시 말해 고정환율제도에서는 **식** (10-5)가 항상 만족되어야 하는데 이를 위해서 중앙은행은 끊임없이 외환시장에 개입하여야만 하며 외환의 매입과 매각 과정에서 화폐공급이 변동한다. 이와 같이 고정환율제도 아래에서 화폐공급은 중앙은행의 뜻대로 독립적으로 사용될 수 없기 때문에 정책수단으로 이용될 수 없다.

여기서 유의하여할 것은 고정환율제도 아래에서 **식** (10-5)의 BP곡선은 이자율평가에 의해 경제의 규모에 관계없이 성립한다는 사실이다. 따라서 고정환율제도를 분석함에 있어서는 경제의 규모에 관계없이 이 절에서와 같은 분석을 할 수 있다.

10.3.1 총수요곡선

고정환율제도 아래에서 개방경제의 총수요곡선을 **그림 10-9**와 같이 구할 수 있다. 먼저 물가수준이 P_1이고 처음 균형이 점 A로 나타나 있을 때 물가수준이 P_1에서 P_2로 상승하면 (**a**)의 $LM(P_1)$이 $LM(P_2)$로 이동하고, 실질환율이 $\varepsilon_1=(e\cdot P^f)/P_1$에서 $\varepsilon_2=(e\cdot P^f)/P_2$로 하락한다. 여기서 명목환율 e와 외국의 물가 P^f는 변함이 없다. 실질환율이 하락하면 순수출이 감소하므로 (**a**)의 IS곡선이 왼쪽으로 이동해 (**a**)에서 새로운 균형이 $A \rightarrow B$의 경로를 따라 이동한다.■

■ 환율을 일정하게 유지하기 위해 통화량을 얼마나 조정해야 하는가의 문제는 두 가지 효과에 의해 결정된다. 첫째, 물가수준이 상승하면 주어진 통화량에서 실질화폐공급이 감소하므로 이자율 상승압력이 나타나고 자본이 유입된다. 자본이 유입되면 고정환율을 유지하기 위하여 중앙은행이 외환을 매입해 통화량이 증가한다. 둘째, 물가수준이 상승하면 실질환율이 하락하므로 순수출이 감소하고 외환 수요가 증가한다. 이때 고정환율을 유지하기 위해 중앙은행이 외환을 매각하므로 통화량이 감소한다.

물가수준이 P_1에서 P_2로 상승하면 재화시장과 화폐시장 균형이 **그림 10-9** (**a**)의 점 A에서 점 B로 이동하고 소득이 Y_1에서 Y_2로 감소한다. 이때 이 두 점에서의 소득과 물가수준의 배합을 (**b**)와 같이 소득과 물가수준의 평면에 옮겨 그린 다음 연결하면 AD와 같이 우하향하는 총수요곡선을 얻을 수 있다.

10.3.2 재정정책, 무역정책 및 평가절하의 효과

물가수준이 일정할 때 고정환율제도 아래에서 개방경제의 재정정책의 효과가 **그림 10-10**에 나타나 있다. 먼저 처음 균형이 (**a**)의 점 A일 때 팽창적인 재정정책이 시행되면 IS_1이 IS_2로 오른쪽으로 이동한다. 이때 이자율 변동이 자유롭다면 균형은 (**a**)의 점 A에서 점 C로 이동하고 이자율 상승과 자본유입이 일어난다. 즉 팽창적인 재정정책이 시행되면 이자율 상승압력과 명목환율 하락압력이 동시에 나타난다. 그런데 이 경제의 환율제도가 고정환율제도이므로 자국 통화의 가치가 고정된 환율

그림 10-10 **재정정책의 효과:** 고정환율제도

재정정책이 시행되면 (a)의 IS곡선이 오른쪽으로 이동하고 국제수지흑자가 나타난다. 국제수지흑자가 나타나면 중앙은행은 환율을 일정하게 유지하기 위하여 외환을 매입하고 자국 통화를 공급한다. 이와 같이 통화량이 증가하면 LM곡선이 오른쪽으로 이동하고 대내균형과 국제수지균형의 새로운 동시균형은 점 B로 이동한다. 따라서 소득이 증가하는데, 이러한 소득의 증가는 물가수준이 일정한 가운데 일어난 것이므로 총수요곡선이 AD_1에서 AD_2로 이동한다.

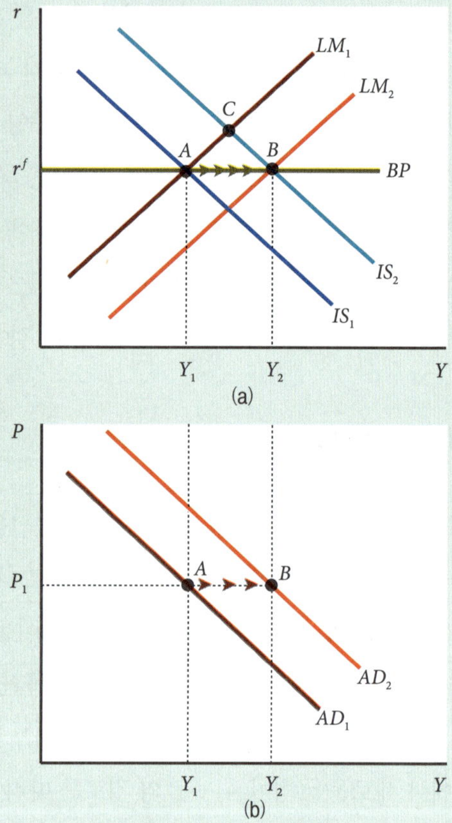

보다 높은 수준으로 상승하면 명목환율을 일정하게 유지하기 위해 중앙은행이 외환을 매입하고 그 대가로 통화공급을 증가시킨다. 따라서 통화량이 증가하므로 (a)의 LM_1이 LM_2로 오른쪽으로 이동해 새로운 균형이 (a)의 점 B로 나타난다. 즉 팽창적인 재정정책을 실시하면 소득은 Y_1에서 Y_2로 증가하지만 이자율과 환율은 변화하지 않으며, 외환시장 개입이 이뤄지므로 통화량이 증가한다.

고정환율제도 아래에서 개방경제의 팽창적인 재정정책은 **그림 10-10 (b)**에서 보는 바와 같이 총수요곡선을 오른쪽으로 이동시킨다. 즉 팽창적인 재정정책이 시행되면 소득이 Y_1에서 Y_2로 증가하는데, 이때 물가수준은 처음의 물가수준인 P_1에서 변함이 없다. 따라서 점 A를 지나는 총수요곡선 AD_1은 팽창적인 재정정책에 따라 점 B를 지나는 총수요곡선 AD_2로 오른쪽으로 이동한다.

IS곡선을 이동시키는 다른 요인이 변화해도 총수요곡선이 이동한다. 즉 지금까

금융정책의 효과: 작은 개방경제, 고정환율제도 그림 10-11

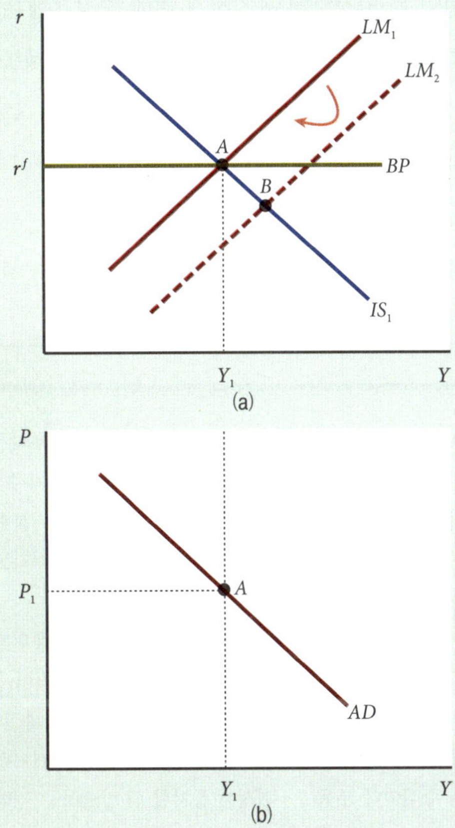

팽창적인 금융정책은 (a)에서 LM곡선을 오른쪽으로 이동시켜 대내균형이 점 B로 이동한다. 이때 점 B의 대내균형은 BP곡선 아래에 위치하므로 국제수지적자가 나타난다. 이 경우에 중앙은행이 개입하지 않으면 환율이 상승하므로 환율을 일정하게 유지하기 위하여 중앙은행은 외환을 공급하고 자국화폐를 받아들인다. 따라서 통화량이 감소하고 LM곡선은 팽창적인 금융정책이 시행되기 이전의 수준으로 되돌아간다. 즉 (a)의 A에서의 균형은 팽창적인 통화정책이 시행된다고 하여도 이동하지 않으며, 총수요곡선 또한 이동하지 않는다.

지 배운 재정정책의 효과에 관한 분석 방법은 독립지출autonomous spending이나 조세, 외국의 소득이 변화하는 경우에도 이용될 수 있으며, 수출을 증대시키고 수입을 억제하고자 실시되는 무역정책trade policy 또한 같은 방법으로 분석할 수 있다. 그리고 평가절하가 이루어지거나 외국의 물가수준이 상승하는 경우에도 같은 방법으로 분석할 수 있다.■

■ 1930년대 대공황기의 환율제도는 금본위제도에 입각한 고정환율제도였다. 즉 각국은 화폐와 금의 교환비율을 정했고 환율은 금과의 교환비율에 의해 자동적으로 결정됐다. 그러나 대공황에 대처하는 방식은 나라마다 달랐다. 프랑스, 독일, 이탈리아, 네덜란드 등은 대공황 이전에 정한 자국 화폐의 금 교환비율을 유지했으나 덴마크, 핀란드, 노르웨이, 스웨덴, 영국은 50% 낮췄다. 즉 평가절하를 단행한 것이다. 당시에 평가절하를 단행한 나라들은 더 빨리 대공황에서 탈출할 수 있었다. **그림 10-10**은 평가절하 효과를 나타낸 것이다. 더 자세한 내용은 Eichengreen, B. and J. Sachs(1985), "Exchange and Economic Recovery in the 1930s," *Journal of Economic History* v. 45 no.4, pp. 925-946을 참조.

10.3.3 금융정책의 효과

자본이동이 자유로운 개방경제의 팽창적인 금융정책의 효과가 **그림 10-11**에 나타나 있다. 먼저 처음 균형이 **(a)**의 점 A일 때 팽창적인 금융정책에 따라 통화량을 M_1에서 M_2로 증가시키면 LM_1이 LM_2로 이동한다. 이때 이자율 변동이 자유롭다면 새로운 균형이 점 B로 이동하면서 이자율이 하락한다. 이자율이 하락하면 자본의 외국유출이 일어나 명목환율과 실질환율이 상승한다. 그런데 이 경제가 고정환율제도를 채택하고 있으므로 환율을 일정하게 유지하기 위해 중앙은행은 (자본유출에 따른 외환시장의 초과수요만큼) 외환을 공급하고 그 대가로 자국 화폐를 받아들인다. 따라서 통화량이 다시 감소하고 (**a**)의 LM_2가 LM_1로 복귀한다. 즉 팽창적인 금융정책의 경우 최종적인 균형점은 결국 처음 균형점인 A에서 변함이 없고 산출량도 전혀 변하지 않는다.

지금까지 살펴본 대로 고정환율제도 아래에서 개방경제의 통화정책은 효과가

BOX 10-2 금융위기의 원인과 전개

금융위기는 자본주의 경제에서 수시로 일어나지만 세계시장이 통합되는 과정에서 그 빈도가 늘고 있다. 금융위기의 원인에는 다음과 같은 것들이 있다.

1 금융자유화financial liberalization와 금융혁신financial innovation 금융자유화는 금융시장과 금융기관에 대한 규제를 폐지하는 것이고 금융혁신은 새로운 형태의 대출이나 금융상품을 도입하는 것이다. 장기적으로 금융자유화는 금융제도가 잘 작동하도록 만들어 자원을 효율적으로 배분한다. 그러나 많은 경우특히 개발도상국의 경우에 금융감독을 약화시키고 기업과 정치세력의 영향력을 강화해 단기적으로 방만한 대출신용 붐, credit boom을 야기하기 때문에 신용위험을 관리할 수 없을 정도의 위험한 대출도 늘어나 궁극적으로는 손실이 발생하고 순자산net worth이 감소한다. 손실이 발생하면 금융기관들은 대출을 급히 회수deleveraging하고 예금자들은 자금을 인출하므로 결국 화폐공급이 감소LM곡선이 왼쪽으로 이동하고 유동성제약 때문에 소비와 투자 또한 감소IS곡선이 왼쪽으로 이동한다. 즉 금융자유화와 금융혁신은 단기적으로 역선택adverse selection이나 도덕적 해이moral hazard 문제를 감시하는 금융감독의 역할을 약화시켜 금융위기의 발단을 제공한다BOX 10-1 참조. 1994년 멕시코 위기, 1997년 우리나라와 동아시아의 위기, 그리고 2007~9년 세계금융위기 등이 금융자유화와 금융혁신에 의해 발생했다.

2 자산가격 거품과 붕괴 자산가격 거품asset price bubble은 주식이나 부동산 가격이 기본가치fundamental value 이상으로 상승하는 것을 말한다. 거품이 일어나는 이유는 ① 케인즈가 "동물적 영감", 미국 FRB 총재를 지낸 그린스펀A. Greenspan이 "비이성적 과열irrational exuberance"이라고 부른 투자자들의 심리investor psychology, ② 신용 붐이나 팽창적인 금융정책낮은 이자율 등 여러 가지가 있다. 거품이 붕괴하면 은행을 비롯한 금융기관의 순자산과 담보 가치가 감소해 대출이 부실화된다. 따라서 금융기관은 급속히 대출회수에 나서므로 신용경색credit crunch이 발생LM곡선과 IS곡선이 왼쪽으로 이동하고 잃을 것이 적어진 금융기관과 기업이 더 위험한 투자를 시도하는 도덕적 해이가 발생할 가능성이 높아진다. 자산가격 붕괴 때문에 발생한 금융위기는 생각보다 자주 일어나는데 1990년대 일본의 장기불황이 자산가격 거품의 붕괴 때문이라고 보는 의견이 우세하다.

3 불확실성의 증가 금융위기는 불황이 시작되거나 주식가격이 폭락할 때, 그리고 대형금융기관이 파산하거나 정치적 상황이 불안정할 때처럼 불확실성이 증가할 때 발생하는 경향이 있다. 불확실성이 커져 정보획득이 어려워지면 역선택과 도덕적 해이의 가능성이 증가해 금융기관들이 대출을 회수LM곡선과 IS곡선이 왼쪽으로 이동하므로 금융위기가 촉발된다. 역사적으로 미국에서 발생한 많은 금융위기는 이 경우에 속한다. 2008년 미국의 금융위기는 베어 스턴즈, 리먼 브라더즈, AIG 같은 대형 금융기관들의 파산으로 촉발되었고 1994년 멕시코 금융위기는 치아파스 지방의 반란과 유력한 대통령후보의 암살로 촉발되었다.

4 재정적자 신흥시장emerging market이라 불리는 개발도상국에서 종종 볼 수 있듯이, 재정적자가 지나치게 커지면 정부는 공채를 발행해 은행에 반강

제적으로 인수하도록 하는데 이때 투자자들이 정부가 빚을 갚을 능력이 없다고 기대하면 예금인출사태bank run가 일어나 정부공채 가격이 폭락하고 은행의 순자산이 크게 감소한다. 순자산이 감소하면 은행들은 대출을 회수*LM*곡선과 *IS*곡선이 왼쪽으로 이동한다. 이때 여러 은행이 동시에 파산하는 은행공황bank panic이 일어나 위기가 확대된다. 이와 같이 재정적자가 심각하면 은행부문이 취약해져 역선택과 도덕적 해이 문제가 악화되고 위기에 이르게 된다. 2001~2년 아르헨티나, 1998년 러시아, 2001년 터키, 2011년 그리스 위기가 이 경우에 속한다.

5 기타 신흥시장에서는 해외 이자율 상승도 금융위기를 촉발시킨다. 1994년 멕시코 금융위기의 경우 미국의 긴축적 금융정책으로 이자율이 상승하자, 멕시코에서 해외자금이 한꺼번에 빠져나가면서 역선택과 도덕적 해이 문제가 나타났다. 해외자금이 유출되면 다시 해외시장에서 자금을 끌어와야 하는데 해외자본시장에서 정보의 비대칭성은 더욱 심각하기 때문에 여의치 않은 경우가 많다. 특히 신흥시장의 금융시장은 선진국에 비해 규모가 작기 때문에 작은 자본이동에 의해서도 자산가격 변동이 심하게 나타나 금융위기가 발생할 수 있다.

금융위기가 촉발되면 위기는 다음의 두 가지 경로 가운데 하나를 따른다.

1 선진국에서는 은행공황bank panic이 발생한다. 즉 은행의 파산이 기대되면 전면적인 예금인출사태가 발생해 다수의 은행이 동시에 파산하고 은행공황으로 이어진다. 은행이 파산하면 차입자의 신용정보가 사라지므로 역선택과 도덕적 해이 문제가 크게 증가해 대출이 감소하고 투자와 소비가 감소*LM*곡선과 *IS*곡선이 왼쪽으로 이동한다. 은행공황은 정부가 부실은행을 정리해 불확실성을 제거하고 나서야 진정된다. 공황이 진정되면 주가가 상승하고, 은행의 순자산이 증가해 역선택과 도덕적 해이 문제가 완화되며 투자와 소비가 정상화된다. 만약 경기가 회복되기 전에 물가가 크게 하락하면 부채-디플레이션debt-deflation이 일어날 수도 있다. 즉 기대하지 못한 물가하락이 발생하면 채무자에서 채권자에게로 부의 이전이 일어난다. BOX 7-2에서 보았듯이 부의 이전은 소비를 감소시키는데 이때 물가의 추가하락을 기대하면 소득과 실질명목이자율 평면에서 *LM*곡선*IS*곡선이 왼쪽으로 이동해 경기가 더욱 위축된다. 특히 물가하락에 따른 부의 이전으로 차입자의 순자산이 크게 감소하면 역선택과 도덕적 해이 문제가 크게 증가해 대출이 감소*LM*곡선이 왼쪽으로 이동하고 투자와 소비가 감소*IS*곡선이 왼쪽으로 이동한다. 부채-디플레이션의 대표적인 경우가 1930년대 대공황이다.

2 금융기관이 부실화하고 위기의 요인이 쌓이면 신흥시장의 경우 외환위기currency crisis가 발생한다. 특히 환율이 미국 달러에 고정돼 있는 경우 환율 상승을 기대한 투기자들이 국내통화를 매각해 달러를 회수하는 투기적 공격speculative attack을 감행해 막대한 이득을 얻는다. 이때 정책당국은 이자율을 올려 외환유입을 유도해야 하지만 이자율인상은 은행을 취약하게 만들고 경제활동을 위축시킨다. 그러나 이자율을 인상하지 않으면 투기적 공격으로 외환보유고가 고갈되고 국내통화의 가치가 폭락한다. 우리나라의 1997년 IMF 외환위기 시 IMF가 권고한 고금리정책은 이러한 고려에 기초한 것이다. 그러나 고금리정책에 의한 투자위축 및 기업도산은 감내하기 불가능할 정도의 불황을 가져왔고 곧 저금리정책으로 급선회하게 된 바 있다. 선진국의 경우 해외부채를 국내통화로 표시하지만 신흥시장의 경우 달러 같은 외화로 표시한다. 따라서 신흥시장에서는 통화불일치currency mismatch 문제가 발생한다. 즉 기대하지 못한 평가절하가 일어나면 외화로 표시한 해외부채의 국내 통화로 나타낸 가치가 크게 증가해 은행과 기업의 순자산이 감소하고 역선택과 도덕적 해이의 문제가 증가한다. 이때 급속한 대출 회수가 일어나므로*LM*곡선과 *IS*곡선이 왼쪽으로 이동 투자와 소비가 크게 위축돼 금융위기로 발전한다. 이 경우에 외환위기와 금융위기는 동시에 발생하기 때문에 쌍둥이위기twin crisis라고 부르기도 한다.

환율의 급격한 상승은 수입재화원유를 포함한 원자재 가격을 상승시켜 인플레이션을 야기한다. 실제 인플레이션과 기대인플레이션의 상승은 이자율을 상승시키는데 이는 가계와 기업의 현금흐름cash flow을 감소시켜 가계와 기업의 부채가 증가한다. 이때 역선택과 도덕적 해이 문제가 가중되므로 대출이 감소하고*LM*곡선이 왼쪽으로 이동, 소비 및 투자*IS*곡선이 왼쪽으로 이동도 감소한다. 나아가 현금흐름 감소와 급속한 평가절하에 따른 외화부채 증가는 은행을 포함한 금융기관의 순자산을 감소시켜 은행위기를 야기한다. 은행위기는 다시 역선택과 도덕적 해이의 문제를 야기해 경제활동을 더욱 위축시키게 된다.

없다. 이는 고정환율제도 아래에서 통화정책이 환율을 일정하게 유지하는 수단으로 사용돼 정책의 독립성을 상실했기 때문이다. 즉 고정환율제도 아래에서 개념적으로 팽창적인 금융정책이 가능하지만 현실적으로 통화량이 고정된 환율에 의해 결정되므로 팽창적인 금융정책 자체가 불가능하거나 존재하지 않는다고 볼 수 있다. 이와 같이 고정환율제도 아래에서 개방경제의 금융정책은 소득을 비롯한 어떤 변수에도 영향을 미치지 못하므로 **그림 10-11** (**b**) 에서 보는 바와 같이 팽창적인 금융정책이 시행돼도 총수요곡선이 이동하지 않는다.

10.3.4 기대물가상승률의 증가

고정환율제도 아래에서 (외국의 기대물가상승률이 일정한 가운데) 자국의 기대물가상승률이 π_1^e에서 π_2^e로 증가하면 **그림 10-12** (**a**) 에서 보는 바와 같이 $LM(\pi_1^e)$에서 $LM(\pi_2^e)$로 오른쪽으로 이동한다. 즉 기대물가상승률이 증가하면 명목이자율이 상승하기 때문에 이자율평가에 따라 외환이 유입되고, 고정되어 있는 환율을 일정하게 유지하기 위하여 중앙은행은 유입된 외환을 매입하여야만 한다. 따라서 화폐공급이 증가한다. 즉 LM곡선이 오른쪽으로 이동하고 실질이자율은 r_1^f에서 $r_1^f-\Delta\pi^e$로 하락한다. 실질이자율이 하락하면 투자가 증가하고 소득은 Y_1에서 Y_2로 증가한다. 이와 같은 소득의 증가는 물가가 일정하게 유지된 가운데 일어난 것이기 때문에 (**b**) 에서 총수요곡선이 AD_1에서 AD_2로 이동한다.

이때 주의하여야 할 것은 명목이자율과 실질이자율의 변화방향이 반대로 나타난다는 사실이다. 즉 명목이자율 $i=r+\pi^e$는 상승하지만 **그림 10-12** (**a**) 에서 보는 바와 같이 실질이자율 r은 하락한다. **그림 10-12** (**a**) 에서 실질이자율의 하락폭은 물가상승률 증가의 폭보다는 작다.

10.3.5 기대환율의 상승: 투기적 공격

고정환율제도 아래에서 환율이 일정하게 유지되기 때문에 환율이 외환에 대한 시장에서의 수요와 공급이 평균적으로 일치하는 수준이어야만 한다. 즉 고정환율제도 아래에서 고정되어 있는 환율에서 외환의 시장수요와 공급이 일치하지 않는 경우가 비일비재하다. 그렇기 때문에 중앙은행이 상시적으로 시장에 개입한다. 이때 시장에서의 초과수요나 초과공급은 일시적인 것이어야 하며 그렇게 되도록 환율

그림 10-12

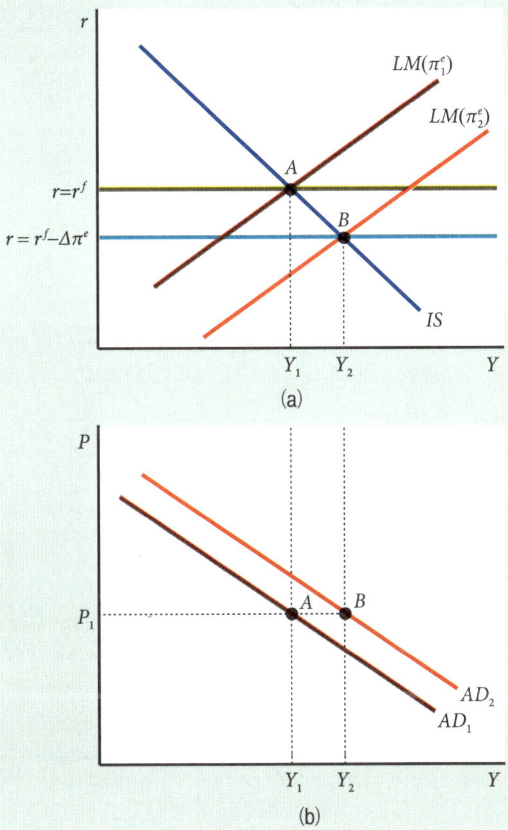

고정환율제도 아래에서 (외국의 기대물가상승률이 일정한 가운데) 자국의 기대물가상승률이 π_1^e에서 π_2^e로 증가하면 $LM(\pi_1^e)$에서 $LM(\pi_2^e)$로 오른쪽으로 이동한다. 즉 기대물가상승률이 증가하면 명목이자율이 상승하기 때문에 이자율평가에 따라 외환이 유입되고 환율을 일정하게 유지하기 위하여 중앙은행은 유입된 외환을 매입하여야만 한다. 따라서 화폐공급이 증가한다. 즉 LM곡선이 오른쪽으로 이동하고 실질이자율은 r_1^f에서 $r_1^f - \Delta\pi^e$로 하락한다. 실질이자율이 하락하면 투자가 증가하고 소득은 Y_1에서 Y_2로 증가한다. 이와 같은 소득의 증가는 물가가 일정하게 유지된 가운데 일어난 것이기 때문에 (b)에서 총수요곡선이 AD_1에서 AD_2로 이동한다. 이때 명목이자율과 실질이자율의 변화방향이 반대로 나타난다는 사실이다.

이 설정되어야만 한다. 만일 외환의 초과수요나 초과공급이 오래 지속되면 평가절하devaluation나 평가절상revaluation을 통해 환율을 조정해야만 한다.

외환시장에서 나타나는 초과수요나 초과공급을 오래 방치하면 위기가 나타날 수 있다. 특히 초과수요의 경우 그렇다. 외환시장에서 초과수요가 유지되면 시장참가자들은 현재의 환율이 인상평가절하될 것으로 예상한다. 외환의 초과수요에 따라 기대환율이 상승하는 경우가 **그림 10-13**에 나타나 있다.

그림에서 처음 균형이 점 A에서 이루어지고 있으며 실제 환율(e_1)과 기대환율(Ee_1)이 같다고 가정하여 보자. 이때 실제 환율은 일정한 가운데 기대환율이 Ee_1에서 Ee_2로 상승하면($e_1 < Ee_2$) 이자율평가에 따라 자본유출이 일어난다. 그리고 중앙은행은 환율을 일정하게 유지하기 위하여 외환을 매각한다. 외환을 매각하면 그

그림 10-13 **기대환율상승의 효과**

실제 환율은 일정한 가운데 기대환율이 Ee_1에서 Ee_2로 상승하면($e_1 < Ee_2$) 이자율평가에 따라 자본유출이 일어난다. 이때 중앙은행은 환율을 일정하게 유지하기 위하여 외환을 매각한다. 외환을 매각하면 그 대가로 국내통화가 중앙은행으로 흡수되고 화폐공급이 감소한다. 따라서 $LM(Ee_1)$곡선이 $LM(Ee_2)$로 이동하고 이자율이 상승한다. 이자율이 상승하면 투자가 감소하고 (b)에서 총수요곡선이 AD_1에서 AD_2로 이동한다. 새로운 균형점 B에서 통화당국이 취할 수 있는 조치는 두 가지 가운데 하나이다. 첫째, 평가절하를 통해 환율을 $e_2=Ee_2$가 성립하도록 e_2로 인상할 수 있다. 이 경우에는 시장참가자들의 기대가 실현되었음으로 더 이상의 자본유출이 일어나지 않고 균형이 유지된다. 둘째, 기존의 시장 환율 e_1을 그대로 유지할 수 있다. 이 경우에는 시장참가자들이 중앙은행의 외환보유고가 고갈되고 있음을 알기 때문에 기대환율이 $Ee_3(>Ee_3)$로 더욱 상승하고 $e_1<Ee_3$가 성립하고 자본유출이 계속 일어난다. 그리고 중앙은행은 고정된 환율 e_1을 유지하기 위해서 중앙은행은 계속해서 외환을 매각하여야만 한다. 결국 외환보유고가 고갈되고 위기가 발생한다. 이와 같은 현상을 투기적 공격이라고 한다. 투기적 공격은 자기실현적이다.

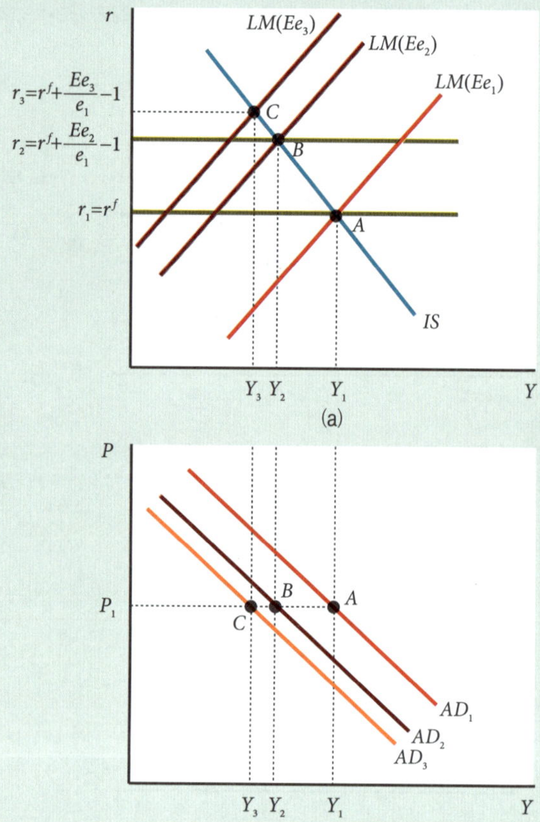

(a)
(b)

대가로 국내통화가 중앙은행으로 흡수된다. 즉 화폐공급이 감소한다. 따라서 **그림 10-13 (a)**에서 보는 바와 같이 $LM(Ee_1)$곡선이 $LM(Ee_2)$로 이동하고 이자율이 상승한다. 이자율이 상승하면 투자가 감소하고 **(b)**에서 총수요곡선이 AD_1에서 AD_2로 이동한다.

그림 10-13 (a)의 새로운 균형점 B에서 통화당국이 취할 수 있는 조치는 두 가지 가운데 하나이다. 첫째, 평가절하를 통해 환율을 $e_2=Ee_2$가 성립하도록 e_2로 인상할 수 있다. 이 경우에는 시장참가자들의 기대가 실현되었음으로 더 이상의 자본유출이 일어나지 않고 균형이 유지된다. 둘째, 기존의 시장 환율 e_1을 그대로 유지할 수 있다. 이 경우에는 시장참가자들이 중앙은행의 외환보유고가 고갈되고 있음을 알기 때문에 기대환율이 $Ee_3(>Ee_2)$로 더욱 상승하고 $e_1<Ee_3$가 성립하므로 자

BOX 10-3 멕시코의 금융위기: 1994~1995

1994년 초 멕시코는 주목받는 투자처였다. 당시에 통과된 북미자유무역협정North American Free Trade Agreement, *NAFTA*에 따라 미국, 캐나다, 멕시코 사이의 무역장벽이 낮아지자 전 세계 투자자들은 멕시코 기업과 정부에게 기꺼이 자금을 빌려주었다. 1993년 멕시코의 순자본유입net capital inflow은 *GDP*의 8%에 달했으나 일련의 정치적인 사건들—치아파스 지방에서 일어난 반란과 유력한 대통령 후보의 암살 등—이 일어나자 투자자들은 멕시코 자산에 높은 위험 프리미엄을 요구하기 시작했다. 그리고 미국에서 긴축적인 통화정책 때문에 이자율이 상승하자 멕시코에서 자본유출이 일어났다.

멕시코 금융위기 전후 페소/달러 환율

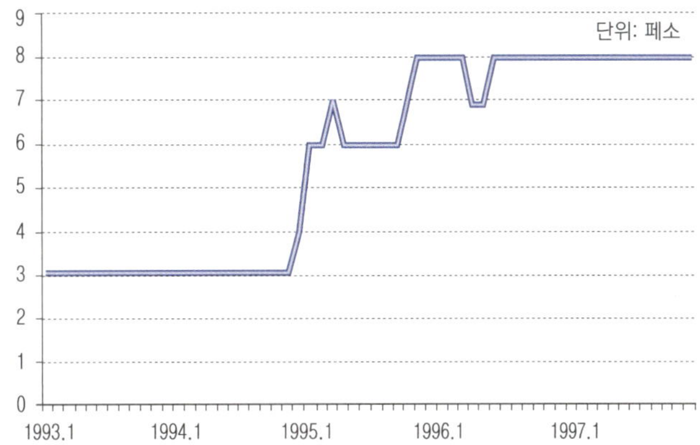

자료: International Financial Statistics, IMF.

오른쪽 그림에서 보듯이 당시 치솟는 위험 프리미엄에도 불구하고 멕시코의 페소peso는 고정환율제도 아래에서 영향을 받지 않았다. 그러나 위험 프리미엄이 치솟아 페소 가치의 하락이 기대되자 달러 수요가 급증했다. 멕시코 중앙은행은 정해진 환율인 달러당 3페소에 달러를 매각했으나 1994년 말 외환보유고가 고갈됐다. 이 무렵 멕시코 정부는 페소의 평가절하를 발표하면서 더 이상의 평가절하는 없다고 선언했지만 이미 시장의 신뢰를 잃은 뒤였다. 투자자들이 멕시코 자산의 추가구입을 중단한 가운데 국가위험 프리미엄은 이자율을 더욱 상승시켜 페소 가치에 대한 하락압력으로 작용했다. 멕시코의 주가는 폭락했으며 투자자들은 만기가 도래한 멕시코 국채의 만기연장대출차환, roll over에 동의하지 않았다. 멕시코 부채 가운데 만기가 짧은 단기부채가 많은 점도 악재였다.

결국 국가부도를 피할 수 없는 것처럼 보이는 상황에서 미국이 개입했다. 미국은 멕시코로부터 유입될 막대한 이민 등의 문제들을 피하고 투자자들의 비관론이 확산되는 것을 막기 위해 국제통화기금*IMF*과 함께 멕시코에 구제금융을 지원했다. 특히 멕시코의 국가부채에 대해 보증을 서기로 하면서 멕시코 경제에 대한 투자자들의 신뢰가 회복돼 국가위험 프리미엄을 낮출 수 있었다. 미국의 개입으로 멕시코는 최악의 상황은 면했으나 페소 가치 하락과 함께 극심한 불황을 겪었다. 고정환율제도를 유지하기 위해 막대한 달러를 매각하고 대신 시장의 페소를 거둬들였기 때문에 *LM*곡선이 왼쪽으로 이동했고 자금부족으로 소비와 투자가 감소해 *IS*곡선 또한 왼쪽으로 이동했다. 1990년대 후반에야 멕시코 경제는 다시 성장하기 시작했다.

이와 같이 정치적 불안정 때문에 나타나는 국가위험의 증가는 환율, 이자율 및 소득에 심대한 영향을 미친다.

본유출이 계속 일어난다. 그리고 고정된 환율 e_1을 유지하기 위해서 중앙은행은 계속해서 외환을 매각하여야만 한다. 따라서 화폐공급이 감소하고 이자율이 상승한다. 이 경우에는 **그림 10-13** (a)에서 $LM(Ee_2)$이 $LM(Ee_3)$로 이동하고 (b)에서 총수요곡선을 AD_2에서 AD_3로 이동한다. 즉 균형은 새로운 점 C로 이동한다.

이와 같은 조정은 결국 외환보유고가 바닥이 나고 위기가 발생할 때까지 지속된다. 이와 같은 자본의 급속한 유출을 투기적 공격speculative attack이라고 한다.

1997년 말에 발생한 우리의 외환위기 BOX 11-1 참조 그리고 그 전에 발생한 멕시코의 금융위기 BOX 11-3 참조가 이와 같은 유형이었다. 참고로 1997년 우리의 환율제도는 변동환율제도였으나 정책당국이 환율을 엄격히 관리하는 관리변동환율제도 managed float 였으며 1994-1995년 멕시코의 경우에는 고정환율제도였다.

10.4 결 론

개방경제의 총수요곡선은 재화시장, 화폐시장 및 국제수지의 균형으로부터 도출된다. 개방경제가 폐쇄경제와 다른 점은 재화와 자본의 국제적인 흐름이 존재한다는 것이다. 재화 흐름은 외환시장과 순수출 형태로 재화시장과 국제수지에, 그리고 자본 흐름은 국제수지에 각각 영향을 미친다.

이제 11장 거시경제의 장·단기균형: 개방경제에서는 이 장에서 구한 총수요곡선과 앞에서 구한 총공급곡선을 결합시켜 거시개방경제의 장기균형과 단기균형을 배운다. 거시개방경제의 단기균형에서는 폐쇄경제와 마찬가지로 기대가 중요하다. 즉 기대가 형성되는 방식에 따라 정책 효과와 그 지속성에서 차이가 나타난다.

요 약

≫ 개방경제에서 재화시장의 균형조건은 폐쇄경제와 다르게 순수출을 포함한다. 순수출은 자국과 외국의 소득 및 실질환율의 함수이다. 즉 순수출은 자국 소득의 감소함수이고 외국 소득과 실질환율의 증가함수이다. 그러나 화폐시장 균형조건은 폐쇄경제와 다르지 않다. 다만 고정환율제도에서는 통화량이 환율을 유지하기 위하여 사용되기 때문에 중앙은행이 독립적으로 사용할 수 있는 정책수단이 아니다.

≫ 자본이동이 자유로운 작은 개방경제의 총수요곡선은 환율제도에 관계없이 우하향하지만, 거시경제정책의 효과는 환율제도에 따라 다르게 나타난다.

≫ 변동환율제도 아래에서 작은 개방경제의 재정정책과 무역정책은 실질소득에 영향을 미치지 않지만 금융정책은 영향을 미친다. 그러나 작지 않은 (큰) 경제의 경우에는 재정, 무역, 금융정책 모두 효과가 있다. 이때 재정, 무역정책의 효과는 폐쇄경제에서보다 작고 금융정책의 효과는 더 크다. 반대로 고정환율제도 아래에서 작은 개방경제의 재정정책과 무역정책은 실질소득에 영향을 미치지만 금융정책은 영향을 미치지 못한다.

핵심용어

- 무역정책
- 정책배합
- 통화정책의 전달경로
- 평가절하와 평가절상
- 환율경로

연습문제

01 개방경제의 경우 고정환율제도에서는 *IS*곡선이 총수요곡선임을 설명하시오. 이 결과는 고정환율제도에서 총수요관리정책에 관해 어떤 함의를 갖는가?

02 외국이 추가된 케인즈의 교차점 모형에서 소비, 투자, 정부지출, 순수출이 각각 다음과 같이 주어졌다고 한다.

$$C=C_0+b(Y-T)$$
$$I=I_0$$
$$G=G_0$$
$$T=T_0+\tau Y$$

$$NX = NX_0 - mY + xY^f$$

여기서 C_0, I_0, G_0, T_0, NX_0는 외생적으로 주어진 값이고 b, m, x는 각각 한계소비성향, 한계수입성향marginal propensity to import, 한계수출성향marginal propensity to export으로 0과 1 사이의 값을 갖는다. 그리고 τ는 소득세율로 역시 0과 1 사이의 값을 갖는다. 다음 물음에 답하시오.

(1) 균형조건을 구하여 그림으로 그리고, 균형국민소득을 구하시오.

(2) 정부지출승수를 구하시오. 정부지출승수가 1보다 작아질 가능성이 있는가? 폐쇄경제와 비교하여 정부지출승수는 증가하는가, 감소하는가? 그 이유를 설명하시오.

(3) 정부지출이 한 단위 증가하면 순수출은 몇 단위 변화하는가?

(4) 큰 개방경제와 작은 개방경제 두 나라만 있다고 할 때 순수출의 소득에 대한 민감도 m은 어느 나라에서 더 클 것으로 생각되는가?

(5) (4)에서 재정정책이 산출량에 미치는 효과는 어느 나라에서 더 큰가?

(6) (4)에서 재정정책이 순수출에 미치는 효과는 어느 나라에서 더 큰가?

03 자본 이동이 자유로운 '작은' 개방경제의 지출과 이자율 및 화폐시장의 수요와 공급이 다음과 같이 주어져 있다고 한다.

$$C = 250 + 0.75(Y - T) \qquad r = r^f = 0.05$$

$$I = 1{,}000 - 5{,}000r \qquad M^d = \frac{PY}{20r}$$

$$G = 1{,}000 \qquad M^s = M$$

$$T = 1{,}000$$

$$NX = 750 - 0.25Y - \frac{500}{\varepsilon}$$

이 경제가 변동환율제도라고 할 때 다음의 물음에 답하시오.

(1) 총수요곡선을 구하고 (Y, P) 평면에 도시하시오.

(2) 통화량이 증가할 때 총수요곡선이 어떻게 이동하는지 설명하시오.

(3) 정부지출이 1,200으로 증가하면 총수요곡선이 어떻게 이동하는지 설명하시오.

(4) 무역정책에 따라 순수출의 절편이 1,000으로 증가했다면 총수요곡선이 어떻게 이동하는지 설명하시오.

(5) 외국 이자율이 0.06으로 상승하면 총수요곡선이 어떻게 이동하는가?

이 경제가 고정환율제도라고 할 때 다음의 물음에 답하시오.

(6) 총수요곡선을 따라 소득이 증가할 때 통화량 변화를 보이는 관계식을 구해 (Y, M) 평면에 그리고, 이때 나타나는 곡선의 모양을 직관적으로 설명하시오.

(7) 정부지출이 1,200으로 증가하면 총수요곡선이 어떻게 이동하는가?

(8) 통화량이 증가할 때 총수요곡선이 어떻게 이동하는지 설명하시오.

(9) 무역정책에 따라 순수출의 절편이 1,000으로 증가했을 때 총수요곡선이 어떻게 이동하는가?

(10) 외국 이자율이 0.06으로 상승하였을 때 총수요곡선이 어떻게 이동하는가?

(11) 평가절하가 총수요곡선을 어떻게 이동시키는지 설명하시오.

04 금융시장에 존재하는 정보 비대칭성에 관하여 설명하고 정보의 비대칭성 때문에 발생하는 문제에 관하여 논하여 보시오.

05 금융위기의 원인에는 어떤 것들이 있고 그와 같은 원인들이 어떻게 금융위기로 발전하는지 논하시오.

11

Chapter

거시경제의 장·단기균형: 개방경제

개방경제의 단기균형은 **10장**에서 구한 개방경제의 총수요곡선과 **제 II 편**에서 구한 총공급곡선을 결합하여 구할 수 있다. **제 II 편**에서 우리는 물가가 부분적으로 경직적인 경우 단기 총공급곡선이 우 · 상향할 뿐만 아니라 기대물가수준의 함수로 나타난다는 사실을 배웠다. 즉 다음과 같은 총공급곡선이 나타난다.

$$Y = \overline{Y} + \alpha(P - P^e)$$

그리고 기대물가수준 P^e가 실제물가수준 P와 일치하면 $Y = \overline{Y}$ 곧 완전고용수준의 산출량소득, 고용이 실현된다는 사실도 배웠다.

이 장에서는 재화시장, 화폐금융시장, 외환시장의 균형에 의해 결정되는 총수요와 노동시장 및 생산기술에 의해 결정되는 총공급을 결합하여 개방경제의 장기균형과 단기균형에 관하여 알아본다. 그런데 개방경제의 균형에서는 환율제도가 무엇보다 중요한 역할을 한다. 따라서 변동환율제도와 고정환율제도로 나누어 여러 가지 정책과 충격의 장기와 단기 효과를 분석한다. 물론 이때 중요한 것은 폐쇄경제에서와 마찬가지로 기대가 형성되는 방법이다. 여기서는 먼저 적응적 기대의 경우 정책효과를 분석하여 보고 다음으로 기대가 합리적인 경우 어떻게 달라지는지 분석하여 보기로 한다.

11.1 개방경제의 장 · 단기균형: 변동환율제도

개방 거시경제의 장 · 단기균형은 **그림 11-1 (a)**에서 보는 바와 같이 *IS*곡선과 *LM*곡선이 만나고, **(c)**에서와 같이 단기 총공급곡선과 장기 총공급곡선 및 총수요곡선이 만나는 점 *A*에서 달성된다. 그리고 균형이자율은 r_1에서 균형 환율은 이자율평가에 따라 **(b)**의 e_1에서 결정된다. 이와 같은 균형은 외생적인 충격이 주어지

개방경제의 장단기균형: 변동환율제도 **그림 11-1**

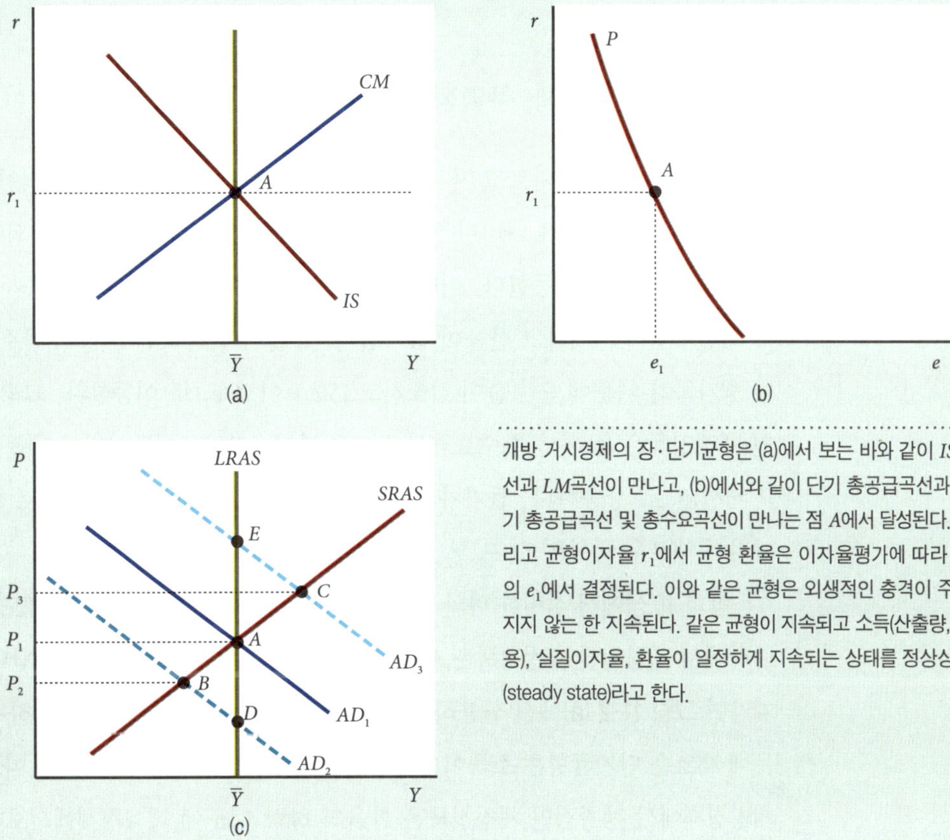

개방 거시경제의 장·단기균형은 (a)에서 보는 바와 같이 *IS*곡선과 *LM*곡선이 만나고, (b)에서와 같이 단기 총공급곡선과 장기 총공급곡선 및 총수요곡선이 만나는 점 *A*에서 달성된다. 그리고 균형이자율 r_1에서 균형 환율은 이자율평가에 따라 (c)의 e_1에서 결정된다. 이와 같은 균형은 외생적인 충격이 주어지지 않는 한 지속된다. 같은 균형이 지속되고 소득(산출량, 고용), 실질이자율, 환율이 일정하게 지속되는 상태를 정상상태(steady state)라고 한다.

지 않는 한 지속된다. 같은 균형이 지속되고 소득산출량, 고용, 실질이자율, 환율이 일정하게 지속되는 상태를 정상상태steady state라고 한다.[1]

개방 거시경제에서도 단기균형이 장기균형으로 수렴하는 자동조정의 기제mechanism는 폐쇄경제에서와 같다. 예를 들어 **그림 11-1 (c)**에서 경제가 점 *B*에 있으면 불황이다. 점 *B*에서 실제 물가수준은 P_2이고 기대물가수준은 장기와 단기의 총공급곡선이 만나는 점에서 결정되므로 $P_1(>P_2)$이다. 기대물가수준이 실제에 비해 높다. 따라서 기대물가수준이 하향 조정된다. 그리고 이는 단기 총공급곡선을 아래로 이동시킴으로 균형이 점 *D*쪽으로 이동한다. 반대로 경제가 점 *C*에 있으면 경기가 과열되어 있고 인플레이션 갭이 존재한다. 이때 기대물가수준은 역시 장기와 단

1 이를 다른 교과서에서는 균제상태라고 부르기도 한다.

기의 총공급곡선이 만나는 점에서의 물가수준 $P_1(< P_3)$이다. 따라서 기대물가수준이 상향 조정되고 단기 총공급곡선이 위로 이동한다. 즉 새로운 균형은 점 E를 향해 이동한다.

11.1.1 재정정책, 무역정책, 외국물가수준 상승의 효과

변동환율제도를 따르고 자본이동이 자유로운 개방경제에서 팽창적인 재정정책의 효과가 **그림 11-2**에 나타나 있다. 먼저 팽창적인 재정정책[2]이 시행되면 (a)에서 $IS(e_1)_1$이 $IS(e_1)_2$로 이동한다. 이때 팽창적인 재정정책은 이자율을 상승시키기 때문에 외환유입이 일어나고 환율이 하락한다. 환율이 하락하면 수출이 감소하고 수입이 증가하기 때문에 순수출이 감소하고 $IS(e_1)_2$이 $IS(e_2)$로 이동한다. 그리고 팽창적인 재정정책은 (c)에서 총수요곡선을 AD_1에서 AD_2로 이동시키기 때문에 물가가 P_1에서 P_2로 상승한다. 물가가 상승하면 (a)에서 $LM(P_1)$이 $LM(P_2)$로 이동한다. 따라서 새로운 균형은 Y_1, P_2, r_2, e_2에서 달성된다.

앞의 **10장**에서 설명한 바와 같이 자본이동이 자유롭고 변동환율제도를 따르는 나라에서 팽창적인 재정정책은 폐쇄경제와 비교하여 효과가 작게 나타난다. 폐쇄경제라면 **그림 11-2** (a)에서 환율하락에 따른 순수출 감소의 효과가 존재하지 않기 때문에 새로운 단기균형은 소득이 Y_2일 때 달성된다. 즉 변동환율제도를 따르고 있는 개방경제에서 팽창적인 재정정책은 환율의 하락 때문에 폐쇄경제에서보다 소득을 (Y_2-Y_1)만큼 덜 증가시킨다. 재정정책의 효과가 폐쇄경제에 비해 감소한다. 이와 같이 재정정책의 효과가 감소하는 정도는 (b)에서 BP곡선의 기울기에 달려 있다. 경제규모가 작으면 작을수록 주어진 이자율의 변동에 환율이 보다 크게 반응하고 (환율의 이자율 탄력도가 크고, BF곡선이 보다 완만하고) 환율 상승에 따른 밀어내기효과 Y_2-Y_1은 보다 크게 나타난다.

극단적으로 $(r_1=r^f)$ BP곡선이 수평이라면 (a)에서 $IS(e_2)$가 A점을 지나는 처음의 재화시장 균형선 $IS(e_1)_1$까지 이동하고 팽창적인 재정정책의 효과는 나타나지 않는다. 이 경우에는 당연히 (c)에서 총수요곡선이 오른쪽으로 이동하지도 않는다. 이와 같은 경우는 **10장**에서 설명한 '작은' 개방경제의 경우이다.

---

2 그림에 나타나 있는 경우는 경제가 장기균형에 있을 때 정부가 팽창적인 재정정책을 시행한 것으로 묘사하고 있다. 물론 경제가 장기균형에 있으면 팽창적인 정책을 시행할 이유가 없다. 여기서는 정책의 효과를 설명하기 위해서 그와 같은 경우를 상정한 것임을 유념할 필요가 있다.

재정정책과 무역정책 및 외국물가 상승의 효과 **그림 11-2**

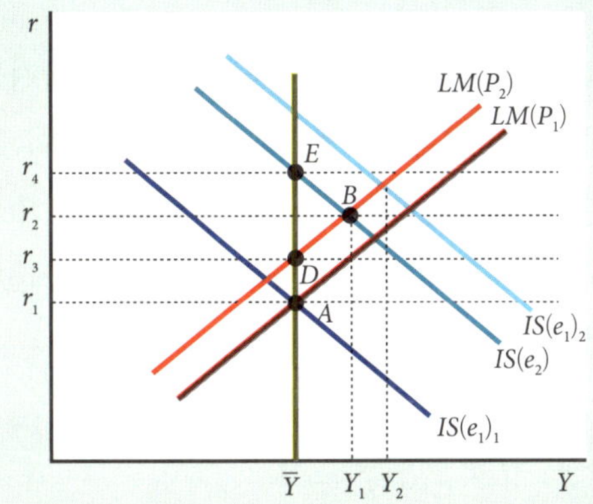

(a)

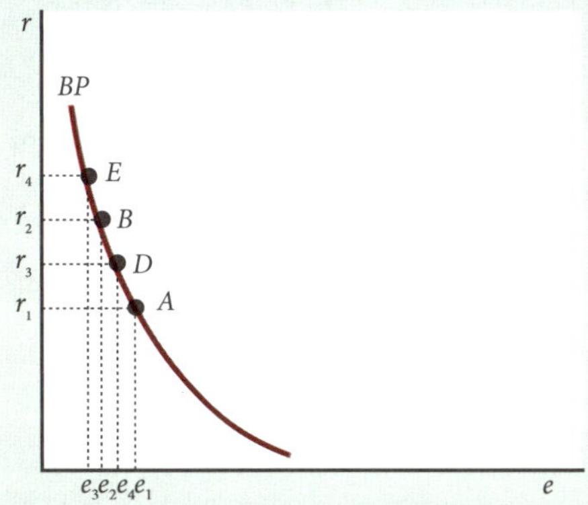

(b)

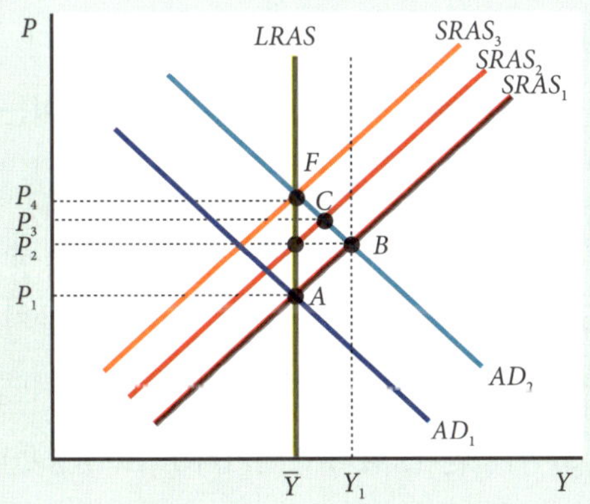

(c)

팽창적인 재정정책이 시행되면 (a)에서 $IS(e_1)_1$이 $IS(e_1)_2$로 이동한다. 이때 팽창적인 재정정책은 이자율을 상승시키기 때문에 외환유입이 일어나고 환율이 하락한다. 환율이 하락하면 수출이 감소하고 수입이 증가하기 때문에 순수출이 감소하고 $IS(e_1)_2$이 $IS(e_2)$로 이동한다. 그리고 팽창적인 재정정책은 (c)에서 총수요곡선을 AD_1에서 AD_2로 이동시키기 때문에 물가가 P_1에서 P_2로 상승한다. 이와 같이 물가가 상승하면 (a)에서 $LM(P_1)$이 $LM(P_2)$로 이동한다. 따라서 새로운 균형은 Y_1, P_2, r_2, e_2에서 달성된다. 자본이동이 자유롭고 변동환율제도를 따르는 나라에서 팽창적인 재정정책은 폐쇄경제와 비교하여 단기 효과가 더 작게 나타난다. 이와 같은 분석은 무역정책과 외국물가가 상승하는 경우에도 적용할 수 있다.

앞의 **10장**에서 본 바와 같이 팽창적인 재정정책과 같은 효과가 무역정책과 외국의 물가가 상승했을 경우에도 같은 방향으로 나타난다. 무역정책 혹은 외국의 물가수준 상승에 따라 순수출이 증가하면 팽창적인 재정정책의 경우와 같이 **그림 11-2 (a)**에서 $IS(e_1)_1$이 $IS(e_1)_1$로 이동하고 **(c)**에서 총수요곡선이 AD_1에서 AD_2로 이동한다. 그 다음의 조정과정은 위에서 본 팽창적인 재정정책의 경우와 같다.

그림 11-2에서 점 B는 단기균형이다. 점 B에서는 인플레이션 갭이 존재한다. 이 경우에 정부는 두 가지 가운데 하나를 선택할 수 있다. 먼저 정부는 긴축적인 재정정책을 이용한 시장개입을 통해 총수요를 감소시킬 수 있다. 정부가 긴축적인 정책을 시행하면 **(a)**에서 $IS(e_2)$가 $IS(e_1)_1$로 이동한다. 그리고 **(c)**에서 총수요곡선이

AD_2에서 AD_1으로 되돌아가기 때문에 물가가 P_2에서 P_1으로 하락한다. 따라서 **(a)**에서 $LM(P_2)$가 $LM(P_1)$으로 이동한다. 즉 소득, 이자율, 환율이 원래의 장기균형 $\bar{Y}, r_1, e_1$로 복귀한다.

다음으로 정부는 시장에 개입하는 대신 시장의 자동조정기능에 맡겨둘 수 있다. 정책당국이 점 B의 균형을 방치하면 다음과 같이 자동조정기능에 의해 거시경제의 장기균형이 회복된다. 먼저 **그림 11-2 (c)**에서 실제물가수준 P_2가 기대물가수준 P_1보다 높기 때문에 기대물가수준의 상향조정이 일어난다. 설명의 편의를 위해 이때 기대의 조정이 다음과 같이 일어난다고 가정하여 보자.

$$P^e = P_{-1} \qquad \textbf{(11-1)}$$

즉 이번 기의 물가가 다음 기에도 그대로 유지된다고 기대예상한다고 가정한다. 따라서 지난 기에 기대한 이번 기의 물가는 지난기의 실제물가수준과 같다. 이와 같은 기대형성은 전형적인 적응적 기대 adaptive expectations인데 이에 관하여는 뒤에서 다시 자세히 알아보기로 한다.

자동조정기능의 경우 가장 먼저 조정되는 것이 물가수준에 대한 기대이다. 먼저 **그림 11-2 (c)**의 단기균형점 B에서 기대물가수준은 P_1이고 실제물가수준은 $P_2(>P_1)$이기 때문에 기대가 P_1에서 P_2로 상향 조정된다. 기대물가수준이 상승하면 총공급곡선이 $SRAS_1$에서 $SRAS_2$로 이동한다. 따라서 물가가 P_3로 상승한다. 물가가 상승하면 **(a)**에서 LM곡선이 점 B의 위쪽으로 이동하고 이자율이 상승한다. 이자율이 상승하면 **(b)**에서 환율이 하락하고 순수출이 감소하기 때문에 IS곡선은 점 B의 아래쪽으로 이동한다.

그림 11-2 (c)의 새로운 균형점 C에서도 기대물가수준 P_2가 실제물가수준 P_3보다 낮다. 따라서 **식** (11-1)에 따라 기대물가수준의 상향조정이 일어난다. 이와 같은 조정은 **(c)**에서 단기 총공급곡선이 점 F를 지나고 소득이 완전고용수준 $\bar{Y}$에 이를 때까지 되풀이된다. 그때의 물가수준이 **(c)**에 P_4로 나타나 있다. 물가수준이 P_4로 상승하면 LM곡선은 위로 IS곡선은 아래로 이동하기 때문에 두 곡선은 **(a)**에서 점 D와 E 사이에서 만난다. 즉 실질이자율이 이 두 점 사이에서 결정된다. 그리고 그때의 환율은 e_3와 e_4 사이에서 결정된다. 즉 장기에 재정정책이 소득고용에 미치는 효과는 없다. 그러나 장기적으로 재정정책은 실질이자율을 상승시키고 환율을 하락시킨다. 따라서 투자와 순수출은 감소한다. 이때 장기에 투자와 순수출이 감소하

는 크기는 그 합이 처음 증가한 정부지출과 같다. 즉 재정정책의 경우 개방경제에서도 장기에 완전한 밀어내기효과가 나타나는데 폐쇄경제의 경우와 같이 투자에 대해서만 나타나는 것이 아니라 순수출에도 나타난다.

재정정책의 이와 같은 효과는 무역정책이나 외국물가수준이 상승하였을 경우에도 나타난다. 다만 무역정책의 경우에는 재정지출이 증가하는 것이 아니라 수입 수량을 제한하는 쿼터나 관세를 통해 순수출이 증가한다. 그리고 외국의 물가수준이 증가하는 경우에도 실질환율이 상승하므로 역시 순수출이 증가한다. 따라서 **그림 11-2** (a)에서 IS곡선이 오른쪽으로 이동하고 (c)에서 총수요곡선이 AD_1에서 AD_2로 이동한다. 그리고 그 다음의 조정과정은 재정정책의 경우와 같다. 다시 말해 재정정책과 무역정책 및 외국물가수준 상승의 차이는 최초 충격이 나타나는 부문이 전자의 경우에는 정부부문이고 후자의 경우에는 해외부문이라는 것밖에 없다.

일반적으로 말해 **그림 11-2**의 분석은 재화시장^{IS곡선}에 가해지는 어떤 충격에 대하여도 사용될 수 있다. 예를 들어 독립소비나 독립투자가 증가하거나 외국의 소득이 증가한 경우에도 **그림 11-2**를 이용하여 그 효과를 분석할 수 있다.

11.1.2 금융정책의 효과

변동환율제도 아래에서 팽창적인 금융^{통화}정책의 효과가 **그림 11-3**에 나타나 있다. 먼저 통화량이 M_1에서 M_2로 증가하면 이자율이 하락하기[3] 때문에 투자가 증가하고 (c)에서 총수요곡선이 AD_1에서 AD_2로 이동한다. 그리고 물가가 P_1에서 P_2로 상승하기 때문에 (a)에서 $LM\left(\frac{M_1}{P_1}\right)$이 $LM\left(\frac{M_2}{P_2}\right)$로 이동한다.[4] 한편 이자율이 하락하면 자본유출이 일어나기 때문에 (b)에서 환율이 e_1에서 e_2로 상승하고 순수출이 증가한다. 따라서 $IS(e_1)$이 $IS(e_2)$로 이동한다. 이와 같은 변화는 (c)에서 균형소득을 $\bar{Y}$에서 Y_2로 증가시킨다. 소득이 증가하면 소비 또한 증가한다.

이와 같이 변동환율제도를 따르고 자본이동이 자유로운 개방경제에서 팽창적인 금융정책이 시행되면 단기에 소득, 소비, 투자, 순수출이 함께 증가한다. 그리고

---

3 이때의 투자 증가는 주어진 IS곡선을 따라서 일어난다.

4 물론 LM곡선은 $LM\left(\frac{M_2}{P_2}\right)$보다 오른쪽에 위치하는 $LM\left(\frac{M_2}{P_1}\right)$으로 이동하였다가 물가가 P_1에서 P_2로 상승하면 $LM\left(\frac{M_2}{P_2}\right)$로 이동한다. 중간과정을 묘사하면 그림이 지나치게 복잡해지므로 이 과정은 생략하였다.

그림 11-3 **금융정책의 효과:** 변동환율제도

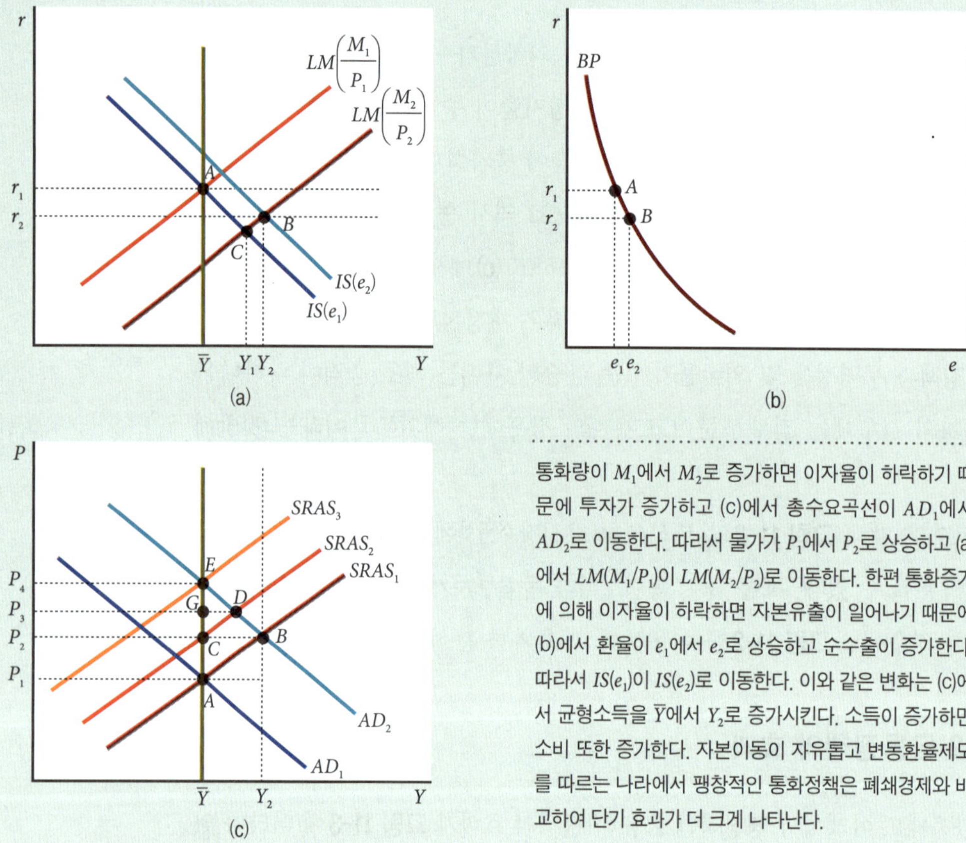

통화량이 M_1에서 M_2로 증가하면 이자율이 하락하기 때문에 투자가 증가하고 (c)에서 총수요곡선이 AD_1에서 AD_2로 이동한다. 따라서 물가가 P_1에서 P_2로 상승하고 (a)에서 $LM(M_1/P_1)$이 $LM(M_2/P_2)$로 이동한다. 한편 통화증가에 의해 이자율이 하락하면 자본유출이 일어나기 때문에 (b)에서 환율이 e_1에서 e_2로 상승하고 순수출이 증가한다. 따라서 $IS(e_1)$이 $IS(e_2)$로 이동한다. 이와 같은 변화는 (c)에서 균형소득을 $\bar{Y}$에서 Y_2로 증가시킨다. 소득이 증가하면 소비 또한 증가한다. 자본이동이 자유롭고 변동환율제도를 따르는 나라에서 팽창적인 통화정책은 폐쇄경제와 비교하여 단기 효과가 더 크게 나타난다.

물가와 명목환율은 상승하고 이자율은 하락한다. 앞의 **10장**에서 설명한 바와 같이 이때 주목해야 할 것은 금융정책의 효과가 폐쇄경제에서보다 크다는 사실이다. 만일 폐쇄경제라면 환율상승의 효과가 나타나지 않기 때문에 소득이 **그림 11-3 (a)**에서 Y_1까지 밖에 증가하지 않는다. 그러나 개방경제이고 변동환율제도이기 때문에 환율이 상승하고 순수출이 증가한다. 즉 $Y_2 - Y_1$의 효과가 추가적으로 나타난다.

재정정책의 경우에 설명한 바와 같이 이와 같은 추가적인 효과는 이자율 하락에 따라 환율이 얼마나 하락하는가에 달려 있다. 환율변동은 **(b)**에서 BP곡선의 기울기로 나타나는, 이자율변화에 따른 환율변동의 크기 곧 환율의 이자율 탄력도에 달려 있다. 자본의 유입이나 유출의 규모가 같다고 하여도 큰 개방경제에서보다 (규모가) 작은 개방경제에서 외환시장에 미치는 충격이 크게 나타나고 환율 또한 크게 반응한다. 즉 큰 개방경제보다 작은 개방경제에서 주어진 이자율 변동에 따른 환율의 변화가 크기 때문에 **그림 11-3 (b)**의 *BP*곡선의 기울기가 완만하게 나타난다. 10장에서 설명한 바와 같이 '작은' 개방경제의 경우 이자율이 변화할 때 경제규모에 비해 외환 유출입이 커서 *BP*곡선이 수평으로 나타나는데 그와 같은 경우에 금융정책의 효과가 극대화된다.

그림 11-3에 나타나 있는 새로운 균형점 *B*에서는 경기과열이 나타나고 인플레이션 갭이 존재한다. 이때 중앙은행은 두 가지 가운데 하나의 정책을 선택할 수 있다. 먼저 긴축적인 금융통화정책을 이용한 시장개입을 통해 경제를 장기균형으로 되돌릴 수 있다. 즉 통화량을 M_2에서 M_1으로 감소시키면 물가가 하락하기 때문에 $LM\left(\frac{M_2}{P_2}\right)$곡선이 $LM\left(\frac{M_1}{P_1}\right)$으로 이동하고 이자율이 상승한다. 이자율이 상승하면 외환이 유입되기 때문에 (c)에서 환율이 e_2에서 원래의 수준 e_1으로 하락한다. 그리고 순수출이 감소하고 $IS(e_2)$가 $IS(e_1)$로 이동한다. 즉 긴축적인 금융정책은 점 *B*의 균형을 처음의 장기균형점 *A*로 되돌린다. 그리고 (c)의 총수요곡선은 AD_2로부터 처음의 총수요곡선 AD_1으로 되돌아간다. 따라서 금융정책의 경우 긴축적인 정책은 처음 팽창적인 정책의 효과를 정확하게 상쇄시킨다.

다음으로 중앙은행이 시장에 개입하는 대신 시장의 자동조정기능에 맡기면 다음과 같은 조정과정을 거친다. 먼저 **그림 11-3 (c)**에서 처음의 단기균형점 *B*에서는 실제물가수준(P_2)이 기대물가수준(P_1)보다 높다. 따라서 기대의 상향 조정이 일어난다. 기대가 만일 **식 (11-1)**과 같이 형성된다면 **그림 11-3 (c)**에서 다음 기 물가수준에 대한 이번 기의 기댓값은 (이번 기의 물가수준) P_2이다. 그리고 기대물가수준의 상승에 따라 총공급곡선이 $SRAS_1$에서 $SRAS_2$로 이동한다. 따라서 새로운 단기균형은 점 *D*에서 달성되고 물가가 P_3로 상승한다. 물가가 상승하면 (a)에서 $LM\left(\frac{M_2}{P_2}\right)$곡선이 왼쪽으로 이동한다. 새로운 장기균형이 도달할 때까지 이와 같은 조정이 계속되고 *LM*곡선은 최초의 위치로 되돌아간다. 그리고 실질통화량 감소에 따라 이자율이 상승하면 외환유입이 일어나고 환율 또한 상승한다. 따라서 순수출이 감소하고 $IS(e_2)$가 $IS(e_1)$으로 되돌아간다.

지금까지 본 바와 같이 자동조정기능에 맡기면 기대물가수준의 상승→실제물가수준의 상승→이자율의 상승*LM*곡선의 좌측 이동→환율의 하락→순수출의 감소*IS*곡선의 좌측 이동의 과정을 통해 (a)와 (b)에서 점 *B*의 균형이 처음의 균형 *A*로 복귀한다.

그리고 (c)에서는 총공급곡선이 좌측으로 이동하여 E점의 장기균형으로 수렴한다. 따라서 새로운 장기균형에서는 실질소득, 실질이자율, 명목환율은 팽창적인 금융정책이 시행되기 이전의 원래 수준으로 복귀하고 물가만 통화증가에 비례하여 상승한다. 즉 $\frac{M_2}{P_4}=\frac{M_1}{P_1}$ 이 성립하고 $LM\left(\frac{M_2}{P_4}\right)=LM\left(\frac{M_1}{P_1}\right)$ 이 된다. 이와 같은 결과는 앞의 6.2절에서 배운 금융정책의 장기효과와 일치한다. 즉 변동환율제도를 따르는 개방

BOX 11-1 우리나라의 금융위기: 1997~1998

외환위기 전후의 거시경제 지표

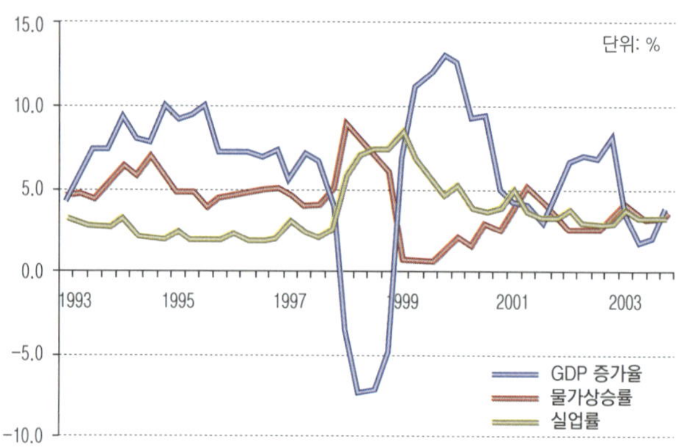

자료: 한국은행

외환위기 전후 단기외채와 장기외채

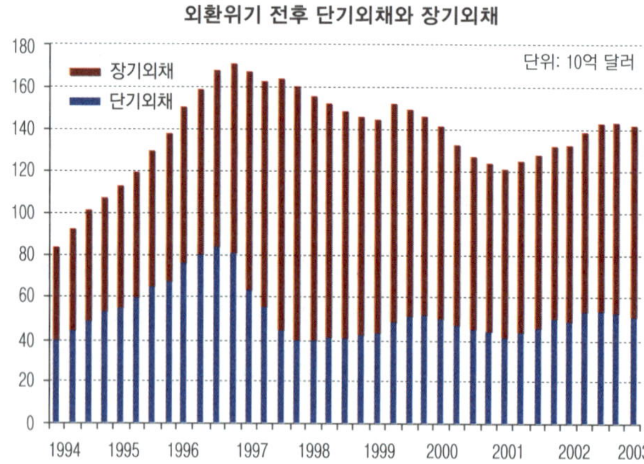

자료: 한국은행

1 양상 및 대응 1997년 외환위기 전후의 경제상황이 오른쪽 그림에 나타나 있다. 우리나라는 1994~95년 8% 이상의 높은 경제성장을 이룬 다음 1996년에는 경기가 둔화되는 모습을 보였다. 그러나 *GDP*는 5.8% 성장했고 인플레이션과 실업률은 각각 5%, 3% 이하로 유지됐으며, 재정흑자를 기록하는 등 경제의 기초여건fundamental은 나쁘지 않았다. 1990년대 들어 정부는 금융기관 규제를 철폐하는 금융자유화 조치를 취하고 금융세계화financial globalization를 목표로 금융시장을 개방해 막대한 해외 자금의 차입과 유입이 일어났다. 이 과정에서 간과할 수 없는 것이 재벌의 지나친 차입과 팽창이었다. 당시 재벌들은 대마불사too big to fail라는 인식 아래 지나친 팽창정책을 추구해 30%가 넘는 국민저축률에도 불구하고 해외차입에 대한 의존도가 높았다. 그러나 1993~6년 우리나라 30대 재벌의 자산수익률return on assets, *ROA*은 3%로 미국 대기업의 20%와는 비교할 수 없을 정도였으며 1996년에는 0.2%에 불과했다. 그런데도 당시 은행을 소유할 수 없었던 재벌들은 규제가 거의 없었던 종합금융회사merchant bank를 소유해 이자율이 싼 외국의 단기자금을 차입했다. 심지어 차입한 단기자금을 이자율이 비싼 장기자금으로 해외에 다시 대여하는 비정상적인 해외영업도 횡행했다. 이는 단기외채의 만기가 도래했을 때 장기투자의 원금을 회수해 다시 상환해야 하는 치명적인 약점을 안고 있었다.

외환위기 전후 우리나라의 외채구조가 나타나 있는 위의 그림에서 보듯이 1994년 말부터 1997년까지 외채가 매우 빨리 증가했다. 이 시기에 외채는 연평균 27% 증가해 1997년 3분기에는 1,705억 9,500만 달러에 달했다. 그리고 외환위기 직전에 증가한 외채의 대부

분은 단기외채였다. 외환위기가 발생한 1997년 전반기에는 단기외채 비중이 50%를 초과했으며 1994년 말부터 1997년 말까지 단기외채의 평균비중은 46%였다.

정부 정책도 상황을 더 어렵게 만들었다. 당시 정부는 단기외채 차입을 무제한 허용하면서 자본유입을 통제하기 위해 장기외채에 대해서는 제한을 가했다. 여기에 1990년대 들어 금융자유화를 통해 자본의 국제 간 이동이 자유화되면서 외환 유출입에 따른 환율 변동을 허용해야 외환시장이 안정될 수 있었으나 정부는 대미환율을 900원 이하로 유지해 외환시장 불균형이 초래됐고 원화는 국제투기자금의 투기적 공격speculative attack의 대상이 됐다.

외국 자금이 대량으로 유입되고 원화가 고평가돼 있는 가운데 우리 경제에 대한 불확실성을 가중시키는 몇 가지의 충격이 주어졌다. 첫째, 1994~5년 적자를 지속하던 경상수지가 1996년 *GDP*의 5%에 가까운 230억 달러의 적자를 기록했다. 둘째, 1997년 불황으로 한보그룹과 기아자동차의 파산에 이어 파산하는 30대 재벌이 속출했다. 기업부도가 확산되자 금융기관의 부실도 누적적으로 증가했는데 금융기관의 부실채권 비중이 1996년 말 4.1%에서 1997년 말 6.0%로 급상승했다. 셋째, 주가가 정점보다 50% 이상 하락했다. 넷째, 1997년 7월 2일 동남아국가에서 외환위기가 발생했다. 부동산 거품 붕괴로 발생한 금융기관 부실을 해결하기 위해 *IMF* 구제금융을 받은 태국이 환율을 고정시키자 바트화에 대한 외국 투기자본의 투기적 공격이 일어난 것이다. 따라서 태국과 밀접한 교역관계를 유지하고

외환위기 전후의 거시경제 지표

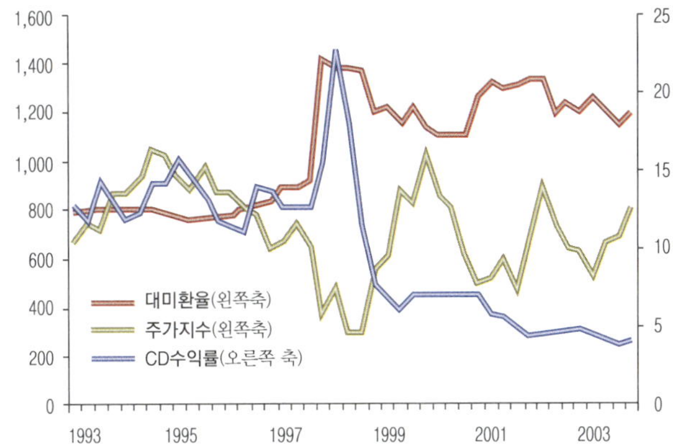

자료: 한국은행

있던 말레이시아, 인도네시아, 필리핀 등의 환율도 대폭적으로 절하되는 등 외환위기가 확산되면서 대만과 홍콩도 공격을 받았다.

부정적인 충격에 따른 불확실성 증가, 주가 폭락, 동남아에서 시작된 외환위기 확산 등으로 국내 금융시장에서 역선택과 도덕적 해이 문제가 증가하고 자금순환이 급속히 위축*LM*과 *IS*곡선의 왼쪽으로 이동됐으며 동시에 과도한 단기차입 때문에 단기부채의 대출기간 연장이 거부되고 해외자금의 유입 또한 중지됐다. 이때 우리나라 은행들의 문제와 한국은행이 환율을 900원 이하로 유지할 수 없을 것임을 국제투기자본이 모를 리가 없었다. 따라서 원화에 대한 투기적 공격이 일어났다.

투기적 공격에 따라 외환보유고가 고갈되면서 1997년 12월 외환위기가 금융위기로 확대되었다. 위의 그림에서 볼 수 있는 바와 같이 투기적 공격으로 1997년 말 환율은 거의 두 배 상승했다. 따라서 은행을 포함한 금융기관이 안고 있는 대외부채의 가치가 원화로 두 배 증가했을 뿐만 아니라 대출을 회수하지 못하는 경우가 많아지면서 금융기관들의 순자산이 급속히 감소했다. 순자산 감소에 따라 역선택과 도덕적 해이 문제가 확대됐고 동시에 대출, 소비, 투자가 크게 감소했다. 1998년 우리나라의 *GDP*는 5.7% 감소했고 실업률은 7.5%로 상승했다. 환율의 급격한 상승으로 수입 원유와 원자재의 가격 또한 빠르게 상승해 인플레이션이 5%에서 10%로 상승했으며 기대인플레이션 또한 상승했다. 기대인플레이션과 환율 상승은 이자율을 20% 이상으로 상승시켰다. 이와 같은 모든 현상은 다시 금융시장에서 정보의 비대칭성 문제를 확대 재생산해 실물부문에 큰 영향을 미쳤다.

1997년 말 정부는 *IMF*에 긴급 구제금융을 요청하였다. *IMF*의 구제금융 공급 직후 *IMF*의 경제개혁프로그램에 따라 위기의 수습 및 극복대책이 추진됐다. 1998년 이후 *IMF*로부터 자금이 유입되고 외채 만기가 연장되기 시작함과 동시에 국제수지가 큰 폭의 흑자를 나타내자 외환시장이 안정을 되찾았고 금융 및 기업의 구조조정이 진행되면서 위기가 수습되기 시작했다. 그러나 외환위기는 우리 경제에 커다란 변화를 초래했다. 현재 우리나라 경제가 안고 있는 문제들 가운데 몇 가지 중요한 것들은 외환위기를 수습하는 과정에서

파생된 문제들이다. 최근의 우리나라 경제문제에 관해 BOX 12-2에서 보다 자세히 다룬다.

2 금융위기 시 통화·금융정책

치욕적인 IMF 구제금융에 따라 구조조정이 가속화되는 등 긍정적 개혁이 있었으나, 이는 동시에 통화량의 공급을 줄여 고금리 정책을 통해 해외자금의 국내유입을 가져와 치솟는 환율을 안정화시키고 투자자금을 다시 회복하려는 시도의 일환이었다. 이러한 IMF 정책처방에도 불구하고 지나친 고금리에 우량한 기업마저도 부도위기로 몰리는 등 심각한 경제위축이 1998년 상반기에 나타났다. 이때 수출호조와 스티글리츠Stiglitz의 IMF 정책 비판에 이은 저금리 기조로 정책을 전환함에 따라 1998년도 상반기를 지나자마자 기적적으로 경제가 회생하기 시작했다. 상징적으로 2000년 9월 27일 진념 재정경제부 장관이 IMF총회 연설을 통해 한국이 외환위기를 맞아 IMF로부터 빌린 1백95억달러 중에서 미상환 IMF 자금 60억달러를 모두 갚겠다고 밝혀 외환위기를 완전히 극복했다는 사실을 국제사회에 선언했다. 향후 역사적 평가가 뒤따르겠지만, 당시 IMF 총재의 말대로 한국인들의 제어되지 않은 경제적 탐욕greed, 대결적 노사문화, 고질적 비리, 뿌리 깊은 정경유착에 의해 문제가 발생된 것으로 치부되었으나, 미국의 대공황, 최근의 미국의 금융위기, 유럽의 금융위기, 남유럽사태, 일본의 장기불황 등에서 얻은 교훈, 즉 구조적 문제의 경우 회복이 매우 어렵고 더딤을 감안해볼 때, 성장잠재력 자체가 낮아서 발생한 구조적 문제라기보다는 금융부문 관행의 낙후성, 외환관리 능력 미비 등 정책실패로 빚어진 대참사로 보는 견해도 적지 않다. IMF 외환위기를 수습하는 과정에서 사상 처음으로 정권교체가 이루어졌으며, 금융부문에서 가계 및 기업신용이 자유화되었고, 제조업 위주의 경제에서 서서히 탈피하는 양상과 함께, 금융 및 무역개방이 사실상 완전자유화됨에 따라 미국 등 서구사회에서 1980년대 중반이후 나타났던 숙련편향적 기술진보에 따른 소득격차가 우리나라에서도 본격적으로 나타나기 시작했다. 동시에 중국의 부상에 따라 수출시장의 확대라는 혜택과 함께 중소제조업의 공동화라는 부담도 지게 되었다. 교과서 이론의 관점에서 볼 때, 고금리 정책에서 저금리 정책으로 통화정책이 바뀜에 따라 경제의 극적 회생이 이루어졌다는 점에서 통화정책이 진공상태에서나 존재하는 이론이 아니라, 실제 인간의 후생에 얼마나 큰 영향을 미치는지 피부로 느끼게 되는 일대 사건이기도 했다.

경제에서도 고전학파의 이분법과 통화정책의 중립성이 성립한다.

지금까지 본 바와 같이 단기균형이 장기균형에서 벗어나 있을 때 금융정책과 자동조정기능을 통해 장기균형을 회복하는 경우 실물부문에 미치는 효과는 동일하나 물가수준에 미치는 효과는 다르다. 긴축적인 금융정책을 펴면 물가수준은 팽창적인 금융정책이 시행되기 전 수준으로 복귀하락한다. 그러나 자동조정기능에 맡기면 물가수준이 통화량 증가에 비례하여 상승한다. 그리고 두 경우 모두 새로운 장기균형에서 실질통화량은 팽창적인 금융정책이 시행되기 전 장기균형에서와 동일하다.

일반적으로 **그림 10-3**에 나타나 있는 금융정책의 분석은 화폐시장LM곡선에 주어지는 어떤 충격에 대해서도 적용할 수 있다. 예를 들어 금융시장에서 불확실성이 증가하여 신용경색이 발생한 경우에는 팽창적인 금융정책과는 반대의 효과가 나타나는데 역시 **그림 10-3**을 이용하여 분석할 수 있다.

외국이자율 또는 기대환율 상승의 효과 **그림 11-4**

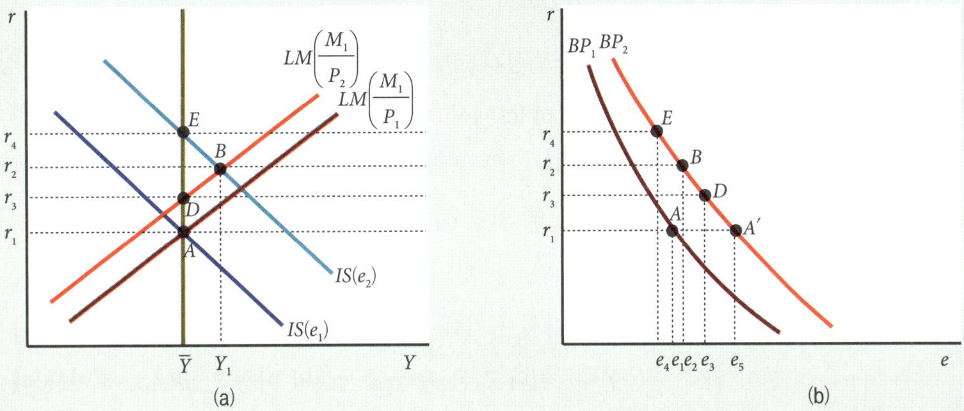

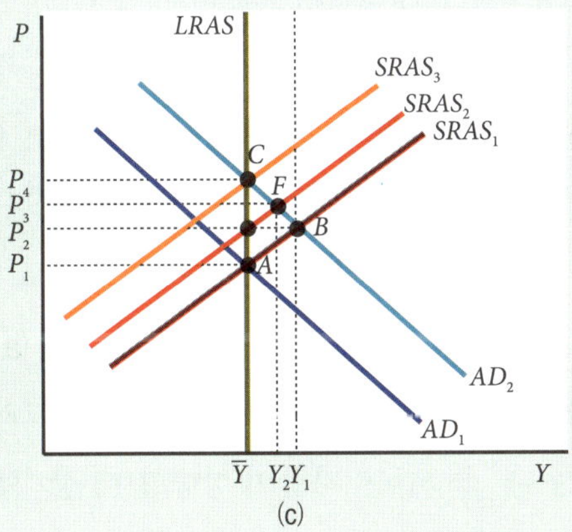

외국이자율이 상승하면 (b)에서 이자율평가에 따라 IP_1이 IP_2로 오른쪽으로 이동한다. 따라서 환율이 상승한다. 환율이 상승하면 순수출이 증가하기 때문에 (a)에서 $IS(e_1)$이 $IS(e_2)$로 이동한다. 그리고 순수출이 증가하면 총수요가 증가하기 때문에 (c)에서 총수요곡선이 AD_1에서 AD_2로 이동한다. 따라서 물가가 P_1에서 P_2로 상승하고 (a)에서 $LM(M_1/P_1)$이 $LM(M_1/P_2)$로 왼쪽으로 이동한다. 단기균형은 점 B에서 이루어지고 그때 소득, 물가수준, 이자율, 환율은 각각 Y_1, P_2, r_2, e_2에서 결정된다. 기대환율이 상승하는 경우도 같은 방법으로 분석할 수 있다.

11.1.3 외국이자율 또는 기대환율 상승의 효과

외국이자율 상승의 효과가 **그림 11-4**에 나타나 있다. 먼저 외국이자율이 상승하면 (b)에서 이자율평가에 따라 BP_1이 BP_2로 오른쪽으로 이동한다. 외환유출이 일어나기 때문에 환율이 상승한다. 환율이 상승하면 순수출이 증가하기 때문에 (a)에서 $IS(e_1)$이 $IS(e_2)$로 이동한다. 그리고 순수출이 증가하면 총수요가 증가하기 때문에 (c)에서 총수요곡선이 AD_1에서 AD_2로 이동하고 물가가 P_1에서 P_2로 상승한다. 물가가 상승하면 (a)에서 $LM\left(\frac{M_1}{P_1}\right)$이 $LM\left(\frac{M_1}{P_2}\right)$로 왼쪽으로 이동한다. 따라서 새로운 단기균형은 점 B에서 이루어지고 그때 소득, 물가수준, 이자율, 환율은 각각 Y_1, P_2, r_2, e_2에서 결정된다.

새로운 단기균형점 B에서 정부와 중앙은행이 취할 수 있는 선택은 앞에서와 마찬가지로 ① 시장의 자동조정기능에 맡기는 것과 ② 시장에 개입하여 총수요관리정책을 사용하는 두 가지가 있다.

먼저 시장의 자동조정기능에 맡기면 다음과 같은 조정과정을 거쳐 장기균형으로 복귀한다. **그림 11-4 (c)**에서 경제가 단기균형 B에 있으면 기대물가수준(P_1)이 실제물가수준(P_2)보다 낮다. 따라서 기대물가수준이 상향 조정되고 단기 총공급곡선 $SRAS_1$이 $SRAS_2$로 위로 이동한다. 따라서 물가는 P_3로 상승하고 소득은 Y_2로 감소한다. 그러나 새로운 단기균형점 F에서도 기대물가수준(P_2)이 실제물가수준(P_3)보다 낮다. 따라서 물가에 대한 기대의 상향 조정이 일어나고 단기 총공급곡선이 위로 이동한다. 이와 같은 총공급곡선의 이동은 $SRAS_3$에 이를 때까지 계속된다. 그리고 그때 소득은 장기균형소득 $\bar{Y}$이고 물가수준은 P_4이다. 이와 같이 물가수준이 상승하면 **(a)**에서 $LM\left(\frac{M_1}{P_1}\right)$가 위쪽으로 이동한다. 그리고 통화량이 일정한 가운데 물가가 상승하면 실질통화량이 감소하고 이자율이 상승한다. 이자율의 상승은 투자를 감소시키고 환율을 하락시키기 때문에 순수출이 감소한다. 따라서 $IS(e_2)$곡선이 아래로 이동한다. 이와 같이 LM곡선은 $LM\left(\frac{M_1}{P_2}\right)$에서 위로 이동하고 IS곡선은 $IS(e_2)$에서 아래로 이동하므로 장기에 두 곡선이 만나는 점은 **(a)**에서 두 점 D와 E 사이로 수렴한다. 즉 이자율이 r_3와 r_4 사이에서 결정된다. 그리고 환율은 **(b)**에서 e_3와 e_4 사이에서 결정된다. 즉 외국이자율이 상승할 때 장기에 소득에 미치는 효과는 없다. 그러나 실질이자율은 상승하고 단기균형점 B에서와 비교하여 장기균형에서 환율의 변동방향은 분명하지 않다.

단기균형 B점에서 중앙은행이 긴축적인 금융정책을 시행하면 **그림 11-4 (a)**에서 LM곡선이 $LM\left(\frac{M_1}{P_2}\right)$의 왼쪽으로 이동하므로 이자율이 상승하고 환율이 하락한다. 환율이 하락하면 순수출이 감소하기 때문에 IS곡선이 $IS(e_2)$의 아래로 이동한다. 따라서 장기에 재화시장과 화폐시장의 동시균형은 자동조정기능의 경우와 마찬가지로 두 점 D와 E 사이에서 결정된다. 그리고 이자율은 r_3와 r_4 사이에서 환율은 e_3와 e_4 사이에서 결정된다. 한편 긴축적인 금융정책은 총수요곡선을 AD_2에서 AD_1으로 이동시키기 때문에 물가가 하락하고 소득 또한 감소한다. 이와 같이 긴축적인 금융정책의 효과는 **그림 11-4 (a)**와 **(b)**에서 자동조정기능의 경우와 동일하지만 물가에 미치는 효과는 반대로 나타난다.

한편 정부가 긴축적인 재정정책을 시행하면 **그림 11-4 (a)** IS곡선이 $IS(e_2)$ 아래로 이동하고 (c)에서 총수요곡선이 AD_2에서 AD_1으로 되돌아간다. 따라서 물가가 하락하고 (a)에서 LM곡선이 $LM\left(\frac{M_1}{P_2}\right)$에서 오른쪽으로 $LM\left(\frac{M_1}{P_1}\right)$까지 이동한다. 그리고 IS곡선은 아래로 $IS(e_1)$에 이를 때까지 이동한다. 따라서 새로운 균형은 (a)와 (c)에서는 점 A, (b)에서는 점 A'에서 달성된다. 즉 이 경우 장기균형에서 소득, 물가, 이자율은 외국의 이자율이 상승하기 이전과 같고 환율은 e_5로 상승한다. 다시 말해 긴축적인 재정정책의 경우 (외국이자율이 상승하기 이전 장기균형과 비교하여) 새로운 장기균형에서는 정부지출이 감소한 만큼 (환율 하락에 따라) 순수출이 증가한다.

이와 같은 분석은 기대환율이 상승한 경우에도 똑같이 적용할 수 있다. 먼저 기대환율이 상승하면 이자율평가에 따라 외환유출이 일어나기 때문에 **그림 11-4** (b)에서 BP_1이 BP_2로 이동하고 환율이 상승한다. 환율이 상승하면 순수출이 증가하기 때문에 (a)에서 $IS(e_1)$이 $IS(e_2)$로 이동하고 (c)에서 총수요가 AD_1에서 AD_2로 이동한다. 그리고 물가가 P_1에서 P_2 상승하기 때문에 (a)에서 $LM\left(\frac{M_1}{P_1}\right)$이 $LM\left(\frac{M_1}{P_2}\right)$로 이동한다. 이와 같은 조정을 통해 기대환율이 상승하면 새로운 단기균형은 점 B에서 달성된다. 자동조정과정을 따르거나 총수요관리정책을 사용하는 경우의 조정과정은 위에서 분석한 외국이자율이 상승한 경우와 같다.

여기서 유의하여야 할 것은 '작은' 개방경제의 경우 변동환율제도 아래에서 재정정책은 효과가 없다는 사실이다. 따라서 총수요관리정책으로 사용될 수 없다.

11.1.4 공급충격의 효과

유가충격과 같은 부정적인 공급충격의 효과와 정책 대응이 **그림 11-5**에 나타나 있다. 먼저 공급충격이 발생하면 (c)에서 총공급곡선이 $SRAS_1$에서 $SRAS_2$로 이동한다. 따라서 물가가 상승하고 소득은 감소한다. 물가가 상승하면 (a)에서 $LM\left(\frac{M_1}{P_1}\right)$이 $LM\left(\frac{M_1}{P_2}\right)$로 이동한다. 따라서 이자율이 상승하고 (b)에서 환율이 하락한다. 환율이 하락하면 $IS(e_1)$이 $IS(e_2)$로 이동한다. 이와 같이 LM과 IS곡선이 이동하면 새로운 단기균형은 점 B에서 달성된다. 즉 부정적인 공급충격은 단기에 소득과 환율을 하락시키고 물가수준과 이자율을 상승시킨다.

점 B의 단기균형에서는 불황 갭이 존재한다. 이때 정부와 중앙은행은 ① 시장이 자율적인 자동조정기능에 따라 장기균형을 회복하도록 방임하거나 ② 시장에 개입하여 총수요관리정책금융 또는 재정정책을 사용하여 장기균형을 회복할 수 있다.

그림 11-5 **공급충격의 효과**

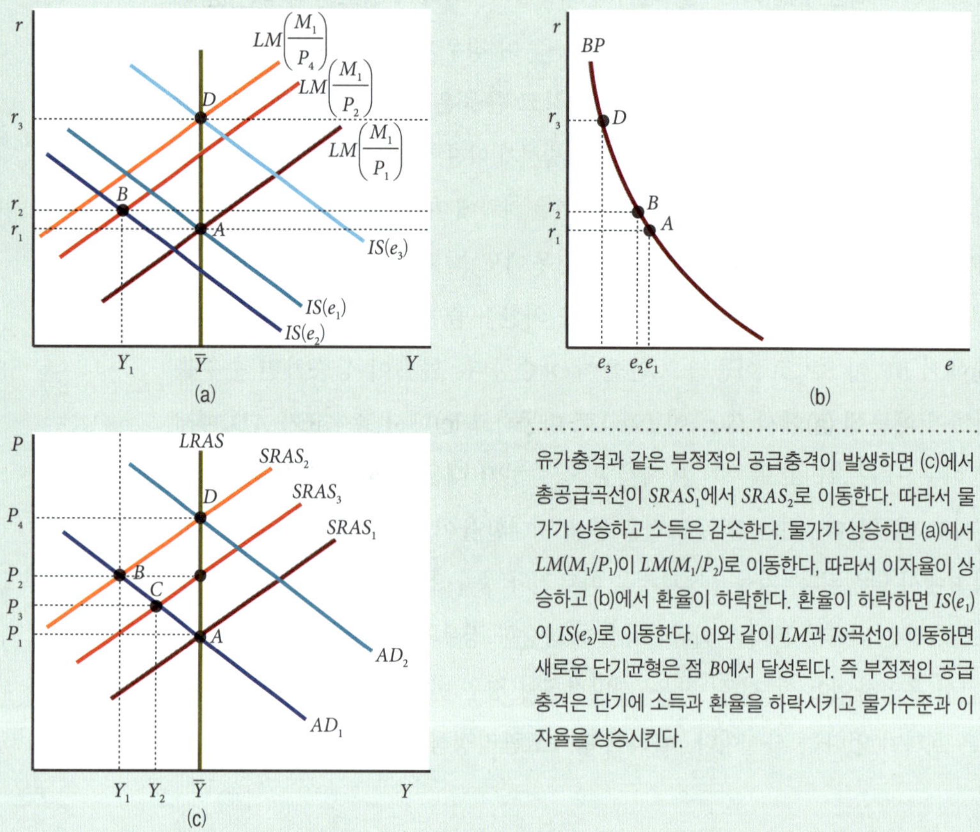

유가충격과 같은 부정적인 공급충격이 발생하면 (c)에서 총공급곡선이 $SRAS_1$에서 $SRAS_2$로 이동한다. 따라서 물가가 상승하고 소득은 감소한다. 물가가 상승하면 (a)에서 $LM(M_1/P_1)$이 $LM(M_1/P_2)$로 이동한다. 따라서 이자율이 상승하고 (b)에서 환율이 하락한다. 환율이 하락하면 $IS(e_1)$이 $IS(e_2)$로 이동한다. 이와 같이 LM과 IS곡선이 이동하면 새로운 단기균형은 점 B에서 달성된다. 즉 부정적인 공급충격은 단기에 소득과 환율을 하락시키고 물가수준과 이자율을 상승시킨다.

먼저 시장의 자동조정기능에 맡기면 다음과 같은 과정을 통해 장기균형이 회복된다. **그림 11-5 (c)**에서 단기균형점 B에서의 물기수준 P_2는 단기공급곡선 $SRAS_2$ 위의 기대물기수준 P_4보다 낮다. 즉 기대물가수준이 지나치게 높게 예측된 것이다. 따라서 시장참가자들은 기대물가수준을 하향 조정한다. **식** (11-1)의 기대형성을 가정하면 기대물가수준이 하향 조정될 때 단기 총공급곡선 $SRAS_2$는 $SRAS_3$로 아래로 이동한다. 그리고 새로운 단기균형점 C에서도 기대물가수준(P_2)이 실제물가수준(P_3)보다 높기 때문에 이와 같은 조정이 계속되고 점 A에 다다르면 $P=P^e$가 성립하고 장기균형이 회복된다. 즉 **(c)**에서 새로운 장기균형은 공급충격 이전의 장기균형과 동일하다. **그림 11-5 (a)**에서 물가가 P_2에서 P_1로 하락하면 **(a)** $LM\left(\frac{M_1}{P_2}\right)$이 $LM\left(\frac{M_1}{P_1}\right)$로 아래로 이동한다. 따라서 이자율이 하락하고 외환유출이 일어나기 때문에 환율은 (b)에서 e_2에서 e_1로 상승한다. 환율이 상승하면 순수출이 증가하기 때문에 $IS(e_2)$가 $IS(e_1)$로 위로 이동한다. 이와 같이 시장의 자동조정기능에 맡기면 물가와 이자율의 하락 그리고 환율의 상승을 통해 부정적인 공급충격 이전의 균형이 회복된다.

다음으로 정부 혹은 중앙은행이 시장에 개입하여 팽창적인 총수요관리정책을 사용할 수 있다. 먼저 중앙은행이 통화량을 M_1에서 M_2로 증가시키는 팽창적인 금융통화정책을 사용하면 (a)에서 LM곡선이 아래로 이동하고 이자율이 하락하기 때문에 한편으로는 투자가 증가한다. 그리고 외환유출이 일어나기 때문에 환율이 상승하고 순수출이 증가한다. 따라서 (b)에서 총수요곡선이 AD_1에서 AD_2로 오른쪽으로 이동하고 물가수준이 P_4로 상승한다. 이때 증가한 통화량 M_2는 $\frac{M_2}{P_4}=\frac{M_1}{P_1}$를 만족하고 $LM\left(\frac{M_2}{P_4}\right)$는 $LM\left(\frac{M_1}{P_1}\right)$와 일치한다. 즉 팽창적인 통화정책을 통해 LM곡선을 공급충격이 일어나기 이전으로 되돌릴 수 있다. 한편 환율이 하락하면 순수출이 증가하고 $IS(e_2)$가 $IS(e_1)$로 오른쪽으로 이동한다. 이와 같이 팽창적인 금융정책을 사용하면 재화시장과 화폐시장의 동시균형은 부정적인 공급충격이 일어나기 이전으로 복귀하고 환율 또한 그 이전 수준을 회복한다. 그러나 (c)에서 보는 바와 같이 팽창적인 총수요관리정책을 실시하면 물가는 BD의 경로를 따라 P_4로 상승한다. 이와 같이 부정적인 공급충격의 경우에 팽창적인 금융정책을 사용하면 장기적으로 물가만 상승시킬 뿐 다른 실질 경제변수들은 그 이전의 수준으로 복귀한다.

부정적인 공급충격에 대해 정부가 팽창적인 재정정책을 사용할 경우의 효과는 다음과 같다. 단기균형점 B에서 팽창적인 재정정책을 펴면 $IS(e_2)$가 $IS(e_3)$로 이동한다. 이때 이자율이 상승하고 외환유입이 일어나므로 환율이 e_3로 하락하였다. 한편 팽창적인 재정정책은 (c)에서 AD_1을 AD_2로 이동시키고 물가수준이 P_2에서 P_4로 상승한다. 따라서 (a)에서 $LM\left(\frac{M_1}{P_2}\right)$이 $LM\left(\frac{M_1}{P_4}\right)$로 왼쪽으로 이동하고 장기균형은 D점에서 달성된다. 요약하면 부정적인 공급충격의 단기효과를 상쇄하고 장기균형완전고용을 달성하기 위해 재정정책을 사용하면 소득고용은 장기균형을 회복하나 이자율과 물가는 상승하고 환율은 하락한다. 그런데 이자율의 상승은 투자를 감소시키고 환율의 하락은 순수출을 감소시킨다. 즉 점 A의 장기균형과 점 D의 장기균형에서 지출의 구성이 다르다. 점 A의 장기균형과 비교하여 점 D의 장기균형에서는 정부지출이 증가하나 투자와 순수출은 감소하고 그 합은 증가한 정부지출과 같다.

물론 이 경우에도 '작은' 개방경제의 경우 재정정책이 효과가 없기 때문에 불황

그림 11-6 **개방경제의 장·단기균형:** 고정환율제도

고정환율제도에서는 환율이 일정하게 유지되기 때문에 기대환율이 실제 환율과 일치한다. 즉 $Ee=e$가 성립한다. 그리고 외국과 자국의 기대물가상승률이 같다고 가정하면 이자율평가에 따라 자국이자율은 외국이자율과 일치한다. 즉 $r=r^f$이 성립한다. 이와 같은 고정환율제도 아래에서 장기균형은 변동환율제도에서와 마찬가지로 (b)에서 수직으로 나타나는 장기 총공급곡선 위의 점 A에서 이루어진다. 그리고 (a)의 점 A에서 보는 바와 같이 재화시장(IS곡선), 화폐시장(LM곡선), 외환시장($r=r^f$)이 장기균형소득에서 동시에 균형을 이루어야만 한다.

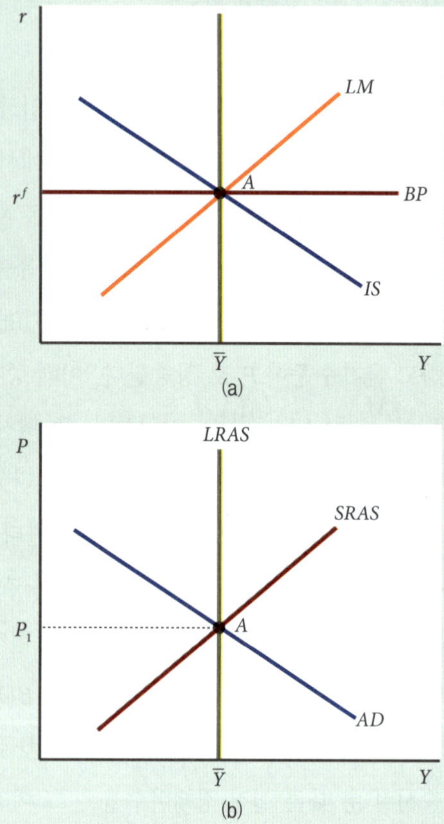

갭을 제거하고 장기균형을 회복하기 위해 재정정책을 사용할 수는 없다.

11.2 고정환율제도

고정환율제도에서는 환율이 일정하게 유지되기 때문에 경제의 규모에 관계없이 기대환율이 실제 환율과 일치한다. 즉 $Ee=e$가 성립한다. 그리고 외국과 자국의 기대물가상승률이 같다고 가정하면 이자율평가에 따라 자국이자율은 외국이자율과 일치한다. 즉 $r=r^f$이 성립한다. 고정환율제도 아래에서 장기균형이 **그림 11-6**에 나

타나 있다. 변동환율제도에서와 마찬가지로 (b)에서 장기균형은 수직으로 나타나는 장기 총공급곡선 위의 점 A에서 이루어진다. 그리고 (a)의 점 A에서 보는 바와 같이 재화시장*IS*곡선, 화폐시장*LM*곡선, 국제수지외환시장, $r=r^f$가 장기균형소득에서 동시에 균형을 이루어진다.

이 절에서는 고정환율제도 아래에서 정책과 여러 가지 외생적인 충격의 효과를 분석한다. 그런데 앞의 **10장**에서 본 바와 같이 고정환율제도에서 금융통화정책은 효과가 없다. 따라서 이 절에서는 금융정책은 다루지 않는다.

11.2.1 재정정책, 평가절하와 외국물가수준 상승의 효과

자본이동이 완전히 자유로운 개방경제의 경우 고정환율제도 아래에서 재정정책의 효과가 **그림 11-7**에 나타나 있다. 먼저 처음의 (장·단기) 균형이 점 A에서 이루어지고 있다.[5] 이때 팽창적인 재정정책에 따라 재정지출이 G_1에서 G_2로 증가하면 **그림 11-7** (a)에서 $IS(G_1)$이 $IS(G_2)$로 오른쪽으로 이동하고 대내균형*IS*곡선과 *LM*곡선이 만나는 점이 점 A에서 점 B로 이동한다. 그리고 (b)에서 총수요곡선이 AD_1에서 AD_2로 위로 이동하고 물가수준이 P_1에서 P_2로 상승한다. 그런데 (a)의 점 B의 대내균형에서 이자율은 외국의 이자율보다 높다. 따라서 외환유입이 일어나고 중앙은행이 개입하지 않으면 환율이 하락한다. 고정환율을 유지하기 위해 중앙은행이 유입된 외환을 매입하면 그 대가로 통화의 공급이 증가하고 LM곡선이 $LM\left(\frac{M_1}{P_1}\right)$이 $LM\left(\frac{M_2}{P_2}\right)$로 이동한다. 이때 물론 $M_1 < M_2$이다. 이와 같이 자본이동이 완전히 자유로운 작은 개방경제의 경우 고정환율제도 아래에서 팽창적인 재정정책은 산출량과 통화량을 증가시키지만 이자율과 환율에는 영향을 미치지 못한다.

그림 11-7 (a)와 (b)에서의 단기균형은 시간이 경과함에 장기균형으로 수렴한다. 즉, **그림 11-7** (b)에서 단기균형 점 C는 장기 총공급곡선*LRAS*의 오른쪽에 있다. 따라서 인플레이션 갭이 존재한다. 인플레이션 갭이 존재하는 경우에는 실제물가수준 (P_2)이 기대물가수준(P_1)보다 높다. 따라서 시장참가자들은 자신들의 기대가 실제에 비하여 낮음을 발견하고 기대물가수준을 상향조정한다. 여기서 기대가 **식** (11-1)에 따라 형성된다고 가정하면 단기 총공급곡선이 $SRAS_1$에서 $SRAS_2$로 위로 이동하고 물가는 P_2에서 P_3로 상승한다.

5 앞에서도 언급한 바와 같이 경제가 완전고용수준에 있을 때 팽창적인 정책을 펴는 나라는 많지 않다. 여기서는 설명의 편의를 위해 완전고용수준에서 팽창적인 재정정책이 시행되었다고 가정한다.

그림 11-7 **재정정책의 평가절하, 외국물가수준 상승의 효과**

처음의 (장·단기) 균형이 점 A에서 이루어지고 있다. 이때 팽창적인 재정정책에 따라 재정지출이 G_1에서 G_2로 증가하면 (a)에서 $IS(G_1)$이 $IS(G_2)$로 오른쪽으로 이동하고 대내균형(IS곡선과 LM곡선이 만나는 점)이 점 A에서 점 B로 이동한다. 그리고 (b)에서 총수요곡선이 AD_1에서 AD_2로 위로 이동하고 물가수준이 P_1에서 P_2로 상승한다. 그런데 (a)의 점 의 대내균형에서 이자율은 외국의 이자율보다 높다. 따라서 외환유입이 일어나고 중앙은행이 개입하지 않으면 환율이 하락한다. 고정환율을 유지하기 위해 중앙은행이 유입된 외환을 매입하면 그 대가로 통화의 공급이 증가한다. 그리고 LM곡선이 $LM(M_1/P_1)$이 $LM(M_2/P_2)$로 이동한다. 이때 물론 $M_1 < M_2$이다. 이와 같이 자본이동이 완전히 자유로운 작은 개방경제의 경우 고정환율제도 아래에서 팽창적인 재정정책은 산출량과 통화량을 증가시키지만 이자율과 환율에는 영향을 미치지 못한다. 고정환율제도에서 재정정책은 폐쇄경제에서보다 단기 효과가 더 크다.

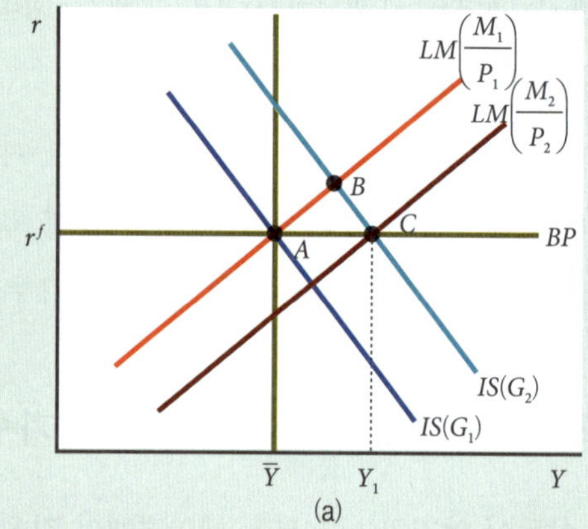

(a)

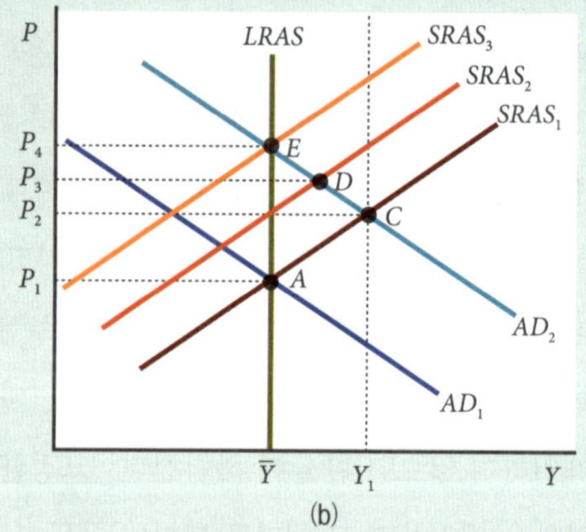

(b)

그림 11-7 (b)의 점 D의 단기균형에서도 실제물가수준(P_3)이 기대물가수준(P_2)보다 높다. 따라서 위에서와 같은 조정이 되풀이 된다. 그리고 새로운 장기균형은 결국 E점에서 달성된다. 즉 새로운 장기균형에서 물가수준은 재정정책이 시행되기 이전보다 높다.

이와 같이 물가가 상승하면 실질통화량이 감소함으로 **그림 11-7 (a)**에서 LM곡선이 좌측으로 이동한다. 그리고 환율은 고정되어 있는 가운데 자국의 물가수준이 상승하면 실질환율 $e=\frac{eP^f}{P}$ 이 하락한다. 즉 외국재화의 가격이 자국재화의 가격보다 저렴해진다. 따라서 수입이 증가하고 수출이 감소하기 때문에 순수출이 감소하고 IS곡선 또한 왼쪽으로 이동한다. 이와 같은 조정과정을 통해 새로운 장기균형은 **(a)**의 점 A와 **(b)**의 점 E에서 이루어진다. 즉 고정환율제도 아래에서 팽창적인 재정정책은 장기에 물가만 상승시킬 뿐 소득고용, 실질이자율, 환율에는 영향을 미치지 못한다.

이와 같은 결과는 **6장**에서 살펴본 폐쇄경제에서의 재정정책의 장기효과와 다르다. 폐쇄경제에서 재정정책은 장기에 실질이자율을 상승시킨다. 그리고 처음의 팽창적인 재정정책은 이자율 상승에 따른 투자의 감소에 의해 완전히 상쇄된다. 즉 완전한 밀어내기효과가 나타난다. 그런데 자본이동이 자유로운 변동환율제도에서 팽창적인 재정정책은 물가만을 상승시킨다. 그리고 물가의 상승은 실질환율을 하락시킴으로 순수출이 감소하여 장기에 처음 재정정책의 팽창적인 효과를 완전히 밀어낸다. 즉 이자율 상승이 아니라 물가상승과 순수출 감소에 따른 완전한 밀어내기효과가 나타난다.

평가절하devaluation의 경우도 **그림 11-7**을 이용하여 설명할 수 있다. 명목환율이 e_1에서 $e_2(>e_1)$로 평가절하가 이루어지면 자국재화의 가격이 외국재화의 가격에 비해 저렴해지기 때문에 순수출이 증가하고 IS곡선이 오른쪽으로 이동한다. **그림 11-7**에서 $IS(e_1)=IS(G_1)$이고 $IS(e_2)=IS(G_2)$이라고 하면 그 다음의 조정과정과 효과는 재정정책의 경우와 같다. 그리고 평가절하의 효과가 장기에 물가상승에 의해 완전히 상쇄되는 밀어내기효과도 또한 동일하다.

외국의 소득과 물가수준이 상승한 경우에도 같은 효과가 나타난다.

11.2.2 기대환율상승의 효과

고정환율제도에서 명목환율이 외환시장에서 수요와 공급을 평균적으로 일치시키는 수준이 아니면 평가절상이나 절하를 예측기대하게 된다. 그리고 기대환율 Ee이 실제 환율 e로부터 벗어나게 된다. 만일 기대환율이 실제 환율보다 낮다면 시장참가자들이 평가절상revaluation을 기대하는 경우이고 반대로 기대환율이 실제 환율보다 높다면 평가절하를 기대하는 경우이다.

그림 11-8에는 고정환율제도에서 기대환율이 상승한 경우가 묘사되어 있다. 먼저 처음의 환율이 e_1이고 기대환율이 $Ee_1=e_1$이었다고 하자. 이때 기대환율이 Ee_2로 상승하면 외환유출이 일어나므로 화폐공급이 감소하고 **그림 11-8 (a)**에서 $LM\left(Ee_1, \frac{M_1}{P_1}\right)$이 $LM\left(Ee_2, \frac{M_2}{P_2}\right)$로 이동한다. 이때 통화량은 중앙은행의 외환 매각 때문에 감소하고$(M_1>M_2)$ 이자율이 r_1에서 r_2로 상승한다. 이자율이 상승하면 투자

그림 11-8 **기대환율상승의 효과**

처음의 환율이 e_1이고 기대환율이 $Ee_1=e_1$이었다고 하자. 이때 기대환율이 Ee_2로 상승하면 외환유출이 일어나므로 화폐공급이 감소하고 (a)에서 $LM(Ee_1, M_1/P_1)$이 $LM(Ee_2, M_2/P_2)$로 이동한다. 이때 통화량은 외환 매각 때문에 감소하고($M_1>M_2$) 이자율이 r_1에서 r_2로 상승한다. 이자율이 상승하면 투자가 감소하기 때문에 (b)에서 보는 바와 같이 총수요가 감소하므로 물가수준은 하락($P_1>P_2$)한다. 물가수준이 하락하면 실질환율이 $\varepsilon_1=e_1P^f/P_1$에서 $\varepsilon_2=e_1P^f/P_2$로 상승하기 때문에 순수출이 증가하고 (a)에서 $IS(\varepsilon_1)$이 $IS(\varepsilon_2)$로 이동한다. 다시 말해 기대환율의 상승은 단기에 소득을 $\bar{Y}$에서 Y_1로 감소시킨다.

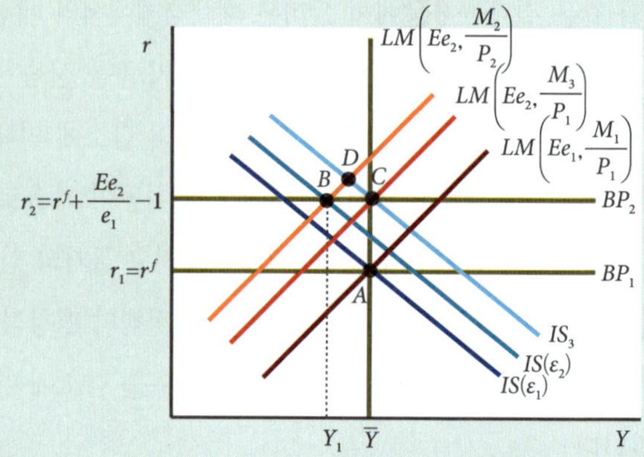

(a)

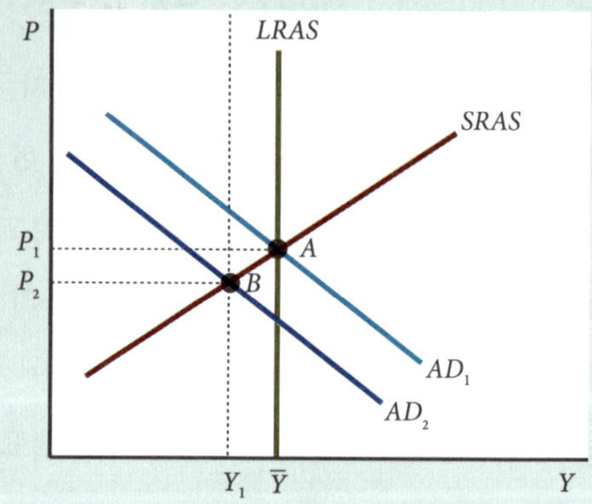

(b)

가 감소하기 때문에 (b)에서 보는 바와 같이 총수요가 감소하므로 물가수준은 하락 $(P_1>P_2)$한다. 물가수준이 하락하면 실질환율이 $\varepsilon_1=\frac{e_1P^f}{P_1}$에서 $\varepsilon_2=\frac{e_1P^f}{P_2}$로 상승하기 때문에 순수출이 증가하고 (a)에서 $IS(\varepsilon_1)$이 $IS(\varepsilon_2)$로 이동한다. 따라서 단기균형은 점 A에서 B로 이동한다. 다시 말해 기대환율의 상승은 단기에 소득을 $\bar{Y}$에서 Y_1로 감소시킨다.

만일 단기균형 B에서의 기대환율 Ee_2가 Ee_1으로 되돌아가면 위에서 본 조정과정과 반대의 과정을 거쳐 장기균형점 A로 복귀한다. 즉 거시경제가 **그림 11-8** (a)의 단기균형점 B에 있을 때 기대환율이 원래의 수준 Ee_1으로 하락하면 외환유입이 일어난다. 그리고 중앙은행은 고정환율을 유지하기 위해 외환을 매입하고 그 대가를 자국화폐로 지급한다. 즉 화폐공급이 증가한다. 따라서 $LM\left(Ee_2, \frac{M_2}{P_2}\right)$가

$LM\left(Ee_1, \frac{M_1}{P_1}\right)$로 이동한다. 한편 화폐공급이 증가하면 이자율이 하락하고 투자가 증가하기 때문에 (b)에서 AD_2가 AD_1으로 이동한다. 그리고 물가수준이 P_2에서 P_1으로 되돌아온다. 이와 같은 물가수준의 상승은 실질환율을 하락시키고 순수출을 감소시킴으로 (a)에서 $IS(e_2)$ 역시 $IS(e_1)$으로 되돌아간다. 즉 기대환율이 원래의 수준으로 되돌아오면 개방경제는 원래의 장기균형으로 복귀한다.

중앙은행이 환율 e_1을 (상승한) 기대환율 Ee_2로 평가절하 하는 경우에도 위와 같은 조정과정을 통해 개방경제는 원래의 장기균형 A로 복귀한다.

단기균형 B에서 정부는 팽창적인 재정정책을 사용하여 단기균형을 장기균형으로 복귀시킬 수 있다. 점 B에서 정부가 팽창적인 재정정책을 펴면 $IS(e_2)$가 IS_3로 이동하고 대내균형이 점 D로 이동한다. 점 D에서는 외환유입이 일어나므로 고정환율을 유지하기 위해 중앙은행은 외환을 매입한다. 그리고 그 대가로 자국화폐가 지급된다. 즉 화폐공급이 증가한다. 따라서 $LM\left(Ee_2, \frac{M_2}{P_2}\right)$곡선이 $LM\left(Ee_2, \frac{M_3}{P_1}\right)$로 이동한다. 이와 같이 IS와 LM곡선이 이동하면 (b)에서 총수요곡선이 AD_2에서 AD_1으로 되돌아온다. 즉 정부는 팽창적인 재정정책을 통해 장기균형을 회복할 수 있다.

그림 11-8에서는 기대환율이 상승하면 자국의 이자율이 상승하여 외환시장의 균형을 회복하는 것으로 묘사하고 있다. 그러나 때로는 국내 경제의 사정 (가령 불황 갭이 존재하는 경우) 때문에 이자율의 상향 조정이 어려운 경우가 있다. 이자율의 조정이 어려운 가운데 고정되어 있는 환율이 조정되지 않고 유지되면 (시장참가자들이 외환보유고의 고갈을 예측하기 때문에) **10장**에서 설명한 바와 같이 시간이 경과할수록 외환의 유출이 더욱 가속적으로 일어나는 투기적 공격speculative attack이 일어난다. 그리고 끝내는 중앙은행의 외환보유고가 바닥이 난다. 따라서 실제 환율을 결국 기대환율로 상향 조정할 수밖에 없게 된다. 이와 같이 기대환율의 상승은 자기실현적self-fulfilling이다. 1997년 말에 경험한 우리의 외환위기는 이러한 유형이었다 BOX11-1 참조. 당시 우리나라는 관리변동환율제도managing float를 채택하고 있었다. 관리변동환율제도는 중앙은행이 외환시장에 개입하여 환율변동이 크게 일어나지 않도록 조정하는 제도이다. 우리보다 먼저 외환위기를 경험한 멕시코는 고정환율제도를 따르고 있었다BOX10-3 참조.

그림 11-9 **공급충격의 효과:** 고정환율제도

원유가격상승과 같은 부정적인 공급충격이 발생하면 생산비용이 증가함으로 (b)에서 단기 총공급곡선이 $SRAS_1$에서 $SRAS_2$로 왼쪽으로 이동한다. 따라서 단기균형이 점 C로 이동하고 물가수준이 P_1에서 P_2로 상승하고 소득은 $\bar{Y}$에서 Y_1로 감소한다. 물가수준이 상승하면 (a)에서 $LM(M_1/P_1)$이 $LM(M_1/P_2)$로 왼쪽으로 이동한다. 그리고 실질환율이 $e_1=eP^f/P_1$에서 $e_2=eP^f/P_2$로 하락함으로 순수출이 감소한다. 따라서 (a)에서 $IS(e_1)$이 $IS(e_2)$로 이동한다. 점 C의 단기균형에서는 불황 갭이 존재한다. 따라서 정부는 두 가지 가운데 하나의 선택이 가능하다. 먼저 정부는 ① 시장에 개입하지 않고 시장의 자동조정기능에 맡겨둘 수 있다. 그리고 그와 같은 자동조정기능에 대한 회의가 존재한다면 ② 시장에 개입하여 고정환율제도에서 유효한 재정정책을 펼 수 있다.

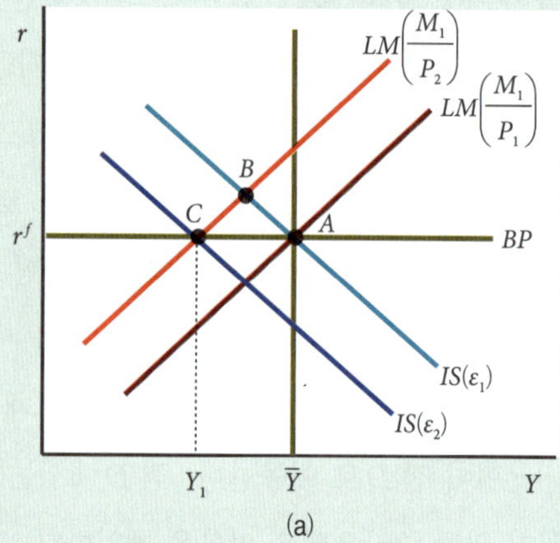

(a)

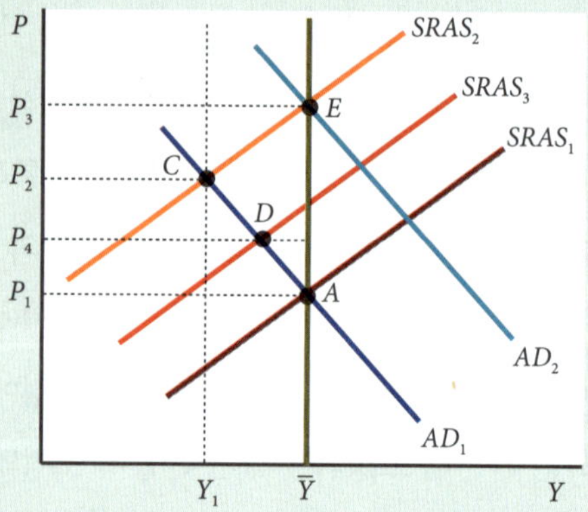

(b)

11.2.3 공급충격의 효과

원유가격상승과 같은 부정적인 공급충격이 발생하면 생산비용이 증가함으로 **그림 11-9 (b)**에서 단기 총공급곡선이 $SRAS_1$에서 $SRAS_2$로 왼쪽으로 이동하고 단기균형이 점 C로 이동한다. 이때 물가수준이 P_1에서 P_2로 상승하고 소득은 $\bar{Y}$에서 Y_1로 감소한다. 물가수준이 상승하면 **(a)**에서 $LM\left(\frac{M_1}{P_1}\right)$이 $LM\left(\frac{M_1}{P_2}\right)$로 왼쪽으로 이동한다. 그리고 실질환율이 $\varepsilon_1=\frac{eP^f}{P_1}$에서 $\varepsilon_2=\frac{eP^f}{P_2}$로 하락함으로 순수출이 감소한다. 따라서 **(a)**에서 $IS(\varepsilon_1)$이 $IS(\varepsilon_2)$로 이동한다.

점 C의 단기균형에서는 불황 갭이 존재한다. 따라서 앞에서와 마찬가지로 정부는 두 가지 가운데 하나의 선택이 가능하다. 먼저 정부는 ① 시장에 개입하지 않고 시장의 자동조정기능에 맡겨둘 수 있다. 그리고 그와 같은 자동조정기능에 대한 회의가 존재한다면 ② 시장에 개입하여 고정환율제도에서 유효한 재정정책을 펼 수 있다.

먼저 자동조정기능에 맡기는 경우에 장기균형으로의 복귀과정은 다음과 같다. **그림 11-9 (b)** 에서 점 C의 단기균형에서는 불황 갭이 존재한다. **식 (11-1)** 에 따라 기대가 형성되는 경우 불황 갭이 존재하면 항상 기대물가수준이 실제물가수준보다 낮다. 즉 **그림 11-9 (b)** 의 점 C에서 기대물가수준은 P_3로 실제물가수준 P_2보다 높다. 따라서 기대가 하향 조정된다. 기대가 하향 조정되면 단기 총공급곡선 $SRAS_2$에서 $SRAS_3$로 이동한다. 그러나 점 D의 새로운 단기균형에서도 기대물가수준이 실제물가수준보다 높기 때문에 다시 기대물가수준이 하향 조정되고 단기 총공급곡선이 아래로 이동한다. 그리고 그와 같은 조정은 단기 총공급곡선이 공급충격이 일어나기 전 단기 총공급곡선 $SRAS_1$에 이를 때까지 계속된다. 그리고 그때의 물가수준은 공급충격이 발생하기 전의 물가수준 P_1이다. 이와 같이 자국의 물가수준이 하락하면 $LM\left(\frac{M_1}{P_2}\right)$이 $LM\left(\frac{M_1}{P_1}\right)$로 오른쪽으로 이동한다. 그리고 물가수준이 하락하면 실질환율이 상승하기 때문에 순수출이 증가하고 $IS(\varepsilon_2)$가 $IS(\varepsilon_1)$로 이동하여 장기균형이 회복된다. 다시 말해 시장의 자동조정기능에 맡기면 공급충격이 일어나기 전의 장기균형으로 되돌아간다.

정부가 시장의 자동조정기능에 신뢰하지 않는다면 **그림 11-9** 의 단기균형점 C에서 팽창적인 재정정책을 사용할 수 있다. 정부가 팽창적인 재정정책을 펴면 **(a)** 에서 $IS(\varepsilon_2)$가 $IS(\varepsilon_1)$로 이동한다. 따라서 대내균형이 점 C에서 점 B로 이동하고 자국의 이자율이 외국이자율보다 높기 때문에 외환유입이 일어난다. 외환이 유입되면 환율을 일정하게 유지하기 위하여 중앙은행은 유입된 외환을 매입한다. 따라서 화폐공급이 M_1에서 M_2로 증가하고 LM곡선이 오른쪽으로 이동한다. 팽창적인 재정정책은 **(b)** 에서 단기총수요곡선을 AD_1에서 AD_2로 오른쪽으로 이동시킴으로 물가수준이 P_3로 상승한다. 즉 재정정책에 따라 $LM\left(\frac{M_1}{P_2}\right)$가 원래의 LM곡선인 $LM\left(\frac{M_1}{P_1}\right)$까지 이동하고 그때의 실질통화량 $\frac{M_2}{P_3}$은 공급충격이 발생하기 전의 통화량 $\frac{M_1}{P_1}$과 같다.

요약하면 고정환율제도 아래에서 부정적인 공급충격은 단기에 소득과 실질환율을 하락시키고 물가를 상승시킨다. 그러나 장기에는 자동조정기능의 경우나 팽창적인 재정정책의 경우 모두 소득, 이자율, 환율에 아무런 영향을 미치지 못한다. 이때 만일 시장의 자동조정기능에 맡기면 물가에도 영향을 미치지 못한다. 그러나 팽창적인 재정정책을 사용하면 물가수준이 상승한다.

11.3 기대와 정책효과

지금까지 우리는 **식** (11-1)에 나타나 있는 적응적 기대adaptive expectations의 가정 아래 여러 정책과 충격의 장 · 단기 효과에 관하여 알아보았다. 앞에서 여러 번 설명한 바와 같이 총공급곡선에서 중요한 것 가운데 하나가 기대형성방법이다. 기대형성방법에 따라서는 단기균형이 장기균형으로 수렴하는 과정이 전혀 다르게 나타날 수 있다. 그리고 적응적 기대의 경우와는 달리 합리적 기대의 경우에는 심지어는 정책의 효과가 전혀 나타나지 않는 경우도 나타난다.

앞에서 배운 기대형성방법은 적응적 기대와 합리적 기대 두 가지였다7.2.5절 및 8.5절 참조. 먼저 **식** (11-1)은 적응적 기대 가운데 하나이다. 이미 설명한 바와 같이 적응적 기대는 지금까지 이미 실현된 정보 곧 과거의 자료에 기초하여 미래에 대한 기대를 형성하는 방법이다. 이때 적응적 기대가 미래를 예측기대하기 위해 과거의 자료를 사용하는 방법은 **식** (11-1)과 같은 특정한 공식을 이용하는 것이다. 그리고 적응적 기대를 위해 사용되는 공식은 많다.

그러나 정보에는 이미 실현된 것들이 적지 않지만 미래에 관한 것도 많다. 통계청을 비롯한 수많은 연구기관이 발표하는 미래 경기에 대한 예측도 그와 같은 정보에 속한다. 그리고 때로는 정책당국이 미래의 정책을 미리 공표하는 경우도 있다. 과거와 미래 그리고 정책당국의 행위 등 양적, 질적인 모든 정보를 이용하여 가장 합리적인 정보처리방법으로 기대를 형성하는 것을 합리적 기대rational expectations라고 한다. 여기서 가장 합리적이라고 하는 정보처리방식은 통계학에서 널리 이용되는 수학적인 조건부 기댓값mathematical conditional expectations을 말한다. 이때 조건부라는 말은 주어진 정보를 모두 이용한다는 뜻이다. 그런데 이때 유의해야 할 것은 수학적 조건부 기댓값은 미리 정해진 어떤 공식이 아니라는 점이다. 즉 주어지는 정보에 따라 수학적 기댓값은 여러 형태로 나타난다.

앞에서 폐쇄경제에서 본 바와 같이 기대의 형성방법에 따라 정책의 효과와 장기균형으로의 조정과정은 다르게 나타난다폐쇄경제의 경우 7.2.5소절 및 8.5절 참조. 개방경제의 경우에도 마찬가지이다. 예를 들어 **그림 11-3**에는 변동환율제도 아래에서 팽창적인 금융통화정책의 효과가 묘사되어 있다. 먼저 단기에 팽창적인 금융정책은 (c)에서 소득과 물가를 각각 Y_2, P_2로 상승시킨다. 그리고 (a)에서 이자율은 r_2로 하락시키고 (b)에서 환율을 e_2로 상승시킨다. **식** (11-1)에 따라 이번 기에 기대되는 다음 기의 물가수준이 P_2로 조정되면 새로운 균형이 (c)에서 D로 이동하고 소득이 장기균형을 향해 감소한다. 물론 물가는 상승하고 (a)에서 $LM\left(\frac{M_2}{P_2}\right)$가 왼쪽으로 $LM\left(\frac{M_1}{P_1}\right)$을 향해 이동함으로 이자율이 원래의 수준 r_1을 향해 상승하고 환율은 원래의 수준 e_1을 향해 하락한다. 환율이 하락하면 순수출이 감소함으로 $IS(e_2)$ 또한 왼쪽으로 $IS(e_1)$을 향해 이동한다. 즉 점 B의 단기균형이 점 A의 장기균형으로 수렴한다.

식 (11-1)의 적응적 기대의 경우 장기균형에서 벗어나 있는 단기균형은 이와 같은 점진적이고 축차적인 조정을 통해 장기균형으로 수렴한다. 그런데 적응적 기대에서는 이러한 조정과정에는 앞에서 7.2.5절에서 본 바와 같은 문제가 역시 존재한다. 즉 **그림 11-3** (c)에서 팽창적인 금융정책이 시행된 다음 점 B에서의 기대오차는 $P-P^e=P_2-P_1(>0)$로 양이다. 그리고 기대가 조정된 다음의 새로운 단기균형점 D에서의 기대오차는 $P-P^e=P_3-P_2(>0)$로 역시 양이다. 이와 같이 경제가 새로운 장기균형점 E에 다다를 때까지 기대오차는 항상 양이다.[6] 시장참가자들이 같은 실수를 반복해서 범하고 있다는 의미이다. 이는 경제학에서 상정하고 있는 합리적인 경제주체의 가정에 어긋난다.

폐쇄경제에서와 마찬가지로 경제주체들이 합리적이라고 가정하면 두 가지 점에서 적응적 기대와 차이가 발생한다. 먼저 **그림 11-3**의 점 A에서 팽창적인 금융정책의 효과가 나타나지 않을 가능성이 존재한다. 점 A에서 팽창적인 금융정책이 시행된다는 사실이 알려지거나 공표되었다면 합리적인 경우 시장참가자들은 물가가 P_1에서 P_4로 상승한다는 사실을 안다. 따라서 정책이 시행됨과 동시에 시장참가자들의 기대 또한 상향 조정된다. 따라서 팽창적인 정책에 따라 총수요곡선 AD_1이 오른쪽으로 이동함과 동시에 단기 총공급곡선 $SRAS_1$ 또한 왼쪽으로 이동한다. 따라서 총수요와 총공급이 만나는 단기균형이 점 B로 이동하는 것이 아니라 수직인 $LRAS$

6 불황 갭이 존재하는 경우에는 기대오차가 반대로 항상 음이다.

의 점 C와 G를 따라 장기균형점 E로 이동한다. 따라서 물가만 통화량에 비례하여 상승할 뿐 소득, 실업, 실질이자율 등 실물부문에는 효과가 없다.

그리고 정책효과가 나타나는 경우에는 장기균형으로 조정과정이 빨라진다. 예를 들어 **그림 11-3 (c)**에서 처음 중앙은행이 시장참가자들이 전혀 모르는 가운데 팽창적인 정책을 시행하였다고 가정하여 보자. 이 경우 시장참가자들의 기대가 변하지 않기 때문에 $SRAS_1$은 이동하지 않고 총수요 AD_1만 오른 쪽으로 이동한다. 따라서 단기균형이 점 B로 이동한다. 즉 이자율이 하락하여 투자가 증가하고 환율이 상승하여 순수출이 증가하기 때문에 소득이 증가한다. 그러나 점 B의 단기균형에 다다르면 시장참가자들도 팽창적인 금융정책이 시행되었음을 인지하게 되고 기대를 수정하게 된다. 즉 점 B에서 합리적인 시장참가자들은 물가가 장기균형점 E의 P_4로 상승한다는 것을 알기 때문에 기대를 (적응적 기대의 경우와 같이) P_2로 조정하는 것이 아니라 P_4로 조정한다. 다시 말해 단기균형 B에서 장기균형 E로의 이행이 단기간에 이루어진다. 따라서 적응적 기대에서 보는 바와 같이 축차적이고 점진적인 조정과정은 일어나지 않는다.

이와 같이 기대예상는 거시경제에서 매우 중요한 역할을 한다. 거시경제의 모든 모형은 궁극적으로 기대에 의해 완성된다고 할 수 있다. 따라서 폐쇄경제이건 개방경제이건 물론하고 기대의 형성방법에 관한 깊은 이해가 필요하다.

11.4 결 론

이 장에서는 개방경제의 장·단기균형에 관하여 알아보았다. 단기적으로 여러 정책과 충격의 효과는 환율제도와 나라의 크기에 영향을 받는다.

일반적으로 말해 변동환율제도 아래에서 재정정책의 효과는 폐쇄경제에서보다 약화된다. 그리고 자국의 이자율이 외국의 이자율에 의하여 결정되는 '작은' 개방경제에서는 재정정책의 효과가 나타나지 않는다. 즉 '작은' 개방경제에서 팽창적인 재정정책은 환율하락자국 통화의 평가절상을 초래하고 그에 따른 순수출의 감소가 재정정책의 효과를 완전히 상쇄하는 완전한 밀어내기효과가 나타난다. 한편 변동환율제도 아래에서 금융통화정책의 효과는 폐쇄경제에서보다 크게 나타난다. 팽창적인 금융정책이 시행되면 이자율이 하락하여 투자가 증가할 뿐만 아니라 환율상승에 따라 순수출이 증가한다. 변동환율제도 아래에서 이와 같은 금융정책의 효과는 '작은' 개방경제에서 가장 크게 나타난다.

고정환율제도 아래에서 정책의 효과는 변동환율제도에서와 반대로 나타난다. 먼저 팽창적인 재정정책은 폐쇄경제에서보다 효과가 크다. 팽창적인 재정정책이 시행되면 그 자체로 총수요가 증가하고 자국의 이자율이 상승하기 때문에 외환유입이 일어나고 환율에 하락압력이 나타난다. 그러나 (고정환율제도에서는 환율을 일정하게 유지하여야 하기 때문에) 중앙은행이 유입된 외환을 매입하고 그 대가로 화폐공급이 증가한다. 그러나 팽창적인 금융정책은 이자율을 하락시키기 때문에 환율에 상승압력이 나타난다. 따라서 중앙은행은 외환을 공급하고 그 대가로 (처음 증가했던 만큼의) 통화가 중앙은행으로 흡수된다. 즉 금융정책의 효과는 나타나지 않는다. 보다 정확하게 말하면 고정환율제도 아래에서 통화정책은 총수요관리정책으로 사용될 수 없다.

이와 같은 팽창적인 정책의 단기효과는 폐쇄경제에서와 마찬가지로 장기에는 물가의 상승과 함께 사라진다. 그리고 완전고용수준의 새로운 장기균형으로 조정과정에서 중요한 것이 기대물가수준의 조정이다.

BOX 11-2 세계금융위기(2007~2009)와 정책대응

2007년 미국에서 시작된 세계금융위기가 전 세계를 위기로 몰아넣었다. 2009년까지 지속된 세계금융위기의 원인으로는 미국 금융시장에서 일어난 세 가지 변화를 꼽을 수 있다.

1 컴퓨터의 발달로 금융시장에 혁신이 일어났다. 즉 부동산담보대출시장mortgage market에서 고위험 수요자의 신용위험을 평가하는 향상된 기법이 개발됐고 주택담보대출 같은 소규모 대출을 모아 표준화된 증권으로 만들어 거래하는 증권화securitization 기법이 발달했다. 따라서 은행들은 신용등급이 낮은 소비자에게 주택담보대출을 제공할 수 있게 됐는데 이를 서브프라임 주택담보대출subprime mortgage이라고 한다. 그리고 금융공학financial engineering을 통해 여러 대출자산을 모아 위험유형별로 서로 다른 소득 흐름을 지급하는 신용상품이 개발됐다. 이를 위험구조별 신용상품structured credit products이라고 부른다. 이 상품은 투자자들이 자산구성을 정확히 알기 어려워 큰 위험을 안고 있었다.

2 소비자에게 대출을 시행하는 부동산 중개업자들이 차입자들의 신용위험 평가를 등한시했다. 중개업자들은 대출이 성사되면 이를 모아 부동산담보대출부증권mortgage-backed securities 형태로 투자자들에게 매각했는데 일단 증권을 매각하면 차입자가 대출을 상환하지 않아도 책임이 없어 투자자의 위험과 이익을 챙길 이유가 없었고 부동산담보대출을 더 많이 할수록 수입이 컸다. 그리고 2001년 이후 미국 부동산시장에 거품이 생겨 주택가격이 계속 상승하자 역선택 문제가 나타났다. 즉 대출상환 능력이 없는 사람들이 주택투기를 위해 대출을 받았고 부동산 중개업자들은 이들을 부추겼으며 때로는 대출사격을 위조하기도 했다. 이 과정에서 감독부실 문제도 있었다. 그 밖에 높은 수수료 때문에 은행을 비롯한 금융기관들은 매우 위험한 부동산담보대출부증권을 보증했고, 차입자가 대출을 갚

지 못할 때 대신 지급하는 금융보험계약인 *CDS*credit default swaps를 통해 엄청난 규모의 보증을 섰다. 결국 은행들은 부동산담보대출 시장에서 대리인 문제를 더욱 심화시켰다.

3 신용평가사credit rating agency는 국가와 금융기관, 금융상품의 신용등급을 정한다. 당시 신용평가사들은 복잡한 금융상품의 개발을 자문하고 동시에 자문한 금융상품의 신용등급을 결정했다. 이는 신용평가사들이 금융상품의 등급을 정확히 결정할 수 없게 하는 이해상충conflicts of interest 문제가 있었음을 의미한다. 실제로 신용등급이 지나치게 높게 정해지고 투자자들은 위험을 인식하지 못한 가운데 매우 위험한 금융상품을 매입했다.

세계금융위기 전후 미국의 거시경제지표

자료: OECD (실업률, 물가상승률), U.S. Bureau of Economic Analysis(GDP)

세계금융위기 전후 미국의 주가지수와 주택가격지수

자료: MAcroMarket LLC, Federal Reserve Bank of St.Lous: FRED

2007~9년의 금융위기는 1930년대 대공황 이후 가장 큰 경제위기였지만 일반 대중, 학자 그리고 정책당국이 1930년대보다는 경제를 훨씬 잘 이해하고 있기 때문에 파국은 피했다. 그러나 소비자와 기업들은 피해를 피할 길이 없었다. 금융위기의 전개과정을 살펴보자.

1 해외중국, 인도 등에서 미국으로 막대한 자본이 유입되고 주택담보대출의 싼 이자율에 힘입어 서브프라임시장의 규모가 2007년 3조 달러에 이르렀다. 이 시기에 주택수요가 증가해 미국의 주택소유비율이 사상 최대에 다다르자 거품이 형성되면서 서브프라임 시장에서 위험관리가 허술해졌고 주택가격 대비 주택담보대출의 크기인 대출/가격 비율loan to value, *LTV*이 점점 증가해 거의 100%에 이르렀다. 결국 주택가격은 2006년 정점을 지나 하락하기 시작해 오른쪽 그림에서 보는 바와 같이 2009년에는 30% 이상 하락했다. 거품이 붕괴하자 주택담보대출 연체가 폭증하고 수백만 건의 주택이 차압됐다.

2 주택가격 거품이 붕괴하자 부동산담보대출부증권의 가격도 폭락해 금융기관의 순자산이 감소하고 대출회수와 자산매각, 가계와 기업에 대한 신용공여제한이 이어지면서 금융시장에서 역선택과 도덕적 해이가 증가했다.

3 헷지 펀드, 투자은행 및 기타 예금을 취급하지 않는 금융회사들은 엄격한 규제를 받지 않는데 이 집단을 그림자은행제도shadow banking system라고 부른다. 2007년 이후 미국에서는 주택가격 거품이 꺼졌고 주가도 2007~9년에 50% 이상 하락했다. 이는 미국에서 장기간 이자율이 낮은 주택담보대출의 자금을 공급해온 그림자은행제도에 큰 타격을 주었다. 주가하락과 함께 주택가격 붕괴는 그림자은행제도에서 자금 인출사태를 야기했고 가계와 기업의 순자산을 감소시켰다. 순자산 감소는 정보의 비대칭성 문제를 악화시켜 가계와 기업의 차입이자율이 상승하고 대출기준 또한 강화됐다. 따라서 소비와 투자가 감소해 총수요가 감소했다.

4 세계에서 가장 큰 금융시장인 미국 금융시장의 위기는 유럽 및 세계로 확산되면서 피해가 커졌다. 2007년 10월 신용평가기관인 Standard & Poors와 Fitch가 주택담보대출부증권과 그로부터 파생된 금융상품의 신용등급

을 낮추자 프랑스의 투자은행인 BNP Paribas가 큰 소실이 발생한 단기금융 상품의 상환을 정지했다. 이에 그림자 은행제도에 예금인출사태가 발생했고 유럽중앙은행과 미국 연방준비제도의 유동성공급에도 불구하고 사태는 멈추지 않았다. 은행들이 금융기관 간 대출 대신 현금을 쌓아두기에 급급한 사이에 2007년 9월 예금보다 환매조건부채권시장에서 단기차입에 의존하던 영국 Northern Rock의 파산을 계기로 유럽 금융기관의 파산이 속출했다.

5 금융위기로 미국의 주요 금융회사들의 파산과 매각이 잇따랐다. 2008년 3월에 Bear Stearns가 1년 전 가격의 5%에 J.P. Morgan에 매각됐고 7월에는 부동산담보대출 시장에서 5조 달러 이상의 보험계약을 가지고 있던 Fannie Mae와 Freddie Mac이 연방정부와 연방준비제도의 지원을 받더니 8월에는 정부에 인수됐다. 2008년 9월 자산규모 6,000억 달러, 25,000명의 종업원을 거느린 Lehman Brothers가 파산했는데 미국 역사상 가장 큰 파산이었다. 하루 전에는 Merrill Lynch가 1년 전 가격의 60%에 Bank of America에 매각됐다. 9월 16일 자산규모 1조 달러 이상인 AIG의 신용등급이 강등됐다. AIG는 *CDS*를 통해 4,000억 달러의 보증을 섰는데 막대한 보험금을 지급할 형편이었다. 연방준비제도는 850억 달러를 AIG에 지원했다.

2007~9년 경제위기는 2008년 9월에 미 하원이 월가Wall Street에 대한 구제금융법안을 부결시키면서 정점을 이뤘다. 1주일 뒤 긴급경제안정법Emergency Economic Stabilization Act이 통과됐지만 사상 초유의 주가폭락에 이어 (미국 재무성채권 수익률과 Baa 등급 회사채 수익률의 차이인) 신용스프레드credit spread가 5.5%포인트까지 상승했다. 금융시장 위

세계금융위기 전후 미국 연방기금금리 목표치

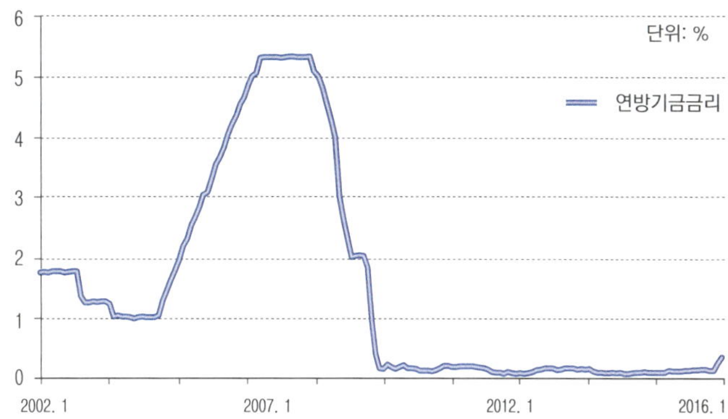

자료: Board of Governors of the Federal Reserve System (US), Effective Federal Funds Rate [FEDFUNDS], retrieved from FRED, Federal Reserve Bank of St. Louis; https://fred.stlouisfed.org/series/FEDFUNDS, January 4, 2017.

기로 이자율은 급상승하고 소비와 투자가 크게 감소했다. 실업률은 10%까지 증가하고 경제성장률과 인플레이션은 각각 −5%, −1.3%로 하락했다. 2차 대전 이후 가장 심각한 수준의 위기였으나 2009년 3월부터 주가가 상승하고 금융시장이 회복되기 시작했다.

심각한 위기를 극복할 수 있었던 것은 팽창적인 금융정책, 적극적인 유동성 공급liquidity provision, 금융정책의 국제공조와 팽창적인 재정정책 때문이었다.

1 미국의 연방준비제도는 2007년 8월 연방기금금리를 5.25%에서 4.75%로 인하한 후 추가인하를 거듭하다 2008년 12월부터는 목표금리를 0.00~0.25%로 유지했다. 연방기금금리는 현재 더 이상 낮출 수 없는 수준까지 내려가 있기 때문에 이 경우에는 통상적이지 않은 금융정책unconventional monetary policy을 통해 총수요를 증가시킨다. 먼저 통화량을 계속 증가시켜 시장이자율을 낮추고 대출을 증가시켜 수요를 증가시킬 수 있다. 이러한 정책을 양적완화quantitative easing라고 한다. 다음으로 중앙은행이 이자율을 더 이상 낮출 수 없을 정도로 낮은 수준으로 유지한다고 믿으면 가계와 기업의 기대인플레이션이 상승해 현재소비와 투자가 증가한다. 이와 같은 금융정책의 전달경로를 기대경로expectations channel라고 한다. 나아가 연방준비제도는 1조 달러 이상의 회사채를 매입해 가계와 기업의 금융비용을 줄여주었는데 이는 매우 이례적인 일이었다.

2 미국의 연방준비제도는 광범위한 유동성공급 창구를 가동했다. 먼저 재할인 창구를 통해 금융기관 대출을 확대하고, 심지어 TAFTerm Auction Facility라는 임시창구를 마련해 경매로 중앙은행 대출이자율을 정할 수 있도록 했다. TAF를 통한 대출은 수량제한에도 불구하고 대출이자율이 낮아 재할인 창구보다 인기가 높았다. 유럽중앙은행도 2008년 유사한 창구를 운영했다. 다음으로 연방준비제도는 투자은행과 AIG 같은 보험회사에도 대출을 확대했다. 비은행 금융기관에 대한 중앙은행의 대출은 매우 이례적인 일이다.

3 미국 정부는 재무성이 7,000억 달러 한도 내에서 금융기관의 서브프라임 관련 자산을 매입하고 은행을 지원

할 수 있게 했으며, 예금인출사태를 방지하고자 연방예금보험공사Federal Deposit Insurance Company, *FDIC*는 잠정적으로 예금보험한도를 10만 달러에서 25만 달러로 증가시켰다. 한편 유럽에서는 2008년 가을 금융기관 파산을 막기 위해 구제금융을 실시했다. 구제금융은 10조 달러를 상회했고 20여 개 나라가 참여한 전례가 없는 국제공조였다.

4 재정정책은 2008년 부시정부의 780억 달러 규모의 일시적인 세금환불과 오바마정부의 2,880억 달러 규모의 조세삭감, 4,990억 달러 규모의 정부지출이 있었다. 그러나 오바마정부의 정책은 2010년에야 집행돼 위기 극복에는 크게 도움이 될 수 없었다. 결국 2007~9년 금융위기 극복에는 금융정책이 주된 역할을 하였다.

금융위기 이후 제로금리를 유지하다가 2017년 현재 기준금리를 0.5%에서 0.75%로 0.25%포인트 추가 인상함으로써 금융위기로부터 보다 멀어지는 양상을 시현하고 있으나 트럼프 정부의 출범이 암시하듯이 소득격차, 양질 일자리의 부족 등 난제들이 앞에 놓여 있다.

요 약

≫ 자본이동이 완전한 작은 개방경제의 경우 변동환율제도 아래에서 유효한 정책은 금융정책이고, 고정환율제도 아래에서 유효한 정책은 재정정책이다. 변동환율제도 아래에서 작은 개방경제의 처음 균형이 장기균형에 있을 때 팽창적인 금융정책은 단기적으로 실질환율을 높이고 순수출을 증가시키므로 균형산출량이 증가한다. 그러나 장기에는 물가수준만 상승시킬 뿐 산출량과 실질환율에 아무런 영향을 미치지 못한다. 한편 고정환율제도 아래의 작은 개방경제에서 팽창적인 재정정책이 시행되면 단기에 산출량이 증가하지만 장기에는 물가가 상승하고 실질환율이 하락해 산출량이 장기균형수준으로 복귀한다.

≫ 고정환율제도 아래에서 자본이동이 완전한 작은 개방경제의 처음 균형이 장기균형에 있을 때 평가절하가 이루어지면 단기에 실질환율이 상승하고 순수출이 증가하므로 산출량이 증가한다. 그러나 장기에는 물가가 명목환율의 평가절하 폭만큼 상승하므로 산출량과 실질환율이 원래 수준으로 복귀한다.

≫ 공급충격은 경제 규모와 환율제도에 관계없이 산출량에 영향을 미친다.

핵심용어

- 명목환율의 과잉변동
- 정상상태균제상태의 균형

연습문제

01 '작은' 개방경제에서 은행의 예금통화 창출에 충격이 주어져 금융위기가 발생한 경우 실물부문에 미치는 영향이 변동환율제도의 경우에 더 큰가 아니면 고정환율제도의 경우에 더 큰가?

02 '작은' 개방경제에서 총공급곡선이 우상향하는 경우 고정환율제도 아래에서 ① 적응적 기대의 경우와 ② 합리적 기대의 경우에 재정정책의 효과를 각각 분석하시오.

03 '작은' 개방경제에서 총공급곡선이 우상향하는 경우 공급충격의 효과가 ① 적응적 기대의 경우와 ② 합리적 기대의 경우에 각각 어떻게 다르게 나타나는지 분석하시오.

04 자본이동이 자유로운 '작은' 개방경제가 다음과 같이 주어졌다고 한다.

$$C=2{,}000+0.75(Y-T) \qquad r=r^f=0.05$$
$$I=1{,}900-30{,}000r \qquad P^f=1$$
$$G=1{,}000 \qquad \frac{M^d}{P}=\frac{Y}{20r}$$
$$T=1{,}000 \qquad NX=750-0.05Y-\frac{400}{\varepsilon}$$

여기서 물가수준은 $P=1{,}000$으로 고정돼 있고 완전고용수준 산출량은 $\bar{Y}=10{,}000$이라고 한다. 이 경제가 변동환율제도이고 통화량이 $M=10{,}000{,}000$이라고 할 때 다음 물음에 답하시오.

(1) *IS*곡선을 구해 도시하고, *IS*곡선의 기울기와 위치를 결정하는 요인을 설명하시오.

(2) *LM*곡선을 구해 도시하고, *LM*곡선의 기울기와 위치를 결정하는 요인을 설명하시오.

(3) 총수요곡선을 구해 (Y, P) 평면에 도시하고 총수요의 가격탄력도를 구하시오. 총수요곡선의 위치를 결정하는 요인은 무엇인가?

(4) 단기균형에서 산출량, 실질환율 및 명목환율을 구하시오. 소비, 투자, 순수출은 얼마인가?

(5) 정부지출이 1,100으로 증가했다고 한다. 산출량, 실질환율 및 명목환율을 구하고 그림을 이용해 정부지출 증가의 효과를 분석하시오. 정부지출이 증가한 후와 증가하기 전의 순수출을 비교해 보시오.

(6) 정부지출은 처음과 같고 통화량이 10,500,000으로 증가했다고 한다. 산출량, 실질환율 및 명목환율을 구하고, 그림을 이용해 통화량 증가의 효과를 분석하시오.

(7) 정부지출과 통화량은 처음과 같고 무역정책에 따라 순수출의 절편이 850으로 증가했다고 한다. 산출량, 실질환율 및 명목환율을 구하고 그림을 이용해 무역정책의 효과를 분석하시오. 소비, 투자, 순수출은 얼마인가?

(8) 정부지출과 통화량 및 순수출의 절편은 처음과 같고 외국의 팽창적인 재정정책에 따라 외국의 이자율이 0.055로 상승했다고 한다. 산출량, 실질환율 및 명목환율을 구하고, 외국 이자율 상승의 효과를 그림을 이용해 분석하시오. 소비, 투자, 순수출은 각각 얼마인가?

이제 이 경제가 고정환율제도를 채택하고 있다고 가정하고 다음의 물음에 답하여 보시오. 이때 명목환율은 $e=1{,}000$이라고 한다.

(9) 총수요곡선을 구하여 (Y, P) 평면에 도시하고 총수요곡선의 위치를 결정하는 요인을 설명해 보시오.

(10) 단기균형에서 산출량과 통화량을 구하고, 단기균형을 그림을 이용해 설명하시오. 소비, 투자, 순수출은 얼마인가?

(11) 정부지출이 1,120으로 증가했다고 한다. 단기균형에서 산출량과 통화량을 구하고, 단기균형을 그림을 이용해 설명하시오. 소비, 투자, 순수출은 얼마인가?

(12) 통화정책의 효과를 분석해 보시오.

(13) 정부지출은 처음과 같고 무역정책에 따라 순수출의 절편이 870으로 증가했다고 한다. 단기균형에서 산출량과 통화량을 구하고, 단기균형을 그림을 이용해 설명하시오. 소비, 투자, 순수출은 얼마인가?

(14) 정부지출과 순수출의 절편은 처음과 같고 외국의 팽창적인 재정정책에 따라 외국의 이자율이 0.055로 상승했다고 한다. 단기균형에서 산출량과 통화량을 구하고, 단기균형을 그림을 이용해 설명하시오. 소비, 투자, 순수출은 얼마인가?

05 자본이동이 자유로운 '작은' 개방경제의 총수요부문이 **04**와 같고 총공급곡선이 다음과 같이 주어졌다고 한다.

$$Y = 10{,}000 + 100(P - P^e)$$

처음 기대물가수준이 $P^e = 1{,}000$이고, 변동환율제도 아래에서 이 경제의 통화량이 $M = 10{,}000{,}000$으로 주어졌다고 한다. 다음 물음에 답하시오.

(1) 총수요곡선을 구하고 (Y, P) 평면에 총공급곡선과 함께 도시하시오. 균형소득과 물가수준은 얼마인가? 그리고 소비, 저축, 투자, 순수출, 명목환율은 얼마인가?

(2) 통화량이 12,240,000으로 증가했다고 한다. 통화량 증가의 효과를 (Y, P) 평면에 도시하시오. 균형소득과 물가수준은 얼마인가? 소비, 저축, 투자, 순수출 및 명목환율은 얼마인가?

(3) (2)와 같이 팽창적인 금융정책이 시행되었을 때 새로운 장기균형에서의 균형물가수준은 얼마인가?

이 경제가 고정환율제도이고 환율이 $e = 1{,}000$으로 주어졌다고 한다. 다음 물음에 답하시오.

(4) 총수요곡선을 구하고 (Y, P) 평면에 총공급곡선과 함께 도시하시오. 균형소득과 물가수준은 얼마인가? 그리고 소비, 저축, 투자, 순수출 및 통화량은 얼마인가?

(5) 정부지출이 1,608로 증가했다고 한다. 이와 같은 정책의 효과를 (Y, P) 평면에 도시하시오. 균형소득과 물가수준은 얼마인가? 그리고 소비, 저축, 투자, 순수출 및 통화량은 얼마인가?

(6) 정부지출은 처음과 같고 명목환율을 $e = 1{,}200$으로 평가절하했다고 한다. 이와 같은 정책의 효과를 (Y, P) 평면에 도시하시오. 균형소득과 물가수준은 얼마인가? 그리고 소비, 저축, 투자, 순수출 및 통화량은 얼마인가?

06 자본이동이 자유로운 '작은' 개방경제의 총수요부문이 **04**와 같고, 총공급곡선이 다음과 같이 주어졌다고 한다.

$$Y = 10{,}000 + 10(P - P^e)$$

처음 기대물가수준이 $P^e = 1{,}000$이고, 변동환율제도 아래에서 이 경제의 통화량이 $M = 10{,}000{,}000$으로 주어졌다고 한다. 다음 물음에 답하시오.

(1) 단기균형에서 산출량, 물가수준, 실질환율 및 명목환율을 구하시오.

(2) 일시적인 부negative의 공급충격에 따라 총공급곡선의 절편이 5,500으로 감소했다고 한다. 다시 말해 이번 기의 총공급곡선의 절편은 5,500이지만 다음 기부터는 원래 수준인 10,000으로 복귀한다고 한다. 단기균형에서 산출량, 물가수준, 실질환율 및 명목환율을 구하시오. 소비, 저축, 투자 및 순수출은 얼마인가?

이 경제가 고정환율제도이고 환율은 $e = 1{,}000$이라고 한다. 다음 물음에 답하시오.

(3) 단기균형에서 산출량, 물가수준, 실질환율 및 통화량을 구하시오.

(4) 일시적인 부의 공급충격에 따라 총공급곡선의 절편이 6,600으로 감소했다고 한다. 다시 말해 이번 기의 총공급곡선의 절편은 6,600이지만 다음 기부터는 원래 수준인 10,000으로 복귀한다고 한다. 단기균형에서 산출량, 물가수준, 실질환율 및 통화량을 구하시오. 소비, 저축, 투자 및 순수출은 얼마인가?

07 1997~8년에 발생한 우리나라 금융위기의 원인, 전개과정 및 결과에 관해 논하시오.

08 2007~9년에 발생한 세계 금융위기의 원인, 전개과정 및 결과에 관해 논하시오. 그리고 세계 금융위기가 우리나라 경제에 미친 영향에 대해서도 설명하시오.

09 한 작은 개방경제의 단기균형에서 명목이자율이 0%이고 불황갭이 존재한다고 한다. 이 경제는 변동환율제도를 채택하고 있다. 이 경제의 중앙은행이 최근 미국이 채택한 바 있는 양적 완화quantitative easing를 시행하였을 때의 효과를 자세히 분석하여 보시오.

10 일본이 현재 시행하고 있는 소위 아베노믹스Abenomics의 단기효과를 분석하고 장기균형의 관점에서 성공가능성을 진단하여 보시오.

PART V

A national debt, if it is not excessive, will be to us a national blessing.

- A. Hamilton, Robert Morris 에게 보낸 편지, *1781* -

Lenin was right, There is no subtler, no surer means of overturning the existing basis of society than to debauch the currency.

- J.M. Keynes(1919), *The Economic Consequences of Peace,* ch. 6. -

This monetary framework should operate under the 'rule of law' rather than the discretionary authority of administrators.

- M. Friedman, "A Monetary and Fiscal Framework for Economic Stability," *American Economic Review, 1948.* -

Wouldn't it be nice if all cities were like Milton Keynes?

- *1990* 년대 *Milton Keynes* 시(市)를 위한 광고문구 -

Macroeconomics

거시경제정책론

Chapter 12 | 안정화정책

Chapter 13 | 재정정책

거시경제학을 포함한 여러 분야의 경제학을 배우는 목적은 첫째, 경제현상을 설명하고, 둘째, 미래에 일어날 경제현상을 예측하며, 셋째, 경제현상에 대처할 수 있는 올바른 경제정책을 입안하고 입안한 정책을 바르게 시행하는 방법을 익히는 데 있다. 지금까지 우리는 폐쇄경제와 개방경제에서 여러 가지 거시경제 정책의 효과를 이론적으로 분석해 보았다. 분석에 의하면, 적어도 단기에는 정책을 통해 산출량, 고용, 순수출 같은 실물변수 real variables 와 물가수준인플레이션, 이자율, 명목환율 같은 명목변수 nominal variables 에 영향을 미칠 수 있다. 따라서 경제가 경기변동 국면에 따라 완전고용수준에서 벗어나 있을 때 적절한 정책을 사용하여 완전고용수준으로 빠르게 복귀시키는 것은 일견 지극히 타당한 것으로 보인다. 그러나 실제 경제에서는 문제가 그렇게 간단하지 않다.

안정화정책에 관한 논쟁은 다음과 같이 세 가지로 나뉜다. 첫째, 학파와 학자에 따라 안정화정책의 효과성 policy effectiveness 에 관한 의견이 엇갈린다. 즉 정책의 효율성에 관련하여 안정화정책이 효과가 있느냐 없느냐의 논쟁이 있으며, 총수요관리정책 가운데 어떤 정책이 더 효과적인지를 두고 논쟁을 벌이기도 한다. 케인즈학파는 전통적으로 재정정책을 우선시하는 반면 고전학파나 통화주의자 monetarist 들은 통화금융정책을 더 중시하는 입장을 보이고 있다.

둘째, 경제를 안정화시키기 위해 정책을 적극적으로 사용해야 하느냐 policy activism, 가능하면 개입을 자제하는 수동적인 입장을 유지해야 하느냐 policy passivism 의 의견 차이가 있다. 이에 관한 논쟁에서 정책시차 policy lag 와 미래에 대한 예측의 어려움이 존재한다는 주장에 주목할 필요가 있다. 정책시차가 나타나는 것은 경기변동의 진행 양태에 관한 정보를 수집해 정책을 입안한 다음 입법절차를 거쳐 실제로 정책을 시행하기까지 많은 시간이 소요되기 때문이다. 따라서 정책이 효율적이라고 해도 적시에 사용하는 것이 어렵다는 문제가 생긴다.

셋째, 안정화정책을 시행하는 것이 옳다고 판단했을 때 정책을 어떻게 시행하는 것이 좋으냐는 문제가 남는다. 정책을 시행하는 방법은 미리 정해둔 준칙 rule 을 따르는 방법과 수시로 변화하는 경제적인 조건에 대응하기 위해 정책담당자의 재량discretion에 의존하는 방법으로 나뉜다. 두 방법 사이에 정책의 신뢰성credibility 및 시간 비일관성time inconsistency 문제에 차이가 있으며, 안정화정책의 내용 및 효과 또한 다르게 나타난다.

안정화정책과 별개로 재정정책은 그 자체가 하나의 중요한 연구과제가 되기도 한다. 앞에서 우리는 정부소비를 외생적인 것, 곧 하늘에서 떨어진 총수요의 한 부분인 것처럼 취급했지만 실제에서는 정부예산을 통해 실행된다. 다시 말해 정부소비는 정부예산제약식budget constraint을 만족시켜야 한다.

예를 들어 정부가 세금으로 거둬들인 수입보다 더 많이 지출한 경우에 재정적자를 보전하려면 정부공채government bond를 발행해 민간으로부터 차입하거나 화폐를 발행하는 방법밖에 없는데 오늘날 대부분의 나라에서 중앙은행이 정부와 독립돼 있기 때문에 화폐를 발행하는 방법은 전쟁 등 비상시의 경우 이외에는 생각할 수 없다. 따라서 정부공채를 발행하여 민간으로부터 자금을 차입하는 방법만 남는데, 이는 곧 정부국가부채government debt로 축적된다.

정부 부채에 대해서도 다양한 논란이 있다. 첫째, 정부 부채를 어떻게 측정하는 것이 옳으냐는 논란이 있다. 측정 방법에 따라서 정부부채 크기가 상당한 차이를 나타내기 때문에 측정 방법을 바르게 이해해야 한다.

둘째, 정부부채가 경제에 미치는 영향에 관한 논란이 있다. 앞에서 살펴본 바와 같이 정부부채가 경제에 미치는 효과에 관한 전통적인 견해는 재정적자정부부채의 증가가 저축을 감소시키고 투자자본축적에 대해 밀어내기효과를 갖는다고 주장한다. 이에 반해 정부지출의 흐름이 일정하게 주어져 있을 때 재정적자 정부부채의 변동이 저축이나 자본축적에 어떤 영향도 미치지 않는다는 견해도 있는데, 이를 리카도의 동등성정리Ricardian equivalence theorem라고 부른다.

12

Chapter

안정화정책

안정화정책은 1936년 케인즈가 《고용, 이자 및 화폐에 관한 일반이론》을 발표한 후 지금까지 계속되고 있는 논쟁 주제 가운데 하나이다. 케인즈학파와 고전학파 사이의 처음 논쟁은 경제가 완전고용수준에서 벗어나 높은 비자발적 실업이 나타날 때 자동적으로 완전고용수준으로 복귀하는 자동조정기능이 있느냐에 관한 것이었다. 고전학파는 경제가 완전고용수준에서 벗어나면 임금과 물가가 신축적으로 변동해 신속하게 완전고용수준으로 복귀한다고 주장하였으나, 케인즈는 경제에 자동조정기능이 존재하지 않거나 존재해도 불완전하기 때문에 경제가 완전고용수준으로 복귀하는 데에는 많은 시간이 소요된다고 보았다.

고전학파는 실업률이 높아지면 노동시장의 조정을 통해 완전고용수준으로 복귀한다고 본다. 즉 실업이 존재하면 실질임금이 하락해 생산자 비용이 감소하는데, 이때 생산자 이윤이 증가하므로 생산이 증가해 점차 고용이 완전고용수준으로 복귀하게 된다는 것이다. 이와 같이 고전학파에게 실업은 공급측면의 현상으로, 공급측면의 자동조정기능에 의해 해소된다. 그러나 케인즈학파에게 실업은 재화에 대한 수요가 충분하지 않기 때문에 나타나는 것이다. 즉 재화에 대한 수요가 충분하지 않으면 생산자의 이윤이 감소하므로 그 결과로 산출량 감소와 높은 실업이 나타난다는 것이다.■ 따라서 케인즈학파는 총수요가 증가해야 실업 문제가 해소된다고 보고, 만약 미래에 대한 비관적 기대 같은 여러 가지 이유 때문에 총수요의 자동적인 증가가 어렵다면 총수요를 증가시키는 정책을 통해 미세조정 fine tuning 을 해야 한다고 주장한다.

■ 이는 케인즈의 《일반이론》이 1930년대 대공황을 해결하기 위해 저술되었다는 점을 고려하면 이론적으로 쉽게 이해할 수 있는 입장이다.

12.1 총수요관리정책의 상대적 효율성에 관한 논쟁

고전학파에 대한 케인즈학파의 공격은 거시경제의 자동조정기능이 작동하지 않는 경우를 중심으로 이루어졌다. 논의의 중심에는 앞에서 배운 *IS-LM* 모형을 구성하는 몇 개 함수의 이자율 탄력성이 있다. 케인즈학파는 *IS* 곡선의 구성요소인 투자의 이자율 탄력성은 매우 낮지만 *LM* 곡선의 구성요소인 화폐수요의 이자율 탄력성은 매우 높다고 주장하는 데 반해 프리드먼M. Friedman을 중심으로 한 통화주의자들은 화폐수요의 이자율 탄력성은 크지 않고 이자율보다는 오히려 소득에 더 크게 영향을 받는다고 주장한다. 투자와 화폐수요의 이자율 탄력성은 총수요관리정책의 상대적인 효율성에 영향을 미치기 때문에 탄력성에 대한 의견 차이는 현대 거시경제학에서 안정화정책에 관한 기나긴 논쟁의 시발점이 되었다.

12.1.1 투자와 화폐수요의 이자율 탄력성

투자함수의 이자율 탄력성은 *IS* 곡선의 기울기에 영향을 미친다. 곧 투자함수가 이자율에 대해 탄력적이면 *IS* 곡선의 기울기가 완만하게 나타나고 반대의 경우에는 급하게 나타난다. 다시 말해 투자의 이자율 탄력성이 크면 이자율이 하락했을 때 투자가 크게 증가하는데, 이는 다시 승수효과를 통해 산출량을 크게 증가시켜 산출량과 이자율 평면에서 *IS* 곡선의 기울기가 완만하게 나타난다. 반대로 투자의 이자율 탄력성이 작으면 이자율이 하락했을 때 투자가 적게 증가하는데, 이는 다시 승수과정을 통해 산출량을 적게 증가시키기 때문에 산출량과 이자율 평면에서 *IS* 곡선의 기울기가 급하게 나타난다. 한편 투자가 이자율에 대해 완전 비탄력적perfectly inelastic이면 *IS* 곡선이 수직으로 나타난다.

화폐수요의 이자율 탄력도는 *LM* 곡선의 기울기에 영향을 미친다. 즉 화폐수요의 이자율 탄력도가 크면 클수록 *LM* 곡선은 더 완만해지고 화폐수요의 이자율 탄력도가 무한대곧 유동성함정이면 *LM* 곡선이 수평으로 나타난다.

투자의 이자율 탄력도는 작고 화폐수요의 이자율 탄력도는 무한대인 경우곧 유동성함정의 경우가 **그림 12-1** (a)에 나타나 있다. 처음 균형이 (a)의 점 *A*에서 이루어지고 있을 때 팽창적인 금융정책으로 화폐공급이 증가하면 LM_1이 LM_2로 이동하지만, 처음 균형인 점 *A*가 유동성함정에 빠져 있기 때문에 단기균형은 이동하지 않고 실질소득도 Y_1에서 변함이 없다. 다시 말해 단기균형이 유동성함정에 빠져 있으면 금융정책의 효과가 나타나지 않는다.

유동성함정의 존재는 고전학파의 자동조정기능에 중대한 결함이 있음을 의미

그림 12-1 **투자와 화폐수요의 이자율 탄력성과 그 효과**

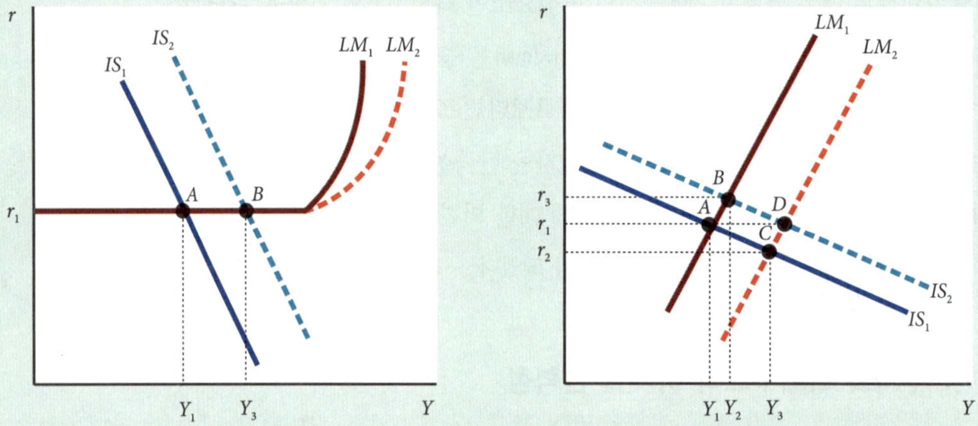

(a) 유동성함정 (b) *IS*곡선과 *LM*곡선의 상대적 기울기

재정정책과 금융정책의 상대적인 효율성은 *IS*와 *LM*곡선의 기울기(탄력성)에 달려 있다. 일반적으로 *LM*곡선에 비해 *IS*곡선의 기울기가 급하면 재정정책이 금융정책보다 더 효율적이고 반대의 경우에는 금융정책이 더 효율적이다. 특히 (a)에서 *LM*곡선이 수평으로 나타나는 유동성함정의 경우에는 금융정책은 무력하고 재정정책은 극대의 효율성을 갖는다. 한편 화폐수요의 이자율 탄력성은 작고 투자의 이자율 탄력성이 큰 경우가 (b)에 나타나 있다. 이 경우 재정정책과 통화정책의 크기가 *AC*로 같은 경우 통화정책의 효과 Y_3-Y_1이 재정정책의 효과 Y_2-Y_1보다 크다.

한다. 즉 고전학파의 이론에 따르면, (a)의 점 *A*에서 단기균형을 이룰 때 소득 Y_1이 완전고용수준보다 낮아 불황 갭이 존재하면 노동시장에서 실질임금이 하락해 완전고용수준으로 복귀하게 된다. 케인즈학파는 이러한 조정이 경우에 따라서는 불가능하다고 본다. 즉 불황 갭이 존재해 물가수준이 하락하면 실질통화량이 증가해 (a)의 LM_1이 LM_2로 이동하지만 점 *A*에서 유동성함정에 빠져 있기 때문에 산출량이 변화하지 않고 완전고용으로의 자동조정이 일어나지 않는다는 것이다.

그렇다면 어떻게 해야 경제가 유동성함정에서 빠져나올 수 있을까? 케인즈의 대답은 팽창적인 재정정책의 사용이었다. 즉 케인즈학파는 투자가 이자율보다 미래에 대한 기대에 더 크게 의존한다고 본다.■ 이 경우에는 투자의 이자율 탄력도가 낮고 **그림 12-1** (a)에 나타나 있는 바와 같이 *IS*곡선의 기울기가 가파르게 나타난다. 따라서 팽창적인 재정정책을 실시하면 단기균형이 (a)의 점 *A*에서 *B*로 이동하고 산출량이 Y_1에서 Y_2로 증가하므로 유동성함정에서 탈출할 수 있다.

■ 투자가 "동물적 영감"animal spirit에 의해 결정된다고 한 케인즈의 말은 이러한 인식에 바탕을 두고 있다.

이와 같이 케인즈와 케인즈학파의 고전학파에 대한 비판은 투자와 화폐수요함수의 이자율 탄력성을 중심으로 이루어졌고, 케인즈학파의 비판에 대한 고전학파의 이론적인 방어는 피구효과 Pigou effect[1] 와 프리드먼의 화폐수량설 재해석[2] 을 통해 이루어졌다.

12.1.2 피구효과

피구는 소비가 가처분소득뿐만 아니라 부 wealth 의 실질가치에도 영향을 받는다고 주장했다. 피구의 주장에 따르면, W를 부의 명목가치, P를 물가수준이라고 할 때 소비함수를 다음과 같이 쓸 수 있다.

$$C = C\left(Y - T, \frac{W}{P}\right) \tag{12-1}$$

여기서 소비는 실질 부 real wealth 가 증가하면 함께 증가하고, 실질 부가 감소하면 역시 함께 감소한다.

이와 같이 소비함수를 변형하면 IS 곡선이 실질 부의 함수가 되어 실질 부가 증가할 때 소득과 이자율 평면에서 IS 곡선이 오른쪽으로 이동한다.■ 이 경우에는 경제가 유동성함정에 빠져 있어도 고전학파의 자동조정기능이 작동한다. 즉 **그림 12-1 (a)**의 처음 균형점 A에서는 불황 갭이 존재하므로 물가가 하락하고 실질화폐공급이 증가해 LM_1이 LM_2로 이동한다. 이때 물가수준 하락은 실질 부 W/P를 증가시켜 IS_1이 IS_2로 이동한다. 따라서 총수요가 증가하고 균형산출량이 완전고용수준을 향하여 증가한다. 따라서 피구효과가 존재하면 유동성함정의 경우에도 고전학파의 자동조정기능이 나타난다.

■ 이는 제5장 식(5-29)에서 독립적 소비 C_0가 실질부의 증가에 따라 커지는 것으로 해석할 수 있다. 즉 IS곡선이 우측으로 이동하게 된다. 보다 엄밀하게 수리적 이유를 보이자면, IS곡선은 아래와 같이

$$I(r) = S(Y - T, \frac{W}{P})$$

가 성립하는데 실질부 W/P가 증가하면 소비 C가 증가하고 저축 S가 감소하게 된다. 좌변의 하락에도 등식이 성립하려면 우변 투자 또한 감소해야 하는데 이는 이자율의 상승으로 가능하다. 즉 주어진 Y하에서 r이 상승하므로 IS곡선을 위로(오른쪽으로) 이동하게 된다.

피구효과가 알려지고 나서 다양한 이론적 · 실증적 비판이 가해졌다. 먼저 이론적인 측면에서 다음과 같은 비판들이 있다.

먼저 민간부문의 부는 중앙은행이 발행하는 화폐와 정부가 민간으로부터 차입하기 위해 발행하는 정부공채로 구성된다. 이때 정부공채는 장차 조세를 거둬 상환하게 되므로 공채 전부가 민간의 부라고 볼 수는 없다. 따라서 실질 부를 다음과

1 Pigou, A.C.(1943), "The Classical Stationary State," *Economic Journal* v.53, pp. 343-351.

2 Friedman, M.(1956), "The Quantity Theory of Money: A Restatement," in *Studies of the Quantity Theory of Money*, Chicago: Chicago University Press.

같이 정의할 수 있다.

$$W = M + \alpha B \tag{12-2}$$

여기서 B는 현재 발행된 정부부채공채, α는 전체 정부부채 중 민간부문의 부로 취급할 수 있는 정부부채의 비율이다. 만약 $\alpha = 0$이면 민간부분의 부로 취급할 수 있는 정부공채가 0이 되는데, 이때의 실질 부 M/P을 실질화폐잔고 real money balance, 이때의 피구효과를 실질잔고효과 real balance effect라고 부른다.[3]

화폐공급은 중앙은행이 발행하는 본원통화와 예금은행에 의해 창출되는 예금통화로 구성된다. 여기서 본원통화를 외부화폐 outside money, 예금통화를 내부화폐 inside money라고 한다. 한편 일부 학자들은 내부화폐가 민간부문 안에서 창출된 것이기 때문에 부에 포함시키면 안 된다고 주장한다.

피구효과에 대한 이론적인 비판과 함께 실증적인 비판도 뒤따랐다. 즉 피구효과가 전체 부 total wealth의 일부를 구성하는 실질화폐잔고와 정부공채의 일부분에 의존하므로 실증적으로 그 크기가 작고, 소비지출과 실질 부 사이에 상관관계가 존재하긴 하지만 그 계수가 매우 작기 때문에 피구효과에 의해 장기균형으로 복귀하는 데 많은 시간이 소요된다는 것이다.

12.1.3 프리드먼의 화폐수량설 재해석

"신화폐수량설"이라고도 불리는 프리드먼의 화폐수량설 재해석은 현대적인 자산선택이론 portfolio choice을 이용하여 단순한 교환방정식에 바탕을 둔 화폐수량설을 재해석한 것이다. 즉 프리드먼의 화폐수량설 재해석은 다음과 같은 화폐수요함수에 바탕을 두고 있다.

고전적 화폐수량설에 관하여 부록 5.2를 참고하자. 핵심내용으로서 경제에 존재하는 화폐량 M이 V라는 유통속도로 활용될 때 경제의 명목총산출량 $P{\cdot}Y$의 거래를 가능케 한다는 직관적 가설로서 $M{\cdot}V=P{\cdot}Y$의 방정식으로 표현할 수 있다. 이는 곧 $M=(1/V){\cdot}PY$로 표현할 수 있는데 식 (12-3)과 대비된다.

$$M^d = f(i_b, i_e, \pi, w, 1/Y^p, u)PY^p \tag{12-3}$$

여기서 P는 물가수준, i_b와 i_e는 각각 채권과 주식 equity의 명목수익률, π는 인플레이션, w는 전체 부에서 차지하는 인적자본 human capital의 비율, Y^p는 항상소득, u는 여러 자산의 실질수익에 대한 선호를 나타낸다. 이때 화폐유통속도 $v(\cdot)$는 다음과 같이 정의된다.

항상소득에 관하여는 **16장**을 참조할 것.

$$v(i_b, i_e, \pi, w, Y^p, u) = \frac{1}{f(i_b, i_e, \pi, w, 1/Y^p, u)} \tag{12-4}$$

함수 $f(\cdot)$는 앞에서 배운 바 있는 마샬의 k이다.

3 Patinkin, D.(1995), *Money Interest and Prices*, 2nd ed., New York: Harper & Row.

프리드먼의 화폐수량설 재해석은 암묵적으로 효용극대화를 위한 균형자산배합portfolio balance의 결정과 예산제약을 결정하는 부의 역할에 바탕을 두고 있다. 화폐수량설의 재해석을 통해 프리드먼이 주장하고 싶었던 핵심은 다음과 같다.

1 프리드먼은 교환방정식이 화폐수요이론으로 재해석될 수 있음을 보이려고 했다. 즉 교환방정식이 산출량이나 명목소득 또는 물가수준을 결정하는 이론이 아니라 화폐수요이론이며, 이 변수산출량이나 명목소득 또는 물가수준들에 대한 이론으로 교환방정식을 이용하려면 화폐공급이론이나 다른 추가적인 가정이 필요하다는 것이다. 그리고 프리드먼은 화폐수요함수가 경제 여건에 따라 수시로 변화하지 않는 매우 안정적인 함수라고 보았다.

2 프리드먼은 자산선택이론을 이용해 **식** (12-3)과 같은 화폐수요함수를 도출했다. 케인즈도 투기적 동기에 의한 화폐수요를 설명하면서 (비록 화폐와 채권이라는 두 가지 자산만 존재하는 경우이기는 하지만) 역시 자산선택이론을 이용했는데, 이자율에 의존하는 화폐수요함수를 도출하는 방법론에서는 프리드먼과 차이가 없지만 고려하는 자산의 다양성 측면에서 프리드먼과 차이가 있다. 프리드먼의 화폐수요함수인 **식** (12-3)에서는 화폐수요에 영향을 미치는 자산의 종류가 매우 다양채권, 주식, 내구재 같은 실물자산부터 인적자본에 이르기까지하다. 예를 들어 채권과 주식이 화폐수요에 영향을 미치는 것은 이 자산들과 화폐 사이의 대체관계가 높기 때문이다. 프리드먼은 경제에 채권과 주식 같은 화폐와 대체관계인 자산들이 많기 때문에 이 자산들의 수익률을 화폐수요함수에 포함시켜야 하며, (내구재를 포함한) 실물의 수익률인 인플레이션도 화폐수요함수에 포함시켜야 한다고 주장했다.

사람들은 화폐수요를 증가시키고자 하면 여러 자산들 가운데 일부를 매각해 화폐보유량을 증가시키고, 화폐수요를 감소시키고자 하면 여러 자산들을 매입해 화폐보유량을 줄인다. 이때 화폐수요와 대체관계에 있는 여러 자산들을 고려하면 화폐수요에 대한 이자율 탄력성이 감소한다. 예를 들어 채권 수익률 i_b가 상승하면 사람들은 채권 매입량을 늘리는데, 이 경우에 화폐와 채권만 존재한다면 매입하려는 채권의 양만큼 화폐 보유량을 줄여야 하지만 주식이나 실물 같은 여러 자산이 존재하면 채권 매입 금액 가운데 일부를 주식이나 실물 등을 매각해 충당하게 된다. 즉 고려하는 자산의 수가 많으면 채권을 매입할 때 반드시 같은 양의 화폐보유량을 감소시키지 않아도 된다. 이는 채권 수익률의 변동에 대한 화폐수요의 변동이 화폐와 여러 가지 자산이 존재하는 프리드먼의 경우에 화폐와 채권만 존재하는 케인즈의 경우보다 더 작고, 화폐수요의 이자율 탄력성 또한 더 작음을 의미한다.

따라서 프리드먼의 경우에 화폐수요의 이자율 탄력성이 무한대일 때 나타나는 유동성함정이 나타나지 않고 *LM* 곡선의 기울기도 가파르게 나타난다. *LM* 곡선이 가파르게 나타나면 **그림 12-1 (b)**에서 보는 바와 같이 금융정책이 재정정책보다 효과가 더 크게 나타날 수 있다. 즉 **(b)**에서 *IS* 곡선 기울기가 *LM* 곡선 기울기보다 완만하게 나타나 있는데, 이는 화폐수요의 이자율 탄력성은 낮고 투자수요의 이자율 탄력성은 높은 경우이다. 이때 팽창적인 총수요관리정책에 따라 *IS* 곡선과 *LM* 곡선이 $A \rightarrow D$ 만큼 이동하면 팽창적인 재정정책의 경우에는 소득이 Y_1에서 Y_2로 증가하고 팽창적인 금융정책의 경우에는 소득이 Y_1에서 Y_3으로 이동한다. 따라서 팽창적인 금융정책의 효과가 팽창적인 재정정책의 효과보다 더 크다.

한편 프리드먼을 위시한 통화주의자들 monetarist 은 팽창적인 통화정책의 경우 (위에서 살펴본) 이자율 경로뿐만 아니라 정책효과의 다른 전달경로도 존재한다고 본다.■ 즉 팽창적인 통화정책을 시행해 화폐시장에 초과공급이 나타나면 사람들은 적정 보유량 이상의 화폐를 여러 가지 자산의 분산 매입에 사용한다. 이때 금융자산뿐만 아니라 (냉장고나 텔레비전 같은) 내구재 구입곧 소비지출도 증가한다. 이는 곧 **그림 12-1 (a)**에서 팽창적인 금융정책을 시행하면 *LM* 곡선이 오른쪽으로 이동함과 동시에 *IS* 곡선도 오른쪽으로 이동함을 의미한다. 따라서 프리드먼이 제기한 금융정책의 전달경로는 화폐와 (내구재를 포함한) 실물자산의 직접적인 대체관계에도 존재한다.

■ 금융정책의 전달경로에 관하여는 **18장**을 참조할 것.

12.1.4 밀어내기효과

통화주의자들과 새고전학파 경제학자들이 재정정책보다 금융정책을 선호하는 이유 가운데 중요한 것이 밀어내기효과 crowding out effect 이다. 앞에서 자세히 설명했지만 이자율과 물가수준이 고정돼 있지 않고 내생적으로 결정되는 경제에서는 재정지출이 증가하면 이자율이 상승해 민간투자가 감소하므로 케인즈의 교차점모형 Keynesian cross 에서 보는 바와 같이 큰 승수효과가 나타나지 않는다. 즉 재정지출이 증가하면 물가수준이 상승해 실질통화량이 감소한다. 이때 실질통화량 감소는 다시 *LM* 곡선을 왼쪽으로 이동시켜 이자율이 더욱 상승하고 민간투자가 감소하는 2단계의 밀어내기효과가 나타난다. 따라서 통화주의자들과 새고전학파는 재정정책의 효과가 케인즈학파가 주장하는 것만큼 크지 않다고 주장한다.

합리적 기대와 정책의 무력성정리 12.2

거시경제학에서 기대의 중요성은 지금까지 배운 바를 통해 충분히 인식하였을 것이다. 경제주체들의 기대형성에 관한 이론은 1970년대 초에 합리적 기대가설 rational expectations hypothesis 이 등장하면서 본격적으로 발전하였다.

합리적 기대가설이 도입되기 전까지 기대형성이론은 적응적 기대 adaptive expectations 에 의존했다. 적응적 기대는 과거부터 현재까지 알려진 정보를 이용해 기대를 형성하는 것으로, "뒤돌아보는곧 과거를 보는 기대 backward looking expectations"라고도 부른다. 이와 달리 합리적 기대는 (과거부터 현재까지 알려진 정보와 미래의 정보까지 포함한) 모든 이용 가능한 정보를 이용한다. 따라서 합리적 기대를 "앞미래을 보는 기대 forward looking expectations" 라고 부른다.

12.2.1 새고전학파

합리적 기대에서는 정책이 경제주체들이 기대한 것이냐 anticipated, 기대하지 못한 것이냐 unanticipated 가 중요하다. 경제주체들이 완전히 기대한 총수요관리정책은 효과가 없지만 경제주체들이 기대하지 못한 총수요관리정책은 효과가 있기 때문이다.

처음으로 합리적 기대를 이용해 정책 효과를 분석한 학자는 사전트 T.J. Sargent 와 월리스 N. Wallace 이다.[4] 이들은 *IS-LM/AS-AD* 모형에 합리적 기대를 도입해 금융정책의 효과를 분석했다. 이들의 모형에서 정책은 준칙 rule 의 형태로 주어진다. 여기서 준칙은 특정한 알려진 공식에 따라 정책이 결정됨을 의미한다. 예를 들어 통화량이 다음과 같이 정해진다고 가정해 보자.

$$M = M^T - \alpha(\pi - \pi^T) + \beta(u - u^T),\ \alpha, \beta > 0 \qquad (12\text{-}5)$$

---

4 Sargent T. J. and N. Wallace(1975), "Rational Expectations, the Optimal Monetary Instrument and the Optimal Money Supply Rule," *Journal of Political Economy* v. 83 no.2, pp. 241-254.

그림 12-2 **정책의 무력성정리**

합리적 기대 아래에서 기대된 총수요관리정책은 무력하다. 팽창적인 총수요관리정책이 시행되면 AD_1이 AD_2로 이동한다. 그런데 이와 같은 정책은 알려져 있으므로—기대되었으므로—정책시행과 동시에 사람들의 물가수준에 대한 기대가 상향 조정된다. 따라서 $SRAS_1$이 $SRAS_2$로 이동하고 새로운 균형은 $A \to B$의 경로를 따라 이동한다. 즉 이 정책은 실물효과가 없다. 그러나 이러한 결과는 합리적 기대와 시장청산을 결합하였기 때문에 나타난 것으로, 장기임금계약이 존재하거나 정책당국이 일반대중보다 우월한 정보를 가지고 있는 경우에는 기대된 정책일지라도 실물효과를 갖는다.

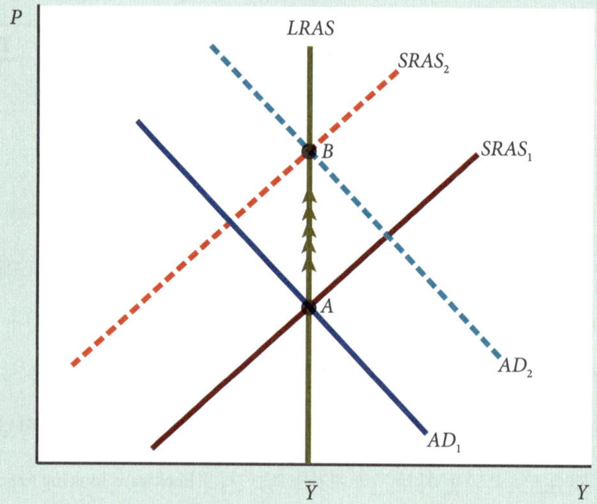

여기서 M, π, u는 실제 통화량, 물가상승률, 실업률, M^T, π^T, u^T는 목표 통화량, 물가상승률, 실업률을 나타낸다. **식** (12-5)와 같이 통화량이 결정되는 경우 실제 물가상승률이 목표물가상승률보다 높으면 통화량을 감소시키고 반대의 경우에는 통화량을 증가시킨다. 그리고 실제 실업률이 목표실업률보다 높으면 통화량을 증가시키고 반대의 경우에는 감소시킨다. **식** (12-5)는 준칙에 따른 통화금융정책의 한 예일 뿐이며 실제로는 다양한 형태의 준칙이 가능하다. 이에 대해서는 뒤에서 자세히 알아보기로 한다.

사전트와 월리스는 통화량이 다음과 같이 정책결정 시점의 정보집합 information set Ω의 일반적인 함수라고 가정한다.

$$M = f(\Omega) \tag{12-6}$$

여기서 정보집합 Ω는 정책을 결정하는 시점에 알려진 과거와 미래에 관한 데이터의 모음이다. 이때 중요한 가정이 추가된다. 즉 일반 경제주체들도 (정책당국과 마찬가지로) 정보집합 Ω를 알고 있다는 것이다. 그리고 **식** (12-6)의 통화정책 규칙이 알려져 있기 때문에 일반 경제주체들도 중앙은행이 결정하는 통화량을 알고 있다. 다시 말해 이 경우의 통화정책은 일반 경제주체들에 의해 기대된예측된 정책이다.

그림 12-2에서 팽창적인 금융정책이 시행되면 총수요곡선이 AD_1에서 AD_2로 이동하는데, 기대된 정책이라면 기대물가수준이 상승하므로 총공급곡선이 반대로 이동해($SRAS_1 \rightarrow SRAS_2$) 균형이 점 A에서 점 B로 이동한다. 따라서 팽창적인 금융정책은 산출량과 고용에는 영향을 미치지 못하고 물가수준만 통화량 증가율과 같은 비율로 상승시킨다. 이와 같이 기대된 통화금융정책이 산출량을 포함한 실물부문에 영향을 미치지 못하는 것을 정책의 무력성정리policy irrelevance theorem라고 부른다. 처음에는 정책의 무력성정리가 합리적 기대 때문에 나타난다고 오해했지만 사전트와 월리스가 주장한 정책의 무력성정리는 다음과 같은 몇 가지 중요한 가정 아래 성립하는 것으로, 합리적 기대 자체가 정책의 무력성정리를 함의하는 것은 아니다.

1 사전트와 월리스는 중앙은행이 규칙에 따라 경제주체에게 알려진 방식으로 정책을 결정한다고 가정한다. 즉 중앙은행이 경제주체들이 알 수 없는 방식으로 정책을 결정한다면 정책효과가 나타날 수 있다.

2 사전트와 월리스는 중앙은행과 경제주체가 같은 정보집합을 가지고 있다고 가정한다. 즉 중앙은행과 일반 경제주체가 현재까지 경제가 진행해 온 과정과 미래에 진행해 갈 과정에 대한 예측에 관해 같은 자료를 가지고 있다고 가정하는 것이다: $\Omega_{민간} = \Omega_{정책당국}$ 그러나 이러한 가정은 조금 과장된 것으로, 중앙은행이 일반 경제주체들보다 훨씬 많은 정보를 가지고 있는 것이 보통이다. 만약 중앙은행이 일반 경제주체들보다 더 많은 정보를 가지고 있다면 일반 경제주체들이 정책을 완전히 예측할 수 없으므로 정책의 무력성정리가 성립하지 않는다.

3 사전트와 월리스는 시장청산market clearing의 경우곧 시장참가자들이 같은 정보를 가지고 있기 때문에 어떤 충격이 주어져도 즉시 수요와 공급이 일치해 균형이 회복되는 경우를 상정하고 있다. 그러나 정책당국과 일반 경제주체 모두 같은 정보를 가지고 있어도 제도적 요인 때문에 시장청산이 즉시 일어나지 못하는 경우가 있을 수 있다. 이 경우에는 기대된 정책이라도 정책효과가 나타난다.

12.2.2 장기임금계약과 정책효과

정책의 무력성정리가 합리적 기대 때문에 나타나는 것이 아니라 위에서 설명한 다른 가정들 때문에 나타난다는 것을 처음 보인 사람은 새케인즈학파로 분류되는

그림 12-3 **장기임금계약의 유형**

장기임금계약은 (a)와 같이 모든 계약이 같은 기간에 체결되는 동시임금계약(synchronized wage contracts)과 서로 교차하는 기간에 체결되는 중첩임금계약(staggered wage contracts)으로 구분할 수 있다. 장기임금계약이 존재하면 합리적 기대의 경우에도 정책의 무력성정리가 성립하지 않는다.

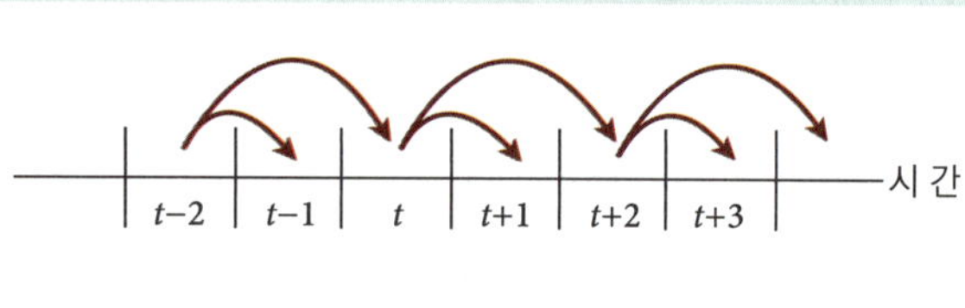

(a) 동시임금계약

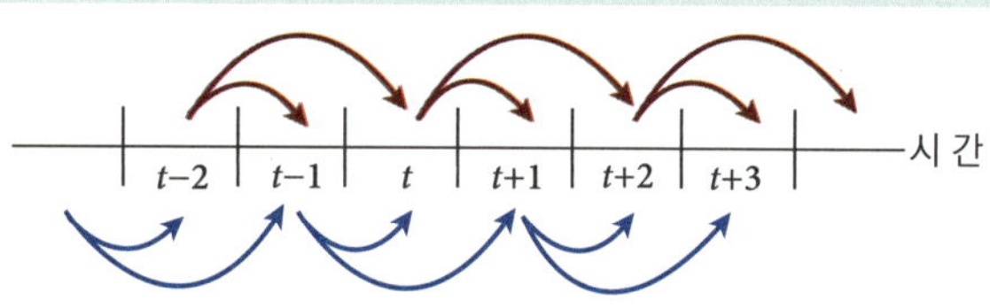

(b) 중첩임금계약

그레이 J.A. Gray[5], 피셔 S. Fischer[6] 및 테일러 J.B. Taylor[7]이다. 이들은 노동자와 사용자가 장기임금계약 long term wage contracts을 체결하는 경우에는 기대가 합리적 기대에 의해 형성된다고 해도 안정화정책의 효과가 나타남을 보였다.

이 이론의 핵심인 장기임금계약은 다음과 같다. 예를 들어 2기간 임금계약은 **그림 12-3 (a)**에서 t기에 $t+1$기, $t+2$기의 명목임금을 정하고 $t+2$기가 되면 다시 $t+3$기, $t+4$기의 명목임금을 정하는 방식으로 두 기간마다 새로 계약임금을 정하는 것이다. 이와 같이 한 기간 안에 미래의 두 기간 이상의 임금을 정하는 것을 장기임금계약이라고 부른다. 이때 t기의 임금은 $t-2$기에 $t-1$기의 임금과 함께 결정되는데, $t-2$기에 정하는 $t-1$기와 t기의 명목임금이 서로 같아야 할 이유가 없음에 주의해야 한다.

그림 12-3 (a)는 한 시점에서 경제의 모든 고용주와 노동자가 동시에 장기계약임금을 정한다고 가정하고 있다. 그러나 모든 사람들이 동시에 계약임금을 정한다

5 Gray, J.A.(1976), "Wage Indexation: A Macroeconomic Approach," *Journal of Monetary Economics* v.2, pp. 221-235.

6 Fischer, S.(1977), "Long-Term Contracts, Rational Expectations, and the Optimal Money Supply Rule," *Journal of Political Economy* v.85, pp. 191-206.

7 Taylor, J.B.(1979), "Staggered Wage Setting in a Macro Model," *American Economic Review 69, Papers and Proceedings*, pp. 108-113.

는 것은 현실적으로 상상하기 어렵다. 실제 경제에서는 홀수 해에 계약을 맺는 사람도 있고, 짝수 해에 계약을 맺는 사람도 있다. 이러한 경우가 **그림 12-3 (b)**에 나타나 있다. 즉 어떤 부류의 사람들은 $(\cdots, t-2, t, t+2, \cdots)$에, 어떤 부류의 사람들은 $(\cdots, t-1, t+1, \cdots)$에 계약임금을 정한다. 이렇게 서로 다른 부류의 사람들이 엇갈리는 해에 계약임금을 정하는 것을 중첩임금계약 staggered wage contract 이라고 부른다.

만약 2기간 임금계약에서 홀수 해와 짝수 해에 각각 절반의 사람들이 계약임금을 정한다면, 각 기간에 두 가지 임금이 존재하며, 사람들 중 절반은 두 기간 전에 정한 계약임금의 적용을 받고 나머지 절반은 한 기간 전에 정한 계약임금의 적용을 받는다. 즉 t기에는 $t-2$기에 정한 임금과 $t-1$기에 정한 임금이 공존하는데 $t-2$기에 정한 임금은 $t-2$기까지 이용 가능한 정보집합 Ω_{t-2}를 이용해 결정됐고, $t-1$기에 정한 임금은 $t-1$기까지 이용 가능한 정보집합 Ω_{t-1}을 이용해 결정됐다.

이때 t기의 통화량이 규칙에 의해 $t-1$기에 결정돼야 한다면, 중앙은행이 통화량 결정에 이용할 수 있는 정보집합은 $t-1$기까지의 정보집합 Ω_{t-1}이다. 여기서 정보집합 Ω_{t-1}은 $t-1$기에 t기와 $t+1$기의 임금을 정하는 사람들이 이용하는 정보와 같기 때문에 $t-1$기에 임금계약을 하는 사람들에게는 (계약임금을 정하는 과정에서 중앙은행의 정책과 그 효과를 정확히 예측하여 계약임금에 반영하므로) 정책효과가 나타나지 않는다. 그러나 나머지 절반의 사람들은 $t-2$기의 정보집합 Ω_{t-2}를 이용해 계약임금을 정하는데 이때 Ω_{t-2}는 Ω_{t-1}보다 한 기간 전에 알려진 정보 집합이므로 Ω_{t-1}을 이용해 결정하는 정책을 정확히 예측할 수 없이 정책에 대한 예측오차가 존재하고 정책은 그만큼 효과를 갖는다.▪ 즉 장기 임금계약이 존재하면 기대가 합리적으로 형성되는 경우에도 총수요관리정책이 실질효과를 갖는다.

▪ 다시 말해 총수요관리정책이 효과를 갖는 것은 장기임금계약 때문에 정책이 결정되기 전에 계약임금을 결정해야 하는 사람들이 존재하기 때문이다.

안정화정책의 실효성에 관한 논쟁 12.3

안정화정책의 효과에 관한 논쟁을 통해 안정화정책의 효과가 기대형성방법, 시장청산의 가능성, 우월한 정보 superior information 의 유무, 노동 · 재화 및 금융시장 등에 나타날 수 있는 경직성의 존재 여부에 따라 결정된다는 사실이 밝혀졌다. 현

BOX 12-1 시차와 관련하여 주의할 점

시차와 관련하여 주의할 점은 다음과 같다. 첫째, 일반적으로 정책효과는 일시에 나타나는 것이 아니라 처음에는 작은 효과가 나타나 차차 커진 다음 극대에 이르고 나서 다시 차차 소멸하게 된다. 이러한 효과의 패턴을 정책의 충격반응함수impulse response function라고 부른다. 정책에는 정책결정 및 정책시행시차인 내부시차뿐만 아니라 정책효과가 시간을 두고 점차 나타나는 외부시차도 있기 때문에 안정화정책의 목적을 달성하기 위해서는 정책당국의 상당한 기술이 요구된다.

둘째, 시차는 정책에 따라 다르게 나타난다. 예를 들어 인지시차는 정책에 상관없이 존재하는데 재정정책이나 금융정책의 경우 인지시차가 같기 때문에 인지시차의 길고 짧음을 두고 두 정책의 좋고 나쁨을 결정할 수 없다.

정책결정 및 정책시행시차는 금융정책이 재정정책보다 짧다. 예를 들어 우리나라의 금융정책은 한국은행의 "금융통화위원회"가 결정한다. 매월 개최되는 정기적인 회의는 물론 비상시의 비정기 회의를 통해 정책을 결정하는데, 일단 정책이 결정되면 즉각적으로 통화량을 변동시킬 수 있기 때문에 금융정책의 경우 정책결정 및 정책시행시차가 짧다.

그러나 재정정책은 정책결정 및 정책시행시차가 길다. 먼저 재정정책의 경우 정부가 정책 제안을 만든 다음 의회의 심의와 승인을 얻어야 하므로 정책결정시차가 상당히 긴 편이다. 국회의 승인을 얻은 다음에도 정책이 실제로 시행되기까지 상당한 시간이 소요된다. 예를 들어 조세 감면을 한다면 의회의 승인을 거쳐 정책이 결정된 후에도 사람들의 급여에 낮아진 세율이 실제로 반영되기까지 시간이 소요되므로 정책시행시차도 존재한다. 정부지출의 경우 정책시행시차가 조세감면보다 더 길 수도 있다. 즉 정책이 결정된 다음 먼저 어떤 재화를 구매할 것인지 결정하고 다시 민간공급업자의 물품공급 제안을 검토한 다음 계약을 체결하기까지 오랜 시간이 소요될 수 있다.

금융정책의 경우 내부시차보다 외부시차가 길다. 팽창적인 금융정책이 시행되면 단기이자율이 하락한 다음 시간을 두고 장기이자율이 하락한다. 이때 투자는 (투자에서 수익이 발생하기까지 시간이 소요되므로) 장기이자율의 함수이기 때문에 장기이자율이 하락한 다음 다시 시간을 두고 증가한다. 따라서 금융정책은 긴 외부시차를 갖는다.

금융정책과 달리 재정정책은 외부시차가 비교적 짧다. 정부지출은 직접적으로 총수요를 증가시키기 때문에 정책효과가 즉각적으로 나타난다. 그러나 조세감면의 경우 시차가 비교적 긴 편이다. 즉 조세감면은 처음에 가처분소득을 증가시키는데, 증가한 가처분소득은 다시 소비지출을 증가시키고 소비지출은 다시 총수요를 증가시키게 된다. 따라서 가계가 실제로 소비지출을 증가시키기까지 정부지출보다 더 긴 시차가 나타난다. 이와 같이 금융정책은 내부시차가 짧고 재정정책은 외부시차가 짧다. 그리고 재정정책 가운데 조세감면보다 정부지출의 외부시차가 더 짧다.

재 대부분의 거시경제학자들은 현대 거시경제의 환경을 고려할 때 안정화정책이 효과가 있다는 점에는 동의한다. 그러나 아직도 안정화정책에 관한 많은 논쟁거리가 남아 있다. 특히 프리드먼은 안정화정책이 과연 경제를 안정화시킬 수 있는지에 대해 근본적인 의문을 제기하고 있다.[8] 즉 다양한 시차lag가 존재할 뿐만 아니라 정책을 바르게 시행하기 위해서는 미래에 일어날 경제 상황을 예측하여야 하는데, 경제 여건은 수시로 변화하므로 예측 자체가 쉽지 않아 안정화정책이 오히려 경제를 불

8 Friedman, M.(1948), "A Monetary and Fiscal Framework for Economic Stability," *American Economic Review* v. 38, pp. 245-264.

안정화destabilizing 시킬 가능성도 있다는 것이다. 따라서 프리드먼은 적극적인 안정화정책보다는 자동안정화장치automatic stabilizer 를 활용할 것을 권한다.

12.3.1 정책시차

안정화정책과 관련해 다음과 같은 시차들이 나타난다.

1 어떤 충격이 발생한 다음 그 충격을 인식해 정책이 필요하다고 판단하는 시점까지의 시차인 인지시차recognition lag 가 있다. 인지시차는 데이터를 모으고 분석해 충격이 발생했음을 알아내는 데 시간이 소요되기 때문에 발생하며, 충격의 본질과 결과를 경제학자들이 확실하게 알아내는 데에 시간이 소요되기 때문에 발생하기도 한다. 특히 충격이 일시적인 것이냐, 항구적인 것이냐를 판단하는 것은 매우 중요한 문제이다. 예를 들어 한국전쟁이나 2차 세계대전처럼 여러 해가 소요되고 그 기간 동안 막대한 국방비 지출이 이루어질 것이라고 쉽게 예측할 수 있는 충격도 있지만 1970년대에 일어난 유가파동oil shocks 처럼 일시적인지 항구적인지 분명하지 않은 충격도 있다. 실제로 유가파동 당시에는 많은 사람들이 "석유수출국기구organization of petroleum exporting countries, *OPEC*"라는 원유 카르텔이 오래 지속되지 못할 것이므로 원유가격이 곧 하락할 것이라고 예측했지만 높은 원유가격이 오랫동안 지속됐다. 한편 일시적인 충격의 경우 안정화정책이 필요할 수 있지만 항구적인 충격의 경우 안정화정책보다는 구조적으로 대응하는 정책이 필요하다.

경우에 따라서는 인지시차가 음negative 이 될 수도 있다. 즉 어떤 충격은 발생하기도 전에 미리 예측할 수 있는데, 이 경우에는 인지시차가 음이 된다. 예를 들어 고용이나 국민소득 등은 계절변동seasonal fluctuations 을 겪으며, 추석이나 설 또는 크리스마스 같은 명절이 다가오면 지출이 많아지고 화폐수요가 일시적으로 많아진다. 이 경우에는 중앙은행이 미리 화폐공급을 증가시켜 이자율 급등을 막음으로써 투자 등에 문제가 발생하지 않도록 한다.

2 정책당국이 정책의 필요성을 인지한 다음 실제로 정책을 시행하기까지의 시차인 정책결정시차decision lags 와 정책시행시차action lags 가 있다. 정책결정시차는 정책의 필요성을 인지한 다음 정책을 결정할 때까지의 시차이며, 정책시행시차는 정책을 결정한 다음 실제로 정책을 시행할 때까지의 시차이다. 정책결정 및 정책시행시차를 내부시차inside lag 라고 부르기도 한다.

그림 12-4 **시차와 불안정화**

정책 효과가 나타나는 시점과 충격이 발생한 시점이 일치하지 않으면 안정화정책이 오히려 경제를 불안정화시킬 수 있다. 그림에서 거시경제의 시간경로 A는 안정화정책을 실시하지 않은 경우이고 B는 안정화정책의 효과가 나타나는 시간경로이다. B의 경로에는 t_1만큼의 시차가 존재한다. 안정화정책 시행 후의 거시경제의 시간경로는 A와 B를 합한 C와 같이 나타난다. 즉 안정화정책은 오히려 경기변동의 진폭을 증가시킨다.

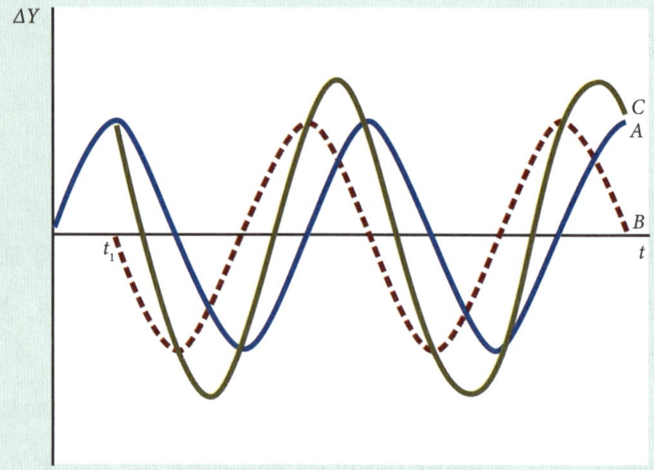

3 정책이 시행된 시점부터 실제로 효과가 나타나는 시점까지의 시차인 외부시차 outside lag가 있다. BOX 12-1 참조

정책시차가 존재하면 안정화정책이 경제를 안정화하기보다는 오히려 불안정화 destabilizing시킬 수 있다. **그림 12-4**의 수평축에는 시간이, 수직축에는 완전고용수준에서 벗어난 소득의 크기인 ΔY가 각각 나타나 있다. 여기서 A는 안정화정책이 시행되지 않을 때 ΔY의 경로이고, B는 안정화정책의 경로이다. 이때 소득에 충격이 주어진 시점이 0, 내부시차와 외부시차를 거쳐 정책효과가 나타난 시점이 t_1이라고 하면, 안정화정책이 시행된 후 ΔY의 경로는 A와 B의 합인 C와 같이 나타난다. 여기서 경로 C는 안정화정책이 시행되지 않은 경우의 경로 A보다 상하진동의 폭이 더 크다. 이는 안정화정책이 오히려 경제를 불안정화시킨 경우이다. 이와 같이 정책시차가 존재하면 정책당국의 의도와 다르게 안정화정책이 오히려 경제를 불안정화시킬 수 있다.

12.3.2 예측의 문제

정책 효과가 나타날 때까지 시차가 존재하고 효과 자체도 긴 시간을 두고 점차 나타나기 때문에 안정화정책을 성공적으로 시행하려면 미래의 경제 여건을 예측economic forecasting해야 한다. 예를 들어 6개월이나 1년 뒤의 경제가 호황일지 불황일지, 만약 호황이라면 얼마나 오래 지속될 것인지를 예측할 수 없다면 안정화정책을 사용해 총수요를 증가시킬 것인지 감소시킬 것인지조차 판단할 수 없게 된다.

미래의 경제 여건에 대한 예측은 보통 두 가지 방법으로 이루어진다.

1 경기선행지수leading economic indicators를 이용할 수 있다. 경기선행지수는 미래 국민소득의 변동에 앞서 변화하므로 경기선행지수가 하락하면 미래 국민소득이 하락할 것임을, 상승하면 미래 국민소득이 증가할 것임을 각각 의미한다.

2 예측모형forecasting model을 이용할 수 있다. 경제 예측모형은 여러 가지가 있는데 정부와 민간 연구기관에서는 경제의 여러 부문을 나타내는 많은 방정식들로 구성된 대규모 계량모형large scale econometric model을 이용한다. 대규모 계량모형은 금융정책이나 재정정책 또는 원유가격 같은 외생변수의 장래 경로에 대한 가정을 대입해 산출량, 고용, 인플레이션 같은 내생변수의 미래 경로를 예측한다. 따라서 대규모 계량경제모형의 예측은 모형 자체의 타당성은 차치하더라도 외생변수의 장래 경로에 대한 가정에 따라 결과가 다르게 나타난다.

12.3.3 자동안정화장치

인정화정책은 지금까지 살펴본 정책시차와 예측의 어려움 때문에 거시경제를 불안정하게 만들 수 있다. 따라서 프리드먼은 적극적인 안정화정책보다는 수동적인 자동안정화장치를 이용할 것을 권하였다. 자동안정화장치의 예로 소득세income tax와 실업수당unemployment compensation 등을 들 수 있다.

먼저 소득세는 소득에 비례하기 때문에 소득이 높은 호황일 때는 높고 소득이 낮은 불황일 때는 낮다. 따라서 경제에 부정적인 충격예: 원유가격 상승이 주어져 소득이 감소할 때는 소득세도 감소해 팽창적인 효과가 나타나고, 경제에 긍정적인 충격예: 수출 증가이 주어져서 소득이 증가할 때는 소득세도 증가해 긴축적인 효과가 나타난다. 이와 같이 소득세는 호황일 때는 긴축적으로, 불황일 때는 팽창적으로 작용하는 안정화 효과가 있다.

실업수당은 실업상태에 있는 노동자들에게 수당을 지급해 소득을 보전해 주는 제도로, 실업이 많이 발생하는 불황일 때는 증가하고 실업이 적게 발생하는 호황일 때는 감소한다. 즉 실업수당은 소득의 변동과 반대 방향으로 변동하므로 안정화 효과를 갖는다.

자동안정화장치와 시차의 관계는 다음과 같다.

1 자동안정화장치는 경제 상황에 따라 자동적으로 기능이 작동하므로 내부시차가 없다. 즉 소득이 증가감소하면 자동적으로 조세 수입이 증가감소하며, 실업이 증가감소하면 역시 자동적으로 실업수당 지출이 증가감소한다. 내부시차가 존재하지 않는 것은 자동안정화장치의 장점이라고 할 수 있다.

2 자동안정화장치에도 외부시차는 존재한다. 즉 경제가 불황일 때 조세수입이 감소하거나 실업수당이 증가해도 그 효과가 나타날 때까지 시차가 있다. 따라서 외부시차의 측면에서는 안정화정책과 비교해 장점이 없다고 할 수 있다.

12.4 금융정책의 수단에 관한 논쟁

일반적인 금융정책 수단으로는 이자율과 통화량화폐공급이 있다. 두 정책수단 중 어느 것이 더 효과적인지에 대하여 케인즈학파와 통화주의자들의 의견이 서로 다르다. 케인즈학파는 통화량보다 이자율을 더 중시하는데, 유동성함정에서 보는 바와 같이 통화량을 증가시켜도 이자율이 하락하지 않으면 정책 효과가 나타나지 않으므로 이자율 변동이 중요하다는 것이다.

그러나 프리드먼을 비롯한 통화주의자들은 시장에는 케인즈학파가 주장하는 하나의 이자율 'the' interest rate 외에도 여러 가지 이자율이 있을 뿐만 아니라 화폐수요의 결정요인이면서도 금융시장에서는 사용되지 않는 자산예: 내구재도 있기 때문에 자산 선택과 균형을 파악할 때 이자율만으로는 불충분하다고 주장한다. 반면에 통화량은 쉽게 측정할 수 있고 통화량 변동을 통해 자산균형의 교란 여부를 쉽게 알 수 있기 때문에 금융정책 수단으로서 통화량이 이자율보다 더 우월하다고 본다.

나아가 프리드먼은 팽창적인 금융정책에 따라 통화량이 증가했을 때 처음 이자율에 나타나는 정책효과와 최종적으로 이자율에 나타나는 정책효과가 다르다는 점을 들어 이자율을 불신했다.[9] 다시 말해 통화량이 증가하면 일시적으로 이자율이

9 Friedman, M.(1968), "The Role of Monetary Policy," *American Economic Review* v. 58 no. 1, pp. 1-17.

하락하지만 정책효과에 따라 지출이 증가하고 명목소득이 증가하면 다시 이자율이 상승하기 시작하는데, 이때 팽창적인 금융정책을 실시하면 인플레이션에 대한 기대가 형성돼 이자율이 더욱 상승해 원래 수준보다 더 높아진다. 따라서 프리드먼은 금융정책이 팽창적인지 긴축적인지를 판단할 때 이자율은 잘못된 지표라고 주장했다.

12.4.1 불확실성과 금융정책 수단

불확실성은 총공급과 총수요 모두에 나타날 수 있고, 총수요에 나타나는 불확실성은 다시 재화시장*IS*곡선과 금융시장*LM*곡선 모두에서 나타날 수 있다. 불확실성이 존재할 때 더 나은 금융정책 수단은 각 부문에서의 불확실성의 상대적인 크기에 의해 결정된다. 여기서는 **그림 12-5**를 이용해 금융정책 수단 가운데 어떤 것을 선택할 것인지를 설명할 수 있다.[10] **그림 12-5**에는 재화시장이나 화폐시장에 불확실성이 존재하는 경우가 나타나 있다.

(a)는 재화시장에 불확실성이 존재하는 경우로, 주어진 충격에 따라 *IS*곡선이 IS_1과 IS_2 사이에 위치한다. 예를 들어 자동지출autonomous spending에 불확실성이 존재한다면 그 실현되는 값에 따라 *IS*곡선의 위치가 변화한다. 즉 자동지출이 가장 작을 때 IS_1, 가장 클 때 IS_2가 되고 자동지출이 두 값의 중간에 위치하면 *IS*곡선이 IS_1과 IS_2 사이에 놓인다. (a)에서 *LM*곡선은 LM_1로 일정하게 주어져 있는데, 이는 화폐시장에 불확실성이 존재하지 않음을 의미한다. 그러나 재화시장에는 불확실성이 존재하므로 *IS*곡선의 위치에 따라 소득과 이자율이 다르게 나타난다. 이때 *IS*곡선이 움직이는 범위가 IS_1과 IS_2 사이이므로 균형소득이 취할 수 있는 값은 Y_2와 Y_3 사이의 값이다. 여기서 다음과 같은 사실에 주의해야 한다. 화폐시장 균형을 나타내는 LM_1이 일정한 것은 중앙은행이 통화량을 일정하게 유지하기 때문인데, 이는 중앙은행이 금융정책 수단으로 통화량을 사용하고 있음을 의미한다.

한편 중앙은행이 이자율을 금융정책 수단으로 사용한다면, *LM*곡선은 **그림 12-5**(a)에서 보는 바와 같이 주어진 이자율 r_1에서 수평으로 나타나는 선으로 교체된다. 즉 이자율을 금융정책 수단으로 사용할 경우 주어진 이자율 r_1에서 화폐수요가 화폐공급보다 많으면 통화량을 증가시켜 화폐에 대한 초과수요를 해소하고, 화폐수요가 화폐공급보다 적으면 통화량을 감소시켜 화폐의 초과공급을 해소한다. 다시

---

10 Poole, W.(1970), "Optimal Choice of Monetary Policy Instruments in a Simple Stochastic Macro Model," *Quarterly Journal of Economics* v. 84, pp. 197-216.

그림 12-5 **불확실성과 정책수단의 선택**

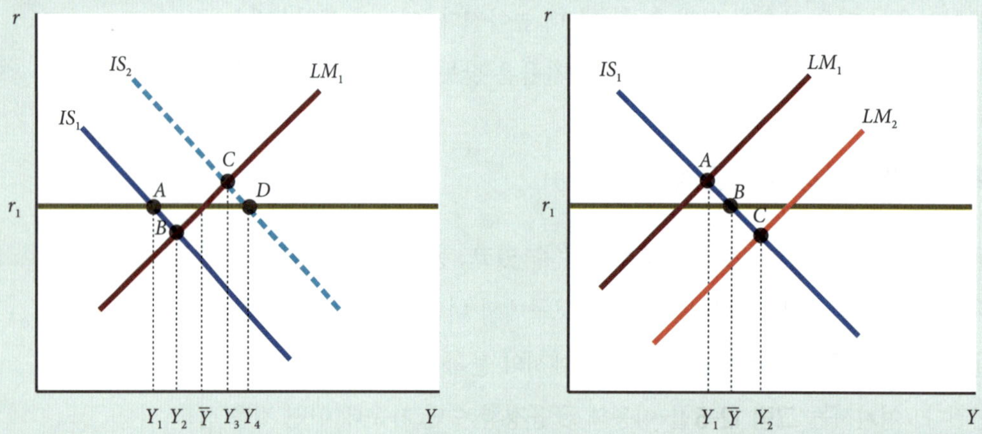

(a) 재화시장의 불확실성

(b) 화폐시장의 불확실성

불확실성이 존재하는 경우 완전고용수준에 보다 가까운 소득을 달성할 수 있는 정책수단은 불확실성이 재화시장에 존재하느냐, 화폐시장에 존재하느냐에 따라 다르게 나타난다. (a)와 같이 불확실성이 재화시장에 존재하는 경우 통화량을, 반대로 (b)와 같이 불확실성이 화폐시장에 존재하는 경우에는 이자율을 각각 정책수단으로 이용하면 소득을 완전고용수준의 소득에 가깝게 달성할 수 있다.

말해 이자율을 금융정책 수단으로 사용하는 경우에 중앙은행은 이자율을 일정하게 유지하기 위해 통화량을 사용한다. 이와 같이 이자율을 금융정책 수단으로 사용하면 화폐시장의 균형선은 (a)의 LM_1이 아니라 이자율 r_1에서 수평으로 나타난다. 따라서 재화시장과 화폐시장의 동시균형이 점 A와 점 D 사이에서 이루어지고 소득이 취할 수 있는 값의 범위는 Y_1과 Y_4 사이가 된다.

이때 이자율을 정책 수단으로 사용하는 경우와 통화량을 정책수단으로 사용하는 경우를 비교하면 다음과 같다. 먼저 통화량을 정책수단으로 사용했을 때의 소득의 변동범위 $Y_2 \leftrightarrow Y_3$가 이자율을 정책수단으로 사용하였을 때의 소득 변동범위 $Y_1 \leftrightarrow Y_4$보다 작음을 알 수 있다. 즉 (a)에서 정책을 통해 달성하고자 하는 산출량 수준이 완전고용수준인 $\bar{Y}$일 때 통화량을 정책수단으로 사용하면 이자율을 사용할 때보다 $\bar{Y}$에 더 가까운 소득을 달성할 가능성이 높아진다. 다시 말해 재화시장에 불확실성이 존재하면 이자율보다는 통화량을 정책수단으로 사용함으로써 목표소득을 달성할 수 있는 확률을 높일 수 있다.

한편 화폐시장에 불확실성이 존재하는 경우가 (b)에 나타나 있다. 화폐수요에

불확실성의 상대적인 크기와 정책수단의 선택 그림 12-6

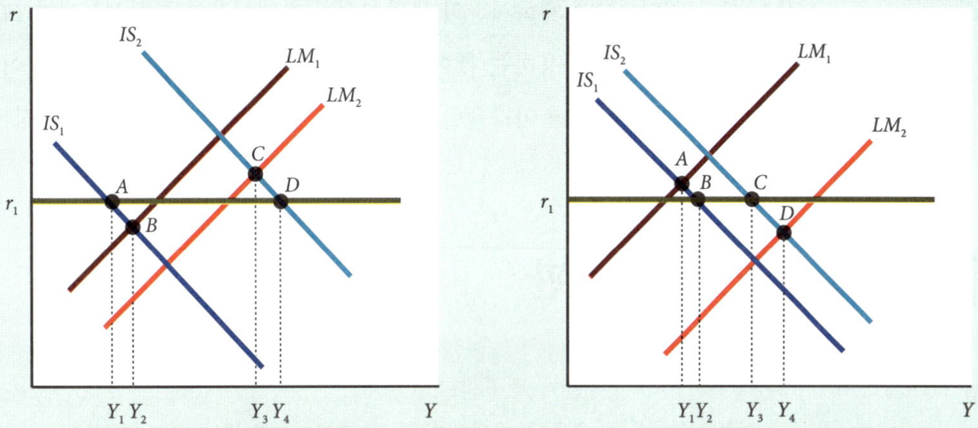

그림 12-5의 내용을 재화시장과 화폐시장 모두에 불확실성이 존재하는 경우로 일반화할 수 있다. 불확실성이 재화시장과 화폐시장에 동시에 존재하는 경우 어느 시장의 불확실성이 더 크냐에 따라 정책수단이 다르게 선택된다. (a)에서와 같이 재화시장의 불확실성이 더 크면 통화량, (b)에서와 같이 화폐시장의 불확실성이 더 크면 이자율이 보다 나은 정책수단이다.

불확실성이 존재하면 LM 곡선의 위치가 LM_1 과 LM_2 사이에서 결정되는데, 재화시장에 불확실성이 존재하지 않기 때문에 IS 곡선이 IS_1 로 나타난다면 재화시장과 화폐시장의 균형이 가능한 범위는 점 A 와 점 C 사이이고 그때의 균형소득 범위는 Y_1 과 Y_2 사이이다. 이때 중앙은행이 금융정책 수단으로 이자율을 사용하면 화폐시장의 균형은 LM 곡선 대신 이자율 r_1 에서 수평으로 나타난다. 따라서 주어진 IS_1 과 이자율 r_1 에서 수평인 화폐시장의 균형을 이용하면 균형소득을 (목표로 하는 균형소득이 완전고용수준 $\bar{Y}$ 라고 할 때) $\bar{Y}$ 와 같이 얻을 수 있다. 즉 화폐시장에 불확실성이 있을 때 이자율을 정책수단으로 사용하면 목표균형소득을 정확히 달성할 수 있다. 그러나 통화량을 정책수단으로 사용하면 균형소득이 Y_1 과 Y_2 사이에서 결정된다. 따라서 화폐시장에 불확실성이 존재할 때는 이자율을 정책수단으로 사용하는 것이 정책목표를 실현하는 데 더 효과적이다.

지금까지 우리는 재화시장과 화폐시장 가운데 한 시장에 불확실성이 존재할 때 더 효과적인 금융정책 수단에 관해 알아보았다. 만약 불확실성이 재화시장과 화폐시장 모두에 존재하면 불확실성의 상대적인 크기에 따라 효과적인 정책수단이 다르게 나타난다. **그림 12-6 (a)**에는 재화시장의 불확실성이 화폐시장의 불확실성보다 큰 경우가, **(b)**에는 화폐시장의 불확실성이 재화시장의 불확실성보다 큰 경우가 각각 나타나 있다. 이때 재화시장의 불확실성이 화폐시장의 불확실성보다 크면 통화량을 정책수단으로 사용하는 것이 더 효과적이며, 화폐시장의 불확실성이 재화시장의 불확실성보다 크면 이자율을 정책수단으로 사용하는 것이 더 효과적이다.

12.5 루카스의 비판

과거 자료에 의거하여 정책효과를 추론하는 데 주의해야 할 점을 지적하는 수준 높은 비판으로서 루카스의 비판Lucas' critique을 소개하고자 한다. 예를 들어, 국방비 수준의 결정즉 국방정책이 국가안위에 어떠한 영향을 미치는가를 분석할 때 과거 국방비 수준과 외국의 침략 여부에 관한 자료를 이용한다고 하자. 즉, 관찰된 자료에 의하면 국방비 지출의 일정한 등락에도 불구하고 외국의 침략이 전혀 없었다고 해서 국방비 정책이 외국의 침략행위와 무관하다고 결론을 내리는 데 뭔가 석연치 않은 점이 있을 것이다. 즉, 외국의 침략자 입장에서 보자면 우리나라의 국방비가 매우 높은 수준에서 일정한 수준 오르내리더라도 침략의 성공 가능성이 낮을 것으로 예상기대되므로 침략을 고려하지 않을 것이다. 그러나 만약에 국방비를 전혀 지출하지 않도록 정책을 바꾼다면, 외적들은 침략 시 성공가능성이 높을 것으로 기대를 수정하고(그동안의 관찰에서) 침략으로 행위를 바꿀 것이다. 즉, 단순히 과거 국방비와 외국의 침략 여부에 관한 정보만으로 국방정책의 효과를 파악하는 것은 가능하지 않거나 무의미하고, 자국의 국방비 결정에 관한 물적자원의 제약 정도, 자국민의 국방의지선호, 외국의 물적자원 제약 정도, 외국의 침략의지선호 등에 관한 구조적 이해 속에서 국방비 정책 변화 시 관련 경제주체들의 기대 변화를 포함한 분석이 필요하다는 주장이다.

많은 학자들이 계량경제모형을 이용해 거시경제정책의 효과를 검증하면서 정책이 변화해도 개별 경제주체들의 기대가 일정하다고 가정했는데, 이렇게 가정하면 정책 효과를 분석할 때 오류를 범할 수 있다는 것이 루카스 비판Lucas critique의 요체이다.[11] 루카스는 계량분석을 통해 정책 효과를 분석할 때 모형에서 경제주체의 기대형성에 대한 가설을 포함한 구조모형 structural model 을 이용해야 하며 기대형성 과정이 생략된 축약형모형 reduced form model 을 이용해서는 안 된다고 주장했다. 다시 말해 정책이 바뀌면 경제적인 규칙이 바뀌고 그에 따라 사람들의 기대경제행위도 바뀌기 때문에 지금까지 성립했던 경제변수들 사이의 관계 또한 변화하게 된다.

루카스 비판의 좋은 예는 앞의 8장실업과 인플레이션에서 배운 필립스곡선의 이동이다. 과거로부터 지금까지 우하향하는 필립스곡선의 관계가 성립하였기 때문에 정책당국은 인플레이션을 높여 실업률을 항구적으로 낮출 수 있다고 판단할 수 있다. 그러나 정책당국이 인플레이션을 높이면 사람들의 인플레이션에 대한 기대치도 또한 증가하므로 필립스곡선이 위로 이동한다. 즉 이 경우에는 과거에 성립하였던 인플레이션과 실업률의 관계는 더 이상 성립하지 않는다.

준칙과 재량 12.6

어떤 방식으로 안정화정책을 실행할 것인가도 매우 중요한 문제이다. 안정화정책을 실행하는 방법은 적극적인 방식 policy activism, 정책 능동주의과 소극적인 방식 policy passivism, 정책 수동주의으로 나뉜다. 적극적인 안정화정책은 정책이 경제의 현재 상태를 적극적으로 반영하지만 소극적인 안정화정책은 경제의 현재 상태를 반영하지 않는다는 차이가 있다. 예를 들어 중앙은행의 통화증가율이 다음과 같이 주어져 있다고 하자.

$$g_t = 0.10 + 2(u_t - 0.035) \tag{12-7}$$

여기서 g_t 는 통화증가율, u_t 는 실업률이다. 식 (12-7)과 같이 통화증가율이 결정될 때 실업률이 (자연실업률인) 3.5%보다 높으면 통화증가율을 (중앙은행이 목표로 하는) 10%보다 높게 정하고 반대의 경우에는 낮게 정한다. 예를 들어 실업률이 4%이면 식 (12-7)에 따라 통화증가율은 $0.10 + 2(0.04 - 0.035) = 0.11$(11%)이 된다. 즉 식

11 Lucas, R.E.,Jr.(1975), "Econometric Policy Evaluation: A Critique," *Carnegie Rochester Conference Series on Public Policy* v.1, Amsterdam: North-Holland, pp. 19-46.

(12-7)은 통화증가율이 현재 실업률에 영향을 받으므로 적극적인 안정화정책이다.

이제 통화증가율이 다음과 같이 주어져 있다고 하자.

$$g_t = 0.10 \qquad (12\text{-}8)$$

식 (12-8)에서는 통화증가율이 10%로 일정하게 주어져 있는데, 현재의 경제 상황을 전혀 반영하지 않으므로 소극적인 안정화정책이라고 할 수 있다. 프리드먼은 소극적인 안정화정책과 자동안정화장치를 병행시킴으로써 안정화정책이 경제의 불안정화를 피할 수 있다고 보았기 때문에 **식** (12-8)과 같은 소극적인 안정화정책을 선호했으나 케인즈학파의 경제학자들은 적극적인 안정화정책을 선호한다.

정책결정과정에 따라 안정화정책의 방식을 준칙 rule과 재량 discretion으로 구분할 수도 있다. 준칙은 정책당국이 하나의 규칙을 정한 후 그 규칙에 따라 정책을 실행할 것임을 미리 선언한 다음 오랫동안 그 규칙을 충실히 따르는 방식이다. 재량은 매 기간 자유로이 정책을 선택하는 방식으로 경제에 충격이 발생할 때마다 수시로 그 충격을 정책에 반영할 수 있다. 이때 매 기간 새로이 정책을 선택하므로 여러 기간의 정책이 연관되어 있을 이유가 없다.

여기서 정책의 적극성 및 소극성 개념과 준칙 및 재량 개념이 서로 다르다는 사실에 유의해야 한다. 즉 준칙에 따른 정책은 소극적이고 재량에 따른 정책은 적극적이라고 오해할 수 있는데 이는 올바른 짝짓기가 아니다. 준칙과 재량 모두 적극적일 수도 있고, 소극적일 수도 있다. 예를 들어 정책당국이 **식** (12-7)을 정책 규칙으로 선언하고 항구적으로 따른다면 이는 준칙에 따른 정책이 된다. 그러나 이번 기에는 **식** (12-7)을 따르지만 다음 기에는 따르지 않는다면 재량에 따른 정책이 된다. 반대로 매 기간 새로이 정책을 정하는 재량에 따른 정책일지라도 결과적으로는 **식** (12-7)이나 (12-8)과 같은 형태로 나타날 수도 있다.

12.6.1 준칙과 재량

준칙과 재량에 관한 논의는 시먼즈 H. Simons[12]에 의해 처음 제기된 이후 키들랜드 F.E. Kydland[13]와 프레스콧 E.C. Prescott에 의해 현대적인 형태로 전개되었다. 정책당

12 Simons, H.(1936), "Rules Versus Authorities in Monetary Policy," *Journal of Political Economy* v.44, pp. 1-30.

13 Kydland, F. E. and E. C. Prescott(1977), "Rules Rather Than Discretion: The Inconsistency of Optimal Plans," *Journal of Political Economy* v.85, pp. 473-491.

국이 다음과 같은 목적함수 objective function 를 극소화한다고 가정해 보자.

$$L(u_t, \pi_t)=(u_t-u^n)+\frac{b}{2}(\pi_t-\pi^T)^2,\ b>0 \quad \textbf{(12-9)}$$

여기서 u_t와 π_t는 t기의 실업률과 물가상승률, u^n과 π^T는 자연실업률과 목표물가상승률이다. **식** (12-9)와 같은 목적함수를 손실함수 loss function 라고도 부르는데, 물가상승률이 목표치로부터 벗어날 때 손실이 체증함을 알 수 있다. 여기서 정책은 (거시경제의 대표적인 해악인) 실업과 인플레이션을 선택하여 목적함수인 **식** (12-9)를 극소화하는 것이다. 이 경우에 $u_t=u^n$이고 $\pi_t=\pi^T$이면 $L(\cdot,\cdot)$은 0이다. 이때 실업률이나 물가상승률이 증가하면 목적함수의 값도 증가하는데, 물가상승률이 증가하면 필립스곡선에 의해 실업률이 하락하므로 물가상승률과 실업률 사이에 상충관계 tradeoff 가 존재한다.

이제 문제를 단순화하기 위해 정책당국의 목표물가상승률이 $\pi^T=0$이고, 필립스곡선이 다음과 같이 주어져 있다고 가정하자.

$$u_t=u^n-a(\pi_t-\pi_t^e),\ a>0 \quad \textbf{(12-10)}$$

여기서 π_t^e는 기대물가상승률인데, 물가상승률이 $\pi_t=g_t$와 같이 통화증가율과 같다고 가정하면 $\pi_t^e=g_t^e$이다곧 기대물가상승률과 기대통화증가율이 같다. 이제 이 가정들과 **식** (12-10)의 필립스곡선을 목적함수에 대입하면 다음과 같은 정책당국의 목적함수를 얻을 수 있다.

$$L(g_t)=-a(g_t-g_t^e)+\frac{b}{2}g_t^2 \quad \textbf{(12-11)}$$

이제 정책당국의 목적함수는 통화증가율만의 함수로 나타난다.

그렇다면 준칙과 재량에서 정책당국의 통화증가율에 대한 정책이 어떻게 나타날까? 이에 대해 알아보기 전에 준칙은 한 번 정책이 정해지면 오랫동안 그 정책이 유지되고 재량은 매 기간의 경제 상황에 따라 새로 정책을 결정한다는 점에 주목할 필요가 있다. 즉 준칙의 경우 정해진 규칙을 정책당국이 선언할 뿐만 아니라 계속 따르기 때문에 일반 사람들도 그 규칙을 모두 이해하고 있다. 따라서 일반 사람들이 예상하는 (미래의) 기대통화증가율이 중앙은행의 통화증가율 규칙과 같으므로 항상 $g_t^e=g_t$가 성립한다. 이때 정책당국은 이러한 사실을 목적함수인 **식** (12-11)에 반영해 다음과 같이 목적함수를 극소화한다.

$$L(g_t)=\frac{b}{2}g_t^2 \qquad (12\text{-}12)$$

여기서 **식** (12-12)를 극소화하는 통화증가율을 $g_t=0$으로 얻을 수 있다.

따라서 준칙의 경우 정책당국의 목적함수가 **식** (12-11)과 같이 주어져 있을 때 통화증가율은 0%이고 (그 결과로) 실제 인플레이션과 기대인플레이션도 0%가 된다. 이를 **식** (12-10)의 (기대부가) 필립스곡선에 대입하면 $u_t=u^n$ 실업률 = 자연실업률이 되며, 통화증가율 $g_t=0$을 **식** (12-12)에 대입하면 정책당국의 목적함수 값을 $L(0)=0$으로 얻을 수 있다.

재량의 경우에는 정책당국이 매 기간 경제 상황에 따라 원하는 대로 통화증가율을 정하므로 일반 경제주체들은 정책당국이 다음 기에 통화증가율을 얼마로 결정할지 알지 못한다. 즉 일반 경제주체들은 정책당국의 다음 기의 정책 결정에 대한 정보를 전혀 알지 못한 상태에서 통화증가율을 예측해야 하는데 정책당국이 매 기간 새로이 정하는 g_t는 통화증가율에 대한 예측치 g_t^e와 독립적으로 결정된다. 이 경우에 통화증가율에 대해 **식** (12-11)을 극소화하기 위해 g_t에 대해 미분하면 다음 식을 얻을 수 있다.

$$\frac{dL}{dg_t}=-a+bg_t \qquad (12\text{-}13)$$

그리고 이를 0으로 놓으면 다음과 같이 재량에서의 통화증가율을 얻을 수 있다.

$$g_t=\frac{a}{b} \qquad (12\text{-}14)$$

이와 같이 재량에서 통화증가율은 사람들의 통화증가율에 대한 기대와 독립적으로 결정되고 0보다 크다.

한편 일반 경제주체들은 지금까지 정책당국이 선택한 통화증가율이 **식** (12-14)와 같음을 알고 있다. 그러나 미래에는 통화당국이 독립적으로 통화증가율을 정하기 때문에 미래의 통화증가율에 관한 정보가 전혀 없다. 이 경우에 주어진 현재까지의 정보를 이용한 기대통화증가율은 결국 매 기간 $g_t^e=a/b$와 같게 된다.■

> ■ $g_t^e=a/b$가 성립하는 것은 과거부터 지금까지 항상 통화증가율이 a/b였기 때문이지 정책당국의 미래 정책을 일반대중이 알고 있기 때문이 아니라는 점을 다시 한 번 인식할 필요가 있다.

재량의 경우, 통화증가율과 기대통화증가율을 목적함수인 **식** (12-11)에 대입하면 $L(a/b)=a^2/2b$을 얻을 수 있다. 이때 물가상승률과 기대물가상승률은 $\pi_t=$

$\pi_t^e = a/b$ 와 같고 이를 다시 **식** (12-10)의 필립스곡선에 대입하면 $u_t = u^n$ 을 얻을 수 있다. 다시 말해 재량의 경우에도 실업률은 자연실업률로 결정된다.

여기서 준칙과 재량을 비교해 보면 다음과 같은 사실을 알 수 있다.

1 목적함수의 값은 준칙이 재량보다 작다. 따라서 준칙이 재량보다 좋은 정책임을 알 수 있다. 이는 일견 우리의 직관에 반하는 것으로 보인다.■ 이런 결과가 나타나는 것은 합리적인 경제주체들의 기대형성과 관계가 있다. 즉 **식** (12-11)의 목적함수에는 사람들의 통화증가율에 대한 기댓값이 포함돼 있다. 따라서 일반 경제주체들의 기대통화증가율을 낮게 유지해야 목적함수 값이 작아지는데, 이는 정책당국이 물가상승률을 0으로 유지할 것을 확약commitment 할 때 가능해진다. 그러한 확약 가운데 가장 확실한 방법은 규칙을 정하고 충실히 따르는 것이다.

■ 즉 정책당국이 매 기간 상황에 따라 정책을 수시로 정할 수 있다면 고정돼 있는 규칙을 따를 때보다 더 나은 결과를 얻게 되리라고 생각할 수도 있지만 결과는 반대로 나타난다.

2 물가상승률은 준칙의 경우 0, 재량의 경우 a/b 이다. 즉 재량의 경우가 준칙의 경우보다 a/b 만큼 높다. 이 때문에 재량의 경우 인플레이션 편향성inflationary bias 이 존재한다고 말한다. 이때 인플레이션 편향성은 두 파라미터 a 와 b 에 영향을 받는다. 여기서 a 는 정책당국이 실업을 중시하는 정도를, b 는 인플레이션을 중시하는 정도를 각각 나타내므로, 정책당국이 실업을 중시할수록곧 a가 클수록 인플레이션 편향성이 크게 나타나며 인플레이션을 중시할수록곧 b가 클수록 인플레이션 편향성이 작게 나타난다.

3 준칙과 재량 모두 실업률이 자연실업률 u^n 과 같이 결정된다. 이는 정책당국의 목표가 **식** (12-11)과 같은 목적함수의 극소화임을 일반 경제주체들이 잘 이해하고 있기 때문에 나타나는 현상이다. 즉 여기서 우리는 경제주체들이 정책당국의 목적함수와 목적함수를 극소화하는 방식곧 준칙이냐, 재량이냐을 잘 이해하고 있다고 가정하고 있기 때문에 정책당국이 준칙을 따르느냐 재량에 따르느냐에 관계없이 항상 기대물가상승률과 실제 물가상승률은 일치한다. 이는 **식** (12-10)의 필립스곡선에 의해 실업률이 자연실업률과 같음을 의미한다.

12.6.2 테일러 준칙(Taylor rule)

전통적으로 통화량은 금융정책의 준칙을 논할 때 주된 논의대상이었지만 현재 중앙은행의 정책운용에서 실제로 조정되는 것은 (통화량이 하나의 지표로 활용되긴 하지만) 단기이자율이다. 우리나라의 중앙은행인 한국은행도 (금융기관 사이의 단기이자율인) 콜금리를 조정하여 경제의 여러 가지 충격에 대응하고 있다. 나아가 최근의 연구에 따르면 통화량과 총수요 사이의 연관관계가 약화되면서 통화량에 대한 준칙을 주장하는 의견들의 근거 또한 약화됐다.

i) 프리드먼을 중심으로 한 통화주의자들은 통화량에 대한 준칙이 수동적passive이어야 한다고 주장한다. 즉 통화량 증가율을 x%로 일정하게 유지하라는 것이다. 여기서 x는 중앙은행이 유동성에 대한 수요증가율 등을 고려해 결정한 일정한 값이다. 그러나 ii) 이자율에 대한 준칙은 적극적active이어야 한다고 주장한다. 왜냐하면 명목이자율을 수동적으로 일정하게 유지하는 정책을 사용하면 경제의 불안정화가 일어날 수 있기 때문이다. 예를 들어 총수요를 자연율 수준보다 높게 증가시키는 충격이 주어지면 물가상승률이 증가한다. 이때 명목이자율이 일정하게 주어져 있다면 실질이자율이 하락해 총수요가 증가하므로 물가는 더욱 빠르게 상승한다.[14] 따라서 수동적인 x% 준칙보다 더 적극적인 준칙이 필요하게 된다.

인플레이션을 안정화하기 위해 중앙은행이 단기이자율에 대한 목표를 정할 때 고려해야 할 사항은 다음과 같다.

1 인플레이션이 상승하면 단기이자율이 인플레이션보다 빠르게 상승해야 한다. 이때 이자율의 상승은 통화량 감소를 의미하는데, 높은 (실질)이자율은 투자와 산출량을 감소시켜 인플레이션을 하락시킨다.
2 경제가 불황일 때는 이자율이 하락해야 한다. 이자율이 하락하면 투자와 산출량이 증가하고 실업이 감소한다.

이와 같이 이자율이 인플레이션과 산출량에 미치는 효과를 고려해 스탠포드 대학의 경제학자 존 테일러J.B. Taylor가 고안한 것이 테일러 준칙Taylor rule이다.[15] 위의 1, 2번 내용을 고려하여 테일러 준칙은 다음과 같이 쓸 수 있다.

$$i_t-\pi_t=r+b_1(\pi_t-\pi^T)-b_2(u_t-u^n),\quad b_1>1,\ b_2>0 \tag{12-15}$$

여기서 i_t, π_t, u_t는 각각 t기의 명목이자율, 물가상승률, 실업률이고, π^T는 인플레이션 목표inflation target, u^n은 자연실업률, r은 물가상승률이 목표치와 일치할 때의 (장기)실질이자율, b_1과 b_2는 고정된 계수들이다.■ 따라서 $\pi_t>\pi^T$이면 실질이

■ b_1이 1보다 큰것은 모형의 안정성을 위한 것이다.

14 Friedman, M.(1968), "The Role of Monetary Policy," *American Economic Review* v.58, pp.1-17.
15 Taylor, J.B.(1993), "Discretion Versus Policy Rules in Practice," *Carnegie-Rochester Conference Series on Public Policy* v.39, 195-214.

자율 $i_t - \pi_t$ 이 (장기) 실질이자율 r 보다 높고 반대의 경우에는 낮다. 테일러 준칙은 그 원리가 단순하여 최근 많은 나라의 중앙은행이 암묵적으로 따르고 있다.

12.6.3 동태적 비일관성

위에서 설명한 바와 같이 정책당국의 목적함수인 **식** (12-11)을 극소화하는 최적정책 optimal policy 은 준칙을 따르는 것이다. 그러나 정책당국이 준칙으로부터 벗어나게 만드는 유혹이 존재하여 정책당국으로 하여금 선언한 준칙을 일관되게 따르지 못하게 하는 문제가 발생할 수 있다. 이를 동태적 비일관성 time inconsistency 이라고 부른다.■

■ 동태적 비일관성은 최적통화정책 문제뿐만 아니라 최적조세 optimal taxation 와 동태적 계획 dynamic programming 문제에서도 나타나며 개인의 선호 때문에 나타날 수도 있다.

그렇다면 동태적 비일관성의 문제는 왜 나타날까? 정책당국이 **식** (12-11)과 같은 목적함수를 가지고 있고, 과거부터 현재 t 기까지 준칙에 의해 통화증가율을 결정했다고 하자. 이 경우에 위에서 살펴본 바와 같이 $g_t = g_t^e = 0$ 이 되는데, 정책당국이 t 기에 예고 없이 준칙에서 재량으로 바꾸면 어떻게 될까?

이때 t 기의 정책 변화를 예고하지 않아 사람들의 기대통화증가율은 $g_t^e = 0$ 으로 변함이 없으므로, 목적함수를 다음과 같이 쓸 수 있다.

$$L(g_t) = -ag_t + \frac{b}{2}g_t^2 \qquad (12\text{-}16)$$

여기서 재량에 따라 **식** (12-16)을 극소화하는 통화증가율을 $g_t = a/b$ 와 같이 얻어 **식** (12-16)에 대입하면 목적함수 값은 $L(a/b) = -a^2/2b$ 와 같다. 즉 목적함수 값은 준칙에서 재량으로 예고 없이 정책을 바꿀 때가 준칙을 계속 지킬 때의 목적함수 값인 $L(0) = 0$ 보다 작다. 다시 말해 준칙의 경우 재량으로 변화하려는 유인이 존재한다. 이 경우에 우리는 "동태적 비일관성의 문제가 존재한다"고 말한다.

12.7 준칙과 동태적 비일관성의 해소

동태적 비일관성은 정책당국이 정책결정 시점에서 합리적으로 형성돼 있는 경제주체들의 기대를 이용하기 때문에 나타난다. 그리고 정책당국이 한 번 결정한 최적정책을 지킬 수밖에 없게 만드는 "사전확약기술precommitment technology"이 존재하지 않기 때문이기도 하다. 사전확약기술은 정책당국이 한 번 약속한 것을 끝까지 지키게 해 주는 장치로, 여러 형태로 나타날 수 있다. 여기서는 사전확약기술 가운데 정책담당자의 평판reputation, 법law, 계약 및 보수적인 정책담당자의 임명에 관해 알아보기로 한다.

12.7.1 평판균형

정책당국이 오랫동안 지켜온 준칙으로부터 벗어남으로써 목적함수 값을 낮출 수 있는 것은 사람들이 정책당국이 계속 준칙을 따를 것이라고 기대하기 때문이다. 그러한 기대 아래에서 정책당국이 사람들이 전혀 알아차리지 못한 가운데 갑자기 준칙을 재량으로 바꾸어 인플레이션을 일으키면 기대하지 못한 인플레이션에 따라 실업이 감소하고 목적함수 값이 0에서 $-a^2/2b$으로 감소한다. 즉 동태적 비일관성의 경우 목적함수 값이 준칙보다 낮은 것은 정책당국이 경제주체들의 기대혹은 믿음를 배반하기 때문이다.

그러나 이러한 목적함수 값의 감소는 한 기간에만 가능하다. 일단 정책당국의 정책이 변화했다는 사실이 알려지는 순간 경제주체들이 기대를 변화시키기 때문에 준칙에서 재량으로 변화시킨 정책 효과가 소멸한다. 다시 말해 동태적 비일관성 문제는 근시적인shortsighted 단기에만 나타나고 장기로 확대하면 완화된다. 이와 같이 동태적 비일관성 문제를 장기적인 관점에서 분석한 것이 바로 평판균형reputational equilibrium이다.

정책당국이 스스로 선언한 정책을 파기하면 사람들은 정책당국의 발표를 더 이상 신뢰하지 않게 되므로 신뢰credibility 문제가 발생한다.[16]

예를 들어 경제주체들이 정책당국을 극단적으로 불신하면 준칙에서 재량으로 벗어난 다음 다시는 준칙으로 복귀할 수 없게 된다. 즉 정책당국이 t기에 재량으로 정책을 변경한 후부터 사람들이 정책당국을 불신해 항상 재량으로 정책이 결정된다고 믿게 된다면 기대통화증가율은 항상 $g^e_{t+j}=a/b, j=1, 2, \cdots$이 된다. 사람들의 기

16 Barro, R.J. and D.B. Gordon(1983), "A Positive Theory of Monetary Policy in a Natural-Rate Model," *Journal of Political Economy* v.91, pp. 589-610.
Barro, R.J. and D.B. Gordon(1983), "Rules, Discretion and Reputation in a Model of Monetary Policy," *Journal of Monetary Economics* v.12, pp. 101-121.

대가 이와 같이 바뀌면 정책당국이 준칙을 따를 때보다 사람들이 기대한 바와 같이 재량을 따를 때 목적함수 값이 오히려 더 낮아진다. 즉 사람들의 기대가 바뀌었을 때 정책당국이 준칙에 따라 $g_{t+j}=0, j=1, 2, \cdots$로 정하면 목적함수 값은 다음과 같다.

$$L(0)=-a\left(0-\frac{a}{b}\right)+\frac{b}{2}0^2=\frac{a^2}{b}>L\left(\frac{a}{b}\right)=\frac{a^2}{2b} \qquad (12\text{-}17)$$

이때 목적함수 값은 사람들이 기대한 바와 같이 재량을 따르는 경우—**식** (12-17) 부등식의 우변—보다 크다. 다시 말해 사람들이 정책당국을 불신하는 경우에는 사람들이 기대한 바와 같이 재량을 따르는 것이 사람들이 기대한 바와 다르게 준칙을 따르는 것보다 낫다. 그리고 이와 같이 정책 변경이 정책당국의 평판 reputation 에 영향을 미치는 경우에는 위에서 살펴본 한 기간을 고려했을 때와 달리 동태적 비일관성 문제가 항상 나타나지는 않는다.

이제 평판균형에 관해 알아보기 위해 정책당국이 준칙에서 재량으로 정책을 변경하고 나서 나빠진 평판 때문에 다시는 준칙으로 복귀할 수 없다고 가정해 보자. 이 경우의 장기간에 걸친 목적함수의 값을 다음과 같이 구할 수 있다.

1 준칙에서 재량으로 바뀌었을 때 목적함수 값은 위에서 구한 바와 같이 t기에 $-a^2/2b$이다.
2 $t+1$기부터는 평판 문제 때문에 영구적으로 재량을 따르므로 목적함수 값이 $a^2/2b$이 된다. 이때 $t+1$기부터는 미래이기 때문에 목적함수 값을 $0<\beta<1$의 할인율로 할인하면 장기적인 목적함수의 현재가치를 다음과 같이 구할 수 있다.

$$-\frac{a^2}{2b}+\left(\beta\frac{a^2}{2b}+\beta^2\frac{a^2}{2b}+\cdots\right)=\left(-1+\frac{\beta}{1-\beta}\right)\left(\frac{a^2}{2b}\right) \qquad (12\text{-}18)$$

그런데 정책을 변경시키지 않고 항상 준칙을 따르는 경우의 목적함수 값은 0이므로 **식** (12-18)이 0보다 작으면 준칙에서 재량으로 바뀔 유인이 항상 존재하고 반대의 경우에는 준칙을 고수하게 된다. 다시 말해 준칙에서 재량으로 정책이 바뀌기 위한 조건은 다음과 같다.

$$-1+\frac{\beta}{1-\beta}<0 \Leftrightarrow \beta<\frac{1}{2} \qquad (12\text{-}19)$$

즉 할인인자discounting factor β가 1/2 보다 작으면, 즉 미래의 목적함수 값을 더 많이 할인하면 정책당국이 항상 준칙을 재량으로 바꾸고자 하는 유인곧 동태적 비일관성 문제이 존재하고, β가 1/2 보다 크면, 즉 미래의 목적함수 값을 더 적게 할인하면 정책당국은 준칙을 따름으로써 좋은 평판을 유지하는 것이 낫다.

그런데 한 번 준칙에서 재량으로 정책이 바뀌었다고 해서 다시 준칙으로 돌아갈 수 없다는 가정은 극단적인 가정이라고 볼 수 있다. 민주주의 사회에서는 선거에 의해 정책담당자가 바뀌기 때문에 신뢰할 수 없는 정책담당자가 바뀌는 경우도 있고 약속을 어긴 정책담당자가 장기간의 노력으로 다시 신뢰를 회복하는 경우도 있기 때문에 약속을 어겨도 다시 준칙으로 돌아갈 수 있다. 준칙과 재량을 오가는 것이 가능하다면 **식 (12-19)**에서 보는 바와 같은 명료한 조건을 얻기가 쉽지 않지만, 일반적으로 말해 할인인자 β가 0에 가까우면 동태적 비일관성 문제가 나타날 가능성이 커지고 할인인자 β가 1에 가까우면 동태적 일관성이 유지될 가능성이 커진다.

12.7.2 법

최적정책의 경우에 동태적 비일관성의 문제는 이를 금지하는 법을 제정하여 규제할 수 있다. 법으로 동태적 비일관성의 문제를 방지하기 위해서는 경제 상황에 완전한 확실성이 존재하거나 불확실성이 존재하더라도 미래에 일어날 수 있는 경제 상황을 정책당국이 모두 알고 있어야 한다. 그러나 모든 동태적 비일관성 문제를 법으로 다루기에는 입법기관이 가진 미래의 경제 상황에 대한 정보가 부족하므로 법으로 모든 동태적 비일관성 문제를 해결할 수는 없다. 따라서 법으로 규제해야 할 문제를 결정하는 것 자체가 더 중요한 문제가 된다.

동태적 비일관성을 법으로 규제할 때, 헌법과 그 하위법인 민법이나 형법 같은 일반법 외에도 법적 구속력이 없는 규제를 이용할 수도 있다. 여기서 법과 규제에 의한 정책에는 정책의 유연성이라는 편익과 동태적 비일관성이라는 비용 사이의 상충관계tradeoff가 존재하는데,[17] 제도에 따라 각각의 정책을 변경시키고자 할 때 서로 다른 비용이 발생한다. 예를 들어 재량을 따르는 금융정책은 낮은 비용으로 정책을 변화시킬 수 있으나 법에 의하여 규정되어 있는 재정정책은 정

17 Rogoff, K.(1985), "Optimal Degree of Commitment to an Intermediate Monetary Target," *Quarterly Journal of Economics* v.100, pp. 1169-1190.

책을 변화시킬 때 더 큰 비용을 부담해야 한다.■

우리나라에도 법으로 정책을 규제하는 사례가 적지 않다. 예를 들어 우리나라의 통화금융정책에 관하여 한국은행법 제6조는 다음과 같이 규정하고 있다.

> 헌법에 규정되어 있는 사유재산권 rights of private property 같은 제도를 변화시키는 경우에 가장 큰 비용이 수반된다.

① 한국은행은 정부와 협의하여 물가안정목표를 정한다.
② 한국은행은 매년 통화신용정책 운영방향을 수립·공표하여야 한다.
③ 한국은행은 제①항의 규정에 의한 물가안정목표의 달성에 최선을 다하여야 한다.

물가안정목표를 숫자로 적시하지는 않았지만 상당히 구체적으로 정책행위를 규제하고 있다. 물론 (세법 등에서 볼 수 있듯이) 재정정책에 대한 법들은 이보다 훨씬 구체적이고 강제적이다.

한국은행법 제6조 같은 인플레이션목표제 inflation targeting 는 최근 뉴질랜드, 캐나다, 호주, 핀란드, 이스라엘, 스페인, 스웨덴, 영국 등에서도 채택되고 있는데, 우리나라와 뉴질랜드처럼 법으로 정하거나 단순히 중앙은행이 선언만 하는 경우도 있다. 그러나 (한국은행법 제 6조에서 보는 바와 같이) 인플레이션목표제가 구체적인 준칙의 형태로 주어지는 경우는 거의 없다. 즉 중앙은행에 많은 재량이 주어지며 목표 자체도 일정한 숫자 대신 일정한 범위로 주어진다. 따라서 경기를 부양하고자 할 때는 주어진 범위에서 높은 인플레이션 목표를 선택하고, 경기를 진정시키고자 할 때는 주어진 범위에서 낮은 인플레이션 목표를 선택할 수 있다. 심지어 중앙은행이 인플레이션 목표를 재설정하는 경우도 있다.

인플레이션목표제의 목표는 단순히 인플레이션에 한정되지 않는다. 인플레이션 목표제를 선택하고 있는 중앙은행은 인플레이션 통제뿐만 아니라 (산출량 변동 완화, 환율 및 이자율의 지나친 변동 방지 같은) 금융제도 안정 확보 또한 목표로 한다. 보통 인플레이션목표제는 다음과 같은 요소를 포함한다.

1 위에서 언급한 바와 같이 보통 일정한 범위로 주어지지만 명시적인 인플레이션 목표가 존재한다.

2 식 (12-11)과 같은 중앙은행의 목적함수가 주어져 있을 때 인플레이션목표제는 인플레이션에 주어지는 계수 b의 비중을 증가시킨다. 이는 위에서 설명하였듯이 동태적 비일관성 문제를 완화하고 인플레이션 편향성을 감소시킨다.

3 인플레이션목표제는 중앙은행의 정책결정을 투명하게 transparent 하고 책임소재

를 명확하게 accountable 한다. 전통적으로 중앙은행들은 의사결정 과정에서 비밀을 유지하려는 경향 때문에 정책 목적을 분명히 밝히지 않는다. 그러나 인플레이션목표제 아래에서는 중앙은행이 정책목표와 경제 상황에 대한 판단 및 정책 설명에 상당한 노력을 경주한다.

이와 같이 인플레이션목표제를 명시적으로 채택하면 중앙은행의 신뢰성 credibility과 투명성 transparency이 제고되고 정책 결과에 대한 책임소재 accountability가 분명해지며, 일반 경제주체들이 분명한 정책목표에 기대를 맞출 수 있는 장점이 있다.

12.7.3 계 약

정책에 동태적 비일관성 문제가 있으면 정부가 정책을 발표해도 합리적인 경제주체들은 처음부터 정부를 믿지 않으므로 그 정책이 제대로 시행될 수 있겠느냐는 의문이 있을 수 있다. 사실 동태적 비일관성이 존재하는 정책을 경제주체들이 믿지 않는다면 정책당국은 동태적 비일관성이 존재하는 정책보다 경제주체들의 기대에 부합되는 동태적 일관성이 존재하는 정책을 추구해야 손실함수가 극소화된다.[18] 따라서 경제주체들이 합리적 기대를 가지고 있는 경우에는 동태적 비일관성이 존재하는 정책을 아예 시행하지 못할 수도 있다.

그러나 일반 경제주체들의 기대를 바꿀 수 있다면 동태적 비일관성이 존재하는 최적정책을 시행하는 것이 후생을 극대화시킨다. 이 경우에는 정책당국은 명시적인 계약을 통해서 동태적 비일관성이 존재하지만 최적정책을 변함없이 시행하겠다는 의지를 일반 경제주체들에게 알림으로써 그들의 기대를 변화시킬 수 있다.

명시적인 계약은 여러 가지 형태로 나타날 수 있다.

1 정책당국 스스로 일종의 보석금 bond을 설정할 수 있다. 이는 최적정책에서 벗어나면 설정한 보석금을 지급함으로써 스스로를 처벌하는 방식이다. 이때 보석금이 최적정책에서 벗어남으로써 얻는 편익을 초과하면 정책당국은 최적정책을 추구하게 될 것이다. 그러나 이 경우에는 보석금이 무엇이냐는 의문이 남는다. 이에 대하여는 여러 가지 의견이 있을 수 있으나 위에서 살펴본 정책당국의 평판이나 선거공약을 보석금으로 볼 수도 있을 것이다. 즉 선거공약을 지키지 않으면 다음 선거에

18 Hallet, H.(1986), "Is Time Inconsistent Behavior Really Possible?" *Centre for Economic Policy Research Discussion Paper* No. 138.

BOX 12-2 우리나라 경제의 문제

우리나라 경제는 지난 50여 년간 고속 성장을 이룩하면서 1990년대 후반의 경제위기와 같은 크고 작은 굴곡을 경험했다. 현재 우리나라 경제는 선진국의 초기단계에 있다고 볼 수 있으며 그에 따르는 진통도 적지 않다. 우리나라 경제가 직면한 문제들을 정리해 보면 다음과 같다.

우리나라의 지니계수(도시 2인 이상 가구)

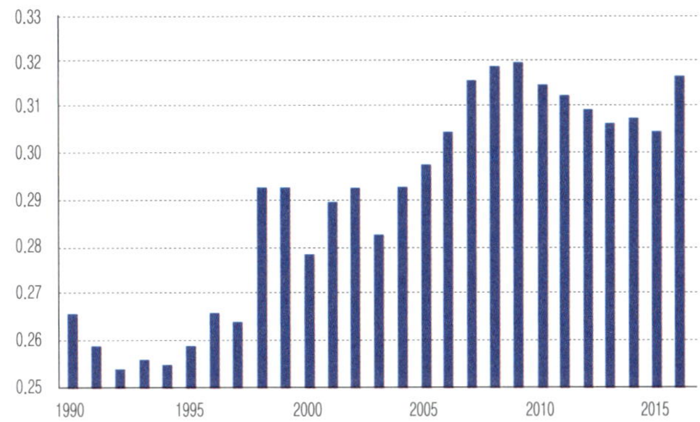

자료: 통계청

우리나라의 청년실업률(구직기간 4주 기준)(%)

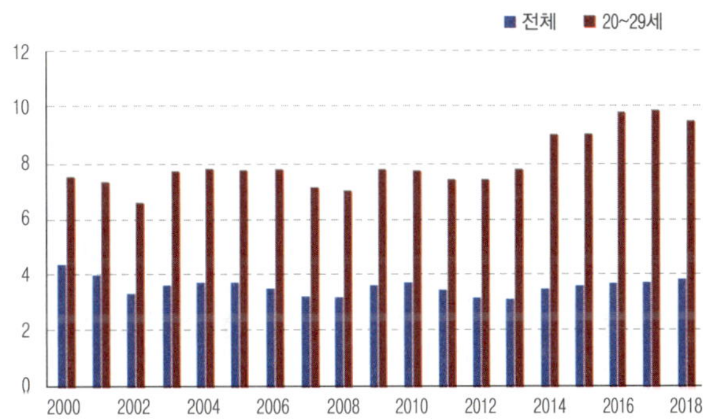

자료: 통계청

1 경제위기 1962년 경제개발 5개년 계획을 시작한 이후 우리나라에는 크고 작은 경제위기가 네 번 발생했으며, 가장 심각한 위기는 1997년 말 외환위기였다BOX 11-1 참조. 경제위기의 발생원인 가운데 금융자유화와 금융혁신이 가장 중요하다BOX 10-2 참조. 1990년대 초부터 우리나라는 금융시장을 개방했으며 1997년 말에 발생한 외환위기를 극복하면서 거의 모든 금융거래를 개방했다. 우리나라의 금융시장은 규모가 작아 소규모 자금 이동에도 크게 변동하는 특성이 있다. 외환보유고와 경상수지 등 경제의 기초여건fundamental으로 볼 때 가능성이 매우 낮은데도 경제위기설이 수시로 등장하는 것은 국제자금의 유출입이 지나치게 자유롭기 때문이다.

2 성장률의 하락 1971~1997년 8.9%였던 평균 *GDP* 성장률이 2001~13년에는 3.9%였다. 그리고 2014~2018년에는 3.0%였다그림 2-1 참조. 이는 외환위기 이후 우리나라 경제가 매우 급격한 구조적 변화를 겪었기 때문이다. 첫째, 기업들이 위험에 대해 보수적으로 변해 위험한 투자기회를 회피하는 경향이 나타났다. 둘째, 2003년 이후에는 생산성 둔화와 고용 감소로 성장률이 크게 하락했다. 생산성 하락과 투자수익률 저하 그리고 투자부진 등을 역전시키기 위해서는 연구개발투자 확대, 교육의 질 향상, 규제의 완화, 기업구조조정 촉진 등 기술혁신과 기업경쟁력 강화를 위한 정책이 추진되어야 한다.

3 소득분배의 악화 소득분배의 척도 가운데 가장 많이 쓰이는 것이 지니계수Gini index이다. 지니계수는 소득분배의 불평등 정도를 측정하는 척도로 이용되는데 0~1의 값을 가지며 값이 높을수록 소득의 불평등도가 높다는 것을 의미한다. 우리나라의 소득분배는 외환위기 이후 급속히 악화된 다음 2000년대에 들어 더욱 악화되었다. 2009년 이후 소득분배가 개선되고 있으나 외환위기 이후 소득분배가 빠르게 악화된 것은 금융시장을 비롯해 시장개방을 지나치게 빠르게 추진했기 때문으로 보인다. 소득분배가 악화하는 다른 이유로는 숙련된 노동을 많이 사용하는 숙련편향적인 기술진보skill-biased technological progress를 들 수 있다.

4 청년실업 실업률은 일반적으로 인적자본이 많은곧 교육수준이 높거나 직장 경험이 많은 노동자계층에서 낮고 인적자본이 적은곧 교육수준이 낮거나 직장 경험이 적은 노동자계층에서 높게 나타난다. 우리나라도 예외가 아니다. 특히 청년실업의 문제는 심각한 수준이다. 2018년 우리나라의 청년20~29세 실업률은 9.5%로 전체 실업률 3.8%의 두 배 반이 넘는데 일반적으로 OECD 국가들에서 청년실업률이 장년실업률에 비해 2.5배

가량 높게 나타나고 있다. 특히 외환위기 이후 전체 실업률의 증가0.9% 포인트보다 두 배나 증가했다1.8% 포인트. 외환위기 이후 청년실업률이 상승한 원인은 소득분배를 악화시킨 두 요인인 개방화와 숙련편향적인 기술진보와 더불어 우리나라 경제의 구조가 크게 변화했고 특히 청년 계층을 주로 고용하는 서비스산업과 중소기업 부문의 불황이 오래 지속되고 있기 때문이다.

5 가계부채 우리나라의 가계부채 비율가계금융부채의 비율, debt to income ratio은 1997년까지 완만하게 증가하다가 외환위기가 진행되던 1998년 큰 폭의 하락을 거쳐 1998~2018년 무려 6.6배나 증가했으며 2002년에 개인가처분소득을 초과했다. 가계부채의 급속한 증가는 외환위기를 겪으면서 금융기관들이 위험한 기업특히 중소기업에 대한 대출을 기피하면서 위험이 상대적으로 적은 주택담보대출을 늘렸고 신용카드 사용이 대폭 증가해 나타났다.

6 양극화 경제의 양극화polarization는 경제주체들의 (기술과 생산성, 교육수준과 인적자본 및 금융신용도 같은) 여러 가지 이질성heterogeneity 때문에 (세계화에 따른 무역확대, 기술진보 및 제도의 변화 같은) 대내외 환경 변화와 충격이 발생했을 때 경제주체들의 경제적 성과가 극단으로 나뉘는 현상을 말한다. 외환위기 이후 우리나라는 이전에 비해 양극화 현상이 두드러지게 나타나 이 때문에 사회적 갈등이 커지고 있다. 양극화는 가계부문과 기업부문의 상대적인 소득에서 나타나는데 가계부문의 경우 저소득층과 고소득층의 소득 차이가 원인이다. 직업별로도 양극화가 나타나고 있으며 특히 정규직과 비정규직의 양극화는 심각한 수준이다. 기업부문 안에서는 산업별수출산업과 내수산업, 제조업과 서비스업, 중화학공업과 경공업, IT산업과 비IT산업 등로 또는 기업규모별대기업과 중소기업로 소득과 수익성의 양극화가 나타나고 있다. 기업의 양극화는 기업들의 서로 다른 특성에 기인하지만 서로 매우 복잡하게 얽혀 있다.

우리나라의 가계금융부채/가계가처분소득(자금순환표)(%)

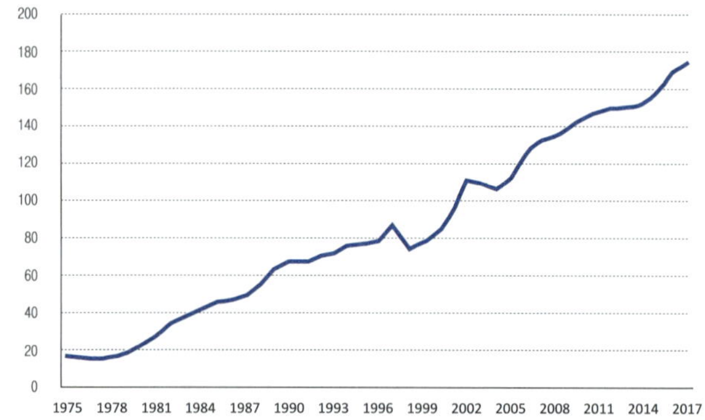

자료: 한국은행

우리나라의 인구분포와 합계출산율(%)

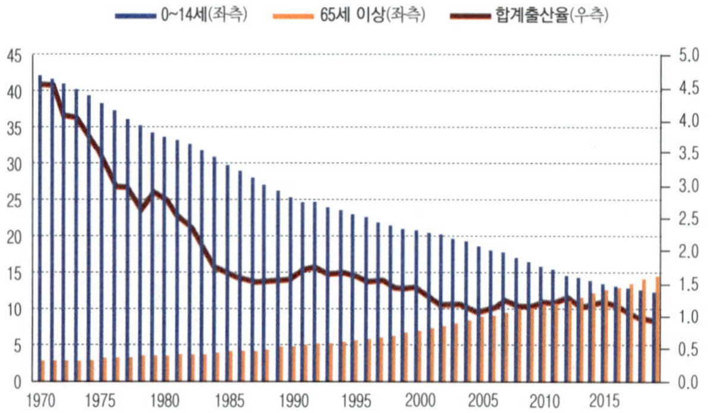

자료: 통계청

우리나라의 노동조합조직률

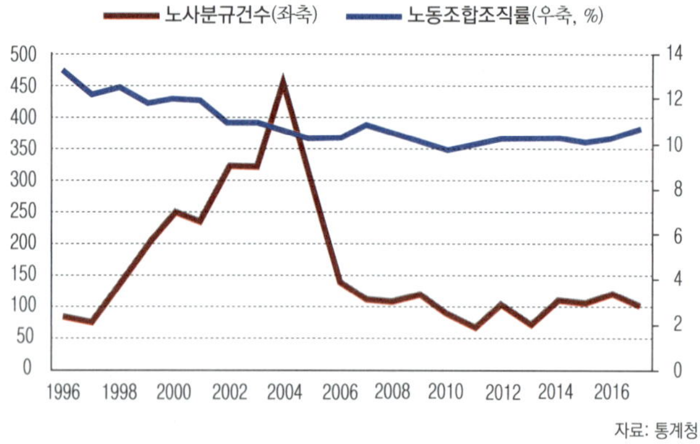

자료: 통계청

7 인구 고령화 인구는 노동이라는 경제에서 가장 중요한 생산요소의 원천이면서 소비와 투자를 위해 재화와 용역을 구매하는 수요자가 된다. 경제에서 인구는 그 분포가 오랜 시간에 걸쳐 안정적일 필요가 있다. 만약 인구가 빠

르게 증가하거나 감소한다면 여러 가지 경제적 문제에 직면하게 된다. 인구가 빠르게 증가할 때는 일자리 창출이 무엇보다도 긴박한 문제가 되고 인구가 빠르게 감소할 때는 인구의 고령화가 문제가 된다. 우리나라는 현재 인구의 급속한 고령화를 경험하고 있다. 즉 인구분포에서 65세 이상 인구가 빠르게 증가하고 있다. 빠른 고령화는 첫째, 우리나라의 여성들이 자녀를 많이 낳지 않으려는 경향을 가지게 됐고 둘째, 우리나라의 평균수명이 빠르게 증가하고 있기 때문에 나타나고 있다. 통계청의 추계에 따르면 2018년 우리나라의 합계출산율가임여성이 낳는 자녀의 수은 0.98명, 65세 이상 노인인구 비중은 14.3%이다. 통계청은 2030년 노인인구의 비중이 25%에 이를 것으로 추계하고 있다.

8 노사갈등 경제가 고도성장에서 저성장으로 전환되면 노사갈등이 심화되는 것이 상례이다. 대부분의 선진국에서 파업에 따른 손실노동일수가 1인당 국민소득 1만 달러 수준에서 경제가 저성장기로 진입한 시기에 급증했다.

우리나라 임금근로자형태별 비중(%)

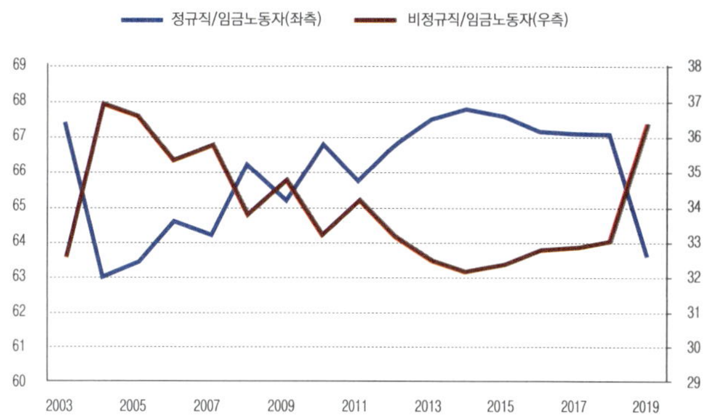

자료: 통계청

우리나라의 경우 1980년대 후반부터 노조가입률과 노사분규가 급격히 증가해 1989년 노동조합조직률이 19.8%로 정점에 이르렀다가가 다시 감소하기 시작해 2010년에는 9.8%까지 하락했다. 노동조합원 수는 1989년에 193만 2,000명으로 가장 많았다. 우리나라의 노동조합은 조직률이나 조합원수가 선진국에 비해 매우 낮아 전체 노동자를 내표하지 못하며 특히 무노조 사업장의 이해 대변에 한계가 있다.

9 국제원자재가격의 상승 최근 국제 원유가격이 급등락을 거듭하고 있다BOX 7-3 참조. 우리나라는 에너지 자원의 대부분을 수입에 의존하기 때문에 원유를 포함한 원자재 가격의 변동은 언제나 우리 경제에 부담을 안겨주고 있다. 예를 들어 외환위기 이후 2008년에 처음 경상수지 적자가 나타난 것은 원유가격이 배럴당 150달러 근처까지 상승했기 때문이다. 에너지자원의 안정적인 확보는 우리 경제에 주어진 끊임없는 도전이라고 할 수 있다.

서 낙선시킴으로써 약속 불이행을 처벌할 수 있다.

2 계약은 정책담당자와 그 임명권자 사이의 명시적인 계약일 수도 있다.[19] 즉 중앙정부가 통화당국과 고용계약을 체결할 때 최적정책을 시행하지 않으면 급여를 삭감한다든가 직위를 해임한다는 처벌 내용을 삽입하여 일반 경제주체들이 최적정책이 시행될 것임을 믿게 할 수 있다. 실제로 뉴질랜드는 이와 같은 계약을 통해 물가안정을 이룩하였다.

19 Walsh, C.E.(1995), "Optimal Contracts for Central Bankers," *American Economic Review* v.85 No. 1. pp 150-167.

12.7.4 보수적인 정책담당자의 임용

위에서 살펴본 바와 같이 재량의 경우 인플레이션 편향성 inflationary bias 이 a/b로 나타난다. 즉 인플레이션 편향성은 정책당국이 고용과 물가안정 가운데 어떤 것을 더 중시하느냐에 달려 있다. 이때 b가 무한대로 커지면 인플레이션 편향성은 0이 된다. 이 경우에 인플레이션을 극도로 싫어하는 사람을 중앙은행 총재로 임명하면 a/b가 0으로 수렴하므로 준칙에서 재량으로의 정책 변화가 거의 나타나지 않게 된다. 따라서 물가안정을 달성하고자 할 때에는 인플레이션을 혐오하는 사람을 중앙은행 총재로 임명하면 된다. 일반적으로 인플레이션에 대해 혐오감이 큰 사람들은 보수적인 사람들이므로, 물가안정을 추구할 때에는 b 값이 큰 보수주의자를 중앙은행 총재로 임명하는 것이 동태적 비일관성을 피하는 방법이 된다.

12.8 이중목표(dual mandates)에 관한 논의

금융정책의 목표를 물가안정에 좁혀서 정의하는 전통적 견해에서, 최근 금융위기 이후 물가안정과 금융안정을 포괄하는 이중목표 dual mandates 에 대한 논의도 제기되고 있다. 지속되는 불황 속에서 저금리 기조를 통한 수요견인이 정당화되고 있으나 여전히 저금리에 의한 효과가 나타나기에는 경제여건이 취약하다. 이 와중에 저금리 속에서 넘쳐나는 유동성이 자산거품, 부동산투기 등으로 분출되어 가계신용대출 급증과 이에 따른 가계부채 문제가 부상하고 있다. 이중목표 논의에 따르면, i) 물가안정을 위한 전통적 통화 · 금융정책의 실시와 함께 ii) DTI · LTV규제■ 등의 새로운 정책수단을 이용한 신용조절로 금융안정을 꾀하는 정책을 병행하는 것이 의미 있다는 견해가 부상하고 있다. 그러나 아직도 금융안정이 반드시 정책목표에 포함되어야 하는지, 그리고 DTI · LTV규제의 효과가 실제로 어떠한지 등에 대한 논란이 남아 있어 향후 연구대상이 될 것이다.

■ DTI는 debt-to-income의 약자로서 소득대비 부채 비율을 지칭하며, LTV는 loan-to-value의 약자로써 주택가격대비 대출액의 비율을 의미한다. DTI와 LTV 지수가 높을 때 신용공급이 증가한 것으로 볼 수 있으며, 과도한 수치를 시현할 때 금융불안정으로 파급될 수 있어 본 지수에 일정한 상한을 둠으로써 금융안정을 꾀하자는 주장이 제기되고 있다.

결 론 12.9

안정화정책에 관하여는 안정화정책이 바람직한지에 대한 논쟁과 안정화정책이 바람직하다면 어떤 정책을 어떤 방식으로 시행하는 것이 좋은지에 대한 논쟁이 있다. 이러한 논쟁은 주로 고전학파 계열의 학자들과 케인즈학파 계열의 학자들 사이에서 전개됐다. 고전학파 계열의 학자들은 정부가 미세조정을 통해 경제를 안정화시키는 데에는 한계가 있으며 경우에 따라서는 정책 실패 때문에 오히려 경제를 불안정하게 만들 가능성이 있다고 주장한다. 이에 반해 케인즈학파 계열의 학자들은 경제정책의 효용성을 부인하지 않으며 적극적인 정책을 요구한다. 한편 안정화정책의 결정 방식에 관하여는 준칙을 따르는 방식과 재량에 따르는 방식이 있다. 재량에 따라 정책을 결정하는 경우에는 인플레이션 편향성이 존재하고, 준칙을 따르는 경우에는 동태적 비일관성의 문제가 나타난다. 즉 준칙에 따라 정책을 시행하는 경우에는 정책담당자가 주어진 준칙으로부터 벗어나고자 하는 유인이 존재하는데, 준칙에 대해 일반 경제주체들이 가지고 있는 믿음을 배반함으로써 손실함수의 값을 감소시킬 수 있기 때문이다. 이러한 비일관성 문제는 (평판균형, 법, 정책 담당자와의 계약, 보수적인 정책 담당자의 임용 같은) 다양한 방법을 통해 해결할 수 있다. 한편, 통화·금융정책의 목표를 물가안정뿐만 아니라 금융안정과 같은 추가적 목표까지 확대할 것인지에 관한 논의도 시작되고 있다.

요 약

≫ 안정화정책에 관한 논쟁은 크게 ① 안정화정책을 시행하여야 하느냐, ② 안정화정책을 시행한다면 어떤 방식으로 하여야 하느냐의 두 가지에 관한 것이다. ①은 주로 안정화정책의 효율성에 관한 것이다. 고전학파 계열의 학자들은 경제의 자동안정화기능을 믿기 때문에 안정화정책이 필요하지 않다고 본다. 그러나 케인즈학파 계열의 학자들은 경제의 자동안정화기능를 믿지 않거나 그러한 기능이 존재한다고 하여도 많은 시간이 소요되기 때문에 정부의 개입이 필요하다고 본다.

≫ 재정정책과 통화정책의 상대적 효율성에 관한 논쟁은 *IS*와 *LM*곡선의 기울기에 초점을 맞춘다. 케인즈와 케인즈학파는 유동성함정을 들어 통화정책의 무력함을 주장하지만 고전학파 계열 학자들은 실증적으로 유동성함정이 존재하지 않는다고 믿으며 피구효과와 밀어내기효과 및 화폐수량설의 재해석을 통해 통화정책의 유효성을 주장한다.

≫ 1970년대 초반에는 합리적 기대 자체가 정책의 무력성policy irrelevance을 의미하는 것으로 오해하였다. 그러나 장기임금계약이 존재하거나 정책당국이 일반 대중보다 우월한 정보를 가지고 있으면 합리적 기대 아래에서도 거시경제정책의 효과가 나타난다.

≫ 프리드먼은 정책시차 때문에 불안정화 가능성이 있다고 했다. 정책시차는 충격이 주어진 후 이를 인식해 정책을 입안하고 시행하기까지의 내부시차와 정책이 시행된 다음 실제로 정책효과가 나타나기까지의 외부시차로 나뉜다. 재정정책은 내부시차가 길고 금융정책은 외부시차가 길다. 자동안정화장치는 내부시차를 피할 수 있지만 외부시차는 피할 수 없다.

≫ 루카스의 비판에 따르면 정책 효과를 판단할 때 축약형모형을 사용하면 오류를 범할 수 있기 때문에 이를 피하기 위해서는 구조모형을 사용해야 한다. 기대형성 과정을 무시한 축약형모형을 사용해 안정화정책을 입안하면 정책 의도와 전혀 다른 결과가 나타날 수 있고 불안정화 가능성도 배제할 수 없다.

≫ 재량에 따른 안정화정책은 인플레이션 편향성을 가지며, 준칙에 따른 안정화정책은 동태적 비일관성 문제를 가지고 있다. 준칙의 경우 정책당국이 일반 대중의 준칙에 대한 기대를 배반해 목적함수를 증가시킬 수 있기 때문에 동태적 비일관성이 나타난다.

≫ 테일러 준칙은 이자율을 불황 갭의 감소함수 및 인플레이션의 증가함수로 만든 실증적인 준칙이다.

≫ 동태적 비일관성은 평판균형, 법, 정책 담당자와의 계약, 보수적인 정책 담당자의 임용을 통해 해소할 수 있다. 이와 같은 방법들의 요체는 정책담당자가 준칙을 어겼을 때 그에 합당한 벌칙을 가함으로써 사전확약precommitment하도록 하는 것이다.

핵심용어

- 구조모형
- 내부시차
- 동물적 영감
- 동태적 비일관성
- 루카스비판
- 리카도의 동등성정리
- 마샬의 k
- 미세조정
- 법
- 보수적인 정책 담당자
- 석유수출국기구
- 신뢰성
- 실업수당
- 실질잔고효과
- 안정화정책
- 예측모형
- 외부시차
- 우월한 정보
- 유동성함정
- 인적자본
- 인지시차
- 인플레이션 편향
- 자동안정화장치
- 자본이득
- 자산선택이론
- 장기임금계약
- 재량
- 정책 능동주의policy activism
- 정책 담당자와의 계약
- 정책 수동주의policy passivism
- 정책시차
- 정책의 무력성정리
- 준칙
- 중첩임금계약
- 축약형모형
- 테일러 준칙
- 투기적 동기
- 투자보조금
- 평판균형
- 피구효과

연습문제

01 다음 물음에 답하시오.

(1) 재정정책과 통화정책의 상대적인 효율성에 관해 논하시오.

(2) 루카스의 비판은 축약형모형이 아닌 구조모형을 이용해야 정책 효과를 올바로 판단할 수 있다고 주장한다. 그 이유는 무엇인가?

02 프리드먼의 신화폐수량설에 따르면 유동성함정이 가능한가?

03 재정정책과 통화정책에 대한 케인즈학파와 고전학파의 견해를 서술하고 그와 같은 견해의 타당성에 관하여 논하여 보시오.

04 준칙과 재량의 경우 균형에서 인플레이션과 후생수준이 다르게 나타나는 것은 두 정책이 내포하고 있는 정보 때문이라고 볼 수 있다. 이에 관하여 논하고 이와 같은 결과는 정책이 어떻게 시행되어야 함을 시사하는가?

05 통화정책의 동태적 비일관성에 관한 다음 물음에 답하여 보시오.

(1) 동태적 비일관성이 발생하는 이유는 무엇인가?

(2) 동태적 비일관성을 해소하는 방법에 관하여 논하여 보시오.

06 정책 무력성정리에 관하여 논하여 보시오.

07 두 나라 A와 B의 재화시장과 화폐시장이 다음과 같이 주어져 있다고 한다.

$C^A=1{,}250+0.75(Y^A-T^A)$	$C^B=1{,}250+0.75(Y^B-T^B)$
$I^A=1{,}500-10{,}000r^A$	$I^B=2{,}000-20{,}000r^A$
$G^A=1{,}000$	$G^B=1{,}000$
$T^A=1{,}000$	$T^B=1{,}000$
$\dfrac{M^A}{P^A}=\dfrac{Y^A}{20r^A}$	$\dfrac{M^B}{P^B}=\dfrac{Y^B}{20r^B}$

여기서 위 첨자(A, B)는 나라를 나타낸다. 물가수준은 $P^A=P^B=1$로 주어져 있고 통화량은 $M^A=M^B=10{,}000$이라고 한다. 다음의 물음에 답하시오.

(1) 두 나라의 균형소득과 이자율은 얼마인가? *IS-LM*곡선의 그래프를 이용해 균형을 나타내시오.

(2) 두 나라에서 통화량이 11,000으로 증가했다고 한다. 두 나라의 균형소득과 이자율은 각각 얼마인가? 통화정책의 효과가 어느 나라에서 더 큰가? 그 이유를 *IS-LM*곡선의 그래프를 이용해 직관적으로 설명하시오.

(3) 통화량은 10,000으로 일정한 가운데 정부지출이 두 나라에서 1,420으로 증가했다고 한다. 두 나라의 균형소득과 이자율은 얼마이고, 통화정책의 효과는 어느 나라가 더 큰가? 그 이유를 *IS-LM*곡선의 그래프를 이용해 직관적으로 설명하시오.

(4) 두 나라에서 투자가 $I^A=I^B=1{,}000$으로 주어져 있다고 할 때 (2), (3)의 물음에 답하시오. (2), (3)과 다른 점은 무엇이며 왜 그러한 결과가 나타나는가? 그 이유를 *IS-LM*곡선의 그래프를 이용해 직관적으로 설명하시오.

(5) (3)에서 두 나라의 밀어내기효과는 얼마인가?

08 한 경제의 재화시장과 화폐시장이 다음과 같이 주어졌다고 한다.

$$C=1{,}250+0.75(Y-T)$$
$$I=1{,}500-10{,}000r+10{,}000\varepsilon_I$$
$$G=1{,}000$$
$$T=1{,}000$$
$$\frac{M^d}{P}=\frac{Y+200{,}000\varepsilon_M}{20r}$$

물가수준은 $P=1$, 통화량은 $M=10{,}000$, 투자에 주어지는 충격은 $-0.03\leq\varepsilon_I\leq 0.03$의 영역에서 균등분포uniform distribution를 이루고 있고 화폐수요에 주어지는 충격은 $-0.012\leq\varepsilon_M\leq 0.012$의 영역에서 균등분포를 이루고 있다고 한다. 완전고용수준의 산출량은 $\bar{Y}=10{,}000$이라고 한다. 다음 물음에 답하시오.

(1) $\varepsilon_I=\varepsilon_M=0$이라고 할 때 산출량과 이자율은 얼마인가?

(2) 통화량을 정책수단으로 사용한다고 할 때 균형산출량과 이자율의 영역을 구하고, 이를 그림을 이용해 설명하시오.

(3) 중앙은행이 $(Y-\bar{Y})^2$의 기댓값을 극소화하고자 한다. 이자율을 정책수단으로 사용할 때 균형산출량과 이자율의 영역을 구하고, 그림을 이용해 설명하시오.

(4) (2)와 (3)의 결과를 비교할 때 어떤 정책이 산출량 변동을 극소화하는가?

09 장기에 통화량 m_t와 산출량 y_t 사이에 체계적인systematic 관계가 존재하는지 검증하기 위해 다음과 같은 축약형모형을 설정했다고 한다.

$$y_t=\gamma+\beta_0 m_t+\beta_1 m_{t-1}+\varepsilon_t$$

여기서 아래 첨자 t는 시간을 나타내고 ε_t는 확률적 충격이다. 흔히 이와 같은 모형을 추정하여 추정치 사이에 다음 식이 성립하면 장기에 통화가 산출량에 영향을 미치지 않는다고 결론을 내린다.

$$\beta_0+\beta_1=0$$

즉 통화량을 증가시켰을 때 두 기간이 지나고 나서 효과가 소멸한다면 화폐가 장기적으로 효과가 없다고 결론짓는다. 이제 이러한 검정이 옳은지 다음과 같은 구조모형에 비추어 알아보자.

$$y_t=\lambda+a[m_t-E(m_t|\Omega_{t-1})]+\varepsilon_t$$
$$m_t=\alpha_0+\alpha_1 m_{t-1}$$

즉 이와 같은 구조모형이 진true이라고 한다. 다음 물음에 답하시오.

(1) 위의 구조모형과 축약형모형의 근본적인 차이는 무엇인가?

(2) 위의 구조모형으로부터 축약형모형을 도출하시오.

(3) 설문의 축약형모형과 (2)의 구조모형으로부터 구한 축약형모형의 계수를 비교해 어떤 관계가 있는지 설명하시오.

(4) (3)에서 구한 관계식으로부터 처음 축약형모형의 계수에 관한 가설 $\beta_0+\beta_1=0$은 결국 무엇을 검정하는 것인가?

(5) 왜 (4)와 같은 오류가 나타나는가?

10 우리나라의 경제문제에 관하여 논하여 보시오.

▶▶ 거시경제학의 학파들

중요한 거시경제학 논쟁은 대부분 고전학파Classical School와 케인즈학파Keynesian School를 중심으로 진행됐다. 아담 스미스의 《국부론》 이후 고전학파 이론이 주류경제학이 됐지만, 1930년대 세계적인 대공황을 계기로 1936년 케인즈의 《일반이론》이 출간된 후 20여 년간 케인즈학파가 주류를 형성했다. 그리고 1960년대 후반부터는 두 학파의 변형들이 서로 대립하면서 오늘날의 거시경제학을 이끌어 오고 있다.

고전학파와 케인즈학파의 논쟁은 주로 단기적인 경제현상과 이론에 관한 것이다. 장기적인 경제문제즉 장기균형과 경제성장의 문제에 관해서는 큰 이견 없이 대체로 의견 일치를 보여주고 있다. 따라서 경제성장모형에서는 양 진영이 모두 고르게 공헌하고 있다고 말할 수 있다.

고전학파

고전학파는 아담 스미스의 《국부론》에 그 기원을 두고 있다. 국부론에서 가장 유명한 문구는 "보이지 않는 손invisible hand"이다. 보이지 않는 손은 경제주체들이 자신의 이익을 위해 경제적인 선택을 하는 자유로운 시장이 존재한다면 경제가 잘 기능한다는 원리를 상징한다. 즉 자유시장경제에서 경제주체들이 자신의 이익을 추구하면 마치 보이지 않는 손에 의한 것처럼 경제에 참여하는 모든 사람들의 후생 수준이 극대화된다는 것이다.

스미스의 보이지 않는 손 개념은 몇 가지 경제적인 조건을 주어진 것으로 전제하고 있다.

먼저 스미스는 자유시장경제가 모든 참여자들에게 만족을 준다고 말하지는 않는다. 자유시장경제에서도 어떤 사람들은 굶주릴 수 있고, 어떤 사람들은 불만족스러울 수도 있다. 또한 천재지변이나 전쟁 또는 정치적인 불안정이 갖는 경제적인 영향은 피할 수 없다.

그 밖에 스미스는 시장경제를 분석할 때 부wealth의 초기 분배를 주어진 것으로 받아들였다. 따라서 보이지 않는 손 개념은 부자와 빈자 사이의 불평등이 존재할 수 있음을 부정하지 않는다. 단지 보이지 않는 손 개념은 한 경제의 인적, 물적 그리고 기술적 자원과 부의 초기분배가 주어져 있을 때 자유시장경제가 어떤 다른 시장형태보다도 높은 경제적 후생수준을 경제의 구성원 모두에게 보장하여 준다고 주장한다.

이러한 고전학파 경제학은 한 경제 안에 존재하는 모든 시장이 순조롭게 기능하며, 최저임금이나 이자율 상한과 같은 시장의 불완전 요인이 존재하지 않는다는 가정에 기초하고 있다. 이러한 가정이 성립하려면 임금과 가격이 빠르게 조정되어 모든 시장에서 수요와 공급이 일치하는 균형이 신속히 달성되어야 한다. 즉 수요량이 공급량을 초과하는 시장에서는 가격이 상승하여, 반대로 공급량이 수요량을 초과하는 시장에서는 가격이 하락하여 시장균형을 회복하여야 한다. 따라서 자유시장경제에서 임금과 가격의 자유로운 변동성flexibility은 개인의 사익추구와 함께 고전학파 경제학의 두 가지 핵심적인 가정이다.

고전학파 이론의 가장 중요한 결론은 완전고용이 항상 달성된다는 것이다. 즉 노동시장에서 수요와 공급이 일치하지 않으면 임금이 신축적으로 변동하여 균형을 회복하며, 균형 상태에서는 주어진 임금 아래에서 일하고 싶은 노동자는 모두 고용되기 때문에 실업이 없다. 특히 단기에도 임금변동이 신속히 일어나므로 완전고용균형이 달성된다. 따라서 고전학파 이론의 핵심적인 결론은 장기는 물론이고 단기에도 완전고용이 달성된다는 것이다.

그 밖에 고전학파 이론은 거시경제정책에 관하여 강력한 함의implication를 갖는다. 즉 고전학파 이론에 따르면 자유시장경제는 보이지 않는 손에 의하여 잘 기능하기 때문에 정부의 역할은 매우 제한적일 수밖에 없다. 즉 정부가 의도하거나 천명한 목표를 달성하려는 정부정책은 큰 효과를 거둘 수 없다. 따라서 고전학파 이론에 의하면 정부의 최선의 정책은 시장개입이 아니라 자유방임laissez faire이다. 고전학파 경제학자들은 정부가 적극적으로 경기변동을 안정화하려고 하는 정책은 옳은 정책이 아니라고 생각한다.

케인즈학파

케인즈의 경제이론은 1930년대의 대공황the Great Depression을 배경으로 한다. 케인즈의 《일반이론》이 발표된 1936년은 대공황이 한창 진행되고 있던 해로, 세계 대부분의 나라들에서 전대미문의 높은 실업률이 지속되고 있었고, 자유시장경제체제의 보이지 않는 손이 더 이상 기능하지 못하는 것처럼 보였다. 따라서 상시적으로 완전고용이 달성된다고 보는 고전학파의 이론은 당시의 경제현상과는 너무나 괴리된 듯이 보였다. 새로운 거시경제이론에 대한 요구가 커지는 가운데 등장한 사람이 케인즈였다. 이러한 배경 때문에 케인즈 경제학을 공황의 경제학이라 부르기도 한다. 케인즈의 경제학은 뒤에 힉스J.R. Hicks[1]와 핸슨A.H. Hansen[2] 등의 재해석을 통해 많은 추종자를 얻게 되었으며, 이들을 케인즈학파Keynesian School라고 부르게 되었다.

케인즈학파는 고전학파 이론이 대공황을 효과적으로 설명하지 못했기 때문에 등장했다. 따라서 고전학파 이론에 대한 근본적인 수정을 담고 있다. 그 가운데 가장 중요한 것은 임금과 가격의 신축성flexibility에 관한 것이다. 앞에서 살펴본 바와 같이 고전학파는 모든 시장에서 수요와 공급이 일치하지 않으면 임금과 가격이 신속하게 변화해 균형을 회복한다고 가정했다. 그러나 케인즈학파는 임금과 가격의 신축성과 즉각적인 조정 능력을 부정하고 적어도 단기적으로는 임금과 가격이 경직적rigid이라고 가정한다. 임금과 가격이 천천히 조정되면 시장은 상당 기간 동안 균형 밖에 머물 수 있다. 경직성의 가정 아래에서는 기업이 고용하고자 하는 노동자 수와 일하고자 하는 노동자 수가 일치하지 않은 경우에도 임금과 가격이 신속히 조정되어 새로운 균형을 빠르게 회복할 수 없기 때문에 실업이 상당 기간 지속될 수 있다.

케인즈는 《일반이론》에서 임금과 가격의 경직성 이외의 여러 가지 실업의 원인에 대해서도 논하고 있다. 그 가운데 하나가 화폐경제의 특이성이다. 화폐경제에서는 임금과 가격이 신축적이어도 완전고용이 달성되지 못할 수 있다는 것이다. 특히 미래에 대한 불확실성uncertainty과 기대expectations, 그리고 이들이 일으키는 정보의 문제informational problem 때문에 실업이 발생할 수 있다는 사실을 강조하고 있다. 케인즈는 미래에 대한 경제주체들의 생각이 바뀌면 경제주체들의 현재 선택에 영향을 받게 되며, 이때 현재와 미래를 연결하여 주는 변수가 화폐라고 주장했다.

케인즈는 화폐경제에서는 대공황 같은 불균형에 처하게 되면 경제주체들의 의식이 비관적으로 되어 경제가 생산해낼 수 있는 완전고용수준의 산출량을 모두 구매할 수 없을 것으로 예상하는 일이 생길 수도 있다고 본다. 경제주체들이 비관적인 기대 아래 선택을 하는 경우에는 임금과 가격이 아무리 신축적이라고 해도 완전고용을 달성할 수 없게 된다는 것이다. 이렇게 케인즈의 화폐이론은 완전고용수준에서의 물가에 관한 이론인 고전학파 이론과 달리 기대이론과 결합한 산출량과 고용에 관한 이론이라고 할 수 있다.

---

1 Hicks, J. R., "Mr. Keynes and the Classics: A Suggested Interpretation", *Econometrica*, Aprill 1937, pp. 137-159.

2 Hansen, A.H., *A Guide to Keynes*, New York: McGraw-Hill, 1953.

케인즈는 1930년대와 같은 대공황과 관련해 공황에 의해 촉발된 자기파괴적인 기대를 무너뜨릴 수 있을 만큼 큰 수요의 진작이 외부로부터 주어져야만 대량실업을 완화할 수 있다고 보았다. 특히 정부 정책이 유효하다고 믿었으며 정부 정책 가운데에서도 수요를 완전고용수준까지 증대시킬 수 있는 것은 정부지출의 증가라고 보았다. 정부 정책에 대한 적극적인 태도와 재정정책에 대한 정책제안은 고전학파의 그것과 매우 달랐다.

현대 거시경제학의 전개

케인즈의 《일반이론》이 출판된 후 10년 이내에 케인즈학파는 거시경제학의 주류로 자리 잡게 됐으며 2차 세계대전 이후 1970년대 초반까지 황금기를 구가했다. 1960년대 초반 케인즈학파 경제학이 절정을 이뤘을 때 경제학자들은 정부가 경제정책을 적절하게 사용하면 인플레이션이나 불황 없이 완전고용과 경제성장을 촉진할 수 있다고 믿었다. 즉 당시의 경제학자들은 몇 가지 해결해야 할 작은 문제들이 남아 있지만 거시경제학의 주요문제는 모두 해결됐다고 생각했던 것이다.

(1) 신고전학파 종합 이 시기에 케인즈학파 이론에 대한 동조자와 비판자들 사이에 의견일치가 나타나게 됐는데 이를 신고전학파 종합neoclassical synthesis이라고 부른다. 이들은 거시경제이론을 4개 시장—재화시장, 화폐시장, 노동시장, 채권시장—에서의 일반균형이론으로 나타내고 케인즈학파의 모형을 일반균형이론의 특수한 경우로 설명했다.[3] 이 모형들의 핵심은 화폐변수보다는 실질변수였기 때문에 케인즈학파 경제학의 혁명적인 특성을 어느 정도 훼손하는 측면이 있었다.

케인즈의 이론에 대한 신고전학파 종합의 이러한 해석은 케인즈가 스스로 생각한 거시경제이론에 대한 공헌을 부정하는 측면도 있었다. 케인즈는 그의 이론이 고전학파의 이론보다 일반적이라고 보았기 때문에 그의 저서에 제목을 붙일 때 "일반이론"이라는 말을 선택했던 것이다. 그러나 신고전학파 종합에 따르면, 케인즈가 거시경제학에 몇 가지 매우 현실적이고도 유용한 개념을 도입한 것은 사실이지만 순수한 이론적인 입장에서 보면 이는 기존의 이론적인 구조에 몇 가지 가정을 더한 것에 지나지 않는다. 즉 케인즈의 가정들은 현실 경제에 관한 통찰력을 제공하지만 일반이론의 징표가 되지는 못한다는 것이다.

신고전학파 종합에 속한 경제학자들은 일련의 가정을 도입하면 고전학파의 결과들을 증명할 수도 있고 다른 일련의 가정들을 도입하면 케인즈학파의 결과들도 증명할 수 있다는 의미에서 자신들의 모형이야말로 완전한 일반성을 갖추고 있는 모형이라고 주장했다. 그리고 고전학파의 이론과 케인즈학파의 이론이 근본적으로 유사하다고 보았으며 단지 사용하고 있는 가정들이 다를 뿐이라고 주장했다. 나아가 신고전학파 종합은 케인즈학파의 가정들이 고전학파의 가정들과 다를 뿐만 아니라 심지어 제한적이라고 주장한다. 다시 말해 케인즈학파의 가정들은 고전학파의 가정들보다 일반적이지 못하며 케인즈의 모형은 보다 일반적인 고전학파 모형의 특수한 경우라는 것이다. 이러한 이유에서 앞에서 언급한 4개 시장으로 이루어진 일반균형모형을 "신고전학파 종합"이라고 부른 것이다.

(2) 통화주의 1950년대는 케인즈학파가 주류를 형성하고 있었으나 경제현상에 대한 해석과 이론 측면에서 케인즈학파에 대한 도전이 나타나기 시작한 시대이기도 했다.[4] 케인즈학파가 옹호하던 정책수단인 재정정책은 1930년대 대공황이라는 비상상태를 빠져 나오는 데에는 매우 유효하게 기능했다. 그러나 완전고용에 가까운 고용이 실현되고 있는 (대공황 시기와는 조건이 다른) 시기에 재정정책을 이용해 경제를 미세조정fine tuning하는 데에는 현실적인 어려움이 있었다. 즉 재정정책을 효과적으로 시행하기 위해서는 언제, 얼마만큼의 크기로 정책을 시행할 것인지 알아야 하는데 이를 판단하기가 쉽지 않고 만약 시기를 잘못 선택하면 경제를 안정화하기보다 오히려 경제를 불안정화할 수도 있음이 밝혀졌다.[5] 그리고 재정정책

---

3 Patinkin, D., *Money, Interest and Prices*, 2nd ed., New York: Harper & Row, 1965.
4 이를 신고전학파의 재등장(neoclassical resurgence)이라고 부르기도 한다.
5 Dow, J.C.R., *The Measurement of the British Economy* 1945-60, Cambridge: Cambridge University Press, 1964.

을 경기 안정화를 위해 사용하는 경우에 국제수지 문제가 나타나거나 인플레이션이 발생할 수도 있다는 것도 알려졌다.

이렇게 케인즈학파의 정책제안에서 현실적인 문제가 나타나기 시작하자, 고전학파의 전통을 이어받은 일군의 학자들이 케인즈학파의 이론적인 경직성에 대하여 반기를 들게 됐다. 그 핵심에 일찍이 노벨경제학상을 수상한 밀턴 프리드먼이 있었다. 이들은 1950년대에 새로이 나타나기 시작한 경제현상들을 설명하는 과정에서 화폐 공급의 중요성을 강조하였기 때문에 통화주의자Monetarists 또는 통화주의학파Monetarist School라고 불렸다. 이들은 명목소득 변동에 가장 중요한 역할을 하는 것은 화폐공급이며, 화폐공급이 증가할 때 명목소득의 구성요소인 실질소득과 물가수준이 각각 얼마만큼 증가하느냐에 대해 경제상황에 따라 각기 다르게 나타난다고 주장했다. 따라서 통화주의학파 이론과 실증연구의 핵심은 화폐공급곧 통화량에 있었는데, 이는 고전학파 화폐이론인 화폐수량설quantity theory of money에 대한 프리드먼의 재해석에 바탕을 두고 있었다.[6] 이를 때로는 신화폐수량설이라고 부르기도 한다.

통화주의학파는 화폐공급이라는 핵심적인 변수에 대한 재해석과 그 이후의 실증분석을 통해 주목받게 되었다. 그들은 작은 이론으로 많은 것을 설명하고 예측하는 이론이 좋은 이론이라는 철학적인 입장에서 연구를 진행하여 자신들의 입장을 지지해주는 많은 실증분석 결과를 얻게 됐다. 그러나 그러한 결과에도 불구하고 케인즈학파의 아성을 무너뜨리기에는 아직 부족했다. 이는 통화주의 이론이 화폐공급이라는 한 변수를 중심으로 전개됐을 뿐만 아니라 화폐공급이 다른 거시경제 변수에 영향을 미치는 조정경로를 설명하는 이론이 취약했기 때문이었다.18장 참조 따라서 1960년대는 케인즈학파가 아직 주류를 형성하고 있는 가운데 통화주의학파가 거시경제학계에서의 비중을 높여 나간 시기였다고 말할 수 있다.

통화주의학파가 그 영향력을 크게 확대할 수 있었던 것은 1960년대 후반 월남전의 여파로 미국 경제에서 나타나기 시작한 인플레이션을 설명하는 데 매우 유효했기 때문이다. 그리고 1970년대 유가파동oil shock의 결과, 미국 경제에는 높은 실업과 인플레이션이 동시에 진행되는 스태그플레이션stagflation이 나타났다. 이는 실업과 인플레이션의 상충관계tradeoff에 기초한 필립스곡선에 바탕을 둔 케인즈학파에게 커다란 타격을 안겨주었다. 이때 케인즈학파에게 가해진 비판은 명목임금과 가격의 경직성에 대해서도 견고한 이론적 기초가 없다는 것이었다. 이러한 현실적인 여건 아래에서 많은 경제학자들은 고전학파 경제학이 과거에 생각했던 것보다 훨씬 좋은 접근방법일 수 있다는 생각을 하게 되었다.

(3) 새고전학파 1970년대는 경제학 전반, 특히 거시경제학 분야에 일대 변혁이 일어난 시기였다. 이 시기는 고전학파와 케인즈학파가 각각 새로운 모습으로 다시 태어나는 시기라고 말할 수 있다. 특히 현대화된 고전학파 계열의 거시경제 이론이 1970년대 이후 거시경제학의 발전을 주도했다고 해도 과언이 아닐 정도였다. 1970년대 이후 나타난 고전학파 계열의 주요 거시경제이론은 새고전학파New Classical School, 공급중시경제학Supply Side Economics, 실물경기변동이론Real Business Cycle Theory 등이다.

고전학파 경제학의 맹활약에도 불구하고 2차 대전 이후에 케인즈학파가 누렸던 바와 같은 주류로서의 지배적인 지위를 고전학파 경제학이 확보한 것은 아니었다. 이 시기에 케인즈학파는 보다 정교한 이론적인 구성을 갖춘 새케인즈학파New Keynesian School로 거듭났다. 이러한 발전적 변신을 통해 고전학파 이론은 경기변동과 실업을, 케인즈학파 이론은 스태그플레이션을 설명할 수 있게 됐다. 특히 케인즈학파는 임금과 가격의 경직성에 대한 견고한 이론적 기초를 마련했다. 이제 이들 이론에 관하여 살펴보면 다음과 같다.

거시경제학이 20세기 후반에 이룬 가장 큰 이론적인 성과 가운데 하나는 1960년대 초 뮤스J. Muth가 처음 경제이론에 도입하고 노벨경제학상 수상자인 루카스R.E. Lucas, Jr.가 1970년대 초 경제적으로 의미 있게 재해석한 합리적 기대이론theory of rational expectations일 것이다. 합리적 기대를 고전학파 이론의 전개에 이용한 학파를 새고전학파New Classical School라고 부른다. 합리적 기대란 경제주체들이 자기들에게 주어진 모든 정보를 이용해 미래에 대한 기대를 형성함을 의미한다.

6 Friedman, M., 'The Quantity Theory of Money: A Restatement,' in *Studies in the Quantity Theory of Money*, Chicago University Press, 1956.

정보를 모두 이용한다는 것은 **8장**의 부록에서 설명한 바와 같이 다음의 두 가지를 의미한다.

첫째, 정보를 모두—완전히— 이용하기 위해서는 같은 실수를 계속 범하지 말아야 한다. 둘째, 정보를 완전히 이용한다는 것은 이용 가능한 정보가 기대오차를 더 이상 줄일 수 없다는 것이다.

새고전학파는 합리적 기대와 함께 고전학파와 마찬가지로 시장청산을 가정한다. 그러나 시장에서의 정보 흐름이 완전하지 않을 수도 있다고 본다. 즉 한 경제에 서로 분리되어 있는 여러 시장이 존재한다면 한 시장에서 일어난 사건이 다른 시장에 알려지기까지는 시간이 걸릴 수 있다. 이때 각각의 시장참여자는 자기가 참여하고 있는 시장의 정보는 가지고 있으나 다른 시장에서 현재 일어나고 있는 사건에 관한 정보는 가지고 있지 않다. 이러한 정보를 불완전한 정보incomplete information라고 부른다. 이 경우에는 비록 시장청산이 일어나더라도 거시경제가 완전고용에서 벗어날 수 있기 때문에 실업이 발생할 수도 있다.[7]

불완전 정보에 의하면, 시장청산이 이루어지더라도 사람들이 다른 시장에서 일어난 사건을 모르거나 실제로 일어난 사건을 오인하므로 산출량이 완전고용수준에서 벗어나는 경기변동이 일어나고 실업이 발생할 수 있다. 이러한 모형을 루카스의 오인모형Lucas's misperception model이라고 부르기도 한다.[8] 시장청산이 일어나도 경기변동과 실업이 나타날 수 있다는 주장은 항상 완전고용수준에서 균형이 일어난다는 고전학파의 주장보다 진일보한 것으로, 시장청산을 가정하는 고전학파도 드디어 실업과 경기변동을 설명할 수 있게 되었다.

새고전학파의 이론에도 불구하고 그들의 정책제안은 고전학파와 크게 다르지 않다. 새고전학파는 단기적으로 경기변동과 실업이 일어나지만 이를 안정화하는 것은 바람직하지 않으며 때로는 가능하지도 않다고 본다. 즉 경제주체들이 어떤 정책을 예상한 경우에는 그 정책을 경제주체들이 모든 의사결정에 미리 반영하므로 효과가 없다. 따라서 정책이 효과를 거두려면 은밀히 정책을 계획하여 시행해야 하는데 이런 정책은 안정적인 기대에 바탕을 두고 소비나 투자를 계획하려는 경제주체들을 교란시키므로 바람직하지 않다는 것이다. 이렇게 새고전학파는 근본적으로 정부가 정책을 통해 경제에 간섭하는 것을 비판했는데, 이는 고전학파의 자유방임laissez faire과 근본적으로 다르지 않다.

(4) 공급중시경제학 고전학파 경제학은 1981년 미국의 40대 대통령 레이건R. Reagan이 취임할 즈음 공급중시경제학supply side economics 또는 레이건 경제학Reaganomics의 형태로 변형돼 나타나기도 했다. 이 가운데 공급중시경제학은 1970년대의 유가파동에 따른 인플레이션 발생과 사회보장정책 등으로 인한 중과세에 대한 반동으로 나타났다. 공급중시경제학은 그동안 주류를 이루었던 수요중심 경제학에 빈해 공급능력의 증대가 경제에서 중요하나는 점을 상소한다. 즉 시상청산에 의해 완전고용이 일어난다고 가정하면 수요를 변화시키는 정책은 효과가 없기 때문에 공급능력을 변화시켜 완전고용수준의 산출량을 증대시키는 것이 무엇보다도 중요하다는 것이다.

공급중시경제학의 핵심은 한 경제의 공급능력을 증대시키는 정책에 있다. 공급능력을 증대시키기 위해서는 생산요소나 인적자본과 같은 기술수준을 높여야 하는데, 이는 투자나 연구개발에 대한 조세감면정책을 통해 자본과 기술수준을 높이거나 개인소득세를 낮춰 노동 의욕을 높임으로써 가능해진다는 것이다. 따라서 공급중시경제학은 조세감면을 정책제안의 핵심으로 삼았다.

공급중시경제학은 조세감면을 해야 하는 또 다른 이유로 미국의 세율이 지나치게 높아 소득세율을 낮추면 오히려 조세수입이 증가할 것이라는 래퍼곡선Laffer curve을 제시했다. 즉 조세수입 T는 다음과 같이 구할 수 있다.

$$T = \tau Y \qquad \text{(A12-1)}$$

7 이러한 모형을 루카스의 섬모형(island model)이라고 한다.

8 Lucas, R.E., Jr., "Some International Evidence on Output-Inflation Tradeoffs," *American Economic Review* 63, pp. 326-34.

여기서 τ는 소득세율, Y는 총소득이다. 만약 Y가 일정하다면 소득세율 τ가 증가하면 조세수입도 증가한다. 그러나 τ가 증가하면 노동공급이 감소하므로 Y가 감소한다. 따라서 소득세율과 소득은 반대 방향으로 움직이며, 소득세율이 증가할 때 소득의 감소폭이 소득세율의 증가폭보다 작으면 조세수입이 증가하고 반대의 경우에는 감소한다.

소득세율이 증가할 때 조세수입이 감소하는 현상은 소득세율이 지나치게 높을 때 나타난다. 예를 들어 소득세율이 1인 경우는 모든 소득을 조세로 징수하는 경우인데, 이 경우에는 그 누구도 일을 하려고 하지 않을 것이기 때문에 소득이 0이 되고 조세수입도 0이 된다. 따라서 세율과 조세수입의 관계를 **그림 A12-1**과 같이 위로 볼록한 모양으로 나타낼 수 있다. 이를 레퍼 곡선이라고 부른다.

그림 A12-1 래퍼 곡선

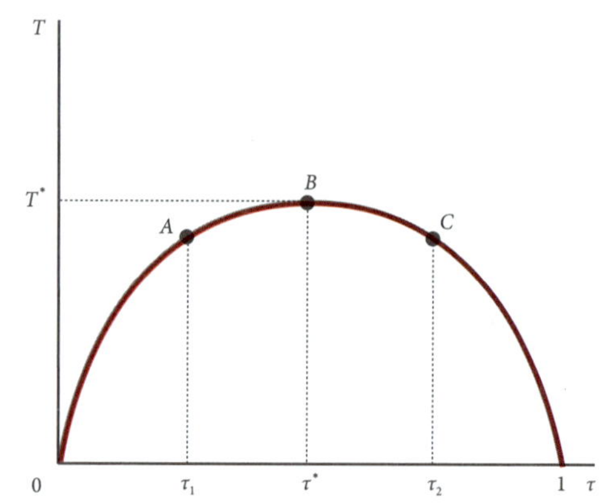

그림 A12-1에서 소득세율이 점 A에서와 같이 낮은 경우에는 소득세율을 증가시키면 조세수입이 증가한다. 그러나 조세수입이 극대화되는 소득세율 τ^*보다 높은 소득세율의 점 C에서는 소득세율이 증가할 때 조세수입이 오히려 감소한다. 공급중시경제학은 1980년대 초 미국이 점 C와 같은 위치에 있기 때문에 소득세율을 낮춰 조세수입을 증대시킬 수 있다고 주장했다.

당시 미국 대통령 레이건은 이와 같은 공급중시경제학의 정책제안을 받아들여 대폭적인 소득세율 인하를 실시했지만, 미국의 재정적자가 크게 증가했다. 즉 1980년대 초 미국은 **그림 A12-1**에서 점 C의 위치에 있었던 것이 아니라 점 A의 위치에 있었던 것이다. 레이건의 감세정책으로 인한 재정적자와 정부부채 증가는 결과적으로 공급중시경제학의 신뢰도를 떨어뜨렸다.

(5) 실물경기변동이론 공급을 중시하는 경기변동이론인 실물경기변동이론real business cycle theory도 고전학파 경제학의 또 다른 전개로 볼 수 있다. 실물경기변동이론은 1980년대 초 키들랜드F.E. Kydland, 프레스콧E.C. Prescott, 롱J.B. Long, 플라서C.I. Plosser에 의해 주창됐다. 실물경기변동의 특성은 **7장**의 **부록**에서 살펴본 바와 같다.

실물경기변동이론은 모형 설정부터 검정에 이르기까지 그 이전의 경기변동이론과 크게 달랐고, 이론적인 일관성과 모형의 적합성을 판단하는 새로운 방법 등이 매우 신선한 것으로 평가됐다. 현재 실물경기변동이론의 연구방법은 대부분의 거시경제 연구에서 활용되고 있으며, 실물경기변동이론이 등장했을 때 격렬하게 전개되었던 방법론에 관한 시비는 더 이상 존재하지 않는다. 실물경기변동이론은 1980년대 이후 현재까지 여러 현실적인 가정들을 도입하면서 확장됐으며, 거시경제학의 패러다임 가운데 하나로 확고하게 자리 잡고 있다.

(6) 새케인즈학파 고전학파 경제학의 현대적인 전개에 대하여 철학적·현실적으로 수긍하지 못하는 많은 거시경제학자들이 있다. 이들은 경기변동을 외부충격에 반응하는 시장청산모형으로 설명하는 것을 받아들일 수 없다는 주장을 펼친다. 만약 경기변동이 완전고용수준의 고용과 산출량이 외부의 충격에 반응하는 결과라면 (1930년대의 대공황도 설명할 수 있어야 하지만) 생산요소의 생산성이 대공황을 일으킬 만큼 크게 감소하는 일은 상상할 수 없기 때문에 상식적으로 실물경기변동이론을 이용하여 대공황을 설명할 수 없고, 현실적으로 관찰되는 임금과 가격의 경직성도 시장청산 가정의 오류를 증명하는 현상이라는 것이다.

이러한 철학적 혹은 현실적인 입장을 취하는 학자들은 주로 케인즈학파 이론을 현대적으로 전개한 새케인즈학파New Keynesian School 학자들이다. 새케인즈학파는 합리적 기대를 앞세운 새고전학파에 대응해 1970년대 중반 이후부터 등장했다. 이들의 연구는 주로 두 가지 방향으로 이루어졌다.

첫째, 합리적 기대 가설이 특정 학파만 사용할 수 있는 개념이 아니라는 점에 주목해, 이를 케인즈학파의 임금이나 가격 경직성이 존재하는 모형과 결합시켰고 그 결과로 새고전학파와 전혀 다른 결론을 얻었다.

둘째, 임금과 가격 경직성의 이론적인 기초가 약하다는 비판에 대응하기 위해 경직성의 미시경제적 기초에 관한 연구를 진행했다.

1970년대 후반부터 1980년대 초반까지 새케인즈학파의 연구는 피셔S. Fischer, 그레이J.A. Gray, 테일러J.B. Taylor 등에 의해 주도됐다. 이들은 주로 합리적 기대를 케인즈학파 모형에 도입해 새고전학파의 이론적인 결과들이 합리적 기대보다는 시장청산의 가정 때문에 나타남을 보였다. 특히 피셔는 합리적 기대를 노동자와 고용주 사이의 계약contracts에 따라 경직적으로 설정되는 임금이 존재하는 모형에 도입하면 경제주체들에게 이미 알려져 있는 경제정책도 효과가 있음을 보였다. 경제정책의 효과를 부정하는 새고전학파의 주장과 달리 합리적 기대 아래에서도 임금이 경직적이면 경제정책을 통해 소득 변동을 안정화하는 것이 가능하다는 것이다. 또한 그레이는 물가에 연동indexation돼 있는 경우의 최적적인 임금계약에 관해 연구했다. 테일러는 한 경제에서 서로 다른 기간에 가격을 설정staggered price setting하는 공급자들이 존재할 때 경기변동이 어떻게 나타나는지를 연구했다.

1980년대는 새케인즈학파가 꽃을 피우기 시작한 시기이다. 이 시기에 새케인즈학파는 임금이나 가격의 경직성에 대한 미시경제학적 기초microeconomic foundation를 마련했다. 새케인즈학파의 미시경제학적 연구는 여러 방향으로 전개됐다. 먼저 새케인즈학파는 가격 조정에 비용이 소요되기 때문에 이 변수들이 경직적인 것으로 되는 경우를 모형을 통해 설명했다. 이 비용을 메뉴비용menu cost이라고 부른다. 가격의 조정에 비용이 소요되는 이유는 자명하다.[9] 즉 음식점에서 음식 가격을 바꾸려면 메뉴판도 바꾸어야 하듯이 백화점에서도 상품에 붙은 가격표를 바꾸고 카탈로그도 다시 제작해야 한다. 이렇게 메뉴를 바꾸거나 카탈로그를 다시 제작하는 데 소용되는 비용이 메뉴비용이다.

새케인즈학파는 임금경직성의 다른 이유로 효율임금이론efficiency wage theory을 주장한다. 이는 노동자들의 생산성이 그들이 받는 임금과 관계가 있다는 이론이다. 즉 임금이 상승하면 생산성이 증가하지만, 반대로 임금이 하락하면 생산성도 하락한다는 것이다. 이 경우에는 생산자들이 임금을 시장청산 수준보다 높게 유지할 이유가 존재하며, 임금이 높게 설정되면 결국 실업이 나타나게 된다. **4장 부록**에서 살펴본 바와 같이 효율임금이론은 임금이 상승할 때 노동자들의 생산성이 증가하는 이유를 다양하게 제시하고 있다.

새케인즈학파의 불황과 공황에 대한 다른 설명으로는 조정의 실패coordination failure를 들 수 있다.[10] 조정의 실패는 임금이나 가격을 설정wage or price setting할 때 일어난다. 즉 기업이 자신이 만든 제품의 가격을 설정할 때 경쟁관계에 있는 기업이 설정할 가격을 예측해야 한다. 만약 경쟁기업이 자신보다 지나치게 높은 가격을 설정한다면 많은 제품을 판매할 수 있기 때문에 큰 이윤을 얻게 되지만, 반대로 자신이 경쟁기업보다 지나치게 높은 가격을 설정한다면 손해를 본다. 이 경우에 가장 좋은 것은 두 기업이 협의하여 가격을 조정해 두 기업 모두 이윤을 극대화하는 것이다. 그러나 담합은 법적으로 금지되어 있으며, 같은 산업에 기업이 많은 경우에는 불가능할 수도 있다. 이때 기업들의 경쟁기업에 대한 기대에 따라 두 기업 모두 손해를 보는 결과가 초래될 수 있는데, 이를 조정의 실패라고 부른다. 새케인즈학파는 실업과 불황도 조정의 실패 때문

9 Mankiw, N.G., "Small Menu Costs and Large Business Cycle: A Macroeconomic Model of Monopoly," *Quarterly Journal of Economics* 100, pp. 529-539, 1985.

10 Cooper, R.W. and A. John, "Coordinating Coordination Failures in Keynesian Models," *Quarterly Journal of Economics* 103, pp. 441-463, 1988.

에 나타날 수 있다고 주장했다.

고전학파와 케인즈학파의 경제이론은 1970년대 이후 정교한 미시적인 기초를 마련했을 뿐만 아니라 연구주제의 폭도 크게 확대시켰다. 그리고 앞에서 언급한 바와 같이 고전학파의 맥을 이은 학자들은 경기변동과 실업에 관한 이론을 개선했고, 케인즈학파의 맥을 이은 학자들은 임금과 물가의 경직성에 관한 이론적인 기초를 마련함으로써 스테그플레이션을 설명할 수 있게 되었다.

두 학파는 아직도 대립하고 있지만 오늘날 이들의 이론은 서로 많은 부분에서 수렴했으며 양 진영 모두 훌륭한 연구결과를 발표하고 있다. 그리고 상호논쟁과 의견교환을 통해 상대방의 이론적 발전에 긍정적인 기여를 하고 있다.

(7) 금융위기와 현대 거시경제학에 대한 도전 위에서 논의하였듯이 고전학파와 케인즈학파의 경제이론이 진일보한 발전을 이루면서 거시경제의 움직임을 실증적으로 보다 잘 설명할 수 있다는 믿음이 고조되었다. 이는 smet and wouters(2007)[11]의 연구에서 나타나듯이, 합리적 기대가설의 핵심인 베이지안 통계기법을 활용한 동태 확률적 일반균형모형을 세우고, 여기에 현실 경제에서 나타나는 경직성 및 시장의 불완전성 등을 최대한 반영하여 현실 거시경제를 근사시키는 데 성공하였다는 자신감을 갖게 된 것이다. 그러나 2008년 금융위기를 통해 분출되었듯이, 금융부문에서 드러난 우연이 아닌 체계적 실패, 거시경제의 심각한 불황과 쉽사리 장기균형으로 회복하지 못하는 문제 등 고전학파와 케인즈학파를 망라하여 기존 거시경제모형에서 해결할 수 없는 난제들에 직면하게 되었다. 대공황기에 비해 거시경제에 대한 이해도가 높아 정책대응 면에서는 개선된 것이 사실이나, 금융부문을 거시경제모형 내에 어떻게 도입해야하는지, 금융정책과 재정정책을 어떠한 방식으로 연계해야 하는지, 표면적으로 물가안정으로 국한된 금융정책의 목표를 어디까지 확장해야 하는지 그리고 신용·유동성에 관한 이론을 기존 거시경제모형으로 끌어들이는 작업 등과 관련하여 많은 난관과 숙제가 기다리고 있다. 후학들의 많은 기여가 요구된다. ❖

---

11 smet, F. and R. wouters, *"Shocks and Frictions in US Business Cycles: A Bayesian DSGE Approach,"* American Economic Review 97(3), 2007.)

13

Chapter

재정정책

안정화정책과 별개로 재정정책은 거시경제학의 중요한 연구주제이다. 앞에서 우리는 정부소비가 외생적으로, 마치 하늘에서 떨어진 총수요의 한 부분인 것처럼 취급했다. 그러나 실제로 정부소비는 정부의 예산을 통해 실행된다. 다시 말해 정부소비는 정부예산제약식 government budget constraint을 만족시켜야 한다. 정부가 세금으로 거둬들인 수입보다 더 많이 지출한 경우에 재정적자를 보전하는 방법은 정부공채 government bond를 발행해 민간으로부터 차입하거나 화폐를 발행해 사용하는 방법뿐이지만 화폐발행에 의한 재정적자의 보전은 현실적으로 쉬운 일이 아니다.■ 따라서 재정적자를 보전하는 방법은 대부분의 경우 정부가 민간으로부터 정부공채를 발행하여 차입하는 방법뿐이며, 이는 곧 정부국가부채 government debt로 축적된다. 정부부채에 관하여 다음과 같은 논란이 있다.

■ 오늘날 대부분의 나라에서 중앙은행이 정부와 독립되어 있기 때문에 화폐발행을 통한 재정적자 보전은 전쟁 등 비상시의 경우 이외에는 불가능하다.

1 정부부채를 어떻게 측정하는 것이 옳은가에 대한 논란이 있다. 측정 방법에 따라 정부부채의 크기가 상당한 차이를 나타내므로 정부부채의 측정 방법에 대한 옳은 이해가 필요하다.

2 정부부채가 경제에 미치는 영향에 관해 의견 차이가 있다. 정부부채가 경제에 미치는 효과에 관한 전통적인 견해는 정부의 재정적자정부부채 증가가 저축을 감소시키고 투자자본축적에 대해 밀어내기효과를 갖는다고 주장한다. 이에 반해 정부지출의 흐름이 일정하게 주어져 있는 한 정부의 재정적자 변동이 저축이나 자본축적에 아무런 영향도 미치지 못한다는 견해도 있는데, 이를 리카도의 동등성정리 Ricardian equivalence theorem라고 부른다.

13.1 재정적자와 정부부채의 측정

재정정책은 총수요를 변화시키는 가장 확실한 총수요관리정책 가운데 하나이

표 13-1

OECD 국가의 정부부채 (2014년)

국가명	정부부채/GDP	국가명	정부부채/GDP
한국	37.90	노르웨이	32.86
호주	64.33	폴란드	65.97
오스트리아	101.90	포르투갈	151.69
벨기에	129.41	슬로바키아	60.54
캐나다	107.18	스페인	118.94
체코	56.74	스웨덴	63.05
덴마크	58.98	터키	38.98
핀란드	71.71	영국	113.30
프랑스	120.43	미국	124.17
독일	82.04	칠레	22.58
그리스	178.98	에스토니아	14.06
헝가리	98.45	이스라엘	78.31
아일랜드	122.85	슬로베니아	97.11
이탈리아	155.95	라트비아	45.86
일본	246.58	멕시코	44.87
룩셈부르크	31.90	네덜란드	81.17

1) OECD (2017), General government debt (indicator). doi: 10.1787/a0528cc2-en
2) 통계청(2015), 『국가채무추이』 3) 한국을 제외한 국가들은 2014년도 기준임 4) 중앙정부와 지방정부를 포함한 일반정부(general government)의 부채를 보고함 5) 단위는 %

다. 따라서 세계 여러 나라는 불황이 오면 재정정책을 자주 사용한다. 이때 조세를 증가시키지 않고 정부지출만 증가시키면 정부부채국가부채가 증가한다. **그림 13-1**에서 보는 바와 같이 우리나라는 1997년 외환위기 이후 정부부채가 빠르게 증가하고 있다. 1997년 *GDP* 대비 7.5%이던 정부부채가 2018년 38.9%로 20년이 채 안 돼서 무려 다섯 배 이상 증가했다.■ 아직 우리나라의 *GDP* 대비 정부부채비율은 다른 나라에 비해 높은 편이 아니지만 정부부채 증가속도가 2000년 이후 14.4%에 이를 정도로 빠르다. **표 13-1**에서 *OECD* 국가 가운데 정부부채비율이 가장 높은 나라는 일본246.6%이고 가장 낮은 나라는 에스토니아14.1%이다.

■ 우리나라의 국가채무가 빠르게 증가한 것은 외환위기 이후 부실 금융기관 등의 회생을 위하여 많은 공적자금을 투입하였고 최근 복지 지출이 증가하고 있기 때문이다.

1990년 이후 일본과 미국의 재정적자가 **그림 13-2**에 나타나 있다.[1] 일본은 1990년대 초까지 재정흑자를 유지하다가 소위 잃어버린 10년1991~2000년을 포함하여 지난 20여 년 동안 계속 큰 폭의 적자를 기록하였다. 이는 장기간의 불황을 재정

1 t기의 명목 정부부채를 B_t라고 하면 정부의 공식적인 통계에서 재정적자는 B_t의 증가량으로 다음과 같이 나타낼 수 있다.

$$\Delta B_t = B_t - B_{t-1} = iB_{t-1} + P_t(G_t - T_t)$$

여기서 i는 명목이자율로 우변의 첫 항은 기존의 부채에 대한 이자지급액이고 두 번째 항은 순수한 t기의 재정적자이다.

그림 13-1 **우리나라의 정부부채**

우리나라의 정부(국가)부채는 1997년 11월에 시작된 외환위기 이후 빠르게 증가하고 있다. 그러나 현재까지는 *OECD*의 다른 회원국에 비해 높은 편은 아니다. 정부부채가 과다하면 재정정책을 정부가 필요에 따라 사용할 수 없게 되기 때문에 주의해야 한다.

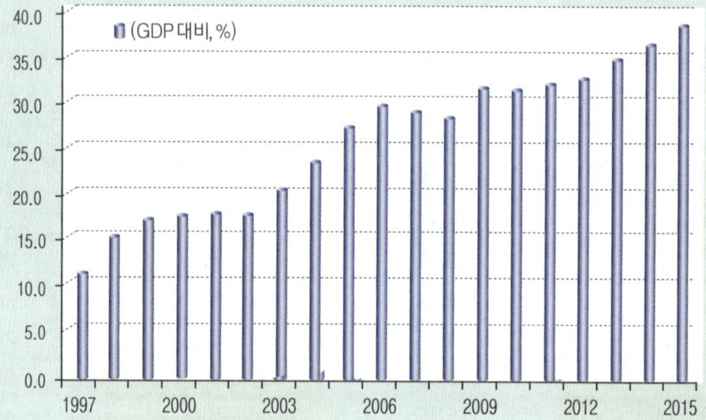

자료: 통계청

지출과 저금리를 이용하여 극복하고자 하였던 일본 정부의 노력이 반영된 결과라고 할 수 있다. 미국의 재정적자는 1980년대 초 이후 계속되어 2000년 전후에 흑자로 전환됐다가 9·11 테러 이후 다시 적자로 돌아섰다. 특히 미국은 1991년 중동전쟁 및 2001년 이후의 대테러전쟁으로 인하여 재정지출이 늘어났다.

재정적자가 지나치게 커지면 미래세대에게 큰 부담이 된다는 점에서 많은 경제학자들이 재정적자 증가를 우려하고 있다. 그러나 많은 경우에 재정적자는 경제적인 이유보다 정치·사회적인 이유 때문에 증가한다. 특히 전쟁은 정부가 의도한 대로 재정지출을 통제할 수 없게 만드는 요인이다.

재정적자는 정부지출에서 정부수입을 뺀 것으로, 정부부채의 새로운 증가분이다. 이 정의는 매우 간단하지만 실제로 재정적자를 측정할 때 몇 가지 중요한 문제가 있기 때문에 많은 경제학자들은 재정적자 그 자체가 현재 재정정책이 팽창적이냐, 긴축적이냐를 판단하는 데 좋은 지표가 아니라고 주장한다. 즉 재정적자만으로 재정정책이 현재 경제에 미치는 효과나 미래세대에게 미치는 효과를 정확히 판단하기 어렵다는 것이다. 재정적자와 정부부채의 측정에서 나타나는 문제점은 다음과 같다.

일본과 미국의 재정적자 그림 13-2

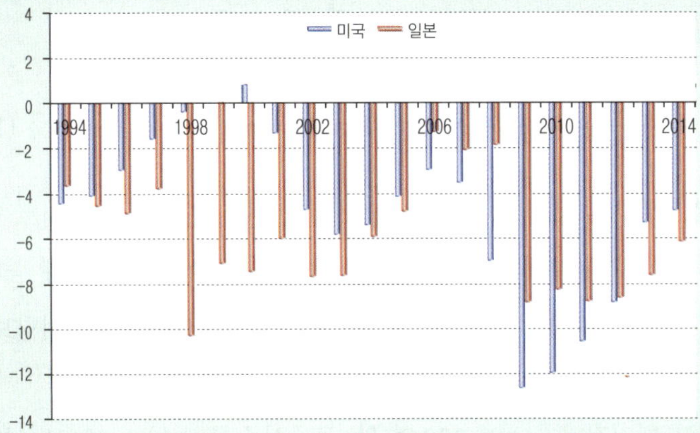

자료: OECD Economic Outlook Annex Tables

일본과 미국의 재정적자는 어떤 기준으로 보더라도 지나치게 과다하다. 미국의 경우에는 경기불황과 감세조치에 따른 세수부족 그리고 최근 금융위기 이후 재정지출 급등 등으로 인해 재정적자가 누적되고 있다. 일본의 경우에는 1990년대 소위 잃어버린 10년을 겪으면서 장기불황에 대처하기 위하여 조세를 그대로 두고 팽창적인 재정정책을 실시하였기 때문에 과다한 재정적자가 나타났고 정부부채가 크게 축적되었다.

13.1.1 인플레이션

거의 모든 경제학자들은 정부부채를 측정할 때 명목정부부채nominal indebtedness 대신 실질정부부채를 이용해야 하고, 재정적자를 측정할 때도 정부의 명목부채변화량 대신 실질부채변화량을 이용해야 한다고 본다. 이에 관해 정확히 이해하기 위하여 D를 실질정부부채, B를 명목정부부채라고 하면 다음 식이 성립한다.

$$\Delta D = \Delta\left(\frac{B}{P}\right) = \{G-T\} + rD^{\blacksquare} \qquad (13\text{-}1)$$

■ 이를 다음과 같이 표기할 수도 있다. D'을 다음기 정부부채라 정의하면, 아래식을 얻게 된다.

$$D' = (G-T) + (1+r)D \Leftrightarrow \underbrace{D'-D}_{\Delta D} = (G-T) + rD$$

여기서 ΔD는 실질정부부채의 변화량, G는 실질정부지출, T는 실질조세수입, r은 실질이자율이다. 이때 실질정부부채는 재정적자 $G-T$와 실질정부부채에 대한 실질이자지급 rD의 합만큼 증가한다.[2] 그 밖에 $G+rD$를 실질정부지출, T를 실질정부수입이라고 한다. 한편 명목정부부채의 변화량은 다음과 같이 쓸 수 있다.

$$\Delta B = P\{G-T\} + iPD \qquad (13\text{-}2)$$

2 통상적으로 $G-T$를 일차적인 적자(primary deficit)라고 부른다.

여기서 ΔB는 명목정부부채 변화량, P는 물가수준, i는 명목이자율이다. **식** (13-2)의 명목정부부채 변화량은 곧 정부의 (명목) 재정적자이다.

그런데 명목이자율을 $i=r+\pi$와 같이 실질이자율과 물가상승률의 합으로 나타낼 수 있으므로 **식** (13-2)를 다음과 같이 나타낼 수 있다.

$$\left(\frac{\Delta B}{P}\right)=\{G-T\}+(r+\pi)D=\Delta D+\pi D^{\blacksquare} \qquad (13\text{-}3)$$

$$\Delta\left(\frac{B}{P}\right)=\frac{\Delta B\cdot P-\Delta P\cdot B}{P^2}$$
$$=\frac{\Delta B}{P}-\underbrace{\frac{\Delta P}{P}}_{\pi}\cdot\underbrace{\frac{B}{P}}_{D}$$
임을 이용해서 **식 (13-3)**을 구할 수도 있다. 즉,
$$\frac{\Delta B}{P}=\Delta\left(\frac{B}{P}\right)+\pi\cdot D$$
$$=\Delta D+\pi D$$
엄밀한 식의 도출 과정은 이 장의 **부록**을 참조할 것.

다시 말해 명목정부부채 증가량의 실질가치와 실질정부부채 증가량은 서로 일치하지 않는다. 이때 명목정부부채의 실질증가량곧 재정적자의 실질가치은 실질부채 증가량에 πD를 더한 값과 같다. 따라서 재정적자의 실질가치가 실질정부부채 증가량보다 항상 πD만큼 더 큼을 알 수 있다.

2010년 정부 재정적자가 $\Delta B=300$ 억 원, 물가상승률이 10%, 2010년 초 정부부채가 5,000억 원이라면 실질정부부채는 얼마나 증가했을까? 이 값들을 **식** (13-3)에 대입하면 다음 식을 얻을 수 있다.

$$\Delta D=\Delta B-\pi D=300-0.1\times 5{,}000=-200$$

여기서 B와 D 모두 2010년의 값이고 2010년의 물가를 $P=1$로 놓았다. 따라서 2010년 명목재정적자는 300억 원이지만 실제로는 실질정부부채가 200억 원 감소했다.

13.1.2 정부자산

정부부채뿐만 아니라 정부자산도 고려하면 정부의 부채상황을 더 정확히 파악할 수 있다. 부채 변동과 함께 자산 변동을 고려하는 방법을 자본예산법 capital budgeting이라고 부르는데 정부부채 증가량에서 정부자산 증가량을 차감해 정부의 재정적자를 구할 수 있다마찬가지로 개인의 순부채를 구할 때에도 부채에서 자산을 빼 준다. 예를 들어 가계에서 부채로 주택을 구입하는 경우에 가계가 적자를 내고 있다고 말하지 않는 것은 자산 증가와 부채 증가가 상쇄되므로 순부 net wealth에 변함이 없기 때문이다.

자본예산법에 따르면, 부가업무용 건물이나 토지를 매각해 재정적자를 보전하는 것은 부채를 감소시킴과 동시에 자산도 감소시키므로 재정적자가 감소하지 않는다. 이는 현재의 회계방식에서 재정적자를 감소시키는 것과 차이가 있다. 마찬가지

로 정부가 업무용 건물을 매입하는 것도 (현재의 회계방식에 따르면 재정적자가 증가하지만) 재정적자를 변화시키지 않는다.

자본예산법의 문제는 어떤 종류의 정부지출이 자본지출인지를 판단하는 것이 쉽지 않다는 것이다. 예를 들어 정부가 고속도로를 건설한다고 할 때 이를 정부자산으로 계산해야 하는지가 분명하지 않고, 설령 자산으로 계산한다고 해도 고속도로의 가치가 얼마인지 판단하는 것도 쉽지 않다. 교육지출의 경우에도 인적자본에 대한 투자로 취급할 것인지, 단순한 지출로 취급해야 할 것인지가 불분명하다.

이러한 어려움 때문에 자본예산법을 실제로 사용하는 데에는 경제학자들 사이에 이견이 있다. 반대론자들은 방법적인 우수함에도 불구하고 실제로 사용하기에는 너무 어려운 문제가 많다고 주장하지만 찬성론자들은 불완전하지만 자산을 고려하는 것이 고려하지 않는 것보다는 낫다고 반박한다.

13.1.3 미래부채

정부의 예산적자는 정부가 미래에 부담해야 하는 부채를 포함하지 않는다. 예를 들어 정부지출 중에는 사회보장지출과 건강보험 및 공무원연금처럼 미래로 이연된 지출도 있다. 이러한 지출은 현재에는 정부의 예산적자에 포함돼 있지 않지만 언젠가 지출해야 하는데 보통 사회보장 세수입 및 보험료를 초과하는 후한 수준의 지출을 한다는 점에서 정부가 빚을 안고 있는 것과 마찬가지이다. 이를 암묵적 부채 implicit debt 라 부른다.

우리나라의 국민연금도 미래 암묵적 부채 가운데 하나이다. 예를 들어 2010년 현재 우리나라의 국민연금은 가입자가 납입하는 보험료보다 퇴직 이후 받게 되는 소득의 비율—곧 소득대체율 replacement rate—이 더 높기 때문에 2040년 이후에는 (현재 축적하고 있는) 연금기금이 고갈될 것으로 예측된다.■ 따라서 이 제도가 그대로 유지된다면 정부가 미래의 연금을 책임질 수밖에 없는데, 이는 매우 큰 정부지출 항목이지만 현재의 정부지출에는 포함되지 않는다.

■ 이를 우리나라 국민연금의 저부담·고급여에 따른 제도적 문제로 본다.

우리나라에서도 사회보장성 지출이 해마다 증가하고 있기 때문에 (기대되는) 미래지출을 고려하면 정부 재정적자는 지금보다 훨씬 커질 수밖에 없다.■ 경제학자들 가운데에는 사회보장성 부채가 (정부가 법을 바꾸어 지급하지 않을 수 있기 때문에) 정부부채와 다르다고 주장하는 학자도 있지만, 정부부채도 정부가 마음만 먹으면 지급하지 않을 수 있다는 점에서 사회보장성 지출과 본질적으로 다르지 않다. 다만 정부

■ 공식적인 발표에 따르면 우리나라는 근래에 재정흑자를 보이고 있다. 그러나 우리나라의 통합재정수지에는 여러 가지 연금과 기금의 수입이 포함되어 있기 때문에 정확한 재정상태를 파악하는 것이 쉽지 않다.

부채의 경우 국가로서의 신뢰성 등의 이유로 정부가 존중할 수밖에 없다는 차이가 있다.

조건부부채 contingent liability는 정부의 미래부채 가운데 특별히 측정하기 어려운 부채이다. 조건부부채는 특정한 사건이 일어날 경우에만 실현되는 부채들로, 학자금 융자나 은행예금에 대한 보험 등을 가리킨다. 이 부채는 정부가 보증하는 것으로 미래에 채무자들이 채무를 갚으면 정부부채가 발생하지 않지만 반대의 경우에는 정부부채가 발생한다. 그러나 조건부부채는 (미래에 발생하는 것이기 때문에) 실제로 발생할지 불분명할 뿐만 아니라 그 크기를 정하는 것 또한 매우 어렵다.

13.1.4 경기변동과 재정적자

재정적자는 경제 상황과 밀접하게 관련되어 있다. 예를 들어 불황이 오면 노동자와 기업의 소득이 감소하기 때문에 소득세가 감소하고 실업수당 같은 사회보장 및 복지지출이 증가한다. 따라서 조세나 정부지출과 관련된 법이 변하지 않아도 정부지출은 증가하고 조세수입재정적자은 감소증가한다.

이 경우에 정부의 정책 의지와 관계없이 변화하는 재정적자 증가는 소득세나 실업수당 같은 경제의 자동안정화장치 때문에 나타난다. 따라서 재정적자만으로 정책당국의 의도가 팽창적인지 긴축적인지 판단하기 어렵기 때문에 "경기변동을 조정한 재정적자 cyclically adjusted budget deficit" 또는 "완전고용 재정적자 full employment budget deficit"를 따로 계산하기도 한다. 완전고용 재정적자의 경우 경제가 완전고용수준에 있다고 가정한 후 정부지출 및 조세수입을 추정해 구하는데 경기변동에 따른 재정적자의 변동이 제거되므로 정부의 재정정책 변화에 따른 재정적자 변동을 정확히 보여준다.

13.2 리카도의 동등성정리

13.2.1 재정정책의 효과와 밀어내기(crowding out) 가설

재정정책은 크게 정부지출을 조정하는 것과 조세를 조정하는 것으로 나누어 생각해 볼 수 있다. 그리고 이 정책들의 효과는 폐쇄경제의 경우 *IS-LM/AS-AD* 모형을, 개방경제의 경우 *IS-LM-BP/AS-AD* 모형을 이용해 각각 분석할 수 있다.

먼저 팽창적인 재정정책은 장기에 이자율을 상승시키고 투자를 감소시킨다. 이때 투자감소가 팽창적인 재정정책의 효과를 완전히 상쇄시키기 때문에 장기에 재정정책은 산출량과 고용에 영향을 미치지 못한다. 다시 말해 팽창적인 재정정책은 정부지출 형태로 나타나든, 조세감면 형태로 나타나든 장기에 완전한 밀어내기효과 때문에 산출량을 변화시키지 못한다.

한편 앞서 제7장 등에서 우리는 단기에는 재정정책이 효과가 있다고 배웠다. 그러나 단기 효과에 관해 엄밀하게 논하려면 정부지출과 조세감면을 구분해서 생각해야 한다. 먼저 정부지출이 증가하면 재화와 용역에 대한 수요가 직접적으로 증가하므로 단기에 산출량에 영향을 미친다. 그러나 현대 경제는 완전고용수준 부근에서 변동하므로 정부지출은 케인즈의 교차점 모형에서 볼 수 있는 바와 같은 큰 승수효과를 갖지 못한다. 정부지출이 큰 승수효과를 갖지 못하는 것은 여러 가지 형태의 밀어내기효과crowding out effect가 나타나기 때문이다. 즉 정부지출이 증가하면 이자율이 상승해 민간투자가 위축된다. 그리고 정부지출이 총수요를 증가시키기 때문에 물가수준이 상승한다. 물가수준이 상승하면 실질통화량이 감소해 이자율이 더욱 상승하고 민간투자는 더욱 감소하게 된다.

여기서 우리는 정책당국이 아무런 제약 없이 정부지출을 원하는 만큼 증가시키거나 감소시킬 수 있다고 가정했지만 실제로 이 가정은 옳지 않다. 민간소비와 마찬가지로 정부소비에도 예산제약이 존재한다. 이러한 예산제약을 민간예산제약과 구분하여 "정부예산제약government budget constraint"이라고 부른다. 즉 정부소비를 증가시키려면 궁극적으로 정부가 민간으로부터 세금을 더 거두어야 한다. 따라서 현재 정부소비가 증가했을 때 우리는 (만약 현재조세가 증가하지 않는다면) 미래조세가 증가할 것임을 알 수 있다. 즉 정부지출의 팽창적인 효과가 조세 증가에 의해 상쇄되는 제3의 밀어내기효과가 존재한다.

여러 형태의 밀어내기효과가 존재함에도 불구하고 정부지출이 증가하면 (정부지출이 가지고 있는 팽창적인 효과 때문에) 단기적으로 산출량이 증가한다. 예를 들어 정부지출을 증가시키면서 조세를 같은 크기만큼 증가시키는 균형예산의 경우를 고려해 보자. 먼저 조세가 증가하면 가처분소득이 감소하고 소비가 감소한다. 이때 감소한 소비의 크기는 증가한 조세에 한계소비성향을 곱한 크기만큼이므로 처음 증가한 정부지출의 크기보다 작다. 따라서 정부예산제약을 고려하여도 정부지출이 단기에 효과가 있음을 알 수 있다.

한편 개방경제는 정부지출 증가의 단기 효과가 경제 규모와 자본 이동이 자유로운 정도 및 환율제도에 따라 다르게 나타난다. 예를 들어 고정환율제도 아래에서 자본이동이 자유로운 작은 개방경제의 경우 단기에 팽창적인 재정정책은 산출량과 고용을 증가시키지만 변동환율제도 아래에서는 산출량과 고용에 영향을 미치지 못함을 제11장에서 배운 바 있다.■

다시 말해 정부지출은 대부분의 경우에 단기에만 효과가 있다.

13.2.2 리카도의 동등성정리

재정정책의 효과에 관해 앞서 살펴본 밀어내기 가설과 상반된 견해 또한 있다. 무엇보다 적자재정 또는 조세감면의 단기 효과에 관해서는 리카도의 동등성정리 Ricardian equivalence에 관한 흥미로운 논쟁이 있어 이에 대해 다뤄보자. 리카도의 동등성정리는 배로 R.J. Barro에 의해 처음 주장된 것으로, 정부와 소비자의 예산제약식을 중심으로 전개되는 재정정책 이론이다.[3]

리카도의 동등성정리에 관해 알아보기 위해 두 기간만 존재하는 경제에서 이자율은 r이며, 두 기간 동안 정부가 G_1과 G_2만큼 소비하고 T_1^A과 T_2^A만큼 조세를 징수하는 경우를 가정해 보자. 이때 두 기간 동안의 정부예산제약을 다음과 같이 얻을 수 있다.

$$G_1=T_1^A+B^A \quad (13\text{-}4)$$

$$G_2+(1+r)B^A=T_2^A \quad (13\text{-}5)$$

여기서 B^A가 양의 값을 가지면—곧 $B^A=G_1-T_1^A>0$— 제1기에 재정적자, 음의 값을 가지면—곧 $B^A=G_1-T_1^A<0$— 제1기에 재정흑자에 해당한다물론 재정적자일 때에는 정부공채를 발행해 민간으로부터 차입하고, 재정흑자일 때에는 정부가 민간에 대여한다. 이때 제1기의 정부수입은 조세수입 T^A와 민간으로부터의 차입 B^A이고 제2기의 정부지출은 정부소비 G_2 및 정부공채에 대한 원금과 이자 $(1+r)B^A$이다.

한편 정부지출의 흐름이 위에서와 같이 G_1, G_2로 일정하게 주어져 있을 때, 조세 흐름이 새로이 T_1^B, T_2^B로 변화하면 재정적자도 B^B로 변화하고 정부예산제약은 다음과 같이 변화한다.

3 Barro, R.J.(1974), "Are Government Bonds Net Wealth?" *Journal of Political Economy* 81, pp 1095-1117.

$$G_1 = T_1^B + B^B \tag{13-6}$$
$$G_2 + (1+r)B^B = T_2^B \tag{13-7}$$

이때 $T_1^A > T_1^B$ 이면 재정정책 B는 A에 비해 제1기에 조세를 감면하는 경우, 반대이면 조세를 늘리는 경우이다.

이 경우에 정부가 지출 흐름은 $\{G_1, G_2\}$로 일정하게 유지하고 제1기에 조세를 감면하는 정책을 실시하면 팽창적인 정책효과가 나타날까? 리카도의 동등성정리에 따르면, 팽창적인 정책효과가 나타나지 않는다. 이에 대하여 알아보자. 먼저 두 기간이 존재하는 경우 소비자예산제약을 다음과 같이 쓸 수 있다.

$$C_1^A + S^A + T_1^A = Y_1 \tag{13-8}$$
$$C_2^A + T_2^A = Y_2 + (1+r)S^A \tag{13-9}$$

여기서 조세 흐름은 $\{T_1^A, T_2^A\}$로 가정했다. $\{C_1^A, C_2^A\}$는 소비 흐름, $\{Y_1, Y_2\}$는 재정정책 A, B와 무관하게 주어진 소득 흐름, S^A는 제1기의 저축이다.■ 이때 조세 흐름이 $\{T_1^B, T_2^B\}$로 바뀌면 소비자예산제약을 다음과 같이 쓸 수 있다.

■ 저축에 B(채권) 구입이 포함되어 있음을 상기하자.

$$C_1^B + S^B + T_1^B = Y_1 \tag{13-10}$$
$$C_2^B + T_2^B = Y_2 + (1+r)S^B \tag{13-11}$$

따라서 이 경우에 **식** (13-4)와 (13-5)로 주어진 정부예산제약 및 **식** (13-8)과 (13-9)로 주어진 소비자예산제약으로부터 구한 소비 흐름 $\{C_1^A, C_2^A\}$와 **식** (13-6)과 (13-7)로 주어진 정부예산제약 및 **식** (13-10)과 (13-11)로 주어진 소비자예산제약으로부터 구한 소비 흐름 $\{C_1^B, C_2^B\}$가 서로 같다면 제1기의 조세감면은 효과가 없으므로 리카도의 동등성정리가 성립한다고 말할 수 있다. 그러나 이들이 서로 다르다면 제1기의 조세감면은 효과가 있다는 것이고 이는 곧 리카도의 동등성정리가 성립하지 않음을 의미한다.

이제 리카도의 동등성정리를 다음과 같이 간단히 증명할 수 있다. 먼저 정부예산제약식인 **식** (13-4)에 $(1+r)$을 곱한 다음 **식** (13-5)와 변변 더하면 다음 식을 얻을 수 있다.

$$G_1 + \frac{G_2}{1+r} = T_1^A + \frac{T_2^A}{1+r} \tag{13-12}$$

즉 정부예산제약식에 따르면 정부지출의 현재가치가 조세수입의 현재가치와 같아야 한다. 여기서 **식** (13-8)의 양변에 다시 $(1+r)$을 곱한 후 **식** (13-9)와 변변을 더하면 다음 식을 얻는다.

$$C_1^A + \frac{C_2^A}{1+r} = Y_1 + \frac{Y_2}{1+r} - \left\{T_1^A + \frac{T_2^A}{1+r}\right\} \tag{13-13}$$

즉 소비자예산제약에 따르면 소비의 현재가치는 가처분소득의 현재가치와 같아야 한다. 이제 **식** (13-12)와 (13-13)을 결합하면 다음 식을 얻을 수 있다.

$$C_1^A + \frac{C_2^A}{1+r} = Y_1 + \frac{Y_2}{1+r} - \left\{G_1 + \frac{G_2}{1+r}\right\} \tag{13-14}$$

한편 정부 정책이 $\{T_1^B, T_2^B, B^B\}$인 경우 정부예산제약식인 **식** (13-6)과 (13-7), 그때의 소비자예산제약식인 **식** (13-10)과 (13-11)에 대해서도 위와 같은 과정을 거쳐 다음 식을 얻을 수 있다.

$$C_1^B + \frac{C_2^B}{1+r} = Y_1 + \frac{Y_2}{1+r} - \left\{G_1 + \frac{G_2}{1+r}\right\} \tag{13-15}$$

그런데 **식** (13-14)와 (13-15)의 우변이 같다. 따라서 정부지출이 $\{G_1, G_2\}$로 일정한 가운데 재정정책이 $\{T_1^A, T_2^A, B^A\}$에서 $\{T_1^B, T_2^B, B^B\}$로 변해도 소비자예산제약은 변함이 없다. 다시 말해 정책이 변해도 소비자의 평생예산제약lifetime budget constraint에는 변함이 없기 때문에 소비자의 선택에도 변함이 없다. 즉 $C_1^A = C_1^B$, $C_2^A = C_2^B$가 성립하고 조세감면의 정책효과가 나타나지 않는다. 즉 리카르도 동등성 정리가 성립한다.

이론으로 살펴본 리카르도 동등성 정리의 함의를 요약하자면 다음과 같다. 첫째, 적자재정을 조달하는 방식은 중요하지 않다는 것이다. 공채로 조달하건 조세로 조달하건 간에 명목적 조세부담 흐름의 차이는 있으나 현재 가치 또는 실질 부담에 있어서는 차이가 없다는 것이다. 둘째, 중요한 것은 정부의 총 재정지출 수준(즉, $G_1 + G_2/(1+r)$)이지 이를 어떠한 방식으로 조달할지에 대해 고민할 필요가 없다는 것이다.

조세의 평탄화 그림 13-3

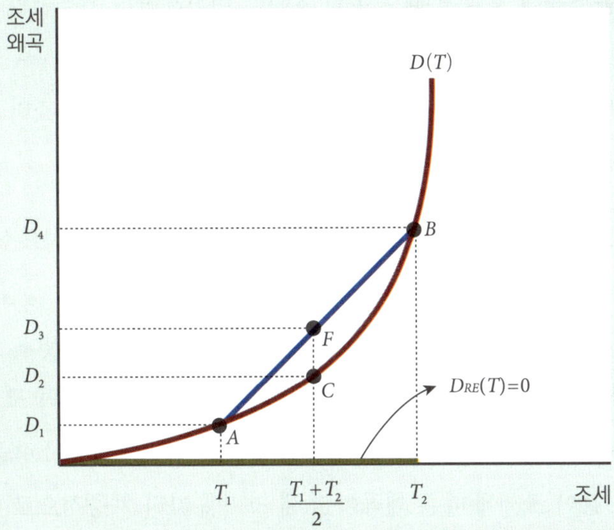

왜곡적인 조세에 따른 산출량의 자중손실이 체증적으로 나타나는 경우에는 조세를 평탄화하는 것이 손실을 줄이는 방법이다. 그림에서 $D(T)$는 왜곡적인 조세에 따른 손실이다. 이때 조세를 T_1, T_2와 같이 번갈아 징수하면 평균적으로 D_3의 손실이 나타난다. 그리고 T_1과 T_2의 평균인 $(T_1+T_2)/2$를 일정하게 징수하면 D_2의 손실이 나타난다. 따라서 조세를 평탄화하는 것이 왜곡적인 조세에 따른 손실을 극소화할 수 있는 방법임을 알 수 있다. 맨 아래 $D_{RE}(T)=0$인 선은 리카르도 동등성 정리가 성립되는 비왜곡적 조세로 재정지출을 충당하는 경우를 지칭한다.

리카도의 동등성정리가 성립하지 않는 경우 13.3

리카도의 동등성정리는 여러 가지 강한 가정에 기초하고 있는데, 이러한 가정들을 완화할 경우 균형가격과 재화의 균형배분이 변화할 수 있다. 예를 들어 정액세 lump sum 조세, 차입제약 없는 완전한 금융시장 대신 왜곡적인 소득세나 유동성제약이 존재하면 리카도의 동등성정리가 성립하지 않는다. 이들 이외에도 리카도의 동등성정리가 성립할 수 없도록 만드는 제약들이 현실적으로 다수 존재한다.

13.3.1 왜곡적인 조세

위에서 리카도의 동등성정리를 설명하면서 정액세 lump sum tax를 가정했는데, 조세가 정액세이면 조세에 따르는 왜곡 distortion이 나타나지 않는다. 이는 정액세를 부과하더라도 모형의 상대가격 체계에 아무런 변화를 가져오지 못하기 때문이다. 그러나 실제에서 조세가 정액세 형태로 징수되는 경우는 많지 않고 왜곡을 일으키는 형태의 조세 distortionary taxes가 대부분이다. 예를 들어 비례소득세 proportional income tax는 소득의 원천이 되는 생산요소 공급에 다음과 같은 왜곡을 일으킨다.

1 비례소득세가 노동소득에 부과될 때 세율의 흐름이 변화하면 노동공급의 흐름이 변화하여 산출량, 요소 가격 및 산출물 가격이 변화한다.

2 비례소득세가 자본소득에 부과될 때 세율의 흐름이 변화하면 저축과 소비 비율이 변화하여 역시 산출량과 산출물 가격이 변화한다.

이와 같이 조세가 왜곡적일 때 조세 흐름이 변화하면 산출량과 그 구성요소, 생산요소의 공급 및 생산요소의 가격이 변화하므로 리카도의 동등성정리가 성립하지 않는다. 조세에 따른 왜곡은 조세의 크기에 따라 체증적으로 증가할 수 있다. 조세와 조세에 따른 왜곡에 의한 산출량 감소—곧 자중손실 deadweight loss—의 크기를 나타낸 **그림 13-3**에서 곡선 $D(T)$는 조세 T의 왜곡에 따른 산출량의 감소량을 보여준다. **그림 13-3**과 같이 조세에 따른 왜곡이 조세 크기에 따라 체증적으로 나타날 때는 조세를 평탄화 tax smoothing하는 것이 최적이다.[4]

그림 13-3에서 조세의 크기가 T_1일 때 왜곡에 따른 산출량 손실이 D_1, T_2일 때 왜곡에 따른 산출량 손실이 D_4이고 조세의 크기가 두 조세의 평균 $(T_1+T_2)/2$일 때 왜곡에 따른 산출량 손실이 D_2라고 하자. 이때 두 기간에 $\{T_1, T_2\}$의 조세를 징수하는 경우와 두 기간 모두 $(T_1+T_2)/2$의 조세를 징수하는 경우의 왜곡에 따른 산출량의 기간당 평균 손실은 전자의 경우인 D_3가 후자의 경우인 D_2보다 크다. 다시 말해 조세 왜곡에 따른 산출량 손실을 나타내는 $D(T)$곡선이 체증적으로 증가하기 때문에 변동하는 조세보다 평탄한 조세의 경우 왜곡의 크기가 더 작다. 따라서 이 경우에는 조세를 평탄화하는 것이 최적이다. 한편 **그림 13-3**의 맨 아래에 있는 $D_{RE}(T)=0$인 선은 리카르도 동등성 정리가 성립되도록 정액세로 재정지출을 충당할 때 왜곡이 존재하지 않음을 의미한다.

13.3.2 유동성제약

자본시장의 불완전성 imperfect capital market 때문에 유동성제약 liquidity constraint이 존재하는 경우에도 리카도의 동등성정리가 성립하지 않는다. 예를 들어 한 집단의 소비자들이 원하는 만큼 차입할 수 없는 경제가 있을 때, 정부가 현재조세를 미

---

4 Barro, R. J.(1979), "On the Determination of Public Debt," *Journal of Political Economy* v.87, pp. 940-971.

유동성제약과 리카도의 동등성정리 그림 13-4

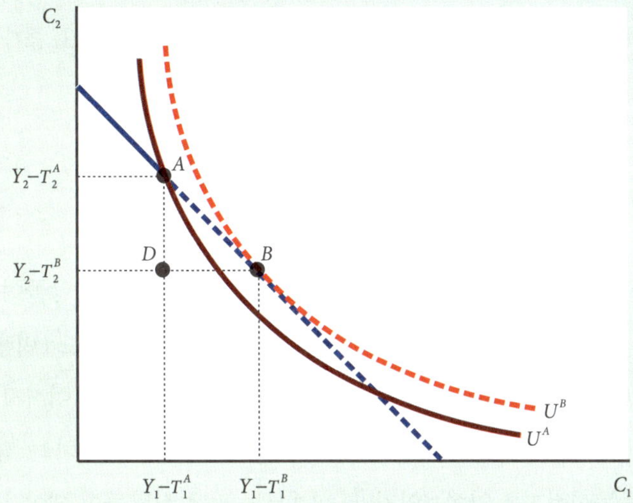

유동성제약이 존재하는 경우에는 조세의 흐름을 변화시켜 효용을 증가시키는 방향으로 소비의 흐름을 변화시킬 수 있다. 점 A는 유동성제약이 존재하는 경우의 소비 흐름이다. 이때 조세의 흐름을 (T_1^A, T_2^A)에서 (T_1^B, T_2^B)로 변화시키면 최적적인 소비자균형점 B를 달성할 수 있다. 이때 물론 $T_1^A > T_1^B$, $T_2^A < T_2^B$이다. 이 경우에는 정부가 제1기에 $T_1^A - T_1^B$만큼을 소비자에게 대여해 주고 제2기에 $T_2^B - T_2^A = (1+r)(T_1^A - T_1^B)$만큼을 돌려받는 금융중개기능 역할을 한다.

래조세로 대체하고 현재 예산적자를 정부공채로 대체하면 (이는 유동성제약의 완화를 의미하므로) 현재소비가 증가한다. 이 경우에 정부는 일종의 금융중개기능 financial intermediation을 수행하는 셈인데, 정부가 조세징수를 미래로 미루면 현재의 시장이자율에서 차입할 수 없던 소비자가 새로 차입할 수 있게 된 것과 같은 효과가 나타나기 때문이다.

유동성제약이 존재할 때 현재조세를 미래로 연기하는 경우의 효과가 **그림 13-4**에 나타나 있다. 먼저 가처분소득 흐름이 $(Y_1 - T_1^A, Y_2 - T_2^A)$와 같이 주어져 있을 때 소비자가 시장에서 차입이 불가능하다면 소비 흐름은 두 기간의 가처분소득과 같은 점 A에서 달성된다. 즉 소비자 효용을 극대화하는 점은 점 B이지만 점 B의 소비자균형을 달성하기 위해서는 이번 기에 DB만큼 차입하고 다음 기에 DA만큼 갚아야 한다. 그러나 유동성제약이 존재해 DB만큼 차입할 수 없기 때문에 소비자는 점 A의 소비를 선택할 수밖에 없다.

그런데 점 A에서는 차입을 위해 소비자가 지급할 용의가 있는 이자율을 나타내는 무차별곡선 기울기의 절댓값이 시장이자율인 예산선 기울기의 절댓값보다 크다. 따라서 소비자는 시장이자율보다 더 높은 이자율을 지급하더라도 차입하기를 원한다. 이와 같이 유동성제약이 존재하면 소비자의 주관적인 이자율곧 무차별곡선의 기울기과 시장이자율 사이에 괴리가 나타난다. 이때 정부가 현재조세를 T_1^A 에서 T_1^B 로 감소시키고 미래조세를 T_2^A 에서 T_2^B 로 증가시키면 소비자는 점 A 대신 점 B의 최적 선택을 할 수 있다. 다시 말해 현재조세를 감소시키면곧 미래조세를 증가시키면 소비자의 유동성제약이 완화돼 현재소비가 증가한다. 그리고 소비 증가는 총수요 증가를 의미하므로 산출량이 증가하며 리카도의 동등성정리가 성립하지 않는다.

13.3.3 세대 간 자원 재배분

리카도의 동등성정리를 반박하는 또 다른 중요한 논리적 근거는 사람들이 영구히 살지 못한다는 것이다. 즉 현재조세가 감소하고 미래조세가 증가해도 (미래조세가 자신이 사망한 다음에 부과되므로) 사람들이 미래조세를 중요하게 여기지 않을 수도 있다. 즉 앞에서 모든 경제주체들이 함께 태어나 함께 생을 마감하는 경우를 가정해 리카도의 동등성정리를 알아보았지만, 실제로는 많은 사람들이 태어나고 동시에 많은 사람들이 사망하므로 현재의 낮아진 조세부담 혜택을 보는 경제주체 중에는 미래 시점에서 증가한 조세를 부담하기 전에 사망하는 사람도 있을 수 있다. 예를 들어 정부가 현재조세를 삭감한 후 재정적자 보전을 위해 30년 만기의 정부공채를 발행해 30년 뒤에 조세를 거둬 상환한다고 가정해 보자. 정부공채는 현재 부채를 미래로 연기하므로 현재세대의 조세부담은 감소하지만 미래세대의 조세부담은 증가한다. 즉 정부공채는 미래세대의 부 wealth를 현재세대로 이전하는 효과를 갖는다. 이때 부의 이전은 현재세대의 평생소득 증가를 의미하므로 현재소비가 증가한다. 이와 같이 정부공채를 발행하고 그만큼 조세를 삭감하는 정책은 미래세대의 희생을 대가로 현재세대의 소비 기회를 늘려 총수요를 증가시키는 것이라고 볼 수 있다.

그러나 리카도의 동등성정리를 체계화한 배로 R.J. Barro는 이러한 견해가 옳지 않다고 본다. 현재세대의 자손인 미래세대를 현재세대와 독립적인 의사결정 단위로 보면 안 된다는 것이다. 즉 현재세대는 자신들의 자손인 미래세대의 후생수준을 중요하게 생각한다. 이러한 이타주의 altruism는 사람들이 자식들을 보살피고 사망했을 때 유산 bequest을 물려주는 행위에서 관찰할 수 있다. 베로에 따르면 소비와 저축의 의사결정 단위는 유한한 생애를 갖는 개인이 아닌 영구히 지속되는 가족 family이기 때문에, 사람들이 소비를 결정할 때 자신의 소득은 물론 미래세대곧 자손의 소득 또한 고려한다. 이 경우에 정부부채를 늘리고 그만큼 조세를 삭감하면 현재세대에 속하는 개인의 평생소득은 증가하지만 미래세대를 포함한 가족의 평생소득은 변함이 없다.■ 이 이론에서는 소비자들이 소비를 결정할 때 고려하는 시간 범위time horizon가 자신의 생애는 물론 후손들의 생애까지 포함하므로 사실상 무한대로 확대된다. 그러나 현실에서는 유산을 남기지 않는 사람들도 적지 않다. 이러한 사람들은 두 가지로 구분해 생각해볼 수 있다.

■ 다시 말해 현재세대는 조세 삭감에 따라 증가한 소득을 소비하는 대신 저축하여 자손들에게 유산으로 물려줌으로써 미래에 증가한 조세를 납부하도록 한다.

1 (베로의 주장과 달리) 현재세대 가운데 소비 결정에서 미래세대를 고려하지 않는 사람들이 있을 수 있다. 이들의 소비지출은 (재정적자를 증가시키고 그만큼 조세를 삭감하는) 세대 간 부의 재분배가 일어나면 증가한다.

2 현재세대 가운데 경제는 성장하기 마련이므로 미래세대가 현재세대보다 부유할 것이라고 생각하는 사람들이 있을 수 있다. 이들은 세대 간 부의 재분배가 일어나면 미래세대의 소득 일부를 기꺼이 현재소비에 사용할 것이다.

이와 같이 현재세대 가운데에는 (배로의 주장대로) 미래세대의 소비를 의사결정에 반영하는 사람들과 자신의 소비만 고려하는 사람들이 공존할 수 있기 때문에 현실에서는 재정적자를 증가시키고 조세를 삭감하면 소비가 증가할 가능성이 크다. 따라서 리카도의 동등성정리가 성립하지 않는다.

13.3.4 근시안적인 의사결정

리카도의 동등성정리는 사람들이 합리적이고 의사결정의 기초가 되는 시간 범위도 한 소비자의 생애보다 훨씬 길다고 가정한다. 그러나 현실에서 많은 사람들은 근시안적myopia 안목에 따라 소비와 저축을 선택한다. 예를 들어 세 기간이 존재할 때 첫 번째 기간에 정부부채로 대체한 조세를 세 번째 기간에 (정부부채를 상환하기 위해) 거둬들이는 경우, 처음 두 기간의 예산제약만 고려하고 세 번째 기간에 증가하는 조세는 고려하지 않는 사람들이 있을 수 있다. 이런 사람들이 많으면 첫 번째 기간에 조세를 정부부채로 대체했을 때 소비가 증가하고 저축은 감소해 리카도의 동등성정리가 성립하지 않는다. 실제로 한 경제에는 긴 안목으로 의사결정을 하는 사람도 있고 근시안적인 의사결정을 하는 사람도 있기 때문에 현재조세를 정부부채로 대체하고 먼 미래에 조세를 증가시켜 정부부채를 상환하는 정책을 실시하면 현재소비가 증가하고 저축이 감소한다. 따라서 리카도의 동등성정리가 성립하지 않는다.

13.4 균형예산에 관한 논의

정부가 균형예산을 법과 같은 준칙을 통해 규정함으로써 재정적자의 비용을 더 명확히 이해할 수 있게 해야 한다는 의견이 있다. 그러나 많은 경제학자들은 균형예산을 법에 명문화하면 정부 정책의 유연성을 제한할 수 있다는 점을 들어 반대한다. 재정적자나 재정흑자를 용인하는 것이 최적인 이유를 살펴보자.

13.4.1 거시경제의 불안정화

균형예산은 경제를 불안정화시킬 수 있다 destabilize. 경제가 불황에 빠지면 자동적으로 조세수입이 감소하고 실업수당 등의 지출은 증가하지만, 경제가 호황에 진입하면 조세수입이 증가하고 실업수당 등의 지출은 감소한다. 따라서 조세나 실업수당 같은 자동안정화장치 automatic stabilizer 는 불황에는 재정적자를 증가시키고 호황기에는 재정흑자를 증가시켜 경제 안정화에 기여한다. 그런데 균형예산을 (법제화하여) 준칙으로 만들면 불황에는 재정적자가 증가하므로 정부지출을 감소시켜야 하고 호황에는 재정흑자가 증가하므로 정부지출을 증가시켜야 한다. 즉 균형예산은 안정화정책과 반대로 정부지출을 운용하게 하여 거시경제를 불안정하게 만든다.

13.4.2 조세 평탄화

앞에서 살펴본 바와 같이 왜곡적인 조세의 사회적 비용이 조세의 크기에 따라 체증적으로 증가하면 조세를 평탄화 tax smoothing 하는 것이 최적이다. 그런데 조세를 평탄하게 유지한 가운데 안정화정책으로 정부지출을 사용하면 불황에는 정부지출이 비례소득세의 경우보다 증가해 재정적자가 더 확대되고, 호황에는 정부지출이 비례소득세의 경우보다 감소해 재정흑자가 더 확대된다. 따라서 균형예산을 준칙으로 정하면 (조세의 사회적 비용을 극소화하기 위한) 조세 평탄화를 하기 어렵다.

13.4.3 세대 간 재분배

때로는 세대 간 소득 재분배가 필요한 경우가 있다. 이 경우에 재정적자를 이용하면 조세 부담을 현재세대에서 미래세대로 이전함으로써 미래세대의 소득을 현재세대에게 이전할 수 있다. 예를 들어 외국의 침략으로부터 나라를 방어하기 위한 전쟁으로부터 얻은 자유는 현재세대뿐만 아니라 미래세대도 향유한다. 따라서 자유를 지키기 위해서 지급한 비용은 미래세대도 함께 부담함이 마땅하다. 그러나 균형예산이 준칙으로 고정되어 있으면 세대 간 소득 재분배가 불가능하다.

기타 논의사항 13.5

13.5.1 리카도 동등성 검정

실제로 리카도 동등성정리가 성립하는지 또는 그렇지 않은지 여부는 앞에서 소개한 현실적 제약들이 얼마나 강하게 경제주체들의 행위에 영향을 미치는가에 달려있을 것이다. 즉, 제약이 있기는 하지만 매우 소수 경제주체들에 국한된다든지 또는 지엽적인 경제활동 부분에 그친다면 그다지 영향을 미치지 못하는 것으로 보아도 무방할 것이다. 관련 문헌에서는 리카도 동등성정리가 성립하는지 검정하기 위해 다음과 같은 상황에 주목한다. 적사재성 조달을 위해 공채발행시 본 정리 하에서는 다음기에 조세를 통해 갚아야 한다는 사실을 알고 이번기에 늘어난 정부소비를 누리되 민간소비를 줄이고 대신에 저축을 늘려 놓게 된다. 이때 늘어난 공채발행자금수요 증가은 증가된 저축자금공급 증가으로 메울 수 있으므로 투자와 이자율이 변동하지 않게 된다.

반면, 밀어내기가설 crowding out hypothesis 에서는 재정적자가 민간투자를 줄인다고 보는데 다음과 같은 경로가 핵심이다. 즉, 정부부문이 투자에 사용될 수 있는 자금의 일부를 공채발행을 통해 가져온다면 민간투자를 위한 자금의 부족을 의미하고 이는 곧 자금의 가격인 이자율의 상승을 초래한다는 것이다. 이는 리카도 동등성정리와 상반되는 예측이다. 실제로 서로 다른 두 가지 가설 중 어느 관점을 지지하는지 계량분석해 본 결과, 대체로 후자에 가까운 경향을 실증분석 연구들은 지지하고 있다.

13.5.2 국가채무의 거시경제적 의미

최근 연구결과들은 정부부채의 증가가 일정 수준을 넘어서는 경우 (예: GDP의 90% 초과) 금융위기의 확률을 높임으로써 경제 전체의 불안정성을 초래함에 주목하고 있다. 라인하트와 로고프 2008의 연구[5]는 민간에 의한 것이든 정부부문에 의한 것이든 차입이 늘어날수록 다시 갚을 여력이 감소하는 경험적 현상을 수백 년 동안의 자료분석을 통해 보고하고 있다. 정부부채에 국한하지 않고 경제전체의 차입수준이 증가하면 결국 경제의 불안정성이 커지다가 금융위기로 치닫게 되고, 정부부채의 수준 그 자체는 그다지 심각해 보이지 않을 지라도 마지막 소방수로서의 정부부문이 떠안게 되는 부채는 급증할 수 있다. 2008년도 금융위기 이후 부채가 높은 경제에서는 민간부문의 한 부문에서의 위기가 다른 부문으로 전이되면서 결과적으로 정부부문이 민간부문 구제 bail out를 위해 떠안게 되는 부채의 급증으로 정부부문의 채무불이행 default 문제가 생겨날 수 있음을 목격하게 되었다. 최근 남유럽 재정위기에서 보듯이 통화공동체 하에서 영내 생산성 격차가 큰 상황 속에서 경상수지 적자를 겪는 남유럽국가들이 흑자를 보는 독일 등으로부터 자금을 빌려 계속 충당하다가 금융위기 이후 차입여건이 어려워지면서 외채문제가 불거짐과 동시에 통화공동체 전체의 문제로 전이되기도 하였다. 이처럼 재정적자 문제는 개방화된 환경하에서 거시경제의 불안정성 문제로 비화될 우려가 높다.

앞에서 보았듯이, 우리나라의 GDP 대비 국가부채비율이 높은 것은 아니지만, 정부부채의 증가속도가 빠르고 또한 가계부채의 수준이 높은 국가들 중에서 특히 빠른 것이 우려가 된다. 향후 초고령사회로의 진입에 따른 자연스런 재정지출 증가와 저출산에 따른 세수기반의 감소를 목전에 둔 상황에서 이러한 재정지출 기조를 과연 유지해 나아갈 수 있는지 염려된다.

13.5.3 국가채무에 대한 제도적 접근: 재정준칙

이러한 문제의 해결을 위해 주로 활용된 제도로서 재정준칙 fiscal rule에 대해서 살펴본다.

첫째, 유럽통화공동체 European Monetary Union: EMU에서는 마스트리트 조약을 통

5 Reinhart, C., and K. Rogoff, "This Time Is Different: A Panoramic View of Eight Centuries of Financial Crises," NBER Working Paper #13882, 2008.

해 재정적자와 국가부채의 수준에 관해 통제하고 있다. 유럽경제공동체에서 더 나아가 유로화를 사용하는 유럽통화공동체European Monetary Union: EMU로 경제통합을 추진할 때 각국 간 재정 여건에서 심각한 차이가 있을 때 궁극적으로 공동체가 지속하기 어렵다는 공감대가 형성되었다. 따라서 재정적자 및 국가부채를 통제하기 위해 회원국들 간 네덜란드 도시 이름을 딴 마스트리트 조약을 체결하였는데 주요 내용은 다음과 같다: (i) GDP의 3% 이내의 재정적자만이 허용되며, (ii) 국가부채는 GDP의 60%를 넘지 않아야 한다는 점을 명기하고, 이를 위배할 경우 금전적 벌칙을 부여하기로 합의하였다.

둘째, 영국에서는 적자재정에 대응하기 위해 소위 황금률golden rule을 시행하였는데 그 핵심은 적자의 내용을 경상지출과 자본지출로 구분해서 다루자는 것이다. 즉, 자본지출예: 사회간접자본 투자의 경우 비록 적자로 이어지더라도 자본을 유동화할

BOX 13-1 남유럽 재정위기

통상적으로 금융위기가 닥치면 은행의 파산을 염려한 뱅크런bank run: 갑작스런 예금 인출사태, 은행의 대출 회수, 부채를 갚지 못하는 개인의 파산, 투자된 고정자산을 짧은 기간 내 유동화하는 과정에서 자산가격의 폭락, 은행의 부실화 및 인출사태의 악순환이 계속 이어지면서 금융기관의 지급불능 사태가 발생한다. 이때 화폐공급을 늘리더라도 시중에 유동성이 메마르게 되어 소위 돈이 돌지 않는다는 표현이 여기에 해당된다. 최근 남유럽에서는 이러한 금융위기가 정부부문으로 전이되어 정부 또한 빌려온 채무를 갚지 못할 가능성이 커지면서 국가채무위기sovereign debt crisis가 2010년 이후 계속 제기되고 있다. 특히, 이러한 사태가 단순히 위기의 전이라기보다는 유럽경제공동체라는 속성에 기인하는 측면 또한 크다는 것이 주목할 만하다. 즉, 영내 무역을 통해 독일 등 생산성이 높은 국가들이 상대적으로 생산성이 낮은 남유럽국가들로부터 경상수지흑자를 보게 되지만, 이들이 다시 경상수지적자에 시달리는 남유럽국가들로 다시 자본이동을 허용함으로써 영내 국가들 모두 국제수지의 균형을 달성하면서 유럽통화공동체 EMU를 유지시켜 놓은 것이다. 그러나 이러한 안정적 구조의 이면에는 남유럽 국가들이 복지확대 등으로 재정적자를 남발하고 경상수지적자를 계속 시현하는 것을 묵과하는 도덕적 해이가 자리잡고 있다. 여기에는 독일 등 생산성이 높은 국가들이 EMU라는 틀 속에서 단일 화폐 유로를 활용하므로 유럽의 평균적 생산성에 해당하는 환율로 전 세계와 무역을 할 수 있어 환율상 이점을 누리게 되는 점도 일조한 것이다.[6] 이러한 사태를 우려하면서 앞에서 살펴본 마스트리트 조약의 체결을 통해 통화공동체에서의 재정 문제를 완화하려 하였으나 현실적으로 본 조약의 효과가 제대로 작동하지 않았다. 참고로 우리나라와 같은 소규모 개방경제에서는 남유럽과 같이 해외차입에 의존하기 어려운 상황인데 경상수지 적자가 계속 되는 순간 1997년 외환위기 및 금융위기로 갑자기 치닫게 되기 때문이다. 이러한 상황에서 마지막 보루로서 정부가 민간의 부채를 (1997년 위기 때처럼) 재정으로서 떠안을 수 있는 여력을 다른 나라에 비해 더 확보해야 된다. 따라서 정부부채가 OECD 국가들에 비해 양호하다고 해서 재정적자를 용인해도 된다는 논리는 거시경제적으로는 위험하다.

6 Kim YJ and C. Lee, "Sovereign Debt Crisis in a Monetary Union," Economic Inquiry, 2018.

경우 그 가치를 상당부분 보존할 수 있는 반면, 경상지출예: 공무원 봉급은 즉시 소진되는 점에서 차이가 있으므로 후자에 관해서 보다 엄격하게 관리하자는 방안이다.

셋째, 미국에서는 소위 시퀘스트레이션sequestration이라는 제도를 시행하고 있는데, 재정적자가 허용된 일정 수준을 넘어서는 순간 미리 설정된 적자목표에 따라 자동적으로 지출예산이 삭감됨으로써 재정적자를 억제하는 법안을 통과시켜 시행하고 있다.

우리나라에서는 이와 같이 명시적인 제도보다는 국가재정법을 중심으로 선언적 차원에서 재정적자를 줄이는 노력을 촉구하고 있다. GDP 대비 조세부담 여력이 크게 상승하지 않는 와중에 복지수요가 급증하면서 본격적으로 적자재정이 고착화되고 있어 우리나라도 좀더 명시적 국가부채 억제방안을 필요로 하는 시점에 놓여 있다고 보인다.

13.6 결 론

재정적자와 정부국가부채의 문제는 안정화정책과 별개로 그 자체로 중요한 연구대상이 되고 있다. 특히 근래 미국과 일본에서 재정적자 및 국가부채가 빠르게 축적되면서 재정정책에 대한 관심이 더욱 커졌다. 우리나라의 정부부채도 최근 빠르게 증가하는 추세이기 때문에 이에 대한 논란이 커지고 있는 실정이다.

재정정책과 관련하여 첫 번째 논점은 재정정책과 정부부채의 측정 방법에 여러 가지 문제가 있기 때문에 그 크기와 변동 방향을 오해할 수 있다는 점이다. 예를 들어 인플레이션이 존재할 때 명목가치만 보면 재정적자와 정부부채가 증가하는 것으로 보이지만 실질가치는 오히려 감소하는 경우도 있을 수 있다. 그 밖에 정부는 부채는 물론 자산도 가지고 있기 때문에 부채에서 자산을 차감한 순정부부채는 정부부채보다 훨씬 작다. 미래에 발생할 불확실한 부채와 경기변동 등도 재정적자와 정부부채를 이해하는 데 어려움을 초래한다.

재정적자의 효과와 정부부채가 민간부문의 자산인지에 대한 논의는 밀어내기 가설과 대비되는 리카도의 동등성정리를 중심으로 이루어졌다. 리카도의 동등성정리는 정부도 개인과 마찬가지로 예산제약이 존재하기 때문에 정부지출의 흐름이 일정하게 주어져 있는 경우 현재조세를 미래조세로 대체하는 정부공채는 민간부문의 자산이 아니라고 주장한다. 그러나 현실적으로는 리카도의 동등성정리가 성립할 수 없도록 만드는 여러 가지 요인들곧 왜곡적인 조세, 유동성제약, 개인의 유한한 생애, 근시안적인 의사결정 등이 있다.

재정적자에 대응하기 위해 균형예산을 법제화하려는 움직임이 있으나 대부분의 경제학자들은 이에 반대하고 있다. 균형예산 법제화가 재정정책을 지나치게 제약할 뿐 아니라 (균형예산이 바람직함에도 불구하고) 때로는 재정정책이 추구해야 할 다른 목적을 방해하여 경제를 불안정하게 만들고 조세의 평탄화나 세대 간 재분배 같은 바람직한 정책을 추구할 수 없도록 만드는 단점이 존재하기 때문이다. 그럼에도 재정적자의 누적으로 국가채무가 과도하게 상승하게 되면 거시경제 불안정성이 커질 수 있어 재정준칙을 통해 대응하는 국가들이 늘고 있다.

요 약

≫ 재정적자와 정부부채 측정에는 다양한 문제가 존재한다. 먼저 인플레이션은 정부부채와 재정적자의 실질가치 판단에 어려움을 초래한다. 그리고 정부는 부채 외에도 많은 자산을 보유하고 있기 때문에 정부의 부채를 정확하게 파악하려면 부채에서 자산을 차감한 값을 살펴보아야 한다. 한편 정부부채는 국민연금 같은 미래에 도래할 암묵적 부채를 계상하지 않는 약점이 있고 정부의 재정정책에 관한 입장과 무관하게 경기변동에 따라 재정적자가 변동하기도 한다.

≫ 리카도의 동등성정리는 정부도 예산제약을 지켜야 한다는 단순한 원칙에서 출발한다. 즉 정부지출의 흐름이 주어져 있을 때 현재조세를 줄이고 공채를 발행해 재정적자를 보전하는 경우에 현재의 공채는 미래조세를 증가시킨다. 즉 현재 민간이 보유하고 있는 공채는 미래조세와 같기 때문에 민간부문의 부wealth가 될 수 없다.

≫ 이로부터 재정적자를 공채 또는 조세로 조달하든지 간에 차이가 없으며 투자에도 영향을 주지 못한다는 함의를 유도해낼 수 있다. 반면 밀어내기가설은 공채발행시 이자율 상승으로 민간투자가 위축된다는 상반된 예측을 한다.

≫ 리카도의 동등성정리는 왜곡적인 조세, 유동성제약, 사람들의 유한한 생애, 민간의 근시안적인 의사결정 등의 경우에는 성립하지 않는다.

≫ 균형예산이 바람직하기는 하지만 때로는 재정정책이 추구해야 할 다른 목적을 추구할 수 없도록 만드는 단점이 있다. 균형예산은 경제를 불안정하게 만들고 조세 평탄화나 세대 간 재분배 같은 바람직한 정책을 추구할 수 없도록 한다.

≫ 최근 누적된 재정적자로 국가채무가 급증할 경우 거시경제 불안정성이 초래되어 재정준칙의 도입으로 대응하는 경향이 있다.

핵심용어

- 국가부채
- 리카도의 동등성정리
- 소득대체율
- 완전고용예산적자
- 근시안적 의사결정
- 명목정부부채
- 순부채
- 왜곡적인 조세
- 금융중개기능
- 세대 간 자원배분
- 실질정부부채
- 유동성제약

- 이타주의
- 자본예산법
- 정부공채
- 정부예산제약식
- 재정준칙
- 조세평탄화

연습문제

01 우리나라를 포함하여 OECD 국가들의 국가채무의 현황에 관하여 논하여 보시오.

02 재정적자의 측정에 있어서의 문제점들에 관하여 논하여 보시오.

03 리카도의 동등성정리에 비추어 볼 때 전통적인 *IS*/*LM*모형에서 재정정책의 효과는 어떻게 수정되어야 하는가?

04 리카도의 동등성정리가 성립할 수 없는 요인에 관하여 논하여 보시오.

05 균형예산준칙의 장단점에 관하여 논하여 보시오.

06 t기의 실질정부부채가 D_t라고 한다. 따라서 다음 식이 성립한다.

$$D_t=(1+r)D_{t-1}+(G_t-T_t)$$

여기서 r은 실질이자율이며, 실질 *GDP*는 g의 비율로 증가한다고 한다. 정부의 일차적인 적자 G_t-T_t의 흐름이 주어져 있다고 할 때 소득에 대한 정부부채비율의 시간경로를 구하시오. 이때 r과 g가 크지 않다면 $(1+r)/(1+g) \doteq 1+r-g$이 성립한다.

07 한 나라의 재정상황이 다음과 같다고 한다.

① 연초의 *GDP* 대비 정부부채비율이 40%이다.
② 정부의 재정적자가 매년 *GDP*의 4%이다.
③ 명목이자율은 연 6%이다.
④ 인플레이션은 연 3%이다.
⑤ 실질 *GDP* 증가율은 0%이다.

다음 물음에 답하시오.
(1) 일차적인 재정적자primary deficit G_t-T_t는 얼마인가?
(2) *GDP* 대비 재정적자(흑자)의 비율을 구하시오.
(3) 현재의 *GDP*가 완전고용수준의 98%라고 한다. 완전고용수준의 *GDP* 대비 재정적

자 비율은 얼마인가?

(4) 실질 *GDP*가 완전고용수준에 있고 그 증가율이 2%라고 한다. *GDP* 대비 정부부채의 시간경로를 구하시오.

(5) (4)에서 5년 뒤 *GDP* 대비 정부부채비율은 얼마인가?

(6) (4)에서 명목이자율이 8%로 상승했다고 한다. 5년 뒤 *GDP* 대비 정부부채비율은 얼마인가?

(7) (4)에서 *GDP* 증가율이 1%로 감소하였다고 한다. 5년 뒤 *GDP* 대비 정부부채비율은 얼마인가?

08 한 경제의 지출이 다음과 같이 주어졌다고 한다.

$$C=750+0.75(Y-T)$$
$$I=500+0.1Y+\varepsilon_I$$
$$T=-1{,}000+0.2Y$$
$$G=1{,}000$$

ε_I는 투자에 주어지는 충격으로 $-30\leq\varepsilon_I\leq 30$의 범위에서 균일분포uniform distribution를 이룬다고 한다. 완전고용수준의 산출량은 $\bar{Y}=10{,}000$이라고 한다.

(1) 재정적자를 ε_I의 함수로 구하시오. 재정적자는 ε_I의 증가함수인가? 재정적자는 경기순행적인가, 경기역행적인가?

(2) 완전고용 재정적자를 구하시오.

(3) 균형예산을 법으로 정했다고 한다. 즉 조세를 위와 같이 징수하는 대신 다음 식이 성립하도록 소득세율을 결정한다고 한다.

$$T=-1{,}000+\tau Y,\ \ G=T$$

소득세율을 ε_I의 함수로 구하시오. 이 재정정책은 경기순행적인가, 경기역행적인가?

▶▶ GDP 대비 정부부채비율[심화학습]

본문에서 살펴본 바와 같이 명목정부부채는 다음과 같이 지난기의 부채에 이자지급분과 새로 추가된 명목재정적자의 합으로 표현가능하다.

$$B_t = B_{t-1} + iB_{t-1} + P_t(G_t - T_t) \quad \text{(A13-1)}$$

양변을 P_t로 나눈 다음 정리하면 다음 식을 얻을 수 있다.

$$\begin{aligned} D_t = \frac{B_t}{P_t} &= (1+i)\left(\frac{B_{t-1}}{P_{t-1}}\right)\left(\frac{P_{t-1}}{P_t}\right) + (G_t - T_t) \\ &= \left(\frac{1+i}{1+\pi}\right)\left(\frac{B_{t-1}}{P_{t-1}}\right) + (G_t - T_t) \\ &\doteq (1+i-\pi)\left(\frac{B_{t-1}}{P_{t-1}}\right) + (G_t - T_t) \end{aligned} \quad \text{(A13-2)}$$

따라서 다음 식이 성립한다.

$$\begin{aligned} \Delta D_t &= \Delta\left(\frac{B_t}{P_t}\right) \\ &= \frac{B_t}{P_t} - \frac{B_{t-1}}{P_{t-1}} \\ &= r\left(\frac{B_{t-1}}{P_{t-1}}\right) + (G_t - T_t) \\ &= rD_{t-1} + (G_t - T_t) \end{aligned} \quad \text{(A13-3)}$$

즉 실질부채의 증가량은 실질 이자비용과 일차적인 재정적자 $G_t - T_t$의 합이다.

식 (A13-3)을 이용하면 *GDP* 대비 정부부채비율을 다음과 같이 얻을 수 있다.

$$\begin{aligned} \frac{D_t}{Y_t} &= (1+r)\left(\frac{D_{t-1}}{Y_{t-1}}\right)\left(\frac{Y_{t-1}}{Y_t}\right) + \frac{G_t - T_t}{Y_t} \\ &= \left(\frac{1+r}{1+g}\right)\left(\frac{D_{t-1}}{Y_{t-1}}\right) + \frac{G_t - T_t}{Y_t} \\ &\doteq (1+r-g)\left(\frac{D_{t-1}}{Y_{t-1}}\right) + \frac{G_t - T_t}{Y_t} \end{aligned} \quad \text{(A13-4)}$$

여기서 g는 실질 *GDP* 증가율이므로 *GDP* 대비 정부부채의 증가율은 다음과 같다.

$$\Delta\left(\frac{D_t}{Y_t}\right)=(r-g)\left(\frac{D_{t-1}}{Y_{t-1}}\right)+\frac{G_t-T_t}{Y_t} \quad \text{(A13-5)}$$

즉 일차적인 재정적자가 균형—곧 $G_t=T_t$—이라고 하면, *GDP* 대비 정부부채비율은 실질이자율이 *GDP* 증가율보다 크면 증가하고 반대의 경우에는 감소하게 된다.

한편 완전고용 재정적자는 **식** (A13-4)로부터 다음과 같이 얻을 수 있다.

$$\left(\frac{D_t}{\bar{Y}}\right)\left(\frac{\bar{Y}}{Y_t}\right)=(1+r-g)\left(\frac{D_{t-1}}{\bar{Y}}\right)\left(\frac{\bar{Y}}{Y_{t-1}}\right)+\frac{G_t-T_t}{Y_t} \quad \text{(A13-6)}$$

따라서 다음 식이 성립한다.

$$\begin{aligned}\frac{D_t}{\bar{Y}}&=(1+r-g)(1+g)\left(\frac{D_{t-1}}{\bar{Y}}\right)+\frac{G_t-T_t}{\bar{Y}}\\&=[1+r+(r-g)g]\left(\frac{D_{t-1}}{\bar{Y}}\right)+\frac{G_t-T_t}{\bar{Y}}\end{aligned} \quad \text{(A13-7)}$$

그리고 완전고용 *GDP* 대비 재정적자는 다음과 같이 구할 수 있다.

$$\begin{aligned}\Delta\left(\frac{D_t}{\bar{Y}}\right)&=\frac{D_t}{\bar{Y}}-\frac{D_{t-1}}{\bar{Y}}\\&=[r+(r-g)g]\frac{D_{t-1}}{\bar{Y}}-\frac{G_t-T_t}{\bar{Y}}\end{aligned} \quad \text{(A13-8)}$$

PART VI

The opening up of new markets, foreign or domestic, and the organizational development from the craft shop and factory to such concerns as U. S. Steel illustrate the same process of industrial mutation— if I may use that biological term—that incessantly revolutionizes the economic structure from within, incessantly destroying the old one, incessantly creating a new one. This process of Creative Destruction is the essential fact about capitalism.

- J.A. Schumpeter, *Capitalism, Socialism and Democracy,* ch. VII, 1942 -

You can see the computer age everywhere but in the productivity statistics.

- R.M. Solow, *The New York Times: Book Review,* 12 July 1987 -

Is there some action a government of India could take that would lead the Indian economy to grow like Indonesia's or Egypt's? If so, what exactly? If not, what is it about the "nature of India" that makes it so? The consequences for human welfare involved in questions like these are simply staggering: once one starts to think about them, it is hard to think about anything else.

- R.E. Lucas, Jr., "On the Mechanics of Economic Development," *Journal of Monetary Economics,* 1988 -

Macroeconomics

경제성장이론

지금까지 우리는 폐쇄경제에서는 *IS-LM/AS-AD* 모형, 그리고 개방경제에서는 *IS-LM-BP/AS-AD* 모형을 이용해 거시경제의 장기 및 단기균형에 관하여 알아보았다. 장기균형은 완전고용수준에서 달성되며 (실물부문과 명목부문이 서로 분리되는) 고전학파의 이분법 classical dichotomy 이 성립한다. 그리고 단기균형은 장기균형을 중심으로 변동한다. 즉 장기균형은 변동하는 단기균형의 중심이 되며 장기균형에서 벗어난 단기균형은 장기균형으로 회귀하는 속성을 갖는다.

장기와 단기 분석에서는 한 경제의 이용 가능한 생산기술과 생산요소곧 자본과 노동가 일정하게 주어져 있다고 가정했다. 이때 시간 단위로 자본량과 노동량이 크게 변화할 만큼 긴 기간을 상정하지는 않았다. 즉 기간을 재화와 서비스의 가격이나 임금 등에 경직성이 존재하는 단기와, 가격과 임금이 자유로이 변동해 각각의 시장에서 수요와 공급을 일치시키는 시장청산이 일어나는 장기로 구분해 단기의 거시경제 변동이 일어나는 이유와 효과, 그리고 장기균형으로의 회귀가 일어나는 이유와 효과 등을 알아보았다.

이제 본 VI편에서는 지금까지 상정해 왔던 장기보다 더 긴 기간짧아도 10년 이상, 길게는 50~100년이나 심지어 그보다 긴 기간을 가정하기로 한다. 이때 긴 기간을 앞에서의 장기와 구분하기 위해 최장기 very long run 라고 부르기도 한다. 그런데 최장기는 충분히 긴 기간이기 때문에 지금까지 일정하게 주어져 있다고 가정한 자본이나 노동 같은 생산요소가 증가하고 생산기술이 진보한다. 따라서 완전고용수준의 산출량소득 또한 증가한다. 생산기술 진보와 1인당 자본량의 축적에 따른 1인당 소득의 증가는 현대 자본주의 경제의 가장 중요한 특징 가운데 하나이자 동시에 세계 경제가 현재의 풍요를 누릴 수 있게 된 중요한 요인이다.

최장기에 생산기술이나 생산요소 크기가 변화하여 산출량이 증가하는 현상을 경제성장 economic growth 이라고 부른다. 잠재산출량이 증가하는 현상인 경제성장은 산업혁명 이후부터 현대 경제에 이르기까지 거시경제의 가장 중요한 특징이라고 할 수 있다. 본 편에서는 경제성장을 설명할 수 있는 이론에 관해 배운다.

▶ 경제성장의 정형화된 사실들

경제성장은 한 경제의 *GDP*가 오랜 기간에 걸쳐 증가하는 현상을 가리킨다. *GDP* 성장률은 작은 차이라도 (오랜 기간 후에는 매우 큰 *GDP* 차이로 나타나므로) 무시할 수 없기 때문에 경제성장 문제는 거시경제학의 가장 중요한 주제라고 할 수 있다.

지금까지 선진국 여러 나라가 겪은 경제성장 경험에는 경제성장이론이 설명해야 할 많은 사실들이 존재한다. 이러한 사실들을 경제성장의 정형화된 사실들stylized facts이라고 부른다. 정형화된 사실들은 여러 사람들에 의해 정리된 바 있는데 그 가운데 영국의 경제학자 칼도어N. Kaldor[1]가 정리하고 솔로R.M. Solow[2]가 인용한 것이 가장 널리 알려져 있다. 그가 제시한 선진국 경제성장의 정형화된 사실들은 다음과 같다.

1 1인당 산출량이 계속 증가했고 성장률도 감소하지 않았다.
2 자본은 대체로 일정한 비율로 계속 증가했으며 그 증가율이 노동 증가율보다 컸다. 따라서 1인당 자본량과 산출량도 일정한 비율로 증가했다.
3 자본수익률이 거의 일정하게 유지됐다.
4 산출량에 대한 자본의 비율이 거의 일정하게 유지됐다. 다시 말해 자본과 산출량의 증가율이 대체로 같았다.
5 총산출량에서 자본소득과 노동소득이 차지하는 지분share이 거의 일정했다.
6 1인당 산출량의 증가율이 나라마다 크게 다르다.

20세기 선진국 경제 대부분은 지속적으로 성장해 왔다. 따라서 경제성장에 관한 첫 번째 연구과제는 지속적인 경제성장이 왜 일어나는가 하는 의문이다. 지속적

1 Kaldor, N., "Capital Accumulation and Economic Growth," in Friedrich A. Lutz and Douglas C. Hague, eds., *Proceedings of a Conference Held by the International Economic Association*, London, Macmillan, 1963.

2 Solow, R.M., *Growth Theory: An Exposition*, 2nd ed., N ew York: Oxford University Press, 2000.

인 경제성장은 궁극적으로 생산요소가 증가하거나 기술진보가 주요 원인인데, 이 두 가지 성장 요인이 왜 시간이 경과함에 따라 변화하고 또 이들 가운데 어느 것이 더 중요한가 하는 의문 또한 거시경제학이 풀어야 할 중요한 연구과제이다.

칼도어의 두 번째 정형화된 사실은 경제성장이 노동자 한 사람이 사용하는 자본곧 기계의 증가에 의해 실현되었음을 의미한다. 경제성장은 기술진보에 의해 일어날 수도 있으나 칼도어의 두 번째 정형화된 사실은 자본의 축적 또한 기술진보에 못지않게 중요함을 보여준다.

칼도어의 정형화된 사실 가운데 세 번째부터 다섯 번째까지는 선진국 경제성장에서 관찰되는 중요한 불변성들이다. 이 세 가지는 자본수익률, 자본 단위당 산출량 및 산출량에서 차지하는 자본소득과 노동소득 분배율의 불변성이다. 이 비율들의 불변성은 여러 각도에서 설명할 수 있으며 뒤에서 자세히 배우게 될 것이다.

다음으로 여섯 번째 정형화된 사실은 국가별로 매우 다른 성장률을 보이고 있음을 의미한다. 실제로 세계 여러 나라의 경제성장에 관한 자료를 보면 나라에 따라 성장률 편차가 매우 크게 나타나는 것을 볼 수 있다.

몇몇 개발도상국의 경제성장률은 선진국의 경제성장률을 크게 웃돈다. 예를 들어 우리나라와 대만, 홍콩 및 싱가폴은 신흥공업국newly industrialized countries, *NICs*으로 불릴 만큼 지난 40여 년 동안 급속한 경제성장을 이룩했으며, 1인당 소득으로 볼 때 이 나라들은 이미 선진국에 진입했다. 최근에는 중국과 인도의 경제성장 속도가 빠르게 나타나고 있다. 중국의 경제성장률은 1990년대 초반 10%를 상회했으며 최근 불황에도 6%를 상회하고 있다. 인도 또한 최근에 6% 이상의 높은 경제성장률을 보이고 있다. 그렇다면 이 나라들이 높은 경제성장률을 실현할 수 있었던 이유는 무엇이며 왜 이 나라들의 성장률이 선진국의 성장률과 비교할 때 훨씬 높은 것인가? 이 의문을 해결하기 위한 연구도 결국 경제성장이론의 몫이다.

한편 (선진국에서도 일부 관측되지만) 개발도상국의 경우에 한 나라의 경제성장률이 시대에 따라 크게 차이가 난다. 우리나라의 경제성장률은 1970년대와 1980

년대에 비하여 1990년대 후반 이후 현저히 하락했다. 특히 1997년 12월에 발생한 외환위기 이후에는 경제성장률의 하향 추세가 뚜렷하게 나타났으며 최근 2%대로 급락하고 있다. 이러한 차이는 미국이나 일본 같은 선진국에서도 발견할 수 있다. 일본은 1980년대에 비해 1990년대에 매우 낮은 성장률을 보였다. 그러나 미국의 성장률은 1980년대에 비해 1990년대에 훨씬 높은 것으로 나타났다. 이와 같이 한 나라에서 시대에 따라 경제성장률이 다른 이유는 무엇인가? 이 의문도 경제성장이론이 다루어야 할 과제이다.

마지막으로 경제성장은 경제정책과 밀접하게 관련돼 있다. 예를 들어 투자보조금이나 투자세액공제 같은 조세정책은 자본축적을 증대시키고 더 나은 교육정책은 수준 높은 교육을 제공할 뿐만 아니라 노동의 질을 향상시키며, 연구 · 개발에 대한 투자 또한 기술진보를 유발한다. 그리고 그 결과로 경제가 성장하게 된다. 이와 같이 경제정책 가운데에는 장기적으로 경제성장을 촉진시키는 정책들이 존재하므로, 어떤 정책과 그 배합을 선택해 경제성장을 촉진할 것인가도 매우 중요한 거시경제학의 연구과제가 된다. 한편, 양질의 제도와 관행이 확립된 경제에서는 주어진 생산요소를 보다 효율적으로 활용하고 이에 따라 생산요소의 축적 또한 원활하게 이루어지는 경향이 있다. 이 또한 경제성장률을 제고할 수 있으므로, 제도의 내용과 성장에 미치는 효과에 대한 연구도 성장이론의 한 부분이 된다.

14

Chapter

솔로 성장모형

솔로 R. M. Solow 성장모형은 실질적인 의미에서 현대 경제성장이론의 출발점이라고 해도 과언이 아니다. 현대 경제성장이론은 솔로 모형으로부터 출발하여 이를 개선하고 확장하는 과정을 통해 발전했으며 많은 이론적인 확장에도 불구하고 솔로 모형으로부터 얻은 주요 결론은 현재까지도 대부분 유효하다. 솔로의 성장모형은 자본 축적과 노동인구 증가 및 생산기술 진보가 어떻게 상호 작용하며 그 결과로 한 경제의 산출량이 어떻게 증가하는지를 보여준다. 솔로의 성장모형은 생산요소인 자본과 노동 및 이 생산요소들을 결합하는 기술로 구성돼 있다. 다시 말해 솔로 성장모형은 생산요소와 생산기술곧 총공급 측면만 이용해 경제성장을 설명한다. 그런데 장기에 산출량이 완전고용수준에서 달성되므로 총수요 부문을 도입해도 (적어도 실물부문의 분석 결과에서는) 중요한 질적 차이가 나타나지 않는다. 몇 가지 현실설명력의 결여 및 선진국들의 장기 경제성장을 설명하는 데 어려움이 있으나, 물적자본의 투입만으로는 성장의 한계에 도달할 수밖에 없음을 지적하는 혜안은 너무나 수준 높은 결과라 하겠다.

14.1 솔로 경제성장모형의 구성요소

우리는 앞에서 총생산함수 F를 다음과 같이 쓸 수 있음을 배웠다.

$$Y=F(K,L) \tag{14-1}$$

여기서 K는 경제 전체의 자본량, L은 노동량이다. 그런데 경제 전체의 이용 가능한 노동량은 장기적으로 인구로 결정되므로 이제 L을 인구라고 가정하기로 한다.

식 (14-1)의 총생산함수에서 산출량 Y가 증가하려면 자본량 K 혹은 인구 L이 증가하거나 두 생산요소를 결합하는 방식인 기술—곧 $F(\cdot,\cdot)$—이 개선돼야 한다. 즉 생산함수가 **식** (14-1)과 같이 주어져 있을 때 경제성장은 K, L이 증가하거나 $F(\cdot,\cdot)$이 개선되는 경우에 일어나며 그 밖의 다른 이유를 생각할 수가 없다. 솔로의 성장모형은 산출량을 증가시킬 수 있는 이 세 가지 요인—곧 자본, 노동인구 및 생산기술—에 대한 가정을 바탕으로 하고 있다.

14.1.1 생산기술

솔로 성장모형에서 사용되는 생산기술곧 생산함수에서는 규모에 대한 수익이 중요하다. 먼저 자본과 노동이 λ배 증가했을 때 산출량이 γ배 증가했다면 다음 식이 성립한다.

$$\gamma Y = F(\lambda K, \lambda L) \tag{14-2}$$

3장에서 설명한 바와 같이 $\gamma > \lambda$이면 규모에 대한 수익증가, $\gamma < \lambda$이면 규모에 대한 수익감소, $\gamma = \lambda$이면 규모에 대한 수익불변이다. 솔로 성장모형에서는 규모에 대한 수익불변을 가정하는 이유는 두 가지이다.

1. 규모에 대한 수익불변은 장기에 현실적인 가정이라고 볼 수 있다. 즉 규모에 대한 수익불변은 하나의 생산시설을 복제해 여러 개 만들 수 있음을 의미한다. 똑같은 생산시설이 두 개, 세 개로 증가해 생산요소의 고용량이 두 배, 세 배로 증가하면 산출량도 두 배, 세 배로 증가한다. 최장기very long run는 (충분히 긴 기간이므로) 기존의 생산시설을 복제해 만들 수 있을 만큼 긴 기간이다. 따라서 성장모형에서는 흔히 규모에 대한 수익불변을 가정한다.
2. 규모에 대한 수익불변을 가정하면 모형의 분석을 단순화할 수 있다.

식 (14-2)에서 $\gamma = \lambda$이면 다음 식이 성립한다.■

> ■ 이처럼 규모의 수익불변이 성립하면 **제 6 장**에서 살펴보았듯이
> $Y = F_K \cdot K + F_L \cdot L$
> $= r \cdot K + w \cdot L$
> 로 산출이 자본소득과 노동소득으로 정확히 분배된다.

$$\lambda Y = F(\lambda K, \lambda L) \tag{14-3}$$

여기서 $\lambda = 1/L$이라 놓으면 **식** (14-3)을 1인당 산출량의 생산함수로 쓸 수 있다.

$$\frac{Y}{L} = F\left(\frac{Y}{L}, 1\right) \tag{14-4}$$

여기서 Y/L는 1인당 산출량output per worker, K/L는 1인당 자본량capital per worker이다. 따라서 1인당 산출량은 1인당 자본량곧 노동자 한 사람이 사용할 수 있는 생산설비의 함

그림 14-1 **1인당 생산함수**

솔로 성장모형에서 생산함수는 규모에 대한 수익불변이다. 규모에 대한 수익불변인 생산함수는 1인당 생산함수로 고쳐 쓸 수 있다. 1인당 생산함수는 위로 볼록한데, 이는 자본의 한계생산이 체감함을 의미한다. 즉 자본의 한계생산은 1인당 생산함수의 기울기이고 생산함수의 기울기는 1인당 자본량이 증가하면 감소한다.

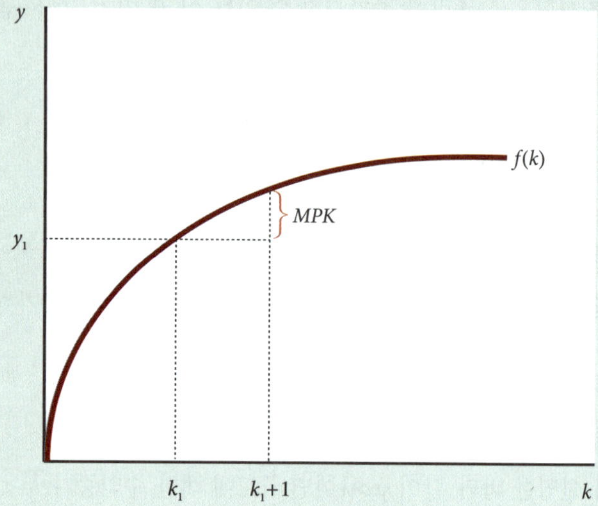

다시 말해 생산함수가 규모에 대한 수익불변인 경우에는 1인당 산출량과 1인당 자본량의 관계가 인구의 크기로 나타낸 경제 규모에 영향을 받지 않는다.

수이다.■

규모에 대한 수익불변인 생산함수에서는 모든 변수를 1인당 수량으로 나타내면 편리하다. 여기서 1인당 산출량을 $y=Y/L$, 1인당 자본량을 $k=K/L$ 와 같이 나타내면 **식** (14-4)의 1인당 생산함수를 다음과 같이 다시 쓸 수 있다.

$$y=f(k) \tag{14-5}$$

여기서 $f(k)=F(k,1)$이다.

식 (14-5)에 나타나 있는 1인당 생산함수를 **그림 14-1**과 같이 그려볼 수 있다. **그림 14-1**에서 생산함수의 기울기는 자본의 한계생산 marginal product of capital MPK로, (한 노동자가 생산에 사용하는) 자본이 추가적으로 한 단위 증가했을 때 추가적으로 증가하는 산출량의 증가량을 나타낸다.

그림 14-1의 생산함수에서는 1인당 자본량이 증가하면 기울기가 감소한다는 점에 주목할 필요가 있다. 이는 (1인당 자본량이 증가하면 자본의 한계생산이 감소하는) 한계생산 체감의 법칙 law of diminishing marginal product이 성립함을 의미한다. 즉 k 가 작으면 한 사람이 생산과정에서 이용하는 기계자본가 적기 때문에 기계가 추가적으로 주어지면 산출량의 추가적인 증가가 크다. 그러나 k 가 크면 이미 기계자본가 많

EXAMPLE

예 14-1 콥-더글러스 생산함수와 이나다조건

지금까지 설명한 성질을 만족시키는 생산함수 가운데 거시경제학에서 가장 많이 이용되는 생산함수는 콥-더글러스 생산함수Cobb-Douglas production function이다. 콥-더글러스 생산함수는 다음과 같이 나타낼 수 있다.

$$Y = AK^{\theta}L^{1-\theta},\ 0 < \theta < 1$$

위의 콥-더글러스 생산함수는 다음과 같이 규모에 대해 수익불변이다.

$$A(\lambda K)^{\theta}(\lambda L)^{1-\theta} = \lambda^{\theta+(1-\theta)}AK^{\theta}L^{1-\theta} = \lambda Y$$

위 식의 양변을 인구 L로 나누면 다음과 같이 1인당 생산함수를 얻는다.

$$y = Ak^{\theta}$$

나아가 위 식으로부터 자본의 한계생산을 다음과 같이 얻을 수 있다.

$$MPK = \theta Ak^{\theta-1}$$

여기서 $0<\theta<1$이므로 1인당 자본량 k가 증가하면 자본의 한계생산이 감소하고 k가 0에 접근하면 자본의 한계생산이 무한히 커진다. 그리고 k가 무한히 커지면 자본의 한계생산이 0에 접근한다. 즉 이나다조건이 성립한다.

아 추가적으로 기계가 주어져도 산출량의 추가적인 증가가 적다. 여기서는 $k=0$ 일 때 자본의 한계생산이 무한히 크고 $k=\infty$일 때 자본의 한계생산이 0이라고 가정하고 있는데, 이러한 조건을 경계조건boundary condition 또는 이나다조건Inada condition 이라고 부른다.[1] 추후 보게 되겠지만 한계생산성 체감의 법칙은 지속적 성장을 가로막는 결정적 장애물로 작용한다.

14.1.2 자본축적

케인즈의 교차점모형에서 정부가 존재하지 않는 폐쇄경제의 재화시장 균형조건은 다음과 같다.

$$Y = C + I \tag{14-6}$$

여기서 C와 I는 각각 총소비와 총투자를 나타내므로, 산출량은 소비와 투자의 합

1 Inada, K.(1964), "Some Structural Characteristics of Turnpike Theorem," *Review of Economic Studies* v. 31, pp. 43-58.

그림 14-2 **1인당 생산과 저축**

솔로 성장모형에서 저축은 소득의 일정 비율이고 저축률은 s로 일정하게 주어져 있다. 그리고 투자는 저축과 같다. 그림에서 저축률이 s로 일정하게 주어져 있기 때문에 1인당 저축 $sf(k)$는 모든 1인당 자본량에서 1인당 소득(산출량)의 일정 비율로 정해진다.

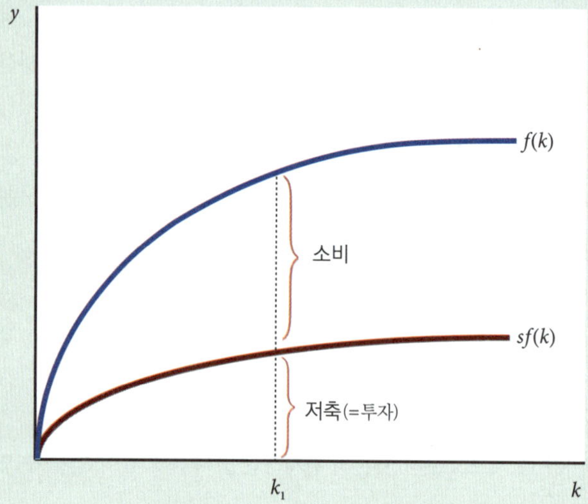

으로 나타나는 총지출과 같다. 그리고 가계 소득은 소비와 저축으로 처분되므로 다음 식이 성립한다.

$$Y = C + S \tag{14-7}$$

여기서 S는 저축이다.

이제 **식** (14-6)과 (14-7)을 이용하면 재화시장의 균형은 다음과 같이 저축과 투자가 일치할 때 달성된다.

$$I = S \tag{14-8}$$

여기서 s를 저축률이라고 정의—곧 $s = S/Y$—하면 **식** (14-6)을 다음과 같이 다시 쓸 수 있다.

$$I = sY \tag{14-9}$$

그리고 $i = I/L$라고 정의하면 **식** (14-9)를 다음과 같이 1인당 자본량 k와 1인당 저축 sy의 관계로 나타낼 수 있다.

감가상각 그림 14-3

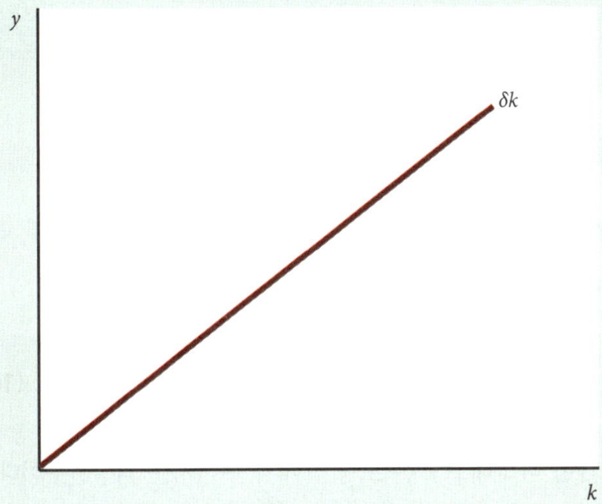

솔로 성장모형에서 자본의 감가상각률은 δ로 일정하게 주어져 있다. 따라서 감가상각되는 1인당 자본의 크기는 δk와 같고 1인당 자본량과 1인당 자본의 감가상각의 평면에서 우상향한다.

$$i = sy = sf(k) \tag{14-10}$$

여기서 **식** (14-8)을 이용했으며, 저축률 s는 외생적으로 일정하게 주어져 있다고 가정한다.

케인즈의 교차점모형에서 투자에 대해 재화를 사용함으로써 지출 E를 높이는 것 이외의 역할은 하지 않는 것처럼 가정했지만 이는 투자의 본질적 속성을 충분히 감안하지 못한 것이다. 거시경제학에서 투자란 생산설비를 짓고 기계를 설치하는 데 재화와 서비스를 사용하는 것을 의미한다. 곧 투자는 자본을 증가시키는 행위이다. **식** (14-10)은 기존의 자본량과 새로운 자본의 축적 i의 관계를 정의하는 식이다. 그리고 **그림 14-2**는 주어진 자본량 수준에서 산출량과 소비 및 투자저축의 크기를 보여준다. 이때 산출량을 소비와 투자저축로 나누는 것이 저축률이다.

생산과정에서 사용되는 자본은 마모되기도 하고 파손되기도 한다. 자본이 생산과정에서 소실되는 것을 감가상각depreciation이라고 부른다. 감가상각률이 δ로 일정하게 주어져 있다면 자본의 감가상각은 매 기간 δK만큼 일어난다. 이를 1인당 자본의 감가상각으로 나타내면 **그림 14-3**과 같다. 즉 감가상각의 크기는 1인당 자본량에 비례한다. 따라서 ΔK를 총자본의 증가량이라고 하면, 다음과 같이 총투 다음 기 자본량을 K'이라 정의하면 $K'=I+(1-\delta)K$로 볼 수 있으며 이는 곧 $\underbrace{K'-K}_{=\Delta K}=I-\delta K$로 표기할 수 있다.

자에서 감가상각을 뺀 나머지로 구할 수 있다.

$$\Delta K=I-\delta K=sf(k)L-\delta K \qquad (14\text{-}11)$$

여기서 **식** (14-11)의 두 번째 등식을 구하기 위해 **식** (14-10)을 이용했다.

14.1.3. 인구증가

솔로 성장모형에서 인구곧 노동량는 일정한 비율로 증가한다고 가정한다. 즉 인구증가율을 n이라고 하면 다음 식이 성립한다.

$$\frac{\Delta L}{L}=n \Leftrightarrow \Delta L=nL \qquad (14\text{-}12)$$

여기서 ΔL은 인구증가를 나타내고 n은 모형 밖에서 주어지는 외생변수이다.

14.2 솔로 성장모형의 기본방정식

솔로 성장모형의 분석은 1인당 자본량을 중심으로 이루어진다. g_x를 변수 x의 증가율이라고 하면 1인당 자본량의 증가율을 다음과 같이 구할 수 있다.

$k=K/L$의 양변에 로그를 취한 후 차분하게 되면 다음의 식을 얻는다.
$\Delta \ln k=\Delta \ln(K/L)$
$=\Delta \ln K-\Delta \ln L$
이는 곧 다음과 같이 정리된다.
$\frac{\Delta k}{k}=\frac{\Delta K}{K}-\frac{\Delta L}{L}$

$$g_k=g_K-g_L \qquad (14\text{-}13)$$

즉 1인당 자본량이 총자본량을 인구로 나눈 것이므로 앞에서 배운 바와 같이 1인당 자본량의 증가율성장률은 총자본 증가율에서 인구증가율을 뺀 값으로 구할 수 있다. **식** (14-11)과 (14-12)를 **식** (14-13)에 대입하면 다음 식을 얻는다.

$$\begin{aligned}\frac{\Delta k}{k}&=\frac{\Delta K}{K}-\frac{\Delta L}{L} \qquad (14\text{-}14)\\ &=\frac{1}{K}\{sf(k)L-\delta K\}-n\\ &=\frac{sf(k)}{k}-(\delta+n)\end{aligned}$$

식 (14-14)를 Δk에 관해 정리하면 다음 식을 얻을 수 있다.

$$\Delta k = sf(k) - (\delta + n)k \qquad (14\text{-}15)$$

식 (14-15)를 솔로 성장모형의 기본방정식 fundamental equation of the Solow model 이라고 부른다.

솔로 성장모형의 기본방정식은 1인당 자본량의 증감을 보여주는 식으로 만약 1인당 투자 $sf(k)$가 $(\delta+n)k$보다 크면 1인당 자본량이 증가하고, $sf(k)$가 $(\delta+n)k$ 보다 작으면 1인당 자본량이 감소한다. 이러한 관계식은 다음과 같이 직관적으로 구할 수 있다.

먼저 1인당 자본량은 $k=K/L$로 정의된다. 이때 투자가 전혀 이루어지지 않고 있다면 총자본량 K는 δ의 비율로 감소하고 인구가 n의 비율로 증가하므로 1인당 자본량 k는 매 기간 $(\delta+n)$의 비율로 감소한다. 한편 이 경제에서 매 기간 1인당 투자가 $sf(k)$만큼 이루어지고 있다면 1인당 자본량이 한편으로는 $sf(k)$만큼 증가하고 다른 한편으로는 $(\delta+n)k$만큼 감소한다. 따라서 1인당 자본량의 순증가량은 식 (14-15)와 같이 $sf(k)$와 $(\delta+n)k$의 차이로 나타낼 수 있다. 여기서 $(\delta+n)k$는 1인당 자본량을 일정하게 유지하는 데 필요한 투자 break even investment의 크기라고 해석할 수 있다. 다시 말해 실제 투자가 $(\delta+n)k$보다 크면 1인당 자본량이 증가하고 $(\delta+n)k$보다 작으면 1인당 자본량이 감소하며, 투자가 $(\delta+n)k$와 같으면 1인당 자본량이 변함없이 일정하게 유지된다.

정상상태의 균형과 성장률 14.3

솔로 성장모형의 기본방정식인 식 (14-15)에서 1인당 자본량이 일정하기 위한 조건을 다음과 같이 나타낼 수 있다.

$$\Delta k = 0 \Leftrightarrow sf(k) = (\delta + n)k \qquad (14\text{-}16)$$

이와 같이 1인당 자본량이 일정하게 유지되는 균형을 정상상태의 균형 steady state equilibrium ■ 이라고 부른다.

■ 정상상태를 균제상태라고 부르기도 한다. 용어의 선택은 개인적인 취향이며, 일단 정상상태의 균형이 이루어졌을 때 일정하게 유지된다는 의미를 담고 있기만 하면 크게 상관할 일이 아니라고 생각된다.

그림 14-4 **정상상태**

$\Delta k=0$을 만족하는 1인당 자본량을 k_s라고 하면 정상상태의 균형은 (a)의 E점과 같이 도시할 수 있다. (a)에는 1인당 투자 $sf(k)$와 1인당 자본량을 일정하게 유지하는 데 필요한 투자의 크기를 나타내는 $(\delta+n)k$가 도시되어 있고, (b)에는 각각의 1인당 자본의 변화량이 나타나 있다. (b)에 나타나 있는 1인당 자본의 변화량은 (a)에서 투자 $sf(k)$와 1인당 자본량을 일정하게 유지하는 데 필요한 투자의 크기 $(\delta+n)k$ 간의 차이로 구할 수 있다. 처음 1인당 자본량이 k_1이면 투자는 (a)에서 i_1이고 1인당 자본량을 일정하게 유지하는 데 필요한 자본량은 $(\delta+n)k_1$과 같다. 따라서 1인당 자본의 증가량은 (a)에서 AB의 길이로 구할 수 있으며 이는 (b)에서 $\Delta k_1>0$과 같다. 따라서 1인당 자본량은 증가하며 $\Delta k=0$이 성립하는 k_s에 다다랐을 때 멈춘다. 그리고 다른 변화가 없는 한 점 E에서의 균형은 항구적으로 유지된다. 한편 처음의 1인당 자본량이 k_2이면 반대의 조정이 일어난다. 점 E의 균형은 일단 다다르고 나면 항구적으로 유지되므로 정상상태라고 부른다.

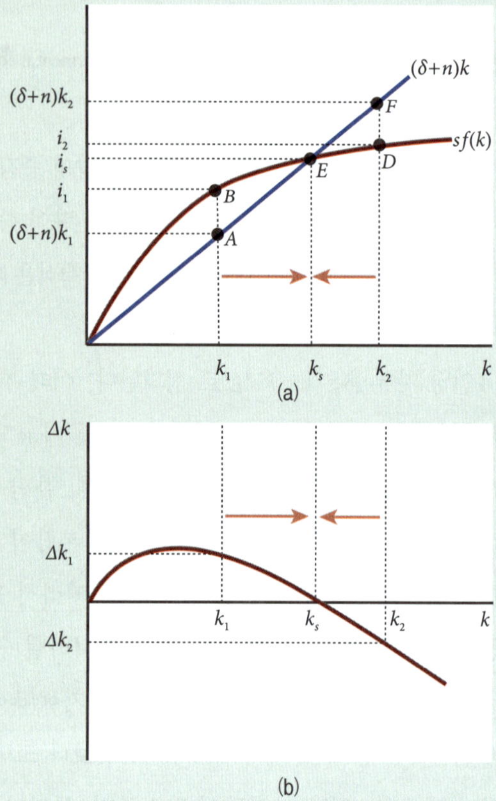

식 (14-16)을 만족시키는 1인당 자본량을 k_s 라고 하면 이를 **그림 14-4**와 같이 도시할 수 있다. (**a**)에는 1인당 투자 $sf(k)$와 1인당 자본량을 일정하게 유지하는 데 필요한 투자의 크기를 나타내는 $(\delta+n)k$가 도시되어 있고, (**b**)에는 각각의 1인당 자본의 변화량이 나타나 있다. 이때 (**b**)에 나타나 있는 1인당 자본의 변화량은 (**a**)에서 투자 $sf(k)$와 1인당 자본량을 일정하게 유지하는 데 필요한 투자의 크기인 $(\delta+n)k$의 차이로 구할 수 있다.

이제 처음 1인당 자본량을 k_1이라고 하자. (**a**)의 1인당 자본량 k_1에서 투자는 i_1, 1인당 자본량을 일정하게 유지하는 데 필요한 투자는 $(\delta+n)k_1$과 같다. 따라서 1인당 자본량의 증가량은 (**a**)에서 AB의 길이로 구할 수 있는데, 이는 (**b**)에서 $\Delta k_1>0$과 같다. 따라서 다음 기에는 현재의 일인당 자본량 k_1에다가 Δk_1만큼 더한 자본량에 놓이게 된다. 이처럼 1인당 자본량은 계속 증가하다가 $\Delta k=0$이 성립하는

k_s—곧 점 E—에 다다랐을 때 멈춘다. 그리고 다른 변화가 없는 한 점 E에서의 균형은 항구적으로 유지된다.

한편 처음의 1인당 자본량이 k_2라고 하자. 이 경우에는 조정이 반대로 일어난다. 1인당 자본량이 k_2이면 1인당 투자는 i_2, 1인당 자본량을 일정하게 유지하는 데 필요한 투자의 크기는 $(\delta+n)k_2$이다. 즉 $sf(k_2)$는 1인당 자본량을 일정하게 유지하는 데 필요한 투자가 **그림 14-4 (a)**의 DF만큼 모자란다. 이를 1인당 자본량과 1인당 자본량 변화량의 평면에 나타내면 $\Delta k_2<0$과 같다. 따라서 1인당 자본량이 감소하는데, 정상상태의 자본량 k_s에 다다르면 i_s가 1인당 자본량을 일정하게 유지하는 데 필요한 투자 $(\delta+n)k_s$와 같기 때문에 더 이상 감소하지 않는다.

이와 같이 경제가 정상상태에 머물고 있을 때에는 다른 변화가 없는 한 항구적으로 그 상태에 머무르고 경제가 정상상태에서 벗어나 있을 때에는 정상상태로 회귀한다. 즉 한 경제가 처음 정상상태보다 적은 1인당 자본에서 출발했든 정상상태보다 큰 1인당 자본에서 출발했든 관계없이 항상 정상상태의 1인당 자본량으로 수렴한다. 따라서 정상상태는 이 경제의 장기균형으로서, 안정적 stable이다.

14.3.1 정상상태의 성장률

정상상태에서 1인당 자본량은 일정하게 유지된다. 따라서 정상상태에서 1인당 자본량과 1인당 산출량의 성장률은 0이다. 그리고 정상상태에서의 총자본량과 총산출량을 다음과 같이 쓸 수 있다.

$$K_s=k_sL,\quad Y_s=f(k_s)L \tag{14-17}$$

여기서 정상상태에서의 1인당 자본량 k_s는 일정하고 인구 L은 n의 비율로 증가하므로 정상상태의 총자본량과 총산출량은 인구증가율 n으로 증가성장한다. 이와 같이 모든 성장하는 변수들이 같은 비율로 성장하는 경로를 균형성장경로 balanced growth path라고 부른다.

14.3.2 전이경로에서의 성장률

경제가 정상상태에서 벗어나 있을 때 정상상태로 수렴하는 경로를 전이경로 transition path라고 부른다. 전이경로에서의 성장률은 정상상태에서의 성장률과 다르

그림 14-5 전이경로에서의 성장률

경제가 정상상태에서 벗어나 있을 때 정상상태로 수렴하는 경로를 전이경로(transition path)라고 한다. 전이경로에서의 성장률은 정상상태에서의 성장률과 다르다. 예를 들어 1인당 자본량이 k_1이면 1인당 자본량의 증가율(성장률)은 (a)에서 $0B$의 기울기와 $0A$의 기울기의 차이와 같다. 이때 $0B$의 기울기는 자본의 평균생산에 달려 있고 $0A$의 기울기는 $\delta+n$이다. 그런데 자본의 평균생산은 1인당 자본량이 증가하면 감소하므로 (b)에서와 같이 1인당 자본량의 증가율은 1인당 자본량이 증가하면 감소한다. 그리고 (a)의 정상상태 E에서는 $sf(k)/k$와 $\delta+n$이 같기 때문에 1인당 자본량의 증가율이 0이다. 만약 1인당 자본량이 k_s를 초과하면 $sf(k)/k$가 $\delta+n$보다 낮기 때문에 1인당 자본량의 증가율이 0보다 작다.

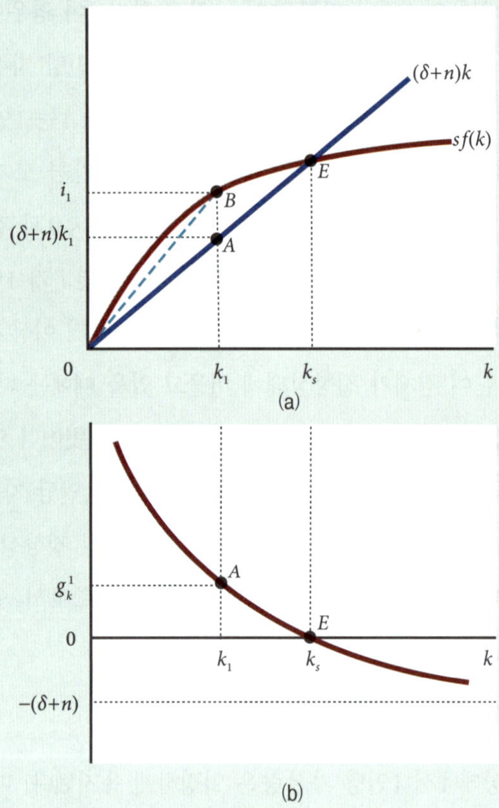

다. 먼저 **그림 14-5 (a)**에서 처음 1인당 자본량이 $k_1<k_s$이라고 가정해 보자. 이 경우 1인당 자본량이 정상상태보다 작기 때문에 $\Delta k_1>0$이 성립한다. 따라서 k_1 수준에서의 1인당 자본량 증가율성장률은 0보다 크다. 곧 $\Delta k_1/k_1>0$이 성립한다. 그리고 **식 (14-15)**를 이용하면 다음과 같이 1인당 자본량 증가율을 얻을 수 있다.

$$g_k=\frac{\Delta k}{k}=s\frac{f(k)}{k}-(\delta+n) \tag{14-18}$$

식 (14-18)의 우변 첫 항의 $f(k)/k$는 자본의 평균생산인데, (생산함수가 원점을 지나고 위로 볼록하므로) 자본이 증가함에 따라 감소한다. 따라서 1인당 자본량의 증가율은 **그림 14-5 (b)**에서 보는 바와 같이 자본이 증가함에 따라 감소하다가 k_s에서 0이 된다. 본 그림으로부터 두 곡선 $sf(k)$와 $(\delta+n)k$ 간의 원점에서의 기울기 차이가 곧 g_k임을 알 수 있다. 한편 1인당 자본량이 k일 때 1인당 산출량은 $y=f(k)$에 따라 결정되므로, 1인당 자본량이 추가적으로 한 단위 증가하면 1인당 산출량은 자본의 한계생산, 즉 $f'(k)=MPK$ 만큼 증가하고 1인당 자본량이 Δk 만큼 증가하면 1인당 산출량은 자본의 한계생산 MPK에 Δk를 곱한 것만큼 증가한다. 즉 다음 식이 성립한다.

$$\Delta y = MPK \cdot \Delta k \tag{14-19}$$

식 (14-19)의 양변을 1인당 산출량으로 나눈 후 정리하면 다음 식을 얻을 수 있다.

$$\begin{aligned} \frac{\Delta y}{y} &= MPK\left(\frac{k}{y}\right)\left(\frac{\Delta k}{k}\right) \\ &= \left(\frac{MPK}{APK}\right)\left(\frac{\Delta k}{k}\right) \\ &= \varepsilon(k)\left(\frac{\Delta k}{k}\right) \end{aligned} \tag{14-20}$$

여기서 $APK=y/k$는 자본의 평균생산, $\varepsilon(k)=MPK/APK$는 자본에 대한 산출량의 탄력도■ output elasticity를 나타낸다. 그런데 자본에 대한 산출량의 탄력도 $\varepsilon(k)$가 k에 관계없이 일정하다면 식 (14-20)에 나타나 있는 전이경로에서 1인당 산출량의

■ 예를 들어 어느 재화 X의 가격탄력성을 미시경제학에서는

$$\varepsilon = \frac{dX}{dp_x}\cdot\frac{p_x}{X} = \frac{dX/dp_x}{X/p_x}$$

로 두는데 이는 곧 미분값/평균값 형태로 해석할 수 있어 $\varepsilon(k)$와 본질적으로 유사하다.

EXAMPLE

예 14-2 콥-더글러스 생산함수와 솔로 성장모형 (심하학습)

콥-더글러스 생산함수의 경우 솔로 성장모형의 기본방정식을 다음과 같이 쓸 수 있다.

$$\Delta k = sAk^{\theta} - (\delta + n)k$$

그리고 정상상태—곧 $\Delta k=0$인 경우—의 1인당 자본량은 다음과 같이 구할 수 있다.

$$k_s = \left(\frac{sA}{\delta + n}\right)^{\frac{1}{1-\theta}}$$

따라서 정상상태의 1인당 자본량은 저축률 s나 생산요소의 생산성 A가 증가하면 증가하고 감가상각률 δ나 인구증가율 n이 증가하면 감소한다. 이때 생산요소의 생산성을 나타내는 A를 총요소생산성total factor productivity, TFP 또는 솔로잔차Solow residual라고 부른다.

한편 정상상태의 1인당 산출량은 k_s를 생산함수 $y=Ak^{\theta}$에 대입해 다음과 같이 구할 수 있다.

$$y_s = A\left(\frac{sA}{\delta+n}\right)^{\frac{\theta}{1-\theta}} = s^{\frac{\theta}{1-\theta}} A^{\frac{1}{1-\theta}} \left(\frac{1}{\delta+n}\right)^{\frac{\theta}{1-\theta}}$$

그리고 정상상태의 1인당 소비와 투자는 다음과 같다.

$$c_s = (1-s)y_s = (1-s)s^{\frac{\theta}{1-\theta}} A^{\frac{1}{1-\theta}} \left(\frac{1}{\delta+n}\right)^{\frac{\theta}{1-\theta}}$$

$$i_s = sy_s = s^{\frac{1}{1-\theta}} A^{\frac{1}{1-\theta}} \left(\frac{1}{\delta+n}\right)^{\frac{\theta}{1-\theta}}$$

따라서 정상상태의 1인당 투자 i_s는 저축률 s와 총요소생산성 A의 증가함수이다. 그러나 1인당 소비 c_s는 총요소생산성 A의 증가함수이지만 항상 저축률 s의 증가함수는 아니라는 점에 주의해야 한다. 이에 관해서는 뒤에서 자세히 배우기로 한다.

만약 경제가 정상상태에서 벗어나 있다면 1인당 자본량 증가율을 다음과 같이 구할 수 있다.

$$\frac{\Delta k}{k} = \frac{sA}{k^{1-\theta}} - (\delta+n),\ 0<\theta<1$$

따라서 1인당 자본량 증가율은 1인당 자본량이 증가하면 (우변 첫째항의 분모가 커지므로) 감소하고 정상상태에서는 0이 된다. 한편 1인당 자본량이 정상상태의 값보다 커지면 1인당 자본량 증가율은 음이 된다.

콥-더글러스 생산함수에서 자본의 평균생산은 다음과 같다.

$$APK = \frac{y}{k} = Ak^{\theta-1}$$

그리고 자본의 한계생산은 $MPK = \theta Ak^{\theta-1}$이므로, 콥-더글러스 생산함수에서 1인당 자본량에 대한 산출량의 탄력성은 다음과 같이 1인당 자본량에 관계없이 일정하다.

$$\varepsilon(k) = \frac{MPK}{APK} = \frac{\theta Ak^{\theta-1}}{Ak^{\theta-1}} = \theta$$

이제 위 식을 **식** (14-20)에 대입하면 1인당 산출량의 증가율을 다음과 같이 얻을 수 있다.

$$\frac{\Delta y}{y} = \theta\left\{\frac{sA}{k^{1-\theta}} - (\delta+n)\right\}$$

즉 콥-더글러스 생산함수에서 1인당 산출량의 증가율은 **그림 14-5** (b)와 같이 우하향하는 모양을 갖는다. 다시 말해 전이경로에서의 성장률은 경제가 정상상태에서 아래로 멀리 떨어져 있을수록 높고 정상상태에 접근할수록 낮다. 이는 경제가 정상상태에서 아래로 멀리 떨어져 있을수록 빠르게 성장하고 정상상태에 가까울수록 느리게 성장함을 의미한다. 한편 전이경로에서 총자본량과 총산출량의 성장률은 각각 1인당 자본량과 1인당 산출량 증가율에 인구증가율을 더한 값과 같다.

증가율성장률은 **그림 14-5 (b)** 에 나타나 있는 1인당 자본량 증가율과 유사한 모양을 갖는다.

식 (14-17) 에서와 마찬가지로 k_1 수준에서 총자본량과 총산출량을 다음과 같이 쓸 수 있다.

$$K_1 = k_1 L, \quad Y_1 = y_1 L \tag{14-21}$$

따라서 전이경로에서 총자본량의 증가율은 인구증가율과 **식** (14-18) 에 나타나 있는 1인당 자본량 증가율의 합으로 나타나고, 총산출량의 증가율은 인구증가율과 **식** (14-20) 에 나타나 있는 1인당 산출량 증가율의 합으로 나타난다.

14.3.3 수렴현상

한 경제의 성장률이 정상상태에서 얼마나 멀리 떨어져 있는냐에 따라 다르게 나타나는 것은 다음과 같은 이론적인 함축성을 갖는다. 먼저 두 나라가 같은 기술을 가지고 있지만 1인당 자본량은 차이가 있는 경우 (지금까지의 결과를 이용하면) 1인당 자본량이 작은 나라의 성장률이 1인당 자본량이 큰 나라의 성장률보다 더 높다. 따라서 1인당 자본량이 작은 나라의 1인당 소득이 1인당 자본량이 큰 나라의 1인당 소득을 따라잡는 현상catching up 이 나타난다. 이러한 현상을 경제성장이론에서는 수렴현상convergence 이라고 부른다.

그러나 수렴현상은 같은 기술을 공유한 나라들 사이에서만 일어닌다. 기술이 다르거나 저축률, 감가상각률 또는 인구증가율이 다르면 정상상태가 서로 다르기 때문에 수렴현상이 일어나지 않는다. 이와 같이 기술 또는 그 밖의 조건이 동일한 경우에 나타나는 수렴현상을 조건부 수렴현상conditional convergence 이라고 부른다. 수렴현상에 관해서는 다음 장에서 다시 자세히 배우게 된다.

저축률 및 감가상각률의 변화와 정상상태의 균형 14.4

우리는 지금까지 솔로 성장모형에서 중요한 역할을 하는 저축률, 감가상각률 및 인구증가율 같은 파라미터모수들이 일정하게 고정돼 있다고 가정했지만, 이 파라

그림 14-6 저축률 증가와 정상상태 이동

처음의 정상상태가 점 A로 나타나 있다. 저축률이 s_1에서 s_2로 증가하면 투자 곡선이 $s_1f(k)$에서 $s_2f(k)$로 이동한다. 그리고 처음 정상상태의 1인당 자본량 k_s^1에서 투자의 크기 $s_2f(k_s^1)$가 1인당 자본량을 일정하게 유지하는 데 필요한 투자 $(\delta+n)k_s^1$보다 AB의 길이만큼 크다. 따라서 1인당 자본량이 증가하고 결국 새로운 정상상태는 점 C에서 달성되며, 그때의 1인당 자본량은 k_s^2와 같다. 즉 저축률의 증가는 1인당 자본량과 1인당 투자 및 1인당 산출량을 증가시킨다.

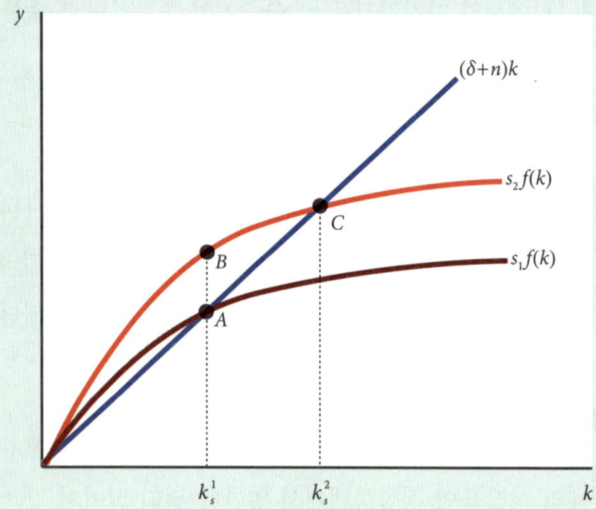

미터들은 장기적으로 종종 변화한다. 즉 저축률은 경제발전 단계에 따라 제도 변화와 함께 변화하고 감가상각률은 생산설비를 유지·보수하는 기술이 발달하면 하락한다. 그리고 인구증가율은 사망률을 결정하는 의료기술의 발달과 출산율 fertility rate을 결정하는 자녀의 양육비에 따라 변화한다. 한편 파라미터 값이 변화하면 정상상태가 이동해 1인당 소득과 소비 및 투자의 시간 경로가 변화한다.

14.4.1 저축률 증가의 효과

그림 14-6에서 처음의 정상상태가 점 A로 나타나 있다. 여기서 저축률이 s_1에서 s_2로 증가하면 투자곡선이 $s_1f(k)$에서 $s_2f(k)$로 이동한다. 그리고 처음 정상상태의 1인당 자본량 k_s^1에서 투자의 크기인 $s_2f(k_s^1)$이 1인당 자본량을 일정하게 유지하는 데 필요한 투자 $(\delta+n)k_s^1$보다 AB만큼 크다. 따라서 1인당 자본량이 증가해 결국 점 C에서 새로운 정상상태가 달성되는데 그때의 1인당 자본량은 k_s^2와 같다. 즉 저축률 증가는 1인당 자본량과 1인당 투자 및 1인당 산출량을 증가시킨다.

저축률 증가의 경우에 다음과 같은 사실에 주의해야 한다.

BOX 14-1 우리나라의 경제성장

우리나라 GDP의 변화

	1953	1960	1970	1980	1990	2000	2010	2018
GDP(억$)	13	120	181	638	2,637	5,164	10,143	17,205
일인당GDP($)	67	79	254	1,645	6,147	11,292	20,759	33,320
일인당 GDP (2010년 $)	447	457	1,127	3,748	9,307	13,956	20,756	28,941

자료: 한국은행, IMF, the World Bank

우리나라 경제의 성장은 1962년 시작된 경제개발 5개년계획을 성공적으로 실천하면서 본격화됐다고 할 수 있다. 해방 이후 평균 *GDP* 성장률은 1954~62년 5.3%, 1963~79년 10.5%, 1981~97년 9.1% 2001~12년 3.9%를 기록했다. 이 시기에 부negative의 성장률을 기록한 해는 두 해였다: 1980년대통령 시해사건의 −1.7%와 1998년외환위기의 −5.5%. 그리고 외환위기 이후부터 1999년11.3%과 2000년8.9%을 제외하고는 그 이전과 비교해 크게 낮아진 성장률을 보이고 있다.

우리나라 경제는 각 단계마다 서로 다른 목표 아래 성장해 왔다.[2] 1953~60년은 전후 복구 및 혼란 수습기였다. 이 기간 동안의 주된 산업은 1차산업으로 농업의 비중이 가장 컸다. 1953년 우리나라의 산업의 47.3%가 농업을 중심으로 한 1차산업, 40%가 서비스산업이었고 광공업을 중심으로 한 2차산업은 12.7%에 불과했다.

1960년대는 공업화기반 조성기로 농업 중심의 경제를 공업화하기 위해 자본축적에 온 힘을 기울이던 시기였다. 이 시기부터 수출주도형 경제발전전략을 강력하게 추진하기 시작했다.

1970년대는 중화학공업 육성기였다. 당시 주력산업이었던 경공업을 중화학공업으로 전환하기 위해 막대한 투자와 함께 정부의 정책적인 지원이 이루어졌다. 달러로 나타낸 1인당 *GDP*의 경우, 오른쪽 표에서 보듯이 1953년 67달러에 불과했던 것이 2015년 2만7,221달러를 기록해 명목가치로 406배, 실질가치로 56배 증가했다.

1980년대는 경제안정기반구축기였다. 이 시기에 매우 중요한 변화들이 일어났다. 첫째, 인플레이션이 10% 아래로 하향 안정화됐고 변동폭이 감소했다. 둘째, 대외의존도가 감소하기 시작했다. 우리나라의 대외의존도는 1960년 16.8%에서 1970년 40% 그리고 1981년에는 83.9%에 이르렀으나 1980년대에 하락하기 시작해 1990년에는 59.3%까지 하락했다. 셋째, 처음으로 의미 있는 경상수지 흑자를 기록했다. 만성적인 경상수지적자를 겪고 있던 우리나라 경제는 1986년 처음 흑자를 기록했고 1987년 *GNP*의 8.2% 1988년 *GNP*의 8.7%에 달하는 흑자를 기록했다. 넷째, 산업구조가 완전히 중화학공업 중심으로 바뀌었다. 다섯째, 1988년 실업률이 2.5%를 기록, 처음 3% 아래로 떨어졌다. 3% 이하의 실업률은 1997년 외환위기 이전까지 지속됐다.

1990년부터 1997년 외환위기 이전까지는 개방화와 자유화의 시기였다. 이 시기에 금융산업의 자유화가 이루어지고 대외거래의 규제가 철폐됐다. 특히 은행 등 금융기관의 대출이자율에 가해진 여러 가지 규제가 완전히 철폐됐고 특정 부문에 대한 대출 규제도 폐지됐다. 그리고 외국인의 국내금융투자도 광범위하게 허용됐다.

1997년 이후 우리나라 경제는 극심한 구조조정을 겪었다. 1997년 12월에 터진 외환위기는 경제로만 보면 한국전쟁 이후 가장 충격이 큰 사건이었다. 1999년 이후 우리나라 경제는 빠르게 회복됐지만, 외환위기를 겪으면서 많은 부실기업과 금융회사들이 정리됐으며 기업의 회생을 위해 많은 노동자들이 해고됐다. 10% 이상을 유지하던 이자율은 10% 아래로 급격히 하락했고 1998년 7%까지 치솟았던 실업률은 점차 하락했으나 이전보다는 높은 수준인 3%대를 유지하고 있다. 2001~12년에 기록한 평균 실질 *GDP* 성장률 4.0%는 과거에 비해 크게 낮은 수준이다. 1997년 외환위기의 경험을 살려 2008년 금융위기를 견뎌 냈으나 이후 성장잠재력 확충에 어려움을 겪으며 사회적·이념적 갈등, 정치적 불안정 등에 시달리며 성장률이 2% 대로 하락하는 양상이 고착화되고 있다.

2 한국은행(2005), 《숫자로 보는 광복 60년》.

그림 14-7 **감가상각률 감소와 정상상태 이동**

감가상각률이 δ_1에서 δ_2로 하락하면 1인당 자본량을 일정하게 유지하는 데 필요한 투자의 크기가 $(\delta_1+n)k$에서 $(\delta_2+n)k$로 감소한다. 따라서 감가상각률이 하락하기 이전의 1인당 자본량 k_s^1에서 투자 $sf(k_s^1)$가 1인당 자본량을 일정하게 유지하는 데 필요한 투자 $(\delta_2+n)k_s^1$보다 AB의 길이만큼 크고 1인당 자본량이 AB의 길이만큼 증가한다. 1인당 자본량이 증가함에 따라 1인당 자본의 증가량은 감소하며 결국 점 C의 새로운 정상상태로 수렴한다.

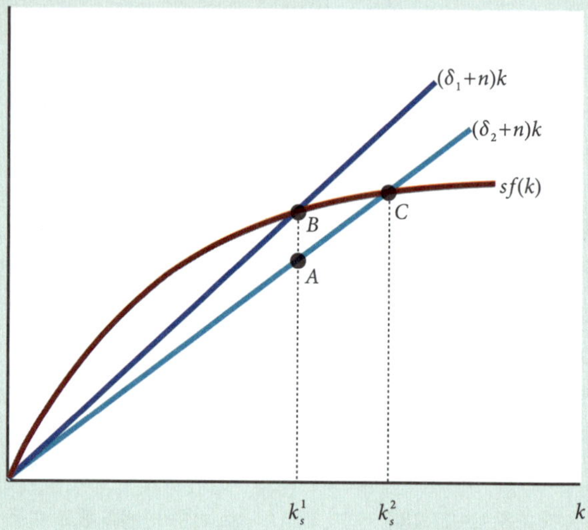

1 솔로 성장모형에서 저축률이 증가하면 처음에는 1인당 소득 성장률이 0보다 크지만 그 효과는 처음의 정상상태에서 (저축률이 증가한 다음의) 새로운 정상상태에 이를 때까지만 나타난다. 즉 새로운 정상상태에 다다르면 1인당 소득의 성장률이 다시 0이 된다. 다시 말해 솔로 성장모형에서 저축률 증가에 따른 성장 효과는 단기적이다. 따라서 높은 저축률은 정상상태의 1인당 자본량과 산출량을 증가시키지만 1인당 소득의 증가율을 영구히 높게 유지하지는 못한다. 이러한 현상에 대해 "수준효과 level effect만 가질 뿐 (성장률을 항구적으로 높게 유지시키는) 성장효과 growth effect는 갖지 못한다"라고 말한다.

2 솔로 성장모형에서 저축률 증가는 정상상태의 소비를 증가시킬 수도 있고 감소시킬 수도 있다. 저축률 변동이 정상상태의 소비에 미치는 효과는 정상상태에서 자본의 한계생산에 따라 결정된다.■

뒤에서 설명하는 황금률을 참조하기 바란다.

3 팽창적인 재정정책은 장기적으로 저축률을 감소시키고 이자율을 상승시켜 투자에 대해 밀어내기 효과를 가지는데 저축률이 감소하면 정상상태에서 1인당 자본량과 소득이 감소한다. 따라서 많은 경제학자들이 지속적인 재정적자에 대하여 비판적인 견해를 가지고 있다.

14.4.2 감가상각률 하락의 효과

현대 경제에서 생산설비를 관리하고 보존하는 기술이 진보함에 따라 감가상각률이 하락하고 있다. 감가상각률이 하락하면 1인당 자본량 증가율이 영향을 받게 되는데, 그때의 효과가 **그림 14-7**에 나타나 있다. **그림 14-7**에서 감가상각률이 δ_1에서 δ_2로 하락하면 1인당 자본량을 일정하게 유지하는 데 필요한 투자의 크기가 $(\delta_1+n)k$에서 $(\delta_2+n)k$로 이동감소한다. 이때 감가상가률 하락 이전의 1인당 자본량 k_s^1에서 투자 $sf(k_s^1)$이 1인당 자본량을 일정하게 유지하는 데 필요한 투자 $(\delta_2+n)k_s^1$보다 AB만큼 크므로, 1인당 자본량이 AB의 길이만큼 증가한다. 1인당 자본량이 증가하면 경제는 결국 점 C의 정상상태로 수렴한다.

인구와 경제성장 14.5

인구 문제는 경제학이 다루는 가장 중요한 문제 가운데 하나다. 사실 인구 문제는 역사적으로 경제학과 늘 함께해 온 문제이다. 아담 스미스A. Smith는 《국부론》에서 국부의 원천이 노동이라고 주장하면서 국부를 측정하는 적절한 변수가 한 경제의 총생산이 아닌 1인당per capital 생산임을 인식하고 있었다. 인구 문제를 처음으로 체계적으로 정리한 학자는 맬서스T.R. Malthus이다.[3] 그러나 슘페터J.A. Schumpeter[4]에 따르면 이미 1589년 이탈리아의 보테로G. Botero에 의해 같은 이론이 전개된 바 있다. 여기서는 솔로 모형에서 인구증가율이 증가할 때의 효과에 관하여 알아본 후 인구증가율이 소득에 따라 내생적으로 결정될 때 나타나는 다중균형multiple equilibria과 빈곤의 덫poverty trap—또는 맬서스의 덫Malthusian trap—에 관해 알아보기로 한다.■

■ 인구에 관한 여러 연구들은 사람들이 자녀 수를 경제·사회적인 여러 가지 요인을 고려해 선택한다는 사실을 무시하고 있다. 즉 자녀 수도 다른 재화와 마찬가지로 부모의 효용을 극대화하는 방식으로 선택된다는 사실을 고려하지 않는다. 자녀 수 결정 문제를 처음 최적화라는 경제학적 분석 틀로 연구한 학자는 베커G.S. Becker이다. 베커는 자녀 수를 (다른 재화와 마찬가지로) 부모의 효용을 결정하는 변수로 효용함수에 도입해 자녀를 양육하고 교육시키는 데 드는 자원으로 자녀의 질quality을 정의하고 자녀 수와 질에 대한 부모의 수요 결정요인에 관해 연구했다. 베커의 연구 이후 경제 성장모형 안에서 인구증가율이 내생적으로 결정되는 연구들이 등장했다.

14.5.1 인구증가율 증가의 효과

인구증가율이 증가하였을 때 정상상태의 이동이 **그림 14-8**에 나타나 있다. 먼

3 Malthus, T.R.(1798), *First Essay on Population, Reprints of Economic Classics*, 1965, Augustus Kelley: New York, NY.

4 Schumpeter, J.A.(1954), *History of Economic Analysis*, Oxford University Press: New York, NY

그림 14-8 **인구증가율의 증가와 정상상태의 이동**

인구증가율이 n_1에서 n_2로 증가하면 1인당 자본량을 일정하게 유지하는 데 필요한 자본이 $(\delta+n_1)k$에서 $(\delta+n_2)k$로 이동한다. 이와 같이 1인당 자본량을 일정하게 유지하는 데 필요한 투자가 증가하면 처음의 정상상태의 자본량 k_s^1에서 1인당 자본량은 AB의 길이만큼 감소한다. 따라서 1인당 자본량은 새로운 정상상태의 수준인 k_s^2를 향하여 감소한다.

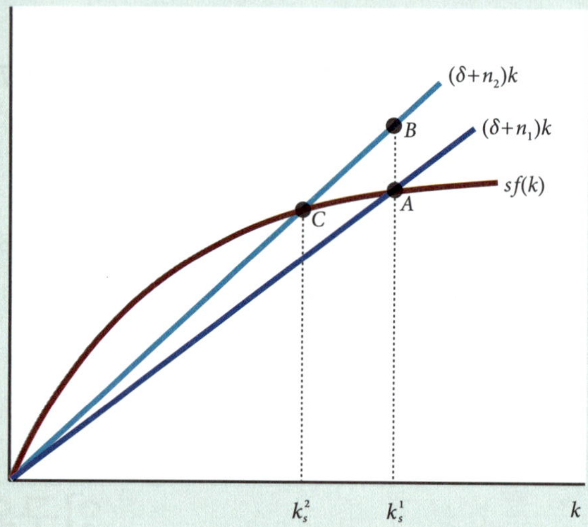

저 **그림 14-8**에서 인구증가율이 n_1에서 n_2로 증가했을 때 1인당 자본량을 일정하게 유지하는 데 필요한 투자곡선이 $(\delta+n_1)k$에서 $(\delta+n_2)k$로 이동한다. 1인당 자본량을 일정하게 유지하는 데 필요한 투자가 증가하면 인구증가율 증가시 1인당 자본량은 처음 정상상태의 자본량 k_s^1에서 AB만큼 감소하며, 새로운 정상상태의 수준인 k_s^2에 도달할 때까지 감소한다.

14.5.2 인구증가율의 내생성과 빈곤의 덫

인구증가율은 처음 낮은 소득수준에서 낮게 유지되다가 소득 증가와 함께 증가하지만 높은 소득수준에 다다르면 다시 감소한다. 이러한 인구증가율의 모양을 처음 가정한 사람은 넬슨R.R. Nelson이다.[5] 이와 같이 인구증가율이 1인당 소득또는 자본량에 영향을 받으면 여러 개의 정상상태가 나타날 수 있는데 한 번 낮은 소득수준의 정상상태에서 균형을 이루면 그 균형에서 벗어나기 어려운 빈곤의 덫poverty trap이라는 문제가 발생한다. 이 경우가 **그림 14-9**에 나타나 있다. 먼저 **(a)**에서 인구증가율이 1인당 자본량의 함수로 나타나 있다. 여기서 1인당 자본량곧 산출량이

5 Nelson, R.R.(1956), "A Theory of Low Level Equilibrium Trap in Underdeveloped Economies," *American Economic Review* v.46, pp. 894-908.

인구증가의 내생성과 다중 정상상태 그림 14-9

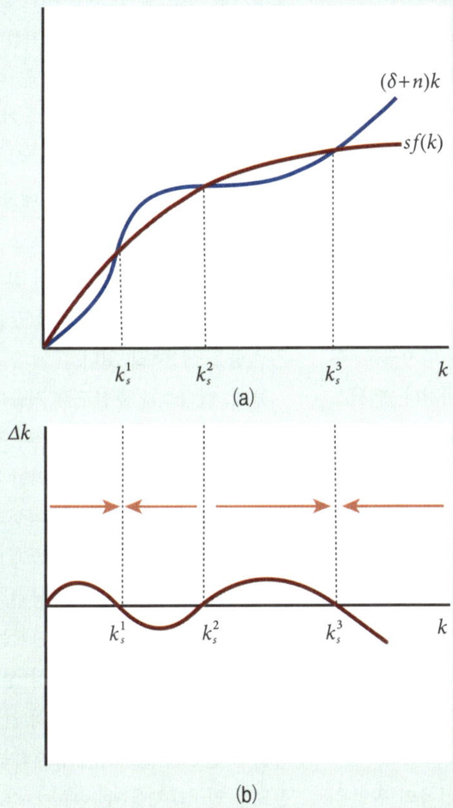

(a)에서 인구증가율이 1인당 자본량의 함수로 나타나 있다. 즉 1인당 자본량(곧 1인당 산출량)이 낮은 수준에서는 1인당 자본량이 증가하면 인구증가율이 증가한다. 그러나 1인당 자본량이 일정 수준 이상으로 증가하면 인구증가율은 감소하여 낮은 수준으로 유지된다. 그리고 1인당 자본량이 더욱 증가하면 인구증가율이 다시 함께 증가한다. 이 경우 정상상태의 균형은 1인당 자본량이 각각 k_s^1, k_s^2 및 k_s^3일 때 달성된다. 1인당 자본량의 변화량 Δk는 (b)와 같이 구할 수 있다. 즉 Δk는 1인당 자본량이 k_s^1보다 작을 때는 양이고 k_s^1과 k_s^2 사이에 있을 때는 음이다. Δk는 다시 1인당 자본량이 k_s^2와 k_s^3 사이에 있을 때는 양이고 k_s^3보다 큰 경우에는 음이 된다. 따라서 (b)에서 보는 바와 같이 k_s^1과 k_s^3에서의 정상상태는 안정적이고 k_s^2에서의 정상상태는 불안정적이다. 처음 정상상태의 균형이 k_s^1에서 이루어지고 있다면 그와 같은 균형에서 벗어나기 어렵기 때문에 빈곤의 덫이라고 부른다.

낮은 수준에서는 1인당 자본량의 증가와 함께 인구증가율이 증가하지만 1인당 자본량이 일정 수준 이상으로 증가하면 인구증가율이 감소하여 낮은 수준으로 유지된다. 그리고 1인당 자본량이 더욱 증가하면 인구증가율이 다시 함께 증가한다. 이처럼 인구증가율이 주어진 것이 아니라 1인당 자본량에 의존하므로 내생적이라 부른다. 이 경우의 정상상태 균형은 1인당 자본량이 각각 k_s^1, k_s^2 및 k_s^3일 때 달성된다.

1인당 자본의 변화량 Δk는 (b)와 같이 구할 수 있다. 즉 Δk는 1인당 자본량이 k_s^1보다 작을 때는 양이고 k_s^1과 k_s^2 사이에 있을 때는 음이다. 그리고 k_s^2와 k_s^3 사이에 있을 때는 양이고 k_s^3보다 크면 음이 된다. 따라서 (b)에서 보는 바와 같이 k_s^1과 k_s^3에서의 정상상태는 안정적stable이고 k_s^2에서의 정상상태는 불안정적unstable이다. 그런데 처음 정상상태의 균형이 k_s^1에서 이루어지고 있다면 그 균형에서 벗어나

BOX 14-2 맬서스의 인구론

최초로 인구에 관한 이론을 체계적으로 정립한 맬서스T.R. Malthus 이론의 핵심은 인구 증가가 물질적인 제약특히 식량생산에 달려 있다는 것이다. 맬서스는 인간의 생물학적 재생산 능력이 물질생산 능력을 항상 초월한다고 가정해 인구 재생산에 제약이 가해지지 않으면 인구는 기하급수적으로geometrically 증가하지만 식량 생산은 산술급수적arithmetically으로 증가해 파국을 맞게 된다고 예견했다.

인간이 생존하려면 최소한의 소비가 필요하기 때문에 궁극적으로 인구 증가는 식량 생산에 의해 제약된다. 1인당 소비는 흔히 맬서스의 덫Malthusian trap이라고 불리는 비참할 정도로 낮은 수준—곧 생존수준subsistence level—으로 하락한다. 맬서스에 따르면 부정적인 견제negative checks와 긍정적인 견제positive checks에 의해 이 덫에서 탈출할 수 있다. 부정적인 견제란 굶주림에 대한 공포로 혼인을 미루는 것과 같은 도덕적 절제를 통해 출산율을 낮추는 것이고, 긍정적인 견제는 전쟁이나 질병 같은 비참한 사건들을 통해 사망률을 높이는 것이다.

맬서스의 인구론은 고전학파 학자들이 임금의 철칙iron law of wages이라 부른 임금의 생존비설subsistence theory of wages에 바탕을 두고 있다. 즉 장기에 맬서스의 인구균형곧 정상상태은 생존비 수준의 실질임금에서 결정되고, 그때의 인구증가율은 산술급수적으로 증가하는 식량 증가율에 의해 결정된다.

맬서스 이론은 당시에는 인구와 인류의 생활수준을 설명하는 좋은 이론이었기 때문에 동시대의 학자들과 후학들에게 많은 영향을 미쳤다. 맬서스는 인류 역사에 대해 인간이 가난에서 영원히 벗어날 수 없다고 예견했다.

그러나 맬서스의 예견은 이후에 전개된 역사에서 들어맞지 않았다. 즉 지난 두 세기 동안 인구는 약 여섯 배 증가했으나 평균적인 생활수준은 맬서스 시대와 비교할 때 크게 향상됐다. 그리고 경제 발전으로 만성적인 기아나 영양실조의 빈도도 훨씬 낮아졌다. 때때로 기근이 발생하지만 비극의 원인은 식량 부족보다는 대부분 소득 분배의 불균형과 정치적 불안정이다.

맬서스의 예견이 빗나간 것은 다음의 두 가지를 간과했기 때문이다.

첫째, 맬서스는 인간의 창의력을 과소평가한 것으로 보인다. 지난 2세기 동안 농업기술 발전으로 (증가한 인구를 부양하고도 남을 만큼) 식량 생산이 증가했다. 농약과 비료 및 영농의 기계화 같은 기술진보로 농부 한 사람이 부양할 수 있는 인구가 맬서스의 예상보다 훨씬 늘어났다. 예를 들어 미국은 전체 인구의 2%에 불과한 농부들이 전체 인구를 부양하면서 수출까지 할 만큼 많은 식량을 생산하고 있다.

둘째, 맬서스는 출산조절 기술의 진보를 과소평가한 것으로 보인다. 맬서스의 용어를 빌리자면 부정적인 견제에서 큰 기술발전이 있었다. 여성과 남성 사이의 열정은 맬서스 시대와 다를 바 없으나 (맬서스가 가정한) 남녀 간의 열정과 인구증가율 사이의 관계는 산아제한의 기술 진보로 더 이상 성립하지 않게 되었다. 많은 선진국의 인구증가율이 인구를 일정하게 유지하는 데 필요한 인구대체율replacement rate보다 낮고 우리나라도 멀지 않은 장래에 인구가 감소할 것으로 예측되고 있다.

기 어렵다. 다시 말해 처음 1인당 자본량이 k_s^1과 k_s^2 사이에 있다면 항상 낮은 1인당 자본량의 정상상태인 k_s^1로 복귀한다. 따라서 처음 균형이 k_s^1에서 이루어지고 있을 때 그로부터 벗어나 높은 1인당 자본량 수준의 정상상태인 k_s^3로 이동하려면 1인당 자본량이 k_s^2를 초과할 수 있도록 많은 투자가 필요하다. 이러한 투자를 큰 충격big push이라고 부른다. 일단 1인당 자본량이 k_s^2를 초과하면 높은 수준의 정상상태인 k_s^3으로 이동한다.

위에서 살펴보았듯이 인구증가율이 1인당 자본량에 따라 내생적으로 결정되면

1인당 자본량이 낮은 정상상태의 균형으로부터 벗어나기 어려운 경우가 나타나는데, 이를 빈곤의 덫poverty trap이라고 부른다. 빈곤의 덫에서 벗어나기 위해서는 큰 충격이 필요하다. 빈곤의 덫과 큰 충격 이론은 오늘날 많은 후진국들이 왜 낮은 1인당 소득 수준에서 벗어나지 못하고 있는지를 설명하는 데 이용되고 있다.

자본축적의 황금률 14.6

저축률의 증가는 1인당 자본량이 일정하게 주어져 있다면 소비를 감소시키지만 정상상태의 1인당 자본량과 소득을 증가시키기 때문에 소비를 증가시키기도 한다. 즉 저축률 증가는 소비에 상반되는 두 가지 효과를 일으킨다. 예를 들어 저축률이 0이면 1인당 자본량 또한 0이기 때문에 소득과 소비도 0이 된다. 그리고 저축률이 100%이면 (소득을 모두 저축하기 때문에) 1인당 소득과 자본량은 크지만 소비는 0이 된다. 그런데 만약 처음 저축률이 0일 때 저축률을 1%로 증가시키면 자본 축적이 일어나고 산출량이 양이 된다. 이때 산출량의 99%는 소비된다. 따라서 저축률이 0인 경우에는 저축률 증가가 소비를 증가시킨다.

한편 저축률이 100%일 때 저축률을 99%로 감소시키면 1인당 자본량과 산출량은 감소하지만 소비는 산출량의 1%까지 증가한다. 즉 저축률이 매우 낮을 때는 저축률 증가가 소비를 증가시키고 저축률이 매우 높을 때는 저축률 감소가 소비를 증가시킨다. 따라서 소비를 극대화하는 저축률이 0%와 100% 사이에 존재함을 짐작할 수 있다. 그런데 경제적인 후생수준을 결정하는 것은 1인당 자본량이나 소득이 아니라 1인당 소비이다. 따라서 저축률이 높은 것이 무조건 좋은 것은 아니다저축률이 높을 때 오히려 소비가 적을 수도 있다. 여기서는 정상상태에서 소비를 극대화하는 1인당 자본량과 그 자본량을 달성하는 데 필요한 저축률에 관해 알아보기로 한다.

14.6.1 정상상태의 소비와 황금률

정상상태는 투자 $sf(k)$와 1인당 자본량을 일정하게 유지하는 데 필요한 투자 $(\delta+n)k$가 일치할 때 달성된다. 즉 **그림 14-10**에서 저축률이 s_1이면 정상상태는 점

그림 14-10 **정상상태의 소비**

정상상태는 투자 $sf(k)$와 1인당 자본량을 일정하게 유지하는 데 필요한 투자 $(\delta+n)k$가 일치할 때 달성된다. 그림에서 볼 수 있듯이 저축률이 s_1이면 정상상태는 점 A에서 달성되고 그때의 소비는 AB와 같다. 그리고 저축률이 각각 s_2, s_3이라면 정상상태는 각각 점 C와 점 E에서 이루어지고 그때의 소비는 각각 CD와 EF이다. 이때 주목할 것은 정상상태에서의 1인당 소비는 저축률에 따라 다르게 나타나지만 생산함수 $f(k)$와 1인당 자본량을 일정하게 유지하는 데 필요한 투자 $(\delta+n)k$의 차이로 항상 구할 수 있다는 사실이다.

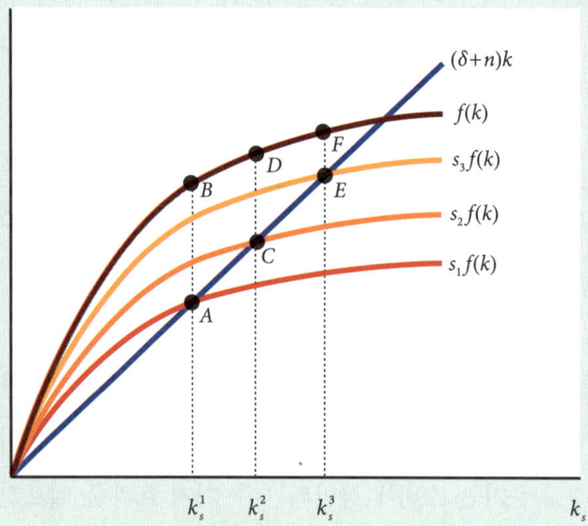

A에서 달성되고 그때의 소비는 AB와 같다. 그리고 저축률이 s_2, s_3이라고 하면 정상상태는 점 C, 점 E에서 이루어지고 그때의 소비는 각각 CD, EF와 같다. 여기서 주목할 것은 정상상태에서 1인당 소비는 저축률에 따라 다르게 나타나지만 생산함수 $f(k)$와 1인당 자본량을 일정하게 유지하는 데 필요한 투자 $(\delta+n)k$의 차이로 구할 수 있다는 사실이다. 즉 저축률이 s일 때 정상상태의 자본량이 k_s, 소비가 c_s라면 다음 식이 성립한다.

$$c_s=(1-s)f(k_s) \qquad (14\text{-}22)$$

그런데 정상상태에서는 $sf(k_s)=(\delta+n)k_s$가 성립하므로 **식** (14-22)를 다음과 같이 고쳐 쓸 수 있다.

$$c_s=f(k_s)-(\delta+n)k_s \qquad (14\text{-}23)$$

즉 **그림 14-10**에서 보는 바와 같이 정상상태의 1인당 소비는 항상 1인당 산출량과 1인당 자본량을 일정하게 유지하는 데 필요한 투자의 차이로 구할 수 있다.

그렇다면 **식** (14-23)으로 나타나는 정상상태의 소비를 극대화하는 1인당 자본량은 얼마일까? 정상상태의 소비를 극대화하는 1인당 자본량을 황금률 수준의 자

황금률 수준의 소비와 투자 그림 14-11

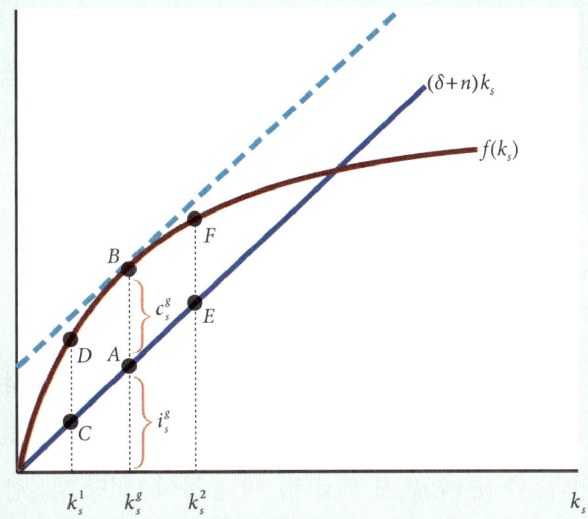

정상상태의 1인당 소비는 1인당 산출량 $f(k_s)$와 1인당 자본량을 일정하게 유지하는 데 필요한 투자 $(\delta+n)k_s$의 차이와 같다. 이때 소비가 극대화되는 1인당 자본량은 원점을 지나는 직선 $(\delta+n)k_s$를 1인당 생산함수 $f(k_s)$에 접할 때까지 위로 평행 이동함으로써 구할 수 있다. 즉 $(\delta+n)k_s$를 위로 평행 이동하여 1인당 생산함수와 접하는 점 B를 얻을 수 있고 그때의 자본량 k_s^g가 정상상태의 소비를 극대화하는 황금률 수준의 자본량이다.

본량 golden rule level of capital이라고 부른다. 이는 황금률 수준의 1인당 자본량을 k_s^g로 나타내기로 하면 다음과 같이 구할 수 있다.

먼저 **식** (14-23)에서 보는 바와 같이 정상상태의 자본량이 증가하면 한편으로는 1인당 산출량 $f(k_s)$가 증가하고 다른 한편으로는 1인당 자본량을 일정하게 유지하는 데 필요한 투자 $(\delta+n)k_s$가 증가한다. 그렇다면 정상상태의 자본이 추가적으로 한 단위 증가했을 때 소비는 얼마나 증가할까? 정상상태의 자본이 추가적으로 한 단위 증가하면 산출량은 자본의 한계생산만큼 증가하고 1인당 산출량을 일정하게 유지하는 데 필요한 자본량은 $(\delta+n)$만큼 증가한다. 따라서 정상상태의 소비 증가량을 다음과 같이 얻을 수 있다.

$$\Delta c_s = MPK - (\delta + n) \quad (14\text{-}24)$$

■ 여기서 $MPK=f'(k_s)$로서 k_s에서의 함수 f의 기울기가 된다(그림 14-11 참조).

즉 $MPK > \delta+n$이 성립하면 자본 증가와 함께 소비가 증가하고 $MPK < \delta+n$인 경우에는 자본 증가와 함께 소비가 감소한다.

식 (14-24)로부터 우리는 1인당 자본량이 작으면 자본량을 증가시키고 1인당 자본량이 크면 자본량을 감소시켜 $\Delta c_s = 0$이 성립하도록 함으로써 정상상태의 소비를 극대화할 수 있다. 즉 정상상태의 소비를 극대화하는 조건은 다음과 같다.

$$MPK = \delta + n \qquad (14\text{-}25)$$

그런데 MPK는 1인당 생산함수 $f(k_s)$의 기울기즉 $f'(k_s)$이므로 **식** (14-25)는 1인당 생산함수의 기울기가 1인당 자본량을 일정하게 유지하는 데 필요한 투자 $(\delta+n)k_s$의 기울기와 같을 때 정상상태의 소비가 극대화됨을 의미한다.

식 (14-25)로 나타나는 황금률의 조건을 **그림 14-11**을 이용해 다시 설명해 볼 수 있다. 먼저 **그림 14-11**에서 정상상태의 1인당 소비는 1인당 산출량 $f(k_s)$와 1인당 자본량을 일정하게 유지하는 데 필요한 투자 $(\delta+n)k_s$의 차이와 같다. 그렇다면 소비가 극대화되는 1인당 자본량은 어떻게 구할 수 있을까? 이는 **그림 14-11**에서 원점을 지나는 직선 $(\delta+n)k_s$를 1인당 생산함수 $f(k_s)$에 접할 때까지 위로 평행이동함으로써 구할 수 있다. 즉 $(\delta+n)k_s$를 위로 평행이동하여 1인당 생산함수와 접하는 점 B를 얻을 수 있다. 그때의 자본량 k_s^g가 정상상태의 소비를 극대화하는 황금률 수준의 자본량이다.

여기서 자본량이 황금률 수준에서 벗어났을 때의 소비는 황금률 수준에서의 소비 c_s^g보다 작다. 예를 들어 1인당 자본량이 k_s^1과 같으면 소비는 CD와 같고 1인당 자본량이 k_s^2와 같으면 소비는 EF와 같다. 그런데 점 D와 점 F는 원점을 지나는 직선 $(\delta+n)k_s$와 평행인 점선의 아래에 있으므로 CD와 EF 모두 AB—곧 c_s^g—보다 작다. 즉 1인당 자본량이 k_s^g보다 작거나 크면 소비가 감소한다. 그리고 k_s^g는 1인당 생산함수가 $(\delta+n)k_s$와 평행인 직선과 접할 때의 자본량이기 때문에 생산함수의 기울기 MPK와 $(\delta+n)$이 일치하는 **식** (14-25)를 만족시킨다.

지금까지 우리가 구한 황금률 수준의 자본량은 솔로 성장모형에서 자동적으로 달성되는 것이 아니다. 솔로의 성장모형에서 황금률 수준의 자본량을 달성하게 해주는 저축률을 s^g라고 하면 s^g와 실제 저축률이 같은 경우는 대단한 우연의 일치에 불과해 거의 볼 수 없고 대부분의 경우에 두 저축률이 서로 다르게 나타난다.

그림 14-11에서 황금률 수준의 저축률인 s^g를 다음과 같이 황금률 수준의 자본량을 이용해 구할 수 있다.■

$$s^g = \frac{(\delta+n)k_s^g}{f(k_s^g)} = \frac{f'(k_s^g)k_s^g}{f(k_s^g)} \qquad (14\text{-}26)$$

식 (14-26)은 황금율 소비 또한 정상상태의 일부이므로 $s \cdot f(k) = (\delta+n)k$를 만족해야 하므로

$$s = \frac{(\delta+n)k}{f(k)}$$

를 얻는다. 그 다음 황금율 소비 조건인 $(\delta+n)k = f'(k)$를 대입하면

$$s = \frac{(\delta+n)k}{f(k)} = \frac{f'(k)\cdot k}{f(k)}$$

를 얻는다.

EXAMPLE

예 14-3 콥-더글러스 생산함수에서 황금률 수준의 자본량

1인당 생산함수가 **예 14-1**에서와 같이 주어져 있다면 황금률 수준의 1인당 자본량을 다음 식으로부터 얻을 수 있다.

$$MPK=\theta Ak^{\theta-1}=\delta+n \Leftrightarrow k_s^g=\left(\frac{\theta A}{\delta+n}\right)^{\frac{1}{1-\theta}}$$

따라서 황금률 수준의 자본량은 감가상각률 δ나 인구증가율 n이 증가하면 감소하고 총요소 생산성 A가 증가하면 함께 증가한다.

한편 황금률 수준의 1인당 자본량을 보장해주는 저축률은 **식 (14-26)**으로부터 다음과 같이 구할 수 있다.

$$s^g=\frac{(\delta+n)k_s^g}{f(k_s^g)}=\frac{(\delta+n)k_s^g}{A(k_s^g)^\theta}=\left(\frac{\delta+n}{A}\right)(k_s^g)^{1-\theta}$$

그리고 위에서 구한 황금률 수준의 자본량을 대입·이용하면 다음 식을 얻을 수 있다.

$$s^g=\theta$$

따라서 콥-더글러스 생산함수에서 황금률 수준의 자본량은 저축률이 θ—곧 생산에서 차지하는 자본소득의 비율capital share—와 같을 때 달성된다. 다시 말해 노동소득만큼 소비하고 자본소득만큼 저축할 때 황금률 수준의 자본 축적이 달성된다. 이때 θ를 자본계수라고 부르기도 한다. 이러한 결과는 **식 (14-26)**에서 보는 바와 같이 일반적으로 성립한다.

즉 황금률 수준의 저축률은 자본소득분배율capital share과 같다. 여기서 실제 저축률이 s^g보다 크면 정상상태의 자본량이 지나치게 크고 실제 저축률이 s^g보다 작으면 정상상태의 자본량이 지나치게 작다고 말할 수 있다. 그리고 이 두 경우 모두 정상상태의 소비가 황금률 수준보다 작다.

14.6.2 자본의 과다 축적과 동태적 비효율성(심화학습)

황금률 수준의 저축률과 실제 저축률이 다른 경우에는 자본이 과다 축적되거나 과소 축적된다.

먼저 자본의 과다 축적이 이루어지고 있는 경우가 **그림 14-12**에 나타나 있다. (a)에서 실제 저축률은 s^1로 황금률 수준의 저축률 s^g보다 높다. 따라서 1인당 자본량 k_s^1이 황금률 수준의 1인당 자본량 k_s^g보다 크다.

그림 14-12 **자본의 과다 축적과 동태적 비효율성**

(a)에서 실제 저축률이 s^1로 황금률 수준의 저축률 s^g보다 높다. 따라서 실제 1인당 자본량 k_s^1이 황금률 수준의 1인당 자본량 k_s^g보다 크다. 이 경우에는 저축률을 낮추어 자본량을 감소시킴으로써 정상상태의 1인당 소비를 증가시킬 수 있다. 저축률을 황금률 수준으로 감소시키면 (a)에서 $s^1f(k_s)$가 $s^gf(k_s)$로 이동한다. 따라서 정상상태의 자본량은 k_s^1에서 k_s^g로 감소한다. 즉 저축률이 지나치게 높아 정상상태의 자본량이 황금률 수준보다 높을 때 저축률을 황금률 수준으로 감소시키면 (a)에서 보는 바와 같이 처음 정상상태의 자본량 k_s^1에서 소비가 AB만큼 즉시 증가하고 투자는 같은 크기만큼 즉시 감소한다. 이때 투자는 1인당 자본량을 일정하게 유지하는 데 필요한 투자보다 작기 때문에 자본량이 감소한다. 저축률이 황금률 수준으로 감소하였을 때 소비와 투자 및 자본 변화량의 시간 경로가 (b)에 나타나 있다. 시점 t_0에서 저축률이 황금률 수준으로 감소하면 소비는 즉각적으로 황금률에서보다 높은 수준으로 증가하고 투자는 같은 크기만큼 감소한다. 따라서 자본 증가량 Δk는 음이 된다. 그리고 (a)에서 1인당 자본이 감소하면 산출량과 소비 및 투자가 (b)에서 보는 바와 같이 황금률 수준으로 수렴한다.

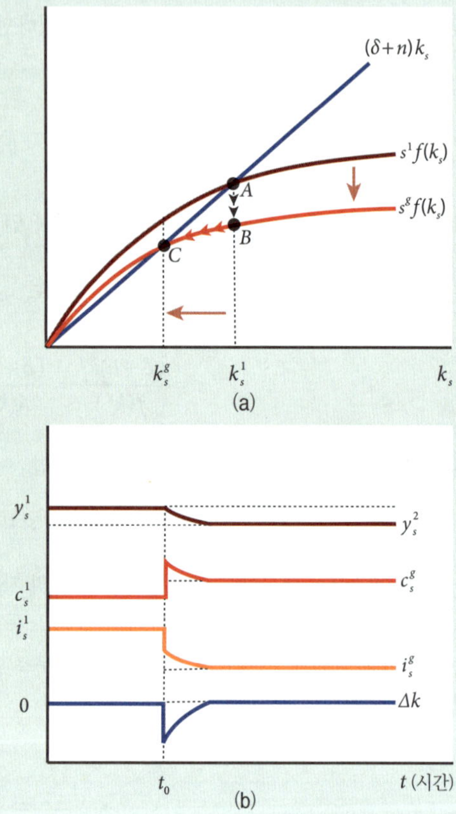

이 경우에는 저축률을 낮추어 자본량을 감소시킴으로써 정상상태의 1인당 소비를 증가시킬 수 있다. 먼저 저축률을 황금률 수준으로 감소시키면 (a)에서 $s^1f(k_s)$가 $s^gf(k_s)$로 이동하고 정상상태의 자본량이 k_s^1에서 k_s^g로 감소한다. 즉 저축률이 지나치게 높아 정상상태의 자본량이 황금률 수준보다 높을 때 저축률을 황금률 수준으로 감소시키면 처음 정상상태의 자본량인 (a)의 k_s^1에서 소비가 AB만큼 증가하고 투자는 같은 크기만큼 감소한다. 이때 투자가 1인당 자본량을 일정하게 유지하는 데 필요한 투자보다 작기 때문에 자본량이 감소한다.

저축률이 황금률 수준으로 감소할 때 소비와 투자 및 자본 변화량의 시간 경로 time path가 (b)에 나타나 있다. 즉 시점 t_0에서 저축률이 황금률 수준으로 감소하면 소비는 즉각적으로 황금률 수준보다 높은 수준으로 증가하고 투자는 같은 크기만큼 감소한다. 따라서 1인당 자본 증가량 Δk 는 음이 된다. 한편 (a)에서 1인당 자본량이 감소하면 산출량과 소비 및 투자가 (b)에서 보는 바와 같이 황금률 수준으로 감소한다. 그리고 (a)에서 자본량이 황금률 수준으로 감소하면 투자 $s^g f(k_s)$ 와 1인당 자본량을 일정하게 유지하는 데 필요한 투자 $(\delta+n)k_s$ 의 차이가 감소하므로 Δk 는 (b)에서 보는 바와 같이 시간이 경과함에 따라 0으로 수렴한다.

이 경우곧 자본의 과다 축적이 일어나고 있는 경우에 다음과 같은 점에 주목해야 한다. 먼저 자본의 과다 축적을 해소하기 위해 저축률을 낮출 때 소비의 시간 경로에 주목할 필요가 있다. 즉 **그림 14-12** (a)에서 저축률을 s^1 에서 s^g 로 감소시키면 처음의 자본량 k_s^1 에서 소비가 AB 만큼 증가하고 BC 의 경로를 따라 황금률 수준의 정상상태인 점 C 로 수렴한다. 이때 k_s^g 에서의 소비는 k_s^1 에서의 소비보다 크다. 그리고 (b)에서 보는 바와 같이 소비는 저축률이 감소한 시점 t_0 에서 황금률 수준보다 높은 수준으로 증가하고 시간이 경과하면서 황금률 수준으로 수렴한다.

다시 말해 정상상태의 자본량이 황금률 수준보다 큰 경우에 소비는 황금률 수준으로 향해 가는 전이경로transition path에서도 처음 정상상태일 때보다 크고 황금률 수준에 다다른 후에도 처음 정상상태일 때보다 크다. 따라서 **그림 14-12** (a)에서 점 A 로 나타나는 정상상태의 균형에서는 아무런 비용도 들이지 않고 소비를 증가시킬 수 있다곧 저축률을 낮추어 점 A 의 정상상태를 황금률 수준인 점 B 로 이동할 때 비용은 없고 소비 증가라는 편익만 존재한다. 그러나 솔로 성장모형에서는 점 A 와 같이 자본의 과다 축적이 일어나도 점 C 의 황금률 수준으로 돌아가도록 조정하는 기제mechanism가 존재하지 않는다. 따라서 솔로 성장모형에서는 최적적이지 못한 정상상태 균형suboptimal steady state equilibrium을 배제할 수 없다.

이와 같이 자본의 과다 축적으로 나타나는 최적적이지 못한 정상상태의 균형에 대해 "동태적 비효율성dynamic inefficiency이 존재한다"고 말한다. 솔로 성장모형에서 동태적 비효율성의 문제가 존재하는 것은 모형이 생산기술과 생산요소곧 공급 측면만 고려하고 있기 때문이다. 다시 말해 투자와 자본을 기술적인 고려에 의해 선택할 뿐 효용의 흐름을 극대화하는 방식으로 선택하는 최적화 주체optimizer가 존재하지 않기 때문에 최적적이지 못한 균형이 나타난다. 만약 소비로부터 얻는 효용흐름을 극대화하는 경제주체가 존재한다면 자본의 과다 축적은 일어나지 않고 동태적 비효율성의 문제 또한 나타나지 않는다. 즉 효용을 극대화하는 경제주체가 존재하는 경우 자본을 과다 축적하면 효용극대화를 이룰 수 없으므로 그러한 선택을

그림 14-13 **자본의 과소축적과 황금률의 달성**

(a)에서 처음의 정상상태가 황금률 수준보다 낮은 점 A에서 이루어지고 있을 때 저축률을 s^1에서 s^g로 증가시키면 처음의 1인당 자본량 k_s^1에서 투자는 AB만큼 즉시 증가하고 소비는 같은 크기만큼 즉시 감소한다. 이와 같은 투자의 증가와 소비의 감소가 t_0의 시점에서 일어난다면 (b)에서 투자와 소비가 위아래로 뛰는 것으로 나타난다. (a)에서 저축률이 증가한 후 경제가 점 B로 이동한 뒤에는 투자 곡선을 따라 황금률로 접근해 간다. 따라서 1인당 자본량이 증가하고 1인당 산출량, 소비 및 투자가 황금률 수준으로 증가한다. 이때 1인당 자본 증가량 Δk는 t_0의 시점에서 AB만큼 위로 뛴 다음 다시 0으로 수렴한다.

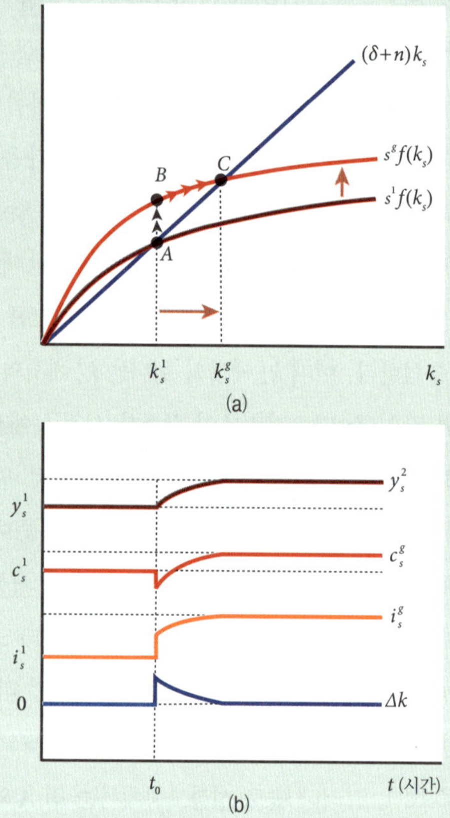

하지 않고 그에 따라 동태적 비효율성 문제 또한 나타나지 않게 되는 것이다.

이러한 이유 때문에 등장한 것이 최적성장이론 optimal growth theory 이다. 최적성장이론의 가장 큰 학문적 업적 가운데 하나는 바로 최적화의 주체를 모형에 도입함으로써 동태적 비효율성을 제거한 것이라고 할 수 있다.

14.6.3 자본의 과소 축적과 황금률 수준으로의 조정

자본의 과소 축적이 일어났을 때 황금률 수준으로의 조정이 **그림 14-13**에 나타나 있다. 먼저 **(a)**에서 처음의 정상상태가 황금률 수준보다 낮은 점 A에서 이루어지고 있다고 할 때 저축률을 s^1에서 s^g로 증가시키면 처음의 1인당 자본량 k_s^1에서 투자가 AB만큼 증가하고 소비가 같은 크기만큼 감소한다. 이때 투자 증가와 소비 감소가 t_0의 시점에서 일어나면 (b)에서 투자와 소비가 각각 위아래로 뛰는 것으로 나타난다.

(a)에서 저축률이 증가하면 경제가 점 B로 이동한 후 투자곡선을 따라 황금률 수준으로 접근해 가므로 1인당 자본량이 증가해 1인당 산출량, 소비 및 투자도 황금률 수준으로 증가한다. 이때 1인당 자본 증가량 Δk는 t_0의 시점에서 AB만큼 위로 뛴 후 다시 0으로 수렴한다.

그런데 저축률이 황금률 수준보다 낮으면 처음의 정상상태 균형을 황금률 수준으로 이동시키는 데 비용이 든다. 즉 처음 균형을 황금률 수준으로 이동시키기 위해서 저축률을 증가시켜야 하므로 그만큼 소비를 희생해야 한다. (b)에서 보는 바와 같이 t_0 시점에서 저축률을 증가시키면 소비가 처음의 정상상태보다 하락한 다음 1인당 자본이 증가함에 따라 처음의 정상상태보다 높은 황금률 수준의 소비 c_s^g로 수렴한다. 여기서 황금률 수준으로 이동할 때 초기에 소비감소라는 비용이 나타나므로 황금률 수준으로 이동하는 것이 반드시 후생을 증가시킨다고 말하기 어렵다. 따라서 저축률이 황금률 수준보다 낮을 때에는 동태적 비효율성이 존재한다고 말하지 않는다.

14.6.4 황금률과 거시경제 정책

실제 정상상태의 균형과 황금률 수준의 정상상태가 서로 달라도 솔로 성장모형에서는 경제가 황금률 수준으로 자동으로 조정돼 가는 기제mechanism가 존재하지 않는다. 따라서 정상상태의 균형이 황금률 수준에서 벗어나 있으면 정부가 개입해 저축률을 황금률 수준으로 조정하는 것이 소비자들의 후생을 증가시키는 방법일 수 있다.

먼저 정상상태의 저축률이 황금률 수준보다 높은 경우에는 저축률을 낮춰야 황금률 수준에 다다른 후뿐만 아니라 황금률 수준으로의 전이경로에서도 소비가 증가하므로, 정부가 개입해 정상상태를 황금률 수준으로 이동시키면 소비자의 후생이 증가한다. 그러나 정상상태의 저축률이 황금률 수준보다 낮은 경우에는 주의할 필요가 있다. 정상상태의 저축률이 황금률 수준보다 낮은 경우에는 황금률 수준으로 이동하려면 처음에는 소비감소를 받아들여야 한다. 그러나 이 경우에 저축률을 증가시키면 소비가 (처음에는 정상상태일 때보다 감소하지만) 궁극적으로는 정상상태보다 높은 수준으로 증가한다. 다시 말해 정상상태의 저축률이 황금률 수준보다 낮은 경우에 저축률을 증가시키면 미래 세대의 후생수준은 증가하지만 현재 세대의 후생수준은 감소한다. 따라서 이 경우에 저축률을 증가시키는 정책은 세대 간의 소득 재분배 문제를 야기하기 때문에 현재 세대를 미래 세대보다 더 중시하는 정부라면 황금률 수준으로 이동하는 정책을 시행하지 않을 수도 있다. 그러나 모든 세대에 대해 같은 가중치를 두는 정부라면 현재 세대의 소비가 감소해도 모든 미래 세대의 소비가 증가하므로 황금률 수준으로 이동하는 정책을 택할 가능성이 있다.

14.7 결 론

현대 거시경제의 성장경험을 설명하기 위하여 개발된 이론체계를 경제성장모형이라 부른다. 이 장에서는 현대 경제성장모형 가운데 가장 많이 이용되는 솔로의 경제성장모형을 소개하였다. 솔로의 경제성장모형은 경제의 장기 총공급에 바탕을 둔 모형이다. 즉 솔로 성장모형은 생산기술, 자본 및 노동을 중심으로 구성돼 있다. 이때 자본 축적은 저축에 의해 결정되며 노동량은 인구가 증가함에 따라 증가한다. 이와 같이 순전히 총공급 측면에 바탕을 두었기 때문에 때로는 후생을 극대화하는 수준보다 더 높은 자본축적이 이루어지는 단점이 있다. 그러나 거시경제의 장기균형이 근본적으로 생산요소의 완전고용수준이라는 공급 측면에 바탕을 두고 있기 때문에 총수요측면을 도입해도 모형의 설명력이 근본적으로 변화하지는 않는다.

솔로 모형에서 장기균형은 정상상태의 균형steady state equilibrium이다. 즉, 정상상태에서 1인당 자본량이 변하지 않기 때문에 1인당 소득이 증가하지 않으며 정상상태에서 총소득은 인구증가율과 같은 비율로 성장한다. 그러나 현재의 많은 개발도상국과 2차 세계대전 이후의 독일이나 일본의 경우처럼 자본부족으로 정상상태 아래에 있는 경우에는 1인당 자본량과 소득의 성장이 일어난다. 이처럼 경제의 발전단계에 따라 성장률이 둔화됨을 이론적으로 설명하고 있으며 이러한 수렴현상의 이면에는 자본의 한계생산성 체감의 법칙이 흐르고 있다.

그리고 솔로의 기본모형은 현대 경제의 성장경험 가운데 어떤 것은 잘 설명할 수 있으나 정상상태에 이미 이르렀다고 생각되는 선진국의 성장경험은 잘 설명하지 못한다. 많은 선진국은 이미 정상상태에 이미 도달했다고 여겨지지만, 여전히 1인당 소득이 계속 성장하고 있다. 이러한 현상은 기본적인 솔로 모형으로는 설명이 불가능하다. 따라서 이를 해결하기 위해서는 기술진보를 도입해야 한다. **15 장** 기술진보와 경제성장에서는 기술진보에 대해 배우기로 한다.

요 약

≫ 산업혁명 이후 선진국의 1인당 소득은 계속 성장하였다. 그러나 1인당 소득의 증가율은 나라에 따라 다르며 한 나라에서도 시대마다 다르게 나타난다.

≫ 솔로 성장모형은 생산함수와 두 생산요소곧 자본과 노동에 관한 가정으로 이루어져 있다. 생산함수는 규모에 대한 수익불변이고 자본형성은 저축곧 투자과 감가상각에 의해 결정된다. 그리고 노동은 인구증가율에 따라 결정된다. 이 세 가지 요소를 결합하면 솔로 성장모형의 기본방정식을 얻을 수 있다.

≫ 솔로 성장모형에 따르면 장기에 한 경제의 자본량과 생산량은 저축률에 의해 결정된다. 저축률이 높으면 자본량과 1인당 생산량소득이 높다. 그리고 저축률이 증가하면 1인당 소득에 수준효과level effect를 일으킨다. 즉 저축률이 증가하면 처음의 정상상태에서 다음의 정상상태로 이동하는 전이경로에서는 1인당 산출량이 증가하지만 새로운 정상상태에 도달하면 1인당 산출량의 성장이 멈춘다. 따라서 저축률 증가는 소득을 더 높은 정상상태 수준으로 증가시키지만 성장률을 항구적으로 증가시키지는 못한다.

≫ 감가상각률이 하락하면 저축률이 증가할 때와 유사한 효과가 나타난다.

≫ 솔로 모형에서 인구증가율이 높으면 정상상태의 1인당 자본량과 산출량이 낮다. 맬서스는 인구가 생존비 수준에서 결정된다고 보았지만, 크리머는 인구가 많으면 오히려 기술혁신이 촉진된다고 주장한다.**부록** 14-1 참조

≫ 정상상태의 소비를 극대화하는 자본량을 황금률 수준의 자본량이라고 부른다. 경제가 황금률 수준의 자본량보다 많은 자본량을 보유하고 있으면 황금률로 복귀하는 과정의 모든 시점에서 소비가 증가하지만, 경제가 황금률 수준보다 낮은 자본량을 보유하고 있으면 황금률 수준으로 복귀하기 위해 초기에 투자저축를 증가시켜야 하므로 현재 세대의 소비가 감소한다.

핵심용어

- 감가상각률
- 경제성장
- 경제성장의 정형화된 사실들
- 규모에 대한 수익불변
- 균형성장경로
- 기본방정식
- 기술진보
- 기술혁신
- 노동소득분배율
- 다중균형
- 동태적 비효율성
- 맬서스의 덫
- 맬서스의 인구론
- 불안정 균형
- 빈곤의 덫
- 산출량탄력도
- 솔로 성장모형
- 솔로잔차

- 수렴현상
- 수확체감의 법칙
- 신흥공업국
- 이나다조건
- 인구증가율
- 1인당 산출량
- 1인당 자본량
- 임금의 생존비설
- 임금의 철칙
- 자본 단위당 산출량
- 자본수익률
- 자본소득분배율
- 자본의 과다 축적
- 전이경로
- 정상상태의 균형
- 조건부 수렴현상
- 총요소생산성
- 최장기
- 최적성장이론
- 출산율
- 한계생산체감의 법칙
- 황금률

연습문제

01 솔로 모형의 구성요소에 관하여 설명하고 정상상태의 균형을 도출하여 보시오.

02 저축률 증가가 단기와 장기에 경제성장에 미치는 효과에 관하여 논하여 보시오.

03 감가상각률의 감소가 단기와 장기에 경제성장률에 미치는 효과에 관하여 논하여 보시오.

04 인구가 경제성장에 미치는 효과에 대하여 논하여 보시오. 빈곤의 덫은 왜 나타나는가?

05 솔로 모형의 문제점에 관하여 논하여 보시오.

06 황금률 조건을 도출하고 동태적 비효율성에 관하여 논하여 보시오.

07 한 경제의 총생산함수가 다음과 같이 주어졌다고 한다.

$$Y=AK^{\theta}L^{1-\theta},\ 0<\theta<1$$

다음 물음에 답하시오.

(1) 설문의 생산함수는 규모에 대한 수익불변인가? 1인당 생산함수를 구하시오.

(2) 자본과 노동의 한계생산을 구하고 그림으로 나타내시오.

(3) 저축률, 감가상각률 그리고 인구증가율이 s, δ, n으로 주어졌다고 한다. 정상상태에서 1인당 자본량과 1인당 산출량을 구하시오.

(4) 정상상태에서 1인당 자본량, 1인당 산출량의 성장률, 총자본량 및 총산출량의 성장률을 구하시오.

(5) 자본량이 정상상태의 자본량보다 적다고 한다. 1인당 자본량의 증가율과 1인당 자본량의 시간 경로를 구하시오

(6) (5)에서 1인당 산출량의 증가율과 1인당 산출량의 시간 경로를 구하시오.

(7) (5)에서 총자본량과 총산출량의 증가율을 구하시오.

(8) 황금률의 조건을 구하고 경제적인 의미를 설명하시오.

(9) 황금률 수준의 저축률을 구하시오. 황금률 수준의 저축률은 A, δ, n이 변화하면 어떻게 반응하는가?

08 한 경제의 생산함수가 다음과 같이 주어졌다고 한다.

$$Y=A\{\gamma K^{\theta}+(1-\gamma)L^{\theta}\}^{1/\theta},\ 0<\gamma<1, \theta\leq 1$$

그리고 저축률, 감가상각률 및 인구증가율이 s, δ, n으로 주어졌다고 한다. **07**의 질문에 답하시오.

09 아래 그림은 통계청에서 발표한 1961~2050년 우리나라의 인구증가율 추계이다. 그림에서 우리나라의 인구증가율은 2020년부터 마이너스가 되고, 2050년에 −1.07까지 하락할 것으로 예측된다.

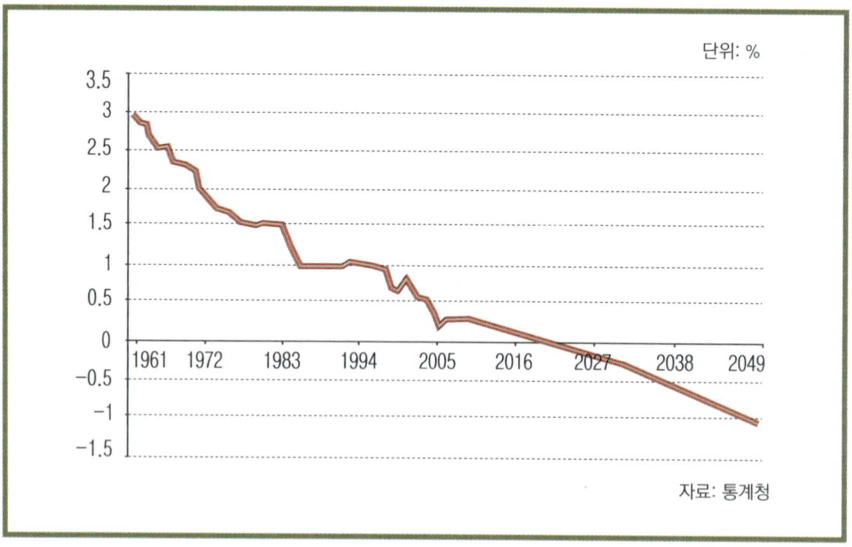

다음 물음에 답하시오.

(1) 솔로 모형에 따르면 위의 그림과 같은 인구증가율 변화는 미래에 우리나라의 1인당 실질소득에 어떤 영향을 미칠 것으로 기대되는가?

(2) 우리나라 인구증가율이 그림과 같이 하락함과 동시에 인구구조가 고령화하고 있다. (솔로 모형이 인구구조의 변화에 관하여 다루고 있지는 않지만) 인구구조의 고령화가 저축과 1인당 소득에 미치는 효과는 어떠하리라고 기대되는가?

10 한 경제의 생산함수가 다음과 같이 주어졌다고 한다.

$$Y=AK^{\theta}L^{1-\theta}$$

여기서 L은 노동인구, P는 이 경제의 인구이며, 노동시장참가율 $p=L/P$은 일정하게 주어져 있다고 한다. 저축률, 감가상각률 및 인구증가율 또한 일정하게 주어져 있다고 한다. $\hat{k}=K/L$, $k=K/P$라고 정의할 때 다음 물음에 답하시오.

(1) 노동인구 1인당 자본증가량을 나타내는 식을 구하고, 노동인구 1인당 자본증가량을 인구 1인당 자본의 함수로 구하시오.

(2) 정상상태에서 인구 1인당 자본량을 구하고, 정상상태에서 인구 1인당 자본량 및 산출량과 p의 관계를 직관적으로 설명하시오.

(3) 우리나라는 지난 30여 년 간 노동시장참가율 p가 꾸준히 증가했다. 이 경우의 성장 효과를 구하시오—곧 처음 경제가 정상상태에 있다고 할 때 노동시장참가율 p가 증가하면 정상상태는 어떻게 변화하는지 답하시오. 새로운 정상상태에서 1인당 소득의 성장률은 증가하는가? 새로운 정상상태로의 전이경로에서 1인당 소득의 증가율을 구하시오.

(4) 인구 1인당 소비를 구하고, 인구 1인당 소비를 극대화하는 1인당 자본량곧 황금률 수준의 자본량을 구하시오. 노동시장참가율은 황금률 수준의 인구 1인당 자본량에 어떤 영향을 미치는가?

11 규모에 대해 수익불변인 생산함수가 다음과 같이 주어졌다고 한다.

$$Y=AK^{\theta}L^{1-\theta},\ 0<\theta<1$$

거시경제학자들 가운데 자본가자본소유자와 노동자의 저축률이 서로 다르다고 주장하는 사람들이 적지 않다. 이를 모형화하기 위해 자본소득과 노동소득으로부터의 저축률이 각각 s_1과 s_2로 서로 다르고 $s_1>s_2$곧 자본소득으로부터의 저축률이 노동소득으로부터의 저축률보다 높다라고 가정해 보자. 이때 감가상각률과 인구증가율은 각각 δ와 n으로 주어져 있다고 한다. 생산요소시장이 완전경쟁이라고 할 때 다음 물음에 답하시오.

(1) 총저축을 구하시오.

(2) 솔로 모형의 기본방정식을 구하고, 정상상태의 자본량과 1인당 소득을 구하시오.

(3) 총저축률은 일정한 가운데 s_1은 증가하고 s_2는 감소했다면 1인당 자본량과 소득은

어떻게 변화하는가?

(4) 황금률 수준의 저축률을 구하시오.

(5) 황금률 수준의 저축률을 달성할 수 있는 s_1과 s_2의 배합은 무수히 많다. 이 배합들이 만족시켜야 하는 식을 구하시오.

(6) $s_1=1$, $s_2=0$은 (5)에서 구한 식을 만족시키는가?

12 규모에 대한 수익불변인 생산함수가 다음과 같이 주어졌다고 한다.

$$Y=AF(K, L)$$

감가상각률과 인구증가율이 각각 δ와 n으로 주어져 있고 생산요소시장은 완전경쟁적이라고 한다. 황금률 수준의 저축률이 총소득에서 차지하는 자본소득의 비율capital share과 같음을 보이고, 이는 다시 소득의 자본에 대한 탄력도와 같음도 보이시오.

13 생산함수가 다음과 같이 주어졌다고 한다.

$$Y=A\{\gamma K^{\theta}+(1-\gamma)L^{\theta}\}^{1/\theta},\ \theta<1$$

그리고 저축함수가 다음과 같이 주어졌다고 한다.

$$S=sY-cK$$

여기서 s는 저축률, c는 부wealth가 소비에 미치는 효과를 나타낸다. 즉 부가 증가하면 소비가 증가해 저축이 감소하는데 그 크기는 c에 의해 결정된다. 자본의 감가상각률과 인구증가율은 각각 δ와 n으로 주어졌다고 한다. 다음 물음에 답하시오.

(1) 솔로 모형의 기본방정식을 구하시오.

(2) 정상상태의 1인당 자본량과 소득의 결정에 대해 설명하시오. c가 증가하면 정상상태는 어떻게 변화하는가? 1인당 자본량과 소득은 증가하는가?

14 생산함수가 다음과 같이 콥-더글러스의 형태로 주어져 있다고 한다.

$$Y=AK^{\theta}L^{1-\theta},\ 0<\theta<1$$

그리고 저축은 가처분소득의 함수로 다음과 같이 주어져 있다고 한다.

$$S=s(Y-T)$$

여기서 s는 저축률, T는 조세이다. 정부는 항상 균형예산을 이룬다고 한다. 정부지출은 1인당 g, 총정부지출은 gL과 같고, 감가상각률과 인구증가율이 각각 δ와 n으로 주어졌다고 한다. 다음 물음에 답하시오.

(1) 솔로 모형의 기본방정식을 구하시오.

(2) 정상상태의 균형이 존재하기 위한 g의 범위를 구하시오.

(3) (2)에서 구한 g의 범위에서 다중정상상태multiple steady state가 나타남을 그림을 그려 설명하시오.

(4) (3)에서 구한 정상상태의 안정성을 설명하시오.

(5) g가 증가할 때 안정적인 정상상태와 불안정적인 정상상태에서의 1인당 자본량과 소득은 어떤 영향을 받는가? 서로 같은 방향으로 변동하는가?

▶▶ 인구와 기술진보

현대 경제에서 1인당 생활수준이 맬서스의 예측BOX 14-2 참조과 매우 다른 이유에 대해 인구 규모population size가 경제성장을 가로막기보다는 오히려 촉진시킬 수 있다는 주장이 등장했다. 이러한 주장을 처음 편 사람은 노벨경제학상 수상자인 쿠즈네츠S. Kuznets이다.[1] 쿠즈네츠는 인구가 많을수록 경제성장을 촉진시키는 혁신innovation이 일어날 가능성이 높아 경제성장에 긍정적인 영향을 미친다고 주장했다. 쿠즈네츠는 도시와 농촌 가운데 인구가 밀집돼 있는 도시에서 혁신이 주로 일어나고 있는 사실이 자신의 주장을 뒷받침하는 증거라고 보았다.

쿠즈네츠의 주장을 계승한 이론 가운데 최근에 가장 주목받는 이론은 크리머M. Kremer의 이론이다.[2] 크리머는 한 경제에서 개인의 발명이나 과학적인 발견이 다른 사람들과 독립적으로 이루어진다는 가정 아래 인구 규모가 크면 경제성장에 영향을 미치는 기술진보가 일어날 가능성이 크다고 주장했다. 즉 인구 규모가 크면 기술진보가 일어날 가능성이 증가하고 이는 곧 1인당 소득 성장률의 증가로 이어진다는 것이다.

산업혁명이 일어나기 전까지는 맬서스가 주장한 바와 같이 인구 증가가 소득 증가를 초과했으며 1인당 소득또는 소비은 생존비 수준subsistence level에서 결정됐다. 즉 한 경제의 인구 규모는 총산출량을 1인당 생존비로 나눈 값으로 결정돼 총산출량이 증가하면 인구가 증가했다. 이와 같은 맬서스의 이론과 크리머의 이론을 결합하면 다음과 같은 결론을 도출할 수 있다.

인구 규모가 크면 기술진보 가능성이 증가해 총산출량이 증가하므로 생존비 수준으로 부양할 수 있는 인구가 증가한다. 이는 곧 인구증가율이 인구 규모에 의해 결정됨을 의미한다. 그러나 인구 규모와 인구증가율 사이의 이러한 관계는 인구 규모가 지나치게 크지 않을 때에만 성립한다. 예를 들어 인구 규모가 지나치게 크면 인구 규모에 대한 수확체감diminishing returns이 일어나곧 자연자원과 새로운 아이디어의 고갈로 인해 기술 혁신에서 수확체감이 일어나 기술진보율과 인구증가율의 하락을 초래한다.

크리머는 자신의 이론을 기원전 100만 년부터 서기 1990년까지 세계 인구의 시계열time series을 이용해 검증했다. 그의 검증에 따르면 인간의 역사 가운데 대부분의 기간 동안 세계 경제의 성장률은 인구 규모와 함께 증가했다. 예를 들어 세계 인구가 10억 명 가량이었던 19세기 초의 세계 성장률은 세계 인구가 100만 명 가량으로 추정되는 기원전 5세기 초보다 높았다. 다시 말해 더 커진 인구 규모가 기술진보를 촉진했다.

다음으로 크리머는 세계 여러 지역을 비교해 자신의 이론을 뒷받침했다. 즉 기원전 1만 년 무렵 빙하기 말기에 극지방의 빙하가 녹아 홍수가 일어나면서 대륙 사이의 연결이 끊긴 뒤부터 1492년 컬럼버스C. Columbus가 신대륙New World을 발견할 때까지 1만 년 이상 구대륙Old World: 아시아, 유럽 및 아프리카과 신대륙미주, 호주 등의 기술적인 교류가 차단되었는데, 크리머는 이 기간 동안에 이 지역들이 이룬 경제성장률을 비교했다.

크리머의 실증분석에 따르면 컬럼버스에 의해 구대륙과 신대륙 사이에 기술적인 교류가 복원된 직후인 16세기 초에 가

1 Kuznets, S.(1960), "Population Change and Aggregate Output," in *Demographic and Economic Change in Developed Countries*, Princeton University Press: Princeton, NJ.
2 Kremer, M.(1993), "Population Growth and Technological Change: One Million B.C. to 1990," *Quarterly Journal of Economics* v.108, pp. 681-716.

장 높은 기술수준을 갖춘 곳은 땅이 가장 넓고 인구가 가장 많았던 구대륙유라시아 지역이었다. 기술 수준이 두 번째로 높은 (마야와 아즈텍 문명으로 대표되는) 아메리카 대륙은 농업기술과 도시생활 및 정교한 달력이라는 혁신을 이루었고, 세 번째로 높은 호주 대륙의 원주민들hunters and gatherers은 부메랑, 불, 창 발사기, 정교한 석기, 손잡이 달린 석기 및 동물 뼈로 만든 바늘 같은 도구를 발명했다. 그러나 호주의 섬 가운데 면적이 아일랜드와 비슷한 타즈마니아Tasmania의 원시인들은 호주 대륙의 원주민들이 가지고 있던 부메랑이나 불, 석기 및 뼈 도구 등을 갖지 못했다. 한편 호주 대륙과 타즈마니아 사이에 위치한 작은 섬인 플린더즈Flinders island의 원시인들은 기술진보를 이루기에는 인구 규모가 너무 작았다. 실제로 플린더즈 섬의 원주민들의 기술 수준은 오히려 퇴보한 것으로 보이며 기원전 3000년경에 플린더즈 섬의 인류가 사라지고 말았다.

이와 같이 시계열 자료와 지역의 자료를 비교해 크리머는 인구 규모가 기술진보에 중요한 역할을 함을 보였다. 현대 경제학에서 인구 문제는 쿠즈네츠나 크리머가 주장하고 있는 바와 같이 기술진보 측면에서 중요할 뿐만 아니라 연금을 포함한 사회보장제도의 설계 및 유지 측면에서도 매우 중요하다. 현대 경제학에서 두드러진 추세는 사람들이 후손의 수곧 출산율의 결정를 어떻게 선택하는가의 문제를 내생적으로 취급하는 것이다. ❖

15

Chapter

기술진보와 경제성장

한 경제의 산출량 증가는 생산요소곧 노동과 자본가 증가하거나 기술이 진보할 때 이뤄진다. 14장솔로 성장모형에서 우리는 경제성장이 순전히 노동과 자본 같은 요소의 축적을 통해서 일어나는 경우를 알아보았다. 즉 솔로 모형에서 총산출량은 자본이나 인구가 증가할 때 성장하며, 1인당 산출량곧 소득과 자본량은 경제가 정상상태보다 아래에 있을 때 성장하다가 정상상태에 다다르면 성장을 멈춘다. 그러나 1인당 산출량이 성장하지 않는 정상상태의 균형은 현실에서 찾아보기 어렵다. 실제로 정상상태에 도달한 것으로 간주되는 선진국의 1인당 소득 성장률은 0보다 크다. 이 장에서 배울 내용은 다음과 같다.

1 솔로 모형에 기술진보 technological progress 를 도입해 정상상태에서 1인당 산출량이 성장할 수 있도록 한다. 이때 기술진보는 내생적 endogenous 으로 모형 안에서 결정되지 않고 외생적 exogenous 으로 모형 밖에서 결정된다. 즉 기술진보율이 일정하게 주어져 있다고 가정하는데 기술진보가 일어나면 정상상태에서 1인당 산출량이 기술진보율과 같은 비율로 성장하고 경제가 정상상태보다 아래에 있을 때는 산출량이 기술진보율과 1인당 자본축적률의 합으로 성장한다.

2 솔로 모형을 실증분석에 이용하는 대표적인 사례인 성장회계 growth accounting 에 관하여 배운다. 성장회계는 경제성장의 세 가지 요인곧 인구 증가, 자본증가, 기술진보이 경제성장에 얼마나 기여하였는지를 알아볼 때 이용된다.■

성장회계에 따르면 솔로 모형은 2차 세계대전 이후 세계 여러 나라의 성장 경험을 잘 설명해 주지만 모든 경험을 완벽하게 설명하는 것은 아님을 알 수 있다.

3 경제성장을 위한 정책에 관해 알아본다. 경제성장 정책은 1인당 자본량 증가를 결정하는 저축에 관한 정책, 기술진보를 촉진하는 정책, 성장을 촉진하는 방향으로 저축과 기술진보가 일어날 수 있도록 해 주는 제도에 관한 정책으로 나뉜다.

4 성장의 동력인 기술진보가 순전히 외생적으로 주어지는 것이 아니라 경제주체들의 자발적인 선택에 따라 성장률이 결정되는 내생적 성장 endogenous growth 에 관해 배운다.

노동 확장적 기술진보와 경제성장 15.1

노동 확장적 기술진보가 일어날 때의 생산함수를 다음과 같이 쓸 수 있다.

$$Y = F(K, EL) \tag{15-1}$$

여기서 노동의 효율성 E는 g의 증가율로 증가한다. 이때 인구가 일정해도 효율 단위로 나타낸 노동량은 증가하는데, 이는 (20세기 초에 나타난 컨베이어 벨트를 이용한 조립공정 선형화 assembly line 나 20세기 말에 나타난 생산과정에서 컴퓨터 상용화 같은) 기술혁신이 일어나는 경우에 나타난다. 그리고 경제활동인구의 기술이나 교육 및 건강 등이 개선되어도 역시 노동의 효율성이 증가한다.

15.1.1 노동 확장적 기술진보와 솔로 모형의 기본방정식

여기서는 14장에서 사용한 여러 가지 사실들을 가정한다. 즉 **식** (15-1)의 생산함수는 규모에 대한 수익불변이고 저축률은 s, 인구증가율은 n, 자본의 감가상각률은 δ로 주어져 있다. 따라서 총자본의 증가량은 14장에서와 같다.

$$\Delta K = sY - \delta K \Leftrightarrow \frac{\Delta K}{K} = s\frac{Y}{K} - \delta \tag{15-2}$$

즉 총자본의 증가율은 총투자 total investment sY에서 대체투자 replacement investment δK를 뺀 순투자 net investment ΔK를 총자본으로 나눈 값과 같다.

한편 **식** (15-1)의 생산함수는 규모에 대한 수익불변이므로 다음 식이 성립한다.

$$\frac{Y}{EL} = F\left(\frac{K}{EL}, 1\right) \tag{15-3}$$

그리고 $y = Y/(EL)$, $k = K/(EL)$와 같이 정의하면 y는 "효율단위로 나타낸" 1인당 산출량소득, k는 효율단위로 나타낸 1인당 자본량이므로 **식** (15-3)을 다음과 같이 효율단위로 나타낸 1인당 생산함수로 다시 쓸 수 있다.

$$y = F(k, 1) = f(k) \tag{15-4}$$

효율단위로 나타낸 1인당 자본량 k의 정의와 성장률 사이의 관계에서 다음 식을 얻을 수 있다.

식 (14-13)과 유사하게 $k=K/EL$의 양변에 로그를 취한 후 차분하게 되면
$\Delta\ln k=\Delta\ln(K/EL)$
$=\Delta\ln K-\Delta\ln E-\Delta\ln L$
을 얻는다. 재정리하면
$\frac{\Delta k}{k}=\frac{\Delta K}{K}-\frac{\Delta E}{E}-\frac{\Delta L}{L}$ 이
유도된다.

$$\frac{\Delta k}{k}=\frac{\Delta K}{K}-\frac{\Delta E}{E}-\frac{\Delta L}{L}, \text{ 여기서 } k\equiv\frac{K}{EL} \tag{15-5}$$

즉 효율단위로 나타낸 1인당 자본량의 증가율은 총자본증가율에서 노동효율성의 증가율과 인구증가율을 뺀 값과 같다.

식 (15-4)의 효율단위로 나타낸 1인당 생산함수에다가 다시 효율노동량 EL을 곱하면 총생산 Y를 얻을 수 있다.

$$Y=ELf(k) \tag{15-6}$$

그리고 이를 자본 동학에 관한 **식** (15-2)에 대입하면 다음과 같다.

$$\frac{\Delta K}{K}=s\frac{Y}{K}-\delta=s\frac{ELf(k)}{K}-\delta=s\frac{f(k)}{k}-\delta \tag{15-7}$$

한편 $\Delta E/E=g$, $\Delta L/L=n$ 이므로 이를 **식** (15-7)과 함께 **식** (15-5)에 대입하면 다음 식을 얻을 수 있다.

$$\frac{\Delta k}{k}=s\frac{f(k)}{k}-(\delta+n+g) \tag{15-8}$$

따라서 **식** (15-8)의 양변에 k를 곱해 다음 식을 얻을 수 있다.

$$\Delta k=sf(k)-(\delta+n+g)k \tag{15-9}$$

식 (15-9)는 노동 확장적인 기술진보가 존재하는 경우의 솔로 모형의 기본방정식 fundamental equation이다. 이는 **14장**에서 소개한 **식** (14-15)에 기술진보율 g가 추가된 것이나, 여기서 k는 효율단위로 나타낸 1인당 자본량임에 유의하자.

식 (15-9)는 다음과 같이 직관적으로 설명할 수 있다. **식** (15-9)의 우변 첫 번째 항은 효율단위로 나타낸 1인당 저축투자으로, 새로 설치증가하는 효율단위로 나타낸 1인당 생산설비라고 할 수 있고, 두 번째 항은 효율단위로 나타낸 1인당 자본량을 일정하게 유지하는 데 필요한 투자의 크기이다. 즉 효율단위로 나타낸 1인당 자본량은 $k=K/(EL)$로 정의된다. 이때 투자가 전혀 이루어지지 않는다면 자본 K는 감가상각률 δ의 비율로 감소하고 노동효율성 E는 g의 비율로, 인구 L은 n의 비율

EXAMPLE

예 15-1 콥-더글러스 생산함수와 정상상태

생산기술이 콥-더글러스 생산함수로 나타난다면 효율단위로 나타낸 1인당 생산함수를 다음과 같이 나타낼 수 있다.

$$f(k)=Ak^{\theta},\ 0<\theta<1$$

그리고 정상상태의 자본량을 다음과 같이 얻을 수 있다.

$$k_s=\left(\frac{sA}{\delta+n+g}\right)^{\frac{1}{1-\theta}}$$

따라서 위에서 언급한 바와 같이 δ, n 및 g가 증가하면 정상상태의 효율 단위로 나타낸 1인당 자본량이 감소하고 s 또는 A가 증가하면 정상상태의 자본량이 증가한다.

로 각각 증가한다. 즉 투자가 전혀 일어나지 않는다면 k는 $(\delta+n+g)$의 비율로 감소한다. 이때 투자가 효율단위로 나타낸 1인당 저축 $sf(k)$만큼 이루어지고 있으므로, 자본의 순증가량은 **식 (15-9)**와 같이 $sf(k)$와 자본을 일정하게 유지하는 데 필요한 자본량 $(\delta+n+g)k$의 차이로 나타낼 수 있다.

15.1.2 기술진보와 정상상태

식 (15-9)에서 볼 수 있는 바와 같이 노동 확장적인 기술진보가 일어날 때 효율단위로 나타낸 1인당 자본 증가량은 **14장**에서와 크게 다르지 않다. 다른 것은 효율단위로 나타낸 1인당 자본을 일정하게 유지하는 데 필요한 자본이 감가상각률 및 인구증가율과 함께 노동 효율성 증가율곧 기술진보율에 영향을 받는다는 사실이다.

기술진보가 일어나는 경우의 정상상태 균형은 **그림 15-1**과 같이 그려 볼 수 있다. 먼저 **그림 15-1**에서 효율단위로 나타낸 1인당 투자는 $sf(k)$, 효율단위로 나타낸 1인당 자본량을 일정하게 유지하는 데 필요한 투자는 원점을 지나는 직선 $(\delta+n+g)k$로 나타난다. 따라서 정상상태의 장기균형은 두 수량이 일치하는 자본수준 k_s에서 달성된다.

만약 자본량이 정상상태의 자본량 k_s보다 작은 k_1이라고 하면 투자 $sf(k_1)$이 효율단위로 나타낸 1인당 자본량을 일정하게 유지하는 데 필요한 투자 $(\delta+n+g)k_1$

그림 15-1 **기술진보와 정상상태의 균형**

효율단위로 나타낸 1인당 투자는 $sf(k)$와 같이 나타난다. 효율단위로 나타낸 1인당 자본량을 일정하게 유지하기 위해 필요한 투자는 원점을 지나는 직선 $(\delta+n+g)k_s$로 나타난다. 따라서 정상상태의 장기균형은 이 두 수량이 일치하는 자본수준 k_s에서 달성된다. 만약 자본량이 정상상태의 자본량 k_s보다 작은 k_1이라면 $\Delta k_1>0$이 성립하므로 1인당 자본량이 증가하고 1인당 자본량이 정상상태의 자본량 k_s보다 큰 k_2라면 $\Delta k_2<0$이 성립하므로 1인당 자본량이 감소한다.

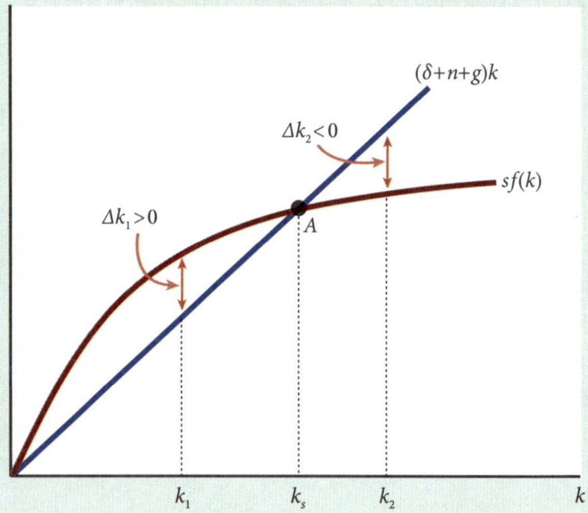

보다 크기 때문에 $\Delta k_1>0$ 이 된다. 따라서 효율단위로 나타낸 1인당 자본량이 증가한다. 반대로 자본량이 정상상태의 자본량 k_s 보다 큰 k_2 라면 $sf(k_2)$가 효율단위로 나타낸 1인당 자본량을 일정하게 유지하는 데 필요한 투자 $(\delta+n+g)k_2$ 보다 작다. 따라서 $\Delta k_2<0$ 이 성립하고 효율단위로 나타낸 1인당 자본량이 감소한다. 즉 효율단위로 나타낸 1인당 자본량이 정상상태의 자본량 k_s와 다를 때에는 정상상태로 복귀하려는 힘이 작용한다. 따라서 기술진보가 없을 때와 마찬가지로 정상상태의 균형은 안정적 stable 이다. 한편 정상상태에서 $\Delta k=0$ 이므로, **식** (15-9)로부터 정상상태에서 다음 식이 성립한다.

$$\frac{f(k_s)}{k_s}=\frac{\delta+n+g}{s} \qquad (15\text{-}10)$$

여기서 수식으로 나타낸 정상상태의 조건은, 자본의 평균생산—곧 **식** (15-10)의 좌변—이 감가상각률과 인구증가율 및 기술진보율의 합을 저축률로 나눈 값과 같다는 것이다. 따라서 감가상각률이나 인구증가율 및 기술진보율이 증가하면 정상상태의 자본의 평균생산정상상태의 자본량이 증가감소하고, 저축률이 증가하면 정상상태의 자본의 평균생산정상상태의 자본량이 감소증가한다.

기술진보율 증가의 효과 그림 15-2

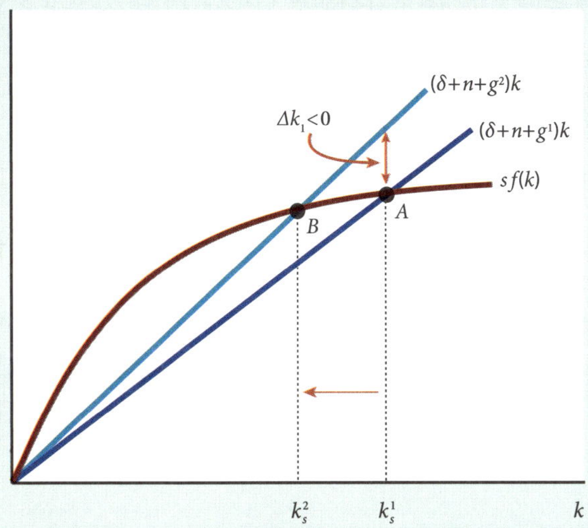

그림에서 처음 기술진보율이 g^1인 경우 정상상태의 균형이 k_s^1에서 달성되고 있다. 이때 기술진보율이 g^2로 증가하면 효율단위로 나타낸 1인당 자본량을 일정하게 유지하는 데 필요한 투자가 $(\delta+n+g^2)k_s$와 같이 위로 회전 이동한다. 따라서 새로운 정상상태는 처음의 자본량 k_s^1보다 작은 k_s^2에서 달성된다.

15.1.3 기술진보와 정상상태의 성장률

앞에서 우리는 기술진보율 g가 증가하면 효율단위로 나타낸 1인당 자본량이 감소함을 알았다. 이는 다시 **그림 15-2**를 이용해 설명할 수 있다. 먼저 처음 기술진보율이 g^1일 때 정상상태의 균형이 k_s^1에서 달성되고 있다. 이때 기술진보율이 g^2로 증가하면 효율단위로 나타낸 1인당 자본량을 일정하게 유지하는 데 필요한 투자가 $(\delta+n+g^2)k$와 같이 위로 회전 이동한다. 따라서 새로운 정상상태는 처음의 자본량 k_s^1보다 작은 k_s^2에서 달성된다.

기술진보율이 증가할 때 효율단위로 나타낸 1인당 자본량이 감소하는 것은 기술진보가 일어나지 않는 **14장**의 경우와 비교해 맞지 않는다고 생각할 수도 있지만, 이 경우를 기술진보가 일어나지 않는 **14장**의 경우와 직접 비교할 수는 없다. 즉 기술진보가 일어나지 않는 **14장**의 경우에는 정상상태에서 1인당 자본량이 증가하지 않고 일정하지만 기술진보가 일어나는 경우에는 정상상태에서 (효율단위로 나타낸 1인당 자본량은 일정하지만) 물리적 단위로 나타낸 1인당 자본량이 기술진보율로 증가한다. 다시 말해 증가하는 수량과 일정한 수량을 직접 비교할 수는 없다.

이에 관해 알아보기 위하여 정상상태의 자본량을 다시 쓰면 다음과 같다.

$$k_s = \frac{K_s}{EL} \Leftrightarrow \frac{K_s}{L} = k_s E \qquad (15\text{-}11)$$

즉 정상상태의 1인당 자본량 K_s/L는 효율단위로 나타낸 1인당 자본량 k_s와 노동효율성 E의 곱으로 나타낼 수 있다. 그리고 k_s는 일정하지만 노동효율성은 g의 비율로 증가하므로 정상상태에서 1인당 자본량도 기술진보율로 증가한다.

한편 **식** (15-11)로부터 정상상태에서의 총자본량을 다음과 같이 쓸 수 있다.

표 15-1의 성장률을 계산하기 위해 해당변수에 로그를 취한 후 시간에 대해 차분하면 자명하다.
예를들어 총산출량의 성장률은
$\Delta\ln Y = \Delta\{\ln f(k)\cdot E\cdot L\}$
$= \Delta\ln f(k) + \Delta\ln E + \Delta\ln L$
$= \frac{\Delta y}{y} + \frac{\Delta E}{E} + \frac{\Delta L}{L}$
$= 0 + g + n$
$= n + g$로 요약된다.

$$K_s = k_s EL \qquad (15\text{-}12)$$

따라서 정상상태에서 총자본량은 인구증가율 n과 노동효율성 증가율곧 기술진보율 g의 합 $n+g$로 증가한다. 정상상태에서 성장률을 정리하면 **표 15-1**과 같다.

표 15-1

정상상태의 성장률

변 수	관 계 식	정상상태의 성장률
효율단위로 나타낸 1인당 자본	$k_s = K_s/(EL)$	0
효율단위로 나타낸 1인당 산출량	$y_s = Y_s/(EL) = f(k_s)$	0
1인당 산출량	$Y_s/L = f(k_s)E$	g
총 산 출 량	$Y_s = f(k_s)EL$	$n+g$

기술진보가 일어날 때 1인당 산출량과 총산출량이 증가한다는 사실을 이용해 여러 나라의 경제에서 관찰할 수 있는 (1인당 산출량소득의 증가에 따른) 생활수준의 지속적인 성장을 설명할 수 있다. **14장**의 경우와 마찬가지로 이 경우에도 저축률 증가는 정상상태의 성장률을 증가시키지 못한다. 저축률이 증가하면 새로운 정상상태로 이동할 때 기술진보율보다 높은 경제성장이 일어나지만 일단 경제가 새로운 정상상태에 다다르면 경제성장률이 원래 수준으로 복귀하기 때문이다. 1인당 소득과 생활수준 증가를 설명할 때 반드시 기술진보를 고려해야 한다.

15.1.4 기술진보와 황금률

기술진보를 도입하면 황금률 조건도 바뀌지만 근본적인 변화가 생기는 것은 아니다. 먼저 기술진보가 있을 때 정상상태에서 효율단위로 나타낸 1인당 소비를 다음과 같이 구할 수 있다.

EXAMPLE

예 15-2 콥-더글러스 생산함수와 황금률

만약 생산함수가 **예 15-1**에서와 같이 콥-더글러스의 형태로 주어졌다면 황금률 수준을 결정하는 조건은 **식 (15-14)**를 이용하면 다음과 같다.

$$\theta A(k_s^g)^{\theta-1}=\delta+n+g$$

따라서 황금률 수준의 자본량을 다음과 같이 구할 수 있다.

$$k_s^g=\left(\frac{\theta}{\delta+n+g}\right)^{\frac{1}{1-\theta}}$$

위의 자본량을 **예 15-1**의 정상상태 자본량과 비교하면 $s=\theta$일 때 황금률 수준의 자본량이 달성됨을 알 수 있다. 여기서 θ는 총생산에서 차지하는 자본소득의 비율자본계수이다. 따라서 자본소득만큼 저축하고 노동소득만큼 소비할 때 황금률 수준의 자본량이 달성된다. 이 관계는 기술진보가 존재하지 않는 **14장**에서도 성립했다.

$$c_s=f(k_s)-(\delta+n+g)k_s \qquad (15\text{-}13)$$

이때 정상상태의 소비는 다음 조건이 성립할 때 극대화된다.

$$MPK=\delta+n+g \Leftrightarrow MPK-\delta=n+g \qquad (15\text{-}14)$$

즉 자본의 순한계생산net marginal product of capital $MPK-\delta$가 총산출량 증가율 $n+g$와 같을 때 황금률 수준의 효율단위로 나타낸 1인당 자본량 k_s^g가 달성된다.

솔로 성장모형의 응용 15.2

지금까지 살펴본 바와 같이 솔로 성장모형에 기술진보를 도입함으로써 정상상태에서도 1인당 자본량과 소득이 성장할 수 있게 되었다. 우리는 본 편의 첫머리에서 칼도어N. Kaldor가 정리한 선진국의 경제성장에 관한 정형화된 사실stylized facts들을 소개한 바 있다. 이제부터는 지금까지 배운 솔로의 모형이 경제성장에 관한 여러 가지 정형화된 사실들을 얼마나 잘 설명하는지에 관해 알아보기로 한다. 그리고 솔로 모형이 함축하고 있는 이론적 결과를 데이터를 이용하여 분석하는 방법에 관해서도 알아보기로 한다.

15.2.1 균형성장과 칼도어의 정형화된 사실

기술진보를 도입한 솔로 모형에서 정상상태 균형의 가장 중요한 특징은 1인당 소득과 1인당 자본량이 일정한 비율로 증가한다는 사실이다. 이와 같이 모든 성장하는 변수들이 같은 비율로 성장하는 정상상태의 성장을 균형성장 balanced growth, 그리고 시간에 따른 균형성장의 경로를 균형성장경로 balanced growth path라고 부른다. 이제 솔로 모형에서 균형성장정상상태이 선진국의 성장 경험에 관한 칼도어의 정형화된 사실을 얼마나 잘 설명하고 있는지 알아보자.

1 칼도어의 첫 번째 정형화된 사실은 1인당 소득이 계속 증가했고 성장률이 감소하지 않았다는 것이었다. 즉 1인당 소득의 증가는 오늘날 대부분의 경제에서 나타나는 현상으로 좋은 성장모형이라면 반드시 설명할 수 있어야 한다. 솔로 모형의 균형성장경로가 칼도어의 첫 번째 정형화된 사실을 잘 설명하고 있음은 앞에서 언급한 바와 같다.

2 총자본증가율이 인구증가율을 초과해 1인당 자본량이 증가했다는 것이 칼도어의 두 번째 정형화된 사실이다. 솔로 모형의 균형성장경로에서 1인당 자본량이 기술진보율로 증가하므로 칼도어의 두 번째 정형화된 사실도 잘 설명한다.

3 자본의 수익률이 시간이 경과함에도 불구하고 거의 일정하다는 것이 칼도어의 세 번째 정형화된 사실이다. 솔로 모형의 균형성장경로에서는 효율단위로 나타낸 1인당 자본량이 k_s로 일정하므로 그 수익률인 한계생산도 항상 일정하다. 따라서 솔로 모형은 칼도어의 세 번째 정형화된 사실을 잘 설명한다.

4 칼도어의 네 번째 정형화된 사실은 총자본과 총산출량이 같은 비율로 성장한다는 것이다. 솔로 모형의 정상상태에서는 실제로 총자본과 총산출량이 $n+g$와 같은 비율로 증가한다.

5 칼도어의 다섯 번째 정형화된 사실은 총산출량에서 차지하는 자본소득과 노동소득의 비율이 거의 일정하다는 것이다. 솔로 모형의 균형성장경로에서 자본의 한계생산을 MPK_s라고 하면 이는 **3**에서 설명한 바와 같이 일정하며, 균형성장경로에서 총산출량 Y_s와 총자본량 K_s가 같은 비율로 증가하므로 그 비율 K_s/Y_s도 일정하다.

따라서 총소득에 대한 자본소득비율인 $MPK_s K_s / Y_s$ 또한 일정하다.

6 칼도어의 여섯 번째 정형화된 사실은 1인당 소득 증가율이 나라마다 크게 차이가 난다는 것이다. 솔로 모형에서 1인당 소득증가율은 균형성장경로에서 기술진보율과 같다. 따라서 **i)** 1인당 소득 증가율의 국가 간 차이특히 선진국 간의 차이는 기술진보율의 차이로 설명할 수 있다. 그리고 **ii)** 선진국과 개발도상국 간의 차이는 각 나라들이 서로 다른 성장 단계에 있다는 점에 주목해 설명할 수 있다. 즉 선진국은 정상상태균형성장경로, 그리고 개발도상국은 정상상태로의 전이경로에 있다고 볼 수 있는데 정상상태에서 1인당 소득 증가율은 기술진보율과 같고 정상상태 아래로부터 정상상태로 이동하는 전이경로에서 1인당 소득 증가율은 기술진보율과 1인당 자본량 증가율의 합으로 나타난다.

15.2.2 수렴현상

솔로 성장모형으로부터 얻을 수 있는 중요한 결과 가운데 하나가 정상상태로의 수렴속도에 관한 것이다. **식** (15-9)의 양변을 k로 나누면 효율단위로 나타낸 1인당 자본량 증가율을 다음과 같이 구할 수 있다.

$$\frac{\Delta k}{k} = s\frac{f(k)}{k} - (\delta + n + g) \tag{15-15}$$

식 (15-15)의 우변에 저축률, 감가상각률, 인구증가율 및 기술진보율이 일정하게 주어져 있으므로, 효율단위로 나타낸 1인당 자본량 증가율은 $f(k)/k$ 곧 자본의 평균생산에 의해 결정된다. 자본의 평균생산이 크면 효율단위로 나타낸 1인당 자본량 증가율도 크고, 평균생산이 작으면 효율단위로 나타낸 1인당 자본량 증가율도 작다. 그런데 자본의 생산함수가 위로 볼록하기 때문에곧 자본의 한계생산이 체감하기 때문에 자본의 평균생산은 자본량이 증가하면 감소한다. 따라서 **식** (15-15)와 같이 나타나는 효율단위로 나타낸 1인당 자본량 증가율은 자본량이 증가하면 감소한다.

정상상태 아래에 두 경제가 있을 때 두 경제의 효율단위로 나타낸 1인당 자본량이 서로 다르다면, 1인당 자본량이 작은 경제가 큰 경제보다 더 빠르게 성장한다. 즉 **14장**솔로 성장모형에서 설명한 바와 같이 1인당 자본량이 작은 경제가 큰 경제를 따라잡는 수렴현상convergence이 나타난다. 이때 이론적으로 수렴현상이 나타나려면 두 경제가 **식** (15-15)에 나타나 있는 바와 같이 동일한 생산함수, 저축률, 감가상각률, 인구증가율 및 기술진보율을 공유해야 한다곧 두 경제가 같은 정상상태를 공유해야 한다. 만약 두 경제에서 이 파라미터들의 값이 서로 다르면 서로 다른 정상상태로 수렴하기 때문에 직접적인 비교가 어렵고 수렴현상도 나타나지 않는다.

정상상태에 국한하지 않고서도 1인당 자본량이 작은 경제빈곤한 경제가 큰 경제부유한 경제보다 항상 빠르게 성장한다는 가설을 검증할 수 있는데, 이를 절대적 수렴absolute convergence 가설이라고 부른다. **절대적 수렴 가설**이 성립하는지 알아보기 위해 자료가 존재하는 세계 모든 나라의 1960년 1인당 자본량초기 자본량과 1960~85년 1인당 소득의 평균증가율 사이의 관계를 구해 보면 이 변수들 사이에 상관관계가 없는 것으로 나타난다.[1] 따라서 정상상태가 서로 다른 여러 경제들이 혼합돼 있는 세계 대부분의 나라를 동시에 고려하면 절대적 수렴이 일어나지 않음을 알 수 있다.

한편 세계의 거의 모든 나라를 모두 고려하는 대신 문화적 배경이나 경제 정책이 유사한곧 정상상태가 유사할 것으로 생각되는 나라들의 초기 1인당 자본량과 그 이후의 1인당 소득 성장률을 구해 상관관계를 살펴보면 음negative으로 나타난다곧 유사한 소득수준을 가진 나라들 사이에서는 수렴이 일어난다. 예를 들어 부유한 나라들의 모임이라고 부를 수 있는 경제협력개발기구Organization for Economic Cooperation and Development, *OECD*에 속한 나라들의 1960년 1인당 자본량초기 자본량과 1960~85년 1인당 소득 증가율 사이의 상관관계는 음으로 나타난다곧 초기 1인당 자본량이 작은 나라들이 초기 1인당 자본량이 큰 나라들보다 빠르게 성장한다. 그리고 *OECD* 국가들보다 문화적 배경이나 경제 정책이 더 유사할 것으로 생각되는 미국의 여러 주와 일본의 여러 현prefecture을 대상으로 한 분석에서도 비슷한 결과를 얻을 수 있다.

이와 같이 여러 나라가 동일한 정상상태를 공유한다고 할 때 한 나라의 1인당 소득 증가율은 정상상태로부터 멀리 떨어져 있을수록 크다는 가설을 세울 수 있는데 이를 **조건부 수렴**conditional convergence 가설이라고 부른다.

이론적으로 절대적 수렴보다 조건부 수렴이 타당함은 당연하지만, 조건부 수렴을 검정하려면 복잡한 계량경제학적인 분석을 거쳐야 한다. 조건부 수렴을 검정하는 통계적 방법까지 소개할 수는 없지만 분석 결과는 다음과 같이 정리할 수 있다.

1 미국의 여러 주, 일본의 여러 현 및 유럽 국가들에서 조건부 수렴이 일어나고

---

1 Barro, R. J. and X. Sala-i-Martin(1995), *Economic Growth*, McGraw-Hill, Inc.: New York.

있다.

2 미국의 여러 주는 연간 약 2.2%, 일본의 여러 현은 연간 약 3.1%, 유럽의 여러 나라는 연간 약 1.8%의 비율로 서로 수렴하고 있다. 예를 들어 미국 여러 주의 1인당 실질소득의 격차는 연간 약 2.2%씩 줄어들고 있다.

15.2.3 성장회계

경제성장에 관한 실증연구로서 성장회계를 꼽을 수 있다. 성장회계 growth accounting의 효시는 솔로 R.M. Solow의 연구로, 경제성장 요인별로 그 기여도를 계산할 때 사용된다.[2] 앞에서 살펴본 바와 같이 경제성장은 노동이나 자본 같은 생산요소가 증가하거나 기술이 진보할 때 일어난다. 생산함수가 다음과 같이 콥-더글러스 생산함수로 주어져 있다고 가정해 보자.■

■ 생산함수가 일반적인 형태로 주어져 있는 경우에도 같은 식들을 도출할 수 있다.

$$Y=K^{\theta}(EL)^{1-\theta}=AK^{\theta}L^{1-\theta} \tag{15-16}$$

여기서 A는 총요소생산성 total factor productivity으로 기술수준을 나타내며,■ $A=E^{1-\theta}$와 같다. 이 경우의 A를 솔로잔차 Solow residual라고도 부른다.

■ A를 총요소생산성 total factor productivity(TFP)이라 부르는 이유는 개별생산요소 K와 L의 적절한 결합인 총요소 $K^{\theta}L^{1-\theta}$의 생산성으로서 A가 곱해져 최종산출물을 생산해내기 때문이다.

이제 식 (15-16)을 증가율로 고치면 다음 식을 얻을 수 있다.[3]

$$\frac{\Delta Y}{Y}=\frac{\Delta A}{A}+\theta\frac{\Delta K}{K}+(1-\theta)\frac{\Delta L}{L} \tag{15-17}$$

$$\Leftrightarrow g_Y=g_A+\theta g_K+(1-\theta)n$$

여기서 θ는 자본소득분배율자본계수이다. 따라서 GDP 증가율 가운데 $\theta\cdot(\Delta K/K)$만큼은 자본의 증가가 기여한 크기, $(1-\theta)\cdot(\Delta L/L)$만큼은 노동곧 인구의 증가가 기여한 크기이며 나머지는 총요소생산성곧 기술진보이 기여한 크기이다.

이제 GDP 증가율, 자본증가율, 노동증가율 및 자본소득분배율은 자료가 존재

2 Solow, R.M.(1957), "Technical Change and the Aggregate Production Function," *Review of Economics and Statistics* v. 39, pp. 312-320.

3 어떤 변수 Q가 다음과 같이 다른 변수 P의 지수함수로 나타나 있다고 가정해 보자.

$$Q=P^{x}$$

이때 변수 Q의 증가율을 다음과 같이 얻을 수 있다.

$$g_Q=xg_P$$

즉 Q의 증가율 $g_Q=\Delta Q/Q$는 P의 지수 x와 P의 증가율 $g_P=\Delta P/P$의 곱으로 나타난다. 보다 구체적으로 (15-16)의 양변에 로그를 취한 후 차분하게 되면 (15-17)을 얻을 수 있다.

하므로 자본, 노동 및 기술진보가 각각 경제성장에 기여한 정도를 다음과 같이 구할 수 있다. 먼저 *GDP* 증가율 가운데 자본과 노동의 기여한 크기는 데이터로부터 구할 수 있고, *GDP* 증가율 가운데 총요소생산성이 기여한 크기는 *GDP* 증가율에서 자본과 노동이 기여한 크기를 빼줌으로써 구할 수 있다.

GDP 증가율에 대한 자본과 노동의 기여도의 크기를 구하기 위해서는 *GDP* 에 대한 자본소득분배율과 노동소득분배율 중에서 어느 하나를 알아야 하는데, 자본소득분배율의 경우 **제6장 그림 6-10**의 수치들을 이용해 볼 수 있다.

자본소득분배율, 자본증가율, 노동소득분배율 및 노동증가율을 이용해 구한 자본, 노동 및 총요소생산성TFP의 *GDP* 증가율에 대한 기여도가 **표 15-2**에 나타나 있다. **표 15-2**에서 1970년대 *GDP* 성장률은 평균적으로 6.68%인데 그중 65.3%는 자본 증가, 35.8%는 노동 증가에 따른 것이고 *GDP* 증가율에 대한 총요소생산성의 기여도는 없었다. 즉 1970년대 우리나라 경제의 성장은 순전히 생산요소의 축적에 따른 것이었으며 기술진보가 기여한 바는 없었다고 할 수 있다. 1980년대와 1990년대 *GDP* 증가율에 대한 총요소생산성의 기여도는 각각 47.4%와 38.5%로 증가하였지만 2000년 이전까지 우리나라 *GDP* 증가의 50% 이상이 자본이나 노동 같은 생산요소축적에 의존하고 있었다. 그러나 2000년 이후에는 총요소생산성의 *GDP* 증가율에 대한 기여도가 50%를 상회하고 있다. 이는 우리나라의 성장구조가 요소축적으로부터 생산기술진보로 전환되고 있음을 보여주는 징조라고 할 수 있으며, 장기적인 성장이라는 측면에서 고무적인 현상이라고 볼 수 있다.

표 15-2
우리나라의 성장회계

기 간	*GDP* 성장률(%)	기 여 도		
		노 동	자 본	*TFP*
1970-80	6.68	2.39(35.8)*	4.36(65.3)	−0.07(−0.01)
1980-90	8.16	1.56(19.1)	2,73(33.5)	3.87(47.4)
1990-97	6.59	1.36(20.6)	2.68(40.7)	2.55(38.7)
1990-00	5.63	1.04(18.5)	2.42(43.0)	2.17(38.5)
2000-05	4.51	0.35(7.8)	1.86(41.2)	2.30(51.0)
1970-05	6.49	1.48(22.8)	3.00(46.2)	2.01(31.0)

* ( ) 안은 기여도(%)

자료: Kwark, N.S.,C. Rhee and D.Y. Yang(2007), “Crisis, Adjustment, and Long Run Economic Growth in Korea”, 미발표 원고, 서강대학교.

15.2.4 경제성장의 유형: 요소축적과 기술진보

앞에서 경제성장이 요소축적에 의해서만 이루어지면 궁극적으로 경제가 정상상태에 도달함과 동시에 1인당 산출량의 성장이 멈추게 됨을 공부한 바 있다. 그러나 기술진보에 의해 성장이 일어나면 경제가 정상상태에 도달한 후에도 1인당 산출량이 계속 증가한다. 따라서 경제성장이 어떤 요인으로 일어나느냐에 따라 경제성장이 멈출 수도 있고 계속 진행될 수도 있다. 이러한 이유 때문에 경제성장에서 기술진보가 무엇보다도 중요하다.

20세기 후반 세계 여러 나라의 경제성장 경험 가운데 동아시아의 신흥공업국가들 newly industrialized countries, *NICs*: 우리나라, 대만, 홍콩, 싱가폴 등의 경험은 경제학자들 사이에서 특별한 관심의 대상이 되어 왔다. 이 나라들은 20세기 후반에 고도성장을 이룩하여 빈곤에서 벗어났다. 홍콩과 싱가폴은 이미 선진국에 진입했으며, 우리나라와 대만은 선진국 진입을 눈앞에 두고 있다. 따라서 경제학자들 가운데에는 이 나라들을 동아시아의 호랑이들 East Asian Tigers 이라고 부르며 이들의 성장 경험을 기적이라고 평가하는 사람도 있다.

그렇다면 네 나라의 성장은 요소축적에 의한 것일까, 기술진보에 의한 것일까? 이 질문은 경제성장의 원인이 무엇이냐에 따라 장차 성장이 멈출 수도 있다는 점에서 중요하다. 1990년대 중반 미국의 경제학자 폴 크루그먼 P. Krugman 을 비롯한 일군의 학자들이 이 나라들의 미래 경제성장에 대하여 비관적인 견해를 피력했다.[4] 즉 크루그먼은 성장회계와 실증적인 분석 결과, 선진국의 경제성장이 주로 기술진보에 의해 이루어지는 데 반해 동아시아의 네 마리 호랑이들의 경제성장이 당시까지 주로 생산요소축적에 의존해 왔다는 점에 주목하여, 이 나라들의 빠른 성장이 머지않은 장래에 멈추게 될 것이라면서 이 나라들이 진정한 의미의 호랑이가 아니라 "종이호랑이 Paper Tiger"에 불과하다고 주장했다.

실제로 이 나라들의 경제성장이 주로 생산요소의 축적에 의해 이루어지고 있었기 때문에 크루그먼의 주장이 전혀 근거 없다고 할 수는 없었다. 따라서 당시 우리

---

4 Krugman, P.(1994), "The Myth of Asia's Miracle," *Foreign Affairs* 73, 62-78.
Young, A.(1994), "Lessons from the East Asian NICS: A Contrarian View," *European Economic Review* 38, 964-973.
Young, A.(1995), "The Tyranny of Numbers: Confronting the Statistical Realities of the East Asian Growth Experience," *Quarterly Journal of Economics* 110, 641-680.
Kim, J.-I. and L.J. Lau(1994), "The Sources of Economic Growth in the East Asia Newly Industrialized Countries," *Journal of the Japanese and International Economics* 8, 235-271.

나라를 포함한 이 나라들에서 큰 반향을 불러 일으켰다. 그렇다면 크루그먼의 예견처럼 이 나라들의 경제성장이 멈추게 될까? 이 의문에 답하기는 쉽지 않지만 당시 이 나라들의 경제성장이 생산요소축적에 의하여 이루어졌음은 분명해 보였다.

그러나 최근 연구에 의해 크루그먼의 예측이 반드시 옳지 않을 수도 있다는 사실이 밝혀졌다. 연구에 따르면 경제성장에서는 생산요소축적과 기술진보생산요소를 이용하는 효율성의 진보 모두 중요하다. 즉 1인당 (인적 및 물적) 자본이 축적되면 생산요소를 더 효율적으로 이용하는 경향이 있으며, 생산요소를 더 효율적으로 이용하는 경제는 자본을 더 많이 축적한다. 다시 말해 자본축적과 기술진보는 상호 작용하는 경향이 존재한다는 것이다.[5] 또한 효율적인 기술을 보유한 경제는 인적·물적자본에 대한 수익이 크기 때문에 더 많은 자본을 축적하고자 하는 유인이 존재하는데, 인적·물적자본에 양positive의 외부효과가 존재한다면 저축과 투자가 큰 경제일수록 더 효율적인 기술높은 요소 생산성을 보유할 가능성이 높다.

한편 자본축적과 생산요소의 생산성곧 기술 사이의 상관관계는 두 변수가 공통적인 제3의 변수들에 영향을 받아서 나타날 수도 있다.[6] 자본축적과 생산 효율성에 동시에 영향을 미치는 요인으로 제도와 정부정책을 먼저 생각해 볼 수 있다. 제도와 정부정책을 사회기간구조social infrastructure라고 부를 수 있는데, 사회기간구조는 개인의 기술축적과 기업의 자본축적 및 생산기술개발을 위한 경제적인 환경을 결정한다. 높은 1인당 산출량 달성에 유리한 사회기간구조를 가진 경제에서는 자본축적, 기술 습득, 발명 및 기술 이전이 촉진되고 생산적인 경제활동이 장려된다. 이때 자본축적과 기술진보가 동시에 사회기간구조에 의해 긍정적인 영향을 받는다면 앞에서 소개한 크루그먼의 주장이 과도하게 단순하고 그릇된 시각일 수도 있다.

이와 같이 경제성장이 어떤 요인으로 이루어지느냐는 한 경제의 장기적인 성과를 예측하는 데 매우 중요하다. 지금까지의 연구에 따르면 자본축적과 기술진보 모두 중요하며, 이 두 가지 성장요인이 균형을 이루면서 성장에 기여할 수 있도록 하는 것이 바로 경제정책이다. 실제로 성장정책의 실패는 어떤 요인보다도 심각한 성장의 장애요인이 될 수 있다.

---

5 Klenow, P. J. and A. Rodriguez-Clare(1997), "The Neoclassical Revival in Growth Economics: Has It Gone Too Far?" *NBER Macroeconomics Annual*, pp. 73-103.

6 Hall, R.E. and C.I. Jones, "Why Do Some Countries Produce So Much More Output Per Worker Than Others?" *Quarterly Journal of Economics* v. 114, pp. 83-116.

내생적 성장모형 15.3

기술진보가 존재하는 솔로 성장모형의 단점은 장기적인 성장을 결정하는 기술진보가 순전히 외생적으로 주어진다는 것이다. 즉 솔로 성장모형의 장기 정상상태 균형에서 1인당 소득과 자본량의 성장률이 저축률, 감가상각률 및 인구증가율에 영향을 받지 않으며 (무엇에 의해 결정되는지 불분명한) 외생적 기술진보율에 의해 결정된다. 따라서 기술진보는 솔로 성장모형에서 다른 어떤 것보다 중요함에도 불구하고 그 실체가 불분명하다는 단점이 있다.

솔로 성장모형에서 기술진보가 결정적인 역할을 하는 것은 경제의 장기균형이 궁극적으로 정상상태에서 이루어지기 때문이다. 이 모형에서 정상상태의 균형은 자본의 한계생산이 체감하기 diminishing marginal product of capital 때문에 나타난다. 즉 **그림 15-1**에서 정상상태가 점 A에서 이루어지는 것은 저축함수생산함수가 위로 볼록하기 때문이다생산함수가 위로 볼록한 것은 자본의 한계생산이 자본의 증가와 함께 체감하기 때문이다. 따라서 자본의 한계생산이 체감하지 않는 생산기술이 존재한다면 정상상태는 존재하지 않고 Δk가 항상 양인 경우가 나타나는데 이 경우의 경제성장은 외생적인 기술진보에 의존하지 않고 경제주체들이 경제환경하에서 스스로 결정하는 소위 내생적인 선택에 의해 결정된다. 이와 같이 경제성장이 경제주체들의 선택에 의해 결정되는 이론을 내생적 성장이론 endogenous growth theory 이라고 부른다.[7]

15.3.1 AK모형

내생적 성장이론을 가장 간단하게 이해할 수 있는 모형이 AK 모형이다. 총생산함수가 다음과 같이 주어져 있다고 가정해 보자.

$$Y=AK \tag{15-18}$$

여기서 Y는 총산출량, K는 총자본량, A는 자본 단위당 생산성 또는 좀 더 광의로 총요소생산성 TFP ▪ 을 나타낸다. 이 생산함수가 앞에서 살펴본 생산함수와 다른 점은 자본의 한계생산이 자본이 축적되어도 체감하지 않고 A로 일정하다는 것이다.

▪ TFP는 total factor productivity의 약자로서 생산요소 전체에 적용되는 생산효율성을 지칭한다. 식(15-18)에서는 생산요소가 K로 국한되나 콥-더글라스 생산함수의 경우 노동과 자본 두 가지 생산요소에 대해 전체 생산요소를 $K^{\theta}L^{1-\theta}$로 계산할 수 있다. 따라서 전체 생산요소의 효율성을 A로 표시한다.

7 Rebelo, S.(1991), "Long Run Policy Analysis and Long Run Growth," *Journal of Political Economy* v.99, pp. 500-521.

그림 15-3 **AK모형**

1인당 저축(투자)은 sAk이고 1인당 자본량을 일정하게 유지하는 데 필요한 투자는 $(\delta+n)k$로 나타나 있다. 따라서 $sA>\delta+n$이면 항상 $\Delta k>0$가 성립하고 k가 커짐에 따라 Δk가 더 커져 1인당 자본량과 산출량의 성장은 항구적으로 일어난다. 외생적 기술진보와 같이 외생적으로 성장하는 요인이 존재하지 않는 모형에서 이와 같이 항구적인 경제성장이 일어나는 것은 저축 sAk와 1인당 자본량을 일정하게 유지하는 데 필요한 투자 $(\delta+n)k$가 서로 만나지 않기 때문이며, 이는 자본의 한계생산이 체감하지 않기 때문에 가능하다.

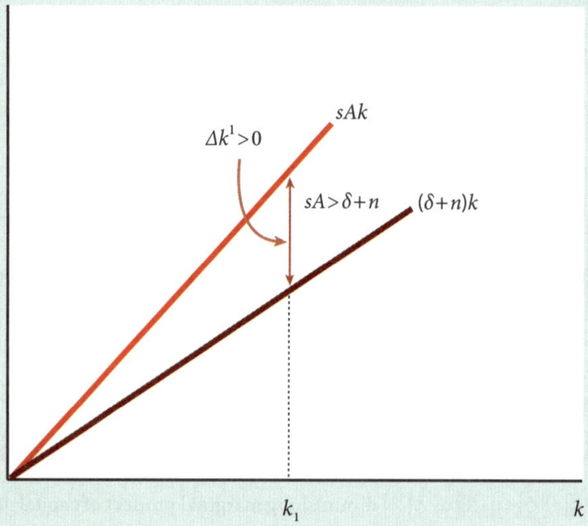

즉 자본의 양에 관계없이 추가적인 자본 한 단위로부터 얻을 수 있는 산출량 크기가 A로 일정하다.

여기서 저축률과 감가상각률 및 인구증가율을 각각 s, δ, n이라고 하면 1인당 자본 증가량을 다음과 같이 얻을 수 있다.

$$\Delta k = sAk - (\delta+n)k \tag{15-19}$$

따라서 1인당 자본량의 증가율은 다음과 같다.

$$\frac{\Delta k}{k} = sA - (\delta+n) \tag{15-20}$$

즉 $sA>\delta+n$이 성립하면 1인당 자본량과 산출량이 멈추지 않고 계속 증가하게 된다.

이 모형은 **그림 15-3**을 이용해 설명할 수 있다. **그림 15-3**에서 1인당 저축투자은 sAk, 1인당 자본량을 일정하게 유지하는 데 필요한 투자는 $(\delta+n)k$로 나타낼 수 있다. 따라서 항상 $\Delta k>0$이 성립하고 1인당 자본량과 산출량의 성장이 항구적으로 일어난다. 이와 같이 (외생적 기술진보와 같은) 외생적인 성장 요인이 존재하지 않는 모형에서 항구적인 경제성장이 일어나는 것은 **그림 15-3**에서 저축 sAk와 1인당 자본량을 일정하게 유지하는 데 필요한 투자 $(\delta+n)k$ 가 서로 만나지 않기 때문인데, 이는 자본의 한계생산이 체감하지 않기 때문에 가능한 것이다.

가장 간단한 내생적 성장모형인 AK 모형에서는 다음과 같은 점에 유의할 필요가 있다.

1 **식** (15-20)에서 보는 바와 같이 1인당 산출량소득의 성장률은 저축률, 자본의 생산성, 감가상각률 및 인구증가율에 영향을 받는다. 먼저 저축률이 증가하면 1인당 소득 증가율이 증가한다. 이때 앞에서 배운 솔로 성장모형에서는 저축률 증가가 새로운 정상상태로 이동하는 전이경로에서 성장률을 증가시키지만 새로운 정상상태에 다다르면 성장률에 영향을 미치지 못하는 점을 기억해야 한다곧 저축률이 경제성장에 미치는 효과가 솔로의 성장모형과 내생적 성장이론에서 완전히 다르다. 한편 저축률은 개별 경제주체가 선택한다고 볼 수 있으므로 내생적 성장이론에서는 성장률이 경제주체들의 선택에 영향을 받는다. 마찬가지로 자본의 생산성이 증가하거나 감가상각률 및 인구증가율이 감소하면 성장률이 커진다.

2 내생적 성장이 일어나기 위해서는 **식** (15-18)에서 보듯이 자본의 한계생산이 체감하지 않아야 한다. 그렇다면 자본의 한계생산이 체감하지 않는다는 가정은 타당한 가정일까? 이 의문에 대한 대답은 자본을 해석하는 방법에 따라 달라진다. 자본을 실물자본공장이나 장비 등으로 해석하면 자본의 한계생산이 체감하지 않는 **식** (15-18)과 같은 생산함수를 합리화하기가 쉽지 않다. 즉 기계 한 대를 가지고 일하는 사람에게 기계 다섯 대를 추가적으로 준다고 해서 다섯 배의 산출량을 얻을 수 있는 것은 아니다. 그러나 자본을 더 넓게 해석하면 자본의 한계생산이 체감하지 않는 **식** (15-18)의 생산함수를 정당화할 수 있다. 즉 자본에는 공장이나 기계설비 같은 실물자본뿐만 아니라 인적자본 또는 (경제성장을 위해서는 무엇보다도 중요한) 지식knowledge도 포함된다. 이때 지식은 생산과정에서 사용될 뿐만 아니라 새로운 지식 자체를 생산해내는 요소로 이용되기도 하다. 이때 지식은 실물자본과는 본질적으로 다른 특성을 가진다. 지식은 실물자본처럼 한계생산이 체감한다고 보긴 어렵다. 실제로 산업혁명 이후 과학과 생산기술의 눈부신 발전 때문에 지식의 한계생산이 체증했다는 주장도 있다. 이에 따라 지식을 자본의 한 형태로 인정하면 **식** (15-18)과 같은 생산함수가 전혀 비현실적인 것은 아님을 알 수 있다.

내생적 성장의 요체는 체감하지 않는 자본의 한계생산에 있다. 즉 내생적 성장모형들은 자본의 한계생산이 체감하지 않게 하는 요인들로 경제성장을 설명하기 위해 지식의 외부효과 externality를 비롯해 인적자본의 축적, 학습효과 learning by doing, 연구와 개발투자 *R&D* investment, 창조적 파괴 creative destruction, 경제개방 및 정부정책 등과 같은 다양한 성장 요인들을 성장모형에 도입하고 있다. **부록 15-1 참조**

15.3.2 지식의 외부효과

앞에서 언급한 것처럼 지식의 한계생산은 체감하지 않을 수 있다. 로머 P.M. Romer는 지식의 한계생산이 체감하지 않는 원인으로 지식이 가진 외부효과를 모형에 도입했다.[8] 즉 로머는 지식의 외부효과 때문에 생산함수가 다음과 같이 주어져 있다고 가정한다.

$$Y = AK^{\theta}\{f(\hat{k})L\}^{1-\theta},\ 0<\theta<1 \tag{15-21}$$

여기서 설명의 편의를 위해 콥-더글러스 생산함수를 가정했으며, K는 경제 전체의 지식, L은 노동량의 규모, $\hat{k}$는 경제의 모든 사람들이 평균적으로 가지고 있는 1인당 지식으로서 앞서 보았듯이 $k=K/L$로 정의되는데 여기서 기호 "^"은 경제주체가 시장에서 가격을 지불하지 않고서 얻게 되는 재화로서 지식의 외부성이 적용됨을 지칭한다. 그리고 $f(\hat{k})$는 일인당 지식수준으로부터 유도되는 생산성으로서 노동 L에 체화되므로 노동생산성으로 간주한다. 이때 $f(\hat{k})$는 1인당 평균 지식의 증가함수인데, 이는 곧 한 노동자의 주위에 평균적으로 지식이 높은 사람들이 많으면 지식의 외부성인 넘침효과■ spillover 때문에 그 노동자의 지식과 생산성도 저절로 증가함을 의미한다.

■ 일출효과로 지칭되기도 한다.

그런데 **식 (15-21)**의 총생산함수에서 외부효과 $f(\hat{k})$는 다양한 형태로 나타날 수 있다. 여기서는 보다 쉽게 설명하기 위해 함수 $f(\cdot)$가 다음과 같은 특성을 지닌다고 가정한다.

$$f(\hat{k}) = \hat{k} \tag{15-22}$$

여기서 $\hat{k}$는 외부효과를 가져오는 경제 전체의 평균 지식인데, 비록 개인이 선택할 수는 없지만 균형에서 1인당 지식 k와 일치해야 한다. 따라서 **식 (15-22)**를 **식**

---

8 Romer, P.M.(1986), "Increasing Returns and Long Run Growth," *Journal of Political Economy* v.94, pp. 1002-1037.

(15-21)에 대입한 식으로부터 1인당 생산함수를 다음과 같이 얻을 수 있다.

$$y=Ak^{\theta}(\hat{k})^{1-\theta}=Ak \qquad (15\text{-}23)$$

이때 균형에서 $k=\hat{k}$임을 이용했다. 따라서 자본을 지식으로 보고 외부효과를 고려하면, 1인당 생산함수를 자본에 대한 선형생산함수 linear production function 로 얻을 수 있다. **식** (15-23)과 같은 1인당 생산함수를 이용하면 AK 모형과 같은 방법으로 1인당 성장률을 구할 수 있다.

15.3.3 인적자본

인적자본의 축적이 경제성장의 동력임은 일찍이 알려져 있었다.[9] 내생적 성장의 요인으로 인적자본을 이론적으로 처음 체계화한 사람은 루카스 R.E. Lucas, Jr.이다.[10] 자세한 내용은 본 교과서의 범위를 넘어서므로 간략히 핵심적 아이디어만 소개하기로 한다. 인적자본이 존재할 때 한 경제 안에 재화를 생산하는 부문과 인적자본을 생산하는 두 부문이 각기 존재한다. 개별 경제주체는 생산과 인적자본에 투입하는 시간을 각각 효용 및 이윤극대화를 위해 (내생적으로) 결정한다. 인적자본 축적에는 (i) 기존의 인적자본 저량을 외부효과를 통해 활용하지만 (ii) 물적자원의 일부도 기회비용을 치루고 투입하는 납득할 만한 구조를 상정하였다. 이러한 개별 경제주체들의 행위를 극대화 원리를 활용하여 유도 · 정리하면 아래와 같은 생산과 인적자본 축적에 관한 두 개의 거시경제의 관계식을 얻을 수 있다.

$$Y=AK^{\theta}(hL)^{1-\theta},\ 0<\theta<1 \qquad (15\text{-}24)$$

$$\Delta h=Bh,\ B>0 \qquad (15\text{-}25)$$

식 (15-24)는 재화의 생산함수이고, **식** (15-25)는 인적자본의 생산함수이다. 재화의 생산함수인 **식** (15-24)의 의미는 자명한데, 생산요소로서 자본과 함께 노동력 L에 체화된 숙련도로서 인적자본이 곱해진 hL이 일종의 유효노동력으로서 투입되어 생산이 이루어진다. 그리고 인적자본의 생산함수인 **식** (15-25)는 인적자본만 이용해 새로운 인적자본이 생산된다고 매우 단순하게 가정하고 있다.■

■ 이러한 가정하에서 두 식 (15-24)와 (15-25)는 결과적으로 마치 노동 확장적 기술진보를 가정한 외생적 솔로모형과 매우 유사한 동학 구조를 지니게 됨을 알 수 있다. 즉, 생산함수 $Y=F(K, EL)$과 노동효율성에서 $\Delta E=gE$의 형태의 외생적 솔로모형에서 E 대신 h를 그리고 주어진 성장률 g 대신 B로 표기한 것으로 볼 수도 있다. 단, 핵심적 차이는 솔로모형에서 성장률 g는 주어진 것이지만 인적자본모형에서 B는 경제주체들의 최적화 과정에서 내생적으로 결정됨에 유의하자.

9 Becker, G.S.(1975), *Human Capital*, 2nd ed., New York: Columbia University Press.

10 Lucas, R.E., Jr.(1988), "On the Mechanics of Development," *Journal of Monetary Economics* v.22, pp. 3-42.

따라서 효율단위로 나타낸 1인당 산출량과 1인당 인적자본 증가율을 다음과 같이 쓸 수 있다.

$$y = Ak^{\theta},\ \text{여기서}\ k = \frac{K}{hL} \tag{15-26}$$

$$\frac{\Delta h}{h} = B \tag{15-27}$$

즉 재화의 생산과 인적자본 증가율을 각각 효율단위로 나타낸 1인당 자본량 $k = K/(hL)$와 인적자본 생산의 효율성 B의 함수로 나타낼 수 있다.

여기서 저축률과 감가상각률 및 인구증가율이 각각 s, δ, n으로 주어져 있다면 효율단위로 나타낸 1인당 인적자본의 증가량은 다음과 같다.

$$\Delta k = sAk^{\theta} - (\delta + n + B)k \tag{15-28}$$

따라서 **식** (15-27)을 **식** (15-28)에 대입하면 정상상태의 자본량 k_s를 다음 식으로부터 구할 수 있다.

$$k_s = \left(\frac{sA}{\delta + n + B}\right)^{\frac{1}{1-\theta}} \tag{15-29}$$

그리고 정상상태에서 인적자본 증가율은 **식** (15-27)과 같다. 즉 정상상태에서 1인당 산출량은 인적자본 증가율로 성장하고 총산출량은 인적자본 증가율과 인구증가율의 합으로 성장한다.

이 모형에서는 외생적으로 증가하는 어떤 요인도 없는데도 경제성장이 일어나게 된다. 새로운 인적자본의 생산·축적이 있을 때 내생적 성장이 일어나는 것은 축적되는 생산요소인 물적자본과 인적자본의 한계생산이 체감하지 않기 때문이다. 즉 재화의 생산함수인 **식** (15-24)와 인적자본의 생산함수인 **식** (15-25)가 물적자본과 인적자본에 대해 규모에 대한 수익불변이다. 다시 말해 물적자본과 인적자본을 같은 비율로 축적하면 한계생산이 체감하지 않는다. 그리고 이 모형의 정상상태 균형성장경로에서는 물적자본과 인적자본이 같은 비율로 성장하기 때문에 내생적 성장이 일어난다. 반면, 솔로모형에서는 K의 축적에 L의 축적이 따라가지 못하므로 궁극적으로 자본의 한계생산성체감의 법칙에 묶여 지속적 성장이 가능하지 않게 되는 것이다.

BOX 15-1 성장모형에 관한 실증분석

먼저, 외생적 성장모형으로서 솔로모형은 일인당 자본량 k의 성장률이 경제성장률을 결정하는 가장 중요한 요인이나 궁극적으로 자본이 축적될수록 한계생산체감의 법칙에 따라 수렴현상이 발생함을 강조한다. 따라서 종속변수로서 특정기간동안 성장률을 두고 이를 설명할 때 설명변수로서 주로 (i) 장기 정상상태를 결정하는 변수들인 저축률, 인구증가율과 함께 (ii) 초기조건, 즉 분석 기간의 초기 경제상태가 빈곤하였다면 빠른 성장이 예측되므로 전이과정에 관한 중요 정보로서 초기조건을 고려한다. 다음으로 솔로모형을 좀더 발전시킨 맨큐-로머-와일[11]은 인적자본 또한 물적자본과 동일하게 체감하는 방식으로 성장한다고 두고 국가간 인적자본 수준이 차등화됨에 따라 장기 균제상태가 달라짐에 착안하여 분석하였다. 즉, 다른 조건이 동일할 때 높은 인적자본을 가진 나라에서 높은 장기균제 생산에 수렴하는 상호 다른 수렴이 발생함을 고려하여, 교육년수를 인적자본에 관한 대리 설명변수로 추가하여 실증분석한 결과 기존 추정모형에 비해 유의미한 개선을 확인하였다.

한편, 내생적 성장모형으로 루카스의 인적자본모형 그리고 로머의 R&D모형에서 모두 공통적으로 (i) 기존 인적자본 또는 지식을 마치 공공재처럼 (경합성과 배제성이 해당되지 않는) 지식의 넘침(일출)효과에 의해 접근·활용할 수 있고 (ii) 물적자본 및 인력의 일부를 생산이 아닌 인적자본 또는 지식생산에 투입함으로써 총요소생산성을 높이며 동시에 증가한 총생산으로부터 또다시 인적자본과 지식의 창출에 보다 많은 자원을 투입하는 (선)순환 속에서 경제가 내부에서 성장동력을 만들며 성장하는 구조로 되어 있다. 따라서 인적자본과 지식의 축적 및 확산을 도우며 혁신활동을 촉진하는 사회경제적 구조가 무엇보다 중요하다. 이를 반영하는 많은 설명변수 중에서 주로 정치·경제적 안정성, 대외개방도, 법·질서 및 사유재산권의 보장 정도, 규제, 보건, 제도의 질, 사회적 신뢰, 종교 등이 성장률을 설명하는 데 성공적이었음을 관련 문헌은 보고하고 있다.

15.3.4 R&D 투자

연구와 개발이 존재할 때 한 경제 안에 재화를 생산하는 부문과 지식·신기술을 생산하는 두 부문이 각기 존재한다. 개별 경제주체는 생산과 연구·개발에 투입하는 비중을 각각 효용 및 이윤극대화를 위해 (내생적으로) 결정한다. 지식의 개발에는 (i) 기존의 지식을 외부효과를 통해 활용하는 동시에 (ii) *R&D*를 수행할 연구인력을 투입해야한다. 그리고 (iii) 경쟁적 노동시장을 통해 생산부문과 연구개발부문 중 어디에 종사할 것인지 개별 경제주체들이 자발적으로 선택한다. 이러한 모형의 구조하에서 개별 경제주체들의 행위를 극대화 원리를 활용하여 유도·정리하면 앞에서와 유사한 생산과 (인적자본 대신) 지식 축적에 관한 식들을 얻게 되며 이로부터 내생적 성장이 나타남을 확인할 수 있다.

위에서 배운 인적자본 축적에 따른 성장모형은 연구와 개발research and develop-

11 Mankiw, N.G., D. Romer and D.N. Weil, 1992, A contribution to the empirics of economic growth, Quarterly Journal of Economics 107, 407-437.

ment, $R\&D$에 따른 성장모형으로 재해석할 수 있다. 즉 **식** (15-24)와 (15-25)에서 인적자본 h를 $R\&D$로 축적된 지식이라고 해석하면 위의 모형은 $R\&D$ 투자에 따른 내생적 성장모형이 된다. 물론 이때 **식** (15-25)에 나타나 있는 $R\&D$에 의한 지식 생산함수는 매우 추상적이기 때문에 $R\&D$가 가진 특성을 모두 반영하고 있다고 말하기는 어렵다. 다시 말해 $R\&D$는 기업의 이윤추구 활동 가운데 하나로, $R\&D$에 따른 새로운 기술이나 지식에 대한 일정 기간 동안의 독점권 때문에 나타나며 $R\&D$에 따른 기술혁신은 다음 세대 기술혁신의 기초가 된다. 따라서 이윤을 추구하는 자본주의 경제에서 $R\&D$는 하나의 혁신으로 끝나지 않고 새로운 혁신으로 이어진다고 할 수 있다.

15.4 경제성장을 위한 정책

정부는 경제성장을 촉진하는 여러 정책을 제대로 시행함으로써 성장률을 높일 수 있다. 이때 정부정책은 저축과 투자를 증가시키는 것일 수도 있고 기술혁신을 촉진하는 것일 수도 있다. 경제성장이 잘 이루어질 수 있도록 제도를 도입하고 유지하는 것 또한 정부정책에 포함된다.

15.4.1 저축률에 관한 정책

솔로모형의 맥락에서 볼 때 최적적인 저축률은 황금률 수준의 자본축적을 달성하는 저축률임을 배운 바 있다. 그런데 우리나라를 포함하여 세계 대부분의 나라의 저축률은 황금률 수준보다 낮다. 따라서 저축률을 높이는 것이 황금률 수준의 자본축적에 접근하는 방법이다. 한 나라의 저축은 민간저축 private saving과 공공저축 public saving의 합으로 구성된다. 따라서 저축을 늘리려면 이 두 가지 유형의 저축을 증가시켜야 한다.

먼저 공공저축—곧 정부저축 government saving—은 조세수입에서 정부지출을 차감하여 구한다. 앞에서 배운 바와 같이 조세수입이 정부지출보다 크면 정부저축은 양—곧 예산흑자 budget surplus—이 되고, 조세수입이 정부지출보다 작으면 정부저축은 음—곧 예산적자budget deficit—이 된다. 공공저축이 음이 되면 정부부채가 증가하는데, 이는 다시 이자율을 상승시켜 투자를 감소시킨다.■ 다시 말해 투자에 대해 밀어내기효과crowding out effect를 일으켜 자본축적을 저해한다. 반대로 정부저축이 양이 되면 정부부채가 감소하고 이자율이 하락해 투자가 촉진된다.

■ 이는 리카도 동등성정리가 성립하지 않고 밀어내기(구축)가설이 작용함을 의미한다.

한편 정부는 정책을 통해 민간저축에 영향을 미칠 수도 있다. 예를 들어 개인소득세, 기업소득세법인세, corporate income tax 및 재산세estate tax 등은 저축에 대한 수익률을 낮추어 저축을 감소시킨다. 따라서 정부는 이러한 세율을 삭감해 민간저축의 유인incentive을 증가시키거나 소득세를 단순소비세consumption tax로 전환해 저축의 유인을 증가시킬 수 있다.■ 이때 주의할 것은 소득세율이나 재산세 인하가 민간저축을 증가시키는 반면 정부저축을 감소시키기도 한다는 점이다. 따라서 두 효과 가운데 어떤 것이 큰지에 따라 소득세 인하가 총저축을 증가시킬 수도 있고 감소시킬 수도 있다. 이에 관해 공급중시경제학supply side economics을 주장하는 학자들은 소득세율 인하가 저축률을 증가시킨다고 주장한다. 한편 소득세율 인하가 저축률을 감소시킨다는 실증적 분석 또한 존재한다.[12]

■ 다음과 같은 2기간 모형의 예산제약식을 통해 소득세와 소비세의 저축효과를 비교해 볼 수 있다. 먼저 t_c=소비세, t_k=자본소득세, t_L=노동소득세로 정의하자.

$$(1+t_c)C_1+\frac{(1+t_c)}{1+(1-t_k)r}C_2=(1-t_L)w\cdot H$$

여기서 소비세 t_c는 1, 2기 모두에 비례적으로 영향을 미치므로 기간간 상대가격 체계를 바꾸지 못한다. 반면 자본소득세 t_k의 증가는 세후 이자율을 낮추게 됨으로써 제2기의 상대가격 $\frac{1}{1+(1-t_k)r}$을 높여–미래소비의 가격을 높임–현재소비를 부추기게 되어 저축유인을 저하시킨다.

15.4.2 투자 증대와 배분에 관한 정책

유사하게 솔로모형의 맥락에서, 주어진 저축에서 투자를 증대시키는 정책은 여러 가지가 있다. 먼저 외국으로부터 투자 유치는 산업화를 앞당기는 정책이다. 물론 이때 투자 유치로 형성된 자본을 현명하게 사용해야 한다. 자유무역정책은 기업가들에게 외환을 획득하여 기술이 앞선 선진국으로부터 필요한 기계와 설비를 구입하는 동시에 각국이 보유하고 있는 비교우위산업, 업종에 특화하여 세계시장으로부터 이윤을 창출할 기회를 부여하므로 투자를 촉진시킨다. 외국의 기계와 장비에 대하여 높은 관세를 부과하거나 비관세 장벽을 통해 수입을 제한하는 것은 궁극적으로 경제성장을 저해하는 정책이 된다.

한편 지금까지 솔로 성장모형에서 자본은 한 가지 유형만 존재한다고 가정했지만 실제로는 여러 가지 유형이 있다. 먼저 자본은 물적자본physical capital, 사회간접자본social infrastructure 및 인적자본human capital으로 나뉘는데, 이 자본들도 여러 유형의 자본들로 구성된다. 예를 들어 물적자본은 기중기나 컴퓨터 같은 전혀 다른 성

12 Laffer, A.B.(2004), "The Laffer Curve: Past, Present and Future," *Executive Summary Backgrounder* No. 1765, Heritage Foundation.

격의 자본들로 구성되며 사회간접자본에는 도로, 항만, 교량 및 상하수도 같은 다양한 자본들이 포함되어 있다. 인적자본도 공적 교육기관에서 배우는 지식뿐만 아니라 직장에서의 훈련on-the-job training 같은 다양한 교육을 비롯해 훈련기관으로부터 습득한 기술, 기업가의 경영기술entrepreneurial skill 등이 포함되는데, 물적자본과 마찬가지로 노동생산성에 이바지한다.[13] 특히 새로운 기업을 세우고 새로운 제품을 시장에 선보이는 능력을 가진 경영자들은 경제성장에 중요한 역할을 한다. 따라서 정부가 경영자들의 활동을 제약하는 불필요한 걸림돌을 제거하고 경영기술을 가진 사람들이 더 높은 생산성을 발휘하도록 유인을 제공하면 경제성장에 도움이 된다.

경제성장을 촉진시키기 위해서 정책당국은 반드시 세 가지 유형의 자본 가운데 어떤 것이 가장 필요한지 판단해야 한다. 즉 가장 높은 한계생산을 가지고 있는 자본 유형이 무엇인지 알아내 더 많은 투자가 이루어지게 해야 한다. 가장 높은 한계생산을 가진 자본 유형을 파악한 다음에 정부가 선택할 수 있는 정책은 두 가지가 있을 수 있다.

1. 정부는 시장기능에 맡김으로써 저축이 세 가지 유형의 자본에 골고루 배분되게 할 수 있다. 즉 자본시장에서 시장이자율로 차입해 자본 투자가 이뤄지도록 하면, 자본의 한계생산이 높은 산업으로 자원이 배분된다. 이때 정부는 특정한 자본에 세금우대정책 등을 시행함으로써 자원 배분의 왜곡을 초래해서는 안 된다. 즉 정부는 공평한 제도를 유지해곧 시장에 의해 한계생산성이 높은 자본으로 자원이 배분되도록 해야 한다.
2. 정부가 특정한 자본을 더 많이 축적시키기 위해 적극적으로 개입할 수 있다. 이는 외부효과externalities에 의해 시장균형이 효율적으로 작동하지 못하는 경우에 중요하다. 예를 들어 한 사람이나 집단의 인적자본 또는 지식 축적이 지식의 넘침효과knowledge spillover에 의해 다른 사람이나 집단에 (시장에서 가격을 지불하는 거래를 통하지 않으면서) 영향을 미치는 경우가 있을 수 있다. 만약 한 산업에서의 자본축적이 외부효과를 가지면 그 산업에서의 자본수익률이 외부효과를 반영한 자본의 사회적 한계생산보다 낮게 나타난다. 이 경우에 정부는 외부효과가 큰 산업의 자본이 더 많이 축적되도록 해야 한다. 정부가 특정한 산업의 자본축적을 장려하는 정책을 산업정책industrial policy이라고 부르는데, 산업정책을 바르게 시행하려면 여러 경제 부

---

13 Mankiw, N.G., D. Romer, and D.N. Weil(1992), "A Contribution to the Empirics of Economic Growth," *Quarterly Journal of Economics*, pp. 407-437.

문의 외부효과를 정확히 파악하여 각 부문에 알맞은 유인을 제공해야 한다.

그러나 대부분의 경제학자들은 정부가 산업정책을 효과적으로 수행할 수 없다고 생각하는데, 그 이유는 다음과 같다.

1. 여러 부문의 외부효과를 정확히 측정하기가 매우 어렵기 때문에 외부효과를 정확히 알지 못한 가운데 정책을 시행할 수 있다. 이 경우에는 유인이 주어져야 할 부문에 주어지지 않고 유인을 주지 말아야 할 부문에 주어지는 경우가 있을 수 있기 때문에 정책이 시행되지 않은 것보다 나쁜 결과가 나타날 수 있다.
2. 공공자본 public capital, 곧 도로, 항만, 교량, 공항 등은 정부의 의사결정에 의존할 수밖에 없는데 민간자본의 한계생산은 기업의 이윤을 통해 쉽게 파악할 수 있으나 공공자본의 경우 한계생산을 파악하는 것이 어렵고 정치적인 이해관계영향력 있는 정치인의 출신 지역에는 공공투자가 과다하고 그 밖의 지역은 과소해지는 경향 등에 따라 투자가 결정되는 일이 많아 자원 배분이 왜곡될 개연성이 늘 존재한다.

15.4.3 기술진보를 위한 정책

솔로 성장모형에서 1인당 소득을 장기적으로 증가시키는 것은 기술진보이다. 기술진보는 한 나라의 생활수준을 항구적으로 개선시켜 나가는 원천이지만 솔로 성장모형에서는 외생적으로 주어진다곧 솔로 성장모형에서 기술진보는 경제주체들의 선택과 관련 없이 모형 밖에서 결정돼 주어진다. 이러한 특징은 솔로 모형의 설명력을 제한하는 요인이 되는데, 다른 한편으로는 내생적 성장이론 endogenous growth theory 의 출발점이 되기도 한다.

솔로 성장모형의 이론적인 한계와는 별개로 실제 경제에서는 기술진보를 촉진하기 위한 여러 정책이 시행된다. 기술진보는 과학의 발전과 연구·개발 research and development, *R&D* 의 두 가지 요소가 결합돼 이루어지므로, 기술진보를 위한 정책 또한 두 가지 요소를 중심으로 시행된다.

1. 과학 발전을 위해 정부는 대학이나 연구기관에 보조금을 지급해 기초과학에 대한 연구업적을 쌓도록 하고 정부기관을 통해 연구를 관리한다.
2. 연구·개발을 통한 기술개발과 혁신 innovation 을 위해서 정부는 다음과 같은 세 가지 정책을 시행한다. 첫째, 정부는 연구·개발에 종사하는 개인이나 기업에 대해 보조금을 지급하거나 조세를 감면해 준다. 둘째, 정부는 기술진보를 촉진시키기 위

해 핵심 산업을 선택하여 지원하는 산업정책industrial policy을 시행한다. 셋째, 새로운 기술이나 상품을 발명한 사람들에게 일정한 기간 동안 독점권을 인정하는 특허제도를 시행한다.

특허 아이디어와 지적재산권intellectual property right을 보호하기 위해 세계 각국은 특허법patent law과 저작권법copyright law을 시행하고 있다. 특허는 기업이나 개인에게 부여하는 권리로, 새로운 기술이나 제품을 다른 사람들이 일정 기간 동안 무단으로 사용하지 못하게 금지시킨다. 그러나 아무리 엄격한 특허법이나 저작권법이라 할지라도 다른 기업이 같거나 유사한 상품을 생산하는 다른 기술에 대한 연구·개발까지 막지는 않는다.

특허법과 관련하여 정부는 매우 어려운 의사결정을 해야 한다. 특허법이 지나치게 엄격하면 다른 사람들이 기술을 이용할 때 지나치게 높은 수수료licensing fee가 부과되므로 기술 이용이 제약된다. 지금 당장만 고려할 때 사회적으로 최적인 것은 이미 개발된 기술을 모든 사람들이 사용할 수 있도록 하는 것이지만, 이는 자칫 미래 연구·개발에 투자할 유인을 저하시킬 수 있다. 연구·개발과 기술진보가 위축되면 경제성장도 멈추게 되므로, 적절한 수준의 특허법을 유지하기 위해서는 고도의 경제학적인 분석이 필요하다고 할 수 있다.

특허 및 저작권법과 관련하여 최근의 문제는 국제적인 양상을 띠고 있다. 즉 기술진보를 이룬 선진국 기업들의 연구·개발은 활기를 띠지만 많은 후진국 기업들의 경우 독자적으로 연구·개발을 하기보다는 (선진국 기업의 기술을 무단으로 사용하는) 무임승차free ride를 시도하는 경우가 많다. 특히 후진국 정부들이 지적재산권 보호를 등한시하므로 기술의 무단사용은 종종 국제분쟁으로 이어지게 된다. 한편 허술한 지적재산권 보호제도는 기술개발의 의욕을 꺾을 수 있다. 따라서 세계 모든 나라들이 지적재산권 보호에 적극적으로 나선다면 기술개발 유인이 증가하고 세계 경제의 기술진보 또한 촉진될 것이다.

15.4.4 제도의 선진화

앞에서 총요소생산성에 대해 논의하면서 한 나라의 제도institution를 기술진보와 자본축적에 동시에 영향을 미칠 수 있는 요소로서 다룬 바 있다. 즉 양질의 제도를 가진 나라는 유한한 자본을 효율성이 높은 부문에 먼저 배분하며, 기술개발

유인을 보장해 기술진보를 촉진하는 경향을 보인다. 통상적으로 고려하는 제도에는 광범위한 법제도legal system와 금융제도financial system 및 정부의 질quality of government이 포함된다.[14]

법제도는 투자와 기술개발 유인incentive을 안정적으로 제공할 뿐만 아니라 재산권property right을 확립·보호함으로써 투자와 기술개발에 따른 수익을 누릴 수 있게 해 주는 매우 중요한 사회적 장치이다. 이에 관해 다음과 같은 흥미로운 연구가 있다.

과거에 영국의 식민지였던 미국, 캐나다, 인도, 싱가폴 등은 영국식 법제도를 수용했으며, 이탈리아와 스페인 및 두 나라 식민지였던 남아메리카의 대부분의 나라들은 프랑스식 법제도를 따르고 있다.[15] 그런데 실증적인 연구에 따르면 프랑스식 법제도보다 영국식 법제도 아래에서 주주나 채권자 권리가 잘 보호되고 있다. 따라서 영국식 법제도를 따르는 나라에는 잘 발달된 금융시장financial market이 존재하는 경우가 많은데, 금융시장이 잘 발달된 나라일수록 자금 융통이 쉽기 때문에 자본의 효율적인 배분이 일어나고 경제성장 속도 또한 빠른 것으로 나타났다.[16]

나라 사이에 큰 차이가 나는 제도적 요인들 중에서 정부의 질을 꼽을 수 있다.[17] 정부는 재산권을 보호하고 계약contracts 이행을 보장하고 경쟁을 촉진하며 동시에 경제 범죄를 처벌함으로써 시장기능을 보호해야 한다. 그러나 현실에서는 정부가 소수 권력자들의 정권을 유지하기 위해 경제를 희생하거나 부패corruption를 저지르는 경우도 종종 있다. 실증분석에 따르면 실제로 부패가 경제성장에 심각한 장애가 되는 경우가 많다.[18] 특히 부패가 만연한 경우 제한된 정부예산하에서 부패 척결이 어려워져 부패문화가 고착화되기도 한다.

---

14 Rodrik, D., A. Subramanian, and F. Trebbi(2004), "Institutions Rule: The Primacy of Institutions over Geography and Integration in Economic Development," *Journal of Economic Growth* v.9, pp. 131-165.

15 Acemoglu, D., S. Johnson and J.A. Robinson(2001), "The Colonial Origin of Comparative Development: An Empirical Investigation," *American Economic Review* v.91, pp. 1369-1401.

16 La Porta, R., F. Lopez-de-Silanes, A. Shleifer and R. Vishny(1998), "Law and Finance," *Journal of Political Economy* v. 106, pp. 1113-1155.
Levine, R. and R.G. King(1993), "Finance and Growth: Schumpeter Might Be Right," *Quarterly Journal of Economics* v. 108, pp. 717-737.

17 La Porta, R., F. Lopez-de-Silanes, A. Shleifer and R. Vishny(1999), "The Quality of Government," Journal of Law, *Economics, and Organization* v.15, pp. 222-279.

18 Knack, S. and P. Keefer(1995), "Institutions and Economic Performance: Cross Country Tests Using Alternative Measures," *Economics and Politics* v.7, pp. 207-227.
Mauro, P.(1995), "Corruption and Growth," *Quarterly Journal of Economics* v.110, pp.681-712.

BOX 15-2 선진국의 생산성 하락: 1973~1995

1950~73년 경제성장의 황금기라고 불릴 만큼 세계 경제는 유사 이래 가장 빠르게 성장했다. 그러나 1973년 이후 오른쪽 표에서 보는 바와 같이 선진국에서 생산성 하락productivity slowdown과 그에 따른 경제성장률의 하락이 나타나 1995년까지 지속됐다. 이 기간 동안 오른쪽 표에 나타나 있는 나라들의 평균 성장률은 1.8%로 이전보다 현저히 낮았다. 특히 미국의 1인당 국민소득 성장률은 1.5%에 그쳤으며 모든 나라들이 비슷한 경험을 했다. 따라서 당시에 경제가 1950~73년 황금기 이전의 낮은 성장률로 복귀하는 것이 아닌가 하는 우려가 나왔기 때문에 성장이론과 거시경제 이론의 큰 관심사로 부각됐다.

선진국의 생산성 하락: 1973~1995

국 가	1인당 GDP 성장률			
	1950~1973	1974~1995	1996~2004	평균
미 국	2.2	1.5	2.2	1.9
영 국	2.5	1.8	2.5	2.2
프 랑 스	4.1	1.5	1.7	2.7
독 일	5.0	2.0	1.2	3.2
이탈리아	4.8	2.3	1.5	3.2
일 본	8.4	1.6	1.2	4.5
캐 나 다	3.0	1.6	2.4	2.3
평 균	4.3	1.8	1.8	2.9

(주) 1995년 이전은 서부 독일, 1995년 이후는 통일 독일.

자료: Maddison, Angus(1982), *Phases of Capitalist Development*, OECD Country Profile.

1973~95년에 나타난 성장률 저하의 원인에 대해 다음과 같은 설들이 있다.

1 측정 문제 산출량과 생산성을 측정measurement할 때 재화와 서비스 질의 변화를 반영하기가 어렵다. 예를 들어 1990년에 생산된 PC는 1970년에 생산된 PC보다 기능이 우수하지만 실질가격으로 나타낸 컴퓨터 가격은 두 연도 사이에 큰 차이가 없다. 이때 국민소득은 기능 개선을 고려하지 않고 실질가격으로만 측정하므로 생산성 증가를 과소평가하는 경향이 있다.

환경보호를 위한 지출의 경우도 마찬가지다. 예를 들어 전력회사가 이산화탄소를 적게 배출하는 연료로 바꾸거나 공해 여과시설을 설치하는 경우 단위당 전력 가격이 상승한다. 이 경우 전력회사는 전력과 함께 깨끗한 공기도 생산하지만 국민소득계정에서는 지출 단위당 전력생산량만 측정해 오히려 생산성이 하락하는 것으로 나타난다.

측정 문제로 생산성 둔화를 설명하는 설에는 다음과 같은 문제가 존재한다. 먼저 국민계정에서 소득과 생산성 및 인플레이션 등을 측정할 때 문제가 있는 것은 분명하지만 측정 문제 때문에 생산성 둔화가 나타나는 것처럼 보이려면 측정 문제가 시간이 흐르면서 악화되어야 한다. 실제로 측정 문제가 악화되고 있을 개연성은 존재한다. 즉 최근 선진국에서는 농업이나 제조업처럼 쉽게 측정이 가능한 산출물을 생산하는 산업의 종사자는 감소하고 의료나 법률, 교육 같은 산출물 측정이 쉽지 않은 서비스산업 종사자는 상대적으로 증가하고 있다. 따라서 측정 문제가 악화하고 있을 개연성은 있지만 측정 문제만으로 생산성 둔화를 모두 설명할 수 있다고 믿는 학자는 없다.

2 베이비붐 세대 1970년대 세계 여러 나라의 경제활동인구 구성에 큰 변화가 있었다. 즉 1970년대 초 노동시장에는 2차대전 이후에 태어난 베이비 붐baby boom세대와 (사회적 관습의 변화에 따라) 이전보다 많은 여성들이 진입하기 시작했다. 일반적으로 노동시장에 새로 진입하는 노동자들은 평균적인 생산성을 낮추는 것으로 알려졌다. 그런데 한편으로는 노동생산성이 교육에 따른 인적자본 크기에 영향을 받는다는 점을 감안하면 노동경험은 부족해도 교육수준은 매우 높았던 베이비 붐 세대의 노동시장 진입은 경제활동인구의 평균적인 교육수준을 높여 오히려 생산성을 증가시켰을 가능성도 있다.

3 유가파동 1973년 1차 유가파동 당시에 *OPEC*는 원유가격을 세 배 인상했다. 그리고 1979년에 다시 유가파동이 있었다. 일부 경제학자들은 원유 가격이 크게 상승하자 기업들이 원유를 적게 사용하는 자본에 투자했다고 설명한다. 즉 에너지 집약적인 자본에 대한 지분을 줄이는 대신 노동자를 더 많이 고용하는 산업에 투자했다는 것이다. 이 설명에는 두 가지 문제가 있다. 첫째, 기업의 에너지 비용은 생각보다 크지 않다. 선진국 기업들의 경우 생산비에서 원유가 차지하는 비중은 4% 이하이다. 그러나 1973~95년 생산성의

저하에 따른 산출량 손실은 25%에 달한다. 따라서 유가파동의 영향으로 설명하기에는 이 시기의 산출량 손실이 너무 크다. 둘째, 1986~95년 원유의 실질가격은 1973년 이전보다 낮았다. 따라서 이 이론이 옳다면 1986년 이후에는 1973년 이전보다 생산성이 증가해야 하지만 현실에서는 생산성 증가가 나타나지 않았다.

4 비정상적인 현상 일부 경제학자들은 1974~95년의 생산성 저하보다는 1950~73년의 높은 성장이 오히려 비정상적인 현상이라고 주장한다. 즉 1950~73년에 높은 경제성장을 이룰 수 있었던 것은 1930년대의 대공황과 1940년대 전반의 세계대전 때문에 사용하지 못한 아이디어들이 1950년 이후 집중적으로 사용됐기 때문이라는 것이다. 그러나 1973년 이후에는 아이디어들이 고갈돼 세계 경제의 성장이 장기적인 추세로 되돌아갔다는 것이다.

1974~95년 사이에 나타난 생산성의 저하와 성장률의 감소에 대해 여러 가지 설명이 나왔지만 어느 하나도 생산성 저하의 원인을 완벽하게 설명하지는 못하고 있다. 따라서 이 기간 동안의 생산성 저하는 아직 풀리지 않은 수수께끼라고 할 수 있다. 한편 1995년 이후에 나타난 선진 자본주의 국가의 성장은 나라에 따라 매우 다른 양상을 보이고 있다. 즉 미국, 영국 그리고 캐나다의 경우에는 1974~95년의 낮은 경제성장이 1995년 이후 사라지고 다시 1950~73년 수준으로 복귀했다. 물론 일본, 독일, 프랑스 그리고 이탈리아는 낮아진 성장률에서 아직 벗어나지 못하고 있다. 미국에서는 1995년 이후 성장을 회복한 경제를 "신경제New Economy"라고 부르고 있다. 1970년대 이후의 성장률 저하를 설명하기가 쉽지 않은 것과 마찬가지로 1995년 이후에 나타난 미국 등의 성장률 증가 역시 완벽하게 설명하는 것이 불가능하다. 적어도 성장률이 반등한 것의 일부는 인터넷을 포함한 컴퓨터와 정보통신기술information technology의 상용화 때문이라고 보는 것이 일반적이다.

이외에도 경제성장을 위해 사회적 자본social capital의 중요성을 강조하는 연구들도 등장하고 있다. 사회적 자본예: 타인에 대한 신뢰이 잘 발달된 곳에서 사회적 갈등이 효율적으로 조정되며 생산요소의 축적과 재화의 거래가 활성화될 가능성이 높다는 직관에 기초한다. 그러나 사회적 자본에 대한 정의, 측정 및 엄밀한 이론화 단계에 이르기 위해 좀더 많은 연구가 필요할 것으로 생각된다.

결 론 15.5

경제성장은 한 나라 국민의 생활수준과 후생을 증가시키는 가장 중요한 요인이다. 경제성장에 비하면 거시경제의 단기변동과 관련된 실업이나 인플레이션 또는 대외균형 문제는 사소한 문제라고 해도 과언이 아니다.■ 경제성장은 근본적으로 자본과 노동 같은 생산요소가 증가하거나 기술진보에 따라 생산요소의 효율성이 증가할 때 일어난다. 솔로 모형에서 기술진보는 경제주체들의 선택과 무관하게곧 외생적

■ 물론 경기변동 문제가 중요하지 않다기보다 경제성장의 중요성이 그만큼 크다는 의미이다. 일례로 루카스는 경제발전성장 문제를 생각하기 시작하면 다른 주제를 생각하기가 쉽지 않다는 취지의 글을 쓴 적이 있다.

으로 주어져 많은 비판이 제기되었다. 이러한 비판의 결과로 1980년대 중반 내생적 성장이론이라는 한 단계 진보한 성장이론으로 발전하게 됐다.

성장이론 간의 구분을 가져오는 중요한 요인은 자본의 한계생산성 체감의 법칙이 작동하는가에 관한 것이다. 솔로성장모형에서 선·후진국 간에 절대적 수렴이 발생하는 가장 핵심적 요인은, 노동력인구의 증가가 일정하게 주어져 있는 상태하에서 저축에 의한 자본투입이 빠르게 증가하더라도 자본의 추가적 기여도, 즉 한계생산성은 노동력이 같은 속도로 빠르게 증가하지 못하므로 결국 한계를 맞을 수밖에 없다는 평범한 진리에 있다. 그럼에도 불구하고 선진국들 중에서 지속적 성장을 보이는 경우도 적지 않은데 이를 설명하기 위해서는 자본의 한계생산성 체감이 작동하지 않는 추가적 요인을 찾아내야 한다. 이를 정당화하는 논거로서, 노동력이 단순히 노동투입에 그치는 것이 아니라 인적자본 투자, 생산활동으로부터의 학습, 연구개발투자, 사회적 상호작용에 의한 노하우 습득 등 질적 부분이 노동투입과 결합되는 경우, 실효 노동투입부분이 자본축적 속도와 상응할 정도로 성장할 수 있게 된다. 이때 자본의 한계생산성은 체감하지 않아 장기에서도 지속적 성장이 가능한 것이다.

지금 우리는 20여 년 전보다 경제성장 문제를 훨씬 잘 이해할 수 있게 되었다. 내생적 성장모형은 경제성장이 경제주체들의 선택과 긴밀히 관련돼 있음을 보여준다. 즉 저축과 인구증가율출산율 및 기술진보는 근본적으로 경제주체들의 선택에 따라 결정되므로 궁극적으로 한 경제의 생활수준이나 후생은 외생적으로 결정되는 것이 아니다. 그리고 또한 경제주체들의 선택은 예산 및 자원제약 같은 여러 가지 제약조건에 영향을 받기 때문에 쉽게 경제성장을 이룰 수 있는 것도 아니다. 그럼에도 불구하고 본편의 두 장에서 배운 경제성장이론은 경제성장을 촉진할 수 있는 환경과 정책을 선택할 때 좋은 출발점이 될 수 있을 것이라고 생각된다.

요 약

≫ 노동확장적인 기술진보에서도 솔로 모형의 기본방정식은 기술진보가 일어나지 않는 모형과 유사한 방법으로 도출되며, 정상상태 또한 유사하다. 그러나 정상상태에서의 1인당 자본량과 산출량은 일정하지 않고 기술진보율과 같은 비율로 성장한다. 그리고 총자본량과 총산출량은 정상상태에서 인구증가율과 기술진보율의 합과 같은 비율로 성장한다.

≫ 기술진보가 일어날 때 황금률은 자본의 순한계생산이 인구증가율 및 기술진보율의 합과 같을 때 달성된다. 그리고 황금률은 저축률이 자본소득분배율과 같을 때 달성된다. 기술진보가 일어나는 경우에도 자본의 과다축적곧 동태적 비효율성 문제가 나타날 수 있다.

≫ 기술진보가 존재하는 솔로 모형은 칼도어의 성장에 관한 정형화된 사실들을 대부분 잘 설명한다.

≫ 정상상태를 공유하는 경제 사이에 일어나는 수렴현상을 "조건부 수렴"이라고 부른다. 정상상태를 공유하지 않으면 수렴현상이 일어나지 않는다.

≫ 성장회계는 자본증가, 노동증가 및 기술진보가 경제성장에 기여한 정도를 계산하는 방법이다. 1970년대 우리나라의 경제성장은 순전히 자본축적과 노동증가 같은 생산요소의 축적에 따라 일어났으나 1980년대 이후에는 기술진보가 중요한 역할을 했다. 생산요소축적에 따른 성장은 경제가 정상상태에 다다르면 궁극적으로 멈추기 때문에 경제가 선진국에 접근할수록 기술진보의 역할이 중요하다.

≫ 경제성장을 위한 정책은 저축률을 증대시키기 위한 정책, 투자의 증대와 배분에 관한 정책, 기술진보를 위한 정책 및 (성장을 촉진하기 위한 제도 등을 포함한) 선진화정책 등이 있다. 저축 증대 정책은 1인당 자본량이 황금률 수준보다 낮을 때 실시된다. 투자 증대와 배분에 관한 정책은 투자 유인incentive을 제공함과 동시에 유한한 투자를 민간생산시설, 사회간접자본 및 인적자본 축적에 배분하는 정책으로, 정부가 산업정책 등을 통해 개입할 수도 있고 시장에서 배분이 이루어지게 할 수도 있다. 기술진보를 위한 정책은 기술혁신을 위한 연구·개발 지원과 연구·개발 결과의 보호를 위한 특허권 및 지적재산권 확립 등을 포함한다. 마지막으로 성장을 촉진하는 제도는 사유재산권 보호가 무엇보다도 중요하며 자원이 수익성이 가장 높은 곳으로 배분되도록 하는 금융시스템도 중요하다.

≫ 내생적 성장모형은 성장률이 경제주체들의 선택에 의해 결정되는 모형들을 말한다. 내생적 성장의 요인으로는 지식의 외부효과, 인적자본, *R&D*투자, 학습효과, 창조적 파괴, 경제

개방, 정부정책 등이 있다. 내생적 성장이 일어나기 위해서는 축적되는 생산요소의 한계생산이 체감하지 않아야 한다. 즉 축적이 가능한 생산요소가 자본뿐이라면 자본의 한계생산이 체감하지 않아야 하고, (물적자본과 인적자본이 동시에 존재하는 경우처럼) 축적되는 생산요소가 여러 가지라면 생산함수가 이 생산요소들에 대하여 규모에 대한 수익불변이어야 한다.

핵심용어

- 공공자본
- 균형성장경로
- 노동확장적 기술진보
- 산업정책
- 신흥공업국
- 인적자본
- 저작권법
- 조건부 수렴
- 창조적 파괴
- 학습효과
- 공공재
- 기술진보
- 무임승차
- 성장회계
- 연구와 개발*R&D*
- 자본소득분배율
- 절대적 수렴
- 지식의 넘침효과
- 특허법
- 혁신
- 균형성장
- 내생적 성장이론
- 사회기간구조
- 수렴현상
- 외부효과
- 재산권
- 정부의 질
- 지적재산권
- 특화

연습문제

01 기술진보가 존재하는 경우 솔로 모형의 기본방정식을 구하고 정상상태의 균형과 그때의 성장률에 관하여 논하여 보시오.

02 성장회계의 원리를 설명하고 우리나라의 경제성장에 대한 자본, 노동 그리고 기술진보의 기여도에 관하여 논하여 보시오.

03 세계 여러 나라의 성장 경험을 비교해 보면 절대적 수렴이 일어나지 않으며, 자본이 희소한 나라의 자본 생산성이 자본이 풍부한 나라의 자본 생산성보다 높기 때문에 자본이 풍부한 선진국으로부터 자본이 희소한 후진국으로 자본 이동이 일어나야 하지만 그렇지 않음을 볼 수 있다. 왜 이런 현상이 나타나는지 설명하시오.

04 개방경제에서 수렴현상이 더 빠르게 일어난다는 주장에 대해 논하시오.

05 반값등록금 정책이 우리나라의 경제성장률에 미칠 효과에 대해 논하시오.

06 경제성장을 촉진하는 정책에 관하여 자세히 논하여 보시오.

07 외환위기 이후 우리나라 경제성장률이 크게 둔화됐다. 그 이유를 성장이론에 비추어 설명하시오.

08 내생적 성장의 근본원리가 무엇인지 자세히 논하여 보시오.

09 한 경제의 총생산함수가 다음과 같이 주어졌다고 한다.

$$Y = AK^{\theta}(EL)^{1-\theta},\ \ 0<\theta<1$$

그리고 저축률, 감가상각률, 인구증가율 및 노동 확장적 기술진보율이 s, δ, n, g로 주어졌다고 한다. 다음 물음에 답하시오.

(1) 정상상태에서 1인당 자본량과 1인당 산출량을 구하시오.

(2) 정상상태에서 1인당 자본량과 1인당 산출량의 성장률은 얼마인가? 정상상태에서 총자본량과 총산출량의 성장률을 구하시오.

(3) 자본량이 정상상태의 자본량보다 적다고 한다. 1인당 자본량의 증가율을 구하고, 1인당 자본량의 시간경로도 구하시오.

(4) (3)에서 1인당 산출량의 증가율을 구하고, 1인당 산출량의 시간경로도 구하시오.

(5) (3)에서 총자본량과 총산출량의 증가율을 구하시오.

(6) 황금률의 조건을 구하고 그 경제적인 의미를 설명하시오.

(7) 황금률 수준의 저축률을 구하시오. 황금률 수준의 저축률은 A, δ, n, g가 변화하면 어떻게 반응하는가?

10 한 경제의 생산함수가 다음과 같이 주어졌다고 한다.

$$Y = A\{\gamma K^{\theta} + (1-\gamma)(EL)^{\theta}\}^{1/\theta},\ \ 0<\gamma<1,\ \theta\leq 1$$

그리고 저축률, 감가상각률, 인구증가율 및 노동 확장적 기술진보율이 s, δ, n, g로 주어졌다고 한다. **09**의 질문에 답하시오.

11 **09**에서 $\theta=0.5$, A국의 저축률, 감가상각률, 인구증가율 및 노동확장적 기술진보율이

각각 $s^A=0.2$, $\delta^A=0.06$, $n^A=0.03$, $g^A=0.01$, B국의 저축률, 감가상각률, 인구증가율 및 노동확장적 기술진보율이 각각 $s^B=0.30$, $\delta^B=0.04$, $n^B=0.01$, $g^B=0.01$이라고 한다. 다음 물음에 답하시오. 필요하다면 컴퓨터를 이용해도 좋다.

(1) A국과 B국의 정상상태자본량과 산출량를 구하시오.

(2) A국과 B국이 정상상태에 있다고 할 때 두 나라의 1인당 소득 $\hat{y}$의 시간경로 t를 $(t, \log(\hat{y}))$의 평면에 도시하시오. 수렴현상이 나타나는가?

(3) 초기에 두 나라의 효율단위로 나타낸 1인당 자본량이 $k_0^A=k_0^B=2$라고 한다. k^A와 k^B의 시간경로를 구해 (t, k)의 평면에 도시하시오.

(4) (3)에서 1인당 자본량 $\hat{k}^A$와 $\hat{k}^B$의 시간경로를 $(t, \log(\hat{k}))$의 평면에 도시하시오.

(5) A국이 B국의 소득수준을 따라잡기 위해서는 어떤 정책이 필요한가?

12 한 경제의 생산기술이 다음과 같이 콥-더글러스 생산함수로 주어졌다고 한다.

$$Y=AK^{\theta}(EL)^{1-\theta}$$

여기서 E는 노동자들의 효율성이고, 저축률, 감가상각률 및 인구증가율이 각각 s, δ, n으로 주어졌다고 한다.

(1) 노동자들의 효율성이 다음과 같이 결정된다고 한다.

$$E=\alpha_1 k,\ \ \alpha_1>1$$

여기서 $k=K/L$이다. 즉 노동자의 효율성은 기계를 다루어 봄으로써 증가한다. 솔로 모형의 기본방정식을 구하고 정상상태의 1인당 자본량과 소득의 증가율을 구하시오. 저축률, 감가상각률 및 인구증가율의 변화가 1인당 자본량과 소득의 증가율에 어떤 영향을 미치는가?

(2) 노동자들의 효율성이 다음과 같이 결정된다고 한다.

$$E=\alpha_2 y,\ \ \alpha_1>0$$

여기서 $y=Y/L$이다. 즉 노동자의 효율성은 생산활동을 통해 증가한다. 솔로 모형의 기본방정식을 구하고 정상상태의 1인당 자본량과 소득의 증가율을 구하시오. 저축률, 감가상각률 및 인구증가율의 변화가 1인당 자본량과 소득의 증가율에 어떤 영향을 미치는가?

(3) 생산함수를 다음과 같이 변형해 보자.

$$Y=AK^{\theta}(ENL)^{1-\theta}$$

여기서 N은 1인당 노동시간으로 (노동자들의 선택에 의해) 일정하게 주어져 있으며, 노동자들의 효율성이 다음과 같이 결정된다고 한다.

$$\Delta E = \alpha_3 EN, \ \alpha_3 > 0$$

즉 노동자들의 효율성은 효율단위로 나타낸 노동량에 비례한다. 솔로 모형의 기본방정식을 구하고 정상상태의 1인당 자본과 소득의 증가율을 구하시오. 저축률, 감가상각률 및 인구증가율의 변화가 1인당 자본량과 소득의 증가율에 어떤 영향을 미치는가? 사람들이 더 많은 시간을 노동에 할애하기로 결정하면—곧 N이 증가하면— 1인당 자본량과 소득의 성장률은 어떻게 변하는가?

13 생산함수가 다음과 같이 주어져 있다고 한다.

$$Y = AK^{\theta}(EL)^{1-\theta}$$

여기서 E는 노동자들의 효율성이며, 노동자 1인당 교육투자에 의해 결정된다고 한다. 한편 총산출량에서 차지하는 교육투자의 비율은 e로 주어졌다고 한다. 따라서 $E = eY/L$이 성립한다. 그리고 저축률은 s로 총저축은 $s(1-e)Y$와 같다. 감가상각률과 인구증가율은 각각 δ와 n이다. 다음 물음에 답하시오.

(1) 교육투자와 노동의 효율성의 관계를 이용해 총생산함수를 자본 K만의 함수로 나타내시오.

(2) $k = K/L$라고 할 때 솔로 모형의 기본방정식을 구하고 1인당 자본량과 소득의 성장률을 구하시오. 그리고 저축률과 감가상각률 및 인구증가율이 경제성장률에 미치는 효과를 분석하시오.

(3) $e = 0$이면 경제성장은 어떻게 되는가? $e = 0$일 때 총소득에서 차지하는 교육투자의 비중 e가 증가하면 경제성장률도 증가함을 보이고, 최적 교육투자비율을 구하시오.

14 경제성장이론이 발전함에도 불구하고 솔로 경제성장모형의 중요성이 감소하지 않는 이유는 무엇이라고 생각하는가?

▶▶ 내생적 성장모형의 발전

내생적 성장모형은 AK모형으로부터 출발해 다양한 경제성장의 요인을 도입했다. 여기서는 내생적 성장모형을 좀 더 자세히 소개하고 어떻게 발전했는지 알아보기로 한다.

학습효과

학습효과learning by doing는 노동자들이 생산활동 참여로부터 기술을 획득한다는 이론이다. 여기서 학습learning은 노동 자체로부터 이루어질 수도 있고 1인당 생산량이나 1인당 자본량에 비례할 수도 있다. 예를 들어 현대 경제에서 나날이 비중이 커지고 있는 여가산업의 혁신은 여가를 더 많이 경험한 선진적인 환경에서 더 쉽게 일어날 수 있다.

학습효과를 도입한 내생적 성장모형의 예를 들어 보면 다음과 같다.

$$Y=\hat{A}K^{\theta}\{f(y,k)L\}^{1-\theta},\ 0<\theta<1 \quad \text{(A15-1)}$$

$$f(y,k)=y^{\alpha}k^{1-\alpha},\ 0<\alpha<1 \quad \text{(A15-2)}$$

여기서 **식** (A15-1)은 재화의 생산함수, **식** (A15-2)는 노동의 효율성을 나타내는 함수이다. 이때 각각의 개인이 자본을 많이 사용하거나 산출량을 많이 생산하면 학습효과에 의해 노동의 효율성 $f(y, k)$가 증가한다. 즉 노동의 효율성 f는 1인당 자본량 $k=K/L$와 1인당 산출량 $y=Y/L$의 증가함수이다.

이 경우에 일어나는 내생적 성장을 다음과 같이 보일 수 있다. 먼저 재화 생산함수인 **식** (A15-1)을 1인당 생산함수로 고치면 다음과 같다.

$$Y=\hat{A}k^{\theta}\{f(y,k)\}^{1-\theta} \quad \text{(A15-3)}$$

그리고 노동효율성함수인 **식** (A15-2)를 **식** (A15-3)에 대입해 y에 관해 정리하면 다음 식을 얻는다.

$$y=Ak \quad \text{(A15-4)}$$

여기서 A는 다음과 같이 정의된다.

$$A=\hat{A}^{\frac{1}{1-\alpha(1-\theta)}}$$

즉 학습효과가 존재하는 1인당 생산함수에서는 AK모형과 같이 자본의 한계생산이 체감하지 않으며 외생적으로 증가하는 변수가 존재하지 않아도 경제성장이 일어난다.

창조적 파괴

슘페터J.A. Schumpeter는 《자본주의, 사회주의 및 민주주의Capitalism, Socialism and Democracy》에서 경제성장이 창조적 파괴

creative destruction를 통해 이루어진다고 주장했다. 슘페터에 따르면 경제발전 뒤에는 ① 새로운 상품의 발명, ② 기존 상품을 생산하는 새로운 생산기술의 개발, ③ 동일한 상품의 품질을 개선하는 기술혁신innovation에 대한 아이디어를 가진 기업가가 존재한다. 앞에서 배운 바와 같이 기술혁신을 이룬 기업가가 처음 시장에 진입하면 독점권을 갖는데, 이는 소비자에게 선택기회의 확대를 의미하지만 기존의 생산자들에게는 경쟁 증가를 의미한다. 그리고 새로운 제품이 기존 제품보다 더 우수하다면 기존 생산자는 시장에서 퇴출당할 수밖에 없기 때문에 혁신적인 기술을 가진 새로운 기업가의 시장진입과 기존 생산자의 시장으로부터의 퇴출이 시간을 두고 반복하여 일어난다. 곧 현재 세대의 신참 기업은 다음 세대의 신참 기업에 의하여 퇴출되고 다음 세대의 신참 기업은 그 다음 세대의 신참 기업에 의하여 퇴출되는 기술혁신이 반복된다.[1] 이때 기술혁신과 기존 기술의 파괴는 성장동력으로 작용한다.

경제개방

한 나라와 외국 사이의 교역이 경제성장에 미치는 효과는 대략 네 가지로 요약할 수 있다.[2]

1 국제교류는 기술정보의 이전을 촉진시키는 통로를 개방한다.

2 국제교류를 통한 경쟁은 각국의 기업가들에게 새롭고 참신한 아이디어 창출 및 기술개발을 독려한다. 이때 경제개방은 서로 겹치는 연구와 개발로 발생할 수 있는 자원 낭비를 줄여주기도 한다.

3 국제교류는 기업이 활동할 수 있는 시장을 확대한다. 이때 시장 확대는 기술혁신에 다음과 같은 두 가지 효과를 갖는다. ① 시장 지분market share이 주어져 있을 때 시장이 확대되면 매출과 이윤이 늘어난다. 그러나 ② 시장이 확대되면서 외국의 기업가를 포함한 더 많은 경쟁자와 맞서야 한다. 따라서 경제개방과 시장 확대가 국내 기업가에게 유리한지, 불리한지는 분명하지 않다.

4 상이한 경제구조를 가지고 있는 나라들 사이의 개방은 특화specialization를 촉진한다. 이때 특화의 심화는 경제개방에 참가하는 나라들에 대해 각기 다른 형태의 경제성장을 촉진시킨다.

이와 같은 효과들을 종합할 때 경제개방은 경제성장을 촉진시킬 가능성이 크다. 실제로 1970~89년 선진국 가운데 개방경제는 평균적으로 2.3% 성장한 반면 폐쇄경제는 0.7% 성장했다.[3] 같은 기간 개발도상국 가운데 개방경제는 평균적으로 4.5% 성장한 반면 폐쇄경제는 0.7% 성장했다.

그러나 이러한 상관관계를 해석할 때에는 다음과 같은 점에 주의해야 한다.

1 경제개방과 경제성장 사이에 존재하는 양의 상관관계가 곧 경제개방이 경제성장을 초래하는 인과관계causality의 근거가 되지는 않는다. 예를 들어 폐쇄경제의 경제성장률이 낮은 것은 경제가 폐쇄됐기 때문이기보다 무거운 규제 때문일 수 있다.

2 폐쇄경제에서 개방경제로 옮겨간 나라들의 경제성장 경험에서도 경제개방과 경제성장이 양의 상관관계를 보여준다. 예를 들어 쇄국정책을 버리고 개항을 한 1860년대 이후의 일본, 1963년 이후의 우리나라, 1990년대의 중국 및 베트남은 경제개방 이후 매우 빠른 경제성장을 경험했다. 그러나 이 사례들 역시 경제개방이 빠른 경제성장을 초래했다는 인과관계로 직결되지는 않다. 보통 경제개방은 다른 개혁과 함께 이루어지기 때문에 빠른 경제성장이 개방 자체 때문인지, 개방에 따른 여러 가지 개혁 때문인지 구별하기 어렵다.

---

1 Aghion, P. and P. Howitt(1992), "A Model of Growth Through Creative Destruction," *Econometrica* v.60, pp. 323-351.

2 Grossman, G.M. and E. Helpman(1991), *Innovation and Growth in the Global Economy*, Boston: MIT Press.
Rivera-Batiz, L.A. and P.M. Romer(1991), "Economic Integration and Endogenous Growth," *Quarterly Journal of Economics* v.106, pp.531-555.

3 Sachs, J.D. and A. Warner(1995), "Economic Reform and the Process of Global Integration," *Brookings Papers on Economic Activity*, pp. 1-95.

❸ 각 나라가 위치한 지역적인 특성을 이용해 경제개방과 경제성장 사이의 인과관계를 살펴볼 수 있다.[4] 한 나라의 지역적 위치geography는 무역과 깊은 관계가 있다. 예를 들어 뉴질랜드는 다른 나라들과 멀리 떨어져 있고, 몽골 같은 내륙 국가는 대량수송을 위한 항구가 없기 때문에 무역에 불리하다. 이 경우에 국가의 위치는 무역과 매우 긴밀한 관계가 있다고 볼 수도 있겠으나 그 나라의 경제성장을 결정하는 다른 요인들 사이의 상관관계는 약하다. 따라서 무역에 대한 대용변수proxy variable로 각 나라의 위치를 이용하면 경제개방이 경제성장에 미치는 효과를 분석할 수 있다. 그러한 방법으로 행한 분석에 따르면 *GDP* 대비 무역량의 비율이 1%포인트 증가하면 1인당 소득이 적어도 1.5% 포인트 증가한다.

정부정책과 경제성장

경제성장을 위한 정부정책에 관해서는 앞에서 자세히 설명한 바 있다. 이제 정부정책과 내생적 성장에 관해 알아보기로 한다.[5] 정부정책 가운데 특히 정부지출은 어떤 목적에 사용하느냐에 따라 성장효과가 나타날 수도 있고 나타나지 않을 수도 있다. 즉 정부지출을 순전히 정부소비에 사용한다면 성장효과가 나타나지 않지만, 사회간접자본 확충에 사용하거나 미국의 국립과학재단National Science Foundation이나 국립보건원National Institute of Health 같은 기관우리나라의 경우 여러 국책연구기관 같은 정부기관에서 지식을 생산하는 데 사용하면 성장효과가 나타날 수 있다.

정부지출로 생산하는 사회간접자본이나 지식의 경우 순수한 공공재public goods이냐, 그렇지 않으냐에 따라 효과가 서로 다르게 나타난다. 즉 순수한 공공재는 비경쟁적nonrival이므로 다른 사람과 경쟁하지 않고도 사용할 수 있고 비배제적nonexcludable이므로 모든 사람이 사용할 수 있다.[6] 그러나 서울의 도심도로나 주말 공원의 경우처럼 사람이 너무 많이 모여 체증이 일어난다면 순수한 의미에서 공공재라고 할 수 없다. 따라서 정부지출을 통해 정부가 생산한 것이 순수한 공공재인 경우와 공공재이기는 하지만 이용자 체증 등으로 공공재 본래의 비경쟁성과 비배제성이 성립하지 않는 경우에 대해 서로 다른 모형을 설정해야 한다.[7]

여기서는 정부가 예산으로 기초과학 같은 지식을 생산해 재화 생산에 이용한다고 가정해 보자. 이 경우의 총생산함수를 다음과 같이 나타낼 수 있다.

$$Y=\hat{A}K^{\theta}G^{1-\theta} \qquad \text{(A15-5)}$$

여기서 K는 물적자본, G는 정부가 생산하는 사회간접자본이나 지식 같은 순수 공공재의 대용변수proxy variable로 사용된 정부지출이다. 이때 앞에서 살펴본 인적자본의 경우처럼 **식** (A15-5)에서도 물적자본과 정부지출공공재이 규모에 대한 수익불변이기 때문에 내생적 성장의 가능성이 나타난다.

한편 정부지출은 궁극적으로 조세, 정부 공채 또는 화폐의 발행에 의해 보전돼야 한다. 여기서는 정부가 다음과 같이 비례소득세를 징수해 정부지출을 보전한다고 가정해 보자.

$$T=\tau Y \qquad \text{(A15-6)}$$

여기서 τ는 비례소득세율이다. 정부가 균형예산balanced budget을 유지한다면 $G=T=\tau Y$가 성립하고 이를 생산함수인 **식** (A15-5)에 대입해 정리하면 다음 식을 얻을 수 있다.

4 Frankel, J.A. and D. Romer, "Does Trade Cause Growth?" *American Economic Review* v.89, pp. 379-399.
5 Barro, R.J.(1990), "Government Spending in a Simple Model of Endogenous Growth," *Journal of Political Economy* v.98, Part II, pp. S103-S125.
6 Samuelson, P.A.(1954), "The Pure Theory of Public Expenditure," *Review of Economics and Statistics* v.36, pp. 387-389.
7 Barro, R.J. and X. Sala-i-Martin(1992), "Public Finance in Models of Economic Growth," *Review of Economic Studies* v.59, pp. 645-661.

$$Y=\tau^{\frac{1-\theta}{\theta}}AK \qquad \text{(A15-7)}$$

여기서 $A=\hat{A}^{1/\theta}$이다. 따라서 이 경우에도 자본의 한계생산은 체감하지 않고 앞에서 살펴본 모형처럼 내생적 성장이 일어난다.

이제 생산함수인 **식** (A15-7)을 이용해 1인당 자본 증가량을 구하면 다음 식을 얻을 수 있다.

$$\Delta k=s(1-\tau)\tau^{\frac{1-\theta}{\theta}}Ak-(\delta+n)k \qquad \text{(A15-8)}$$

여기서 저축은 총소득이 아닌 가처분소득 $(1-\tau)Y$에 의해 결정되기 때문에 저축률 s를 1인당 가처분소득에 곱하여 구했다. 그리고 δ와 n은 물론 감가상각률과 인구증가율이다. 따라서 이 경제에서 1인당 자본량 증가율은 다음과 같다.

$$\frac{\Delta k}{k}=s(1-\tau)\tau^{\frac{1-\theta}{\theta}}A-(\delta+n) \qquad \text{(A15-9)}$$

즉 1인당 자본량 증가율은 저축률 s, 총요소생산성 A, 감가상각률 및 인구증가율에 영향을 받으며, 정책변수인 소득세율 τ의 함수이다.

식 (A15-9)에서 다음의 사실에 주목할 필요가 있다. 즉 1인당 자본량 증가율은 $\tau=0$이면 $-(\delta+n)$으로 음이고 τ를 증가시킬 때 함께 증가한다. 그리고 $\tau=1$이면 역시 $-(\delta+n)$이고 τ를 감소시킬 때 증가한다. 다시 말해 1인당 자본량 증가율은 소득세율이 0과 1 사이의 값일 때 극대화된다. 이를 알아보기 위해 **식** (A15-9)에서 조세 부분만 떼어내 다음과 같이 쓸 수 있다.

$$g(\tau)=(1-\tau)\tau^{\frac{1-\theta}{\theta}}=\{(1-\tau)^{\theta}\tau^{1-\theta}\}^{\frac{1}{\theta}} \qquad \text{(A15-10)}$$

식 (A15-10)은 $\tau=1-\theta$일 때 극대화된다.[8] 이와 같이 성장률을 극대화하는 최적 소득세율을 **그림 A15-1**과 같이 그려볼 수 있다.

지금까지 우리는 정부정책이 내생적 성장을 초래할 수 있는 모형에 관하여 배웠다. 여기서 우리는 정부정책곧 정부지출이 (사회간접자본이나 기초지식 같은) 생산에 유익한 공공재의 생산에 쓰인다고 가정했는데, 정부지출이 항상 생산적인 목적에만 사용되는 것은 아니다. 정부의 경제활동이 지극히 비생산적인 경우도 있을 뿐만 아니라, 심지어 경제성장을 저해하는 규제를 유지하는 데 예산을 사용하기도 한다. 따라서 정부지출이 내생적 성장을 일으킬 수도 있지만 그렇지 않을 수도 있다. 정부지출이 내생적 성장을 초래하는 경우는 그것을 가장 생산적으로 사용했을 경우임을 유념해야 한다. ❖

그림 A15-1 최적 조세율

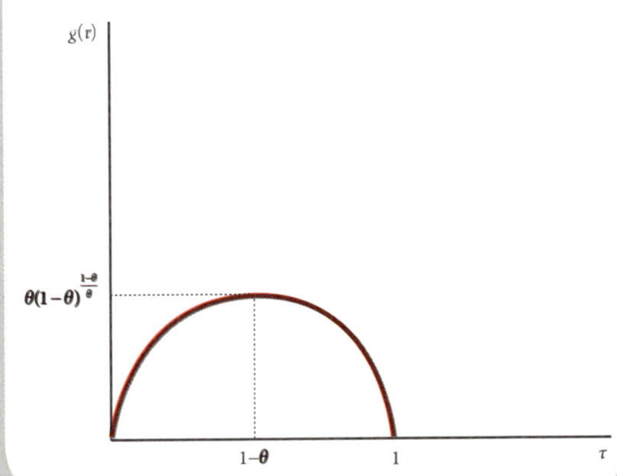

8 식 (A5-10)을 τ에 관해 미분한 다음 정리하면 $-\tau+\{(1-\theta)/\theta\}(1-\tau)=0$을 얻을 수 있다. 이를 소득세율에 관해 정리하면 $\tau=1-\theta$를 얻을 수 있다.

▶▶ 경제성장이론의 전개

현대적인 경제성장모형의 효시는 람지F. Ramsey의 모형이다.[1] 람지의 모형은 1960년대 중반부터 본격적으로 연구되기 시작한 최적성장모형optimal growth theory의 효시로서, 적어도 30년 이상 시대를 앞선 연구였다. 람지는 가계가 직면한 여러 기간의 최적화 문제로부터 저축을 위한 최적화 조건을 처음 도출하였고, 최적화 조건을 도출하는 과정에서 뒤에서 자세히 설명하게 될 시간분리형 효용함수time separable utility function를 처음 이용했다. 이러한 람지의 모형은 1960년대에 들어서야 비로소 본격적으로 연구되기 시작하였으며, 람지가 도출한 동태적 경제문제에서의 최적화 조건은 경제성장 문제는 물론 소비, 자산 가격 결정, 경기변동 등 거의 모든 거시경제학 문제의 분석에 활용되고 있다.

헤롯-도마 모형

람지의 연구가 1960년대에 최적성장이론optimal growth theory에서 본격적으로 확장되기 전에 나타난 주요 성장이론으로는 헤롯R.F. Harrod[2]과 도마E.D. Domar[3]에 의한 헤롯-도마 모형과 솔로R.M. Solow[4]와 스완T.W. Swan[5]의 신고전학파 성장모형neoclassical growth model이 있다.

헤롯-도마 모형은 경제성장모형에 케인즈적인 요소를 결합시킨 모형이다. 이 모형의 핵심은 생산요소 사이의 대체가 불가능한 레온티에프 생산함수Leontief production function에 있다. 생산요소 사이에 대체가 불가능한 경우에는 불안정한unstable 균형이 나타나는데 이를 칼날성장경로knife's edge growth path라고 부른다. 이러한 결과는 자본주의 경제가 근본적으로 불안정하다는 케인즈학파의 인식을 잘 대변해 준다. 그러나 헤롯-도마 모형은 생산요소의 대체에 관한 지나치게 경직적인 가정 때문에 오늘날에는 널리 이용되지는 않고 있다.

솔로-스완모형

14~15장에서 배운 솔로 성장모형은 같은 시대에 스완에 의해서도 독립적으로 연구됐기 때문에 솔로-스완 모형이라고도 불린다. 솔로와 스완의 신고전학파 성장모형은 경제성장이론에 큰 영향을 미쳤다. 솔로-스완 모형의 가장 중요한 요소는 신고전학파의 생산함수neoclassical production function이다. 즉 솔로와 스완은 생산함수가 ① 규모에 대한 수익불변이고 ② 각각의 생산요소에 대해 수확체감diminishing returns하며 ③ 생산요소들이 양의 대체탄력도positive elasticity of substitution를 갖는다고 가정했다. 그 밖에 솔로와 스완 모형은 일정한 저축률을 가정하였고, 저축과 투자가 일치한다는 조건을 이용해 자본축적의 관계식을 도출했다.

솔로-스완 모형은 생산요소 사이의 유연한 대체관계를 가정하기 때문에 헤롯-도마 모형에서 보는 바와 같은 불안정한

---

1 Ramsey, F., "A Mathematical Theory of Saving," *Economic Journal* 38, pp. 543-559, 1928.
2 Harrod, R.F., "An Essay in Dynamic Theory," *Economic Journal* 49, pp. 14-33, 1939.
3 Domar, E.D., "Capital Expansion, Rate of Growth, and Employment," *Econometrica* 14, pp. 137-147, 1946.
4 Solow, R.M., "A Contribution to the Theory of Economic Growth," *Quarterly Journal of Economics* 70, pp. 65-94, 1956.
5 Swan, T.W., "Economic Growth and Capital Accumulation," *Economic Record* 32, 334-361, 1956.

균형은 잘 나타나지 않는다. 또한 1인당 소득이 장기의 정상상태 균형steady state equilibrium에서의 소득보다 낮을수록 성장률이 높게 나타난다. 이는 생산함수가 생산요소에 대해 수확체감하기 때문이다. 솔로-스완 모형에서는 1인당 자본량이 적으면 적을수록 자본에 대한 수익률이 높고, 자본축적과 성장률도 높게 나타난다.

솔로-스완 모형은 경제성장의 설명과 연구에 광범위하게 이용돼 왔다. 그러나 솔로-스완 모형에는 두 가지 문제점이 있다.

1 솔로-스완 모형에서는 생산기술의 진보가 없으면 1인당 소득의 성장이 궁극적으로 멈추고 만다. 이는 신고전학파 생산함수가 수확체감을 보이기 때문에 나타나는 현상으로, 서구 경제에서 볼 수 있는 바와 같은 한 세기 이상 지속되고 있는 경제성장을 설명하는 이론으로서는 바람직하지 못한 가정으로 평가된다.

2 솔로-스완 모형에서는 1인당 자본이 과다 축적되는 정상상태균형을 배제할 수 없다. 이렇게 자본이 과다 축적되어 있는 경우를 가리켜 "동태적인 비효율성dynamic inefficiency이 존재한다"고 말하는데, 솔로-스완 모형에서는 동태적 비효율성이 존재할 가능성을 배제할 수 없다. 솔로-스완모형에서 동태적 비효율성이 나타날 가능성이 존재하는 것은 저축률이 경제주체들의 선택에 의해 결정되는 것이 아니라 외생적으로 주어졌기 때문이다.

최적 성장모형

1960년대 이후의 경제성장이론은 솔로-스완 모형의 문제점들을 극복하려는 노력을 통해 발전했다. 캐스Cass, D.[6]와 쿠프만스Koopmans, T.C.[7]에 의해 제기된 최적성장모형optimal growth model은 람지가 처음 연구한 소비자의 최적화 모형을 현대적인 경제성장 문제에 응용해 저축률이 가계의 선택에 따라 내생적으로 결정되도록 허용하는 모형이다. 이 모형에는 동태적 비효율성의 가능성이 존재하지 않으며 모형의 균형을 시장균형으로 해석할 수 있는 장점이 있다. 또한 정상상태의 균형으로 수렴하는 전이경로transitional path가 솔로-스완 모형보다 다양하다. 그러나 캐스-쿠프만스의 최적성장모형에서도 조건부 수렴이 나타나며 저축률이 가계의 선택에 의해 내생적으로 결정된다고 하더라도 장기적으로 1인당 산출량이 성장하기 위해서는 외생적인 기술진보가 주어져야 한다는 한계가 있다.

내생적 성장이론

본문에서 우리는 기술진보가 마치 하늘에서 떨어진 것처럼 외생적으로 주어지는 이론은 바람직하지 않음을 살펴보았다. 이러한 문제점을 개선하기 위해서 등장한 것이 1980년대 후반 로머Romer, P.M.[8]와 루카스R.E. Lucas, Jr.[9]에 의하여 개발된 내생적 성장이론endogenous growth theory이다.

내생적 성장이론의 핵심은 축적이 가능한 생산요소에 대해 수확이 체감하지 않는 생산함수를 가정한다는 것이다. 축적이 가능하면서 수확이 체감하지 않는 생산요소를 새로 도입하거나 기존 생산함수를 사용하더라도 수확이 체감하지 않는 생산기술이 가능케 하는 요인들을 도입한 것이 내생적 성장이론의 공헌이다. 생산함수에 수확체감이 없으면 자본과 같은 축적되는 생산요소의 양이 증가해도 그 수익이 체감하지 않아 요소의 축적이 멈추지 않고 계속될 수 있으며, 그 결과 경제성장이 지속적으로 일어나게 된다.

---

6 Cass, D., "Optimum Growth in an Aggregative Model of Capital Accumulation," *Review of Economic Studies* 32, pp. 233-240, 1965.

7 Koopmans, T.C., "On the Concept of Optimal Economic Growth," in *The Econometric Approach to Development Planning, Amsterdam*: North Holland, 1965.

8 Romer, P.M., "Increasing Returns and Long Run Growth," *Journal of Political Economy* 94, pp. 1002-1037, 1986.

9 Lucas, R.E., Jr., "On the Mechanics of Development Planning," *Journal of Monetary Economics* 22, pp. 2-42, 1988.

멈추지 않고 지속적으로 계속되는 경제성장을 위해 내생적 성장이론에서 도입한 요소들은 매우 다양하다. 주요 요인으로는 외부효과, 인적자본human capital과 함께 생산현장에서 나타날 수 있는 학습효과learning by doing, 연구와 개발*R&D*, 경제개방, 상품 종류의 다양화variety of products, 상품 품질의 개선, 금융중개의 개선 등이 알려져 있다.

불확실성 아래에서의 최적성장

최적성장모형은 1970년대 초 브락W.A. Brock과 머먼L.J. Mirman[10]에 의해 불확실성uncertainty이 존재하는 상황에서의 동태적인 선택에 대해 분석할 수 있는 확률적 최적성장모형stochastic optimal growth theory으로 확장되었다. 브락과 머먼은 모형에 요소의 생산성이 확률적으로 변동stochastic shocks하는 형태로 불확실성을 도입하여 불확실성이 존재하는 경우에 최적성장이 어떻게 나타나는지 연구하였다. 이들의 연구는 1980년대 초반 나타난 실물경기변동이론의 기초가 되었다. 브락과 머먼의 연구는 실물경기변동이론에서와 같이 확률적 최적성장모형의 실증적 적합성을 검정하지는 않았지만 이론적인 면에서는 실물경기변동을 이미 모형에 도입한 선구적인 업적이라고 할 수 있다. ❖

10 Brock, W.A. and L.J. Mirman, "Optimal Economic Growth and Uncertainty: The Discounted Case," *Journal of Economic Theory* 4, pp. 497-513, 1972.

PART VII

Economists know a lot about what makes producers tick, while they know almost nothing about the motivation of consumers.

- T. Scitovsky, *The Joyless Economy*, ch. 1, 1977 -

Spending and investing differ only in degree, depending on the length of time elapsing between the expenditure and the enjoyment.

-I. Fisher, *The Theory of Interest*, ch. 1, 1930 -

Inflation is an increase in the quantity of money without a corresponding increase in the demand for money, i.e. for cash holdings.

- L. von Mises, "The Free Market and Its Enemies", Foundation for Economic Education 에서의 연설, 1951-

Macroeconomics

거시경제학의 미시경제학적 기초

앞에서 우리는 *IS-LM / AS-AD* 모형의 장 · 단기균형 및 성장모형에 관해 배우면서 *IS-LM / AS-AD* 모형의 총수요 부문—곧 *IS-LM* 곡선—을 도출하기 위해 한편으로는 소비와 투자 및 순수출에 대해, 다른 한편으로는 화폐시장과 자산시장에 대해 여러 가지 가정을 도입했다. 그리고 총공급 부문에 관해서는 먼저 생산기술을 생산함수 형태로 도입한 것을 비롯해 노동시장, 자본시장, 산출물시장 및 정보의 흐름에 관한 다양한 가정을 도입했다. 그 밖에 솔로 성장모형에서는 생산기술, 저축률, 인구증가율 및 기술진보에 관한 여러 가지 가정을 도입했다. 그러나 대부분의 가정들은 정교한 이론적인 분석보다는 편의와 직관에 따라 도입·이용되었다. 본 편에서는 지금까지 도입한 거시모형들의 가정이 미시경제학적 분석에 의해 좀 더 체계적으로 다뤄지고 완화될 수 있음을 배우게 된다.

- **16 장**에서는 소비함수에 관하여 배운다. 소비는 지출 가운데 가장 크고 가계의 후생수준을 직접 결정하는 변수이므로 케인즈의 《일반이론》 이후 가장 많은 연구가 이루어진 분야이다.
- **17 장**에서는 투자함수에 관하여 배운다. 투자는 지출 가운데 두 번째로 큰 변수로, 단기에 가장 변동이 심하고, 장기에 경제성장의 기초가 되는 자본을 증가시킨다.
- **18 장**에서는 화폐시장에 관해 배운다.

16 Chapter

소비함수론

소비함수는 케인즈가 《고용, 이자 및 화폐에 관한 일반이론》에서 이론의 핵심으로 삼은 이후 거시경제학의 핵심 개념 가운데 하나가 되었다. 현재소득 가운데 얼마만큼 소비하고, 얼마만큼 저축할 것인가의 문제는 가계가 직면한 가장 중요한 의사결정이라고 할 수 있다. 거시경제학에서 소비가 중요한 이유는 다음과 같다.

1 소비는 국민소득 구성요소 가운데 가장 큰 지출이다. 1986년 이후 민간소비가 국내총생산에서 차지하는 비중을 보면, 평균적으로 우리나라가 52.3%, 미국이 70%이다. 큰 비중 때문에 소비변동이 경기변동에 미치는 영향도 매우 크며, 케인즈의 교차점모형에서 보는 바와 같이 한계소비성향이 정부지출이나 독립투자의 승수효과를 결정하는 등 거시경제의 단기균형에서 중요한 역할을 한다.

2 우리는 솔로 성장모형에서 핵심이 되는 파라미터 가운데 하나가 저축률임을 배웠다. (소득에서 소비를 차감한 차이가 저축이므로) 저축의 크기를 결정하는 것은 소비이다.

앞에서 케인즈의 교차점모형과 *IS* 곡선을 도출할 때 우리는 소비함수를 가처분소득의 함수로 나타내면서 소비가 양의 절편을 갖는다고 가정했다. 이 장에서는 다음에 관하여 배우게 된다.

1 케인즈의 절대소득가설 absolute income hypothesis과 2차 세계대전 이후 실증적인 소비함수 연구로부터 도출된 소비에 관한 정형화된 사실 stylized facts들을 알아본다.

2 어빙 피셔 I. Fisher에 의하여 처음 분석된 소비의 기간 간 선택에 관하여 알아본 후 소비에 관한 정형화된 사실들을 체계적으로 설명하기 위해 제시된 여러 가지 소비함수에 관한 가설들을 살펴본다.

케인즈의 절대소득가설과 소비에 관한 정형화된 사실들 16.1

현대적 의미의 소비함수론을 처음 도입한 케인즈의 소비함수론은 다음과 같은 세 가지 추측으로 이루어져 있다.[1]

1 케인즈는 현재소비가 현재소득의 안정적인 dependable and stable 함수이며, 이자율은 소비에 큰 영향을 미치지 못한다고 보았다. 이 견해는 고전학파 경제학자들의 주장곧 높은 이자율은 저축을 증대시키고 소비를 감소시킨다과 다르다. 케인즈는 이론적으로 이자율이 소비에 영향을 미칠 수 있으나 경험적으로 단기에 이자율이 소비에 미치는 영향은 이차적 secondary 이며 상대적으로 중요하지 않다고 주장했다.

2 케인즈는 한계소비성향 marginal propensity to consume MPC가 0과 1 사이의 값이라고 보았다. 그리고 사람들이 소득이 증가하면 소비를 증가시키지만 증가한 소득만큼 소비를 증가시키지는 않는다고 여겨 이를 기본적인 심리법칙 fundamental psychological law 이라고 불렀다.▪ 한계소비성향이 0과 1 사이의 값이므로 케인즈의 교차점모형에서는 정부지출승수가 1보다 크게 나타난다. 이 결과를 바탕으로 대공황에 대처하기 위한 케인즈의 정책처방곧 확장적인 재정정책이 제시되었다.

▪ 다시 말해 소득이 추가적으로 한 단위 증가했을 때 사람들은 그중 일부는 소비하고 나머지는 저축한다.

3 케인즈는 소득이 증가함에 따라 평균소비성향 average propensity to consume APC곧 소비를 소득으로 나눈 비율이 감소한다고 보았다. 다시 말해 부유한 사람들의 저축률이 가난한 사람들의 저축률보다 높다고 생각했다.

이와 같은 소비에 관한 케인즈의 추론을 절대소득가설 absolute income hypothesis 이라고 부르는데, 케인즈의 세 가지 추측을 만족시키는 소비함수를 다음과 같이 나타낼 수 있다.

$$C=C_0+bY,\quad C_0>0,\ 0<b<1 \qquad (16\text{-}1)$$

여기서 C는 소비, Y는 소득, C_0은 상수, b는 한계소비성향이다. 이 소비함수는 **그림 16-1**과 같이 절편 C_0을 지나고 기울기가 b인 소비함수로 그려볼 수 있다.

식 (16-1)에 나타나 있는 소비함수는 케인즈의 세 가지 추측을 만족시킨다. 먼

[1] Keynes, J.M.(1936), *The General Theory of Employment, Interest and Money*, Harcourt, Brace and Co.: London, pp. 96-97.

그림 16-1 **케인즈의 소비함수**

케인즈의 소비함수는 절편이 양(C_0)이고 기울기(한계소비성향)가 $0<b<1$인 특징을 갖는다. 이 경우에 총소비를 총소득으로 나눈 평균소비성향은 소득이 증가하면 감소하는 특성을 갖는다. 케인즈는 현재소득이 현재소비를 결정하는 가장 중요한 요인이고 이자율은 소비에 이차적인 영향만을 미친다고 보았다.

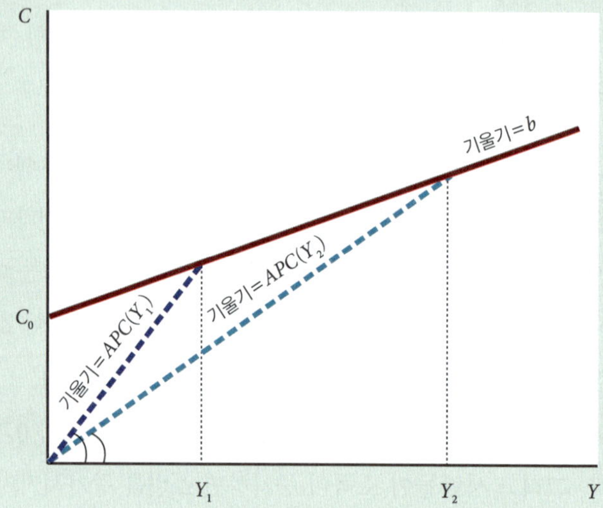

저 **식** (16-1)은 현재소비가 현재소득만의 함수라고 가정하고 있다. 즉 소득이 추가적으로 한 단위 증가하면 소비가 (1보다 작은) b 만큼 증가하고 나머지 $1-b$ 만큼은 저축된다. 다음으로 **식** (16-1)로부터 평균소비성향을 다음과 같이 쓸 수 있다.

$$APC=\frac{C}{Y}=\frac{C_0}{Y}+b \qquad (16\text{-}2)$$

여기서 C_0/Y은 소득이 증가하면 감소하므로 평균소비성향은 소득이 증가하면 감소한다. **식** (16-1)로부터 평균저축성향곧 저축률을 다음과 같이 쓸 수 있다.

$$\frac{S}{Y}=\frac{Y-C}{Y}=(1-b)-\frac{C_0}{Y} \qquad (16\text{-}3)$$

따라서 저축률은 소득이 증가함에 따라 증가한다.

16.1.1 소비에 관한 정형화된 사실들

케인즈의 소비함수에 대한 추측이 담긴 저서가 출간된 이후 여러 경제학자들이 데이터를 수집해 그의 추측을 검증했다. 처음에 학자들이 수집해 이용한 데이터는 두 가지 종류였다.[2] 먼저 1·2차 세계대전 사이에 소비, 저축, 소득, 물가 등의 단기 경기변동을 담고 있는 시계열 데이터 time series data를 사용한 분석 결과는 다음과 같았다.

1. 현재소비는 현재소득과 높은 상관관계 correlation를 가지며 다른 변수들은 소비를 설명하는 데 크게 기여하지 못하는 것으로 나타났다. 이는 케인즈의 첫 번째 추측을 뒷받침하는 결과이다.
2. 대공황처럼 소득이 낮은 때에는 소비와 저축 모두 낮게 나타났다. 이는 한계소비성향이 0과 1 사이의 값일 것이라는 케인즈의 두 번째 추측을 뒷받침하는 결과이다.
3. 소득이 낮을 때 소득에 대한 소비 비율은 높고 소득이 높을 때 소득에 대한 소비 비율은 낮았다. 이는 케인즈의 세 번째 추측을 뒷받침하는 결과이다.

다음으로 학자들은 가계조사를 통해 한 시점에서 여러 가계의 소득과 소비 및 저축 등으로 이루어진 가계예산에 관한 자료를 수집해 분석하였다. 이러한 자료를 한 시점에서 여러 경제주체에 관한 자료라는 의미에서 횡단면 자료 cross-sectional data라고 부른다. 횡단면 자료의 분석 결과는 다음과 같았다.

1. 현재소비는 현재소득과 높은 상관관계를 갖는 것으로 나타났다.
2. 소득이 높은 가계는 소비가 높았고—곧 한계소비성향이 0보다 크고— 저축 또한 (소득이 낮은 가계보다) 높았다—곧 한계소비성향이 1보다 작다. 이는 한계소비성향이 0과 1 사이의 값이라는 케인즈의 두 번째 추측과 일치한다.
3. 소득 수준이 높을수록 평균저축성향곧 저축률도 높은 것으로 나타났다—곧 소득이 높은 가계일수록 평균소비성향이 낮다. 이는 케인즈의 세 번째 추측을 뒷받침해 주는 결과이다.

지금까지 설명한 실증분석은 한 시점 혹은 단기의 소비함수에 관한 것이다. 따라서 케인즈의 소비함수론곧 절대소득가설은 단기에 소비와 소득의 관계를 잘 설명해 준다고 할 수 있다. 그러나 케인즈 소비함수는 두 가지 문제를 안고 있었다.

1. 케인즈 이론은 산업혁명 이후 나타난 경제문제 가운데 가장 심각한 문제였던 대공황이라는 경제현상을 치유할 목적으로 등장했기 때문에곧 단기적인 분석에 초점을 맞추

2 Friedman, M.(1957), *A Theory of the Consumption Function*, Princeton University Press: Princeton, N.J.

그림 16-2 **장기 소비함수**

쿠즈네츠에 의하여 밝혀진 장기소비함수는 원점을 지나는 것으로 나타났다. 따라서 한계소비성향과 평균소비성향이 서로 같고 평균소비성향은 1보다 작다. 장기소비함수는 케인즈의 절대소득가설이 장기에는 옳지 않음을 보여준다.

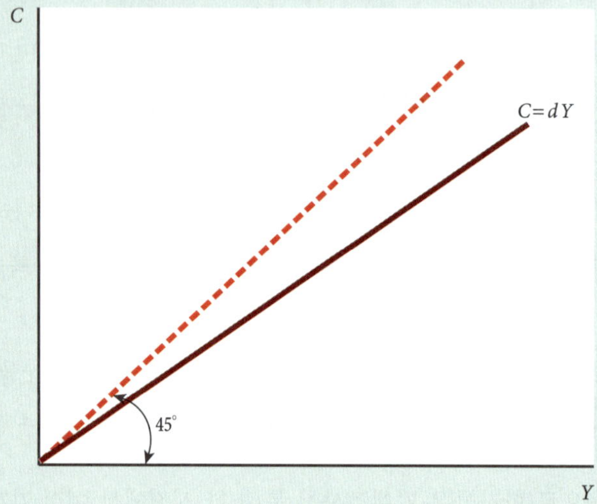

어야 했기 때문에 장기적인 분석에는 약점이 있을 수밖에 없었다.

2 케인즈 이론은 현재소비를 설명하기 위해 현재소득에 너무 큰 비중을 둠으로써 다른 변수들의 역할을 지나치게 간과한 측면이 있었다.

결국 케인즈의 소비함수론은 두 가지 문제 때문에 실증분석의 검증을 모두 통과하지는 못했다. 즉 케인즈의 추측곧 절대소득가설은 장기의 소득과 소비의 관계를 설명하지 못했다. 2차 세계대전 이후 쿠즈네츠S. Kuznets는 (1869년까지 거슬러 올라가는) 장기의 소비와 소득에 관한 집계 자료aggregate data를 구축했는데,[3] 이 기간 동안 소득이 크게 증가했는데도 소득과 소비의 비율이 매우 안정적으로 유지됐음을 알게 되었다. 이는 (소득이 증가하면 평균소비성향이 감소할 것이라는) 케인즈의 추측에 위배되는 실증적 현상이다. 따라서 케인즈의 추측은 장기에 성립하지 않으며 장기 소비함수는 **그림 16-2**에서 보는 바와 같이 절편 없이 원점을 지나는 것으로 나타났다.

다음으로 케인즈를 따르는 많은 학자들은 1930년대 후반부터 1940년대 초반

3 Kuznets, S.(1946), *National Income: A Summary of Findings*, NBER, Arno Press: New York.
Kuznets, S.(1952), "Proportion of Capital Formation to National Product," *American Economic Review* v.42, May, 507-526.

에 걸쳐 2차 세계대전 이후의 경제 상황에 대해 매우 비관적으로 예측했다.[4] 즉 2차 세계대전이 끝나면 정부지출이 전시보다 감소해 수요 부족으로 불황이 초래될 것이므로, 정부가 팽창적인 재정정책을 사용해 총수요를 증가시켜야 한다고 주장했다. 이러한 가설을 장기침체가설■ secular stagnation thesis 이라고 부른다.

■ 장기침체가설은 만성적으로 총수요 부족을 겪는 시장경제를 묘사한다. 소비가 낮고 저축이 투자를 초과하므로 호황시에도 인플레이션 우려가 없는 경제를 지칭한다. 따라서 이러한 경제에서 성장률은 영이거나 미미하다.

케인즈학파의 예측은 2차 세계대전 이후 미국 경제에 들어맞지 않았다. 즉 전쟁 중에 전쟁비용을 마련하기 위해 미국 정부가 발행한 막대한 공채가 가계의 자산asset으로 축적돼 2차 세계대전 이후 가계 자산이 전쟁 이전보다 크게 증가했고, 축적된 자산이 소비를 증가시킨 것으로 나타났다.

지금까지 살펴본 바와 같이 소비함수에 관한 실증적 분석의 결과로 발견된 정형화된 사실stylized facts 로서 소비함수론이 설명해야 하는 것들은 다음과 같다.

1. 횡단면 자료를 이용해 구한 소비함수는 **그림 16-1** 에서 보는 바와 같이 케인즈가 추측한 바와 같이 절편이 존재하고 기울기가 0과 1 사이의 값을 갖는 함수로 나타난다.
2. 경기변동을 보여주는 단기 시계열 자료를 이용하여 구한 소비함수 또한 **그림 16-1** 과 같은 모양으로 나타난다. 따라서 단기 시계열 자료를 이용한 소비함수는 케인즈의 추측을 뒷받침한다.
3. 장기 시계열 자료를 이용하여 구한 소비함수는 **그림 16-2** 에서 보는 바와 같이 원점을 지나는 함수의 형태로 나타나며 그 기울기는 1보다 작다. 따라서 장기 시계열 자료를 이용하여 구한 소비함수는 케인즈의 추측을 지지하지 않는다.
4. 소비함수는 소득뿐만 아니라 가계의 사산 크기에 영향을 받기 때문에 현재소득이 소비의 절대적인 결정요인은 아니다. 이는 케인즈의 추측과 다르다.

이 사실들은 일견 상충되는 것처럼 보인다. 현대 거시경제 이론이 이론적 · 실증적 면에서 소비함수론에 대해 풍부한 연구를 이룬 것은 일견 상충되는 것처럼 보이는 소비에 관한 사실들을 일관성 있게 설명하려는 노력의 결과라고 할 수 있다.

---

4 Hansen, A.H (1938), *Full Recovery or Stagnation?*, W.W. Norton & Co.: New York.

16.2 어빙 피셔의 기간 간 소비 이론

소비에 관한 의사결정을 주의 깊게 관찰하면 현재소비가 현재소득에 의해 결정된다는 케인즈의 소비함수가 옳지 않음을 쉽게 추론할 수 있다. 즉 사람들은 소득 가운데 얼마만큼 소비하고 얼마만큼 저축할 것인지 결정할 때 현재소득뿐만 아니라 (기대되는) 미래소득도 고려하며, 현재소비를 많이 하면 미래소비가 감소하고 현재저축이 높으면 미래소비가 증가한다는 것도 알고 있다. 따라서 현재소비는 현재뿐만 아니라 (기대되는) 미래소득의 흐름과 밀접한 관계가 있다. 프리드먼M. Friedman이나 모딜리아니F. Modigliani 등이 제시한 현대적인 소비함수론은 대부분의 사람들이 직면하는 기간 간 선택 문제를 분석해 앞에서 본 소비에 관한 정형화된 사실들을 일관된 이론으로 설명할 수 있게 해준다. 기간 간 선택 문제를 처음 분석한 어빙 피셔I. Fisher의 이론에 대해 살펴보자.[5]

16.2.1 평생효용함수

각 기간의 실질소득—곧 재화의 부존량endowment—이 일정하게 주어져 있고 생산이 없고 소비만을 고려하는 경제를 순수교환경제pure exchange economy라고 부른다. 여기서는 순수교환경제를 가정해 소비자의 선택 문제를 생각해 보자. 이때 소비자는 두 기간을 살며 C_t를 $t=1, 2$기의 소비라 할 때 평생효용함수를 $U(C_1, C_2)$와 같이 쓸 수 있다고 가정한다. 그리고 평생효용함수 $U(C_1, C_2)$는 두 기간의 소비에 관해 각각 증가함수이며, 효용극대화 문제가 내부해interior solution를 갖게 하는 모든 조건을 충족시킨다고 가정한다.▪

즉 예산제약의 한 모퉁이에서 해가 발생하는 모퉁이구석해corner solution가 일어나지 않는다고 가정하려는 것이다. 이러한 수학적인 조건들을 이나다조건Inada condition이라고 부른다. 이나다조건에는 두 기간의 소비의 한계효용이 소비가 0일 때에는 무한대, 소비가 무한대일 때에는 0이 된다는 조건이 포함된다.

이와 같이 가정하면 **그림 16-3**에서 보는 바와 같이 효용함수를 두 기간의 소비를 축으로 한 평면에서 원점에 대해 볼록한 무차별곡선indifference curve으로 나타낼 수 있다. 무차별곡선 위의 한 점에서의 기울기는 그 점에서 첫 번째 기간의 소비를 한 단위 줄일 때 효용을 똑같이 유지하기 위해 보상해 주어야 하는 두 번째 기간의 소비의 크기를 나타낸다. 따라서 무차별곡선의 기울기를 (미시경제학에서 배운 바와 같이) 한계대체율marginal rate of substitution, *MRS*이라고 부른다. 이때 한계대체율은 효

5 Fisher, I.(1930), *The Theory of Interest: As Determined by Impatience to Spend Income and Opportunity to Invest It*, The Macmillan Company: New York.

무차별곡선 그림 16-3

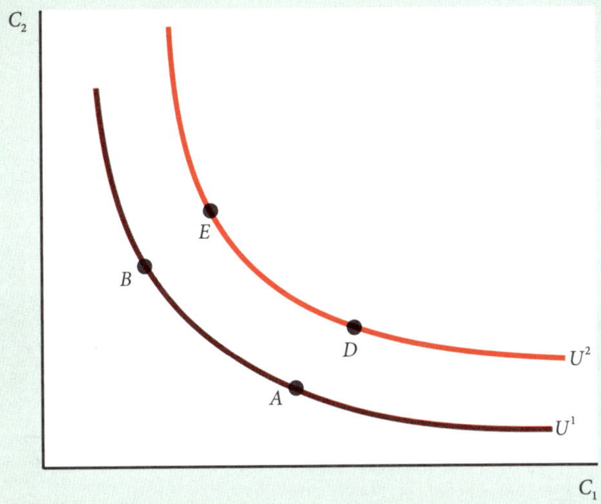

두 기간의 소비에 대한 무차별곡선은 다음과 같은 통상적인 특성을 갖는다. ① 하나의 무차별곡선 위의 두 점에서는 효용의 크기가 서로 같다. ② 무차별곡선이 원점에서 멀리 떨어져 있을수록 효용수준이 높으며 서로 다른 효용수준의 무차별곡선은 서로 교차하지 않는다. ③ 무차별곡선은 원점에 대하여 볼록하다. 즉 한계대체율이 체감한다.

용을 일정하게 유지하면서 첫 번째 기간의 소비를 두 번째 기간의 소비로 대체하는 비율을 나타낸다. **그림 16-3**에서 보듯이 무차별곡선은 원점에 대해 볼록하기 때문에 한계대체율은 체감한다. 따라서 첫 번째 기간의 소비가 크고 두 번째 기간의 소비가 작은 점 A에서는 한계대체율이 작다. 다시 말해 점 A에서는 첫 번째 기간의 소비를 한 단위 줄이는 대가로 보상해주어야 하는 두 번째 기간의 소비가 작다. 그러나 첫 번째 기간의 소비가 작고 두 번째 기간의 소비가 큰 점 B에서는 한계대체율이 크다. 다시 말해 점 B에서는 첫 번째 기간의 소비를 한 단위 줄이는 대신에 보상해 주어야 하는 두 번째 기간의 소비가 크다.

그런데 이때의 소비는 여러 가지 소비재를 하나로 집계한 (거시경제 변수인) 총소비 aggregate consumption 를 의미하므로, 개별 재화에서 나타날 수 있는 열등재 inferior goods 의 경우를 배제하는 것이 보통이다. 즉 거시경제 분석에서는 두 기간의 소비를 모두 정상재 normal goods 라고 가정하는 것이 통례이므로 소비함수론에서는 소득이 증가하면 주어진 이자율 수준에서 두 기간의 소비가 동시에 증가한다고 가정한다.

그림 16-4 **평생예산제약**

두 기간 모형에서 평생예산제약은 소득의 부존점 E를 지나고 기울기의 절댓값은 $1+r$이다. 그리고 두 기간의 소비의 배합이 부존점 E의 왼쪽에 위치하면 1기의 대여자이고, 오른쪽에 위치하면 1기의 차입자이다.

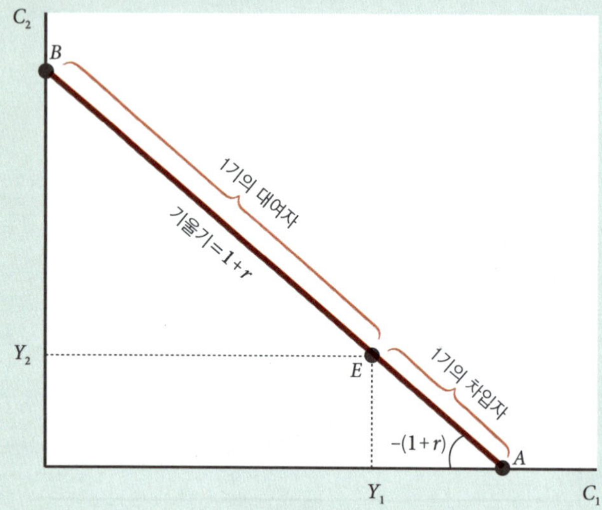

16.2.2 평생예산제약

t기에 Y_t만큼의 재화를 소득으로 받는 소비자가 제1기에 한 단위의 재화를 저축해 다른 소비자에게 대여하면 다음 기에 원금과 이자를 포함해 $1+r$만큼의 재화를 되돌려 받는다고 가정해 보자. 여기서 r은 실질이자율이다. 이 가정은 경제에 자금을 빌리고 빌려주는 대부자금시장 loanable fund market이 존재함을 의미한다. 두 기간에서 이 소비자의 예산제약조건을 각각 다음과 같이 쓸 수 있다.

$$C_1+S=Y_1 \tag{16-4}$$
$$C_2=Y_2+(1+r)S \tag{16-5}$$

여기서 S는 첫 번째 기간의 저축으로 그 값이 양이면 저축—곧 대여 lending—을, 음이면 부의 저축 dissaving—곧 차입 borrowing—을 각각 나타낸다. **식** (16-4)는 첫 번째 기간의 소비와 저축의 합이 첫 번째 기간의 소득과 같아야 함을 의미하고, **식** (16-5)는 두 번째 기간의 소비가 두 번째 기간의 소득 및 첫 번째 기간에 타인에게 대여한 저축의 원리금의 합과 같아야 함을 의미한다.

이제 **식** (16-4)의 양변에 $1+r$을 곱하면 다음 식을 얻는다.

$$(1+r)C_1+(1+r)S=(1+r)Y_1$$

평생예산제약의 이동 그림 16-5

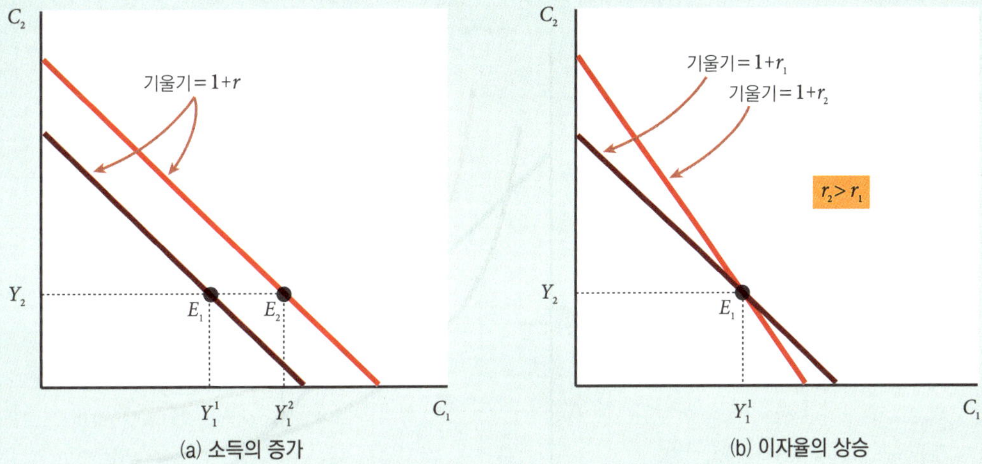

평생예산제약은 1기나 2기의 소득이 증가하면 (a)에서 보는 바와 같이 오른쪽으로 평행 이동한다. 그리고 평생예산제약은 이자율이 상승하면 (b)에서 보는 바와 같이 부존점 *E*를 중심으로 시계방향으로 회전 이동한다. 이때 부존점이 회전의 중심이 되는 이유는 부존점은 이자율에 상관없이 선택할 수 있기 때문이다.

이를 **식** (16-5)와 같은 변끼리 더해서 정리하면 다음과 같이 소비자의 평생예산제약 lifetime budget constraint 을 얻을 수 있다.

$$C_1 + \frac{C_2}{1+r} = Y_1 + \frac{Y_2}{1+r} \qquad (16\text{-}6)$$

식 (16-6)의 좌변은 두 기간의 소비 흐름의 현재가치 present value 이며 우변은 소득 흐름의 현재가치이다. 즉 이 소비자의 소비 흐름의 현재가치는 소득 흐름의 현재가치와 같아야 하는데, 이는 (현재가치로 보았을 때) 평생소비가 평생소득을 초과할 수 없음을 의미한다.

이러한 평생예산제약을 **그림 16-4**와 같이 그려볼 수 있다. **그림 16-4**에서 점 *A*는 $C_2=0$ 인 경우이므로 **식** (16-6)에 따라 $C_1=Y_1+Y_2/(1+r)$인 점을 나타내고, 점 *B*는 $C_1=0$ 인 경우이므로 역시 **식** (16-6)에 따라 $C_2=(1+r)Y_1+Y_2$ 인 점을 나타낸다. 그리고 점 *E*는 소득의 부존점 endowment point 을 나타낸다.

한편 **그림 16-4**에 나타나 있는 평생예산제약은 소득이나 이자율이 변화하면 이동한다. **그림 16-5** (a)에서 보는 바와 같이 첫 번째 기간의 소득이 Y_1^1에서 Y_1^2로

그림 16-6 **소비 흐름의 선택**

두 기간의 소비에 관한 소비자균형은 무차별곡선과 평생예산제약이 만나는 점 A에서 달성된다. 이때 무차별곡선의 기울기는 점 A에서의 한계대체율(MRS)이고 평생예산제약의 기울기는 $1+r$이기 때문에 소비자균형은 $MRS=1+r$이 성립할 때 달성된다. 이와 같은 식은 달리 해석하면 저축의 한계비용과 한계편익이 일치할 때 소비자균형이 달성됨을 의미한다.

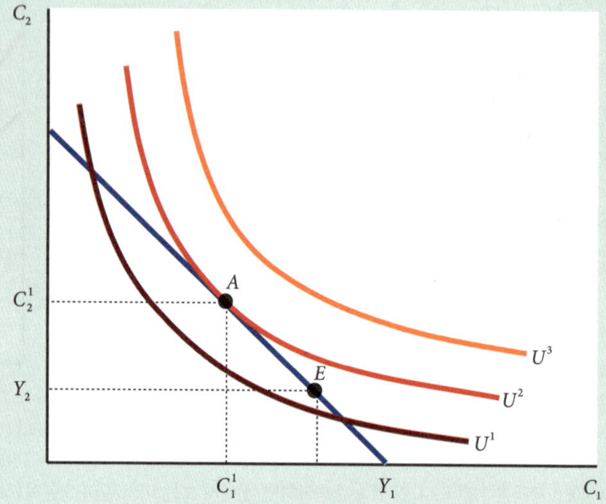

증가하면 평생예산제약이 밖으로 평행이동한다. 이러한 평행이동은 두 번째 기간의 소득이 증가할 때에도 일어난다. 그리고 이자율이 상승할 때에는 **그림 16-5 (b)**에서 보는 바와 같이 소득의 부존점 E를 중심으로 회전이동한다. 이자율이 상승할 때 예산선이 소득의 부존점을 중심으로 회전이동하는 이유는 이자율에 관계없이 소득의 부존점을 소비자가 선택할 수 있기 때문이다.

16.2.3 최적소비의 흐름

이 소비자는 주어진 평생예산제약조건 아래에서 효용을 극대화하기 위해 두 기간의 소비를 선택해야 하는데 이러한 효용극대화 문제를 **그림 16-6**을 이용해 설명할 수 있다.

1 효용극대화는 **그림 16-6**에서 보는 바와 같이 평생예산제약과 무차별곡선이 접하는 점 A에서 달성된다. 즉 **그림 16-6**에서 주어진 평생예산제약과 적어도 한 점에서 만나면서 원점에서 가장 멀리 떨어져 있는 무차별곡선은 U^2이다. 무차별곡선 U^1은 평생예산제약과 만나지만 U^2보다 아래에 있기 때문에 극대화된 효용을 보장하지 못한다. 그리고 무차별곡선 U^3은 평생예산제약과 만나지 않기 때문에 주어진

소득의 흐름과 시장이자율에서는 달성할 수 없는 효용수준이다. 따라서 평생효용을 극대화하는 소비 흐름은 점 A 에서 $\{C_1^1, C_2^1\}$ 이다.

2 **그림 16-6** 의 점 A 에서는 무차별곡선과 평생예산제약이 서로 접하므로 무차별곡선의 기울기인 한계대체율과 평생예산제약의 기울기인 $1+r$ 이 서로 일치한다.

$$MRS = 1 + r \tag{16-7}$$

그런데 무차별곡선 위의 한 점에서 한계대체율은 그 점에서 첫 번째와 두 번째 기간 소비의 한계효용의 비율이다. 따라서 **식** (16-7)을 다음과 같이 다시 쓸 수 있다.

$$MRS = \frac{MU(C_1)}{MU(C_2)} = 1 + r \tag{16-8}$$

여기서 $MU(C_t)$는 $t=1, 2$ 기 소비의 한계효용이다.

식 (16-8)에 나타나 있는 소비자균형조건의 경제적인 의미는 다음과 같이 해석할 수 있다. 먼저 **식** (16-8)을 다음과 같이 다시 쓸 수 있다.

$$MU(C_1) = (1+r)MU(C_2) \tag{16-9}$$

■ 이처럼 현재소비와 미래소비 간의 관계를 규정짓는 방정식을 고급 거시경제학에서는 오일러 방정식 Euler equation 이라 칭한다.

식 (16-9) 좌변은 저축을 한 단위 추가적으로 늘릴 때 발생하는 한계비용 marginal cost, 우변은 한계편익 marginal benefit 을 나타낸다. 다시 말해 첫 번째 기간에 소비를 한 단위 줄이고 저축을 한 단위 늘리면 첫 번째 기간의 효용이 감소하는데, 그 크기는 첫 번째 기간 소비의 마지막 한 단위의 효용곧 한계효용만큼이다. 따라서 **식** (16-9) 좌변은 저축을 추가적으로 한 단위 증가시킬 때 발생하는 한계비용이다. 그리고 저축을 한 단위 증가시키면 두 번째 기간에 $1+r$ 단위의 재화를 돌려받으므로 그만큼 증가한 소비에 한계효용을 곱해 효용단위로 나타내면 **식** (16-9)의 우변과 같다. 즉 **식** (16-9)의 우변은 저축을 추가적으로 한 단위 증가시킬 때 늘어나는 추가적인 효용인 저축의 한계편익이다.

이와 같이 저축의 한계비용과 한계편익을 일치시킴으로써 이 소비자는 효용을 극대화할 수 있다. 만약 **식** (16-9)의 좌변이 우변보다 크면 저축의 한계비용이 한계편익보다 크기 때문에 저축곧 두 번째 기간의 소비을 감소시키고 첫 번째 기간의 소비를 증가시킴으로써 효용을 증가시킬 수 있고, **식** (16-9)의 우변이 좌변보다 크면 저축의 한계편익이 한계비용보다 크기 때문에 저축을 증가시키고 첫 번째 기간의 소비

그림 16-7 **소득의 증가와 소비의 흐름**

제1기의 소득이 증가하면 부존점이 E_1에서 E_2로 이동하고 평생예산제약이 오른쪽으로 이동한다. 따라서 소비자균형이 점 A에서 점 B로 이동하고 두 기간의 소비가 동시에 증가한다. 거시경제학에서는 소비가 정상재라고 가정하기 때문에 한 기간의 소득이 증가하면 두 기간의 소비가 동시에 증가하는 소비의 평탄화가 일어난다. 소비의 평탄화가 일어나기 때문에 1기의 소득이 증가할 때 1기의 소비는 소득만큼 증가하지 않고 1기의 저축은 증가한다.

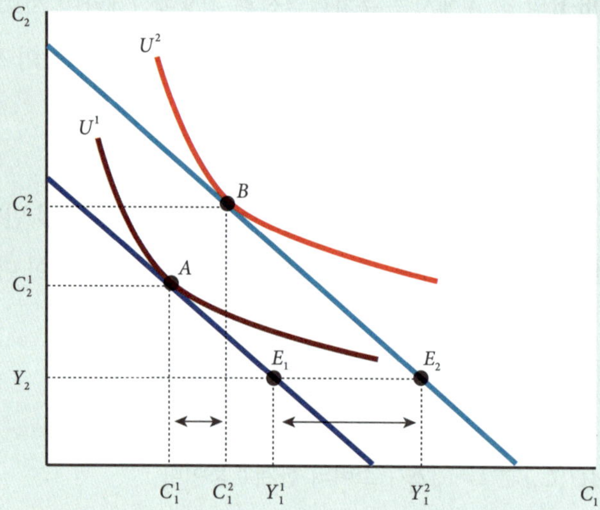

를 감소시킴으로써 효용을 증가시킬 수 있다. 따라서 소비자균형은 **식 (16-9)**가 성립할 때 달성된다.

16.2.4 소득의 증가와 최적소비의 흐름

두 기간 가운데 한 기간 또는 두 기간 모두에서 소득이 증가하면 **그림 16-5 (a)**에서 보는 바와 같이 평생예산제약이 밖으로 평행이동한다. 소득이 증가하면 소비자는 **그림 16-7**에서 보는 바와 같이 새로운 소비자균형점 B를 선택하는데, 그때의 소비 흐름은 $\{C_1^2, C_2^2\}$가 된다. 그런데 앞에서 설명한 바와 같이 소비가 정상재라고 가정하고 있으므로 소득이 증가하면 두 기간의 소비가 모두 증가하며, 그때의 효용수준은 U^1에서 U^2로 증가한다.

이와 같이 (첫 번째 기간인지, 두 번째 기간인지를 불문하고) 어느 한 기간에 소득이 증가하면 증가한 소득은 두 기간의 소비를 동시에 증가시키는 데 사용된다. 다시 말해 어느 한 기간에 소득이 증가하면 그 증가분은 생애의 전 기간에 걸쳐 소비 증가에 사용된다. 한 기간의 소득을 생애 전 기간에 분산하여 소비하는 현상을 소비의 평탄화 consumption smoothing 라고 부른다.

이자율 상승과 최적소비의 흐름: 대여자 그림 16-8

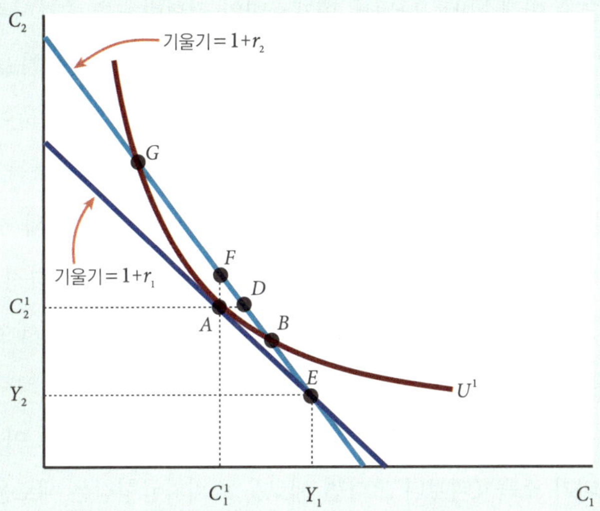

제1기에 대여자인 소비자의 경우(예: A점 선택) 이자율이 상승하면 소비자균형이 선분 BG 사이에서 일어난다. 이때 저축이 증가할 것인지, 감소할 것인지는 소득효과와 대체효과의 크기에 따라 결정된다. 즉 1기에 대여자인 경우 이자율이 상승하면 소득효과에 따라 두 기간의 소비가 동시에 증가하며, 대체효과에 의해서는 1기의 소비는 감소하고 2기의 소비는 증가한다. 따라서 이자율이 상승할 때 소득효과가 대체효과보다 크면 1기의 소비(저축)가 증가(감소)하고, 반대의 경우에는 소비(저축)가 감소(증가)한다. 이자율이 상승하면 대여자의 경우 항상 효용이 증가한다.

16.2.5 이자율 상승과 최적소비의 흐름

이자율이 상승했을 때 소비자는 소비와 저축을 어떻게 조정할까? 이자율 상승이 소비자의 소비와 저축에 어떤 영향을 미치고 그 결과로 효용수준이 어떻게 변화하는지는 이 소비자가 첫 번째 기간에 대여자 lender냐 차입자 borrower냐에 따라 다르게 나타난다. **그림 16-8**에 나타난 소비자는 첫 번째 기간의 소득이 소비보다 크므로 대부자금시장에서 대여자이다.

그림 16-8에는 이자율이 상승했을 때 첫 번째 기간에 대여자인 소비자의 최적소비 흐름의 변화가 도시돼 있다. 먼저 이자율이 r_1에서 r_2로 상승하면 평생예산제약이 부존점 E를 축으로 시계 방향으로 회전이동한다. 이때 새로운 소비자균형은 새로운 평생예산제약 위의 점인 B와 G 사이에서 일어난다. B와 G 사이의 어떤 점에서 새로운 소비자균형이 이루어질 것인지는 이자율 상승에 따른 소득효과 income effect와 대체효과 substitution effect의 상대적인 크기에 의해 결정된다. 이 경우의 소비자는 첫 번째 기간에 대여자이므로 이자율이 상승하면 주어진 저축 수준에서 이자소득이 증가한다. 이때 소비자는 주어진 소득과 저축에 대해 자신의 평생소득이 증가했음을 알게 되므로, (정상재인) 현재소비와 미래소비를 동시에 증가시킨다. 따

라서 첫 번째 기간에 (주어진 소득에서 소비를 차감한) 저축이 감소한다. 즉 소비자가 대여자일 때 소득효과는 첫 번째 기간에 저축을 감소시키고 소비를 증가시킨다.

한편 이자율 상승은 미래소비로 나타낸 현재소비의 기회비용을 증가시켜 현재소비를 감소시키고 미래소비를 증가시키는 대체효과가 나타난다. 즉 이자율 상승은 현재소비를 미래소비로 대체시켜 첫 번째 기간에 소비가 감소하고 저축이 증가한다. 이와 같이 소비자가 대여자일 때 이자율이 상승하면 한편으로는 소득효과에 의해 첫 번째 기간에 저축이 감소하고, 다른 한편으로는 대체효과에 의해 첫 번째 기간에 저축이 증가하므로 첫 번째 기간의 저축이 증가할 것인지는 분명하지 않다.

만약 두 효과의 크기가 같다면 **그림 16-8**에서 소비자균형점이 점 A에서 새로운 평생예산제약 위의 점 F로 이동하게 되고, 소득효과가 대체효과보다 크다면 새로운 소비자균형점은 새로운 평생예산제약 위의 선분 FB 위의 한 점으로 이동하게 된다. 그리고 대체효과가 소득효과보다 크다면 새로운 소비자균형점은 새로운 평생예산제약 위의 선분 FG 위의 한 점이 된다. 이자율이 상승하면 대여자가 차입자로 변하는 경우는 없으며, 효용수준은 항상 증가하게 된다.

이자율 상승이 차입자의 최적소비 흐름에 미치는 효과는 좀 더 복잡하다. 이는 **그림 16-9**를 이용해 설명할 수 있다. 먼저 이 경우의 소비자는 첫 번째 기간에 차입자이기 때문에 부존점 E가 처음의 소비자균형점 A보다 왼쪽에 위치하고 있다. 이때 이자율이 r_1에서 r_2로 상승하면 이 소비자는 주어진 소비 흐름과 첫 번째 기간의 차입수준에서 갚아야 할 이자가 증가하므로 자신의 평생소득이 감소했음을 알게 된다. 따라서 (정상재인) 두 기간의 소비가 모두 감소하는 소득효과가 나타난다.

한편 이자율 상승은 두 번째 기간의 소비로 나타낸 첫 번째 기간의 소비의 기회비용을 증가시키므로, 첫 번째 기간의 소비를 두 번째 기간의 소비로 대체시키는 대체효과가 일어나고 그 결과로 첫 번째 기간에 저축이 증가한다. 다시 말해 소비자가 제1기에 차입자일 때 소득효과와 대체효과 모두 제1기에 소비를 감소시키고 저축을 증가시키는 방향으로 작용한다. 따라서 **그림 16-9 (a)**에서 새로운 소비자균형은 새로운 평생예산제약 위의 점 B의 왼쪽에서 일어난다.

실제로 위에서 살펴본 두 가지 효과의 합이 크면 **그림 16-9 (a)**에서 새로운 소비자균형점이 소득의 부존점 E보다 왼쪽의 새로운 평생예산제약 위에 위치할 수 있는데, 이때 이자율이 변하기 전까지 차입자였던 소비자는 이자율이 상승하면서 대여자로 변한다. 그러나 (a)에서 차입자가 대여자로 변해도 새로운 평생예산제약이 처음

이자율 상승과 최적소비의 흐름: 차입자 그림 16-9

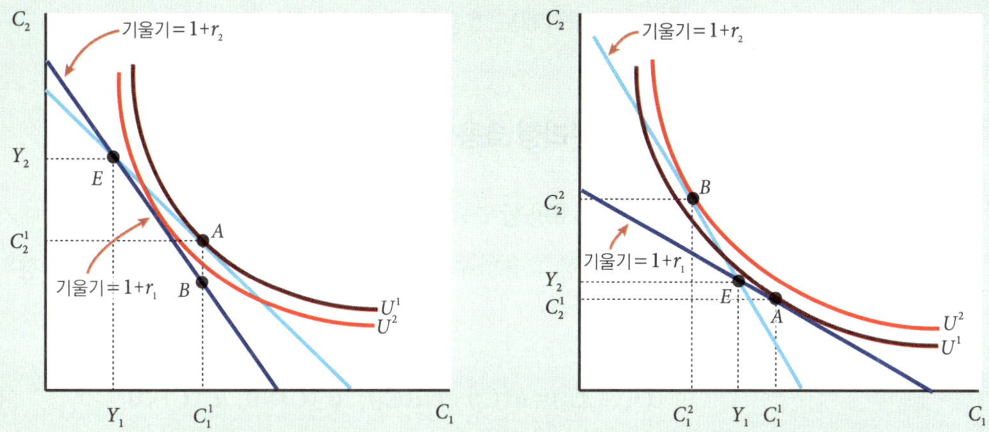

(a) 차입자로 남는 경우 (b) 차입자에서 대여자로 바뀌는 경우

제1기에 차입자인 경우에는 이자율이 상승하면 소득효과에 따라 두 기간의 소비가 감소하고 대체효과에 따라 1기의 소비는 감소하고 2기의 소비는 증가한다. 따라서 제1기에는 소비가 감소하고 저축이 증가하므로 (a)와 (b)에서 새로운 소비자균형이 처음의 소비자균형인 점 A의 왼쪽에서 일어난다. 이와 같이 새로운 소비자균형이 부존점 E의 왼쪽에서 나타나면 차입자에서 대여자로 바뀐다. 차입자에서 대여자로 바뀌는 경우에는 이자율이 상승함에 따라 효용이 증가하는 경우가 나타날 수가 있는데, 그 경우가 (b)에 나타나 있다.

무차별곡선 U^1 보다 아래에 있으므로 결국 이자율 상승은 소비자의 효용을 감소시킨다. 반대로 첫 번째 기간의 차입자가 이자율 상승으로 대여자로 변하면 효용이 증가할 수도 있다. 즉 이자율이 상승하면 여전히 차입자인 소비자의 효용수준은 항상 감소하지만, 차입자에서 대여자로 변한 소비자의 효용수준은 이자율 상승 이전보다 높아질 가능성을 배제할 수 없다. 이 경우가 (**b**)에 나타나 있다.

(**b**)에서 이자율이 r_1 에서 r_2 로 상승할 때 새로운 평생예산제약 위의 점들 가운데 이자율 상승 이전의 소비자균형점 A 를 지나는 무차별곡선 U^1 보다 위쪽에 위치한 점들이 존재한다. 그리고 이자율이 상승하고 나서 새로운 소비자균형점 B 에서의 효용 U^2 는 이자율이 변하기 전의 균형점 A 에서의 효용보다 높다. 이때 차입자였던 소비자가 이자율 상승으로 대여자로 변하고 효용 수준도 함께 상승하는 경우는 (**b**)에서 보는 바와 같이 이자율 변화 이전의 소비자균형점이 부존점과 가깝거나 이자율의 상승폭이 클 때에만 나타난다. 따라서 이자율이 상승했을 때 차입자였던 소비자가 대여자로 전환하는 것은 이자율 상승에 따라 소비자의 효용이 증가하기 위한

필요조건 necessary condition 이지 충분조건 sufficient condition 은 아니라는 점에 주의해야 한다. 다시 말해 **그림 16-9 (a)** 에서 살펴본 바와 같이 이자율 상승으로 소비자가 차입자에서 대여자로 변화해도 효용이 증가하지 않는 경우가 있다.

16.2.6 시간 분리형 효용함수와 최적소비의 흐름

동태분석에서는 효용함수를 $U(C_1, C_2)$ 처럼 일반적인 형태로 나타내기보다 다음과 같이 시간분리형 효용함수 time separable utility function 를 이용하는 경우가 자주 있다.

$$U(C_1,C_2)=u(C_1)+\beta u(C_2),\ \ u'(C)>0,\ u''(C)<0 \quad (16\text{-}10)$$

여기서 β 는 미래효용을 현재효용으로 할인하는 효용할인인자 utility discounting factor 로서 $0<\beta<1$ 의 값을 갖는다고 가정한다. 이는 미래효용 한 단위가 현재효용 한 단위보다 가치가 작음을 의미하며 소비자의 시간에 대한 선호 time preference 를 반영한다. 기간효용함수 temporal utility function 라고 부르는 효용함수 $u(C)$ 는 각 기간의 소비를 효용으로 환산하는 개인의 선호를 반영한다. 이러한 효용함수를 가정하는 이유는 첫째, 문제를 분석하기 쉽고, 둘째, 이 효용함수를 이용해 많은 거시경제 문제를 효과적으로 분석할 수 있기 때문이다. 특히 불확실성을 도입할 때 시간분리형 효용함수를 사용하면 문제를 크게 단순화할 수 있다.

이제 **식** (16-10)을 이용해 소비자의 한계대체율■을 다음과 같이 구할 수 있다.

■ 미시경제학에서는 보다 엄밀히 MRS 를 MRS_{C_1, C_2} 로 표현하나 본서에서는 단순화하였다.

$$MRS=\frac{MU(C_1)}{MU(C_2)}=\frac{du(C_1)/dC_1}{\beta\{du(C_2)/dC_2\}} \quad (16\text{-}11)$$

시간분리형 효용함수를 이용하면 **식** (16-9)의 효용극대화를 위한 1차 조건을 다음과 같이 다시 쓸 수 있다. 본 식을 오일러 방정식 Euler equztion 이라 부른다.

$$\frac{du(C_1)}{dC_1}=\beta(1+r)\frac{du(C_2)}{dC_2} \quad (16\text{-}12)$$

따라서 시간분리형 효용함수에서 저축을 추가적으로 한 단위 증가시킬 때의 한계비용을 나타내는 **식** (16-12) 좌변은 두 번째 기간의 소비에 영향을 받지 않으며, 한계편익을 나타내는 **식** (16-12) 우변은 첫 번째 기간의 소비에 영향을 받지 않는다.

EXAMPLE

예 16-1 로그효용함수와 피셔의 소비함수

효용함수가 $u(C)=\ln(C)$와 같이 로그함수라면 **식** (16-6)과 (16-12)로부터 다음 식을 얻을 수 있다.

$$C_1=\left(\frac{1}{1+\beta}\right)\left(Y_1+\frac{Y_2}{1+r}\right),\ C_2=\left(\frac{\beta(1+r)}{1+\beta}\right)\left(Y_1+\frac{Y_2}{1+r}\right)$$

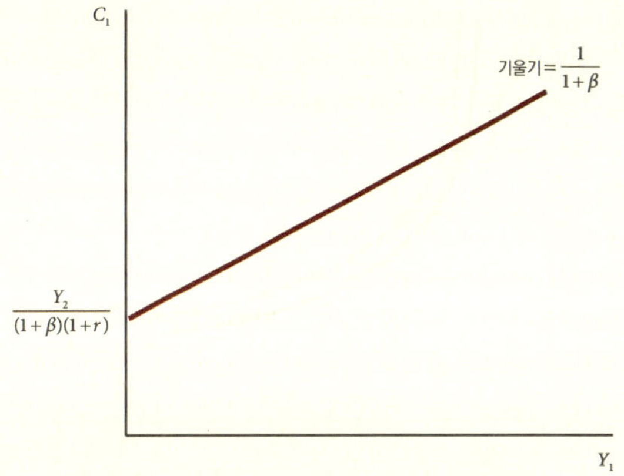

이제 위 식을 이용해 첫 번째 기간의 소비함수를 오른쪽 그림과 같이 그려볼 수 있다. 이때 소비함수는 절편이 $Y_2/\{(1+r)\cdot(1+\beta)\}$ 이고 기울기곧 한계소비성향가 $1/(1+\beta)$인 직선으로 나타난다. 그런데 그림에 나타난 소비함수가 케인즈의 추측을 뒷받침하는 것처럼 보일 수도 있지만 내용은 정반대이다. 즉 현재소비가 현재소득의 안정된 함수라는 케인즈의 추측과 달리 그림에 나타난 피셔 소비함수에서는 (기대되는) 미래소득 Y_2나 이자율 r이 변화하면 소비함수 자체가 위아래로 이동한다. 따라서 현재소비는 현재소득의 안정된 함수라고 말할 수 없다.

식 (16-12)에서 $\beta(1+r)=1$이라고 하면 $C_1=C_2$가 된다. 즉 두 기간의 소비가 균일하게 된다. 이러한 경우를 정상상태steady state라고 한다. 정상상태의 소비는 평생예산제약 **식** (16-6)으로부터 다음과 같이 얻을 수 있다.

$$C_1=C_2=\left(\frac{1+r}{2+r}\right)\left(Y_1+\frac{Y_2}{1+r}\right)=\left(\frac{1}{1+\beta}\right)(Y_1+\beta Y_2) \qquad (16\text{-}13)$$

따라서 각 기간의 소비는 평생소득의 $1/(1+\beta)$, 첫 기의 한계소비성향도 $1/(1+\beta)$이다.

16.2.7 유동성제약과 소비의 흐름

지금까지 우리는 소비자들이 자본시장에서 자유로이 차입하고 대여할 수 있으며 그러한 활동에 전혀 제약이 없다고 암묵적으로 가정하였다. 그러나 현실적으로 소비자가 차입할 수 있는 크기에 제약이 있는 경우가 많다. 이를 유동성제약liquidity constraint 또는 차입제약borrowing constraint이라고 부른다. 여기서는 자본시장이 불완전할 때 소비자균형이 어떻게 나타나는지 알아보기로 한다.

그림 16-10 유동성제약과 소비의 선택

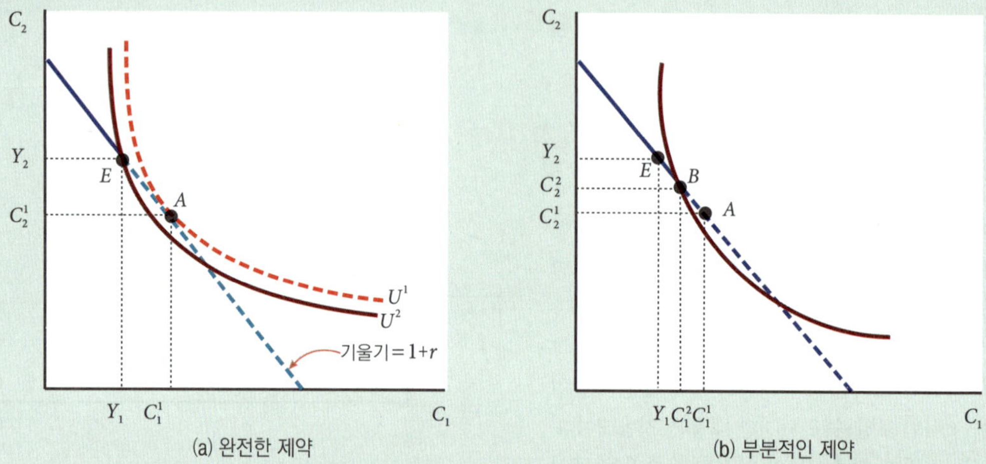

유동성제약이 존재하면 소비자균형에서 한계대체율과 $1+r$이 일치하지 않는다. (a)와 (b)에서 볼 수 있듯이 유동성제약이 존재하면 $MRS>1+r$이 성립한다. 이와 같은 경우에는 저축의 한계비용이 한계편익보다 크기 때문에 소비자는 1기의 저축을 감소시키고 소비를 증가시킴으로써 평생효용을 증가시킬 수 있으나 유동성제약 때문에 그러한 선택을 할 수 없다.

첫 번째 기간의 소비가 소득을 초과하면 소비와 소득의 차이만큼 시장에서 차입하여 사용해야 한다. 이때 소비자가 시장에서 차입할 수 있는 크기는 신용도 등에 따라 다르게 나타난다.

1 **그림 16-8**에서 보는 바와 같이 소비자가 첫 번째 기간에 대여자일 때는 소비 흐름이 유동성제약에 영향을 받지 않으므로 두 기간의 소비 흐름은 (피셔의 모형에서 본 바와 같이) 평생소득의 함수가 된다.

2 **그림 16-10**에서 보는 바와 같이 최적소비를 위해 소비자가 첫 번째 기간에 차입해야 하는 경우를 고려해 보자. **그림 16-10**에서 소득의 부존점은 E, 최적소비점은 A이다. 이때 소비자가 시장에서 전혀 차입할 수 없다면 첫 번째 기간의 소득을 소비할 수밖에 없다. 따라서 **그림 16-10 (a)**에서 소비는 소득의 부존점에서 일어나고 $C_1=Y_1$, $C_2=Y_2$가 된다. 다시 말해 이 경우에 현재소비는 현재소득과 같고 (케인즈가 추측한 바와 같이) 현재소비가 전적으로 현재소득에 의해 결정된다.

3 **그림 16-10 (b)**에서 보는 바와 같이 차입이 가능하지만 소비자가 원하는 만큼 차입할 수 없는 경우를 생각해 볼 수 있다. 즉 **(b)**에서 차입의 크기는 $D=C_1^2-Y_1$

만큼인데, 이는 첫 번째 기간의 최적소비 C_1^1을 달성하기에는 부족한 크기이다. 이 경우의 소비 흐름은 $C_1=Y_1+D$, $C_2=Y_2-(1+r)D$가 된다. 즉 차입이 가능하지만 소비자가 원하는 만큼 차입할 수 없다면 현재소비는 역시 (케인즈가 추측한 바와 같이) 현재소득에 의존한다.

상대소득가설 16.3

소비함수의 정형화된 사실에 관해 처음으로 설명을 시도한 사람은 듀젠베리 J.S. Duesenberry 이다.[6] 듀젠베리의 상대소득가설 relative income hypothesis 은 소비의 심리적 측면에 바탕을 두고 있다. 즉 듀젠베리는 케인즈의 절대소득가설이 한 사람의 소비가 자신의 과거 소비 및 다른 사람들의 소비와 독립적으로 이루어진다고 암묵적으로 가정함으로써 사람들의 소비가 심리적으로 과거 소비 및 다른 사람들의 소비에 의존한다는 사실을 무시한다고 보았다.

상대소득가설의 핵심은 다음과 같은 두 가지 가설이다.

1 한 소비자의 소비는 자신의 소득뿐만 아니라 다른 사람들의 평균소비의 증가함수이다. 이 가설은 한 사람의 소비가 다른 사람들의 소비에 외부효과를 가짐을 의미하는데, 이를 전시효과 demonstration effect 라고 부른다.▪ 즉 전시효과에 따르면 소비는 절대적인 수준보다 상대적인 수준이 중요하며, 한 경제의 소득분포에서 소비자가 어느 위치에 있느냐에 따라 결정된다. 전시효과가 존재하는 소비함수를 다음과 같이 쓸 수 있다.

▪ 듀젠베리는 이를 "keeping up with the Jones"존즈씨네 따라하기라고 불렀는데, 여기서 존즈씨네는 미국의 평균적인 가정을 대표한다.

$$C_i=f(Y_i, \bar{C}) \qquad (16\text{-}14)$$

여기서 C_i, Y_i는 각각 i번째 소비자의 소비와 소득, $\bar{C}$는 다른 소비자들의 평균소비이고, 함수 $f(\cdot,\cdot)$는 소득과 다른 사람들의 평균소비에 대해 증가함수이다.

2 한 소비자의 소비는 과거의 최고 소비수준에 영향을 받는다. 즉 한 번 최고 소비수준에 도달한 뒤에는 소득이 감소해도 소비를 감소시키기 어렵다. 이러한 현상을

6 Duesenberry, J.S.(1949), *Income, Saving, and the Theory of Consumer Behavior*, Harvard University Press: Cambridge, M.A.

듀젠베리는 소비의 불가역성 irreversibility 이라고 불렀다. 이때 소비의 비가역성 때문에 최고수준의 소비를 지속시키고자 하는 성향이 존재하며 소득이 감소해도 소비가 소득의 감소에 비례해 감소하지는 않는다. 다시 말해 소득에 대한 소비의 비율곧 평균소비성향은 과거 최고 소비수준의 증가함수이다. 그런데 과거 최고 소비수준은 소득수준이 최고일 때 달성된다. 따라서 상대소득가설의 두 번째 가설을 다음과 같은 함수형태로 쓸 수 있다.

$$\frac{C_i}{Y_i} = g\left(\frac{Y_i}{\hat{Y}_i}\right) \quad (16\text{-}15)$$

여기서 $\hat{Y}_i$는 i 번째 소비자의 과거 최고 소득이고 $g(\bullet)$는 감소함수이다. 즉 현재소득이 주어져 있을 때 과거 최고 소득수준이 높을수록 평균소비성향이 높고, 과거 최고 소득수준이 주어져 있을 때 현재소득 Y_i 가 높을수록 평균소비성향이 낮다.

16.3.1 횡단면 소비함수와 장기 소비함수

듀젠베리의 두 가지 가설을 이용하면 단기 소비함수와 장기 소비함수 사이의 괴리를 설명할 수 있다. 먼저 횡단면 자료를 이용한 소비함수와 장기 소비함수 사이의 괴리를 **식** (16-14)에 나타나 있는 전시효과를 이용해 설명할 수 있다. 이를 위해 **식** (16-14)를 다음과 같은 선형함수로 나타내 보자.

$$C_i = a\overline{C} + bY,\ 0 < b < 1 \quad (16\text{-}16)$$

이 소비함수를 **그림 16-11 (a)**와 같이 도시할 수 있다. 즉 **식** (16-16)으로 나타나는 소비함수는 절편이 $a\overline{C}$, 기울기가 b 인 횡단면 분석에서의 소비함수이다. 따라서 상대소득가설의 전시효과에 따르면 횡단면 분석에서 소비함수의 평균소비성향은 소득이 증가함에 따라 감소한다.

그렇다면 이러한 횡단면 분석의 소비함수로부터 원점을 지나는 (장기 시계열 자료를 이용해 구한) 장기 소비함수를 어떻게 도출할 수 있을까? 이는 **식** (16-16)을 집계 aggregate 함으로써 쉽게 구할 수 있다. 즉 소득 분포는 변화하지 않고 모든 소비자의 소득이 증가하는 경우의 평균소득과 평균소비의 관계를 **식** (16-16)으로부터 다음과 같이 구할 수 있다.

상대소득가설 그림 16-11

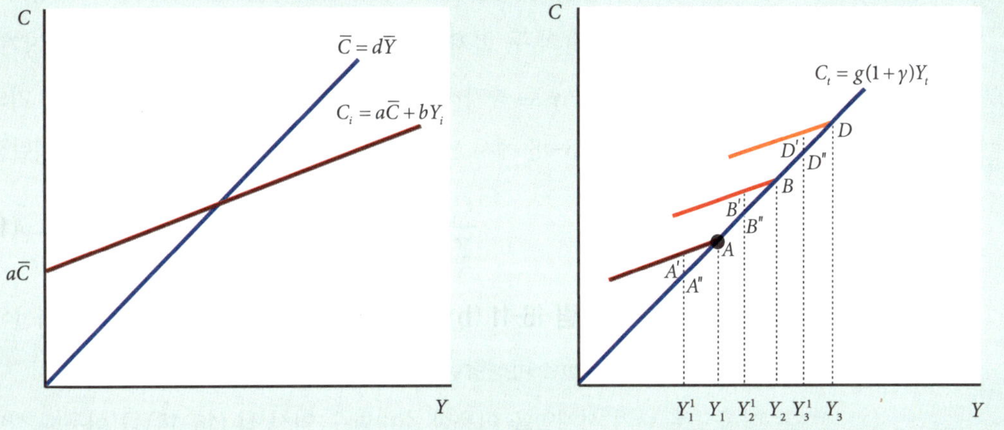

(a) 전시효과 (b) 톱니효과

상대소득가설은 (소비가 다른 사람들의 평균적인 소비에 영향을 받는) 전시효과와 (소비의 비가역성 때문에 나타나는) 톱니효과를 이용하여 소비의 정형화된 사실들을 설명한다. (a)에 나타나 있는 전시효과를 이용하면 다른 사람들의 평균소비 $\bar{C}$를 통해 횡단면 소비함수와 장기 소비함수를 설명할 수 있다. 그리고 (b)에 나타나 있는 톱니효과를 이용하면 단기 소비함수와 장기 소비함수를 설명할 수 있다.

$$\frac{1}{N}\sum_{i=1}^{N} C_i = a\bar{C} + b\left(\frac{1}{N}\sum_{i=1}^{N} Y_i\right) \Leftrightarrow \bar{C} = d\bar{Y},\ d = \frac{b}{1-a} \tag{16-17}$$

여기서 N은 소비자 수, $\bar{C}$ 는 평균소비, $\bar{Y}$는 평균소득으로 다음과 같이 정의된다.

$$\bar{C} = \frac{1}{N}\sum_{i=1}^{N} C_i,\ \bar{Y} = \frac{1}{N}\sum_{i=1}^{N} Y_i$$

따라서 전시효과에 따르면 평균소비는 평균소득만의 함수이고 절편 없이 원점을 지나는 선형함수로 나타나므로, 한계소비성향과 평균소비성향이 동일한 경제 전체의 장기 소비함수를 얻을 수 있다. 이때 전시효과의 크기—곧 a의 값—가 크지 않으면 한계소비성향은 0과 1 사이의 값을 갖는다. 다시 말해 경제 전체의 소득분포는 일정한 가운데 모든 소비자의 소득이 함께 증가하는 경우의 장기 소비함수는 **그림 16-11 (a)**에서 보는 바와 같이 원점을 지난다.

16.3.2 단기 소비함수와 장기 소비함수

소득이 증가함에 따라 평균소비성향이 감소하는 단기 소비함수와 장기 소비함수의 관계는 **식 (16-15)**의 두 번째 가설을 이용해 설명할 수 있다. 먼저 장기적으로 소득이 일정한 성장률 γ로 증가하는 경우, 과거 최고 소득수준은 지난 기의 소득이 된다. 따라서 **식 (16-15)**에서 $Y_i / \hat{Y}_i = 1 + \gamma$로 일정하므로 다음 식이 성립한다.

여기서 γ는 소득증가율이다.

$$\frac{C_t}{Y_t} = g(1+\gamma) \tag{16-18}$$

즉 장기소비함수는 **그림 16-11 (b)**에서 보는 바와 같이 원점을 지나는 직선이며, 이때 한계소비성향과 평균소비성향은 $g(1+\gamma)$로 같다.

다음으로 단기 시계열을 이용한 소비함수 역시 **식 (16-15)**를 이용해 설명할 수 있다. 먼저 **그림 16-11 (b)**에서 소비가 장기 소비함수 위의 한 점 A에서 이루어지고 있다고 가정하자. 이때 소득이 Y_1^1로 하락하면 소비도 하락하는데, 소비의 불가역성 때문에 소득과 비례하여 A''로 하락하지 않고 소득보다 낮은 비율인 A'로 하락한다. 따라서 단기적으로 소득이 하락할 때 $A'A$와 같이 한계소비성향이 평균소비성향보다 작은 단기 소비함수가 나타난다.

이때 소득이 다시 Y_1^1에서 Y_1로 증가하면 단기 소비함수를 따라 소비가 A'에서 A로 증가하고, 소득이 Y_1에서 Y_2로 증가하면 현재소득소비이 과거소득소비보다 크기 때문에 소비가 장기 소비함수를 따라 A에서 B로 증가한다식 (16-18) 참조. 그리고 다시 경기가 후퇴해 소득이 Y_2^1로 감소하면 위에서 살펴본 소비의 불가역성에 따른 단기 조정이 일어난다. 즉 경기가 후퇴할 때 과거 최고 소비수준은 소비의 불가역성에 따라 소비감소를 억제하는 기능을 한다. 이를 톱니효과 ratchet effect라고 부른다.

그림 16-11 (b)에서 마치 톱니처럼 보이는 부분을 상기해보자.

상대소득가설은 전시효과와 소비의 불가역성곧 톱니효과 가설을 이용해 단기 소비함수와 장기 소비함수의 괴리를 일관성 있게 설명한 최초의 이론이다. 그러나 상대소득가설은 소비의 외부효과와 시간적 의존성이라는 다분히 심리적인 측면에 기초하므로 자료를 이용해 검정하는 것이 어렵고, 소비에서 자산의 역할을 적절히 설명하지 못하는 단점이 있다.

항상소득가설 16.4

기간 간 소비선택에 관한 어빙 피셔 I. Fisher 의 소비선택 이론의 핵심은 소비자의 현재소비가 현재소득의 함수가 아니라 소비자의 (기대되는) 평생소득의 현재가치—곧 평생 부 lifetime wealth—의 함수라는 것이다.

밀턴 프리드먼 M. Friedman 의 항상소득가설 permanent income hypothesis 도 피셔의 분석에 기초하고 있다. 프리드먼은 각각의 기간에서 소비자의 실제 소득 measured income Y 가 능력 ability, 교육수준, 일에 대한 경험 experience, 연령, 성격 personality, 직종 occupation, 성별 gender, 지역 및 비인적 부 nonhuman wealth 등 소비자의 항구적인 특성에 의해 결정되는 항상소득 Y^P 와 경기변동, 측정오차 measurement error, 날씨, 질병 등과 같은 확률적 random 이면서도 일시적인 요인 때문에 변동하는 임시소득 temporary income Y^T 의 합으로 이루어진다고 보았다. 즉 다음 식이 성립한다.

$$Y = Y^P + Y^T \tag{16-19}$$

소득 사이의 관계를 이와 같이 정의하면 항상소득을 다음과 같이 이해할 수도 있다.

식 (16 19)로부터 소득의 현재가치 사이의 관계를 다음과 같이 얻을 수 있다.

$$\sum_{t=1}^{\infty} \frac{Y_t}{(1+r)^{t-1}} = \sum_{t=1}^{\infty} \frac{Y^P}{(1+r)^{t-1}} + \sum_{t=1}^{\infty} \frac{Y_t^T}{(1+r)^{t-1}} \tag{16-20}$$

이때 설명의 편의를 위해 소비자가 영원히 산다고 가정했으며, 항상소득은 시간과 무관하게 소비자의 특성에 의해 일정하게 주어지는 소득이므로 시간을 나타내는 아래 첨자를 붙이지 않은 Y^P 로 두었다. 한편 임시소득은 때로는 양이고 때로는 음인 확률변수로, 그 합이 0이다.

$$\sum_{t=1}^{\infty} \frac{Y_t^T}{(1+r)^{t-1}} = 0 \tag{16-21}$$

따라서 **식** (16-20)으로부터 다음 식을 얻을 수 있다.[7]

---

7 여기서 다음 결과를 이용하였다.

$$\sum_{t=1}^{\infty} \frac{1}{(1+r)^{t-1}} = 1 + \frac{1}{1+r} + \frac{1}{(1+r)^2} + \cdots = \frac{1+r}{r}$$

$$Y^P = rW,\ W = \sum_{t=1}^{\infty} \frac{Y_t}{(1+r)^t} \qquad (16\text{-}22)$$

즉 항상소득은 (기대되는) 평생소득의 현재가치로 정의되는 평생 부 lifetime wealth W로부터 발생하는 이자소득이라고 해석할 수 있다.

프리드먼의 항상소득가설은 **식** (16-19)와 함께 다음의 두 식으로 구성돼 있다.

$$C = C^P + C^T \qquad (16\text{-}23)$$

$$C^P = kY^P \qquad (16\text{-}24)$$

여기서 C, C^P, C^T는 각각 실제 소비 measured consumption, 항상소비 permanent consumption 및 임시소비 temporary consumption이고 k는 0과 1 사이의 상수이다.

식 (16-23)은 실제 소비를 항상소비와 임시소비의 합으로 정의하고 있다. 이때 임시소비는 (통상적이지 않은 질병 등과 같은) 개인적인 요인에 의한 소비와 한 개인이 속한 집단에 영향을 미치는 요인에 따른 소비 등을 포함한다.▪ 그런데 임시소비 가운데 개인적인 요인에 의한 소비변동은 (한 기간 안에서 또는 단기적으로) 모든 소비자에 대한 평균을 구하면 0이 되지만 집단에 영향을 미치는 요인의 변동에 따른 소비변동은 모든 소비자에 대한 평균을 구해도 0이 되지 않을 수 있다. 다만 여러 기에 대해 평균해보면 0에 근사한 값을 얻게 된다.

▪ 예를 들어 이상한파는 유류 소비를 증가시키고 농산물 풍작은 농민들의 소비를 증가시킨다.

식 (16-24)는 항상소득과 항상소비의 관계를 보여준다. 이때 항상소비는 앞에서 살펴본 피셔 분석에서 최적소비라 할 수 있다. 피셔 분석에서 현재소비는 평생소득의 현재가치인 평생 부 W에 비례한다. **식** (16-24)에서도 항상소비가 항상소득에 비례하는데, 항상소득이 평생 부 W에 비례하기 때문에 결국 항상소비도 평생 부 W에 비례한다. 다시 말해 **식** (16-24)는 소비의 기간 간 선택에서 평생 부 W가 주어져 있을 때 최적소비로 계획한 소비함수라고 할 수 있다.

지금까지 설명한 **식** (16-19), (16-23), (16-24)로 이루어진 항상소득가설은 이 식들에 포함된 소득과 소비의 상관관계를 가정함으로써 하나의 가설로 완성된다. 즉 다음 식이 성립한다고 가정한다.

$$\rho(Y^T, Y^P) = \rho(C^T, C^P) = \rho(Y^T, C^T) = 0 \qquad (16\text{-}25)$$

여기서 $\rho(\bullet, \bullet)$는 두 변수 간의 상관계수 correlation coefficient이다. **식** (16-25)에서 첫 번째 두 상관계수가 0이라는 데에는 개연성이 충분하다. 그러나 임시소득과 임시소비의 상관계수가 0이라는 마지막 가정은 다소 주관적이라고 생각할 수도 있으나 다음과 같은 사실들을 고려하면 큰 무리 없이 받아들일 수 있을 것이다.

1 저축은 소비하고 남은 잔차 residual 이다. 따라서 뜻하지 않게 발생한 소득은 소비하기보다 저축한다고 볼 수 있다.

2 뜻하지 않은 소득 windfall income 이 발생하면 내구재 등을 구입하는 경향이 있다. 이 경우에는 소비와 소비지출 consumption expenditure 을 구분해야 한다. 예를 들어 가구 구입에 지출하는 비용은 소비지출이지만 (구입한 가구를 짧게는 몇 년, 길게는 수십 년 동안 사용하므로) 가구로부터의 서비스 소비는 오래 지속되는 점을 감안하면 구입 비용의 대부분을 미래소비를 위한 저축으로 해석할 수 있다.

3 기대된 소득은 항상소득에 포함돼 항상소비에 이미 반영돼 있다. 예를 들어 언젠가 유산을 상속받기로 돼 있다면 이는 이미 항상소득에 반영돼 있다.

4 뜻밖의 소득을 얻는 것과 반대로 뜻밖의 손실을 볼 수 있기 때문에 두 경우의 가능성이 상쇄된다. 따라서 일시적인 현재소득 증가는 일시적인 미래소득 감소에 의해 상쇄될 것으로 기대되기 때문에 소비에 영향을 미치지 않는다.

16.4.1 횡단면 소비함수와 장기 소비함수

항상소득가설에서 장기 소비함수는 **식** (16-24)에 나타나 있는 항상소득과 항상소비간의 관계이나. 즉 장기에 경제가 성장해 항상소득이 증가하면 소비는 **식** (16-24)와 같이 원점을 지나는 소비함수를 따라 증가한다. 따라서 **그림 16-12**에서 보는 바와 같이 항상소득과 항상소비의 관계는 원점을 지나는 직선으로 나타난다. 그리고 경제 전체의 임시소득과 임시소비의 평균이 각각 0이기 때문에 실제 소득의 평균과 항상소득의 평균은 같고, 그때의 소비는 점 E에서 결정된다. 물론 이때 실제 소비의 평균은 항상소비의 평균과 같다. 즉 점 E에서는 다음 식이 성립한다.

$$\bar{C} = k\bar{Y} \Leftrightarrow \bar{C}^P = k\bar{Y}^P \tag{16-26}$$

여기서 $\bar{C}$, $\bar{Y}$, $\bar{C}^P$, $\bar{Y}^P$는 각각 실제 소비, 실제 소득, 항상소비, 항상소득의 평균이다. 따라서 경제성장에 의해 1인당 소득 $\bar{Y}$가 증가하면 1인당 소비 $\bar{C}$는 원점을 지나는 장기 소비함수를 따라 증가한다.

횡단면 자료로부터 구한 소비함수와 장기 소비함수의 관계 역시 **그림 16-12**를

그림 16-12 **항상소득가설**

항상소득가설은 항상소득, 항상소비, 임시소득, 임시소비 같은 독특한 용어를 사용하지만 근본적인 개념에서는 피셔의 소비함수와 맥이 통한다고 할 수 있다. 항상소득가설은 식 (16-25)에서 보는 바와 같은 가설을 통해 실제소비가 항상소비와 같다는 관계식—곧 $C=C^P=kY^P$—을 도출하고 이를 이용해 소비에 관한 네 가지 정형화된 사실을 설명하고 있다.

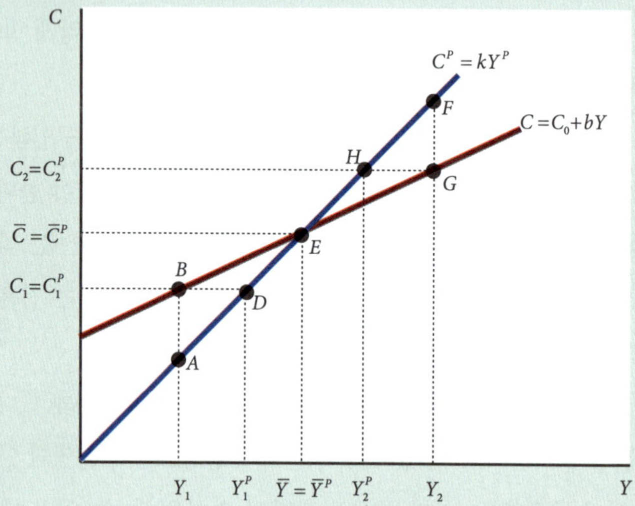

이용해 설명할 수 있다. 여기서 경제 전체 소비자의 실제 소득의 평균인 $\bar{Y}$에서 임시소득의 평균이 0이고 임시소득과 항상소득 사이의 상관관계도 0이므로, 임시소득의 평균은 $\bar{Y}$ 위쪽에서는 양, $\bar{Y}$ 아래에서는 음이다.■ 이러한 특성을 아래와 같이 이용하면 횡단면 소비함수를 유도해낼 수 있다.

예를 들어 소득이 $\bar{Y}$보다 작다면, 임시소득이 낮아서 그러할 가능성이 존재한다. 반대로 소득이 $\bar{Y}$보다 크다면, 이는 높은 임시소득 때문일 가능성도 존재한다. 따라서 평균적으로 이러한 체계적 관계가 성립한다.

1 실제 소득이 $Y_1(<\bar{Y})$인 소비자들의 임시소득의 평균값은 음이므로 항상소득은 실제 소득보다 큰 Y_1^P이고, 항상소비는 $C_1^P=kY_1^P$이다. 그런데 임시소비가 항상소득 및 임시소득 또는 항상소비와 상관관계가 없기 때문에 실제 소득이 Y_1인 소비자들의 임시소비 평균은 0이다. 따라서 실제 소비 C_1은 항상소비와 같다. 즉 $C_1=C_1^P=kY_1^P$가 성립하므로, 실제 소득과 실제 소비의 배합점을 점 B로 얻을 수 있다.

2 실제 소득이 $Y_2(>\bar{Y})$인 소비자들의 임시소득 평균값은 양이다. 따라서 이 소비자들의 항상소득 Y_2^P는 실제 소득보다 낮고, 그때의 항상소비는 $C_2^P=kY_2^P$와 같이 구할 수 있다. 여기서도 실제 소득이 Y_2인 소비자들의 임시소비가 항상소득이나 임시소득 또는 항상소비와 상관관계가 없기 때문에 평균값이 0이 된다. 따라서 실제 소비와 항상소비가 같다. 즉 $C_2=C_2^P=kY_2^P$가 성립하므로, 실제 소득 및 실제 소비의 배합점을 점 G와 같이 얻을 수 있다. 이제 실제 소득과 실제 소비의 배합점인 두 점 B와 G를 연결하면 횡단면 소비함수를 $C=C_0+bY$와 같이 얻을 수 있다.

16.4.2 단기 소비함수

항상 소득가설은 단기 시계열 자료로부터 구한 소득과 소비간의 관계를 보여주는 단기 소비함수 또한 **그림 16-12**를 이용해 설명할 수 있다. 다만 **그림 16-12**에 나타나 있는 소득과 소비를 1인당 소득과 1인당 소비라고 해석해야 한다. 여기서 $\bar{Y}$는 단기 경기변동에서 1인당 소득의 평균이며, 항상소득의 평균 $\bar{Y}^P$와 같다. 따라서 장기 소비함수를 앞에서와 같이 원점을 지나는 함수로 구할 수 있다.

한편 경기가 불황에 빠져 1인당 실제 소득이 평균소득보다 낮은 Y_1이면 임시소득이 음이다. 이는 항상소득 Y_1^P가 실제 소득보다 큼을 의미한다. 이때 항상소비를 $C_1^P=kY_1^P$와 같이 얻을 수 있다. 그런데 경기가 불황이라고 해도 임시소비는 어떤 종류의 소득이나 항상소비와도 상관관계가 없기 때문에 경제 전체의 평균은 0이다. 따라서 실제 소비와 항상소비는 같다. 즉 $C_1=C_1^P=kY_1^P$가 성립하므로, 1인당 실제 소득과 실제 소비의 배합점을 점 B와 같이 얻을 수 있다. 같은 논리에 의해 경제가 호황일 때 실제 소득 Y_2에서의 1인당 실제 소득과 실제 소비의 배합점을 점 G와 같이 얻을 수 있다. 그리고 두 점 B와 G를 연결해 단기 시계열에서 얻을 수 있는 소비함수를 구할 수 있다. 즉 단기 시계열 소비함수에서는 (횡단면 소비함수에서와 마찬가지로) 평균소비성향이 한계소비성향보다 크다.

16.4.3 자산의 축적과 소비함수

항상소득가설에서 자산 축적은 항상소득을 증가시킨다. 따라서 소비는 횡단면이나 단기 시계열 소비함수를 따라 증가하는 것이 아니라 $C^P=kY^P$를 따라 증가한다. 예를 들어 **그림 16-12**에서 처음 소득과 소비가 $(\bar{Y},\bar{C})$에서 이루어지고 있을 때 자산이 축적돼 항상소득이 Y_2로 증가했다고 가정해 보자. 이 경우에 케인즈의 절대소득가설에 따르면 소비는 점 G에서 결정되지만, 이때 소득 증가는 항상소득 증가를 의미하므로 실제 소비는 점 F에서 결정된다. 따라서 케인즈의 절대소득가설에 따르면 소비 증가를 FG만큼 과소 예측하게 된다. 즉 장기침체가설secular stagnation thesis은 소득 변화의 특성에 따라 소비의 반응이 다르게 나타난다는 사실을 이해하지 못해 나타난 오류였다고 할 수 있다.

16.4.4 정책적 함의

항상소득가설은 소득 변동이 소비에 미치는 효과가 소득 변동의 특성에 따라 다르게 나타나는 점을 강조한다. 즉 소득 변동이 일시적이면 임시소득에 영향을 미치는데, 임시소득 변동은 소비에 영향을 미치지 못하거나 영향을 미친다고 해도 크기가 작고 일시적이다. 그러나 소득 변동이 항상소득 변화 때문에 나타났다면 소비에 미치는 영향이 크고 항구적이다.

앞에서 *IS-LM*/*AS-AD* 모형을 이용해 재정정책을 분석하면서 조세삭감이 소비를 촉진해 경기를 진작시키지만 조세 증가는 소비를 감소시켜 경기를 진정시킨다고 배웠으나, 이는 항상소득가설의 입장에서 보면 옳지 않다. 항상소득가설에 따르면 같은 조세삭감이라도 오직 한 기간만 일시적으로 삭감하는 경우와 항구적으로 삭감하는 경우에 그 효과가 각각 다르게 나타난다. 즉 한 기간만 조세를 삭감하는 경우의 소득 증가는 임시소득의 증가이므로 조세삭감 효과가 크지 않고 일시적이다. 그러나 조세를 항구적으로 삭감하는 경우의 소득 증가는 항상소득의 증가이므로 소비 증가가 크고 항구적이다. 다시 말해 정책효과를 분석할 때 정책의 성격에 유의하지 않고 맹목적으로 *IS-LM*/*AS-AD* 모형을 이용하면 옳지 않은 결론에 도달할 수 있다.

16.5 생애주기가설

1985년 노벨경제학상을 수상한 프랑코 모딜리아니 F. Modigliani 는 1950~60년대에 리처드 브럼버그 R. Brumberg 및 알버트 안도 A. Ando 와 함께 쓴 논문에서 피셔의 기간 간 소비선택 모형을 이용해 소비함수론을 전개했다.[8] 즉 피셔 모형곧 소비자의 평생효용 극대화을 이용해 소비에 관한 정형화된 사실들을 일관성 있게 설명하려고 했다. 생애주기가설 life-cycle hypothesis 이라고 부르는 모딜리아니 모형의 핵심은 소비자가 태

8 Modigliani, F. and R. Brumberg(1954), "Utility Analysis and the Consumption Function: An Interpretation of Cross-Section Data," in, *K.K. Kurihara*(ed.), *Post-Keynesian Economics*, Rutgers University Press: New Brunswick, NJ.
Ando, A. and F. Modigliani(1963), "The Life-Cycle Hypothesis of Saving: Aggregate Implications and Tests," *American Economic Review* V. 53, pp. 55-84.
Modigliani, F.(1986), "Life Cycle, Individual Thrift, and the Wealth of Nations," *American Economic Review* v.76, 297-313.

생애주기가설 그림 16-13

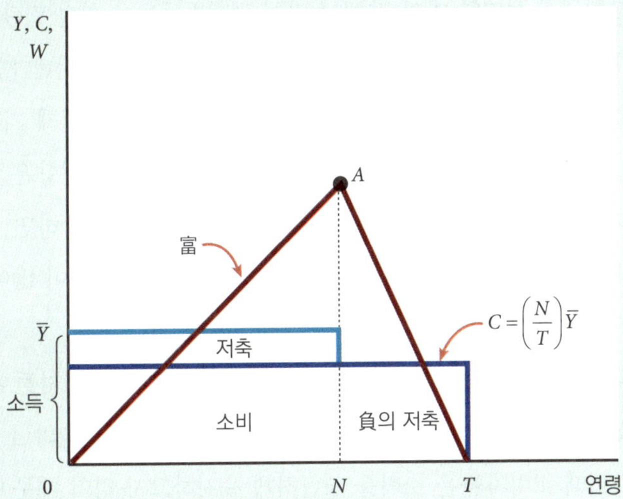

생애주기가설 또한 피셔의 소비함수와 궤를 같이 한다. 이에 더하여 생애주기가설은 소비자의 평생에 걸친 소득, 소비, 저축 및 부(wealth)에 관한 가설을 추가함으로써 소비에 관한 정형화된 사실들을 설명하고 있다. 그림에서 소득이 발생하는 기간은 생애기간보다 짧고 그 기간 동안에는 저축을 한다. 그리고 퇴직한 이후에는 저축을 통해 축적한 부를 소비한다. 생애주기가설은 인구의 구성이 급격하게 변화하지 않는다고 가정한다. 이와 같은 가설을 이용하여 생애주기가설은 소비에 관한 정형화된 사실들을 일관성 있게 설명한다.

어나서 교육받고 노동시장에 나가 소득을 벌어 저축하고 은퇴한 후 연금이나 저축으로 생활하기까지 소득과 소비의 평생 흐름에 규칙성이 존재한다는 것이다.

생애주기가설은 **그림 16-13**에 나타나 있는 소득, 소비, 저축 및 부wealth의 평생 흐름에 바탕을 두고 있다. **그림 16-13**에서 0기는 소득 흐름이 발생하기 시작하는 시점으로, 이때 소득은 $\bar{Y}$로 일정하게 주어져 있다연한 파란색 참조.■ 그리고 소득이 발생하는 기간의 길이가 N, 소득이 발생하기 시작한 때부터 사망 시점까지의 기간이 T로 나타나 있다. 소득이 발생하는 기간에는 소득의 일부를 소비하고 그 나머지를 저축하는데, 이때 축적된 저축이 곧 富wealth W이다. 부는 소득이 발생해 퇴직하는 시점 N까지 증가한다. 퇴직 후에는 소득이 더 이상 발생하지 않아 부(−)의 저축dissaving이 일어나므로 부가 감소하기 시작해 사망 시점 T에 0이 된다.

■ 현실에서 소득과 소비는 위로 볼록한 산 모양으로 나타난다. 그림 16-13은 모딜리아니가 노벨상 수상강연에서 성형화해 사용한 것이다.

16.5.1 횡단면 소비함수

그림 16-13은 설명의 편의를 위해 단순화한 그림이다. 즉 **그림 16-13**의 연한 파란색 선은 노동을 하는 기간 동안의 소득과 평생 동안의 소비가 각각 일정하다고 가정하고 있지만 실제 소득의 평생 흐름은 **그림 16-13**의 빨간색 선과 같이 위로 볼록한 모양산 모양으로 나타난다. 즉 노동시장에 갓 진입한 청년기에는 소득이 낮지만

경험이 축적되면서 장년기까지 소득이 증가하고 생산성이 하락하는 노년기에는 다시 소득이 낮아진다.

그러나 피셔의 모형에서 설명한 바와 같이 소비는 평생소득보다 훨씬 평탄하게 유지된다. 극단적인 경우에 소비가 **그림 16-13**의 C와 같이 일정하게 유지된다면 평균소비성향은 C/Y_n와 같다. 여기서 Y_n은 노동시장에 진입한 이후 n번째 기간의 소득이다. 이때 Y_n이 처음에는 증가하다가 점점 감소하므로 평균소비성향은 생애의 처음부터 장년까지 감소하다가 노년에 진입하면 증가한다. 바꾸어 말하면 소득이 적게 발생하는 청년기와 노년기에는 평균저축성향저축률이 낮고 소득이 많이 발생하는 장년기에는 평균저축성향이 높다.

이와 같은 소득과 소비 및 저축의 생애주기를 갖는 여러 연령의 소비자들이 존재하는 경제에서 어느 한 기간에 횡단면 표본조사를 하면 표본에 각 연령의 소비자들이 포함될 것이다. 이때 소비자들은 소비를 평탄하게 유지하고자 하기 때문에 소득이 낮은 청년과 노년 계층의 평균소비성향은 높고, 소득이 높은 중년과 장년 계층의 평균소비성향은 낮다. 따라서 소득이 증가함에 따라 평균소비성향이 감소하는 소비함수가 나타난다. 즉 케인즈가 추측한 바와 같이 절편이 존재하는 소비함수가 나타난다.

16.5.2 단기와 장기 소비함수

생애주기가설을 이용하면 단기와 장기 시계열에서 나타난 소비함수를 설명할 수 있다. 이때 **그림 16-13**에서 다음과 같은 두 가지 점에 유의할 필요가 있다.

1 **그림 16-13**에서 유산을 남기고자 하는 동기가 존재하면 노동시장에 진입하는 시점과 사망 시점에서 富의 크기가 양이 된다. 즉 **그림 16-13**에서 부를 나타내는 삼각형 OAT가 위쪽으로 평행이동한다.

2 위에서 설명한 바와 같이 경제 전체로 보면 여러 연령의 소비자들이 분포돼 있기 때문에 노동시장에서 일한 기간 또한 다르다. 예를 들어 각 연령의 사람 수가 L로 서로 같다면 **그림 16-13**에서 한 기간에 경제 전체의 총소득은 $NL\bar{Y}$가 된다. 그리고 경제 전체의 부는 삼각형 OAT의 면적에 L을 곱한 값과 같다. 따라서 경제 전체의 총소득에 대한 부의 비율은 삼각형 OAT의 면적을 $N\bar{Y}$로 나눈 값으로 일정하다. 이때 장기적으로 경제성장이 일어나 삼각형 OAT의 면적과 소득 $\bar{Y}$가 같

은 비율로 증가해도 소득에 대한 부의 비율은 변화하지 않는다. 물론 모든 연령의 인구가 동일하다는 것은 지나친 가정이지만 인구구조가 급속히 변화하지 않는다면 소득에 대한 부의 비율은 일정하다고 말할 수 있다.

그림 16-13에서 소득에 대한 부의 비율이 장기와 단기에 모두 일정하게 나타나는 것은 소득이 $\bar{Y}$로 일정하게 주어져 있기 때문이다. 만약 단기적으로 경기변동에 따라 소득이 변동한다면 소득에 대한 부의 비율은 일정하지 않게 된다. 즉 단기적으로 현재 시점까지 축적된 부의 크기가 일정하게 주어져 있기 때문에■ 소득이 변화함에 따라 소득에 대한 부의 비율은 소득이 높을 때곧 호황 낮고 소득이 낮을 때곧 불황 높다. 그러나 장기적으로 소득이 일정한 비율로 성장하면 부 또한 같은 비율로 성장하기 때문에 소득에 대한 부의 비율은 일정해진다.

■ 부는 저축에 의하여 변동하는데, 단기에 저축의 크기는 그때까지 축적된 부의 크기에 비하면 무시할 수 있을 정도로 작다고 할 수 있다.

이러한 점을 감안하면 생애주기가설에서 시계열 자료로부터 얻은 소비함수는 피셔의 기간 간 소비선택에서 얻은 소비함수와 다르지 않다. 즉 노동시장에 진입한 지 n 기간이 지난 소비자의 소비함수를 다음과 같이 쓸 수 있다.

$$C_n = \Omega_n V_n \tag{16-27}$$

여기서 C_n은 이 소비자의 소비, V_n은 이용 가능한 모든 자원total resource의 가치, Ω_n은 상수로 총자원에 대한 소비의 비율이다. 이 소비함수는 **식** (16-13)에서 살펴본 피셔의 소비함수와 대동소이하다.■ 이때 주의할 것은 Ω_n이 효용함수와 자산에 대한 수익률 및 소비자 연령에 따라 다르게 나타나지만 총자원 V_n에 영향을 받지 않는다는 점이다. 한편 앞에서 배운 바와 같이 **식** (16-12)에서 효용함수가 시간분리형이고 $\beta(1+r)=1$일 때 모든 기간에서 소비가 같다. 즉 Ω_n이 근로경력 n에 영향을 받지 않고 Ω로 일정하다는 것인데, 여기서도 같은 경우를 가정하기로 한다.

■ 즉 (16-13)의 $Y_1+\beta Y_2$를 V_n으로 볼 수 있고 $1/(1+\beta)$를 Ω_n으로 보자.

이제 V_n을 다음과 같이 쓸 수 있다.

$$V_n = \underbrace{W_{n-1}}_{\text{현재부}} + \underbrace{(N-n+1)Y}_{\text{미래소득합}} \tag{16-28}$$

식 (16-28)의 우변에서 W_{n-1}은 이 소비자가 $n-1$ 기간 동안 축적한 부wealth, 두 번째 항은 소득이 Y로 일정하다고 할 때 퇴직할 때까지 남아있는 기간 동안 벌 수 있는 소득의 합이다. 이때 W_0은 상속받은 부의 크기를 나타낸다. 여기서는 문제를 단순화하기 위해 이자율을 0이라고 가정했다.

그림 16-14 **생애주기가설과 시계열소비함수**

생애주기가설은 소비에 관한 정형화된 사실을 다음과 같이 설명한다. ① 생애주기를 고려한 한 시점에서 소득과 소비의 분포를 이용해 횡단면 소비함수를 설명한다. ② 소득 대비 부의 비율(W/Y)이 단기에는 경기에 역행적이지만 장기에는 일정하다는 사실을 이용해 단기와 장기의 소비함수를 설명한다. 그리고 생애주기가설은 소비에서 자산의 역할을 가장 분명하게 보여준다.

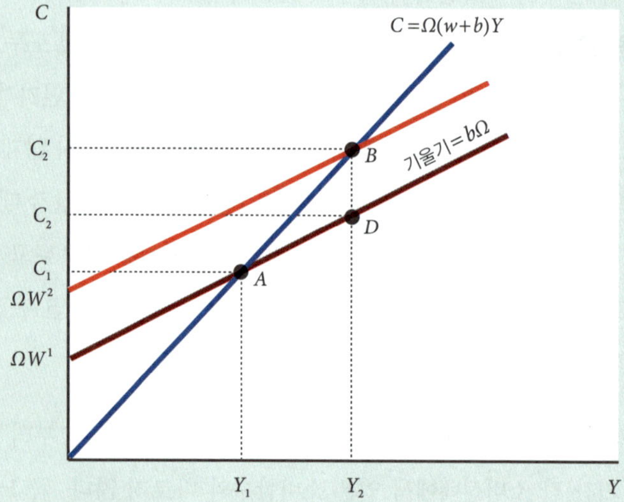

식 (16-28)을 **식** (16-27)에 대입하면 노동시장에 진입한 지 n 기간이 지난 소비자의 소비함수를 다음과 같이 얻을 수 있다.

$$C_n = \Omega W_{n-1} + \Omega(N-n+1)Y \tag{16-29}$$

식 (16-29)를 모든 연령계층에 대해 집계하면 시계열 소비함수를 얻을 수 있다.

$$C = \Omega(W + bY) \tag{16-30}$$

이때 인구의 연령별 분포를 $f(n)$이라고 하면 다음 식이 성립한다.

$$C = \sum_{n=1}^{T} C_n f(n), \quad W = \sum_{n=1}^{T} W_n f(n), \quad b = \sum_{n=1}^{T} (N-n+1) f(n)$$

이제 **식** (16-30)으로 나타나는 소비함수를 이용해 시계열 자료로부터 얻은 장기와 단기의 소비함수를 설명할 수 있다.

먼저 단기에 부 W는 일정하다. 따라서 단기 소비함수는 **그림 16-14**에서 보는 바와 같이 절편이 ΩW, 기울기가 $b\Omega$ 인 함수로 나타난다. 이때 평균소비성향은 다음과 같다.

$$\frac{C}{Y}=\Omega\left(\frac{W}{Y}+b\right) \tag{16-31}$$

즉 단기적으로 부가 일정한 가운데 소득이 증가하면 W/Y가 감소한다. 따라서 평균소비성향 C/Y 또한 감소한다. 반대로 단기적으로 소득이 감소하면 W/Y가 증가하므로 C/Y 또한 증가한다. 그러나 장기적으로 경제가 성장해 부와 소득이 같은 비율로 증가하면 $W/Y=w$로 일정하게 유지된다. 따라서 장기소비함수의 평균소비성향은 다음과 같이 일정하다.

$$\frac{C}{Y}=\Omega(w+b) \tag{16-32}$$

즉 장기 시계열 소비함수는 **그림 16-14**에서 보는 바와 같이 원점을 지나는 직선으로 나타난다.

16.5.3 자산축적과 소비

생애주기가설은 자산 증가가 소비에 미치는 효과를 가장 직접적으로 보여주는 소비이론이다. 즉 **식 (16-30)**에 나타나 있는 생애주기가설의 소비함수에서 자산 증가는 곧 부 W의 증가를 의미한다. **그림 16-14**에서 처음 소비가 점 A에서 이루어지고 있을 때 자산이 증가해 부가 W^1에서 W^2로 증가했다면, 소비함수는 위로 이동한다. 이때 소비는 점 D로 이동하는 것이 아니라 점 B로 이동한다. 따라서 장기경기침체가설에서 말하는 평균소비성향의 감소곧 저축률의 증가가 일어나지 않는다.

16.5.4 정책적 함의

생애주기가설로부터 얻을 수 있는 정책적 함의는 다양하지만 중요하다고 생각되는 것들을 정리하면 다음과 같다.

1 생애주기가설에서는 상대소득가설이나 항상소득가설에서와 달리 부와 자산의 역할이 명시적이다. 따라서 부의 실질가치에 영향을 미치는 정책은 소비에도 영향을 미쳐 총수요와 산출량을 변화시킨다. 특히 금융정책은 자산시장에 영향을 주어 자산의 실질가치 변동을 초래하는데, 이것이 다시 총수요에 영향을 미치는 추가적인 정책의 전달경로transmission mechanism가 나타난다.

2 생애주기가설의 핵심은 소비가 평생 이용 가능한 자원의 합에 의하여 결정된다는 것이다. 따라서 일시적인 소득세 감면은 평생소득의 흐름에 큰 영향을 미칠 수 없으므로 소비에 큰 영향을 미치지 못하고 따라서 총수요에도 큰 영향을 미칠 수 없다. 이는 앞에서 살펴본 항상소득가설에서도 성립한다.

3 공평한 조세라는 측면에서 현재소득에 부과되는 소득세보다 소비세가 더 우월하다. 즉 조세의 공평성이라는 측면에서 조세는 한 사람이 벌어들이는 평생소득에 부과되어야 하는데, 생애주기가설에서 소비는 평생소득에 의해 결정되므로 소비에 대한 조세는 평생소득에 대한 조세라고 볼 수 있다. 그러나 현재소득은 평생소득에 대한 좋은 지표가 아니기 때문에 현재소득에 대한 조세는 평생소득에 대한 조세라고 볼 수 없다.

4 생애주기가설에 따르면 민간저축곧 소비의 흐름은 생애주기에 따른 요인들에 의해 결정되므로 (정부지출의 흐름이 일정하게 주어져 있는 한) 민간의 평생 부 wealth 도 정부 예산적자에 영향을 받지 않는다. 따라서 정부가 정부공채를 발행해 민간저축을 차용하면 (민간 부문의 소비에는 변함이 없기 때문에) 투자곧 자본축적가 같은 크기만큼 감소한다. 즉 민간의 현재 자본축적에 대한 밀어내기효과가 일어난다. 물론 현재의 정부부채를 상환하는 미래에는 투자가 증가하지만 현재의 자본축적곧 투자 감소에 따라 미래에 투자가 다시 증가할 때까지 투자의 수익을 포기해야 하는 비용이 발생한다. 다시 말해 생애주기가설의 자본축적에 대한 함의는 리카도의 동등성정리와 상치된다.

16.6 결 론

소비는 국민소득 가운데 가장 큰 비중을 차지하며 경제주체들의 후생수준에 직접 영향을 미치는 변수이다. 거시경제학에서 소비는 케인즈 이후 그 자체로서 중요해졌을 뿐만 아니라 국민소득 결정에서 가장 중요한 변수로 다루어졌다. 특히 2차 세계대전 이후 소비에 관한 정형화된 사실의 확립은 현재와 같은 다양하면서도 정치한 소비함수이론이 발전하게 된 출발점이 되었다. 그리고 케인즈의 절대소득가설이 소비에 관한 정형화된 사실 가운데 장기 소비함수와 소비에서 자산의 역할을 설명하지 못함으로써 여러 가지 소비 가설이 등장하게 되었다.

소비와 저축은 가계의 의사결정에서 동전의 양면과 같다. 이러한 인식을 바탕으로 평생예산제약 아래에서 평생효용을 극대화하는 의사결정의 결과로 소비와 저축을 (케인즈의 소비함수가 등장하기도 전에) 처음 분석한 어빙 피셔의 기간 간 소비이론이 제시되었다. 그의 분석은 소비가 현재소득뿐만 아니라 (기대되는) 미래소득에도 영향을 받음을 분명하게 보여주었다. 즉 피셔의 소비함수에서 소비의 결정요인은 평생소득 흐름의 현재가치이며, 현재소득은 평생소득의 일부분이기 때문에 현재소비의 절대적인 요인이 아니다. 그러나 피셔의 분석은 시장의 마찰 요인곧 유동성제약을 고려하지 않았다. 유동성제약이 존재하면 현재소득은 현재소비에서 훨씬 중요한 요인이 된다.

2차 세계대전 이후 소비에 관한 정형화된 사실들을 일관된 가설의 틀 안에서 처음 설명하려고 시도한 듀젠베리의(소비의 심리적인 측면을 강조한) 상대소득가설도 있다. 여기서는 전시효과라는 외부성과 소비의 불가역성이라는 특성을 이용하여 단기 및 장기 소비함수를 일관적으로 설명한다. 그리고 프리드먼은 항상소득가설을 통해 항상소득, 임시소득, 항상소비 및 임시소비라는 독특한 용어를 사용해 소비에 관한 정형화된 사실들을 설명했으나 기본 원리는 피셔의 분석과 크게 다르지 않다. 항상소득가설은 경제학 전반에 걸쳐 활용되는 직관적 틀로 자리잡게 되었다. 모딜리아니의 생애주기가설 또한 그 근본 원리는 피셔가 분석한 소비이론과 크게 다르지 않으나, 한 소비자의 평생소득과 소비 흐름에 대한 구체적인 패턴을 상정하고 있는 점이 다르다고 할 수 있다.

이와 같은 여러 소비함수이론을 요약하면 현재소비는 현재소득뿐만 아니라 소비자의 부, (기대되는) 미래소득의 흐름, 이자율 등에 영향을 받는다. 다시 말해 케인즈가 그토록 강조한 현재소득은 소비의 여러 가지 결정요인 가운데 하나에 불과하다. 그러나 소비 결정에서 이자율의 역할과 유동성제약이 발생하는 정도, 심리적인 요인의 기여도 등에 관하여는 아직도 논란의 여지가 많이 남아 있기 때문에 (서로 다른 소비함수를 상정하는) 경제학자들 사이에서 다양한 정책 제안이 나오고 있는 실정이다. 따라서 소비함수론은 앞으로도 거시경제학의 중요한 주제로 자리하게 될 것으로 생각된다.

요 약

≫ 소비에 관한 정형화된 사실은 다음과 같다. ① 횡단면 소비함수는 $MPC<APC$를 만족시킨다. ② 경기변동에 따른 단기 소비함수는 $MPC<APC$를 만족시킨다. ③ 장기 소비함수는 $MPC=APC$를 만족시킨다. ④ 자산의 축적은 소비를 증가시킨다.

≫ 현재소비가 현재소득에 의하여 결정된다고 보는 케인즈의 절대소득가설은 소비에 관한 정형화된 사실 가운데 ③과 ④를 설명하지 못한다.

≫ 어빙 피셔는 평생예산제약에 대하여 효용을 극대화하는 기간 간 선택의 문제로 소비 흐름을 파악하였다. 따라서 피셔의 소비함수는 현재소비뿐만 아니라 (기대되는) 미래소득 흐름과 이자율에 영향을 받는다.

≫ 시장에서 유동성제약이 존재하면 현재소비와 현재소득의 관계가 강화된다.

≫ 듀젠베리의 상대소득가설은 소비자의 심리에 기초하여 소비에 관한 정형화된 사실들을 설명한다. 특히 현재소비가 현재까지 소비자가 경험한 과거 최고 소비수준에 영향을 받는 톱니효과와 다른 사람들의 평균적인 소비에 영향을 받는 전시효과가 중요하다.

≫ 프리드먼의 항상소득가설은 실제 소득을 항상소득과 임시소득으로, 실제 소비를 항상소비와 임시소비로 구분한다. 항상소득가설은 다음과 같은 가정에 기초하고 있다.

$$\rho(Y^T, Y^P)=\rho(C^T, C^P)=\rho(Y^T, C^T)=0$$

이와 같이 가정하면 $C=C^P=kY^P$이 성립하는데, 이를 이용하면 소비에 관한 정형화된 사실들을 모두 설명할 수 있다. 항상소득가설에 따르면 항구적인 정책 변화와 일시적인 정책 변화는 전혀 다른 정책효과를 갖는다.

≫ 모딜리아니의 생애주기가설은 피셔의 분석에 기초하고 있으나 소비 흐름과 소득 흐름에 일정한 패턴이 있음을 가정하는 점이 다르다. 즉 생애주기가설에서 소비 흐름은 평탄하지만 소득 흐름은 전 생애에 걸쳐 위로 볼록한 모양으로 나타난다. 이 가설을 이용하면 역시 소비에 관한 정형화된 사실을 모두 설명할 수 있다.

핵심용어

- 기간 간 대체효과
- 기간 내 대체효과
- 내부해
- 대체효과
- 무차별곡선
- 상관관계
- 상대소득가설
- 생애주기가설
- 소득효과

- 소비의 비가역성
- 소비의 정형화된 사실
- 소비의 평탄화
- 순수교환경제
- 순시간선호율
- 시간분리형 효용함수
- 시계열 자료
- 열등재
- 유동성제약
- 임시소득
- 임시소비
- 장기침체가설
- 전시효과
- 절대소득가설
- 정상재
- 정책의 전달경로
- 충분조건
- 톱니효과
- 평균소비성향
- 평생예산제약
- 평생효용함수
- 필요조건
- 한계대체율
- 한계소비성향
- 항상소득
- 항상소득가설
- 항상소비
- 횡단면 자료
- 효용할인인자

연습문제

01 피셔의 모형에서 이자율이 변동할 때 차입자borrower와 대여자lender의 소득효과 및 대체효과가 각각 어떻게 나타나는지 설명하시오.

02 유동성제약이 존재할 때 다음과 같은 재정정책이 시행됐다고 하자. 유동성제약이 존재하지 않을 때와 비교하면 현재소비와 이자율에 미치는 효과가 증가하는가, 감소하는가?

(1) 현재의 일시적인 세금감면

(2) 현재부터의 항구적인 세금감면

(3) 미래의 일시적인 세금감면을 (현재) 선언하는 경우

(4) 미래의 항구적인 세금감면을 (현재) 선언하는 경우

03 항상소득가설에서 실제 소득과 항상소득은 다를 수 있지만 실제 소비와 항상소비가 같아지는 이유를 설명하시오.

04 생애주기가설을 나타내는 **그림 16-13**에서는 퇴직하는 시점 N까지 소득 흐름이 일정하게 주어져 있다. 이와 달리 소득 흐름이 다음과 같이 주어졌다고 가정하자.

$$Y_t = Y_0(1+g)^t, \quad i = 1, 2, \cdots, N$$

즉 소득이 시간이 경과함에 따라 퇴직하는 시점까지 g의 증가율로 증가한다.

(1) 유동성제약이 존재하지 않을 때 소비와 부wealth의 시간경로를 구하고, 이 경우의 현재소비의 결정요인을 설명하시오.

(2) 부가 0보다 작을 수 없다는 가정 아래 소비와 부의 시간경로를 구하고, 이 경우의 현재소비의 결정요인을 설명하시오.

05 항상소득가설과 생애주기가설의 차이점에 관해 논하시오.

06 우리나라 인구는 빠르게 고령화하고 있다. 인구 고령화가 현재와 미래의 총저축에 미치는 효과에 대하여 논하시오.

07 홀의 임의보행가설로부터 얻을 수 있는 소비의 경로인 **식** (A16-8)에서 $\varepsilon_{t+1}=100$이라고 하면 $t+1$기 이후의 소비가 모두 100만큼 증가함을 보이시오.**부록 16-1 참조** (다시 말해 이 경우에는 한 번 소비가 증가하면 앞으로 모든 기간에 소비가 높을 것으로 기대된다)

08 라입슨의 충동소비이론과 관련하여 다음 물음에 답하시오.

(1) 같은 이자율을 지급하는 예금이 두 가지 있다고 한다. 그 가운데 하나는 지급을 요구하면 곧 지급되는 예금이고 다른 하나는 인출하기 30일 전에 미리 지급을 신청하여야 하는 예금이다. 두 가지 예금 가운데 어떤 예금을 선택할 것인지 밝히고 그 이유를 설명하시오.

(2) 충동적인 소비는 시간동태적 비일관성뿐만 아니라 장소 때문에 나타날 수도 있다. 이러한 이론으로 설명할 수 있는 소비 행태의 예를 들어 보시오.

09 두 기간이 존재한다고 할 때 기간효용함수period utility function가 다음과 같다고 가정하자. 이와 같은 효용함수를 상대위험기피계수가 일정한 효용함수constant relative risk aversion, *CRRA*라고 부른다.

$$u(C)=\frac{C^{1-\sigma}}{1-\sigma},\quad \sigma>0,\ \ \sigma\neq 1$$

효용할인인자와 이자율이 β와 r로 일정하게 주어졌다고 한다.

(1) 효용극대화를 위한 1차 조건과 경제적 의미를 밝히시오.

(2) 기간 간 대체탄력도elasticity of intertemporal substitution를 구하시오.

(3) 두 기간의 소비를 구하고 첫 번째 기간의 저축을 구하시오.

(4) $\beta(1+r)=1$이라고 할 때 첫 번째 기간의 저축을 구하고, 이자율이 상승할 때 대여자와 차입자의 저축 변동 방향이 서로 다르게 나타남을 설명하시오.

(5) (3)에서 구한 소비를 항상소득가설과 생애주기가설의 입장에서 설명하시오.

10 두 기간이 존재한다고 할 때 기간효용함수가 다음과 같이 주어졌다고 한다.

$$u(C) = \ln(C)$$

09의 질문에 답하시오.

11 두 기간만 있는 경제에 두 부류의 소비자들이 존재한다고 한다. 이들의 효용함수는 다음과 같이 서로 같다고 한다.

$$U^i = \ln(C_1^i) + \beta\ln(C_2^i),\ \ 0 < \beta < 1,\ i = 1, 2$$

이 소비자들의 소득 흐름은 $\{Y_1^i, Y_2^i\}$, $i = 1, 2$, 이자율은 r로 주어졌다고 한다. 그리고 두 부류의 소비자는 각각 인구의 절반을 차지한다고 한다.

(1) 소비자 i의 소비함수를 구하고, 소비함수론에 입각해 설명하시오.

(2) 두 기간의 총소비함수aggregate consumption function를 구하시오. 이때 총소비는 $C_t = C_t^1 + C_t^2$, $t = 1, 2$와 같이 정의한다.

(3) 균형이자율을 구하시오.

(4) (2)에서 총소비를 각각의 소비자의 소비함수를 구한 후 이를 집계하여 구했다. 총소비를 다음과 같은 문제로부터 구할 수 있는가?

$$\max \ln(C_1) + \beta\ln(C_2)$$

$$\text{s.t.} \quad ① \ C_1 + \frac{C_2}{1+r} = Y_1^1 + Y_1^2 + \frac{Y_2^1 + Y_2^2}{1+r}$$

$$② \ C_1, C_2 > 0$$

가능하다면 그 이유를 설명하시오.

(5) (4)에서 균형이자율을 구하고 그 결과를 (3)에서 구한 균형이자율과 비교하시오.

▶▶ 홀의 임의보행가설[1][심화학습]

앞에서 우리는 피셔의 모형을 분석하면서 미래소득에 대하여 불확실성이 없다고 가정했으며, 지금까지 살펴본 항상소득가설이나 생애주기가설 또한 마치 미래소득에 불확실성이 없는 것처럼 설명했다. 하지만 실제에서 미래소득을 정확히 아는 것은 불가능하다. 여기서는 피셔 모형에 불확실성이 존재하여 소비자들이 현재소득뿐만 아니라 기대되는 미래소득expected income에 기초해 소비를 결정하며, 미래소득에 대한 기대형성에서 소비자들이 미래지향적forward-looking이라고 가정한다.

소비자들이 미래지향적이라는 것은 다양한 의미를 가지고 있으나 그 핵심은 합리적 기대가설rational expectations hypothesis이라고 할 수 있다. 앞에서 살펴본 바와 같이 기대가 합리적이라는 것은 이용 가능한 정보를 모두 효율적으로 사용한다는 것인데, 이를 수학적으로 표현하면 이용 가능한 모든 정보를 바탕으로 조건부 기대conditional expectations의 원리를 이용해 기대를 형성함을 의미한다.

불확실성 아래에서의 기간 간 소비선택

소비의 임의보행이론은 효용함수가 시간분리형일 때 피셔 모형에서 소비곧 저축의 선택원리인 본문의 **식** (16-3)에 기초하고 있다. 즉 불확실성이 존재하면 **식** (16-3)을 다음과 같이 다시 쓸 수 있다.

$$u'(C_1)=\beta(1+r)E_1\{u'(C_2)\} \qquad \text{(A16-1)}$$

여기서 $u'(\cdot)$은 효용함수를 미분한 것으로 소비의 한계효용이고, $E_1\{u'(C_2)\}$는 조건부 기댓값이다. 기댓값의 아래 첨자 1은 첫 기간에 이용 가능한 모든 정보를 의미한다. 즉 $E_1\{u'(C_2)\}$는 첫 기간에 이용 가능한 모든 정보를 이용해 구한 두 번째 기간 소비의 한계효용의 기댓값이다. 나아가 **식** (A16-1)에서는 실질이자율이 r로 일정하다고 가정했다.

식 (A16-1)의 의미는 앞에서와 다르지 않다. 다만 미래소득이 불확실하기 때문에 미래소비 또한 불확실하며 미래소득이 변화할 때 소득 변화량으로부터 얻는 한계효용 또한 확실하지 않기 때문에 기댓값을 구해야 한다. 즉 **식** (A16-1)의 의미는 다음과 같다.

1 **식** (A16-1)의 좌변은 첫 번째 기간에 소비를 한 단위 줄이고 저축을 한 단위 늘리면 첫 번째 기간의 효용이 소비의 한계효용만큼 감소한다는 점이 나타나 있다.

2 **식** (A16-1)의 우변은 두 번째 기간의 효용 증가량이 나타나 있다. 즉 첫 번째 기간에 소비를 한 단위 줄이고 저축을 한 단위 늘렸을 때 두 번째 기간에 $1+r$만큼 증가한 소득에 (두 번째 기간의 소비 자체가 불확실하므로) 한계효용의 조건부 기대치를 곱하여 첫 번째 기간의 저축 한 단위로부터 기대되는 두 번째 기간의 효용 증가량을 구한다. 그리고 효용 증가량에 효용할인인자 β를 곱하여 현재의 효용으로 환산했다.

다시 말해 **식** (A16-1)의 좌변은 저축의 한계비용marginal cost이고 우변은 한계편익marginal benefit이다. **식** (A16-1)의 좌변이

1 Hall, R.E., "Stochastic Implications of the Life Cycle-Permanent Income Hypothesis: Theory and Evidence," *Journal of Political Economy* 86, pp. 971-987, 1978.

우변보다 큰 경우에는 첫 번째 기간에 저축소비을 줄이는늘리는 것이 효용을 증가시키고 반대의 경우에는 저축을 늘리는 것이 효용을 증가시킨다. 그리고 저축의 조정을 통해 **식** (A16-1)에서 보는 바와 같이 저축의 한계비용과 편익을 일치시킴으로써 효용을 극대화할 수 있다.

식 (A16-1)은 두 기간만 존재하는 경우에 소비곧 저축를 결정하는 조건이다. 그런데 이 모형을 여러 기간 동안또는 영원히 사는 소비자의 경우로 확대해도 **식** (A16-1)의 원리는 변화하지 않는다. 즉 다음 식이 성립한다.

$$u'(C_t)=\beta(1+r)E_t\{u'(C_{t+1})\} \tag{A16-2}$$

여기서 우리는 $t(=1, 2, 3, \cdots)$기에 소비자가 살고 있다고 가정하고 있다.

식 (A16-2)가 의미하는 바는 무엇일까? 소비의 임의보행이론의 학문적 기여를 **식** (A16-2)의 해석에서 찾을 수 있다. 이 이론에 따르면 **식** (A16-2)는 다음을 의미한다. 즉 불확실성이 없을 때 $\beta(1+r)=1$이 성립하면 $C_t=C_{t+1}$이 성립하는데, 이는 모든 기간의 소비가 같다는 것을 의미한다. 그러나 불확실성이 존재할 때 $\beta(1+r)=1$이 성립하면 다음 식이 성립한다.

$$u'(C_t)=E_t\{u'(C_{t+1})\} \tag{A16-3}$$

여기서 $E_t(\bullet)$는 조건부 기댓값이므로 두 기간의 소비가 반드시 일치해야 할 이유가 없다.

소비의 임의보행이론

식 (A16-3)은 t기에 이용 가능한 모든 정보를 이용한다고 할 때 $t+1$기의 한계효용, 곧 **식** (A16-3)의 우변에 대한 가장 좋은 기댓값곧 예측치은 **식** (A16-3)의 좌변인 t기의 한계효용임을 보여준다. 따라서 $t+1$기의 한계효용을 예측하고자 할 때 필요한 정보는 t기의 한계효용으로 그 밖의 다른 어떤 정보도 $t+1$기의 한계효용을 예측하는 데 도움이 되지 않는다.

식 (A16-3)을 다음과 같이 다시 쓸 수 있다.

$$u'(C_{t+1})=u'(C_t)+\varepsilon_{t+1} \tag{A16-4}$$

여기서 ε_{t+1}은 확률변수random variable이며 t기에 이용 가능한 정보만으로는 전혀 예측할 수 없는 변수로시 다음 식이 성립한다.

$$E_t(\varepsilon_{t+1})=0 \tag{A16-5}$$

식 (A16-4)의 양변에 조건부 기댓값을 취하면 **식** (A16-3)이 되므로 두 식이 동치임을 쉽게 알 수 있다. 어떤 변수가 **식** (A16-4)와 같은 식을 만족시키면 임의보행random walk을 따른다고 말한다. 즉 피셔의 기간 간 소비선택 이론에 불확실성과 합리적 기대를 도입하면 소비의 한계효용은 임의보행을 따른다.

여기서 효용함수가 다음과 같이 이차식으로 나타난다고 가정해 보자.

$$u(C_t)=-\alpha(A-C_t)^2,\ \alpha, A>0 \tag{A16-6}$$

이때 한계효용은 $MU(C_t)=u'(C_t)=2\alpha(A-C_t)$와 같고 이를 **식** (A16-3)에 대입하면 다음 식을 얻을 수 있다.

$$C_t=E_t(C_{t+1}) \tag{A16-7}$$

즉 효용함수가 이차식으로 나타나면 **식** (A16 7)과 같이 소비가 임의보행을 따르며 다음 식이 성립한다.

$$C_{t+1}=C_t+\varepsilon_{t+1} \tag{A16-8}$$

그리고 다음 기의 소비에 대한 가장 좋은 예측치는 이번 기의 소비이다.

소비의 임의보행이론의 직관적인 의미는 **식** (A16-4)나 (A16-8)과 같이 어떤 변수가 임의보행을 따를 때 그 변수가 예측 불가능unpredictable하다는 것이다. **식** (A16-8)에서 이번 기의 소비가 100만 원일 때 다음 기의 소비는 같은 확률로 100만 원보다 많을 수도 있고 적을 수도 있다. 따라서 다음 기의 소비에 대한 가장 좋은 예측치곧 기대치는 이번 기의 소비가 된다.

사람들이 가장 합리적으로 소비를 선택할 때 소비가 예측 불가능한 이유는 무엇일까? 항상소득가설에 따르면 소득이 변동할 때 소비자들은 가능하면 평생소비를 평탄하게 유지하고자 하며, 평생소득에 대한 기댓값을 기초로 소비를 선택한다. 이때 시간이 경과함에 따라 평생소득에 관한 새로운 정보가 도착하면 새로운 정보를 이용해 평생소득에 대한 기댓값과 소비를 수정한다. 예를 들어 기대하지 못한 승진을 한다면 이를 바탕으로 평생소득에 대한 기댓값과 소비를 상향 조정하고, 반대로 기대하지 못한 직위 강등을 당했다면 다시 이를 바탕으로 평생소득의 기댓값과 소비를 하향 조정한다. 다시 말해 평생소득에 대한 기대하지 못한 변동이 일어나면 그에 따라 소비도 변동한다.

이 경우에 (모든 이용 가능한 정보를 모두 최적적으로 이용하는) 소비자로 하여금 평생소득에 대한 기대를 새로 조정하게 만드는 정보는 소비자가 전혀 예측할 수 없었던 정보이다이때 알려져 있는 정보는 이미 기대에 반영돼 있다. 이와 같이 전혀 예측할 수 없었던 새로운 정보가 도달할 때에만 평생소득에 대한 기댓값곧 항상소득을 수정한다면 평생소득에 의존하는 소비에 대한 수정도 전혀 예측할 수 없는 것일 수밖에 없다.

정책적 함의

소비의 임의보행이론은 경제정책에 관해 다음과 같은 함의를 갖는다. 소비자가 항상소득가설과 합리적 기대를 따른다면 기대된 정책expected policy의 변화는 소비에 영향을 미칠 수 없고 기대하지 못한 정책unexpected policy의 변화만 소비에 영향을 미칠 수 있다. 다시 말해 기대된 정책 변화는 소비자들의 평생소득에 대한 기대를 변화시키며 그 변화는 소비자들의 소비 선택에 이미 반영됐기 때문에 소비에 다시 영향을 미치지 못한다. 그러나 기대하지 못한 정책 변화는 소비자들의 기대를 변화시키고 소비에 영향을 미친다. 예를 들어 국회가 다음 해부터 소득세를 항구적으로 삭감하는 법안을 통과시켰다면 소비자는 그 정보를 바탕으로 평생소득에 대한 기대를 상향 조정하며 다시 모든 기간의 소비를 상향 조정하므로 다음 해에 실제로 소득세가 감면됐을 때에는 이미 정책 변화가 소비에 반영됐기 때문에 더 이상 조정이 일어나지 않는다. 이와 같이 기대가 합리적으로 형성될 때 정책 효과는 기대 변동을 통해 나타난다는 사실에 유의해야 한다. ❖

▶▶ 현재 만족의 추구와 소비

경제적인 선택에서 심리적인psychological 요인을 고려하는 경제학 분야가 빠르게 발달하고 있는데 이를 행태경제학behavioral economics이라고 한다. 행태경제학의 빠른 성장은 심리학자인 다니엘 카네만D. Kahneman의 2002년 노벨경제학상 수상에서 단적으로 드러난다. 사실 심리적인 배경이 경제적인 선택에 영향을 미칠 것이라는 사실은 쉽게 짐작할 수 있다. 케인즈가 절대소득가설을 주장하면서 자신의 소비함수를 "근본적인 심리법칙fundamental psychological law"이라고 불렀다는 사실은 이미 언급한 바 있다. 그러나 케인즈 이후에 경제적인 선택을 설명하는 데 심리학적인 고려를 도입한 사람은 거의 없었다.

최근에 소비의 기간 간 선택 문제에 심리적인 요인을 도입해 소비이론을 전개한 사람은 하버드 대학의 데이비드 라입슨D. Laibson 교수이다.[1] 라입슨은 다음과 같은 사실에 주목했다. 자제력self-control은 모두가 가지길 원하는 덕목이지만 대부분의 사람들은 자신이 가진 자제력이 충분하지 못한 데 대하여 불만스러워한다. 예를 들어 올해에 내년부터는 저축을 많이 하리라고 마음먹지만 막상 내년이 오면 저축을 하지 못하고 다시 그 다음 해부터 적극적으로 저축을 하리라고 계획하기를 되풀이하는 경우가 많다. 이와 같이 현재 시점에서 미래에 대해 계획하는 것과 막상 미래가 도래하였을 때 다른 선택이 나타나는 것을 라입슨은 "현재 만족의 충동pull of instant gratification" 때문이라고 보았다.

현재 시점에서 미래에 대해 계획하는 것과 미래에서의 선택이 다르게 나타나는 것은 선호에 시간 비일관성time inconsistency이 존재하기 때문이다. 예를 들어 다음과 같은 두 가지 질문에 대해 스스로 어떤 선택을 할 것인지 생각해 보자.

질문 1: ① 오늘 15분 휴식과 ② 내일 20분 휴식 가운데 어떤 것을 선택할 것인가?
질문 2: ① 100일 뒤의 15분 휴식과 ② 101일 뒤의 20분 휴식 가운데 어떤 것을 선택할 것인가?

위의 **질문 1**에 대해서는 ①, **질문 2**에 대해서는 ②를 선택하는 사람들이 많을 것이다. 실제로 이런 선택이 나타나는 것은 현재와 미래 사이에서 선호역전preference reversal이 일어남을 의미한다. 즉 사람들은 현재보다는 먼 미래에 대해 참을성patience과 자제력이 많다. 실제로 이러한 사례는 실험심리학에서 많이 보고되고 있다.

라입슨은 이 사실을 설명하기 위해 다음과 같은 효용함수를 제안하였다.

$$U_t = u(C_t) + \beta\{\delta u(C_{t+1}) + \delta^2 u(C_{t+2}) + \delta^3 u(C_{t+3}) + \dots\} \quad \text{(B16-1)}$$

여기서 소비자는 영원히 살고 효용함수는 시간분리형이라고 가정하고 있으며, 현재 기간은 t로 나타나 있다. **식** (B16-1)에서 $\beta=1$이면 통상적인 시간 분리형 효용함수로 효용할인인자는 $0<\delta<1$이다. 그러나 $0<\beta<1$이면 현재 및 미래의 할인인자와 미래의 기간 사이의 할인인자가 다르다. 다시 말해 $t+1$기의 효용 한 단위는 t기의 효용 $\beta\delta$단위와 같고, $t+2$기의 효용 한 단위는 $t+1$기의 효용 δ단위와 같다. 그런데 $\beta\delta<\delta$이므로 미래의 한 기간에 그 다음 기간의 효용을 할인하는 인자보다 현재 시점에서 미래의 효용을 할인하는 인자가 더 작다. 이는 소비자들은 미래에 그보다 먼 미래의 소비로부터 얻는 효용을 할인하는 것보다 현재의 시점에서 미래소비로부터 얻는 효용을 더 크게 할인함을 의미한다.

그런데 이 효용함수는 시간 비일관성을 갖는다. 즉 현재 시점에서 위의 질문 가운데 **질문 1**에 대해서는 ①, **질문 2**에 대해

[1] Laibson, D., "Golden Eggs and Hyperbolic Discounting," *Quarterly Journal of Economics* v.62, pp. 443-477.

서는 ②를 선택한 소비자가 100일이 지난 다음 ②가 아닌 ①을 선택할 수 있다. 다시 말해 현재 시점에서 미래의 선택이 실제로 미래가 도래했을 때 다른 선택으로 바뀔 수 있다.

이러한 현상은 현재 생각하는 미래의 두 기간 사이의 한계대체율과 미래가 도래하였을 때 동일한 두 기간 사이의 한계대체율이 서로 다르기 때문에 나타난다. 즉 t기에는 다음 식을 얻을 수 있다.

$$MRS_t(t+j,\ t+j+1)=\frac{u'(C_{i+j})}{\delta u'(C_{i+j+1})},\ j\geq 1 \tag{B16-2}$$

여기서 $MRS_t(t+j, t+j+1)$은 t기에 구한 $t+j$기와 $t+j+1$기 사이의 한계대체율이다. 이제 시간이 경과하여 $t+j$기가 도래했다면 한계대체율은 현재와 미래 사이의 소비에 대한 것이므로 다음과 같다.

$$MRS_{t+j}(t+j,\ t+j+1)=\frac{u'(C_{i+j})}{\beta\delta u'(C_{i+j+1})} \tag{B16-3}$$

이와 같이 두 인접한 기간 사이의 한계대체율이 구하는 시점에 따라 다르게 나타나기 때문에 소비 선택에서 시간동태적 비일관성이 나타난다. 즉 t기에 선택한 미래소비인 $t+j$기의 소비와 $t+j$기가 도래했을 때 선택한 소비가 다르게 나타난다.

동태적 비일관성은 일상사에서 생각보다 쉽게 발견할 수 있다. 비만 때문에 다이어트를 하는 사람 가운데 오늘 후식을 먹어도 내일은 먹지 않으리라고 다짐하지만 막상 내일이 찾아오면 후식을 즐기는 사람을 흔히 볼 수 있다. 그리고 흡연자들 가운데에서도 담배를 피우면서 이것이 마지막 담배라고 다짐하지만 시간이 흐르면 같은 다짐을 하면서 다시 담배를 꺼내 무는 사람을 쉽게 볼 수 있다. 그 밖에 쇼핑을 하면서 다음부터는 지출을 줄이고 노후를 위해 저축을 더 많이 하리라고 다짐하지만 시간이 흐르면 다시 쇼핑을 하는 자신을 발견한 사람도 적지 않다. 이는 곧 현재 시점에서 생각하는 미래의 자신과 막상 미래가 도래하였을 때의 자신이 다름을 의미한다. 여기에 시간 비일관성의 본질이 있다고 할 수 있다. ❖

17

Chapter

투자함수론

소비와 함께 중요한 지출 항목인 투자는 5장 *IS* 곡선의 중요한 구성요소이다. 그리고 14장의 솔로성장모형에서는 투자에 의해 자본축적이 일어나며 단기적으로는 경기변동에서 *GDP* 구성요소 가운데 가장 변동이 심한 항목이 바로 투자이다(7장 그림 7-1 참조). 즉 투자는 단기와 장기의 거시경제에서 매우 중요한 역할을 한다. 앞에서 우리는 투자가 이자율의 감소함수라고 배웠다. 즉 투자는 이자율이 상승할 때 감소하고 이자율이 하락할 때 증가한다. 이제 이 장에서는 투자함수에 관해 좀 더 자세히 알아보기로 한다.

앞에서도 언급한 바와 같이 투자는 기업고정투자 business fixed investment, 주택투자 residential investment 및 재고투자 inventory로 구성되는데, 세 가지 투자에 포함되는 항목들은 서로 다른 원리에 의해 결정된다.

1 기업고정투자는 생산활동에 사용하기 위해 기업이 새로 구입하는 기계설비와 건물을 포함한다.
2 주택투자는 사람들이 주거 또는 다른 사람에게 세놓으려는 목적으로 건축하는 새 주택을 포함한다.
3 재고투자는 기업이 창고에 보관하는 완제품과 원자재 및 생산라인에서 생산 중인 미완성 제품 work in progress을 포함한다.

17.1 기업고정투자: 신고전학파의 투자이론

예를 들어 공장설비, 복사기, 회사의 업무용 차량, 컴퓨터 등이 모두 고정투자에 포함된다.

기업고정투자는 투자 가운데 비중이 가장 높고 형태도 다양한 항목이다.■ 고정투자가 총투자에서 차지하는 비율은 미국은 75% 정도이고 우리나라는 80% 정도이다. 고정투자 다음으로 주택투자, 재고투자의 순으로 비중이 높은데 최근 우리나라의 재고투자는 총투자의 ±3% 이내로 유지되고 있다.

자본임대가격의 결정 그림 17-1

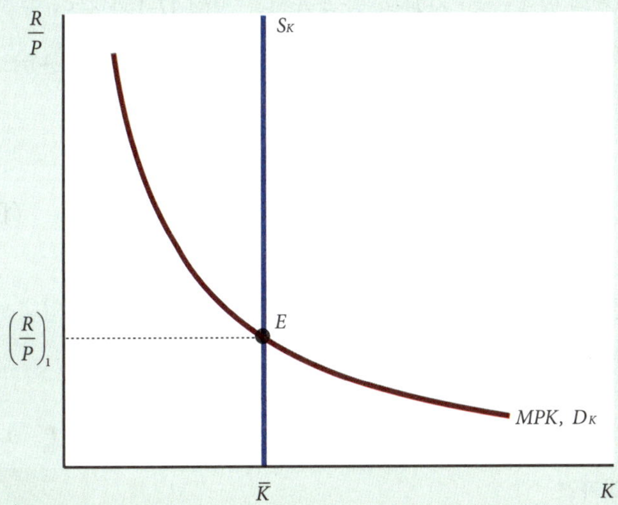

한 기간에 자본의 임대가격은 일정하게 주어져 있는 자본의 공급 S_K와 우하향하는 자본의 한계생산으로 주어지는 자본의 수요 D_K가 일치할 때 달성된다. 자본의 한계생산은 노동투입량이나 총요소생산성이 증가하면 함께 증가(오른쪽으로 이동)하므로 자본의 임대가격이 상승한다.

투자이론 가운데 가장 표준적인 모형은 신고전학파 투자모형neoclassical model of investment이다.[1] 신고전학파 투자모형은 기업이 자본을 소유할 때의 비용과 편익을 비교해 투자를 결정하는 이론이다.

17.1.1 자본 임대가격의 결정

자본의 명목임대가격nominal rental price of capital R은 자본임대시장에서 자본에 대한 수요와 공급에 의해 결정되는데, 만약 산출물 가격이 P라면 자본의 실질임대가격은 R/P가 된다. 이는 기업이 생산에 필요한 자본 한 단위를 임차하는 데 드는 실질비용이다. 그리고 자본을 추가적으로 한 단위 투입함으로써 얻는 실질편익은 자본의 한계생산 MPK이다. 자본의 한계생산은 자본 사용량이 증가함에 따라 체감곧 자본을 많이 사용할수록 추가적으로 자본을 한 단위 더 임차했을 때 추가적인 산출량의 증가량은 감소하기 때문에 기업은 이윤극대화를 이루기 위해 자본의 한계생산이 자본의 실질임대가격과 일치할 때까지 자본을 임차한다.

자본 임대가격의 결정은 **그림 17-1**을 이용해 설명할 수 있다. **그림 17-1**에서 자

1 Jorgenson, D.W.(1963), “Capital Theory and Investment Behavior”, *American Economic Review* v.63, pp. 247-257.

본에 대한 수요곡선은 자본의 한계생산곡선이다. 자본의 한계생산 *MPK* 곡선은 자본 사용량이 증가함에 따라 체감하며, (자본이 저량 stock 이기 때문에 특정 시점에서 볼 때 자본량이 일정하게 고정돼 있으므로) 자본의 공급곡선은 **그림 17-1**과 같이 수직으로 나타난다. 따라서 자본의 실질임대가격은 자본에 대한 수요와 공급이 만나는 점 E 에서 결정된다. 즉 자본 임대시장에서 균형조건은 다음과 같다.

$$\frac{R}{P}=MPK \tag{17-1}$$

다시 말해 자본의 실질임대가격과 자본의 한계생산이 일치할 때 자본임대시장의 균형이 성립한다.

E X A M P L E

예 17-1 콥-더글러스 생산함수와 자본의 임대가격

생산함수가 다음과 같이 콥-더글러스 생산함수라고 하자.

$$Y=AK^{\theta}L^{1-\theta},\ 0<\theta<1$$

여기서 Y는 산출량, K는 자본 투입량, L은 노동 투입량, A는 총요소생산성 total factor productivity—곧 생산의 효율성—을 나타낸다. 이 생산함수에 의한 자본의 한계생산을 다음과 같이 얻을 수 있다.

$$MPK=\theta AK^{\theta-1}L^{1-\theta}=\theta A\left(\frac{K}{L}\right)^{-(1-\theta)}$$

그리고 자본임대시장의 균형조건은 다음과 같다.

$$\frac{R}{P}=\theta A\left(\frac{\bar{K}}{L}\right)^{-(1-\theta)}$$

여기서 자본량이 $\bar{K}$로 일정하게 주어져 있으므로, 자본의 실질임대가격은 다음과 같은 요인으로 결정된다. 첫째, 주어진 노동량에 대해 자본 $\bar{K}$가 증가하면 자본의 실질임대가격이 하락한다. 마찬가지로 1인당 자본장비율 $\bar{K}/L$가 증가하면 자본의 실질임대가격이 하락한다. 즉 다른 변수들이 일정할 때 총자본 또는 1인당 자본량이 증가하면 자본의 실질임대가격이 하락한다.

둘째, 자본량이 일정할 때 노동량 L이 증가하면 자본의 실질임대가격이 상승한다.

셋째, 생산의 효율성곧 총요소생산성 A가 증가하면 자본의 한계생산이 증가하고, 그 결과로 자본의 실질임대가격이 상승한다.

다시 말해 **그림 17-1**에서 자본량이 증가하면 자본의 실질임대가격은 자본의 수요곡선인 자본의 한계생산곡선을 따라 하락하고, 노동량이나 생산의 효율성이 증가하면 자본의 한계생산곡선이 오른쪽으로 이동한다. 이는 자본의 실질임대가격이 주어진 자본 공급곡선을 따라 상승함을 의미한다.

17.1.2 최적자본량의 결정

다음으로 최적자본량에 대해 살펴보자. 최적자본량desired capital stock은 투자의 한계편익과 한계비용에 따라 결정된다. 투자의 한계비용을 자본의 사용자비용user cost of capital이라고 하는데, 다음과 같이 직관적으로 도출할 수 있다.

1 자본 한 단위를 구입하기 위해서는 P^K 만큼의 명목가격을 지불해야 한다. 이때 명목가격의 기회비용은 명목이자율이다. 즉 가계가 보유한 자금으로 가격 P^K를 지불해 자본재를 한 단위 구입하면 iP^K 만큼의 이자수입을 포기해야 하고 은행에서 대출을 받아 지급해도 역시 iP^K 만큼을 이자로 지급해야 하기 때문에 iP^K가 투자의 기회비용이 된다.

2 자본재 가격이 변동할 수 있다. 예를 들어, 사업을 위해 구입한 건물 가격이 오를 수도 있고 내릴 수도 있다. 자본 소유주는 자본재 가격이 상승하면 이득을 보지만 자본재 가격이 하락하면 손해를 본다. 이와 같이 자본재 가격이 변동하여 발생하는 비용을 $-\Delta P^K$, 즉 자본이득capital gain으로 나타낼 수 있다. 즉 가계의 손실은 자본재 가격과 반대로 움직이므로 ΔP^K에 음의 부호가 붙는다.

3 자본재는 생산과정에서 δ의 비율로 마모된다. 이를 명목가치로 바꾸면 δP^K 만큼 자본재 가치가 감소한다.

위의 세 가지 비용을 합하면 다음과 같다.

$$\begin{aligned} ucc &= iP^k - \Delta P^k + \delta P^k \\ &= P^k\left(i - \frac{\Delta P^K}{P^K} + \delta\right) \end{aligned} \tag{17-2}$$

여기서 ucc를 자본의 명목사용자비용nominal user cost of capital이라고 부른다. 자본재와 소비재의 물가상승률이 같다—곧 $\Delta P_k/P_k$를 π^K로 두고 $\pi^K=\pi$—고 가정하면 $r=i-\pi$이기 때문에 자본의 실질사용자비용을 다음과 같이 얻을 수 있다.

$$\frac{ucc}{P} = \left(\frac{P^K}{P}\right)(r+\delta) \tag{17-3}$$

따라서 자본의 실질사용자비용은 자본재의 실질가격이 높거나 실질이자율 혹은 자본의 감가상각이 높을 때 함께 높다.

한편 투자의 한계편익은 자본의 한계생산이다. 즉 투자를 통해 자본을 한 단위 증가시키면 산출량이 자본의 한계생산*MPK*만큼 증가한다. 따라서 최적자본량은 다음이 성립할 때의 자본량이다. 경제학의 원리에 따르면 한계수입이 한계비용과 일치할 때까지 조정이 이루어져야 최적화가 달성된다. 따라서 $MP_K = MC_K$가 성립해야 하고 또 $MC_K = ucc/P$임을 감안하면 아래 식을 얻는다.

$$MPK = \frac{ucc}{P} = \left(\frac{P^K}{P}\right)(r+\delta) \tag{17-4}$$

만약 **식** (17-4)의 좌변곧 투자의 한계편익이 우변곧 투자의 한계비용보다 크다면 (투자를 증가시켜) 최적자본량을 증가시키는 것이 최적이며 반대로 우변이 좌변보다 크다면 (감가상각을 통해) 최적자본량을 감소시키는 것이 최적이다.

17.1.3 투자함수

최적자본량desired capital stock은 **식** (17-4)에서 보는 바와 같이 자본의 한계생산이 자본의 실질사용자비용과 일치하는 수준에서 결정된다. 최적자본량이 달성되면 기업은 더 이상 자본량을 변화시킬 이유가 없다. 따라서 현재의 자본량이 **식** (17-4)를 만족시키면 기업은 이미 달성된 최적자본량을 유지하기 위해 감가상각으로 파괴된 자본에 대한 대체투자만 하게 된다.

이제 최적자본량을 K^*라고 하면 투자는 최적자본량과 실제 자본량의 차이

EXAMPLE

예 17-2 **콥-더글러스 생산함수와 최적자본량**

예 17-1에서 살펴본 콥-더글러스 생산함수에서는 최적자본량 K^*를 다음과 같이 얻을 수 있다.

$$K^* = L\left\{\left(\frac{P}{P^K}\right)\left(\frac{\theta A}{r+\delta}\right)\right\}^{1/(1-\theta)}$$

즉 최적자본량은 노동량에 비례하며 자본재의 가격, 이자율, 감가상각률이 상승하면 감소하고, 소비재곧 산출물 가격이나 생산의 효율성이 증가하면 함께 증가한다. 한편 콥-더글러스 생산함수에서 자본의 한계생산을 $MPK = \theta Y/K$와 같이 구할 수 있다. 따라서 최적자본량을 다음과 같이 다시 쓸 수 있다.

$$K^* = \theta\frac{Y^*}{(ucc/P)}$$

즉 최적자본량은 기업이 계획하는 최적산출량 Y^*의 증가함수이고 실질사용자비용 ucc/P의 감소함수이다.

투자함수와 투자함수의 이동 그림 17-2

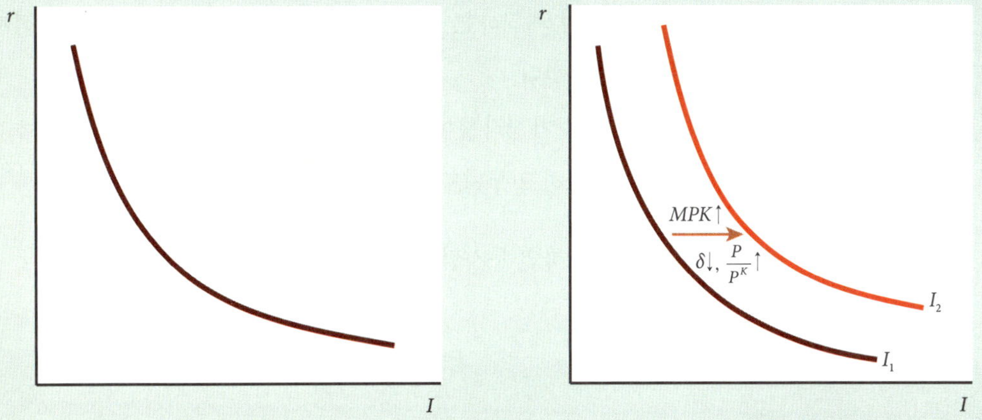

(a) 투자함수 (b) 투자함수의 이동

신고전학파 투자이론에서 투자는 최적자본량과 실제자본량의 차이의 일정비율로 나타난다. 따라서 투자는 최적자본량이 크면 클수록 크고 실제자본량이 크면 클수록 작다. 그리고 최적자본량은 자본의 실질사용자비용의 감소함수이고 최적 산출량의 증가함수이다. 자본의 실질사용자비용은 실질이자율의 증가함수이므로 (a)에서 보는 바와 같이 투자는 (투자, 실질이자율)의 평면에서 우하향하고, 자본의 한계생산(최적산출량)이 증가하거나 감가상각 또는 소비재의 상대가격이 상승하면 (b)에서 보는 바와 같이 오른쪽으로 이동한다.

K^*-K에 비례한다.

$$I=\rho(K^*-K),\ \ 0<\rho\leq 1 \tag{17-5}$$

여기서 K는 실제 자본량, ρ는 파라미터이다. 즉 실제 자본량이 최적자본량보다 작으면 투자를 통해 자본량을 증가시키고, 실제 자본량이 최적자본량보다 크면 감가상각을 통해 자본량을 감소시킨다. $K^*=K$이면 최적자본량이 달성되었으므로 더 이상의 자본량 변동 없이 감가상각 δK^*만큼의 대체투자 replacement investment만 일어난다. 이때 최적자본량으로의 조정은 $\rho=1$이면 한 기간 안에 일어나고 $0<\rho<1$이면 여러 기에 걸쳐 점차적으로 일어난다.

식 (17-5)와 같은 투자함수는 K^*가 **식** (17-4)를 충족하므로 소비재와 자본재의 상대가격 P/P^K, 생산기술수준, 실질이자율 r, 감가상각률 및 노동고용량의 함수가 된다.

1 자본재에 대한 소비재의 상대가격이 상승하면 소비재 생산기업의 이윤이 증가하

므로 최적자본량이 증가하여 투자가 증가한다.

2 소비재 생산기업의 기술수준이 진보하거나 노동고용량이 증가하면 자본의 한계생산이 증가해 기업이 계획하는 최적산출량을 증가시킨다. 따라서 최적자본량이 증가하고 투자가 증가한다.

3 실질이자율이나 감가상각률이 상승하면 자본의 사용자비용이 증가한다. 따라서 최적자본량이 감소하고 투자도 감소한다.

위의 사실을 종합하면 투자함수를 다음과 같이 쓸 수 있다.

$$I = I\left(\frac{ucc}{P}, K\right) \tag{17-6}$$

여기서 투자는 ucc/P와 K의 감소함수이다.

투자와 이자율의 역관계가 **그림 17-2 (a)**에 나타나 있다. 이자율 이외의 (최적 산출량에 영향을 미치는) 요인이 변화하면 투자함수가 **(b)**와 같이 이동한다.

17.1.4 조세와 투자

조세제도는 여러 면에서 자본축적과 기업의 투자에 영향을 미치므로 정부는 투자를 변화시켜 총수요를 변화시키기 위해 세법을 바꾸기도 한다.[2] 투자에 영향을 미치는 조세로 다음 두 가지를 고려해보자.

1 기업소득세법인세, corporate income tax는 기업의 이윤에 조세를 부과하는 것이다. 2018년 우리나라의 전체 조세수입 가운데 24.2%가 기업소득세였다.

참고로 전체 조세수입에서 차지하는 개인소득세의 비율은 28.8%이다.

2 투자세액공제investment tax credit는 자본재 구입을 위한 지출 한 단위당 일정한 액수를 납부해야 할 법인세로부터 삭감해 주는 제도로 기업소득세가 갖는 투자에 대한 반유인disincentive을 완화해 준다. 투자세액공제를 실시하면 (자본재 한 단위를 구입하는 데 드는 비용인) 자본재 가격을 실질적으로 낮추어곧 자본의 사용자비용을 낮추어 최적자본량과 투자를 증가시킨다.

자본의 임대소득에는 τ만큼 조세가 부과되고 자본의 사용자비용에는 s만큼 투자세액공제를 해 준다고 가정하면 최적자본량은 다음의 식에 따라 결정된다.

기업소득세와 투자세액감면은 항구적permanent으로 시행된다고 가정한다.

---

2 Hall, R.E. and D.W. Jorgenson(1967), "Tax Policy and Investment Behavior," *American Economic Review* v.57, pp.391-414.

$$(1-\tau)MPK=(1-s)\left(\frac{P^K}{P}\right)(r+\delta) \quad \textbf{(17-7)}$$

이때 $\tau=s$가 성립하면 조세정책은 최적자본량과 투자에 영향을 미치지 못한다.

식 (17-7)을 정리하면 다음 식을 얻을 수 있다.

$$MPK=\underbrace{\left(\frac{1-s}{1-\tau}\right)\left(\frac{P^K}{P}\right)(r+\delta)}_{\text{투자의 사용자비용}} \quad \textbf{(17-8)}$$

먼저 우변은 조세를 고려한 투자의 사용자비용이라 정의된다. $s>\tau$ 이면 **식** (17-8)의 우변이 정부의 조세와 세액감면이 없을 때보다 작다. 따라서 MPK가 더 낮은 수준에서 최적자본량이 결정되어야 하는데, (자본의 한계생산이 체감하기 때문에) 자본의 한계생산이 낮아진다는 것은 최적자본량이 증가함을 의미한다. 반대로 $s<\tau$가 성립하면 **식** (17-8)의 우변이 증가하므로 최적자본량이 MPK가 더 높은 수준에서 결정되어야 한다. (역시 자본의 한계생산이 체감하므로) 자본의 한계생산이 높아진다는 것은 최적자본량이 감소함을 의미한다. 이와 같이 기업소득세와 투자세액감면의 상대적인 크기에 따라 (두 제도가 없을 때보다) 최적자본량이 증가할 수도 있고 감소할 수도 있다.

기업소득세와 투자세액공세는 정부가 투자를 변화시킬 수 있는 매우 효과적인 수단이다. 실제로 1986년 미국 레이건 행정부는 조세개혁법Tax Reform Act을 통해 한편으로는 투자세액공제제도를 폐지하고 세액공제의 대상이 되는 이자비용과 감가상각률depreciation allowance을 인하했으며 다른 한편으로는 기업소득세를 46%에서 34%로 인하했다. 이 법이 시행된 이후 미국에서는 자본 임대가격이 10%나 상승하여 미국 기업들의 최적자본량을 감소시켰으며 그 결과로 투자가 위축됐다.

17.1.5 조세유인의 한시성과 기대

지금까지 우리는 기업소득세와 투자세액감면이 항구적이라고 가정했다. 다시 말해 사람들이 현재의 조세제도가 항구적으로 유지될 것이라고 기대하며 조세제도의 변화를 전혀 예측하지 못한다는 암묵적인 가정 아래 분석을 진행했다. 그러나 조세제도의 변화는 의회의 입법과정을 거쳐야 할 뿐만 아니라 많은 토론과 공청회를 통해 이루어지므로 사람들이 조세제도의 변화를 시행 시점까지 모르고 있다는 가정은 현실적이지 않다. 1985년까지 미국의 투자세액공제율은 10%였으나 1986년 초부터 시행된 조세개혁법으로 투자세액공제가 폐지되었는데, 사람들은 (조세개혁법의 추진과정을 잘 알고 있었기 때문에) 제도 변화를 기대하고 있었다. 즉 1985년 기업의 투자비용이 투자세액공제가 폐지된 1986년보다 10%나 저렴하다는 사실을 잘 알고 있었다. 따라서 1986년에 시행할 투자를 1985년으로 앞당겨 비용을 절감할 수 있었다. 실제로 기업의 투자는 1985년 마지막 분기에 19%나 증가하였지만 투자세액감면이 폐지된 1986년의 첫 분기에 같은 크기만큼 감소하였다. 나아가 위에서 언급한 바와 같이 1986년 전반에 걸쳐 투자가 저조했다.

이와 같이 사람들이 전혀 기대하지 못한 정책이냐, 이미 기대한 정책이냐에 따라 정책 효과가 전혀 다르게 나타난다. 그리고 정책이 일시적이냐, 항구적이냐에 따라서도 정책 효과가 달라진다. 예를 들어 어느 한 해에만 투자세액감면 제도를 시행하며, 그 제도의 변화가 1년 전에 알려졌다고 가정해 보자. 이 경우에 제도가 시행되기 1년 전의 투자는 한 해 늦춰지고, 제도 시행 다음 해의 투자는 한 해 앞당겨진다. 따라서 실제로 투자세액감면이 일어나는 해에는 투자가 크게 증가한다. 그러나 다음 해부터 투자세액감면이 항구적으로 이루어지고 현재 시점에서 사람들이 이를 알고 있다면 현재투자는 다음 해로 연기되지만 내후년 투자는 앞당겨지지 않는다. 이와 같이 기대된 정책이냐 기대되지 못한 정책이냐 및 항구적이냐 일시적이냐는 정책효과를 결정할 때 매우 중요하다.

17.2 기업고정투자: 토빈의 q 이론

17.2.1 자본의 시장가치 vs. 대체비용

투자는 무엇보다도 기업의 수익성과 밀접한 관계가 있다. 수익성이 높은 기업은 투자를 많이 할 것이고 수익성이 낮은 기업은 투자에 소극적일 것임은 쉽게 이해할 수 있다. 이때 기업 수익성에 영향을 미치는 요인은 여러 가지가 있으나 그중에서도 (특히 투자 결정에서는) 기업이 이미 설치해 사용하고 있는 자본으로부터 발생하는 수익 흐름의 현재가치가 중요하다. 수익 흐름의 현재가치는 곧 기업이 이미 설치해 생산에 사용하고 있는 자본의 시장가치market value of installed capital 이기도 하다.

그렇다면 자본을 새로 설치하는 비용은 얼마일까? 자본을 새로 설치하는 비용을 설치되어 있는 자본의 대체비용replacement cost of installed capital 이라고 부르는데, 현재 기업이 사용하고 있는 자본과 똑같은 자본을 새로 구입하고 설치해 생산에 이용하는 데 소요되는 비용을 의미한다. 이미 설치돼 있는 자본의 대체비용은 새로 생산된 자본재의 구입 가격과 구입한 자본재의 설치 비용의 합으로 구할 수 있다.■ 이때 설치비용은 시간 비용과 물질적 비용의 합이다. 즉 자본재가 실제로 생산에 사용되려면 상당한 설치기간time to build 이 소요되므로 그 기간 동안 관리 및 이자 비용이 발생하며 그 밖에 자본을 설치하기 위한 인력과 도구도 필요하다.

■ 새로 생산되는 자본재의 시장이 완전경쟁이라면 그 가격은 물론 한계비용marginal cost 으로 결정된다.

다시 말해 이미 설치되어 생산에 사용되고 있는 자본의 시장가치와 그러한 자본의 대체비용은 서로 다르다. 전자는 자본으로부터 발생하는 미래 수익 흐름의 기댓값에 의해 결정되고 후자는 현재 새로 생산된 자본재 가격 및 설치비용의 합으로 나타난다. 이때 새로 생산된 자본재를 시간 비용이나 물질적 비용 없이 즉각적으로 설치하여 사용할 수 있다면 어떻게 될까?

이 경우에는 기업이 설치해 보유하고 있는 자본의 시장가치와 그 대체비용곧 새로 생산된 자본재의 가격이 항상 일치한다. 즉 설치되어 있는 자본의 시장가치곧 설치된 자본으로부터 발생하는 수익 흐름의 현재가치가 새로 생산된 자본재의 가격보다 높다면 (기업은 새 자본재를 구입해 즉시 사용할 수 있으므로) 새 자본재에 대한 수요가 증가하기 시작하며, 이러한 수요 증가는 새 자본재의 가격이 이미 설치된 자본재의 시장가치와 같아질 때까지 지속된다. 반대로 새로 생산된 자본재 가격이 이미 설치되어 있는 자본재의 시장가치보다 높다면 새 자본재에 대한 수요가 감소하기 시작하며, 이러한 수요 감소는 새 자본재의 가격이 설치되어 있는 자본재의 시장가치와 같아질 때까지 지속된다. 이와 같이 자본의 대체비용에 설치비용이 없다면 설치돼 있는 자본의 시장가치와 새로 생산된 자본재의 가격곧 대체비용이 항상 일치한다.

그러나 실제에서는 설치돼 있는 자본의 대체비용에 설치비용이 포함돼 있다. 이 경우에 자본을 새로 설치할 때 시간 · 물질적인 비용이 소요되기 때문에 설치돼 있는 자본과 새 자본재의 성격이 다르다. 즉 이미 설치돼 있는 자본은 생산곧 수익의 창출에 즉시 사용될 수 있지만 새로 생산된 자본재를 생산에 이용하려면 설치기간 동안 기다려야 하고 설치 비용도 따로 지급해야 한다. 이렇게 실제에서는 설치돼 있는 자본의 시장가치와 그 대체비용이 서로 일치하지 않는 경우가 대부분이며, 외부적인 충격이 주어지는 경우에도 그 반응의 정도가 각기 다르다.

예를 들어 해외에서 우리나라 반도체에 대한 수요가 증가해 반도체 가격이 상승했다고 가정해 보자. 이 경우에 이미 설치돼 생산에 사용되고 있는 생산설비곧 자본의 수익성이 즉시 증가하고 이는 다시 설치돼 있는 반도체 생산설비의 시장가치를 상승시킨다. 그러나 반도체 생산설비를 새로 설치해 반도체 생산에 실제로 사용하는 데는 상당한 시간과 비용이 소요되므로 새로 생산된 반도체 생산설비의 가격은 이미 설치돼 있는 생산설비의 시장가치만큼 상승하지 않는다. 다시 말해 이미 설치돼 있는 자본의 시장가치는 자본의 수익 흐름에 대한 기대가 바뀌면 즉시 변동하지만 새로 생산된 자본재 가격은 시간적 · 물질적 설치비용 때문에 즉시 변동하지 않거나 변동해도 이미 설치돼 있는 자본의 시장가치만큼 변동하지는 않는다.

17.2.2 토빈의 q

이 두 가지 변수의 비율은 투자 결정에 중요한 역할을 하는데, 이를 처음 투자이론에 도입한 사람은 노벨경제학상을 수상한 제임스 토빈J. Tobin이다[3]. 먼저 토빈은 다음과 같은 변수를 정의했다.

$$q = \frac{\text{설치되어 있는 자본의 시장가치}}{\text{설치되어 있는 자본의 대체비용}} = \frac{\text{설치되어 있는 자본의 시장가치}}{\text{새로 생산된 자본재의 가격} + \text{설치비용}} \tag{17-9}$$

식 (17-9)와 같이 정의된 변수를 토빈의 q Tobin's q라고 부른다.

토빈은 q의 크기에 따라 투자가 다르게 나타난다고 주장했다. 만약 q가 1보다 크다면 설치돼 있는 자본의 시장가치곧 자본의 수익 흐름의 현재가치가 자본을 새로 설치하는 비용곧 대체비용보다 크다. 즉 자본을 새로 설치하는 비용보다 새로 설치한 자본에서 발생하는 수익 흐름이 더 크기 때문에 기업은 투자자본재 구입를 증가시킨다. 반대로 q의 값이 1보다 작으면 자본을 새로 설치하는 비용곧 대체비용보다 새로 설치한 자본에서 발생하는 수익 흐름이 작으므로 기업은 투자를 하지 않는다. 이는 곧 감가상각을 통해 자본이 잠식됨을 의미한다.

---

3 Tobin, J.(1969), "A General Equilibrium Approach to Monetary Theory," *Journal of Money, Credit and Banking* v.1, pp. 15-29.

그렇다면 자본의 시장가치를 어떻게 측정할 수 있을까? 자본의 시장가치를 측정하기 위해서는 먼저 앞에서 언급한 바와 같이 기업의 수익 흐름을 알아야 한다. 기업의 수익성을 측정할 때는 현재수익뿐만 아니라 (기대되는) 미래수익 흐름도 중요하다. 이때 미래수익을 정확히 아는 것은 불가능하지만 (기업의 수익 흐름에 대한 정보를 가장 많이 담고 있는) 주식가격을 이용하면 (시장 참가자들이 기업의 수익 흐름의 현재가치가 클 것으로 기대하면 주식가격이 높고 반대의 경우에는 주식가격이 낮으므로) 기업 수익 흐름의 현재가치곧 자본의 시장가격를 측정할 수 있다. 따라서 **식** (17-9)에서 우변의 분자를 주식가격으로 대체할 수 있다.

이렇게 투자에서 주식시장의 역할을 분명히 정립한 것이 토빈의 q 이론의 핵심이다. 즉 토빈의 q의 분자는 주식가격지수로 대체할 수 있고 분모의 설치비용은 단기적으로 크게 변동하지 않으므로, 토빈의 q는 새로 생산된 자본재 가격에 대한 주식가격지수의 비율로 결정된다. 이때 주식가격지수는 증권거래소로부터, 자본재 가격은 국민계정 National Income and Product Account, *NIPA* 에서 쉽게 얻을 수 있기 때문에 투자 환경에 대한 지표로서 토빈의 q를 쉽게 구할 수 있다.

토빈의 q와 투자의 다른 지표들이자율 및 자본의 임대비용이 반드시 함께 변동하는 것은 아니다. 예를 들어 이자율과 토빈의 q가 함께 높은 경우도 있는데, 이는 두 변수가 투자에 대해 서로 상반된 정보를 담고 있음을 의미한다—곧 이자율이 높으면 투자가 위축되고 토빈의 q가 높으면 투자가 촉진된다. 이자율과 토빈의 q가 투자에 대한 상반된 정보를 담고 있을 때에는 이자율보다 토빈의 q가 자본 가치에 대하여 더 포괄적인 정보를 담고 있기 때문에 투자 환경을 더 잘 나타내 주는 것으로 알려져 있다.

17.2.3 토빈의 q vs. 신고전학파 투자이론

지금까지 우리는 투자에 대한 토빈의 q 이론에 관해 알아보았다. 토빈의 q 이론은 용어와 내용 면에서 앞에서 살펴본 신고전학파의 투자이론과 매우 다른 것처럼 보이지만 실제로는 신고전학파의 투자이론과 밀접하게 관련돼 있다.[4] 즉 토빈의 q는 설치되어 있는 자본의 현재수익과 미래의 (기대)수익에 달려 있다. 만약 자본의 한계생산이 자본의 사용자비용보다 크다면 설치된 자본으로부터 이윤이 발생하

4 Hayashi, H.(1982), "Tobin's Marginal and Average q: A Neoclassical Interpretation," *Econometrica* v.50, pp. 213-224.

는데, 이는 기업의 가치를 상승시키므로곧 주식가격이 상승하므로 토빈의 q가 상승한다. 반대로 자본의 한계생산이 자본의 사용자비용보다 낮다면 설치되어 있는 자본으로부터 손실이 발생하는데, 이는 주식가격과 토빈의 q를 하락시킨다. 따라서 자본의 한계생산과 사용자비용을 비교하는 신고전학파의 투자이론과 토빈의 q 이론이 매우 밀접한 관계를 가지고 있음을 알 수 있다.

그럼에도 불구하고 토빈의 q 이론은 장단점을 가지고 있다. 토빈의 q 이론의 장점은 투자 결정요인으로서 현재의 수익성과 미래의 기대되는 수익성을 모두 잘 반영하고 있다는 것이다. 예를 들어 정부가 내년부터 기업소득세를 낮추는 입법을 하였다면 자본 소유주들의 소득이 증가하므로 주식가격도 상승한다—여기서 (기대되는) 미래수익의 증가는 현재의 주식가격을 상승시킨다. 따라서 토빈의 q가 상승하고 현재투자도 증가한다. 즉 토빈의 q 이론에 따르면 현재투자는 현재뿐만 아니라 (기대되는) 미래의 정책 변화에도 영향을 받는다.

단점은 다음과 같다. 지금까지 우리는 토빈의 q 이론의 핵심인 주식가격이 이미 설치돼 있는 자본으로부터의 수익 흐름에 의해 결정된다고 설명했다—주식가격을 결정하는 기초가 되는 기대되는 수익 흐름을 기초여건fundamental이라고 부른다. 그러나 주식가격은 투기에 의한 거품bubble에도 영향을 받아 기초여건을 충실히 반영하지 못하는 경우가 종종 있다. 주식시장에 거품이 있는 경우에는 주식가격이 자본의 수익 흐름을 잘 반영하고 있다고 볼 수 없어 이 경우에는 토빈의 q가 투자 환경을 잘 설명한다고 할 수 없다. 따라서 주식가격 결정에서 기초여건이 주된 역할을 한다고 보는 사람들은 토빈의 q 이론을 신뢰하지만 투기와 거품이 주된 역할을 한다고 보는 사람들은 토빈의 q 이론을 신뢰하지 않는 편이다.

17.2.4 기업의 유동성제약과 투자

기업이 새 공장을 짓거나 자본재를 구입해 설치하는 데 필요한 대금은 기업의 이윤 가운데 주주들에게 지급하지 않고 보유하고 있는 사내유보이윤retained profit 또는 금융시장에서 빌린 자금으로 충당한다. 금융시장에서 자금을 구하는 방법은 은행에서 대출을 받거나 회사채를 발행해 매각하는 방법 외에도 주식을 발행해 매각하는 방법이 있다. 이때 주식은 미래 이윤에 대한 지분으로 기업의 경영성과에 따라 다르게 나타나는 (수익률이 불확실한) 소득이다. 지금까지 우리는 기업이 투자에 필요한 자금을 금융시장에서 아무 문제 없이 빌릴 수 있다고 암묵적으로 가정했지만, 그 또한 현실성이 부족한 가정이다.

기업이 금융시장에서 자금을 마련할 때 자금을 마련할 수 있는 한계—곧 기업의 유동성제약 financing constraint—가 존재하여, 때로는 투자를 실행할 수 없는 경우도 있다. 즉 가계의 유동성제약이 소비에 영향을 미치듯이 기업의 유동성제약은 투자에 영향을 미친다. 유동성제약이 존재할 때 (가계 소비가 항상소득이 아니라 현재소득에 의해 결정되는 것과 같은 이치로) 기업의 투자는 기대되는 수익 흐름이 아닌 현재 수익에 의해 결정된다.■

■ 경영학적 관점에서 이를 현금흐름가설이라 부른다.

기업의 유동성제약과 관련해 다음과 같은 두 가지 점에 주목해야 한다.

1 기업의 유동성제약은 불황일 때 심화된다. 기업이 금융시장에서 자금을 융통할 수 없을 때에는 스스로의 현금 흐름을 이용해 투자를 실행하게 되는데, 불황일 때는 이윤이 감소해 현금 흐름도 감소하므로 유동성제약이 심화된다. 기업의 유동성제약이 존재하면 불황이 투자에 미치는 효과가 클 수 있다.

2 은행은 금융중개기관 financial intermediaries 가운데 가장 중요한 기관으로서 저축하고자 하는 사람들의 자금을 예금으로 받아 (수익이 남는 투자 기회를 가지고 있지만 자금이 부족한) 투자자에게 대여하는 기능곧 금융자원을 배분하는 기능을 한다. 그런데 은행위기 banking crisis—예를 들어 1997년 말에 시작된 외환위기 당시 우리나라에서는 여러 은행이 문을 닫거나 다른 은행에 합병되었다—가 닥치면 은행이 본연의 기능을 제대로 하지 못하기 때문에 기업의 유동성제약이 일반화될 뿐만 아니라 더욱 심화되는데, 이렇게 유동성제약이 일반화되는 현상을 신용경색 credit crunch 이라고 부른다. 신용경색은 투자 감소를 초래할 뿐만 아니라 자금을 가장 효율성이 높은 투자 기회에 배분될 수 없게 만든다.

주택투자 17.3

주택은 국민계정에서 투자에 포함되는 항목이지만 엄밀히 말하면 내구소비재 durable consumption 이다. 즉 소비자들은 일정 기간 동안 과거의 신규 주택투자의 합

그림 17-3 **주택임대가격의 결정**

주택의 실질임대가격은 일정하게 주어져 있는 주택스톡의 공급과 주택과 소비재의 한계대체율로 주어지는 주택스톡의 수요가 일치하는 점에서 결정된다. 이때 주의할 것은 주택은 (내구)소비재이기 때문에 주택스톡의 수요가 기업의 생산설비의 경우와 달리 주택서비스와 다른 소비재의 한계대체율에 의하여 결정된다는 점이다.

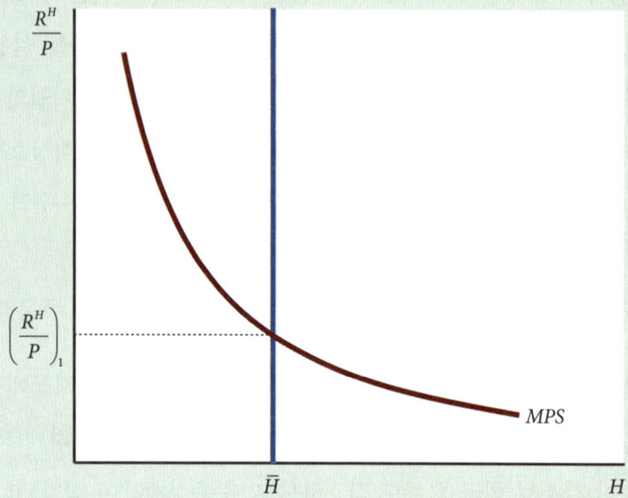

인 주택 총량저량 stock에서 발생하는 서비스를 소비하는 것이고 이때의 주택소비는 유량flow이다. 따라서 다른 소비재처럼 예산제약 아래에서 효용극대화 문제로부터 수요를 도출할 수 있다. 이제 주택투자함수도 신고전학파의 이론과 토빈의 q를 이용해 설명할 수 있다.

17.3.1 주택 임대가격의 결정

주택에서 발생하는 서비스 h의 한계효용을 MU_h, 주택서비스 이외의 여타 소비의 한계효용을 MU_C라고 하면 소비자균형은 통상적인 미시경제학 최적화 원리에 따라 다음 식에 의해 결정된다.

$$\frac{MU_h}{MU_C} = \frac{R^H}{P} \tag{17-10}$$

여기서 R^H는 주택 단위당 임대가격rent으로 주택서비스의 가격, P는 여타 소비재의 가격을 각각 나타낸다. **식** (17-10)의 좌변은 주택서비스와 다른 소비 사이의 한계대체율marginal rate of substitution, 우변은 주택서비스와 다른 소비의 가격비율이다.

이제 기존주택의 수량 stock of houses 을 H라고 하면 주택에서 발생하는 서비스 h는 주택 총량에 비례한다고 가정할 수 있다. 그때의 비례상수가 α라면 **식** (17-10)을 $h=\alpha H$와 같은 관계를 이용해 곧 주택서비스 대신 주택 수량을 이용해 다시 쓸 수 있다.

$$\frac{MU_H}{\alpha MU_C}=\frac{R^H}{P} \tag{17-11}$$

■ 효용함수 $U(h, c)$를 $h=\alpha H$를 이용하여 적으면 $U(h, c)=U(\alpha H, c)$가 된다. 이때 U를 H로 미분하면 $(\partial U/\partial h)\cdot(\partial\alpha H/\partial H)=MU_h\cdot\alpha$가 되므로 $MU_h=(1/\alpha)MU_H$를 얻는다. 즉 $(MU_h/MU_c)=(MU_H/\alpha MU_c)$인 식(17-11)을 얻는다.

식 (17-11)은 주택 수요도 다른 재화처럼 한계대체율 $MRS=MU_H/\alpha MU_C$에 의해 결정됨을 보여준다.

주택의 실질임대가격 결정과정을 보여주는 **그림 17-3**에서 주택 수요는 주택 곧 주택서비스과 여타 소비의 한계대체율에 의해 우하향하는 곡선으로 나타난다. 이때 주택공급은 저량 stock 이므로 한 시점에서 일정하게 $\bar{H}$로 주어져 있다. 따라서 주택의 실질임대가격은 $(R^H/P)_1$에서 이루어진다.

17.3.2 최적주택스톡의 결정

기업고정투자와 마찬가지로 최적주택스톡 desired housing stock 은 주택의 한계비용 곧 사용자비용의 효용가치과 주택의 한계편익 곧 주택의 한계효용이 일치할 때 달성된다. 먼저 주택의 명목사용자비용 ucc^H를 기업고정투자와 마찬가지 방법으로 다음과 같이 구할 수 있다.

$$ucc^H=P^H\left(i-\frac{\Delta P^H}{P^H}+\delta^H\right) \tag{17-12}$$

여기서 P^H는 주택가격, i는 명목이자율, δ^H는 주택의 감가상각률이다. 일반적으로 주택의 감가상각률은 기업의 고정자본에 대한 감가상각률보다 훨씬 낮다.

이때 주택가격의 상승률 $\Delta P^H/P^H$가 다른 소비재의 가격상승률 $\Delta P/P$와 같다면 **식** (17-12)를 실질이자율 r을 이용해 다음과 같이 다시 쓸 수 있다.

$$ucc^H=P^H(r+\delta^H) \tag{17-13}$$

이를 실질가치로 바꾸고 다시 소비자의 한계대체율과 일치시켜 최적주택스톡수량을 구할 수 있다.

$$MRS(H, C) = \frac{ucc^H}{P} = \frac{P^H}{P}(r + \delta^H) \quad \text{(17-14)}$$

따라서 최적주택수량은 실질주택가격과 이자율 및 주택의 감가상각률에 의하여 결정된다. 즉 실질주택가격 혹은 이자율이 상승하면 **식** (17-14)의 우변이 증가하므로 **식** (17-14)의 좌변도 증가하여야 균형을 회복할 수 있다. 그런데 **식** (17-14)에서 한계대체율이 주택수량 H의 감소함수이므로▪ **식** (17-14)의 좌변이 증가하려면 최적주택수량이 감소해야 한다. 즉 최적주택스톡은 주택의 실질가격과 실질이자율의 감소함수이다.

▪ $MRS(H, C) = MU_H/MU_C$이며 주어진 무차별 곡선하에서 정의된다. 따라서 H가 감소하면 희소성으로 MU_H는 증가하고 상대적으로 MU_C는 감소해서 MRS는 상승한다.

17.3.3 주택투자함수: 신고전학파

식 (17-14)를 만족시키는 최적주택스톡수량을 H^*라고 하면 주택투자는 다음과 같이 최적주택스톡과 실제 주택스톡의 차이에 비례한다.

$$I^H = \rho^H \left\{ H^*\left(\frac{ucc^H}{P}, C \right) - H \right\}, \; 0 < \rho^H \leq 1 \quad \text{(17-15)}$$

여기서 ρ^H는 상수이고 소비는 가계 소득 Y와 부 W의 함수이므로 주택투자함수를 다음과 같이 다시 쓸 수 있다.

$$I^H = I^H \left(\underset{(-)}{\frac{ucc^H}{P}}, \underset{(+)}{Y}, \underset{(+)}{W}, \underset{(-)}{H} \right) \quad \text{(17-16)}$$

여기서 주택투자함수는 ucc^H/P와 실제 주택스톡 H의 감소함수이고 Y와 W의 증가함수이다.

식 (17-16) 같은 주택투자함수는 주택의 실질사용자비용 ucc^H/P의 감소함수이므로곧 실질사용자비용은 실질주택가격과 실질이자율에 의해 결정되므로 실질주택가격과 실질이자율의 감소함수이다. 특히 주택투자는 총수요의 구성요소 가운데 이자율의 변화에 가장 민감하게 반응하는데, 주택투자에 대해서는 다음과 같은 점에 유의해야 한다.

1 주택은 감가상각률이 매우 낮아 주택의 사용자비용을 결정할 때 이자율이 차지하는 비중이 상대적으로 크다. 예를 들어 현실에서 주택을 구입할 때 주택담보대출mortgage을 받아 이자를 지급하는 경우가 많다. 따라서 긴축적인 금융정책으로 이

자율이 상승하면 이자부담이 증가해 주택투자가 크게 감소한다.

2 주택과 주택투자에 대한 정부의 조세정책도 매우 중요하다. 주택을 소유하고 거주하는 경우 임대료를 지불하지 않기 때문에 경제적으로는 임대료만큼 귀속소득 imputed income이 발생한 것으로 본다. 그러나 다른 소득에 대해서는 소득세가 부과되지만 주택소유로부터 발생하는 귀속소득에 대해서는 보통 조세가 부과되지 않는다. 이는 주택소유에 대해 세법상으로 특별대우를 하는 것과 같으므로, 소득이 발생하는 다른 자산에 비해 주택을 소유하려는 유인이 존재한다.

3 주택 구입비용을 대출받을 때 대출금 이자는 소득세 계산에서 공제 deduction해 주기도 한다.[■] 즉 주택소유비용 일부를 조세부과의 기준이 되는 과세표준 tax base에서 빼 주는데, 이 공제는 명목이자율이 기준이므로 인플레이션이 중요한 역할을 한다. 주택대출에 대한 이자에 세제상의 혜택을 줄 때 **식** (17-12)의 주택의 사용자비용을 다음과 같이 다시 쓸 수 있다.

[■] 미국 등 모기지 mortgage를 통해 주택을 구입하는 관행이 정립된 선진국들에서 그러하다. 우리나라 조세제도에서도 일부 이러한 방향으로 개정되는 경향이 나타나고 있다.

$$ucc^H = P^H\left\{i(1-u^H) - \frac{\Delta P^H}{P^H} + \delta^H\right\} \tag{17-17}$$

여기서 u^H는 주택대출 이자의 세액공제율이다. 인플레이션이 높으면 명목이자율 i가 높기 때문에 $i=r+\pi$ 주택대출 이자를 더 많이 공제받을 수 있다. 따라서 주택 소유에 따른 조세 혜택이 증가하고 최적주택스톡과 주택투자가 증가한다.

4 주택의 사용자비용은 주택가격 기대상승률에 영향을 받는다. **식** (17-17)에서 주택가격상승률 $\Delta P^H / P^H$는 현재와 미래 사이에 기대되는 상승률이고 상승분 ΔP^H를 흔히 자본이득 capitalgain이라 부른다. 만약 사람들이 주택가격상승률이 클 것이라고 기대하면 주택의 사용자비용이 하락한다. 따라서 최적주택스톡이 증가하고 주택투자가 증가한다. 우리나라에서 염려되는 부동산 투기는 주택가격의 기대상승률에 따라 일어나는 현상이다. 따라서 주택가격 안정을 위해서는 주택가격이 안정적으로 유지될 것이라는 기대를 사람들에게 심어주는 것이 무엇보다도 중요하다.

17.3.4 주택투자함수: 토빈의 q

주택투자의 경우에도 토빈의 q를 이용해 이론을 전개할 수 있다. 기업고정투자의 경우와 마찬가지로 주택에 관한 토빈의 q를 다음과 같이 정의할 수 있다.

$$q = \frac{\text{설치되어 있는 주택의 시장가치}}{\text{설치되어 있는 주택의 대체비용}} = \frac{\text{기존 주택의 가격}}{\text{신규 주택의 건설비용}} \tag{17-18}$$

여기서 기존주택 가격은 미래임대가격 rental price 흐름의 현재가치로, 주택의 대체비용은 주택의 신규건축 비용으로 각각 구할 수 있다. 이때 주택의 대체비용은 주택건설을 위한 설계 비용과 자재 생산, 그리고 자재를 설치하는 데 소요되는 노동 및 시간 비용을 포함하기 때문에 신규 주택과 기존주택은 완전대체재가 될 수 없다.

이제 **식** (17-18)에 나타나 있는 토빈의 q를 이용하면 주택수요가 변하는 경우에 투자의 변화를 쉽게 분석할 수 있다. 예를 들어 경기가 호황이 되어 소득이 증가하면 주택수요가 증가하고 주택가격이 상승한다. 주택가격 상승은 주택의 대체비용 대비 기존주택 가격의 상승을 의미하므로 토빈의 q가 증가하고 이어서 주택투자도 증가한다. 이민이나 베이비 붐 등으로 인구가 증가하는 경우에도 기존주택의 가격이 상승하고 토빈의 q가 상승하므로 주택투자가 증가한다.

17.4 재고투자

재고 inventory 는 생산 중이거나 이미 생산된 최종재로서, 기업이 보유하고 있는 재화를 말한다. 재고 변동으로 나타나는 재고투자 inventory investment 는 투자 가운데 비중이 가장 낮다—최근 우리나라의 재고투자는 총투자의 3% 이내로 유지되고 있다. 재고투자의 비중이 작아도 무시할 수 없는 이유가 적어도 두 가지 있다.

1. 재고투자는 경기 상황을 민감하게 반영할 뿐만 아니라 변동성도 매우 크기 때문에 경기변동에서 중요한 역할을 한다. 예를 들어 불황이 오면 기업들은 재고가 감소하도록 방치하기 때문에 재고투자가 음이 되기도 한다. 즉 불황일 때 감소하는 지출의 많은 부분이 재고투자 감소 때문에 나타난다.
2. 케인즈의 교차점모형에서 재고가 아주 중요한 역할을 한다. 즉 재고 변동은 생산자가 생산한 산출물이 시장에서 얼마만큼 판매되고 있는지에 대한 시그널과 정보를 제공한다.

생산 평탄화 그림 17-4

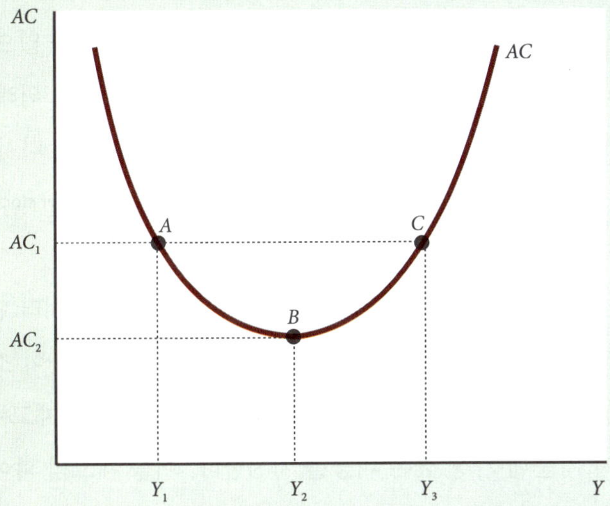

생산의 평균비용이 그림과 같이 아래로 볼록한 경우에는 생산을 평탄화함으로써 평균생산비를 감소시킬 수 있다. 즉 두 생산수준 Y_1과 Y_3을 반복한다면 평균생산비는 AC_1이다. 그러나 Y_2의 생산수준을 일정하게 유지한다면 평균생산비가 AC_2이다. 따라서 Y_2의 생산수준을 일정하게 유지하는 가운데 판매량이 Y_2보다 적으면 Y_2와 판매량의 차이를 재고로 보유하고 반대로 판매량이 Y_2보다 많으면 판매량과 Y_2의 차이만큼을 재고에서 판매함으로써 생산비용을 절감할 수 있다.

17.4.1 재고보유의 동기

재고보유의 동기는 다음과 같이 다양하다.

1 전통적으로 생산의 평탄화 production smoothing 를 위해 재고를 보유한다고 보았다. 즉 (미시경제학에서 배운 바와 같이) 평균비용곡선이 **그림 17-4**에서 보는 바와 같이 아래로 볼록하면 생산을 평탄하게 유지해야 비용을 극소화할 수 있다. 예를 들어 판매량이 한 기간에 Y_1, 다른 기간에 Y_3로 변동한다고 하자. 이때 각 기간에 판매량만큼만 생산한다면 평균생산비는 AC_1이지만, 판매량이 Y_1일 때 Y_2만큼 생산해 Y_2-Y_1만큼 재고로 보유하고 다시 판매량이 Y_3일 때 Y_2만큼만 생산해 재고에서 Y_3-Y_2만큼 판매하면 평균생산비를 최저 수준인 AC_2로 유지할 수 있다. 생산을 평탄화함으로써 기업은 재화를 더 싼 비용으로 생산할 수 있다.

2 재고는 생산요소 역할을 한다. 즉 재고를 보유하면 기업은 더 효율적으로 생산활동을 할 수 있다. 예를 들어 소매점은 전시용 제품을 보유해 효율적으로 판매할 수 있고, 제조업체도 기계설비 부품의 재고를 보유하고 있으면 생산라인에서 고장이 발생해도 생산라인을 계속 가동할 수 있어 산출량이 증가한다.[5]

5 Ramey, V.A.(1989), "Inventories as Factors of Production and Economic Fluctuations," *American*

3 재고고갈회피 stock-out avoidance 동기가 있다.[6] 보통 기업은 소비자의 수요를 정확히 알지 못한 가운데 생산결정을 한다. 예를 들어 현대자동차가 신형 자동차를 개발해 생산할 때 수요자들의 반응을 정확히 예측해 생산량을 결정할 수는 없다. 수요를 잘못 예측해 시장 수요량이 생산량을 초과할 수도 있는데, 재고가 없으면 판매 기회를 다른 기업에게 빼앗길 수도 있다. 기업은 이런 상황을 피하기 위해 재고를 보유하는데, 이때의 재고보유 동기를 재고고갈회피 동기라고 부른다. 다시 말해 재고고갈회피 동기는 기대하지 못한 수요 변동에 대비하는 완충장치 buffer stock 로서 재고를 보유하는 것을 말한다.

4 생산과정에 있는 재고 work in progress가 있다. 즉 대부분의 재화는 여러 단계의 생산과정을 거쳐 완성되는데, 보통 완제품이 생산될 때까지 많은 시간이 소요된다. 한 기간 안에 완성되지 않고 기말에 생산과정에 남아 있는 재화는 재고투자로 분류되는데 재고투자 가운데 가장 높은 비중을 차지한다. 이를 재고의 파이프라인 기능 pipeline function of inventories이라고도 부른다.

17.4.2 재고투자함수

재고투자의 결정원리 또한 다른 투자와 다르지 않다곧 재고에 따른 편익과 비용을 비교하여 결정한다. 먼저 재고의 사용자비용 ucc^N을 앞에서와 마찬가지로 다음과 같이 쓸 수 있다.

$$ucc^N = P\left(i - \frac{\Delta P}{P} + \delta^N\right) \tag{17-19}$$

여기서 P는 물가수준, δ^N는 재고를 창고에 저장하는 동안에 발생하는 유실률이다. 재고의 유실률이 매우 낮기 때문에 **식** (17-19)에서 중요한 것은 실질이자율이다.

한편 재고의 한계편익 계산은 쉽지 않지만 한계편익이 발생하는 이유는 위에서 살펴본 재고보유의 동기에서 쉽게 알 수 있다. 즉 재고를 보유하면 생산비를 줄일 수 있고 기대하지 못한 수요 증가에 따른 재고고갈을 피함으로써 이윤증대 기회를 늘릴 수 있다. 이제 재고의 편익을 **식** (17-19)를 물가수준으로 나눈 재고의 실질사용

Economic Review v.79, pp. 338-354.

6 Kahn, J.(1987), "Inventories and the Volatility of Production," *American Economic Review* v.77, pp. 667-679.

자비용 ucc^N/P과 일치시키면 최적재고량을 얻을 수 있는데, 재고투자는 최적재고량과 실제 재고량의 차이에 비례한다.

재고의 편익이 주어져 있을 때 투자 결정에서 가장 중요한 것은 실질이자율이다. 실질이자율은 재고보유의 기회비용인데, 실질이자율이 상승하면 기업은 재고를 줄이고 실질이자율이 하락하면 재고보유를 늘린다. 실질이자율과 함께 수요 예측 및 재고관리기술의 진보도 재고보유량 결정에서 중요하다. 특히 최근 정보통신기술의 발달로 인해 기업의 재고관리 능력이 향상되고 있기 때문에 기업들은 과거보다 재고를 적게 보유하는 경향이 있다.

결 론 17.5

국민소득의 지출 가운데 두 번째로 큰 항목인 투자는 장기와 단기에 거시경제에서 중요한 역할을 한다.

1 장기에 투자는 경제성장의 중요한 요인인 자본을 증가시킨다. 이때 자본은 노동과 결합해 생산에 이용되는 중요한 생산요소로, 경제개발 초기에 매우 중요한 역할을 한다.

2 투자는 경기변동에서 변동성이 큰 지출 항목이다. 따라서 선동적으로 투자는 경기변동과 관련해 집중적으로 연구됐으며 케인즈는 투자 결정에서 "동물적 영감 animal spirit"이 중요하다고 주장했다.

3 투자는 기업고정투자, 주택투자, 재고투자로 나눌 수 있다. 우리나라의 경우, 기업고정투자는 전체 투자의 약 80%, 재고투자는 ±3% 정도를 차지한다.

한편 이 장에서는 투자의 다양한 결정요인에 관해 살펴보았다.

1 투자는 실질이자율에 영향을 받는다. (투자의 기회비용인) 실질이자율이 상승하면 자본의 사용자비용 · 주택매입자의 대출비용 · 재고비용이 증가한다. 따라서 투자는 실질이자율의 감소함수이다.

2 투자는 실질이자율 이외의 변수에도 영향도 받는다. 기업고정투자는 기술진보가 일어나 자본의 한계생산이 증가하거나 기존의 자본관리기술이 진보해 감가상각률이

하락하면 (투자, 실질이자율) 평면에서 오른쪽으로 이동한다. 주택투자도 이 요인들에 영향을 받는데, 특히 인구가 증가하면 주택수요가 증가하므로 (투자, 실질이자율) 평면에서 오른쪽으로 이동한다. 나아가 투자는 정부 정책에 예민하게 반응한다. 정부가 투자세액감면investment tax credit이나 기업소득세corporate income tax 인하 같은 정책을 실시하면 기업의 투자에 대한 유인incentive이 변화해 투자함수가 (투자, 실질이자율)의 평면에서 오른쪽으로 이동한다.

3 단기적으로 투자는 이자율뿐만 아니라 고용량이나 산출량에도 영향을 받는다. 즉 고용량이나 산출량이 변동하면 투자 또한 변동해 (투자, 실질이자율)의 평면에서 투자함수가 이동한다. 예를 들어 고용량이 증가하면 자본의 한계생산이 증가하므로 기업고정투자가 증가해 (투자, 실질이자율) 평면에서 오른쪽으로 이동한다. 산출량이 증가하면 기업의 수입과 이윤이 증가할 뿐만 아니라 신용제약이 완화되기 때문에 투자가 증가한다. 한편 소득이 증가하면 주택수요가 증가하므로 주택투자가 증가하고 재고고갈회피 동기 등에 따라 재고투자 또한 증가한다.

요 약

≫ 투자는 장기적으로 성장의 한 요소인 자본을 증가시키고 단기적으로는 지출 가운데 가장 변동이 심한 변수로서 경기변동의 중요한 요인으로 평가된다. 투자는 기업고정투자, 주택투자, 재고투자로 나눌 수 있으며 우리나라의 기업고정투자는 전체 투자의 80%, 재고투자는 ±3% 정도이다.

≫ 기업고정투자에 관한 이론으로는 신고전학파의 이론과 토빈의 q이론이 있다. 신고전학파 이론은 자본의 한계생산과 사용자비용을 이용하여 최적자본량을 결정하고, 최적자본량과 실제 자본량의 차이의 일부분으로서 투자를 결정한다. 따라서 투자는 실질이자율의 감소함수이다. 투자함수는 이자율 이외의 자본의 한계생산에 영향을 미치는 요인곧 기술진보, 노동량, 감가상각이 변화하면 (투자, 실질이자율)의 평면에서 이동한다.

≫ 토빈의 q는 설치되어 있는 자본의 시장가치를 그 대체비용으로 나눈 값으로 정의된다. 설치되어 있는 자본의 시장가치는 주식가치로 측정할 수 있는데, 주식가치자산는 (실질)이자율과 역의 관계를 가지므로 투자함수는 이자율의 감소함수이다. 토빈의 q이론에서도 실질이자율 이외에 자본의 한계생산이나 감가상각률의 변화 등이 (투자, 실질이자율) 평면에서 투자함수를 이동시킨다.

≫ 유동성제약이 존재하면 기업의 투자는 기대되는 수익의 흐름에 따라 결정되지 않고 현재 수익에 의존한다. 기업의 유동성제약은 불황일 때 심화되고 호황일 때 완화되기 때문에 투자의 변동성을 증가시킨다.

≫ 주택투자에서도 신고전학파 이론과 토빈의 q를 이용해 투자함수를 도출할 수 있다. 다만 주택은 내구소비재이기 때문에 최적주택스톡을 구하기 위해 소비자의 소비선택을 이용해야 한다. 즉 기업고정투자에서는 자본의 한계생산을 이용했으나 주택투자에서는 주택서비스와 다른 소비재 사이의 한계대체율을 이용해야 한다. 이 차이를 빼면 주택투자함수의 도출도 기업고정투자의 경우와 다르지 않다.

≫ 전체 투자에서 차지하는 재고투자의 비중은 매우 작지만 경기변동에 민감하게 반응하기 때문에 중요하게 취급된다. 재고보유의 동기는 생산의 평탄화, 생산의 효율화, 재고고갈회피, 재고의 파이프라인 기능 등에서 찾을 수 있다. 재고투자 또한 기회비용인 실질이자율의 감소함수이다.

핵심용어

- 기업고정투자
- 기업소득세
- 기업의 유동성제약
- 대체투자
- 사내유보이윤
- 생산평탄화
- 신고전학파 투자이론
- 자본의 사용자비용
- 자본의 설치기간
- 자본의 임대가격
- 재고고갈회피동기
- 재고의 생산요소로의 기능
- 재고투자
- 주택투자
- 최적자본량
- 최적주택스톡
- 토빈의 q
- 투자세액공제
- 파이프라인 기능

연습문제

01 신고전학파 투자이론에서 최적자본량이 결정되는 원리를 설명하고 투자에 대한 조세와 보조금의 효과에 대하여 설명하시오.

02 토빈의 q이론을 설명하고 이를 이용하여 기업고정투자와 주택투자의 결정에 대하여 논하여 보시오.

03 재고보유의 동기에 대해 논하고, 각각의 동기가 재고의 경기순행적 특성을 잘 설명하는지 밝히시오.

04 2차 세계대전 이후 독일과 일본의 사례를 참조해 전쟁 때문에 대부분의 자본이 파괴된 나라의 투자에 관한 다음 물음에 답하시오.

(1) 자본 파괴가 산출량, 고용 및 실질임금에 미치는 효과를 분석하시오.

(2) 자본 파괴가 최적자본량에 미치는 효과와 투자에 미치는 효과를 분석하시오.

(3) 자본 파괴는 저축에 서로 상반되는 두 가지 효과를 일으킨다. 이 효과들에 대해 설명하시오.

(4) 전쟁 전후에 저축이 일정하게 유지되고 있다면 자본 파괴가 이자율과 투자에 미치는 효과는 무엇인가?

05 다음 물음에 답하시오.

(1) 석유회사가 보유한 유전의 원유매장량 가치 가운데 일정 비율을 정부가 조세로 징수한다고 한다. 신고전학파의 투자이론에 따르면 이러한 조세는 석유회사의 투자에 어떤 효과를 미치는가?

(2) (1)에서 석유회사가 투자에서 유동성제약에 직면하고 있다고 한다. (1)의 조세가 석유회사의 투자에 미치는 효과를 분석하시오.

(3) 2008년에 일어난 세계적인 금융위기에서 보았던 것처럼 주가가 폭락했다면 중앙은행이 어떻게 대응하는 것이 옳다고 생각하는가?

(4) 올해 경제가 불황에 빠져 있는 가운데 대통령선거가 실시된다고 한다. 이때 A당의 대통령후보가 대통령에 당선되면 내년에 투자세액공제율을 증가시키겠다고 공약했다고 한다. 이러한 공약이 올해의 투자와 경기침체에 미치는 효과는 무엇인가?

(5) 정부가 조세정책을 통해 주택투자를 장려하고 기업고정투자를 위축시키는 경우의 장기효과를 분석하시오.

06 생산함수가 다음과 같이 주어졌다고 한다.

$$Y=A\{\gamma K^{\theta}+(1-\gamma)L^{\theta}\}^{1/\theta},\ \ 0<\gamma<1,\ \theta<1$$

여기서 A는 총요소생산성, K는 자본, L은 노동이다. 실질이자율, 감가상각률, 자본재의 가격, GDP 디플레이터는 각각 r, δ, P^K, P이고, 현재 자본량은 $\bar{K}$라고 한다. 신고전학파의 투자이론에 관한 다음 물음에 답하시오.

(1) 자본의 실질임대가격을 구하고, 자본의 실질임대가격의 결정요인을 분석하시오.

(2) 최적자본량을 구하시오.

(3) 이자율 및 자본재의 가격과 최적자본량의 관계를 분석하시오.

(4) 투자함수를 도출하시오. 투자함수를 이동시키는 요인들은 무엇인가?

(5) 투자소득에 대해서는 τ의 세율로 조세를 부과하고 투자비용에 대해서는 s의 비율로 투자세액공제를 한다고 한다. 이 정책이 투자에 미치는 효과를 설명하시오.

07 가계의 효용함수가 다음과 같이 주어졌다고 한다.

$$U(C,H)=\frac{1}{1-\sigma}(C^{\alpha}H^{1-\alpha})^{1-\sigma},\ \ 0<\alpha<1,\ \sigma>0,\ \sigma\neq 1$$

여기서 C와 H는 소비와 주택스톡이라고 한다. 주택스톡의 공급량은 $\bar{H}$로 일정하게 주어졌다고 한다. 실질이자율, 주택의 감가상각률, 주택가격, GDP 디플레이터는 각각 r, δ^H, P^H, P, 현재의 주택량은 $\bar{H}$라고 한다. 신고전학파의 주택투자이론에 관한 다음 물음에 답하시오.

(1) 주택의 실질임대가격을 구하고 그 결정요인을 분석하시오.

(2) 최적주택스톡을 구하고 그 결정요인을 분석하시오.

(3) 주택투자함수를 구하시오. 주택투자의 결정요인은 무엇인가?

08 생산함수가 다음과 같이 콥-더글러스 형태로 주어졌다고 한다.

$$Y = AK^{\theta}L^{1-\theta},\ 0<\theta<1$$

자본의 실질임대가격은 R, 실질임금은 w로 주어졌다고 한다. 다음 물음에 답하시오.

(1) 자본과 노동 모두 가변생산요소variable production input라고 한다. 생산량이 Y로 주어졌을 때 총비용함수를 자본의 실질임대가격과 실질임금의 함수로 구하시오.

(2) 평균비용과 한계비용이 서로 같음을 보이시오. 이 경우에 재고투자가 존재하는가?

이제 자본량이 $\bar{K}$로 일정하게 주어져 있다고 한다. 즉 자본은 고정생산요소이고 노동은 가변생산요소이다. 다음 물음에 답하시오.

(3) 생산량이 Y로 주어졌을 때 총비용함수를 자본의 실질임대가격, 자본량 및 실질임금의 함수로 구하시오.

(4) 평균비용과 한계비용을 구하시오.

(5) 평균비용이 극소화되는 수준의 산출량곧 최적산출량은 얼마인가? 최적산출량의 결정요인을 분석하시오.

(6) 재고투자함수를 구하시오. 이때 재고투자의 결정요인은 무엇인가?

18

Chapter

화폐공급과 화폐수요

5장에서 우리는 화폐시장의 균형을 이용해 *LM* 곡선을 도출하면서 화폐 공급을 중앙은행이 결정하며, 화폐에 대한 수요는 소득의 증가함수이고 이자율의 감소함수라고 가정했다. 이와 같은 가정 아래 화폐시장의 균형조건을 이용해 소득과 이자율 평면에서 우상향하는 *LM* 곡선을 도출했으며, 이를 이용해 한편으로는 장기의 인플레이션의 결정요인에 관하여, 다른 한편으로는 *IS* 곡선과 결합해 단기의 소득과 고용 및 정책 효과에 관하여 각각 배웠다.

이 장에서는 화폐의 수요와 공급에 관해 좀더 체계적으로 다루고자 한다. 먼저 **1절**에서는 화폐의 공급에 관해서 배우게 되는데, 앞에서 화폐 공급이 중앙은행에 의하여 일정하게 주어져 있다고 가정했지만 실제 화폐 공급에서 중앙은행뿐만 아니라 시중 상업은행, 가계 및 기업 같은 은행 이외의 민간부문의 역할도 중요하다. **2절**에서는 거래적 동기에 의한 화폐수요이론인 보몰－토빈모형을 배운다. **3절**에서는 토빈의 자산선택모형과 화폐수요에 관해 배운다. **4절**에서는 통화정책의 전달경로에 관해 살펴본다.

18.1 화폐공급

우리는 앞에서 화폐가 은행 이외의 민간비은행이 보유한 현금과 은행예금의 합으로 정의된다고 배웠다. 만약 은행이 존재하지 않는다면 (중앙은행이 발행한 현금을 가계나 기업이 모두 보유하므로) 화폐는 민간이 보유한 현금만으로 구성된다.

여기서 은행이 고객의 예금을 받아 안전하게 보관하는 기능만 담당하고 대출은 하지 않는다고 가정해 보자. 이 경우에 화폐는 은행예금의 합으로 구할 수 있다. 그리고 은행예금의 합은 은행이 존재하지 않는 경우에 민간이 보유한 현금과 같다. 이와 같이 은행 업무가 제한되는 경우의 화폐 공급은 은행이 존재하지 않는 경우와

신용승수 **그림 18-1**

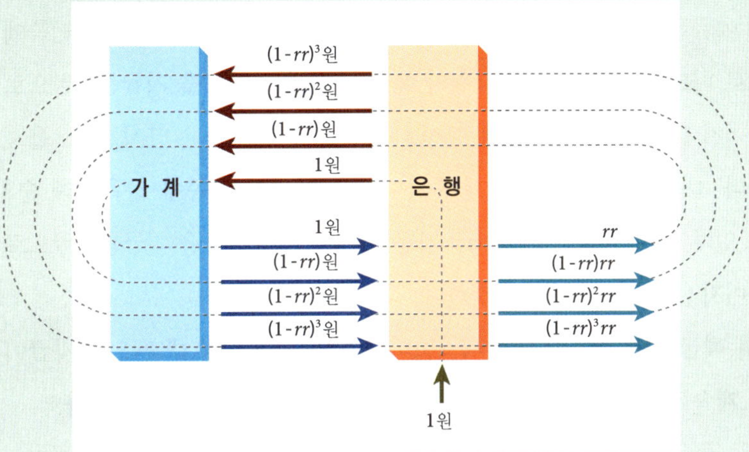

은행이 보유하고 있던 자산을 중앙은행에 매각하고 1원을 받았다면 그림과 같은 순환이 일어난다. 이때 가계는 현금을 보유하지 않는다고 가정한다. 은행이 중앙은행으로부터 받은 1원은 예금이 아니기 때문에 가계에 전액 대출하고 이는 다시 은행에 예금된다. 은행은 예금의 일정 비율 rr만큼 지급준비금으로 남기고 나머지 $1-rr$만큼 가계에 대출한다. 가계는 다시 이를 은행에 예금하고 은행은 $(1-rr)rr$만큼을 지급준비금으로 남기고 나머지 $(1-rr)^2$만큼을 가계에 대출한다. 이와 같이 대출과 예금의 반복되는 순환을 통해 신용(요구불예금)이 창출된다.

다르지 않다. 이러한 은행제도를 "완전지급준비제도 100 percent reserve banking system"라고 부른다.

현대의 은행제도는 "부분지급준비제도 fractional reserve banking system"를 따르고 있다. 즉 은행은 (은행 이외의) 민간부문으로부터 예금을 받아 그 일부를 갑작스런 예금의 인출에 대비하기 위해 지급준비금으로 보관하고 나머지는 자금이 필요한 사람들에게 대출한다. 민간부문에 대출된 자금은 민간부문에서 순환을 거쳐 다시 은행에 예금되고, 다시 지급준비금을 뺀 나머지가 민간부문에 대출된다. 따라서 전체 예금 가운데 은행에 보관되는 것은 일부분일 뿐이다. 이 경우에는 중앙은행이 발행한 현금과 화폐 공급이 일치하지 않게 된다.

18.1.1 신용승수

부분지급준비제도를 따를 때 예금통화가 어떻게 창출되는지 알아보기 위해 가계와 은행만 존재하는 경제에서 은행의 지급준비율이 rr 이고, 가계는 현금을 보유하지 않고 현금이 생기는 즉시 은행에 예금한다고 가정해 보자. 이 경우에 가계의 현금보유는 없고 은행예금만 존재한다.

모든 현금을 예금하는 경우가 **그림 18-1**에 나타나 있다. 먼저 은행이 중앙은행에 자산을 매각하여 그 대가로 1원을 받았다고 하자. 이때 1원은 예금이 아니므로(지급준비금을 보유할 필요 없이) 모두 가계부문에 대출한다. 한편 가계부문은 이 1원을 은행에 예금한다. 이와 같은 대출과 예금의 순환이 **그림 18-1**의 가장 안쪽에 있는 순환으로 나타나 있다. 은행은 1원의 예금 가운데 rr 만큼을 지급준비금으로 보유하고 나머지 $1-rr$을 가계부문에 다시 대출한다. 가계부문은 다시 $1-rr$을 은행에 예금한다. 대출과 예금의 두 번째 순환이 **그림 18-1**의 안쪽에서 두 번째 순환으로 나타나 있다. 은행은 $1-rr$의 예금 가운데 $(1-rr)rr$ 만큼을 지급준비금으로 보유하고 나머지 $(1-rr)^2$ 만큼을 대출한다.

대출과 예금의 순환은 은행이 지급준비금 이외에 더 이상 대출해 줄 자금이 없을 때까지 계속된다. 따라서 은행예금의 크기를 다음과 같이 구할 수 있다.

$$D=1+(1-rr)+(1-rr)^2+(1-rr)^3+\cdots=\frac{1}{rr} \qquad (18-1)$$

여기서 가계는 현금을 보유하지 않기 때문에 은행예금 크기는 은행대출 크기와 같다. 이때 은행의 지급준비금을 다음과 같이 구할 수 있다.

$$\begin{aligned} R&=rr+(1-rr)rr+(1-rr)^2rr+\cdots \\ &=rr\cdot\frac{1}{rr}=1 \end{aligned} \qquad (18-2)$$

다시 말해 은행의 지급준비금은 은행이 처음 대출한 금액인 1원과 같다. 따라서 처음 대출 금액인 1원이 모두 지급준비금으로 흡수될 때까지 대출과 예금의 순환이 이루어진다.

중앙은행이 위에서와 같이 1원이 아니라 B 만큼의 화폐를 발행해 은행이 보유하고 있는 자산예: 정부채권 등과 교환했다고 가정해 보자. 이때 중앙은행이 발행한 현금을 본원통화 monetary base, high-powered money라고 부른다.■ 은행이 중앙은행으로부터 B 만큼 현금을 확보하면 위에서와 같은 방식으로 대출과 예금의 순환이 이루어진다. 따라서 예금과 은행의 지급준비금은 다음과 같다.

■ 이때 상업은행의 중앙은행 예치금은 존재하지 않는다고 가정하고 있다.

$$\begin{aligned} D&=\left(\frac{1}{rr}\right)B \\ R&=B \end{aligned} \qquad (18-3)$$

그리고 이 경우에는 민간부문이 보유한 현금이 없기 때문에 화폐공급—곧 통화량 M—은 예금 D와 같고 예금은 다시 은행의 대출과 같다. 이때 지급준비율 rr은 0과 1 사이의 값이므로 $1/rr$은 1보다 크다. 이를 신용승수credit multiplier라고 부른다.■ 예를 들어 지급준비율이 10%라고 하면 신용승수가 10이므로 본원통화가 B만큼 발행되었을때 예금과 통화량은 그 10배인 $10B$가 된다.

■ 이 경우에는 $1/rr$을 통화승수money multiplier라고도 부른다. 통화승수는 본원통화가 한 단위 증가할 때 통화량이 얼마나 증가하는지를 보여준다.

이와 같이 부분지급준비제도는 본원통화가 주어져 있을 때 신용창출을 통해 화폐공급을 확대한다. 즉 통화량은 본원통화에 신용통화승수를 곱한 것이다. 이때 본원통화는 전적으로 중앙은행의 결정에 달려 있고, 신용승수는 은행이 결정하는 지급준비율에 달려 있다. 여기서 은행의 지급준비금은 두 가지로 구성된다.

1 은행 예금에 대해 법으로 정한 법정지급준비율required reserve ratio이 있다.

2 법정지급준비율을 지키지 않으면 벌금이 부과되므로 은행은 보통 법정지급준비율보다 높은 지급준비금을 보유하는데, 이를 초과지급준비금excess reserve이라고 부른다. 초과지급준비율은 은행이 정하는 것이므로, 두 가지 지급준비율을 합한 실제 지급준비율을 결정하는 것은 은행이라고 할 수 있다. 이와 같이 통화량은 중앙은행과 예금은행의 상호작용에 의해 결정된다. 따라서 원칙적으로 말해 통화량은 중앙은행이 전적으로 결정할 수 있는 것이 아니다.

지금까지 살펴본 바와 같이 은행은 화폐공급곧 통화량을 창출할 수 있는 능력을 갖고 있는 금융기관financial institution이다. 한편 저축하는 사람들과 차입하려는 사람들에게 자금을 연결시켜 주는 활동을 금융중개financial intermediation라고 부른다. 금융중개기관은 저축을 하는 경제주체의 자금을 (투자 등 여러 가지 목적으로) 자금이 필요한 경제주체에게 연결해 주는 역할을 한다. 금융중개를 하는 시장과 금융기관 가운데 대표적인 것이 주식시장, 채권시장, 은행, 투자은행, 증권회사, 보험회사 등이라고 할 수 있는데, 이 가운데 은행은 화폐공급에 포함되는 예금통화를 창출할 수 있다는 점에서 다른 금융기관과 구분된다.

여기서 부분지급준비제도 아래에서 은행이 창출하는 예금은 부wealth에 포함되지 않는다는 사실에 유의해야 한다. 즉 은행 대출은 차입하는 사람들에게 거래 수단을 제공하는 것이므로 화폐공급에 포함된다. 이때 차입자는 당연히 은행에 대해 부채를 상환할 의무를 지므로 은행 대출은 차입자의 부를 증가시키지 않는다. 다시 말해 은행이 창출하는 화폐공급곧 예금통화은 경제의 유동성liquidity을 증가시키지만

그림 18-2 **민간의 현금보유와 신용승수**

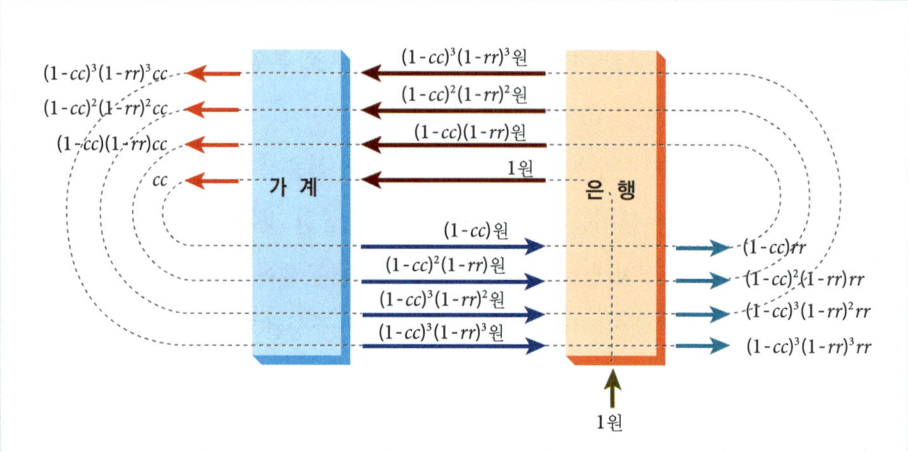

가계가 현금을 cc의 비율로 보유한다면 그림에서 보는 바와 같은 순환이 일어난다. 은행이 보유하고 있던 자산을 중앙은행에 매각하고 1원을 받았다고 가정하자. 은행이 중앙은행으로부터 받은 1원은 예금이 아니기 때문에 가계에 전액 대출하고 가계는 이 가운데 cc만큼 현금으로 보유하고 $1-cc$만큼 은행에 예금한다. 은행은 예금의 일정 비율 rr만큼—곧 $(1-cc)rr$—을 지급준비금으로 남기고 나머지 $(1-cc)(1-rr)$만큼을 가계에 대출한다. 그리고 가계는 다시 $(1-cc)(1-rr)cc$ 만큼을 현금으로 보유하고 나머지 $(1-cc)^2(1-rr)$만큼을 은행에 예금한다. 은행은 다시 $(1-cc)^2(1-rr)^2$만큼을 지급준비금으로 남기고 나머지를 가계에 대출한다. 이와 같이 대출과 예금의 반복되는 순환을 통해 신용이 창출되는데, 민간이 현금을 보유하는 경우에 현금을 보유하지 않는 경우보다 신용승수의 크기가 더 감소한다.

부를 증가시키지는 않는다.

18.1.2 민간의 현금보유와 신용승수 및 통화승수

지금까지 우리는 민간부문이 현금을 보유하지 않는다는 가정 아래 신용통화승수와 통화량을 구했다. 이제 민간부문이 대출 가운데 일부를 현금으로 보유할 때의 신용승수를 구해 보자. 은행 대출 가운데 가계가 현금으로 보유하는 비율이 cc이고, **그림 18-2**와 같이 은행이 보유하고 있던 자산을 중앙은행에 매각해 1원을 받았다고 가정해 보자.

이때 은행에서 1원을 대출받은 가계는 cc 만큼의 현금을 보유하고 $1-cc$ 만큼은 다시 은행에 예금한다. 그리고 은행은 $1-cc$ 만큼의 예금 가운데 $(1-cc)rr$ 만큼을 지급준비금으로 보유하고 나머지 $(1-cc)(1-rr)$만큼을 가계에 대출한다. 대출받은 가계는 다시 $(1-cc)(1-rr)cc$만큼을 현금으로 보유하고 나머지 $(1-cc)^2(1-rr)$

만큼을 은행에 예금한다. 그리고 은행은 다시 $(1-cc)^2(1-rr)rr$ 만큼을 지급준비금으로 보유하고 나머지 $(1-cc)^2(1-rr)^2$ 만큼을 가계에 대출한다.■

■ 이때 등비수열에 대한 감이 있는 독자들은 여기서 등비가 $(1-cc)(1-rr)$임을 눈치챌 것이다.

이와 같은 대출과 예금의 순환이 무한히 계속되면 궁극적으로 은행예금 D, 민간부문의 현금보유 C, 은행의 지급준비금 R을 다음과 같이 구할 수 있다.

$$\begin{aligned} D &= (1-cc)+(1-cc)^2(1-rr)+(1-cc)^3(1-rr)^2+\cdots \\ &= \frac{1-cc}{1-(1-cc)(1-rr)} \\ C &= cc+(1-cc)(1-rr)cc+(1-cc)^2(1-rr)^2cc+\cdots \\ &= \frac{cc}{1-(1-cc)(1-rr)} \\ R &= (1-cc)rr+(1-cc)^2(1-rr)rr+(1-cc)^3(1-rr)^2rr+\cdots \\ &= \frac{(1-cc)rr}{1-(1-cc)(1-rr)} \end{aligned} \tag{18-4}$$

이제 중앙은행이 B 만큼의 화폐본원통화를 발행하여 은행의 보유자산을 받은 대가로 제공하였다면 예금통화, 현금통화 및 지급준비금을 다음과 같이 구할 수 있다.

$$\begin{aligned} D &= \frac{1-cc}{1-(1-cc)(1-rr)}B \\ C &= \frac{cc}{1-(1-cc)(1-rr)}B \\ R &= \frac{(1-cc)rr}{1-(1-cc)(1-rr)}B \end{aligned} \tag{18-5}$$

화폐공급통화량은 현금통화와 예금통화의 합으로 다음과 같이 정의할 수 있다.

$$M = C+D = \frac{1}{1-(1-cc)(1-rr)}B \tag{18-6}$$

그리고 다음 식이 성립한다.

$$\begin{aligned} C+R &= \frac{cc+(1-cc)rr}{1-(1-cc)(1-rr)}B \\ &= \frac{cc+rr-cc\cdot rr}{cc+rr-cc\cdot rr}B = B \end{aligned} \tag{18-7}$$

즉 현금통화와 지급준비금의 합은 본원통화와 같다. 중앙은행이 현금을 발행하면

(은행 이외의) 민간이나 은행이 보유하므로, **식** (18-7)은 정의일 뿐만 아니라 항등식이라 할 수 있다. 한편 은행대출의 총액을 구해 보면 다음과 같다.

$$L = B + B(1-cc)(1-rr) + B(1-cc)^2(1-rr)^2 + \cdots \qquad (18\text{-}8)$$
$$= \frac{1}{1-(1-cc)(1-rr)}B$$

은행대출의 총액은 **식** (18-6)에 나타나 있는 통화량과 같다. 즉 $M=L$이 성립한다. 은행대출은 민간이 현금으로 보유하거나 은행에 예금하므로 은행대출의 총액은 현금통화와 예금통화의 합으로 구성되는데, 이는 곧 민간이 거래에 이용할 수 있는 수단이므로 화폐공급통화량과 같다.

식 (18-5)의 예금통화와 **식** (18-6)의 통화량으로부터 신용승수 m_c와 통화승수money multiplier m을 다음과 정의할 수 있다.

$$m_c = \frac{D}{B} = \frac{1-cc}{1-(1-cc)(1-rr)} \qquad (18\text{-}9)$$
$$m = \frac{M}{B} = \frac{1}{1-(1-cc)(1-rr)} \qquad (18\text{-}10)$$

통화승수는 본원통화가 한 단위 증가했을 때 통화량이 몇 단위 증가하는지를 보여준다. 예를 들어 지급준비율이 10%, 현금보유비율이 10%라면 신용승수와 통화승수는 다음과 같다.

$$m_c = \frac{1-0.1}{1-(1-0.1)(1-0.1)} = 4.7$$
$$m = \frac{1}{1-(1-0.1)(1-0.1)} = 5.3$$

즉 본원통화가 한 단위 증가할 때 예금통화는 4.7단위, 통화량은 5.3단위 증가한다. 실제로 2019년 평균잔액 기준 우리나라의 통화량을 살펴보면, 본원통화는 165조 원, 통화 $M1$은 841조 원이었다. 따라서 $M1$ 통화승수가 약 5.1임을 알 수 있다.

지금까지 살펴본 바와 같이 화폐공급은 중앙은행, 일반 상업은행 및 (은행 이외의) 민간부문의 상호작용에 의하여 결정된다.

1 화폐공급은 중앙은행이 발행하는 본원통화에 비례한다. 즉 본원통화가 증가하

BOX 18-1 통화량과 본원통화의 정의를 이용해 통화승수를 구하는 방법

지금까지 우리는 $cc=C/L(=C/M)$과 $rr=R/D$를 이용해 통화승수를 구했다. 이제 $cr=C/D$ 현금/예금비율이라고 정의하고 **식** (18-6)을 M으로 나누면 다음 식을 얻는다.

$$1=\frac{C}{M}+\frac{D}{M}=\frac{C}{M}+\frac{D}{C}\cdot\frac{D}{M}=cc+\left(\frac{1}{cr}\right)\cdot cc$$

이를 cr에 관해 정리하면 다음 식을 얻는다.

$$cr=\frac{cc}{1-cc}\Leftrightarrow cc=\frac{cr}{1+cr}$$

위 식을 **식** (18-10)에 대입해 정리하면 통화승수를 다음과 같은 형태로 다시 얻을 수 있다.

$$m=\frac{M}{B}=\frac{cr+1}{cr+rr}$$

그리고 **식** (18-6)을 **식** (18-7)로 나누면 다음과 같이 통화승수를 쉽게 구할 수 있다.

$$m=\frac{M}{B}=\frac{C+D}{C+R}=\frac{C/D+1}{C/D+R/D}=\frac{cr+1}{cr+rr}$$

즉 통화승수는 통화량과 본원통화의 정의를 이용해 구할 수도 있다.

면 그에 비례하여 화폐공급이 증가하는데, 이때 비례상수가 통화승수이다.

2 은행의 지급준비율이 낮으면 은행은 그만큼 대출을 더 늘려 더 많은 신용과 통화를 창출할 수 있다. 따라서 지급준비율을 낮추면 통화승수와 화폐공급이 증가한다.

3 민간부문의 화폐보유비율이 하락하면 본원통화 가운데 민간이 보유한 화폐의 비율이 낮기 때문에 그만큼 은행예금이 증가하고 이때 은행이 더 많은 신용과 통화량을 창출할 수 있기 때문에 통화승수와 화폐공급이 증가한다.

18.1.3 화폐공급의 내생성

지금까지 우리는 민간의 현금보유비율과 은행의 지급준비율이 일정하다는 가정 아래 화폐공급을 설명했다. 그러나 민간부문의 화폐보유비율이나 은행의 지급준비율은 이자율에 영향을 받는다. 즉 화폐보유의 기회비용이 명목이자율이기 때문에 민간이나 은행은 명목이자율이 높으면 (화폐보유의 기회비용이 높아지므로) 화폐보유비율을 낮게 유지하려 하고, 명목이자율이 낮으면 (화폐보유의 기회비용이 낮아지므로) 화폐보유비율을 높게 유지하려고 한다. 다시 말해 민간의 화폐보유비율 cc—또는 cr■—와 은행의 지급준비율 rr은 명목이자율의 감소함수이다.

■ $cr=C/D$로 예금 대비 현금 비율로 정의된다.

명목이자율과 민간 및 은행의 현금보유비율의 관계를 이용하면 화폐공급이 이자율의 함수가 된다.

그림 18-3 **화폐공급의 내생성과 LM곡선**

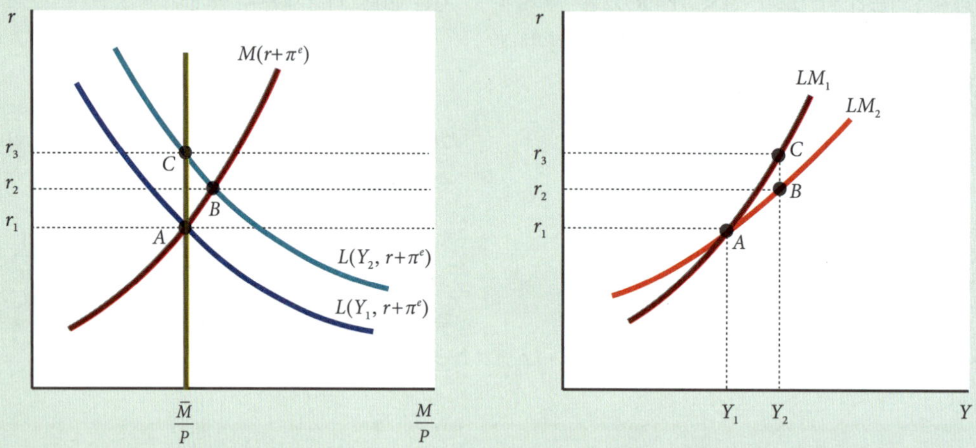

(a) 화폐시장의 균형 (b) 화폐공급의 내생성과 LM곡선

화폐공급이 내생적으로—곧 이자율의 증가함수로— 나타나면 화폐공급이 외생적으로 주어지는 경우보다 LM곡선의 기울기가 완만해진다. (a)에서 소득이 Y_1에서 Y_2로 증가하면 화폐공급이 외생적인 경우에는 이자율이 r_3으로 상승하지만 화폐공급이 내생적인 경우에는 이자율이 r_2로 상승한다. 이 관계를 (소득, 이자율)의 평면에 옮겨 그리면 화폐공급이 외생적인 경우에는 LM_1, 내생적인 경우에는 LM_2를 각각 얻는다.

$$M(i) = \frac{1}{1-\{1-cc(i)\}\{1-rr(i)\}}B \qquad (18\text{-}11)$$

여기서 화폐공급함수인 **식** (18-6)을 이용했으며, i는 명목이자율로 실질이자율 r과 기대물가상승률 π^e의 합으로 나타낼 수 있다. 이때 $cc(i)$와 $rr(i)$는 이자율에 대해 감소함수이므로 화폐공급 $M(i)$는 이자율에 대해 증가함수이다.▪

화폐공급이 이자율의 함수일 때 LM곡선에 미치는 효과가 **그림 18-3**에 나타나 있다. 먼저 (**a**)에서 외생적으로 주어진 화폐공급은 $\bar{M}/P$에서 수직으로, 이자율에 대해 증가함수인 화폐공급은 $M(r+\pi^e)$로 각각 나타나 있다. 한편 화폐수요가 $L(Y_1, r+\pi^e)$로 주어져 있을 때 화폐시장의 처음 균형이 (**a**)의 점 A에서 달성되고 있는데, 그에 상응하는 점이 소득과 이자율 평면인 (**b**)의 점 A로 나타나 있다.

이때 소득이 Y_1에서 Y_2로 상승하면 (**a**)의 화폐수요곡선이 $L(Y_1, r+\pi^e)$에서 $L(Y_2, r+\pi^e)$로 이동한다. 따라서 화폐공급이 외생적인 경우에는 화폐시장의 새로운 균형점이 (**a**)의 점 C로, 내생적인 경우에는 점 B로 각각 이동한다. 이제 다시 이 새로운 균형점들을 소득과 이자율 평면에 도시하면 (**b**)의 점 C와 B로 나타난

이와 같이 화폐공급함수는 (거시경제의 내생변수인 이자율의 증가함수이므로) 우리가 앞에서 가정한 바와 같은 외생변수가 아니다. 화폐공급의 내생성은 케인즈학파와 통화론자들이 이론적으로 대립하던 1960~70년대에 중요한 논쟁거리 가운데 하나였다. 화폐공급이 이자율의 증가함수가 되면 LM곡선의 이자율 탄력도가 증가하여 재정정책의 효율성은 증가하고 금융정책의 효율성은 감소한다. 따라서 케인즈학파 학자들은 화폐공급의 내생성을 들어 통화량과 통화정책을 중시하는 통화론자들을 이론적으로 공격하였다.

화폐공급의 내생성과 재정정책 그림 18-4

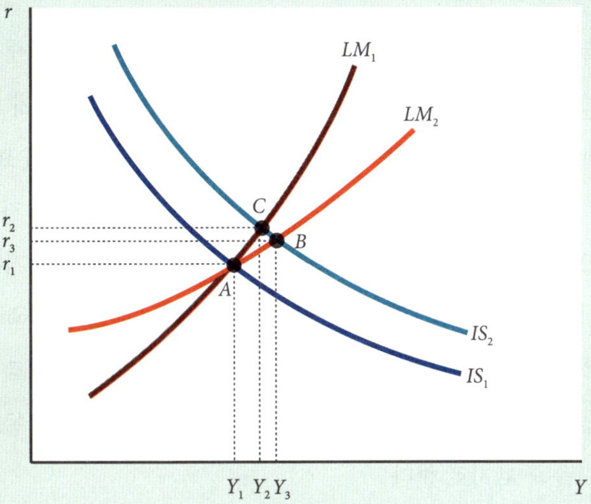

화폐공급이 내생적인 경우 통화정책의 효율성은 감소하고 재정정책의 효율성은 증가한다. 그림에서 재정정책을 실시한 다음 IS_1이 IS_2로 이동할 때 화폐공급이 외생적인 경우(LM_1)에는 소득이 Y_2로 증가하지만 화폐공급이 내생적인 경우(LM_2)에는 소득이 Y_3으로 증가한다.

다. 따라서 소득이 증가하기 전의 균형점 A와 이 두 점을 각각 연결하면 LM_1과 LM_2 곡선을 얻을 수 있는데, 화폐공급이 외생적으로 일정하게 주어져 있을 때보다 이자율에 대해 증가함수일 때 LM 곡선이 더 완만하게 나타난다. 다시 말해 화폐공급이 이자율에 대해 증가함수일 때 LM 곡선의 이자율 탄력성이 증가한다.

앞에서 우리는 LM 곡선이 이자율에 대해 탄력적일 때 금융정책의 효과는 감소하고 재정정책의 효과는 증가한다는 사실을 배웠다. LM 곡선의 이자율 탄력성이 무한대인 경우를 유동성함정 λιθυιδιτψ τραπ 이라고 부르는데, 유동성함정에서는 금융정책은 효과가 없고 재정정책은 효과가 극대화된다.

화폐공급이 외생적인 경우와 내생적인 경우의 재정정책 효과를 **그림 18-4**에서 알아볼 수 있다. **그림 18-4**에서 화폐공급이 외생적인 경우가 LM_1, 내생적인 경우가 LM_2이며, 처음 균형은 IS_1과 만나는 점 A로 나타나 있다. 이때 정부지출을 증가시키거나 조세를 삭감하는 팽창적인 재정정책을 실시하면 IS_1이 IS_2로 이동하는데, 화폐공급이 외생적일 때($Y_1 \rightarrow Y_2$)보다 내생적일 때($Y_1 \rightarrow Y_3$) 소득이 더 많이 증가한다. 따라서 화폐공급이 이자율의 증가함수가 되면 재정정책의 효율성이 증가함을 알 수 있다. 다른 각도에서 해석해보자면, LM 곡선의 기울기가 완만해짐에 따라 재정정책의 밀어내기효과가 작동할 여지가 줄어들기 때문이다.

18.2 거래적 동기에 의한 화폐수요 : 보몰-토빈 모형

화폐를 보유하는 가장 큰 이유는 교환의 매개수단으로 사용하기 위해서이다. 교환의 매개수단으로 사용하기 위해 화폐를 보유하는 것을 거래적 동기에 의한 화폐수요 transactions demand for money라고 부른다. 거래적 동기에 의한 화폐수요이론에 따르면, 화폐는 다른 자산저축성예금, 채권 및 주식보다 수익 측면에서 열등하지만 dominated 거래에 필수적으로 사용되기 때문에 화폐를 보유한다.■ 거래적 동기에 의한 화폐수요를 1950년대에 모형화한 학자는 미국의 보몰 W. Baumol과 토빈 J. Tobin이다.[1] 이들의 이론은 아직까지도 널리 이용될 뿐만 아니라 훨씬 정치한 모형으로 확장되기도 한다.[2] 여기서는 이들의 모형을 통해 케인즈가 처음 주장한 거래적 동기에 의한 화폐수요함수를 도출해 보기로 한다.

■ 다시 말해 화폐를 보유할 때 한편으로는 낮은 수익이라는 비용이 발생하고 다른 한편으로는 거래에서의 편리함이라는 편익이 발생한다. 따라서 사람들은 비용과 편익을 비교해 화폐보유량을 결정한다.

보몰-토빈 모형의 핵심도 위에서 언급한 바와 같은 화폐보유에 따른 비용과 편익에 있다. 화폐보유의 편익은 거래를 할 때마다 은행을 방문해 현금을 인출하지 않아도 되는 편리함이고 비용은 보유하고 있는 현금을 다른 자산저축성예금이나 다른 채권 등으로 보유했을 때 얻을 수 있는 (이자)수입이다. 화폐보유의 상충되는 비용과 편익을 알아보기 위해 먼저 **그림 18-5 (a)**에서 보는 바와 같이 한 기간의 길이가 T라고 할 때 매 기간 초에 $\hat{Y}$만큼의 명목소득이 저축성예금 형태로 발생한다고 가정해 보자. 다시 말해 매 기간 초에 고용주들이 노동의 대가로 $\hat{Y}$만큼의 명목소득을 피고용자곧 소비자의 저축성예금 계좌에 이체한다고 하자.

이때 소비자의 소비 흐름은 일정한 비율로 연속적으로 일어나고 한 기간 안에 소득 $\hat{Y}$를 모두 소비한다고 가정한다. 이 경우에 한 시점에서 소비자가 이용 가능한 소득을 **그림 18-5 (a)**에서 기초소득 $\hat{Y}$와 한 기간이 끝나는 시점 T를 잇는 직선의 높이로 구할 수 있다. 다시 말해 (a)의 선분 $\hat{Y}T$는 각 시점에서 이용 가능한 소득의 흐름을 나타낸다.

그렇다면 소비자가 보유한 현금의 흐름은 어떻게 나타낼 수 있을까? 소비자가

1 Baumol, W.(1952), "The Transactions Demand for Cash: An Inventory Theoretic Approach," *Quarterly Journal of Economics* v.66, pp. 545-556.
Tobin, J.(1956), "The Interest Elasticity of the Transactions Demand for Cash," *Review of Economics and Statistics*, pp. 241-247.

2 Romer, D.(1986), "A Simple General Equilibrium Version of the Baumol-Tobin Model," *Quarterly Journal of Economics* v.101, 663-686.

현금인출 횟수와 평균화폐보유액 그림 18-5

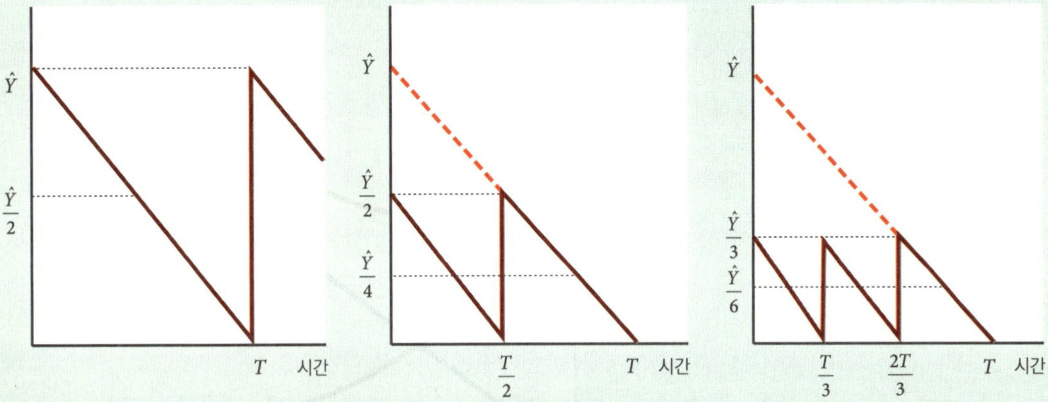

(a) 1회 인출 (b) 2회 인출 (c) 3회 인출

명목소득($\hat{Y}$)이 매 기간 초에 저축성예금의 형태로 발생할 때 인출의 횟수가 증가하면 평균적인 화폐보유량이 감소한다. 인출 횟수가 1이면 평균 화폐보유량은 (a)에 나타나 있는 바와 같이 $\hat{Y}/2$이다. 그리고 인출 횟수가 2, 3이면 평균 화폐보유량은 (b)와 (c)에서 보는 바와 같이 $\hat{Y}/4$, $\hat{Y}/6$이다.

보유한 현금의 흐름은 얼마나 자주 현금을 인출하느냐에 의해 결정된다. 먼저 기초에 입금된 소득을 모두 인출해 현금으로 가지고 있으면서 소비에 사용한다면, 각 시점의 현금 흐름은 **그림 18-5 (a)** 에서 직선 $\hat{Y}T$ 와 같이 나타난다. 그리고 기초에는 현금보유액이 $\hat{Y}$, 기말에는 0이므로 현금보유액의 평균값은 $\hat{Y}/2$ 이다.

다음으로 한 기간 안에 기초에 입금된 소득을 두 번에 걸쳐 절반씩 인출한다면, 소비자가 보유한 현금 흐름을 **그림 18-5 (b)** 와 같이 도시할 수 있다. 즉 기초에 $\hat{Y}/2$ 만큼의 현금을 인출해 기간의 중간인 $T/2$ 까지 사용하고, $T/2$ 시점에 다시 $\hat{Y}/2$ 만큼의 현금을 인출해 기말까지 사용하는 경우의 현금보유액의 평균은 $(\hat{Y}/2)/2=\hat{Y}/4$ 가 된다. 한편 **(c)** 에서 보는 바와 같이 기초와 $T/3$, $2T/3$ 의 시점에 각각 $\hat{Y}/3$ 만큼씩 현금을 인출하는 경우의 현금보유액의 평균은 $(\hat{Y}/3)/2=\hat{Y}/6$ 이 된다.

이제 소비자가 n 회에 걸쳐 $\hat{Y}/n$ 씩 현금을 인출하는 경우의 현금보유액의 평균은 $(\hat{Y}/n)/2=\hat{Y}/(2n)$이 되고, 이때 명목이자율이 i 라면 이 소비자의 평균적인 현금보유량에 대한 이자비용은 $i\hat{Y}/(2n)$이 된다. 이를 기회비용 1이라 하자.

한편 이 소비자가 은행을 n 회 방문하여 현금을 인출할 때마다 $\hat{b}$ 만큼의 명목고

그림 18-6 **최적인출횟수**

인출 횟수가 n이라면 화폐보유에 따른 이자비용은 $i\hat{Y}/(2n)$이고 브로커비용은 $\hat{b}n$이다. 두 비용을 합하면 화폐보유의 총비용을 아래로 볼록한 곡선으로 구할 수 있다. 그리고 화폐보유의 총비용을 극소화하는 현금인출 횟수는 이자비용과 브로커비용이 만나는 n^*로 결정된다.

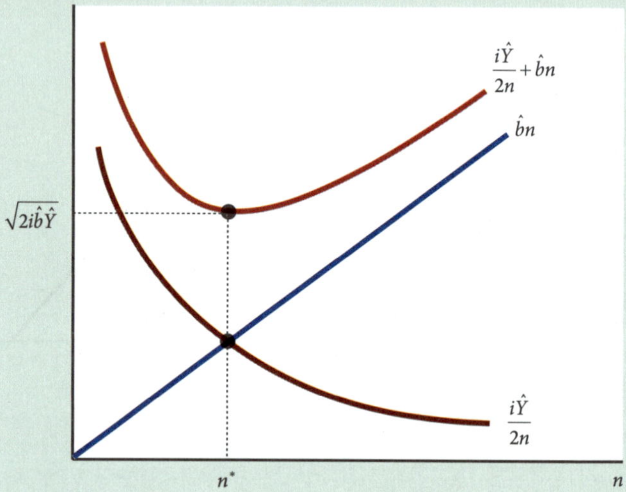

정비용이 발생한다면 $\hat{b}n$ 만큼의 총 인출비용또는 은행방문에 따른 부(-)의 편익이 발생한다. 여기서 $\hat{b}$를 브로커비용 brokerage fee 이라고 부르는데 저축성예금을 해약하는 경우의 벌금, 은행을 방문하는 시간, 교통비 같은 금전적 비용 등이 포함된다. 이를 기회비용 2라 하자. 따라서 은행을 n 회 방문해 현금을 인출할 때의 총비용기회비용 1, 2의 합을 다음과 같이 구할 수 있다.■

본 문제를 순편익인 편익-비용의 차이를 극대화하는 문제로 보고 분석해도 동일한 결과를 얻을 수 있따. 이때 수식은 $max\{-\hat{b}n - i(\hat{Y}/2n)\}$이 된다.

$$TC = i\left(\frac{\hat{Y}}{2n}\right) + \hat{b}n \qquad (18\text{-}12)$$

여기서 은행을 방문하는 횟수 n이 증가하면 평균 현금보유량이 작아지기 때문에 이자비용은 감소하지만 브로커비용은 증가한다. 따라서 은행을 방문하는 횟수가 증가할 때 두 비용 사이에 상충관계 tradeoff 가 존재한다.

기간당 최적은행방문횟수는 **식** (18-12)를 n에 대해 극소화해 구할 수 있다. 이를 위해 **식** (18-12)를 n에 관하여 미분해 정리하면■ 다음과 같이 최적은행방문횟수 n^*를 얻을 수 있다.

최적화의 일계조건인 $\partial Tc/\partial n = 0$을 구하면 $(-2i\hat{Y}/4n^2)+\hat{b}=0$이 된다. 이를 n에 대해 정리하면 식 (18-13)을 얻는다.

$$n^* = \sqrt{\frac{i\hat{Y}}{2\hat{b}}} \qquad (18\text{-}13)$$

따라서 은행방문횟수는 이자율과 소득이 증가하면 증가하고 브로커비용이 증가하면 감소한다. 최적은행방문횟수를 **그림 18-6**을 이용해 설명할 수 있다. 즉 **그림 18-6**에서 최적은행방문횟수는 이자비용과 브로커비용이 일치할 때 달성된다.

최적은행방문횟수가 **식** (18-13)과 같을 때 평균화폐보유량 M^d는 다음과 같다.

$$M^d = \frac{\hat{Y}}{2n^*} = \sqrt{\frac{\hat{b}\hat{Y}}{2i}} \tag{18-14}$$

여기서 명목변수 $\hat{Y}$과 $\hat{b}$를 물가수준 P로 나누어 실질변수 Y와 b로 전환하여 $Y = \hat{Y}/P$, $b = \hat{b}/P$라고 하면 **식** (18-14)를 다음과 같이 다시 쓸 수 있다.

$$\left(\frac{M}{P}\right)^d = \sqrt{\frac{bY}{2i}} \tag{18-15}$$

거래적 동기에 의한 실질화폐수요는 실질소득과 실질브로커비용의 증가함수이고 이자율의 감소함수이다.

보몰-토빈 화폐수요 모형에서는 다음과 같은 점에 주목할 필요가 있다.

1 케인즈의 유동성선호설을 소개할 때 거래적 동기에 의한 화폐수요가 소득의 함수라고 설명했지만, **식** (18-15)에 나타나 있는 화폐수요함수는 소득뿐만 아니라 이자율의 함수이다.

2 **식** (18-15)에서 절댓값으로 나타낸 화폐수요의 소득과 이자율에 대한 탄력도는 0.5이지만, 실제 데이터를 이용해 추정하면 화폐수요의 소득에 대한 탄력도는 보통 1에 가깝다. 따라서 **식** (18-15)의 화폐수요함수를 그대로 이용하는 데에는 무리가 있다. 다만 우리가 **식** (18-15)를 얻을 때 은행방문횟수 n이 자연수이어야 한다는 사실을 무시하였는데, 만약 n이 자연수이고 **식** (18-13)에서 구한 n^*가 1.3이라면 소비자는 한 번에 소득을 모두 인출하게 된다.■ 따라서 이 경우의 화폐수요는 다음과 같다.

■ 이는 $n=1$일때의 총비용이 $n=2$일 때에 비해 작기 때문이다.

$$\frac{M}{P} = \frac{Y}{2} \tag{18-16}$$

이 경우에는 거래적 동기에 의한 화폐수요가 소득만의 함수이고 그 탄력도는 1이 된다.

3 보몰-토빈 모형에서 화폐수요는 브로커비용 b의 증가함수이므로, 소득이나 이자율이 일정할 때 브로커비용이 증가하면 화폐수요가 변화한다. 예를 들어 현금인

출기가 널리 보급된다면 가까운 곳에서 현금을 인출할 수 있기 때문에 b가 감소한다. 인터넷뱅킹이 도입된 경우에도 (은행을 방문하지 않고 자금을 이체할 수 있기 때문에) b가 감소한다. 그러나 실질임금이 상승하면 은행을 방문하는 데 드는 시간의 가치가 증가하므로 b가 증가하며 은행이 직접 수수료를 인상하는 경우에도 b가 증가한다. 이와 같이 고정비용 b가 변동할 가능성이 늘 존재하기 때문에 보몰-토빈 모형의 화폐수요함수가 시간이 경과하더라도 안정적일 수 있는지에 대하여는 검토가 필요하다.

18.3 자산구성과 화폐수요 : 토빈 모형

가치의 저장수단으로서 화폐의 기능을 강조하는 화폐수요이론은 자산선택이론 portfolio theory을 이용해 설명할 수 있다. 자산선택이론에 따르면 사람들은 자산구성의 일부로 화폐를 보유한다. 이때 사람들은 화폐가 다른 자산에 비해 다른 수익과 위험을 제공하기 때문에 화폐를 보유한다. 즉 가격이 변동하여 자본이득 capital gain이나 자본손실 capital loss이 발생할 수 있는 위험한 자산인 주식이나 채권보다 안전하므로 최적 자산구성 optimal portfolio의 일부로 화폐를 보유한다.

18.3.1 자산선택: 기대수익률과 위험

자산선택이론을 화폐수요이론에 처음 이용한 사람은 토빈 J. Tobin이다.[3] 토빈의 자산선택이론은 주어진 부 wealth W를 안전한 자산인 화폐 M과 위험한 자산인 채권 B로 다각화해 소유한다고 가정한다. 즉 다음 식이 성립한다.

$$M+B=W \tag{18-17}$$

여기서 토빈의 관심사는 부가 일정하게 주어져 있을 때 화폐와 채권의 최적보유비율을 알아보려는 것이다. 이를 위해 **식** (18-17)의 양변을 W로 나누면 다음 식을

3 Tobin, J.(1958), "Liquidity Preference as Behavior Toward Risk," *Review of Economic Studies* v.25, pp. 65-86.

얻을 수 있다.

$$m+b=1 \tag{18-18}$$

여기서 $m=M/W$, $b=B/W$로서 각각 부에서 화폐와 채권의 보유비중을 나타낸다.

화폐는 안전하지만 수익이 발생하지 않고 채권은 위험하지만 수익이 발생한다. 즉 채권의 수익은 명목이자율 i와 자본이득또는 자본손실 g의 합이다. 이때 이자율은 확정되어 있고, 자본이득은 양일 수도 있고 음일 수도 있는 확률변수로 평균이 0이라고 가정한다. 즉 $E(g)=0$이 성립한다. 그리고 자본이득의 분산을 σ_g^2로 나타내기로 한다.

이와 같이 수익이 화폐에서는 발생하지 않고 채권에서만 발생하므로, **식** (18-18)과 같이 화폐와 채권의 비율을 유지할 때 부 wealth의 단위당 수익 R을 다음과 같이 얻을 수 있다.

$$R=b(i+g),\ \ 0\le b\le 1 \tag{18-19}$$

따라서 부의 단위당 수익의 기댓값곧 평균 μ_R은 다음과 같다.

$$\mu_R=E(R)=bi \tag{18-20}$$

그리고 부의 단위당 수익 R의 표준편차 σ_R은 다음과 같다.

$$\sigma_R=\sqrt{\text{var}(R)}=b\sigma_g \tag{18-21}$$

따라서 **식** (18-18)과 같이 자산구성portfolio을 했을 때 부 한 단위에서 얻을 수 있는 기대수익률은 **식** (18-20)에서 보는 바와 같이 위험한 자산의 비율 b에 비례하며, 자산구성의 위험곧 수익률의 표준편차도 위험한 자산의 비율 b에 비례한다. 즉 위험한 자산의 구성비율을 증가시키면 한편으로는 기대수익률이 증가하지만 다른 한편으로는 위험이 증가한다.

이제 **식** (18-20)과 (18-21)에서 b를 소거하면 다음 식을 얻을 수 있다.

$$\mu_R=\left(\frac{i}{\sigma_g}\right)\sigma_R,\ \ 0\le\sigma_R\le\sigma_g \tag{18-22}$$

여기서 σ_R이 가질 수 있는 값의 범위는 0과 1 사이의 값을 갖는 b에 의해 결정된다. 그리고 **식** (18-21)을 b에 관해 풀면 다음 식을 얻을 수 있다.

그림 18-7 선택집합과 무차별곡선

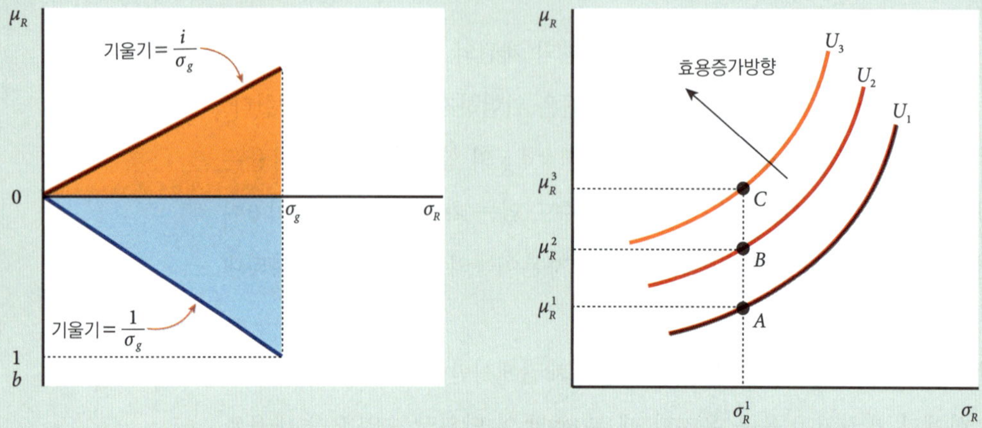

(a) 선택집합 (b) 무차별곡선

금융투자자가 선택할 수 있는 위험한 자산과 무위험 자산의 배합이 (a)에 나타나 있다. 위험한 자산의 비율이 증가하면 위험 σ_g가 증가하고 이어서 기대수익 μ_R도 증가한다. 기대수익은 효용을 주고 위험은 비효용을 주기 때문에 (b)에서 무차별곡선이 우상향한다. 그리고 위험이 증가할수록 동일한 효용을 누릴 수 있도록 보상해주어야 하는 수익률이 체증적으로 증가하기 때문에 아래로 볼록하다. 효용증가 방향으로 무차별 곡선이 그려짐을 명심하자.

$$b = \left(\frac{1}{\sigma_g}\right)\sigma_R \tag{18-23}$$

식 (18-22)와 (18-23)을 **그림 18-7 (a)**와 같이 그려볼 수 있다.

먼저 (**a**) 위쪽에는 기대수익률 **식** (18-22)가, 아래쪽에는 위험자산비중 **식** (18-23)이 각각 도시되어 있다. (**a**) 위쪽의 노랑색 부분은 위험한 자산의 비율 b를 적절히 선택해 달성할 수 있는 점들이고, 그 밖의 점들은 달성할 수 없는 점들이다. 다시 말해 (**a**) 위쪽의 노랑색 부분은 금융 투자자가 선택할 수 있는 집합이고 아래쪽의 파란색 부분은 위쪽 노랑색 부분의 한 점이 선택됐을 때 위험한 자산의 비율을 알려준다.

18.3.2 선호와 자산구성 결정

한편 이 경우의 투자자는 **식** (18-18)과 같은 자산구성에 따른 부wealth의 단위당 수익률인 R의 평균 μ_R과 표준편차 σ_R에 대해 다음과 같은 선호를 가지고 있다

최적자산구성의 결정 그림 18-8

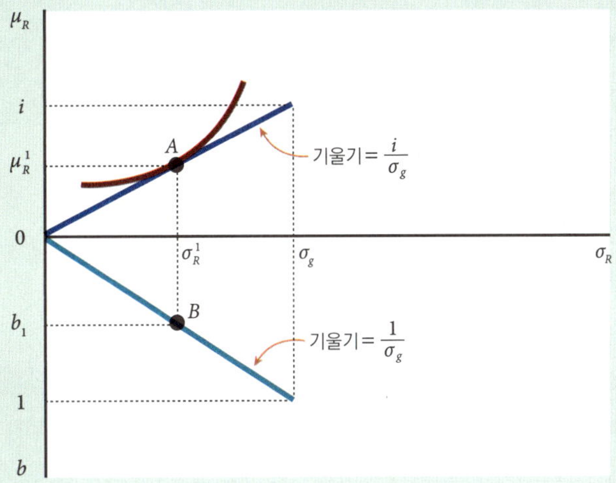

무위험 자산인 화폐와 위험한 자산인 채권의 최적자산구성은 무차별곡선이 선택집합의 경계선과 접할 때 달성된다. 이때 최적자산구성의 조건은 한계대체율이 i/σ_g와 일치하는 것이다. 이 조건은 위험한 자산의 비율을 1% 증가시켰을 때의 비용과 편익을 일치시키는 것이다.

고 가정한다.

$$U = u(\mu_R, \sigma_R) \tag{18-24}$$

여기서 $u_1 = MU_{\mu_R} > 0$, $u_2 = MU_{\sigma_R} < 0$이 성립한다고 가정한다. 즉 수익률 평균의 한계효용은 양이고 표준편차의 한계효용은 음이며 효용함수는 효용증가 방향이 북서쪽이므로 아래로 볼록하다고 가정하면 **식 (18-24)**의 효용함수로부터 도출한 무차별곡선이 **그림 18-7 (b)**와 같이 나타난다. 이때 무차별곡선의 기울기곧 한계대체율를 다음과 같이 구할 수 있다.

$$\frac{d\mu_R}{d\sigma_R} = -\frac{MU_{\sigma_R}}{MU_{\mu_R}} > 0 \tag{18-25}$$

따라서 무차별곡선은 우상향한다. 그리고 위에서 무차별곡선이 아래로 볼록하다고 가정했는데, 이는 투자자가 위험을 회피하려고risk averse 하는 성향을 가지고 있음을 의미한다. 한편 무차별곡선이 좌상향으로 갈수록 효용이 증가한다는 것은 **그림 18-7 (b)**의 세 점 A, B, C에서의 효용을 비교하면 쉽게 알 수 있다. 즉 세 점에서의 위험은 σ_R^1로 같지만 기대수익은 위로 갈수록 크다.■

토빈의 모형은 자산의 평균수익과 수익의 분산에 바탕을 두고 있기 때문에 평균-분산분석 μεαν-ϖαριανχε αναλ-ψσισ 이라고 부른다.

이제 **그림 18-7 (a)**와 **(b)**를 결합해 토빈 모형에서 최적자산구성을 구할 수 있

그림 18-9 **이자율 상승과 자산구성**

이자율(위험한 자산의 수익률)이 상승하면 선택집합의 경계선이 위로 회전이동하고 위험한 자산의 비율이 b_1에서 b_2로 증가한다. 이때 물론 이자율의 상승은 위험한 자산의 비율을 감소시키는 소득효과와 위험한 자산의 비율을 증가시키는 대체효과를 갖는다. 여기서는 대체효과가 소득효과보다 크다고 가정하고 있다.

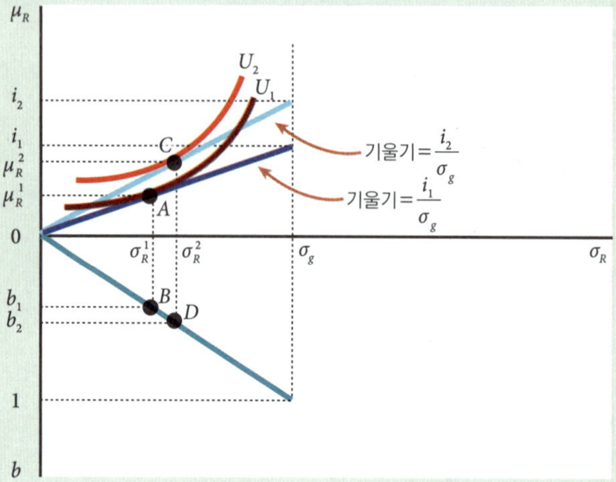

다. **그림 18-8**에서 최적자산구성은 점 A에서 달성되고 있으며, 그때의 기대수익은 μ_R^1, 위험은 σ_R^1, (위험한 자산인) 채권의 비중은 점 B에서 $b_1=\sigma_R^1/\sigma_g(<1)$로 각각 나타나 있다. 토빈 모형에서 부 wealth W가 증가하거나 이자율 또는 위험도가 변화하는 경우의 효과도 같은 그림을 이용하여 분석해 볼 수 있다.

1 부 W가 증가했을 때 **그림 18-8**에는 아무런 변화도 없다. 즉 토빈 모형은 부의 단위당 수익률의 기댓값과 표준편차를 이용해 최적자산구성을 구하기 때문에 부의 크기가 변화해도 **그림 18-8**에서 채권의 최적비율 b_1은 변함이 없다. 그리고 부의 크기가 커지면 화폐와 채권의 보유량도 같은 비율로 증가한다.

2 이자율이 상승하면 **그림 18-9**에서 $\mu_R^1=(i_1/\sigma_g)\sigma_R$이 $\mu_R^2=(i_2/\sigma_g)\sigma_R$로 이동하고 균형점이 A에서 C로 이동한다. 따라서 기대수익과 위험이 동시에 각각 μ_R^2와 σ_R^2로 증가한다. 그리고 부 wealth에서 차지하는 채권의 비중이 b_1에서 b_2로 증가한다. 즉 이자율이 상승하면 위험한 자산의 수익률이 상승하므로 투자자는 위험한 자산의 비중을 증가시킨다.

여기서는 이자율의 상승이 위험한 자산보유비율에 미치는 대체효과가 소득효과보다 크다고 가정하고 있다.

3 위험자산의 자본이득의 표준편차 σ_g가 증가하는 경우가 **그림 18-10**에 나타나 있다. 먼저 σ_g가 증가하면 선택 집합의 기울기가 i/σ_g^1에서 i/σ_g^2로 작아진다. 이때 σ_g의 상첨자가 지수예: 제곱승가 아니라는 점에 유의하자. 그리고 채권의 비율을 결정하는 직

위험의 증가와 자산구성 그림 18-10

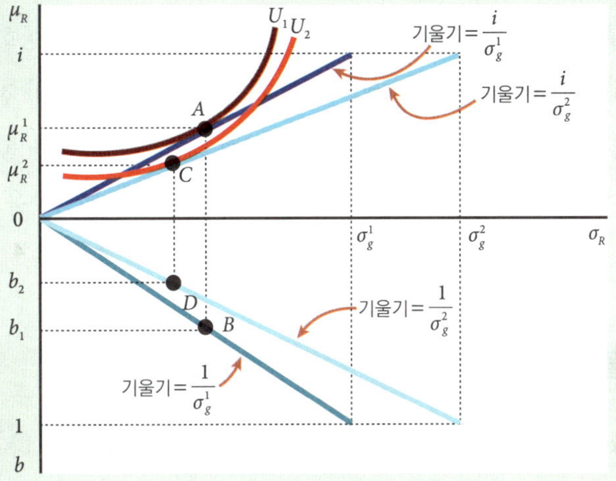

위험 σ_g가 증가하면 선택집합의 경계선의 기울기가 감소한다. 그리고 위험한 자산의 비율이 b_1에서 b_2로 감소한다. 이 경우에도 **그림 18-9**에서와 마찬가지로 대체효과가 소득효과보다 크다고 가정하고 있다.

선의 기울기도 $1/\sigma_g^1$에서 $1/\sigma_g^2$로 작아진다. 따라서 자산구성의 균형점은 점 A에서 점 C로 이동하고 위험한 자산의 비중은 b_1에서 b_2로 감소한다. 다시 말해 위험의 증가는 위험한 자산의 비중을 감소시키고 안전한 자산인 화폐의 보유 비율을 증가시킨다.

이 경우에도 대체효과가 소득효과보다 크다고 가정한다.

지금까지 우리는 최적자산구성의 원리에 비추어 화폐수요가 어떻게 결정되는지 알아보았다. 이에 따르면 화폐수요는 화폐와 대체관계에 있는 자산의 수익률, 부wealth의 크기 및 위험도에 영향을 받는다. 이와 같은 결과를 화폐수요함수로 정리해 보면 다음과 같다.

$$\left(\frac{M}{P}\right)^d = L(i_e, i_b, W, \sigma_g) \qquad (18\text{-}26)$$

여기서 i_e와 i_b는 주식과 채권의 기대수익률로 이들이 상승하면 화폐수요가 감소한다. 그리고 부 W와 위험도 σ_g가 증가하면 화폐수요도 증가한다. 이는 **제5장**에서 보았던 케인즈의 유동성선호설과 **제12장** 프리드먼의 화폐수량설 재해석을 보다 일반화한 것으로 볼 수 있다.

18.4 통화정책의 전달경로

첫째, 통화량 증가시 *LM*곡선이 우측으로 이동함으로써 *IS*곡선의 우하방에서 새로운 균형이 생겨나는데 이는 이자율하락에 따른 투자증가로 인해 소득상승으로 이어진다.
둘째, 개방경제에서 통화량 증가시 첫번째 요인에 더하여 환율상승으로 인해 *IS*곡선의 우측이동으로 소득이 더욱 증가하게 되는 환율경로가 추가됨을 상기하자.

통화량 증가의 효과가 산출량과 고용 등 실물부문에 미치는 경로를 통화정책의 전달경로 transmission mechanism of the monetary policy라고 부른다. 통화정책의 전달경로에 대해서는 앞에서 이자율경로와 환율경로 두 가지를 배웠다. 그러나 통화정책은 두 가지 경로 외에도 여러 가지 다양한 경로를 통해 실물부문에 영향을 미치는 것으로 알려져 있다. 통화정책의 전달경로를 다음과 같이 정리할 수 있다.[4]

18.4.1 이자율경로: 통화경로

통화경로 money channel라고도 부르는 이자율경로 interest rate channel는 다음과 같이 정리할 수 있다.

$$M\uparrow \Rightarrow i\downarrow \Rightarrow I\uparrow \Rightarrow Y\uparrow$$

팽창적인 통화정책($M\uparrow$)은 화폐시장 균형에 영향을 미쳐 이자율을 하락시키고($i\downarrow$) 이자율이 하락하면 투자가 증가해($I\uparrow$) 총수요와 균형산출량이 증가하는($Y\uparrow$) 경로이다. 이 경로는 특히 케인즈학파의 *IS-LM*모형에서 특별히 강조하고 있는 경로로, 화폐공급이 증가하면 화폐시장의 균형이 변화하여 실물부문에 영향을 미치는 경로이다.

케인즈가 처음 강조한 이자율경로는 특별히 기업고정투자에 미치는 이자율의 효과였다, 그러나 케인즈 이후의 연구에서는 가계의 주택투자나 내구재에 대한 지출 역시 이자율의 감소함수라는 점을 인식하게 되었다. 즉 위에 정리한 이자율경로에서 투자는 기업고정투자에만 한정되는 것이 아니라 주택투자와 내구재에 대한 지출을 포함한다고 보아야 한다.

18.4.2 환율경로

1970년대 초반 세계경제가 변동환율제도로 진입하고 그 이후 개방화가 진행되

4 Mishkin, F.(1995), "Symposium on the Monetary Transmission Mechanism," *Journal of Economic Perspectives* v.9 no.4, 3-10.

면서 환율경로가 주목받게 되었다. 자본이동이 자유로운 변동환율제도 아래에서 환율경로는 다음과 같이 정리할 수 있다.

$$M\uparrow \Rightarrow i\downarrow \Rightarrow e\uparrow \Rightarrow \varepsilon\uparrow \Rightarrow NX\uparrow \Rightarrow Y\uparrow$$

팽창적인 통화정책이 시행되면 이자율이 하락하고 명목환율과 실질환율이 상승하므로($e\uparrow$, $\varepsilon\uparrow$) 순수출이 증가한다. 순수출이 증가하면 총수요와 균형소득이 증가한다. 이 전달경로는 자본이동이 자유로운 변동환율제도 아래에서 나라 규모에 관계없이 성립한다.

그리고 자본이동이 완전히 통제된 변동환율제도 아래에서는 항상 $NX=CF=0$가 성립하므로 환율경로가 나타나지 않는다. 다만 환율이 국제수지균형 $NX=CF=0$이 성립하도록 조정될 뿐이다. 즉 자본이동이 완전히 통제된 경우 변동환율제도 아래에서 통화정책의 전달경로는 다음과 같이 정리할 수 있다.

$$M\uparrow \Rightarrow i\downarrow \Rightarrow I\uparrow \Rightarrow Y\uparrow(\Rightarrow NX\downarrow \Rightarrow e\uparrow \Rightarrow \varepsilon\uparrow \Rightarrow NX\uparrow)$$

이 경우 통화정책은 국제수지균형과 독립적으로 이자율경로를 통해 총수요와 산출량에 영향을 미친다. 그리고 새로운 균형에서 국제수지 불균형이 나타나기 때문에 환율이 변동해 새로운 균형소득수준에서 국제수지 균형을 이룬다.

고정환율제도 아래에서는 환율의 변동성이 허락되지 않으므로 나라 규모에 관계없이, 그리고 자본이동이 자유로운 정도에 관계없이 환율경로는 존재하지 않는다.

18.4.3 자산가격경로

케인즈학파의 전달경로에 대한 통화론자들 monetarists의 비판은 오직 이자율 the interest rate에만 의존한다는 점에 집중된다. 프리드먼 M. Friedman의 신화폐수량설 화폐수량설 재해석에서 볼 수 있듯이 통화론자들은 통화정책이 다양한 자산시장은 물론 실질 부 real wealth에도 영향을 미치는 점에 주목해야 한다고 주장한다. 그러나 통화론자들은 몇 개의 특별한 전달경로를 강조하는 데에는 소극적이다. 나라와 시대에 따라, 그리고 경기변동의 여러 국면에 따라 다양한 전달경로의 상대적인 중요성이 변할 수 있다고 보기 때문이다.

그럼에도 불구하고 통화론자들은 두 가지 전달경로만큼은 그 중요성을 인정하고 있다. 그것은 투자함수론에서 배운 토빈의 q와 모딜리아니 F. Modigliani 의 평생소득가설에서 배운 소비에 대한 부의 효과 wealth effect 를 통한 경로이다.

먼저 토빈의 q를 통한 전달경로는 다음과 같이 정리할 수 있다.

$$M\uparrow \Rightarrow P_s\uparrow \Rightarrow q\uparrow \Rightarrow I\uparrow \Rightarrow Y\uparrow$$

팽창적인 통화정책은 이자율 하락에 따른 기업수익성제고로 인해 주식가격 P_s를 상승시키고, 이는 다시 토빈의 q를 상승시킨다. 따라서 투자가 증가하고 총수요와 균형소득을 증가시킨다. 한편 부의 효과를 통한 전달경로는 다음과 같이 정리할 수 있다.

$$M\uparrow \Rightarrow P_s\uparrow \Rightarrow \text{부wealth}\uparrow \Rightarrow \text{소비}\uparrow \Rightarrow Y\uparrow$$

팽창적인 통화정책은 이자율 하락에 따른 기업수익성 제고로 인해 주식가격을 상승시켜 부가 증가하고 소비도 증가한다. 소비의 증가는 총수요와 균형소득을 증가시킨다.

이와 같은 두 경로를 중시하지만 통화론자들은 일반적으로 모든 자산가격이 통화정책에 영향을 받는다는 점을 강조한다. 특히 통화정책이 주식가격뿐만 아니라 토지와 건축물 등 부동산가격에 영향을 미치고 부동산가격의 변동이 다시 토빈의 q와 부 wealth 의 효과를 통해 산출량에 영향을 미치는 경로를 강조한다. 즉 팽창적인 통화정책은 주택과 건설시장에서 토빈의 q를 상승시키므로 건설투자가 증가해 총수요와 균형소득이 증가하는데 이때 부동산가격의 상승은 가계의 부를 증가시켜 소비와 총수요 및 균형소득을 증가시킨다.

18.4.4 신용경로

신용경로는 현재 미국의 연방준비제도 총재인 버냉키 B.S. Bernanke 와 그의 공저자들이 주장한 전달경로이다. 금융시장에서는 정보의 비대칭성 asymmetric information 과 계약이행을 강제하는 데 드는 비용 costly enforcement of contracts 때문에 역선택 adverse selection 과 도덕적 해이 moral hazard, 곧 대리인 문제 agency problem, principal-agent problem 가 나타난다. BOX 10-1 참조 신용경로는 팽창적인 통화정책이 이와 같은 역선택과 대리인 문제를 완화해 실물부문에 효과를 미치는 경로이다. 신용경로는 다시 은행여신

경로 bank lending channel 와 대차대조표경로 balance sheet channel 로 나눌 수 있다.

1 은행여신경로 금융시장에서 대기업은 주식 또는 채권을 발행해 자금을 마련할 수 있기 때문에 은행에 의존하지 않아도 되지만 중소기업은 주식이나 채권을 발행하는 것이 여의치 않기 때문에 은행 대출에 대한 의존도가 높다. 즉, 상대적으로 은행대출을 갚을 능력이 낮은 기업이 역설적으로 자금수요자가 되는 현상을 역선택이라 한다. 팽창적인 통화정책에 따라 은행 대출이 증가하면 주로 중소기업을 통해 실물부문에 효과가 나타난다. 은행여신경로는 다음과 같이 정리할 수 있다.

$$M\uparrow \;\Rightarrow\; \text{은행예금}\uparrow \;\Rightarrow\; \text{은행여신}\uparrow \;\Rightarrow I\uparrow \;\Rightarrow Y\uparrow$$

그러나 신용시장에서 은행 이외의 금융기관이 상대적으로 빨리 성장하고 있기 때문에 은행여신이 하는 역할이 점차 감소하고 있다. 따라서 은행여신경로에 대한 회의가 존재하지만 은행이 중요한 역할을 하는 일본이나 우리나라의 경우에는 아직 은행여신경로가 매우 중요하다고 할 수 있다.

2 대차대조표경로 대차대조표경로는 자산에서 부채를 차감한 기업의 순자산 net worth 과 관련이 있다. 즉 기업의 순자산이 적으면 대출담보도 적기 때문에 앞에서 정의한 대출시장에서의 역선택에 따른 손실이 높다. 다시 말해 순자산이 적으면 역선택 문제가 커지고 투자를 위한 여신이 감소하며 도산해도 잃을 것 equity stake 이 많지 않기 때문에 기업이 더 위험한 투자를 할 가능성이 증가해 도덕적 해이 문제가 심화된다. 따라서 순자산이 감소하면 다시 투자를 위한 여신이 감소한다.

대차대조표경로는 주식가격경로 equity price channel, 현금흐름경로 cash flow channel, 기대하지 못한 물가경로 unanticipated price channel, 가계유동성효과 household liquidity effect 로 나눌 수 있다.

첫째, 주식가격경로는 다음과 같이 정리해 볼 수 있다.

$$M\uparrow \Rightarrow P_s\uparrow(\text{순자산}\uparrow) \Rightarrow \text{역선택}\downarrow,\ \text{도덕적 해이}\downarrow \Rightarrow \text{여신}\uparrow \Rightarrow I\uparrow \Rightarrow Y\uparrow$$

팽창적인 통화정책은 주식가격을 상승시키므로 순자산이 증가한다. 그리고 순자산 증가는 역선택과 도덕적 해이의 문제를 완화시키므로 여신이 증가하고, 그 결과로 투자가 증가한다. 투자가 증가하면 총수요와 균형소득이 증가한다.

둘째, 현금흐름경로는 다음과 같이 정리할 수 있다.

BOX 18-2 통화정책의 실증분석

통화정책의 전달경로에 관한 실증분석은 두 가지 형태로 이루어졌다. 즉 케인즈학파 경제학자들은 구조모형structural model을, 그리고 통화주의자들은 축약형 모형reduced form model을 이용해 통화정책의 효과를 연구했다.

첫째, 구조모형은 특정한 전달경로를 모형화해 통화량과 산출량 사이의 실증적 관계를 연구할 때 이용된다. 예를 들어 이자율경로를 가정한 구조모형은 통화량이 이자율에 영향을 미치고 이자율은 다시 투자에 영향을 미치며, 투자는 총수요에 영향을 미치고 총수요는 균형소득에 영향을 미치는 모든 과정을 모형으로 구성해 통화량이 어떤 경로를 통해 궁극적으로 균형소득에 영향을 미치는지를 연구한다.

둘째, 통화주의자들이 사용한 축약형 모형은 전달경로의 중간과정을 생략하고 통화량과 균형소득 사이의 상관관계를 이용한다. 따라서 통화정책이 소득을 포함한 실물부문에 효과가 있는지는 판단할 수 있으나 구체적으로 어떤 전달경로를 통해 통화정책의 효과가 나타나는지는 알 수 없다.

통화론자들이 축약형 모형을 이용한 이유는 통화정책의 전달경로가 매우 많아 이를 구체적으로 모형화하면 자칫 빠뜨리는 경로가 있을 수 있어 통화정책의 효과가 왜곡될 수 있다고 보기 때문이다. 이는 통화량 변화가 경제를 통해 소득 변화로 나타나지만 경제가 어떻게 그런 작용을 하는지는 알지 못하므로, 경제를 블랙박스black box처럼 취급하는 것을 의미한다.

구조모형은 ① 전달경로의 작동을 구체적으로 알 수 있고 ② 전달경로의 상대적인 중요성을 이해해 통화정책 효과를 더 정확하게 예측할 수 있으며, ③ 이자율상한제 같은 제도적 변화가 어떤 전달경로에 영향을 미쳐 통화량과 소득 사이의 관계를 변화시키는지를 이해할 수 있다는 장점이 있다. 그러나 구조모형은 통화정책의 전달경로가 워낙 다양하기 때문에 중요한 전달경로를 빠뜨릴 수 있다는 단점이 있다.

반면에 축약형 모형은 ① 전달경로를 구체적으로 모형화하지 않기 때문에 중요한 전달경로를 빠뜨릴 위험이 존재하지 않는다는 점, ② 전달경로의 상대적인 중요도는 나라와 시대 그리고 경기변동의 국면에 따라 다르게 나타나기 때문에 이를 잘못 반영할 가능성이 있는 구조모형의 위험부담이 없다는 점 등의 장점이 있다.

그러나 축약형 모형은 역인과관계reverse causation와 제3의 변수의 영향을 제대로 통제하지 못한다는 단점이 존재한다. 즉 통화량과 소득 사이에 상관관계가 존재한다고 해서 통화량 증가가 소득 증가를 초래했다고 말할 수 없으며 오히려 소득 증가가 통화량 증가를 초래했을 가능성곧 역인과관계을 배제할 수 없다화폐공급의 내생성은 1절 참조. 그리고 제3의 변수가 통화량과 소득에 같은 방향으로 영향을 미치기 때문에 전혀 관계가 없는 두 변수가 마치 관계가 있는 것처럼 보일 수도 있다. 즉 축약형 모형은 제3의 변수의 영향을 배제하지 못한다.

$$M\uparrow \Rightarrow i\downarrow \Rightarrow \text{현금흐름}\uparrow \Rightarrow \text{역선택}\downarrow, \text{도덕적 해이}\downarrow \Rightarrow \text{여신}\uparrow \Rightarrow I\uparrow \Rightarrow Y\uparrow$$

팽창적인 통화정책은 이자율을 낮추고 대차대조표에서 현금 흐름을 증가시킨다. 현금 흐름이 증가하면 역선택과 도덕적 해이가 완화되고 여신이 증가한다. 여신 증가는 투자를, 그리고 투자 증가는 총수요와 균형소득을 각각 증가시킨다.

셋째, 기대하지 못한 물가경로는 다음과 같이 정리할 수 있다.

$$M\uparrow \Rightarrow \text{기대하지 못한 } P\uparrow \Rightarrow \text{(실질)부채}\downarrow(\text{순자산}\uparrow) \Rightarrow \text{역선택}\downarrow,$$
$$\text{도덕적 해이}\downarrow \Rightarrow \text{여신}\uparrow \Rightarrow I\uparrow \Rightarrow Y\uparrow$$

기대하지 못한 팽창적인 통화정책은 물가를 상승시키고 기업의 실질부채를 감소시킨다. 따라서 순자산이 증가해 역선택과 도덕적 해이 문제가 완화되고 여신이 증가한다. 여신이 증가하면 위에서와 같은 이유즉, 은행여신 경로로 균형소득이 증가한다.

넷째, 가계유동성효과는 다음과 같이 정리할 수 있다. 신용경로는 기업 투자뿐만 아니라 소비자 지출에도 똑같이 적용된다. 팽창적인 통화정책 시행 후 이자율이 하락하면 대차대조표상에서 현금 흐름이 증가하고 역선택과 도덕적 해이 문제가 완화돼 은행여신이 증가한다. 은행여신이 증가하면 다시 주택이나 내구재의 구매가 증가한다. 동시에 팽창적인 통화정책은 가계의 유동성을 증가시켜 가계의 금융경색 financial distress 가능성을 낮춘다. 금융경색이 일어날 가능성이 낮아지면 소비자의 주택 및 내구재 구매가 증가하므로 이때 총수요와 균형소득도 증가한다. 팽창적인 통화정책에 따른 가계유동성효과는 다음과 같이 정리해 볼 수 있다.

$$M\uparrow \Rightarrow P_s\uparrow \Rightarrow \text{금융자산}\uparrow \Rightarrow \text{금융경색 가능성}\downarrow \Rightarrow \text{주택 및 내구재 구매}\uparrow \Rightarrow Y\uparrow$$

가계유동성효과는 통화정책이 대여자의 대여 의사가 아니라 소비자의 구매 의사에 영향을 미치는 경로이다.

결 론 18.5

화폐공급은 단기뿐만 아니라 장기에도 중요하다. 먼저 화폐공급은 장기에 물가수준과 인플레이션을 결정하는 가장 중요한 변수이며, 단기에 경기변동의 원인이 되고 동시에 안정화정책의 수단이 된다. 이때 화폐공급은 앞에서 가정한 바와 같이 완전히 외생적인 변수는 아니다. 화폐공급은 중앙은행이 공급하는 본원통화와 상업은행을 포함한 예금취급기관의 지급준비율 및 (은행 이외의) 민간의 현금보유비율에 의해 결정된다. 중앙은행이 공급하는 본원통화는 완전히 외생적이라고 할 수 있으나 지급준비율과 민간의 현금보유비율은 이자율의 감소함수이다. 따라서 화폐공급은 이자율의 증가함수이다. 이때 *LM* 곡선은 화폐공급이 완전히 외생적인 경우보다 탄력적으로 나타난다.

거래적 동기에 의한 화폐수요이론으로는 보몰-토빈 모형이 있다. 보몰-토빈 모형에서 화폐수요는 화폐보유의 기회비용과 거래비용을 극소화해 도출한다. 이때 화폐수요는 이자율과 소득의 함수로, 거래적 동기에 의한 화폐수요도 소득뿐만 아니라 이자율의 함수로 나타난다.

토빈의 자산선택이론에서 화폐는 무위험자산 riskless asset 이다. 토빈은 위험한 자산의 평균수익률과 수익률의 표준편차위험를 이용해 위험한 자산과 무위험자산의 배합을 구했다. 이때 부wealth에서 차지하는 무위험자산인 화폐의 보유비율은 (적절한 가정 아래에서) 이자율의 감소함수로, 위험의 증가함수로 구할 수 있다.

통화정책은 매우 다양한 전달경로를 가지고 있기 때문에 심지어 통화론자들은 통화정책이 이자율뿐만 아니라 전체 자산시장에 영향을 미치고 이를 통해 실물부문에 영향을 미친다고 주장했다. 통화정책의 전달경로는 전통적인 이자율경로, 환율경로에 더해 자산가격경로와 신용경로가 있다. 그리고 신용경로는 다시 은행여신경로와 대차대조표경로로 나뉜다.

요 약

≫ 부분지급준비제도를 채택하고 있는 현대 거시경제에서 예금은행은 예금과 대출을 통해 신용을 창출하며 창출되는 신용의 크기는 신용승수에 의해 결정된다. (비은행) 민간의 현금보유비율이 0일 때 신용승수는 지급준비율의 역수이고, 민간의 현금보유비율이 0보다 클 때에는 신용승수가 감소한다. 신용승수를 결정하는 예금은행의 지급준비율과 민간의 현금보유비율은 이자율의 감소함수이다. 따라서 화폐공급은 이자율의 증가함수이고, 중앙은행이 공급하는 본원통화, 예금은행의 지급준비율 및 비은행 민간의 현금보유비율에 따라 결정된다. 즉 화폐공급이 완전히 외생적이지는 않다.

≫ 화폐공급이 이자율의 증가함수이면 LM곡선의 탄력성이 증가한다. 따라서 통화정책의 효과는 감소하고 재정정책의 효과는 증가한다.

≫ 보몰-토빈 모형은 화폐보유의 이자비용과 브로커비용의 합을 극소화함으로써 화폐수요를 도출한다. 여기서 도출되는 화폐수요는 이자율의 감소함수이고 소득의 증가함수이다. 그리고 화폐수요의 이자율탄력도는 −0.5, 소득탄력도는 0.5이다. 그러나 실증적 분석에서 화폐수요의 소득탄력도는 1에 가깝다.

≫ 토빈은 위험한 자산과 무위험자산화폐의 배합을 최적화를 통해 구함으로써 화폐수요를 이자율, 위험도위험한 자산의 수익률의 표준편차 및 부wealth의 함수로 구했다. 이때 화폐수요는 이자율의 감소함수이고 위험한 자산의 위험도와 부의 증가함수이다.

≫ 통화정책의 전달경로는 전통적인 이자율경로, 환율경로에 더해 자산가격경로와 신용경로가 있다. 그리고 신용경로는 다시 은행여신경로와 대차대조표경로로 나눌 수 있다. 전달경로의 역할에 대한 실증적 분석에서 이용된 모형은 케인즈학파 학자들이 주로 이용한 구조모형과 통화론자들이 주로 이용한 축약형 모형이 있다.

핵심용어

■ 구조모형	■ 금융기관	■ 금융중개
■ 대차대조표경로	■ 법정지급준비율	■ 본원통화
■ 부분지급준비제도	■ 브로커비용	■ 신용경로
■ 신용승수	■ 안전한 자산	■ 완전지급준비제도
■ 위험한 자산	■ 위험회피	■ 유동성함정

- 은행여신경로
- 이자율경로
- 자본손실
- 자본이득
- 자산가격경로
- 자산선택이론
- 지급준비율
- 초과지급준비율
- 축약형모형
- 통화승수
- 통화정책의 전달경로
- 현금/예금비율
- 현금보유비율
- 화폐공급의 내생성
- 환율경로

연습문제

01 민간의 현금보유비율과 은행의 지급준비율이 주어져 있다고 할 때 신용승수와 통화승수를 도출하고 은행대출의 총액이 통화량과 동일함을 보이시오.

02 비은행 민간의 현금보유비율의 이자율 탄력성이 증가하면 *LM*곡선의 기울기는 어떻게 변화하는가? 은행의 지급준비율의 경우에는 어떠한가?

03 보몰-토빈 모형에서 화폐수요의 소득 및 이자율 탄력성에 관하여 논하여 보시오.

04 토빈의 자산선택이론에서 이자율, 위험, 부wealth의 변화가 자산구성과 화폐수요에 미치는 효과를 논하여 보시오.

05 통화정책의 전달경로에 대하여 자세히 논하여 보시오.

06 통화정책이 금융시장의 정보 비대칭성에 미치는 효과에 대해 설명하고, 금융위기가 일어났을 때 통화정책의 중요성을 재정정책과 비교해 논하시오.

07 지급준비율이 다음과 같이 실질이자율의 함수라고 한다.

$$rr = 0.4 - 2r$$

이때 현금/예금비율 cr이 0.2, 물가수준은 1로 고정되어 있다고 한다. 본원통화는 100이고 화폐수요함수는 다음과 같다고 한다.

$$L(Y,r) = 0.5Y - 10r$$

여기서 Y는 실질소득이다.

(1) 실질이자율이 10%(0.10)라고 할 때 지급준비율, 통화승수, 신용승수 및 화폐공급을 구하시오. 화폐시장이 청산되는 소득수준은 얼마인가?

(2) 실질이자율이 5%(0.05)라고 한다. (1)의 질문에 답하시오.

(3) 지급준비율이 위와 같이 이자율의 감소함수이면 지급준비율이 이자율의 영향을 받지 않을 때와 비교하여 *LM*곡선의 기울기는 급해지는가, 완만해지는가?

08 화폐의 공급과 수요함수가 다음과 같이 주어져 있다고 한다.

$$\frac{M^s}{P} = \frac{M}{P} + \eta r, \quad \eta > 0$$
$$\frac{M^d}{P} = l_0 + \psi_1 Y - \psi_2 r, \quad \psi_1, \ \psi_2 > 0$$

M은 중앙은행이 결정하는 화폐공급으로 이자율과 독립적으로 결정되고, 은행의 신용창출에 따른 화폐공급은 ηr로 이자율의 함수라고 한다. 이때 소비, 투자, 정부지출 및 조세는 다음과 같이 주어졌다고 한다.

$$C = C_0 + b(Y - T), \quad 0 < b < 1$$
$$I = I_0 + \varphi_1 Y - \varphi_2 r, \quad \varphi_1, \ \varphi_2 > 0$$
$$G = G_0$$
$$T = T_0 + \tau Y, \ 0 < \tau < 1$$

다음 물음에 답하시오.

(1) *LM*곡선을 도출하고 η가 *LM*곡선의 기울기에 어떤 효과를 미치는지 분석하시오.

(2) *IS*곡선을 구하고 기울기와 절편을 결정하는 요인을 분석하시오.

(3) $\eta = 0$일 때와 비교하여 $\eta > 0$일 때 재정정책의 상대적인 효율성을 분석하시오.

(4) $\eta = 0$일 때와 비교하여 $\eta > 0$일 때 통화정책의 상대적인 효율성을 분석하시오.

(5) $\varphi_2 = 0$이라고 할 때 총수요곡선을 구하고 직관적으로 설명하시오. η가 총수요곡선의 기울기에 미치는 효과는 무엇인가?

(6) $\varphi_2 > 0$이라고 할 때 총수요곡선을 구하시오. η가 총수요곡선의 기울기에 미치는 효과는 무엇인가?

09 보몰-토빈 모형에서 화폐시장의 균형조건은 다음과 같다.

$$\frac{M}{P} = \sqrt{\frac{bY}{2i}}$$

이 식을 다음과 같이 고쳐 쓸 수 있다.

$$MV = PY, \quad V = \sqrt{\frac{2iY}{b}}$$

이때 보몰-토빈 모형에서의 화폐유통속도 V에 관한 다음 물음에 답하시오.

(1) 화폐유통속도가 소득과 이자율의 증가함수이고 거래비용의 감소함소인 이유를 직관적으로 설명하시오.

(2) 화폐유통속도는 물가수준에 영향을 받는가? 그 이유를 설명하시오.

(3) 경제가 성장하면 화폐유통속도는 어떻게 변화할 것으로 기대되는가?

(4) 경제주체들이 은행을 방문하는 횟수를 선택하는 대신 정부가 법에 의해 방문 횟수를 일정하게 제한한다면 화폐유통속도는 어떻게 변화하는가?

10 두 가지 금융자산, 곧 채권과 주식이 존재하는 경제에서 채권의 수익률은 X, 주식의 수익률은 Y이고, X와 Y의 기댓값, 분산 및 공분산은 다음과 같이 주어져 있다고 한다.

$$E(X)=\mu_X,\ E(Y)=\mu_Y,\ Var(X)=\sigma^2,\ Var(Y)=4\sigma^2,\ Cov(X,Y)=-2\sigma^2$$

여기서 $\mu_X<\mu_Y$이며 $r_P=\mu_Y-\mu_X$는 위험 프리미엄risk premium을 나타낸다.

소비자가 W만큼의 부wealth 가운데 b만큼의 비율은 채권, s만큼의 비율은 주식 형태로 보유한다면 $b+s=1$이 성립하며, 이 자산구성portfolio에서 얻는 단위당 수익을 $Z=bX+sY$와 같이 나타낼 수 있다. 여기서 소비자의 효용함수는 다음과 같다.

$$U(Z)=\gamma_1\mu_Z-\gamma_2\sigma_Z^2,\ \gamma_1,\ \gamma_2>0$$

여기서 γ_1, γ_2는 효용함수의 파라미터이고 μ_Z와 σ_Z^2는 Z의 기댓값과 분산이다.

(1) Z의 평균과 분산을 구하시오.

(2) $\gamma_1=0$, $\gamma_2=1$일 때 채권과 주식의 최적보유비율을 구하고, 그 이유를 설명하시오.

(3) $\gamma_1=\gamma_2=1$일 때 채권과 주식의 최적보유비율을 구하고, 그 이유를 설명하시오.

(4) 효용함수의 파라미터가 (3)과 같다고 할 때 X와 Y의 공분산이 $2\sigma^2$으로 증가하면 채권과 주식의 보유비율이 어떻게 변화하는가? 그 이유를 설명하시오.

(5) 이제 X와 Y의 공분산이 $-2\sigma^2$이라고 한다. 효용함수의 파라미터가 (3)과 같을 때 $\mu_Y>\mu_X$인 경우에도 주식을 보유할 가능성이 있는가? 그 이유를 설명하시오.

(6) 채권과 주식의 최적보유비율을 결정하는 일반적인 조건을 구하고 직관적으로 설명하시오.

▶▶ 자산의 위험구조와 만기구조

위험 프리미엄

위험 프리미엄risk premium은 이자 혹은 원금을 갚지 못할 위험, 곧 지급불능 위험default risk이 높은 자산주식, 회사채 등의 수익률과 지급불능 위험이 없는 자산정부공채간 수익률의 차이를 말한다.[1] 만기가 존재하는 채권의 경우 만기가 동일한 채권 가운데 지급불능 위험이 존재하는 채권여러 신용등급의 회사채과 지급불능 위험이 존재하지 않는 채권의 이자율 차이가 위험 프리미엄이 된다.

그리고 만기가 동일한 여러 채권의 이자율과 지급불능 위험간의 관계를 이자율의 위험구조risk structure of interest rate라고 한다. 이자율의 위험구조는 유동성liquidity과 이자수익에 대한 차별적인 조세에도 영향을 받는다. 장기채권 가운데 가장 유동성이 높은 것은 국채로 현금화하는 데 비용과 시간이 적게 들지만 신용등급이 낮은 장기 회사채의 경우에는 현금화하는 데 많은 비용과 시간이 소요된다.

지급불능 위험과 위험 프리미엄은 경기변동에 따라 변동한다. 따라서 위험 프리미엄은 사람들이 미래의 경기변동에 대해 어떻게 예측하는지를 보여준다. 즉 위험 프리미엄이 증가하면 미래에 경기가 악화하고 지급불능 위험default risk이 증가할 것이라고 예측함을 의미하며 반대의 경우에는 미래에 경기가 호전될 것이라고 예측함을 의미한다.

주식 프리미엄 퍼즐

주식 프리미엄 퍼즐equity premium puzzle은 위험자산인 주식과 무위험자산인 정부공채의 수익률 차이가 이론적으로 구할 수 있는 것보다 매우 큰 현상을 말한다.[2] 미국의 경우 주식위험자산수익률과 정부공채무위험자산수익률의 차이인 주식 프리미엄이 6% 이상이다. 그러나 최적화를 바탕으로 한 자산가격결정모형을 풀어서 모형으로부터 얻는 주식 프리미엄은 1% 이하로 매우 작다. 이와 같이 실제 경제에서 크게 나타나는 주식 프리미엄을 경제학적으로 매우 잘 구성된 표준적인 모형으로 전혀 설명할 수 없는 현상을 주식 프리미엄 퍼즐이라고 한다. 현재에는 자산가격결정모형에 여러 가지 유용한 가정들을 도입해 주식 프리미엄 퍼즐을 설명할 수 있게 되었는데 이때 소비의 습관성habit persistence이 중요한 역할을 한다고 알려져 있다.

수익률곡선

수익률곡선yield curve은 채권의 만기구조term structure에 따른 수익률을 나타내는 곡선으로 만기를 수평축에, 수익률을 수직축으로 하여 구한다. 실제 경제에서 얻을 수 있는 수익률곡선에 관해서는 다음과 같은 세 가지 사실을 설명해야 한다.

---

1 지급불능 위험에 따른 신용등급은 스탠다드 앤드 푸어즈Standard & Poors Corporation, 무디스Moody's Investors Service, 피치Fitch Investors Service, L.P.와 같은 신용평가회사가 제공하고 있다.

2 Mehra, R. and E.C. Prescott(1985), "The Equity Premium: A Puzzle," *Journal of Monetary Economics* 15, 145–161.

1 서로 다른 만기를 갖는 채권의 이자율이 동일한 기간 안에서 같은 방향으로 움직이는 특성이 있다.
2 단기이자율이 높은 경우에 수익률곡선은 우하향하고 반대로 단기이자율이 낮은 경우에는 우상향하는 경향이 있다.
3 수익률곡선은 대부분의 경우에 우상향한다.

이와 같은 사실들을 설명할 수 있는 이론으로는 다음과 같이 세 가지가 있다.

(1) 기대이론expectations theory 장기수익률이 현재의 단기수익률과 미래의 여러 단기에 기대되는 이자율의 평균이라고 보는 이론이다. 이 이론에 따르면 장기이자율의 기울기는 경제주체들의 미래 단기이자율에 대한 기대를 나타낸다. 예를 들어 수익률곡선의 기울기가 양이면 미래에 단기이자율이 상승한다고 기대하는 것이고 반대로 음이면 하락한다고 기대하는 것이다. 이 이론은 서로 다른 만기를 갖는 채권이 완전한 대체재라고 보고 있다. 예를 들어 이 이론은 1년 만기 채권을 금년과 내년에 각각 사고 팔아 2년 동안 투자하는 경우의 수익률과 2년 만기 채권을 구입해 2년 동안 보유하는 경우의 수익률이 같아야 한다는 논리에 바탕을 두고 있다. 즉 1년 만기 채권에 두 번 연속 투자하는 경우의 수익률이 2년 만기 채권에 투자한 경우의 수익률보다 높으면 모든 투자자들이 1년 만기 채권에 두 번 투자할 것이고 반대의 경우에는 2년 만기 채권에 투자해 2년 동안 보유하게 되므로 두 경우의 수익률이 일치해야 한다는 것이다.

순수기대이론은 수익률곡선이 왜 시대에 따라 다른 모양으로 나타나는지를 미래에 대한 기대를 이용해 잘 설명한다. 그리고 위의 첫 번째와 두 번째 사실도 잘 설명한다. ① 과거의 오랜 경험에 따르면 현재 단기이자율이 상승하면 미래에도 오랫동안 높게 유지되는 경향이 있다. 따라서 현재 단기이자율이 오르면 사람들은 미래 단기이자율도 상승한다고 기대한다. 따라서 단기와 장기이자율이 같은 방향으로 변동한다. ② 현재 단기이자율이 낮으면 사람들은 미래에 정상수준으로 상승할 것이라고 기대하기 때문에 수익률곡선이 우상향한다. 반대로 현재 단기이자율이 높으면 미래에 정상수준으로 하락할 것이라고 기대하기 때문에 수익률곡선이 우하향한다.

하지만 기대이론은 세 번째 사실은 잘 설명하지 못한다. 즉 왜 사람들이 대부분의 기간 동안 미래 이자율이 높을 것이라고 기대하는지는 기대이론으로 설명할 수 없다.

(2) 시장분할이론market segmentation theory 이 이론은 단기자산시장과 장기자산시장에 참여하는 경제주체들의 선호가 다르기 때문에 시장에 따라 시장참가자들의 유형이 분할돼 있다는 가설이다. 예를 들어 기업이나 은행 등은 단기 이익을 중요시하기 때문에 단기 자산시장에 참가하지만, 연금이나 생명보험 그리고 은퇴를 준비하는 저축자retirement saver 등은 먼 미래에 발생할 지출연금지급, 생명보험금 지급, 미래의 소비 등 때문에 장기적으로 안정적인 수익을 보장하는 장기채권시장에 참가한다는 것이다. 따라서 이 경우에는 미래에 대한 기대에 따라 수익률곡선의 기울기가 결정되는 것이 아니라 분할돼 있는 시장에서의 자산에 대한 수요와 공급에 따라 수익률곡선의 기울기가 결정된다. 이 이론은 서로 다른 만기를 갖는 채권들은 전혀 대체할 수 없다고 보고 있다. 시장분할이론은 서로 독립된 시장에서 단기와 장기 이자율이 결정된다고 보기 때문에 위의 세 번째 사실을 잘 설명한다. 그러나 단기와 장기채권시장이 서로 영향을 미칠 수 없다고 가정하기 때문에 이 두 시장에서 결정되는 이자율의 관계에 관한 사실인 첫 번째와 두 번째 사실은 전혀 설명할 수가 없다.

(3) 유동성 프리미엄이론liquidity premium theory 이 가설은 만기가 긴 장기채권은 단기채권에 비해 유동성이 떨어지기 때문에 유동성 프리미엄—또는 만기 프리미엄term premium—이 존재한다는 가설이다. 즉 유동성 프리미엄이론은 장기이자율이 현재 단기이자율과 (기대되는) 미래 단기이자율의 평균기대이론에 장기이자율의 수요와 공급에 따라 결정되는 유동성 프리미엄을 합한 것이라고 본다. 다시 말해 이 이론은 기대이론과 시장분할이론의 가정을 적절히 완화해 결합한 형태이다. 즉 기대이론은 단기채권과 장기채권이 완전한 대체재이고 시장분할이론은 전혀 대체할 수 없는 관계라고 가정하지만 유동성 프리미엄이론은 단기와 장기채권이 불완전한 대체재라고 가정한다. 이 이론은 위의 첫 번째, 두 번째, 세 번째 사실을 잘 설

명한다. 즉 첫 번째와 두 번째 사실은 기대가설의 경우와 같이 설명할 수 있고 세 번째 사실은 시장참가자들이 장기채권보다 단기채권을 선호하기 때문에 만기가 길면 길수록 유동성 프리미엄이 크게 나타나고 수익률곡선은 대체로 우상향하는 형태로 나타난다고 설명한다.

한편 수익률곡선은 다음과 같은 방법으로 이용할 수 있다.

첫째, 기대이론 또는 유동성 프리미엄 이론에 따르면 수익률곡선은 사람들이 기대하는 미래의 단기이자율을 보여준다. 수익률곡선이 우상향하면 미래의 단기이자율이 상승한다고 기대하는 것이고 우하향하면 미래의 단기이자율이 하락한다고 기대하는 것이다. 실증적인 연구에 따르면 유동성 프리미엄 또한 경기변동에 따라 적잖게 변동하기 때문에 수익률곡선에 따라 예측된 미래의 단기이자율과 실제 단기이자율 사이에 차이가 있는 것으로 알려져 있다. 그러나 수익률곡선에 따라 예측한 미래의 단기이자율은 2-3개월의 단기와 2년 이상의 장기이자율에 대해서는 좋은 기대치가 되는 것으로 나타났다.

둘째, 수익률곡선은 인플레이션에 대한 기대를 보여준다. 실질이자율이 일정하다면 수익률곡선이 우상향하는 것은 사람들이 인플레이션이 장차 상승하리라고 기대하는 것이고 반대로 우하향하는 것은 인플레이션이 장차 하락하리라고 기대하는 것이다. 한편 실질이자율 또한 변동하기 때문에 수익률곡선의 기울기가 반드시 기대인플레이션의 방향을 보여주는 것은 아니지만 중앙은행과 금융시장참가자들이 인플레이션에 대한 기대를 파악할 때 자주 이용하고 있다.

셋째, 수익률곡선은 미래에 불황이 도래할 가능성을 판단하는 데 이용된다. 실제로 미국의 경우 수익률곡선이 우하향하는 경우—3개월 만기 미국 재무성증권의 수익률이 10년 만기 미국 재무성증권의 수익률보다 높은 경우—에는 4~5분기 이후에 불황이 도래한다는 연구결과가 나와 있다. 특히 수익률곡선의 기울기는 미래의 경기에 대한 유용한 경기선행지수 leading economic indicator 역할을 한다고 알려져 있다. ❖

찾 아 보 기

국 문

ㄱ

ㅇ

I

J

K

L

M

영문인명

[저자 약력]

조장옥

서강대학교 경상대학 경제학과(학사, 석사)
University of Rochester(박사)
조교수, Queen's University in Kingston, Canada
방문교수, Institute for Empirical Macroeconomics, Federal Reserve Bank of Minneapolis
초빙교수, Summer Institute of Economic Theory, University of Paris I
연구위원, Research Center on Employment and Economic Fluctuations, University of Quebec at Montreal
방문교수, University of Rochester
부교수, Hong Kong University of Science and Technology
서강대학교 경제연구소장, 서강대학교 국제문화교육원장, 서강대학교 경제학부학장 겸 경제대학원장,
금융학회지 편집위원장, 한국 계량경제학회장, 한국금융학회장, 한국경제학회장
(현재) 서강대학교 경제학부 명예교수, TESAT 위원장

[주요 논문]

"Welfare Cost of Inflation in an Open Economy," 금융학회지 v.12 no.3, 2007.(with T.F. Cooley)
"Welfare Costs of Nominal Wage Contracting," Review of Economic Studies 64, 465-484, 1997. (with T.F. Cooley and L. Phaneuf)
"Ex Post Heterogeneity and the Business Cycle," Journal of Economic Dynamics and Control 19, 533-551, 1995.
"The Business Cycle with Nominal Wage Contracts," Economic Theory 6, 13-33, 1995.(with T.F. Cooley)
"Cyclical Factor Utilization," Journal of Monetary Economics 33, 319-354, 1994.(with M. Bils)

이철인

서울대학교 사회대학 경제학과 (학사)
University of Michigan (박사)
부교수, 성균관대학교
(현재) 서울대학교 경제학부 교수

[주요 논문]

"Social Values and Economic Dynamics," 2015, Journal of Economics Dynamics and Control, 53, 69-84. (with YJ Kim)
"Trends in Intergenerational Income Mobility," Review of Economics and Statistics 91(4), 2009, 766-772. (with Gary Solon)
"On-the-Job Human Capital Accumulation in a Real Business Cycle Model: Implications for Intertemporal Substitution Elasticity and Labor Hoarding," Review of Economic Dynamics 10(3), 2007, 494-518. (with DH Kim)
"On-the-job Human Capital Investment and Intertemporal Substitution: New evidence on intertemporal substitution elasticity," Journal of Economic Dynamics and Control, 32(10), 2008, 3350-3375.
"Finite Sample Bias in IV Estimation of Intertemporal Labor Supply Models: Is the Intertemporal Substitution Elasticity Really Small?," Review of Economics and Statistics, 83(4), 2001, 638-646.

제 5 판
거시경제학

2010년 1월 20일 제1판 발행
2017년 3월 10일 제4판 발행
2020년 3월 5일 제5판 발행

공저자 조 장 옥 · 이 철 인
발행인 임 권 규
발행처 弘 文 社

05855 서울시 송파구 송파대로 167 테라타워 B동 802호
등록 1993. 6. 24. 제1-1543호
TEL. 712-5311(代) FAX. 716-5311

값 40,000원

ISBN 978-89-7770-455-8 93320